Paul Roazen

FREUD UND SEIN KREIS

Das Anliegen der Buchreihe BIBLIOTHEK DER PSYCHOANALYSE besteht darin, ein Forum der Auseinandersetzung zu schaffen, das der Psychoanalyse als Grundlagenwissenschaft, als Human- und Kulturwissenschaft und als klinische Theorie und Praxis neue Impulse verleiht. Die verschiedenen Strömungen innerhalb der Psychoanalyse sollen zu Wort kommen, und der kritische Dialog mit den Nachbarwissenschaften soll intensiviert werden. Bislang haben si ch folgende Themenschwerpunkte herauskristallisiert:

Die Wiederentdeckung lange vergriffener Klassiker der Psychoanalyse – wie beispielsweise der Werke von Otto Fenichel, Karl Abraham, W. R. D. Fairbairn, Sàndor Ferenczi und Otto Rank – soll die gemeinsamen Wurzeln der von Zersplitterung bedrohten psychoanalytischen Bewegung stärken. Einen weiteren Baustein psychoanalytischer Identität bildet die Beschäftigung mit dem Werk und der Person Sigmund Freuds und den Diskussionen und Konflikten in der Frühgeschichte der psychoanalytischen Bewegung.

Im Zuge ihrer Etablierung als medizinisch-psychologisches Heilverfahren hat die Psychoanalyse ihre geisteswissenschaftlichen, kulturanalytischen und politischen Ansätze vernachlässigt. Indem der Dialog mit den Nachbarwissenschaften wiederaufgenommen wird, soll das kultur- und gesellschaftskritische Erbe der Psychoanalyse wiederbelebt und weiterentwickelt werden.

Stärker als früher steht die Psychoanalyse in Konkurrenz zu benachbarten Psychotherapieverfahren und der biologischen Psychiatrie. Als das anspruchsvollste unter den psychotherapeutischen Verfahren sollte sich die Psychoanalyse der Überprüfung ihrer Verfahrensweisen und ihrer Therapie-Erfolge durch die empirischen Wissenschaften stellen, aber auch eigene Kriterien und Konzepte zur Erfolgskontrolle entwickeln. In diesen Zusammenhang gehört auch die Wiederaufnahme der Diskussion über den besonderen wissenschaftstheoretischen Status der Psychoanalyse.

Hundert Jahre nach ihrer Schöpfung durch Sigmund Freud sieht sich die Psychoanalyse vor neue Herausforderungen gestellt, die sie nur bewältigen kann, wenn sie sich auf ihr kritisches Potential besinnt.

BIBLIOTHEK DER PSYCHOANALYSE
Herausgegeben von Hans-Jürgen Wirth

Paul Roazen

FREUD UND SEIN KREIS

Aus dem Amerikanischen
von G. H. Müller

Psychosozial-Verlag

*Für Deborah,
Jules und Daniel*

Titel der amerikanischen Originalausgabe:
Freud And His Followers
Alfred A. Knopf Inc.

Bibliografische Information Der Deutschen Bibliothek
Die Deutsche Bibliothek verzeichnet diese Publikation in der Deutschen
Nationalbibliografie; detaillierte bibliografische Daten sind im Internet
über <http://dnb.ddb.de> abrufbar.

Neuausgabe der
Ausgabe von 1997 (Psychosozial-Verlag)
basierend auf der dt. Erstausgabe von 1976
(Gustav Lübbe Verlag)
© 2006 Psychosozial-Verlag
Goethestr. 29, D-35390 Gießen.
Tel.: 0641/77819; Fax: 0641/77742
E-Mail: info@psychosozial-verlag.de
www.psychosozial-verlag.de
Alle Rechte vorbehalten. Kein Teil des Werkes darf in irgendeiner Form
(durch Fotografie, Mikrofilm oder andere Verfahren) ohne schriftliche Genehmigung des
Verlages reproduziert oder unter Verwendung
elektronischer Systeme verarbeitet, vervielfältigt oder verbreitet werden.
Umschlagabbildung: Andy Warhol: »Sigmund Freud«, 1980.
Umschlaggestaltung nach Entwürfen des Ateliers Warminski, Büdingen.
Gesamtherstellung: Majuskel Medienproduktion GmbH, Wetzlar
www.digitalakrobaten.de
ISBN 3-89806-543-X

Inhaltsverzeichnis

Vorwort   9
Einführung: Begegbungen mit Patienten und Schülern Freuds   13

1. Die mündliche Überlieferung in der Psychoanalyse   27
1.1. Die Legende Freud   28
1.2. Auf der Suche nach dem Menschen Freud   37

2. Herkunft und Charakter   43
2.1. »Der ganze Trotz und die ganze Leidenschaft«   44
2.2. Kindheit und Jugend   55
2.3. Liebe und Ehe   66
2.4. Das Familienleben   73

3. Eine Wissenschaft des Träumens   81
3.1. »Ringen nach dem spröden Erfolg«   82
3.2. Mentor der Anfangszeit: Josef Breuer   89
3.3. Selbstanalyse   96
3.4. Wilhelm Fließ   101
3.5. Das Unbewußte   108
3.6. Die »Talking Cure«   119

4. Freud als Therapeut   129
4.1. Die Technik der Neutralität   130
4.2. Forschungsziele   139
4.3. Charakter und Symptome   147
4.4. Würdigkeit   154
4.5. Gegenübertragung und der Wert der Aufklärung   162
4.6. Worte und Macht   171

5. Öffentliche Kontroversen: Alfred Adler und Wilhelm Stekel   181
5.1. Gemeinsame Arbeit   182
5.2. Der Wille zur Macht   189
5.3. Prioritäten   197
5.4. Revisionismus   208
5.5. Thanato   216

6.	Der »Kronprinz« Carl Gustav Jung	227
6.1.	Die Wissenschaft von der Psyche	228
6.2.	Das Okkulte	235
6.3.	Ödipus	244
6.4.	Der Urvater	254
6.5.	Die Analytische Psychologie	265
6.6.	Nachher	278
7.	Die treue Bewegung	295
7.1.	Verdiente Staatsmänner	296
7.2.	Viktor Tausk und Lou Andreas-Salomé	308
7.3.	Apostel	319
7.4.	Das »Wilde Heer«	326
7.5.	Ernest Jones: Pionier	335
7.6.	Ernest Jones und Sandor Ferenczi: Rivalität	346
7.7.	Sandor Ferenczi: Technik und literarisches Opfer	353
7.8.	Die Amerikaner: J. J. Putnam und H. W. Frink	361
7.9.	Die Amerikaner: A. A. Brill und die Zukunft der Psychoanalyse	368
8.	Otto Rank: Söhne und Väter	379
8.1.	Das Trauma der Geburt	380
8.2.	Verfrühter Kummer	388
8.3.	Wille und Künstler	395
9.	Die Frauen	405
9.1.	Ruth Mack Brunswick: »Der Rabbi darf«	406
9.2.	Ruth Mack Brunswick: Abhängigkeit und Sucht	412
9.3.	Anna Freud: Kinderanalyse	421
9.4.	Anna Freud: Hofdamen	429
9.5.	Anna Freud: Ichpsychologie	435
9.6.	Helene Deutsch: »Kartenklub Schwarze Katze«	441
9.7.	Helene Deutsch: Theorie der Weiblichkeit	447
9.8.	Melanie Klein: »Die englische Schule«	457

10. Das Alter	467
10.1. Krankheit	468
10.2. Dissidenten	477
10.3. Erikson und Hartmann	487
10.4. Erweiterte Identität	494
10.5. Exil und Tod	504
Liste der interviewten Personen	514
Anmerkungen	516
Abbildungsverzeichnis	555
Register	556
Nachwort *von Hans-Jürgen Wirth*	560

Sigmund Freud im Kreis seiner engsten Schüler und Mitstreiter, dem »Komitee« (von links nach rechts): Otto Rank, Sigmund Freud, Karl Abraham, Max Eitingon, Sándor Ferenczi, Ernest Jones und Hanns Sachs

Vorwort

Warum noch ein weiteres Buch über Freud und seinen Kreis? Die Hauptkonturen von Freuds Lebensweg scheinen gesichert, und seine Leistung als Begründer der Psychoanalyse ist inzwischen ein historisches Faktum. Gewiß, Freud wird immer noch für viele Übel unseres heutigen Lebens verantwortlich gemacht, und Papst Paul VI. ist nur der zeitlich letzte einer Reihe von prominenten Persönlichkeiten, die ihn als einen der Haupturheber des modernen sexuellen Libertinismus kritisieren. Die Einstellung zur Sexualität hat im Laufe dieses Jahrhunderts in der Tat eine Umwälzung erfahren, was sofort deutlich wird, wenn wir eine beiläufige Fallillustration Freuds betrachten und sie damit vergleichen, wie sich die Frauen heute anziehen: *So z. B. wenn die Verführungsphantasie einer Hysterika zum Inhalte hat, wie sie lesend in einem Park sitzt, das Kleid ein wenig gehoben, so daß der Fuß sichtbar wird . . .*[1] Aber Ernest Jones' umfangreiche dreibändige Freud-Biographie, die 1953 bis 1957 erschien, sollte die gröbsten Mißverständnisse über Freuds Beitrag zur Wissenschaft und Geistesleben beseitigt haben. Jones arbeitete am Ende seiner langen Laufbahn als berühmter britischer Analytiker sieben Jahre lang daran, die Geschichte von Freuds Genius zu entfalten und darzustellen. Er hatte die volle Mitarbeit der Familie Freud, vor allem die von Anna Freud, der einzigen unter den Kindern Freuds, die ihm auf seinem Berufsweg folgte und die inzwischen zu seiner führenden Schülerin geworden war. Jones stützte sich ferner auf die Hilfe vieler anderer Psychoanalytiker, die ihm ihre Erinnerungen an den Meister sandten, ihm Abschriften von Freuds Korrespondenz überließen und sich zu den ersten Entwürfen des Manuskripts äußerten. Am Ende erreichte es Jones, mit seinen drei Bänden nicht nur alle früheren Darstellungen des Lebens von Freud als überholt zu ersetzen, sondern auch eine Geschichte der psychoanalytischen Bewegung zu geben.

Im großen und ganzen jedoch blieb die Perspektive, aus der Jones Freuds Leben und seine vielen Kontroversen sah, die von Freud selbst. Jones erfüllte seine zentrale Aufgabe als offizieller Biograph, klärte eine Fülle von Fakten endgültig und verbreitete sich weitläufig über Freuds eigene Auffassung seiner Leistungen. Wie das auch bei anderen bekannten autorisierten Biographien der Fall ist, hat Jones' Dokumentation einen großen Teil dessen beigebracht, was künftige Historiker je wissen werden.

Über Freud innerhalb seiner eigenen Kategorien zu sprechen, ist eine der Möglichkeiten, um mit ihm ins reine zu kommen; ein erfolgversprechender Ansatz zur kritischen Beurteilung eines großen Denkers ist der, daß man zuerst innerhalb seines eigenen Bezugsrahmens arbeitet. Mein eigenes Verständnis leitet sich ebenfalls weitgehend aus Freuds Werk ab, und es ist ein Tribut an die Macht seines Geistes, daß es selbst ohne unkritische Absichten so schwer ist, über die frühen Tage der Psychoanalyse in anderen Konzeptionen als seinen eigenen zu denken. Aber je größer ein Autor ist, desto unterschiedlicher sind die möglichen Deutungen seines Werks;

und die eigene Anschauung, die ein Mensch von seinem Leben hat, ist zwangsläufig begrenzt.

Um eine neue Perspektive auf das bereits in Büchern Erschienene zu gewinnen, machte ich mich im Herbst 1964 daran, so viele von Freuds Patienten und Schülern, wie ich nur finden konnte, zu befragen und kennenzulernen. Ich begann nicht mit dem Ziel, irgendeine einseitige Parteinahme bei Jones zu korrigieren; im Gegenteil, ich war unsicher, wieweit ich Freud richtig begriff, weil ich fürchtete, daß ich als Außenseiter gegenüber jenen lang vergangenen Ereignissen viele Nuancen im Kontext der schriftlichen Berichte über Freuds Welt nicht erfaßte. Durch den Kontakt mit so vielen der frühen Analytiker, wie ich nur auffinden konnte, hoffte ich, den menschlichen Zusammenhang zu verstehen, in dem Freuds Ideen zuerst entstanden und verbreitet wurden.

Von 1964 bis 1967 gelang es mir, über siebzig Personen zu befragen, die Freud persönlich kannten, dazu etwa weitere vierzig, die entweder beruflich an der Geschichte der Psychoanalyse interessiert waren oder selber an der psychoanalytischen Bewegung der Anfangszeit teilgenommen hatten. Schließlich gelang es mir, mit fünfundzwanzig von Freuds analytischen Patienten zusammenzutreffen, mit seiner noch lebenden Schwägerin, zwei Schwiegertöchtern und dreien seiner Kinder. Leider sind von diesen Personen über dreiundvierzig inzwischen gestorben. Die Namen aller, die mir eine Unterredung gewährten, sind im Anhang aufgeführt, ich möchte hier jedoch ausdrücklich hervorheben, wieviel ich ihrer Geduld, Gastfreundschaft und Anregung schulde, obwohl doch nur von wenigen unter ihnen erwartet werden kann, daß sie mit vielen meiner Deutungen übereinstimmen.

Meine Reisen auf der Suche nach Freuds Patienten und Schülern schlossen meine Lehrjahre in psychoanalytischem Denken ab. Ich hatte schon früher, im Jahre 1963, ein Buch über die moralischen und philosophischen Implikationen von Freuds Ideen begonnen (es erschien später unter dem Titel *Freud: Political and Social Thought*[2]). Als Politiktheoretiker, der sich für die Ideengeschichte interessierte, drängte sich mir der Gedanke auf, daß Freuds revolutionäres Werk noch nicht Teil der gemeinsamen Gedankenwelt und Diskussion meiner Berufskollegen geworden war. Während der ganzen Zeit, als ich meine Befragungen durchführte und meine Lektüre fortsetzte, beschäftigte mich ständig die Überlegung, wie die moderne Psychologie künftig für das Verständnis des politischen und sozialen Lebens nutzbar gemacht werden könnte.

Es stellte einen entscheidenden Schritt in meiner Arbeit dar, daß ich im Sommer 1965 Zugang zu Ernest Jones' schriftlichen Unterlagen erhielt. Jones war kurz nach dem Erscheinen des dritten Bandes seiner Biographie (und bevor er seine Autobiographie vollenden konnte) gestorben. Niemand hatte Vorsorge getroffen, all das Rohmaterial, das seiner Biographie zugrunde lag, zu sichten (oder zu zensieren). Der Psychoanalytiker, der das Jones-Archiv des London Institute of Psychoanalysis in Obhut hatte, gab mir ganz zwanglos Zugang zu diesen Unterlagen, die er selber nicht durchgesehen hatte. Dieses Archiv erwies sich als eine faszinierende Schatzkammer von informellen Briefen und Memoranden. Dutzende von Originalbriefen Freuds lagen herum, die der Familie erst zurückgegeben wurden, nachdem ich sie zusammengestellt hatte.[3]

Das Jones-Archiv war mir nicht nur bei meinem ersten Buch hilfreich, sondern auch bei meinem *Brother Animal: The Story of Freud and Tausk*.[4] Ich kam zu der Überzeugung, daß bei fast allen Betrachtern vorgefaßte Meinungen den Blick auf die Geschichte der Psychoanalyse verstellen. Ich glaube, durch die Darstellung der Beziehung zwischen Freud und Viktor Tausk, einer kaum noch beachteten, aber wichtigen Gestalt, werde es leichter sein, die Menschen dazu zu bringen, ihre Ansicht über Freud neu zu überdenken. Da mir die Geschichte von Freud und Tausk schon für sich allein bewegend erschien, entschloß ich mich, sie gesondert zu publizieren, getrennt von der hier vorgelegten umfassenden Untersuchung über Freud und seinen Kreis; um mich nicht zu wiederholen, mußte ich nowendigerweise viele Einzelheiten aus *Brother Animal* im vorliegenden Buch weglassen.

Der folgende Bericht über Freud und seine Welt widmet den menschlichen Dramen, die sich damals abspielten, ebensoviel Aufmerksamkeit wie den Theorien, die die Beteiligten aufstellten. Ich habe nicht den Versuch gemacht, all die Gedanken eingehend zu untersuchen, die von jenen Schülern Freuds, die sich von ihm abwandten, später entwickelt wurden, sondern habe nur jene ihrer Konzeptionen erörtert, die für das Verständnis ihrer Beziehung zu ihrem früheren Meister von unmittelbarer Bedeutung sind. Obwohl neuerdings zwischen den verschiedenen Schulen der Tiefenpsychologie eine merkliche Annäherung stattgefunden hat, führten in den Anfangszeiten ihrer Entstehung die theoretischen Meinungsverschiedenheiten zu tiefgehenden, leidenschaftlichen und persönlichen Auseinandersetzungen. Ohne eine gewisse Kenntnis des Selbstverständnisses und der Persönlichkeit der frühen Analytiker kann man ihre Gedanken und was ihr geistiges Engagement für sie bedeutete, nicht richtig einschätzen. Es war mir nicht möglich, in meiner Darstellung sämtliche Mitglieder des Kreises um Freud zu behandeln, oder alle jene, für die eine Begegnung mit Freud fruchtbar war; ich habe jedoch versucht, Leben und Arbeit der wichtigsten Menschen, die Freuds Lebensweg kreuzten, zu untersuchen.

Den Krankenhäusern, Kliniken und Berufsvereinigungen, die mich einluden, über Freud zu reden, bin ich sehr dankbar. Jedesmal, wenn ich einen Vortrag hielt, hatte ich mir die Frage vorzulegen: »Was mußt du den Leuten, die Freud als Menschen nicht wirklich kennen, eigentlich sagen, um ein Bild von ihm zu entwerfen?« Freuds Persönlichkeitsbild hat viele Facetten: der kühne Abenteurer, der Revolutionär in der Psychologie; der vorsichtige Wissenschaftler, der seine Methode entwickelt; der Sozialphilosoph, ein moderner Prophet; der Lehrende und hart arbeitende Therapeut; der Führer einer immer größer werdenden Bewegung; der Großbürger mit vielen Vorurteilen seiner Zeit; der unablässige Zigarrenraucher; der witzige Unterhalter, Meister im Erzählen jüdischer Witze; und auch eine dämonische Seite hatte er, denn

Freud konnte manchmal ebenso irrational sein, wie er rational im Extrem sein konnte. Dank schulde ich den Erfahrungen und Erkenntnissen aus dem lebhaften Meinungsaustausch im Beth Israel Hospital in Boston, dem Boston State Hospital, der Canadian Psychoanalytic Association (Ontario), der Medical School der University of Cincinnati, dem Clarke Institute of Psychiatry in Toronto, dem Harvard University Health Service, dem Massachusetts Mental Health Center, dem McLean Hospital in Belmont, Massachusetts, dem Department of Psychiatry der McMaster University, dem National Institute of Mental Health, dem New England Medical Center, dem Roosevelt Hospital in New York, dem St. Michael's Hospital in Toronto und der Washington Psychoanalytic Society.

Dankbar bin ich für die finanzielle Unterstützung des Foundation's Fund for Research in Psychiatry, dem Faculty Research Grants Committee des Social Science Research Council, dem National Institute of Mental Health, der Boston Psychoanalytical Society, der Foundation for Psychoanalytical Research und den Canada and Milton Funds der Harvard University.

Für die Redaktionsarbeiten an diesem Buch hatte ich wiederum das Glück, daß mir meine Frau, Deborah Heller-Roazen, ihr Talent zur Verfügung stellte. Meinem Verlagsredakteur Ashbel Green schulde ich Dank für seine unermüdliche Unterstützung.

Eingangstür zu Sigmund Freuds Praxis und Wohnung in der Berggasse 19

Einführung:
Begegnungen mit Patienten und Schülern Freuds

Wie war Freud wirklich? Das war eine zentrale Frage, auf die ich eine Antwort suchte, als ich anfing, seine noch lebenden Patienten und Schüler zu interviewen. Es war mir klar, daß diese Zeugen jener Revolution in der Geistesgeschichte nicht mehr viele Lebensjahre vor sich hatten. Jeder Beruf hat seine mündlichen Überlieferungen, Geschichten und Denkweisen über die Vergangenheit, von denen in den Lehrbüchern nichts steht, die die Lernenden in ein Wissensgebiet einführen; die Teilhabe an diesen Lehren und Äußerungen bildet einen Teil der Identität jedes Psychoanalytikers.

In der Tradition von Freuds eigenem psychologischen Denksystem sprach ich mit seinen noch lebenden Schülern und lauschte auf das, was sie mir von ihren Erfahrungen zu berichten hatten. Ein schon sehr betagter Analytiker wischte meine jugendlichen Hoffnungen, die Anfangszeit der Psychoanalyse zu verstehen, brüsk beiseite: »Wie können Sie darüber schreiben? Sie waren nicht dabei!« Alle, die an diesem historischen Geschehen teilgenommen hatten, teilten eine gewisse verständliche Selbstbeglückwünschung. Aber schon bald kam ich zu der Überzeugung, daß diese Schüler Freuds sich einige der elementarsten Fragen über Freud und über ihre eigene Beteiligung an seiner Bewegung überhaupt noch nicht gestellt hatten.

Denen, die die Entwicklung der Psychoanalyse selbst miterlebt hatten, schienen viele sich geradezu aufdrängende Fragen seltsam. Es war schwierig für sie, die Validität und das Gewicht des bereits Veröffentlichten zu beurteilen, da sie an diese Bücher mit einem bereits mit ihren eigenen Erinnerungen wohl bestückten Geist herantraten. Wenn zum Beispiel Jones eine bestimmte Gestalt in seiner Biographie vernachlässigte, so fiel das einem, dem der Platz dieser Person selbstverständlich war, nicht unbedingt sofort auf.

Der Vorteil eines Außenseiters bei solchen Befragungen läßt sich durch das veranschaulichen, was bei der modernen psychoanalytischen Behandlung vorgeht. Ein Beobachter gewinnt bestimmte Einsichten gerade dadurch, daß er nicht in die Materie verwickelt ist. Was dem Beteiligten trivial erscheinen mag, kann für den Außenseiter ein Hinweis auf wichtige, aber unausgedrückte Aspekte der Sache sein.

Im Verlauf von ungefähr zwei Jahren versuchte ich, alle noch lebenden Mitglieder der frühen psychoanalytischen Bewegung und einige von Freuds nächsten Familienangehörigen aufzusuchen. Gewöhnlich verbrachte ich mit jeder der betreffenden Personen ein paar Stunden und sprach mit ihnen über ihre Beziehungen zu Freud. Eine Analytikerin jedoch schenkte mir fast zweihundert Stunden ihrer Zeit, und in einigen anderen Fällen wurden mir über zwanzig Stunden gewährt. Obwohl ich den einen oder anderen der Befragten nur einmal sehen konnte, war es doch in der Regel möglich, weitere Besuche zu vereinbaren, um meine Eindrücke zu vertiefen oder zu korrigieren. Manchmal war ein Briefwechsel ausreichend und in ein paar Fällen entwickelte sich eine ausgedehnte Korrespondenz über Freud. In allen Fällen vesuchte ich fortlaufend, die erhaltenen Informationen durch Angaben von anderer Seite zu überprüfen. (Die Befragten konnten sich über bestimmte Fakten irren, wie z. B. über Daten oder die chronologische Abfolge von Ereignissen; eine ungewöhnlich große Zahl von älteren Analytikern glaubte beispielsweise, Freuds Krebserkrankung sei seiner Theorie über den Todestrieb vorangegangen.) Im allgemeinen versuchte ich, das bei einer Befragung Ermittelte bei der nächsten Befragung zu verwenden.

Meine Befragungen waren, was das Ergebnis anbetrifft, so wenig festgelegt wie nur möglich, jedoch nicht ohne Plan. Da noch niemand zuvor mit all diesen Menschen mit den gleichen Zielen im Auge gesprochen hatte, war ich zu Anfang unsicher, welche Fragen ich stellen sollte.[1] Obwohl ich im Laufe der Zeit mehr Sicherheit bezüglich des zu Fragenden gewann, waren meine Erkundigungen doch stets ebensosehr darauf abgestellt, den Strom der Erinnerungen im Fluß zu halten, wie Antworten auf spezifische Fragen zu bekommen. Wenn das Interesse oder die Energie meines Informanten nachzulassen begann, gelang es mir oft, durch ein oder zwei Fragen seine Gedanken wieder zum Strömen zu bringen.

Der Informationswert meiner Befragungen war in seiner Ergiebigkeit außerordentlich verschieden. Nach einer Weile hatte ich genug gelernt, um meine Fragen mehr oder weniger zu standardisieren. Vorher war ich selber noch so sehr damit beschäftigt, neue Einsichten zu gewinnen, daß meine Fragen ständig wechselten; sie unterschieden sich deshalb ganz am Anfang meiner Interviews erheblich von denen, die ich nach etwa einem Jahr meiner Arbeiten stellte.

Zu Beginn des zweiten Jahres waren meine Fragen so weit stabilisiert, daß ich hier ein Beispiel für die Art meines Vorgehens geben kann. Die Frau, die ich befragte, war eine amerikanische Ärztin, damals etwa siebzig Jahre alt (inzwischen verstorben), die in New York wohnte. Sie war sowohl bei C. G. Jung (im Jahre 1925), als auch bei Freud (im Jahre 1930) in Analyse gewesen, was die Begegnung mit ihr besonders interessant machte. Sie hatte früher in Boston als Analytikerin praktiziert, aber ihre Praxis, als ich sie besuchte, schon seit einigen Jahren aufgegeben. Im Gegensatz zu den meisten ihrer europäischen Altersgenossen hatte sie in ihrer Wohnung keine Fotos oder Stiche von Freud oder andere Erinnerungsstücke an ihn.

Dieser kurz skizzierte Hintergrund trägt vielleicht zur Erklärung einiger meiner Fragen mit bei. Außer diesen Fragen gebe ich noch stark verkürzte Beispiele ihrer Antworten und Reaktionen und manchmal meine eigenen Kommentare wieder, um die Begegnung weniger einseitig erscheinen zu lassen und eine ungefähre Vorstellung von dem Wechselspiel unserer Unterredung zu vermitteln. Häufig habe ich darauf verzichtet, ihre Antworten während der Befragung wiederzugeben.

Wann waren Sie zuerst mit psychoanalytischen Gedanken in Berührung gekommen? Als Studentin an der Johns Hopkins Medical School im Jahre 1917. *Wie war Ihre*

Analyse bei Freud zustande gekommen? Durch eine alte Freundin, die bereits bei Freud in Analyse war. *Und wie kam es zu Ihrer Analyse bei Jung? Stellte Freud Ihnen irgendwelche Fragen über Jung?* Obwohl Jung im Jahre 1925 ziemlich viel Zeit damit verbracht hatte, Kritik an Freud zu üben, kümmerte sich Freud in der Zeit um 1930 nicht mehr viel um Jung. Die Empfindlichkeit hatte sich nicht völlig gelegt, aber Freud schien die Sache nicht mehr sehr wichtig zu nehmen. *Sprach Freud mit Ihnen über Fragen der Geschichte der Psychoanalyse? Kannte er irgendwelche Psychiater aus Boston? Wer waren seine Lieblingsschüler, als Sie ihn kannten? Wen konnte er am wenigsten leiden?* (Auf diese letzte Frage hatte mich ein früherer Informant gebracht, der sie viel wichtiger fand als die vorangegangene Frage.)
Kannten Sie damals irgendwelche andere Patienten Freuds? Oder sonst jemanden, der einmal von Freund analysiert worden war? Was für eine Art Therapeut war er? Wie war sein gesprochenes Englisch? Er sprach ein sehr elegantes Englisch, beherrschte aber auch alle Slangausdrücke. Was seinen Akzent betraf, konnte man annehmen, er hätte einige Zeit in England gelebt. Seine Sprache – wie sein Geist – erfaßte alles; es fehlte ihm nie ein Wort, um etwas auszudrücken.
Interessierte er sich sehr für Sie? Er war so aufmerksam, als wäre ich seine erste Patientin – aber nicht meinetwegen persönlich.
Wenn ich nach Amerika zurückkehrte, würde ich in der Lage sein, etwas für ihn und seine Sache zu tun; außer meiner Praxis als Analytikerin übernahm ich kleine Aufgaben; z. B. besuchte ich die Familien früherer Patienten von ihm, sammelte Geld für seinen Verlag und sorgte dafür, daß besondere Schüler von ihm angemessen empfangen wurden, wenn sie in den Vereinigten Staaten ankamen. Mein Mann war der Neffe eines Mannes, der als einer der ersten für die Psychoanalyse eintrat, und diese Art von Verbindung war für Freud stets wichtig. Ich selber war von Freud äußerst begeistert; ich bewunderte seine Aufgeschlossenheit und Bereitschaft, Neues zu erforschen und zu entdecken. (Aus anderen Quellen fand ich später heraus, daß Freud nach ihrer Analyse enthusiastische Briefe über sie nach Amerika geschrieben hatte. Hinzuzufügen ist, daß es viele Gründe dafür gab, daß sie und Freud so gut miteinander auskamen: Sie war außerordentlich intelligent und begabt, anständig, gewissenhaft, reich und hatte ausgezeichnete gesellschaftliche Verbindungen; sie war außerdem eine selbständig denkende Frau, die Freud und der Psychoanalyse treu ergeben war).
Wieviel bezahlten Sie ihm? Fünfundzwanzig Dollar die Stunde. (Seine Schüler in Wien erhielten damals ungefähr zehn Dollar die Stunde von amerikanischen Patienten.) *Wer half Ihnen mehr, Jung oder Freud, und auf welche Weise?* Zwei verschiedenartigere Menschen als Freud und Jung hätte es nicht geben können; zumindest ist es schwer zu glauben, daß zwei auf dem gleichen Gebiet tätige Menschen noch stärker verschieden sein könnten. Freuds Analyse hatte mir eindeutig geholfen. Sie zeigte mir den Weg, mehr über mich selbst zu lernen, und er erwartete von mir, daß ich für alles in meinem Leben die Verantwortung übernahm. *Wußten Sie etwas über*

Victor Tausk? Über Siegfried Bernfeld? Wilhelm Reich? Herbert Silberer? Was wußten Sie über Freuds Frau? Oder über seine Schwägerin Minna? (Nach Freuds Verhältnis zu Minna zu fragen, drängte sich auf, selbst vor der Veröffentlichung der Geschichte über eine angebliche sexuelle Liaison zwischen Freud und seiner Schwägerin.) *Was wußten Sie über Anna Freud? Oder über Freuds Schwestern? Glaubten Sie, daß Freud über seine Patienten mit seiner Frau sprach? Oder mit sonst jemandem? Wer in der Familie las seine Bücher? Diskutierten Sie mit ihm je über Gedankenübertragung oder Telepathie? Oder über Kinderanalyse? Hatten Sie den Eindruck, daß Freud in bezug auf Prioritäten empfindlich war? Oder in bezug auf Plagiate? Wie hätte er sich Psychotikern gegenüber verhalten? Was für ein Diagnostiker war er?*
Bemerkten Sie je irgendwelche Anzeichen von Neurosen bei ihm? Nie, obwohl ich danach Ausschau hielt. (Was auch in Freuds Seele vorging, er war äußerst selbstbeherrscht, und man hätte nur wenig davon erkennen können.) *Welches ist das beste Buch über ihn? Was war Ihre Meinung über die Bücher von Jones?* Ganz einfach nicht der Mann, den ich kannte. *Wann sahen Sie Freud am zornigsten? Oder am deprimiertesten? Oder am glücklichsten? Redete er mit Ihnen über Otto Rank? Oder über Sandor Ferenczi? War seine physische Krankheit deutlich wahrnehmbar? In welcher Weise waren Ihrer Meinung nach Freuds psychologische Theorien das Ergebnis seiner Persönlichkeit? Wie reflektiert die Psychoanalyse seine persönlichen Eigentümlichkeiten?* Es muß so gewesen sein, es ist unvermeidlich, und man suchte nach Anzeichen dafür; aber sie hatte nie einen Mangel an Objektivität bei ihm gespürt. *Wie war sein Verhältnis zu seinen Söhnen? Wußten Sie, wie es zu den Zerwürfnissen mit Isidor Sadger und Sandor Rado kam? Behandelten Sie je einen von Freuds ehemaligen Patienten? Bei welchen Arten von Fällen war er am erfolgreichsten?*
War sein Mangel an »Orthodoxie« in der Technik für ihn als Therapeuten vorteilhaft oder von Nachteil? Im allgemeinen redete er über alles nur Erdenkliche – aber er analysierte mich auch. Damals stand es schon fest, daß ich eine psychoanalytische Praxis aufmachen würde, wenn ich wieder zurückgekehrt war. Er versuchte nie, zu begründen, was er tat. Aber die Analyse wurde in der striktesten Weise durchgeführt, sie hatte keinerlei Einschlag von geselliger Konversation, es wurde nichts zur Sprache gebracht, was nicht relevant war. *Welche Nationen bewunderte er? Bemerkten Sie emotionale Symptome, die bestimmten kulturellen Mustern folgten?*
Wie dachte Freud über die Wiener psychoanalytische Gruppe? Gab er Ihnen Photographien? Klopfte er jemals auf die Couch? Erwähnte er Ihnen gegenüber irgendwelche Romane? Gab er Ihnen Ratschläge für die Behandlung Ihres Kindes? Was war seine Meinung über Masturbation? Redete er je über Politik? Gab es eine deutliche Trennung zwischen seinem Familienleben und seiner ärztlichen Praxis? Kannten Sie irgendwelche Freunde seiner Familie? Fielen Ihnen jüdische Charakterzüge an ihm auf? Wurden Kinder Ihrer Freunde nach Mitgliedern seiner Familie benannt? Was meinen die Leute, wenn sie von Freuds »Intoleranz« reden? Auf der einen Seite fragte

Freud mich wiederholt, was meiner Meinung nach von der Analyse Bestand haben würde. Er blieb sein eigener bester Kritiker. Wenn aber andererseits jemand etwas vorbrachte, was seinen Gedanken strikt zuwiderlief, konnte er als intolerant angesehen werden.

War Melanie Klein für Freud wie C. G. Jung und Alfred Adler? Bekam sie Briefe von ihm? Wußten Sie, daß Freud seine Tochter Anna selbst analysiert hatte? Ja, wie unorthodox man doch sein kann! Welche Einstellung hatte er gegenüber der Homosexualität? Welcher seiner Schüler war ihm der liebste? Betrachtete er die Analyse als ein Imperium? War auf Geld aus? In welcher Hinsicht war er generös? Was war seine Meinung über außereheliche Geschlechtsbeziehungen von Frauen? War er diskret? Könnten Sie sonst jemanden empfehlen, den ich aufsuchen sollte? Welche Fragen habe ich versäumt zu stellen?

Es ist natürlich schwierig, den Ton einer solchen Unterredung zu vermitteln, ganz zu schweigen von dem, was ich aus ihr lernte. Die Fragen stellen in groben Zügen dar, mit welcher Art von Vorbereitung ich die Unterredung begann, und die Handvoll Antworten, die ich ausgewählt habe, geben wenigstens eine ungefähre Vorstellung davon, wie meine Gesprächspartnerin antwortete. Dieser Bericht schließt jedoch zwangsläufig den größten Teil des spontanen Gedankenaustausches aus, der sich zwischen uns abspielte. Ich konnte aufgrund der Informationen, die sie mir lieferte, anschließend zwanglos weitere Fragen stellen. Die besten Fragen waren die, die für sie nicht völlig überraschend kamen, sondern sich an Dinge anschlossen, mit denen sie schon teilweise vertraut war – aber doch nicht vertraut genug, daß sie eine fix und fertige Antwort parat hatte. Es war für mich ideal, beobachten zu können, wie ihr Geist arbeitete, als sie versuchte, Alternativen durchzudenken. Auf die Liste vorbereiteter Fragen griff ich dann in stärkerem Maße im späteren Teil der Unterredung zurück, als ihr eigenes Material über die Vergangenheit zu versiegen begann.

Vielleicht lag der Hauptnutzen der im voraus zurechtgelegten Fragen darin, daß sie halfen, die Unterredung in Gang zu halten, wenn die Geduld der Befragten zu erlahmen drohte. Ich habe diese Liste von Fragen als Beispiel gewählt, weil die Unterredung im großen und ganzen planmäßig verlief und ich von Punkt zu Punkt weiterging, als sie mit dem, was sie beizutragen hatte, am Ende zu sein schien. Obwohl diese Liste im ganzen repräsentativ ist, erschienen mir doch nach ungefähr einem Monat bestimmte Probleme so eindeutig geklärt, daß ich darüber keine Fragen mehr stellte. Ich kann mich jedoch erinnern, diese Fragengruppen bei mehreren Gelegenheiten wieder durchgesehen zu haben, als ich mich auf andere Unterredungen vorbereitete. Als bestimmte Punkte meiner Liste allmählich zu Standardthemen der Unterhaltungen wurden, konnte ich versuchen festzustellen, wieweit Charakter und Erfahrung jeder befragten Person deren Blickwinkel in einer bestimmten Richtung beeinflußten.

Im Rückblick erscheint das geschilderte Interview ungewöhnlich methodisch. Mein Anfangsstadium tastenden Vorgehens war vorüber, und ich hatte begonnen, mich auf bestimmte Probleme zu konzentrieren, die meiner Meinung nach Beachtung verdienten und für deren Erörterung diese Frau besonders qualifiziert war.

Es war nicht allein die unmittelbare Antwort auf eine Frage, die mich interessierte, sondern ich verfolgte auch aufmerksam den Klang der Stimme, die Gesten und den Ausdruck in den Augen der befragten Personen. (Ich erinnere mich, wie aufschlußreich die Reaktion einer Analytikerin – das Funkeln in ihren Augen – war, als sie in bezug auf Freud ausrief: »O, wie er hassen konnte!«) Ich sammelte Fakten, vor allem aber wollte ich verstehen lernen. Deshalb waren alle Schattierungen freier Assoziationen mein Ziel. Hätte ich eine genaue wörtliche Wiedergabe der jeweiligen Unterredung haben wollen, wären Tonbandaufnahmen notwendig gewesen. Aber da es um ziemlich persönliche Dinge ging, hätte ein Bandgerät unter Umständen zu einer gewissen Versteifung der Haltung bei der befragten Person geführt und mich selbst in die Defensive gedrängt. (Anstatt ein Bandaufnahmegerät zu benützen,[2] machte ich mir in der Regel nur kurze Notizen und rekonstruierte anschließend die Unterredung. Aber bei vielen Befragten und bei bestimmten Themen waren selbst Notizen nicht möglich; ich konnte dann erst unmittelbar nach der Unterredung die Unterhaltungen aufzeichnen.)

Jeder Wissenschaftler, er mag noch so unvoreingenommen sein, muß Bewertungen vornehmen, um zu wissen, was sich zu berichten lohnt. Meine Fragen basierten deshalb auf dem bis dahin Erfahrenen und hatten zum Ziel, meine künftigen Forschungen zu fördern. Zu diesem Zweck mußte ich auch jede Ausdrucksnuance, jede Pause und jedes Lachen als Teil einer Antwort in meinem Geist registrieren. Ich wollte alles erfahren, was in einem gegebenen Zeitraum – in diesem Fall ungefähr drei Nachmittagsstunden – nur möglich war.

Mit dem Fortschreiten meiner Befragungen begann ich Freud zu verstehen, und zwar auf eine Art und Weise, wie man das durch das bloße Lesen seiner Bücher nicht erreichen kann. Nach einer Periode ausgedehnter Befragungen stellte ich fest, daß ich auf die Mitteilung bestimmter Bemerkungen Freuds zu mir selber sagte: »Ja, das hätte er gesagt.« Ganz allmählich gelang es mir, mir Freud als Mensch vorzustellen.

Selbst wenn ich jetzt die vollständige Aufzeichnung, die ich von dieser Unterredung aufbewahrt habe, wiedergeben würde, wäre sie weit weniger lebendig, als sie in meiner Erinnerung geblieben ist. Was ich von jener so bereitwillig Auskunft gebenden Dame an einem einzigen Nachmittag erfahren habe, war sicherlich wichtig. Doch der größte Wert erwies sich darin, was meine Reaktion auf ihre Gesamtpersönlichkeit betraf. Ich wurde in die Lage versetzt, ihre Information mit den Mitteilungen, die ich in meinen anderen Befragungen erhielt, zu einem Ganzen zusammenzufügen. (Um mein Vorgehen noch weiter zu erläutern: Nach der Unterredung nahm ich noch einmal Verbindung mit der Dame auf, um eine Unklarheit, die bei mir noch übriggeblieben war, zu beseitigen und um mich zu bedanken. Sie beantwortete meine Frage und erwähnte, daß sie einer alten Freundin geschrieben und ihr empfohlen habe, mit mir zusammenzuarbeiten.)

Zu Beginn meiner Arbeit erwartete ich nicht, daß es mir gelingen würde, die Mitarbeit all der Menschen zu gewinnen, die mich schließlich empfingen. Von den Analytikern unter ihnen war allgemein bekannt, daß sie sich Außenseitern gegenüber außerordentlich abwehrend verhielten. Jede Bewegung wirkt aus der Distanz geschlossen und festgefügt, befaßt man sich aber näher mit ihr, erkennt man schnell all die Spannungen und Belastungen, die gegensätzlichen Standpunkte und rivalisierenden Anschauungen. Bei den Teilnehmern an den frühen Kämpfen für Freud und die Psychoanalyse war jedoch zwangsläufig immer noch eine gewisse Unsicherheit vorhanden, ob Freuds Platz in der Geschichte wirklich endgültig gesichert war, und sie bewahrten ein Zusammengehörigkeitsgefühl, das jeden Verrat an der Sache streng verbot. (Frühere Patienten und nicht mehr praktizierende Analytiker waren diesen Beschränkungen im großen und ganzen nicht unterworfen, da sie aus der Psychoanalyse keine Einkünfte bezogen, die sonst vielleicht gefährdet gewesen wären, wenn sie offen ihre Meinung sagten.)

Trotzdem hatten diese Menschen Motive, offen mit mir zu reden. Viele von ihnen hatten das – manchmal auch ausdrücklich geäußerte – Gefühl, daß sie eine Dankesschuld an Freud abtrugen. Ich konnte sie ohne große Mühe davon überzeugen, daß ihre Erinnerungen wertvolle historische Quellen waren. Außerdem ist das Gefühl, daß die eigene Bedeutung gewürdigt wird, nur menschlich. Es wäre verständlich, wenn bei vielen der Grund für die Zusammenarbeit darin zu finden war, daß es ihrer berechtigten Eitelkeit schmeichelte.

Die Unterhaltung mit mir gab diesen Menschen auch die Gelegenheit, manchen ihrer, bewußten und unbewußten, ambivalenten Gefühle in bezug auf ihre Verbindung mit Freud Ausdruck zu geben. Einem Außenseiter gegenüber konnten sie Ressentiments Luft machen, die lange Jahre der Pietät zurückgestaut hatten. Freud widerstrebte es, wie er später zugab, die negativen Reaktionen seiner früheren Patienten zu analysieren.[3] Freud zu schmeicheln, war unmöglich. Sich seines Rangs in der Geistesgeschichte sicher, hätte er auch die extremste Verehrung und Hochschätzung bei einem Anhänger als durch die Realität seiner eigenen Größe gerechtfertigt gedeutet.

Freuds Einstellung war verständlich. Als mißverstandenes und nicht gewürdigtes Genie und als hart arbeitender Therapeut fühlte er sich zum Anspruch auf die ungeteilte Anerkennung seiner Patienten berechtigt. Die Beziehung seiner Schüler zu ihm hatte jedoch auch eine antagonistische Seite, die sich allmählich aufbaute und gegen die Außenwelt wandte; der Feind wurde die Öffentlichkeit, die so lange Zeit Freuds Leistungen nicht genügend würdigte. Was Freud nicht analysierte, wurde auf andere verschoben, und diese nicht gedeuteten Emotionen nahmen im Laufe der Zeit enorme, erschreckende Dimensionen an. Hier kann man einen Grund dafür finden, daß Freuds Schüler sein Privatleben so streng abschirmten: Nachdem sie ihre Feindseligkeitsgefühle gegenüber Freud in Ressentiments gegen die äußere Welt umgewandelt hatten und damit ihre eigenen ambivalenten Gefühle leugneten, überschätzten sie leicht die Bereitschaft von Außenseitern, sich auf menschliche Schwächen Freuds zu stürzen.

Das Gespräch mit mir war für manche eine Lizenz, den Gefühlen des Grolls, die sie im Zusammenhang mit ihrer Beziehung zu Freud und seinem Kreis hegen mochten, Ausdruck zu geben, wenn auch nur auf indirekte Weise. Ich erkannte das erst nach einiger Zeit. Zu Beginn meiner Forschungsarbeit hatte ich einen so gewaltigen Respekt vor Freud, daß ich gar nicht auf den Gedanken kam, einige seiner Schüler könnten den Wunsch haben, mich ein weiteres Mal zu empfangen, damit wir unsere Gespräche fortsetzten. Eine Zeitlang verstärkte ihre Verehrung für Freud nur meine Hemmungen. Aber sobald ich einige Anhaltspunkte bekam, die weniger konstruktiven Seiten ihrer Bindungen an Freud zu diskutieren, konnte ich meinen Informanten behilflich sein, ihre Zurückhaltung zu lockern; zugleich verflüchtigte sich allmählich meine eigene Scheu davor, eindringlicher über Freud zu sondieren und somit einen objektiveren Kurs zu verfolgen.

Sie erkannten sofort, daß sie einen Gesprächspartner vor sich hatten, der tiefen Respekt vor Freuds Bedeutung hatte. Seine Schüler konnten kritische Bemerkungen über Freud und seine Psychoanalyse machen, weil sie fühlten, daß ich sein Genie voll würdigte und sie deshalb wohl kaum mißverstehen würde. Meine Bewunderung für Freud erstreckte sich auch auf sie, und sie müssen meine Hochachtung vor ihrem Leben und Werk gespürt haben.

Zuweilen beunruhigte mich der Gedanke, daß ich diese Menschen so weit in die Vergangenheit zurückzwang. Aber einer der liebenswertesten Aspekte ihrer Motivation, mir zu helfen, war ihr Gefühl, daß sie einen Beitrag zur Geschichte leisteten. Wenn ihre Berichte über diese weit zurückliegenden Ereignisse mithalfen, einem jungen Mann ein exaktes Bild von Freud zu geben und durch ihn alle jene zu informieren, die keinen persönlichen Kontakt mit Freud gehabt hatten, dann schien sich für sie ihr Aufwand an Zeit und Mühe zu lohnen. Die meisten von ihnen waren hochbetagt, und viele hatten sich schon teilweise zurückgezogen, fast alle waren über siebzig oder sogar über achtzig.

Die Interviews verliefen relativ ungehemmt. Um den Umfang meiner Kenntnisse deutlich zu machen und verschiedene Variationsmöglichkeiten des Gesprächs über Freud kurz anzudeuten, brachte ich im Anfangsstadium einer Befragung oft irgendeine neue Information vor, die ich kürzlich von jemand anderem erfahren hatte. Je mehr die Anhänger Freuds mich ins Vertrauen zogen, desto leichter war es sicherzustellen, daß ein Gespräch informativ sein würde. Ich war bereit, alles zu lernen, was sie mich zu lehren hatten, möglichst ohne die Einschränkungen, die aus vergangenen Fehden resultieren konnten.

Obwohl einige wenige Gespräche an der Oberfläche blieben, fanden doch im ganzen bemerkenswert intensive Gedankenaustausche statt. Für mich selber stellten sie ein erregendes geistiges Abenteuer dar. Für meine Partner waren die aufgeworfenen Fragen von wirklicher Bedeutung. Diese Interviews gingen ihnen nahe. Zwei der Befragten zum Beispiel erwähnten später, daß sie in der Nacht nach meinem Besuch nicht schlafen konnten. In beiden Fällen nahmen sie es jedoch offenbar nicht übel, daß ich das alles in ihnen aufgerührt hatte. Das Auslaufen meiner Befragungen kündigte sich durch eine Tendenz zur Umkehr unserer Rollen an; die von mir Befragten begannen, aus den Informationen und Deutungen, die ich mitbrachte, ebensoviel Neues zu erfahren, wie ich umgekehrt von ihnen erfuhr.

Die Befragungen hatten auch ihre Schwierigkeiten. Vor allem fehlte mir am Anfang eine klare Vorstellung, was ich mit dem Herausgefundenen schließlich tun würde. Wenn ich die entscheidenden Fragen schon zu Beginn gewußt hätte, wäre es ziemlich sinnlos gewesen, die Arbeit überhaupt zu unternehmen. In der Forschung wie im Leben ist es das heikelste Problem, die richtigen Fragen zu kennen. Es war ausgesprochen belastend, so sehr im dunkeln zu tappen, wie das zu Beginn bei mir der Fall war, und vergrößerte noch die Problematik, die meiner Forschungsarbeit ihrer Natur nach innewohnte.

Die von mir Befragten hatten noch weniger präzise Vorstellungen darüber, welchen Dingen das Interesse gelten sollte. Viele von ihnen waren bestrebt, die eine oder andere persönliche Einzelheit, bestimmte private Erlebnisse, die einen Historiker kaum interessieren konnten, für sich zu behalten. Es war oft schwierig, ihre Unsicherheit darüber, worauf ich eigentlich aus war, zu beseitigen, da ich mir selber darüber so wenig im klaren war. Unvermeidlich wurde ich auch mit Skandalen konfrontiert; obwohl es für mich oft wichtig war, explosives Material zu kennen, ist es doch in vielen Fällen unnötig, menschliche Mißgeschicke und Katastrophen an die Öffentlichkeit zu tragen.

Häufig wurden Dinge, über die die eine Person überhaupt nicht sprechen wollte, von einer anderen ganz ungehemmt und offen zur Sprache gebracht. Mit dem Fortschreiten meiner Befragungen entwickelte ich ein Gespür dafür, wer über eine bestimmte Sache etwas wissen würde. Mein Geschick in der Interviewtechnik machte Fortschritte, und ich lernte, auch innerhalb eines gegebenen Interviews, die Unterhaltung in eine andere Richtung zu lenken, um auf ein ergiebiges Gebiet zu kommen. Der einzelne mag es ablehnen, in dem einen Zusammenhang über bestimmte Dinge zu reden, über die man ihn in einem anderen Kontext zum Sprechen bringen kann.

Obwohl jedes Interview seine speziellen Probleme hatte, lassen sich doch bezüglich der Schwierigkeiten, auf die ich stieß, einige allgemeine Schlußfolgerungen ziehen. Für bestimmte Zwecke waren Einzelgänger meist die besten Informationsquellen, was mit einem in der soziologischen oder anthropologischen Feldarbeit wohlbekannten Prinzip übereinstimmt. Leute, die ihrer Meinung nach schlecht behandelt wurden, sind gewöhnlich bereit, über Dinge zu sprechen, die andere für indiskret halten, und Deutungen vorzubringen, die den Getreueren vielleicht als aufrührerisch gelten. Es mag jedoch sein, daß die Unzufriedenen von heute auch in der Vergangenheit am Rande standen und ihre Perspektive auf Kosten einer intimen Vertrautheit geht.

Je weniger ein Befragter über Freud und seinen Kreis wirklich wußte, desto leichter fiel es ihm, seine Gedanken für den Interviewer zu ordnen. Eine meiner Schwierigkeiten lag darin, daß einzelne dazu neigten, unaufhörlich weiterzureden. Zu Beginn einer Unterredung mußte ich einen Hinweis geben, wie viel mir bereits bekannt war, damit nicht zu viel Zeit verschwendet wurde. Hier war es oft die Erwähnung eines kuriosen oder beiläufigen Faktums, die den Gesprächspartner vermuten ließ, ich sei jemand, mit dem zu reden der Mühe wert sei, und ihn dazu bewog, aus eigener Erfahrung zu sprechen, anstatt sich bei den Antworten nach den Ratschlägen konventioneller Vorsicht und Zurückhaltung zu richten.

Am meisten wurde jenen abverlangt, die über die Geschichte der Psychoanalyse die meisten Informationen besaßen. Für sie war es am schwierigsten, ihre Erfahrungen für einen Außenseiter zu objektivieren, das Durcheinander ihrer persönlichen Erinnerungen in eine sinnvolle Ordnung zu bringen. Es fiel ihnen schwer, einfache Erklärungen vergangener Ereignisse zu akzeptieren, und sie waren gezwungen, ihr eigenes Wissen im Licht dessen, was ich ihnen vortrug, neu zu durchdenken. Bei manchen Themen fiel es ihnen sehr schwer, ihre Vorstellungen neu zu überprüfen; fast ohne Ausnahme waren sie bezüglich weit zurückliegender Aspekte der Geschichte der Psychoanalyse leichtgläubig, bezüglich des von ihnen selbst Erlebten hingegen exakt und ohne Scheuklappen. Die meisten von ihnen waren in ihren privaten Gedanken anpassungsfähiger, als man nach ihren öffentlichen Äußerungen angenommen hätte. Nicht überraschend war, daß sie aufgeschlossener gegenüber neuen Vorschlägen möglicher Erklärungen waren, wenn sie Freud besser kannten.

Meine Befragungsstrategie erforderte einen enormen Zeitaufwand. Der Hauptgrundsatz war: Je mehr ich von diesen Menschen aufnahm, desto wertvoller wären die Einsichten, die sich schließlich ergeben würden. Ich mußte viel reisen, und es war manchmal ein sehr eigenartiges Erlebnis, mehrere tausend Kilometer weit zurückzulegen, um mit einem Menschen die gleiche Diskussion wieder aufzunehmen, die ich eben mit einem anderen abgebrochen hatte. Freud hatte eine fast hypnotische Wirkung auf seine Patienten und Schüler; manche von ihnen, die weit voneinander entfernt lebten, diskutierten das gleiche Problem mit genau den gleichen Worten, und ich wußte, daß sie Freuds eigene Wendungen benützten. Die Intelligenz und emotionale Reichweite der Befragten waren unterschiedlich, aber es war in fast allen Fällen ein Vergnügen, die Gespräche zu führen. Trotzdem muß man zugeben, daß besonders die Wiener großes Geschick besitzen, zugleich charmant und sehr distanziert zu bleiben.

Der wichtigste Einschnitt in Freuds Leben, kam, so berichteten diejenigen, die Freud persönlich kannten, im Jahre 1923 – dem Jahr, als sich bei ihm die Krebserkrankung einstellte, die ihn die letzten sechzehn Jahre seines Lebens hindurch quälte und ihn allmählich zwang, sich von der Welt zurückzuziehen. Die Menschen, die Freud nach seiner Erkrankung begegneten, hatten weit weniger Umgang mit ihm als jene, die ihn früher gekannt hatten, und Freud war nach seiner Krankheit in vieler Hinsicht ein anderer Mann. Aber Psychoanalytiker, die an der Spitze der Bewegung in ihrem jeweiligen Land standen oder eine entscheidende Rolle in einem psychiatrischen Zentrum spielten oder von Freud persönlich in Analyse genommen wurden, waren – selbst wenn sie relativ spät auf der Bühne erschienen – in der Regel ausgezeichnete Informationsquellen.

Für die Menschen, die Freud kannten, so weit sie eben in das Leben und den Geist dieses reservierten Mannes eindringen konnten, mußten viele meiner Anliegen zwangsläufig fragwürdig erscheinen. Das Leben hat sein triviales Geschwätz, dessen Verzerrungen zu recht suspekt sind. Bei Freud jedoch, wie bei jeder bedeutenden historischen Persönlichkeit, muß unser Beweismaterial umfassend sein. (Freud selber beklagte sich einmal darüber, daß eine mündliche Mitteilung über Dostojewski zurückgehalten worden war: *Bibliographik und Neurosenforschung können dieser Diskretion nicht zu Dank verpflichtet sein.*[4] Da ich wußte, wie vieles in den schriftlichen Berichten über Freud absichtlich weggelassen wurde und noch viel mehr Dinge von den Menschen, die diese Ereignisse miterlebt hatten, nicht schriftlich niedergelegt sein konnten, mußte ich zu dem Schluß kommen, daß eine übergroße Ehrfurcht gegenüber dem veröffentlichten Material fehl am Platze wäre.

Ich mußte ferner davor auf der Hut sein, mich durch die Launen des menschlichen Gedächtnisses der Vergangenheit gegenüber irreführen zu lassen. Aber solange es mir möglich war, die unvermeidlich selektiven Erinnerungen meiner Auskunftspersonen anderweitig zu überprüfen, konnte ich die Nuancen des Kontaktes mit den Menschen, die direkte Verbindung zu Freud gehabt hatten, voll in mich aufnehmen. Diese Personen waren in der Lage, viel bisher Unbekanntes über die Zeitabschnitte mitzuteilen, in denen sie selber unmittelbar Beteiligte gewesen waren. Recherchen dieser Art sind leicht etwas unsystematisch und nicht frei von Exzentrischem. Aber die Alternative wäre, die Geschichte der Psychoanalyse erst dann für »seriös« zu erklären, wenn niemand mehr am Leben ist, der irgend etwas verläßlich widerlegen kann.

Eine Arbeit wie die meine kann die Privatsphäre bedrohen. Trotzdem sprachen einige Personen bereitwillig über die sexuellen Schwierigkeiten, die sie vor ihrer Analyse bei Freud belastet hatten, und viele berichteten ohne Hemmungen darüber, welche Art von Problemen bei ihrer Behandlung durch Freud aufkamen. Ich machte mich nicht auf die Suche nach Geheimnissen über die frühen Analytiker. Mein Ziel war, herauszufinden, was nicht in den Büchern stand, seien es die Einzelheiten, die festzuhalten sich niemand die Mühe gemacht hatte, seien es Dinge, die man damals für so selbstverständlich nahm, daß man sie der Aufzeichnung nicht für wert hielt. Irgendwie jedoch verzahnte sich die Suche nach dem Unausgesprochenen mit dem Aufspüren des bewußt Zurückgehaltenen. Es wurde schon bald deutlich, daß viele Informationen nicht in den Büchern standen, weil bestimmte Leute sie nicht darin haben wollten.

Bei einigen von Freuds Schülern scheiterten meine Versuche, eine Unterredung zustande zu bringen; aus den verschiedensten Gründen war es nicht möglich, ihre und meine Zeitpläne in Übereinstimmung zu bringen. Bei denen, die bereit waren, mich zu empfangen, stieß ich nur in einem einzigen Fall auf eine undurchdringliche Mauer der Abwehr. Diese Unterredung mit einem alten Wiener Analytiker nahm einen verheerenden Verlauf. Er war so pietätvoll, daß in seinem Wartezimmer ein Strauß frischer Blumen vor einem Stich Freuds stand. Ich hielt die Frage, mit der ich das Gespräch eröffnete, für so harmlos wie nur möglich: »Wann schlossen Sie sich der Wiener Vereinigung an?« Er erwiderte, das gehe mich überhaupt nichts an, er werde mir das nicht sagen. Das weitere Gespräch war ungefähr gleich ergiebig. »Sie werden unsere Geheimnisse nicht herausbekommen!« rief er einmal aus. Es erschien mir auffallend, daß er trotz dieses Verhaltens zugestimmt hatte, mich zu empfangen. Aber dank meiner Hartnäckigkeit und der Intervention einer seit langem mit ihm befreundeten ebenfalls von mir befragten Person empfing er mich noch ein weiteres Mal. Und diesmal gelang es mir, ein paar Antworten auf einige dringliche Fragen zu erhalten. Überhaupt hing manchmal über meinen Interviews ein gewisses Gefühl des Unbehagens, das man dahin zusammenfassen könnte, daß die Befragten von dem Gefühl beherrscht waren: »Was haben Sie herausbekommen?«

Vielleicht war das wertvollste Ergebnis meiner Befragungen einfach die Tatsache, daß ich diese Menschen kennenlernte. Für mich verlieh die Bekanntschaft mit den Menschen, die ein Teil der Geschichte waren, den veröffentlichten Berichten Glaubwürdigkeit und menschliche Bedeutung. Der Kontakt mit ihnen lieferte meinem Geist Modelle für das Verständnis des in der Vergangenheit Geschehenen. Ganz allmählich trat ein plastisches Gefühl von Wirklichkeit an die Stelle dessen, was in den Büchern so flach gewirkt hatte.

Der Sinn dieser Menschen für Geschichte und ihr Gefühl dafür, was diese Interviews für mich bedeuten konnten, umfaßte eine breite Skala der Differenziertheit. Manche betrachteten alles, was zum Bereich ihres persönlichen Wissens gehörte, als »privates« Material, das nicht in Bücher gehörte. Während fast alle das Stop-Zeichen »persönlich« benützten, wenn wir uns Dingen näherten, die sie ausklammern wollten, waren einige sanfte und wohlmeinende Gemüter bestrebt, alles im günstigsten Licht erscheinen zu lassen. Das Gegengewicht bildeten jedoch jene unangenehmeren Typen, die für niemanden ein gutes Wort übrig hatten.

Viele waren mit der einschlägigen Literatur weit weniger vertraut, als man unbefangenerweise erwartet hätte: Eine der befragten Personen hatte nur ein paar Seiten der Biographie von Jones gelesen, andere hatten nur einen der drei Bände gelesen. Wiederum war die Frau, deren Befragung ich teilweise beschrieben habe, so fleißig, daß sie ein Buch las, von dem sie annahm, daß ich darüber Fragen stellen würde. Einige waren sich darüber im klaren, daß ich von ihnen nur ihre persönliche Version des Geschehenen erwarten konnte. Bei anderen verliehen der Zeitabstand und die Veränderungen in der psychiatrischen und psychoanalytischen Gedankenwelt ihren Berichten über die Vergangenheit oft ein gewisses Maß an Objektivität. Wie es eine Analytikerin ausdrückte, blickte sie durch zwei Fenster auf ihre Vergangenheit:

durch das eine, als sie zu dem Kreis um Freud gehörte – und durch das andere jetzt, als sie von all dem entfernt war. In fast allen Fällen war jedoch, auch wenn die Befragten einen hochentwickelten Sinn für Geschichtsschreibung besaßen, der Kontakt zwischen uns einfach auf der Grundlage dessen möglich, worauf die Geschichte der Psychoanalyse eigentlich hinauslief.

Als Freud sich im letzten Jahrzehnt des neunzehnten Jahrhunderts daran machte, die Rolle der verdrängten Gefühle und vor allem der verdrängten Sexualität bei der Entstehung der Neurose zu beschreiben, war er der Meinung, nichts seinem Wesen nach Neues zu berichten. Als eine der Maximen seines Lehrers zeigte, daß der Ältere bereits die Rolle der sexuellen Frustration kannte, dachte Freud: *Ja, wenn er das weiß, warum sagt er das nie?*[5] Freuds Pflichtgefühl gegenüber der Wissenschaft schloß ein, daß alle wesentlichen Erkenntnisse zugänglich gemacht und benützt werden sollten. Unter den Schülern Freuds war über die Unzulänglichkeiten wie über die Vorzüge seiner Methode eine Menge bekannt; aber viele von diesen Informationen wurden der allgemeinen Öffentlichkeit nicht mitgeteilt. Freud ist so sehr zu einer Heldenfigur geworden, daß viele keine Diskussion über die menschlichen, persönlichen Quellen seines Beitrags zur Geschichte haben wollen. Freud selber war ein Revolutionär in der Welt der Ideen, ein eingefleischter Gegner von Lügen und Heuchelei. Und in diesem Geist versuchte er seine Arbeit voranzutreiben.

Indem ich das von mir zusammengetragene Material über Freud und seinen Kreis, soweit als nur irgend möglich, veröffentliche, versuche ich, meine Darstellung mit nicht allzu vielen Interpretationen zu belasten. Ich möchte hoffen, daß die durch meine Nachforschungen aufgedeckten Informationen andere dazu anreizen, Grundprobleme neu zu durchdenken, ja auch zu Folgerungen zu kommen, die von meinen eigenen abweichen. Mein Ziel war, nicht das »Geheimnis« des Genies von Freud zu finden, sondern die Geschichte seiner Beziehung zu seinen Anhängern aufzuzeigen. Wir alle sind Schüler Freuds. Durch die Aufgabe unserer unrealistischen Versionen der Vergangenheit können wir mehr Zuversicht in unsere Fähigkeit gewinnen, in der Gegenwart zu leben.

Sigmund Freud, 1938

I.
Die mündliche Überlieferung in der Psychoanalyse

Sigmund Freud mit Sándor Ferenczi, der 1927 im Dienst der ungarischen Armee stand

1.1. Die Legende Freud

Sigmund Freud, unzweifelhaft einer der größten psychologischen Denker der Geschichte, hat eine Revolution unseres Selbstverständnisses hervorgerufen. Seine Ideen haben unsere Welt auf so vielerlei Weise – offenkundig und mehr verdeckt – durchdrungen, daß es keines Glaubensbekenntnisses bedarf, um seine Bedeutung anzuerkennen.
Natürlich sind die Auseinandersetzungen um Freuds Werk noch immer im Gange. Aber während die Kritiken an seinen Theorien personalisiert und genau etikettiert sind, ist die Übernahme mancher Teile seines Gedankensystems so weit verbreitet, daß sie fast anonym geworden ist.[1] Er entdeckte für die Wissenschaft die Sinnhaftigkeit des Traumlebens und legte damit die Mechanismen bloß, mit deren Hilfe wir uns gewohnheitsmäßig selbst täuschen. Durch eine Reihe von Konzeptionen über unser unbewußtes Leben – wie Übertragung, infantile Sexualität, Aggression, Abwehr, Identifikation, Regression – und mit Hilfe der Methode der freien Assoziation hat Freud unser Menschenbild verändert. Selbst wenn wir seine Bedeutung sehr vorsichtig einschätzen, bleibt doch ein Mann, dessen Irrtümer zu korrigieren so lange Zeit gebraucht hat, eine beherrschende Gestalt in der Geistesgeschichte.
Nur wenige werden bestreiten, daß die Psychoanalyse im Sinne der äußeren Geltung ungeheuer erfolgreich war. In Amerika waren und sind die Psychoanalytiker führende Persönlichkeiten des Berufsstandes der Psychiater*, sie erhalten die höchsten Honorare, und die Ehrgeizigen unter den Therapeuten entscheiden sich für diese Fachrichtung. Die Männer und Frauen jedoch, denen die Entwicklung der Psychoanalyse am Herzen lag, haben vielfältige Enttäuschungen erlebt. In den Anfängen der Psychoanalyse als einer Bewegung waren so viele schöpferische Menschen beteiligt, und ihre Ziele waren so hochgespannt, daß ein gewisses Maß an Desillusionierung unvermeidlich war.
Die Psychoanalyse begann mit der kühnen Hoffnung, uns von unseren psychischen Konflikten befreien zu können. Ihre Geschichte verzeichnet jedoch eine ganze Serie von Rückzügen in ihren Ansprüchen auf therapeutische Wirksamkeit. Ursprünglich hatte Freud die Absicht, die Tiefenpsychologie auf alle Wissenschaftszweige anzuwenden, deren Gegenstand der Mensch ist. Inzwischen jedoch begnügen sich die Psychoanalytiker weitgehend damit, ihren Beruf als eine ärztliche Spezialität zu betrachten. Während Freud und seine unmittelbaren Anhänger in ihren Erwartungen und Versprechungen radikal waren und sich als Widersacher der konventionellen Gesellschaft betrachteten, hat der Erfolg jetzt eine ganz andere Gruppe von Psychoanalytikern hervorgebracht.

---

* Es sei hier wiederholt, was schon die Übersetzer der beiden anderen deutsch erschienen Bücher von Roazen angemerkt haben: In den USA schließt der Begriff Psychiatrie auch Psychoanalyse und Psychotherapie ein. – Anm. d. Übersetz.

Im alten Wien hatten die Psychoanalytiker ein unsicheres Einkommen und geringes gesellschaftliches Ansehen. Ja, einige von Freuds Schülern mußten für ihre neuen Überzeugungen einen hohen Preis bezahlen, nämlich auf eine akademische Laufbahn im Bereich der Psychiatrie verzichten. Aber sie hatten ihren eigenen Stolz, der auf ihrer kühnen Bewertung der Lehren ihres Meister beruhte. In Amerika hingegen, wo die Mehrzahl der Psychoanalytiker heute lebt, reiht sie ihr Beruf finanziell und gesellschaftlich automatisch in die Klasse der bürgerlichen Oberschicht ein. Es überrascht deshalb nicht, daß die amerikanischen Psychoanalytiker in ihrem Berufsdenken in der Regel konservativer sind und ihnen die kühne Gesinnung fehlt, von der ihre Ahnväter beseelt waren.

Es ist verlockend, jene frühen Zeiten im Rückblick als eine heroische Ära zu betrachten. Selbst wenn man die Möglichkeit einer Romantisierung der Vergangenheit abzieht, muß man sagen, daß die Psychoanalyse als Arbeitsgebiet heute unfähig ist, Leute von der Originalität und, man muß es sagen, von der Undiszipliniertheit anzuziehen, wie sie jene besaßen, die sich ihr vor einem halben Jahrhundert anschlossen. Man braucht nur die Mitgliederlisten der Wiener und der Berliner psychoanalytischen Gruppen durchzusehen, um einen Eindruck davon zu bekommen, wie hoch der Qualitätsdurchschnitt damals gewesen sein muß.* Als Hitler an die Macht kam, begannen die Analytiker auf dem Kontinent in die Freiheit zu fliehen; die meisten von ihnen ließen sich schließlich in Amerika nieder. Während sie in Europa Mitglieder einer Untergrundbewegung waren, Leute, die von der akademischen Psychiatrie und von Positionen an der Universität ausgeschlossen waren, wurden sie in Amerika sehr schnell zu angesehenen Persönlichkeiten in der Psychiatrie und stiegen zu hochgeachteten Stellungen in der Welt des Geistes auf.

Für die Ankunft der europäischen Analytiker in den Vereinigten Staaten war der Weg gut vorbereitet; die Ideen Freuds waren bereits im Begriff, sich in der Psychiatrie wie auch in Laienkreisen durchzusetzen. Das überlegene begriffliche Denken der Europäer im Verein mit ihrer speziellen therapeutischen Erfahrung und ihre Hingabe an eine gemeinsame Sache rückte sie in die vorderste Linie der amerikanischen Psychiatrie. Es war in der Welt der Psychiatrie ungefähr so, als hätte Napoleon seine Marschalle ausgesucht und über das ganze Land verstreut, um in Außenposten die Macht auszuüben.

Psychoanalytiker, die in Wien oder Berlin eine relativ unbedeutende Rolle gespielt hatten, wurde in Amerika Chefärzte psychiatrischer Krankenhausabteilungen. Autoren, die sich früher am Rande der psychoanalytischen Gemeinschaft befunden hatten, fanden für ihre Arbeiten ein aufnahmebereites amerikanisches Publikum. Inner-

---

* Zum Beispiel zählt das Mitgliedsverzeichnis der Wiener Vereinigung in den frühen 30er Jahren folgende Namen auf: August Eichhorn, Lou Andreas-Salomé, Edward Bibring, Helene Deutsch, Erik Erikson, Paul Federn, Anna Freud, Heinz Hartmann, Ernst Kris, Hermann Nunberg, Wilhelm Reich, Theodor Reik und Paul Schilder. Um 1930 hatte die Berliner Vereinigung als Mitglieder Franz Alexander, Otto Fenichel, Erich Fromm, Frieda Fromm-Reichmann, Georg Groddeck, Karen Horney, Melanie Klein, Sandor Rado, Hanns Sachs und René Spitz.

halb der psychoanalytischen Ausbildungszentren selbst arbeiteten die Europäer gemeinsam mit den amerikanischen Analytikern, die seinerzeit nach Europa gegangen waren, um mit ihnen zusammen zu studieren. Amerikanische Psychiater, die sich früher gegen eine psychoanalytische Ausbildung gewehrt hatten, waren jetzt begierig darauf, von dieser kleinen Gruppe von Freuds Schülern zu lernen.

Für den Erfolg der Psychoanalyse in Amerika waren viele Faktoren verantwortlich. Gewisse wohlbekannte amerikanische Charakterzüge – Optimismus und der Glaube an den Individualismus – müssen zur Akzeptierung einer Therapie beigetragen haben, die sich auf die Hoffnung gründete, daß die Menschen sich durch eigene Bemühung ändern können. Eine Kultur, in deren Mittelpunkt das Kind stand, reagierte begeistert auf den Gedanken, daß kindliche Muster das Erwachsenenverhalten beeinflussen, und auf die Tendenz zur Idealisierung kindlicher Spontaneität gegenüber den Beschränkungen der Zivilisation. Der Wohlstand und die Muße Amerikas und das Fehlen einer geschlossenen nationalen Kultur müssen der Psychoanalyse gleichfalls förderlich gewesen sein; eine ärmere Gesellschaft oder eine Gesellschaft mit straffer institutionalisierten Bildungszentren wäre einem neuen Einfluß wie dem Freuds gegenüber weniger aufgeschlossen gewesen. Und da Amerika eine Nation von Einwanderern ist, abgeschnitten von fremden Wurzeln, muß jeder Amerikaner als Ausgleich für die Ungewißheit seiner kollektiven Vergangenheit eine individuelle Geschichte konstruieren. Schließlich fehlte den Amerikanern, im Gegensatz zu den Franzosen oder den Schweizern, eine eigene blühende psychiatrische Tradition. Und es braucht nicht besonders betont zu werden, daß die Qualitäten dieser Anhänger Freuds das Ihre dazu beitrugen, ihren immensen Erfolg zu sichern.

Da die Schüler Freuds, die mithalfen, jene Lehren zu verbreiten, die die Meinung der Welt über die menschliche Psyche verändern sollten, einen so mächtigen Einfluß auf das kulturelle Leben des zwanzigsten Jahrhunderts und auf die moderne Psychiatrie hatten, ist es besonders interessant, Einblick zu bekommen, was es für sie bedeutete, dem Meister nahe zu stehen. Schaut man auf andere historische Lehrer-Schüler-Beziehungen zurück, so ist es schwer, ein Muster daraus abzuleiten, das für alle gelten würde. In jüngerer Zeit hatte Ludwig Wittgenstein seine Gruppe treu ergebener Anhänger. Früher hatten Karl Marx und Jeremy Bentham ihre Schülerkreise; in der Antike waren Plato und Aristoteles von Schülern umringt.* Selbst im heutigen akademischen Leben stellen wir fest, daß ein anerkannter Lehrer in der Regel eine Anhängerschaft um sich schart. Die Beziehung zwischen Lehrer und Schüler, die Art und Weise, wie der letztere lernt und wächst, die Frustrierung und Erstickung einer Begabung – alle diese Dinge sind so wenig bekannt, und es gibt so wenig allgemein anerkannte Meinungen darüber, daß daraus keine Patentrezepte für das Verständnis Freuds und seiner Schüler abgeleitet werden können.

* Fritz Wittels schrieb über die Bücher Freuds: »Wir verstanden die Bedeutung der Arbeiten genau und fühlen uns so auserwählt wie die Schüler des Aristoteles, bevor dessen Arbeiten in die Massen gedrungen waren.«[2]

Freud war ein Lehrer, der zu begeistern verstand, einer von der Art der griechischen Philosophen oder eines großen Rabbi. Seine Schriften, seine Vorlesungen und seine Therapie verstärkten noch die magnetische Anziehungskraft seiner Persönlichkeit, hielten seine treuen Anhänger in seinem Bann; nicht nur zu Lebzeiten, sondern auch heute noch, über dreißig Jahre nach seinem Tod, trifft das zu. Und obgleich historische Parallelen zu der Beziehung zwischen Freud und seinen Schülern diese letzten Endes doch einzigartige Erfahrung nicht völlig erhellen können, erinnern sie uns doch daran, daß Jüngerschaft, ein normaler Teil des Lernprozesses, in Zeiten des Schöpfertums immer wieder anzutreffen ist.

Freuds Beziehung zu seinen Schülern und seine eigene Erfahrung als Lernender waren offensichtlich wichtig für ihn, denn er sprach wiederholt darüber. In seinen Aufsätzen und Büchern über die Entwicklung der Psychoanalye berichtete Freud, wie er seine Entdeckungen machte, und benannte die Lehrer, die für seine Arbeit entscheidend waren. Und er erzählte wieder und wieder die Geschichte seiner abtrünnigen Schüler, die sich als unwürdige Verbündete und treulose Anhänger erwiesen hatten.

Freud brachte es fertig, daß seine eigene Version dieser Kämpfe in die historischen Darstellungen einging, bevor das irgend jemand anderem besonders wichtig erschien. Er kannte die Macht der Legende. Selbst Patienten, die ihn zur Behandlung aufsuchten, von denen ganz zu schweigen, die zur Ausbildung zu ihm kamen, erzählte Freud die Saga von den Ursprüngen und Kämpfen seiner frühen Ideen.[3] Wenn Freud noch zu Lebzeiten zur lebenden Legende wurde, so hatte er selbst zu den Geschichten, die ihn mehr und mehr umwoben, beigetragen.

Zur gleichen Zeit war Freud bestrebt, zwischen seiner eigenen Persönlichkeit und der von ihm entdeckten Wissenschaft zu unterscheiden. Wenn er über die Anfänge seiner Laufbahn schrieb und sprach, dann nicht einer kleinlichen Selbstglorifizierung wegen, sondern um des größeren Zieles willen, die Methoden der Psychoanalyse in der Welt zu etablieren. Freud war zu Recht der Meinung, daß die psychoanalytischen Konzepte im Kontext ihrer historischen Entwicklung verstanden werden müssen. Er wollte, daß die Menschen sich an die Irrtümer seiner »abweichenden« Schüler erinnerten, damit ihre Fehler nicht wiederholt würden. Aber Mythologisierung und Legendenspinnen kann ungerecht und irreführend sein. Freuds Schwierigkeiten waren nicht bloß wissenschaftlicher Art, sondern auch charakterbedingt. Obwohl er die Geschichte seiner Ideen als ein unerbittliches Voranschreiten der Wissenschaft darstellte, war sie in Wirklichkeit durch eine höchst persönliche Komponente gefärbt.

In einem gewissen Sinn war Freud über den Ursprung seiner Konzeptionen in seiner eigenen persönlichen Erfahrung offenherzig. *Die Traumdeutung* ist eine der großen autobiographischen Untersuchungen in der Geschichte der Menschheit. Freud befaßt sich darin ausgiebig mit seinem Innenleben, um ein für uns alle gültiges psychologisches System zu konstruieren. Zugleich versuchte er jedoch, eine deutliche Trennungslinie zwischen seinem Zweck und seiner Persönlichkeit zu ziehen. Die Psychoanalyse war seine eigene Schöpfung; er wollte jedoch darauf beharren, daß die Kämpfe seiner Anfangszeit nicht persönliche Biographie seien, sondern die Geschichte einer neuen Wissenschaft. Deshalb war er bestrebt, der biographischen Spekulation über ihn selbst Grenzen zu setzen. *Es scheint mir*, schrieb er in einem Brief von 1923, *daß die Öffentlichkeit kein Anrecht an meine Person hat und auch nicht an mir lernen kann . . .*[4] Und 1935, vier Jahre vor seinem Tod, schrieb er bitter über Einmischungen in sein Privatleben:

Was sonst meine persönlichen Verhältnisse . . . betrifft, so hat die Öffentlichkeit kein Recht, mehr davon zu erfahren . . . Ich bin . . . in einigen meiner Schriften offenherziger und aufrichtiger gewesen . . . als Personen zu sein pflegen, die ihr Leben für die Mit- oder Nachwelt beschreiben. Man hat mir wenig Dank dafür gewußt; ich kann nach meinen Erfahrungen niemand raten, es mir gleichzutun.[5]

Es hat nur wenige Gebiete gegeben, auf denen ein einziger Geist die Szene stärker beherrscht hat, und noch weniger, wo die persönlichen Eigenschaften des Gründers eine entscheidendere Rolle spielten. Es dürfte deshalb nicht überraschen, daß einer von Freuds Anhängern es unternahm, eine offizielle Biographie Freuds zu schreiben. Ernest Jones hatte sich schon seit einigen Jahren um diesen Auftrag bemüht.[6] Das Widerstreben der Familie Freud, der bekannten Abneigung ihres Vaters gegen eine Biographie zuwider zu handeln, wurde schließlich dadurch überwunden, daß zahlreiche unautorisierte Studien erschienen, die ein Bild entwarfen, das seine Anhänger für irreführend ansahen.[7] Was immer auch Freud gegen eine Biographie von ihm selbst eingewandt hat, er hat uns auch gelehrt, die Vergangenheit wegen der Kontrolle zu respektieren, die sie über die Zukunft ausüben kann. Kulturen leben von Mythen über ihre Geschichte, und Freud verstand das Bedürfnis des Menschen, auf die Erfahrung in Gestalt feststehender Symbole zu reagieren. So versuchte Jones mit voller Unterstützung der Familie Freud, die Macht der historischen Rekonstruktion geltend zu machen.

Niemand, der Freuds Leben oder die Geschichte der Psychoanalyse studiert, kann Jones die Anerkennung für seine Leistung versagen, die er trotz nachlassender Gesundheit vollbrachte. Es gelang ihm, in seinen Büchern eine Darstellung von Freuds Leben und Kämpfen zu geben, deren Faszination bleiben wird. Jones' Leistung ist für die Geschichtsschreibung allgemein lehrreich. Wie andere offizielle Biographen hatte er Einsicht in Teile von Freuds Korrespondenz, die man aus Gründen des Taktes wie der Zensur noch auf Jahrzehnte hinaus nicht freigeben wird. Jones brachte in seiner Biographie eine Fülle wertvoller Einzelheiten. Er war so gründlich, daß er alle einschüchterte, die nach ihm schreiben. Zu den Maßstäben des Rangs einer Biographie kann man die Länge der Zeit rechnen, die es braucht, sie zu überholen, und das Maß an Energie, das man aufwenden muß, um über ihre Deutungen hinauszugelangen. Und doch hat Jones' Werk seine Grenzen. Trotz des gegenteiligen Eindrucks, den der

Leser der Biographie gewinnen könnte, war Jones' eigene Beziehung zu Freud relativ distanziert. Zunächst einmal war Jones Nichtjude, und Freud konnte Nichtjuden gegenüber mißtrauisch sein. (Er konnte auch ihre Unterstützung überbewerten, was die andere Seite der Medaille ist.) Ferner lebte Jones in London und war deshalb, was die Vorgänge in Wien betraf, ein Außenseiter. In der Politik der psychoanalytischen Bewegung hingegegen stand Jones in enger Beziehung zu Freud. Alles in allem jedoch fehlte Jones das intuitive psychologische Talent jener Menschen, die Freud um der Zukunft der Psychoanalyse willen liebte und besonders hoch schätzte. In der Gruppe der sechs Männer, die Freud um die Zeit des Ersten Weltkriegs für die Aufgabe auswählte, die Sache der Psychoanalyse voranzutreiben (Jones, Sandor Ferenczi, Otto Rank, Karl Abraham, Hanns Sachs und Max Eitingon), würde Jones, was die Originalität seiner psychoanalytischen Beiträge betrifft, nicht weit oben rangieren. Sein spezielles Talent lag in der Popularisierung der Ideen Freuds und in der Förderung der Bewegung als Organisation.

Die Geschichtsschreibung ist dem Zufall unterworfen. Jones lebte am längsten von diesen sechs Männern, und als Überlebender hatte er das letzte Wort. Seine Feder war unermüdlich und seine Fähigkeit zu hassen beträchtlich. Sein Ansatz bei der Beschreibung von Freuds Leben war zu dogmatisch, um alle Komplexitäten eines Mannes wie Freud voll erfassen zu können. Wie Jones etwas selbstgerecht behauptete: *Ich versuchte, so unparteiisch wie möglich die starken wie die schwachen Züge in seiner Persönlichkeit wie die der Menschen, mit denen er am meisten zu tun hatte, darzustellen. Da es viele Kritiken an Freuds Beziehung zu anderen Menschen gegeben hat, war das ein Gegenstand, wo nichts als die volle Wahrheit, sei sie gut oder schlecht, meine Aufgabe rechtfertigen konnte.*[8] Jones verlockte die Illusion, er – oder irgend jemand anderer – könne die endgültige Version von Freuds Leben schreiben. Durch die Veröffentlichung umfangreicher Auszüge aus Freuds Briefen hoffte Jones, alle Versuche, den Briefwechsel Freuds vollständig zu veröffentlichen, blockieren zu können.[9]

Merkwürdigerweise ist die Biographie von Jones psychologisch nicht sehr raffiniert. So akzeptierte Jones zum Beispiel ohne Einschränkung Freuds eigene Darstellung seiner Kindheit und seiner Beziehung zu seinen Eltern, trotz aller Beweise dafür, daß jeder, wenn auch in unterschiedlichem Maß, in seinem Selbstverständnis perspektivischen Täuschungen unterliegt. Und Jones betrachtete Freuds Kämpfe mit seinen Schülern stets vom Blickpunkt des Meisters selbst aus; mit anderen Worten, Jones ließ die Perspektive der Schüler, die um ihre Selbsterfüllung rangen, völlig außer Betracht. Jones schrieb ausnahmslos mit einem festen Satz unbewußter Tabus. Bei der Darstellung des Lebens jedes anderen Menschen wäre es ihm leichter gefallen, die Einsichten anzuwenden, die Freud uns hinterlassen hat. (Von welchem anderen Menschen hätte Jones verkündet, daß er im Alter von fünfundvierzig Jahren *völlige Reife*[10] erreicht hatte, was immer das bedeuten mag?)

Jones hat allerdings auf eine Reihe von neurotischen Zügen in Freuds Leben hingewiesen, von denen viele vorher unbekannt waren; das Material über Freud umfaßt heute wohl die tiefschürfendsten und präzisesten Daten, die je über einen Menschen zusammengetragen wurden.[11] Aber alles, was Jones an Neurotischem fand, trennte er von Freuds Beziehungen zu anderen Menschen ab. Zum Beispiel sah Jones Freuds menschliche Schwächen nie für so wichtig an, wie die ungelösten emotionalen Probleme seiner Schüler. Andere in Freuds Kreis hatten die gleichen Scheuklappen wie Jones. Sie hatten das Bedürfnis, Freud als den Meister der Konflikte zu sehen, die in ihr eigenes Leben eingreifen konnten.

Man würde denken, daß Freuds Schüler bereits praktisch alles geschrieben haben müßten, was über die Anfangszeiten der Psychoanalyse gesagt werden kann. Und es ist richtig, daß eine Flut von Material über die Geschichte der Psychoanalyse erschienen ist. Aber von Freuds Schülern haben relativ wenige über ihren Umgang mit ihm geschrieben. Beim Studium der Geschichte tut man gut daran, in Erinnerung zu behalten, wer sich schriftlich geäußert hat und wer es vorzog, zu schweigen.

Diejenigen, die über Freud schrieben, taten es in der Regel, als sie sich in einer Randposition oder in einiger Distanz zum Meister selbst befanden. Eine zeitliche oder räumliche Trennung war dabei offenbar hilfreich, wie auch der »Abfall« aus den Reihen der Freudschen Psychoanalyse. Jene, die schwiegen, waren manchmal gerade die, die Freud am nächsten gestanden hatten. Es überrascht nicht, daß es ihnen besonders schwer fiel, über die tief bewegenden Erfahrungen zu schreiben, die sie durchlebt hatten. Freud war so sehr Teil ihres Lebens geworden, und dieser Teil war zu etwas so Heiligem geworden, daß der Versuch, die emotional befrachtete Beziehung auf dem Papier zu objektivieren, wie ein Frosthauch das Lebendige in den Erinnerungen selbst vernichtet hätte.

Noch andere Hindernisse hielten die Schüler Freuds davon ab, über ihn als Person zu schreiben. Bis zu einem gewissen Grad bedeutete Loyalität gegenüber Freud, daß man seinen Wunsch respektierte, sein Privatleben für sich zu behalten. Und um die Wertschätzung ihrer Kollegen zu bewahren, durften die Analytiker von ihrer Verbindung mit Freud nur mit aller Vorsicht Gebrauch machen. Seine Schüler würden mit Sicherheit versuchen, alle Deutungen zu unterdrücken, die sie für anstößig hielten. Ein noch fundamentaleres Hindernis für potentielle Autoren war vielleicht der Umstand, daß sie gezwungen gewesen wären, in mehr oder weniger großem Umfang ihr eigenes Privatleben bloßzulegen. In der ganzen Geschichte der Psychoanalyse vermischen sich Wissenschaftliches und Persönliches so sehr, daß es schwierig ist, über das eine zu sprechen, ohne in eine Erörterung des anderen einzutreten.

Jeder, der über Freud seit seinem Tod geschrieben hat und der innerhalb der psychoanalytischen Bewegung in gutem Ansehen stand, mußte sich bei seiner Arbeit ständig vor Augen halten, daß ihm Freuds jüngste Tochter Anna über die Schulter blickte. Sie sah Jones' Bücher über ihren Vater Zeile für Zeile durch; ohne ihre Hilfe und Mitarbeit wäre er mit seiner Arbeit nicht weiter vorangeschritten. Aber die Familien großer Männer haben schon oft gehofft, sie könnten zwei gegensätzliche Dinge zugleich erreichen: ihrem Helden den verdienten Platz in der Geschichte zukommen lassen und ihn doch innerhalb der Familiengrenzen halten. Es stellt sich jedoch unweigerlich heraus, daß es unmöglich ist, einem Menschen seinen festen Platz in der Geschichte zu geben, ohne sein Privatleben bloßzustellen.

Freud selber hatte über diesen Punkt keinerlei Illusionen. Als Arnold Zweig vorschlug, Freuds Biograph zu werden (was unvermeidlich zur Folge gehabt hätte, die Diskussion über einige der berühmten öffentlichen Auseinandersetzungen in Freuds Laufbahn von neuem zu eröffnen), erwiderte Freud zutiefst erschreckt:

Sie, der so viel Schöneres und Wichtigeres zu tun hat, der Könige einsetzen kann und die gewalttätige Torheit der Menschen von einer hohen Warte her überschauen. Nein, ich liebe Sie viel zu sehr, um solches zu gestatten. Wer Biograph wird, verpflichtet sich zur Lüge, zur Verheimlichung, Heuchelei, Schönfärberei und selbst zur Verhehlung seines Unverständnisses, denn die biographische Wahrheit ist nicht zu haben, und wenn man sie hätte, wäre sie nicht zu brauchen.
Die Wahrheit ist nicht gangbar, die Menschen verdienen sie nicht, und übrigens hat unser Prinz Hamlet nicht recht, wenn er fragt, ob jemand dem Auspeitschen entgehen könnte, wenn er nach Verdienst behandelt würde?[12]

Freud sagte nicht nur voraus, was aus biographischen Studien über ihn werden würde, sondern verstand auch, wie parteiisch die Geschichte sein kann. Wie er einmal über die Anfänge eines Gruppenbewußtseins schrieb:

Es war unvermeidlich, daß diese Vorgeschichte eher ein Ausdruck der Meinungen und Wünsche der Gegenwart als ein Abbild der Vergangenheit wurde, denn vieles war von dem Gedächtnis ... beseitigt, anderes entstellt worden, manche Spur der Vergangenheit wurde mißverständlich im Sinne der Gegenwart gedeutet, und überdies schrieb man ja nicht Geschichte aus den Motiven objektiver Wißbegierde, sondern weil man auf seine Zeitgenossen wirken, sie aneifern, erheben oder ihnen einen Spiegel vorhalten wollte.[13]

Bei der Deutung der schriftlichen Berichte über Freud muß man die Verläßlichkeit und die Position der Zeugen in Betracht ziehen, die unbewußten Hemmungen in ihrem Denken wie auch ihre möglicherweise parteiischen Zielsetzungen. Dazu kommt jedoch noch, daß Anna Freud bewußt (und wohl verständlicherweise) ihren Vater schützen wollte; ihr Widerstreben, seine Manuskripte zugänglich zu machen, kann sowohl eine legitime Angst vor Ausbeutung, als auch den Wunsch reflektieren, ihre Zeit der wissenschaftlichen Zukunft der Psychoanalyse zu widmen. James Strachey teilte ihre Ehrfurcht vor dem Gedächtnis ihres Vaters und legte deshalb seiner unschätzbaren *Standard Edition* von Freuds Werken die veröffentlichten Fassungen seiner Schriften zugrunde; von sehr wenigen Ausnahmen abgesehen zog Strachey die im Besitz Anna Freuds befindlichen Manuskripte nicht heran.[14] Andere Schüler ihres Vaters legten ihr Kopien ihrer Manuskripte routinemäßig vor der Veröffentlichung vor; und einige Aufsätze wurden auf ihren Wunsch zurückgezogen.[15] Anna Freuds Position in der modernen Psychotherapie, als Theoretikerin wie als Klinikerin, ist inzwischen unangreifbar geworden; sie ist heute so gut wie unbestritten die führende Kindertherapeutin in der Welt. Ihr Entgegenkommen und ihr Takt jedoch grenzten, soweit es ihren Vater betrifft, an historische Naivität.

Da Freuds in Englisch geschriebene Briefe an Jones stilistisch nicht geschliffen genug oder grammatikalisch völlig einwandfrei waren, meinte Anna Freud, es sei richtig, die störendsten Fehler zu korrigieren.[16] Strachey ließ jedoch über ihren Vorschlag einen Protestschrei an Jones los; wenn sie schon anfangen wollten, die Werke des alten Mannes zu verbessern, sagte Strachey, dann hätte er eine Reihe eigener Vorschläge vorzubringen.[17] Es gibt leider kaum eine Möglichkeit, festzustellen, wo Anna Freuds Vorstellungen von dem, was billigenswert sei, die Briefe ihres Vaters verändert haben. Zum Beispiel kam sie mit Jones überein, die abfälligen Bemerkungen ihres Vaters über Amerika wegzulassen.[18] Diese Art von Taschenspielerei macht es schwer, Jones' Anspruch, sein Ziel sei gewesen, die ganze Wahrheit zu sagen, nicht in Frage zu stellen. Obwohl Jones in seiner Biographie zu außergewöhnlicher Aufrichtigkeit fähig war, konnte er am Ende nicht umhin, an den Täuschungen mitzuwirken, die Freud selbst vorhergesehen hatte.

Andererseits war die Familie Freud, mit Anna an der Spitze, nicht ohne Wagemut, als sie, so kurz nach Freuds Tod, die Publikation der jetzt erschienenen Veröffentlichungen förderte. Die Familie irgendeines anderen bedeutenden Mannes hätte sich leicht sehr viel ablehnender gegen die Einmischungen von Außenseitern verhalten können. Freud selbst hatte beispielsweise nicht gewollt, daß seine private Korrespondenz mit seinem Freud Fließ veröffentlicht wurde, aber die Familie förderte trotzdem die Publikation. Sie machte sogar seine Liebesbriefe an seine künftige Frau für die von ihm abgelehnte Biographie zugänglich. Aber wenn die Kinder den Wünschen des Vaters auch zuwiderhandelten, so doch meist etwas schlechten Gewissens. Die Briefe an Fließ wurden verstümmelt; Freud durfte sich nicht einmal über sich selbst lustig machen.[19] In der ganzen veröffentlichten Korrespondenz Freuds* wird nicht immer deutlich gemacht, wo gekürzt wurde; es wurden ohne jeden Hinweis Streichungen vorgenommen, und es läßt sich kein konsequentes Prinzip feststellen, wie etwa das der ärztlichen Schweigepflicht.[20]

Ende der zwanziger Jahre arbeitete Freud zusammen mit Botschafter William C. Bullitt an einem offensichtlich kontroversen Buch über Präsident Woodrow Wilson, und als das Buch schließlich 1965 an die Oberfläche kam, war der erste Impuls der Familie Freud, das bisher unveröffentlichte Buch redigieren zu lassen, um es stilistisch zu verbessern. Als Bullitt mit Recht jedes Herumdoktern am Text ablehnte, da einer der

---

* In dem kürzlich veröffentlichten Band der Freud-Jung-Briefe wurde Freuds Briefwechsel zum erstenmal unverändert vorgelegt.

Verfasser nicht mehr lebte, glaubten treue Anhänger Freuds, ihre Verehrung für den Meister dadurch beweisen zu müssen, daß sie seinen Anteil an dem Buch in Frage stellten. Freud vertrat das Ideal der Aufrichtigkeit. Die Psychoanalyse als Therapie beruht auf der Überzeugung, daß die Wahrheit den Menschen frei machen kann. Eine solche defensive Einstellung gegenüber den Werken Freuds beweist nur einen Mangel an Vertrauen in seine Fähigkeit, vor der historischen Untersuchung zu bestehen.

* * *

Will man Freud das Verdienst zukommen lassen, ein Held für unsere Zeit zu sein, sind wir um die volle Möglichkeit gebracht worden, ihn als Vorbild zu betrachten. Wie Freud einmal klagt: *Für gewöhnlich erfahren wir ja, dank ihrer eigenen Diskretion und der Verlogenheit ihrer Biographen, von unseren vorbildlich großen Männern wenig Intimes . . .*[21] Jones hat uns unglücklicherweise eine so sehr rationalisierte Version von Freuds Kämpfen geliefert, daß wir weniger von seinen tieferen Schichten sehen. Aber die Bagatellisierung dessen, was Freud zu überwinden hatte, schränkt nur die Größe seiner Leistungen ein. Und Freud als einen Mann zu mythologisieren, der alle seine Gefühle völlig unter Kontrolle hatte, verhindert es, uns mit ihm als einem Mann zu identifizieren, der schwer zu ringen hatte, um in neue Gebiete vorzustoßen.

Das Überraschende daran, wie man Freud in der heutigen Psychologie benützt, ist die Art und Weise, wie man sich auf ihn beruft, um den Status quo zu rechtfertigen. Niemand scheint sich besonders gern mit dem Freud zu identifizieren, der alles beiseite schob, was bis dahin gesagt und geschrieben worden war, der den Versuch wagte, zu verstehen, was man bisher für völlig sinnlos gehalten hatte. Freud schrieb und sagte schockierende Dinge. Der Freud der Geschichte, mit seinen schweren Fehlern ebenso wie mit seinen großen geistigen Siegen, ist eine viel interessantere Gestalt als der Freud der Legende, und es kann seinem Gedächtnis keinen Dienst erweisen, ihn kleiner und von üblicherer Statur zu sehen und nicht als das mutige Genie, das er war.

1.2. Auf der Suche nach dem Menschen Freud

Jeder Historiker, der Freud als Menschen zu verstehen sucht, muß mit der Tatsache beginnen, daß er schon relativ alt, zwischen vierzig und fünfzig, war, als er seine großen Entdeckungen machte. Freud hatte fast die Fünfzig erreicht, bevor einer seiner Nachfolger ihn kannte. Der früheste Patient Freuds, den ich interviewte, war 1908 bei ihm in Behandlung, also zu einem Zeitpunkt, als die Entwicklung seiner Gedanken schon weit fortgeschritten war. Wie er in der Periode seiner größten Schöpferkraft gewesen sein muß, läßt sich nur aus indirekten Quellen erschließen.

Um zu verstehen, wie der Mensch Freud in einer Zeit war, die doch erst sechzig Jahre zurückliegt, ist eine nicht geringe Anstrengung der Phantasie notwendig. Die westliche Welt hat sich seither so sehr verändert, daß es besonderer Bemühungen bedarf, um die Atmosphäre zu rekonstruieren, in der Freud arbeitete. Obwohl Freud offen über die Rolle der Sexualität bei psychischen Konflikten schrieb, hat er selbst sich von vielen Einstellungen nie ganz gelöst, die für die Zeit vor und um die Jahrhundertwende typisch waren. Als einer seiner halberwachsenen Söhne mit Sorgen in bezug auf Masturbation zu ihm kam, warnte er den Jungen vor diesem Verhalten. Das Gespräch brachte den Sohn durcheinander und verhinderte, wie er sagte, daß er ebenso engen Kontakt mit dem Vater hatte, wie sein ältester Bruder.[1] Vermutlich sah Freud Masturbation als Symptom an, als Resultat unbewußter Konflikte, wenn auch nicht als Laster. Wenn Freud jedoch mit dem gleichen Problem auf größere Distanz konfrontiert war, konnte er den Eindruck erwecken, als habe er sich von den konventionellen Vorstellungen braven Verhaltens emanzipiert: Das Problem der Masturbation sei, so soll er gesagt haben, daß man wissen müsse, wie man es richtig macht.[2]

Sicher ist, daß Freud Späße machen konnte; sein Witz war eine Reflexion seiner Lebensfreude. Er war in seiner Laufbahn so weitgehend damit beschäftigt, um die Anerkennung seiner Ideen zu kämpfen, daß man leicht seinen bemerkenswerten Sinn für Humor vergißt. Er hatte die gleiche bissige Ironie wie die besten Wiener Satiriker. Zum Beispiel verlangten die Nazis 1938 von ihm, bevor sie ihm erlaubten, Wien zu verlassen, eine Erklärung zu unterzeichnen, daß er gut behandelt worden sei. Freud tat das, fügte aber noch den zugleich herausfordernden und ironischen Satz hinzu: *Ich kann die Gestapo jedermann aufs beste empfehlen.*[3]

Trotz allen trocken-klingenden technischen Regeln, die er für andere aufstellte, war Freuds eigene Praxis als Analytiker durch wundervoll komische Illustrationen belebt. Die Beispiele, die er in seinem Buch *Der Witz und seine Beziehung zum Unbewußten* verwendete, machen diesen Aspekt seines Geistes deutlich. (Ein Wiener jüdischer Analytiker, Hanns Sachs, der nach seiner Übersiedlung nach Amerika mehr nichtjüdische Patienten zu behandeln hatte als in Europa, machte sich Sorgen darüber, wie er ohne jüdische Witze weiter analysieren könnte. Die Lösung, die er fand, war die, daß er in den Geschichten den Rabbi durch einen Priester ersetzte: *Ich taufe die Geschichten.*) Es gibt noch immer Patienten, die sich mit Vergnügen daran erinnern, wie Freud menschliche Schwierigkeiten mit Hilfe jüdischer Witze veranschaulichen konnte.

Von den Menschen, die Freud nahestanden, wagten nur wenige, ihn objektiv zu betrachten. Für seine unmittelbaren Nachfolger und (in abnehmendem Maß) auch für die nachfolgenden Generationen von Analytikern mußte Freud von menschlichen Unvollkommenheiten frei sein.[4] Zu der Zeit, als seine Schüler ihn kannten, löschten sie alle Anzeichen von Neurose aus, die sie sahen. Und obwohl die Publikation eines großen Teils der Korrespondenz Freuds in letzter Zeit es schwerer gemacht hat, einige seiner inneren Konflikte, wie etwa seine Todesangst, nicht zur Kenntnis zu nehmen, bleibt doch das Bedürfnis, an eine Gestalt zu glauben, die auf alles eine Antwort wußte. Jeder neutrale Beobachter würde dem beipflichten, daß es ein zentraler Gegenstand der Forschung über Freuds Leben ist, festzustellen, in welchem Umfang und in welcher Weise die Regeln der Psychoanalyse möglicherweise durch seine eigenen persönlichen Probleme gefärbt sind. Trotzdem erklärten mehrere der von mir befragten Personen, sie seien davon überzeugt, daß nichts in der Psychologie Freuds eine subjektive Voreingenommenheit auf seiner Seite widerspiegelt.

Zu seinen Lebzeiten war Freud in seinem Kreis als »der Professor« bekannt. Heute, mehr als dreißig Jahre nach seinem Tod, sprechen und denken diejenigen, die ihm nahestanden, und selbst einige seiner Verwandten, von ihm als dem »Professor«. (Die Verwendung dieses Wortes bedeutet ferner, daß man mit Freud auf verhältnismäßig vertrautem Fuß stand.) Kein Außenseiter konnte erraten, welche königliche Autorität jedes seiner Worte ausstrahlte. Wie Theodor Reik es ausdrückte: *Im Rückblick erlangten Worte, die er in einer alltäglichen Unterhaltung gesagt hatte, eine nie erträumte Bedeutung; das Echo beiläufiger Bemerkungen klang noch Jahre später in unserem Geist nach.*[5] Unzweifelhaft hat Freud das Leben dieser Menschen verändert.

Heute hat sich viel von dem allen auf Anna Freud verlagert. Durch eine ganze Reihe von Zufällen kam es dazu, daß alle führenden Schüler Freuds sich gegenseitig neutralisierten oder ausschlossen. Am Ende wurde sein jüngstes Kind zu seiner Hauptstütze für die Zukunft der Psychoanalyse. Wie Freud der »Professor« war, mit all der Magie, die die Position an der Spitze einer Bewegung im Gefolge hat, und der Fähigkeit zu infantilisieren, so ist Anna Freud jetzt »Miß Freud«. Sie regiert an seiner Stelle; für manche vermittelt »Miß Freud« genau die gleiche Aura wie damals »der Professor«.

Andere haben die Elemente eines Kultes in der Psychoanalyse erkannt. Aber Autoren, die über Freud geschrieben haben, hatten Schwierigkeiten, zugleich pro und kontra zu sein, ihre Bewunderung mit der kritischen Einsicht auszubalancieren, die aus der Distanz erwachsen kann. Die in die Psychoanalyse Verwickelten mögen von den gleichen religiösen Impulsen angetrieben worden sein, die andere in konventionelle Kanäle leiten, aber die auf dem Gebiet der Psychoanalyse Arbeitenden haben auch durchaus echte wissenschaftliche Beiträge geliefert.

Die Tatsache, daß man sich von Anna Freuds Klinik in London zu Zentren für die Behandlung von Kindern in New York oder Cleveland begeben kann, ohne zu merken, daß man überhaupt den Ort gewechselt hat – so sehr stimmen die Methoden in der Kinderbehandlung überein –, ist ein Beweis nicht nur für die emotionale Bindung ihrer Schüler an das von ihr Gebotene, sondern auch für ihr wesentliches Verständnis der emotionalen Konflikte der Kindheit. Die Psychoanalyse hatte von Anfang an den Doppelaspekt subjektiver Verzerrung und objektiver Entdeckung. Freuds Leistung ist so gewaltig, daß wir mit dem Vorbringen alternativer Formulierungen sehr vorsichtig sein müssen.

Vergleicht man die psychologische Behandlung mit einer pädagogischen Erfahrung, trägt das zum Verständnis Freuds und seiner Therapie bei. Freud selber bediente sich pädagogischer Analogien, um seine neue therapeutische Methode zu erklären. Wie er mehr als einmal sagte, dient die Analyse als eine zweite Erziehung des Erwachsenen, als Korrektiv seiner Erziehung als Kind.[6]

Je mehr wir Freud als Lehrer verstehen, desto besser können wir seine Absichten als Therapeut erfassen. Für Freud waren Patienten »Lernende«, die der Analytiker als »Wegweiser« anleitete. Der analytische Prozeß selbst war eine Erziehungstätigkeit; die Psychoanalyse suchte das Ich zu erziehen.[7]

Sicher, manche Patienten waren nicht erziehbar und deshalb für die Bemühungen des Analytikers weniger geeignet. Freud glaubte, daß bei allen Analysen Punkte auftauchen würden, bei denen der Analytiker als Vorbild für seine Patienten und manchmal direkt als Lehrer handeln müsse. Aber er warnte vor allgemeinen Vorschriften: *Der Kranke soll nicht zur Ähnlichkeit mit uns, sondern zur Befreiung und Vollendung seines eigenen Wesens erzogen werden.*[8]

Bei der Untersuchung des psychoanalytischen Denkens kann die Wichtigkeit der Deutung von Freuds Charakter kaum überbewertet werden. Bei denen, die in persönlichem Kontakt mit ihm standen, findet ein vorbewußter Ausleseprozeß statt. Wenn sie Freuds Schriften lesen oder über seine Ideen sprechen, unterscheiden sie bis zu einem gewissen Grad wie selbstverständlich zwischen dem, was der wissenschaftlichen Diskussion wert ist, und dem, was das Resultat seiner eigenen Idiosynkrasien ist. Aber mit dem allmählichen Verschwinden der ersten Generation der Psychoanalytiker wird es für uns immer schwieriger zu durchschauen, was an Freuds System subjektiv war. Er hat indirekt jeden der späteren Psychotherapeuten geformt. Jeder hat sich teilweise, bewußt oder unbewußt, mit ihm identifiziert. Um der Patienten wie um der Therapeuten willen sollte unser Geist so frei von Illusionen sein wie nur möglich.

Wir können als sicher annehmen, daß das Verständnis Freuds als Person unausweichlich Folgen für die psychoanalytische Theorie und Therapie haben wird. Sonst müßte es seltsam erscheinen, daß soviel Interesse für Freuds Persönlichkeit vorhanden ist. Sollte schließlich eine Wissenschaft nicht unabhängig vom Charakter ihres Begründers sein? Ist die Bezeichnung »Genie« nicht etwas irreführend, wenn man sie auf einen Wissenschaftler anwendet? Wissenschaftliche, im Gegensatz zu literarischer Schöpfung setzt voraus, daß eine bestimmte Entdeckung früher oder später gemacht werden wird, wenn nicht von dem einen, dann von einem anderen.

Freuds Werk jedoch, teilweise sicherlich auch eine literarische Leistung, war von Anfang an mit seinem eigenen Charakter aufs engste verknüpft. Die Feststellung, daß sein Denken selbstenthüllend und ein Ergebnis seines Selbstverständnisses war, setzt seine Leistung in keiner Weise herab; daß eine Theorie einer subjektiven Quelle entspringt, braucht nichts gegen ihre objektive Gültigkeit zu sagen. Freuds Stärke als Psychologe lag in der Verwendung seiner Selbsterkenntnis in seinen Schriften; um der unpersönlichen Wissenschaft willen schrieb er nachfühlend über einige seiner intimsten Erfahrungen. Wie es auch für andere große Schriftsteller gilt, brauchte er ein reiches Selbst, damit er imstande war, aus seiner Autobiographie eine Version menschlicher Erfahrung wiederzuerschaffen. Wäre er ein anderer Mensch gewesen, hätte er nie die Entdeckungen machen können, zu denen er durch seine Persönlichkeitsstruktur in der Lage war.

Wenn wir jedoch zugeben, daß Freuds Werk zumindest teilweise autobiographischen Charakter hat, dann verlangen die Recherchen über die Geschichte der Psychoanalyse einen besonderen Ansatz. Wir müssen zum Beispiel die Rolle anerkennen, die Freuds persönliche Lebensgeschichte in der Entwicklung der Analyse zu seinen Lebzeiten gespielt hat. Zu manchen Zeiten aber bemühte sich Freud mit allem Nachdruck, die eigene Persönlichkeit von dem, was er entdeckt hatte, loszulösen. In einer bezeichnenden Anekdote machte einer seiner Schüler in den dreißiger Jahren Freud gegenüber die Bemerkung, er sei ein großer Mann. *Ich bin kein großer Mann*, erwiderte Freud, *ich habe eine große Entdeckung gemacht.*[9] Das war keine falsche Bescheidenheit auf seiten Freuds. Es war vielmehr die gleiche Distanziertheit, die es ihm ermöglicht hatte, sein eigenes Leben zur Matrix seiner Psychologie zu machen. Selbstverständlich arbeitete Freud mit Patienten; ihre Probleme waren es, die er zu verstehen und erleichtern suchte. Und durch seine Patienten war er besser imstande, sich selbst zu meistern. Indem er durch seine therapeutischen Bemühungen anderen gegenüber Teile seiner selbst objektivierte, konnte er einige seiner inneren Widerstände gegen die Selbsterkenntnis überwinden.

Freud mußte auf der Unterscheidung zwischen seiner Persönlichkeit und seinem Werk bestehen; er wollte nicht primär als eine literarische Figur angesehen werden. Sonst hätte möglicherweise seine Wissenschaft seinen Tod nicht überlebt. Und deshalb glaubte er, wie wir sahen, daß Biographien über ihn unnötig seien. Er wollte außer Frage stellen, daß seine eigene Persönlichkeit mit der Psychoanalyse als Wissenschaft etwas zu tun hatte. In einer Ansprache vor der Wiener Psychoanalytischen Vereinigung im Jahr 1936, aus Anlaß von Freuds 80. Geburtstag, überbrachte Anna Freud eine Botschaft von ihrem Vater: Seine Schüler sollten die Analyse nicht mit ihm identifizieren, sondern sie als einen selbständigen Wissensbestand betrachten.[10]

Freuds Befürchtung, die Psychoanalyse könnte als zu eng mit seinem eigenen Leben verknüpft erscheinen, hat sich als nicht unrealistisch erwiesen, und seine eigenen Darstellungen über die Begründung der Psychoanalyse sind teilweise schuld daran. Freuds Leben stößt immer noch auf enormes Interesse, obwohl das biographische Material bis jetzt noch nicht systematisch dazu benutzt wurde, sein psychologisches System zu erhellen. Immer, wenn die Werke eines Denkers zu hohem Ansehen gelangen, neigen wir dazu, sie als Person zu betrachten, nicht bloß als eine Sammlung von Bänden. Wir sprechen von Plato und Aristoteles, und auch von Denkern geringeren Ranges, wenn wir in Wirklichkeit ihre Schriften meinen. Wie schwer es auch sein mag, Freuds Persönlichkeit in seinem Werk zu finden, man spürt doch immer darin die unverwechselbare Prägung seines Geistes. Gerade weil sein System so ausgesprochen persönlich ist und doch zugleich so große Bedeutung für andere hatte, war er fähig, eine so breite Anhängerschaft zu gewinnen.

All das zusammen war für seine Schüler belastend. Man konnte von der Unsterblichkeit der Entdeckungen Freuds angezogen und zugleich von dem fehlbaren Menschen abgestoßen werden. Für die Anfangsgeneration von Analytikern *bedeutete* Freud die Psychoanalyse; beides getrennt zu denken, war unmöglich. Mit Freud Streit zu haben, hieß, daß man aufhörte, Analytiker zu sein, und das war mehr eine Sache der Definition als eine Frage dessen, wie man in der Therapie vorging. Es war für ihn allzu leicht zu glauben, daß eine persönliche Zwistigkeit eine wissenschaftliche Meinungsverschiedenheit darstellte und daß eine wissenschaftliche Auseinandersetzung ein Akt persönlicher Untreue sei. Freud fiel es manchmal genauso schwer wie seinen Schülern, deutlich auseinanderzuhalten, welches die Wissenschaft und welches der Mann war.

Freuds Stärke als Autor und als Psychologe lag in seiner Fähigkeit, von *einer* Seele ausgehend an die Herzen aller Menschen zu appellieren. Prüfe dich selbst, sagte Freud, schau in deinen eigenen Tiefen nach, ob das, was für mich zutrifft, auch für dich zutrifft. Und die Welt reagierte auf Freud in ebenso persönlicher Weise, wie sein Appell gewesen war. Einer der von mir befragten Psychiater sprach davon, daß er Freud erstmals in den frühen zwanziger Jahren begegnet sei; er meinte damit, daß er damals zum ersten Mal ein Buch von Freud gelesen hatte. (Das war besonders auffallend, da er tatsächlich erst 1936 mit Freud zusammengetroffen war.) In ähnlicher Weise sprachen einige Leute von Feinden Freuds und meinten damit gewöhnlich Menschen, die wissenschaftlich anderer Meinung als er waren, nicht jedoch persönliche Feinde. Für seine Schüler konnte Freud die intensivste persönliche Bedeutung haben; sie erinnerten sich an Daten in seinem Leben besser als die meisten Kinder an Daten im Leben ihrer eigenen Eltern.

Aber im Laufe der Zeit wurde die Psychoanalyse dann doch zu einer Sache, die sich von der Person Freuds distanzierte. Mit der Ausbreitung der Bewegung wurden in das psychoanalytische Denken Veränderungen eingebracht, die Freud selbst völlig fremd gewesen wären. Mit Hilfe eben der Methode, die Freud ihnen gegeben hatte, revidierten spätere Forscher einige seiner Positionen, die ihm am meisten am Herzen gelegen hatten. Allzu große Rücksichtnahme gegenüber Freuds persönlichem Standpunkt und seinen Vorurteilen könnten einen für die Revisionsmöglichkeiten blind machen, die in seinen Ideen selbst enthalten sind.

2.
Herkunft und Charakter

Freud: Holzschnitt von Sidney Chafetz

2.1. »Der ganze Trotz und die ganze Leidenschaft«

Mir war oft so, als hätte ich den ganzen Trotz und die ganze Leidenschaft unserer Ahnen, als sie ihren Tempel verteidigten, geerbt, als könnte ich für einen großen Moment mit Freude mein Leben hinwerfen.

In seinen autobiographischen Reflexionen hat Freud mit seiner disziplinierten Selbsterforschung der eigenen Vergangenheit mehr Aufmerksamkeit zugewandt als die meisten Gestalten, die die Phantasie der Historiker beflügeln. Dies und seine ständige Betonung der zentralen Bedeutung der ersten Lebensjahre für alle späteren Entwicklungen der Persönlichkeit, liefert zumindest einen Ausgangspunkt dafür, wie man an Freuds eigene Biographie herangehen muß. Das Geheimnis der Begabung bleibt jedoch, und es ist nie leicht, Fakten von ausgearbeiteten Fiktionen zu unterscheiden. So häufig wird im Ablauf eines Lebens das Mystische zum Historischen.
Freud wurde im Jahre 1856 als Sohn jüdischer Eltern geboren, Angehörige einer winzigen religiösen Minderheit in Freiberg in Mähren, das damals ein Ort mit weit überwiegender katholischer Bevölkerung im Kaiserreich Österreich-Ungarn war und heute zur Tschechoslowakei gehört. Es erscheint einleuchtend, oder jedenfalls nicht abwegig, daß ein Jude die Psychoanalyse begründete. Eine leidende Minderheit hat am ehesten die Möglichkeit, die Notlage von Außenseitern wie Neurotikern zu begreifen, und ihre Position am Rande der Gesellschaft ermutigte Juden dazu, die Anfangsrisiken einzugehen, die damit verknüpft waren, den Beruf des Analytikers zu ergreifen. In späteren Jahren bildeten Juden einen unverhältnismäßig großen Anteil der psychoanalytischen Bewegung. Die Juden hatten offenbar eine besondere Affinität zu der Psychologie Freuds. Es ist unmöglich, Freuds Judentum überzubewerten, da es der wichtigste Einzelfaktor seiner Herkunft war.[1]
In seinen reifen Jahren war Freud Atheist, obwohl er sich seiner Identität als Jude bewußt blieb und häufig bestätigte, wie wichtig das für ihn war. Er verlor nie das Interesse an der Psychologie der religiösen Gläubigkeit; neben anderen Schriften widmete Freud drei Bücher (*Totem und Tabu* im Jahre 1913, *Die Zukunft einer Illusion* im Jahre 1927 und *Der Mann Moses und die monotheistische Religion* im Jahre 1938) der Erhellung religiöser Gefühle.[2] In der Regel betonte er das infantile Element hinter der Religion und argumentierte, daß die Menschen den Glauben an Gott und die zeremoniellen Praktiken als Krücke für die menschliche Hilflosigkeit brauchen. Freud sah die Religion als eine wunscherfüllende Kompensation für Kindheitsschwächen, denen die Betreffenden nie entwachsen waren. Er wußte, daß die Religion die Möglichkeit bietet, Schuldgefühle zu besänftigen, insbesondere solche, die mit aggressiven Impulsen zusammenhängen, und einen Weg zeigen kann, mit dem Problem des Todes fertigzuwerden. Für Freud aber schien das ein neurotischer Weg, un-

ausweichliche menschliche Konflikte zu behandeln. Seine kühne Anklage gegen die Religion war ein Ausdruck seiner festen Hoffnungen für die Menschheit. Ganz sicher würden die Menschen in der Lage sein, besser zu leben als in der Vergangenheit, wenn sie nur Aberglauben, Unwissenheit und Neurose aufgeben würden.

Freuds Verständnis der religiösen Motivation war nicht ohne eine gewisse Einseitigkeit; die Aspekte der Angst und der Abwehr des religiösen Glaubens standen ihm in erster Linie vor Augen, nicht die Aspekte der Liebe. Freud war jedoch gezwungen, sich mit der Machtposition, die die Religion in der bisherigen Geschichte innehatte, auseinanderzusetzen, sowie mit den problematischen Folgen des Zusammenbruchs der bisher akzeptierten Verhaltensmaßstäbe für das Leben in der realen Welt. Trotz seiner Skepsis war Freud bei der Behandlung einzelner Patienten der Überzeugung, daß die Religion als eine konstruktive Lösung innerer Konflikte dienlich sein könne. Er bedauerte sogar manchmal die zunehmende Unfähigkeit der modernen Menschen, an Gott zu glauben; seiner Meinung nach war das eine Ursache weitverbreiteter seelischer Angst.

Freuds Werk jedoch stellte eine Herausforderung an das traditionelle religiöse Denken dar. Er sah die Psychoanalyse ausdrücklich als einen wissenschaftlichen (und mit der Religion rivalisierenden) Weg zur Meisterung von Problemen, zu deren Bewältigung sich die Religion bisher der Magie bedient hatte. Als Jude stand Freud in einiger Distanz zu den herkömmlichen christlichen Wertvorstellungen. In *Das Unbehagen in der Kultur* zum Beispiel nahm er sich das Gebot »Liebe deinen Nächsten wie dich selbst« vor, um es als psychologisch unrealistisch und nicht wünschenswert aufzuzeigen; Freud wandte sich dagegen, die Unausweichlichkeit der Egozentrik und die Legitimität der Aggression zu leugnen.[3]

Freud machte die christliche Kultur für einige der Hindernisse verantwortlich, auf die seine Ideen stießen. Auf den Vorwurf, seine Konzeptionen seien eng kulturgebunden und die Wiener Sexualität sei nirgend anderswo anzutreffen, sagte Freud: *Zwischen den Zeilen können sie noch lesen, daß wir Wiener nicht nur Schweine, sondern auch Juden sind.*[4] Zu Beginn seiner psychoanalytischen Laufbahn wurde Freud manchmal wegen seiner Vorstellungen lächerlich gemacht, und das bestärkte noch seinen Argwohn gegenüber der christlichen Kultur. So schrieb er an einen Mitjuden, Karl Abraham, als er versuchte, einen Konflikt zwischen seinen eigenen treuen Anhängern und den Schweizer (und nichtjüdischen) Analytikern, darunter auch Carl G. Jung, zu dämpfen:

Ich vermute bei mir, daß der verhaltene Antisemitismus der Schweizer, der mich schonen will, verstärkt auf Sie geworfen wird. Ich meine nur, wir müssen als Juden, wenn wir irgendwo mittun wollen, ein Stück Masochismus entwickeln, bereit sein, uns etwas Unrecht tun zu lassen. Es geht sonst nicht zusammen. Seien Sie versichert, wenn ich Oberhuber hieße, meine Neuerungen hätten trotz alledem weit geringeren Widerstand gefunden.[5]

Auch wenn Freud die Neigung hatte, die Opposition gegen ihn zu übertreiben, spielte doch der Antisemitismus, wenn auch nicht in seiner blutdürstigen Spielart, sein ganzes Leben hindurch eine sehr reale Rolle. Eine seiner intimen Erinnerungen war die Schilderung seines Vaters von dessen passiver Reaktion auf eine Beleidigung, die ihm auf der Straße zugefügt wurde:

Ich mochte zehn oder zwölf Jahre gewesen sein, als mein Vater begann, mich auf seine Spaziergänge mitzunehmen und mir in Gesprächen seine Ansichten über die Dinge dieser Welt zu eröffnen. So erzählte er mir einmal, um mir zu zeigen, in wieviel besseren Zeiten ich gekommen sei als er: ›Als ich ein junger Mensch war, bin ich in deinem Geburtsort am Samstag in der Straße spazierengegangen, schön gekleidet, mit einer neuen Pelzmütze auf dem Kopf. Da kam ein Christ daher, haut mir mit einem Schlag die Mütze in den Kot und ruft dabei: ›Jud, herunter vom Trottoir!‹ ›Und was hast Du getan?‹ ›Ich bin auf den Fahrweg gegangen und habe die Mütze aufgehoben‹, war die gelassene Antwort. Das schien mir nicht heldenhaft von dem großen starken Mann, der mich Kleinen an der Hand führte. Ich stellte dieser Situation, die mich nicht befriedigte, eine andere gegenüber, die meinem Empfinden besser entsprach, die Szene, in welcher Hannibals Vater . . . seinen Knaben vor dem Hausaltar schwören läßt, an den Römern Rache zu nehmen. Seitdem hatte Hannibal einen festen Platz in meinen Phantasien.[6]

Freud war sehr enttäuscht über diese Reaktion seines Vaters auf eine Beleidigung am Sabbath-Tag, und als er erwachsen wurde, blieb von dieser Passivität gegenüber gesellschaftlichem Druck in ihm nichts übrig. Sein Sohn Martin berichtete über eine Episode, wo Freud sich mutig in eine feindliche Menschenansammlung stürzte, aus der antisemitische Beschimpfungen laut geworden waren, eine unheimliche Umkehrung des Verhaltens von Freuds Vater.[7] Freud blieb empfindlich gegenüber Antisemitismus und vorsichtig gegenüber allen Nichtjuden. Er glaubte, es gebe im Grunde keinen, der nicht Antisemit sei.[8]

In seinen Schriften widmete Freud dem Gefühl der Scham wenig Beachtung, während er das Problem des Schuldgefühls ausführlich behandelte; er glaubte, Scham sei ein spezifisch weiblicher Zug. Man könnte jedoch leicht zu der Annahme verleitet sein, daß er in sich selbst etwas von der Geringschätzung aufnahm, mit der die Gesellschaft die Zugehörigkeit zum Judentum belastet hatte. Jude sein, bedeutete unter anderem, passiv, unheroisch und schwach sein, und diese Eigenschaften konnten nicht Teil eines erwachsenen Selbstgefühls sein, das Freud anstrebte. Im Jahre 1935 gab es einen grausamen Witz, wonach Juden in Berlin mit Plakaten paradierten, auf denen stand: »Werft uns raus!« Freud mißdeutete dieses bösartige Stück jüdischer Selbstironie – das auf die Juden abzielte, die alles hinnahmen, was die Nazis ihnen befahlen – als eine buchstäblich wahre Geschichte und war erbittert über das, was er für jüdische Selbsterniedrigung und Würdelosigkeit hielt.[9]

Freuds Psychologie räumt der Rolle des Nationalcharakters wenig Raum ein; für ihn hatten die Unterscheidungen zwischen den Völkern rassistische Anklänge. In einer Religion aufgewachsen, die die Andersartigkeit betonte, fiel es Freud schwer, das Werk von Wissenschaftlern zu würdigen, die – wie z. B. die Kulturanthropologen – es nicht nötig hatten, psychologische Gleichförmigkeiten zu betonen.[10] (Karl Marx war ein weiterer Jude, der die Kraft des Nationalismus in der modernen Welt unterschätzte.)

Zur gleichen Zeit war Freud stets schnell bereit, sein Judentum zu bekräftigen, auch wenn er die jüdische Religion nicht praktizierte und der Ausdruck seines Zugehörigkeitsgefühls zum Judentum manchmal etwas Gewolltes hatte. Abgesehen von seiner Vorliebe für jüdische Witze, schrieb Freud seine Kompromißlosigkeit, seine Fähigkeit, sich bei der selbständigen Verfolgung seiner Ideen von allgemein akzeptierten Meinungen abzusetzen, dem Stolz und der Distanziertheit zu, die er aus seinem Judentum ableitete. Wie er in einer Rede vor seiner Ortsgruppe der B'Nai B'Rith sagte: *Weil ich Jude war, fand ich mich frei von vielen Vorurteilen, die andere im Gebrauch ihres Intellekts beschränkten, als Jude war ich dafür vorbereitet, in die Opposition zu gehen und auf das Einvernehmen mit der ›kompakten Majorität‹ zu verzichten.*[11]

In Mitteleuropa war damals die jüdische Organisation B'Nai B'Rith eine Elitegruppe, deren Mitglieder gesellschaftlich geachtete Stellungen einnahmen. Freud nahm an den Versammlungen der Vereinigung regelmäßig teil und verlas sogar einige psychoanalytische Aufsätze vor der Gruppe. *Sie waren mein erstes Auditorium*, so rief er ihnen in der oben erwähnten Ansprache im Jahre 1926 in Erinnerung. Er gehörte dieser Organisation speziell deswegen an, weil sie jüdisch war, und diese Teilnahme stellte ein Bekenntnis seiner fortdauernden Zugehörigkeit zur Gemeinschaft des Judentums dar.

Freuds Leben folgte einigen traditionellen jüdischen Mustern. Er wurde das offizielle Haupt seiner Familie; Kinder, Verschwägerte, Tanten, Onkel, Nichten, Neffen, Vettern und Basen bildeten einen engen Familienverband. Freud bedeutete die Familie sehr viel, und er war stets bereit, seinen Angehörigen mit Geld und Ratschlägen beizustehen. (Die psychoanalytische Bewegung war eine Art Erweiterung der Freudschen Familie, und er regierte seinen neuen Berufsstand in ganz ähnlicher Weise.) Es ist vielleicht bezeichnend, daß keines seiner Kinder konvertierte oder einen nichtjüdischen Ehepartner hatte; sein Sohn Ernst war sogar Zionist. Freud hielt jedoch, trotz der anderen Einstellung seiner Frau in dieser Sache, nichts davon, die traditionellen jüdischen Gewohnheiten zu befolgen. Ein Feiertag wie das Passahfest wurde ignoriert, obwohl Freuds Eltern ihn gefeiert hatten. (Seine Mutter *sprach nicht Hochdeutsch, sondern galizisches Jiddisch.*[12])

Auch politisch stand Freud auf seiten der Juden, teilte aber nicht die typischen Einstellungen seiner Landsleute. Es ist richtig, daß Freud zu Beginn des Ersten Weltkriegs chauvinistisch die Partei Deutschlands und der Mittelmächte ergriff; am

26. Juli 1914 schrieb er: *Ich fühle mich aber vielleicht zum ersten Mal seit 30 Jahren als Österreicher und möchte es noch einmal mit diesem wenig hoffnungsvollen Reich versuchen.*[13] Für einen Wiener waren England und Frankreich die Komplizen des Zaren, und die Österreicher, die mehr Freiheit besaßen als die Russen, blickten auf diese als Barbaren herab. Aber als Freud später einen seiner italienischen Schüler, der damals in der österreichisch-ungarischen Armee gedient hatte, fragte, was er von dem ganzen Krieg halte, distanzierte sich dieser in seiner Antwort von dem Konflikt: »Oh Herr Professor«, sagte er ausweichend, »Sie wissen, ich bin Jude.« Und Freud gefiel diese Reaktion, denn auch er fühlte sich etwas distanziert von den miteinander ringenden Militärmächten.*[14]

Ein Vorfall mit religiösen Zwischentönen aus Freuds früher Kindheit schien ihm später von großer Bedeutung gewesen zu sein. Freud war als kleines Kind, bevor er nach Wien kam, in der Obhut einer katholischen Kinderfrau, die großen Eindruck auf ihn machte. Sie war ein *häßliches, älteres, aber kluges Weib*, versah ihn mit den *Mitteln zum Leben und Weiterleben*, und gab ihm, wie er schrieb, *eine hohe Meinung von meinen eigenen Fähigkeiten*. Sie nahm ihn regelmäßig in Messen mit, belehrte ihn über den Katholizismus, und von ihr erfuhr er die Bedeutung von Himmel und Hölle. Seine Mutter erinnerte sich später an seine kleinen Reden an die Familie darüber *wie der liebe Gott macht*.[16]

Als Freud zweieinhalb Jahre alt war, wurde diese Kindermagd, trotz seiner großen Zuneigung zu ihr, von einem Tag auf den anderen entlassen, weil sie beim Diebstahl ertappt worden war. Sie hatte Freud veranlaßt, ihr die kleinen Geldbeträge auszuhändigen, die er geschenkt bekommen hatte, und sie *ermunterte ihn, Geld für sie zu stehlen*.[17] Die Kinderfrau wurde von einem von Freuds älteren Halbbrüdern, Philipp, bei der Polizei angezeigt und mußte eine zehnmonatige Gefängnisstrafe verbüßen. Es kann gut sein, daß der kleine Junge sie weiter lieb behielt, was man ihm auch sagte, nachdem sie fortgeschickt worden war. Dies war vielleicht die erste seiner wiederholten Enttäuschungen durch andere Menschen, von denen er später schrieb; während seiner Kämpfe um die Sache der Psychoanalyse litt er oft an Gefühlen des Im-Stich-gelassen-Werdens. Oder war Freud sogar noch früher enttäuscht worden, als er feststellte, daß der katholische Gott seiner Kinderfrau nicht der gleiche war wie sein jüdischer Gott? Die Frage des Diebstahls, auf die Ebene der Sorge um wissenschaftliche Prioritäten und den Vorwurf des Plagiats verlagert, spielte eine wichtige Rolle in Freuds späteren wissenschaftlichen Beziehungen.

Freuds Familie zog im Oktober 1859 von Freiberg nach Leipzig und von da einige Monate später weiter nach Wien. Die Gründe für diese Umzüge sind nicht völlig klar.

---

* Bei einem Aufenthalt in Paris im Jahre 1886 berichtete Freud von einer politischen Unterhaltung, bei der jemand »den wütendsten Krieg« zwischen Frankreich und Deutschland voraussagte. *Ich gab mich gleich als ›juif‹, der weder Deutscher noch Österreicher sei, zu erkennen*, schrieb Freud damals. Er fährt dann fort: *Solche Gespräche sind aber immer sehr peinlich für mich, denn ich fühle was Deutsches sich in mir regen, was ich zu unterdrücken lange beschlossen habe.*[15]

Die Familie war früher wohlhabend gewesen, aber langfristige wirtschaftliche Veränderungen und dazu ein größerer finanzieller Rückschlag (Freuds ältere Halbbrüder Emanuel und Philipp hatten unsolide Kapitalinvestitionen in südafrikanischen Straußenfedern-Farmen getätigt[18]), ruinierten schließlich Freuds Vater Jakob, den Wollhändler. In späteren Jahren war Freud versucht, auf diese Freiberger Zeit als eine ländliche Idylle wirtschaftlicher und emotionaler Sicherheit zurückzublicken.
Es kann auch sein, daß die Freuds mit drei militärpflichtigen Männern in der Familie versuchten, durch diese Umzüge den Militärdienst zu umgehen. Die Familie zog aus dem österreichisch-ungarischen Gebiet nach Leipzig weg, nachdem der Krieg zwischen Österreich und Italien ausgebrochen war, und kehrte nach Friedensschluß wieder nach Österreich (Wien) zurück. Dann ließen sich die beiden Halbbrüder Freuds in England nieder. Die Einberufung zum Militärdienst war damals für Juden eine schwere Belastung; der Militärdienst bedeutete nicht nur eine besonders harte Behandlung durch die Offiziere, sondern machte es auch unmöglich, die traditionellen jüdischen Sitten zu befolgen.[19]

* * *

Trotz der relativ harten wirtschaftlichen Entbehrungen, die Freuds unmittelbare Familie zu erdulden hatte, war doch Wien damals eine Stadt auf dem Höhepunkt ihrer kulturellen Blüte. In der Mitte des neunzehnten Jahrhunderts bis zum ersten Weltkrieg erlebte die Stadt eine kulturelle Renaissance; in Musik, Philosophie, Literatur, Mathematik und Wirtschaft gab es denkwürdige Leistungen. In dieser allgemeinen geistigen Gärung, der Suche nach Realitäten hinter der Fassade eines zerfallenden Reiches, waren die gebildeten und emanzipierten Juden in einer idealen Position, um Heuchelei erkennen zu können, denn sie hatten durch die Übernahme der offiziellen Meinung kaum etwas zu gewinnen.[20]
Die geistige Elite Wiens war bemerkenswert kosmopolitisch. Wie Freud waren viele Menschen, die zu prominenten Repräsentanten der Kultur des alten Wien wurden, nicht dort geboren. Als Hauptstadt des weit ausgedehnten und schon so lange bestehenden Habsburger Kaiserreichs war Wien ein Magnet für strebsame Talente. Die heftige kulturelle Auseinandersetzung zwischen Ost und West, die ihren Mittelpunkt in Wien hatte, das Gefühl, daß die liberale Kultur kurz vor dem Zusammenbruch stehe, und die Verwendung der Ironie, um die Struktur konventioneller Vorstellungen freizulegen – all das spiegelte sich in Freuds späterem Denken durchgehend wider. Vieles von diesem Gefühl des Verhängnisses, von dem Gefühl, die Zivilisation habe sich erschöpft, kann man auch bei anderen Autoren dieser Periode finden.
Dreimal waren die Juden aus Wien vertrieben worden. Mit der Industrialisierung des neunzehnten Jahrhunderts kehrten sie jedoch zurück, und in den drei Jahrzehnten von 1850 bis 1880 errangen sie maßgebliche Positionen. Bei einem Anteil von ungefähr zehn Prozent an der rund zwei Millionen zählenden Bevölkerung Wiens kon-

trollierten die Juden nun einen großen Teil des Bankwesens und fast alle Zeitungen. Der rassischen Diskriminierung zum Trotz erhielten sie auch zahlreiche Professuren und sonstige akademische Posten an der Universität Wien und befanden sich in den Reihen der Ärzte und Rechtsanwälte. Der Antisemitismus wurde im Laufe der Zeit und mit zunehmendem Wohlstand der Juden immer stärker. Der alte Kaiser Franz Joseph verabscheute den Antisemitismus. Karl Lueger (eine der Heldenfiguren Hitlers) wurde 1895–1896 dreimal zum Bürgermeister gewählt, aber der Kaiser weigerte sich, seine Wahl zu bestätigen. Zu Ehren des damaligen Widerstandes des Kaisers rauchte Freud übermäßig viel, eine Sucht, die er zu jener Zeit zu überwinden versuchte. Erst als er auf den Straßen als »Judenkaiser« beschimpft wurde, kapitulierte Franz Joseph dann 1897 und bestätigte Lueger im Amt.
Unter den einengenden Lebensbedingungen, in denen Freud aufwuchs, hatten es Juden zwangsläufig besonders schwer, mit ihren Aggressionen fertig zu werden. Freud besaß ein starkes Unabhängigkeitsbedürfnis, und er verdankte seine späteren Leistungen nicht zuletzt auch seinem Mut und seiner Kampfeslust. Freud war »ein Revolutionär und Kämpfer von Jugend an ... Die Sache des Teufels zu vertreten *(advocatus diaboli)* war seine Lust.«[21] Von der urbanen Unaufrichtigkeit der Wiener nahm Freud wenig an; seine Art, sich zu geben, war eher grob und brüsk, obwohl er wie andere auch, vor allem im Interesse seiner Sache, auch charmant sein und selbst heucheln konnte. Ein Brief an seine spätere Frau beschreibt das Wesen von Freuds Ambitionen im Kontext der besonderen Bedingungen seiner Erziehung. Er erzählt, wie einer seiner geliebten Lehrer (Josef Breuer)

herausgefunden [hatte]*, daß in mir unter der Hülle der Schüchternheit ein maßlos kühner und furchtloser Mensch stecke. Ich hatte es immer geglaubt und mich nur nie getraut, es wem zu sagen. Mir war oft so, als hätte ich den ganzen Trotz und die ganze Leidenschaft unserer Ahnen, als sie ihren Tempel verteidigten, geerbt, als könnte ich für einen großen Moment mit Freude mein Leben hinwerfen.*[22]

Im ganzen Lebensablauf Freuds lassen sich durchgehend Hinweise auf seinen tief eingewurzelten Drang finden, ein mächtiger Krieger zu werden. In seinen frühen vierziger Jahren hatte er einen Traum, der ihn an frühe Prophezeiungen über ihn selbst erinnerte. *Bei meiner Geburt* [hatte] *eine alte Bäuerin der über den Erstgeborenen glücklichen Mutter prophezeit, daß sie der Welt einen großen Mann geschenkt habe. Sollte*, so fragte Freud sich, *meine Größensehnsucht aus dieser Quelle stammen?*[23] Als er ein Junge von elf oder zwölf Jahren war, hatte ein Dichter in einem Park vorausgesagt, das Kind würde einmal Minister werden. (Es gab damals ein paar jüdische Minister.) Solche Voraussagen über ein Kind sind nicht ungewöhnlich; auffallend ist jedoch, daß sie nach vielen Jahren noch einen Platz in Freuds Traumleben hatten.
Ungefähr in der Zeit der *Traumdeutung* (1900) bekannte Freud in einem unbe-

herrschten Augenblick, er sei *gar kein Mann der Wissenschaft, kein Beobachter, kein Experimentator, kein Denker. Ich bin nichts als ein Conquistadorentemperament, ein Abenteurer, wenn Du es übersetzt willst – mit der Neugierde, der Kühnheit und der Zähigkeit eines solchen.*[24] Als die Nazis 1938 schließlich Freud aus Wien vertrieben, war er zweiundachtzig Jahre alt, schwach und krank, aber während der nächtlichen Reise von Paris nach London träumte er, er lande in Pevensey. Wie Freud einem seiner Söhne erklärte, war Pevensey der Ort, wo Wilhelm der Eroberer im Jahre 1066 gelandet war.[25]

Hannibal und Napoleon waren zwei der Heldenfiguren, die Freud sein ganzes Leben lang faszinierten; und sie waren für ihn gerade im Zusammenhang mit seinem jüdischen Herkommen wichtig. Hannibal war ein Semite, der Rom haßte und es fast zerstört hätte. Freud hatte zwiespältige Gefühle gegenüber Rom und jahrelang Hemmungen, das Zentrum des Katholizismus zu besuchen. Aber nachdem er einmal hingereist war, kehrte er immer wieder dorthin zurück und genoß seine Aufenthalte ungeheuer.

Napoleon, der wie Hannibal die Alpen überquert hatte, erfüllte gleichfalls Freuds kriegerisches Ideal. Als Knabe hatte Freud Zettel mit den Namen von Napoleons Marschällen auf den Rücken seiner Spielzeugsoldaten geklebt; Freuds Liebling war Masséna, dem man damals jüdische Abstammung zuschrieb. Der reife Freud formulierte einige seiner Dikta bewußt nach dem Muster der Aussprüche Napoleons. Einmal bemerkte er über die Sexualität: *Man könnte hier, ein bekanntes Wort des großen Napoleon variierend, sagen:* ›*Die Anatomie ist das Schicksal.*‹[26] Mehr als einmal sprach er von *dem großen Napoleon, der übrigens*, wie Freud selbst, *ein ausgezeichneter Schläfer ... war.*[27] Einem Patienten erklärte Freud, daß man drei Dinge brauche, um in einer Analyse Erfolg zu haben – erstens Mut, zweitens Mut und drittens Mut. (Freud glaubte, Napoleon habe gesagt, zum Kriegführen brauche man drei Dinge – Geld, Geld und nochmals Geld;[28] Danton hatte gesagt, es sei eine Sache des Wagens, Wagens und nochmals Wagens.) Freud schrieb von einem Ausflug auf die Akropolis mit seinem jüngeren Bruder, er werde an eine Bemerkung Napoleons einem seiner Brüder gegenüber erinnert, wahrscheinlich (so spekulierte Freud) gegenüber Joseph, dessen biblischer Namensbruder ein Traumdeuter war: *Und wenn man so Kleines mit Größerem vergleichen darf, hat nicht der erste Napoleon während der Kaiserkrönung in Notre-Dame ... bemerkt:* ›*Was würde Monsieur notre Père dazu sagen, wenn er jetzt dabei sein könnte?*‹[29]

Man könnte denken, Napoleon sei ein seltsamer Held für jemanden gewesen, der ein so seßhaftes Leben führte wie Freud. Und zweifellos ist Napoleons Name für manche gleichbedeutend mit Autokratie. Aber für Freud – wie für viele andere – war Napoleon der Sohn der Französischen Revolution, der Befreier der Juden und das Vorbild für Männer, die es aus eigener Kraft zu etwas gebracht haben. (Ein anderer Held Freuds war Cromwell, der nicht nur für den Parlamentarismus und die britischen Freiheitsrechte kämpfte, sondern auch den Juden die Rückkehr nach England erlaubte. Freud nannte seinen Sohn Oliver nach ihm.) Napoleon hatte den Kaiser von Österreich gezwungen, ihm seine Tochter zur Frau zu geben, und für jemand wie Freud war jede Demütigung der Habsburger ein Pluspunkt für Napoleon. Ein kultivierter Wiener hätte es zu jener Zeit als eine schwere Beleidigung empfunden, wenn man ihn einen Patrioten genannt hätte, denn Patriotismus schloß Heuchelei ein, Unterwürfigkeit gegen eine verrottete Monarchie und Blindheit gegen üble Zustände. Die österreichische Regierungsform war ein Absolutismus, der nur durch Untüchtigkeit und Schlamperei gemildert wurde.

Freud wählte für sich den Kampf in der Welt des Geistes. Eine große geistige (anstatt militärische) Leistung zu vollbringen, stand nicht nur weit mehr in Übereinstimmung mit der jüdischen Kultur, sondern war auch für sich selbst ein Beweis für die Überlegenheit des jüdischen Geistes über die philisterhafte Welt der Christen. Freuds allgemeine Anschauung spiegelt sich in einer Passage aus einem Brief, den er während seiner langen Verlobungszeit schrieb: *Ich will in der nächsten Zeit den Rest meiner Lehrzeit im Spital nach der Weise der Gojim leben, anspruchslos, das Gewöhnliche lernen und treiben, nicht nach Entdeckungen und allzustarker Vertiefung streben . . . Was wir zur Unabhängigkeit brauchen, werden wir durch brave ruhige Arbeit auch ohne gigantisches Streben erreichen.*[30] Freud gründete eine große Bewegung, durch die er in einem gewissen Sinne die christlichen Wertbegriffe zu unterminieren suchte. Wir brauchen nicht daran zu zweifeln, daß Freud, als er sich erst einmal in einer Reihe mit so großen wissenschaftlichen Entdeckern wie Darwin, Kopernikus und Kepler sehen konnte, er endlich seinen Traum erfüllt hatte, einen »großen Moment« in der Geschichte zu haben.

Freud ist wohl der erste gewesen, der zugab, daß sein kämpferisches Temperament Ursprünge in seiner frühen familiären Umwelt gehabt haben mußte. Er griff eine Kindheitsbeziehung heraus, die hier relevant ist, obwohl wir, wie bei seinem Bericht über seine Kinderfrau, nicht vergessen dürfen, daß es der erwachsene Freud war, der die Bedeutung von Ereignissen seiner Kindheit fand. Freud hatte einen Neffen, John, ein Jahr älter als er, der Sohn seines Halbbruders Emanuel, und Freud dachte, seine Beziehung zu John sei für seine ganze Entwicklung schicksalhaft gewesen. *Bis zu meinem vollendeten dritten Jahre waren wir unzertrennlich gewesen, haben einander geliebt und mit einander gerauft und diese Kinderbeziehung hat . . . über alle meine späteren Gefühle im Verhalten mit Altersgenossen entschieden. Er muß mich zeitweilig,* so nahm Freud mit Sicherheit an, *sehr schlecht behandelt haben, und ich muß Mut bewiesen haben gegen meinen Tyrannen.* Freud erinnerte sich an *Raufereien* mit John *aus meiner sehr frühen Kindheit.*[31] Freud war der schwächere der beiden Jungen; aber seine Tapferkeit gegenüber äußerer Tyrannei bereitete ihn für spätere Jahre vor, als er sich mit dem konfrontieren mußte, was er dann seinen inneren »Tyrannen« nannte, der Psychologie.

Freud behauptete von dieser frühen Bindung an John, alle seine *warmen Freundschaften wie meine Feindschaften* gingen darauf zurück.

Alle meine Freunde sind in gewissem Sinne Reinkarnationen dieser ersten Gestalt . . . Ein intimer Freund und ein gehaßter Feind waren mir immer notwendige Erfordernisse meines Gefühlslebens; ich wußte mir immer beide von neuem zu verschaffen und nicht selten stellte sich das Kindheitsideal so weit her, daß Freund und Feind in dieselbe Person zusammenfielen, natürlich nicht mehr gleichzeitig oder in mehrfach wiederholter Abwechslung, wie es in den ersten Kinderjahren der Fall gewesen sein mag.

Freud fand es eine Quelle der Befriedigung, daß er immer wieder Ersatz für diese Person aus seiner Kindheit finden konnte, so daß also *niemand unersetzlich ist*.[32] Trotz der Aufmerksamkeit, die Freud in seiner *Traumdeutung* dieser einen ungewöhnlichen Familienbeziehung widmete, schrieb er über die meisten seiner Geschwister nichts. Fünf von den sieben waren Mädchen. Es ist bekannt, daß Freud seine älteste Schwester, Anna, nicht mochte, die geboren wurde, als er zweieinhalb Jahre alt war. Es war während der Zeit der Niederkunft seiner Mutter, daß die Diebstähle seiner Kindsmagd entdeckt wurden, und es ist möglich, daß sich in Freuds Erinnerung die Bedeutung des Weggangs seiner Kinderfrau und der zeitweilige Verlust seiner Mutter ineinanderschoben. Kurz danach zog die Familie nach Leipzig und dann nach Wien, und Freuds Neffe John übersiedelte mit seinen Eltern nach England. Haß kann das Ergebnis der durch solche Trennungen entstehenden Angst sein, und es ist gut möglich, daß Freud sich selber sagen mußte, daß niemand *unersetzlich* ist.
Immerhin erwähnte Freud seine beiden jüngeren Brüder und ihre Bedeutung für sein Gefühlsleben. Der eine, Julius, kam zur Welt, als Freud elf Monate alt war, lebte aber nur acht Monate lang. Freud schrieb in einem Brief, er glaube, er habe seinen *ein Jahr jüngeren Bruder . . . mit bösen Wünschen und echter Kindereifersucht begrüßt, und . . . daß von seinem Tode der Keim zu Vorwürfen geblieben ist*.[33] Freud hatte seine Gefühle besser unter Kontrolle, als das letzte Kind seiner Mutter, ein Sohn, geboren wurde, denn Freud war damals schon zehn Jahre alt; der Name Alexander wurde auf Freuds Vorschlag gewählt, zur Erinnerung und Ehre von Alexander dem Großen. (Als Freud seine *Vorlesungen zur Einführung in die Psychoanalyse* schrieb, merkte er gebührend an: *Als Alexander der Große seinen Eroberungszug unternahm, befanden sich die berühmtesten Traumdeuter in seinem Gefolge.*)[34] Es war nur natürlich, daß zwischen den beiden Brüdern eine gewisse Rivalität entstand. Freud machte sich zum Beispiel Gedanken darüber, wer von ihnen zuerst eine Professur erhalten würde.[35] Aber Freud und sein Bruder (der hochbetagt in Kanada starb) kamen gut miteinander aus; als Erwachsene unternahmen sie öfter gemeinsam Urlaubsreisen. Freud pflegte, mit Bezug auf Alexander, zu sagen, ihre Familie sei wie ein Buch: *Wir sind die Buchdeckel und die Mädchen die Blätter dazwischen*.[36] Eine solche beschützende Galanterie paßt gut zu Freuds übrigen altmodischen Zügen.
Es überrascht nicht, daß er als der älteste Sohn mit fünf Schwestern den großen Bru-

der hervorkehrte, beispielsweise darüber entschied, was die richtige Lektüre für die Mädchen sei. Es war bei jüdischen Eltern jener Zeit auch nicht ungewöhnlich, daß sie ihre Söhne bevorzugten. Als junger Schüler nahm Freud seine Studien sehr ernst. Er hatte ein photographisches Gedächtnis und wurde jedes Jahr Primus seiner Klasse. Aber als seine Schwester Anna begann, daheim Klavierunterricht zu nehmen, empfand er das als Beeinträchtigung seiner Studien.

Freud hatte eine merkwürdige Einstellung zur Musik; sie irritierte ihn, aber andererseits liebte er die Oper mit ihren Worten und ihrer Dramatik und hatte einen hochentwickelten musikalischen Geschmack, was Opern angeht. Die Mozartopern *Don Giovanni*, *Figaros Hochzeit* und die *Zauberflöte* waren seine Lieblingsstücke. Obwohl er Richard Wagner verabscheute, liebte er die *Meistersinger* und konnte in den späten zwanziger Jahren auf viele Aspekte dieses Werkes hinweisen, die der Aufmerksamkeit eines hochmusikalischen Patienten entgangen waren.[37]

Freud entwickelte ein viel stärkeres Interesse für den Zauber der Worte als für die Macht nichtverbaler Kommunikationsmittel. Von allen Künsten steht die Musik vielleicht dem Es am nächsten, und ohne eine Führung durch den rationaleren Teil seines Geistes fühlte Freud sich unbehaglich. Da er nicht imstande war, die Wirkungen der Musik auf ihn zu analysieren, konnte er sie nicht genießen; diese Blockierung lag auf der gleichen Linie wie seine Unfähigkeit, gewisse mystische religiöse Zustände zu würdigen. Für einen Wiener war die Abneigung gegen Musik etwas Ungewöhnliches, und Freud machte es sich zur Regel, die Menschen ausdrücklich auf seinen Defekt hinzuweisen. Was seine Schwester Anna und ihre Musikstunden angeht, so wurde das Klavier aus der Wohnung entfernt, und in der Folge wurde auch keinem von Freuds eigenen Kindern gestattet, daheim Musik zu treiben.

Um Freuds Jahre der Adoleszenzzeit zu ergründen, müssen wir uns in der Hauptsache auf seine eigenen Berichte stützen; aber er verfügte über ein hinreichendes Maß an Introspektion, daß es möglich ist, aus seinen eigenen Worten ein zumindest einleuchtendes Bild zu skizzieren. Es gibt keine Anzeichen für eine stürmische Umwälzung in Freud während dieser Jahre. Später, in einem Brief an seine künftige Frau, sprach Freud über seine *Unzugänglichkeit und Schroffheit gegen Freunde* und bemerkte: *Ich glaube man merkt mir was Fremdartiges an, und das hat seinen letzten Grund darin, daß ich in der Jugend nicht jung war und jetzt, wo das reife Alter beginnt* [dreißig], *nicht recht altern kann.*[38] Freud war in seinem ganzen Leben die meiste Zeit nicht in Übereinstimmung mit »altersgemäßen« Erfahrungen, und obwohl das der Ursprung vieler Schmerzen war, trug es auch dazu bei, seine Wachsamkeit und Produktivität zu gewährleisten.

Eine der großen Begabungen Freuds, von der er sein ganzes Leben hindurch Gebrauch machte, war sein schriftstellerisches Talent. Trotz seiner mangelhaften Aufnahmefähigkeit für Musik zeigen seine Schriften ein starkes Gefühl für Rhythmus. Schon als Schüler schrieb er faszinierend, denn er schöpfte aus seiner inneren Einsamkeit. Einige Briefe aus dieser Periode der Adoleszenz sind erhalten geblieben, und wie stark auch sein Gefühl der Entfremdung von der ihn umgebenden Welt gewesen sein mag, er war ein Meister in der Beschreibung dessen, was er sah. Eine Passage in einem Brief, den er mit siebzehn Jahren schrieb, ist besonders bemerkenswert; sie gibt nicht nur Aufschlüsse über Freuds glänzende schriftstellerische Fähigkeiten, sondern auch über das frühe Aufschimmern von Unsterblichkeits-Vorstellungen bei ihm. Freud schrieb an einen Freund unmittelbar nach Abschluß des schriftlichen Teils der *Matura*:

Mein Professor sagte mir zugleich – und es ist der erste Mensch, der sich untersteht, mir das zu sagen –, daß ich hätte, was Herder so schön einen ›idiotischen‹ Stil nennt – das ist ein Stil, der zugleich korrekt und charakteristisch ist. Ich habe mich über die unglaubliche Tatsache gebührlich verwundert und versäume es nicht, das glückliche Ereignis, das erste in seiner Art, soweit als möglich zu verschicken. An Sie zum Beispiel, der Sie bis jetzt wohl auch nicht gemerkt haben, daß Sie mit einem deutschen Stilisten Briefe tauschen. Nun aber rate ich Ihnen, als Freund, nicht als Interessent, – binden Sie zusammen – hüten Sie wohl – man kann nicht wissen.[39]

2.2. Kindheit und Jugend

Am Ende seiner Schulzeit hatte Freud die Absicht, Jurist zu werden, um in der Öffentlichkeit eine Rolle spielen zu können. *Unter dem mächtigen Einfluß*, so erklärte er 1924, *einer Freundschaft mit einem etwas älteren Gymnasialkollegen, der nachher als Politiker bekannt wurde, wollte auch ich Jura studieren und mich sozial betätigen.*[1] Als dieser frühere Freund 1927 starb, schrieb seine Witwe an Freud und bat ihn um Hilfe bei der Vorbereitung eines Gedenkbandes. Freud schrieb zurück, er erinnere sich,

daß ich Heinrich Brauns Bekanntschaft im ersten Gymnasialjahr, am Tage der ersten ›Zensur‹ machte, und daß wir bald unzertrennliche Freunde waren. Ich brachte alle von der Schule freigelassenen Tagesstunden mit ihm, meist bei ihm zu, besonders solange seine Familie noch nicht in Wien war, und er mit seinem nächsten Bruder Adolf und einem Hofmeister wohnte. Dieser Bruder suchte unseren Verkehr zu stören, wir selbst vertrugen uns aber ausgezeichnet. Ich erinnere mich kaum an Streitigkeiten zwischen uns oder an Zeiten, in denen wir miteinander ›böse‹ waren, wie es in diesen jungen Freundschaften so oft vorkommt. Was wir alle diese Tage taten und worüber wir sprachen, das ist jetzt nach so vielen Jahren schwer vorzustellen. Ich glaube, er bestärkte mich in der Abneigung gegen die Schule und was in ihr gelehrt wurde, weckte eine Menge von revolutionären Regungen in mir, und wir bestärkten

uns gegenseitig in der Überschätzung unserer Kritik und besseren Einsicht. Er lenkte mein Interesse auf Bücher wie Buckles ›Geschichte der Zivilisation‹ und ein ähnliches Werk von Lecky, die er sehr bewunderte. Ich bewunderte ihn, sein energisches Auftreten, sein unabhängiges Urteil, verglich ihn im Stillen mit einem jungen Löwen und war der sicheren Überzeugung, daß er einmal eine führende Stellung in der Welt ausfüllen werde. Ein Lerner war er nicht, aber ich nahm es ihm, obwohl ich bald Primus wurde und es blieb, nicht übel; ich verstand in der dumpfen Ahnung jener Jahre, daß er etwas besaß, was wertvoller war als alle Schulerfolge, was ich seither als die ›Persönlichkeit‹ benennen gelernt habe.
Weder die Ziele noch die Wege unseres Strebens waren uns sehr klar. Ich bin seither zur Vermutung gekommen, daß seine Ziele wesentlich negative waren. Aber es stand fest, ich würde mit ihm arbeiten und seine ›Partei‹ nie verlassen . . .
Eine erste Unterbrechung erfuhr unser Verhältnis, als er, ich glaube, es war in der Septima, der vorletzten Klasse, die Schule – leider nicht freiwillig – verließ. Im ersten Jahr der Universität war er wieder da. Aber ich war Mediziner geworden, er Jurist . . . Unsere Wege trennten sich langsam, er hatte immer mehr Beziehungen zu Menschen gehabt als ich, immer leicht neue angeknüpft. Der Umgang mit mir war ihm wahrscheinlich längst nicht mehr Bedürfnis. So kam es, daß ich ihn in den späteren Studentenjahren ganz aus den Augen verlor.[2]

Noch lange, nachdem dieser »mächtige Einfluß« in seinem Leben vorüber war, noch zur Zeit der Abfassung der *Traumdeutung*, zeigte Freuds Traumleben, wie er sich mit einem erfolgreichen Parlamentarier identifizierte und sich überlegte, ob er wohl mit dem Regierungschef tauschen möchte. Freud studierte jedoch nicht Jura. Kurz bevor er auf die Universität ging, war er Zuhörer einer *populären Vorlesung*, bei der ein Aufsatz über die Natur vorgetragen wurde, den man damals Goethe zuschrieb. Das beseitigte seine Unschlüssigkeit, welche Laufbahn er einschlagen solle, und er entschloß sich *zum Studium der Naturwissenschaft*.[3]
Als Student an der Universität Wien war Freud ein *Sklave* seiner Bücher; er entwikkelte ein dringendes Bedürfnis, Bücher zu kaufen und zu sammeln. Später verwarf er diesen Anflug von Bücher-Besessenheit und behauptete, daß er *an der Gewohnheit festgehalten habe, immer zuerst an den Dingen selbst zu studieren, ehe ich in den Büchern nachsah . . .*[4] Freud war immer ein harter Arbeiter; später war er in seiner therapeutischen Arbeit und beim Schreiben ebenso gewissenhaft, wie er einstmals in seinem Studium fleißig gewesen war.
Freuds Aufenthalt an der Universität zog sich jedoch über acht Jahre hin. Vielleicht hinderten ihn seine vielen Interessen daran, schneller voranzukommen.

Die fünf Jahre, die für das medizinische Studium vorgesehen sind, waren wiederum zu wenig für mich. Ich arbeitete unbekümmert in weitere Jahre hinein und im Kreise meiner Bekannten hielt man mich für verbummelt, zweifelte man, daß ich ›fertig‹

werden würde. Da entschloß ich mich schnell, meine Prüfungen zu machen, und wurde doch fertig: trotz des Aufschubs.[5]

Freud verlor nie seine weit ausgreifende Neugierde, aber er versuchte jetzt, seinen Geist auf bestimmte Gebiete zu konzentrieren – ein Zug, der ihn später veranlaßte, sich über seine *Einseitigkeit* Gedanken zu machen.[6] Im Jahre 1924 beobachtete er, daß seine Eingleisigkeit auch anderen aufgefallen war: *Recht im Gegensatz zur diffusen Natur meiner Studien in den ersten Universitätsjahren entwickelte ich nun eine Neigung zur ausschließlichen Konzentration der Arbeit auf einen Stoff oder ein Problem. Diese Neigung ist mir geblieben und hat mir später den Vorwurf der Einseitigkeit eingetragen.*[7]
Als er in seiner autobiographischen Skizze von 1924 die Entwicklung seiner Interessen nachzeichnete, sprach er nach der Erwähnung, wie »recht nachlässig« er das medizinische Studium betrieben habe, von dem klugen Rat eines bewunderten Lehrers (Ernst Brücke), der ihn angesichts der finanziellen Situation seines Schülers drängte, eine theoretische wissenschaftliche Karriere zugunsten einer Praxis als Arzt aufzugeben. Nach Freuds Meinung korrigierte dieser Rat den *großmütigen Leichtsinn* seines Vaters.[8] Offensichtlich war Freud der Meinung, sein Vater habe den Fehler gemacht, daß er seine Laufbahn nicht in eine mehr praktische Richtung lenkte.
Die darin liegende Kritik an seinem Vater Jakob Freud wird durch die Fakten nur teilweise bestätigt. Ein viel früher geschriebener Aufsatz Freuds erzählt, als er neunzehn war, hätten sein Vater und sein Halbbruder Emanuel den Plan ausgeheckt, *daß ich mein abstruses Studium gegen ein praktisch besser verwertbares vertauschen sollte. Als man merkte, wie versunken in meine eigenen Absichten ich war, ließ man wohl den Plan wieder fallen.*[9] Dieser *Plan* ging dahin, eine Ehe zwischen Freud und Emanuels Tochter zu stiften und das Paar in England auszusiedeln. Aber Jakob Freud, gütig und sanft und außerdem von der Begabung seines Sohnes beeindruckt, war nicht der Mensch, der seinem Sohn je zuviel Anweisungen gegeben oder darauf bestanden hätte, daß er seine Studien schneller beendete. Was die Ablegung von Prüfungen wie auch das Verhalten gegenüber dem Antisemitismus betrifft, verhielt sich Freud später genau umgekehrt wie sein Vater; Freuds Sohn Oliver war seinem Vater dankbar dafür, daß er ihn nachdrücklich aufforderte, seine Abschlußexamina ohne Verzögerung abzulegen.[10]

Bei Freud stellte sich Unzufriedenheit mit seinem Heim und seiner Familie ein, als er immer deutlicher erkannte, daß er sich aus eigenen Kräften formen mußte. Er konnte den Gedanken nicht unterdrücken: *Ja, wenn ich zweite Generation, der Sohn eines Professors oder Hofrats wäre, dann wäre ich freilich rascher vorwärtsgekommen.*[11] Wie Freud einmal seinen Vater beschrieb, war er *Kaufmann* gewesen und *besaß keine Gymnasialbildung . . .*[12] Eine Nichte berichtet, daß Jakob Freud im Alter viel Zeit damit zubrachte, den Talmud zu studieren.[13] Aber in seinem reifen theoretischen Werk betrachtete Freud den Vater als ein Hindernis, über das man hinausgelangen muß.

Freud betrachtete Ehrgeiz als den Sieg über den Vater. *Das Wesentliche am Erfolg*, schrieb er einmal, ist, *es weiter zu bringen als der Vater . . . als sei die Übertreffung des Vaters immer noch etwas Verbotenes.*[14] Zwei Erinnerungen aus Freuds Kindheit zeigten ihm seinen Ehrgeiz und dessen Zusammenhang mit seinem Vater. *Ich soll – im Alter von zwei Jahren – noch gelegentlich das Bett naß gemacht haben, und als ich dafür Vorwürfe zu hören bekam, den Vater durch das Versprechen getröstet haben, daß ich ihm in N. (der nächsten größeren Stadt) ein neues, schönes rotes Bett kaufen würde.* Freud erzählte diesen Vorfall nicht, weil er so reizend war, sondern um zu zeigen, wie er mit einer Demütigung verknüpft war, die eine schmerzlich dauerhafte Bedeutung für seine künftigen Ambitionen hatte:

Dann gab es aber einmal einen anderen häuslichen Anstand, als ich sieben oder acht Jahre alt war, an den ich mich sehr wohl erinnern kann. Ich setzte mich abends vor dem Schlafengehen über das Gebot der Diskretion hinweg, Bedürfnisse nicht im Schlafzimmer der Eltern in deren Anwesenheit zu verrichten, und der Vater ließ in seiner Strafpredigt darüber die Bemerkung fallen ›Aus dem Buben wird nichts werden.‹ Das muß eine furchtbare Kränkung für meinen Ehrgeiz gewesen sein, denn Anspielungen an diese Szene kehren immer in meinen Träumen wieder und sind regelmäßig mit Aufzählung meiner Leistungen und Erfolge verknüpft, als wollte ich sagen: Siehst Du, ich bin doch etwas geworden.[15]

(Jung zufolge litt Freud noch bis weit in sein Erwachsenenalter hinein unter Inkontinenz.[16])

Freud stellte die Rolle des Vaters für die Persönlichkeitsentwicklung weiterhin stark in den Vordergrund. In seiner Anfangszeit vertrat Freud, auch nachdem andere den Gedanken für überholt ansahen, die Ansicht, *die Nachkommenschaft luetischer Väter sei zu schweren Neuropsychosen besonders prädisponiert.*[17] Diese implizierte Kritik an den Vätern war nur die andere Seite seiner Idealisierung des Vaters. *Ein ähnlich starkes Bedürfnis aus der Kindheit*, schrieb er 1929, *wie das nach dem Vaterschutz wüßte ich nicht anzugeben.*[18] Freud hob ferner hervor, wie häufig kleine Jungen Angst davor haben, von ihrem Vater verschlungen oder sogar kastriert zu werden. Freud führte die Neigung, die Bedeutung des Vaters zu übertreiben, auf den dahinter liegenden Wunsch zurück, ihn loszuwerden und selbst sein eigener Vater zu sein. Denn der Knabe zeigt *bei weitem mehr Neigung zu feindseligen Regungen gegen seinen Vater als gegen seine Mutter . . . und eine viel intensivere Neigung, sich von jenem als von dieser frei zu machen.*[19] Jede scheinbare Unterbewertung von Vätern läßt sich nach Freuds Meinung auf die Überbewertung in der frühen Kindheit zurückverfolgen.

In Wirklichkeit war Jakob Freud schwerlich der mächtige Mann, den man als Vater des Entdeckers des Ödipuskomplexes erwarten könnte. Er war auch nicht das potente Ich-Ideal, als das ihn Freud wohl manchmal gerne gesehen hätte. Das Verlangen nach einem starken Vater hat vielleicht nicht nur bei Freuds Konzipierung des Ödipuskomplexes eine Rolle gespielt, sondern auch dazu geführt, daß diese Konzeption von vielen akzeptiert wurde, die sich in einer ähnlichen Lage wie Freud befanden, die ein Unbehagen hinsichtlich ihrer Vergangenheit hatten, aber sich schämten, sie zu verwerfen.

Jakob Freud war kein guter Ernährer für seine Familie, obwohl offenbar in Freuds Kindheit nicht wirkliche Not herrschte. Die Familie seiner Mutter trug gleichfalls dazu bei, den Haushalt in Gang zu halten. Finanzielle Einzelheiten sind schwer herauszufinden, so daß es nicht klar ist, wovon die Familie Freud eigentlich lebte, nachdem sie von Freiberg nach Wien gegangen war; es gab eine Zeit, wo sie ein Zimmer an einen Logiergast vermieten mußten, und anscheinend wurde Jakob auch von seinen Söhnen in England unterstützt. Freud war also als junger Mann arm, sicherlich aber auch stolz. Wie er viele Jahre später schrieb:

Wer in seinen eigenen jungen Jahren das Elend der Armut verkostet, die Gleichgültigkeit und den Hochmut der Besitzenden erfahren hat, sollte vor dem Verdacht geschützt sein, daß er kein Verständnis und kein Wohlwollen für die Bestrebungen hat, die Besitzungleichheit der Menschen und was sich aus ihr ableitet, zu bekämpfen.[20]

Obwohl Freud als Erwachsener mit Geld großzügig war, reflektieren die kommerziellen Bezeichnungen in seinen Schriften die Armut seiner Jugend und den bürgerlichen Charakter seiner Bestrebungen: denn in Freuds Terminologie ist die Rede von psychologischen *Opfern, Kompensationen,* psychischen *Bilanzen, Investitionen, Ausgaben, Abwertung, Spekulatoren* und *Spekulationen,* von *Amortisierung, Übertragung* und sogar von der *Vergabe* einer Analysestunde.

Wenn Jakob sein Geschäft zum Teil deswegen verlor, weil er das Gefühl hatte, er müsse seine beiden ältesten Söhne, Emanuel und Philipp, aus ihrem geschäftlichen Fiasko *auslösen*, so würde das mit dem übereinstimmen, was wir von seiner Gutmütigkeit wissen. Freud selber schilderte seinen Vater als *einen Mann, der ständig in Erwartung eines unvorhergesehenen Glücksfalls lebte.*[21]

Freud kannte seinen Vater als verhältnismäßig alten Mann; Jakob war bereits knapp vierzig, als Sigmund zur Welt kam. Er war vorher schon zweimal verheiratet gewesen, zuerst mit siebzehn; er bekam einen Sohn (Emanuel) im ersten Jahr seiner Ehe – in jener Zeit ein Zeichen von *mangelnder Vorsicht.* Von seiner zweiten Frau ist wenig bekannt.[22] In dritter Ehe heiratete er Amalie Nathansohn, Freuds Mutter, im Jahre 1855, drei Jahre nachdem seine erste Frau gestorben war.

Welche Vorzüge und Schwächen Freuds Vater auch gehabt haben mag, jedenfalls begegnete ihm Freud gemäß der jüdischen Sitte jener Zeit mit kindlicher Ehrfurcht. Es muß Freud einigen Mut gekostet haben, einen Traum zu erzählen und zu deuten, den er in der Nacht nach Jakobs Tod hatte. Freud vertrat die Meinung, daß der Tod des Vaters einem Manne ein besonderes Trauma zufügt. Freud war vierzig, als sein Vater 1896 im Alter von fast einundachtzig Jahren starb, und Freud dachte immer noch, daß dieser Tod für seine Seele *eine Umwälzung* gewesen sei.[23] Als Folge davon fühlte er sich jetzt frei genug, *Die Traumdeutung* zu schreiben und stellte später die Überlegung an, der Tod des Vaters sei *das bedeutsamste Ereignis, [der] einschneidendste Verlust im Leben eines Mannes.*[24]

Freud erinnerte sich im Laufe des Traums daran, daß es ihm bemerkenswert erschien, wie sehr sein Vater auf seinem Totenbett Garibaldi ähnlich sah. Für Ernest Jones hieß das buchstäblich, daß Jakob Freud »Ähnlichkeit mit Garibaldi hatte«, ein Beispiel dafür, wie jede Schrulle in Freuds Denken als historisches Faktum in Büchern auftauchen kann.*[25] Wahrscheinlicher ist, daß diese Erinnerung Freuds einen Aspekt seiner eigenen Vorstellung von sich selbst darstellte, oder dessen, wie Jakob nach seinen Wünschen hätte sein sollen. Daten waren für Freud immer wichtig, und da das Geburtsjahr von Freuds Vater das gleiche war wie das Bismarcks, war Bismarck für ihn eine besonders faszinierende Gestalt.** Freud erklärte seine besondere Vorliebe für Napoleons Marschall Masséna so: *Die Bevorzugung wird wohl auch durch den Zufall des gleichen Geburtsdatums, genau hundert Jahre später«, aufzuklären sein.*[28] Und Botschafter Bullitt erklärte, wie es zu dem Buch über den Präsidenten Wilson kam, an dem er und Freud zusammengearbeitet hatten: *Freud hatte sich für Wilson interessiert, seit er entdeckt hatte, daß sie beide im Jahre 1856 geboren waren.*[29]

Freuds Mutter ist rätselhafter als sein Vater, zumindest wenn man sich an Freuds Schriften orientiert. In der autobiographischen Studie, die Freud gegen Ende Sechzig schrieb, ging er über seine Kindheit und die Persönlichkeit seiner Eltern hinweg, um sogleich die Entwicklung der Psychoanalyse zu schildern. In zahlreichen anderen autobiographischen Bemerkungen, die in Freuds Schriften verstreut sind, wird Amalie Freud weit seltener erwähnt als Jakob. Dieses Übergehen ist vielleicht darauf zurückzuführen, daß man im neunzehnten Jahrhundert in bezug auf Frauen, und besonders Mütter, sehr reserviert war. Aber unabhängig von Freuds eigenen Angaben läßt sich über seine Mutter mehr herausfinden als über seinen Vater, da sie bei ihrer Heirat erst neunzehn war und fünfundneunzig Jahre alt wurde; sie starb 1930, und es leben immer noch Menschen, die Erinnerungen an sie und persönliche Eindrücke von ihr, zumindest in ihrem Alter, haben.

Offensichtlich war Amalie Freud eine sehr mütterliche Frau. Sie brachte innerhalb

---

* Selbst so gescheite Kritiker wie Lionel Trilling und Stephen Marcus übernahmen die Version von Jones unbefragt in ihre Kurzfassung seiner Biographie.[26]

** Freud nahm in eine revidierte Ausgabe der *Traumdeutung* die folgende Passage aus einem Aufsatz von Hanns Sachs auf: *lag es für Bismarck nahe, sich mit einem Pferde zu vergleichen, und er hat dies auch bei verschiedenen Gelegenheiten getan, z. B. in seinem bekannten Ausspruch: ›Ein wackeres Pferd stirbt in seinen Sielen.‹*[27] Freud übernahm den Ausspruch Bismarcks als eines seiner Lieblingszitate.

von zehn Jahren acht Kinder zur Welt und erwarb sich die Liebe und Verehrung aller ihrer Kinder. Wir können nur Vermutungen darüber anstellen, wie es für den erstgeborenen Sohn dieser jungen Mutter war, daß so regelmäßig kleine Eindringlinge erschienen. Da Freud zu einem Manne heranwuchs, der so erbittert um seine Rechte kämpfte, ist es vielleicht nicht zu weit hergeholt, wenn man diese Tendenz der Existenz all dieser Geschwister zuschreibt – auch wenn die meisten Mädchen waren –, die (neben ihrem wenig robusten Mann, den sie liebte) einen so großen Teil ihrer Aufmerksamkeit in Anspruch nahmen. Freuds Ehrgeiz muß durch sein frühes Familienleben gefördert worden sein, obwohl die Gegenwart jüngerer Geschwister wohl nur seinen Herrschaftsinstinkten Spielraum ließ. Den Platz, den er bei seiner Mutter einnahm, konnte er auch seinem jüngeren Bruder Alexander gegenüber halten, denn er war zwar nicht der einzige Sohn, aber doch der erste. Überlegungen dieser Art über Freud und seine Geschwister wären zu einem großen Teil nicht sehr einleuchtend, wären da nicht seine späteren Befürchtungen, es könnte anderen gelingen, ihm wegzunehmen, was ihm geistig rechtmäßig gehörte.

Freud schilderte jedoch seine Beziehung zu seiner Mutter als frei von Unsicherheiten oder Zweifeln. Er betrachtete sich als Liebling seiner Mutter und fand darin, wie in seinem Judentum, einen Ursprung seines Selbstbewußtseins. *Ich habe gefunden,* schrieb er, *daß die Personen, die sich von der Mutter bevorzugt oder ausgezeichnet wissen, im Leben jene besondere Zuversicht zu sich selbst, jenen unerschütterlichen Optimismus bekunden, die nicht selten als heldenhaft erscheinen und den wirklichen Erfolg erzwingen.*[30]

Freud nahm eine überholte (jedoch edel klingende) Vorstellung von den Gefühlen einer Mutter für ihren Sohn für selbstverständlich. *Das Verhältnis zwischen . . . Mutter und Sohn . . . gibt die reinsten Beispiele einer durch keinerlei egoistische Rücksicht gestörten unwandelbaren Zärtlichkeit.*[31]

Nur das Verhältnis zum Sohn bringt der Mutter uneingeschränkte Befriedigung; es ist überhaupt die vollkommenste, am ehesten ambivalenzfreie aller menschlichen Beziehungen. Auf den Sohn kann die Mutter den Ehrgeiz übertragen, den sie bei sich unterdrücken mußte, von ihm die Befriedigung all dessen erwarten, was ihr von ihrem Männlichkeitskomplex verblieben ist.[32]

Freud machte sich, als er alt wurde und an Krebs litt, oft Sorgen darüber, daß er vor ihr sterben könnte. Schon 1918, noch vor seiner Krankheit, schrieb er: *Manchmal denke ich, es wird ein Stück Freiheit mehr für mich sein, wenn sie stirbt, denn die Annahme, daß man ihr mitteilen muß, ich sei gestorben, hat etwas, wovor man zurückschreckt.*[33] Freud hoffte, seine Mutter vor Leiden schützen zu können. Auf einer anderen Ebene kann jedoch seine Bemerkung als das tiefsitzende Gefühl gedeutet werden, wenn sie sterbe, dürfe auch er, mit dem sie sich so eng verbunden fühlte, nicht mehr leben.

Ein solcher, Freud nicht unbedingt bewußter Wunsch, würde mit seinen Gefühlen und seinem Verhalten bei ihrem Tod im Jahre 1930 übereinstimmen. Anfang 1929 hatte er geschrieben: »Selbst meine bald 94jährige Mutter erhält sich auf gutem Niveau, sperrt mir so allerdings den Weg, den ein alter Mann offen haben sollte.³⁴ Bevor sie im nächsten Jahr schließlich starb, mußte sie noch schweres Leiden erdulden. In einem Brief an Sandor Ferenczi schrieb Freud:

*Es hat merkwürdig auf mich gewirkt, dieses große Ereignis. Kein Schmerz, keine Trauer, was sich wahrscheinlich aus den Nebenumständen, dem hohen Alter, dem Mitleid mit ihrer Hilflosigkeit am Ende, erklärt, dabei ein Gefühl der Befreiung, der Losgesprochenheit, das ich auch zu verstehen glaube. Ich durfte ja nicht sterben, solange sie am Leben war, und jetzt darf ich. Irgendwie werden sich in tieferen Schichten die Lebenswerte merklich geändert haben.*³⁵

In ähnlicher Weise schrieb Freud an Jones und fügte hinzu: *Ich war nicht beim Leichenbegängnis, wiederum hat mich Anna vertreten, wie in Frankfurt. Ihre Bedeutung für mich ist kaum mehr zu steigern.*³⁶ Im Monat vorher hatte Anna eine Ansprache Freuds als Dank für die Verleihung des Goethepreises für Literatur durch die Stadt Frankfurt verlesen. Mit vierundsiebzig war er nicht mehr bei guter Gesundheit, und die Reise wäre nicht leicht gewesen. Im Gegensatz zu dieser offiziellen öffentlichen Feier jedoch fand das Begräbnis von Freuds Mutter in Wien selbst statt; trotz seiner glühenden Schilderung der Beziehung zwischen Mutter und Söhnen entschied sich Freud dafür, nicht teilzunehmen, und hielt es für passend, daß seine Tochter ihn *vertrat.*
In Freuds Darstellung der Mutter-Sohn-Bindung, und seiner eigenen Mutter im besonderen, hob er vor allem hervor, was die Mutter für ihren Sohn tut, obwohl der Sohn natürlich mittelbar den Ehrgeiz der Mutter erfüllen könne. Sein Gefühl größerer persönlicher Freiheit nach dem Tod seiner Mutter paßt zu Freuds allgemeiner Einstellung in diesem Zusammenhang, die hinter all dem Idealismus ziemlich egoistisch war. Freud hat seinen eigenen Narzißmus nicht verborgen; im Gegenteil war er der Meinung, *ein hoher Grad an Selbstliebe* sei der primäre und normale Sachverhalt.³⁷ *Meine Liebe ist etwas mir Wertvolles, das ich nicht ohne Rechenschaft verwerfen darf.*³⁸ Seine Traumtheorie drückte die Überzeugung aus, daß jeder das Verlangen hat, seine egoistischen Wünsche zu befriedigen; einzigartig war der Mut und die Ehrlichkeit, die es ihm möglich machten, manche dieser weniger ergötzlichen Motive anzuerkennen. Selbst das Mitleid, glaubte er, hat einen narzißtischen Ursprung.³⁹ Freuds Charakter hatte einen harten Kern der Unbeugsamkeit. [Ich] *darf mir sagen*, schrieb er während des Ersten Weltkriegs, *daß ich der Welt bereits mehr gegeben habe als sie mir.*⁴⁰ Es ist schwer festzustellen, ob die Schroffheit, die neben anderen Aspekten Teil seines Charakters war (und die so viel dazu beitrug, ihn bei seinen Neuentdeckungen immer wieder neuen Auftrieb zu geben), ein Zeichen müt-

terlicher Verwöhnung in der Kindheit ist oder auf eine unbekannte Versagung hinweist.

Freud berichtet von einem angsterfüllten Traum vom Tod seiner Mutter aus seinem siebten oder achten Lebensjahr; umgekehrt erzählte auch sie einmal von einem Traum vom Tod ihres Sohnes. Damals war sie schon eine alte Frau, für die das Sterben keine weit entfernte Möglichkeit war. In ihrem Traum war sie bei Sigmunds Begräbnis, und um den Sarg waren die Staatsoberhäupter der großen europäischen Nationen versammelt.[41] Daß eine alte Mutter, auch eine jüdische Mutter, einen solchen Traum hatte, ist nicht unverständlich; aber es ist erstaunlich, daß sie über diese geträumte Katastrophe berichtete; denn der Traum, der den Ruhm, den ihr geliebter Sohn erlangt hatte, verdeutlichte, gibt Aufschluß über das Wesen ihrer eigenen Sehnsüchte, die durch den Erfolg Sigmunds befriedigt worden waren.

Prophezeiungen in Freuds frühen Lebensjahren, daß er ein großer Held werden würde, muß Amalie in ihrem Herzen gehegt haben. Für sie persönlich, zumindest nach der Theorie ihres Sohnes, drückte dieser Traum vielleicht auch noch eine versteckte Bedeutung aus, nämlich durch seine thematische Polarität. Denn durch die Vervielfältigung von Vaterfiguren betonte sie möglicherweise auch das Gegenteil des manifesten Trauminhaltes – daß Freud in Wirklichkeit ihr allein gehöre und mehr ihr Sohn als seines Vaters Sohn sei. Gleichzeitig, denn Träume können viele Ebenen haben, war dieser Traum vielleicht auch der Versuch, den Verlust ihres Sohnes zu kompensieren; sie selber besaß ihn vielleicht nicht mehr, aber sie wußte sicher, daß die Welt ihn besaß.

Jones erklärte, *daß Freud nie einer Frau vorwarf, sie habe ihn betrogen und enttäuscht.* Über Freuds kindliche Vergangenheit spekulierte er, er müsse *ein Mann gewesen sein, der um die Geheimnisse gewußt und nur vorgegeben hatte, sie ihm zu enthüllen*, und deshalb sei eine Frau als Modell eines Rivalen unwahrscheinlich.[42] Freud hatte große Mühe, sich selber irgendwelche Feindseligkeitsgefühle gegenüber seiner Mutter einzugestehen (wie übrigens auch irgendwelchen Antagonismus gegen Frauen oder Neidgefühle ihnen gegenüber). Freud neigte in altmodischer Weise dazu, die Frauen zugleich zu idealisieren und herabzusetzen. Über muttermörderische Wünsche eines Sohnes hat er nie etwas geschrieben. In Freuds Welt werden die Frauen als Objekte behandelt, selten als Subjekte; aber sie treten nie als schlechte Mütter oder als schlechte Töchter auf. Freuds Überzeugung, daß er der Liebling seiner Mutter war und daß das der Ursprung seines Selbstbewußtseins sei, mag eine Selbsttäuschung gewesen sein, ein Deckmantel für positive Gefühle, daß er seinem Vater vieles verdanke. Freud war in der Lage, viele seiner schlechten Charakterzüge öffentlich zuzugeben; aber während er so weit gehen konnte, seine vatermörderischen Impulse zu beschreiben, war es schwieriger für ihn, Konfliktgefühle in bezug auf seine Mutter, einschließlich seiner Abhängigkeiten, zuzugeben.

Einer der Helden, über die Freud ein Buch schrieb, Leonardo da Vinci, hatte gleichfalls eine junge Mutter. Das Thema des vaterlos aufwachsenden großen Mannes faszinierte Freud; sowohl Ödipus, als auch der Moses der Legende, wuchsen wie Leonardo getrennt von ihrem natürlichen Vater auf. In Freuds Phantasien stellte sich heraus, daß der Vater ein Mann von hohem Rang ist; wie es bei Ödipus ein König war, so machte er bei Moses den Vater zu einem Adligen. Freud glaubte auch, Shakespeare sei kein Mann einfacher Herkunft, sondern der Earl von Oxford gewesen. Diese Vorbilder bekräftigten Freud in seinem Werk.

Bei seinen Darlegungen über Leonardo erzählte Freud die ägyptische Legende, Geier würden vom Wind befruchtet; Leonardo sei ein Geierkind, weil er in seiner frühen Kindheit allein von seiner Mutter aufgezogen wurde; angeblich stimmte das mit einer frühen Kindheitsphantasie Leonardos überein, daß ein Geier ihm seinen Schwanz in den Mund gesteckt habe. Aber hier unterlief Freud ein Fehler. Die Verbindung der Tatsache, daß die alten Ägypter den Geier als Symbol der Mütterlichkeit wählten, mit den Umständen von Leonardos Leben ist nicht schlüssig, wenn sie auch vielleicht für Freud persönlich von Bedeutung war. In den deutschen Büchern über Leonardo wird der Vogel richtig als *Hühnergeier* – »Gabelweihe« – bezeichnet, Freud muß jedoch aus dem letzten Teil des Wortes, *Geier*, gesehen haben, was tatsächlich diesen ganz anderen Vogel bezeichnet.[43] (Einige der Übersetzungen, auf die Freud sich stützte, benützten gleichfalls irrigerweise das Wort *Geier* für das italienische Wort für Gabelweihe.)

Eindeutig ödipale Gefühle, Liebe für den Elternteil des anderen Geschlechts und Feindseligkeit gegen den Elternteil des gleichen Geschlechts, können Abwehrmaßnahmen sein und sehr unterschiedliche Gefühle tarnen. In der Tat scheint Freud, wenn man heute zurückblickt und seine eigenen Konzeptionen heranzieht, Angst vor seinen eigenen Abhängigkeiten, insbesondere vor seiner Nachgiebigkeit gegenüber Frauen, gehabt zu haben. Er hatte Schwierigkeiten, das Mütterliche in sich zu akzeptieren, und obwohl die Kunst der Psychotherapie einen unvermeidlichen mütterlichen Kern besitzt, neigte Freud dazu, die Bedeutung dieser Seite seiner Tätigkeit als Analytiker zu bagatellisieren. Das Mütterliche ist ferner unentwirrbar mit dem Infantilen verknüpft, und hier (wie bei seiner Einstellung zur Musik) war Freud sehr zurückhaltend. Bei jeder tiefgehenden menschlichen Bindung besteht die Gefahr, daß der eine Partner den anderen verschlingt; die Mutter-Sohn-Bindung ist nicht so einseitig wundervoll, wie Freud uns gerne glauben machen möchte.

Alles weist darauf hin, daß Amalie Freud – um uns der Bildersprache in der Studie ihres Sohnes über Leonardo zu bedienen – ein zäher alter Vogel war. Trotz der medizinischen Bedingungen jener Zeit schaffte sie es, eine Tuberkuloseerkrankung zu überwinden.[44] Sie war, zumindest in den letzten Jahren, eigensinnig, bezüglich ihrer Kleidung wählerisch bis zur Eitelkeit, eine Tyrannin gegenüber ihren Töchtern – kurz eine klassische jüdische Matriarchin. Einer ihrer Enkel erinnerte sich, daß *nicht leicht mit ihr auszukommen war. Amalie hatte große Vitalität und viel Ungeduld; sie besaß Lebenshunger und einen unbezähmbaren Geist.*[45] Sie behielt genügend Lebenslust, um noch mit neunzig ihre Möbel neu beziehen zu lassen. Ihr Sinn für Humor erinnert einen an Freuds Ironie. An ihrem fünfundneunzigsten Geburtstag erschien eine Photographie von ihr in einer Zeitung; sie sagte, die Photographie gefalle ihr nicht: *Ich sehe aus, als sei ich einhundert.*[46]

Freuds Mutter war wahrscheinlich Modell für jenen königlichen, hochmütigen Frauentyp, den Freud in seinem Erwachsenenleben bewundern und verstehen konnte. Eine ihrer Enkelinnen empörte sich vor allem über ihr tyrannisches und selbstsüchtiges Wesen, und andere Enkel sind ebenfalls der Meinung, daß sie herrschsüchtig war, zumindest gegenüber nahen Verwandten; viele in der Familie litten unter ihrem autoritären Charakter.[47] Nach der internen Familienmeinung wurde ihrer jüngsten Tochter Dolfi verwehrt, ein eigenes Leben zu haben; sie opferte sich für die Betreuung ihrer Mutter auf, die noch als alte Frau *ein Wirbelwind* war. Bei Dolfi hatte, wie Freuds Sohn Martin es erzählt, *das ständige Sichkümmern um Amalie ... ihre Persönlichkeit zu einem Zustand der Abhängigkeit reduziert, von dem sie sich nie wieder erholte.*[48] (Freud beschrieb Dolfi einmal so: *Sie ist die liebste und beste von den Schwestern und hat so eine reiche Innigkeit und eine leider allzufeine Empfindlichkeit.*[49]) Vielleicht hätten Freud und sein Bruder Alexander eine andere Betreuung arrangieren können; nur was sie beide sagten, hätte in der Familie Gewicht gehabt, aber weder Freuds Frau noch die seines Bruders waren bereit, sie zu betreuen.

Es gibt keinerlei Hinweis darauf, daß Amalie sich je direkt diktatorisch gegenüber Freud selbst verhalten hätte, von dessen gutem Aussehen als junger Mann sie später oft und gern sprach. Aber es ist ohne weiteres vorstellbar, daß eine solche Frau bei Freud jene Art intensiver Gefühle erweckte, die er später ödipal nennen würde. Man sagt, sie habe einen Hofstaat um sich versammelt. Nicht nur machte die Familie sonntags bei ihr Besuch; Freud brachte auch einige seiner Lieblingsschüler mit, um sie ihr vorzustellen. Zu Freuds 70. Geburtstag im Jahre 1926 fand zu seinen Ehren ein Empfang in seiner Wohnung statt. Obwohl es ihn angestrengt haben mußte, war Freud sichtlich bewegt, als er die Gäste in seinem Cutaway begrüßte. Seine Mutter war ebenfalls anwesend und erklärte einem Schüler Freuds gegenüber einfach: *Ich bin die Mutter.*[50]

Sigmund und Alexander trugen zum Unterhalt ihrer Mutter bei und besuchten sie regelmäßig am Sonntagvormittag. Es war ein gängiger Scherz in der Familie, daß Freud bei diesen Besuchen eine Magenverstimmung haben würde; diese *Störung*, wie Jones es nennt[51], war vielleicht auch die Folge der *chronischen Verstopfung*, an der Freud litt, wie Jones an anderer Stelle berichtet. Er selbst führte diese wiederkehrenden leichten Leibbeschwerden auf das schwere Abendessen zurück, das er regelmäßig an den Samstagabenden vorher bei einem Freund einnahm, mit dem er Karten spielte. Vielleicht hätte ein psychologisch bewanderter Beobachter mit mehr Distanz in dieser Störung ein Anzeichen dafür erblickt, daß Freud sich selber gestattete, in Gegenwart seiner Mutter in den Zustand eines kleinen Jungen zu regredieren, eine Aufforderung an ihre Zärtlichkeit. Später am Sonntag kamen dann seine Mutter und alle seine Schwestern zum Abendessen in Freuds Wohnung.

Kindheit und Jugend jedes Menschen bieten uns viele Widersprüche und Überraschungen, und erst im Lichte dessen, was wir von dem Erwachsenen wissen, erkennen wir überhaupt Teile seiner Vergangenheit. Man sucht schließlich nicht so sehr nach Determinanten im Sinne von Ursache und Wirkung, als vielmehr nach Mustern, Zusammenhängen, Parallelen, vielleicht sogar nach Inkonsequenzen. Es ist nur angemessen, daß unsere Suche durch die Dinge geleitet wird, von denen wir wissen, daß sie später für Freud wichtig waren. Er selber stellte einmal die Frage, *ob wir* [überhaupt] *bewußte Erinnerungen aus der Kindheit haben oder nicht vielleicht bloß an die Kindheit. Unsere Kindheitserinnerungen zeigen uns die ersten Lebensjahre nicht wie sie waren, sondern wie sie späteren Erweckungszeiten erschienen sind.*[52]

Es ist offensichtlich, daß manche Behauptungen über Freuds frühe Jahre beweisbarer sind als andere, und es ist ein glücklicher Umstand, daß er uns so viele Selbstbeobachtungen geliefert hat und noch immer Familienangehörige leben, die ihre eigenen Darstellungen über die betroffenen Personen mitteilen können. Das Kind ist der Vater des Mannes, ohne das gleiche zu sein wie der Mann. Erst wenn wir weiter in Freuds Leben eindringen, kann seine Vielseitigkeit verständlich werden.

2.3. Liebe und Ehe

Der größte Teil dessen, was sich über Freuds Liebesleben in Erfahrung bringen läßt, hat seine Beziehung zu seiner Frau Martha zum Mittelpunkt. Jede Erörterung dieses Aspektes der Persönlichkeit Freuds muß zwangsläufig äußerst fragmentarisch bleiben. Obwohl mehr als neunhundert Briefe Freuds aus seiner vierjährigen Verlobungszeit erhalten geblieben sind, ist doch nur ein kleiner Teil von ihnen zur Veröffentlichung freigegeben worden. Aber zumindest die äußeren Umstände dieser Werbung lassen sich eindeutig feststellen. Freud war sechsundzwanzig Jahre alt und wohnte bei seinen Eltern, als er um Marthas Hand anhielt; einige seiner Liebesbriefe an sie sind auf Jakob Freuds persönlichen Briefbogen geschrieben, obwohl er sich verlobte, ohne vorher seinen Vater zu fragen. Nach acht Jahren Medizinstudium und über einjähriger Tätigkeit in der Forschung verlobte sich Freud im Jahre 1882 offiziell mit Martha Bernays.

Martha war fünf Jahre jünger als er und ebenfalls schon als Kind mit ihren Eltern nach Wien gekommen. Das jüdische Bürgertum in Wien bildete eine recht kleine Welt. Sechs Monate nachdem Freud und Martha sich verlobt hatten, kündete ihr Bruder Eli, der mit Freud befreundet war, an, daß er und Freuds Schwester Anna vorhatten zu heiraten. Um das Bild dieser in sich abgeschlossenen kleinen Welt abzurunden, bleibt zu erwähnen, daß auch Marthas jüngere Schwester Minna mit einem Wiener Freund Freuds verlobt war.

Marthas Familie gehörte einer sozial gehobeneren Schicht an als die Familie Freuds, und zwar sowohl kulturell – im deutschen wie im jüdischen Kulturbereich –, als auch nach ihrer wirtschaftlichen Lage. Ihr Großvater war der Oberrabbiner von Hamburg gewesen, ein Intellektueller und ein Freund von Heinrich Heine. Ein Onkel war Professor für neuere Sprachen an der Universität München, und ein anderer lehrte Griechisch und Latein in Heidelberg. Nach Auskunft einer Schwiegertochter Marthas war ihre Familie schockiert, daß sie Freud heiratete, der zwar Arzt war, aber ein Mann ohne Vermögen und ohne eine besonders aussichtsreiche Zukunft.[1] Martha muß also einigen Mut besessen haben.

In ihrem Wesen und ihren Äußerungen bestimmt, wirkte sie in ihren späteren Jahren (als Freuds Schüler sie kannten) ziemlich langweilig, schien eine pedantische Hausfrau zu sein; damals war die große Liebe längst vorbei. Sie war jedoch gebildet und als junge Frau zart und hübsch gewesen. Sie war im übrigen stark der jüdischen Tradition verhaftet, und es kostete Freud einige Mühe, bis es ihm gelang, ihre Anhänglichkeit an die überlieferten jüdischen Zeremonien zu überwinden. (Freuds eigener Vater war Freidenker gewesen, und seine Mutter hielt zwar die hohen jüdischen Feiertage ein, aber in mehr beiläufiger Weise, da sie ihr nicht viel bedeuteten.) Im Jahre 1938 war zwischen Martha und Freud immer noch die alte – scherzhaft geführte, aber im Grunde doch ernst gemeinte – Auseinandersetzung darüber im Gange, ob man am Freitagabend Kerzen anzünden solle; Martha scherzte über Freuds gräßliche Dickköpfigkeit, die sie daran hinderte, dieses Ritual zu vollziehen, während er fest bei seiner Meinung blieb, das sei eine törichte und abergläubische Übung.[2] Bei ihrer Beerdigung im Jahre 1951 sorgten ihre Kinder dafür, daß ein Rabbi sprach (bei Freuds eigenem Begräbnis war das nicht der Fall gewesen); vermutlich bedeutete das, daß ihre Mutter das gewollt hätte.

Als verschlossener und stolzer Mensch ließ Martha nur selten vor anderen irgendwelche Gefühlsregungen erkennen. Freud selbst äußerte sich in seiner *Traumdeutung* über ihre Geniertheit, auch noch in reiferem Alter.[3] Mit anderen Worten, sie war ganz anders als seine Mutter, deren tyrannischem Wesen er sich wohl zu entziehen suchte. Freud war der Meinung, daß es *für jeden Menschen bestimmte, ihm selber gewöhnlich unbekannte Voraussetzungen gebe, deren Erfüllung die Vorbedingung ist, um sich zu verlieben.*[4] Als Gegentyp seiner Mutter, half Martha ihm vielleicht, sich von Amalie lösen zu können.

Freuds Werbung um Martha war grundehrlich und besitzergreifend; sie zog sich nur seiner Armut wegen so lange hin. Der Besitzinstinkt in Freuds Wesen tritt in den feurigen Briefen, die er ihr schrieb, zutage. Freud hatte die ganze Leidenschaftlichkeit eines zutiefst scheuen Menschen. Er konnte eifersüchtig sein, und es ärgerte ihn ungeheuer, daß sie so sehr an ihrer Mutter hing, die auf all den jüdischen Sitten und Glaubensüberzeugungen beharrte, von denen Freud seine Braut abzubringen versuchte. Er stellte unglaubliche Forderungen an sie, verlangte von Martha, sie solle mit ihrer Familie brechen, von der sie finanziell abhängig war, während er selber nicht bereit war, die Verantwortung für sie zu übernehmen. Einmal hatte sie beim Plan eines Umzugs zuerst an ihre Mutter, nicht an Freud gedacht.

So bist Du mein Feind, wenn wir den Punkt nicht überwinden, scheitern wir daran . . . Kannst Du mich nicht so lieb haben, daß Du für mich ganz auf die Deinigen verzichtest, so mußt Du mich verlieren, mich zu Grunde richten, aber auch an den Deinen nichts mehr haben.[5]

Freud kannte die unmäßigen Forderungen, die das infantile Selbst erhebt: *Die kindliche Liebe ist maßlos, verlangt Ausschließlichkeit, gibt sich nicht mit Anteilen zufrieden . . . sie ist dazu verurteilt, in Enttäuschung auszugehen und einer feindlichen Einstellung Platz zu machen.*[6] Freud hatte mit den Forderungen, die er an Marthas Liebe stellte, Erfolg. Damals gelang es ihr, seinen Ansprüchen auf ihre volle Zuwendung Genüge zu tun und zugleich in gutem Einvernehmen mit ihrer Familie zu bleiben, während Freud jetzt seinerseits seine Neigung, tyrannisch zu sein, zugab: *. . . ich muß mir doch sagen, daß ich einen tyrannischen Zug in meinem Wesen habe, daß es mir furchtbar schwerfällt, mich unterzuordnen.*[7] Vielleicht mußte Freud dominieren, um manche seiner Ängste zu verdecken – vor Frauen allgemein oder vor Martha im besonderen. Erich Fromm hat die scharfsinnige Deutung vorgebracht, was in Freuds Beziehung zu Martha vorging, sei eine Manifestation seiner *Gebundenheit an mütterliche Fürsorge* gewesen, und das gleiche Muster habe sich wiederholt in seinen Beziehungen *zu Männern, älteren, Altersgenossen und jüngeren Schülern, auf die sich das gleiche Verlangen nach bedingungsloser Liebe, Bestätigung, Bewunderung und Schutz übertrug.*[8]

Eine solche Hypothese braucht nicht alles zu verdunkeln, was Freud Martha in seinem Leben schenkte. Die literarische Qualität von Freuds Talent zum Briefeschreiben war schon für sich allein bemerkenswert; in seinen Briefen an Martha bewies er seine große Begabung als geborener Psychologe. Ein langer Brief über den Selbstmord eines Freundes liest sich wie eine hervorragende Kurzgeschichte eines schöpferischen Schriftstellers.[9] Martha war für Freud offensichtlich so wichtig, daß er begierig war, ernsthafte Gedanken und wichtige Erfahrungen mit ihr zu teilen.

Es ist so gut wie sicher, daß Jones recht hat, wenn er Freud in seiner Verlobung mit Martha als keusch und puritanisch schildert. Freud erteilte Martha die Erlaubnis zum Schlittschuhlaufen (er selber lief nicht Schlittschuh) mit dem Vorbehalt, daß sie es ohne männliche Begleitung tue. Im Jahre 1885 wollte Martha eine alte Freundin besuchen, die zwar gerade geheiratet hatte, aber *vor ihrer Hochzeit geheiratet hatte*.[10] Freud verbot es ihr. Später, im Jahre 1915, schrieb Freud: *Ich vertrete ein ungleich freieres Sexualleben, wenngleich ich selbst sehr wenig von solcher Freiheit geübt habe.* Freud ergänzte dann diese Äußerung durch den mehrdeutigen Satz: *Gerade nur soweit, daß ich mir selbst bei der Begrenzung des auf diesem Gebiet Erlaubten geglaubt habe* – ein Satz, der zu gebührender Vorsicht bei der Aufstellung biographischer Hypothesen mahnt.[11]

Zu Beginn ihrer Beziehung war Freuds Leidenschaft, manchmal mitteilsam und manchmal eifersüchtig, ganz offensichtlich; seine Briefe lassen keine Zweifel darüber. Man könnte wahrscheinlich ohne Risiko die Vermutung wagen, daß zu Beginn ihrer Ehe im Jahre 1886 Freuds Zärtlichkeit von einer ebensogroßen sexuellen Leidenschaftlichkeit begleitet war. Freuds Meinung darüber, wie sich die Dinge von Marthas Seite aus ansahen, dürfte in einem Aufsatz wiedergegeben sein, den er 1917 schrieb:

Wer zuerst die durch lange Zeit mühselig zurückgehaltene Liebessehnsucht der Jungfrau befriedigt und dabei die Widerstände überwunden hat, die in ihr durch die Einflüsse von Milieu und Erziehung aufgebaut waren, der wird von ihr in ein dauerndes Verhältnis gezogen, dessen Möglichkeit sich keinem anderen mehr eröffnet.[12]

Freud betonte gern den Selbst-Verlust in einer Liebesbeziehung, was bei der Beziehung zwischen ihm und Martha sicherlich zutraf. Liebende sind selbstlos. Zugleich setzt Lieben ein sicheres Selbstgefühl voraus. Freud nahm ein solches sicheres Selbst als gegeben an und konzentrierte sich statt dessen auf den Verlust, und diese Betrachtungsweise sagt vielleicht auch etwas über seine eigene Persönlichkeit aus.

Jones' Darstellung der Ehe Freuds war merkwürdig; obwohl er einerseits behauptet, der Bund zwischen Freud und Martha sei die Vollkommenheit selbst gewesen (*Freuds unübertroffene Zartheit im Umgang mit seiner Frau erlitt in all den dreiundfünfzig Jahren ihrer Ehe niemals die geringste Einbuße..*[13]), bemerkt er andrerseits einmal beiläufig, es sei wahrscheinlich, daß *die leidenschaftlichere Seite des Ehelebens bei ihm ... früher nachließ als bei vielen anderen Männern.* Die Stelle ist wert, im vollen Wortlaut zitiert zu werden:

Bestimmt war seine Frau in seinem Liebesleben die einzige Frau überhaupt, und immer kam sie für ihn vor allen anderen Sterblichen. Wenn auch die leidenschaftlichere Seite des Ehelebens bei ihm wahrscheinlich früher nachließ als bei vielen anderen Männern – und daß es tatsächlich so war, wissen wir aus vielen Bemerkungen –, so wurde sie doch durch unerschütterliche Ergebenheit und vollkommen harmonisches Verstehen ersetzt.[14]

Jones' Taktgefühl lag im Streit mit seiner Aufrichtigkeit. In einem Brief von Emma Jung an Freud vom 6. November 1911, den Jones in seinem Text erwähnte, aber nur in einem Brief zitierte, sprach sie davon, Freud habe ihr gesagt, seine Ehe sei schon seit langem *amortisiert*, und jetzt sei nichts mehr übrig als der Tod. Jones hatte aus Teilen von Freuds Korrespondenz in den 1890er Jahren einen ähnlichen Schluß gezogen und war privat der Meinung, ein frühes Nachlassen von Freuds Sexualität hänge mit seiner neurotischen Angst vor Alter und Tod zusammen.[15]

Im Jahre 1887, ein wenig mehr als ein Jahr nach ihrer Heirat, bekamen Freud und seine Frau ihr erstes Kind, ein Mädchen. Ihr erster Sohn kam 1889 zur Welt, ihr zweiter 1891, ihr dritter 1892; eine zweite Tochter wurde 1893 geboren, und ihr letztes Kind, Anna, 1895. Im Jahre 1898 schrieb Freud:

... wäre es einer der größten Triumphe der Menschheit, eine der fühlbarsten Befreiungen vom Naturzwange, dem unser Geschlecht unterworfen ist, wenn es gelänge den verantwortlichen Akt der Kinderzeugung zu einer willkürlichen und beabsichtigten Handlung zu erheben und ihn von der Verquickung mit der notwendigen Befriedigung eines natürlichen Bedürfnisses loszulösen.[16]

Im Jahre 1908 stellte Freud bedauernd fest: *alle Mittel, die sich bisher zur Verhütung der Konzeption ergeben haben, verkümmern den sexuellen Genuß, stören die feinere Empfindlichkeit beider Teile oder wirken selbst direkt krankmachend.*[17]
Freuds Potenz war möglicherweise durch seine Abneigung gegen die verfügbaren Mittel zur Empfängnisverhütung beeinflußt. Da Martha sehr leicht schwanger wurde, war bei jedem nicht rechtzeitigen Abbruch eine Empfängnis zu erwarten, und diese Wahrscheinlichkeit machte das Paar geschlechtlichem Verkehr gegenüber ängstlich. Im Jahre 1897 (im Alter von einundvierzig Jahren) schrieb Freud seinem engsten Freund, Wilhelm Fließ, für einen Menschen wie ihn sei sexuelle Erregung *nicht mehr zu brauchen.*[18] Offenbar hatte ein paar Jahre vorher Martha erwartet (oder erhofft), daß die Wechseljahre bei ihr einsetzten, obwohl sie erst Mitte Dreißig war. Statt dessen stellte es sich heraus, daß sie schwanger war (mit Anna). Trotzdem setzte offenbar bald danach ein vorzeitiges Klimakterium bei ihr ein.[19]
Während der Zeit, als Freud Schüler um sich sammelte, war das Sexuelle für ihn anscheinend nicht besonders wichtig. Aus heutiger Perspektive gesehen, neigte er entschieden zu Prüderie. Freud sprach einmal von der der Sexualität allgemein innewohnender Schädlichkeit, da sie eine der gefährlichsten Aktivitäten des Menschen sei.[20]
Und in einem Brief schrieb Freud: *Jeder, der den Menschen Befreiung von der Bürde der Sexualität verspricht, wird als Held begrüßt werden, welchen Unsinn er auch immer schwatzen wird.*[21] In seinem Buch über Leonardo, das noch viele andere autobiographische Hinweise enthält, sah Freud seinen Helden als einen *Mann, dessen sexuelle Bedürftigkeit und Aktivität außerordentlich herabgesetzt war, als hätte ein höheres Streben ihn über die gemeine animalische Not der Menschen erhoben.*[22]
In Übereinstimmung mit seiner Unterhaltung mit Emma Jung, die seine Gefühle in bezug auf den Tod mit dem Zustand seiner Ehe verknüpfte, hatte Freud 1898 die Erzählung eines »Kollegen« von einem Patienten zitiert, der Impotenz und Tod gleichsetzte: *Du weißt ja, Herr, wenn das nicht mehr geht, dann hat das Leben keinen Wert.* Die Geschichte selbst, schrieb Freud unverblümt, stand

wieder in intimer Verbindung mit Gedankengängen ..., die sich bei mir im Zustand der Verdrängung befinden ... Daß es sich mit dem Thema von ›Tod und Sexualität‹

in jener Zeit wirklich so bei mir verhielt, dafür habe ich mehrfache Beweise aus meiner Selbsterforschung, die ich hier nicht anzuführen brauche.[23]

Obwohl Freud zu der Annahme neigte, daß – wie in seinem Porträt Leonardos zum Ausdruck kommt – dem Talent eine gewisse Übertragung von Energie zugrunde liege und deshalb ein gewisser innerer Zusammenhang zwischen herabgesetzter Sexualität und Genie bestehe, bewahrte er doch auch seine Fähigkeit zu gelegentlicher erotischer Angeregtheit. Im Jahre 1901, als Freud fünfundvierzig war, erwähnte er: *Ich traf in einem befreundeten Hause ein als Gast angelangtes junges Mädchen, welches ein längst für erloschen gehaltenes Wohlgefallen bei mir erregte und mich darum heiter, gesprächig und zuvorkommend stimmte.*[24]

Es gibt auf der anderen Seite auch Anhaltspunkte, die für ein längeres Andauern von Freuds Sexualleben sprechen. Im Jahre 1908 äußerte sich Freud in der Wiener Psychoanalytischen Vereinigung über einen Aufsatz, der *sich bemühte, das Wesen der Liebe zu ergründen. Es war ein richtiger Einfall,* sagte Freud anerkennend zu Fritz Wittels, *das über das Studium der Perversionen zu versuchen. Tatsächlich wurde das Problem jedoch schon vor langem gelöst.* Freud sagte, er *plane selber einen Aufsatz über das Thema, werde jedoch aus praktischen Gründen zuwarten, bis seine eigene Sexualität erloschen sein werde.*[25] Zwei Jahre später aber veröffentlichte er den ersten von drei Aufsätzen, die schließlich den Gesamttitel *Beiträge zur Psychologie des Liebeslebens* erhielten.

Freud hatte gewisse Hemmungen, die mit einer relativen Einschränkung seines Sexuallebens nicht unvereinbar wären, nachdem ja Martha keine Kinder mehr bekam. [Wir] *heißen ... eine Sexualbetätigung ... pervers,* schrieb er während des Ersten Weltkriegs, *wenn sie auf das Fortpflanzungsziel verzichtet hat und die Lustgewinnung als davon unabhängiges Ziel verfolgt.*[26] Jones sprach von Freuds *persönlichen puritanischen Tendenzen*[27], ohne deren Implikationen für Freuds Theorien zu sehen; Freuds Hingabe an seine Arbeit zum Beispiel führte ihn dazu, die Wissenschaft als auf gewisse Weise mit dem Lustprinzip im Konflikt stehend zu betrachten. Freud vertrat die strenge Auffassung: *Der Gegensatz zu Spiel ist nicht Ernst, sondern – Wirklichkeit,*[28] und bei allem Spielerischen seines eigenen Geistes unterschätzte er doch ständig das Spiel als ein Element der Reife.

Freud war pessimistisch bezüglich der Möglichkeit sexueller Befriedigung: *... daß etwas in der Natur des Sexualtriebes selbst dem Zustandekommen der vollen Befriedigung nicht günstig ist. Es bedarf eines Hindernisses,* glaubte er, *um die Libido in die Höhe zu treiben ...*[29] Er schrieb sogar, es sei eines der Ziele analytischer Theorie, den Neurotiker *von den Ketten seiner Sexualität zu befreien.*[30] Zugleich aber wußte Freud sehr wohl, daß *das Glücksgefühl bei der Befriedigung einer wilden, vom Ich ungebändigten Triebregung ... unvergleichlich intensiver* [ist] *als das bei Sättigung eines gezähmten Triebes.*[31] Und er schrieb ferner:

Unzweifelhaft ist die geschlechtliche Liebe einer der Hauptinhalte des Lebens und die Vereinigung seelischer und körperlicher Befriedigung im Liebesgenusse geradezu einer der Höhepunkte desselben. Alle Menschen bis auf wenige verschrobene Fanatiker wissen das und richten ihr Leben danach ein; nur in der Wissenschaft ziert man sich, es zu gestehen.[32]

Freud war kühn genug, die Rolle anzuerkennen, die infantile Sexualität im Erwachsenenalter spielen kann. Er behauptete zum Beispiel, Masturbation sei die *Ur-Sucht*, und spätere Suchten – wie Rauchen, Morphium oder die Spielleidenschaft – seien nur Spielarten des Ersatzes für sie. In der Volksmythologie, schrieb er, begegne man häufig der übereinstimmenden Meinung, eine Herabsetzung der Potenz sei eine der Folgen der Masturbation, und aufgrund seiner medizinischen Erfahrung konnte Freud diese Möglichkeit nicht ausschließen. Aber er äußerte sich trocken und zynisch über die Vorteile einer solchen Reduzierung der Potenz:

Eine gewisse Herabsetzung der männlichen Potenz und der mit ihr verknüpften brutalen Initiative ist kulturell recht verwertbar. Sie erleichtert dem Kulturmenschen die Einhaltung der von ihm geforderten Tugenden der sexuellen Mäßigkeit und Verläßlichkeit. Tugend bei voller Potenz wird meist als eine schwierige Aufgabe empfunden.[33]

Freud meinte zwar, unsere Kultur bestehe *darin, daß immer mehr von unseren Trieben der Verdrängung unterliegen,*[34] teilte jedoch zugleich die Unzufriedenheit der Menschheit mit den Einschränkungen der Kultur.
Ob er nun tatsächlich an einer Verminderung seiner Potenz litt oder nicht, er lieferte uns zumindest mehrere mögliche Erklärungen für diesen Zustand. – Einmal erwähnte er zum Beispiel einen *Mann, der an gelegentlich auftretender sexueller Impotenz leidet, welche in der Innigkeit seiner Kinderbeziehungen zur Mutter begründet ist . . .*[35] Eine unbefriedigte Mutter könne *den kleinen Sohn anstelle ihres Mannes annehmen und . . . ihm durch die allzufrühe Reifung seiner Erotik ein Stück seiner Männlichkeit rauben.*[36] Zugleich vertrat Freud die Meinung: *Selbst die Ehe ist nicht eher versichert, als bis es der Frau gelungen ist, ihren Mann auch zu ihrem Kind zu machen und die Mutter gegen ihn zu agieren*[37] – ein fragwürdiges Rezept für eine reife Sexualbeziehung. Martha gelangte tatsächlich dazu, Freud wie einen kleinen Jungen zu behandeln, und das hätte seine Infantilisierung als Mann zur Folge haben können. Auch für ihn als Vater war das nicht eben hilfreich; Freuds relative Erfolglosigkeit in der Beziehung zu seinen Söhnen entstammte vielleicht der Kombination seiner Stellung in der Welt, die eine Belastung für sie war, und seiner herabgeminderten Rolle zu Hause, die sie eines starken männlichen Vorbildes beraubte.
Der Tod von Freuds Vater im Jahre 1896 traf auch mit seinem verminderten Interesse

am Sexuellen zusammen, von dem er damals schrieb. Freud erwähnte einmal einen Mann, der *der ausgesprochenste Rebell war, ... andererseits in tieferer Sicht noch immer der unterwürfigste Sohn, der nach dem Tod des Vaters sich in zärtlichem Schuldbewußtsein dem Genuß des Weibes versagte.*[38] Freuds folgenschwere Theorie von der Bedeutung des Traumlebens entstand während eben dieser Zeit in den 90er Jahren. Nach seinen großen Entdeckungen wäre es plausibel, gemäß seiner eigenen Theorie von der Übertragung menschlicher Energien anzunehmen, daß seine libidinösen Interessen von da an in die Förderung seiner Sache eingingen.

2.4. Das Familienleben

Nachdem die psychoanalytische Bewegung einmal in Gang gekommen war, wird es für den Historiker leichter, die Umstände von Freuds Familienleben zu verifizieren. Die Familie Freud wohnte in einer Mietwohnung im zweiten Stock des Hauses Berggasse 19; im Erdgeschoß war ein Fleischerladen. Freud suchte diese Wohnung im Jahre 1892 persönlich aus und lebte dort mit seiner Familie bis 1938. Von 1892 bis 1908 hatte Freud seine Praxisräume in einer separaten Wohnung im Zwischenstock nur ein paar Stufen über dem Erdgeschoß. Gegen Ende des Jahres 1907 gab seine Schwester Rosa ihre Wohnung im zweiten Stock neben der Freudschen Wohnung auf; Freud konnte die Räume für seine Arbeit benützen und übernahm nun den ganzen zweiten Stock.
Martha brachte in Freuds Haushalt Möbel aus ihrer eigenen Familie mit, die einen Kontrast zu der kleinbürgerlichen Atmosphäre der Wohnung von Freuds Mutter bildeten. Die Familie Sigmund Freud hatte eine ganze Reihe von Dienstboten: *Eine Köchin, die keine Arbeit außerhalb ihrer Küche tat ... ein Dienstmädchen, das bei Tisch bediente und auch ... Patienten empfing ... eine Erzieherin für die älteren Kinder und ein Kindermädchen für die kleineren, während für die grobe Arbeit jeden Tag eine Putzfrau kam.*[1] Martha muß eine gute Wirtschafterin gewesen sein, denn die Arbeitseinteilung funktionierte offenbar reibungslos. In Haushaltsdingen war sie sparsam, vor allem sich selber gegenüber. Obwohl die »Frau Professor«, wie sie dann genannt wurde, nicht selber kochte, war sie eine ausgezeichnete Hausfrau und für gutes Essen war stets gesorgt. Jones' Bericht über Freud am Eßtisch macht deutlich, wie ausgefüllt sein Tag war und wie sehr er gewöhnlich mit seinen Gedanken bei seiner Arbeit war.

Um ein Uhr wurde zu Mittag gegessen. Dies war gewöhnlich die einzige Gelegenheit, bei der sich die ganze Familie zusammenfand; die Abendmahlzeit war oft so spät, daß sich die jüngeren Mitglieder schon zum Schlafen zurückgezogen hatten. Es war die Hauptmahlzeit des Tages . . . Freud hatte Freude am Essen und konzentrierte sich darauf. Während der Mahlzeiten war er sehr schweigsam, was fremde Gäste manchmal in Verlegenheit setzte und sie nötigte, sich nur mit der Familie zu unterhalten. Freud entging aber nie ein Wort von der Unterhaltung der Familie und den täglichen Neuigkeiten . . . Er pflegte mit seinem Messer oder seiner Gabel stumm auf [einen] freien Stuhl zu weisen und seine Frau am anderen Ende des Tisches fragend anzusehen. Sie erklärte dann gewöhnlich, daß das Kind nicht zum Mittagessen nach Hause komme oder daß dies oder jenes es vom Essen abhalte, worauf Freuds Wißbegierde befriedigt war und er schweigend sein Mahl fortsetzte.[2]

Martha war kaum als eine *vollkommene Gastgeberin*[3] zu bezeichnen. Die Freuds gaben nie Gesellschaften, da beide nichts dafür übrig hatten.[4] Sie hatten häufig Gäste – ein Zimmer in ihrer Wohnung wurde schließlich für Besucher reserviert –, aber im Lauf der Jahre wurde diese Gastfreundlichkeit allmählich seltener. Freud war kein Gesellschaftsmensch, und Martha hatte wenig Talent zur unterhaltenden Gastgeberin; sie war eine umständliche Hausfrau, die ständig damit beschäftigt war, diese oder jene Ecke in der Wohnung aufzuräumen, und sich sorgte, wo Freuds Zigarrenasche landen könnte. Die Gesellschaft anderer Menschen überwältigte sie immer mehr mit Sorgen um Kleinigkeiten.
Einmal im Jahr machte sie offiziell Besuch bei den Frauen von Freuds engen Freunden und seinen Wiener Schülern. Während Martha sich darum kümmerte, daß fremde Besucher, vor allem die Frauen, in Wien gut aufgenommen wurden, war es gewöhnlich Freuds älteste Tochter Mathilda, die ihnen bei der Wohnungssuche half (manchmal sogar auch Theater- oder Konzertkarten beschaffte). Die Bewegung bildete eine Familie, und die Familie war selber ein Teil der Bewegung.
Schon sehr früh erfaßte Martha, wer ihr Mann war, und genoß seinen Ruhm. Für sie, wie für Freuds Mutter, war er ein bedeutender Mann, und sie glorifizierte ihn. Manchmal wunderte sie sich, warum ihr Problem, ein Haus für den Sommer zu finden, nicht von einem großzügigen Gönner gelöst wurde. (Es wird erzählt, Freud habe ihr einmal einen ironischen Brief geschrieben, in dem er sich für einen solchen Wohltäter ausgab.[5])
Martha richtete das Leben daheim so ein, daß ihr Mann nicht gestört wurde. Die Wohnung war ungewöhnlich still, vor allem wenn man berücksichtigt, wie viele Menschen darin lebten. Das ganze Leben der Familie drehte sich um Freuds Arbeit. Martha tat weit mehr für ihren Mann, als selbst in der damaligen Zeit üblich war. Ein gut Teil von Freuds eigener anspruchsvoller Verwöhntheit geht wohl auf Marthas zwanghafte Ordentlichkeit zurück; sie legte ihm die Kleider bereit, suchte alles für ihn aus, auch die Taschentücher, ja sie drückte sogar die Zahnpasta für ihn auf die Zahnbürste. *Wenn ich eine solche Frau gehabt hätte*, sagte einer seiner Schüler, *hätte ich all die Bücher auch schreiben können*. Aber während für Freud daheim alles getan wurde und Martha nachgiebig war, soweit es um seine Arbeit ging, beherrschten doch

die Frauen das Nest. Wegen seines Rauchens, schrieb Freud, genieße er *natürlich auch bei meiner Hausfrau nicht den Ruf der größten Nettigkeit*...[6]
Freud erwähnte einmal, daß er versuche, seine theoretischen Prinzipien von seiner Arbeit auf seine Familie zu übertragen: *Wenn eines der Mitglieder meiner Familie sich beklagt, jetzt habe es sich auf die Zunge gebissen, die Finger gequetscht usw., so erfolgt anstatt der erhofften Teilnahme von meiner Seite die Frage: Wozu hast Du das getan?*[7] Aus dem vorliegenden Beweismaterial geht jedoch hervor, daß seine klinische Praxis und seine schriftstellerische Arbeit vom Leben des Haushalts getrennt gehalten wurden. Dies zum Teil deshalb, weil Martha sich weigerte, psychoanalytische Gedanken ins Kinderzimmer eindringen zu lassen, obwohl gesagt worden ist, sie habe ihm erlaubt, bei der Erziehung der jüngeren Kinder mehr Gebrauch von der Psychoanalyse zu machen. Freuds ältester Tochter zufolge, wie auch nach anderen Aussagen, diskutierte er seine Gedanken nie mit seiner Frau.[8] Theodor Reiks Erinnerungen scheinen das zu bestätigen:

Aus Unterhaltungen bei Spaziergängen auf dem Semmering bei Wien erhielt ich den entschiedenen Eindruck, daß sie nicht nur keine Idee von der Bedeutung und Wichtigkeit der Psychoanalyse hatte, sondern starke emotionale Widerstände gegen das Wesen der analytischen Arbeit hatte. Auf einem solchen Spaziergang sagte sie einmal: ›Die Frauen haben immer solche Schwierigkeiten gehabt, brauchten aber keine Psychoanalyse, um mit ihnen fertigzuwerden. Nach den Wechseljahren werden sie ruhiger und finden sich ab.‹[9]

Es war nicht nur, daß die Frau Professor es Freud nicht erlaubte, die Psychoanalyse auf die Erziehung ihrer Kinder anzuwenden, er selber lehnte es ab, seine Tiefenpsychologie daheim zu praktizieren. Er drang nicht immer tief in die menschlichen Motive ein, und seiner eigenen Familie gegenüber konnte er völlig unpsychologisch sein. Seine Söhne wurden zur Aufklärung zu einem Hausarzt geschickt. Als ein Schüler ihn einmal aufgeregt darauf aufmerksam machte, daß eine seiner Chow-Chow-Hündinnen offensichtlich gerade einen Traum hatte, bemerkte er: *Ich habe ihnen gesagt, sie überfüttern sie, aber sie hören nicht darauf.*[10] Und als in den 1920er Jahren ein Besucher ausführlich einen öffentlichen Versprecher bei einem Gedenkgottesdienst für einen Kollegen erklärte, bemerkte die Frau Professor (mit einiger Ironie), wie interessant seine Ausführungen gewesen seien: *Wir hören sonst nie solche Dinge.*[11] Wahrscheinlich verstand sie viel mehr vom Wesentlichen der Arbeit ihres Mannes, als seine Schüler gern wahrhaben wollten.
Im Laufe der Jahre, besonders als sie alterte, wurde Martha innerhalb der Familie ein wenig links liegen gelassen – von ihrem Mann und dem Kreis um ihn, sowie von ihrer Tochter Anna, jedoch nicht von den übrigen Kindern. Das Aufziehen der sechs Kinder hatte sie früh verbraucht. Sie fühlte sich müde, und Mathilda half ihr bei der Übernahme der gesellschaftlichen Verpflichtungen. Sie war verschlossen und sie war eine

Dame, so daß nicht mit Sicherheit zu sagen ist, ob ihr Stolz sie daran hinderte, zu erkennen – oder vielleicht nur zu zeigen, daß sie erkannte –, wie sie in Freuds Leben in den Hintergrund gedrängt wurde. Ihre Gelassenheit war die einer reichen Persönlichkeit, nicht bloß das Resultat ihrer Hemmungen. Aus Anlaß ihrer Goldenen Hochzeit schrieb Freud an eine Schülerin, Marie Bonaparte: *Es war wirklich keine üble Lösung des Eheproblems, und sie ist noch heute zärtlich, gesund und leistungsfähig.*[12]

Was auch zwischen ihnen physisch und geistig vorgegangen oder nicht vorgegangen war, Martha war immer noch, wie es ein Bekannter Freuds formulierte, die Braut seiner Jugend. Ein besonders feinfühliger Beobachter, ein Patient, der Freud und seiner Familie nahestand, bemerkte, Martha sei die Mutter seiner Kinder geblieben und zwischen ihr und Freud habe eine schöne, einfache Beziehung bestanden; für ihn war sie die Familie.[13] Einer anderen Anhängerin zufolge konnten sie es in den Sommerferien (wenn Freud nicht auf Reisen war) nicht ertragen, auch nur eine Nacht nicht beieinander zu sein, auch wenn sie deshalb die Unbequemlichkeit eines winzigen Zimmers in Kauf nehmen mußten.[14]

Diese Zuneigung war in keiner Weise damit unvereinbar, daß sie ihn offensichtlich irritierte. Wie es einer seiner Schüler ausdrückte: *Es war eine Atmosphäre verständnisvoller Nachsicht für ihre zunehmend pedantischen Einstellungen.*[15] Freud verbrachte immer weniger Zeit mit seiner Frau, während Anna immer mehr ihre Stelle einnahm. Aber Anna wurde allmählich bitter gegenüber ihrer Mutter, weil diese nicht die Kraft hatte, alle Bedürfnisse Freuds zu erfüllen. Als er an Gaumenkrebs erkrankte, kümmerte sich Anna um sein physisches Befinden; sie war es, die dafür sorgte, daß seine Mundhöhle, mit ihrer Prothese für einen operativ entfernten Teil, regelmäßig gespült wurde. Martha war eifersüchtig auf ihr jüngstes Kind, und zwischen den beiden entwickelte sich ein Zwiespalt. Als 1939 Freud seine Leiden schließlich nicht mehr ertragen konnte und er und sein Arzt übereinstimmend der Meinung waren, nun sei es genug und der Zeitpunkt sei gekommen, freiwillig ein Ende zu machen, bat er seinen Arzt: *Sagen Sie bitte Anna von unserem Gespräch*[16] – nicht seiner Frau.

Zu der Zeit hatte Anna nicht nur die Rolle ihrer Mutter, sondern auch noch die ihrer Tante Minna übernommen. Denn Marthas Schwester, die im Jahre 1896[17] im Alter von einunddreißig Jahren zu Freud gezogen war und bis zu ihrem Tod im Jahre 1941 mit der Familie zusammenlebte, war eine wichtige Figur in Freuds Leben. Freud, Martha und *Tante Minna* bildeten zusammen ein bemerkenswertes Dreieck. Körperlich war Minna groß und schwer und ähnelte viel mehr Freuds gebieterischer Mutter als seiner Frau; wie Amalie Freud trug Minna eine kleine altmodische Haube auf dem Kopf. Martha und Minna waren als Schwestern sehr eng verbunden – emotional *ein Paar siamesischer Zwillinge*, wie es ein Schüler formulierte. Beide waren Künstlerinnen in Handarbeiten und beide (wie noch andere in der Familie Freud) litten an Migräne und Erbrechen.[18] Selbst wenn Freud Migräne nicht als *organisches Leiden* anstatt als psychogenes Symptom angesehen hätte,[19] wäre er doch in seiner eigenen Familie nach der Annahme verfahren, es gebe keine Neurose.

Minnas frühe Verlobung hatte mit dem Tod ihres Verlobten geendet; später erschien sie Freuds Schülern als der Urtyp der alten Jungfer.

Seit sie in Freuds Familie lebte, war sie ein Mitglied seiner Umgebung, für die er finanziell aufkam. Sie war früher Gouvernante und Gesellschafterin gewesen und beteiligte sich aktiv an der Erziehung von Freuds Kindern. In einem Brief sprach er einmal von den *beiden Mütter[n] – meine Frau und meine Schwägerin*.[20] Welchen Gewinn die Kinder auch Minnas Anwesenheit zu verdanken haben mochten, sie litten auch unter dieser doppelten mütterlichen Autorität; denn entweder waren die beiden Frauen gleicher Meinung, was es für die Kinder erschwerte, sich zu behaupten, oder Martha und Minna waren verschiedener Meinung, was gleichfalls schwierig sein konnte. Es ist gesagt worden, die Kinder seien eifersüchtig darauf gewesen, daß die beiden Schwestern so sehr miteinander beschäftigt waren.

Minna, die scharfzüngigere der beiden Schwestern, war auch strenger mit den Kindern. Als eine von Freuds Schwiegertöchtern (Martins Frau Esti) in die Familie einheiratete, nahm sie es übel, daß Tante Minna im Leben ihres Mannes eine so große Rolle spielte. Minna mißbilligte Martins Heirat; sie sagte von ihm, als er nach dem Ersten Weltkrieg gerade aus einem Kriegsgefangenenlager entlassen worden war: *Er begibt sich aus einer Gefangenschaft in die nächste.* Scharf und bitter, wie sie sein konnte, führte ihre deutliche Sprache doch nie zu einer Entfremdung zwischen ihr und ihrer Schwester Martha; als Esti (die sich von ihrem Mann getrennt hatte) Jahre nach Minnas Tod Martha Freud besuchte, war diese verletzt und erstaunt, daß sie nicht nach Minna gefragt hatte.

Minna war sehr viel intellektueller als Martha, las fremde Sprachen, war literarisch recht bewandert und wurde zu einer wirklichen Hilfe für Freud bei seiner Arbeit. Manche haben behauptet, Martha habe sich in der Anfangszeit Erzählungen über einige von Freuds Patienten angehört; aber aktiv half sie ihm nie bei seiner Arbeit. Minna jedoch verstand seine Gedanken wirklich, und es ist sehr viel wahrscheinlicher, daß er seine Fälle mit ihr besprach als mit Martha. Nach der Familienlegende diktierte Freud Minna eine seiner Übersetzungen.[21] In Unterhaltungen erinnerte sich Freud, daß in seinen einsamsten, aber auch schöpferischsten Jahren, den 90er Jahren des letzten Jahrhunderts, nur Minna und sein Freund Wilhelm Fließ fähig waren, ihn in seinem Glauben an sich selbst zu bestärken, denn sie waren von seiner geistigen Leistung überzeugt.[22] Minna war von Freuds Konkurrenz mit intellektuellen Männern ausgenommen; sie war eher eine Zuhörerin, eine Projektionsleinwand für seine Ideen, als eine Mitarbeiterin.

Als eine bevorzugte Partnerin Freuds beim Kartenspiel, fuhr Minna auch häufig mit ihm während der Sommerferien. Martha begab sich an ihren eigenen Erholungsort. (Wenn die Familie Freud gemeinsam Ferien machte, reiste Freud *allein und behaglich*.[23] Freud war ein Reisender voll Energie, und Martha war seinem Tempo schwerlich gewachsen. Aber es werden viele verschiedene Erklärungen dafür gegeben, warum Freud lieber mit Minna als mit Martha reiste.

Freud reiste nicht gern allein. Es wird berichtet, daß Freud das Gebirge liebte, während seine Frau sich durch hohe Berge bedrückt fühlte;[24] natürlich faszinierte Freud auch Italien, und dahin begleitete ihn seine Frau auch nie. In einem Fall erklärt Jones, daß Martha ihren Mann auf einer Ferienreise nicht begleiten konnte, weil sie sich von einer Krankheit erholen mußte; in einem anderen Jahr mußte Martha, Jones zufolge, ein krankes Kind betreuen; und bei einer weiteren Gelegenheit erwähnt Jones, daß Freud mit Minna nach Bad Gastein ging, weil diese *gleichfalls eine Kur dort brauchte*.[25] Was auch von den einander widersprechenden Begründungen zu halten ist, unbestreitbar ist jedenfalls, daß Freud und Minna regelmäßig und gern miteinander auf Reisen gingen.

Im Jahre 1969 erschien ein Aufsatz, in dem gesagt wird, Jung habe behauptet, Minna habe mit ihm über ihre Angst wegen Freuds Liebe zu ihr und über die enge Beziehung zwischen Freud und ihr gesprochen.[26] Es mag verlockend sein anzunehmen, Freud und Minna hätten einander leidenschaftlich geliebt. Freud schrieb einmal, im Gegensatz zu Minnas Verlobtem und zu Martha, die *herzensgute Personen* seien, seien er und Minna, *wilde, leidenschaftliche, nicht so gute . . .*[27] Vermutlich wollte Freud erklären, daß er und Martha und Minna und ihr Verehrer wegen ihrer gegensätzlichen Natur zueinander paßten. Aber man könnte dieser Charakterisierung auch eine völlig andere (und prophetische) Konstruktion unterlegen.

Die Hinweise auf ein vorzeitiges Nachlassen in Freuds Sexualleben könnten auch in einem ganz anderen Licht gedeutet werden; vielleicht handelte es sich nicht um eine bloße Abkühlung seiner Passion für Martha, sondern was tatsächlich geschah, war, daß er seine physischen und/oder emotionalen Bedürfnisse auf eine andere Frau übertrug, nämlich auf Minna. (Ein alter Nachbar der Freuds meinte, Minna sei hübscher gewesen als Martha.) Im Falle eines so fruchtbaren und ständig um Selbsterforschung bemühten Schriftstellers wie Freud könnte es gut sein, daß, falls es wirklich eine Liebesbeziehung mit Minna gegeben hat, Beweise dafür noch in unveröffentlichten Briefen existieren.

Es gibt Hinweise auf Freuds sexuelles Unbefriedigtsein; einmal berichtete er, daß er auf einer Italienreise beim Durchstreifen der unbekannten Straßen einer Kleinstadt unwillkürlich immer wieder in das Dirnenviertel geriet.[28] Man könnte Freuds Puritanismus als eine Reaktionsbildung auf seine eigenen, einst in hohem Maße vorhandenen Leidenschaften deuten. Es ist schwierig, den lebenssprühenden Mann, den wir aus seinen Werken und Briefen kennen, mit dem Mann in Einklang zu bringen, der auf seine Selbstanalyse in den 1890er Jahren mit einem relativen Potenzverlust reagierte.

Wenn ich jedoch alles gegeneinander abwäge, neige ich, wenn auch mit allem Vorbehalt, zur Ablehnung des Gedankens, daß eine physische Beziehung zwischen Freud und Minna existierte. Es ist tatsächlich richtig, daß sie mit Jung über Freuds Beziehung zu ihr sprach; seine Zuneigungsbezeigungen beunruhigten sie wirklich. Aber nach Jungs Bericht war es Freuds Zuneigung, die sie beunruhigte, nicht eine wirkliche Liebesaffäre.[29]

Freuds Schülern erschien Minna kaum als Frau – vielmehr asexuell, als Neutrum. In zumindest einem Fall brachte Freud seine Beziehung zu Minna in einer Analyse zur Sprache; Freud schalt die Patientin: *Sie glauben also an meine berühmte Liebesaffäre mit Minna*. Aber als die Patientin diesen Gedanken bestritt, schien Freud ein wenig ärgerlich zu sein, ebensosehr Minnas wegen beleidigt, wie seiner selbst wegen.[30] Freud haßte Unordnung, und der Zwist der Eifersucht hätte wahrscheinlich das Leben in der Berggasse unmöglich gemacht. Vielleicht waren seine Gefühle für Minna der Grund dafür, daß seine sexuelle Leidenschaft abklang; Potenzverlust hätte ein unbewußtes Mittel sein können, sich selbst daran zu hindern, Martha untreu zu werden.

Worauf es ankommt, ist, was Minna Freud bedeutete, welche Macht sie über ihn erlangte, und nicht so sehr die Einzelheiten einer möglichen sexuellen Liaison zwischen ihnen. Es scheint, daß Freuds Liebesleben sich spaltete; seine Sexualität blieb bei Martha, und seine geistige Bindung verlagerte sich auf Minna. Es ist nicht ausgeschlossen, daß ohne Minnas Gegenwart im Hause seine Beziehung zu Martha sich nicht so gut erhalten hätte. Soweit wir wissen, fiel es Freud nicht weiter schwer, in seinen Kontakten mit seinen vielen weiblichen Anhängern seine Sexualität unter Kontrolle zu halten.[31] Es ist wohl kaum zu klären, welche der möglichen Alternativen für Freud als Person besser gewesen wäre; denn sexuelle Beziehungen zu einer Frau aufrechtzuerhalten, die so wenig Anziehungskraft für ihn besaß wie Martha, war vielleicht schlimmer als Untreue oder Potenzverlust.

In Freuds letzten Lebensjahren wurde Minna, genau wie Martha, von Anna an den Rand gedrängt. Welche Gefühle er auch noch für Martha haben mochte, es war Minna, die darauf achtete, daß er seine Medizin zur rechten Zeit einnahm, und die ihm seine zweite Tasse Kaffee einschenkte. Minna war voller Bewunderung für seine stoische Haltung gegenüber seiner Krankheit; jeder *gewöhnliche* Mann, bemerkte sie einmal, hätte schon lange vorher seinem Leben ein Ende gemacht.[32] Eine Starerkrankung bereitete Minna im Alter viel Kummer. Von den drei Frauen, die Freud zur Zeit seines Todes am nächsten standen – Anna, Martha und Minna –, war es nach Jones' Meinung die letztere, die der Schlag am härtesten traf.[33]

Hochzeitsbild von S. Freud und seiner Frau Martha Bernays. Die Hochzeit fand am 14. Sept. 1886 statt

3.
Eine Wissenschaft des Träumens

Freud: Zeichnung von Max Pollack, 1921

3.1. »Ringen nach dem spröden Erfolg«

Die Vergangenheit ist für den Wissenschaftler wie für den Psychoanalytiker von besonderer Bedeutung, weil beide bestrebt sind, die Geschichte zu rekonstruieren, um den Menschen besser verstehen zu können. Obwohl Freud sich weit über das übliche Maß hinaus damit beschäftigte, die Bedeutung seiner eigenen Anfänge zu entschlüsseln, wäre es doch verfehlt, in allem, was er schrieb, bloß das autobiographische Element aufspüren zu wollen. Seine leidenschaftliche Hingabe an die Wissenschaft ging weit über seine Bemühung um sein Selbstverständnis hinaus. Jean-Paul Sartre bemerkte,[1] daß gerade der Jude gelernt hat, der Intuition und der Einfühlung als Formen der Magie und des Hokuspokus zu mißtrauen, die der rationalen Erörterung nicht zugänglich sind und deshalb zur Legitimation von Diskriminierungen unter den Menschen dienen. Die Vernunft hingegen ist eine universelle Fähigkeit, die allen, wenn auch in unterschiedlichem Grade, zur Verfügung steht.

Wie wir sahen, war Freuds Karriere als Wissenschaftler zu Anfang durch seine relative Armut und den Wunsch, Martha zu heiraten, blockiert, was den Physiologen Ernst Brücke veranlaßte, Freud den Rat zu geben, er solle eine ärztliche Praxis aufmachen. (Jahre später erinnerte sich Freud daran, daß Brücke ihm Vorwürfe wegen seiner Unpünktlichkeit machte: *Wer sich an die bis ins hohe Greisenalter wunderschönen Augen des großen Meisters erinnern kann und ihn je im Zorn gesehen hat, wird sich in die Affekte des jugendlichen Sünders von damals leicht versetzen können.*[2] Bei seinen eigenen Schülern war Freud später für seine außerordentliche Pünktlichkeit bekannt, und seine eigenen Augen und seine Fähigkeit, in Zorn zu geraten, waren nicht weniger bemerkenswert). Jakob Freud hat von den Zukunftsaussichten seines Sohnes als Arzt nicht sehr viel gehalten, da er bei aller Brillanz zu weichherzig sei und kein Blut sehen könne.[3] Wie sich Freud im Jahre 1914 erinnerte: *Ich war nur ungern Arzt geworden, hatte aber damals ein starkes Motiv bekommen, den nervösen Kranken zu helfen oder wenigstens etwas von ihren Zuständen verstehen zu wollen.*[4] Ein Jahrzehnt später bemerkte Freud in seiner ›Selbstdarstellung‹ über seine Berufswahl:

Eine besondere Vorliebe für die Stellung und Tätigkeit des Arztes habe ich in jenen Jugendjahren nicht verspürt, übrigens auch später nicht. Eher bewegte mich eine Art von Wißbegierde, die sich aber mehr auf menschliche Verhältnisse als auf natürliche Objekte bezog ...[5]

Mehrere Jahre später sprach Freud wiederum darüber, was ihn dazu bewogen hatte, Arzt zu werden, diesmal zur Unterstützung der Ausübung der Psychoanalyse durch Analytiker ohne ärztliche Vorbildung:

Nach 41jähriger ärztlicher Tätigkeit sagt mir meine Selbsterkenntnis, ich sei eigentlich kein richtiger Arzt gewesen. Ich bin Arzt geworden durch eine mir aufgedrängte Ablenkung meiner ursprünglichen Absicht und mein Lebenstriumph liegt darin, daß ich nach großem Umweg die anfängliche Richtung wiedergefunden habe. Aus frühen Jahren ist mir nichts von einem Bedürfnis, leidenden Menschen zu helfen, bekannt.

Freud besaß einen ausgeprägten Sinn dafür, wie sich Gegensätze in Einklang bringen lassen, und schob an dieser Stelle eine Erklärung dafür ein, daß ihm in der frühen Kindheit jeder Drang, *leidenden Menschen zu helfen*, abging. *Meine sadistische Veranlagung war nicht sehr groß,* schrieb er – in Worten, die bei den Lesern im Jahre 1925 Betroffenheit ausgelöst haben müssen –, *so brauchte sich dieser ihrer Abkömmlinge nicht zu entwickeln.*

In den Jugendjahren wurde das Bedürfnis, etwas von den Rätseln dieser Welt zu verstehen und vielleicht selbst etwas zu ihrer Lösung beizutragen, übermächtig. Die Inskription an der medizinischen Fakultät schien der beste Weg dazu.[6]

In Briefen an Martha in den Anfangstagen seiner medizinischen Forschungen und während ihrer Verlobungszeit finden sich Hinweise auf sein *Ringen nach dem spröden Erfolg.*[7] Eine frühe wissenschaftliche Entdeckung hätte nicht nur seine Karriere gefördert, sondern auch seine wissenschaftliche Zukunft gesichert und eine baldige Ehe mit Martha möglich gemacht. *Es ist schwer, was zu publizieren,* klagte er, *und ich sehe mit Ärger, wie alle Leute sich auf das Erbe der Nervenkrankheiten stürzen.*«[8] Im Jahre 1884 begann Freud Experimente – an sich selbst, an Martha, seinen Schwestern und an anderen Personen –, um herauszufinden, auf welche Weise Kokain Angst und Depressionen lindern könnte. Freud schrieb eine *Abhandlung . . . welche das Cocain in die Medizin einführte.*[9] Trotz seiner allgemein ablehnenden Einstellung gegen Drogen begeisterte ihn seine Arbeit so sehr, daß er bezüglich der süchtig machenden Eigenschaften des Kokains nicht genügend vorsichtig war. Als die ernsthaften Gefahren dann bekannt wurden, trug seine frühere Anwendung der Droge nicht gerade zur Hebung seines Ansehens in soliden Wiener Ärztekreisen bei, sondern er handelte sich, wie er schrieb, *schwerwiegende Vorwürfe* ein.[10]
Der Versuch Freuds, durch die Erforschung der Anwendungsmöglichkeiten des Kokains berühmt zu werden, schlug fehl. Ein ärztlicher Kollege in Wien, Karl Koller, entdeckte, daß Kokain in der Augenchirurgie als Lokalanästhetikum verwendet werden konnte. Koller hatte zweifellos aus Freuds früheren Arbeiten mit Kokain Nutzen gezogen, erntete aber zurecht allein den Ruhm für seine spezielle Entdeckung der Nützlichkeit von Kokain in der Augenchirurgie, einem Gebiet, das von Freuds eigenem Arbeitsbereich weit entfernt war. Freud nahm damals an, Kollers Beitrag sei nur ein Einzelaspekt der vielen Anwendungsmöglichkeiten der Droge, aber es stellte sich dann heraus, daß hier der therapeutische Hauptnutzen der Droge lag.[11]

Obwohl Freud Koller öffentlich die gebührende Anerkennung zollte, konnte er doch nicht anders, als jemandem die Schuld an der verpaßten Chance zuzuschieben, wie er es sah, eine verständliche, wenn auch abwegige Idee. Zu der Zeit, als er sich mit Kokain beschäftigte, hatte Freud Martha in Berlin besuchen wollen und beendete seinen ersten Aufsatz über Kokain in Eile. Jones hat jedoch später klargestellt, daß es einen solchen Grund zur Eile nicht gab.[12] Freud schloß seinen Aufsatz mit der Voraussage ab, die anästhesierende Wirkung des Kokains werde auf vielerlei Weise zur Anwendung gelangen. Wie er später (1897) schrieb: *Die am Schluß der Arbeit ausgesprochene Erwartung, daß sich aus der local anästhesierenden Eigenschaft des Cocains weitere Anwendungen ergeben dürften, wurde bald darauf durch die Versuche von K. Koller zur Anästhesierung der Cornea erfüllt.«*[13]

Bevor er zu seinem Besuch bei Martha abreiste, hatte Freud einem befreundeten Ophthalmologen, Leopold Königstein, vorgeschlagen, die Wirkungen des Kokains auf Augenerkrankungen auszuprobieren. Königstein hatte eine im Handel befindliche Lösung von einem Apotheker verwendet, die zuviel Alkohol enthielt und deshalb nicht die gewünschte Wirkung erzielte, während Koller seine eigene Lösung herstellte und den Erfolg erzielte, der ihm Weltruhm brachte.[14] Wie Freud 1899 schrieb: *Ich hatte diese Verwendung des Alkaloids in meiner Publikation selbst angedeutet, aber war nicht gründlich genug, die Sache weiter zu verfolgen.*[15] Das waren also die Gründe, die Freud im Auge hatte, als er 1926 schrieb, es sei die Schuld seiner Braut gewesen, *wenn ich nicht schon in jenen jungen Jahren berühmt geworden bin ... aber ich habe die damalige Störung meiner Braut nicht nachgetragen.*[16] Dieser Vorfall erinnert daran, daß Freud den *großmütigen Leichtsinn* seines Vaters tadelte, weil dieser ihm nicht nachdrücklich davon abgeraten hatte, eine Laufbahn als reiner Wissenschaftler einzuschlagen; Martha erschien ihm vielleicht gerade deshalb der Anlaß für eine verpaßte Chance zu sein, weil er den Arztberuf in erster Linie gewählt hatte, um sie heiraten zu können.

Freud machte sich ständig Sorgen darüber, ein anderer könne ihm bei einer Entdeckung zuvorkommen. Wittels zum Beispiel berichtete, daß der Vorfall mit Koller Freud im Jahre 1906 noch stark beschäftigte:

Er erzählte von Koller, daß dieser schon immer mit einer Art idée fixe umhergegangen sei, man müsse am Auge eine Entdeckung machen. Alles, was er hörte und las, habe er mit dem Auge in Verbindung zu bringen gesucht. So habe er ohne Genie, als er den Freudschen Aufsatz zur Kenntnis genommen hatte, Kokain in den Bindehautsack geträufelt ... Aber diese mechanische Erklärung einer Entdeckung kann mich nicht befriedigen. Koller ... ist erst nach seiner Entdeckung Augenarzt geworden. Vorher wollte er ... Chirurgie studieren.[17]

In einem Brief an Wittels aus dem Jahre 1924 wandte sich Freud gegen diese Darstellung der Kokaingeschichte:

Der Leser würde von meiner Einstellung zu Kollers Entdeckung auch einen anderen Eindruck bekommen, wenn er erführe, was Sie freilich nicht wissen konnten, daß Königstein – ihm, nicht mir, tat es dann so sehr leid, am Lorbeer vorbeigegangen zu sein – dann den Anspruch erhob, als Mitentdecker anerkannt zu werden, und daß die beiden Julius Wagner und mich als Schiedsgericht darüber einsetzten. Ich glaube, es war dann ehrenvoll für uns beide, daß jeder von uns die Partei des gegnerischen Klienten nahm. Wagner, der Kollers Vertrauensmann war, stimmte dafür, Königsteins Anspruch anzuerkennen, während ich durchaus Koller allein die Ehre zusprach. Ich weiß nicht mehr, auf welche mittlere Formel wir uns einigten.[18]

Auch Hanns Sachs erinnerte sich an ein Gespräch mit Freud über die Kokain-Episode, bei dem dieser jedoch Koller eine Methode zuschrieb, die seinem eigenen einseitigen Forschungsvorgehen ähnlich war. Freud sagte danach, unter seinen Freunden sei, als er junger Sekundärarzt im Allgemeinen Spital war, einer gewesen, der von der Idee besessen war, eine neue ophthalmologische Therapie zu entdecken. Über welches medizinische Problem auch diskutiert wurde, seine Gedanken und Fragen gingen immer in die gleiche Richtung: *Könnte das für das Auge verwendet werden?* – so daß er gelegentlich durch seine Monamie ein wenig lästig wurde. Freud fuhr fort:

Eines Tages stand ich im Hof mit einer Gruppe von Kollegen, unter denen sich auch Koller befand; ein anderer ›Intern‹ ging vorüber, der offensichtlich unter Schmerzen litt. Ich sagte ihm: ›Ich glaube, ich kann Ihnen helfen‹, und wir gingen alle in mein Zimmer, wo ich ihm ein paar Tropfen der Medizin gab, die seine Schmerzen sofort stillten. Ich erklärte meinen Freunden, daß diese Medizin ein Extrakt der amerikanischen Colapflanze sei, die die Eigenschaft habe, Schmerzen zu lindern oder sogar zu stillen, und daß ich eine Publikation über diese Pflanze vorbereitete. Der Mann, der das große und dauernde Interesse für Augenkrankheiten hatte (Koller), sagte nichts, aber ein paar Monate später erfuhr ich, daß er die Chirurgie des Auges revolutioniert hatte, und zwar durch den Gebrauch des Kokains. Er unternahm nun Operationen, die früher unmöglich gewesen wären. Das ist der einzige Weg, wichtige Entdeckungen zu machen: man muß seine Ideen ausschließlich auf ein zentrales Interesse konzentrieren.[19]

Im Jahre 1909 oder 1910, vielleicht aus Anlaß eines Zeitungsartikels über Kollers Entdeckung der Anwendungsmöglichkeiten des Kokains in der Chirurgie, erklärte Freud einem jungen analytischen Patienten, daß richtigerweise er, nicht Koller, die eigentliche Entdeckung gemacht habe. Freud betrachtete nun die Kokainepisode als einen Triumph, nicht als eine Niederlage, da ja die eigentliche Entdeckung seine eigene war.[20] Er betonte, als er Königstein gegenüber die Anwendungsmöglichkeiten von Kokain erwähnte, sei er sich völlig darüber im klaren gewesen, was für ein großes

Geschenk er ihm damit machte; Königstein habe einfach die Sache vermurkst.[21] Koller verdiente jedoch die Anerkennung, die ihm zuteil wurde, durchaus, auch wenn Freud das Verdienst für die Entdeckung für sich selbst beanspruchte. Koller seinerseits behauptete, Freuds Arbeit habe seine eigene Entdeckung in keiner Weise beeinflußt.[22]

Ungeachtet seiner Kontroverse mit Koller war Freud in der Beziehung zu seinen eigenen Lehrern bei der Anerkennung ihres Einflusses auf seine eigene Entwicklung überaus großzügig. Um ein bedeutender Lehrer zu werden, ist es von Nutzen, wenn man einmal selber ein ungewöhnlich treuer Schüler gewesen ist; *einen alten Lehrer was zu lehren*, bedeutete für Freud *eine reine, schöne Genugtuung*.[23] Noch in seinen vierziger Jahren berichtete Freud von lebhaften Träumen von längst vergangenen Schulprüfungen. Die Namen, die Freud seinen Kindern gab, waren ein Tribut an seine Mentoren. *Ich hielt darauf, daß ihre Namen nicht nach der Mode des Tages gewählt, sondern durch das Andenken an teure Personen bestimmt sein sollten. Ihre Namen machen die Kinder zu ›Revenants‹. Und schließlich, ist Kinder haben nicht für uns alle der einzige Zugang zur Unsterblichkeit?*[24] Jean Martin wurde nach Jean Martin Charcot genannt, Ernst nach Ernst Brücke, Mathilda nach Josef Breuers Frau und Anna nach der Tochter eines alten Schullehrers von Freud. In den 20er Jahren sorgte Freud dafür, daß ein Enkel nach einem verstorbenen, aber hochgeschätzten Schüler genannt wurde, und in gleicher Weise anerkannten seine Anhänger seine Bedeutung als Mentor in ihrem Leben, indem sie ihre eigenen Kinder nach den seinen nannten.

Jones erklärte Freuds Neigung zur Heldenverehrung in scharfsinniger Weise als eine Projektion *seines ursprünglichen Selbstbewußtseins und Überlegenheitsgefühls auf eine Reihe von Mentoren . . ., zu denen er dann teilweise, um sich wieder zu stärken, in ein merkwürdiges Abhängigkeitsverhältnis geriet*. Als Gegenreaktion auf diese Neigung, Menschen zu idealisieren, konnte Freud sehr empfindlich gegen Abhängigkeit und Einschränkung der Handlungsfreiheit sein. *Freiheit und Unabhängigkeit waren für ihn das Lebenselement*.[25] Freud war sich seiner Empfindlichkeit in bezug auf Helfer, seines Bedürfnisses nach ihnen wie seiner Angst, sie zu verlieren, sehr deutlich bewußt. In einer Passage aus *Zur Psychopathologie des Alltagslebens*, die er später wegließ, schrieb er, es gebe kaum einen Gedankenkomplex, der ihm so zuwider gewesen sei, wie der, jemandes Protégé zu sein; die Rolle des Lieblingskindes sei eine, die zu seinem Charakter sehr wenig passe. Er habe immer einen ungewöhnlich starken Drang gehabt, *selbst der Starke zu sein*. Aber als junger Mann, schrieb Freud, hatte er die *Rettungsphantasie* durch einen mächtigen Wohltäter; zugleich fühlte er sich verpflichtet, *die Sehnsucht nach einem Gönner und Beschützer dem Stolz erträglich [zu] machen . . . in meinem bewußten Leben* [hatte ich selbst] *der Vorstellung, von der Gunst eines Protektors abhängig zu sein das größte Widerstreben entgegengebracht und die wenigen realen Situationen, in denen sich etwas Ähnliches ereignete, schlecht vertragen*.[26] Bei seinem familiären Hintergrund, seinem

Bedürfnis, sich selbst zu schaffen und sein eigener Vater zu sein, wollte Freud umsorgt sein und hatte zugleich das leidenschaftliche Verlangen, unabhängig zu sein. Freud äußerte sich in aller Deutlichkeit über die ungeheure Rolle, die gewisse Vaterfiguren in seinem Leben spielten. 1885–1886 studierte Freud als Abschnitt seiner neurologischen Ausbildung in Paris bei Charcot. Wie Freud sich erinnerte, streifte er oft durch die Straßen *einsam und voller Sehnsucht . . ., eines Helfers und Protektors sehr bedürftig, bis Meister Charcot mich dann in seinen Verkehr zog.*[27] Im Jahre 1899 bezeichnete Freud sich als *Schüler des Physiologen Brücke* und als *Schüler von Charcot,*[28] und Freuds bleibende Identifizierung mit Charcot ist kaum zu überschätzen. Wie Freud in einem Bericht an die Medizinische Fakultät der Universität schrieb, war Charcot ein *großer Name.* Freud sagte, er habe Paris *als rückhaltloser Bewunderer Charcots*[29] verlassen, und etwas später schrieb er, er bewahre immer noch *die Erinnerung an des Meisters Stimme und Aussehen.*[30] Von da an hing in Freuds Zimmer stets eine Photographie dieses *Weisen* (die Charcot auf Freuds Bitte signiert und ihm geschenkt hatte) an der Wand: *Niemand hat je in gleicher Weise auf mich gewirkt.*[31]

Die persönlichen Eigenschaften, die Freud an Charcot bewunderte, waren mit Freuds Selbstvorstellung vereinbar, und er konnte ihnen ohne jede Hemmung nacheifern. Charcot gehörte wie er zu den Menschen, die *den Marschallstab im Tournister* fühlen.[32] Die Begegnung mit Charcot, der für Freud *ein berühmter Forscher* war, ist als ein Markstein in der Laufbahn des jungen Mannes anzusehen. In seinem einfühlenden Aufsatz über Charcot bewunderte Freud – der sich selber gern einer bilderreichen Sprache bediente – an seinem früheren Lehrer die *durchsichtige Klarheit seiner Diktion und die Plastik seiner Schilderungen.*

Er war kein Grübler, kein Denker, sondern eine künstlerisch begabte Natur, wie er es selbst nannte, ein visuel, *ein Seher . . . Man konnte ihn sagen hören, die größte Befriedigung, die ein Mensch erleben könne, sei, etwas Neues zu sehen – d. h., es als neu zu erkennen . . .*

Freud erinnerte sich, daß er einmal einer von Charcots klinischen Neuentdeckungen widersprach: *Das kann doch nicht sein, es widerspricht ja der Theorie von Young-Helmholtz.* Charcot hatte darauf nicht erwidert: ›*Um so ärger für die Theorie . . ., die Tatsachen der Klinik haben den Vorrang, u. dgl.*‹, *aber er sagte uns doch, was uns einen großen Eindruck machte . . .:* ›*La théorie, c'est bon, mais ça n'empêche pas d'exister!* Diese Bemerkung (Theorie ist gut, aber sie verhindert nicht, daß etwas existiert) wiederholte Freud sein ganzes Leben lang. Charcot *wurde . . . niemals müde, die Rechte der rein klinischen Arbeit, die im Sehen und Ordnen besteht, gegen die Übergriffe der theoretischen Medizin zu verteidigen.*[33] Freud sagte, er habe es *erlernt, spekulative Neigungen zu bändigen und nach dem unvergessenen Rat meines Meisters Charcot, dieselben Dinge so oft von neuem anzuschauen, bis sie von selbst* *begannen, etwas auszusagen.*³⁴ Freud zufolge hatte Charcot (wie Freud selbst in seinen späteren Jahren) *eine rechtschaffene menschliche Freude an seinem eigenen großen Erfolge und pflegte sich gern über seine Anfänge und den Weg, den er gegangen, zu äußern.*³⁵

Als Lehrer war Charcot (wiederum wie Freud in späterer Zeit) *geradezu fesselnd* und hatte *eine Schar von Schülern* zurückgelassen. Charcot lud Studenten zu sich nach Hause ein und hielt ihnen *Treue durch das Leben.* Dadurch, daß er *die eingehendste Rechenschaft über seine Gedankengänge* gab und *die größte Offenheit in seinen Zweifeln und Bedenken* zeigte, versuchte er, *die Kluft zwischen Lehrer und Schüler zu verringern.* Eine weitere Parallele zwischen ihnen war, daß auch Charcot *eine hochbegabte in der Ähnlichkeit des Vaters aufblühende Tochter* hatte.³⁶

Charcots Originalität lag in seinem wissenschaftlichen Respekt vor neurotisch Kranken; in jener Zeit erstreckte sich in Mitteleuropa der den nervösen Störungen anhaftende *Mißkredit ... sowohl auf die Kranken, als auch auf die Ärzte ..., die sich mit der Neurose beschäftigten.*³⁷ Charcot war nicht nur ein *großer Arzt und Menschenfreund,* sondern war auch *in der therapeutischen Erwartung nicht pessimistisch ...*³⁸ Es ist zwar richtig, daß Charcot die Rolle der Erbanlage als eine Ursache der Neurose betonte und dem Faktor geringere Bedeutung beimaß, den Freud damals für verantwortlich hielt – syphilitische Erkrankung des Vaters; aber Charcot hatte doch den Versuch unternommen, klinische Erscheinungen rational verständlich zu machen, die andere bis dahin unbeachtet gelassen hatten.

Charcot stellte fest, daß es möglich war, durch Hypnose Symptome hervorzurufen, die bis dahin rein organischen Ursprungs zu sein schienen. Er stellte *Regelmäßigkeit und Gesetz* dort fest, wo *unzulängliche oder verdrossene klinische Beobachtung anderer nur Simulation oder rätselhafte Willkür gesehen,*³⁹ und das mußte den Wissenschaftler in Freud anziehen. Er machte sich daran, eines der Bücher Charcots ins Deutsche zu übersetzen, verletzte aber dabei, wie er später zugab *wirklich die bei einer Publikation in Betracht kommenden Eigentumsrechte ... Ich hatte dem übersetzten Text Anmerkungen beigefügt, ohne für diese Anmerkungen die Erlaubnis des Autors nachgesucht zu haben, und habe einige Jahre später Grund zur Annahme bekommen, daß der Autor mit dieser Eigenmächtigkeit unzufrieden war.*⁴⁰

Charcot inspirierte nicht nur Freud, sondern auch eine ganze Richtung französischer Studierender, deren hervorragendster Pierre Janet war.⁴¹ Während Charcot in der klinischen Arbeit in seinem Krankenhaus, der berühmten Salpêtrière, aufging, hatte Janet mehr die experimentellen Ziele im Laboratorium im Blick als die klinische Arbeit; Charcots Tätigkeit war wie *eine geschäftige Küche, voll von Lärm, Gerüchen, Explosionen und Aufregungen, wie die große Salpêtrière selbst. Janets Arbeit war wie eine saubere, gut bestückte Speisekammer, wo sich alles in Büchsen und anderen Gefäßen befand.*⁴² Janet besaß jedoch die Voraussicht, Charcots Ansatz beim psychologischen Verständnis psychischer Symptome weiterzuverfolgen, insbesondere bei Zuständen der Bewußtseinsspaltung *(multiple Persönlichkeiten).* Janet wirkt in der

Tat modern und nach-freudianisch in seiner Betonung der Rolle, die die Schwäche der höheren Integrationsfähigkeiten eines Menschen bei der Auslösung primitiverer Reaktionen in den tieferen Schichten spielt.⁴³

Aber trotz dieser Betonung der Ich-Prozesse erkannte Janet nicht so deutlich wie Freud es dann tat, die Rolle des psychologischen Konflikts bei der psychischen Erkrankung, die Art und Weise, wie selbst der *normale* Geist ständig mit sich selbst im Widerstreit sein kann. Trotzdem war Janets Arbeit der Freuds doch so nah, daß sie in späteren Jahren zu ausgesprochenen Rivalen wurden. Einer der Gründe, warum Freud den Begriff *unbewußt* dem Begriff *unterbewußt* vorzog, war, daß Janet den letzteren Terminus verwendet hatte. Im Jahre 1917 zollte Freud ihm seine Anerkennung mit dem Zugeständnis, daß Janet die *literarische Priorität* beanspruchen könne. Janet hatte jedoch nicht den gleichen Weg verfolgt, den Freud eingeschlagen hatte, und Freud sagte, er *verstehe Janets Ausführungen nicht mehr.*⁴⁴ Im Jahre 1911 war Freud mitgeteilt worden, Janet habe *den ernsthaften Versuch unternommen, Ihre Bücher zu lesen, findet es aber nahezu unmöglich.*⁴⁵ Nach 1920 sagte Janet dann rundheraus, Freud habe seine Gedanken plagiiert und lediglich die Terminologie geändert. *So lese ich z. B.*, schrieb Freud, *daß ich meinen Aufenthalt in Paris dazu benützte, mich mit den Lehren von P. Janet vertraut zu machen, und dann mit meinem Raube die Flucht ergriffen habe.*⁴⁶ Freud war über *die Verleumdung* ungehalten, die von französischen Autoren verbreitet wurde, daß er Janets Vorlesungen gehört und seine Ideen gestohlen habe.⁴⁷ Freud zufolge hatte er Janet immer respektvoll behandelt. *Aber . . . Janet* [hat] *sich schlecht benommen, geringe Sachkenntnis gezeigt und unschöne Argumente gebraucht.*⁴⁸

3.2. Mentor der Anfangszeit: Josef Breuer

Nach Freuds Meinung hatte Janet, im Gegensatz zu seinem Meister Charcot, keinerlei Einfluß auf ihn gehabt und wurde bloß zu einem Gegner der Psychoanalyse. Josef Breuer jedoch war ein Lehrer und enger Freund Freuds, der zumindest ebensoviel, wenn nicht noch mehr geistigen Einfluß auf ihn ausübte wie Charcot, und der sicherlich eine weitaus persönlichere Rolle in seinem Leben spielte. Breuer war ein gütiger Mann mit einer enorm großen internistischen Praxis in Wien; er hatte ferner eine glänzende wissenschaftliche Begabung und *entdeckte die Funktion des Labyrinths des Ohres und den Mechanismus, der das normale Atmen steuert (Breuer-Hering'sches Gesetz).*¹

Im Laufe der Behandlung einer intelligenten Patientin zwischen 1880 und 1882 (also vor dem Erscheinen von Janets erstem Buch) hatte Breuer entdeckt, daß zumindest bei einigen Typen neurotischer Patienten die pathologischen Symptome nicht sinnlos sind, sondern eine Bedeutung haben. Breuer war dazu übergegangen, die Vorgeschichte jedes Symptoms zu untersuchen, denn dieses Vorgehen schien das Leiden der jungen Frau zu lindern (in ihrer Falldarstellung wurde sie »Anna O.« genannt). Wie Freud es formulierte: *Breuer* [hatte] *bei seiner ersten* [psychotherapeutischen] *Patientin folgende Erfahrung gemacht: der Versuch, die Veranlassung eines Symptoms zu erfahren, ist gleichzeitig ein therapeutisches Manöver.* Breuer hatte diesen Gedankengang nicht weiter verfolgt, aber er und Freud unternahmen in Zusammenarbeit eine umfassendere Untersuchung: *Wir gingen so vor, daß wir uns bei jedem einzelnen Symptom nach den Umständen erkundigten, unter denen dieses Symptom zuerst aufgetreten war . . .*²

*Der Fund von Breuer bildete die Ergänzung oder die rückläufige Probe zu dem Experiment Charcots. Charcot zeigte, daß man durch geeignete Vorstellungen hysterische Erscheinungen erzeugen könne. Breuer zeigte, daß die hysterische Erscheinung verschwindet, wenn es gelingt, die krankmachende Vorstellung aus dem Unbewußten herauszuheben.*³

Breuer war über zehn Jahre lang Freuds Führer und Halt, er lieh ihm Geld, überwies ihm Patienten und kümmerte sich auch sonst um die Karriere seines jungen Schützlings. Freud erkannte an, daß der ältere um sein Wohlergehen besorgt war; als Freud sich daran machte, die Rolle der Sexualität in der Ätiologie der Neurosen zu erforschen, bemerkte er in seinem Brief: *Breuer wird sagen, daß ich mir arg geschadet habe.*⁴ Freud bemühte sich, seine Dankesschuld an Breuer zurückzuzahlen, überredete ihn, ihre gemeinsamen Entdeckungen zu publizieren und widmete seine eigene neurologische Abhandlung über die Aphasie seinem Mentor.
Es ist bemerkenswert, wie lange es dauerte, bis Freud den eigentlichen Unterschied zwischen der Position Breuers und seiner eigenen erkannte; als wissenschaftlicher Entdecker erwies sich Freud als ein Eroberer wider Willen. Im Jahre 1896 schrieb Freud in einem Aufsatz, daß er seine Resultate einer neuen Methode der Psychoanalyse, dem Forschungsverfahren Josef Breuers verdanke.⁵ Aber noch lange, nachdem Breuer sich wahrscheinlich gern von den Feststellungen distanziert hätte, die Freud nun *Psychoanalyse* nannte, sprach Freud immer noch Breuer die Priorität zu. Selbst nachdem es zum persönlichen Bruch zwischen ihnen gekommen war, bemerkte Freud 1903 (von sich selbst in der dritten Person redend): *Infolge einer persönlichen Anregung Breuers nahm dann Freud das Verfahren* [das bei Anna O. angewandt worden war] *wieder auf und erprobte es an einer größeren Anzahl von Kranken.*⁶
Es erweckt den Anschein, daß Freuds Arbeit für ihn selbst so bestürzend war, daß er es eine Zeitlang nicht fertig brachte, die volle Verantwortung dafür zu übernehmen, und das wissenschaftliche Ansehen Breuers als Schutzschild benötigte.
Noch 1909, in seinen Vorlesungen an der Clark University in Amerika (wo er seinen einzigen Ehrendoktor erhielt), ging Freud so weit zu behaupten: *Ich nehme an, daß*

ich diese Ehre nur der Verknüpfung meines Namens mit dem Thema der Psychoanalyse verdanke ... Wenn es ein Verdienst ist, die Psychoanalyse ins Leben gerufen zu haben, so ist es nicht mein Verdienst.[7] Im Jahre 1914 jedoch, nach dem Verlust seiner Schüler Adler, Stekel und Jung, bezog sich Freud in ganz anderer Weise auf seine Worte über Breuer in den Clark-Vorlesungen: *Wohlmeinende Freunde haben mir seither die Erwägung nahegelegt, ob ich meiner Dankbarkeit* [gegenüber Breuer] *damals nicht einen unangemessenen Ausdruck gegeben.*[8] Wie es Freud später formulierte, fühlte er sich 1914 imstande, sich *uneingeschränkt zur Verantwortung für die Psychoanalyse* zu bekennen.[9] Trotzdem bewies Freud gegenüber Breuer auch weiterhin besonderen Respekt und behauptete noch in der Mitte des Ersten Weltkriegs: *Ich will mit Breuer folgendes behaupten: Jedesmal, wenn wir auf ein Symptom stoßen, dürfen wir schließen, es bestehen bei dem Kranken bestimmte unbewußte Vorgänge, die eben den Sinn des Symptoms enthalten.*[10]

Zwischen Breuer und Freud entwickelten sich ernsthafte Differenzen, denn der Jüngere war eifriger darum bemüht, diese neue Denkart zu erforschen. Breuer hatte, neben anderen, Freud auf die Rolle hingewiesen, die die Sexualität manchmal bei neurotischen Leiden spielt. Freud verteidigte sich später: *Die Idee, für die ich verantwortlich gemacht wurde, war keineswegs in mir entstanden.* Aber hier traf Freud eine Unterscheidung:

Ich weiß schon, daß es etwas anderes ist, eine Idee ein oder mehrere Male in Form eines flüchtigen Aperçus auszusprechen, – als: ernst mit ihr zu machen, sie wörtlich zu nehmen, durch alle widerstrebenden Details hindurchzuführen und ihr ihre Stellung unter den anerkannten Wahrheiten zu erobern.[11]

Freud hatte postuliert, daß Patienten krank werden, wenn sie nicht imstande sind, gewisse Aspekte ihrer Vergangenheit zu akzeptieren. Während Breuer den sogenannten *hypnoiden Zuständen* (bei denen sonst keineswegs außergewöhnliche Erfahrungen eine besondere Bedeutung annehmen) eine pathogene Rolle zuschrieb, neigte Freud, der als Psychologe gründlicher war, dazu, *ein Kräftespiel, die Wirkung von Absichten und Tendenzen* [zu vermuten], *wie sie im normalen Leben zu beobachten sind.*[12] Sie stimmten jedoch in dem therapeutischen Ziel überein, Erinnerungen zu erleichtern, die unter Hypnose erweckt werden konnten und die, wenn sie erinnert und ausdrücklich anerkannt wurden (die Methode der *Katharsis*) eine heilende Wirkung hatten.

Keine ihrer intellektuellen Differenzen, sollte man denken, war schwerwiegend genug, um den schließlichen *Bruch* in den Beziehungen zwischen Freud und Breuer zu erklären.[13] Freud gab 1914 ausführlichst seiner Dankbarkeit Ausdruck, daß es keine Zwistigkeiten wegen der Priorität wissenschaftlicher Entdeckungen zwischen ihnen gegeben hatte. Zum Beispiel wurde in ihrer Gemeinschaftsarbeit der Begriff der *Konversion* eingeführt, um zu beschreiben, daß psychische Symptome einen abnormen Aufwand von nicht abgeführten Erregungsbeträgen darstellen.

Breuer hat jedesmal, wo er in seinem theoretischen Beitrag zu den Studien über Hysterie der Konversion gedenken muß, meinen Namen in Klammern hinzugesetzt, als ob dieser erste Versuch einer theoretischen Rechenschaft mein geistiges Eigentum wäre. Ich glaube, daß sich diese Zuteilung nur auf die Namensgebung bezieht, während sich die Auffassung uns gleichzeitig und gemeinsam ergeben hat.[14]

Freuds Herausgeber und Übersetzer James Strachey zufolge jedoch schien dies ein Irrtum zu sein. Breuer habe in seinem Beitrag *Theoretisches* den Begriff Konversion (oder Ableitungen davon) mindestens fünfzehn Mal verwendet. Aber nur einmal (beim ersten Mal, wo er ihn verwendete) habe er wirklich Freuds Namen in Klammern hinzugefügt.[15]

Welches nun auch die Ursprünge ihrer Entzweiung gewesen sein mögen, und ungeachtet dessen, welche Rolle wissenschaftliche Gründe dabei gespielt haben mögen: Freuds Bewunderung für Breuer verwandelte sich in heftige Abneigung. (Ein großer Teil dieser Animosität wurde redaktionell unterdrückt, aber in letzter Zeit ist einiges einschlägige Material zugänglich gemacht worden.[16] Freuds Einstellung gegenüber Breuer, wie die gegenüber Martha, als während der Zeit ihrer Verlobung Spannungen entstanden, war eine Einstellung des Entweder-Oder; wenn Breuer Freud bei seinen neuen Forschungen nicht voll und ganz folgen konnte, dann wurde Breuer zu einem Feind und Gegner. Unter diesen veränderten Umständen wollte Freud das Geld zurückzahlen, das er Breuer noch schuldete, und als Breuer die Rückzahlung ablehnte, empfand Freud seine frühere Abhängigkeit von seinem Lehrer noch bitterer. *Zur Psychopathologie des Alltagslebens* enthält eine kaum verhüllte Bezugnahme auf den Wechsel in seiner Beziehung zu der Familie Breuer. Von der *Familie M.* sprechend, schrieb Freud:

Seitdem dieser intime Verkehr einer völligen Entfremdung gewichen war, pflegte ich ... auch die Gegend und das Haus zu meiden ... als ob ein Verbot darauf läge ... Unter den Gründen der Entfremdung ... hatte das Geld eine Rolle gespielt [eine große Rolle heißt es in einigen früheren Auflagen].[17]

Otto Rank hat einmal andeutungsweise die Frage aufgeworfen, ob Freuds Darstellung der dramatischen Wirkung, die der Tod seines Vaters im Jahre 1896 auf ihn hatte, und wie dadurch die Vergangenheit aufgerührt wurde, nicht vielleicht zum Teil eine Selbsttäuschung war, das regressive Ausweichen vor einem gegenwärtigen Konflikt – eine Verleugnung der Bedeutung der Trennung, die sich damals zwischen Breuer und ihm vollzog.

In späteren Jahren pflegte Freud privat mit Herablassung und Verachtung von Breuers angeblicher Feigheit gegenüber den neuen Entdeckungen der Psychoanalyse zu sprechen.[18] Aber ein Schüler wie Freud konnte sich nicht ohne Schwierigkeit von einem Ich-Ideal wie Breuer lösen, sowenig wie Freud einen seiner eigenen, ihm näher-

stehenden Schüler ohne weiteres gehen lassen konnte. In seinen Veröffentlichungen jedoch hörte Freud nie auf, seine Dankesschuld gegenüber Breuer anzuerkennen. *Natürlich war ich der gewinnende Teil in diesem Verhältnis. Die Entwicklung der Psychoanalyse hat mich dann seine Freundschaft gekostet. Es wurde mir nicht leicht, diesen Preis dafür zu zahlen, aber es war unausweichlich.*[19] Unglücklicherweise hatte Breuer nicht genügend Distanz, um die *universelle Natur* der unerwartet auftretenden Phänomene zu erkennen, denen er im Fall der Anna O. gegenüberstand. Offenbar hatte sich bei dieser Patientin eine starke erotische Bindung an Breuer entwickelt, der sich Gedanken darüber machte, was er wohl getan haben könne, um Erwartungen solcher Art zu erwecken.[20] Freud andererseits stellte kühl fest: *Breuer war mit der nie fehlenden Übertragung der Patientin auf den Arzt zusammengestoßen . . .*[21]
Freud entdeckte, daß jeder Patient in die Psychotherapie eine aus vergangenen Beziehungen aufgebaute innere Welt mitbringt, und daß der Psychotherapeut, ob er will oder nicht, Gefühle erweckt, die von scheinbar irrationaler Intensität sind, deren Natur jedoch aus der Vorgeschichte des Patienten begriffen werden kann. Nach Freuds Meinung hatte Breuer vor der weiteren Behandlung der Anna O. die Flucht ergriffen, weil er den unpersönlichen Charakter des Prozesses solcher *Übertragungen* in der Therapie nicht erfaßt hatte; Anna O. reagierte also nicht so sehr auf Breuer selbst als vielmehr auf Breuer, gesehen im Licht anderer wichtiger Figuren in ihrem Leben. Freuds therapeutische Strategie zielte darauf ab, Übertragungen zu deuten, um den Patienten von seiner Vergangenheit zu befreien.

Als Breuer 1925 starb, schrieb Freud einen herzlichen Nachruf, in dem er ihn einen *Mann von reicher, universeller Begabung* nannte. Obwohl Breuer vierzehn Jahre älter war, ein *Freund und Helfer*, sprach Freud von ihrer Periode der Zusammenarbeit als einer Zeit, in der Breuer *meinem Einfluß unterlag . . .*[22] Seinem eigenen Schüler Karl Abraham gegenüber sprach Freud einmal von diesem Nachruf: *Ich habe mit der Familie herzliche Briefe gewechselt und so meine schicksalsschweren Beziehungen zu Breuer zu einem würdigen Abschluß gebracht.*[23] Freuds Qualitäten als ein vornehmer Charakter dürfen jedoch über die Intensität seiner Gefühle des Verratenwordenseins nicht hinwegtäuschen. Breuers Schwiegertochter erinnert sich an einen Spaziergang mit ihm, als ihr Schwiegervater schon ein alter Mann war; plötzlich sah er Freud direkt auf sich zukommen, und instinktiv öffnete Breuer die Arme. Freud ging vorbei und tat so, als sehe er ihn nicht, woraus sich erahnen läßt, wie tief der Bruch ihn verwundet haben muß.[24]
Weil Freud mit Breuer in so enger Beziehung gestanden hatte und der Bericht seines Lehrers über den Fall Anna O. ihn stark beeinflußt hatte, fühlte er sich berechtigt, alle Vermutungen zurückzuweisen, daß er von Janets Ideen abhängig gewesen sei, auch wenn ihre Formulierungen viele Ähnlichkeiten aufwiesen. Die Behandlungsmethode, die Freud aus seiner Zusammenarbeit mit Breuer zu entwickeln begann, markierte die Anfänge der spezifischen Aspekte der psychoanalytischen Therapie. Schon 1895 sprach Freud von der *Freudschen Theorie*, und *Psychoanalyse* taucht als

Terminus zuerst in einem Aufsatz Freuds aus dem Jahr 1896 auf;[25] was unter der Freudschen Theorie zu verstehen war und was eigentlich die Psychoanalyse ausmachte, sollte sich jedoch im Laufe der Jahre noch erheblich wandeln.

Freud hatte damit begonnen, hysterische Störungen zu behandeln, die keinem anatomischen Muster folgten. Die Hypothese von Freud und Breuer war, daß die eigentliche Wurzel der Störungen strangulierter Affekt sei, Emotionen, die dem wachen Geist des Patienten nicht bewußt sind. Indem er seine Aufmerksamkeit auf die Vorgeschichte der Symptome lenke, könne der Therapeut die Störung durch die Heraufrufung von Erinnerungen auflösen. Trotz der Bemerkungen Freuds im Alter, er habe ursprünglich keine echte Neigung zum Arztberuf gehabt, gibt es genügend Hinweise darauf, daß er zu Beginn seiner Laufbahn außerordentlich daran interessiert war, therapeutische Erfolge zu erzielen. Es ist zwar richtig, daß Freud während seiner ganzen Laufbahn weiterhin lieber Bezeichnungen wie *Beobachter* und *Beobachtungen* anstelle von *Helfer* oder *Heilen* benützte; aber der so genauen Beobachtung, die er der Lebensgeschichte der Symptome seiner Patienten widmete, lag mehr zugrunde als allein wissenschaftliche Neugierde.

Anfänglich hielt Freud die Hypnose für die beste Methode, um den Neurosen zu Leibe zu rücken. Die Rolle des Hypnotiseurs scheint ihn fasziniert zu haben: Jeder, der ein paar persönliche Erfahrungen mit Hypnose gesammelt habe, werde sich an den Eindruck erinnern, den es auf ihn machte, als er zum ersten Mal einen bisher unerträumten Einfluß auf das psychische Leben eines anderen ausübte und imstande war, an einem Menschen auf eine Weise zu experimentieren, wie es normalerweise nur am Körper eines Tieres möglich ist.[26]

Freud sprach davon, daß er trotz der *Proteste* seiner Patienten weiterarbeitete, die sie äußerten, als er versuchte, ihre Selbsttäuschungen aufzudecken; nach Freuds Auffassung der Hypnose darf *keinerlei Widerspruch zugelassen werden*.[27] Durch die besondere Macht der Suggestion – *eine energische Leugnung der Beschwerden, über die der Patient geklagt hat, oder in der Versicherung, daß er etwas tun kann, oder in dem Befehl, es auszuführen*[28] – könnten therapeutische Verbesserungen erreicht werden. Vom Standpunkt des Therapeuten werde die Erinnerung an so viele durch Hypnose bewirkte Heilungen seinem Verhalten gegenüber seinen Patienten eine Sicherheit verleihen, die unfehlbar auch in ihnen die Erwartung eines weiteren therapeutischen Erfolgs hervorrufen werde.[29] Eine Zeitlang erschien die Hypnose Freud als ein Segen für den wissenschaftlichen Forscher wie für den klinischen Therapeuten.

Um die Mitte der 1890er Jahre hatte Freuds Begeisterung für die Hypnose sich allmählich verloren. Zum einen war ihr suggestives Element – obwohl *ungleich anziehender als das monotone gewalttätige von jeder Forschung ablenkende suggestive Verbot«*[30] – für die Forschung nicht gerade wünschenswert. Freud hatte bereits erkannt, daß das ideale therapeutische Ziel darin bestand, nicht bloß die quälenden Symptome, sondern die pathologischen Prozesse selbst zu überwinden. Die erfolgreiche Anwendung der Hypnose verlangte nach Freuds Meinung *Begeisterung, Geduld, große Sicherheit und eine Fülle von Listen und Einfällen.*[31] Da es aber Freud schwerfiel, diese überaus starke Konzentration auf die Technik aufrechtzuerhalten, kam er zu dem Schluß, die Hypnose sei ein *launenhaftes und sozusagen mystisches Hilfsmittel.*[32] Die Hypnose werde *auf die Dauer – monoton*[33] und habe außerdem die Tendenz, dem Patienten das Gefühl der Selbständigkeit zu nehmen.

Freud schreibt von sich selbst, er sei in dieser Periode schöpferischer Veränderung vor allem *von therapeutischen Bemühungen ausgegangen,*[34] und wenn man seine Falldarstellungen aus dieser Zeit liest, gewinnt man in der Tat den Eindruck, daß es die zunehmenden Einsichten, die er aus der klinischen Erfahrung gewann, waren, die ihn zu Veränderungen veranlaßten. Sein Bericht darüber, wie er die Technik der freien Assoziation übernahm, ist in seiner Einfachheit rührend. Eine Patientin scheint sich hartnäckig dagegen gewehrt zu haben, daß Freud in den Fluß des klinischen Materials eingriff. *Ich merke, daß ich [durch die Unterbrechung] nichts erreiche, daß ich mir's doch nicht ersparen kann, sie in jedem Punkte bis zu Ende anzuhören.* Ein andermal sagte die gleiche Patientin *recht mürrisch, ich solle nicht immer fragen, wo das und jenes herkommt, sondern sie erzählen lassen, was sie mir zu sagen habe.* Wie Freud es gelassen formuliert: *Ich gehe darauf ein . . .*[35] Freud fand heraus, daß er bei seiner Therapie geduldiger sein mußte, und anstatt von den drängenden Symptomen auszugehen und sich zum Ziel zu setzen, sie aufzuklären, überließ er es dem Patienten, das Thema der jeweiligen Tagesarbeit zu wählen. Die Couch jedoch war ein nützliches Überbleibsel aus Freuds Anwendung der Hypnose, da sie dem Analytiker wie dem Patienten gestattete, zu entspannen und frei zu assoziieren, ohne die Last (jedenfalls für Freud) der direkten Konfrontierung Auge in Auge.

Für ihre Zeit erschien Freuds neue Technik weit weniger direktiv als die meisten anderen Behandlungsmethoden. Zwar sollten die allzuleicht verborgenen manipulativen Elemente in der analytischen Situation noch hervorgehoben werden; aber Freuds Methode war ein Appell an die rationalen Kräfte seiner Patienten, die Bemühung, durch das Verständnis der Vergangenheit ihre Energien für die Zukunft freizusetzen. Während die hypnotische Behandlung gesucht hatte, *etwas im Seelenleben zu verdecken und zu übertünchen,* suchte die Analyse, *etwas freizulegen und zu entfernen. Die erstere arbeitet wie eine Kosmetik, die letztere wie eine Chirurgie.*[36] Freud, der ja selbst aus eigener Kraft seinen Weg gemacht hatte, war es gelungen, eine Therapiemethode zu entwickeln, die sich auf die Fähigkeit des einzelnen stützte, die Grenzen seiner privaten Welt rational zu transzendieren und durch verbale Selbsterkenntnis eine Loslösung von seinen Emotionen zu erreichen, die eine echte Selbstbeherrschung erlaubte. Gleich in welche äußere Situation ein Mensch geraten mochte, er konnte zumindest lernen, die Kontrolle seiner inneren Emotionen auf ein Höchstmaß zu steigern.

3.3. Selbstanalyse

In den 1890er Jahren hatte Freud wahrscheinlich mit mehr inneren Schwierigkeiten zu ringen als in jedem anderen Jahrzehnt seines Lebens. Zumindest besitzen wir über diese Periode die ausführlichsten Berichte über seine Unzufriedenheiten, Ängste und Depressionen. Um die Psychoanalyse entwickeln zu können, mußte Freud nicht nur Patienten behandeln, sondern auch den Versuch unternehmen, sich selbst zu analysieren. Diese beiden Unternehmungen gingen Hand in Hand; denn mit dem, was er über Patienten entdeckte, half er sich selbst, und was er durch Introspektion herausfand, konnte er dazu benützen, Neurotikern zu helfen. Ferner dienten Theorie und Praxis der Psychoanalyse Freud zugleich als Mittel der Selbstverhüllung wie auch als Werkzeuge der Selbstentdeckung. Der Künstler in ihm war fähig, seine eigenen intensivsten Erfahrungen als Grundlage für die Kommunikation mit der Menschheit als Ganzes zu benützen. Freud scheute in der Regel davor zurück, die Hölle in seiner eigenen Seele zu beschreiben; in den 90er Jahren des letzten Jahrhunderts herrschte in seiner inneren Welt offenbar ein solcher Aufruhr. So kann man die Zuneigung, die er in späteren, weniger unruhigen Jahren für schöpferisch begabte, aber ziemlich verstörte Schüler empfand, vielleicht auch als Ausdruck einer besonderen Zuneigung für ein frühes, jetzt aber in sicherer Versenkung verschwundenes Selbst deuten.

Im täglichen Leben waren Freuds Unzulänglichkeiten kaum bemerkbar; denn in den 90er Jahren agierte er als Teil einer großen Familiengruppe. Obwohl seine Schüler später seine Warmherzigkeit spürten, erschien er ihnen als ein vollkommen beherrschter Mensch. Freud war zurückhaltend, würdevoll, distanziert, aber auch hartnäckig, unabhängig und mutig. Sein ältester Sohn konnte sich einfach nicht vorstellen, seinen Vater einmal nicht tadellos gekleidet, ja auch nur ohne Krawatte zu sehen.

Freud litt aber in seinen mittleren Jahren auch an Reizbarkeit der Blase, was häufigen Harndrang, wenn nicht Harnfluß bedeutete (vielleicht mit Prostatabeschwerden zusammenhängend).[1] Dazu litt er an Reizbarkeit und Krampfbereitschaft des Dickdarms und als Folge davon an unregelmäßiger Verdauung. Über dieses Problem wissen wir mehr als über einige andere, weil Freud in seinen Briefen offen darüber sprach.[2] Einem von Freuds Ärzten zufolge, der später Analytiker wurde und sich auf psychosomatische Medizin spezialisierte, waren Freuds Magen-Darm-Beschwerden eine regelmäßige Reaktion auf innere Spannung.[3]

Freud litt ferner sein ganzes Leben lang an Migräneanfällen; nach seiner eigenen Angabe waren sie leichter Art, Jones jedoch hielt sie für schwer.[4] In den 1890er Jahren, als Freud mehr über das Problem schrieb als später,[5] brachte er die Migräne hauptsächlich mit sexueller Versagung in Zusammenhang. Das war das gleiche Jahrzehnt, in dem Freud und seiner Frau die letzten vier ihrer sechs Kinder geboren wurden, und sie waren entschlossen, keine weiteren Kinder zu haben. Der Zusammenhang

zwischen Freuds persönlichem Leben und seiner wissenschaftlichen Arbeit muß in manchen Fällen hypothetisch bleiben. Aber in den 90er Jahren beschäftigt sich Freud in seinen Schriften besonders mit den Folgen des *coitus interruptus*, der sich *unter den Ursachen der Angstneurose ... so sehr in den Vordergrund* dränge.[6]
Es ist jedoch keine neue Vermutung, daß Freud in den 90er Jahren an dem litt, was er mit dem Begriff der *Angstneurose* bezeichnete. Er war besonders ängstlich bezüglich seines Herzens,* machte sich Gedanken über seinen Tod und stellte Spekulationen darüber an, welche Daten besonders gefährlich sein könnten. Eine romantische Strömung in der mitteleuropäischen Literatur hatte sich besonders mit dem Todesproblem befaßt, aber in Freuds Fall kamen persönliche Motive hinzu. *Das Thema des Todes – Todesfurcht und Todeswunsch – hatte ihn immer schon, so weit wir dies zurückverfolgen können, innerlich beschäftigt.*[8]
Wie der sexuelle Orgasmus zuweilen in der Literatur wie in der Folklore mit dem Tod gleichgesetzt wurde, ist es auch möglich, daß Freuds sexuelle Hemmungen mit seinen Herzängsten zusammenhingen. Als er über das Thema Tod und Sexualität schrieb und über die Meinung des Patienten eines Freundes, das Leben habe keinen Wert mehr, wenn das Sexuelle zu Ende sei, erwähnte Freud, *das Herz, als krankes Organ ... selbst* habe bei seinen eigenen Assoziationen und Gedanken eine Rolle gespielt.[9] Schon bald war Freud überzeugt, daß die neurotische Todesangst gewöhnlich durch Schuldgefühle zu erklären ist. Aber nicht weniger beeindruckend als Freuds Todesängste war die Tapferkeit, mit der er all die schweren Leiden ertrug, die mit seiner Krebserkrankung verbunden waren; denn Freud trug die ganzen letzten sechzehn Jahre seines Lebens diesen Tod in ihm mit Mut und Ergebung.
In Freuds früheren Jahren jedoch nahm seine Angstneurose auch noch andere Formen an, zum Beispiel als Furcht vor freien Plätzen (für gewöhnlich eine häufigere Erscheinung bei Frauen). Als er einmal mit Theodor Reik einen Platz überquerte, zögerte Freud, ergriff Reiks Arm und erklärte ihm, es sei eben doch noch etwas von seiner alten Agoraphobie da, die ihm in jungen Jahren viel zu schaffen gemacht habe.[10] Freud äußerte einmal, Agoraphobie habe manchmal allein den Zweck, den Patienten daran zu hindern, zu Dirnen zu gehen.[11] Freud erörterte die Agoraphobie auch im Zusammenhang mit Ortsveränderungs-Phobien, und tatsächlich haben mehrere Zeugen über Freuds Reiseängste berichtet, die zur Folge hatten, daß er schon vor der Abfahrt des Zuges auf dem Bahnhof war und sich damit beschäftigte, die Gepäckstücke zu zählen. (In Übereinstimmung mit Freuds Prinzip, daß sich Gegensätze vereinbaren lassen, reiste er überaus gern.) Freud sagte selber einmal, *Abreisen, mit der Eisenbahn fahren* bedeute im Traum Sterben.[12] Der Ausbruch solcher Ängste vor

---

* Max Schur hat vor kurzem die Hypothese einer Herzepisode in den 1890er Jahren vorgebracht, im Gegensatz zu Freuds (und Jones') Deutung dieser Symptome als Teil einer Psychoneurose. Da Schur sich dessen bewußt war, *wie schwierig es ist, rund 75 Jahre nach dem Geschehen zu einer gültigen Differentialdiagnose zu gelangen,* könnten zusätzliche ärztliche Beurteilungen für die Entscheidung von Nutzen sein, ob die bisher übliche Deutung einer Änderung bedarf.[7]

speziellen Umständen war Teil von Freuds Angstneurose, deren psychische Manifestation Phobien nach Freuds Meinung waren. In den 1890er Jahren gab Freud der Meinung Ausdruck, *die spezifische Ursache der Angstneurose sei die Ansammlung sexueller Spannung*.[13] Diese Probleme hinderten ihn zwar keineswegs daran, seine Arbeit weiterzuführen, aber Freuds Agoraphobie seiner früheren Lebenszeit stimmt doch mit der Erfahrung seiner reiferen Jahre überein, als er sich in seinem Arbeitszimmer am wohlsten fühlte.

Freud war außerdem starker Zigarrenraucher, und diese Sucht muß zur Entstehung seiner Krebserkrankung beigetragen haben. Nach dem Versuch, diese Gewohnheit aufzugeben, stellte Freud fest, daß er ohne Zigarren nicht produktiv arbeiten konnte, obwohl er zugab, daß seine Rauchleidenschaft die Erforschung gewisser psychologischer Probleme behindere.[14] Aber die meisten seiner persönlichen Schwierigkeiten – Blasen-Magen-Darm-Beschwerden, Migräne, sexuelle Probleme, Ängste und Phobien – sind uns nur deswegen so genau bekannt, weil er aufrichtig genug war, über sie zu schreiben oder zu sprechen; ferner hat er selber uns einige der Konzeptionen gegeben, die es uns ermöglichen, sein autobiographisches Material zu deuten.

Anzuerkennen, daß Freud seine menschlichen Schwierigkeiten hatte, daß er litt, Ängste hatte und nicht Herr aller seiner Emotionen war, heißt nur, seinen eigenen psychoanalytischen Theorien folgen. Aber Freud war nicht einfach bloß die Summe seiner Probleme; vielmehr ist es ein Beweis für seine großen Fähigkeiten, daß er trotz seiner Schwierigkeiten so viel geleistet hat, oder vielmehr, daß es ihm gelang, seine Neurose in konstruktive Bahnen zu lenken. Freud schrieb einmal, daß ein ideal *normaler* Mensch ein Mischtypus ist und narzißtische, zwanghafte und hysterische Schichten hat; hier äußerte sich Freud zweifellos über sich selbst.[15] Jeder Bericht über Freuds Erfahrungen mit seinen innersten Schwierigkeiten muß einen vor einer übertriebenen puritanischen Vorstellung von *Normalität* warnen.

Während Freud in diesen Jahren versuchte, mit sich selbst ins reine zu kommen, durchlief er eine Periode des Rückzugs von den regelmäßigen geistigen Kontakten, die er früher gepflegt hatte. Freud war nie der Typ des leichtlebigen, geselligen Wieners gewesen. Für seinen Schüler Hanns Sachs zum Beispiel war es *offenkundig, daß Freuds Persönlichkeit, seine Art, zu denken und zu leben, ... das diametrale Gegenteil von allem* war, das als typisch wienerisch galt.[16] Freud (und Jones nach ihm) betonte des öfteren seine Ächtung durch seine Wiener Kollegen.[17] Sicher setzte Freud bei seinen wissenschaftlichen Bestrebungen mehrmals falsch an, und die Verordnung einer Droge wie Kokain war nicht gerade dazu angetan, den Ruf der Zuverlässigkeit zu fördern. Als Freud in die Behandlung der Neurosen – zuerst durch Hypnose, dann vermittels der freien Assoziation – einstieg und als er zu seiner Theorie der Träume und des Unbewußten gelangte, waren seine Methoden seiner Zeit zu weit voraus, um die Anerkennung seiner Ärztekollegen zu finden. Man versteht wohl, daß Freud bemerkte: *Es ist etwas Komisches um das Mißverhältnis zwischen der eigenen und der fremden Schätzung seiner geistigen Arbeit.*[18]

Wenn er auch unter seiner Einsamkeit gelitten haben mag, so genoß Freud doch auch seine Isolierung. So schrieb er 1914 rückblickend:

Die ›splendid isolation‹ entbehrte nicht ihrer Vorzüge und Reize. Ich hatte keine Literatur zu lesen, keinen schlecht unterrichteten Gegner anzuhören ... Ich war durch nichts gedängt ... Meine Veröffentlichungen, für die ich mit einiger Mühe auch Unterkunft fand, konnten immer weit hinter meinem Wissen zurückbleiben, durften beliebig aufgeschoben werden, da keine zweifelhafte ›Priorität‹ zu verteidigen war.[19]

Trotzdem mißfiel Freud der *negative Raum*, der sich um seine Person bildete.[20] Im Jahre 1924 erinnerte er sich an die Widerstände, die seine Gedanken hervorgerufen hatten:

Durch mehr als ein Jahrzehnt nach meiner Trennung von Breuer hatte ich keine Anhänger. Ich stand völlig isoliert. In Wien wurde ich gemieden, das Ausland nahm von mir keine Kenntnis. Die Traumdeutung ... wurde in den Fachzeitschriften kaum referiert ... Als ich verstanden hatte, mit welchen Notwendigkeiten ich zusammengestoßen war, ließ meine Empfindlichkeit sehr nach.[21]

Freud war überzeugt, daß seine Ächtung während dieser Jahre durch die unvermeidliche *unwillige Ablehnung* erklärt werden konnte, die seine unwillkommenen Gedanken hervorgerufen hatten, und daß diese Reaktion sich gegen seine eigene Person richtete.[22] Im Jahre 1926 schrieb er: *Die Mitteilung meiner unliebsamen Funde [hatte] den Erfolg, daß ich den größten Teil meiner damaligen menschlichen Beziehungen einbüßte; ich kam mir vor wie geächtet, von allen gemieden.*[23]
Es kann kaum überschätzt werden, wieviel Freud von sich selbst in seine Arbeit einbrachte:

Meine Neuerungen in der Psychologie hatten mich den Zeitgenossen, besonders den älteren unter ihnen, entfremdet; oft genug, wenn ich mich einem Manne näherte, den ich aus der Entfernung geehrt hatte, fand ich mich wie abgewiesen durch seine Verständnislosigkeit für das, was mir zum Lebensinhalt geworden war.[24]

Obwohl Freud schon immer ein unerschrockener Forscher auf der Suche nach Entdeckungen gewesen war, griff er auf diese Periode der Isolierung zurück, um seine leidenschaftliche Unabhängigkeit zu belegen und zugleich zu erklären: *Daß sich aber in diesen Jahren, als ich allein die Psychoanalyse vertrat, ein besonderer Respekt vor dem Urteil der Welt oder ein Hang zur intellektuellen Nachgiebigkeit bei mir entwickelt habe, wird wohl niemand erwarten dürfen.*[25]
Während er sich einerseits von der Welt absetzte, benützte er nichtsdestoweniger seine eigenen Reaktionen als Mittel zum Verständnis der Reaktionen anderer:

Ein beständiger Strom von ›Eigenbeziehung‹ geht so durch mein Denken, von dem ich für gewöhnlich keine Kunde erhalte, der sich mir aber durch solches Namenvergessen verrät. Es ist, als wäre ich genötigt, alles, was ich über fremde Personen höre, mit der eigenen Person zu vergleichen, als ob meine persönlichen Komplexe bei jeder Kenntnisnahme von anderen rege würden. Dies kann unmöglich eine individuelle Eigenheit meiner Person sein; es muß vielmehr einen Hinweis auf die Art, wie wir überhaupt ›anderes‹ verstehen, enthalten. Ich habe Gründe anzunehmen, daß es bei anderen Individuen ganz ähnlich zugeht wie bei mir.[26]

Das von Freud geschaffene psychologische System entsprach also genau seinen persönlichen Eigenheiten – ein Beweis, daß die Entstehung der Psychoanalyse keineswegs nur ein kühl neutrales wissenschaftliches Voranschreiten war. Ebenso waren Freuds rückblickende Betrachtungen von seinen Empfindlichkeiten nicht unbeeinflußt: Der Mythos, Freuds *Traumdeutung* sei in Buchbesprechungen weitgehend unbeachtet geblieben, ist durch die Forschung widerlegt.[27]

Freud beschrieb die Mechanismen der an Verfolgungswahn leidenden Paranoiker, die *bei anderen nichts Indifferentes* anerkennen können. Ähnlich wie der praktizierende Analytiker bei seinen Patienten, *verwerten* diese Typen von Paranoikern *in ihrem ›Beziehungswahn‹ die kleinsten Anzeichen, die ihnen diese anderen, Fremden geben. Der Sinn ihres Beziehungswahns ist nämlich, daß sie von allen Fremden etwas wie Liebe erwarten.* Freud betrachtete die *Feindseligkeit, die der Verfolgte bei anderen findet,* als den *Widerschein der eigenen feindseligen Gefühle gegen diese anderen.*[28]

Es war ein günstiger Umstand, daß Freud eine Tendenz zum Grandiosen hatte, denn das gab ihm die Einsicht, andere könnten wie er selbst sein; und auf dieser Grundlage konnte er über die Gefühle anderer Menschen generelle Aussagen machen. Je weiter er also in seiner Selbstanalyse ging, desto besser würde er in der Lage sein, seine Patienten zu verstehen. Schon im Jahre 1882 bemerkte Freud einmal, *daß ihm nicht ganz wohl sei, wenn er die Gefühle eines anderen nicht an den seinen nachspüren könne . . .*[29] Freuds Selbstanalyse schenkte ihm Einfühlung und Wissen, wenn auch nicht sein Ideal der Freiheit. Aber Freud vollbrachte in der Psychologie mehr als genug für einen einzelnen Menschen. Vielleicht hatte er recht, als er von seiner eigenen Leistung schrieb, er glaube, sie sei *nicht so sehr Sache des Intellekts als des Charakters . . .*[30]

Der bemerkenswerteste Fall, bei dem Freuds Selbstanalyse sich mit seiner klinischen Arbeit verflocht, war sein Irrtum, die Verführungserzählungen seiner Patienten für wahr zu halten: einer von Freuds großen Fehlern, den er später *jenen großen Irrtum*[31] nannte, war seine Annahme, die Ursache der Störungen seiner Patienten sei ein sexuelles Trauma aus der Kindheit, das ihnen gewöhnlich von einem Elternteil zugefügt worden war. Freud hielt seinen eigenen Vater in dieser Hinsicht für schuldig, wenn auch nicht in bezug auf ihn selber, aber auf seine Geschwister.[32] Es dauerte

Jahre, bis er seinen Irrtum öffentlich zugab, und vielleicht erwarb er sich gerade in dieser Zwischenzeit einen zweifelhaften Ruf in den Wiener Ärztekreisen.[33]
Freuds endgültige Lösung war die Erkenntnis, daß diese Verführungserzählungen Phantasien waren, Produkte inzestuöser infantiler Wünsche, nicht reale Ereignisse. Als Freud um 1897 in der Lage war, die Frage als Teil der inneren Welt seiner Patienten zu behandeln, war das, was wir jetzt als das Hauptcharakteristikum der Psychoanalyse kennen, schon im Entstehen: Das therapeutische Ziel bestand darin, die kindlichen Phantasien hinter den neurotischen Fassaden aufzudecken. Die innere Welt von Freuds Patienten, nicht äußere Ereignisse, wurden als die Hauptursache neurotischer Schwierigkeiten gesehen. *Traumata* erlangen ihren Charakter durch die Art, wie scheinbar harmlose Vorfälle subjektiv als erschütternde Krisen erfahren werden können.
An Stelle der Annahme, Kinder würden zur Sexualität verführt, entdeckte Freud, daß sie selber sexuelle Wesen sein konnten. Wie es Freud später ausdrückte: *Meine eigenen Beobachtungen bewiesen, daß man die Kinder unterschätzt hat und daß man nicht mehr weiß, was man ihnen zutrauen darf.*[34] Die Verführungserzählungen seiner Patienten waren Ausdruck infantiler Wünsche, derer sie sich nicht bewußt waren. Dieses Begehren wurde in der therapeutischen Beziehung mobilisiert, da der Patient auf den Therapeuten, als den Ersatz für Elternfiguren, all jene infantilen Gefühle übertrug, die man inzwischen den *Ödipuskomplex* nennt.

3.4. Wilhelm Fließ

Die Veränderungen in Freuds Anschauungen während dieser Periode sind in den Briefen dokumentiert, die er an einen Berliner Arzt, Wilhelm Fließ, schrieb, den Breuer während seines Studiums in Wien Freud vorgestellt hatte. Während der ganzen Zeit seiner Selbstanalyse stand Freud in enger Beziehung zu Fließ, wenn er sich ihm später auch entfremdete, wie es vorher bei Breuer der Fall gewesen war. Fließ, zwei Jahre jünger als Freud, war ein Schwager von Freuds Wiener Bekanntem Oskar Rie. Es ist manchmal schwierig, in Freuds vielen Briefen an Fließ zu unterscheiden, wann er bewußt übertreibt und wann er es völlig ernst meint; die Konventionen des Posierens haben sich seit damals stark verändert. Aber soweit man es feststellen kann, entwickelte sich zwischen Freud und Fließ ein außerordentlich vertrautes Verhältnis. Dieser Freund in Berlin war von immenser Bedeutung für Freuds Selbstentdeckung und für seine wissenschaftliche Arbeit. Damals arbeitete Freud in der Abgeschlossenheit, er brauchte noch einen Zuhörer. Er brauche ihn als sein Publikum,[1] schrieb er einmal an Fließ. Durch den Glauben an Fließ gewann Freud auch Selbstsicherheit bezüglich mancher seiner eigenen Gedanken; *wenn ich mit Ihnen sprach und merkte, daß Sie so von mir denken, pflegte ich sogar selbst was von mir zu halten* . . .[2]

Durch ihre Briefe nahmen die beiden Männer jeweils an der Arbeit und an dem täglichen Leben des anderen teil; ihre Frauen finden kaum Erwähnung; aber es ist bekannt, daß Freud die Frau von Fließ ganz und gar nicht leiden konnte.[3] Er gab Breuer* die Schuld, obwohl er behauptete, er *verachte ihn längst nicht mehr* dafür, die Feindschaft von Frau Fließ hervorgerufen zu haben. Freud schrieb an Fließ: *Was thut Deine Frau anders, als im dunklen Zwang die Anregung ausarbeiten, die Breuer ihr damals in die Seele gelegt, als er ihr Glück dazu wünschte, daß ich nicht in Berlin lebe und ihre Ehe nicht stören kann?*[5] Gelegentlich kamen Freud und Fließ zu Treffen zusammen, die sie zuweilen stolz (und scherzhaft) als *Kongresse* bezeichneten. Wäre Freuds letztes Kind, Anna, ein Junge gewesen, hätte er es nach Fließ Wilhelm genannt.[6] In späteren Jahren, als Freud selbstsicherer und selbstgenügsamer war, eröffnete er sich anderen nur noch selten. Vielleicht hatte er noch die gleichen warmherzigen Gefühle wie in der Fließ-Periode, aber er war nicht mehr so schnell bei der Hand, sie in Worte zu fassen, zumindest schriftlich. Aber in den späten 90er Jahren war Freud auf dem Höhepunkt seiner Selbstanalyse. Er hatte schon seit einiger Zeit Träume von Leuten, die er kannte, gesammelt, als Teil seines Selbstverständnisses wie seiner klinischen Arbeit; Freuds Selbstanalyse sollte sein ganzes Leben lang weitergehen, aber nur in dieser relativ kurzen Periode brauchte er seine Arbeit so dringend als Mittel der Selbstheilung. Wie er an Fließ schrieb: *Ich kann mich nur selbst analysieren mit den objektiv gewonnenen Erkenntnissen (wie ein Fremder), eigentliche Selbstanalyse ist unmöglich, sonst gäbe es keine Krankheit.*[7]

Trotz Freuds Rivalitätsdenken und seinen Konflikten in bezug auf Unterordnung und Beherrschung wurde sein enger Kontakt mit Fließ – einige Zeit lang – durch keine Rivalität beeinträchtigt. Sie lebten jedoch ziemlich weit voneinander entfernt, und vielleicht hätte ihre Freundschaft nicht so lange gedauert, wie es tatsächlich der Fall war (über zehn Jahre), wenn Fließ in Wien gewohnt hätte. Auf der anderen Seite brauchte Freud seine Isolierung, auch wenn er darüber klagte; und doch suchte er in Fließ auch eine verständnislose, leere Projektionsleinwand. Letzterer konnte ein hilfreiches *alter ego* für Freud sein, und manchmal ermunterte er gerade durch seinen Mangel an Aufnahmebereitschaft Freud dazu, seine eigenen Gedanken auszuarbeiten.[8]

---

* Freud äußerte in seiner Korrespondenz mit Fließ noch andere Vorwürfe gegen Breuer. Er kritisierte ihn als Arzt. Im Jahre 1894 schrieb er: *Im Ganzen bemerke ich, daß ich behandelt werde wie ein Kranker mit Ausweichen und Beschwindeln, anstatt daß man mich zur Ruhe brächte, indem man mir alles sagt, was über dergleichen zu sagen ist, das heißt, was man weiß.* Als altmodischer Arzt hatte Breuer offenbar mißbilligt, daß einer von Freuds Patienten jetzt ins fünfte Jahr seiner analytischen Behandlung ging. Als im Jahre 1900 Breuers Tochter im Begriff war, einen Mann zu heiraten, der Fließ nahestand, fühlte Freud sich ausgeschlossen. Er schrieb an Fließ von *der Aussicht, von Dir und den Deinigen noch weiter abgedrängt zu werden durch die bevorstehende Verbreuerung* . . .[4]

Freuds intime Enthüllungen mögen für Fließ eine Last gewesen sein, wenn auch gemildert durch die Tatsache, daß ihr Gedankenaustausch fast immer schriftlich erfolgte. Freuds Gefühlsäußerungen waren also vielleicht nicht so irritierend, da sie ja in rationale Form und in gehobene Sprache gekleidet waren. (In späteren Jahren, als Freud diese Art von Abhängigkeit aufgegeben oder vielmehr sie umgekehrt hatte, indem jetzt andere von ihm abhängig waren, wurde seine Freundschaft mit Fließ durch einen inneren Dialog ersetzt; wiederholt bediente er sich in seinen Schriften der sokratischen Methode. Freud legte dann die möglichen Einwände einem Beobachter oder Zuhörer in den Mund und erläuterte, wohin Konzessionen logischerweise führen würden; in Freuds Büchern finden wir immer innere Selbstbefragung und ein Frage-und-Antwort-Spiel wie mit einem Gesprächspartner.)

Freud redete Fließ einmal als *Magier* an; *für mich*, so schrieb er auch, *bleibst Du der Arzt, der Typus des Mannes, dem man vertrauensvoll sein Leben und das der Seinigen in die Hände legt.*[9] Fließ war der *erste Leser und Kritiker*[10] der *Traumdeutung*, und Freud nahm seine Kommentare ernst. Es ist interessant, beim Lesen dieser Briefe an Fließ festzustellen, wie früh Freud einige seiner charakteristischen Gedanken hatte, obwohl es Jahre dauerte, bis sie in ausgefeilten wissenschaftlichen Aufsätzen auftauchten.[11] Die Arbeiten von Fließ wiederum hatten einen großen Einfluß auf Freud; beispielsweise bemerkte Freud nach der Lektüre eines seiner Aufsätze: *Erster Eindruck: Verwunderung, daß es noch einen gibt, der sogar ein größerer Phantast als ich und daß dieser gerade mein Freund Wilhelm sein muß.*[12] Es ist klar, daß Freuds Idealisierung von Fließ mit irgendeiner Form von Enttäuschung enden mußte.

Es blieben jedoch gute Gründe für Freuds immense Bewunderung der vielen Talente Fließ'. Die Konzeption der *Latenzperiode* zum Beispiel, die später Teil der psychoanalytischen Theorie wurde (als Bezeichnung für die Entwicklungsstufe mit verminderten sexuellen Aktivitäten zwischen dem Untergang des Ödipuskomplexes im Alter von fünf oder sechs Jahren und dem Einsetzen der Pubertät) wurde von Fließ begründet.[13] Nach Freuds Meinung hatte Fließ eine *fundamentale biologische Entdeckung*[14] gemacht, und zwar bezüglich der Rolle der *Periodizität* (28 Tage für die Frau, 23 Tage für den Mann) im menschlichen Leben. Obwohl Freud um 1920 seine Zweifel über die Stichhaltigkeit der Fließ'schen Hypothese hatte, zollte er der Kühnheit des Versuches immer noch Anerkennung:

Nach der großartigen Konzeption von W. Fließ sind alle Lebenserscheinungen – und gewiß auch der Tod – der Organismen an die Erfüllung bestimmter Termine gebunden, in denen die Abhängigkeit zweier lebenden Substanzen, einer männlichen und einer weiblichen, vom Sonnenjahr zum Ausdruck kommt.[15]

Fließ' Gesetze der Periodizität konnten angeblich die Spanne der jedem gegebenen Lebenszeit bestimmen. Freud teilte schließlich völlig die Zahlenphantasien von Fließ, auf die er einige seiner abergläubischen Annahmen darüber stützte, wie viele Lebensjahre er noch vor sich habe. (Im Jahre 1909 nannte Freud diese abergläubischen Vorstellungen eine Bestätigung der *spezifisch jüdischen Natur in meiner Mystik*.[16]) Jones deutete Freuds Leichtgläubigkeit scharfsinnig als einen Teil der Aufnahmebereitschaft und Unvoreingenommenheit, die einen wesentlichen Teil seines Genies bildeten.[17]

Eine weitere der Konzeptionen, die Freud und Fließ teilten (und um die sie schließlich rivalisierten), war die der Bisexualität, die eine lange Vorgeschichte hat. Zumindest seit Plato sprechen Philosophen schon von der femininen Seite der Männer und von den maskulinen Zügen bei den Frauen. Fließ schlug eine Generalisierung des Inhalts vor, daß solche sexuellen Inversionen nicht nur existieren und psychologische Folgen haben, sondern daß sie auch die Wurzel vieler neurotischer Störungen bilden.

Bei der Erläuterung der menschlichen *Neigung zum Vergessen des Unangenehmen* führte Freud später als Beispiel an, wie er im Jahre 1900 vergessen hatte, Fließ' Annahme von der Rolle unterdrückter Bisexualität bei der Neurose anzuerkennen. *Es ist nun schmerzlich*, gab Freud zu, *so zum Aufgeben seiner Originalität aufgefordert zu werden*.[18] Das Thema des *Entlehnens der Gedanken eines anderen* sollte in der weiteren Laufbahn Freuds noch wiederholt auftauchen. Obwohl seine Originalität heute unbestreitbar ist und seine Beiträge zur Psychologie höchst persönlicher Art waren, machte sich Freud fortwährend Gedanken über die Möglichkeit eines Plagiats – sowohl in seinen eigenen Schriften, als auch in denen seiner Mitarbeiter. Nach seinem Gedächtnislapsus in bezug auf die Idee der Bisexualität behauptet Freud: *Aber ich bin seither um ein Stück toleranter geworden, wenn ich irgendwo in der medizinischen Literatur auf eine der wenigen Ideen stoße, mit denen man meinen Namen verknüpfen kann, und wenn ich dabei die Erwähnung meines Namens vermisse.*[19]

Eine Zeitlang fuhr Freud fort, seine Verpflichtung gegenüber Fließ anzuerkennen. Im Jahre 1905 schrieb er: *Ich lasse nur einer mir zuteil gewordenen Anregung Recht widerfahren, wenn ich mitteile, daß erst private Äußerungen von W. Fließ in Berlin mich auf die notwendige Allgemeinheit der Inversionsneigung bei den Psychoneurotikern aufmerksam gemacht haben, nachdem ich diese in einzelnen Fällen aufgedeckt hatte.*[20] Um 1910 jedoch, als ihr privater Bruch schon Teil einer umfassenderen öffentlichen Kontroverse geworden war, begann Freud, seine Anerkennung Fließ gegenüber einzuschränken. Im Jahre 1905 hatte Freud in *Drei Abhandlungen zur Sexualtheorie* geschrieben: *Seitdem ich durch W. Fließ mit dem Gesichtspunkte der Bisexualität bekannt geworden bin . . .*, aber fünf Jahre später (und in allen weiteren Auflagen des Buches) fehlen die Worte *durch W. Fließ*,[21] während der Rest des Satzes stehenblieb. Wie Freud an anderer Stelle in dem Buch erklärt: *1906 hatte dann W. Fließ einen Eigentumsanspruch auf die Idee der Bisexualität (im Sinne einer Zweigeschlechtigkeit) erhoben.*[22] In einer Abhandlung aus dem Jahre 1937 meinte Freud, er habe bereits 1919 in einem Aufsatz festgestellt, es sei Wilhelm Fließ gewesen, der seine Aufmerksamkeit darauf gelenkt habe, wie die dem anderen Geschlecht

eigentümliche Einstellung *der Verdrängung verfällt*. Strachey mußte jedoch in einer Richtigstellung darauf hinweisen, daß Fließ in jenem Aufsatz nicht namentlich erwähnt wird.[23]
Obwohl Freud bezüglich eigener Ideen sehr verschwiegen sein konnte, war er doch – selbst nach der Darstellung von Jones – *nicht jemand, der leicht Geheimnisse anderer Menschen bewahren konnte*.[24] Freuds Neigung zu Indiskretionen war für ihn selber immerhin so problematisch, daß er sich damit in *Die Traumdeutung* beschäftigte.[25] Freud berichtet, im Zusammenhang mit einer für Fließ wichtigen Frage, er habe *die Mahnung [erhalten], von der ganzen Angelegenheit mit niemandem zu sprechen, die mich beleidigte, weil sie ein überflüssiges Mißtrauen in meine Verschwiegenheit zur Voraussetzung hatte. Ich wußte zwar, daß dieser Auftrag nicht von meinem Freunde ausging, sondern einer Ungeschicklichkeit oder Überängstlichkeit des vermittelnden Boten entsprach, aber ich wurde von dem versteckten Vorwurf sehr peinlich berührt, weil er – nicht ganz unberechtigt war.*[26]
Während der ganzen Zeit seiner Arbeit als Psychoanalytiker – und vielleicht am meisten in den späten 90er Jahren – war Freud stets voll neuer Ideen. Seine weitgespannten Ziele und seine umfassende Schau machten es für andere schwer, mit ihm Schritt zu halten. In Briefen an Fließ sprach Freud offen darüber, wie es kommen konnte, daß er den *Fehler* machte, zu glauben, die Verführungsmärchen seiner Patienten seien buchstäblich wahr. Freud gestand Fließ, daß in seinem eigenen Fall sein Vater *keine aktive Rolle spielt, daß ich aber wohl einen Analogieschluß von mir auf ihn gerichtet habe* . . .[27] – und gab damit zu, daß seine Gefühle für die eigenen Kinder bei seinem *Fehler* eine Rolle gespielt hatten.
Rückblickend bewies Freud Mut und Zähigkeit, indem er dieses peinliche und konfliktbeladene Material so lange durcharbeitete, bis er die Ursache der Neurose in kindlichen Phantasien herausfand. Aber bei einem Zeitgenossen wie Fließ entstand der Eindruck, Freud habe seine Patienten irregeführt. Da Fließ den noch nicht zur Ruhe gekommenen Groll Freuds gegen seinen Vater und Freuds frühere Annahme, Jakob habe seine eigenen Kinder verführt, kannte, waren seine Zweifel an der Objektivität von Freuds Methoden verständlich. Freuds Behandlungsmethode beruhte darauf, den Gedanken der Patienten zuzuhören, und für Fließ schmeckte das nach Zauberei und kam ihm unwissenschaftlich vor. Freud machte Fließ Vorwürfe, daß er ihm auf seinem neuesten Pfad nicht folgte: *Du nimmst Partei gegen mich und sagst mir* . . . ›*der Gedankenleser liest bei den anderen nur seinen eigenen Gedanken‹, was alle meine Bemühungen entwertet*. Freud blieb *dem Gedankenlesen treu*, als einer wissenschaftlichen Methode des Verstehens und auch des Heilens, und wies den Vorwurf zurück, daß der Gedankenleser *nichts an anderen errät, sondern bloß seine eigenen Gedanken projiziert*.[28] Freud erkannte und anerkannte nicht hinreichend die Rolle, die er möglicherweise selber dabei spielte, indem er die sogenannten Verführungsmärchen seinen Patienten suggerierte. Und so begann ihre Freundschaft sich zu lösen, und die Intensität ihres Gedankenaustausches kühlte sich allmählich ab.

Nach der Darstellung von Jones (der Freuds Version übernahm) hatte *ihn Fließ . . . trotz seiner Versöhnungsversuche . . . fallenlassen.*[29] Freuds Deutung war, daß Fließ einen Anfall von Paranoia hatte, und er äußerte sich sehr bitter darüber. Nach der späteren psychoanalytischen Theorie beruht die Paranoia auf verdrängter Homosexualität, und Freud sagte mehr als einmal, er habe das *Geheimnis* der Paranoia von Fließ erfahren;[30] Freud stellte diesen Zusammenhang erst nach dem Bruch mit Fließ her. Man darf jedoch wohl annehmen, daß Freud die Beziehung zu Fließ nicht hätte fortsetzen wollen, nachdem dieser das *Gedankenlesen* als eine Art von Zauberei ansah.

Zugleich brauchte Freud ein neues Publikum, und der letzte freundliche, wenn auch etwas förmliche Briefwechsel zwischen Freud und Fließ fand im Jahre 1902 statt, dem Jahr, in dem Freud die psychoanalytische Bewegung gründete. Obwohl Jones zufolge *alle Spuren einer derartigen Abhängigkeit . . . nach dem Bruch mit Fließ verschwunden* waren, scheint es doch, daß Jones wieder einmal Freud idealisierte; denn obwohl Freud keine Vaterfigur wie Breuer oder einen *Zauberer* wie Fließ mehr nötig hatte, brauchte er jetzt andere, die von ihm selber abhängig waren.[31]

Ein Teil der Freud-Fließ-Korrespondenz wurde in dem veröffentlichten Band ihrer Briefe weggelassen. Im Jahre 1904 befand sich Freud in einer öffentlichen Auseinandersetzung über Prioritäten, die an die Kokainepisode erinnert und eine Vorahnung der künftigen Schlachten in seinem Leben vermittelt. Freud erörterte Fließ' Lieblingsidee der vielfältigen Rolle der Bisexualität im menschlichen Leben (zum Beispiel, daß feminine Männer auf maskuline Frauen anziehend wirken und umgekehrt) mit einem Patienten in der Behandlung. Der Patient, Hermann Swoboda, gab den Gedanken dann an seinen Freund Otto Weininger weiter, der darauf laut Freud *sich an die Stirn faßte und nach Hause eilte, um sein Buch niederzuschreiben.* Weiningers Buch war ein ungeheurer Erfolg, und Fließ unterbrach die Pause in seinem Briefwechsel mit Freud und erkundigte sich, wie es zu diesem *Raub* seiner Idee gekommen sei.[32]

Freud versuchte, der Frage dadurch auszuweichen, daß er auf andere Autoren hinwies, die die gleichen Themen hervorgehoben hatten. Fließ zwang jedoch Freud zu dem Eingeständnis, daß er bei der Weitergabe der Fließ'schen Idee nicht nur eine größere Rolle gespielt hatte, als er zugeben wollte, sondern auch eine frühere Diskussion mit Fließ über Bisexualität vergessen hatte. Bei der Erklärung seines Verhaltens räumte Freud ein, daß er versucht gewesen war, die *Originalität* dieses Gedankens Fließ zu *stehlen.* Ideen können nicht patentiert werden, argumentierte Freud. Man könnte sie nur *zurückhalten,* und tue gut daran, das zu tun, wenn man auf Priorität Wert lege.[33]

Darauf veranlaßte Fließ seinen Freund, Swoboda und Weininger öffentlich des *Diebstahls* zu bezichtigen; bei dieser öffentlichen Anschuldigung machte der Freund ohne Erlaubnis einen Brief Freuds über die Sache publik. Nun reichte Swoboda seinerseits Klage gegen Fließ wegen übler Nachrede und unautorisierter Veröffentlichung privater Briefe ein. Der Wiener Satiriker Karl Kraus setzte sich für Swoboda ein, aber

Swoboda verlor mit einem Wiener Rechtsanwalt, der in den deutschen Strafbestimmungen über üble Nachrede und im deutschen Prozeßrecht nicht versiert war, den Rechtsstreit.³⁴ Wie Freud die Sache in einem Brief an Karl Kraus zusammenfaßte, konnte Weininger (der sich 1903 erschossen hatte), der Vorwurf nicht erspart werden, *daß er diese Abkunft seiner Zentralidee nicht mitgeteilt, sondern diese als seinen Einfall ausgegeben hat.*³⁵

Es wäre ein Fehler, Rivalitäten unter Wissenschaftlern nur als Ausdruck menschlicher Kleinlichkeit anzusehen. Denn *die Institution der Wissenschaft mißt der signifikanten Originalität als einem entscheidenden Wert stets besondere Bedeutung zu, und Originalität beweisen, bedeutet im allgemeinen, daß man als Erster auf eine Idee gekommen ist. In der Welt der Wissenschaft ist Ruhm institutionalisiertes Symbol und Belohnung dafür, seine Aufgabe als Wissenschaftler in überragender Weise erfüllt zu haben.*³⁶

Sicher ist, daß auch noch andere Gestalten der Geistesgeschichte (zum Beispiel Darwin, Spencer und Disraeli) sich Sorgen über Fragen der Priorität und des Plagiats machten. Trotzdem ist es auffallend, welche Eile Freud stets hatte – selbst im Falle einer *offensichtlich absurden Beschuldigung,*³⁷ den Gedanken zurückzuweisen, er habe lediglich die Gedanken eines anderen wiederholt. Freud hatte das echte Bedürfnis, alles für sich allein durchzudenken, und auch wenn er manchmal aus Einflüssen von außen Nutzen zog, wurden diese Gedanken zu seinen eigenen, sobald er sie in seine eigene Gedankenkette eingefügt hatte.

Trotz des unglücklichen Endes ihrer Freundschaft behielt Freud immer ein Bild von Fließ an einer Wand in seiner Wohnung.³⁸ Freud änderte viele Passagen in seinen Schriften, in denen Fließ erwähnt war; manchmal setzte er in Stellen, wo von ihrer Freundschaft die Rede war, die Verben von der Gegenwart in die Vergangenheitsform.³⁹ In späteren Jahren sprach Freud gelegentlich mit seinen Schülern über Fließ. Karl Abraham zum Beispiel wurde einmal von Fließ wegen eines medizinischen Problems behandelt, und obwohl er von Fließ' Ideen begeistert war, blieb Freud ihm gegenüber weiterhin sehr skeptisch.*⁴⁰ Und in einem Brief an Sandor Ferenczi schrieb Freud 1910, er verstehe die Ursachen von Fließ' *Hilfsbedürfnis:*

*Die Überzeugung, daß sein Vater, der an Erysipel nach langjährigen Naseneiterungen starb, zu retten gewesen wäre, hat ihn zum Arzt gemacht, ja selbst seine Aufmerksamkeit auf die Nase gelenkt. Der plötzliche Tod seiner Schwester, 2. J. später, am zweiten Tag einer Pneumonie, für den er Ärzte nicht verantwortlich machen konnte, hat ihm die fatalistische Theorie von den vorherbestimmten Todesdaten – wie zum Troste – eingegeben. Dieses Stück Analyse, ihm unerwünscht, war der innere Anlaß zu dem von ihm in so pathologischer (paranoischer) Weise ins Werk gesetzten Bruch.*⁴²

---

* Fließ las, wie berichtet wird, auch weiterhin die Bücher Freuds und überwies bis zu seinem Lebensende Patienten zu psychoanalytischer Behandlung an Freud.⁴¹ Einer seiner Söhne wurde Psychoanalytiker.

Später im gleichen Jahr erklärte Freud Ferenczi die Veränderungen, die das Ende seiner Bindungen an Fließ bewirkt hatte: *Daß ich kein Bedürfnis nach jener vollen Eröffnung der Persönlichkeit mehr habe ... Seit dem Fall Fließ ... ist dieses Bedürfnis bei mir erloschen. Ein Stück homosex. Besetzung ist eingezogen u. zur Vergrößerung des eigenen Ichs verwendet worden. Mir ist das gelungen, was dem Paranoiker mißlingt.*[43]

Die Stadien der Beziehung Freuds zu Fließ und die Schritte in Freuds Selbstanalyse sind ein unerläßlicher Hintergrund für seine Theorien über das Unbewußte und das Träumen; sie sind uns heute nur zugänglich, weil die Briefe Freuds an Fließ erhalten geblieben sind. Nach Fließ' Tod war seine Witwe nicht bereit, die Briefe Freuds zusammen mit den übrigen Papieren von Fließ einer Berliner Bibliothek zu überlassen. Aber als die Nazis an die Macht kamen und die Familie Fließ den Wegzug plante, wurde klar, daß die Briefe erhalten werden konnten, wenn man sie an einen Händler verkaufte, der sie aus Deutschland herausschaffte.[44] Obwohl die Witwe von Fließ nicht wollte, daß sie an Freud selbst verkauft wurden, gelangten sie zu einem nominellen Preis (einhundert Pfund) in die Hände einer treuen Schülerin Freuds, Marie Bonaparte. Als sie ihm mitteilte, daß sie die Briefe hatte, bot Freud ihr an, den halben Kaufpreis zu zahlen, sie lehnte jedoch ab, weil sie befürchtete, er würde sie vielleicht vernichten wollen. Freud begriff den politischen Hintergrund des Verkaufs seiner Briefe nicht und war auf Frau Fließ böse.

3.5. Das Unbewußte

Ein auffallendes Charakteristikum von Freuds schriftstellerischer Produktion war, daß er seine Gedanken erst zu Papier brachte, wenn sie vollkommen zu Ende gedacht waren. Da er sich nicht gedrängt fühlen wollte, schob Freud *den Druck des bereitliegenden Manuskripts* [von *Die Traumdeutung*] *um mehr als ein Jahr auf*, bis er schließlich die *abhaltende Empfindung* im Zusammenhang mit der Arbeit überwunden hatte.[1] Freud war dreiundvierzig Jahre alt, als gegen Ende des Jahres 1899 das gedruckte Buch endlich vor ihm lag.

Von der *Traumdeutung*, die in der Periode konzipiert wurde, als er sich *völlig isoliert* fühlte, wurden in den ersten sechs Jahren nach Erscheinen nur 351 Exemplare verkauft.[2] Es war eines der beiden Bücher, die er bei ihren verschiedenen Neuauflagen jeweils auf den letzten Stand brachte, indem er sie durch neues Material ergänzte und bestimmte Abschnitte erweiterte. (Das zweite Buch waren die *Drei Abhandlungen zur Sexualtheorie*.) Im Vorwort zur achten Auflage schrieb Freud 1929, er habe wiederum *das Werk im wesentlichen als historisches Dokument behandelt und nur solche Änderungen an ihm vorgenommen, als mir durch die Klärung und Vertiefung* *meiner eigenen Meinungen nahegelegt waren.*³ Zwei Jahre später, in dem englisch geschriebenen Vorwort zur dritten Auflage der englischen Ausgabe des Werkes, betrachtete er es als *the most valuable of all the discoveries it has been my good fortune to make. Insight such as this falls to one's lot but once in a lifetime.*⁴ In seiner Arbeit über die Neurosen wurden Freuds Zweifel und Unsicherheiten durch die Erinnerung an seine Leistung in der *Traumdeutung* beschwichtigt, und in seiner kompromißlosen Weise erklärte er: *Meine zahlreichen wissenschaftlichen Gegner zeigen also einen sicheren Instinkt, wenn sie mir gerade auf das Gebiet der Traumdeutung nicht folgen wollen.*⁵

Nach Freuds Meinung war es besonders die Deutung der Träume, *mit welcher erst das Schicksal der Psychoanalyse, sich in einen Gegensatz zur offiziellen Wissenschaft zu stellen, seinen Anfang nimmt.*⁶ Die uralte volkstümliche Einstellung zu den Träumen hatte ihnen stets einen Sinn beigemessen, und Freud kam zu der Meinung, daß die Massen in diesem Falle *der Wahrheit der Dinge näher gekommen* [sind] ... *als das Urteil der heute geltenden Wissenschaft.*⁷ Man hat oft angenommen, die Träume würden durch Verdauungsstörungen ausgelöst;⁸ eine Analogie, die der nicht eben musikalische Freud gerne anführte, war der *alte Vergleich*, Träume seien wie die Töne, welche *die zehn Finger eines der Musik unkundigen Menschen, die über die Tasten des Instrumentes hinlaufen, hervorbringen.*⁹

Freud betrachtete sich als einen von den Menschen, die *am Schlaf der Welt gerührt haben*, und in seiner Arbeit über Leonardo beschreibt er diesen *nach einem schönen Gleichnis Mereschkowskis* mit *einem Menschen, der in der Finsternis zu früh erwacht war, während die anderen noch alle schliefen.*¹⁰ Das Motto der *Traumdeutung* – *Flectere si nequeo superos, Acheronta movebo* – drückt Freuds Stolz aus. Nach seiner Sicht hatte er *ein Stück Neuland* entdeckt, *dem Volksglauben und der Mystik abgewonnen.*¹¹ Freud sagte, es sei ihm als *Glück zugefallen*,¹² daß er seine Theorie der Träume gefunden hatte, und er fühlte sich als ein Kolumbus der Psyche.

Freud behauptete, der Traum stellte den Versuch *einer Wunscherfüllung* dar.¹³ Primär visuellen Charakters, wurden die Träume von Freud als eine Art Bilderrätsel angesehen, deren Sinn der Entstellung unterworfen ist; deshalb stellte er manifesten *und* latenten Trauminhalt *einander gegenüber.*¹⁴ Gefühle und Gedanken können neben den Wünschen gleichfalls vorhanden sein, aber die *verborgene Bedeutung* eines gegebenen Traumes kann aufgrund eines *inneren Konfliktes, einer Art von innerer Unaufrichtigkeit* entstellt werden.¹⁵ Nach Freuds Auffassung hat *der Traum wirklich einen geheimen Sinn*, und er wollte ihn *bis zum letzten Rätsel* deuten.¹⁶ In einer ebenso kompromißlosen wie für die Ideengeschichte entscheidenden Sprache verkündete Freud, daß *jeder Traum die eigene Person behandelt. Träume sind absolut egoistisch.*¹⁷ Gerade weil *man unter den unbewußten Anregungen des Traumes sehr häufig egoistische Tendenzen findet, die im Wachleben überwunden scheinen,*¹⁸ erfordere das Verstehen eines Traumes die Überwindung eines Widerstandes gegen die Selbsterkenntnis.

In späteren Jahren versuchte Freud, die Theorie, die zu jener Zeit seinen Zeitgenossen so anstößig erschienen war, zu erweitern. Zum Beispiel behauptete Freud 1925, *daß man den Satz, die Träume seien durchaus egoistisch, nicht mißverstehen darf . . . die Möglichkeit* [in den Traum einzugehen, ist] *auch den altruistischen Regungen offen.*[19] Im Jahre 1901 hatte Freud geschrieben, *daß die meisten Träume der Erwachsenen durch die Analyse auf erotische Wünsche zurückgeführt werden können.*[20] Und im Jahre 1909 schrieb er, daß *die Mehrzahl der Träume Erwachsener sexuelles Material behandelt und erotische Wünsche zum Ausdruck bringt.*[21] Im Jahre 1919 argumentierte Freud mit Recht: *Die Behauptung, daß alle Träume eine sexuelle Deutung erfordern, ist meiner Traumdeutung fremd.*[22] Nichtsdestoweniger und ungeachtet der späteren Klarstellungen Freuds, wies doch seine Traumdeutung in ihrem Schwergewicht stets vom Altruismus weg auf den Egoismus und blieb in der Hauptsache auf die Rolle erotischer Impulse konzentriert. Die Wünsche hinter den Träumen, schrieb Freud während des Ersten Weltkriegs, seien *Äußerungen eines schranken- und rücksichtslosen Egoismus . . . Diese zensurierten Wünschen scheinen aus einer wahren Hölle aufzusteigen.*[23]

Freuds Technik für die Erfassung des latenten Sinnes von Träumen war die Anwendung freier Assoziationen. Es war eine seiner Regeln, daß man *in der Psychoanalyse . . . die zeitliche Annäherung auf sachlichen Zusammenhang umdeuten* [lernt].[24] Der manifeste Inhalt eines Traumes ist aus den Erlebnissen des vorangehenden Tages zusammengesetzt, und die Mechanismen der Traumbildung (wie *Verdichtung, Verschiebung, Repräsentanz*) gehorchen *einem Zwang, eine Einheit aus ihnen zu gestalten.*[25] Als Therapeut behauptete Freud überzeugt, die Rolle der Beeinflussung beschränke sich auf den manifesten Inhalt der Traumbildung: *Man kann oftmals den Träumer beeinflussen,* worüber *er träumen soll, nie aber darauf einwirken,* was *er träumen wird.*[26]

Es ist ungewiß, welche psychopathologische Stellung Freud dem Träumen zuwies. Einerseits sollten die Träume der Schlüssel zum Verständnis der Neurose sein, denn die Grenze zwischen den Normalen und dem Neurotischen war nach Freuds Überzeugung nicht eindeutig festgelegt, sondern eine Gradfrage. *Der Traum ist ja,* so schrieb Freud deshalb, *ein Phänomen, das sich bei Gesunden – vielleicht bei allen, vielleicht allnächtlich – einstellt . . .*[27] Er glaubte jedoch, der Volksglauben habe seit unvordenklichen Zeiten den Traum mit dem Wahnsinn gleichgestellt.[28] Freud hielt ferner den Traum für *das erste Glied in der Reihe abnormer psychischer Gebilde,* und obwohl er manchmal insisitierte, daß *der Traum eben kein pathologisches Phänomen mehr* sei, hielt er zu anderen Malen den Traum für ein *pathologisches Produkt.*[29] Intuitive, abergläubische Annahmen über das Träumen verwarf Freud; es begann mit der wissenschaftlichen Prämisse, der Traum sei ein psychisches Gebilde mit einem Sinn; *Psychische Willkür gibt es . . . nicht.*[30] Deshalb *bleibt es strenges Gesetz der Traumdeutung, daß jede Einzelheit ihre Aufklärung finde.*[31]

Es ist bis heute nicht klar, wie es kam, daß Freud seine Aufmerksamkeit in so starkem

Maße auf den Traum konzentrierte. Wie er es 1914 formulierte: *Meine Wißbegierde war nicht von vornherein auf das Verständnis der Träume gerichtet gewesen. Einflüsse, die mein Interesse gelenkt oder mir eine hilfreiche Erwartung geschenkt hätten, sind mir nicht bekannt.*[32] Freuds Buch ist voll der persönlichsten Art der Selbsterforschung; zum Beispiel fand Freud in seinen Assoziationen zu einem seiner Träume:

Ein Plagiat begehen, sich aneignen, was man bekommen kann, auch wenn es einem andern gehört, leitet offenbar zum zweiten Teil des Traums, in dem ich wie der Überrockdieb *behandelt werde, der eine Zeitlang in den Hörsälen sein Wesen trieb.*[33]

So sehr Freud auf der Suche nach dem *Geheimnis* des Traumes war, er war sich auch des Vorwurfes bewußt, *daß ich nichts für mich zu behalten vermöge.*[34] Bei einem seiner Träume vermutete er, es sei *offenbar die Wunscherfüllung des Traums, daß ich als ehrlicher Mann anerkannt werde ... in den Traumgedanken muß also allerlei Material vorhanden sein, das den Widerspruch dagegen enthält.*[35]
Freud wußte, *daß schwere Selbstüberwindung dazu gehört, seine Träume zu deuten und mitzuteilen. Man muß sich als den einzigen Bösewicht enthüllen unter all den Edlen, mit denen man das Leben teilt ...*[36] Es bedurfte harter Arbeit, um die eigenen Selbsttäuschungen zu durchschauen, und vor der Veröffentlichung von *Die Traumdeutung* kostete es ihn viel Mühe, *die Arbeit ..., in der ich soviel vom eigenen intimen Wesen preisgeben muß, in die Öffentlichkeit zu schicken.*[37] Wenn Freud auch manchmal kühl und distanziert sein konnte und selten in ein vertrautes Verhältnis zu seinen Patienten trat, so teilte er doch durch sein Traumbuch einige der privatesten Bezirke seines Lebens mit der ganzen Welt.
Das Buch ist eine Fundgrube von Material über den Charakter Freuds um die Jahrhundertwende. So schreibt er zum Beispiel über seine Arbeit im Zusammenhang mit seiner keimenden Neurosentheorie und insbesondere der Rolle der Sexualität: *Ich ... sehnte mich weg von diesem Wühlen im menschlichen Schmutz.*[38] Er war gezwungen, Persönlichkeitsbereiche anzuerkennen, von denen die meisten Menschen seiner Zeit nicht zugegeben hätten, daß auch sie sie besaßen – geschweige denn bereit gewesen wären, sie in einem Buch der Öffentlichkeit preiszugeben. Freud selber gestand ein, daß er *sonst eher nachtragend* sei und *keine Einzelheit eines Vorfalles, der mich geärgert hat, vergessen* könne.[39] Im Einklang mit seiner allgemeinen Weltauffassung war Freud überzeugt, er *habe alles, was mir andere etwa Gutes erwiesen, teuer bezahlt.*[40] Seine Traumgedanken handelten auch *von der Zukunft der Meinungen nach meinem vorzeitigen Tode,* und drückten *die betrübendsten Gedanken an eine unbekannte und unheimliche Zukunft* aus.[41]
Trotzdem bleibt es ein Geheimnis, warum Freud sich mit dem Vorgang des Träumens so ernsthaft befaßte. Vielleicht liefert er selbst einen Hinweis.

Bei mir, der ich ein ausgezeichneter Schläfer bin und hartnäckig daran festhalte, mich durch keinen Anlaß im Schlaf stören zu lassen, ist die Einmengung äußerer Erregungsursachen in die Träume sehr selten, während psychische Motive mich doch offenbar sehr leicht zum Träumen bringen.[42]

Freud ging von der Annahme aus, *daß das Rätsel der Traumbildung durch die Aufdeckung einer unvermuteten psychischen Reizquelle gelöst werden kann.*[43] Obwohl Freud der Meinung war, seine Träume seien im allgemeinen weniger reich an sensorischen Elementen, als es bei anderen der Fall ist, sind doch die Vergleiche in seinen Schriften durchgehend bildlicher Art; die Idee, daß im Traum Gedanken *in visuelle Bilder* umgesetzt werden, steht also mit seiner eigenen charakteristischen Denkweise im Einklang.[44]

Freuds Schilderung vom *Nabel des Traums,* [der] *Stelle, an der er dem Unerkannten aufsitzt,* deutet darauf hin, daß sein wissenschaftliches Interesse von jenen Bereichen in ihm selbst mobilisiert wurde, die nicht der Selbstkontrolle unterworfen sind.[45] Häufig verglich er sein Interesse für die Ägyptologie mit seiner Arbeit der Aufdeckkung der unbewußten Vergangenheit; in beiden Fällen spielten das Dunkle und Unbekannte eine wichtige Rolle. Freud notierte einmal eine *ärgerliche Verschwommenheit, die man als charakteristisch für den Traum erklärt, weil sie eigentlich mit keinem Grade der Undeutlichkeit, die wir gelegentlich an den Objekten der Realität wahrnehmen, vollkommen zu vergleichen ist.*[46] Einen klaren und lückenlosen Traum betrachtete Freud als *gut gebaut;* an einer Stelle spricht er von *den Lücken, Unklarheiten, Verworrenheiten, die den Zusammenhang des schönsten Traumes unterbrechen können* – und läßt damit bis zu einem gewissen Grad erkennen, was ihm an einem Traum gefiel und was ihm *fremd* blieb[47]. Freud mißfiel alles, was die Rationalität seines Geistes beeinträchtigte; so konnte er von einer Gattung von Träumen schreiben, sie seien *ähnlich unbehaglich wie Prüfungsträume und niemals deutlich.*[48] Lebhaftigkeit und klarer Zusammenhang standen in Freuds Hierarchie der Träume obenan; er bevorzugte, was *ins Lichte, zur Aufklärung und zum vollen Verständnis* führte, im Gegensatz zu dem, was *ins Dunkel mündet.*[49]

Welches auch die autobiographischen und die klinischen Motivationen waren, die Freud zum Studium der Träume bewogen: Die Art und Weise, auf die er seiner Theorie Ausdruck verlieh, war jedenfalls für ihn sehr typisch. Selbst ein unermüdlicher Spaziergänger und Wanderer, forderte er den Leser der *Traumdeutung* auf, ihn auf einer imaginären Reise zu begleiten. Bei der Enträtselung der Bedeutung der Träume legte Freud eine talmudistische Findigkeit an den Tag, die manche Leser zu der Meinung bewog, seine Thesen entfernten sich allzu weit von der Wirklichkeit. Freud hatte jedoch den Mut aufgebracht, psychologisches Material zu untersuchen, das andere unbeachtet ließen, und gab bisher nie erkannten Einsichten Gestalt. Nicht daß Freud keine Vorläufer gehabt hätte; er bemühte sich gewissenhaft, die gesamte Literatur über die Träume zu untersuchen, und in späteren Jahren führte er zur Bestätigung seiner Theorien häufig Material an, das seine Schüler für ihn gefunden hatten. Nachdem er mit seiner *Lösung* des Traumproblemes hervorgetreten war, wirkte sich seine Hartnäckigkeit zu seinen Gunsten aus; denn er versuchte, aus seiner Traumtheorie so viel wie nur möglich herauszuholen, um die Bauteile einer allgemeinen Theorie der Psyche zusammenzusetzen. Da der Traum für die verborgene Erfüllung eines verdrängten Wunsches stand, wurde der Traum in Freuds Lehre *der Wächter des Schlafes nicht sein Störer.*⁵⁰ Heute, ein halbes Jahrhundert später, haben wir experimentelle Beweise zu dem Punkt, welche psychische Störungen es hervorruft, wenn ein Mensch seiner Träume beraubt wird, auch wenn er quantitativ genügend Schlaf bekommt. Freud jedoch mußte auf einer sehr viel fragileren intellektuellen Grundlage arbeiten. Für Freud war es logisch, daß zwar Erlebnisreste des Tages den Schlaf stören können, die Träume selber aber dazu dienen, den Schlaf zu bewahren. Die latenten Traumgedanken stellten die infantile Vergangenheit eines Menschen dar; und Freud glaubte, wie für ihn selbst wirke auch für andere *die Kränkung, die vor dreißig Jahren vorgefallen ist, . . . alle die dreißig Jahre wie eine frische . . .*⁵¹ Freud hoffte zwar, eines Tages seine psychologische Theorie durch eine physiologische zu ersetzen. Zu seiner eigenen Befriedigung hatte er wenigstens die Quelle des eigentlichen *Elementes von Dämonismus* im Traum, die infantile Vergangenheit, gefunden. Seine Theorie sei vielleicht *roh*, aber *wenigstens anschaulich.*⁵² Jahre später betonte er, sein Bild vom psychischen Apparat habe logischerweise immer zwei Teile; er harrte darauf, er zeige *nicht nur die zensurierten bösen Traumwünsche, sondern auch die Zensur, welche sie unterdrückt und unkenntlich macht.*⁵³ In einem gewissen Sinne kann man sagen, daß Freud in seinen reifen Jahren seine Auffassung nicht mehr geändert hat. Zuweilen, wie in seinen letzten Jahren, betonte Freud mehr die integrierenden Aspekte der Persönlichkeit, aber während der meisten Zeit seiner psychoanalytischen Laufbahn hatte ihn vorwiegend das Verdrängte und das Triebhafte fasziniert; im ganzen jedoch bleibt seine Welt bemerkenswert einheitlich. Wohl erwarb Freud auf seinem Weg einige neue Einsichten, ja sogar in der Technik machte er gewisse Fortschritte, aber in allen seinen Schriften stellt man fest, daß er immer wieder die gleichen Themen durcharbeitete.

Nachdem Freud einmal seine Traumtheorie entwickelt hatte, verknüpfte er sie schnell mit seiner übrigen therapeutischen Arbeit. Ebenso wie Träume hatten auch neurotische Symptome einen Sinn; auch sie stellten Kompromißbildungen zwischen verdrängten Regungen und den Zensurinstanzen der Psyche dar. *Die Theorie aller psychoneurotischen Symptome* [gipfelt] *in dem einen Satz, daß auch sie als Wunscherfüllungen des Unbewußten aufgefaßt werden müssen.* Oder, wie Freud 1914 hinzufügte: *Korrekter gesagt: Ein Anteil des Symptoms entspricht der unbewußten Wunscherfüllung, ein anderer der Reaktionsbildung gegen dieselbe.*⁵⁴

Wenn es ein Gefühl gab, das Freud wirklich verstand und über welches er immer wieder schrieb, dann ist es die Angst. In der Zeit der *Traumdeutung* kam er zu dem Schluß, *daß die neurotische Angst aus sexuellen Quellen stammt.*⁵⁵ Er behielt den festen Glauben an die buchstäbliche Bedeutung seiner Libido-Theorie (Libido war der Terminus für die Kraft, in der sich der Sexualtrieb manifestiert); die Neurose hatte eine physische Grundlage in aufgestauter Sexualität. Durch Verdrängung (und auf der Basis seiner Traumtheorie glaubte Freud die Zensur zu kennen) wird die Sexualität in Angst umgesetzt. Obwohl Freud in den 20er Jahren seine Theorie der Angst revidierte und Angst dann primär als Gefahrensignal für das Ich sah, blieb doch in den meisten seiner theoretischen Arbeiten und fast durchgehend in seiner klinischen Praxis die frühere Auffassung vorherrschend.

Die Auffassung, daß die neurotische Angst primär aus sexuellen Quellen stamme, schien mit den Verführungserzählungen von Freuds Patienten übereinzustimmen, denn diese bewahrten wohl Phantasien sexueller Befriedigung, die der frühen Kindheit entstammten. Diese Beobachtung hatte Freud zu der Tatsache der *infantilen Sexualität* geführt, dem Gedanken, daß das Geschlechtsleben des Menschen nicht erst mit der Pubertät beginnt, *wie es der groben Beobachtung erscheinen mag*.[56] Freud hatte ja den Ödipuskomplex entdeckt: *... die erste Neigung des Mädchens* [gilt] *dem Vater, die ersten infantilen Begierden des Knaben* [gelten] *der Mutter*.[57] Vater-Sohn-Konflikte beschäftigten Freud stets ganz besonders, und er erinnerte daran, daß in der griechischen Mythologie *Kronos ... seine Kinder* [verschlingt] *... und Zeus entmannt den Vater und setzt sich als Herrscher an seine Stelle*.[58] Freuds Ödipuskomplex war umfassender, er bedeutete: *die affektive Einstellung zur Familie, im engeren Sinne zu Vater und Mutter*.[59]

Freud war der Meinung, daß man die Sexualität so akzeptieren müsse, wie sie ist. Es gelang ihm jedoch selbst nicht, ihr gegenüber völlig distanziert zu sein, und irgendwie scheint er doch das Gefühl gehabt zu haben, das Sexuelle sei etwas nicht ganz Sauberes, was sich auch darin manifestiert, daß er – ganz im prüden Geist seiner Zeit – häufig das lateinische »vita sexualis« dafür verwendet.[60] Aber für seine Zeit war seine Ausweitung des üblichen Begriffs der Sexualität eine radikale Neuerung: ... *das Saugen des Kindes an der Brust der Mutter* [ist] *vorbildlich für jede Liebesbeziehung geworden. Die Objektfindung ist eigentlich eine Wiederfindung*.[61] Freuds klinisches Interesse für die Sexualität wurde durch die Unaufrichtigkeit seiner Patienten in bezug auf sexuelle Dinge angespornt; er gelangte zu der Meinung, diese Unaufrichtigkeit sei ein Hauptfaktor bei ihren Schwierigkeiten. *Gegenwärtig sind wir in Sachen der Sexualität samt und sonders Heuchler, Kranke wie Gesunde*.[62]

Eine der Implikationen von Freuds Theorie der infantilen Sexualität war, daß Kinder ein ungeheuer kompliziertes Gefühlsleben haben, das den größten Respekt verdiene. Wie man weiß, behandelte Freud keine Kinder direkt, er beobachtete nicht einmal seine eigenen sehr genau; er rekonstruierte vielmehr seine Beobachtungen aus den Erinnerungen und Assoziationen seiner erwachsenen Patienten. So war es für ihn *ein außerordentlicher Triumph, als es Jahre später gelang, den größten Teil des Erschlossenen durch direkte Beobachtung und Analyse von Kindern in sehr frühen Jahren zu bestätigen ...*[63] Er war der Überzeugung, daß die kindliche Entwicklung *so* rasch durchlaufen [wird], *daß es der direkten Beobachtung wahrscheinlich niemals gelungen wäre; ihre flüchtigen Bilder festzuhalten.*[64] Freud gab jedoch zu, daß die Indirektheit der Analyse ein Nachteil beim Studium der Kinder war.

Freud schockierte viele Leser, als er das Kind nicht nur als ein sexuelles Geschöpf, sondern auch als *polymorph pervers* bezeichnete. (Ein »abgefallener« Schüler, Wilhelm Stekel, benützte später den milderen Begriff *panerotisch*.) Häufig sprach er in einem Atemzug von der kindlichen Sexualität und der Perversion der Erwachsenen: *Die Sexualbetätigung der Kinder . . . [wurde] bisher völlig vernachlässigt, während [die der Perversen] zwar mit moralischer Entrüstung, aber ohne Verständnis aufgenommen wurde.*[65] Perversionen bei Erwachsenen waren nach Freuds Auffassung lediglich ein spezielles Entwicklungsergebnis in den Fällen, wo es nicht gelang, die verschiedenen Triebkomponenten der Kindheit in heterosexueller Richtung zu integrieren.[66] Die Neurotiker waren in einem gewissen Sinne das Gegenteil der Perversen, da ihre Ängste verdrängt anstatt ausagiert wurden. Freud strebte danach, sein Verständnis der Perversen (womit er im allgemeinen Homosexuelle meinte) aus ihrer kindlichen Vergangenheit zu erschließen: *Wenn . . . die Ableitung der Perversionen aus dem Ödipuskomplex allgemein durchführbar ist, dann hat unsere Würdigung desselben eine neue Bekräftigung erfahren.*[67]

Trotz seiner persönlichen Abneigung gegen Perverse und seiner Weigerung, sie zur psychoanalytischen Behandlung anzunehmen (die nach seiner Meinung für Neurotiker am geeignetsten war), wies doch Freud wiederholt auf die *Unzweckmäßigkeit einer vorwurfsvollen Verwendung des Namens Perversion* hin.[68] Freud war ein erbitterter Gegner der für seine Zeit typischen besonderen Art von Heuchelei:

Es muß in der öffentlichen Meinung Raum geschaffen werden für die Diskussion der Probleme des Sexuallebens: man muß von diesen reden können, ohne für einen Ruhestörer oder für einen Spekulanten auf niedrige Instinkte erklärt zu werden. Und so verbliebe auch hier genügend Arbeit für ein nächstes Jahrhundert, in dem unsere Zivilisation es verstehen soll, sich mit den Ansprüchen unserer Sexualität zu vertragen![69]

Es versteht sich, daß diese Liberalität keineswegs eine Verteidigung der *freien Liebe* einschloß. Freud war vielmehr sogar der Meinung: *Ein fortschreitender Verzicht auf konstitutionelle Triebe . . . scheint eine der Grundlagen der menschlichen Kulturentwicklung zu sein.*[70]

Es war sicherlich nicht falsch, daß die Welt den Namen Freuds mit der Sexualität verknüpfte. Im Jahre 1898 stellte er fest, daß *Momente aus dem Sexualleben die nächsten und praktisch bedeutsamsten Ursachen eines jeden Falles von neurotischer Erkrankung darstellen.*[71] Wenn Freud vom Sexualleben eines Patienten sprach, meinte er sowohl sein *gegenwärtiges Sexualleben*, als auch *wichtige Ereignisse in seinem vergangenen Leben.*[72] Sexuelle Ätiologie also in allen Fällen von Neurose; aber bei den Neurasthenien solche von aktueller Art, bei der Psychoneurose Momente infantiler Natur.[73] Freud wußte, daß es wissenschaftlich anstößig erscheinen konnte, diese Gedankenrichtung weiter zu verfolgen, ging aber doch so weit, zu behaupten: *Die Unterschiede, die das Normale vom Abnormen trennen, können nur in der relativen Stärke der einzelnen Komponenten des Sexualtriebes und in der Verwendung liegen, die sie im Laufe der Entwicklung erfahren.*[74] Zugleich legte Freud jedoch gelegentlich Grenzen fest, wie weit seine Sexualtheorie vorangetrieben werden könne:

Es fällt mir nun nicht ein, die sexuelle Ätiologie bei den Neurosen jeder anderen zu substituieren, so daß ich deren Wirksamkeit für aufgehoben erklären würde. Das wäre ein Mißverständnis. Ich meine vielmehr, zu all den bekannten und wahrscheinlich mit Recht anerkannten ätiologischen Momenten der Autoren für die Entstehung der Neurasthenie kommen die sexuellen, die bisher nicht hinreichend gewürdigt worden sind, noch hinzu.[75]

Die sexuelle Bedürftigkeit und Entbehrung, das ist bloß der eine Faktor, der beim Mechanismus der Neurose ins Spiel tritt; bestünde er allein, so würde nicht Krankheit, sondern Ausschweifung die Folge sein. Der andere, ebenso unerläßliche Faktor, an den man allzu bereitwillig vergißt, ist die Sexualabneigung der Neurotiker, ihre Unfähigkeit zum Lieben, jener psychische Zug, den ich ›Verdrängung‹ genannt habe.[76]

In seiner gesamten Arbeit über Träume und Symptome stützte sich Freud auf *eine zentrale Annahme* über die Funktionsweise dessen, was er den *seelischen Apparat* nannte, nämlich, *daß unsere gesamte Seelentätigkeit darauf gerichtet ist, Lust zu erwerben und Unlust zu vermeiden . . .*[77]

Unlust [entspricht] einer Steigerung, Lust einer Verringerung dieser Quantität [der im Seelenleben vorhandenen Erregung]. [Es ist] ein Bestreben des seelischen Apparates . . ., die in ihm vorhandene Quantität von Erregung möglichst niedrig oder wenigstens konstant zu erhalten . . . daß eine starke Tendenz zum Lustprinzip in der Seele besteht . . .[78]

Freud war der Auffassung, die Hauptaufgabe der Psyche sei eine negative, nämlich die Lösung von Spannung zu bewirken; Spannungen bedeuteten *Unlust,* da die Triebe zur Entladung und Erleichterung führen. Als Freud alt wurde und sich allmählich von der Berührung mit der Welt zurückzog, galt für ihn selber immer mehr, daß *für den lebenden Organismus . . . der Reizschutz eine beinahe wichtigere Aufgabe als die Reizaufnahme [ist].*[79]

Zu gleicher Zeit kam sich Freud wie Mephisto vor, der aus den Tiefen der menschlichen Psyche auftaucht; häufig sprach er von sich selbst als einem Forschungsreisenden, der die Überreste begrabener archäologischer Schätze aufdeckt. Nietzsche hätte Freuds nachdrücklicher Feststellung zugestimmt, daß *unsere besten Tugenden ... als Reaktionsbildungen und Sublimierungen auf dem Boden der bösesten Anlagen erwachsen ...*[80] Es ist nicht bekannt, ob oder wie lange Freud zögerte, welchen Namen er der menschlichen Unterwelt geben sollte. Janet zog den Terminus *Unterbewußtes* vor, um es von den metaphysischen Anklängen zu unterscheiden, die im deutschen Denken dem *Unbewußten* anhaften.[81] Freud jedoch wählte den Begriff des *Unbewußten*, weil dieser Empfindungen und Gefühle betonte, die nicht nur dem leichten Zugriff entzogen, sondern vor allem *nicht* bewußt waren. Wie Freud es formulierte: [Wir werden] *unausweichlich zu der Annahme gedrängt, daß es Tendenzen beim Menschen gibt, welche wirksam werden können, ohne daß er von ihnen weiß.*[82]

Freud mag wegen der Natur seiner Ideen in frühen Jahren vielen bloß als noch ein weiterer Sexologe erschienen sein und, angesichts seines Irrtums bezüglich der Verführungsmärchen, noch dazu als ein wenig zuverlässiger. Er versuchte, die Geheimnisse der Erinnerung, der Amnesien und der falschen Erinnerungen (*Paramnesien*) zu ergründen. Die Kompromisse, die die Psyche in ihren Erinnerungskonstruktionen macht, sind wie die Kompromißbildungen beim Träumen und jene, die den neurotischen Symptomen zugrunde liegen. Freud betrachtete das Problem der Erinnerung aus der egoistischen Perspektive des Aufwandes an psychischer Energie. *Was an diesem Erlebnis rechtfertigt nun den Gedächtnisaufwand, zu dem es mich veranlaßt hat?*[83] Er benützte seine Psychologie des Erinnerns, um zu verstehen, wie die Vergangenheit in der Gegenwart weiterleben konnte. Freud erkannte so deutlich, daß die *Wirkung einer Erinnerung die eines aktuellen Ereignisses übertreffen kann,* daß er behauptete, die *Traumen der Kindheit* (wir würden heute vielleicht ›Streß-Erlebnisse‹ sagen) *wirken nachträglich wie frische Erlebnisse, dann aber unbewußt.*[84] Vor allem hysterische Symptome können *nur unter Mitwirkung von Erinnerungen entstehen ...*[85] Freud schränkte später die Kraft ein, die er dem *Übergewicht* zusprach, *welches im Seelenleben den Erinnerungsspuren im Vergleich mit den rezenten Eindrücken zufällt. Dieses Moment ist offenbar von der intellektuellen Ausbildung abhängig und wächst mit der Höhe der persönlichen Kultur.*[86]

Psychoanalyse bedeutete für Freud immer mehr die Erforschung der Vergangenheit. Wie er in einer Falldarstellung schrieb: *Es zeigte sich, daß die Psychoanalyse nichts Aktuelles aufklären könne außer durch Zurückführung auf etwas Vergangenes ... Erst nach einem langen Umweg, der ... über die früheste Kindheit führt ...*[87] In der *Traumdeutung* schrieb Freud: *So muß ich behaupten, daß bereits Eindrücke aus dem zweiten Lebensjahr, mitunter auch schon aus dem ersten, eine bleibende Spur im Gemütsleben der später Kranken zurücklassen ...*[88] Später, in der Zeit des Ersten Weltkriegs, formulierte Freud etwas anders, aber die Veränderung war keineswegs groß genug, um der Radikalität seiner Auffassung Abbruch zu tun: *Der kleine Mensch ist oft mit dem vierten oder fünften Jahr schon fertig und bringt nur allmäh-*

lich zum Vorschein, was bereits in ihm steckt.[89] Die ziemlich lange Phase der Abhängigkeit und Unreife des Kindes muß bleibende Wirkungen haben, da wir alle das Kind in uns weiter bewahren. Freuds Beschreibung des speziellen Egoismus des Unbewußten – *die Unersättlichkeit, die rücksichtslose Starrheit, der Mangel an Fähigkeit, sich realen Verhältnissen anzupassen*[90] – steht im Einklang mit seiner Hervorhebung der Tatsache, daß kindliche Reaktionsweisen sich bis ins Erwachsenenalter erhalten. Freud wandte nicht nur seinen Psychologenblick von den Träumen auf die Neurose, sondern er stellte auch fest, daß die Erinnerung bei gewöhnlichem Versprechen und Verschreiben eine Rolle spielte. Auch hier wiederum konnte das, was bis dahin für sinnlos gehalten worden war, aus dem Unbekannten heraufgeholt werden. Fehlleistungen waren nach Freuds Theorie ein Produkt innerer Konflikte:

Ich glaube wirklich nicht, daß jemand sich versprechen würde in der Audienz bei Seiner Majestät, in einer ernstgemeinten Liebeswerbung, in einer Verteidigungsrede um Ehre und Namen vor den Geschworenen, kurz in all den Fällen, in denen man *ganz dabei ist.*[91]

Freud zählte auf die bereitwillige Zustimmung, die seine Leser zumindest einer gewissen Anzahl der von ihm vorgebrachten Beispiele zollten, und hoffte, so auch weitere Zustimmung für seine übrigen Theorien zu erhalten: *Die Menschen ganz allgemein* [geben] *dem Versprechen wie anderen Fehlleistungen dieselbe Deutung ..., wie ich sie in diesem Buch vertrete, auch wenn sie sich in der Theorie nicht für diese Auffassung einsetzen ...*[92] Freud war der Überzeugung, daß er mit seiner Deutung der Fehlleistungen eine weitere geheime Methode des Geistes entdeckt hatte. Freud verallgemeinerte seine Beispiele zu dem Prinzip: *In allen Fällen erwies sich das Vergessen als begründet durch ein Unlustmotiv;*[93] die Theorie der Fehlleistungen paßte also gut zu der Neurosentheorie und der Traumdeutung. Anders als die neurotischen Symptome, kann man jedoch die Fehlleistungen ebenso bei sogenannten normalen Menschen wie bei »Kranken« beobachten. Bei dem Versuch, ein Versprechen zu verstehen, hatte Freud ja in der Regel nicht die Widerstände eines Patienten zu überwinden; trotzdem kommt in der Wahl seiner Vergleiche ein gewisser strafender Ton zum Vorschein, wie man in einem Dialog mit einem imaginären Gesprächspartner sehen kann:

Wenn ein Angeklagter vor dem Richter sich zu seiner Tat bekennt, so glaubt der Richter dem Geständnis; wenn er aber leugnet, so glaubt ihm der Richter nicht. – Ja, sind Sie denn der Richter, und der, welcher ein Versprechen begangen hat, ein von Ihnen Angeklagter? Ist denn ein Versprechen ein Vergehen? – Vielleicht brauchen wir selbst diesen Vergleich nicht abzulehnen.[94]

3.6. Die »Talking Cure«

Trotz der weitgespannten, umfassenden Anlage seiner Psychologie und wie hochgesteckt auch seine letzten Ziele gewesen sein mögen, erinnerte Freud seine Leser doch immer wieder: *Vergesse man nicht daran, daß die Psychoanalyse für sich allein ein Weltbild nicht liefern kann.*[1] Freuds Meinung war: *Die Psychoanalyse ist ein Stück Psychologie, auch nicht medizinische Psychologie im alten Sinne oder Psychologie der krankhaften Vorgänge, sondern Psychologie schlechtweg, gewiß nicht das Ganze der Psychologie, sondern ihr Unterbau, vielleicht überhaupt ihr Fundament.*[2] Freud wollte durch das Studium des Pathologischen das Normale, wenn auch in übersteigerter Form, erkennen: *Die Pathologie [kann] uns durch ihre Vergrößerungen und Vergröberungen auf normale Verhältnisse aufmerksam machen, die uns sonst entgangen wären ...*[3]

Freud hatte eine *Vorliebe für die fragmentarische Behandlung eines Gegenstandes, unter Hervorhebung jener Punkte, die mir am eindeutigsten festzustehen scheinen.*[4] Er gab wiederholt zu, daß er *einseitig* sei, und meinte: *Ich muß wohl diese Einseitigkeit gebraucht haben, um das Verborgene sehen zu können, das sich den anderen zu entziehen weiß.*[5] Vor allem verteidigte er die Psychoanalyse gegen den Vorwurf, sie sehe die Dinge mit Scheuklappen:

Unverständige Gegnerschaft wirft uns dann unsere Schätzung der Sexualtriebe als einseitig vor... Unsere Einseitigkeit ist die des Chemikers, der alle Konstitutionen auf die Kraft der chemischen Attraktion zurückführt. Er leugnet darum die Schwerkraft nicht, er überläßt ihre Würdigung dem Physiker.[6]

Während die Verfasser von Darstellungen der Ästhetik sich auf *positive Gefühlsarten* konzentrierten – auf das *Schöne, Großartige, Anziehende* –, beschäftigte Freud sich in der Regel mit *den gegensätzlichen, abstoßenden, peinlichen Gefühlen.*[7] Die Patienten bezahlen ihre Psychotherapeuten normalerweise nicht dafür, daß sie sich mit Bereichen ihrer Persönlichkeit beschäftigen, die ihnen selber genehm sind, sondern für die Behandlung von Problemen peinlicher, unerwünschter Natur. Als praktizierender Analytiker konnte Freud sich berechtigt fühlen, seine Aufmerksamkeit in erster Linie den Beschwernissen im Leben der Menschen zuzuwenden, nicht ihren Erfolgen.

Ohne die Bedeutung anderer Beweggründe zu bagatellisieren, betonte Freud die infantilen Motive, da andere Motivationen allgemein bekannt seien.[8] Deshalb konnte er den Anspruch erheben, die Arbeit der Psychoanalyse über die Dispositionen zu neurotischen Affektionen habe die bis dahin anerkannten somatischen und hereditären Faktoren um den *infantilen* Faktor ergänzt.[9] Und aufgrund des speziellen Beitrages seiner Ideen konnte Freud die Exklusivität seiner Bewegung rechtfertigen: Die

Psychoanalyse *muß sich von jeder ihr fremden Voraussetzung anatomischer, chemischer oder physiologischer Art frei halten, durchaus mit rein psychologischen Hilfsbegriffen arbeiten . . .*[10] Zugleich war Freud der Überzeugung: *Das Lehrgebäude der Psychoanalyse, das wir geschaffen haben, ist in Wirklichkeit ein Überbau, der irgend einmal auf sein organisches Fundament aufgesetzt werden soll.*[11]
Der Naturwissenschaftler in Freud betrachtete seine eigenen Befunde nicht selten mit vorsichtiger Skepsis und warnte davor, *uns über die hypothetische Natur und die mangelhafte Klarheit unserer Einsichten . . . zu Täuschen . . .*[12] Es ärgerte ihn, daß *die Gegner in der Psychoanalyse ein Produkt einer spekulativen Phantasie sahen und nicht an die lange, geduldige, voraussetzungslose Arbeit glauben wollten, die zu ihrem Aufbau aufgewendet worden war. Da nach ihrer Meinung die Analyse nichts mit Beobachtung und Erfahrung zu tun hatte, hielten sie sich auch für berechtigt, sie ohne eigene Erfahrung zu verwerfen.*[13]

Freud sprach wiederholt von den *tatsächlichen* Feststellungen, *die wir in mühseliger Arbeit erkannt zu haben glauben;*[14] er versuchte, dem Impuls zu widerstehen, *die Aufspürung von Analogien . . . zwanghaft zu übertreiben,* und wollte sich dem Beweismaterial beugen, das sich ergeben würde.[15] Er schrieb – eine Wendung, die fast zur Formel bei ihm wurde –, daß man *auf Bestätigung durch die Zukunft* warten müsse.[16]
Im ganzen teilte Freud die Einstellung des Wissenschaftlers gegenüber der Vergangenheit: *Diese unsere Ahnen waren weit unwissender als wir.*[17] Er glaubte jedoch: *Eine dunkle Erkenntnis der vorwaltenden Bedeutung sexueller Momente für die Entstehung der Nervosität, wie ich sie für die Wissenschaft neu zu gewinnen suche, scheint im Bewußtsein der Laien überhaupt nie untergegangen zu sein.*[18] Wenn man einmal darauf verzichtet haben werde, die *Triftigkeit* der psychoanalytischen Lehre von der sexuellen Ätiologie der Neurosen zu leugnen, werde es *nicht schwerhalten, dieser Lehre die Originalität zu bestreiten.*[19]

Ich weiß sehr wohl, daß ich mit der ›sexuellen Ätiologie‹ der Neurosen nichts Neues vorgebracht habe, daß die Unterströmungen in der medizinischen Literatur, welche diesen Tatsachen Rechnung getragen, nie ausgegangen sind, daß die offizielle Medizin der Schulen sie eigentlich auch gekannt hat. Allein die letztere hat so getan, als wüßte sie nichts davon. Sie hat von ihrer Kenntnis keinen Gebrauch gemacht, keine Folgerung aus ihr gezogen.[20]

Als Freud über die Symptomatologie des Versprechens schrieb, bemerkte er mit einem Anflug von Ironie, er befinde sich *hier ausnahmsweise in der Lage, eine Vorarbeit würdigen zu können,* und machte sich dann daran, darzutun, wie sehr *deren Gesichtspunkte fernab von den meinigen liegen.*[21]
So sehr Freud darauf brannte, an der Spitze einer wissenschaftlichen Neuentwicklung

zu stehen, wußte er doch, daß es über das Thema *scheinbar wissenschaftlicher Originalität* viel Interessantes zu sagen gab, und räumte in seinem eigenen Fall die Möglichkeit ein, daß sich die Originalität vieler neuer Ideen, die er bei der Deutung von Träumen und in der Psychoanalyse anwandte, verflüchtigen könnte.[22] Den psychologischen Fähigkeiten phantasiemächtiger Autoren zollte er immer wieder Anerkennung:

Man darf wohl aufseufzen bei der Erkenntnis, daß es einzelnen Menschen gegeben ist, aus dem Wirbel der eigenen Gefühle die tiefsten Einsichten doch eigentlich mühelos heraufzuholen, zu denen wir anderen uns durch qualvolle Unsicherheit und rastloses Tasten den Weg zu bahnen haben.[23]

Freud, der sehr wohl wußte, wie oft ihn *Prioritätsgedanken* beschäftigten, berief sich manchmal auf *erlauchte Vorgänger*, um den Vorwurf zurückzuweisen, die Psychoanalyse habe *ein Attentat auf die Würde des Menschengeschlechts verübt*.[24]
In der Fülle neuer Ideen, die sich mit dem Namen Freuds verknüpften, war die am schwersten zu fixierende und zugleich die für andere Menschen wichtigste die spezifische Behandlungsform, die er empfahl. Die Psychoanalyse war nicht nur eine psychologische Theorie und eine Beobachtungsmethode, sie bedeutete auch eine neue therapeutische Szenerie. Freud verbrachte seinen Arbeitstag größtenteils in den ziemlich muffig wirkenden Räumen neben seiner Wohnung. Manchmal bereitete ihm das Fehlen wissenschaftlicher Kontrollen bei seinen klinischen Sitzungen Unbehagen, aber er argumentierte, daß selbst in der Astronomie *das Experimentieren mit den Himmelskörpern . . . besonders schwierig [ist]. Man bleibt da auf die Beobachtung angewiesen.*[25]
Freud äußerte oft die Meinung, die Zukunft werde der Psychoanalyse als der Wissenschaft vom Unbewußten weit größere Bedeutung beimessen als dem therapeutischen Verfahren.[26] In seinen letzten Lebensjahren blickte er mit Enttäuschung auf manche seiner früheren therapeutischen Resultate zurück und betonte zunehmend stärker die wissenschaftlichen Aspekte seiner Leistung gegenüber den therapeutischen:

Die Psychoanalyse begann als eine Therapie; aber nicht als Therapie wollte ich sie Ihrem Interesse empfehlen, sondern wegen ihres Wahrheitsgehalts, wegen der Aufschlüsse, die sie uns gibt über das, was dem Menschen am nächsten geht, sein eigenes Wesen, und wegen der Zusammenhänge, die sie zwischen den verschiedensten seiner Betätigungen aufdeckt. Als Therapie ist sie eine unter vielen, freilich eine prima inter pares.[27]

Freud zog eine scharfe Trennungslinie zwischen der Arbeit seiner Schüler und der *solcher Ärzte, die, nur therapeutisch orientiert, sich eine Strecke weit psychoanalytischer Methoden bedienen.*[28]

In seinen früheren Arbeiten war Freud jedoch sehr viel mitteilsamer und hoffnungsvoller bezüglich der Aussichten auf therapeutischen Erfolg. Andere hatten auf die Bedeutung der Heredität hingewiesen, Freud hingegen war der Meinung, die *Konstatierung der Heredität* befreie uns nicht von *der Suche nach einem spezifischen Moment, an dessen Auffindung sich übrigens auch alles therapeutische Interesse knüpft.*[29]

Eine Zeitlang stellte nach Freuds Auffassung die Syphilis eine Brücke zwischen dem Organischen und dem Psychologischen dar. Er schrieb: *Nun stammt ein auffällig großer Prozentsatz meiner psychoanalytisch behandelten Kranken von Vätern ab, die an Tabes oder an Paralyse gelitten haben . . . [die] Tatsache, . . . daß Syphilis der Erzeuger als Ätiologie für die neuropathische Konstitution der Kinder sehr wohl in Betracht kommt.*[30] In einer Passage in *Drei Abhandlungen zur Sexualtheorie*, die ursprünglich 1905 geschrieben und in späteren Auflagen nicht zurückgezogen wurde, heißt es: *Bei mehr als der Hälfte meiner psychotherapeutisch behandelten schweren Fällen von Hysterie, Zwangsneurose usw. ist mir der Nachweis der vor der Ehe überstandenen Syphilis der Väter sicher gelungen . . .*[31] Obwohl Freud schließlich die Theorie vom syphilitischen Vater aufgab, lief seine Theorie letzten Endes doch weiterhin darauf hinaus, daß die Eltern ihren Kindern irgendwie Unrecht getan hätten; das war auch ein Grund ihrer Anziehungskraft auf junge Menschen. Freuds Behauptung, daß *die Eltern im Kinderseelenleben aller späteren Psychoneurotiker die Hauptrolle* spielen,[32] mag heute als auf der Hand liegend, ja fast als eine Tautologie erscheinen, aber in der Zeit der Veröffentlichung der *Traumdeutung* erforderte es ungewöhnliche Kühnheit, die Schuld an der Neurose dem gewöhnlichen Familienleben zu geben.

Freud schrieb einmal: *Die Neurosenlehre ist die Psychoanalyse selbst*,[33] aber es ist nicht ganz einfach festzustellen, was er unter neurotisch verstand. Er äußerte, daß *die Grenze zwischen nervöser Norm und Abnormität eine fließende ist* und *daß wir alle ein wenig nervös* seien.[34] Zumindest war das die Grundlage, auf der er die universale Gültigkeit seiner klinischen Feststellungen beweisen zu können hoffte. Zugleich aber brachte Freud es fertig, in einer ganz und gar vor-freudianischen Weise von sich selbst *als normales und nicht nervöses Individuum* zu reden.[35] An anderer Stelle sprach Freud von der Erinnerung von sich als *einem nicht oder nur wenig neurotischen Individuum . . .*[*36] Als praktizierender Arzt sah Freud Krankheit wesentlich als eine Erfahrungstatsache an, nämlich des stärkeren oder weniger starken Leidens. *Stellen Sie sich aber auf einen theoretischen Standpunkt und sehen von diesen Quantitäten ab, so können Sie leicht sagen, daß wir* alle *krank, d. i. neurotisch sind . . .*[37]

Nach der Theorie Freuds waren Symptome *als Ersatzbefriedigung für die im Leben*

---

* In dieser Passage gab Freud nicht sich selbst als Träger der Erinnerung zu erkennen, aber es handelt sich offensichtlich um ein autobiographisches Detail.

vermißte anzusehen.³⁸ Die bei der Neurose wirkende *dämonische* Kraft wurde darauf zurückgeführt, daß es dem Patienten nicht gelang, ein *initiales Trauma* zu überwinden, und die vergeblichen Versuche zu dieser Überwindung alles noch schlimmer machten.³⁹ Sandor Ferenczi drückte einmal die psychoanalytische Auffassung folgendermaßen aus: Der Patient *heile* tatsächlich seine psychischen Konflikte durch Verdrängung, Verschiebung und Übertragung peinlicher Komplexe; unglücklicherweise jedoch halte sich das Verdrängte durch die Schaffung kostspieliger Ersatzbildungen schadlos, so daß die Neurosen als *fehlgeschlagene Heilungsversuche* anzusehen seien.⁴⁰ Freud vertrat nicht die Auffassung, daß ein Trieb wie die Sexualität das menschliche Leben beherrschen solle, es dürften vielmehr nur seine verschiedenen Komponenten nicht unnötig unterdrückt werden; deshalb konnte er schreiben, *daß wir mit dem Begriff* [der Neurotik], *der wissenschaftlich ungenau geworden ist, gerade die Vorstellung des Gehemmten verbinden.*⁴¹

In seiner Anfangszeit neigte Freud dazu, Symptome abgetrennt vom Charakter eines Patienten (und sogar von seinem Familienhintergrund) zu betrachten, aber im Laufe der Zeit gelangte er zu der Meinung, wichtiger als die Heilung der störenden Symptome sei es, die ihnen zugrunde liegenden Vorgänge zu verstehen. *Während wir damals [1895] bescheiden aussagten, daß wir nur die Beseitigung von hysterischen Symptomen, nicht die Heilung der Hysterie selbst in Angriff nehmen könnten, hat sich mir seither diese Unterscheidung als inhaltslos herausgestellt, also die Aussicht auf wirkliche Heilung der Hysterie und Zwangsvorstellungen ergeben.*⁴²

Es wurde zum Ziel der Psychoanalyse, die oberflächlich in Erscheinung tretenden Schwierigkeiten des Patienten zu übergehen und sich auf die entscheidenden Ursachen zu konzentrieren, die den Schlüssel zu seiner Notlage lieferten. Während des Ersten Weltkrieges schrieb Freud, *... daß die analytische Arbeit, wie wir sie heute ausführen, die konsequente Bearbeitung des einzelnen Symptoms, bis man mit dessen Aufhellung zu Ende gekommen ist, geradezu ausschließt.*⁴³ Als Freud begann, immer mehr Zeit der Ausbildung von Schülern in der Analyse zu widmen, und die Anzahl von zu behandelnden Patienten zurückging, konnte er es sich auch immer mehr leisten, seinen therapeutischen Ergebnissen mit einer gewissen Distanz gegenüberzutreten; in seinen früheren Jahren, als er es mit relativ weniger gesunden Menschen zu tun hatte, mußte er sich mehr mit dem Ursprung und der Heilung einzelner Symptome befassen.

Im Jahre 1904 stand für Freud der therapeutische Erfolg noch so sehr im Vordergrund, daß er weitherzig verkündete: *Es gibt viele Arten und Wege der Psychotherapie. Alle sind gut, die zum Ziel der Heilung führen.*⁴⁴ Bei der psychoanalytischen Behandlung jedoch hatte Freud sehr spezifische Ziele im Sinne. *Wenn das praktische Ziel der Behandlung dahin geht, alle möglichen Symptome aufzuheben und durch bewußte Gedanken zu ersetzen, so kann man als ein anderes, theoretisches Ziel die Aufgabe aufstellen, alle Gedächtnisschäden des Kranken zu heilen.*⁴⁵ Während Freud wiederum sagte, *Aufgabe der Kur sei, die Amnesien aufzuheben ... es seien alle*

Verdrängungen rückgängig zu machen . . ., war er doch der Auffassung, man werde sich . . . nie etwas anderes zum Ziel der Behandlung setzen als die praktische Genesung des Kranken, die Herstellung seiner Leistungs- und Genußfähigkeit.[46]
Die neurotische Erkrankung behinderte die Patienten Freuds, sie verhinderte die *freie Entfaltung ihrer Seelenkräfte.*[47] Freud tat sein Bestes, um klarzustellen, daß *Rat und Leitung in den Angelegenheiten des Lebens* kein *integrierendes Stück der analytischen Beeinflussung* sind:

Wir lehnen eine solche Mentorrolle nach Möglichkeit ab, wollen nichts lieber erreichen, als daß der Kranke selbständig seine Entscheidung treffe . . . Nur bei gewissen sehr jugendlichen oder ganz hilf- und haltlosen Personen können wir die gewollte Beschränkung nicht durchsetzen. Bei ihnen müssen wir die Leistung des Arztes mit der des Erziehers kombinieren; wir sind uns dann unserer Verantwortung wohl bewußt und benehmen uns mit der notwendigen Vorsicht.[48]

Freud gab zu, daß sein Ideal des analytischen Einflusses oft beschnitten werden mußte, um den wechselnden Bedürfnissen der klinischen Realitäten entsprechen zu können:

Wir können es nicht vermeiden, auch Patienten anzunehmen, die so haltlos und existenzunfähig sind, daß man bei ihnen die analytische Behandlung mit der erzieherischen vereinigen muß, und auch bei den meisten anderen wird sich hier und da eine Gelegenheit ergeben, wo der Arzt als Erzieher und Ratgeber aufzutreten genötigt ist. Aber dies soll jedesmal mit großer Schonung geschehen . . .[49]

Freud war als Therapeut pragmatischer als einige seiner späteren (und häufig therapeutisch ehrgeizigeren) Schüler: *Es gibt Fälle, in denen selbst der Arzt zugestehen muß, daß der Ausgang eines Konflikts in Neurose die harmloseste und sozial erträglichste Lösung darstellt . . . Es steht ihm ja nicht an, sich gegen alle Situationen des Lebens auf die Rolle des Gesundheitsfanatikers einzuengen.* In seiner Skepsis bezüglich des absoluten Wertes des Gesundseins ging er sogar noch weiter, wie aus seinen Worten hervorgeht, *daß die Notwendigkeit von einem Menschen auch fordern kann, daß er seine Gesundheit zum Opfer bringe . . .*[50] Die *Formel*, die Freud für die Psychoanalyse entwickelte, lautete: *Die Aufgabe der psychoanalytischen Behandlung ist . . ., alles pathogen Unbewußte in Bewußtes umzusetzen, das hieß, alle Erinnerungslücken des Kranken auszufüllen, seine Amnesien aufzuheben.*[51] Im Jahre 1937 äußerte sich Freud jedoch noch deutlicher über die Grenzen, die er den Zielen der Analyse setzte:

Man wird sich nicht zum Ziel setzen, alle menschlichen Eigenarten zugunsten einer schematischen Normalität abzuschleifen, oder gar zu fordern, daß der ›gründlich

Analysierte‹ keine Leidenschaften verspüren und keine inneren Konflikte entwickeln dürfe. Die Analyse soll die für die Ichfunktionen günstigsten psychologischen Bedingungen herstellen; damit wäre ihre Aufgabe erledigt.[52]

Freud, dem persönliche Abhängigkeit zuwider war und der dazu neigte, dem Infantilen zu mißtrauen, schätzte die eigene Selbständigkeit und sein Freiheitsgefühl hoch ein und vertrat das Ideal der Selbstverwirklichung. *Der geheilte Nervöse ist wirklich ein anderer Mensch geworden, im Grunde ist er aber natürlich derselbe geblieben, d. h. er ist so geworden, wie er bestenfalls unter den günstigsten Bedingungen hätte werden können.*[53] Freud teilte in vieler Hinsicht die liberalen Wertvorstellungen der Aufklärung des achtzehnten Jahrhunderts: *Die individuelle Freiheit ist kein Kulturgut. Sie war am größten vor jeder Kultur . . .*[54] Und obwohl Freud einige der am schwersten zu überwindenden Hindernisse für die Erlangung echter Unabhängigkeit erfaßt hatte, hielt er doch an dem libertären Grundsatz fest: *Ein jeder muß selbst versuchen, auf welche besondere Fasson er selig werden kann.*[55]

Nüchtern und unerschrocken, stets mit dem Ziel vor Augen, Selbsttäuschungen aufzudecken, war Freud von seinen Forschungen ebenso besessen wie sein Held Leonardo und ebenso ein *Wahrheitsfanatiker*, wie es Emile Zola seiner Meinung nach gewesen war.[56] *Die psychoanalytische Behandlung [ist] auf Wahrhaftigkeit aufgebaut. Darin liegt ein gutes Stück ihrer erziehlichen Wirkung und ihres ethischen Wertes.*[57] Freud neigte dazu, die gegenwärtigen Ängste eines Patienten als Flucht vor tieferliegenden Schwierigkeiten zu behandeln: *Aufschlüsse über jene frühen Probleme [konnten] sich nur ergeben . . ., wenn der Verlauf der Analyse für eine Zeit von der Gegenwart abführte, um uns zu dem Umweg durch die kindliche Urzeit zu nötigen.*[58]

Die Prämissen von Freuds anfänglichen psychoanalytischen Bemühungen erscheinen heute übermäßig rationalistisch. *Die Unterwerfung des Ubw durch das Vbw*, schrieb Freud, *ist auch bei völliger psychischer Gesundheit keine durchgreifende; das Maß dieser Unterdrückung ergibt den Grad unserer psychischen Normalität.*[59] Der Freud der reiferen Jahre hätte nicht von vollkommener Gesundheit gesprochen, schon gar nicht im Zusammenhang mit einem so vieldeutigen Begriff wie *Normalität*. Aber er glaubte, *daß die somatische und affektive Wirkung der bewußt gewordenen Regung niemals so groß werden kann wie die der unbewußten*, obwohl er nicht immer so kühn gewesen wäre, zu behaupten, *daß wir alle unsere Regungen doch nur dadurch [beherrschen], daß wir unsere höchsten, mit Bewußtsein verbundenen Seelenleistungen auf sie wenden.*[60]

Im Jahre 1913 räumte Freud dann ein, daß man *in den frühesten Zeiten der analytischen Technik in intellektualistischer Denkeinstellung* befangen gewesen sei.[61] Freud hielt jedoch an der Überzeugung fest, daß *aus bewußten Vorgängen . . . Symptome nicht gebildet* werden, und an dem idealistischen Glauben: *Sowie die betreffenden unbewußten [Vorgänge] bewußt geworden sind, muß das Symptom ver-*

*schwinden.*⁶² Für Freud war der Verstand die große vereinigende Kraft und der Intellekt die einzig sichere Zuflucht: *Nun haben wir aber kein anderes Mittel zur Beherrschung unserer Triebhaftigkeit als unsere Intelligenz . . ., das psychologische Ideal* [ist der] *Primat der Intelligenz.*⁶³ Wie Spinoza vor ihm hielt Freud den Intelligenten für den freiesten der Menschen, denn durch die *Sublimierung der Triebe* kann einem *das Schicksal . . . dann wenig anhaben.*⁶⁴

Da Freud an dem Gedanken festhielt (den er noch 1932 äußerte), daß *Verständnis und Heilung beinahe zusammenfallen,*⁶⁵ lohnt es sich, genau zuzusehen, wie der Analytiker in seiner Therapie verfahren sollte. Wie Freud von dem *geheimen Sinn des Traums* gesprochen hatte, so habe auch jeder Neurotiker eine Beziehung zu seinem Geheimnis – zu seinem *Komplex.*⁶⁶ Freud sagte dem Patienten ausdrücklich: *Geh in dich, in deine Tiefen und lerne dich erst kennen, dann wirst du verstehen, warum du krank werden mußt, und vielleicht vermeiden, krank zu werden.*⁶⁷

Als Kliniker gelangte Freud zu der Annahme, daß im Laufe der Behandlung die Kräfte der Selbsttäuschung des Patienten sich allmählich gegen den Analytiker wenden. Er ging so weit, zu behaupten, daß *die Überwindung dieser Widerstände* [des Patienten] *die wesentliche Leistung der Analyse . . . ist.*⁶⁸ Einmal gab er die recht verallgemeinernde Definition: *Was immer die Fortsetzung der Arbeit stört, ist ein Widerstand.*⁶⁹ Was gemeint ist, wird am Beispiel eines typischen Neurotikers deutlich, der

Widerstände aus seinem Bestreben nach Selbständigkeit der Person und des Urteils [macht], *aus seinem Ehrgeiz, der sein erstes Ziel darin fand, es dem Vater gleichzutun oder ihn zu überwinden, aus seinem Unwillen, die Last der Dankbarkeit ein zweites Mal im Leben auf sich zu laden.*⁷⁰

Vielleicht das entscheidende Kennzeichen von Freuds bevorzugter Methode der rein analytischen Behandlung war, daß die Übertragungsreaktionen bei den Patienten herausgeholt, wenn nicht bewußt mobilisiert, und dann vom Analytiker gedeutet werden sollten. Freud meinte hierbei die *Übertragung von Gefühlen auf die Person des Arztes, weil wir nicht glauben, daß die Situation der Kur eine Entstehung solcher Gefühle rechtfertigen könne.*⁷¹ Durch das Verständnis der Übertragung könne der Analytiker zum Unbewußten des Patienten vordringen, während die altmodischere *affektive* Technik *für die Aufdeckung des dem Kranken Unbewußten nichts leistet.*⁷²
Während Freud 1912 sorgfältig zwischen den positiven emotionalen Regungen des Patienten für den Analytiker und seinen irrationalen negativen Reaktionen unterschied, lag die eigentliche Bedeutung der Übertragung darin, daß die analytische Situation bei jedem, auch wenn er noch so vernünftig erscheinen mag, das Vorhandensein infantiler Gefühlsmodalitäten aufdecken wird. Unsere kindliche Vergangenheit spielt nicht nur nachts in unseren Träumen eine Rolle. In diesem Sinne hatte Freud durchaus recht, wenn er sagte, *daß die Psychoanalyse das Schlechteste eines jeden Menschen zum Vorschein bringt.*⁷³ Und insoweit als Ziel der Analyse begriffen

wurde, zunächst die Übertragung zu erwecken und sie sodann rational aufzulösen, hatte auch Karl Kraus recht mit seiner Behauptung, die Analyse sei eben die Krankheit, deren Heilung sie zu sein vorgebe.

So rationalistisch und intellektuell Freud zuweilen wirken mag, es lag ihm doch auch daran, zu zeigen, daß das, was in diesem therapeutischen Kampf des Patienten *den Ausschlag . . . gibt, nicht seine intellektuelle Einsicht* [ist] – *die ist weder stark noch frei genug für solche Leistung* –, *sondern einzig sein Verhältnis zum Arzt.*[74] Freud forderte, daß der Analytiker warten solle, bis der Patient Probleme vorbringt; vor allem aber betonte er, daß man als Analytiker *dabei aber immer wissen* [muß], *was man tut.*[75]

Carl Gustav Jung, fotografiert während seiner USA-Reise 1912

Pierre Janet

*Joesf Breuer
(1824–1923)*

4.
Freud als Therapeut

Demonstration eines hysterischen Anfalls durch Jean Martin Charcot in der Salpêtrière in Paris

Sigmund Freud mit Wilhelm Fließ Anfang neunziger Jahre

4.1. Die Technik der Neutralität

Einer der Gründe für den starken Einfluß, der von Freud ausging, liegt darin, daß sein therapeutisches Verfahren viel beherrschter und geordneter war als alles, was andere je zu entwickeln vermocht hatten. Soweit es um die technische Methode ging, blieb Freud in hohem Maße Rationalist. Er war nicht bereit gewesen, sich über sein spezielles Verfahren schriftlich zu äußern, bis seine Auseinandersetzungen mit Adler, Stekel und Jung es ihm ratsam erscheinen ließen, seine eigene Behandlungsform von denen anderer Psychotherapeuten abzugrenzen. Freud war zu klug, um über technische Dinge dogmatische Lehren aufzustellen, und vor allem wollte er, daß seine Schüler die Kunst des Verstehens entwickeln sollten; vielleicht schrieb er nur deshalb so wenig über Methodik, um nicht durch Richtlinien seine Anhänger einzuengen.
Als Freud im Jahre 1914 mehrere Aufsätze zur Technik der Analyse veröffentlichte, sagte er ausdrücklich, daß er *Ratschläge* gebe, keine unbedingt verbindlichen Regeln aufstellen wolle.[1] Freuds Vorgehen hatte sich in seiner Grundanlage schon seit einiger Zeit stabilisiert. Die Deutung von Träumen und Fehlleistungen, die Enträtselung von Symptomen durch die Rekonstruktion der Vergangenheit und die Aufklärung von Übertragungen blieben über alle Wandlungen in Freuds Anschauungen hinweg der Angelpunkt der psychoanalytischen Behandlung. Er erwartete von anderen Analytikern, daß sie ihre Patienten in deren freien Assoziationen ermunterten, die für Freud weiterhin das therapeutische Hauptwerkzeug der Analyse waren; er nannte es die *Grundregel*, im Gegensatz zum bloßen *Ratschlag*.
Freud glaubte, daß alles wertvoll sei, was die Widerstände eines Patienten lockerte, riet aber davon ab, daß der Analytiker zu viel über seine eigenen Gefühle und Reaktionen offenbarte, weil er sonst das analytische Material des Patienten beeinflussen könnte. Bei der Skizzierung der Grundannahmen seiner therapeutischen Praxis für die Analytiker wollte Freud Anleitungen für den Anfänger geben, und zwar als *Mahnung für den Analytiker; denn wenn es vielleicht mehr als nur einen guten Weg gibt, so gibt es doch sehr viele schlechte ...*[2] Freuds Erörterungen der Technik sollten anderen helfen, einige der Fehler zu vermeiden, in die er früher selbst verfallen war. Er wartete jedoch nicht, daß seine Äußerungen über die Technik der Analyse oder sein eigenes praktisches Vorgehen für jeden Analytiker geeignet wären. Ein Lieblingszitat Freuds war der Satz des Mephisto aus Goethes *Faust: Das Beste, was du wissen kannst, darfst du den Buben doch nicht sagen.*[3]
Zu Freuds Lebenszeit waren sich seine Anhänger des Unterschiedes zwischen *der lebendigen Persönlichkeit und der mündlichen Lehre Freuds und jener der starren gedruckten Regeln*[4] bewußt, obwohl viele dazu neigten, sich an letztere zu halten. Seit seinem Tod hat sich diese Tendenz verstärkt, und die Analytiker folgen im allgemeinen eher seinen schriftlich niedergelegten Empfehlungen als seiner tatsächlichen Praxis. Schon im Jahre 1928 schrieb Freud in einem Brief an Ferenczi:

... meine seinerzeit gegebenen Ratschläge zur Technik waren wesentlich negativ. Ich hielt es für das Richtigste herauszuheben, was man nicht tun soll, die der Analyse widerstrebenden Versuchungen aufzuzeigen. Fast alles was man positiv tun soll, habe ich dem von Ihnen eingeführten »Takt« überlassen. Dabei erzielte ich aber, daß die Gehorsamen die Elastizität dieser Abmachungen nicht bemerkten und sich ihnen als ob es Tabuverordnungen wären, unterwarfen. Das müßte einmal revidiert werden, allerdings ohne die Verpflichtungen aufzuheben.

Aber wenn Freud auch über die Passivität einiger seiner Anhänger klagte, hatte er andererseits doch seine Bedenken bezüglich Ferenczis eigenen *Konzessionen* in technischen Dingen:

Alle, die keinen Takt haben, werden darin eine Rechtfertigung der Willkür, d. h. des subjektiven Faktors, d. h. des Einflusses der unbezwungenen Eigenkomplexe sehen. Was wir in Wirklichkeit vernehmen, ist eine meist vorbewußt bleibende Abwägung der verschiedenen Reaktionen, die wir von unseren Eingriffen erwarten ... Regeln für diese Abmessungen lassen sich natürlich nicht geben. Erfahrung und Normalität des Analytikers werden darüber zu entscheiden haben. Aber man sollte den ›Takt‹ den Anfängern so eines mystischen Charakters entkleiden.[5]

Zwischen dem, was Freud über die psychoanalytische Technik schrieb, und seiner tatsächlichen Praxis ergeben sich so zahlreiche Unterschiedlichkeiten, daß einige vielleicht behaupten könnten, in Wirklichkeit habe er überhaupt keine eigentliche Methode besessen, sondern nur ein *ad hoc*-Verfahren. Aber er brauchte eine gewisse Lehrmeinung, wenn er eine Disziplin etablieren wollte, die von anderen weitergeführt werden konnte. Eine Möglichkeit, den scheinbaren Gegensatz zwischen dem, was Freud sagte, und dem, was er tat, zu überbrücken, wäre die Erklärung, daß er zwar strikt an den Prinzipien der analytischen Situation festhielt, in der Anwendung dieser Grundsätze jedoch *elastisch* verfuhr. Für den Historiker jedoch ist *Elastizität* ebenso schwierig auf einen kurzen Nenner zu bringen, wie der *Takt* für den Anfänger, von dem Freud schrieb.

Freud hielt nachdrücklich an einer *kunstgerechten, unabgeschwächten Psychoanalyse* fest.[6] Der Analytiker muß seiner Meinung nach eine frei schwebende Einstellung – eine *gleichschwebende Aufmerksamkeit*[7] – gegenüber dem Material bewahren, das der Patient in die Analyse einbringt. Freud war dagegen, daß der Analytiker sich Notizen macht, und obwohl er sich selber manchmal anders verhielt, schrieb er, er sei dagegen, bei den Patienten *die Lektüre analytischer Schriften zu Hilfe* zu nehmen. *Ich verlange, daß sie an der eigenen Person lernen sollen, und versichere ihnen, daß sie dadurch mehr und Wertvolleres erfahren werden, als ihnen die gesamte psychoanalytische Literatur sagen könnte.*[8] Der Analytiker müsse zwar stets ein aufmerksames Ohr behalten, aber *mißtrauisch sein und auf seiner Hut* gegen das Phänomen des Widerstandes.[9]

Freud empfahl dem Analytiker Distanz und Neutralität, hatte aber keine Angst davor, er selbst zu sein. Freud schrieb einmal: *Analytiker sind Personen, die eine bestimmte Kunst auszuüben gelernt haben und daneben Menschen sein dürfen wie auch andere.*[10] Die Auswahl der Bücher für sein Wartezimmer zum Beispiel verrät etwas über seinen eigenen Geschmack: vor dem Ersten Weltkrieg standen da die Bücher von Wilhelm Busch. Aber um das Jahr 1928, als seine Patienten überwiegend Amerikaner waren, spiegelte sich in seiner Auswahl eher die Vorliebe seiner Analysanden wider; in seinem Wartezimmer lagen Exemplare von *The Nation* und *The New Republic*.[11] Freuds Praxis war durch einige professionelle Diskretion gekennzeichnet. Die Räume waren so angelegt, daß es einen getrennten Ein- und Ausgang gab, so daß die Patienten einander beim Kommen und Weggehen nicht begegneten, wenn es auch passieren konnte, daß sie auf der Treppe zur Wohnung aneinander vorbeikamen. Freunden und Bekannten, die seine Patienten wurden, sagte er in der Regel, daß sie für die Zeit der Behandlung den Kontakt mit der Familie Freud aufgeben müßten[12] – obwohl er Ausnahmen zuließ.
Freud empfahl auch, daß sich der Patient der Behandlung *in Abstinenz* unterziehen solle:

Ich meine dabei nicht allein die körperliche Entbehrung, auch nicht die Entbehrung von allem, was man begehrt, denn dies würde vielleicht kein Kranker vertragen. Sondern ich will den Grundsatz aufstellen, daß man Bedürfnis und Sehnsucht als zur Arbeit und Veränderung treibende Kräfte bei der [sic] Kranken bestehen lassen und sich hüten muß, dieselben durch Surrogate zu beschwichtigen.[13]

Obwohl Freud von seinen Patienten im allgemeinen nicht verlangte, ihr sexuelles Leben um der Analyse willen zu unterbrechen, sagte er doch in den dreißiger Jahren zu einer Patientin, es sei seine Regel, Patientinnen für eine gewisse Zeit zu Beginn der Analyse keine sexuellen Beziehungen zu erlauben; vielleicht war sie eine seiner wenigen unverheirateten Patientinnen, oder es gab vielleicht andere Gründe für seine Forderung.
Einigen seiner Patienten erschien Freud als ein äußerst schweigsamer Mann, aber verglichen mit späteren Analytikern war er fast geschwätzig.[14] Er konnte irritierend ruhig sein und kein Wort sagen, aber er konnte auch plaudern; im ganzen war er nicht so schweigsam wie die meisten orthodoxen Freudianer von heute. Ein Patient beispielsweise berichtet über eine analytische Sitzung: *Freud redete den größten Teil der Stunde über, oder zumindest während der Hälfte der Zeit.*[15] Natürlich ging Freud ganz individuell vor und arbeitete deshalb nicht mit allen auf die gleiche Art; aber im allgemeinen analysierte er ganz zwanglos, weit mehr, als das die Analytiker heute tun. Mit seinen Schülern soll er offener gesprochen haben als ausbildende Analytiker heute mit den ihren.[16]
Sein Gaumenkrebs machte jedoch das Sprechen für ihn schwierig, und so kompri-

mierte er dann seine Gedanken auf ganz kurze Bemerkungen; gegen Ende seines Lebens wurde er bei seinen Fällen ungeduldiger. Er bemühte sich jedoch stets, sich einprägsam auszudrücken, damit das Gesagte in der Erinnerung des Gegenübers haften blieb. Und selbst in seinen letzten Jahren bekam ein Patient fast immer eine Antwort, wenn er eine relevante Frage stellte.[17]

Freud spielte häufig mit einem Ring an seiner Hand (manche Analytiker würden ein solches Verhalten als einen Tick ansehen); da die Patienten in der Analyse jedoch auf einer Couch lagen und Freud hinter ihnen außerhalb ihres Blickfeldes saß, konnten sie nur hören, wie er mit seiner Uhrkette oder mit seinen Schlüsseln spielte. Freuds Persönlichkeit offenbarte sich jedoch seinen Patienten weniger durch persönliche Eigentümlichkeiten als vielmehr durch die ganze Struktur der analytischen Situation. Von seinem Gesichtspunkt aus entsprach die Analyse der von ihm so betonten Wahrung der Privatsphäre und seinem Widerwillen gegen Publizität: Er riet seinen Patienten an, mit niemandem über ihre Analyse zu reden.[18] Freud konnte seinen Patienten einfach zuhören, jeden Punkt im Fluß ihrer freien Assoziation erwägen und sich frei entscheiden, wann er seine eigenen Gedanken äußern wollte.

Bei der analytischen Aufgabe, das Unbewußte eines anderen zu erforschen und nichts von dem, was sie sagten, für gleichgültig oder belanglos zu halten, erlag Freud manchmal der Gefahr, dem Unbewußten anderer mehr Aufmerksamkeit zu schenken als seinem eigenen.[19] Während die Praxis der Analyse dem Analytiker Einblick in sich selbst verschaffte, lieferte sie andererseits auch ein neues Mittel zur Selbsttäuschung des Patienten wie des Analytikers selbst. Diesen Vorwurf hatte in den 1890er Jahren Fließ gegen Freud erhoben.

Freud konnte zuweilen die begrenzte Nützlichkeit der von ihm empfohlenen Technik ganz offen anerkennen. So dogmatisch in therapeutischen Fragen einige Schüler Freuds später wurden, er selber gab zu:

Ich muß ausdrücklich sagen, diese Technik hat sich als die einzig zweckmäßige für meine Individualität ergeben; ich wage es nicht in Abrede zu stellen, daß eine ganz anders konstituierte ärztliche Persönlichkeit dazu gedrängt werden kann, eine andere Einstellung gegen den Kranken und gegen die zu lösende Aufgabe zu bevorzugen.[20]

Im Gegensatz zu manchen Therapeuten zog Freud die analytische Couch deshalb vor, damit er sich nicht den ganzen Tag beobachten lassen mußte; er erklärte:

Ich vertrage es nicht, acht Stunden täglich (oder länger) von anderen angestarrt zu werden. Da ich mich während des Zuhörens selbst dem Ablauf meiner unbewußten Gedanken überlasse, will ich nicht, daß meine Mienen dem Patienten Stoff zu Deutungen geben oder ihn in seinen Mitteilungen beeinflussen. Der Patient faßt die ihm aufgezwungene Situation gewöhnlich als Entbehrung und sträubt sich gegen sie ...

Freud wußte, daß *viele Analytiker es anders machen, aber ich weiß nicht, ob die Sucht, es anders zu machen, oder ob ein Vorteil, den sie dabei gefunden haben, mehr Anteil an ihrer Abweichung hat.*[21] Rituale können eine positive Funktion haben, und Freud betrachtete die Verwendung der Couch als ein *Zeremoniell.*[22] Aber die Verwendung der Couch wurde zum Prüfstein der Analyse, und die allermeisten Analytiker fürchteten, wenn sie keine Couch benützten, wären sie keine richtigen Analytiker.

An seinem Standpunkt, daß Neutralität das richtige analytische Verfahren sei, hielt Freud stets unverändert fest. Dank der Verwendung der Couch muß der Patient, Freuds Meinung nach, sich nicht mit zuviel Realität auseinandersetzen und wird deshalb bei der Entwicklung seiner Phantasien über den Analytiker kaum gestört, woraus ein wirksamerer Aufbau der Übertragung folgt. Die Distanz des Analytikers von seinen Patienten erleichtert nicht nur die rationale Einsicht des Analytikers, die in einer alltäglicheren äußeren Situation behindert sein könnte, sondern erweitert auch, wie Freud glaubte, die Skala der Patiententypen, die dem analytischen Einfluß zugänglich sind. Freud schrieb: *Ich habe Leuten helfen können, mit denen mich keinerlei Gemeinsamkeit der Rasse, Erziehung, sozialen Stellung und Weltanschauung verband, ohne sie in ihrer Eigenart zu stören.*[23]

Trotzdem ist unklar, warum es jemand etwas ausmachen soll, den ganzen Tag angeschaut zu werden, es sei denn, er ist besonders empfindlich gegen Prüfung und Beobachtung und hat wegen eines uneingestandenen Schuldgefühls oder weil er Kritik erwartet, Angst davor, daß andere ihn anblicken. Wenn ein Analytiker befürchtet, Patienten könnten schwache Stellen entdecken, und Beobachtung als einen feindseligen Akt empfindet, dann freilich wäre eine Therapie von Angesicht zu Angesicht mit einer Belastung verbunden. Die Verwendung der Couch kann ferner dem Analytiker dabei behilflich sein, eine emotionale Intimität mit Patienten zu vermeiden. Bei Patienten, die sich aus irgendeinem Grund fürchten, sich hinzulegen, müßte ein moderner Therapeut Freuds Empfehlungen zuwiderhandeln und dem Patienten erlauben, zu sitzen. Auch wenn die Couch gewisse Nachteile haben mag, so dürfen wir doch nicht darüber den generellen Aspekt aus den Augen verlieren, daß sie vielleicht immer noch die leichteste Methode darstellt, die es dem Patienten ermöglicht, entspannt zu sein und sich freien Assoziationen zu überlassen. Die Unpersönlichkeit des Analytikers kann den Weg zu den privatesten und persönlichsten Selbstenthüllungen des Patienten erleichtern.

Freud wurde nie ein konventioneller psychoanalytischer Therapeut. Seine Analyse der eigenen Tochter Anna zum Beispiel ist nur eines der Beispiele dafür, wie unorthodox er sein konnte. Bei bestimmten Patienten oder bei besonderen Gelegenheiten befürwortete es Freud, die vorgeschriebene psychoanalytische Technik über Bord zu werfen. Aber er wollte dabei sicher sein, daß ein solches Manöver wirklich im Interesse des Patienten war und nicht nur dem Vergnügen des Analytikers diente. Einmal war eine Schülerin Freuds wegen ihres Vorgehens bei einer Patientin besorgt; die

Analytikerin hatte der Patientin Geld gegeben, ihr bei ihren Aufgaben im Radcliffe College geholfen, ein Porträt in Auftrag gegeben – kurz, sie hatte alle die *aktiven* Dinge getan, die ein guter Analytiker nach den Regeln nicht tun darf. Freud jedoch billigte das vollkommen und sagte, manchmal müsse man zugleich Mutter und Vater für einen Patienten sein: *Man tut was man kann.*[24] Freud konnte auch in seiner eigenen Technik flexibel sein: Einmal geriet eine Patientin in Verlegenheit wegen einer Sache, über die sie gerade sprach, und wollte, daß Freud sie nicht ansehen solle. Er stand von seinem Stuhl auf, trat vor die Couch, blickte der Patientin ins Gesicht und sagte zu ihr, sie müsse den Mut haben, ihn anzuschauen und sich damit ihrem Problem stellen.[25]

Wenn Freud sich Vorrechte gestattete, die den jüngeren und unerfahrenen Analytikern nicht zukamen, so lag das daran, daß er vor allem Forscher war und fast alles einmal ausprobierte. Er tat, was er für das Beste hielt, ohne sich an seine eigenen Regeln zu halten. Einige seiner Schüler jedoch waren überaus folgsam: Ein Berliner Analytiker in den zwanziger Jahren erlaubte, weil er den Regeln nicht zuwiderhandeln wollte, seinen Patienten nicht, zu rauchen, während Freud bei zumindest einer Analyse regelmäßig zu Beginn einer Sitzung für den Patienten eine Zigarette und Zündhölzer bereitlegte.[26] Wie einer seiner Patienten und Schüler es einmal beschrieb, lautete die Einstellung des Meisters: *Handle so, wie ich es sage, nicht so, wie ich selbst handle;*[27] und diese Dichotomie war vielleicht einer der Ursprünge von Freuds Moralphilosophie in bezug auf die analytische Technik. Viele von Freuds Anhängern erwähnten die römische Maxime *Quod licet Jovi, non licet bovi.*

Freud ließ seine Patienten manchmal wissen, welche von ihnen er bevorzugte, und Jahre hindurch sammelte er jährlich Spenden zur Untersützung eines bevorzugten früheren Patienten, des *Wolfsmannes* – eines verarmten russischen Aristokraten. Manchmal ging er sogar seine Patienten um eine Spende an.[28] Im Gegensatz zu dem Bild eines kühl neutralen Analytikers hörte Freud gern die Meinungen seiner Patienten über jüngere Leute in der Bewegung, und in den zwanziger und dreißiger Jahren fragte er direkt, ob sie irgendwelche Spannungen in der Wiener Vereinigung bemerkt hätten.[6]

Wagemutig und unorthodox als Analytiker, analysierte Freud in zumindest zwei Fällen verheiratete Paare gleichzeitig. Im Falle von James und Alix Strachey verfuhr er so, daß der andere Ehepartner die Sitzung zusätzlich haben konnte und so an diesem Tag zwei Stunden lang analysiert wurde, wenn einer von beiden eine Sitzung versäumte. Freud analysierte Menschen, mit denen er gesellschaftlich verkehrte, manchmal auch dann, wenn sie – zum Beispiel im Sommer – im gleichen Haus mit ihm wohnten. Einige der besonders Bevorzugten gingen in der Familie ein und aus, obwohl Freud damit ja nicht mehr der ideale, distanzierte und innerlich unbeteiligte Analytiker sein konnte. Manchmal griff Freud im Interesse des Patienten ein; in einem Fall schrieb er ein Rezept für ein Verhütungsmittel aus, das eine bessere Befriedigung erlauben würde als ein Kondom.

In zumindest vier Fällen gab Freud Patienten Arbeiten von sich zum Übersetzen.*
Obwohl er schrieb, es sei nicht ratsam, daß Patienten analytische Literatur lesen, wird
berichtet, es sei ihm bei einigen Patienten gleichgültig gewesen, was sie lasen.[31] Einmal ermunterte er sogar einen Patienten, obgleich dieser es eigentlich nicht wollte,
zwei seiner Fallgeschichten zu lesen.[32] Er verlieh Bücher, obgleich er Bedenken äußerte, der Patient könne sie verlegen, denn jedes Buch sei etwas Wertvolles.[33] Wenn
ein Patient ihm ein Buch schenkte, nahm Freud das Geschenk nicht nur an, sondern
erwiderte es manchmal mit einem Buch seiner eigenen Wahl. Freud fehlte die
Strenge, die viele an anderen Analytikern beklagt haben;** er erzählte Witze, machte
einer Patientin ein Kompliment über ihr Kleid, und wenn er das Bedürfnis hatte auszutreten, stand er auf und ging hinaus.

Wenn Freud glaubte, eine Analyse könne durch Veränderungen im Leben des Patienten gefördert werden, intervenierte er. Manchmal riet er zu einer bestimmten
Wahl eines Ehepartners oder unterstützte einen Patienten, den Ehebund zu brechen.
Freud betrachtete bestimmte Träume als Zeichen einer Rückkehr zur Gesundheit und
konnte nach der Deutung eines Traumes bis zu der Bemerkung gehen: *Jetzt werden
Sie gesund werden.* Freud fühlte sich Herr der Situation, selbst als zwei Patienten,
die seit langem miteinander befreundet waren, ihre Analyse miteinander besprachen.[35] Vielleicht um eine Reaktion auszulösen (und auch um seine Sache zu fördern), erwähnte Freud häufig den Abfall von Adler, Jung und Rank; auf Fragen war
er nicht abgeneigt, über seine früheren Schüler zu sprechen. Wenn er eine Oper
liebte, wie zum Beispiel Mozarts *Don Giovanni*, erwähnte er es, wenn sie in der Stadt
gespielt wurde.

Einen jungen Mann, der ein paar Gedichte geschrieben hatte, forderte er auf, sie ihm
zum Lesen zu geben; Freud sagte, die Gedichte überraschten ihn, denn sie zeigten,
daß der Patient nicht, wie dieser selber gedacht hatte, eine schwache, sondern vielmehr eine sehr starke Persönlichkeit sei. Dieses Lob kam völlig unerwartet, und
Freuds Versicherung, er sei ein kluger Kopf, war für den Patienten, wie er später
glaubte, wesentlich für seine Fähigkeit der Selbstverwirklichung.[36] Im Alter klopfte
Freud manchmal auf den Rand der Couch, entweder weil er etwas nicht richtig gehört
hatte oder um einen Gedanken zu unterstreichen.[37] Oft schenkte er Nachfolgern in
der Psychoanalyse seine Photographie, sogar unaufgefordert.

Freud wollte gern, daß psychoanalytische Patienten ganz aus eigenem Antrieb zur
Behandlung kamen, und als Zeugnis dieser freien Entscheidung forderte er Opfer von

---

* Wie James Strachey sich erinnerte: *Nach nur wenigen Wochen unserer Analyse* [nämlich seiner eigenen
und der seiner Frau Alix] *gab er uns plötzlich den Auftrag, eine Übersetzung einer Arbeit, die er kürzlich
geschrieben hatte, anzufertigen.*[30] Edith Jackson und Joan Riviere führten gleichfalls solche Arbeiten für
Freud aus, während sie in Analyse waren.

** Wie Theodor Reik bemerkte: *Man kann nicht kein kalter Fisch bleiben, wie das viele von den New Yorkern
ausgebildete Analytiker tun. Es ist unglaublich. Meine Tochter war in Analyse und schenkte ihrem Analytiker ein Buch zu Weihnachten, und der Analytiker sagte ›Warum haben Sie mir dieses Buch gegeben?‹
und nahm es nicht an. Das ist unmenschlich.*[34]

ihnen. Er stellte den generellen Grundsatz auf, der Analytiker solle niemanden *ohne Honorar behandeln und auch zugunsten der Kollegen oder ihrer Angehörigen keine Ausnahme machen.*[38] Aber Freud hielt sich nicht immer an die Regel, die er für andere aufstellte; es war einer der Widersprüche in ihm, daß eine gewisse Knausrigkeit in der Theorie Hand in Hand mit wirklicher Freigebigkeit ging. Denn obwohl er der Meinung war, alles, was man völlig kostenlos gebe, verliere dadurch in den Augen des Empfängers an Wert, wissen wir doch von mehreren Fällen, in denen Freud Patienten kostenlos analysierte.* Auf der anderen Seite gaben manche Patienten Spenden für Freuds Bewegung, manche machten sogar seiner Familie Geschenke. Während der schweren Zeiten in Wien gegen Ende des Ersten Weltkrieges schrieb Freud in einem Brief von der schon seit etwa einem Jahr dauernden *Versorgung durch Patienten und befreundete Anhänger.*[39]

Einmal riet Freud einem Schüler, im Falle eines scheinbar verschlossenen und distanzierten Patienten solle der Analytiker den Neid des Patienten erwecken, indem er sich betont anerkennend über einen anderen seiner Patienten äußere.[40] (Der Trick funktionierte.) In den 20er Jahren begann Freud eine Analyse mit einem Amerikaner, der dabei Englisch sprach, aber nach einem Monat entschloß sich Freud, auf Deutsch überzugehen, das ihm lieber war. Der Patient hatte etwas Deutsch in der Schule gelernt und nahm damals weiteren Unterricht, aber Freud gab ihm nur eine Woche Zeit zur Umstellung. Der Patient fragte, ob das nicht seine freien Assoziationen behindern werde, aber Freud meinte, es würde im Gegenteil nützlich sein; kurz darauf machte der Patient einen bedeutungsvollen Versprecher, den er im Englischen nicht gemacht hätte.[41] (Jahre zurück hatte Freud geschrieben, es sei keineswegs selten, daß jemand, der nicht in seiner Muttersprache redete, seine Unbeholfenheit dazu benützt, in der ihm fremden Sprache sehr bedeutsame Versprecher zu begehen.[42]) Einmal glaubte Freud, eine amerikanische Patientin benütze ihr Englisch als Widerstand, und ging deshalb mit ihr auf die deutsche Sprache über. Freud konnte jedoch ihr Deutsch nicht ausstehen, so daß sie wieder aufs Englische überwechselten.[43]

Freuds mehr auf Taktik bedachten Anhänger stellten ihn als Musterbeispiel des idealtypischen Analytikers dar: Jones unterdrückte bei der Darstellung eines Vorfalles, über den eine frühere Patientin Freuds berichtete, die Tatsache, daß er während einer Analyse stattfand, die durchgeführt wurde, als die Patientin in Freuds Sommerhaus wohnte. Ferner gab es die Heuchelei jener, die von Freuds Praktiken wußten und zu gleicher Zeit von ebensolchen Verfahrensweisen, wenn sie von anderen ausgeübt wurden, behaupteten, sie seien unanalytisch. Vor allem amerikanische Analytiker neigten dazu, orthodoxer als Freud selbst zu sein; sie hatten auch nicht den regelmäßigen Kontakt mit Freud wie ihre europäischen Kollegen.

Natürlich darf man bei jedem Bericht darüber, wie unorthodox Freud in seinem tech-

---

* Zum Beispiel behandelte Freud ohne Bezahlung Heinz Hartmann, Kata Levy, Eva Rosenfeld, eine Zeitlang den *Wolfsmann* und zweifellos noch andere.

nischen Vorgehen sein konnte, nicht außer acht lassen, daß es stillschweigender Teil der Vereinbarung zwischen einem Patienten und Freud war, daß von ihm keine übliche Analyse zu erwarten war. Als Begründer eines neuen Behandlungssystems fühlte Freud sich berechtigt, Veränderungen jedweder Art vorzunehmen, die er für notwendig erachtete.

Man kann darüber streiten, ob es eine Stärke oder eine Schwäche Freuds war, daß er sich nicht an seine eigenen Regeln für die Analyse hielt. Aber die meisten würden wohl der Meinung zustimmen, daß jedes von Freud geschaffene Behandlungsverfahren funktioniert hätte, vorausgesetzt, daß Freud selbst es anwandte. Die Schwierigkeiten entstanden, weil – wie es Heinz Hartmann formulierte – Freud wie Bismarck war: Sowie der Kanzler entlassen war, mußte das ganze Regierungssystem Deutschlands geändert werden (dieser Vergleich hätte Freud gefallen).[44]

Aber was wird aus der Analyse ohne ihren Begründer? Wie Georg Groddeck einmal schrieb: »Weil es zwei oder drei große Pianisten gibt, muß jeder Schüler und jede Schülerin an dem Folterinstrument sitzen. Aber schlechtes Klavierspiel tut nur den Ohren weh, das Spiel mit der Analyse wird zahllose Herzen zerreißen.«[45] Stefan Zweig hatte Anfang der dreißiger Jahre ähnliche Zweifel darüber, welchen Gebrauch man wohl in Zukunft von dem Werk Freuds machen werde:

In der Seltenheit solcher wirklichen Seelenmeister will mir die Beschränkung liegen, warum Psychoanalyse immer nur eine Berufung von einzelnen und niemals – wie es leider heute oft geschieht – Beruf und Geschäft werden kann ... Nur mit Grauen kann man sich vorstellen, wie gefährlich ein inquisitorisches Verfahren, das ein schöpferischer Geist wie Freud in höchster Feinheit und Verantwortung ausdachte, in plumpen Händen werden könnte. Nichts hat wahrscheinlich dem Ruf der Psychoanalyse so sehr geschadet, wie der Umstand, daß sie sich nicht auf einen engen, aristokratisch ausgewählten Seelenkreis beschränkte, sondern das Unerlernbare in Schulen lehrte.[46]

Solche Zweifel, schrieb Freud, *ob sich die Analyse zur Ausübung für gewöhnliche Menschenkinder eignet, führt sich auf ... Unkenntnis der Technik zurück,*[47] und sein Vergleich der Analyse mit dem Mikroskop oder einem chirurgischen Verfahren unterstützte die magischen Erwartungen bezüglich des rein wissenschaftlichen Charakters seines Werkes. Dinge, die für Freud vielleicht vorübergehende oder *ad hoc*-Maßnahmen waren, wurden in den Händen einiger seiner Jünger zu unveränderlichen Ritualen. Und der von ihm geschaffene technische Jargon konnte dazu benützt werden, nahezu alles zu rechtfertigen.

4.2. Forschungsziele

Leider werden die übertriebenen Hoffnungen mancher Patienten auf eine Art Wunderheilung durch die hohen Kosten einer psychoanalytischen Behandlung noch gefördert. Zu Beginn seiner Praxis als Analytiker verdiente Freud jedoch relativ wenig; und im Jahre 1913 schrieb er, der Analytiker könne auch *bei schwerer Arbeit nie so viel erwerben ... wie andere medizinische Spezialisten.*[1] Freud hatte eine ungewöhnlich direkte Einstellung zum Geld; in der Anfangszeit seiner Praxis als Arzt bemerkte er, *daß ich bei einer größeren Anzahl von Krankenbesuchen nie einen anderen Besuch vergesse als den bei einem Gratispatienten oder bei einem Kollegen.*[2] Deshalb äußerte sich Freud, als er die Modalitäten für eine analytische Behandlung entwickelte, sehr offen über deren finanzielle Seite. Er meinte, das finanzielle Opfer des Honorars würde für den Patienten eine spürbare Einbuße darstellen und ihn anspornen, bei der analytischen Arbeit Fortschritte zu erzielen.

Mit den bereits erwähnten Ausnahmen, war Freud darauf aus, für seine Dienste auch eine angemessene Bezahlung zu erhalten. Er ermunterte seine Schüler, in Geldangelegenheiten geradeheraus und aufrichtig zu sein, und er war natürlich schockiert, als er in den 20er Jahren herausfand, daß ein Analytiker in Wien von anderen Analytikern, denen er Patienten überwies, einen Anteil am Honorar erwartete. Nach einer unerfreulichen Diskussion wurde klargestellt, daß Freud derartige Praktiken mißbilligte.*[3]

Freud beeindruckte es, wenn ein reicher Patient in der Lage war, nicht nur seine Rechnungen zu bezahlen, sondern auch der Bewegung als ganzer weiterzuhelfen. In den 20er Jahren schickte er den amerikanischen Schriftsteller Thomas Wolfe zu einem seiner Anhänger, weil Wolfe nicht in der Lage war, Freuds Honorare zu bezahlen; und dieser Analytiker verwies den Schriftsteller aus dem gleichen Grunde wieder an einen dritten Analytiker. Um 1930 erwartete Freud von seinen Patienten 25 Dollar pro Stunde, obwohl viele zu niedrigeren Sätzen behandelt wurden; Freud war aber auch der Meinung, daß alle Analytiker die Verpflichtung hatten, eine gewisse Anzahl von Patienten kostenlos zu behandeln.

Freud behandelte seine Patienten für gewöhnlich an sechs Tagen in der Woche, der Sonntag blieb frei; außerdem machte er im Sommer einen Monat oder länger Urlaub. Die analytische Fünftagewoche, die eine Zeitlang in den Vereinigten Staaten üblich wurde, entstand durch einen Zufall im Jahre 1921.

Freud hatte sechs neue Patienten angenommen, stellte dann aber fest, daß er nur für fünf von ihnen Zeit hatte. Er schlug vor, einer von ihnen solle statt dessen zu Rank

---

* In einer Gruppe von Wiener Analytikern wurde der Fall eines Analytikers besprochen, der sich eines beruflichen Mißbrauchs schuldig gemacht hatte; nach einer ausführlichen Diskussion über die psychologischen Ursprünge des Verstoßes gegen die Berufsethik beendete Freud die Angelegenheit mit der Äußerung: *Das mag alles so sein, aber ein Mißbrauch wird dadurch nicht besser, daß er psychologische Grundlagen hat.*

gehen, zu einem Bruchteil seines eigenen Honorars, aber alle weigerten sich. Abraham Kardiner erinnerte sich, daß darauf

jeder von uns eine schlechte Nacht verbrachte, weil wir nicht wußten, was Freud nun vorhatte. Würde er tatsächlich einen von uns packen und hinauswerfen oder würde ihm eine freundlichere Lösung einfallen? Wir kamen alle am nächsten Tag um drei Uhr zurück. Er rief uns zusammen und verkündete, er habe eine glückliche Lösung gefunden. Seine Tochter Anna, sagte er, habe sich als mathematisches Genie erwiesen. Sie habe entdeckt, daß fünfmal sechs dreißig ergibt und daß sechsmal fünf gleichfalls dreißig ergibt, so daß er sechs unterbringen könne, wenn jeder von uns auf eine Stunde pro Woche verzichte. Das war der Beginn der Fünftagewoche.[4]

Im Jahre 1921 hatte Freud insgesamt neun Patienten in Analyse, wovon fünf Amerikaner waren; bei seinen europäischen Patienten ging er jedoch nicht von sechs auf fünf Tage zurück, und den Amerikanern schien es klar zu sein, daß Freud die anderen bevorzugte. Um 1930 behandelte Freud immer noch Patienten nach dem Sechs-Tage-Schema, obwohl er in seinen letzten Jahren nur noch fünf Patienten pro Tag empfing.

Freud hatte einen *richtigen Haß auf das Warten*[5], und konnte es nur schaffen, mit allen seinen Fällen zu Rande zu kommen, wenn die Patienten pünktlich waren. Es wird berichtet, daß er nie einen Patienten warten ließ und jedem *genau fünfundfünfzig Minuten* schenkte.[6] Freud betrachtete es als eine wichtige Sache, daß der Patient pünktlich war; er konnte einen Patienten ausschelten, wenn er sich verspätete, und das Zuspätkommen auch als ein Zeichen von Widerstand deuten. In jedem Fall hatte der Patient die versäumte Zeit zu bezahlen. Seine Anhänger nahmen wie er Pünktlichkeit für selbstverständlich, und selbst der radikale Wilhelm Reich konnte es, wie berichtet wird, nicht ertragen, wenn man ihn warten ließ.[7] Die analytische Beziehung hatte ein Element der Förmlichkeit und sollte absichtlich nicht zwanglos oder gelockert und leicht erscheinen.

Zu Beginn konnte es vorkommen, daß Freud einen Patienten auf der Couch nur ein- oder zweimal behandelte, und in einem Fall (bei Wilhelm Stekel) bildeten neun Sitzungen eine Analyse. Im Jahre 1903 meinte Freud dann, eine Analyse beanspruche *lange Zeiträume, ein halbes Jahr bis drei Jahre für eine wirksame Behandlung*, und hatte die Hoffnung, künftige neurotische Reaktionen bei seinen Patienten verhindern zu können.[8] Im Jahre 1913 erklärte er: *Es handelt sich bei der Psychoanalyse immer um lange Zeiträume, halbe oder ganze Jahre, um längere, als der Erwartung des Patienten entspricht.*[9] Im Jahre 1930 schätzte einer von Freuds Schülern, daß *die durchschnittliche Dauer einer analytischen Behandlung ein Jahr beträgt.*[10] Im Laufe der Jahre verlängerte sich die erwartete Dauer einer Analyse beträchtlich, und 1932 bemerkte Freud: *Es gibt . . . schwer benachteiligte Menschen, die man ihr ganzes Leben über in analytischer Obhut hält und von Zeit zu Zeit wieder in Analyse nimmt.*[11]

Es ist schwierig, eine allgemeine Aussage darüber zu machen, wie lange Freud seine Patienten in der Analyse behielt, denn schon in der *Traumdeutung* sprach er von einem Patienten im fünften Behandlungsjahr und im Jahre 1915 von einer Patientin, die vier Jahre lang in seiner Behandlung war.[12] Immerhin kann man soviel sagen, daß Freud in seiner Anfangszeit als Analytiker Patienten relativ kurz behandelte; bis in die spätere Zeit seiner Laufbahn erschienen ihm einige Monate der »Kur« oft ausreichend. Einmal überwies er einen Fall von Impotenz an Reich mit der Direktive: *Impotenz, drei Monate.*[13]

Gegen Ende seines Lebens jedoch behandelte Freud Patienten über längere Zeiträume, in einigen Fällen sechs Jahre lang. Teilweise war dies auf seinen schlechten Gesundheitszustand zurückzuführen; mit fortschreitendem Alter reizte es ihn immer weniger, neue Menschen kennenzulernen, und wenn er einen Patienten fand, der sich seine Honorare leisten konnte und interessant, aber nicht zu störrisch erschien, war es für ihn leichter, die Behandlung nicht zu unterbrechen. Außerdem war Freud enttäuscht über die Ergebnisse einiger seiner frühen Fälle, die seinerzeit einen erfolgreichen Eindruck gemacht hatten; längerdauernde Analysen waren vielleicht zuverlässiger. Einmal wurde er gefragt, ob die Psychoanalyse ein endlicher oder ein unendlicher Prozeß sei. Nach einer Pause sagte er zögernd und mit leiser Stimme: *Ich glaube – ein unendlicher.*[14]

Im Jahre 1926 schrieb Freud zu seiner Verteidigung: *Die analytischen Behandlungen brauchen Monate und selbst Jahre; ein so langsamer Zauber verliert den Charakter des Wunderbaren.*[15] Es ist jedoch zweifelhaft, ob extrem langdauernde Analysen zu rechtfertigen sind. Wenn zum Beispiel ein Patient acht oder zehn Jahre lang in analytischer Behandlung ist, kann man berechtigterweise fragen, ob – angenommen, er brauche wirklich eine so extensive Hilfe – eine direktere Form der Unterstützung als die Analyse nicht vorzuziehen gewesen wäre. Lange Analysen rufen eine Abhängigkeit in dem Patienten hervor, die schwer zu überwinden sein kann. Ferner kann man von einem Patienten, der ein kleines Vermögen in eine Analyse investiert, kaum erwarten, daß er eine objektive Einstellung dazu hat, wie groß der erzielte Gewinn ist; er ist vielleicht übermäßig fügsam oder unnötig enttäuscht. Freuds relativ kurze Analysen ermöglichten dem Patienten wenigstens, seine Selbständigkeit zu bewahren, was ja von Anfang an eines der wichtigen Ziele der Analyse war.

Doch war die Frage, wie lange eine Analyse dauern soll, für Freud nicht besonders wichtig. Sein Hauptanliegen war der Fortschritt der Wissenschaft. Er glaubte, daß die Krankheit ein Weg zur Erkenntnis sein kann, und er ersann eine Methode, um diese Erkenntnis in den Dienst der Wissenschaft zu stellen. Sein Interesse galt in erster Linie der Förderung des Verständnisses der menschlichen Psyche – daher die Unpersönlichkeit, die für die psychoanalytische Behandlung charakteristisch ist. Trotzdem enthielt Freuds Technik auch ein Element der menschlichen Unterstützung. Er zeigte unbestreitbar ein beträchtliches berufliches Interesse für seine Patienten und erinnerte sich an viele Dinge in ihrem Leben. Aber es sollte uns nicht überraschen, wenn Patienten berichten, daß sie nie wußten, ob Freud sie mochte oder nicht; es war Freuds Ziel, völlig unpersönlich zu sein, und einer seiner früheren Patienten kam zu dem Schluß, Freud sei seiner Natur nach kalt gewesen.[16]

Für manche war es zuerst etwas recht Beunruhigendes, Freud aufzusuchen; er hatte einen gewissen Charme, war aber kurz angebunden.[17] In seiner Technik war er jedoch äußerst menschlich, und viele Patienten erzählen von dem guten Kontakt, den sie mit ihm hatten. Er blieb ganz natürlich, wenn er über sich selbst sprach, und seine volle Aufmerksamkeit stand nur in seltenen Fällen in Frage. Er konnte warmherzig sein und sich für alles interessieren.

Freud war viel zu sehr Mensch, um Patienten bloß als Objekte wissenschaftlicher Forschung zu behandeln. Aber er war der Entdecker von so vielen Dingen, daß ihn etwas, was er gerade aufzudecken im Begriff war, bis zum Ausschluß anderer Faktoren faszinieren konnte. Freud schrieb, daß bei *der analytischen Arbeit . . . Forschung und Behandlung . . . zusammenfallen;*[18] er wußte jedoch, daß das wissenschaftliche Interesse auch die klinische Arbeit beeinträchtigen kann. Er machte sich Gedanken über den Konflikt zwischen Forschung und Therapie in der Analyse.[19] In seinem Alter jedoch verlagerte sich das Schwergewicht von der Sorge um die Therapie auf den Schutz der Wissenschaft: *Ich will nur verhütet wissen, daß die Therapie die Wissenschaft erschlägt.*[20] Am Ende triumphierte der Entdecker in Freud über den Künstler.

Er betonte immer wieder, der Analytiker müsse die Kraft bewahren, *auf kurzsichtigen therapeutischen Ehrgeiz zu verzichten.*[21] Allmählich wurde *die wissenschaftliche Forschung wieder* (wie in seiner Jugend) *zum Hauptinteresse meines Lebens.*[22] Er sah *eine Massenanwendung unserer Therapie* voraus und wußte, daß man dann genötigt sein werde, *das reine Gold der Analyse reichlich mit dem Kupfer der direkten Suggestion zu legieren . . . Aber wie immer sich auch diese Psychoanalyse fürs Volk gestalten . . . mag, – ihre wirksamsten und wichtigsten Bestandteile werden gewiß die bleiben, die von der strengen, der tendenzlosen Psychoanalyse entlehnt worden sind.*[23]

Freud glaubte, daß seine Methode die beste für die Forschung, wenn nicht für die Therapie sei. Einige seiner Patienten kamen zu der Annahme, er interessiere sich nicht wirklich für die Therapie, vielmehr für die Möglichkeit, Entdeckungen zu machen. Behandlung ist nicht der Anfang und das Ende der Medizin; Freud glaubte, Fragen der Vorbeugung und Heilung würden sich von selbst lösen, vorausgesetzt daß wir genügend viel über das Wesen der Krankheit und der am Werk befindlichen Kräfte verstehen.* Schon 1912 schrieb er in einem Brief: *Der therapeutische Gesichtspunkt ist aber gewiß nicht der einzige, der an der Psychoanalyse Interesse verdient, nicht einmal der wichtigste. So ließe sich also viel darüber sagen, auch ohne die Therapie in den Vordergrund zu rücken.*[25]

---

* Nach der Meinung von William M. Johnston ging die Auffassung der Wiener Schule dahin, daß *die Krankheit einen Teil des Lebens bilde: die Aufgabe des Arztes sei nicht, sie auszurotten, sondern nur, sie zu verstehen.*[24]

Freuds Interesse für die Therapie schwand in seinem Alter, und einige seiner Schüler machten sich die gleiche distanzierte Einstellung zum Patienten zu eigen. Wie Robert Waelder schrieb: *Freud meinte, es sei ein Glück, daß die Psychoanalyse einen therapeutischen Wert habe, weil das allein es möglich mache, daß sich Menschen für die psychoanalytische Forschung zur Verfügung stellen.*[26] Franz Alexander hingegen kam zu dem Schluß: *Die klassische Technik wurde ursprünglich für die Forschung und nicht für die Behandlung entwickelt . . . [Die] scheinbare Parallele zwischen den Zielen von Forschung und Behandlung hat sich als eine folgenschwere Übertreibung erwiesen.*[27] Andere Schüler Freuds behaupteten, sich nicht mit Freud als Wissenschaftler identifiziert zu haben, und waren der Meinung, der Therapeut müsse dem Patienten ein gewisses Maß an unmittelbarer Erleichterung verschaffen. Aber fast alle Anhänger Freuds neigten dazu, von sich selber als *Beobachter*, nicht als *Heilende* zu sprechen. Freud war nicht besonders daran interessiert, von seinen Schülern etwas über ihre therapeutischen Ergebnisse zu hören, ihn interessierte, was sie entdeckt hatten.

Schon 1912 hatte Freud den Analytiker als *Chirurgen* und die Analyse selbst als eine *Operation* bezeichnet; er empfahl, der Analytiker solle eine Haltung der *Gefühlskälte* einnehmen.

Ich kann den Kollegen nicht dringend genug empfehlen, sich während der psychoanalytischen Behandlung den Chirurgen zum Vorbild zu nehmen, der alle seine Affekte und selbst sein menschliches Mitleid beiseite drängt und seinen geistigen Kräften ein einziges Ziel setzt: die Operation so kunstgerecht als möglich zu vollziehen.[28]

Freud rückte die menschlichen und moralischen Aspekte der psychoanalytischen Behandlung in den Hintergrund und verglich die Seelenheilung mit einem *chirurgischen Eingriff*.[29] Er betonte immer wieder: *die Technik der Psychoanalyse ist . . . so bestimmt und so heikel geworden wie die irgendeiner anderen medizinischen Spezialität* und: *Die analytische Technik [hat] eine Bestimmtheit und Feinheit gewonnen, die mit der chirurgischen Technik wetteifert.**[30] Freud schrieb: *Wir müssen, so grausam es klingt, dafür sorgen, daß das Leiden des Kranken in irgendeinem wirksamen Maße kein vorzeitiges Ende findet.*[31]

Es wäre vielleicht leichter, Freud zuzustimmen, wenn er nur nicht so deutlich gesagt hätte, daß er *nie ein therapeutischer Enthusiast* war; *Erinnern wir uns aber, daß man dem Leben nicht als fanatischer Hygieniker oder Therapeut entgegentreten darf.*[32] Freud nahm ohne jeden Zweifel seine eigenen Fälle ernst, und er schrieb auch, es sei *nicht gut, einen Fall wissenschaftlich zu bearbeiten, solange seine Behandlung noch nicht abgeschlossen ist . . .*[33] Aber er wußte, das Wichtigste in seinen Fällen waren für ihn die psychologischen Entdeckungen, die sie ihm letzten Endes ermöglichten.

---

* Diese Vergleiche hatten zwangsläufig ihren eigenen suggestiven Einfluß; sie konnten den Patienten zur Passivität anstatt zum analytischen Ideal der Selbständigkeit ermuntern.

Freud anerkannte, daß vom Standpunkt des Patienten die therapeutischen Resultate das Entscheidende waren, und auch er brauchte sie, um seiner Praxis und seiner Schüler willen. Freud wußte von Anfang an, daß er keine Behandlung anbieten konnte, wenn nicht eine Aussicht auf Erfolg bestand; *wenn man von der Behandlung Nervenkranker leben wollte, mußte man offenbar ihnen etwas leisten können.*[34] Es ärgerte ihn, daß – wie er es ausdrückte – *einige der schönsten Heilerfolge ihre Wirkung auf die Mitwelt verfehlen.*[35]

Es fällt schwer zu glauben, daß die Technik allein jemals dauerhafte psychotherapeutische Resultate erzielen kann; es hat in der Analyse keine Fortschritte gegeben, die denen in der Chirurgie vergleichbar wären. Freud hingegen hatte folgendermaßen argumentiert:

Der Chirurg läßt sich . . . von der Untersuchung und Hantierung am Krankheitsherd nicht abhalten, wenn er einen Eingriff beabsichtigt, welcher dauernde Heilung bringen soll . . . Die Psychoanalyse . . . darf dieselben Ansprüche erheben wie die Chirurgie; der Zuwachs an Beschwerden, den sie dem Kranken während der Behandlung zumutet, ist bei guter Technik ungleich geringer, als was der Chirurg ihm auferlegt und überhaupt gegen die Schwere des Grundleidens zu vernachlässigen.[36]

Freuds Untersuchungsdrang und sein Verlangen nach wissenschaftlicher Erkenntnis führten ihn dazu, für die Laienanalyse einzutreten; die Linderung des Leidens war Teil des Arztberufes, zu heilen, und war nicht Freuds Hauptanliegen. Freud bemerkte einmal in einer Falldarstellung:

Es gelang nicht, dieses Gewebe von Phantasieumhüllungen Faden für Faden abzuspinnen; gerade der therapeutische Erfolg war hier das Hindernis . . . Die wissenschaftliche Erforschung durch die Psychoanalyse ist ja heute nur ein Nebenerfolg der therapeutischen Bemühung, und darum ist die Ausbeute oft gerade bei unglücklich behandelten Fällen am größten.[37]

Im Jahre 1908 konstatierte Freud bei sich eine gewisse Gleichgültigkeit gegenüber seinen Patienten, und 1925 schrieb er in einem Brief noch allgemeiner: *Eine Kruste von Unempfindlichkeit umzieht mich langsam.*[38] Freud nährte die Illusion, die therapeutischen Ergebnisse seien um so besser, je perfekter die Technik des Analytikers sei. Der Analytiker kann natürlich seine Urteile nur auf das gründen, was er sieht, aber es ist eben eine Tatsache, daß klinisches Material häufig von verschiedenen Leuten verschieden bewertet wird.

Schon 1896 schrieb Freud an Fließ:

Ich habe als junger Mensch keine andere Sehnsucht gekannt als die nach philosophischer Erkenntnis, und ich bin jetzt im Begriffe sie zu erfüllen, indem ich von der Medizin zur Psychologie hinüberlenke. Therapeut bin ich wider Willen geworden . . .[39]

Und im Jahre 1926 schrieb er:

Ich meine aber, mein Mangel an der richtigen ärztlichen Disposition hat meinen Patienten nicht sehr geschadet. Denn der Kranke hat nicht viel davon, wenn das therapeutische Interesse beim Arzt affektiv überbetont ist. Für ihn ist es am besten, wenn der Arzt kühl und möglichst korrekt arbeitet.[40]

Im Jahre 1916 schrieb Freud: *Mir fehlt ja dieses Hilfsbedürfnis und ich sehe jetzt darum, weil ich in jungen Jahren keine geliebte Person verloren habe.*[41] Er betonte gern den *Gegensatz der medizinischen und der psychoanalytischen Auffassung des Traumes,*[42] denn sein Ideal war mehr das des Wissenschaftlers als das des Arztes. Freud hob stets hervor, die psychoanalytische Theorie sei *auf Beobachtung gestützt,*[43] und Jones hatte zweifellos recht, als er schrieb: *Es gab einen Vorwurf, der ihn recht empfindlich zu treffen schien, nämlich die Behauptung, alle seine Befunde seien spekulativ erschlossen.*[44] Einige von Freuds Schülern schätzten seine Arbeit auch dann noch hoch, als sie ihn als Persönlichkeit nicht mehr bewunderten, und andere wieder erkannten weiter seine geniale Begabung an, nachdem sie seine Befunde verworfen hatten. Freud selbst unterschied zwischen *Größe der Leistung* und *Größe der Persönlichkeit.*[45]

Wenn Freud kein eigentlicher ›Heiler‹ war, so benützte er andererseits gern Vergleiche aus dem Bereich von Bildung und Erziehung. Man könne, schrieb er, die psychoanalytische Behandlung als eine *Nacherziehung zur Überwindung innerer Widerstände ... ganz allgemein auffassen.*[46] Freud wollte den Patienten die Instrumente zur Selbsterkenntnis in die Hand geben. Aber obwohl er ausdrücklich von dem Maß psychischer Normalität schrieb, *zu dem [die Analytiker] ihre Patienten erziehen wollen,*[47] unterschied er doch zwischen Erziehung und Analyse. *Erziehung und Therapie,* schrieb Freud, *treten nun in ein angebbares Verhältnis zu einander ... Die Erziehung ist eine Prophylaxe; die Psychoanalyse will den labileren der beiden Ausgänge rückgängig machen und eine Art von Nacherziehung einsetzen.*[48] Freud erteilte seinen Patienten natürlich keinen Unterricht, aber seine sokratische Arbeitsannahme war, daß der Patient alles weiß, aber dessen nicht gewahr ist.

Freud verteidigte sich gegen den Vorwurf, sein therapeutisches Vorgehen sei zu eng: *Der Vorwurf der Einseitigkeit ist gegen die Psychoanalyse, die, als Wissenschaft vom seelisch Unbewußten ihr bestimmtes und beschränktes Arbeitsgebiet hat, ebenso unangebracht, wie wenn man ihn gegen die Chemie erheben würde.*[49] Er sah die Zeit kommen, da man sich chemischer Methoden bedienen würde, um psychische Zustände zu korrigieren, und wollte, daß seine Schüler sich beeilten, bevor die neurotischen Probleme aus dem Blickfeld entschwänden; denn der neurotische Mensch liefere *weit lehrreicheres und zugänglicheres Material als der Normale ...*[50] Freud warnte seine Schüler, der *Mann mit der Spritze* stehe direkt hinter ihnen, und wenn die Neurosen einmal durch neue Methoden heilbar seien, hätten die Analytiker keine

Gelegenheit mehr, zu lernen. Er befürchtete, der *blinde Gigant, der Hormon-Mann*, werde viel Schaden anrichten, wenn der Zwerg Psychologie ihn nicht aus dem Porzellanladen entferne.*[51]

Freud spürte stets die Gefahr übermäßigen therapeutischen Eifers bei einem Analytiker. Einmal schrieb er einem Schüler, er solle seinen therapeutischen Ehrgeiz zurückstellen und zu verstehen versuchen, was vorgeht; wenn er das getan habe, werde die Therapie sich von allein ergeben.[53] Ein Therapeut, der aktiver vorgeht, als Freud es empfahl, läuft in der Tat Gefahr, den Patienten zu abhängig oder auch zu schuldbewußt zu machen, was neue Abwehrreaktionen hervorrufen kann; oder der Patient reagiert vielleicht später ungünstig auf den Verlust des überaktiven Therapeuten. Die Möglichkeit ist durchaus gegeben, daß der Therapeut zu starken Anteil nimmt und sich zu sehr mit seinen Patienten identifiziert. Aber gesunder Menschenverstand ist nicht in jedem Fall unzuverlässig, und das Verlangen des Therapeuten, zu helfen, braucht der Wiederherstellung des Patienten nicht im Wege zu stehen.

In den 1890er Jahren hatte Freud gehofft, als Therapeut Erfolge in der Prophylaxe zu erzielen, aber gegen Ende seines Lebens war er skeptischer.[54] Wenn Freud nicht gleichermaßen groß als Entdecker und als Heilkünstler war, so kannte er wenigstens einige seiner Grenzen. Kardiner gegenüber gab er zu, drei Dinge seien bei ihm als einem ungeduldigen Analytiker falsch: Er bekomme zu schnell genug von den Menschen und behalte manche Patienten nicht lange genug in Analyse; er beschäftige sich übermäßig stark mit theoretischen Problemen und suche bei jedem Patienten nach ihnen; und er übernehme zu leicht die Rolle des patriarchalischen Vaters.[55]

Unter den Analytikern der alten Garde wurde es in späteren Jahren Mode, zu sagen, Freud sei ein schlechter Therapeut gewesen. Aber er hatte das Geld der Leute gegen das Versprechen angenommen, daß er ihnen helfen werde, und deshalb war es ihm wichtig, Erfolg zu haben. Er stellte gern heraus, daß seine Konzepte, im Gegensatz zu denen mancher Rivalen, in einem klinischen Kontext entstanden waren: »[Ich ging] *nicht wie Janet von Laboratoriumsversuchen, sondern von therapeutischen Bemühungen aus.*[56] Aber wenn Freud auch des öfteren schrieb, er sei im Grund kein Arzt, so ist doch von vielen Seiten bezeugt, wie wichtig er seine Patienten nahm. Wie Binswanger schrieb: *Trotz allem, was er selbst über seine mangelnde Befähigung zum Arzt sagte ... glaube ich ihm doch nur halb, zu sehr ›im Bilde‹ darüber, wie er sich für einzelne seiner Patienten in jeder Hinsicht aufgeopfert hat.*[57]

---

* Freud sagte in diesem Zusammenhang auch, er komme sich vor wie ein Mensch im Nebel, der hinter sich Schritte hört, die näher kommen. Im Jahre 1929 oder 1930 bemerkte er, er sei wie ein Mann in der Arktis, der weiß, daß er nur noch wenig Zeit hat, bevor das Eis ihn einschließt.[52]

4.3. Charakter und Symptome

Zu Beginn seiner therapeutischen Arbeit hatten Freud die Möglichkeiten, die Hypnose und Suggestion boten, verlockt. Später schrieb er, die Hypnose sei ihm *bald unliebsam geworden*.[1] Freud hatte dabei zum Teil moralische Einwendungen im Auge, und es wird berichtet, die *ethische Seite der Suggestionstherapie – die Täuschung, der Zwang und die Ignoranz* sei ihm unsympathisch gewesen.[2] Die Anwendung der Hypnose und der Suggestionsbehandlung, so klagte er ferner, sei *eine Handlangerarbeit, keine wissenschaftliche Tätigkeit und erinnerte an Magie, Beschwörung und Hokuspokus*.[3] Durch die Ausschaltung der alltäglichen Abwehrmechanismen erlaube die hypnotische Behandlung dem Therapeuten nicht, die Selbsttäuschungen des Patienten zu beobachten.

Einer dunklen Ahnung folgend, entschloß sich Freud, *die Hypnose mit der freien Assoziation zu vertauschen*.[4] Und *durch den Verzicht auf Hypnose [war] die Anwendbarkeit des Verfahrens auf eine uneingeschränkte Zahl von Kranken gesichert; denn das Hypnotisiertwerden [liegt], trotz aller Geschicklichkeit des Arztes, ... in der Willkür des Patienten ... und eine große Anzahl neurotischer Personen [ist] durch kein Verfahren in Hypnose zu versetzen ...*[5] Der Leser könnte jedoch durch die Behauptung Freuds aus dem Jahre 1903 irregeführt werden, es gebe keine Beschränkung hinsichtlich der Art von Kranken, die der Analyse zugänglich sein würden; im Jahre 1898 hatte Freud zutreffender einer Überzeugung Ausdruck verliehen, an der er stets festhielt:

»*Die psychoanalytische Therapie ist derzeit nicht allgemein anwendbar ... Sie erfordert ein gewisses Maß an Reife und Einsicht beim Kranken, taugt daher nicht für kindliche Personen oder für erwachsene Schwachsinnige und Ungebildete. Sie scheitert bei allzu betagten Personen daran, daß sie bei ihnen, dem angehäuften Material entsprechend, allzuviel Zeit in Anspruch nehmen würde, so daß man bis zur Beendigung der Kur in einen Lebensabschnitt geraten würde, für welchen auf nervöse Gesundheit nicht mehr Wert gelegt wird. Endlich ist sie nur dann möglich, wenn der Kranke einen physischen Normalzustand hat, von dem aus sich das pathologische Material bewältigen läßt. Während einer hysterischen Verworrenheit, einer eingeschalteten Manie oder Melancholie ist mit den Mitteln der Psychoanalyse nichts zu leisten. Man kann solche Fälle dem Verfahren noch unterziehen, nachdem man mit den gewöhnlichen Maßregeln die Beruhigung der stürmischen Erscheinungen herbeigeführt hat. In der Praxis werden überhaupt die chronischen Fälle von Psychoneurosen besser der Methode standhalten als die Fälle von akuten Krisen, bei denen das Hauptgewicht naturgemäß auf die Raschheit der Erledigung fällt. Daher geben auch die hysterischen Phobien und die verschiedenen Formen der Zwangsneurose das günstigste Arbeitsgebiet für diese neue Therapie.*[6]

Im Jahre 1904 führt Freud die *mehrfachen Forderungen* auf, die *an die Person, die man mit Vorteil der Psychoanalyse unterziehen soll,* zu stellen seien. *Sie muß erstens eines psychischen Normalzustandes fähig sein;* ferner müsse sie *ein gewisses Maß natürlicher Intelligenz und ethischer Entwicklung* aufweisen. Freud meinte, es habe keinen Zweck, wenn der Analytiker Menschen von *wertlosem* Charakter zu helfen versuche, denn *bei wertlosen Personen läßt den Arzt bald das Interesse im Stiche, welches ihn zur Vertiefung in das Seelenleben des Kranken befähigt.*[7]

Da Freuds klinisches Material *eben chronisch Nervöse der gebildeteren Stände*[8] waren, konnten sich seine Patienten auch der verbalen Mittel bedienen, die er für die Therapie bevorzugte. Freud wußte selbst nicht recht, wie er auf seine besondere therapeutische Technik gekommen war, den Patienten aufzufordern und zu ermuntern, jedes Gedankenfetzchen, das diesem durch den Kopf ging, in Worten zum Ausdruck zu bringen. Einmal meinte er, eines seiner Kinderbücher, das einzige Buch, das um 1920 noch aus seiner Knabenzeit vorhanden war, habe sein Konzept der Nützlichkeit freier Assoziation so sehr vorgestaltet, daß *dieser Hinweis vielleicht jenes Stück Kryptomnesie* [verborgene Kanäle des Erinnerns] *aufgedeckt hat, das in so vielen Fällen hinter einer anscheinenden Originalität vermutet werden darf.*[9]

Obwohl Freud glaubte, die freie Assoziation sei, im Gegensatz zu Hypnose, ein Weg, verborgene Erinnerungen ohne die Magie der Suggestion aufzudecken, war doch die analytische Situation so ungewöhnlich, daß sie ihre eigenen magischen Elemente enthielt. Daß der Analytiker stumm und unsichtbar bleibt, selbst bei den beunruhigendsten und intimsten Enthüllungen eines Patienten, unterwirft den Patienten einer besonderen Art der Belastung. Die Art und Weise, wie der Psychoanalytiker mit dem Patienten in Kommunikation tritt – durch relativ kurze, prägnante Bemerkungen, während die meiste Zeit nur der Patient redet –, erweckt bei dem Patienten zwangsläufig die Erwartung von etwas Besonderem. Je schweigsamer ein Analytiker ist, desto wahrscheinlicher ist es auch, daß seine Bemerkungen eine Bedeutsamkeit annehmen, die außer Verhältnis zu ihrem Inhalt steht.

Freud nahm gerne an, die Analyse sei frei von den schlimmsten Gefahren der Suggestion, wie sie seinerzeit aufgetreten waren, als er, ohne es zu wissen, seine Patientinnen dazu ermuntert hatte, an ihre Verführungsmärchen aus der Kindheit zu glauben. Freud war auch davon überzeugt, eine seiner Patientinnen habe ihre Behandlung seiner Neutralität wegen aufgegeben; später fragte er sich:

Ob ich das Mädchen bei der Behandlung erhalten hätte, wenn ich mich selbst in eine Rolle gefunden, den Wert ihres Verbleibens für mich übertrieben und ihr ein warmes Interesse bezeigt hätte . . .? Ich weiß es nicht. [Ich] *habe es immer vermieden, Rollen zu spielen, und mich mit anspruchsloserer psychologischer Kunst begnügt. Bei allem theoretischen Interesse und allem ärztlichen Bestreben zu helfen, halte ich mir doch vor, daß der psychischen Beeinflussung notwendig Grenzen gesetzt sind, und respektiere als solche auch den Willen und die Einsicht des Patienten.*[10]

Freud betonte deshalb, *wie sehr man Unrecht tut, die Phantasie und die Suggestion des Arztes für die Ergebnisse der Analyse verantwortlich zu machen.*[11] Trotz seinem Vorschlag für die Zukunft, *das reine Gold der Analyse* mit dem *Kupfer der Suggestion* zu versetzen, ist es in Wirklichkeit niemals einfach, zwischen beidem zu unterscheiden.

Es ist immer noch eine offene Frage, wieweit die therapeutischen Ergebnisse Freuds seinen eigenen persönlichen Fähigkeiten und wieweit der von ihm angewandten Technik zuzuschreiben sind. Da Freud sich offenbar nicht darüber im klaren war, wie beeindruckend seine Persönlichkeit sein und welcher Zwang von der analytischen Situation ausgehen konnte, klingt es nicht sehr überzeugend, wenn er 1937 schreibt:

Die Gefahr, den Patienten durch Suggestion irrezuführen, indem man ihm Dinge ›einredet‹, an die man selbst glaubt, die er aber nicht annehmen sollte, ist sicherlich maßlos übertrieben worden. Der Analytiker müßte sich sehr inkorrekt benommen haben, wenn ihm ein solches Mißgeschick zustoßen könnte; vor allem hätte er sich vorzuwerfen, daß er den Patienten nicht zu Wort kommen ließ.«

Aber Freud erlag der Gefahr einer allzu rationalen Denkweise, als er die subtileren Grundlagen der Beeinflußbarkeit eines analytischen Patienten außer acht ließ. Freuds eigene Kompromißlosigkeit trägt nicht dazu bei, seiner Meinung mehr Überzeugungskraft zu verleihen; er schließt: *Ich kann ohne Ruhmredigkeit behaupten, daß ein solcher Mißbrauch der ›Suggestion‹ in meiner Tätigkeit sich niemals ereignet hat.*[12]

So distanziert und unbeteiligt Freud im Alter wurde, in seiner Anfangszeit als Psychotherapeut nahm er intensiven Anteil an seinen Patienten. Seine Vorlesungen an der Clark University zum Beispiel, die erst 1909 geschrieben wurden, zeigen, wie groß sein Interesse an der Symptomatologie eines Patienten und an der Rückführung jedes einzelnen Symptoms auf die infantile Vergangenheit war. Obwohl Freud gegen Ende seiner Laufbahn sich primär mit der Rekonstruktion der Vergangenheit des Patienten beschäftigte, schrieb er, die Psychoanalyse habe ihre Arbeit am Symptom begonnen, *am Ichfremdesten, das sich in der Seele vorfindet.*[13]

Zu Beginn seiner Arbeit als Analytiker versuchte Freud, sich direkt auf das Problem der Heilung von Symptomen zu konzentrieren. In der Zeit seiner Zusammenarbeit mit Breuer glaubte Freud, jedes Symptom habe seine eigene Geschichte und Struktur; im Laufe der Zeit gelangte er jedoch zu der Auffassung, es sei die Hauptaufgabe der Analyse, dem Patienten zu helfen, seine Regressionen und Hemmungen zu verstehen; wenn das erreicht sei, könne man erwarten, daß die Symptome von allein verschwinden würden. Lange Zeit hindurch hielt Freud, wie wir gesehen haben, die Symptome eines Patienten für signifikant.[14]

Im Laufe der Jahre änderte sich jedoch der Ansatz Freuds. An die Stelle der Deutung und Heilung der Symptome trat als Hauptziel die Überwindung der Abwehrreaktionen und Widerstände. Er erkannte, daß man unter Umständen den Menschen selbst übersieht, wenn man von der Symptomatologie fasziniert ist; so entwickelte sich bei den Psychoanalytikern, teilweise unter dem Einfluß von Wilhelm Reichs Arbeiten, das Interesse am Studium von Charakterzügen. Freud hatte schon immer die Meinung vertreten, die Psychoanalyse sei ein Verfahren, *welches nicht die Krankheitserscheinungen zum Angriffspunkt nimmt, sondern sich die Beseitigung der Krankheitsursachen vorsetzt.*[15] Sonst würden nur die Symptome zum Verschwinden gebracht, die später wieder auftauchen könnten.[16] Im Jahre 1922 schrieb Freud dann: *Die Beseitigung der Leidensymptome wird nicht als besonderes Ziel angestrebt, sondern ergibt sich bei regelrechter Ausführung der Analyse gleichsam als Nebengewinn.*[17]

Der Terminus *Neurose* wird heute auf ein spezifisches Syndrom angewandt, aber als Freud seine ersten Arbeiten schrieb, diente er als Behältnis für praktisch alles von der Ursache eines Selbstmordes[18] bis zu einem Verschreiben. Im allgemeinen meinte Freud mit der Neurose die *erwachsenen Formen infantilen, d. h. unselbständigen . . . Lebens . . .*[19]

Wie wir sahen, schloß Freuds Konzentration auf die psychologischen Ursprünge psychischer Störungen nicht aus, daß er auch die Bedeutung konstitutioneller Dispositionen akzeptierte. (Unter *Konstitution* verstand Freud *alles was nicht Psychologie ist.*[20] Diese Faktoren entzögen sich jedoch dem psychotherapeutischen Einfluß.

Die gute Hälfte der psychiatrischen Aufgabe wird von der Psychoanalyse zur Erledigung an die Psychologie gewiesen. Doch wäre es ein arger Irrtum, wollte man annehmen, daß die Analyse eine rein psychologische Auffassung der Seelenstörungen anstrebt oder befürwortet . . . Die andere Hälfte der psychiatrischen Arbeit hat den Einfluß organischer Faktoren . . . auf den seelischen Apparat zum Inhalt.[21]

Angesichts der Tatsache, daß die Wissenschaft damals noch ziemlich wenig über Erbfaktoren wußte, war Freud der Meinung, es wäre unklug, die von ihm eröffneten psychologischen Wege außer acht zu lassen.
In den schwersten Fällen von Störungen, den sogenannten Psychosen – die oft aus praktischen Gründen eine Aufnahme ins Krankenhaus erfordern –, sind die Gründe für die Annahme einer biochemischen oder neurophysiologischen (oder sogar genetischen) Verursachung nach heutiger allgemeiner Auffassung am überzeugendsten. Obwohl Freud die Psychotiker von der analytischen Behandlung ausschließen wollte, vertrat er doch die Meinung, es gebe zwischen dem psychischen Leben von normalen Menschen, Neurotikern und Psychotikern keinen grundsätzlichen, sondern nur einen gradmäßigen Unterschied.[22] Er glaubte, daß

hier, wie so häufig in der Bilogie, die Normalen oder die dem Normalen angenäherten Verhältnisse ungünstigere Objekte der Forschung sind als die pathologischen. Was bei der Erklärung dieser leichtesten Störungen dunkel bleibt, wird nach meiner Erwartung durch die Aufklärung schwerer Störungen Licht empfangen.[23]

Welche Art von »schweren Störungen« konnte Freud dabei im Auge haben? Er behauptete einmal: *Infolge der Neuheit meines therapeutischen Verfahrens fallen mir nur die schwersten Fälle zu, die bereits jahrelang ohne jeglichen Erfolg behandelt worden sind.*[24]
Freud hatte praktisch keinerlei psychiatrische Erfahrung. Das Gebiet seiner Wahl war die Psychologie; er ärgerte sich zwar darüber, wie die offizielle Psychiatrie, vor allem in Wien, seine Entdeckungen behandelte, aber erst mit dem Auftreten der amerikanischen Schüler von Jung und Freud setzte der Einfluß psychoanalytischer Gedanken auf das Verständnis und die Behandlung der großen psychischen Krankheiten ein. Freud selbst jedoch konnte oder wollte keine psychiatrische Diagnose stellen.*
Im Jahre 1908 bemerkte Freud zu einem speziellen Fall, er sei paranoider Natur und deshalb für die Psychoanalyse ungeeignet.[26] Im Jahre 1926 weigerte sich Freud, einen ihm empfohlenen Patienten, der an Paranoia litt, zu empfangen, obwohl damals andere Analytiker versuchten, solche Fälle zu behandeln.[27] Freud schrieb, Geisteskranke seien *rissige und gesprungene Strukturen* wie zersprungene Kristalle. *Etwas von der ehrfürchtigen Scheu, die alte Völker den Wahnsinnigen bezeugten, können auch wir ihnen nicht versagen.*[28] In einem Brief äußerte sich Freud persönlicher: *Ich mag diese Patienten nicht ... Ich ärgere mich über sie ... Ich empfinde sie so weit entfernt von mir und allem Menschlichen. Eine merkwürdige Art von Intoleranz, die mich sicherlich zum Psychiater ungeeignet macht.*[29]
Freud scheint der Meinung gewesen zu sein, daß in der Zukunft solche Patienten wie Schizophrene der psychoanalytischen Technik zugänglich sein könnten; aber obwohl er bereit war, sich mit dem zu beschäftigen, was andere Therapeuten zur Diskussion stellen würden, wollte er sich doch an dieser Arbeit selbst nicht beteiligen. Man braucht Distanz, um in diesen erschreckenden Störungen nicht zu versinken. Einigen Therapeuten aber, wie z. B. Frieda Fromm-Reichmann, gelang es, durch liebevolle Anteilnahme zu ihren Patienten durchzudringen, während andere wieder mit Hilfe tiefschürfender, konfrontierender Deutungen vorgingen.
Freud war nicht flexibel genug, um seine Technik an die Behandlung von Psychotikern anzupassen. Seine Distanziertheit ihnen gegenüber wirkt heute defensiv, wie eine Reaktion auf eine innere Bedrohung. Man muß, zumindest an der Oberfläche, wärmer und weniger distanziert sein, um sich mit den Psychosen zu befassen. In einem Brief an Simmel aus dem Jahre 1927 räumte Freud ein, daß er mit der Schizophrenie nicht vertraut sei, fuhr aber fort, im allgemeinen sei er skeptisch bezüglich der Wirksamkeit der Analyse für die Therapie von Psychosen.[30] Er modifizierte je-

---

* Einem Interview zufolge überwies Freud einmal eine Patientin einer Schülerin mit der brieflichen Erklärung, er kenne die Diagnose nicht; das einzige, was er sagen könne, sei, daß die Frau ein *verrücktes Huhn* sei. Tatsächlich litt sie an einem manischen Anfall.[25]

doch sein allgemeines Prinzip nicht, daß in einer Analyse das Leiden eines Patienten nicht *vorzeitig* enden darf, um der klinischen Realität psychotischer Probleme entgegenzukommen.

Eine Faustregel zur Unterscheidung zwischen Neurose und Psychose lautet, daß die Psychose dann entsteht, wenn ein Mensch mit der Neurose nicht mehr fertig wird. Ein wirklich befriedigendes Mittel zur qualitativen Unterscheidung zwischen den beiden Bereichen ist nicht gefunden worden. Noch 1923 betonte Freud, *daß Neurosen und Psychosen nicht durch eine scharfe Grenze getrennt* sind.[31] Freud zeigte einmal seine Unduldsamkeit gegenüber der Religion, als er sich darüber äußerte, wie sich die religiöse Unterweisung auf das Leben katholischer Kinder auswirke; er bemerkte dabei wie *manch ein Keim der Psychose . . . auf diesem Weg* in das Gehirn des Kindes gelange.[32] Es mag ein Zeichen der Aufgeschlossenheit Freuds gewesen sein, daß er der Meinung war, *Entfremdungen seien auch dem normalen Menschen nicht unbekannt, etwa wie die gelegentlichen Halluzinationen der Gesunden.*[33] Aber die Psychosen als eine neurotische Störung zu klassifizieren, bedeutete eine Verwirrung des Problems, weil dadurch der Eindruck erweckt wurde, die Neurose, mit der die Analyse vermutlich fertig werden konnte, sei die allgemeinere Kategorie und die Psychose nur ein Unterteil von dieser.[34]

Eine Zeitlang behandelte Freud die Psychosen unter der Bezeichnung *narzißtische Neurosen*, mit der implizierten Annahme, es werde nicht nötig sein, sie als eine eigene Kategorie zu betrachten, was er jedoch später zu tun versuchte. Freud blieb jedoch immer der Meinung, daß *bei den narzißtischen Neurosen . . . der Widerstand unüberwindbar* sei.[35] Bei den gewöhnlichen neurotischen Fällen schaffe die Fähigkeit des Patienten, alte Liebes- und Haßgefühle auf den Analytiker zu *übertragen*, die Basis für eine Arbeitsbeziehung; aber *die an narzißtischen Neurosen Erkrankten . . . lehnen den Arzt ab, nicht in Feindseligkeit, sondern in Gleichgültigkeit . . . Sie zeigen keine Übertragung und darum sind sie auch für unsere Bemühung unzugänglich, durch uns nicht heilbar.*[36] Aber heute wissen wir, daß *der Psychotiker keineswegs unfähig ist, eine Übertragungsbeziehung herzustellen; die Übertragung ist vielmehr in zu großem Überfluß vorhanden, aber der Patient ist unfähig, die Realität der Arzt-Patient-Beziehung aufrechtzuerhalten.*[37]

Freuds Schwierigkeiten bei der Diagnostizierung und Behandlung von Psychotikern beeinträchtigte seine Fähigkeit zur Erhellung psychotischer Vorgänge nicht. Wir verdanken ihm entscheidende Fortschritte in unserem Verständnis der Psychosen; so zum Beispiel den Gedanken, daß der Melancholiker – in der Trauer um ein enttäuschendes Liebesobjekt – es in sich selbst introjiziert und den Zorn nach innen richtet, der nach außen gewendet werden sollte.[38] Freud glaubte, das Studium der Psychosen werde fruchtbar sein, insbesondere für unsere Kenntnis der Ichvorgänge. Aber ihm schwebte etwas Erhabeneres vor als die Behandlung von Psychotikern; er wollte, daß die Menschen edler und besser würden.

Zu Beginn seiner psychotherapeutischen Arbeit reagierte Freud empfindlich darauf, *daß die Kollegen meinen . . ., man diagnostiziere viel zu leichtsinnig Hysterie, wo es sich um ernstere Dinge handle.* Obwohl er davon sprach, daß er sowohl einen Fall von Sarkom der Unterleibsdrüsen, als auch einen Fall von multipler Sklerose als hysterisch behandelt habe,[39] und an anderer Stelle die Befürchtung äußerte, er habe vielleicht eine organische Störung übersehen[40], ergab sich im Zusammenhang mit der Psychose das gleiche Problem. Neurotische Symptome können Psychosen verdecken. Über eine seiner früheren Patientinnen sagte Freud: *Eine Reihe von Jahren später wandelte sich ihre Neurose in eine Dementia praecox;* und an einen Schüler schrieb er einmal: *Sie haben das Pech gehabt, auf einen latenten Paranoiker zu stoßen und durch die Heilung seiner Neurose der schwereren Affektion den Weg frei zu machen.*[41]

Freud war nicht der einzige, der klinische Ergebnisse dieser Art bemerkte. Er sprach über das Problem

jener Fälle, die so häufig und so wenig erforscht sind, wo die Krankheit ziemlich lange als eine Hysterie angesehen wird und allmählich eine Dementia hervortritt . . . Nun . . . verwandeln Personen, die jahrelang eine Hysterie hatten, sich plötzlich in eine Paranoia.[42]

Im Jahre 1937 verteidigte Freud die Psychoanalyse gegen die *Warnung, schlafende Hunde nicht zu wecken, die man unseren Bemühungen um die Erforschung der psychischen Unterwelt so oft entgegengehalten . . .* Freud gab eine logische Erwiderung: *Wenn die Triebe Störungen machen, ist es ein Beweis, daß die Hunde nicht schlafen, – und wenn sie wirklich zu schlafen scheinen, liegt es nicht in unserer Macht sie aufzuwecken.*[43] Aber als erfahrener Therapeut war Freud manchmal auch anderer Meinung. Ein Brief an einen Kollegen aus dem Jahre 1935 zeigt, daß Freud genug wußte, um vor bestimmten Problemen auf der Hut zu sein:

Wie Sie bin ich mit der Diagnose der Schizophrenie in seinem Fall nicht zufrieden. Ich teile Ihnen hier mit, was ich über den psychotischen Mechanismus seiner Krankheit zu verstehen meine. Er klagte über einen völligen Verlust der Arbeitsfähigkeit und ein Nachlassen des Interesses an beruflichen und geschäftlichen Dingen. Ich war in der Lage, ihn zur Führung seines Geschäftes zurückzubringen, aber er war unfähig, seine theoretische Arbeit wiederaufzunehmen. Ich habe ihn nie ganz normal gemacht. Die Art, wie er Symbole in seinem Geist behandelte, Identifizierungen verwechselte, Erinnerungen verfälschte und seinen wahnhaften Aberglauben behielt, machte ihn stets psychotisch; seine Stimmung war stets hypomanisch . . . Trotzdem hatte ich eines Tages die Gelegenheit, ihn deutlicher zu beobachten . . . Ein Geständnis beeindruckte mich tief. Ich fühlte mich verlockt, es zu analysieren. Er war damals durch etwas bedrückt, was er getan hatte, und war besorgt, es geheimzuhalten . . . Ich zweifelte jedoch, ob es ratsam sei, weiterhin zu versuchen, sein Leugnen aufzuhe-

ben. Bei einem Neurotiker wäre das der einzig richtige Weg gewesen und hätte das Ende der Krankheit versprochen, aber ich hatte wahrscheinlich recht, den Einfluß der Analyse auf einen Psychotiker zu bezweifeln. Durch Bewußtmachen des Konfliktes hatte ich einen neuen psychischen Zusammenbruch zu befürchten, den ich dann nicht bewältigen könnte. Deshalb entschloß ich mich, das Thema zu verlassen und mich mit einem unvollständigen und vorübergehenden Erfolg zufriedenzugeben . . . Mein Patient war ein neurotischer Krimineller, d. h. ein Schwindler mit einem empfindlichen Gewissen.[44]

Freuds zunehmende Erkenntnis der Nützlichkeit von Abwehrmechanismen gegen psychotische Schichten war eine neue Rechtfertigung seines Widerwillens gegen den Versuch, jedes Symptom getrennt zu behandeln. Wie Donald Winnicott ausgeführt hat: *Man muß fähig sein, Symptome festzustellen, ohne zu versuchen, sie zu heilen, denn jedes Symptom hat seinen Wert für den Patienten, und sehr häufig ist es besser, dem Patienten sein Symptom zu belassen.*[45] Eine Neurose ist nicht das Schlimmste, woran man leiden kann. In einer Diskussion über einen Schizophrenen in den 20er Jahren soll Freud *der Tatsache besonderes Gewicht beigemessen haben, daß mit der Wiederherstellung des Ödipuskomplexes der Heilungsprozeß einsetzte.*[46] Wenn auch Freuds Ansichten über die Psychosen sich im Laufe der Jahre vertieften, änderte sich doch sein Widerwillen gegen ihre Behandlung nie; und wegen der theoretischen Positionen Freuds gegenüber der Behandlung der Psychose könnte es durchaus sein, daß es einem nichtfreudianischen Therapeuten leichter fällt, sich zu erlauben, einem psychotischen Patienten näherzukommen. Aber trotz der Bedeutung von Theorien in der Psychotherapie bleibt letzten Endes die Persönlichkeit des Therapeuten von entscheidender Wichtigkeit.

4.4. Würdigkeit

Nach Freuds Meinung wird die Achtung des Analytikers vor der Würde des Patienten nicht durch stützende Hilfe vermittelt, sondern durch die Wahrheit: *Da man vom Patienten strengste Wahrhaftigkeit fordert, setzt man seine ganze Autorität aufs Spiel, wenn man sich selbst von ihm bei einer Abweichung von der Wahrheit ertappen läßt.*[1] Freud mochte Patienten, die zu Aufrichtigkeit und Offenheit über sich selbst fähig waren, und er bewunderte jene, die Leiden als selbstverständlich betrachteten; trotz seines Strebens nach Neutralität drangen diese persönlichen Einstellungen Freuds zu seinen Patienten durch. Auch als Analytiker hielt Freud an der Vorstellung des neunzehnten Jahrhunderts über das Verhalten eines Mannes von Bildung und Lebensart fest – an Maßstäben also, denen künftige Generationen von

Therapeuten nicht ohne weiteres entsprechen konnten: *Ein anständiger Mensch vergißt bereitwillig, was ihm von solchen Geheimnissen fremder Leute nicht wissenswert erscheint.*[2]

In Anbetracht des kulturellen Milieus, in dem Freud arbeitete, eines Zeitalters, in dem neurotische Beschwerden leicht als eingebildeter Unsinn oder als vorsätzliches Simulieren abgetan wurden, muß man Freud als toleranten Therapeuten ansehen; und solange er an einem Problem nicht persönlich beteiligt war, konnte er seine Toleranz bewahren. Trotzdem schrieb er im Jahre 1903: *Ausgeprägte Charakterverbildungen, Züge von degenerativer Konstitution äußern sich bei der Kur als Quelle von kaum zu überwindenden Widerständen. Insoweit setzt überhaupt die Konstitution eine Grenze für die Heilbarkeit durch Psychotherapie.* Freud glaubte jedoch, daß trotz aller dieser Einschränkungen ... *die Anzahl der für die Psychoanalyse geeigneten Personen eine außerordentlich große sei.*[3]

Wertlos war ein wichtiges Wort für Freud, und er neigte dazu, die Analyse – in seinen Augen viel mehr als nur ein medizinisches Verfahren – als eine moralische Ehrendaille zu betrachten; die Menschen, denen durch die Psychoanalyse geholfen werden konnte, waren die, auf die es wirklich ankam. Bis zu einem gewissen Grad war deshalb der neurotische Patient der Pionier eines neuen ethischen Wertmaßstabes, weil er sich als der Heilung durch die Analyse würdig erwiesen hatte. Auf der anderen Seite waren Freuds moralische Erwartungen von seinen Patienten durch sein charakteristisch scharfes Urteil über die menschliche Natur begrenzt: *Die Nichtswürdigkeit der Menschen, auch der Analytiker, hat uns immer großen Eindruck gemacht, aber warum sollten die Analysierten durchaus die Besseren sein?*[4]

In einem Brief an den protestantischen Pfarrer Oskar Pfister, der auch analytisch praktizierte, schrieb Freud:

... mir liegt Ethik ferne ... Ich zerbreche mir nicht viel den Kopf über Gut und Böse, aber ich habe an den Menschen durchschnittlich wenig ›Gutes‹ gefunden. Die meisten sind nach meinen Erfahrungen Gesindel, ob sie sich laut zu dieser, jener oder keiner ethischen Lehre bekennen ... Wenn schon von Ethik die Rede sein soll, so bekenne ich mich zu einem hohen Ideal, von dem die mir bekannt Gewordenen nun meist sehr betrüblich abweichen.[5]

Einige Jahre später schrieb Freud an Lou Andreas-Salomé von seinen eigenen *schlimmsten Eigenschaften, eine gewisse Weltwurstigkeit darunter ... Im tiefsten Inneren bin ich ja doch überzeugt, daß meine lieben Mitmenschen – mit einzelnen Ausnahmen – Gesindel sind.*[6] Hanns Sachs schilderte Freud: *Er war freundlich ohne Weichheit, wohlwollend, aber nicht mitleidig.*[7] Es gab gewisse Anklänge eines Klassendenkens in Freuds Einstellungen, denn mit den *Nichtswürdigen* meinte er manchmal den *Pöbel* oder *das Pack* in der Gesellschaft. Freud bekam es anscheinend satt, sich klinisch mit dem zu befassen, was er als den Schmutz des menschlichen Lebens betrachtete. So fällt es auf, wenn er beiläufig von einem *nicht Vollwertigen*[8] spricht, da unsere Kultur in der Regel die Heiligkeit und Bedeutung jeder menschlichen Seele anerkennt.

Trotz der Art seiner Arbeit, vielleicht auch zum Teil *wegen* dieser Arbeit, waren Freud, wie Jones sagt, *pathologische Typen und Extreme aller Art . . . zuwider.*[9] Er hatte seine Zweifel sogar über Dostojewski, einem Rivalen Freuds, als Erforscher der menschlichen Tiefen, dessen Roman *Die Brüder Karamasow* er besonders hoch schätzte. In einem Brief an Theodor Reik schrieb Freud:

Ein anderer Einwand, den ich gegen ihn hätte erheben können, war, daß seine Einsicht sich so sehr auf das abnorme Seelenleben beschränkte. Nehmen Sie seine erstaunliche Hilflosigkeit gegenüber dem Phänomen der Liebe. Alles, was er wirklich kannte, war rohe, triebhafte Begierde, masochistische Unterwerfung und Liebe aus Mitleid. Sie haben recht . . . , wenn Sie vermuten, daß ich trotz all meiner Bewunderung für Dostojewskis Tiefe und Überlegenheit ihn nicht wirklich mag. Und zwar, weil meine Geduld mit Neurotikern sich in der Analyse erschöpft. In Kunst und Leben bin ich intolerant gegen sie.

Für seine Anhänger fügte Freud hinzu: *Das sind persönliche Charakterzüge von mir, die für andere nicht bindend sind.*[10] Daraus wird verständlich, warum Freud einen weniger bedeutenden (aber witzigen und antiklerikalen) Schriftsteller wie Anatole France vorzog.[11]

Freud konnte seine Behauptung, er brauche seine Patienten nicht unbedingt zu mögen, um ihnen helfen zu können, zum Teil deshalb aufrechterhalten, weil er sich weigerte, Patienten, die er widerwärtig fand, zur Analyse anzunehmen. Freuds Auffassung war: *Man versucht dem Kranken menschlich etwas zu leisten, soweit der Umfang der eigenen Persönlichkeit und das Maß von Sympathie, das man für den betreffenden Fall aufbringen kann, dies gestatten.*[12] In den 1890er Jahren, vor seinen vielen Enttäuschungen, war Freud der Meinung, diese Methode

setzt ein großes Interesse für psychologische Vorkommnisse und doch auch persönliche Teilnahme für den Kranken . . . voraus. Ich könnte mir nicht vorstellen, daß ich es zustande brächte, mich in den psychischen Mechanismus einer Hysterie bei einer Person zu vertiefen, die mir gemein und widerwärtig vorkäme, die nicht bei näherer Bekanntschaft fähig wäre, menschliche Sympathie zu erwecken . . .[13]

Trotz all seiner Toleranz gegenüber neurotischen Vorgängen, denen andere zu seiner Zeit mit sehr viel mehr Ungeduld gegenübergetreten wären, muß Freud nach den Maßstäben von heute als entschiedener Moralist erscheinen. In seiner Praxis hatte Freud ausgeprägte Vorlieben und Abneigungen hinsichtlich der Art von Patienten, mit denen er arbeiten wollte. Er war unduldsam gegenüber Patienten, die zur Aufrichtigkeit unfähig waren, und deshalb uninteressiert an der Behandlung von Menschen mit Ich-Störungen, wie die Gruppe, die man Kriminelle nennt. (Trotzdem wurde ein Analytiker aus Freuds Kreis, August Eichhorn, nicht daran gehindert, seine Studie über Kriminalität »Verwahrloste Jugend«[14] zu verfassen.) Einem Schüler schrieb er über einen von dessen Patienten, er sei *ein offenbarer Lump, der Ihre Mühe nicht wert ist . . . Ich nehme an, daß Sie ihn wegschicken werden.*[15] Freud sprach von Kriminellen, als ob sie kein Ich hätten, und sagte bei einer Gelegenheit: *Wo kein Ich ist, hat die Analyse ihre Rechte verloren.*[16]

Freud wußte, daß zu der Zeit, als er schrieb, *diese sexuellen Perversionen mit einer ganz besonderen Acht belegt sind, die auf die Theorie übergreift und auch ihrer wissenschaftlichen Würdigung in den Weg tritt.*[17] In einem berühmt gewordenen Brief an die Mutter eines Homosexuellen beruhigt er sie:

Homosexualität ist gewiß kein Vorzug, aber sie ist nicht etwas, dessen man sich schämen muß, kein Laster, keine Erniedrigung und sie kann nicht als Krankheit bezeichnet werden; wir betrachten sie als eine Abweichung der sexuellen Funktionen, hervorgerufen durch eine gewisse Stockung der sexuellen Entwicklung. Viele hochachtbare Personen in alten und neueren Zeiten sind Homosexuelle, unter ihnen viele der größten Männer (Plato, Michelangelo, Leonardo da Vinci, et cetera.) Es ist eine große Ungerechtigkeit, Homosexualität als ein Verbrechen zu verfolgen – und auch eine Grausamkeit.

Wenn der Sohn der Frau *unglücklich, neurotisch, von Zweifeln zerrissen, gehemmt in seinen persönlichen Beziehungen* sei, bringe ihm die Analyse vielleicht *Harmonie, Seelenfrieden und volle Leistungskraft, unabhängig davon, ob er homosexuell bleibt oder sich ändert.*[18]

Bei einem Menschen von gutem Charakter betrachtete Freud Homosexualität als harmlos. Aber einem Analytiker gegenüber, den er weit besser kannte als die Mutter des Homosexuellen, konnte Freud seine Gefühle des Abscheus offener äußern. So wenig wie andere vermochte Freud das Ideal, nichts Menschliches sei ihm fremd, völlig zu erreichen. In einem Brief über einen homosexuellen Mann bemerkte Freud: *Im ungünstigsten Fall schifft man solche Leute . . . mit etwas Geld über den Ozean, sagen wir nach Südamerika, und läßt sie dort ihr Schicksal suchen und finden.*[19] (Sowenig Freud von solchen Menschen hielt, ging er doch nicht so weit, zu empfehlen, man solle den Patienten nach Nordamerika schiffen, das Freud verabscheute.)

Freud sprach einmal von dem klinischen Phänomen, daß *eine brave, tüchtige und pflichttreue Frau . . . in der Melancholie nicht besser von sich sprechen [wird] als die in Wahrheit nichtsnutzige, ja vielleicht hat die erstere mehr Aussicht, an Melancholie zu erkranken als die andere, von der auch wir nichts Gutes zu sagen wüßten.*[20] Bei einer anderen Gelegenheit bemerkte er über einen an einer Depression leidenden Patienten, er sei *offenbar ein wertvoller Mensch und verdient, noch weiter behandelt zu werden* . . .[21] Im ganzen jedoch kam er zu dem Schluß, *daß leider nur wenige Patienten die Mühe wert sind, die wir auf sie verwenden, so daß wir uns gar nicht therapeutisch einstellen dürfen, sondern froh sein müssen, an jedem Fall irgend etwas gelernt zu haben.*[22] Während eine Depression verstärkte Selbstanklage einschließt, eine verstärkte Verinnerlichung von Konflikten, lag für Freud als Analytiker die Schwierigkeit mit der Homosexualität darin, daß hierbei die Konflikte des Patienten nicht mehr Konflikte zwischen verschiedenen Seiten seiner Psyche sind, sondern Konflikte zwischen seinen Trieben und der Gesellschaft.

Trotz seinem Interesse für Theorien der Bisexualität, neigte Freud zu einer Entweder-Oder-Einstellung zur Homosexualität. Bei der Darlegung seiner Konzeption des Leonardo spricht Freud von der Passivität als einer *Situation von unzweifelhaft homosexuellem Charakter,* eine unbewiesene Behauptung; und die Behauptung, Leonardo sei *ein homosexuell Fühlender* gewesen, zeichnet doch ein allzu einseitiges Bild eines Mannes, der noch viele andere Seiten gehabt haben muß. Freud hatte sehr eigene Gedanken über die Ursprünge der Homosexualität bei Männern. Es überrascht vielleicht, zu hören, daß er so leichthin der Behauptung zustimmte, das Aufwachsen unter Frauen führe einen Mann nicht zu einer starken Liebe zur Frau, sondern häufig zur Homosexualität,[24] wenn wir daran denken, daß er selber fünf Schwestern und eine dominierende Mutter, einen alten Vater und einen viel jüngeren Bruder hatte.

Andere Analytiker in Freuds Kreis erhoben Einwände gegen seine persönlichen Gefühle bezüglich irregulärer Sexualität. Als Freud erklärte, Perversion sei das Gegenteil von Neurose, erhoben Stekel und Adler Widerspruch; für sie sei die Perversion nur eine andere Form der Neurose.[25] Während Freud versuchte, die Perversion (außer wenn sie von Unglücklichsein begleitet ist) aus dem Anwendungsbereich der Psychoanalyse auszuschließen, waren einige von Freuds Anhängern mehr darauf aus, die Reichweite ihrer Therapie auszudehnen.

Freud fühlte sich durch männliche Homosexualität gefährdet und war deshalb ihr gegenüber intolerant. So betonte beispielsweise Paul Federn einmal den *angenehmen Eindruck,* den ein Patient mit *vielfältiger Perversion* auf ihn machte.[26] Der gleiche Mann erschien Freud als *absolutes Schwein, ein Fall infantiler und dementsprechend aufgeblähter Sexualität; wir haben so viele Verdrängungen in uns, daß wir diesen gegenüber Abneigung empfinden.*[27] In zumindest einem Fall weiblicher Homosexualität jedoch sah Freud sie als eine private Angelegenheit an. Eine Frau war schuldbewußt und depressiv wegen einer beabsichtigten Liaison mit einer anderen Frau und hatte einen Selbstmordversuch gemacht; nach einjähriger Analyse durch Helene Deutsch war sie von ihrer Angst befreit, aber manifest homosexuell, und Freud hielt das für einen geeigneten Punkt, die Behandlung zu beenden.*

---

* In ihrem veröffentlichten Bericht über den Ausgang dieses Falls erwähnte Helene Deutsch nicht ihre eigene anfängliche Ängstlichkeit, als sie über das von ihr erzielte Resultat Bericht erstattete; sie erwähnte auch nicht, daß Freud mit dem erreichten Kompromiß zufrieden war. Freud hatte ihr den Fall geschickt, deshalb konsultierte sie ihn darüber.[28]

Obwohl Freud *seine Ferien wegen Berufsarbeit immer nur sehr unwillig* [unterbrach], konnte er, wie Jones schreibt, *einem Manne von Mahlers Bedeutung nicht gut eine abweisende Antwort erteilen,* als der große Komponist sich um Hilfe an ihn wandte. Nach dem Treffen in einem Hotel verbrachten sie *vier Stunden damit, durch die Stadt spazierenzugehen und dabei eine Art Psychoanalyse durchzuführen.*[29] Freud meinte, man müsse *Gesundheit* – was immer das ist – von menschlichem Wert unterscheiden. Er argumentierte: *Man darf nicht vergessen, daß es auch Gesunde gibt, die nichts taugen . . .*[30] *Minderwertige Personen* eigneten sich nicht für die Analyse, behauptete Freud, und die psychoanalytische Therapie sei *auch bei Personen nicht anwendbar, die sich nicht selbst durch ihre Leiden zur Therapie gedrängt fühlen . . .*[31]

Auf der anderen Seite hatte Freud geäußert: *Die psychoanalytische Therapie ist an dauernd existenzunfähigen Kranken erarbeitet und für solche geschaffen worden, und ihr Triumph ist es, daß sie eine befriedigende Anzahl von solchen dauernd existenzfähig macht.* Gleich darauf wies er jedoch in der Aufzählung der Gegenindikationen der Behandlung darauf hin, Kranke, *welche nicht einen gewissen Bildungsgrad und einen einigermaßen verläßlichen Charakter beistzen,* solle man zurückweisen. Freud hielt es für *erfreulich . . ., daß man gerade den wertvollen und sonst höchstentwickelten Personen auf solche Weise am ehesten Hilfe bringen kann.*[32]

Der ausschlaggebende Faktor für die Unterscheidung zwischen analysierbaren und nicht analysierbaren Patienten war für Freud die Fähigkeit, eine Übertragung auf den Analytiker herzustellen. Freud muß den Eindruck gehabt haben, daß die durch die Analyse hervorgerufenen Übertragungen weniger stark und besser lenkbar seien als jene, denen er bei seinen frühen Experimenten mit der Hypnose begegnet war. Obwohl die Praxis der Psychoanalyse mächtige Gefühlsregungen entfesseln kann, schrieb er, daß bei der Hypnosebehandlung einer seiner *gefügigsten Patientinnen* diese einmal beim Erwachen ihre Arme um seinen Hals schlang. *Der unvermutete Eintritt einer dienenden Person enthob uns einer peinlichen Auseinandersetzung, aber wir verzichteten von da an in stillschweigender Übereinkunft auf die Fortsetzung der hypnotischen Behandlung.* Im Gegensatz zu Breuer gab Freud nicht sich selbst die Schuld an dem Vorgefallenen, sah es vielmehr überhaupt nicht als etwas an, was mit seiner Person zusammenhing.

Ich war nüchtern genug, diesen Zufall nicht auf die Rechnung meiner persönlichen Unwiderstehlichkeit zu setzen, und meinte, jetzt die Natur des mystischen Elements, welches hinter der Hypnose wirkte, erfaßt zu haben. Um es auszuschalten oder wenigstens zu isolieren, mußte ich die Hypnose aufgeben.[33]

Freuds Behandlungsmethode stützte sich auf die Stärke des menschlichen Egoismus; er war der Meinung, es sei die Egozentrik des Patienten, die den distanzierten Analytiker zu einer solch wichtigen Figur in seinen Gedanken mache. Die Psychoanalyse

ziele auf innere Neuanpassungen in der Art und Weise, wie der Patient die Dinge sieht. Als Freud schrieb, die psychoanalytische Kur sei *eigentlich eine Heilung durch Liebe,*[34] meinte er nicht die Gefühle des Analytikers für seine Patienten, vielmehr die Fähigkeit der letzteren, die Gestalt des Analytikers mit emotionaler Energie auszustatten. Übertragungsreaktionen seien eine Wiederholung nicht akzeptierter Versagungssituationen aus der Vergangenheit des Patienten, und es war Freuds Bestreben, daß der analytische Prozeß in der Lage sein sollte, diese Probleme neu aufzurollen. Das Ergebnis sei dann: *Im Verlaufe einer Psychoanalyse wächst nämlich nicht nur der Mut des Patienten, sondern auch gleichsam der seiner Krankheit . . .*[35]
Sandor Ferenczi und Otto Rank vertraten in den 20er Jahren die Meinung, alles in der Behandlung Vorkommende habe eine Bedeutung als Übertragungserscheinung. Freud war jedoch der erste gewesen, der die Übertragung als einen Weg zu dem sah, was er für das Frühere und Wahre hielt:

So dürfen wir sagen, der Analysierte erinnere überhaupt nichts von dem Vergessenen und Verdrängten, sondern er agiere es. Er reproduziert es nicht als Erinnerung, sondern als Tat, er wiederholt es, ohne natürlich zu wissen, daß er es wiederholt . . . die Wiederholung ist die Übertragung der vergessenen Vergangenheit nicht nur auf den Arzt, sondern auch auf alle anderen Gebiete der gegenwärtigen Situation.[36]

Bei der Analyse tritt uns *die Übertragung als der stärkste* Widerstand *entgegen. Alle die Kräfte, welche die Regression der Libido verursacht haben, werden sich als ›Widerstände‹ gegen die Arbeit erheben, um diesen neuen Zustand zu konservieren.*[37]
Aus der Analyse der Übertragungen bei Erwachsenen hatte Freud seine Auffassung der menschlichen Kindheit konstruiert.
Freud zog es vor, einen Patienten dann zu behandeln, wenn seine *pathogenen Erlebnisse der Vergangenheit angehören, so daß das Ich Distanz zu ihnen gewinnen konnte.*[38] Vor allem für die Schüler, die aus dem Ausland zu ihm kamen, trat die Vergangenheit als Gegensatz zur Fremdheit ihrer Gegenwart hervor. Freud versuchte, die Kritik Jungs zu berücksichtigen, der *die Neigung der Neurotiker* hervorhob, *ihre gegenwärtigen Interessen in Reminiszenzen und Symbolen der frühen Vergangenheit auszudrücken.*[39] Freud würdigte jedoch nicht genügend, wie bequem es für manche Patienten sein konnte, aktuelle Schwierigkeiten in die Vergangenheit zu projizieren, und konnte deshalb viele Übertragungszüge übersehen, die heutigen Therapeuten wohl nicht entgehen würden. Anstatt die Interaktion zwischen dem Patienten und ihm selbst zu deuten, war es für beide Parteien oft leichter, über die ferne Vergangenheit zu reden. Aber insgesamt bezog Freud doch viele aktuelle Realitäten seiner Patienten mit ein; zum Beispiel kannte er im allgemeinen das soziale Milieu, in dem sich ihr Leben abspielte. Er rückte jedoch den realistischen Kontakt mit seinen Patienten nicht besonders in den Vordergrund.

Jones berichtet, daß Freud sich in den 90er Jahren *eine familiärere Haltung gegenüber den Kranken gestattete, als er es später tat*,[40] und bei manchen Patienten nahm er sich sein ganzes Leben lang Freiheiten als Therapeut heraus, obwohl er anderen Neutralität anriet: *Der Arzt soll undurchsichtig für den Analysierten sein und wie eine Spiegelplatte nichts anderes zeigen, als was ihm gezeigt wird.*[41] *Die Rechtfertigung dieser vom Analytiker zu fordernden Gefühlskälte liegt darin, daß sie für beide Teile die vorteilhaftesten Bedingungen schafft . . .*[42] Freud ging sogar so weit, daß er einem Patienten ein Essen auftragen ließ, aber solche Handlungen auf seiner Seite waren seiner Meinung nach unabhängig von der Analyse selbst; er erachtete es als selbstverständlich, daß der Analytiker dem Patienten Hilfestellung geben muß, und äußerte sich deshalb in seinen Schriften nicht über diesen Aspekt seiner Technik.

Der Einfluß der Individualität des Analytikers auf den therapeutischen Prozeß wird in Freuds Werk erst spät erörtert.[43] Denn die Bedeutung der realen Persönlichkeit des Analytikers – im Gegensatz zu seiner von Freud entworfenen spezialisierten Rolle – anzuerkennen, hieße, die alte Frage der Suggestion neu aufzuwerfen. So schrieb eine Analytikerin im Jahre 1956: *Die weitverbreitete und zunehmende Hervorhebung der Rolle, welche die Persönlichkeit des Analytikers für die Bestimmung der Natur der individuellen Übertragung spielt, schließt auch die Anerkennung unvermeidlicher suggestiver Tendenzen im therapeutischen Prozeß ein.*[44]

Freud hatte dem Analytiker angeraten, einen emotional kühlen Kurs zu verfolgen, so daß es dann dem Patienten zufalle, mit der Geschichte seines Lebens Aufmerksamkeit und Interesse des Analytikers zu gewinnen. Freud selbst gelang es, sofort enorm starke Übertragungen zu erwecken. Durch seinen Ruf wurde er, ohne jede besondere Aktivität auf seiner Seite, für den Patienten zu einer Kraft, mit der er rechnen mußte. Fehlt dieses innere Beteiligtsein auf seiten des Patienten, so wird der Analytiker zu einer etwas seltsamen Verhaltensweise gezwungen, da er von allem, was in der Analyse gesagt wird, annimmt, es beziehe sich auf ihn.

Es kann jedoch vorkommen, daß die Realität von der Übertragung so weit überholt wird, daß selbst der unbegabteste Analytiker für einen Patienten zu einer Art Gott werden kann. Für den Analytiker ist es eine Versuchung, die infantilisierte Unterordnung eines Patienten als durch die Wirklichkeit gerechtfertigt zu betrachten, während die feindseligen Gefühle des Patienten als Ausdruck der negativen Übertragung angesehen werden können. Freud äußerte jedoch die optimistische Hoffnung,

daß der Arzt bescheiden genug ist, diese Schätzung seiner Persönlichkeit durch den Patienten auf die Hoffnungen zurückzuführen, die er ihm machen kann, und auf die Erweiterung seines intellektuellen Horizonts durch die überraschenden und befreienden Eröffnungen, die die Kur mit sich bringt.[45]

Die analytische Methode der leeren Projektionswand hat trotzdem offensichtlich Vorteile, auch abgesehen von der Frage der Übertragung. Die analytische Neutralität kann die Spontaneität vor dem Sadismus des Analytikers schützen. Aktive Intervention, wenn das das Gegenteil von Neutralität ist, kann den Weg für weit umfangreichere Schädigung bereiten als jede andere Art des Vorgehens. Aber die Passivität eines Analytikers kann auf vielerlei Weise in Wirklichkeit aggressiv sein, und die klassische analytische Situation enthält versteckte suggestive Elemente, die manipulierend wirken können.

Freuds Patienten bezeugen das Gefühl der Sicherheit, das sie empfanden, wenn sie mit ihm arbeiteten. Freud kam wahrscheinlich mit denen am besten zurecht, die ihn auf vernünftige Weise bewunderten, die sich des Vorzugs bewußt waren, mit einem großen Mann zusammenzusein. Manchen erschien Freud als Retter. Einer seiner Patienten äußerte, ohne Freud wäre er im Leben gescheitert oder hätte sich das Leben genommen.

Lange, sich über viele Jahre erstreckende Analysen können jedoch Patienten in einen regredierten Zustand bringen, aus dem sie unter Umständen erst nach langer Zeit wieder herausfinden. Schon früh hatte Freud davon gesprochen, daß es eine schwierige Aufgabe sei, diese Übertragung aufzulösen, den Patienten wieder selbständig zu machen.[46] Ein Mittel, um die Überschätzung des Analytikers durch seinen Patienten zu überwinden, besteht darin, daß der Analytiker sich natürlich verhält; aber obwohl Freud selbst als Analytiker *frei und zwanglos* war, wurde das von anderen Analytikern nicht erwartet. In den 30er Jahren äußerte Helene Deutsch in kleinem Kreise in Freuds Wohnung die Meinung, es wäre vielleicht ein guter Gedanke, wenn der Analytiker gegen Ende einer Analyse einige aktive Schritte unternähme, um die Übertragung aufzulösen. *Wie?* fragte Freud. *Indem er zeigt, daß er nicht vollkommen ist*, antwortete sie. Freud gefiel dieser Gedanke gar nicht; irritiert sagte er: *Meinen Sie, zeigen, daß nicht nur der Patient ein Schwein ist, sondern ich auch?*[47] Aber eine Patientin, die von Freud hoch geschätzt wurde, berichtet, daß an einem bestimmten Punkt in ihrer Analyse Freud sie ausschalt, daß sie ihre kritischen Fähigkeiten verliere; woraus hervorgeht, daß er den offensichtlichsten suggestiven Gefahren seiner Art der Behandlung nicht erlag.

4.5. Gegenübertragung und der Wert der Aufklärung

Schon 1910 sagte Freud, er sei auf die *Gegenübertragung* aufmerksam geworden, die sich beim Analytiker *durch den Einfluß des Patienten auf das unbewußte Fühlen des*

Arztes einstellt. Freud war *nicht weit davon, die Forderung zu erheben, daß der Arzt diese Gegenübertragung in sich erkennen und bewältigen müsse.*[1] Damals meinte Freud, eine Selbstanalyse könne ausreichen, um die Voreingenommenheit des Analytikers unter Kontrolle zu halten, obwohl dann nach 1920 formelle Lehranalysen für künftige Analytiker zur Regel geworden waren. Zumindest eine Zeitlang glaubte Freud, es genüge für den Analytiker nicht, *daß er selbst ein annähernd normaler Mensch sei, man darf vielmehr die Forderung aufstellen, daß er sich einer psychoanalytischen Purifizierung unterzogen habe . . .*[2] Aber die Tendenz zur Gegenübertragung kann nie völlig beseitigt werden, auch wenn der Analytiker noch so sorgfältig ausgebildet wird, denn Analytiker und Patient werden – wie es immer zwischen zwei Menschen geschieht – zwangsläufig in unerwarteter und sogar irrationaler Weise aufeinander reagieren.

Freud hatte die Hoffnung, daß die Deutungen des Analytikers von seinen *persönlichen Eigenheiten unbeeinflußt sein* [werden] *und das Richtige treffen.* Freud wußte, daß die Persönlichkeit des Analytikers nicht *gleichgültig* ist und daß das *individuelle Moment . . . in der Psychoanalyse immer eine größere Rolle spielen* [wird] *als anderswo.* Aber seine Analogien waren unrealistisch, wenn er z. B. meinte, dieses *individuelle Moment* sei *der ›persönlichen Gleichung‹ bei astronomischen Beobachtungen gleichzusetzen.*[3] Selbst wenn er der Analyse bestimmte Grenzen einräumte, schien er zuweilen von utopischen Normen auszugehen; er gab zu, daß es bei der Behandlung von Patienten Zeiten und Punkte geben könne, *wo man durch die Eigenbeziehung gestört wird, hinter dem Ideale des Analytikers also in arger Weise zurückbleibt.*[4] Zumindest gegen Ende seines Lebens jedoch erkannte Freud an, daß der Analytiker *infolge der besonderen Bedingungen der analytischen Arbeit durch seine eigenen Defekte wirklich darin gestört wird, die Verhältnisse des Patienten richtig zu erfassen und in zweckdienlicher Weise auf sie zu reagieren.*[5]

Obwohl Freud darauf hingewiesen hatte, daß es Gefühle der Gegenübertragung gibt, entwickelte er doch den Gedanken nicht weiter. Vielleicht war er der Auffassung, die einzig wichtigen Gefühlsprobleme seien die seiner Patienten, nicht seine eigenen. Es mag sein, daß man sich heute übermäßig viel mit der Gegenübertragung beschäftigt; Freud selber jedoch interessierte sich zu wenig dafür. Übertragung war für ihn eine Form des Irrtums und sollte deshalb logischerweise bei einem Analytiker nicht vorkommen. Freud sagte einmal, die Gegenübertragung müsse vom Analytiker vollkommen überwunden werden, nur so werde er zum Meister der psychoanalytischen Situation.[6] Die heutige Psychoanalyse wäre in der Forderung nach einem solchen Erfolg weniger kategorisch, aber wenn ein Analytiker nachhaltig der Gegenübertragung erliegt, ist sein Patient für ihn kein *reales Objekt* mehr, *sondern wird nur als zufälliges Werkzeug zur Lösung einer Konfliktsituation* [des Analytikers selbst] *benützt.* Infolgedessen wird die Fähigkeit des Analytikers, *zu verstehen, zu reagieren, den Patienten zu lenken, richtige Deutungen zu machen,* beeinträchtigt.[7]

Freuds umfangreichste Falldarstellung wurde zwar in Reaktion auf seine Auseinandersetzungen mit Adler und Jung verfaßt, gibt uns aber einigen Einblick in seine Strategien als Kliniker. Der *Wolfsmann*, unter welchem Namen er bekannt wurde, war nach erfolglosen Behandlungsversuchen mit anderen Methoden von 1910 bis 1914 zu Freud gekommen. Obwohl der Name, den Freud für ihn wählte, zunächst an einen Mann denken läßt, der sich in einen Wolf verwandelt, litt der Patient in Wirklichkeit als kleines Kind an übermäßiger Angst vor Wölfen. Freud behandelte ihn wegen schwerer Behinderungen als Erwachsener, aber seine Fallgeschichte handelt von der Kindheitsphobie des Mannes. So versuchte Freud zu beweisen, daß Kindheitsphobien kein Produkt des neurotischen Verlangens des Patienten waren, augenblicklichen Realitäten auszuweichen, sondern durch Instinktkonflikte fest in der Kindheit strukturiert waren.

Zur Zeit seiner Analyse war der Patient ein reicher russischer Grundbesitzer; später, als Folge der Russischen Revolution, verarmte er. Im Jahre 1919 kehrte er nach Wien zurück, und Freud riet zu einer weiteren Analyse, die einige Monate dauerte (und kostenlos war). In den 20er Jahren machte der Wolfsmann Freud zum Vorwurf, daß er ihm davon abgeraten habe, nach Rußland zurückzugehen, um sein Vermögen zu retten. (Freud betrachtete diesen Wunsch als einen Widerstand gegen die zweite Analyse.) Es ist jedoch nicht klar, ob dieser Vorwurf irgendeine Berechtigung hatte. Der Wolfsmann paßte sich an seine neue finanzielle Situation an und nahm eine untergeordnete Stellung in einer Wiener Versicherungsgesellschaft an; seitdem ist er ein lebendiges Stück Geschichte der Psychoanalyse.

Nach seinen zwei Analysen bei Freud unterzog sich der Wolfsmann noch zwei weiteren Analysen durch Ruth Mack Brunswick. Seit dem Zweiten Weltkrieg war er noch bei zwei weiteren Analytikern, die sich für die Geschichte von Freuds Frühzeit interessieren, und in den letzten fünfzehn Jahren kam jeden Sommer eine Analytikerin aus Amerika, um tägliche Sitzungen mit ihm durchzuführen. Vor kurzem erschien ein Band, der autobiographische Aufsätze über seine Kindheit und seine spätere Lebenszeit enthält, seine Erinnerungen an Freud, Freuds berühmte Falldarstellung, einen Nachtrag zu Freuds Bericht von Ruth Mack Brunswick und Aufsätze über den Wolfsmann von Muriel Gardiner.[8]*

Von diesem Material ist Freuds eigene faszinierende und inhaltsreiche Fallgeschichte immer noch der interessanteste Teil. Er analysiert darin in charakteristischer Weise eine Kindheits-Störung aus den Erinnerungen des gereiften Erwachsenen und erweist dem komplexen Weltbild des Kindes enormen Respekt. Freuds Traumdeutungen sind meisterhaft; und seine Rekonstruktion der frühesten Jahre des Wolfsmannes stellt – auch wenn sie nicht überzeugt – zumindest einen für jene Zeit kühnen Komplex von Hypothesen dar. Typischerweise sah Freud den Wolfsmann als einen Mann, der von ambivalenten Konflikten mit seinem Vater und allen späteren Vater-Ersatzfiguren heimgesucht wurde. Freud behauptete, die Angst des Patienten vor sei-

---

* *Der Wolfsmann vom Wolfsmann.* Mit der Krankengeschichte von S. Freud und einem Nachtrag von Ruth Mack Brunswick und zusätzlichen Kapiteln von Muriel Gardiner. Frankfurt 1972.

nem Vater und sein gleichzeitiges Verlangen nach sexueller Befriedigung durch ihn habe das spätere Leben des Wolfsmannes beherrscht. (Seltsamerweise ließ Freud jedoch außer Betracht, daß der Wolfsmann als Erwachsener analen Verkehr hatte.[9])
Freud hatte 1914 von *der letzten Symptomlösung bei meinem Patienten* gesprochen und schrieb damals: *Ich entließ ihn nach meiner Schätzung als geheilt.*[10] Freud räumte jedoch – im Gegensatz zur Lehre einiger seiner späteren Schüler – ein, bei einem so schwer gestörten Patienten könne *die psychoanalytische Kur . . . nicht einen momentanen Umschwung und eine Gleichstellung mit einer normalen Entwicklung herbeiführen, sondern nur die Hindernisse beseitigen und die Wege gangbar machen, damit die Einflüsse des Lebens die Entwicklung nach den besseren Richtungen durchsetzen können.*[11]
Freuds erste vierjährige Behandlung des Wolfsmannes war für die damalige Zeit von ungewöhnlich langer Dauer, und wäre Freud nur ein rigoroser Erforscher von Sachverhalten und allem Irrationalen gegenüber unduldsam gewesen, so hätte er nie die lebenslange Dankbarkeit seines Patienten gewonnen. Trotz seines eigenen Atheismus und seiner Überzeugung, allen Religionen lägen ambivalente Gefühle gegenüber dem Vater zugrunde, akzeptierte Freud uneingeschränkt die Nützlichkeit der Religion in der frühen Lebenszeit des Wolfsmannes. (Freud schrieb einmal an Pfister: *Um die Möglichkeit der Sublimierung zur Religion kann ich Sie therapeutisch nur beneiden.*[12]) Des weiteren deutete Freud, erschreckt durch die Erinnerungen des Wolfsmannes an seine Gefühle nach dem Selbstmord seiner einzigen Schwester – dieser hatte überlegt, wieviel mehr Geld er jetzt von seinen Eltern erben würde –, diese Habgier großmütig als eine Abwehr gegen andere Gefühle, die damals für ihn unerträglich gewesen wären.
Ruth Mack Brunswick war eine der brillantesten Schülerinnen Freuds, und im Jahre 1926 überwies ihr Freud den Wolfsmann, als dieser an einer paranoiden Wahnidee über eine Entstellung seiner Nase litt. Als Nervenärztin mit besonderem Interesse für Psychosen, nahm Ruth Mack Brunswick an, vielleicht habe die erste Analyse bei Freud dem Wolfsmann *die Möglichkeit entzogen . . ., seine Konflikte in Form einer gewöhnlichen Neurose zu erledigen,*[13] und so primitivere Reaktionsarten möglich gemacht. Sein Verlust des seelischen Gleichgewichts Mitte der 20er Jahre ging nach ihrer Meinung auf Freuds gefährliche Krebserkrankung zurück; sie nahm an, daß der Wolfsmann, entgegen den Zielen der Analyse, sich nicht von dem Einfluß der Persönlichkeit Freuds emanzipiert hatte.
Brunswicks Fallgeschichte des Wolfsmannes ist reich an scharfsinnigen raumdeutungen; aber im Rückblick fragt man sich, wieweit sie, bei all ihrem Interesse für die kindliche Vergangenheit des Wolfsmannes, ihre eigenen Gefühle ihm gegenüber verstand. Es ist klar, daß Freuds Überweisung dieses berühmten Falles ein persönliches Geschenk war, ein Zeugnis seiner hohen Meinung von ihr und eine Einladung, einen Nachtrag zu seiner eigenen umfangreichen Abhandlung zu schreiben. In der Analyse unterminierte sie bewußt die Phantasien des Wolfsmannes von seiner Stel-

lung als Lieblingssohn Freuds; sie hob hervor, daß er an Freuds gesellschaftlichem Leben nicht teilhatte, daß Freuds Einstellung gegenüber seinem früheren Patienten eine rein berufsmäßige sei, daß der Wolfsmann nichts über Freuds Familie wußte, und unterstrich die Tatsache, daß andere Patienten von Freud über längere Zeit hin behandelt worden waren als er. Ruth Mack Brunswick, die selber lange Zeit die Patientin Freuds war, hatte möglicherweise starke Rivalitätsgefühle gegenüber dem Wolfsmann. Ihre Beziehung zu Freud war so eng, daß es ihr schwerfiel, zu erkennen, welche Rolle diese Beziehung in ihrer Behandlung dieses Patienten spielte.

Es ist auffallend, daß die Beziehung des Wolfsmannes zu Freud und zur Psychoanalyse, wahrscheinlich *die* große Romanze in seinem Leben, unerörtert und ungedeutet geblieben ist. In seinen Kindheitserinnerungen findet es der Wolfsmann rätselhaft, *daß ich, ohne etwas dazu zu tun, die Religion so leicht ablegte, und es fragt sich, ob und womit das entstandene Vakuum ausgefüllt wurde.*[14] Der Wolfsmann meinte, vielleicht mit Literatur oder Malen, während seine lebenslange Verwicklung in die Psychoanalyse nicht erwähnt wird.

Der Wolfsmann hatte Aufsätze über Philosophie und Kunst unter psychoanalytischen Gesichtspunkten geschrieben; er hatte sogar einige seiner Bilder an Analytiker verkauft. Freud sammelte jahrelang Geld für seinen früheren Patienten, der, wie Ruth Mack Brunswick es ausdrückte, *der Theorie der Analyse so wertvolle Dienste geleistet hat.*[15] (Es ist denkbar, daß Freud auch ein gewisses Schuldgefühl wegen der Tatsache hatte, daß der Wolfsmann sein Vermögen verloren hatte.) Dieses Geld half dem Wolfsmann, seine Miete und Arztrechnungen zu bezahlen, sowie kurze Reisen zu unternehmen.

Muriel Gardiner hat festgestellt, *daß die Analyse Freuds den Wolfsmann vor einer verkrüppelten Existenz bewahrt hat, und Dr. Brunswicks erneute Analyse überwand eine schwere akute Krise; beide zusammen machten es dem Wolfsmann möglich, ein langes und erträglich gesundes Leben zu führen.*[16] Im Gegensatz zu einigen seiner Schüler war Freud jedoch genügend Wissenschaftler, daß ihn auch der therapeutische Mißerfolg, nicht nur der Erfolg, interessierte, und es wäre durchaus in seinem Geiste, neben den Vorteilen, die die Analyse dem Wolfsmann brachte, auch die Defekte zu erwähnen, die er nicht überwand. Zweifellos machte er unter der Betreuung Freuds bessere Fortschritte als mit anderen Therapeuten seiner Zeit, aber kann man sagen, daß es letzten Endes die analytische Einsicht war, die ihm half, oder eher die fortlaufende emotionelle Unterstützung, die er von Freud und der psychoanalytischen Bewegung empfing?

Freud war willens, aus seinen Fehlern zu lernen, und er schrieb einen ausführlichen Bericht über einen therapeutischen Stillstand, den Fall *Dora*. Freud gestand: *Welche Art von Hilfe sie von mir verlangen wollte, weiß ich nicht, aber ich versprach, ihr zu verzeihen, daß sie mich um die Befriedigung gebracht, sie weit gründlicher von ihrem Leiden zu befreien.*[17]

Da Freud sein Fallmaterial gern *in fragmentarischer Weise* vortrug, um einige spezielle Probleme zu erhellen, an denen er gerade arbeitete, ist es schwierig, aus einer gegebenen Fallgeschichte zu rekonstruieren, was wohl klinisch vorgegangen war. Bei einer Erörterung der Telepathie zum Beispiel erwähnt Freud zweimal einen Fall, bei dem er zugunsten einer bestimmten Ehewahl aktiv eingriff – einer Wahl, die heute vielleicht bizarr erscheinen würde. Freud schrieb von einem jungen Mann, der zu ihm kam und ihm *einen besonders sympathischen Eindruck machte, so daß ich ihm vor vielen anderen den Vorzug gab.*[18] Dieser Patient hatte eine langdauernde Beziehung zu der Frau seines Bruders gehabt (Freud bezeichnet sie in der gedruckten Fassung nur als *eine Frau aus seinen eigenen Kreisen*). Aufgrund einer Analyse bei Freud, so berichtet seine Fallgeschichte, wurde der Mann von seiner damaligen Bindung an ein Mädchen aus niederem Stande befreit, die nur als *Prügelknabe* diente, *um an ihr all die Rachsucht und Eifersucht zu befriedigen, die eigentlich der Geliebten galten.*[19] Der Patient verliebte sich dann in seine Nichte, die Tochter seiner früheren Geliebten. Nachdem sich der Mann entschlossen hatte, unterstützte Freud, der bemerkenswert frei von bürgerlichen Wertvorstellungen sein konnte, seine *Absicht, die einem irregulären, aber immerhin möglichen Ausweg aus einer schwierigen Situation entsprach.*[20]

Das Mädchen widersetzte sich jedoch der Werbung ihres Onkels. Freud riet deshalb, sie solle sich einer Analyse unterziehen. (Wie Freud es ausdrückte: *Es wurde beschlossen, sie einer Analyse zuzuführen.*) Der Analytikerin des Mädchens (Helene Deutsch) sagte Freud, in dem Fall gebe es ein Geheimnis, und wenn die Analytikerin es entdecke, solle sie es ihm mitteilen. Nach ungefähr einer Woche kam Helene Deutsch mit der Nachricht zurück, nicht nur sei das Geheimnis enthüllt, sondern es gebe auch ein Geheimnis in dem Fall, das selbst Freud nicht kennen würde.

Tatsächlich wußte das junge Mädchen von der langen Liaison zwischen ihrem Bewerber und ihrer Mutter. Das war das erste Geheimnis, das Freud meinte. Er wußte jedoch nicht, daß das Mädchen die Phantasie hatte, das Kind der unerlaubten Verbindung zwischen ihrem Onkel und ihrer Mutter zu sein, was ihr Widerstreben gegen eine sexuelle Verbindung mit ihm hinreichend erklärte. (Freud schrieb: *Das Mädchen hatte volle unbewußte Kenntnis von den Beziehungen zwischen ihrer Mutter und ihrem Verlobten und hing letzterem nur infolge ihres Ödipuskomplexes an.*[21]) Nachdem Freud Kenntnis von der inneren Welt des Mädchens hatte, ließ er den Gedanken der Heirat fallen.

Aber als Freud diesen Fall zur Veröffentlichung schriftlich darstellte, versuchte er, zweifellos aus Diskretion, den familiären Zusammenhang zwischen den Partnern der geplanten Verbindung zu unterdrücken. Ganz am Ende seiner Falldarstellung jedoch trat eine Wiederkehr des Verdrängten ein. Freud zufolge nahm der Patient schließlich *ein respektables, außerhalb des Familienkreises stehendes Mädchen zur Frau.*[22] Bis zu diesem Punkt in seiner Erzählung hatte Freud keine Andeutung darüber gemacht, daß eine Liebesbeziehung des Patienten sich innerhalb des *Familienkreises* abgespielt hatte.[23] Für das, was er über Telepathie zu sagen hatte – sein Patient hatte Gelegenheit gehabt, einen Handschriftenexperten zu konsultieren –, war Freuds Bericht vollständig genug, aber als Fallgeschichte blieb er nur eine Vignette. Er unterstreicht, wie aktiv Freud als Therapeut sein konnte. Wie er einmal schrieb, ist das, was ein Patient erreichen kann, *doch auch abhängig von einer Anzahl von äußerlich konstellierenden Umständen. Sollen wir uns da bedenken, diese Konstellation durch unser Eingreifen in geeigneter Weise zu verändern?*[24]

Im Jahre 1915 hatte Freud ein Prinzip verkündet, das zu befolgen er selber nicht immer imstande war. *Ehe ich meinen Bericht fortsetze*, schrieb er beiläufig über einen anderen Fall,

will ich bekennen, daß ich das Milieu der zu untersuchenden Begebenheit zur Unkenntlichkeit verändert habe, aber auch nichts anderes als dies. Ich halte es sonst für einen Mißbrauch, aus irgendwelchen, wenn auch aus den besten Motiven, Züge einer Krankengeschichte in der Mitteilung zu entstellen, da man unmöglich wissen kann, welche Seite des Falles ein selbständig urteilender Leser herausgreifen wird, und somit Gefahr läuft, diesen letzteren in die Irre zu führen.[25]

Und 1924 fügte Freud einer seiner frühesten Fallgeschichten, in denen er sein Material getarnt hatte, eine Fußnote hinzu: *Katharina [war] nicht die Nichte, sondern die Tochter ... das Mädchen war also unter den sexuellen Versuchungen erkrankt, die vom eigenen Vater ausgingen. Eine Entstellung wie die an diesem Falle von mir vorgenommene sollte in einer Krankengeschichte durchaus vermieden werden.*[26]

Wenn auch solche klinischen Entstellungen der wissenschaftlichen Zukunft der Psychoanalyse schaden konnten, so wäre doch Freuds Bewegung vor noch schwereren Hindernissen gestanden, wenn man hätte beweisen können, daß die therapeutische Technik negative Folgen gehabt hatte. Freud beantwortete die Frage, ob die Analyse schaden könne, so: *Wenn ein Messer nicht schneidet, kann es auch nicht zur Heilung dienen.*[27] Aber genau wie die Psychoanalyse ein begrenztes Maß an Gutem bewirken konnte, so konnte sie nach Freuds Überzeugung auch nur in begrenztem Umfang schaden. Wie die Chirurgie, verletze sie für einen konstruktiven Zweck; ferner vertrat er die Auffassung, daß

die Tätigkeit des ungeschulten Analytikers auch für den Kranken harmloser ist als die des ungeschickten Operateurs ... Schwere, dauernde Verschlimmerungen des Krankheitszustandes sind nach meinem Urteil auch bei ungeschickter Anwendung der Analyse nicht zu befürchten. Die unerfreulichen Reaktionen klingen nach einer Weile wieder ab ... Nur daß eben der ungeeignete therapeutische Versuch nichts Gutes für den Kranken geleistet hat.[28]

Freud war überzeugt, daß bei einer mit Verständnis geleiteten analytischen Kur ein Schaden für den Kranken nicht zu befürchten ist.[29] Trotzdem wissen die Analytiker von Patienten, deren Zustand sich in der Behandlung verschlechtert. Freud glaubte, daß solche Patienten starke masochistische Triebregungen haben, die das analytische Ziel vereiteln; für ihr Verhalten erfand er die Kategorie der *negativen therapeutischen Reaktion*.[30]

Selbst ein erschöpfender Katalog der Ursachen, die zu einem Mißlingen der Psychotherapie führen, widerlegt die Tatsache nicht, daß von ihr wohl immer noch nicht genügend Gebrauch gemacht wird. Bei der Bewertung der technischen Probleme führen erfahrene Analytiker heute häufig Rigidität in der Methode eines Analytikers als Grund der meisten psychotherapeutischen Schwierigkeiten an. Negative Übertragungen können sich anhäufen, oder es kann eine widerspenstige negative therapeutische Reaktion einsetzen; wenn der Analytiker merkt, daß er scheitern wird, ist es besser, diesen Gedanken nicht abzuwehren, sondern es dem Patienten aufrichtig zu sagen. Hier spielt der Charakter des einzelnen Analytikers notwendigerweise eine Rolle. Ein Analytiker, der nicht narzißtisch ist, könnte dann zur Behandlung bei einem anderen Psychotherapeuten raten.

In seiner Anfangszeit als Analytiker ging Freud bei der Anwendung seiner Schöpfung möglicherweise nicht vorsichtig genug vor; seine Fehler waren oft die Folge seiner Aufgeschlossenheit. Freuds Wirkung als Therapeut konnte enorm sein. Er kannte seine Stärke: *Lassen Sie mich gestehen, daß ich an mir nur eine Eigenschaft vom ersten Rang gefunden habe, eine Art von Kourage, die von Konventionen unbeirrt ist.*[31] Seine Äußerungen blieben im Gedächtnis seiner Patienten ihr ganzes Leben lang haften. Eine Bemerkung, die er am Ende einer kurzen, dreimonatigen Analyse vor dem Ersten Weltkrieg machte, beleuchtet Freuds Einstellung: Er beglückwünschte die Patientin und sagte, der Grund, warum er gerne mit ihr gearbeitet habe, sei der, daß sie sobald sie etwas verstand, auch imstande war, davon Gebrauch zu machen. Freud ging von der Annahme aus, daß seine Patienten im Grunde geistig gesund seien, daß sie wie er selber von Kritik profitieren würden, wenn sie nötig war. In einem Brief schrieb Freud einmal, die Analyse finde ihre optimalen Bedingungen *dort, wo man sie nicht braucht, beim Gesunden.*[32]

Trotz all seiner Versenkung in die *Unterwelt* des Unbewußten, behielt Freud den Glauben der Aufklärung an die Vernunft der *philosophes. Es ist nichts Kostspieligeres im Leben als die Krankheit und – die Dummheit.*[33] Freuds Ideal des kontrollierten Lebens forderte viel vom Analytiker:

Was man dem Patienten gibt, soll eben niemals umittelbarer Affekt, sondern stets bewußt zugeteilter sein, und dann je nach Notwendigkeit mehr oder weniger. Unter Umständen sehr viel, aber niemals aus dem eigenen Ubw. Dies hielte ich für die Formel. Man muß also jedesmal erkennen, u. überwinden, dann erst ist man selbst frei.[34]

Freud hatte seine Arbeit über das Träumen mit der Vorstellung begonnen, *daß man durch die Traumdeutung wie durch eine Fensterlücke in das Innere* [des seelischen

Apparats] *einen Blick werfen kann.*[35] Obwohl sich im Laufe der Jahre sowohl seine Terminologie, als auch sein Verständnis wandelte, blieb doch die rationale Grundhaltung seines Geistes unverändert. In der *Traumdeutung* schrieb er: *Die Psychotherapie kann keinen anderen Weg einschlagen, als das Ubw der Herrschaft des Vbw zu unterwerfen.*[36] In den berühmten Worten seines Alters: *Wo Es war, soll Ich werden.*[37]

Das *wesentliche Handwerkszeug* der psychoanalytischen Behandlung seien *Worte;*[38] durch die Erlangung rationaler Distanz könne der Patient echte Selbstbeherrschung erreichen. Freud zielte, wie wir sahen, letzten Endes auf eine innere Neuordnung des Lebens des Patienten, nicht auf eine Verhaltensänderung als Indiz eines Wandels:

Nach unseren bisherigen Ausführungen wäre ja die Neurose die Folge einer Art von Unwissenheit... Wissen und Wissen ist nicht dasselbe; es gibt verschiedene Arten von Wissen, die psychologisch gar nicht gleichwertig sind... Es gibt mehr als eine Art von Unwissenheit... Es kommt nur dazu, daß das Wissen auf einer inneren Veränderung im Kranken beruhen muß...[39]

Als Freud sich mit gesellschaftsphilosophischen Problemen beschäftigte, sagte er (in Übereinstimmung mit seinem Glauben an die therapeutische Kraft des Rationalen): *Der ideale Zustand wäre natürlich eine Gemeinschaft von Menschen, die ihr Triebleben der Diktatur der Vernunft unterworfen haben.*[40]

Freud hatte ursprünglich gedacht, die Psychoanalyse sei *vor allem eine Deutungskunst.*[41] Im Laufe der Zeit wandte er sich allmählich von den speziellen Erinnerungen an Ereignisse ab und konzentrierte sich auf die Widerstände der Patienten. Er gab zu, daß er in den 1890er Jahren *die (später als unrichtig erkannte) Meinung* [hatte], *daß meine Aufgabe sich darin erschöpfe, den Kranken den verborgenen Sinn ihrer Symptome mitzuteilen...*[42] Freud kam zu dem Schluß, der Patient gewinne nichts dadurch, daß der Arzt ihn direkt mit seinen Komplexen konfrontiert.[43] Aber noch in den zwanziger Jahren finden wir einen Fall, wo Freud eine so bestürzende Rekonstruktion machte, daß die betreffende Patientin die Flucht aus der Behandlung ergriff: *Freuds absurde Geschichte eines Ereignisses, das ich (zumindest bewußt) nie vermutet hatte, stellte sich als wahr heraus... Freud hatte mich überschätzt. Er glaubte, er könne mir alles sagen.*[44]

Freud wollte das Beste aus den Menschen herausholen, und immer war stillschweigend die Anweisung impliziert, besser aufzupassen, das nächste Mal besser zu sein. Ein Patient kaufte einmal für vierzehn Dollar ein schönes Buch über Rom und zeigte es Freud, der es gleichfalls wundervoll fand. *Sehen Sie zu, daß Sie es verdienen!* war Freuds Kommentar. Trotz all seines Moralismus konnte Freud pragmatisch sein, und bei dem gleichen Patienten kam Freud zu dem Schluß, Masturbationsphantasien beim Verkehr seien zulässig, wenn sie zur Heterosexualität beitrügen.

Analyse bedeutete, Probleme auseinanderzunehmen. *Die Einheit dieser Welt scheint mir etwas Selbstverständliches, was der Hervorhebung nicht wert ist. Was mich interessiert, ist die Scheidung und Gliederung dessen, was sonst in einem Urbrei zusammenfließen würde.*[45] Im Gegensatz zu der Art der Behandlung, die Jung dann vorzog, vertrat Freud die Auffassung: *In der psychoanalytischen Technik braucht es eine besondere synthetische Arbeit nicht; das besorgt das Individuum selbständig besser als wir.*[46] Freud hielt es für nötig, denen zu erwidern, die befürchteten, man könnte dem Patienten *zuviel Analyse und zuwenig Synthese geben ... Er meinte, bei dem psychoanalytisch Behandelten* [vollzieht sich] *die Psychosynthese ohne unser Eingreifen, automatisch und unausweichlich.*[47]

Die Psychoanalyse schließt eine eigene Ethik mit ein. Wie Freud einmal einem Patienten erklärte, *die sittliche Person sei das Bewußte, das Böse unbewußt.* (Für seine Leser fügte Freud erklärend hinzu, das alles sei *nur im gröbsten richtig.*[48] Ein andermal sagte er:

Wir befreien die Sexualität durch unsere Behandlung, aber nicht, damit der Mann von nun an von der Sexualität beherrscht werde, sondern um eine Unterdrückung möglich zu machen – eine Rückverweisung der Triebe unter die Leitung einer höheren Instanz ... Wir versuchen, den pathologischen Prozeß durch Rückverweisung zu ersetzen.[49]

Freud sah die analytische Situation als einen *Kampf zwischen Arzt und Patienten, zwischen Intellekt und Triebleben, zwischen Erkennen und Agierenwollen...*[50]

4.6. Worte und Macht

In seinen letzten Lebensjahren sprach Freud einmal von der *zärtlichen Einstellung* des Patienten, von der *positiven Übertragung, die das stärkste Motiv für die Beteiligung des Analysierten an der gemeinsamen analytischen Arbeit ist.*[1] Im ganzen jedoch sprechen Analytiker der Freudschen Richtung *nicht viel über positive Übertragung in ihrer praktischen Arbeit. Sie arbeiten zum größten Teil auf der negativen Seite und versuchen, Haß und Feindseligkeitsgefühle freizusetzen, um den Weg für eine unbehinderte Fähigkeit zur Liebe freizumachen.*[2] Wilhelm Reich ging bis zu dem Extrem, ein ganzes therapeutisches Programm auf der Deutung negativer Übertragungen aufzubauen. Zum Teil unter dem Einfluß Freuds war die *verdrängte Aggression* in den späten 20er Jahren und den frühen 30er Jahren bei Analytikern stark in Mode.

Freud wußte, daß *das seelische Instrument ... nicht gar leicht zu spielen* [ist].[3] Wenn es einem Patienten gelingt, verbale Einsicht in sein Gefühlsleben zu gewinnen, hat er dann dadurch etwas verloren? Vielleicht. Selbsterkenntnis kann ein hoher Preis sein. Nach einem alten Scherz wurde ein Tausendfüßler einmal gefragt, wie er wisse, welchen Fuß er als nächsten vorsetzen müsse; von da an konnte er nicht mehr laufen. Freud vermochte die Gründe für eine solche Reserve gegenüber der Psychoanalyse einzusehen, und sein Therapiesystem war seinem Wesen nach negativistisch. Daß er ein *Neinsager* war, kann man an jeder Photographie erkennen, die seine durchdringenden Augen zeigt. Freud lenkte unser Interesse vor allem auf den mit sich selbst uneinigen Geist, von der Annahme ausgehend, daß die Patienten am besten wissen, wie sie die Dinge zusammensetzen und ihr eigenes Leben leben müssen. Er verlangte, daß die Menschen erwachsen werden; er erwartete mehr von der Menschheit.

Selbst im Ästhetischen war er alles andere als ein Romantiker. *Wirkliche Kunst beginnt mit der Verschleierung des Unbewußten.*[4] Henrik Ibsen war ein Schriftsteller, den Freud bewundern konnte: *Ibsen mit seiner Zurückhaltung, Einheit und Vereinfachung der Probleme, dazu mit seiner Kunst der Konzentration und der Verhüllung ist ein großer Dichter, während Hauptmann ein Neurotiker ist, der nur sich selbst abbildet.*[5] Freud war gebildet; einmal sagte er über ein Theaterstück, er sehe

keine dichterische Schönheit in dem Drama; der Held ist ein verrückter Kerl, der in eine Irrenanstalt gehört . . . Die Kunst des Dichters besteht nicht darin, Probleme zu finden und zu behandeln. Das sollte er den Psychologen überlassen. Vielmehr besteht die Kunst des Dichters darin, poetische Wirkungen aus solchen Problemen zu erzielen . . . Die Kunst des Dichters besteht eigentlich im Verdecken.[6]

Freud war der Meinung, *in der Technik der Überwindung jener Abstoßung, die gewiß mit den Schranken zu tun hat, welche sich zwischen jedem einzelnen Ich und den anderen erheben, liegt die eigentliche ars poetica.*[7] Schauspieler hätten, wie die Dichter, Distanz zu ihrem Material zu bewahren und die Kontrolle zu behalten. Es sei eine der üblichen Illusionen, daß der Schauspieler sich mit seiner Rolle identifizieren müsse. In den Rollen, mit denen er sich zu gut identifiziert, scheitere er. In einem gewissen Sinne müsse er über seiner Rolle stehen.[8] So wie Freud seine Zweifel in bezug auf Dostojewski hatte, wies er auch auf *die Grenze der Verwendung abnormer Charaktere* auf der Bühne hin. *Wo uns die fremde und fertige Neurose entgegentritt, werden wir im Leben nach dem Arzt rufen und die Figur für bühnenunfähig halten.*[9]

Freuds Rationalismus ging so weit, daß er versuchte, *Formeln* für die Beschreibung der menschlichen Seele zu finden. Er sprach von der *Richtung, in der die ziemlich einfache Lösung dieses Falles* zu suchen sei,[10] als sei ein Patient ein Rätsel, das man lösen kann. Obwohl Freud manchmal Formeln ablehnte, die er für unergiebig und langweilig hielt,[11] lehnte er doch deren Verwendung nicht prinzipiell ab. Es war diese etwas mechanistische Auffassung, gegen die Jung opponierte und die einige von Freuds Patienten irreführte, die erwartungsvoll auf die Lösung ihrer Kindheitstraumata harrten.

Freuds Drang, das klinische Material zu Formeln zu strukturieren, paßte genau zu seinem therapeutischen Ziel, den Patienten von primitiven Gefühlsreaktionen wegzuführen. Er interessierte sich mehr für die Magie der Worte als für die der Gesten und verließ sich auf die Fähigkeit des Patienten, seine Probleme in Worte zu fassen. Die Verwendung der Couch zwang den Analytiker, sich noch mehr auf die rationale Kraft der verbalen Einsicht zu verlassen.

Worte waren ursprünglich Zauber, und das Wort hat noch heute viel von seiner alten Zauberkraft bewahrt. Durch Worte kann ein Mensch den anderen selig machen oder zur Verzweiflung treiben, durch Worte überträgt der Lehrer sein Wissen auf die Schüler, durch Worte reißt der Redner die Versammlung der Zuhörer mit sich fort und bestimmt ihre Urteile und Entscheidungen. Worte rufen Affekte hervor und sind das allgemeine Mittel zur Beeinflussung der Menschen untereinander. Wir werden also die Verwendung der Worte in der Psychoanalyse nicht geringschätzen und werden zufrieden sein, wenn wir Zuhörer der Worte sein können, die zwischen dem Analytiker und seinem Patienten gewechselt werden.[12]

Nach einer guten Deutung sagte Freud manchmal: »Jetzt verdiene ich eine Zigarre!« Seit Freuds Tod ist die nichtverbale Kommunikation in der Therapie populär geworden; sein Ziel jedoch war gewesen, das Ich des Patienten dadurch zu stärken, daß man seine Fähigkeit fördert, zu *sagen*, welche Gefühle er hat.

Freud erkannte, daß das *Durcharbeiten* der Widerstände eines Patienten *in der Praxis zu einer beschwerlichen Aufgabe für den Analysierten und zu einer Geduldsprobe für den Arzt* werden kann,[13] und er interessierte sich nicht besonders für diesen Aspekt der Analyse. Er rekonstruierte lieber eine Szene aus der frühen Kindheit, als Teil des Prozesses, das Unbewußte bewußt zu machen, als daß er den Einzelheiten bei der Überwindung der Widerstände seiner Patienten seine Aufmerksamkeit widmete. So erschreckten z. B. einen Patienten Masken, und Freud ließ es nicht zu, daß er der Untersuchung dieser Angst aus dem Wege ging; er wollte wissen, warum ihm Masken Schrecken einflößten. Der Patient erwiderte, es sei die Starrheit des Ausdrucks; die analytische Lösung sei in diesem Fall leicht, meinte Freud: Der Patient müsse im Alter von drei Jahren das Gesicht seiner toten Mutter gesehen haben. Obwohl der Patient sich nicht daran erinnern konnte, nach ihrem Tod mit ihr allein im Zimmer gewesen zu sein, bestätigte seine Schwester später, daß das der Fall gewesen war.[14] Es bereitete Freud großes Vergnügen, die Ursprünge einer leichten Phobie wie dieser aufzuklären.

Noch in den 20er Jahren kam es vor, daß Freud eine Analyse abrupt beendete, weil er bei der analytischen Arbeit von der Grundannahme ausging, es sei die Aufgabe des Patienten, die Dinge selber zu entwirren. Aber auch der Beistand des Analytikers, nicht nur seine deutende Einsicht, kann für den Patienten vorteilhaft sein. Wie Franz Alexander berichtet: *Ich war nicht überrascht von ... [Freud] zu hören, daß nach seiner Erfahrung in der Mehrzahl der erfolgreichen Fälle der Erfolg auf der anhaltenden treuen Einstellung des Patienten gegenüber seinem Analytiker beruht, auch wenn er seinen Arzt vielleicht nie wieder sieht.*[15] Patienten Freuds haben auch das Element des Beistandes in seiner Behandlung gerühmt, nicht allein die Art und Weise, wie die Analyse ihnen den Weg zeigte, mehr über sich zu erfahren. Das Ich des Patienten kann durch seine Identifikation mit der rationalen Einsicht des Analytikers gestärkt werden; der Patient benützt aus einer Analyse das, was er braucht, und der Umstand, daß der Analytiker keine Direktiven gibt, verschafft dem Patienten die Gelegenheit, zu nehmen, was er braucht.

Ein eigentümlicher Aspekt von Freuds Praxis, der auf die Arbeit anderer Analytiker abgefärbt hat, liegt darin, daß er in so starkem Maße Bilder der Herrschaft und Kontrolle benützte, um die von ihm geschaffene Form der Therapie zu beschreiben. Während alte Menschen der Analyse *unzugänglich* seien, sind, wie Freud schrieb, *jugendliche Personen noch vor der Pubertät ... oft ausgezeichnet zu beeinflussen.*[16] Freud benützte den Begriff der *Eroberung* zur Bezeichnung einer guten Beziehung zwischen Analytiker und Patient. Einmal schrieb er an einen Schüler, der ihn konsultiert hatte: *Vielleicht zeigen Sie ihm [dem Patienten] zuviel Ungeduld und therapeutischen Ehrgeiz, anstatt sich nur auf seine persönliche Eroberung zu verlegen.*[17]

Freud sagte ohne Umschweife und in aller Deutlichkeit, die Analyse setze *durchaus die Einwilligung des Analysierten und die Situation eines Überlegenen und eines Untergeordneten voraus.*[18] Er konnte davon sprechen, daß ein Patient *ungehorsam* sei, oder sprach vom Spätstadium einer Analyse, *als die Schlacht ... schon gewonnen war.*[19] Freud verwendete häufig militärische Begriffe und Wendungen. *[Ein] Schlachtfeld muß nicht notwendig mit einer der wichtigsten Festungen des Feindes zusammenfallen.*[20] War der Widerstand in der Analyse in gewisser Weise einfach Opposition gegen Freud? Die Amerikaner spürten von Anfang an eine autoritäre Atmosphäre in Freuds Kreis, der Freuds mitteleuropäischen Patienten einfach als eine aufgeklärte Monarchie erschien. Freud war nicht mit der demokratischen Vorstellung aufgewachsen, daß die Meinungen aller Leute gleich viel wert sind.

Viele Patienten nahmen den tyrannischen Zug in Freuds Wesen sehr deutlich wahr, und obwohl die analytische Situation dem Patienten die Führung zu überlassen schien, konnte Freud doch recht einschüchternd sein. Ein Patient zum Beispiel, der zwanghaft onanierte, verbrachte sieben Jahre in Analyse bei Freud; schon im ersten oder zweiten Monat der Analyse wurde ihm mitgeteilt, er werde keine Fortschritte in der Behandlung machen, wenn er nicht aufhöre zu masturbieren. Im Rückblick war der Patient der Meinung, Freud habe die Analyse beeinträchtigt, weil er sich wie die Eltern des Patienten verhielt. Es wäre vielleicht besser gewesen, wenn Freud den umgekehrten Kurs eingeschlagen hätte, aber er ging von der Annahme aus, daß die

Dinge eine physische Grundlage haben, und wenn die Libido nicht eingedämmt werde, wäre der Weg zur Sublimierung blockiert. Freud erklärte, Befriedigung durch Masturbation verhindere, daß der Betreffende so träume, wie man das für eine Analyse sollte (der Gedanke, daß man etwas Angenehmes aufgeben solle, um mehr psychologisches Material zu produzieren, ist charakteristisch für Freud). Bei einem Patienten, der ohnehin schon vor Frauen Angst hatte, verstärkte diese analytische Anweisung nur seine Hemmungen.

Aber wichtiger vielleicht noch als die Einzelheiten dieser oder jener Deutung war die Tatsache, daß die Analyse ihrer Natur nach eine einseitige Situation war. Da der Patient derjenige ist, der sich eröffnet, während der Analytiker reserviert bleibt, ist es kein Wunder, daß Freud davon sprach, daß sich die Patienten einer Analyse *unterwerfen*. Vielleicht betrachtet der Patient zu Recht die Deutungen des Analytikers als eine Form der Kritik, denn sie implizieren, daß der Patient oft nicht weiß, wovon der Behandelnde redet. Die Verwendung der Couch enthält eo ipso ein Element der Unterwerfung – der Patient liegt und der Analytiker sitzt. Das Autoritäre dieser Anordnung macht es für den Patienten schwer, sein kritisches Urteil zu bewahren, und es ist ja auch das Ziel der Behandlung, beim Patienten eine zeitweilige Regression zu fördern, um später eine konstruktive Lösung zu erreichen. Das Geben und Nehmen zwischen zwei Partnern führt zu einem egalitären Verhältnis, welches Freuds Konzept der Analyse von vornherein ausschloß. Es war jedoch in bezug auf Machtsituationen nicht naiv. Zumindest war Freud, wie er einmal sagte, nicht geneigt, die Cäsaren für wahnsinnig zu halten; ihre Position habe sie zu ihren Exzessen getrieben; man dürfe Menschen nicht dieses unbegrenzte Machtgefühl geben.[21] Wie Freud in seinem eigenen Beruf lernte: *Wenn einem Menschen Macht verliehen wird, [fällt] es ihm schwer, sie nicht zu mißbrauchen.*[22]

Patienten gegenüber, die er mochte, konnte Freud ganz natürlich und offen sein, selbst wenn es darum ging, einen Fehler einzugestehen. Freud schrieb einmal, unter bestimmten Umständen könne man zu dem Schluß kommen, daß man einen Fehler gemacht habe; das werde man dann bei einer passenden Gelegenheit dem Patienten gegenüber zugeben, ohne damit etwas von der eigenen Autorität zu opfern. Bei manchen Patienten gelang es Freud, ihre volle Zustimmung zu allen seinen Lehren zu gewinnen, und mit diesen Patienten war ein gewisses Maß von Geben und Nehmen möglich. Ein Patient jedoch, der von Anfang an rivalisierend auftrat, konnte für Freud eine Bedrohung darstellen. Eine Analyse, die mit Opposition gegen Freud anfing, lief schon bald auf Grund.

Als alter Mann konnte Freud eigenmächtig sein. Einmal fuhr ein Patient über die Weihnachtsferien zum Skifahren, und Freud nahm einen anderen Patienten an; als der Urlauber zurückkam, erhielt er den Bescheid, er müsse jetzt warten, bis er wieder an die Reihe käme. Freud fühlte sich berechtigt, so vorzugehen, denn ein Patient war seiner Meinung nach nicht berechtigt, ihm vorzuschreiben, wann er arbeiten sollte und wann nicht. Otto Rank hingegen glaubte, daß Freud seine Anhänger in Abhängigkeit halten wollte, und insbesondere, daß Freuds Konzept der latenten Homosexualität ein Mittel war, Menschen zu tyrannisieren. Zumindest einer von Freuds Patienten beendete seine Analyse in einer Depression wegen der Streitfrage einer unbewußten Homosexualität.

Kompliziert wird die Macht des Analytikers im Falle einer Lehranalyse, weil hier der Analytiker es in der Hand hat, die Berufslaufbahn des Analysanden zu beeinflussen. Wieweit Freud seinen Patienten half, ist schwer zu beurteilen; eine Patientin sagte, sie sei nachher ein anderer Mensch gewesen, viele fühlten sich weniger deprimiert über ihre Unzulänglichkeiten, während andere wieder trotz ihrer Analyse die gleichen Symptome behielten und einige andere schließlich in Irrenanstalten kamen. Für Schüler jedoch, die dann selber Analytiker wurden, war es beruflich von Vorteil, daß sie bei Freud in Analyse gewesen waren.

Noch in den frühen 20er Jahren gab es keine *Kontroll*-Analysen, die von Ausbildungskandidaten unter der Überwachung durch erfahrenere Analytiker durchgeführt werden. Man konnte sich bei Freud Rat bezüglich eines schwierigen Problems holen, aber er war nicht dafür, daß das zu oft geschah; er wollte, daß seine Schüler selbständig lernten und ihrem eigenen Urteil vertrauten.[23] Manchmal kamen Analytiker mit Patienten, bei denen sie nicht weiterkamen, aus dem Ausland angereist, in der Hoffnung, daß Freud die festgefahrene Behandlung wieder in Fluß bringen würde.

Gegen Ende der 20er Jahre war dann die Wiener Psychoanalytische Vereinigung stärker organisiert, mit Lehrveranstaltungen und Ausbildungsverfahren, die von anderen Mitgliedern, nicht von Freud, durchgeführt wurden; nach einer Analyse von einigen Monaten, einer Art Probezeit, wurde der in Ausbildung Befindliche zu den Sitzungen eingeladen. Da die Ausländer nicht immer auf längere Zeit in Wien bleiben konnten, durften sie früher an den Sitzungen teilnehmen. Allmählich wurde die Überwachung der in Ausbildung stehenden Analytiker straffer geregelt, aber die generelle Einstellung in Wien, die Freuds eigene Auffassung widerspiegelte, ging dahin, daß diese Kontrollanalysen nicht so wichtig seien wie die Entwicklung der therapeutischen Kunstfertigkeit des Kandidaten. Die Analytiker überwachten nicht die von ihren eigenen Analysanden durchgeführten Analysen; man kann jedoch annehmen, daß eine strengere Scheidung zwischen Ausbildung und Analysieren vielleicht die Verewigung der Orthodoxie verhindert und das Ersticken von Begabungen reduziert hätte.

Freud meinte: *Lehranalysen können ja nicht ganz so behandelt werden wie Heilanalysen.*[24] Freud war der Auffassung, daß Analytiker in Ausbildung ein Recht auf gesellschaftlichen Kontakt mit ihm hatten, der sonst vielleicht nicht akzeptabel gewesen wäre. Analytische Neutralität gegenüber Schülern ist in Wirklichkeit etwas ziemlich Neues. Im Jahre 1926 schrieb Freud: *Man rechnet für eine solche Ausbildung etwa zwei Jahre.*[25] Im Jahre 1937 meinte er:

Aus praktischen Gründen kann [die Eigenanalyse] *nur kurz und unvollständig sein, ihr hauptsächlicher Zweck ist, dem Lehrer ein Urteil zu ermöglichen, ob der Kandidat zu einer weiteren Ausbildung zugelassen werden kann. Ihre Leistung ist erfüllt, wenn sie dem Lehrling die sichere Überzeugung von der Existenz des Unbewußten bringt, ihm die sonst unglaubwürdigen Selbstwahrnehmungen beim Auftauchen des Verdrängten vermittelt und ihm an einer ersten Probe die Technik zeigt, die sich in der analytischen Tätigkeit allein bewährt hat.*[26]

Nach Freuds Bericht hatten in seinen späteren Jahren *die Lehranalysen überwogen*,[27] und im Jahre 1937 war er bezüglich der Analyse als Therapie so weit ernüchtert und von den Belastungen der Arbeit mit analytischem Material so beeindruckt, daß er empfahl, *jeder Analytiker sollte periodisch, etwa nach Verlauf von fünf Jahren, sich wieder zum Objekt der Analyse machen, ohne sich dieses Schrittes zu schämen.*[28] Natürlich setzte Freuds Empfehlung voraus, daß die Analysen selber nicht unendlich waren, auch wenn die Selbstentdeckung nie zum Ende kam; nachdem die Lehranalysen im Laufe der Jahre immer länger geworden sind, hätte Freuds Vorschlag, der heute nirgendwo mehr befolgt wird, praktisch eine permanente Analyse zur Folge.

Die Praxis der Analyse stellt für den Analytiker insoweit eine Versuchung dar, als es für ihn nicht schwer ist, seine private Eitelkeit auf die Analyse selbst zu verschieben. Man kommt leicht auf den Gedanken, wenn die Analysen nur länger und tiefgründiger wären, würden sie auch erfolgreicher sein. Ein Analytiker kann das glauben, ohne eitel zu erscheinen, denn das, was er anbietet, ist ja nicht bloß seine eigene Persönlichkeit, sondern die analytische Situation, etwas sehr Besonderes. Aber Freud konnte nicht alle die Probleme der Ausbildung künftiger Analytiker voraussehen, sei es auch nur deshalb, weil die Psychoanalyse zu seiner Zeit noch nicht so bürokratisiert war, wie sie es dann bald wurde.

Vielleicht ist eine der Hauptschwierigkeiten der Psychoanalyse ihr Streben nach Perfektion. Das Ideal des vollanalysierten Analytikers zum Beispiel, der von den letzten Spuren der Neurose gereinigt sein sollte, ist ein Mythos, der aus den Ungewißheiten und Unsicherheiten der frühen Analytiker geboren wurde. Ferner gab es eine Art von praktischem Ritualismus; es war Hochverrat, nicht eine Couch zu benützen oder nicht die negative Übertragung zu analysieren (aus Angst vor einer »bloß« suggestiven, vorübergehenden Heilung). Der Eindruck, Freud sei ein Gott ohne Fehler, war das Äquivalent des Mythos vom perfekt analysierten Analytiker.[29] Analytiker sind Menschen, und die Erreichung des Ziels der Neutralität in der Technik ist eine Unmöglichkeit. Aber gegen Ende seines Lebens war Freud wenig geneigt, hinsichtlich der Praxis der Therapie Kompromisse zu schließen:

Es hat also seinen guten Sinn, wenn man vom Analytiker als Teil seines Befähigungsnachweises ein höheres Maß von seelischer Normalität und Korrektheit fordert; dazu kommt noch, daß er auch eine gewisse Überlegenheit benötigt, um auf den Patienten in gewissen analytischen Situationen als Vorbild, in anderen als Lehrer zu wirken. Und endlich ist nicht zu vergessen, daß die analytische Beziehung auf Wahrheitsliebe, d. h. auf die Anerkennung der Realität gegründet ist und jeden Schein und Trug ausschließt.[30]

Freuds Schriften hatten zu den unrealistischen Erwartungen mancher seiner Anhänger beigetragen. Im Jahre 1913 stellte er die kühne Behauptung auf: *Die Zeit ist nicht ferne, in welcher die Einsicht allgemein wird, daß man keinerlei nervöse Störung verstehen und behandeln kann, wenn man nicht die Gesichtspunkte, oft auch die Technik der Psychoanalyse zu Hilfe nimmt.*[31] Bei aller Würdigung der menschlichen Vielfältigkeit und Verständnisbreite, die Freud manchmal an den Tag legen konnte, fühlte er sich doch berechtigt, das Führen eines Tagebuches als einen *neurotischen Zug* zu betrachten.[32] Und trotz seiner Emanzipation von vielen bürgerlichen Wertvorstellungen beglückwünschte er einen seiner frühen Anhänger, als dieser in mittlerem Lebensalter schließlich heiratete, mit den Worten: *Jetzt sind Sie normal.*

Trotz Freuds Warnungen bezüglich der Grenzen der analytischen Technik und trotz der vielen *Kontraindikationen* gegen die Analyse, die er aufführte, waren die frühen Analytiker daran interessiert, so gut wie jeden in Analyse zu bringen. In Simmels Sanatorium in der Nähe von Berlin, das fünf Jahre in Betrieb war, bevor es Bankrott machte, sollten alle – auch die Krankenschwestern, ja sogar die Pförtner – analysiert sein. Hier wurde übersehen, daß die Psychoanalyse eine spezielle Technik für eine begrenzte Zahl von Problemen war. Wie der Schweizer Psychiater Binswanger im Jahre 1911 an Freud schrieb: *Ich weiß sehr gut, daß ich mir auf keinen Erfolg etwas einbilde, es sei denn auf einen auf analytischem Wege erzielten und daß mich jede Kur unbefriedigt läßt, es sei denn eine analytische.* Binswanger erinnerte sich später: *In dieser Zeit glaubte ich noch, daß fast jeder Patient analysiert werden müsse ... Es hat mich zehn Jahre harter Arbeit und Enttäuschung gekostet, bis ich einsah, daß sich nur ein bestimmter Teil unserer Anstaltspatienten für die Analyse eignet.*[33]

Aus der Praxis wußte Freud, daß Gesundheit und Krankheit sich nicht scharf voneinander unterscheiden lassen. An Karl Abraham, einen Schüler, den er gern hatte, schrieb Freud: *Diese Komplexe haben wir ja alle und müssen uns hüten, nicht alle Neurotiker zu heißen.*[34] Und an einen anderen Lieblingsschüler, Sandor Ferenczi, schrieb Freud: *Der Mensch soll seine Komplexe nicht ausrotten wollen, sondern sich ins Einvernehmen mit ihnen setzen, sie sind die berechtigten Dirigenten in der Welt.*[35] Heilt ein Arzt jemals wirklich, hilft er nicht vielmehr nur dem Körper, sich selbst zu heilen? Freud erwähnte einmal: *Ein alter Chirurg hatte zu seinem Wahlspruch die Worte genommen: ›Je le pansai, Dieu le guérit.‹* [›Ich habe ihn verbunden, Gott hat ihn geheilt.‹] *Mit etwas Ähnlichem sollte sich der Analytiker zufriedengeben.*[36]

Freud hatte Geschmack und erhob Einwände gegen gewisse Aspekte einer Arbeit über den Wiener Schriftsteller Karl Kraus, die Wittels vorgelegt hatte. Die Analyse, sagte er, sollte einen tolerant machen, und einer solchen Vivisektion könne man mit Recht den Vorwurf machen, sie sei inhuman. Freud belehrte seine Wiener Vereinigung, die Analytiker hätten kein Recht, die Neurose in den Vordergrund zu stellen, wenn es um eine große Leistung gehe.[37] Noch weit schärfer jedoch äußerte sich Freud über eine Arbeit Sadgers über Heinrich von Kleist. Man könne einer Persönlichkeit einfach nicht gerecht werden, wenn man nur ihre abnormen sexuellen Komponenten betone und sich nicht die Mühe mache, ihre engen Bindungen an die anderen psychischen Kräfte des Betreffenden zu erfassen. Man müsse Sadger auch vorwerfen, daß er eine besondere Vorliebe für das Brutale habe. Es sei nicht die Aufgabe des Analytikers, eigenmächtig neue Wahrheiten zu verkünden, sondern zu zeigen, in welcher Weise man zu ihnen gelangen kann. Ein gewisses Maß von Toleranz müsse Hand in Hand gehen mit einem tieferen Verständnis, wenn das Leben überhaupt erträglich bleiben soll. Freud formulierte seinen Vorwurf gegen diese *abstoßende* Arbeit taktvoll: *Sadger hat diese Toleranz nicht erworben, oder er ist zumindest nicht fähig, sie auszudrücken.*[38]

Es überrascht nicht, daß in dem tosenden Strudel widersprüchlicher Ideen rund um Freud einige Menschen aus der Bahn gerieten. Nach welchem Maßstab der Normalität können wir unseren Kurs richten, nach dem der Konzepte, die Freud formulierte, oder nach dem seines Lebens, wie er es gelebt hat? In seinen besten Stunden hätte Freud vielleicht dem Ziel eines großen Künstlers wie Pablo Picasso zugestimmt: *Spannung ist für mich viel entscheidender als das stabile Gleichgewicht der Harmonie, das mich überhaupt nicht interessiert . . . Ich möchte den Geist in eine ihm ungewöhnte Richtung lenken, ihn aufwecken.*[39] Freuds Konzeption der Gesundheit, wenn auch nur selten definiert, war nicht als etwas Strohtrockenes gedacht.

Die Psychoanalyse wuchs als Bewegung so schnell, daß sie sich als Therapie manchmal übernommen hat; vor allem die Amerikaner haben in dieser Richtung Fehler gemacht. Aber auch andere, wie die Kleinianer, haben psychologische Wahrheit mit Gesundheit gleichgesetzt. Der Wiener Ansatz der Psychologie, unter der Führung Freuds, zielte darauf ab, dem Menschen zu helfen, ihre eigenen Kompromisse zu finden. Wie Jung früher als die meisten erkannte, kann die Psychoanalyse selber kein Reifungsprozeß sein, sie vermag jedoch einige der Hindernisse zu beseitigen, die diesem Prozeß im Wege stehen.

Im Jahre 1904, lange vor den grundsätzlichen Meinungsstreitigkeiten innerhalb der Bewegung Freuds, stellte dieser einfach fest,

daß der analytischen Kur manche Eigenschaften anhaften, die sie von dem Ideal einer Therapie ferne halten . . . Von [dem Kranken] verlangt sie das Opfer voller Aufrichtigkeit . . . Ich finde es auch selbst ganz berechtigt, daß man bequemere Heilmethoden in Anwendung bringt, solange man eben die Aussicht hat, mit diesen letzteren etwas zu erreichen. Auf diesen Punkt kommt es allein an.[40]

Jones zufolge warnte Freud vor *übermäßigem Ehrgeiz therapeutischer oder kulturell-erzieherischer Art. Man soll vom Patienten nie mehr verlangen, als seinen angeborenen Fähigkeiten entspricht.*[41]

Gegen Ende seines Lebens war Freud zu der Auffassung gelangt, dem analytischen Prozeß seien durch konstitutionelle Faktoren enge Grenzen gesetzt. Binswanger berichtet von einer Unterhaltung mit Freud im Jahre 1936, daß Freud *zu meinem Erstaunen den kurzen Satz hinwarf: ›Konstitution ist alles.‹*[42] Und 1937 schrieb Freud:

Man hat den Eindruck, daß man nicht überrascht sein dürfte, wenn sich am Ende herausstellt, daß der Unterschied zwischen dem nicht Analysierten und dem späteren Verhalten des Analysierten doch nicht so durchgreifend ist, wie wir es erstreben, erwarten und behaupten.[43]

Freud betrachtete die mißliche Lage des Menschen mit Stoizismus; einer von Freuds Lieblingsaussprüchen war: *. . . Man muß lernen, eine gewisse Portion Ungewißheit zu ertragen.*[44]

Für den Kreis, der sich um Freud sammelte, waren jedoch die therapeutischen Möglichkeiten der Analyse ebenso verlockend wie die Zukunftsaussichten der Erkenntnisse, die seine Gedanken geschaffen hatten. Aber einige persönliche Eigenschaften Freuds, die sowohl seine Technik, als auch seine Theorien mit geprägt hatten, lieferten auch den Antrieb für die Abweichler in der Psychoanalyse, als sie bei dem Versuch, es Freud nachzutun, ihre Gedanken auf ihre eigenen wissenschaftlichen Erfahrungen und ihr wachsendes Selbstverständnis gründeten.

Dritter internationaler Psychoanalytischer Kongreß in Weimar 1911

5.
Öffentliche Kontroversen: Alfred Adler und Wilhelm Stekel

Wilhelm Stekel (1868–1940)

Alfred Adler (1870–1937)

5.1. Gemeinsame Arbeit

In dem Jahrzehnt nach der Veröffentlichung der *Traumdeutung* im Jahre 1900 genoß Freud eine der glücklichsten Perioden seines Lebens. Über gewisse Unzulänglichkeiten, die er in seinem eigenen Familienleben empfinden mochte, trug ihn die Schaffung seiner neuen Bewegung hinweg, bei der er treue Anhänger gewann. Freud wußte inzwischen, wieviel an Neuem er in der Psychoanalyse aufgedeckt hatte; und mit der Technik der freien Assoziation hatte er ein Forschungswerkzeug für die Zukunft geschaffen. In den ersten zehn Jahren des Jahrhunderts füllte er die Umrisse seiner früheren Ideen aus und arbeitete die Lehre von der infantilen Sexualität und die Lehre vom Unbewußten detaillierter aus. Die Psychopathologie des Alltagslebens, einschließlich Witz und Humor, fand ihren Platz in seinem Reich.
In diesem Jahrzehnt trat Freud aus seiner Isolierung hervor und begründete seine Schule. Wenn auch die Psychoanalyse nicht gerade verfolgt wurden, so akzeptierte man sie doch keineswegs allgemein. Vielleicht genoß Freud es zu sehr, angegriffen zu werden. Trotz des Mythos, der die Gegner der Freudschen Theorien ins helle Scheinwerferlicht rückte, die anderen hingegen unbeachtet ließ, wurde die Teilnahme an Freuds Vorlesungen an der Universität Wien nicht als Zeichen radikaler Gesinnung gewertet.[1] Freud, der stets ohne Notizen sprach, war bis zu der Krankheit seiner späteren Jahre ein glänzender Redner. Seine Worte flossen klar, einfach und logisch.[2] Um 1906 war sein Einfluß auf die jüngere Generation der Wiener Intellektuellen enorm groß; wie ein Wiener Beobachter es ausdrückte: *Freuds Popularität bei den jungen Leuten war sehr groß, obwohl er sich nicht gern auf engeren persönlichen Kontakt mit ihnen einließ.*[3]
In jenen Tagen war Freud mit den schon leicht gebeugten Gelehrtenschultern, die Hände in seiner typischen Haltung auf dem Rücken verschränkt, eine Gestalt, die Begeisterung einflößte. Als Lehrer eröffnete er der wachsenden, aber immer noch kleinen Gruppe ergebener Anhänger, die sich um ihn sammelte, eine neue Welt. Er war großzügig in seinen Lehren, in der Austeilung seiner Ideen. Er war noch nicht unzugänglich, zurückhaltend oder mißtrauisch, wie er es im Alter wurde. Wenn er nach den Mittwochsitzungen über Psychoanalyse, die 1902 in seiner Wohnung ihren Anfang nahmen, im Kaffeehaus mit anderen zusammensaß, fand Freud kein Thema – sei es die Telepathie oder der Allmächtige – zu abseitig, um darüber zu spekulieren.
Selbst in dieser Periode vor dem Ersten Weltkrieg, als die Psychoanalyse von der übrigen Welt noch abgekapselt war, zitierte Freud seine Schüler nur mit Vorsicht. Er erwähnte allerdings ihre Arbeiten in seinen Schriften, und sie spielten eine wesentliche Rolle bei der Bemühung, seine Entdeckungen auf eine breite wissenschaftliche Grundlage zu stellen. Im Jahre 1908, als die Psychoanalyse noch keine breitere Anerkennung gefunden hatte, sprach er etwas großartig von dem, was *jedem Arzte, der*

die Psychoanalyse geübt hat, . . . wohl bekannt geworden ist . . ..[4] In neuen Auflagen der *Traumdeutung* fügte Freud Beispiele ein, die seine Schüler ihm mitgeteilt hatten. In einem Zusatz zu diesem Buch von 1909 schreibt Freud:

In den Arbeiten jener Ärzte, welche sich zur Anwendung des psychoanalytischen Heilverfahrens entschlossen haben, und anderer sind Träume veröffentlicht und nach meinen Anweisungen gedeutet worden. Soweit diese Arbeiten über die Bestätigung meiner Aufstellungen hinausgehen, habe ich deren Ergebnisse in den Zusammenhang meiner Darstellung eingetragen. Ein zweites Literaturverzeichnis am Ende stellt die wichtigsten Veröffentlichungen seit dem ersten Erscheinen dieses Buches zusammen.[5]

Aber die Psychoanalyse blieb Freuds persönlicher Herrschaftsbereich. Zu Beginn des erwähnten Zusatzes von 1909 heißt es, um keine Mißverständnisse über Prioritäten aufkommen zu lassen: *Die Literatur der Traumprobleme* habe seit dem ersten Erscheinen des Buches *weder an tatsächlichem Material noch an Gesichtspunkten für die Auffassung des Traumes Neues oder Wertvolles gebracht.* Freud ließ keinen Zweifel, daß es die Aufgabe seiner Schüler sei, seine eigenen ursprünglichen Entdeckungen anzuwenden. Studenten der Universität brauchten, soweit sie nicht zu der psychiatrischen Klinik gehörten, wo er las, Freuds vorherige Erlaubnis zur Teilnahme an seinen Vorlesungen; diese Forderung war damals ungewöhnlich, aber Freud hatte kein Interesse daran, zu Leuten zu reden, die ohne ernsthafte Absichten kamen.

Die öffentlichen Auseinandersetzungen mit Adler, Stekel und Jung, die diesem friedlichen und glücklichen Jahrzehnt in Freuds Leben folgten, unvoreingenommen noch einmal zu überdenken, fällt manchen schwer. Jede Familie hat ihre eigene Version ihrer Geschichte, und für die Menschen, die in der Verpflichtung Freud gegenüber aufgewachsen sind, haben diese Streitigkeiten bereits einen mythischen Charakter angenommen. Jede soziale Gruppe lebt von solchen Legenden, und die Mythologie dieser frühen Auseinandersetzungen ist inzwischen ziemlich fest fixiert, nicht nur in der mündlich überlieferten Geschichte der Psychoanalyse, sondern auch in Büchern für ein breiteres Publikum.[6]

Im großen und ganzen leistet man der Geschichtsschreibung keine guten Dienste, wenn man die dramatischen Elemente in den Mittelpunkt stellt. Wenn man die früheren Spaltungen in der Psychoanalyse allzustark hervorhebt, übersieht man vielleicht die Bereiche unausgesprochener Übereinstimmung, die sich in späterer Zeit zwischen allen Schulen psychoanalytischen Denkens herauskristallisiert haben. Trotzdem bestimmen diese wohlbekannten Kontroversen die Struktur von Freuds Beziehung zu seinen Schülern und den Einfluß, den er auf seinen Kreis ausübte. Allzuoft wurde und wird die Psychoanalyse als eine monolithische Doktrin angesehen.

Alfred Adler (1870–1937) wurde berühmt als der Führer einer abweichenden Bewegung; er war ein *Abtrünniger*, der eine *abweichlerische* Schule der Psychologie begründete, die die Rolle der Sexualität abwertete. Adler war einer der ergebensten Anhänger Freuds gewesen. Im Jahre 1908, als die Gruppe, die sich an den Mittwochabenden in Freuds Wohnung traf, weniger als dreißig Mitglieder zählte (von denen jeweils nur etwa die Hälfte bei jeder Sitzung dabei war), kritisierte Adler einen Aufsatz von Otto Rank mit der Begründung, in ihm nehme *die Sexualität verhältnismäßig wenig Raum ein*. Bei der gleichen Sitzung ging Adler getreulich von der Annahme aus, die ganze Arbeit basiere auf einem Gedanken »des Professors«.[7] Später versuchten Adler und seine Freunde abzustreiten, daß er überhaupt je ein gläubiger Schüler gewesen sei, und behaupteten statt dessen, Freud habe ihn als einen selbständig Forschenden, wenn nicht als Gleichberechtigten behandelt.[8] Die *Protokolle* der Wiener Psychoanalytischen Vereinigung lassen jedoch keinen Zweifel über Freuds beherrschende Stellung.

Adler, der vierzehn Jahre jünger als Freud war, schloß sich Freuds Kreis im Jahre 1902 an, dem Jahr also, in dem dieser Kreis sich etablierte. Freud war 1897 zum *Professor Extraordinarius* ernannt worden; diese Ernennung berechtigte ihn zur Abhaltung von Vorlesungen an der Universität Wien, er erhielt jedoch kein Gehalt und war nicht reguläres Fakultätsmitglied. Die führenden Universitätskreise waren antisemitisch eingestellt, aber daß es fünf Jahre dauerte, bis seine Ernennung bestätigt wurde, war wahrscheinlich der Tatsache zuzuschreiben, daß Freud *zusehr mit seiner Selbstanalyse beschäftigt war, um sich um seine Interessen zu kümmern*.[9] Freud mußte seine Angelegenheiten selber vorantreiben, mit Hilfe zweier Frauen, die über gute Beziehungen verfügten – die eine von ihnen war eine Patientin von ihm, die andere eine frühere Patientin. *Um in dieser Gesellschaft eine herausragende Stellung zu erlangen, brauchte man Protektion von ›oben‹.*[10] Sein relativ geringer Rang an der Universität ärgerte Freud stets. Der Titel, den er im März 1902 erhielt, war eine verspätete und zu geringe Anerkennung seiner Arbeit. Aber er war doch hilfreich für sein berufliches Fortkommen und für die Ausbreitung seiner Ideen.

Später, im gleichen Jahr, schrieb Freud an vier Männer (Alfred Adler, Wilhelm Stekel, Max Kahane und Rudolf Reitler) Postkarten mit dem Vorschlag, in seiner Wohnung zusammenzukommen, um Fragen von gemeinsamem Interesse zu erörtern. Freud war sich seines schließlichen Erfolgs und der Art und Weise, wie er zustande kommen würde, so sicher, daß er ein Jahr zuvor geschrieben hatte:

Zu meiner großen Überraschung entdeckte ich eines Tages, daß nicht die ärztliche, sondern die laienhafte, halb noch im Aberglauben befangene Auffassung des Traumes der Wahrheit nahekommt ... Ich gelangte zu neuen Aufschlüssen über den Traum, indem ich eine neue Methode ... anwendete, die seither unter dem Namen ›Psychoanalyse‹ bei einer ganzen Schule von Forschern Aufnahme gefunden hat.[11]

Zu jener Zeit war das eher ein Wunsch Freuds als eine Realität. Da er noch nicht hinreichend gewürdigt und verstanden wurde, brauchte er die Zustimmung von Anhängern. Die Gruppe hatte zunächst den Namen Psychologische Mittwochs-Gesellschaft und traf sich in Freuds Wartezimmer. Wie in Freuds engem kleinen Studierzimmer[12] waren die Wände mit Büchern und mit Schränken voller Antiquitäten zugestellt; Freuds Sammlung von Kunstgegenständen war mehr unter historischen und humanistischen als unter rein ästhetischen Gesichtspunkten zusammengestellt. Viele gebildete Juden in Mitteleuropa teilten die herrschende Bewunderung für das heidnische Ideal der klassischen Antike.

Die Diskussionen bei diesen Zusammenkünften waren weit ausgreifend, wenn sie sich auch innerhalb des Gesamtraums der Freudschen Ideen hielten. In Referaten der Mitglieder wurden neuerschienene Bücher besprochen, historische Gestalten untersucht, Fallmaterial vorgetragen oder theoretische Themen aufgeworfen. Im Jahre 1908 gab sich die Gruppe den neuen Namen Wiener Psychoanalytische Vereinigung; von 1910 an trafen sie sich, als Teil von Freuds Internationaler Psychoanalytischer Vereinigung, in einem Raum eines Wiener Ärztevereins.

Freud war bei diesen Sitzungen viel zwangloser als in der Universität. In seiner eigenen kleinen Gruppe mußte er auch weniger befürchten, mißverstanden zu werden. Bei diesen Zusammenkünften gab es kein Vorlesen von Aufsätzen, Freud bestand darauf, daß alle Teilnehmer ohne Notizen und auch ohne Vorbehalte sprachen. Er war der Meinung, Vorlesen lenke die Aufmerksamkeit des Zuhörers ab und beeinträchtige seine Identifikation mit dem Vortragenden.[13] *Freuds Vortrag war im kleinen Kreise weit kühner als im öffentlichen Kolleg ... Wer Freud nur aus seinen Büchern kennt, wird eher zu Widerspruch bereit sein, als wer dem Feuerwerk seiner Rede ausgesetzt war.*[14] Es war schwer, Freud zu widersprechen, nicht so sehr, weil er abweichende Auffassungen schroff angriff, als vielmehr, weil die Kraft seines Verstandes und seiner Persönlichkeit allen Versuchen, mit alternativen Formulierungen zum Zuge zu kommen, sofort unterminierte. (Viele Mitglieder dieser kleinen Gruppe bildeten auch eine ständige Garde treuer Zuhörer bei Freuds öffentlichen Vorträgen.)

Es gab anfänglich die unterschiedlichsten Gründe, warum die Menschen zu Freud kamen; einige, wie z. B. Adler, waren Ärzte, einige waren Schriftsteller oder Studenten, andere wieder waren einfach von neurotischen Problemen geplagt. Adler nahm wie die übrigen an Diskussionen teil, schrieb Aufsätze und half mit, die Sache der Psychoanalyse zu fördern. Es war unvermeidlich, daß die frühen Analytiker zum Missionieren und Predigen eingesetzt wurden. Als Gegenleistung für Adlers Hilfe lobte Freud dessen besondere Begabungen. Er überwies auch die Frau seines Bruders Alexander an Adler zur Analyse.[15] Und als Begründung dafür, daß er Adler im Jahre 1910 zum Präsidenten der Wiener Vereinigung machte, führte Freud an, schließlich sei dieser *doch die einzige Persönlichkeit* ...[16]

Dem Temperament nach waren Adler und Freud sehr verschieden. Freud war in seinem äußeren Verhalten zurückhaltend und förmlich, und er hatte einen systematischen Geist. Stolz, wenn auch ohne persönliche Eitelkeit, schrieb Freud schon im Jahre 1903 von sich in der dritten Person.[17] Im Gegensatz zu Freud, dessen *Kleidung immer vornehm und korrekt*[18] *aussah*,* war Adler *stets der ›einfache Mann‹, fast schlampig in seinem Äußeren . . .«*[19] Adler konnte zwar eigensinnig sein, hatte aber von den beiden das ausgeglichenere Temperament und war geselliger und zugänglicher. Adler war ferner ein Musikliebhaber und selber ein guter Musiker.

Freud hingegen war ein großer Schriftsteller. *Adler war der geborene Redner, der für das Schreiben nicht viel Zeit und Mühe übrig hatte.*[20] Freud sprach seine Worte sorgfältig und genau aus; er sprach langsam und deutlich, um exakt das auszudrücken, was er sagen wollte; die Stimme selber klang eher rauh, wie verschiedentlich berichtet wird.[21] Als Literaturliebhaber nahm Freud leidenschaftlichen Anteil an Fragen, die literarisch weniger Interessierten vielleicht als bloßes Gezänk um Worte erscheinen mochten.

Innerhalb der von Freud abgesteckten Welt konnte Adler einige seiner Hauptanliegen verfolgen, vor allem sein besonderes Interesse für die sozialen und umweltbedingten Faktoren der Krankheit.[22] Adler war der erste in Freuds Kreis, der sich mit Problemen der Erziehung beschäftigte. Von unterdurchschnittlicher Statur und mit einer kränklichen Kindheit hinter sich, betonte Adler die Rolle der Kompensationen für frühe Defekte in seiner berühmten Studie über Organminderwertigkeit; *unter günstigen Bedingungen schaffen bestimmte Defekte in einem Kind eine Disposition zu größerer Leistung.*[23] Adlers Interesse galt nicht so ausschließlich der infantilen Sexualität, vielmehr beschäftigte er sich vor allem mit Ichmechanismen und Aggressionstrieben. Neben seiner psychoanalytischen Arbeit und seiner Arztpraxis als Internist war Adler – im Gegensatz zu Freuds geringem Interesse für Politik – aktiver Sozialist; er strebte leidenschaftlich danach, die Welt durch Erziehung und Psychotherapie zu verbessern.[24]

Freud war ein so großer Mann, daß seine Anhänger um ihre Originalität kämpfen mußten, was manchmal dazu führte, daß sie das Wertvolle in Freud verwarfen. Schon als Freud Adler zum Präsidenten der Wiener Vereinigung ernannte, spürte er, daß Adler seine Rolle der Unterordnung nur schwer ertrug. Aber Freud hoffte, daß er *in dieser Stellung . . . möglicherweise genötigt wird, den gemeinsamen Boden mitzuverteidigen.*[25] Freud zufolge äußerte Adler seine Unzufriedenheit mit folgenden Worten: *Glauben Sie denn, daß es ein so großes Vergnügen für mich ist, mein ganzes Leben lang in Ihrem Schatten zu stehen?* Freuds Reaktion auf dieses *Streben Adlers nach einem Platz an der Sonne*, wie er es nannte, war keine positive.[26] Aus irgendeinem Grund erscheint geistiger Ehrgeiz manchen Menschen als illegitim, und Adler und seine Fürsprecher haben sich einige Mühe gegeben, das Zitat vom *Im-Schatten-*

---

* Um die Zeit des Ersten Weltkriegs kam Freud zu den Sitzungen der Wiener Psychoanalytischen Vereinigung in einem Fiaker, in einem Mantel mit Pelzkragen und Pelzfutter, einen Spazierstock mit Elfenbeingriff in der Hand.

Stehen – dessen Richtigkeit sie nicht bestritten – wegzuerklären.[27] Würde man nicht im Auge behalten, welche Pionierleistung in der Erforschung der Tiefenpsychologie diese Männer vollbrachten und wie emotionsgeladen geistige Kontroversen sein können, müßte man die frühen Analytiker für starrköpfig und streitsüchtig halten.
Schon in dieser Zeit vor dem Ersten Weltkrieg nahm Freud eine Sonderstellung mit gewisser Distanz zu seinen Schülern ein. Wollte jedoch einer von ihnen mit Freud privat reden, so konnte er ihn nach vorheriger Verabredung in seinem Studierzimmer sprechen, außerdem war es jederzeit möglich, ihn an bestimmten Punkten seiner ständigen Spazierwege zu treffen. Theodor Reik machte sich mit Freuds Gewohnheiten vertraut, und wenn er mit ihm plaudern wollte, wartete er ihn am Weg ab. Freuds tägliches Leben war ungewöhnlich genau eingeteilt. Von acht oder neun Uhr morgens bis genau ein Uhr empfing er Patienten; dann wurde das Mittagessen – die Hauptmahlzeit in Wien – sofort aufgetragen. Von zwei bis drei Uhr nachmittags ging Freud aus, wobei er gewöhnlich eines seiner Kinder mitnahm, um seinen Verdauungsspaziergang zu machen und Besorgungen zu erledigen (zum Beispiel Zigarren zu kaufen). Die Zeit von drei bis vier war mehrmals in der Woche für Konsultationen reserviert; sonst empfing Freud den ganzen Nachmittag über Patienten bis zu einem späten Abendessen; dabei war er so unermüdlich, daß es in manchen Schilderungen heißt, er sei nicht spazierengegangen, sondern *marschiert*. Vor dem Zubettgehen um ein Uhr nachts hatte Freud dann noch Zeit für seine Korrespondenz, Manuskripte und Redaktionsarbeiten – und häufig gerade noch für eine Partie Karten, gewöhnlich mit seiner Schwägerin Minna.
Diese uhrwerksgenaue Regelmäßigkeit von Freuds Leben ermöglichte es ihm, mit seiner Arbeit fertig zu werden. Er empfing und verabschiedete seine Patienten mit absoluter Pünktlichkeit, und als Alter und Krankheit seine Spaziergänge im Freien einschränkten, ging er regelmäßig zwischen den analytischen Sitzungen mit großen Schritten durch die Wohnung. Auch sein Wochenplan war genau geregelt. Jeder zweite Dienstagabend war den Sitzungen des Vereins B'nai B'rith vorbehalten; den Mittwochabend verbrachte er mit der psychoanalytischen Gruppe; am Donnerstag und Samstag hielt er abends Vorlesungen an der Universität. Am Sonntagvormittag besuchte er seine Mutter, und am Samstagabend ging Freud nach seiner Vorlesung zu seinem alten Freund, Dr. Königstein, zu seinem Lieblingskartenspiel, Tarok zu Vieren. Selbst Freuds Urlaube waren gut organisiert; er wollte sich entweder ganz der Arbeit widmen oder völlig ausruhen; deshalb wurde mindestens ein Monat am Ende des Sommers für Reisen (möglichst nach Italien oder Griechenland) oder der Ruhe in den Bergen (wozu stets auch Pilzesuchen gehörte) reserviert.
In Wien genoß Freud im Bürgertum ziemliches Ansehen, man setzte jedoch die Psychoanalyse mit Freud gleich, und seine Schüler wurden als blasse Nachahmer angesehen. Freud sprach selten von einem von ihnen mit besonderer Begeisterung. Seine Schüler mochten wohl sein tägliches Leben mit größter Sorgfalt verfolgen und seine Schriften und mündlichen Äußerungen mit äußerster Hingabe interpretieren, aber

im Alltag blieb Freud auf Distanz. Keiner seiner Schüler, die alle jünger waren, war ein Kamerad für ihn, und nur selten gestattete er eine wirkliche Vertraulichkeit. Hanns Sachs schrieb über ihre letzte Begegnung in London kurz vor Freuds Tod: *Im Grunde blieb er ebenso fern wie damals, als ich ihm zum ersten Mal im Hörsaal begegnete* [dreißig Jahre früher].[28]

In seinem Studierzimmer war er natürlich und bescheiden, aber in der Öffentlichkeit oder in Publikationen ließ er keinen Widerspruch zu. Max Graf (der Vater eines berühmten Patienten, des *kleinen Hans*) schrieb später über diese Zusammenkünfte an den Mittwochabenden: *Es herrschte eine Atmosphäre von Religionsgründung im Raum ... Freuds Schüler waren seine Apostel ... Obwohl im Privatleben gutherzig und rücksichtsvoll, war Freud bei der Darlegung seiner Gedanken hart und unerbittlich.* Sein früherer Schüler erklärt dann, er selber sei nicht fähig und nicht willens gewesen, sich dem Tu das! oder Tu das nicht! Freuds zu unterwerfen, so daß *mir nichts übrigblieb, als mich aus seinem Kreis zurückzuziehen.*[29]

In seiner Gruppe bestand Freud auf absoluter Loyalität. Wie Jones einräumte: *Bei aller Kenntnis der komplexen seelischen Verwicklungen war Freud in Fragen der bewußten Beurteilung leicht dazu geneigt, den Charakter eines Menschen ganz in Weiß oder in Schwarz zu sehen, und es brauchte viel, dies zu modifizieren.*[30] Wenn das vor seinem Streit mit Adler vielleicht noch nicht so klar gewesen war, danach jedenfalls wußten seine Schüler mit Sicherheit, daß Freud einen, wenn man anderer Meinung als er war, schroff hinauswerfen konnte.

Freud polemisierte nicht gern, aber wenn es wirklich nicht anders ging, dann stand er seinen Mann. Obwohl er Originalität und Talent bewunderte, fiel es ihm schwer, Leute mit eigenen Ideen zu tolerieren. Er gab offen zu, *daß ich ... nichts mit fremden Gedanken anzufangen weiß, die mir zur Unzeit zugerufen werden.*[31] So kam es, daß Freud wiederholt seine besten Schüler vertrieb. Richtig ist allerdings, daß die Auseinandersetzungen durch die kultivierte Atmosphäre, in der sie stattfanden, gemildert wurden. Freud war ein Mann von Bildung und Formen, obwohl ihm die Heuchelei konventioneller Manieren zuwider war: *Die Höflichkeit, die ich alle Tage übe, ist zum guten Teil eine ... Verstellung ...*[32]

Freud konnte auch hassen. Freuds Gedankensystem reflektiert seine kämpferische Haltung; er bediente sich ständig militärischer Ausdrücke und benützte Bilder aus der Welt des Krieges: Angriff, Verteidigung, Kampf, Feind, Widerstand, Nachschub, Triumph, Eroberung, Streit. Es war etwas phantasielos von Jones, zu schreiben: *Ich glaube nicht, daß er sich die ganze Opposition sehr zu Herzen nahm.*[33] In gewissem Sinne forderte Freud offensichtlich die Gegnerschaft heraus, die er erweckte. Er sagte einmal: *Ein bekannter Spruch mahnt, man soll von seinen Feinden lernen. Ich gestehe, daß mir dies nie gelungen ist ...*[34] An anderer Stelle zitierte er mit Vergnügen Heines Ausspruch: *Man muß seinen Feinden verzeihen, aber nicht früher, als bis sie gehenkt werden.*[35] Die Widerstände gegen die Psychoanalyse, meinte er, seien *nicht sehr ruhmvoll für die Männer der Wissenschaft unserer Tage. Ich will aber gleich hinzusetzen, es ist mir nie eingefallen, die Gegner der Psychoanalyse bloß darum, weil sie Gegner waren, in Bausch und Bogen verächtlich zu schimpfen; von wenigen unwürdigen Individuen abgesehen, Glücksrittern und Beutehaschern, wie sich in Zeiten des Kampfes auf beiden Seiten einzufinden pflegen.*[36]

Wäre Freud toleranter gewesen, wären seine Einsichten vielleicht in intellektueller Genialität erstickt. Im Interesse seiner Sache ließ er seiner ganzen trotzigen Herausforderung die Zügel schießen. Persönliche Fragen konnten sich im Handumdrehen in theoretische Debatten verwandeln und geistige Meinungsverschiedenheiten als persönliche Affronts gedeutet werden. Freuds Schüler machten die Situation nur noch schwieriger. In ihrem Bedürfnis nach einer starken Autorität, wandelten sie Freuds Wünsche in Gesetze um; die Versuchung für sie war groß, orthodoxer als der Meister, freudianischer als Freud zu sein.

5.2. Der Wille zur Macht

Im Jahre 1910, dem Jahr, in dem Freud Adler zum Präsidenten der Wiener Vereinigung machte, hatte eben die Organisation der Psychoanalyse auf internationaler Ebene begonnen. Freud hatte Jung, der Schweizer und Nichtjude war, zum Haupt der neuen Internationalen Psychoanalytischen Vereinigung gemacht. Auch heute noch betont die psychoanalytische Bewegung ihre kulturüberschreitende Grundlage. Für Freud bedeutete die Internationalisierung seiner Bewegung nicht nur die Sicherung der Fortsetzung seiner Arbeit in der Zukunft, sondern gab ihm auch etwas außerhalb seiner selbst, dem er seine Energien widmen konnte; dadurch, daß seine Eitelkeit sich nun an die Psychoanalyse in ihrer Gesamtheit heften konnte, wurde er plötzlich viel weniger verwundbar gegenüber Verlusten und Angriffen.
Auf einer Zusammenkunft von Freuds Anhängern in Nürnberg im März 1910 (genannt der *Nürnberger Kongreß*) machte der Ungar Sandor Ferenczi mit der zuvor eingeholten Billigung Freuds den Vorschlag, eine internationale Analytikergesellschaft mit Zweigvereinigungen in einer Reihe von Ländern zu gründen. Ferenczi, der hierin wiederum Freuds Wünschen folgte, schlug Jung als Präsidenten der neuen Organisation vor; damit sollte nicht mehr Wien, sondern Zürich das Zentrum der Bewegung sein. In der Rede Ferenczis klang Freuds eher geringschätzige Meinung über die Qualität seiner Wiener Gruppe wieder; Ferenczi schlug vor, daß in Zukunft Aufsätze und Reden der Zustimmung des Präsidenten der Internationalen Vereinigung bedürfen sollten.
Die Wiener Analytiker waren natürlich von den vorgeschlagenen Änderungen nicht

begeistert. Adler und die übrigen fühlten sich durch Freuds Bevorzugung der Schweizer zurückgesetzt. Wie Sachs es später sah, war die Rivalität um Freuds Beifall und Zustimmung der Ursprung der Streitigkeiten, die dann folgten.[1] Adler äußerte die Befürchtung, daß mit Ferenczis Vorschlägen eine *Zensur und Einschränkung der wissenschaftlichen Freiheit* beabsichtigt sei.[2] Die Wiener hielten in Nürnberg eine Protestversammlung in Wilhelm Stekels Hotelzimmer ab. Freud ging selbst zu ihnen hinauf und

richtete an sie einen leidenschaftlichen Appell, ihm ihre Zustimmung zu geben. Er betonte, wieviel heftige Feindseligkeit sie umgäbe und daß es notwendig sei, sich auf Außenstehende stützen zu können. Dann erklärte er, dramatisch seinen Rock zurückwerfend: ›Meine Feinde wären froh, mich verhungern zu sehen; sie würden mir am liebsten den Rock vom Leib reißen.*[3]

Freud mußte nun mit seinen Wiener Anhängern Frieden schließen. Eine neue Zeitschrift wurde geplant, das *Zentralblatt für Psychoanalyse*, mit Adler und Stekel als Schriftleitern; Freud sollte Herausgeber sein. Wie Freud es später schilderte, hatte das Blatt *offenbar ursprünglich eine oppositionelle Tendenz und sollte Wien die durch die Wahl Jungs bedrohte Hegemonie zurückgewinnen.*[5] Jung war bereits Herausgeber des *Jahrbuchs*, der ersten ausschließlich der Psychoanalyse gewidmeten Zeitschrift. Um noch ein weiteres Gegengewicht gegen die Machtverschiebung zugunsten der Schweizer zu schaffen, trat Freud als Präsident der Wiener Vereinigung zurück. Er blieb »wissenschaftlicher Leiter«, aber die Vereinigung sollte ihre eigenen Funktionäre und eine unabhängigere Stellung haben; ihre Mitglieder sollten nicht mehr bloß Freuds Gäste sein und die Zusammenkünfte nicht mehr in Freuds Wartezimmer stattfinden. Adler wurde zum Präsidenten und Stekel zum Vizepräsidenten gewählt. Freud hoffte, auf diese Weise die Wiener zu besänftigen.

Die Präsidentschaft der Wiener Vereinigung machte Adler nicht fügsamer; im Gegenteil, er wurde offenbar dadurch in seinem Streben nach Selbständigkeit bekräftigt. Wie die übrigen Wiener war auch Adler der Meinung, es sei ein Fehler von Freud, Jung so stark herauszustellen. Während Freud behauptete, der der Analyse auferlegte Bann habe ihre Anhänger dazu bewogen, sich zu einer internationalen Organisation zusammenzuschließen, hatte nach Adlers Meinung Freud aufgrund eines unnötigen Minderwertigkeitsgefühls die Gefahren überschätzt, die der Psychoanalyse drohten.[6]

Die Schwierigkeiten zwischen Freud und Adler waren theoretischer wie auch persönlicher Art. Freud war der Ansicht, Adler interessiere sich zu sehr für die Oberflächenpsychologie und das Konzept des Ich. Freud gab zu, daß dies ein von der Psychoanalyse bisher etwas vernachlässigtes Gebiet sei, aber es schien ihm eine Regression zu

---

* Nach einer anderen Darstellung sagte Freud: *Sie neiden mir den Rock, den ich trage; ich weiß nicht, ob ich in Zukunft mein täglich Brot verdienen kann.* Tränen liefen ihm die Wangen hinunter.[4]

den konventionellen Denkweisen des *gesunden Menschenverstandes* zu sein. Adler könne den psychoanalytischen Tatsachen niemals gerecht werden, weil sein Interesse sich auf das Ich und bewußte Vorgänge konzentriere; die Psychoanalyse hingegen erfasse die Dinge auf der Grundlage des Unbewußten und der Libido, und beides rufe schließlich eine Neurose hervor. Nach Adlers Auffassung stellten seine Konzeptionen eine Erweiterung des Gebietes der Tiefenpsychologie dar. *Minderwertigkeitsgefühl*, behauptete er, *ist dem Neurotiker nicht in dem Maße bewußt, in dem es wirksam ist* . . .[7]

Zu Anfang des Jahres 1911 beschloß Freud, seine Schwierigkeiten mit Adler zur entscheidenden Aussprache zu bringen. Adler trug der Vereinigung am 4. Januar und 1. Februar zwei Artikel vor, in denen er seine Auffassungen darlegte, und Freud erwiderte am 1. und 22. Februar. *Freud . . . hielt mit seiner Kritik nicht zurück.*[8] Seine Vorstellung von wissenschaftlicher Methodologie mag heute etwas naiv erscheinen. *Tatsachen* existierten und waren verifizierbar, völlig unterscheidbar von *Deutungen*, die der persönlichen Meinung unterlagen. Freud war der Auffassung, daß er in der Psychoanalyse eine Gruppe neuer Tatsachen entdeckt hatte, und daß diese Beobachtungen einen Wissensbestand darstellten. Adler jedoch drohte, diese Feststellungen durch neue *Spekulationen* zu widerlegen. *Die Betonung der persönlichen Willkür in wissenschaftlichen Dingen ist arg,* schrieb Freud; *sie will der Psychoanalyse offenbar den Wert einer Wissenschaft bestreiten* . . .[9] Einer von Freuds Anhängern gab zu jener Zeit seiner eigenen Vorstellung von Wissenschaft folgendermaßen Ausdruck: *Der Naturwissenschaftler ist ein Dogmatiker; er stellt ein Prinzip auf und erklärt: So ist es!*[10]

Die Auseinandersetzung zwischen Freud und Adler erscheint dem Betrachter kaum als eine überlegte Diskussion wissenschaftlicher Meinungsverschiedenheiten. Freud brachte seine Vorwürfe gegen Adler vor aller Augen vor. Unter den Wiener Intellektuellen bildeten diese Zusammenkünfte eine Sensation; trotz seines kosmopolitischen Charakters war Wien, wie andere Zentren geistigen Lebens, eine Provinzstadt. Freud brandmarkte Adler in aller Direktheit. Es war ein Gerichtsverfahren und die Anklage lautete auf Ketzerei. (Obwohl Richard Wagner für Freud und Paul Klemperer für Adler votierte, waren beide der Meinung, daß die Sitzungen einen »Prozeß« darstellten. Sie waren jedoch unterschiedlicher Meinung darüber, wie persönlich Freuds Angriff zu werten wäre.[11] Wie Sachs, der mit Freud stimmte, sich erinnerte, schonte Freud seinen Gegner nicht und scheute sich nicht, scharfe Worte und schneidende Bemerkungen zu gebrauchen.[12] Freud untersuchte Adlers Auffassungen und suchte die Konzeptionen heraus, deren Urheberschaft Adler für sich beanspruchte; was neu scheine, sagte Freud, sei banal, und das übrige habe er von Freud übernommen, ohne dies kenntlich zu machen.[13]

Die Strafe war Exkommunikation, und Freud machte sich daran, Adler und seine Sympathisanten zu ächten. Wie Graf es sah: *Freud – als das Oberhaupt der Kirche – tat Adler in den Bann; er warf in aus der offiziellen Kirche hinaus. Im Zeitraum weniger Jahre durchlebte ich die ganze Entwicklung einer Kirchengeschichte.*[14] Freud bewertete inzwischen seine Entdeckungen weit höher als persönliche Freundschaften. Wenn es um seine Lehren ging, war er schroff und unnachgiebig. Er betrachtete Adlers Arbeit als einen Verrat, als Abweichung von der geoffenbarten Wahrheit, und gegen Ende dieser Sitzungen kochte er vor Zorn. Nicht seine Anhänger, sondern Freud war für die Spaltung verantwortlich. Durch Freuds Zorn sanktioniert, formierte sich nun die treue Garde, um die Ungläubigen auszutreiben. Sie waren nicht bloß persönliche Bewunderer Freuds; sie glaubten daran, daß seine Psychologie die Psychologie der Zukunft sei.

Zu Anfang hatte Adler nicht viele wirkliche Anhänger, aber als die Schlacht zu Ende ging, war die Vereinigung fast in zwei Hälften aufgespalten. Adler und Stekel traten als Präsident und Vizepräsident der Vereinigung wenige Tage nach den Bemerkungen Freuds vom 22. Februar zurück. Adler blieb Mitglied der Vereinigung bis zum Mai, als Freud seinen Rücktritt als Mitherausgeber des *Zentralblattes* forderte. Als Adler die Vereinigung verließ und seine eigene gründete, nahm er nur drei Mitglieder mit. Er nannte sie *Verein für Freie Psychoanalytische Forschung*, was Freud ironisch *geschmackvoll* nannte und was Jones Jahre danach – ein spätes Echo Freuds – als *ziemlich geschmacklos* bezeichnete.[15] Adler selber hatte das vielleicht ebenso empfunden, denn er benannte seine Gruppe schon bald in Verein für *Individualpsychologie* um.

Schon bald erhob sich die Frage, ob ein Mitglied der Vereinigung Freuds auch an den Sitzungen Adlers, die Donnerstag abends stattfanden, teilnehmen konnte, und diese Streitfrage zog sich eine ganze Weile hin. Freud vertrat, im Gegensatz zu Adler, den Standpunkt, daß ein Mitglied zwischen den beiden Gruppen wählen müsse. Eine Entschließung dieses Inhalts wurde schließlich im Herbst 1911 von der Wiener Psychoanalytischen Vereinigung mit elf gegen fünf Stimmen verabschiedet; fünf Mitglieder enthielten sich offensichtlich der Stimme. Da nun jedes Mitglied der Vereinigung von Freud gezwungen worden war, sich so oder so zu entscheiden, traten sechs weitere Mitglieder aus Freuds Vereinigung aus. Sachs zufolge, der während der gesamten Auseinandersetzung treu zu Freud gestanden hatte, teilten die meisten der Ausgetretenen die Lehre Adlers nicht.

Ihre Entscheidung wurde durch ihre Überzeugung beeinflußt, das ganze Vorgehen verletze die ›Freiheit der Wissenschaft‹. Es kann durchaus sein, daß Freuds schneidende und schroffe Kritik ihr Mitgefühl verletzt hatte und sie der Meinung zuneigen ließ, Adlers Vorwurf der Intoleranz sei berechtigt.[16]

Etwas früher, kurz nachdem Adler als Präsident zurückgetreten, aber bevor er die Vereinigung verlassen hatte, sandte Freud den folgenden Bericht über ihre Kontroverse an einen Schüler in der Schweiz: *Adlers Theorien gingen zu weit vom rechten Weg ab, es war Zeit dagegen Front zu machen . . . Er hat sich ein Weltsystem ohne*

Liebe geschaffen, und ich bin dabei, die Rache der beleidigten Göttin Libido an ihm zu vollziehen.[17] Karl Abraham gegenüber erklärte Freud, Adler habe geirrt, denn *er leugnet die Bedeutung der Libido und führt alles auf Aggression zurück.* Als Folge der Debatten über Adlers Auffassungen sei sein Urteil *schärfer geworden. Hinter seiner [Adlers] Abstraktion steckt viel Verworrenheit, er dissimuliert einen viel weiter gehenden Widerspruch und zeigt schöne paranoische Züge.* Als die Austritte alle vollzogen waren, fühlte sich Freud erleichtert; er habe jetzt *die Purifizierung des Vereins vollendet und dem ausgetretenen Adler seine sieben Anhänger nachgeschickt . . . Die Zahlverminderung kommt nicht in Betracht, die Arbeit wird sich jetzt viel leichter gestalten . . .* Freud war der Meinung, er habe *die ganze Adlerbande . . . zum Austritt aus dem Verein genötigt.* Schon im November 1910 hatte er in einem Brief an Jung geschrieben, er hoffe *Adler loszuwerden.*[18]

Die Fehde zerstörte Freundschaften, die seit langem bestanden hatten. Ehefrauen sprachen nicht mehr miteinander, Ehepaare wollten bei Gesellschaften nicht mehr nebeneinander sitzen.[19] Einige der Kinder zwar überstanden den Sturm und blieben Freunde, aber die Psychoanalyse sollte nie wieder werden, was sie einmal gewesen war. Freud war beherrscht und höflich, aber seine schnellen Blicke und sein rastloses und ungeduldiges Wesen ließen seine Anhänger seit langem ahnen, welche Kraftreserven in ihm steckten. Für eine Gruppe, die an jedem Wort Freuds hing und bereits phantasievolle Vorstellungen von den Wünschen des Meisters hegte, war es erregend, eine solche Manifestation seines eisernen Willens zu erleben. *Die Masse,* schrieb Freud ein Jahrzehnt später, . . . *unterliegt . . . der wahrhaftig magischen Macht von Worten . . .*

Die Masse ist eine folgsame Herde, die nie ohne Herrn zu leben vermag. Sie hat einen solchen Durst zu gehorchen, daß sie sich jedem, der sich zu ihrem Herrn ernennt, instinktiv unterordnet. – Kommt so das Bedürfnis der Masse dem Führer entgegen, so muß er ihm doch durch persönliche Eigenschaften entsprechen. Er muß selbst durch einen starken Glauben (an eine Idee) fasziniert sein, um Glauben in der Masse zu erwecken, er muß einen starken, imponierenden Willen besitzen, den die willenlose Masse von ihm annimmt.[20]

Trotz der Unerfreulichkeit der Streitigkeiten, vor allem im Anschluß an ein so erfolgreiches Jahrzehnt, war es verständlich, daß Freud sich Sorgen machte, der eigentliche Kern seiner ursprünglichen Entdeckungen könne in den von Adler vertretenen Tendenzen verloren gehen. Freud hatte festgestellt, daß die Sexualität sich in getrennten Phasen entwickelt und nicht erst mit der Pubertät beginnt; und seine zentrale Entdeckung in der Psychologie lag in der Darlegung, daß infantile Reste im Erwachsenenleben weiterbestehen. Von Freuds Gesichtspunkt aus gefährdete Adlers Überbetonung der Ich-Prozesse alles, woran Freud gearbeitet hatte. Wie Erik Erikson zur Verteidigung Freuds anführt, mußte dieser *eines nach dem anderen herausarbeiten, und seine große Leistung war sein Beitrag zur Psychosexualität. Es ist das Kennzeichen eines großen Mannes, daß er über die Ausdehnung seines Gebietes eifersüchtig wacht. Er achtet darauf, daß bestimmte Prinzipien nicht verlorengehen, bevor sie überholt werden können.*[21] Adler hätte die Blickrichtung der Wiener Vereinigung von dem wegverlagert, was in Freuds Werk am bedeutsamsten war. Im Jahre 1911 war es noch keineswegs klar, daß diese Ideen Freuds eines Tages weithin akzeptiert werden würden – so wie Adlers Gedanken zu einem späteren Zeitpunkt vielleicht ein sehr nötiges Korrektiv liefern könnten. Die Psychoanalyse beschränkte sich damals auf eine so kleine Gruppe von Menschen, daß Freud berechtigterweise befürchten konnte, daß sie verwässert würde, bevor sie eine gesicherte Stellung gewonnen hatte.

Unter den gegebenen Umständen schien ein Renegat die ganze Bewegung in Gefahr zu bringen, nicht nur die Wiener Vereinigung. Außerdem fiel es Freud schwer, *Abweichungen* zu dulden, nicht nur aus persönlichen Gründen, sondern auch, weil er der Meinung war, die von ihm geführte Organisation sei noch nicht erfolgreich genug, um einen weiteren Meinungsspielraum zu erlauben. Als die Psychoanalyse dann fest etabliert war, von Tausenden praktiziert wurde und zahllose andere beeinflußte, wurden die Grenzen des erlaubten Bereichs der Meinungsunterschiede erweitert. Freud kämpfte gegen Rückfällige erbitterter als gegen die Außenwelt, weil er verhindern wollte, daß die Psychoanalyse hoffnungslos mit anderen Techniken und Theorien durcheinandergeriet. Wir brauchen nicht zu bezweifeln, daß Freud *alles Feuer und alle Kraft seines Wesens* einsetzte, um Adler und Jung zu entgegnen.[22]

Freud war nicht nur der Entdecker der Psychoanalyse, sondern auch Adlers großer Lehrmeister. Niemand wußte besser als Freud selbst, wieviel er seinem untreu gewordenen Schüler bedeutet hatte, beziehungsweise verübelte es Adler, daß er durch den Streit mit ihm so bekannt geworden war. Deshalb brannte Freud vor Empörung darüber, daß Adler sich anmaßte, seine Gedanken in Frage zu stellen. Freud identifizierte inzwischen sein Ich völlig mit der Psychoanalyse, und im Jahre 1914 schrieb er *wutschäumend*[23] über seine Schwierigkeiten mit Adler (sowie über seine anschließende Auseinandersetzung mit Jung) in seinem Aufsatz *Zur Geschichte der psychoanalytischen Bewegung*. Es war voreilig, wenn auch prophetisch, zu diesem Zeitpunkt anzunehmen, eine so kleine Sammlung von Menschen stelle eine »Bewegung« dar, die auf eine »Geschichte« Anspruch hatte. Freud jedoch blickte dem, was die Zukunft bringen würde, mit absoluter Zuversicht entgegen. *Menschen sind stark,* schrieb er, *solange sie eine starke Idee vertreten; sie werden ohnmächtig, wenn sie sich ihr widersetzen.*[24]

In diesem Aufsatz erklärte Freud, wie er sich seiner Wiener Gruppe entfremdet hatte:

Von übler Vorbedeutung waren nur zwei Dinge, die mich endlich dem Kreise innerlich entfremdeten. Es gelang mir nicht, unter den Mitgliedern jenes freundschaftliche

Einvernehmen herzustellen, das unter Männern, welche dieselbe schwere Arbeit leisten, herrschen soll, und ebensowenig die Prioritätsstreitigkeiten zu ersticken, zu denen unter den Bedingungen der gemeinsamen Arbeit reichlich Anlaß gegeben war.[25]

Freud bestand in erster Linie auf dem einen Punkt, daß man die Arbeit Adlers nicht mit der Psychoanalyse verwechseln dürfe:

Ich habe es nicht mit dem etwaigen Wahrheitsgehalt der zurückgewiesenen Lehren zu tun, versuche keine Widerlegung derselben . . . Ich will bloß zeigen, daß – und in welchen Punkten – diese Lehren die Grundsätze der Analyse verleugnen und darum nicht unter diesem Namen behandelt werden sollen.[26]

Das war nicht bloße Besitzstandsverteidigung, denn wenn Freuds Ideen sich jemals durchsetzen sollten, mußten sie zuerst von in andere Richtungen führenden Gedanken getrennt werden.

Einmal, mitten in einer öffentlichen Auseinandersetzung stehend, übernahm Freud die volle Verantwortung für sein Werk: *Die Psychoanalyse ist meine Schöpfung, ich war durch zehn Jahre der einzige, der sich mit ihr beschäftigte.* Und: *Auch heute noch [kann] keiner besser als ich wissen, was die Psychoanalyse ist . . .*[27] Selbst in dieser Polemik schlug Freud manchmal einen toleranten Ton an: *Es ist soviel Platz auf Gottes Erde, und es ist gewiß berechtigt, daß sich jeder, der es vermag, ungehemmt auf ihr herumtummle, aber es ist nicht wünschenswert, daß man unter einem Dach zusammenwohnen bleibe, wenn man sich nicht mehr versteht und nicht mehr verträgt.*[28] Für Freud war das Bild einer Familie keineswegs weit hergeholt. Er hatte jedoch den Verdacht, daß Adlers Neuerungen *für den Nachweis bestimmt seien, daß die Psychoanalyse in allem unrecht habe . . .*[29]

Privat war Freud ebenfalls verbittert. *Einen Kleinen habe ich groß gemacht,* lautet einer seiner Kommentare.[30] Freud bemerkt in einem Brief, Lou Adreas-Salomé habe ihm *einen Briefwechsel mit Adler eingeschickt, der ihre Einsicht und Klarheit im glänzenden Licht zeigt, aber ebenso Adlers Giftigkeit und Gemeinheit; und mit solchem Gesindel etc.!*[31] Adlers spezifische »Giftigkeit« schien Freud so ausgeprägt, daß er ihn für einen *ekelhaften Menschen* erklärte.[32]

Jones äußerte sich in überlegener Manier zu Freuds Streit mit Adler. *Dann heißt es auch wieder, dieser oder jener habe Freud und seinen Kreis nicht nur wegen Meinungsverschiedenheiten verlassen, sondern weil Freud ein Tyrann gewesen sei und alle seine Anhänger dogmatisch genau seine Ansichten hätten annehmen müssen.* Eine solche Meinung hielt Jones für *lächerlich und unbegründet.* Adlers *Anspruch auf die Stellung des Lieblingskindes* habe *auch ein wichtiges materielles Motiv gehabt.* Adler sei objektiv genau so gewesen, wie Freud ihn gesehen hatte, offensichtlich *. . . sehr ehrgeizig und ständig . . . im Streit mit den anderen um Prioritätsansprüche hinsichtlich gewisser theoretischer Punkte.*[33] Und als letztes vernichtendes Argument schrieb Jones, den Begriff *Minderwertigkeitskomplex*, den Adler so populär machte, habe er von Marcinowski übernommen, ohne dessen Urheberschaft zu erwähnen.[34] Es sei ein Teil der femininen Seite Freuds gewesen, meinte Jones, Männer wie Adler zu überschätzen.

Sachs, ein bis zuletzt ergebener Schüler Freuds, der den Streit mit Adler in Wien miterlebte (während sich Jones in Toronto aufhielt), war der bessere Psychologe. *In seinen Schriften strich Freud nie eine Zeile durch ... er strich das Ganze und begann es neu zu schreiben ... Er haßte es stets, etwas zu flicken, in der geistigen wie in der emotionellen Sphäre.* Über den Kampf mit Adler berichtet Sachs: *In der Ausführung seiner Pflicht war er unermüdlich und unnachgiebig, hart und scharf wie Stahl, ein ›guter Hasser‹ bis zur Grenze der Rachsucht.* Andererseits konnte er über seine Jahre mit Freud berichten: *Ich hörte ihn niemals seine Stimme in Zorn oder Erregung erheben.*[35]

Es ist merkwürdig, daß der Mann, der glaubte, er müsse sich bei der Arbeit *künstlich abblenden, um alles Licht auf die eine dunkle Stelle zu sammeln ...*[36], und der seinen Schülern riet, ihre schöpferischen Energien nicht zu verzetteln, zu gleicher Zeit Adler vorwarf, er sei zu einseitig. Adlers Arbeit war nach Freuds Meinung eine Übervereinfachung, *Reduktionismus*; periphere Vorstellungen in der Psychoanalyse – Überkompensation für Minderwertigkeitgefühle zum Beispiel – seien vorzeitig ins Zentrum des Geschehens gerückt worden. Adlers Gedanken seien *Umdeutungen und Entstellungen der unbequemen analytischen Tatsachen ...* Bei ihm seien *die schwersten Abweichungen von der Realität der Beobachtung und die tiefgehendsten Begriffsverwirrungen* festzustellen.

Die Detailmechanismen ... finden überhaupt keine Berücksichtigung, da doch alles in gleicher Weise dem männlichen Protest, der Selbstbehauptung, der Erhöhung der Persönlichkeit dienstbar ist. Das System ist fertig, es hat eine außerordentliche Umdeutungsarbeit gekostet, dafür auch nicht eine einzige neue Beobachtung geliefert ... Das Lebensbild, welches aus dem Adlerschen System hervorgeht, ist ganz auf den Aggressionstrieb gegründet; es läßt keinen Raum für die Liebe.[37]

Im wissenschaftlichen Betrieb, schrieb Freud später, *ist es sehr beliebt, einen Anteil der Wahrheit herauszugreifen, ihn an die Stelle des Ganzen zu setzen und nun zu seinen Gunsten das übrige, was nicht minder wahr ist, zu bekämpfen.*[38]

Der Hauptvorwurf Freuds gegenüber Adler war, daß dieser die Psychoanalyse desexualisiere, indem er Konzepte wie das Ich oder den Machtwillen ins Zentrum rücke. Die Psychoanalyse habe hingegen *ein größeres Interesse daran zu zeigen, daß sich allen Ichbestrebungen libidinöse Komponenten beimengen. Die Adlersche Lehre hebt das Gegenstück hierzu hervor, den egoistischen Zusatz zu den libidinösen Triebregungen.*[39] Nach Adlers Meinung war die Libido nicht das Wesentliche an der Neurose; selbst sexuelles Verhalten könne symbolischen Sinngehalt haben. Freud faßte

Adlers Anschauung dahin zusammen, *das Sexualleben sei nur eines der Gebiete, auf dem der Mensch das ihn treibende Bedürfnis nach Macht und Herrschaft bestätigen wolle.*[40]

Zugleich aber hatte Adler nach Freuds Meinung unnötig sexuelle Faktoren eingeführt, zum Beispiel indem er Träume und Symptome bisexuell erklärte, *als Zusammentreffen einer männlichen mit einer weiblich zu nennenden Strömung.*[41] Adler glaubte, jedermann versuche weibliche Entwicklungsmuster zu vermeiden und strebe nach maskulinen *Linien*; nach Adlers Meinung war das ein Teil der menschlichen Tendenz, nach Zielvorstellungen zu leben, deren die Menschen sich nicht bewußt sind. Henri Ellenberger hat kürzlich Adlers Standpunkt dahin zusammengefaßt, daß *alle unsere öffentlichen und privaten Institutionen ... auf dem Vorurteil von der Überlegenheit des Mannes* beruhen.[42] Freud wandte sich gegen Adlers Gedankengang: *Daß jeder Traum ein ›Fortschreiten von der weiblichen zur männlichen Linie‹ erkennen lasse, schein[t] mir das Maß des in der Traumdeutung Zulässigen weit zu überschreiten.*[43] Adler betonte die Bedeutung des Mechanismus, durch den die Angst vor der Femininität zu kompensatorischem Verhalten führt, zum *männlichen Protest*, wie er es nannte. Freud war der Meinung, dies stelle eine sexualisierte Version von Freuds eigenem Konzept der Verdrängung dar:

Man darf sich durch die Bezeichnung ›männlicher Protest‹ nicht zur Annahme verleiten lassen, die Ablehnung des Mannes gelte der passiven Einstellung [als solcher] *... Solche Männer* [tragen] *häufig ein masochistisches Verhalten gegen das Weib, geradezu eine Hörigkeit zur Schau ... Der Mann wehrt sich nur gegen die Passivität im Verhältnis zum Mann, nicht gegen die Passivität überhaupt. Mit anderen Worten, der ›männliche Protest‹ ist in der Tat nichts anderes als Kastrationsangst.*[44]

5.3. Prioritäten

Das Thema des Plagiats taucht während der ganzen Auseinandersetzung zwischen Freud und Adler immer wieder auf. Das Werk in seiner Gesamtheit gehörte Freud, und Adler habe eine Veränderung der Nomenklatur vorgeschlagen, durch den die Klarheit verlorengegangen sei,[1] aber hinter diesen neuen Namen lagen nach Freuds Überzeugung seine eigenen, schon früher getroffenen Feststellungen. Adlers Hervorhebung der psychologischen Vorteile des Krankseins zum Beispiel sei in Wirklichkeit eine von Freuds eigenen Einsichten:

Für den zweiten Bestandteil der Adlerschen Lehre muß die Psychoanalyse einstehen wie für eigenes Gut. Es ist auch nichts anderes als psychoanalytische Erkenntnis, die der Autor aus den allen zugänglichen Quellen während der zehn Jahre gemeinsamer Arbeit geschöpft und dann durch Veränderung der Nomenklatur zu seinem Eigentum gestempelt hat.[2]

Da Adler seinen Gedanken des Minderwertigkeitskomplexes auf Gefühle, man sei ein Kind, zurückführte, argumentierte Freud, hier zeige sich, *in welcher Verkleidung das . . . Moment des Infantilismus . . . wiederkehrt. Auch die Priorität für die Verwechslung des Traumes mit den latenten Traumgedanken . . . ist Adler zuzusprechen. Jeder, der die Faktoren des Widerstandes und der Übertragung in der Therapie außer acht lasse, werde dem Vorwurf der Besitzstörung durch versuchte Mimikry kaum entgehen, wenn er darauf beharrt, sich einen Psychoanalytiker zu nennen.*[3] Mit der Unterstützung seiner getreuen Schüler kehrte Freud wiederholt zu diesen Vorwürfen gegen Rückfällige zurück. Er bemerkte oft, seine Schüler seien *wie Hunde. Sie nehmen einen Knochen vom Tisch und kauen unabhängig in einer Ecke auf ihm herum. Aber es ist mein Knochen!*[4]

Ob Freud nun recht hatte oder nicht, wenn er von Adlers *unbändiger Prioritätssucht* sprach,[5] Tatsache ist jedenfalls, daß Adler an der Aufgabe scheiterte, zwischen Freud als Mensch, fehlbar und mit menschlichen Schwächen behaftet, und der Psychoanalyse als einem Wissensbestand klar zu unterscheiden. Als Lou Andreas-Salomé nach Wien kam, traf sie zuerst sowohl mit Freud, als dann auch mit Adler zusammen. Ein Brief an Lou zeigt, daß Adler sich über das Vorgefallene bis zu einem gewissen Grad im klaren war:

Ihre Wertschätzung des wissenschaftlich bedeutenden Freud teile ich ja bis zu jenem Punkte, wo ich von ihm mehr und mehr abwich. Sein heuristisches Schema ist als Schema gewiß wichtig und brauchbar . . . Dazu kommt aber, daß die Freud'sche Schule die sexuelle Floskel für das Wesen der Dinge nimmt. Mag sein, daß mich der Mensch Freud zu kritischer Stellungnahme veranlaßt hat. Ich kann es nicht bereuen.[6]

Adler teilte in vollem Umfang Freuds Sorge um Prioritäten. Lou Andreas-Salomé berichtet, daß Adler behauptete, er habe die ›Ambivalenz‹ schon vor Breuer entdeckt;[7] und in seinem Brief an sie wird Adler in seinem Groll gegen Freud sehr deutlich:

Meine Stellung zur Freudschule hat leider nie mit den wissenschaftlichen Argumenten derselben zu rechnen gehabt. Immer sehe ich nur, und alle meine Freunde, geschäftiges Haschen und Mausen, und alle die Gelehrtenlumpereien . . . Wie kommt es, daß diese Schule unsere Anschauungen wie ein ›Gemeingut‹ zu behandeln sucht, während wir immer nur die Unrichtigkeit ihrer Ansichten hervorheben? . . . Meine Anschauungen mögen falsch sein! Müssen sie aber deshalb auch noch gestohlen werden?

Einige Kollegen behaupteten, Adler habe, als er noch Freuds Vereinigung angehörte, nicht die verdiente Anerkennung gefunden, während andere darauf beharrten, er habe nur Freuds eigene Auffassungen in neuer Formulierung wiederholt, ohne die Quelle anzugeben.[9]

Das Problem der gebührenden Quellenangabe bezüglich der Gedanken, die man vorbringt, war in Freuds Leben und in seinem Kreis keine neue Frage. Zum Beispiel verwendete Freud den Begriff *Libido* in seiner Triebtheorie zur Bezeichnung der *dynamischen Manifestationen der Sexualität*. Nach einer schriftlichen Äußerung Freuds aus dem Jahre 1922 wurde *Libido* in diesem Sinne bereits von Moll (1898) verwendet und von Freud selbst in die Psychoanalyse eingeführt.[10] Freud war hier mehr als gewissenhaft, denn er hatte den Terminus *Libido* bereits 1894 in einem Brief an Fließ und in einem Aufsatz im darauffolgenden Jahr erwähnt. Albert Moll, ein Berliner Arzt, veröffentlichte 1908 ein weiteres Buch *Das Sexualleben des Kindes*, und hatte schon vor dessen Erscheinen Pläne für eine neue Zeitschrift gemacht und Freud überredet, einige Artikel beizutragen. Freud war sehr darauf aus, daß bald ein Aufsatz *Über die Sexualtheorien der Kinder* erscheinen würde, teilweise wegen der bevorstehenden Veröffentlichung von Molls neuem Buch, das nach Freuds Eindruck überall angekündigt wurde.[11]

Als Molls Buch erschien, diskutierte die Wiener Vereinigung einen ganzen Abend darüber. Die Anhänger Freuds griffen das Buch scharf an, in der Hauptsache jedoch nicht wegen einiger kritischer Auslassungen über die psychoanalytische Theorie, die sich darin fanden. Viele von Molls Vorbehalten gegenüber Freud waren ausgewogen und gut begründet. Anstatt den Versuch zu machen, aus Molls Buch etwas zu lernen oder die Freud gewidmeten kleinen Abschnitte zu widerlegen, verbrachte die Vereinigung die meiste Zeit mit der Diskussion über die Frage des wissenschaftlichen Wettstreits. Ein Analytiker warf Moll vor, er betrachte es als *eine Einmischung in seine persönliche Domäne, wenn ein anderer auch etwas auf diesem Gebiet geleistet hat*. Ein anderer fand in dem Buch *nichts Originelles*, nur eine *Reaktion* auf Freuds *Drei Abhandlungen zur Sexualtheorie* (1905). Freud selber hielt es für

ein unzulängliches, minderwertiges und vor allem unaufrichtiges Buch. Die infantile Sexualität sei in Wirklichkeit von Freud entdeckt worden, vorher habe keine Andeutung davon in der Literatur existiert. Moll habe die Bedeutung der infantilen Sexualität aus den Drei Abhandlungen *entnommen und sich dann daran gemacht, sein Buch zu schreiben. Aus diesem Grund sei Molls ganzes Buch von dem Verlangen durchdrungen, Freuds Einfluß zu leugnen.*

Andererseits, so wurde argumentiert, müsse Moll Freuds Schriften *selektiv* gelesen haben, da einige seiner zentralen Punkte in Molls Darlegungen ausgelassen seien. Freud selber beklagte sich, daß in Molls Kapitel über Perversion sein eigener Name nicht erwähnt werde. Moll erwähne auch nicht den Zusammenhang der Perversion mit der Neurose und der infantilen Sexualität. Diese Nichterwähnung müsse absichtlich sein; Molls Charakter sei nur zu gut bekannt, er sei ein kleinlicher, boshafter, engstirniger Mensch. Freud beanstandete sogar, daß Moll das, was in den *Drei Abhandlungen* kritikwürdig sei, nicht angegriffen habe. Über eine von Molls eigenen Konzeptionen bemerkte Freud, es sei ein großes Unglück, wenn ein Mann, der wie Moll bar aller origineller Ideen sei, trotzdem einmal einen Gedanken habe.[12]

Am Tag nach der Diskussion über das Buch Molls in der Wiener Vereinigung schrieb Freud, das Buch sei *ebenso erbärmlich als unehrlich*. Am 8. Februar 1909 war er über seinen Kritiker und Rivalen immer noch nicht zur Ruhe gekommen. *Ich glaube nicht*, schrieb er an Abraham über Moll, *daß sich unsere Beziehungen sonst sehr freundlich entwickeln werden. Ein Referat über eine von Freuds Falldarstellungen in Molls Zeitschrift ließ ihn vermuten, daß Moll uns in dieser Zeitschrift bekämpfen will und seiner etwas tückischen Natur gemäß eine Verbrämung mit Unparteilichkeit braucht. Manche Stellen im ›Sexualleben des Kindes‹ hätten eigentlich eine Ehrenbeleidigungsklage verdient, werden aber am besten mit – Vorsicht und Schweigen beantwortet.*[13]

Im April 1909 machte Moll Freud einen Besuch in Wien, der jedoch, wie Freud berichtet, *bös ausging. Es kam zu harten Worten, und er ist mit sehr viel rasch sezerniertem Gift plötzlich weggegangen. Ich hatte fast den Eindruck, daß er meine, uns zu patronisieren, da ließ ich mich ein wenig gehen.*[14] In einem Brief an Jung schilderte Freud den Besuch Molls ausführlicher:

Er ist kurz gesagt, ein Biest, eigentlich kein Arzt, sondern hat die intellektuelle und moralische Konstitution eines Winkeladvokaten. Ich merkte mit Erstaunen, daß er sich für eine Art Gönner unserer Bewegung hält. Da legte ich los, beklagte mich über die Stelle in seinem famosen Buch, daß wir unsere Krankengeschichten nach unseren Theorien machen anstatt umgekehrt, und konnte seine kniffigen Entschuldigungen anhören, daß das ja keine Beleidigung sei, die selbstverständliche Beeinflussung eines jeden Beobachters durch seine vorgefaßten Meinungen u. dgl. Dann beklagte er sich, daß ich zu empfindlich sei, ich müsse berechtigte Kritik ertragen können; als ich ihn fragte, ob er den ›kleinen Hans‹ gelesen, wand er sich zu mehreren Spiralen, wurde immer giftiger und sprang endlich zu meiner großen Freude auf, um fortzulaufen. In der Tür versuchte er grinsend eine schlecht gelungene Kompensation in der Frage, wann ich denn einmal nach Berlin komme. Ich konnte mir denken, daß er darauf lauerte, mir die Gastfreundschaft zu vergelten, und sah ihn doch mit unbefriedigtem Gefühl verschwinden. Er hatte mir das Zimmer verstunken wie der Gottseibeiuns, und ich hatte ihn, teils aus mangelnder Übung, teils weil er als Gast bei mir war, doch nicht genug verhauen. Natürlich sind von ihm jetzt die ärgsten Schweinereien zu erwarten . . .[15]

1914 kam Freud zu der unwahrscheinlichen Annahme, Molls Gesellschaft in Berlin sei *dazu bestimmt, Fließ zur Anerkennung zu bringen.* Freud meinte, *wir müssen auf alle Fälle selbständig bleiben und gleichberechtigt auftreten,* räumte jedoch ein: *Am Ende können wir mit allen Parallelwissenschaften zusammentreffen.*[16] Jahre später, nämlich 1926, trat Freud als Mitglied des Internationalen Komitees zur Vorbereitung des Kongresses über Sexualforschung mit der Begründung zurück, daß der Kongreß von Moll geleitet würde; Moll sei, schrieb Freud, ein Mensch, dem er aus dem Weg gehen wolle. Er sagte auch, es sei ihm berichtet worden, daß Dr. Moll auf einer Pressekonferenz *gehässige und unverschämte* Bemerkungen über die Psychoanalyse gemacht habe. Freud wollte, daß die Organisation die Gründe für seine Entscheidung kennen sollte.[17] Freuds Schüler boykottierten die Zusammenkunft ebenfalls, während Adler als einer der Redner teilnahm.[18]

Wie sind Freuds Einstellung und Verhalten in der Kontroverse mit Moll und einige andere Schwierigkeiten in Freuds Leben zu verstehen? Auch wenn wir die unvermeidliche Feindseligkeit in Rechnung stellen, die selbst eine geringfügige Neuerung hervorrufen kann – und natürlich erst recht eine Revolution in der Ideengeschichte –, bleibt doch die Frage, wie es dazu kam, daß Freud sich in so viele Schwierigkeiten verwickelte. Er war in erster Linie außerordentlich empfindlich gegen Kritik, ob sie nun von einem ganz unbedeutenden Menschen kam oder von solchen, derer er sich vollkommen sicher zu sein glaubte. Ellenberger schreibt, daß es selbst in den neunziger Jahren

keine Beweise dafür gibt, daß Freud wirklich isoliert war, und schon gar nicht, daß er in diesen Jahren von seinen Kollegen schlecht behandelt wurde ... [Freud besaß] eine starke Unduldsamkeit gegen jede Art von Kritik ... Als C. S. Freud einen Aufsatz über psychisch bedingte Lähmungen veröffentlichte, nannte ihn Freud ›fast ein Plagiat‹, obwohl der Artikel eine Theorie vorbrachte, die ganz verschieden von der Freuds war, den der Autor sogar in diesem Zusammenhang erwähnte.[19]

Es mag zutreffen, daß Freud in Wien nicht genügend gewürdigt wurde, vor allem in seiner Anfangszeit, aber gegen Ende des Ersten Weltkriegs war er weltberühmt. Max Graf berichtet über das erste Jahrzehnt von Freuds Kreis, daß *in jenen Tagen, wenn man Freuds Namen in einer Wiener Gesellschaft erwähnte, alle zu lachen begannen, als habe man einen Witz erzählt.*[20] Doch besonders in psychiatrischen Kreisen blieb Freud in Wien ein Außenseiter. 1924 sagte Freud, als Ergebnis der offiziellen Ablehnung der Psychoanalyse hätten sich die Analytiker zusammengetan.[21] Vielleicht gibt es hier eine Analogie zu Freuds Einstellung zu seinem Judentum: *Solange die Juden nicht in christliche Kreise aufgenommen werden,* soll er gesagt haben, *bleibt ihnen nichts anderes übrig als sich zusammenzutun.*[22]

Freud übertrieb jedoch manchmal Ausmaß und Stärke der Opposition gegen ihn und sein Werk, so wie er wahrscheinlich auch die Rolle überschätzte, die der Antisemitismus in seinem Leben gespielt hatte. Im Jahre 1915, als ein Wissenschaftler den Nobelpreis erhielt, von dem Freud behauptete, daß er ihn *seinerzeit als Schüler abwies, weil er mir zu abnorm... schien*, bemerkte Freud über sich selbst, *es wäre lächerlich, ein Zeichen der Anerkennung zu erwarten, wenn man 7/8 der Welt gegen sich hat.*[23] Zur gleichen Zeit, da Freud sich so sehr damit beschäftigte, was *meine Gegner... in die Welt hinaus* [schreien], und eine so hohe Meinung von seiner eigenen Bedeutung hatte, daß er schrieb: *Was wir gegen die Welt gemeinsam vertreten, die Wertung der Libido... –* war er auch überzeugt: *Durch Populärwerden büßt jede Lehre so viel Wertvolles ein.*[24]

Lange nachdem sein Werk weithin Anerkennung gefunden hatte, verhielt sich Freud weiter wie ein Mann, der täglich dem gefährlichen Feuer des Feindes ausgesetzt ist.[25] Im Jahre 1936, als Freuds achtzigster Geburtstag herannahte, schaute er den Feierlichkeiten ohne Freude entgegen: *Welch ein Unsinn, die Mißhandlungen eines langen Lebens durch Feiern zu einem bedenklichen Termin gutmachen zu wollen! Nein, wir bleiben lieber Feinde.*[26] Einige Monate später notierte Freud, daß Pater Schmidt, den Freud seinen *Hauptfeind* nannte,

eben das österreichische Ehrenzeichen für Kunst und Wissenschaft erhalten hat für seine frommen Lügen in der Ethnologie... Er sollte offenbar dafür getröstet werden, daß die Vorsehung mich 80 Jahre alt werden ließ. Das Schicksal hat seine Wege, unsereinen altruistisch zu machen. Als mein großer Meister Ernst Brücke seinerzeit die Auszeichnung erhielt, verspürte ich im Ehrfurchtsschauer den Wunsch in mir auftauchen, einmal dasselbe zu erreichen. Heute bescheide ich mich damit, einem anderen indirekt zu solcher Auszeichnung verholfen zu haben.[27]

Wie auch andere, glaubte Freud, daß seine besten Arbeiten die schärfste Kritik hervorrufen würden; Widerspruch war für ihn ein Zeichen der Anerkennung. Es ist schwer festzustellen, was zuerst da war, Freuds weltumfassende Herausforderung oder die wütenden Angriffe auf ihn. *Da ich nun längst erkannt habe, daß es das unvermeidliche Schicksal der Psychoanalyse ist, die Menschen zum Widerspruch zu reizen und zu erbittern, so habe ich für mich den Schluß gezogen, ich müßte doch von allem, was sie auszeichnet, der richtige Urheber sei.*[28]

Opposition war für Freud geradezu ein Tonikum – ob sie nun von Lehrern ausging, von den Widerständen seiner Patienten, abtrünnigen Schülern oder von der Außenwelt. Einem seiner Lieblingspatienten gegenüber soll er die Bemerkung gemacht haben, *er zöge dem Totschweigen offene Opposition und sogar Beschimpfungen bei weitem vor.*[29] *Viel ›Feind, viel Ehr‹,* schrieb er. *Wenn die Zeit der ›Anerkennung‹ kommen sollte, so wird sie sich zur Jetztzeit verhalten wie der schaurige Zauber des Inferno zur heiligen Langeweile des Paradiso. (Umgekehrt meine ich's natürlich.)*[30] Feinde zu haben, könnte manchen Leuten unbequem, wenn auch nicht gerade als Inferno, anderen hingegen wie ein Paradies erscheinen. Angegriffen zu werden, kann psychologisch eine Bestätigung sein, daß man etwas besitzt, das verteidigungswert ist. Feinde zu haben, kann es einem auch erleichtern, mit der inneren Aggressivität fertig zu werden; man ist dann in der Lage, ziellose Wut auf ein äußeres Objekt zu lenken, ohne daß damit ein Schuldgefühl verbunden ist, denn der Gegner verdient den Zorn, während man ihm andererseits doch keinen wirklichen Schaden zufügt. Die Existenz von Feinden kann einen paradoxerweise von innerer Spannung befreien.

Freud betonte seine Isolierung, weil er sie im Grunde gern hatte; er hielt Ideen gern zurück, bis er sie völlig durchgedacht hatte. Im Zeitpunkt der Enthüllung verzichtete er dann jedoch unter Umständen auf seinen *Prioritätsanspruch bezüglich dieses Gedankens*.[31] Freud vergaß manchmal, daß er bestimmte Gedanken anderen eingegeben hatte, so wie er andererseits Schwierigkeiten hatte, sich an seine eigenen Quellen zu erinnern.

Für einen Psychologen, der sich in so starkem Maß für das Gedächtnis interessierte, waren falsche Erinnerungen (oder *Paramnesien*, wie er sie nannte) bezüglich der Ursprünge von Ideen der Erörterung wert; die Selbsttäuschung, sich an bestimmte Ereignisse zu erinnern, sei den Amnesien, den Erinnerungslücken, komplementär. Illusionäre Erinnerungen seien, wie Freud meinte, etwas ähnliches wie die Gefühle des *déjà vu* – jene seltsamen Eindrücke, etwas schon einmal erlebt zu haben; Freud hielt *die sog. ›fausse reconnaissance‹, das ›déjà vu‹, ›déjà raconté‹* [für] *Täuschungen, in denen wir etwas als zu unserem Ich gehörig annehmen wollen, wie wir bei den Entfremdungen etwas von uns auszuschließen bemüht sind.*[32] Freud glaubte, daß unbewußte Erinnerungen und Phantasien solchen Täuschungen zugrunde lägen. Adler beschrieb – vor dem Bruch mit Freud – eine besondere Art von unbewußtem Plagiat, die für die schwierige Lage der frühen Analytiker, trotz aller guten Absichten, bezeichnend sei:

Etwas, was der Plagiator wußte, erscheint ihm fremd. Der Mechanismus ... führt auf die gleiche Wurzel zurück: auf unbefriedigten Ehrgeiz, auf das Gefühl der Minderwertigkeit und ein Gefühl, das auf folgende Weise verbalisiert werden kann: ich kann es nicht ertragen, nicht der erste gewesen zu sein, der eine bestimmte Sache gesagt hat.[33]

Freud versuchte, seine eigene Beziehung zu Vorgängern von jeder Zweideutigkeit freizuhalten. Es war für seine Erzählweise typisch, ein Buch oder einen Aufsatz mit der Zitierung früherer Autoritäten auf dem betreffenden Gebiet zu beginnen. Diese Expositionstechnik lieferte nicht nur einen Ausgangs- und Meßpunkt für seine Beiträge, sondern diente auch als Mittel, um rivalisierende Auffassungen bei der Entwicklung seines eigenen Denkgebäudes einzubeziehen.

Für einen so wahrheitsliebenden Mann war die Gefahr, eines geistigen Diebstahls überführt zu werden, keine Bagatellangelegenheit. *Bei dem Umfang meiner Lektüre in früheren Jahren*, schrieb er im Alter, *kann ich doch nie sicher werden ..., ob meine*

angebliche Neuschöpfung nicht eine Leistung der Kryptomnesie war.[34] Im Falle eines heute vergessenen österreichischen Autors, Josef Popper-Lynkeus, wies Freud in großzügigster Weise auf die (zeitliche und gedankliche) Parallelität ihrer unabhängig von einander entstandenen Traumtheorien hin; auf diese Weise habe sich die Originalität vieler der von ihm in der Traumdeutung und in der Psychoanalyse angewandten neuen Gedanken verflüchtigt.[35]
Freud erkannte auch bereitwillig den Philosophen Arthur Schopenhauer als einen Vorläufer der Psychoanalyse an. *Die wenigsten Menschen dürften sich klar gemacht haben, einen wie folgenschweren Schritt die Annahme unbewußter seelischer Vorgänge für Wissenschaft und Leben bedeuten würden.* In einem ähnlich bescheidenen Ton, wie er ihn früher einmal Breuer gegenüber angeschlagen hätte, erklärt Freud: *Beeilen wir uns aber hinzuzufügen, daß nicht die Psychoanalyse diesen Schritt zuerst gemacht hat.*

Es sind namhafte Philosophen als Vorgänger anzuführen, vor allen der große Denker Schopenhauer, dessen unbewußter ›Wille‹ den seelischen Trieben der Psychoanalyse gleichzusetzen ist. Derselbe Denker übrigens, der in Worten von unvergeßlichem Nachdruck die Menschen an die immer noch unterschätzte Bedeutung ihres Sexualstrebens gemahnt hat. Die Psychoanalyse hat nur das eine voraus, daß sie die beiden dem Narzißmus so peinlichen Sätze von der psychischen Bedeutung der Sexualität und von der Unbewußtheit des Seelenlebens nicht abstrakt behauptet, sondern an einem Material erweist, welches jeden einzelnen persönlich angeht und seine Stellungnahme zu diesen Problemen erzwingt. Aber gerade darum lenkt sie die Abneigung und die Widerstände auf sich, welche den großen Namen des Philosophen noch scheu vermeiden.[36]

Es war nicht Freud, der als erster Schopenhauer als einen Pionier der Psychoanalyse erkannte, sondern sein treuer Anhänger Otto Rank:

In der Lehre von der Verdrängung war ich sicherlich selbständig, ich weiß von keiner Beeinflussung, die mich in ihre Nähe gebracht hätte, und ich hielt diese Idee noch lange Zeit für eine originelle, bis uns O. Rank die Stelle in Schopenhauers Welt als Wille und Vorstellung zeigte, in welcher sich der Philosoph um eine Erklärung des Wahnsinns bemüht. Was dort über das Sträuben gegen die Annahme eines peinlichen Stückes der Wirklichkeit gesagt ist, deckt sich so vollkommen mit dem Inhalt meines Verdrängungsbegriffes, daß ich wieder einmal meiner Unbelesenheit für die Ermöglichung einer Entdeckung verpflichtet sein durfte. Indes haben andere die Stelle gelesen und über sie hinweggelesen, ohne diese Entdeckung zu machen, und vielleicht wäre es mir ähnlich ergangen, wenn ich in früheren Jahren mehr Geschmack an der Lektüre philosophischer Autoren gefunden hätte.

Friedrich Nietzsche war vielleicht ein noch näherliegender Vorgänger Freuds als Tiefenpsychologe, und Freud erklärt anschließend:

Den hohen Genuß der Werke Nietzsches hab ich mir dann in späterer Zeit mit der bewußten Motivierung versagt, daß ich in der Verarbeitung der psychoanalytischen Eindrücke durch keinerlei Erwartungsvorstellung behindert sein wolle. Dafür mußte ich bereit sein – und ich bin es gerne –, auf alle Prioritätsansprüche in jenen häufigen Fällen zu verzichten, in denen die mühselige psychoanalytische Forschung die intuitiv gewonnenen Einsichten des Philosophen nur bestätigen kann.[37]

Nietzsches Einsichten geben in gedrängter Form viele der von Freud am mühseligsten erarbeiteten Konzeptionen wieder: daß das Beste in uns auf unserem primitivsten Selbst beruht; die nach innen gewendete Aggression als Ursprung der Bildung von Moral und Gewissen; und wie wir Erinnerungen verdrängen, die mit unserem Stolz im Widerspruch stehen. Gewöhnlich brachten Patienten und Schüler[38] diese Stellen Freud zur Kenntnis.
Bei den beiden Sitzungen der Wiener Vereinigung über Nietzsche im Jahre 1908, schilderte Freud seine persönliche Arbeitsweise. Die Protokolle berichten, Freud habe gesagt, er wolle

seine eigene besondere Beziehung zur Philosophie betonen: ihre Abstraktheit sei ihm so unangenehm, daß er auf das Studium der Philosophie verzichtet habe. Er kenne Nietzsches Werke nicht; gelegentliche Versuche, sie zu lesen, seien durch ein Übermaß an Interesse erstickt worden. Trotz der Ähnlichkeiten, auf die viele hingewiesen hätten, könne er die Versicherung geben, daß Nietzsches Gedanken keinerlei Einfluß auf seine eigene Arbeit gehabt hätten.[39]

Freud war der Meinung, daß das von Nietzsche erreichte Maß von Selbsterforschung von keinem anderen je erreicht worden sei, es sei auch nicht wahrscheinlich, daß es jemals wieder erreicht werde. Natürlich war Nietzsche Moralist, und Freud betrachtete sich in allererster Linie als Wissenschaftler. Freud wiederholte jedoch, er sei niemals imstande gewesen, Nietzsche zu studieren, teilweise wegen der Ähnlichkeit von Nietzsches intuitiven Einsichten mit den mühseligen Forschungen der Psychoanalyse, teilweise wegen der Überfülle von Gedanken, die ihn immer wieder daran gehindert hätten, bei seinen Versuchen über die erste halbe Seite hinauszukommen.[40]
Im Jahre 1924 meinte er:

Die weitgehenden Übereinstimmungen der Psychoanalyse mit der Philosophie Schopenhauers ... lassen sich nicht auf meine Bekanntschaft mit seiner Lehre zurückführen. Ich habe Schopenhauer sehr spät im Leben gelesen. Nietzsche, den anderen Philosophen, dessen Ahnungen und Einsichten sich oft in der erstaunlichsten

Weise mit den mühsamen Ergebnissen der Psychoanalyse decken, habe ich gerade darum lange Zeit gemieden; an der Priorität lag mir ja weniger als an der Erhaltung meiner Unbefangenheit.[41]

Manchmal ging Freud bis zu absurden Behauptungen bezüglich seiner Verpflichtungen gegenüber Vorgängern. Im Jahre 1930 sagte er einer Patientin, er habe alle seine Ideen den russischen Romanciers, insbesondere Dostojewski, entnommen; Freud war bereit zuzugeben, daß sie alles wußten.[42] Und doch bereitete ihm der Zwang zur Lektüre einschlägiger Literatur Unbehagen. In der Zeit seiner Freundschaft mit Fließ hatte er geschrieben: *Lesen mag ich nichts, weil es mich zu sehr in Gedanken stürzt und mir den Findergenuß verkümmert.*[43] Im Jahre 1909 schrieb er an einen Schüler, er wisse sehr wenig über seine Vorgänger. Wenn sie einander je *droben* begegneten, würden sie ihn sicher als einen Plagiator schlecht aufnehmen. Aber, erklärte er, *es ist so ein Vergnügen, das Ding selbst zu befragen, anstatt die Literatur darüber zu lesen.*[44] *Ich habe die Psychoanalyse erfunden*, pflegte Freud später zu scherzen, *weil ich keine Literatur hatte.*[45]

Das Problem der Originalität und deshalb der Prioritäten, ist ein unvermeidlicher Bestandteil des Wirkens jeder wissenschaftlichen Gruppe. Was schlimmer ist: Die häufigsten und wahrscheinlichsten Wege des Plagiats sind nicht bewußt. Es geschieht nur allzuleicht, daß man die Ursprünge von Ideen falsch konstruiert, ohne unehrlich zu sein. Darüber hinaus ist die Tiefenpsychologie ein Gebiet, auf dem sehr wenig objektiv bewiesen werden kann; die Neuerungen ereignen sich hauptsächlich durch die Art und Weise, wie wir jeweils über geistige Vorgänge denken. In den Naturwissenschaften geht es bei Prioritätsstreitigkeiten wenigstens um objektivere Entdeckungen.[46]

Auf der anderen Seite konnte Freud desto eher eine Akzeptierung seiner Entdeckungen erhoffen, je berühmter die Vorgänger waren, die er anführte. So wie er sich früher mit großen Kriegern wie Napoleon und Hannibal identifiziert hatte, sah Freud sich dann in der Tradition großer Männer der Wissenschaftsgeschichte – Kepler, Newton, Kopernikus *(obwohl schon die alexandrinische Wissenschaft ähnliches verkündet hatte)* und Darwin.[47] Freud hatte jedoch das Gefühl, daß er selber in seiner mühseligen Arbeit ganz besonders allein gewesen wäre. Einstein zum Beispiel *konnte sich auf eine Reihe großer Vorgänger von Newton an stützen, während ich mir jeden Pfad durch die verworrene Wildernis allein bahnen mußte.*[48] Freud war sich sehr deutlich dessen bewußt, daß die Geschichte ihre Entdecker nicht immer belohnt: *Erfolg geht nicht immer mit Verdienst zusammen: Amerika ist nicht nach Kolumbus benannt.*

Freuds Bewußtsein historischer Größe beeinträchtigte jedoch seine echte persönliche Bescheidenheit nicht. Er betrachtete seine Entdeckung der Psychoanalyse stets als einen Glücksfall: Er blieb ein einfacher Mann mit einem großen Thema. Wiederholt schränkte er seine Behauptungen mit vorsichtigen Klauseln ein – *wenn ich nicht irre* oder *wenn es die Zukunft bestätigt* –, manchmal sogar dann, wenn er seiner Sache besonders sicher war. Er führte einen Kreuzzug für die Sache, nicht für sich selbst. Es war nicht falsche Bescheidenheit, die Freud dazu bewog, den Gedanken zurückzuweisen, er sei ein großer Mann.

Ich habe eine hohe Meinung von dem, was ich entdeckt habe, nicht aber von mir selbst. Große Entdecker sind nicht notwendigerweise große Geister. Wer veränderte die Welt mehr als Kolumbus? Was war er? Ein Abenteurer. Er hatte freilich Charakter, aber er war nicht ein großer Mann. Sie sehen also, daß man große Dinge finden kann, ohne daß dies bedeutet, man sei wirklich groß.[49]

Es war auch kein Posieren, wenn er sagte, er habe es vermieden, Nietzsche zu lesen, um *unbefangen* zu bleiben; er ging einfach dem unangenehmen Problem der Prioritäten aus dem Weg. Wenn Freud ständig auf der Suche nach seinen Vorgängern gewesen wäre, so hätte das seinem Geist etwas von seiner schneidenden Schärfe genommen. Nachdem Freud im letzten Jahrzehnt des vergangenen Jahrhunderts seine geistigen Grundpositionen bezogen hatte, verbrachte er den Rest seines Lebens damit, die Folgerungen aus diesen Positionen zu erarbeiten; der Schutz seiner Selbständigkeit war für seine kontinuierliche Entwicklung unerläßlich. Freud wich nicht davon ab, ganz er selbst zu sein und seine Gedanken logisch und klar zu Ende zu führen. Deshalb erschienen ihm die Beiträge anderer manchmal *fremd* oder sogar unverständlich; er konnte mit den Gedanken anderer nichts anfangen, bis er die eigene Entwicklung so weit vorangetrieben hatte, daß er für diese Gedanken aufnahmebereit war. Wie er einmal schrieb: *Ich habe es nicht leicht, mich in fremde Gedankengänge einzufühlen, muß in der Regel warten, bis ich den Anschluß an sie auf meinen eigenen verschlungenen Wegen gefunden habe.*[50]
Manche großen Männer halten nichts für wirklich, was sie nicht selber gedacht haben. Die originellen Ideen anderer waren Freud nicht willkommen, weil er alles allein durchdenken wollte, als Teil seiner Umgestaltung der Welt. Er hatte das starke Bedürfnis, auf seine eigene Weise, durch die kontinuierliche Entwicklung bereits assimilierter Konzepte, zu neuen Gesichtspunkten in seiner Arbeit zu gelangen. Er konnte die Gedanken anderer nicht in ihrer ursprünglichen Form akzeptieren, sondern mußte sie zuerst in seine eigene Denkweise transponieren. Durch sein systematisches Gefüge von Lehrsätzen, durch die strukturellen Integrationen seiner Begriffe, erlangte die Psychoanalyse eine ganz eigene Dynamik.
Tatsächlich besaß die Entwicklung der Freudschen Ideen ihre eigene innere Dynamik; trotz seiner Absonderlichkeiten und seiner scheinbaren Kleinlichkeit erfand Freud etwas, worauf andere aufbauen und das sie anwenden konnten. Er schuf seine eigene Welt, die jedoch nicht bloß für ihn selber da war, sondern auch einen objektiven Wert besaß. Es ist wichtig, Freuds wissenschaftliche Leistungen hervorzuheben; obgleich von Angst vor dem Infantilen erfüllt, machte er sich daran, es zu meistern.

Freud begnügte sich nicht damit, geistig von der Hand in den Mund zu leben, und die Konsequenz seines Denkens hat seinem Werk gegenüber rivalisierenden psychologischen Systemen einen erheblichen Vorsprung verschafft. Selbst seine außerordentliche Empfindlichkeit gegen Kritik bildete einen wesentlichen Bestandteil seiner Arbeit. Es gab nichts, was Freud an anderen Menschen gleichgültig gewesen wäre. Er pickte die winzigsten Hinweise heraus, durch die die Menschen ihr Wesen ausdrücken, und widmete diesen häufig übersehenen Verhaltensaspekten die größte Aufmerksamkeit; durch seine hellwache Beobachtung konstruierte er eine weitreichende Theorie der menschlichen Psychologie. Der Mann, der so sehr auf Widerstände eingestellt war und der manchmal gerechtfertigte Kritik mißdeutete und feindselige Opposition überschätzte, war auch imstande, manche seiner Selbsttäuschungen tapfer zu durchschauen.

5.4. Revisionismus

Kontroversen, die vor sechzig Jahren stattfanden, mögen heute wie antiquierte theologische Streitereien erscheinen. Die Terminologie jener weit zurückliegenden psychoanalytischen Ära klingt den Ohren der Zeitgenossen so fremd, daß sie leicht die Probleme verschwimmen läßt, über die man sich damals stritt. Der Zeitablauf kommt dem entgegen, spätere theoretische und klinische Entwicklungen in die damals von Freud und Adler vertretenen Auffassungen hineinzulegen. Das Schlimmste: Das Ganze könnte als bloßer Streit um Worte erscheinen; wie jedoch Lou Andreas-Salomé dargelegt hat: *Dies argwöhnt man manchmal: daß auf einen Terminologiestreit hinauslaufen soll, was doch ein viel tieferer, gar nicht terminologischer Streit ist.*[1]
Allgemein gesprochen, hob Adler hervor, in welch starkem Maße emotionelle Probleme aktuellen Konflikten und kulturellen Disharmonien entstammten, und nicht der Kindheitsvergangenheit des Kranken. *Adler interessierte sich nicht für die Ursache einer Neurose, sondern für ihre Ziele,* was für den biologisch orientierten Freud nach Teleologie roch. Adler deutete *jedes Symptom als eine Waffe der parasitären Selbstbehauptung; Angst hat die unbewußten Ziele, Aufmerksamkeit zu erzwingen, sie ist ein Hilfeschrei.*[2] Adler griff auf Hans Vaihingers Theorie der Fiktion zurück und interpretierte die Neurose nicht als unbewußte Verdrängung, sondern als mutwilligen Kunstgriff, mit der man sich einer unbewältigbaren Aufgabe entzieht. Freud hatte unterschieden zwischen dem, was er den *Primärgewinn* einer Krankheit nannte, dem Vorteil, den das Ich aus der Neurose erlangt, anstatt etwas Peinlichem gegenüberzutreten, und dem *Sekundärgewinn,* dem Vorteil, den der Betreffende anschließend dadurch erzielt, daß er die Neurose ausnützt, wenn sie bereits da ist. Nach Adlers Meinung mußte sich die Aufmerksamkeit auf den Sekundärgewinn richten,

und deshalb bestehe das praktische Heilmittel im aktiven Eingreifen des Therapeuten, in der Ermutigung und kurzfristigen Hilfeleistung. Obwohl das eine wertvolle Ergänzung des Freudschen Ansatzes war, weist doch Adlers Urteil, daß die Schizophrenie als Ergebnis totaler Entmutigung gesehen werden kann,[4] auf die relative Unsicherheit seiner Ansichten hin.

Im Gegensatz zur Analyse von Problemen in der klassischen Freudschen Weise betonte Adler die Bedeutung der Fähigkeiten zur Synthese beim Kranken. Wie Lou Andreas-Salomé sagt, sprach Adler *immer bereits davon, was die Psyche mit ihnen [nämlich den ›leitenden Tendenzen‹] mache, wo Freud das meint, was sie mit der Psyche machen.*[5] *Adler beharrte stets darauf, daß die ›Ganzheit‹ des Patienten der Schlüssel zu seinen Symptomen sei, ja, er maß Symptomen abgesehen von der individuellen Persönlichkeit keinen Wert bei.*[6] Adler unterstrich diesen Aspekt seines Denkens durch den Namen *Individualpsychologie*, den er seiner Schule gab. Für ihn stellte das Individuum *ein einheitliches Ganzes dar, dessen sämtliche Teile auf ein gemeinsames Ziel hin zusammenwirken.*[7]

Adlers Absicht war, den Kranken bei ihren Minderwertigkeitsgefühlen zu helfen und sie aus ihrer Isolierung der Ichbezogenheit heraus und zur Teilnahme an der Gemeinschaft zu führen. Durch die Pflege sozialen Empfindens und durch Dienst an der Gesellschaft könne man den Egoismus überwinden. Adler wandte sich gegen die, wie er meinte, egozentrische Weltbetrachtung Freuds; für Adler war Freuds Psychologie die eines *verwöhnten Kindes*, welches nicht versteht, daß Geben besser ist als Nehmen; den Ödipuskomplex betrachtete Adler als *das Ergebnis falscher Erziehung bei einem verzogenen Kind.*[8] Freud war der Auffassung, der einzelne vollbringe große Dinge in der Einsamkeit, und Kultur war für ihn das Resultat der Versagung von Triebwünschen. Er behauptete, sublimierte Homosexualität spiele eine Rolle bei der Entstehung sozialer Bindungen: *Homosexuelle Strebungen ... treten nun mit Anteilen der Ichtriebe zusammen ... und stellen so den Beitrag der Erotik zur Freundschaft, Kameradschaft, zum Gemeinsinn und zur allgemeinen Menschenliebe dar.*[9] Im Jahre 1909, als Adler noch dem Kreise Freuds angehörte, trug er eine Arbeit über eines seiner Lieblingsthemen, den Marxismus, vor. Damals sagte Freud, seine Einstellung zu solchen Vorträgen, *die unseren Horizont erweitern*, könne nur rezeptiv sein.[10] Nach ihrem Bruch jedoch spielte er auf Adlers *sozialistische Vorgeschichte*[11] als einer der Ursachen ihrer Schwierigkeiten an.

Adlers therapeutische Technik war weniger deutlich umrissen als die Freuds; Adler saß jedoch bei den Behandlungen dem Patienten direkt gegenüber; es lagen größere Zeitabstände zwischen den Sitzungen, und die Behandlung selbst war kürzer. Lou Andreas-Salomé verglich die beiden Behandlungsweisen folgendermaßen: *In der Tat unterscheiden Freud und Adler sich in ihrer therapeutischen Methode wie Messer und Salbe.*[12]

In einem gewissen Sinne waren Freuds Ziele als Therapeut bescheiden. Er bemerkte ganz zutreffend, die Adlerianer schienen *auf dem Rückweg von der Psychoanalyse bei einer Art von ärztlicher Pädagogik gelandet zu sein.*[13] An Stelle der Pädagogik schlug Freud seine spezifische Behandlungsmethode vor, die darauf abzielte, den Patienten aus seinem eigenen Inneren zu bereichern. Für Freud ähnelte Adlers Methode der der Geistlichen:

»Beide Verfahren, die ihre Kraft der Anlehnung an die Analyse verdanken, haben ihren Platz in der Psychotherapie. Wir Analytiker setzen uns eine möglichst vollständige und tiefreichende Analyse des Patienten zum Ziel, wir wollen ihn nicht durch die Aufnahme in die katholische, protestantische oder sozialistische Gemeinschaft entlasten, sondern ihn aus seinem eigenen Inneren bereichern, indem wir seinem Ich die Energien zuführen, die durch Verdrängung unzulänglich in seinem Unbewußten gebunden sind, und jene anderen, die das Ich in unfruchtbarer Weise zur Aufrechterhaltung der Verdrängungen verschwenden muß.[14]

Freuds Position war, daß die Analytiker nicht *die Patienten bei ihrer ›Synthese‹ führen können; wir können sie nur durch die analytische Arbeit darauf vorbereiten.*[15] Freud zog einen scharfen Trennungsstrich zwischen Moral und Wissenschaft, und er sprach verächtlich von der *Adlerschen Bande, wo sie jetzt über den Sinn des Lebens (!) . . . publizieren.*[16] Freud war der Meinung: *Im Moment, da man nach Sinn und Wert des Lebens fragt, ist man krank, denn beides gibt es ja in objektiver Weise nicht; man hat nur eingestanden, daß man einen Vorrat von unbefriedigter Libido hat . . .*[17] Den Patienten predigen, zeige eine Regression zu vorpsychoanalytischen Therapieformen an und behindere den Fortschritt des wissenschaftlichen Verständnisses.
Nach der Meinung von Jones war Adler *ein Mann mit beträchtlichen Talenten zu psychoanalytischer Beobachtung einer oberflächlichen Art; er besaß nur wenig Kraft zu tieferem Eindringen.*[18] Adler scheint tatsächlich ein intuitives praktisches Verständnis der menschlichen Natur besessen zu haben, während von Freud *alle einmütig feststellten, daß er ein schlechter Menschenkenner war.*[19] Adler besaß jedoch mehr als nur eine aus dem gesunden Menschenverstand gewonnene Kenntnis des menschlichen Wesens, obwohl man sagen kann, daß eine solche Begabung für einen Psychologen kein Nachteil ist; seine Beiträge zur Psychologie waren keinesfalls nur geringfügiger Art.
Würde man einen der heutigen Analytiker auffordern, Freuds Kritik an Adler zu verteidigen, wäre er in einer peinlichen Lage. Freuds Konzeption der Libido, die ihm so am Herzen lag, taucht heute nur noch selten in der Fachliteratur auf. Im Jahre 1954 behauptete einer der führenden orthodoxen Analytiker: *Im Vergleich zur Vergangenheit schenken wir heute nicht nur der frühen Kindheit verstärkte Aufmerksamkeit, sondern auch Ereignissen und Konflikten bei unseren Patienten in ihrem späteren Leben und in der Gegenwart.*[20] Erik Erikson betont die *prospektiven Aspekte des Lebenszyklus*, wie er es nennt. *In der Anfangszeit der Psychoanalyse wurden die regressiven im im menschlichen Leben . . . viel stärker betont als das, was ein Kind aus*

der Vergangenheit, aus der Familie und zu umfassenderen Erfahrungen herauszieht.[21] Es gilt heute nicht mehr als eine Ketzerei, wenn Psychoanalytiker eine kurzzeitige, unterstützende Psychotherapie praktizieren.

Eine erfolgreiche Bewegung kann sich Gedanken von allen Seiten zu eigen machen, und Adlers Ideen wurden von Freuds Schülern aufgenommen, auch wenn sie vielleicht nicht immer wußten, was sie taten. Adler beschäftigte sich mit dem, was man heute *Charakterprobleme* nennt. Aber *im Jahre 1914 glaubte Freud noch, die Psychoanalyse könne lediglich neurotische Symptome erklären, nicht die Gesamtpersönlichkeit.*[22] Obwohl Freud seine Gedanken mit großem Eifer weiter verfolgte und glaubte, *die Wahrheit* gefunden zu haben, bestritt er doch weiterhin bescheiden, ein *vollständiges System* konstruiert zu haben; er sei kein umfassender Denker, sondern habe sich statt dessen auf die *Lücken* konzentriert, die die anderen übersehen hatten.[23] Wie er einmal zu seiner Verteidigung schrieb:

Vollkommene Theorien fallen nicht vom Himmel, und Sie werden mit noch größerem Recht mißtrauisch sein, wenn Ihnen jemand eine lückenlose und abgerundete Theorie bereits zu Anfang seiner Beobachtungen anbietet. Eine solche wird gewiß nur das Kind seiner Spekulation sein können und nicht die Frucht voraussetzungsloser Erforschung des Tatsächlichen.[24]

Adlers Theorie hingegen *war von allem Anfang ein ›System‹, was die Psychoanalyse sorgfältig zu sein vermied.*[25] Freud kritisierte an Adler, daß dieser sich übermäßig mit normaler Psychologie beschäftigte:

Die Psychoanalyse ... hat niemals beansprucht, eine vollständige Theorie des menschlichen Seelenlebens überhaupt zu geben, sondern verlangte nur, daß ihre Ermittlungen zur Ergänzung und Korrektur unserer anderswie erworbenen Erkenntnis verwendet werden sollten. Die Theorie von Alfred Adler geht nun weit über dieses Ziel hinaus, sie will Benehmen und Charakter der Menschen mit demselben Griff verständlich machen, wie die neurotischen und psychotischen Erkrankungen derselben.[26]

Die Ketzerei von damals ist zur Orthodoxie von heute geworden; eine der zentralen Behauptungen der gegenwärtigen Ichpsychologie ist, daß man sowohl zur Erklärung erfolgreicher Anpassung, als auch zur Erklärung der Funktionsstörungen, die sich in der klinischen Praxis zeigen, auf dem Werk Freuds aufbauen könne.

Adler leistete Pionierarbeit mit seinem Interesse für das Ich als einer Instanz der Psyche und glaubte – mit Recht, wie sich später herausstellte –, daß diese Konzeption mithelfen würde, die Kluft zwischen dem Pathologischen und dem Normalen zu überbrücken. Nach Lou Andreas-Salomé sprach Adler von *Symbolzeichen* des Ich, anstatt von nur sexuellen, als Ich verkleideten Symbolen.[27] Adler klingt heute fast zeitgenössisch in den Implikationen, die er aus der Ichpsychologie für das Verständnis von Kindern zog; wie Anna Freud viele Jahre später, kam er zu dem Schluß, es sei enorm schwierig, zwischen Kindheitsdefekten und neurotischen Symptomen zu unterscheiden.[28] Und wie die heutigen Traumpsychologen, interessierte sich Adler für die konfliktlösende Funktion des Träumens.[29] Es überrascht nicht, daß Freuds Schüler, als die Ichpsychologie zu einem offiziell anerkannten Zweig der Psychoanalyse wurde, den möglichen Vorwurf, *Adlerianer zu werden*, ahnten.[30]

Adler ist keine unbedeutende Gestalt in der Geschichte der Psychotherapie. Um 1920 bemühte er sich darum, Konsultationen mit Schullehrern einzurichten; die Psychologie der Familiengruppe hatte ihn von jeher fasziniert; er trat dafür ein, Kinder zu Hause zu behandeln, und allgemein gesagt ist seine Hervorhebung der sozialen Faktoren ein Vorläufer der heutigen Gemeinschafts-Psychiatrie. (Die sogenannten Neo-Freudianer wie Harry S. Sullivan, Karel Horney, Erich Fromm und Clara Thompson bewegten sich alle in dieser Gedankenrichtung.[31] Neben seinen frühen Arbeiten über die *Ich-Triebe*, die bis dahin vernachlässigt worden waren, wie Freud zugab, brachte Adler den *Aggressionstrieb* in die Diskussion ein, lange bevor Freud zu einer Erörterung über eine Konzeption dieser Art bereit war[32] (wenn auch Adler in den 30er Jahren dann seine eigene frühere Theorie aufgegeben hatte.)

Blickt man auf die Kontroverse zwischen Freud und Adler zurück, so erscheint sie einem als wie das, was Freud den *Narzißmus der kleinen Differenzen* genannt hat – eine Auseinandersetzung zwischen Männern, die einander so nahe waren, daß sie sich gezwungen fühlten, sich untereinander zu vergleichen, die jedoch ihre Meinungsverschiedenheiten als versteckten Vorwurf oder Kritik ansahen. Die Legende von Freuds abtrünnigen Schülern trug später dazu bei, seine Bewegung zu einigen. Wie Freud selber wußte:

Es ist immer möglich, eine größere Menge von Menschen in Liebe aneinander zu binden, wenn nur andere für die Äußerung der Aggression übrigbleiben . . ., daß gerade benachbarte und einander auch sonst nahestehende Gemeinschaften sich gegenseitig befehden und verspotten . . .[33]

Adler wurde von Freud mit all der Unerbittlichkeit seiner leidenschaftlichen Natur verfolgt. Freud betrachtete Adler verächtlich als einen Verräter und Abtrünnigen. Und ob Adler sich von der Psychoanalyse abwandte oder ausgestoßen wurde, ist nicht sehr wichtig, da beide Elemente bei dem, was geschah, eine Rolle spielten.

Um die 30er Jahre kamen Freuds Schüler überwiegend aus dem Ausland, und sein Ruf war im Ausland gesicherter als in seiner Heimatstadt. (Man hat behauptet, die Wiener Psychoanalytische Vereinigung übe immer noch eine ungewöhnlich geringe Anziehungskraft auf junge Menschen aus.[34]) In Wien sicherte sich Adler einen festen Platz in der Arbeiterbevölkerung, während Freud eine hervorragende Stellung als Psychologe der bürgerlichen jüdischen Intellektuellen einnahm. Adler hatte sich schon immer für Erziehung interessiert, und die Adlersche Kinderschule wurde von vielen als die beste in Wien bewundert. Der Erfolg Adlers in Wien bedeutete jedoch, daß seine Gruppe der Verfolgung durch die Nationalsozialisten besonders stark ausgesetzt war, während die übernationale psychoanalytische Bewegung besser in der Lage war, die europäische Massenvernichtung zu überleben.

Freud verzieh den Mitgliedern seiner Vereinigung, die mit Adler austraten, niemals. Paul Klemperer behauptete, Freud habe ihn auf der Straße nicht einmal angeschaut, was zu Freuds Verhalten Breuer gegenüber paßt.[35] (Wenn Jones von dem *Sturm der Opposition* spricht, den Freud zu ertragen gehabt habe, und davon, *daß er auf der Straße geschnitten, aus der Gesellschaft verbannt wurde*,[36] kann man sich nur verwundert fragen, wie es nun wirklich gewesen ist.) Wie Freud es sah, war Adler ein Ketzer und Klemperer zum Feind übergelaufen. Wie Sachs dargelegt hat, war *jeder Bruch mit einem früheren Freund in Freuds Leben endgültig*.[38]

Freud vergaß jedoch einen früheren Verbündeten nie völlig. Sofort nach dem Streit des Jahres 1911 begann Freud, in seinen Fußnoten Vergeltung zu üben. Ernst Oppenheim war ein weiteres Mitglied der Vereinigung, das anläßlich der Auseinandersetzung mit Adler ausschied. Eine Erwähnung Oppenheims erschien in einer Fußnote der Auflage von 1911 der *Traumdeutung*, danach nie wieder. Wie John Strachey wußte, erklärt sich diese Streichung *zweifellos durch die Tatsache, daß bald danach Oppenheim zu einem Anhänger Adlers wurde*.[39] Für Freud war das keine geringfügige Sache, denn er nahm Anmerkungen in seinen Schriften sehr ernst. Oppenheim hatte auch mit Freud gemeinschaftlich einen Artikel *Träume in der Folklore* verfaßt, der völlig von der Bildfläche verschwand und schließlich erst 1958 veröffentlicht wurde.

Adler selbst gegenüber war Freud ebenso unnachgiebig, wie er früher rücksichtsvoll gewesen war. So beginnt zum Beispiel eine Fußnote zu einer Falldarstellung, die zuerst 1909 veröffentlicht wurde, mit den Worten *Mein Kollege Dr. Alfred Adler*. In der nächsten Auflage dieser Fallgeschichte von 1913 nahm Freud eine wohlüberlegte Änderung vor; die ersten Worte dieser Fußnote lauten jetzt: *Der frühere Analytiker Dr. Alfred Adler . . .*[40] Freud eleminierte auch einige Erwähnungen von Adlers Arbeiten.[41] In einem Brief von 1912 schreibt Freud, er müsse fortwährend seine eigenen persönlichen Irritationen besänftigen und sich selbst vor jenen, die er in anderen erwecke, schützen. Er spricht dann von dem *schädlichen Abfall* Adlers, der ein begabter Denker, aber ein bösartiger Paranoiker sei.[42]

Freud war wütend, aber selbstbeherrscht. In seiner Arbeit *Zur Einführung des Narzißmus* von 1914 findet sich der Satz (als Kritik an Adler), *er kenne auch Neurosen, in denen der ›männliche Protest‹ oder in unserem Sinne der Kastrationskomplex keine pathogene Rolle spielt oder überhaupt nicht vorkommt*. Als er im Jahre 1926, lange nach dem Streit mit Adler, nach einer Erläuterung dieses Satzes gefragt wurde, schrieb Freud, die Anfrage, *ob es Neurosen gibt, bei denen der Kastrationskomplex keine Rolle spielt, bringt mich in Verlegenheit. Obwohl das eindeutig Teil seiner Po-*

lemik gegen Adler gewesen war, schrieb Freud: *Ich weiß nicht mehr, woran ich damals gedacht habe. Heute wüßte ich allerdings keine Neurose zu nennen, in der nicht dieser Komplex anzutreffen wäre . . .*[43]
Alle Aufsätze und Bücher Freuds nach 1911 lassen sich als Teil eines Wechselspiels und Kräftemessens mit vielerlei Gegnern verstehen. Er kritisierte jedoch Adlers Auffassungen auch ganz direkt. Er fühlte sich verpflichtet, andere vor dieser gefährlichen Abweichung von der Psychoanalyse zu warnen und zugleich seine eigene Position deutlich zu machen. Im Jahre 1922 zum Beispiel beschrieb Freud Adler und Jung als zwei führende Köpfe der Abweichung von der Psychoanalyse, die offenbar das Ziel hätten, *die Anstößigkeit derselben zu mildern.* Zu gleicher Zeit sagte Freud wiederum, Adler habe lediglich manche Momente der Psychoanalyse unter anderem Namen wiedergebracht. Freud zufolge sei bald deutlich geworden, daß die Adler'sche Richtung *mit der Psychoanalyse, die sie ersetzen wollte, zu wenig gemein hat.* Ferner hätten beide Richtungen *die Entwicklung der Psychoanalyse nicht nachhaltig beeinflußt.*[44]
Es gibt noch andere Beispiele dafür, daß Freud nicht imstande war, Adler einfach gehen zu lassen.[45] Immer wieder nahm er seine Kritik an ihm auf; von dem, was in seinen Arbeiten von Wert sei, sei wenig etwas Neues.[46] Egoistische Motive seien nicht so zentral wichtig, wie Adler glaube; und der Narzißmus, nicht das Minderwertigkeitsgefühl, sei der ursprüngliche primäre Kindheitszustand.[47] In einer ätzenden Fußnote aus dem Jahre 1925 untersuchte Freud den *Wahrheitskern der Adlerschen Lehre,*

die kein Bedenken trägt, die ganze Welt aus diesem einen Punkte (Organminderwertigkeit – männlicher Protest – Abrücken von der weiblichen Linie) zu erklären, und sich dabei rühmt, die Sexualität zugunsten des Machtstrebens ihrer Bedeutung beraubt zu haben! . . . Andererseits hört man, daß Analytiker sich rühmen, trotz jahrzehntelanger Bemühung nichts von der Existenz eines Kastrationskomplexes wahrgenommen zu haben. Man muß sich vor der Größe dieser Leistung in Bewunderung beugen, wenn es auch nur eine negative Leistung, ein Kunststück im Übersehen und Verkennen ist. Die beiden Lehren ergeben ein interessantes Gegensatzpaar: Hier keine Spur von einem Kastrationskomplex, dort nichts als Folgen desselben.[48]

In einem Brief von 1924 schrieb Freud an einen Schüler, *daß Sie der Armseligkeit von Adler immer noch zu viel Respekt erweisen. Fragen Sie sich einmal, was sich an Ihrer Tätigkeit ändern würde, wenn Sie von der Adlerschen Theorie niemals gehört hätten.*[49] Und doch fühlte sich Freud berechtigt, seine Priorität bezüglich Adlers Arbeiten herauszustellen: *Sie belasten Adler mit der Verantwortlichkeit für den Zusammenhang von Ehrgeiz und Urethralerotik. Nun, ich habe immer geglaubt, daß das mein Fund ist.*[50]
Im Jahre 1932 befaßte sich Freud mit Adlers Gedanken noch einmal ausführlich, ob-

wohl die Adlersche Individualpsychologie *in Wirklichkeit sehr wenig mit ihr [der Psychoanalyse] zu tun hat, . . . aber infolge gewisser historischer Umstände eine Art von parasitärer Existenz auf ihre Kosten [führt] . . . Der Name selbst ist unpassend, scheint ein Produkt der Verlegenheit.*[51] Gerade weil der Minderwertigkeitskomplex so populär geworden war, machte sich Freud noch einmal an seine Erörterung; freilich spuke, wie Freud schrieb, das *Gefühl der Minderwertigkeit . . ., das gerade die Neurotiker auszeichnen soll, . . . besonders in der sogenannt schönen Literatur, weniger im wissenschaftlichen Schrifttum.* Adlers Gedanken über Minderwertigkeit und das Ziel der Vollkommenheit könnten jetzt, wie Freud meinte, durch sein eigenes neues Konzept des Über-Ich in eleganterer Weise erklärt werden; Gewissen und Schuldgefühl könnten als Folge nach innen gewendeter Aggression angesehen werden.

Das Gefühl der Minderwertigkeit hat stark erotische Wurzeln. Das Kind fühlt sich minderwertig, wenn es merkt, daß es nicht geliebt wird, und ebenso der Erwachsene . . . Aber der Hauptanteil der Minderwertigkeitsgefühle stammt aus der Beziehung des Ichs zu seinem Über-Ich, ist ebenso wie das Schuldgefühl ein Ausdruck der Spannung zwischen beiden. Minderwertigkeitsgefühl und Schuldgefühl sind überhaupt schwer auseinanderzuhalten. Vielleicht täte man gut daran, im ersteren die erotische Ergänzung zum moralischen Minderwertigkeitsgefühl zu sehen.[52]

In einem Gespräch im gleichen Jahr soll Freud, wie berichtet wird, weiter als je sonst in seiner Abwertung der Arbeit Adlers gegangen sein: *Adlers Abgang sei kein Verlust gewesen; Freud bedaure es in keiner Weise, daß er gegangen sei, denn er sei nie ein Analytiker gewesen.*[53]
Selbst bei Adlers Tod im Jahre 1937, ein Vierteljahrhundert nach den Auseinandersetzungen in der Vereinigung, blieb Freud hart und unversöhnlich. Adler war auf einer Reise nach Aberdeen plötzlich gestorben, und Arnold Zweig erwähnte in einem Brief an Freud, daß ihn die Nachricht sehr bewegt habe. Freud erwiderte:

Aber Ihr Mitleid für Adler begreife ich nicht! Für einen Judenbuben aus einem Wiener Vorort ist der Tod in Aberdeen, Schottland, eine unerhörte Karriere und ein Beweis, wie weit er es gebracht hat. Wirklich hat ihn die Mitwelt für das Verdienst, der Analyse widersprochen zu haben, reichlich belohnt.[54]

(Adler war im Jahre 1904 zum Protestantismus übergetreten; es wird berichtet, es habe ihn gewurmt, daß die jüdische Religion sich auf eine einzige ethnische Gruppe beschränkte, er wollte einer universalen Religion angehören.[55]) Obwohl Jones den Kommentar Freuds zu Adlers Tod in seine Biographie aufgenommen hatte, ließ Freuds Sohn Ernst die Stelle in dem von ihm herausgegebenen, 1968 erschienenen Briefwechsel Freud-Arnold Zweig aus, ohne die Streichung kenntlich zu machen.

Freuds andere Schüler teilten seine Ablehnung Adlers; und Adler und seine Freunde erwiderten die Bitterkeit Freuds. Über lange Jahre hinweg hatte Adler bei der Fortentwicklung seiner eigenen Konzepte diejenigen Freuds wiederholt angegriffen. Adler rühmte sich sogar, er habe viel mehr als Freud einen scharfen Trennungsstrich zwischen Individualpsychologie und Psychoanalyse gezogen.[56] Ein oder zwei Jahre vor seinem Tod gebrauchte Adler über Freuds Analyse die Worte *dieser Schmutz*, und *Fäkalia*.[57] Um die gleiche Zeit hatte Abraham Maslow, ein Bewunderer Adlers, eine Unterhaltung mit ihm, in der irgendwann eine Äußerung fiel, die Adlers Schülerschaft unter Freud implizierte. Adler *wurde wütend, lief rot an und redete so laut, daß die anderen Leute aufmerksam wurden. Er sagte, dies sei eine Lüge und ein Schwindel, an dem Freud ganz allein schuld sei, den er dann mit Worten wie Schwindler, gerissen, Intrigant ... belegte*.[58]

Von den heutigen Psychoanalytikern wäre es wohl kaum einem ganz angenehm, mit der Adlerschen Tradition identifiziert zu werden.[59] Diejenigen Analytiker, die am strengsten an der Freudschen Lehre festhielten, unterschieden scharf zwischen der Ichpsychologie Freuds und allem, was auf Adler zurückgeht.[60] Eine Ausnahme bildete der amerikanische Ichpsychologe Ives Hendrick, der eingeräumt hat, sein Gedanke eines *Triebes zum Herrschen* sei *im wesentlichen das gleiche wie Alfred Adlers Wille zur Macht*.[61] Adler, der große Dissident, hat eine weiterwirkende Perspektive in der Psychologie des Menschen entworfen. Sein besonderes Mitgefühl galt den Opfern sozialer Ungerechtigkeit; er hielt es für primär wichtig, die Förderung der menschlichen Würde zu unterstützen. Wie Jean-Paul Sartre viele Jahre später, hat Adler begriffen, daß die Menschen aufgrund ihrer eigenen Unzulänglichkeiten und ihres Mangels an Selbstachtung der Versuchung unterliegen, durch die Degradierung anderer sich selbst künstlich aufzuwerten, und daß bei einer Gruppe oder Klasse, die als minderwertig behandelt worden ist, diese Gefühle sich intensivieren und zu kompensatorischen Manövern führen können, um Selbstzweifel wettzumachen. In seinem Verständnis einiger sozialer Grundlagen der Destruktivität war Adler seiner Zeit voraus; zum Beispiel jener, die mit der Rasse als einer psychologischen Kraft in der modernen Welt zusammenhängen; Männer so verschiedener Art wie Kenneth Clark[62] und Frantz Fanon[63] haben sich dazu bekannt, in Adlers Schuld zu stehen.

5.5. Thanatos

Die Schwierigkeiten zwischen Freud und Wilhelm Stekel führten eineinhalb Jahre nach dem Bruch mit Adler zur Krise. Es wäre jedoch ein Fehler, den Streit mit Stekel einfach als eine Art Neuauflage des Streites mit Adler zu betrachten. Denn in allen Auseinandersetzungen Freuds finden sich zwar gewisse thematische Kontinuitäten,

aber die spezifischen Streitfragen, um die es ging, und die beteiligten Persönlichkeiten unterschieden sich doch beträchtlich.
Wilhelm Stekel (1868–1940), der in Wien als Arzt praktizierte, gehörte zu den undisziplinierteren unter den Männern, die sich Freuds Gruppe in der Anfangszeit anschlossen. Damals bedurfte es einer gewissen Unausgeglichenheit, um sich überhaupt für Freuds Arbeit zu interessieren, denn die Psychoanalyse war eine von jeder Norm abweichende Betätigung. Stekel war ein talentierter und fruchtbarer Autor, außerdem ein Dichter und ein vorzüglicher Musiker, und einige seiner klinischen Beschreibungen waren sehr verdienstvoll. Aber seine Arbeit hatte einen etwas journalistischen Charakter und sein Interesse für die Sexualität einen beinahe pornographischen Einschlag; einigen Mitgliedern der Bewegung erschien er als zweifelhafter Charakter mit einem unsauberen Interesse für Fallmaterial.
Der Tapferkeit wegen, die sich in der Hingabe an eine so verpönte und aussichtslose Sache erwies, schrieb Freud 1914, *war ich geneigt, den Mitgliedern der Vereinigung mancherlei angehen zu lassen, woran ich sonst Anstoß genommen hätte.*[1] In der Zeit, als Freud nur wenig Unterstützung fand, konnte er lobenden Äußerungen über die Psychoanalyse gegenüber leichtgläubig sein und faßte eine spontane Zuneigung zu jedem, der sich für seine Ideen interessierte.[2] Er war anfällig für Schmeichelei – die ihm nie übertrieben schien –, und das führte ihn gelegentlich zu groben Fehlurteilen über Leute. Andererseits hatte Freud eine Abneigung gegen Menschen, denen es an Ethos oder Moral fehlte; Zustimmung und Bewunderung nahmen ihn jedoch so sehr gefangen, vor allem wenn sie von phantasievollen und originellen Menschen kamen, daß es zuweilen leicht war, ihn für sich einzunehmen.
Stekel war früher Freuds Patient gewesen; er litt wiederholt *an unangenehmen neurotischen Beschwerden* und an einem *sehr gefährlichen Zustand*, wie Jones schrieb.[3] Jones berichtete, Freud habe die Indiskretion begangen, ihm gegenüber von Stekels sexueller Perversion zu sprechen; der Biograph selbst hielt jedoch die klinischen Details zurück.[4]
Es ist nicht ganz klar, was Stekels Schwierigkeit war. In einer Unterhaltung mit einem Schüler schloß Freud selbst Homosexualität aus.[5] In einem veröffentlichten Brief Freuds findet sich zumindest eine Andeutung, daß es sich bei der von Jones erwähnten Perversion vielleicht nur um Masturbation handelte. *Eines Tages, wenn ich nicht mehr da bin – mit mir geht auch meine Diskretion zu Grabe – wird auch manifest werden, daß die Stekelsche Behauptung von der Unschädlichkeit der ungehemmten Masturbation auf einer Lüge beruht. Schade daß – aber es ist genug.*[6] Freud scheint bewußt, wenn auch vorsichtig, die Privatsphäre seines früheren Patienten, der inzwischen sein Feind geworden war, verletzt zu haben.
Welches auch die Schwierigkeiten Stekels gewesen sein mögen*, eine kurze Psychoanalyse (eine Sache von ein paar Wochen) bei Freud brachte ihm Erleichterung, und

---

* Er schrieb später, daß er zwei Jahre lang Potenzschwierigkeiten gehabt habe.[7]

er wurde, wie er es ausdrückte, zum *Apostel Freuds, der mein Christus war!*[8] Stekel *gab die Anregung dazu,* daß die Diskussionsgruppen an den Mittwochabenden zusammenkamen.[9] Trotzdem läßt sich den »Protokollen« der Wiener Vereinigung entnehmen, daß einige Jahre später Stekel gewisse Prioritäten für sich beanspruchte und auf Vorläufer Freuds hinwies.[10] Einer der Anhänger Freuds lobte Stekels *Einseitigkeit* als *immens fruchtbar,* wies jedoch zu gleicher Zeit auf eine Passage bei Freud hin, die den Inhalt eines Artikels von Stekel vorwegnehme.[11]

Stekel wurde bekannt für sein intuitives Erfassen von unbewußten Empfindungen, besonders von Traumsymbolen. Er hatte, Freud zufolge, einen Spürsinn für das Unbewußte.[12] Strachey war der Meinung, Freud habe erst relativ spät die volle Bedeutung der Traumsymbole erkannt, weitgehend unter dem Einfluß von Wilhelm Stekel. Erst in der vierten Auflage der *Traumdeutung* von 1914 wurde diesem Gegenstand ein besonderer Abschnitt gewidmet.[13] Freud würdigte stets Stekels psychologische Begabung. Bedenkt man Freuds Abneigung, sich seinen Anhängern verpflichtet zu zeigen, dann erscheint seine Erwähnung von Stekels Beitrag zur Fortentwicklung seines eigenen Werkes (und zwar *nach* dem Bruch zwischen ihnen) großzügig, auch unter Berücksichtigung der darin enthaltenen Einschränkung:

Die Symbolik der Traumsprache [war] so ziemlich das letzte, was mir am Traum zugänglich wurde, denn für die Kenntnis der Symbole leisten die Assoziationen des Träumers nur wenig . . . [Ich] konnte . . . mir die Symbolik des Traumes sicherstellen, ehe ich durch die Schrift von Scherner auf sie hingewiesen wurde. Im vollen Umfange habe ich diese Ausdrucksmittel des Traumes erst später gewürdigt, zum Teil unter dem Einflusse der Arbeiten des zu Anfang so sehr verdienstvollen, später völlig verwahrlosten W. Stekel.[14]

Nach dem Streit mit Adler soll Freud zu Stekel gesagt haben: *Einen Kleinen habe ich groß gemacht, aber einen Großen neben mir habe ich übersehen.*[15]
In einer Reihe von Sitzungen der Wiener Vereinigung in den Jahren 1911 und 1912 wurde über die psychischen und physiologischen Wirkungen der Masturbation diskutiert; es gehörte zu der Zielsetzung Freuds, die Probleme des menschlichen Sexuallebens endlich einer wissenschaftlichen Untersuchung zu unterziehen.[16] Diese Diskussion war Teil einer seit langem im Gange befindlichen Debatte über dieses Thema zwischen Freud und Stekel. Den Berichten zufolge erklärte Freud 1908 folgendes:

Was die alte Kontroverse mit Stekel über Onanie betrifft, weicht Freuds Meinung immer noch von der Stekels ab. Die Masturbation als solche möge eine rein somatische Schädigung bewirken, was wir als gemeine Neurasthenie sehen. Es sei jedoch richtig, daß der größere Schaden der Masturbation in der psychischen Sphäre angerichtet werde, nämlich durch die Charakterveränderung, die durch diese Kurzschlie-

ßung zwischen Begehren und Befriedigung hervorgerufen werde, durch eine Umgehung der äußeren Welt und vor allem dadurch, daß damit ein prototypisches Muster für das [künftige] Sexualleben geschaffen werde.[17]

Masturbation war in Freuds Augen ein *antisozialer Akt*, der *die allgemeine Erniedrigung des Sexuallebens* mit enthalte.[18] Eine Zeitlang hatte Freud geglaubt, es gebe eine besondere Klasse von Neurosen (*Aktualneurosen* im Gegensatz zu *Psychoneurosen*), bei denen die quälenden Symptome das toxische Ergebnis unbefriedigender sexueller Praktiken sei. In diesen Fällen wollte Stekel statt dessen nach der psychischen Bedeutung der Symptome suchen, was für Freud eine *Überspannung der Psychogeneität* war.[19]

Freud begann seinen Beitrag zu der Sitzung des Jahres 1912 über Masturbation in einem Geiste post-Adlerianischer Toleranz:

Die Diskussionen in der Wiener Psychoanalytischen Vereinigung verfolgen niemals die Absicht, Gegensätze aufzuheben oder Entscheidungen zu gewinnen. Durch die gleichartige Grundauffassung der nämlichen Tatsachen zusammengehalten, getrauen sich die einzelnen Redner der schärfsten Ausprägung ihrer indidivuellen Variationen ohne Rücksicht auf die Wahrscheinlichkeit, den anders denkenden Hörer zu ihrer Meinung zu bekehren. Es mag dabei viel vorbeigeredet und vorbeigehört werden; die Endwirkung ist jedoch, daß der einzelne den klarsten Eindruck von abweichenden Anschauungen empfangen und selbst anderen vermittelt hat.[20]

Freud gab der Kritik bezüglich einer seiner Gedankengänge recht (der teleologisch und deshalb zu sehr wie Adler klang), und in einem anderen Punkte war er imstande, *einzuräumen, was ich damals nicht glauben konnte . . .*[21]

In den meisten der zwischen uns strittigen Punkte danken wir die Infragestellung der auf starke und selbständige Erfahrung gestützten Kritik unseres Kollegen Stekel. Gewiß haben wir einer künftigen Schar von Beobachtern und Forschern noch sehr viel zur Feststellung und Klärung übriggelassen, aber wir wollen uns damit trösten, daß wir ehrlich und nicht engherzig gearbeitet und dabei Richtungen eingeschlagen haben, auf denen sich die spätere Forschung bewegen wird.[22]

Freud hatte schon seit langem Bedenken, daß Stekels Charakter und Arbeiten die Psychoanalyse diskreditieren könnten. Er klagte darüber, daß Stekel sich ausschließlich auf seine Inspirationen verlasse, anstatt sie der Kontrolle des bewußten Denkens zu unterwerfen.[23] Im Jahre 1909 stimmte er kritischen Bemerkungen von Jones über ein Buch Stekels zu: *Sie haben den springenden Punkt getroffen. Er ist in der Theorie und im Denken schwach, aber er hat einen guten Spürsinn für die Bedeutung des Verborgenen und Unbewußten. Mich persönlich kann sein Buch nicht befriedigen, aber den Außenseitern wird es ungeheuer gut tun, da es ihnen im Niveau sehr viel näher steht.* Einige Jahre später schrieb Freud über ein anderes Buch Stekels: *Es ist beschämend für uns, trotzdem es viel Neues bringt.* An anderer Stelle bemerkte Freud, die bewußte theoretische Würdigung der Dinge falle Stekel nicht so leicht wie die Aufspürung unbewußter Symbole, bei denen *das eigene Unbewußte als Wünschelrute dient.*[24]

Freud hatte eine reiche Phantasie stets bewundert; aber anscheinend fühlte Stekel sich berechtigt, Beispiele zu erfinden, wenn es an präzisem Material fehlte.[25] Stekel veröffentlichte außerdem in einer Wiener Zeitung Berichte über die Diskussionen der Gruppe, was bei Freud Unbehagen hervorrufen mußte, auch wenn es der Propagierung der Freudschen Ideen dienlich war.

Im Laufe der Jahre war dann die Diskussionsgruppe, die in Freuds Wartezimmer angefangen hatte, zum Angelpunkt einer internationalen Bewegung geworden. Stekel war später der Meinung, Freuds Schwierigkeiten mit Adler, Jung und ihm selbst gingen auf Freuds Ehrgeiz zurück, die Psychoanalyse zu einer einheitlichen Vereinigung zu machen. Nach Stekels Erinnerung war die *frühere Harmonie unter den Freudanhängern verschwunden; es herrschte ein Kampf um die Thronfolge und eine geheime Rivalität unter den Schülern.*[26] Zu jener Zeit selbst sagte Stekel, Freud scheine *einen tiefen Haß gegen Wien* und seine dortige Anhängerschaft zu hegen.[27]

Wir sahen, daß Freuds Bevorzugung Jungs bei seinen älteren Schülern in Wien Unmut erzeugte. Adlers Verhalten hatte Freuds schlimmste Befürchtungen über seine Gruppe in weitem Umfang zu Wirklichkeit werden lassen (und damit gerechtfertigt). Stekel behauptete, *daß Freud den Urhordenkomplex habe. Er fürchte sich vor seinen Schülern.*[28] (Das Bild stammte aus Freuds *Totem und Tabu*). Stekels *Erfolg auf dem Gebiet des Symbolismus gab ihm das Gefühl, er sei über Freud hinausgewachsen,* wie das in einer Anekdote zum Ausdruck kommt, die legendär geworden ist.

Diese etwas anmaßende Selbsteinschätzung drückte er [Stekel] gern mit halber Bescheidenheit folgendermaßen aus: ein Zwerg auf der Schulter eines Riesen könne weiter sehen als der Riese selbst. Als Freud dies hörte, meinte er grimmig: ›Das mag wahr sein, aber nicht eine Laus auf dem Kopf eines Astronomen‹.[29]

Die privaten Klagen Freuds über Adler waren manchmal mit Vorwürfen gegen Stekel vermischt. Im November 1910 schrieb Freud in einem Brief an einen ausländischen Schüler, *daß die Taktlosigkeit und Unliebenswürdigkeit von Adler und Stekel die Verständigung sehr erschweren. Ich ärgere mich unausgesetzt über die beiden.* Da er sich gleichzeitig mit Adler und mit Stekel herumschlagen mußte, blieb Freud wenig Energie für seine schriftstellerische Arbeit: *Ich ärgere mich überdies schändlich mit Adler und Stekel. Ich habe bereits gehofft, daß es zu irgendeiner reinlichen Scheidung kommen würde, aber es verzieht sich wieder, so muß ich trotz meiner Meinung, daß mit ihnen nichts zu machen ist, doch mit ihnen weiter rackern.*[30]

Solche Mitteilungen ins Ausland stellten nicht nur sicher, daß die Bewegung als ganze gegen Adler und Stekel Front machen würde, sondern bestärkte auch seine treuen Anhänger in der Überzeugung, daß sie mehr als je eine befehdete Minderheit bildeten. Im Februar 1910 hatte Freud geschrieben: *Meine Wiener erfreuen mich nicht sehr. Eigentlich habe ich das schwere Kreuz mit der älteren Generation Stekel, Adler, Sadger; sie werden mich bald als Hindernis empfinden und behandeln und ich kann nicht glauben, daß sie mich durch Besseres zu ersetzen haben.* Freud schrieb auch von seiner *lang aufgespeicherten Abneigung gegen den Wiener Kreis.*[31] Im April 1911 nannte Freud Adler und Stekel *Max und Moritz* – die beiden bösen Buben in dem Buch von Wilhelm Busch. Freud war der Ansicht, daß Adler und Stekel *sich auch mit großer Rapidität nach rückwärts entwickeln und bald bei der Leugnung des Unbewußten angekommen sein werden. Adler ist ein kleiner Fließ redivivus . . . Stekel, als Anhang zu ihm, heißt wenigstens Wilhelm.*[32]

Als Freud den Vorsitz in der Wiener Vereinigung an Adler abgab, meinte er, er *glaube nicht einmal, daß sie es bedauern werden . . . es war schon nahe daran, daß ich in die peinliche Rolle des unzufriedenen und überflüssigen Alten geriet.*[33] Als Adler am 22. Februar 1911 den Vorsitz niederlegte, trat zugleich Stekel als stellvertretender Präsident zurück; Stekel hatte den Standpunkt vertreten, es bestehe kein grundsätzlicher Widerspruch zwischen den Auffassungen Freuds und denen Adlers. Stekel teilte auch einige theoretische Positionen Adlers; zum Beispiel deutete er Träume gern bisexuell. Freuds Deutung dieser Schwierigkeiten war, *daß der Vater nicht genug für sie tut. Kritik am ohnmächtigen Vater. In der Tat hat meine Fähigkeit, Patienten zu verteilen, in diesem Jahr der unermüdlichen Hetze recht abgenommen. Mit Stekel wird es wahrscheinlich zu einer Aussöhnung kommen; er ist zwar unerziehbar, aber im Grunde gutmütig und hat sich um die Psychoanalyse doch große Verdienste erworben.*[34]

Zum endgültigen Bruch mit Stekel kam es, als Freud die Partei Victor Tausks ergriff, nach einer *sehr häßlichen Szene* in der Vereinigung.[35] Freud wollte, daß Tausk die Leitung des Besprechungsteils im *Zentralblatt* übernehmen solle, dessen Mitredakteur Stekel (zusammen mit Adler) war. Stekel wehrte sich hartnäckig gegen diese Einschränkung seiner redaktionellen Befugnisse. Freud schrieb an den Verleger und verlangte die Ablösung Stekels als Redakteur. Stekel reagierte jedoch nicht, teilte vielmehr seine Auffassung der Angelegenheit dem Verleger mit. Schließlich sorgte Freud dafür, daß alle anderen, die mit der Zeitschrift befaßt waren, zurücktraten, so daß Stekel praktisch nur noch der nominelle Titel als Redakteur blieb. Dann wurde als Ersatz für das *Zentralblatt* die *Internationale Zeitschrift* gegründet.

Bevor Stekel die Wiener Vereinigung endgültig verließ, hatte er sich offenbar gemeinsam mit Adler, seinem früheren Verbündeten in der Wiener *Opposition* gegen Freuds bevorzugte Behandlung Jungs und der Schweizer, mit verschiedenen Plänen beschäftigt. Am 6. November 1912 trat Stekel dann aus der Wiener Vereinigung aus, stritt jedoch später im gleichen Monat (Lou Andreas-Salomé gegenüber) immer noch ab, daß er *Adlers Ansichten unterschreibe,* und das *auf der Straße und unter allerhand Zeugen.* Lou berichtet, Adler habe ihr gegenüber über Stekels *Untreue* geklagt.³⁶ Am 3. November 1912 schrieb Freud, wie erleichtert er über das bevorstehende Ausscheiden Stekels aus der Vereinigung sei:

*... daß Stekel seine eigenen Wege geht. (Ich bin so froh darüber; Sie können nicht wissen, was ich unter der Aufgabe, ihn gegen die ganze Welt zu verteidigen, gelitten habe. Er ist ein unerträglicher Mensch.) Anlaß der Trennung war kein wissenschaftlicher, eine Überhebung von seiner Seite gegen ein anderes Vereinsmitglied, das er von den Referaten für ›sein Blatt‹ ausschließen wollte, was ich nicht zulassen konnte ... die Abstoßung einer so zweifelhaften Persönlichkeit wie Stekel bleibt ein Segen.*³⁷

Es scheint, daß die Schweizer Analytiker einigen Arbeiten Stekels besonders skeptisch gegenüberstanden. Trotzdem bediente sich Freud recht großer Worte (seine *Aufgabe, ihn gegen die ganze Welt zu verteidigen*) zur Beschreibung einer doch relativ unbedeutenden Auseinandersetzung. Hatte sich die unerträgliche *Überhebung* gegen Tausk gerichtet oder in Wirklichkeit gegen Freud selbst? Am 21. November schrieb Freud an einen Anhänger: *Die Seligkeit, Stekel los zu sein, ist aber einige Opfer wert,* und eine Woche später sprach Freud einem anderen Anhänger gegenüber von Stekels *Verrat.*³⁸ Kurz danach schrieb Freud, *Stekels Verlust wird allgemein als großer Gewinn eingeschätzt.*³⁹
Danach behandelte Freud die Sache Stekel so, wie uns das nicht mehr fremd ist. In seiner *Psychopathologie des Alltagslebens* beispielsweise behielt er zwar einen Teil des ursprünglich aufgenommenen Beispielmaterials von Stekel bei, strich aber verständlicherweise die Worte *mein Kollege,* da wo Stekel erwähnt wird;⁴⁰ und in anderen Schriften Freuds wurden einige direkte Bezugnahmen auf Stekel beseitigt. Im Jahre 1909 hatte Freud geschrieben, er verdanke die eigentliche Aufklärung der Prüfungsträume seinem *kundigen Kollegen* Stekel; nach ihrem Bruch heißt es dann nur noch: *Eine weitere Aufklärung...*⁴¹ Stekel seinerseits ließ in späteren Auflagen eines seiner Bücher ein von Freud verfaßtes Vorwort weg.⁴²
Freud bemühte sich, seine geistigen Schulden so gut er konnte zurückzuzahlen; aber wie wir schon bemerkt haben, erschienen ihm Dinge, die er noch nicht in seinen eigenen Gedankengang aufgenommen hatte, leicht *unbegreiflich, unverständlich* oder *verworren.* Stekels Bericht zufolge gestand ihm Freud einmal in einem schwachen Moment, jede von anderen vorgebrachte neue Idee stoße bei ihm zunächst auf Widerstand und mangelnde Aufnahmebereitschaft. *Manchmal brauche er zwei Wochen, um einen solchen Widerstand zu überwinden.*⁴³ Jones gibt uns eine eindrückliche Darstellung der *Art, wie er [Freud] sich gegenüber der Meinung eines anderen verhielt. Er hörte immer höflich zu, zeigte Interesse und machte oft über das Gehörte scharfsinnige Bemerkungen; aber irgendwie spürte man, sie blieb für seine eigene*

Freud in seinen mittleren Lebensjahren

Die Familie Freud um das Jahr 1876. – Stehend von links nach rechts: Pauline, Anna, (?), Sigmund, (?), Rosa, Mitzi, Simon Nathanson. Sitzend: Adolfine, Amalie, Jakob. Vorn: (?), Alexander

Das Geburtshaus Freuds in Freiberg in Mähren

Freud und seine Verlobte Martha Bernays, in Berlin, 1885

Sigmund Freuds Analysen-Couch

In der Clark University im Jahre 1909.
Stehend von links nach rechts:
A. A. Brill, Ernest Jones, Sándor Ferenczi.
itzend: Freud, G. Stanley Hall, C. G. Jung

Freud in den frühen 30er Jahren

Jung im Jahre 1922

Viktor Tausk während des Ersten Weltkriegs

Georg Groddeck (1866–1934)

Ernest Jones im Alter von
fünfundfünfzig Jahren

Sándor Ferenczi (1873–1933)

Otto Rank im Jahre 1930

Ruth Mack Brunswick (1897–1946)

Marie Bonaparte im Jahre 1934

Anna Freud anfangs der 20er Jahre

Freud und seine Tochter Anna, in Paris am 13. Juni 1938, bei ihrer Abfahrt nach London

Helene Deutsch

Melanie Klein

Felix Deutsch an seinem Arbeitstisch in Cambridge, Massachusetts

Heinz Hartmann im Jahre 1934

Heinz Hartmann im Jahre 1934

irrelevant.⁴⁴ In einem Brief von 1924 schrieb Freud, es sei ihm *wohlbekannt, . . . daß ich genötigt bin, meinen eigenen Weg, oft Umweg, zu gehen und nichts mit fremden Gedanken anzufangen weiß, die mir zur Unzeit zugerufen werden.* Freud meinte (oder hoffte) jedoch, es sei ein *Mißverständnis, daß ich das ableugne, was ich bloß noch nicht beurteilen oder verarbeiten kann . . .*⁴⁵

Stekel war der erste, der den Begriff *Thanatos* als Ausdruck für den Todeswunsch benutzte, und obwohl Freud später mehr und mehr über die Psychologie des Todes schrieb und schließlich einen Todes-Trieb postulierte, hielt ihn seine Abneigung gegen Stekel davon ab, *Thanatos* je in seinen Schriften zu verwenden.⁴⁶ Jones notierte es lediglich als *merkwürdig, daß Freud selbst niemals, außer im Gespräch, den Begriff ›Thanatos‹ verwendete . . .*⁴⁷

Für Stekel war von allem Anfang an das Todesthema besonders wichtig. Nach seiner Darstellung von 1910 sei Angst anzusehen als *die Reaktion auf das Vordringen des Todestriebes, hervorgerufen durch eine Verdrängung des Sexualtriebes.*⁴⁸ Stekel war für die erste Untersuchung der Todessymbolik im Traumleben verantwortlich, obwohl sich Freud gegen die *Verwechslung* wehrte, die *der Versicherung zugrunde [zu] liegen [scheint], daß man hinter jedem Traum die ›Todesklausel‹ finde.* Freud formulierte seine Vorbehalte in für ihn typischer Weise: *Ich weiß nicht genau, was diese Formel besagen will, aber ich vermute, hinter ihr steckt die Verwechslung des Traumes mit der ganzen Persönlichkeit des Träumers.*⁴⁹ Im Jahre 1913 erkannte Freud bei der Schilderung des Ursprunges der Moral als Abwehr gegen Haß Ethik als Mittel zur Verteidigung der geliebten Objekte gegen Feindseligkeit: *Vielleicht ist dies die Bedeutung eines Satzes von W. Stekel, der mir seinerzeit unfaßbar erschien, daß der Haß und nicht die Liebe die primäre Gefühlsbeziehung zwischen Menschen sei.*⁵⁰ Und 1929 schrieb er dann: *ich verstehe nicht mehr, daß wir die Ubiquität der nicht erotischen Aggression und Destruktion übersehen und versäumen konnten, ihr die gebührende Stellung in der Deutung des Lebens einzuräumen.*⁵¹

Diesen Erkenntnissen zum Trotz konnte sich Freud eine subtile Anspielung auf das, wie er meinte, von ihm Entlehnte nicht entgehen lassen, und ebensowenig die Chance, indirekt zu verstehen zu geben, daß Stekels Beitrag unwissenschaftlich sei. Im Jahre 1922 fügte Freud nach gebührendem Hinweis darauf, daß Stekel als erster eine Erklärung der Todessymbolik gegeben hatte, wie beiläufig die Bemerkung hinzu: *Versäumen wir nicht, hier die oft unbequeme Pflicht literarischer Gewissenhaftigkeit zu erfüllen.*⁵² Stekel wies besonders auf den Todestrieb hin, als er den Vorwurf erhob, Freud habe später *einige meiner Entdeckungen übernommen, ohne meinen Namen zu erwähnen . . .*⁵³

Nach dem Streit mit Stekel war Freud diesem gegenüber vielleicht eher herablassend als bitter. Im Jahre 1914 sprach er von den *verwilderten Deutungen* Stekels; *die mangelhafte Kritik des Verfassers und seine Neigung zu Verallgemeinerungen um jeden Preis machen . . . andere seiner Deutungen zweifelhaft oder unverwendbar . . .*⁵⁴ Freud erkannte Stekels Talent zur Entzifferung des Unbewußten stets an, wenn er auch seine eigene Art der Arbeit von der Stekels unterschied. In einem Zusatz zu der *Traumdeutung* schrieb Freud 1925:

Die Analyse des letzten ... Traums steht als Beweis dafür, daß ich die Symbolik im Traume von Anfang an erkannt habe. Zur vollen Würdigung ihres Umfangs und ihrer Bedeutung gelangte ich aber erst allmählich durch vermehrte Erfahrung und unter dem Einfluß der Arbeiten W. Stekels ... Dieser Autor, der der Psychoanalyse vielleicht ebensoviel geschadet als genützt hat, brachte eine große Anzahl von unvermuteten Symbolübersetzungen vor, die anfänglich nicht geglaubt wurden [von Freud?], später aber größtenteils Bestätigung fanden und angenommen werden mußten ... Stekel fand seine Symboldeutungen auf dem Wege der Intuition, kraft eines ihm eigenen Vermögens, die Symbole unmittelbar zu verstehen. Eine solche Kunst ist aber nicht allgemein vorauszusetzen, ihre Leistungsfähigkeit ist jeder Kritik entzogen, und ihre Ergebnisse haben daher auf Glaubwürdigkeit keinen Anspruch.[55]

Diese öffentlichen Behauptungen stimmten mit Freuds privat geäußerten Meinungen völlig überein. Im Jahre 1923 formulierte er seine Auffassungen über Stekel so:

Ich habe ihn trotz seiner unerträglichen Manieren und seiner unmöglichen Art, Wissenschaft zu treiben, lange gegen die Anfeindungen aller gehalten, mich gezwungen, über seinen weitgehenden Defekt an Selbstkritik und Wahrheitsliebe – also an äußerer Wahrhaftigkeit – hinwegzusehen, bis endlich bei einem bestimmten Erlebnis von Hinterhältigkeit und unschöner Übervorteilung auch mir ›alle Knöpfe rissen an der Hose der Geduld‹.[56]

Im Vergleich zu dem Abfall von Adler und Jung könnte man der Meinung von Sachs zustimmen, daß der Weggang von Stekel keine tiefen Gefühle aufrührte; Freud hatte ihn nie ganz ernst genommen, obwohl er seine vielfältigen Gaben anerkannte.[57] Freud sah ihn jedoch trotzdem als einen verächtlichen Charakter an. So schrieb Freud 1924, Stekel sei ein *Fall von ›moralischem Schwachsinn‹.*[58] Freud zählte ihn durchaus zu den *Abtrünnigen*, ohne ihm jedoch in der Öffentlichkeit so viel Aufmerksamkeit zu schenken wie Jung und Adler. Stekel konnte nie den Anspruch erheben, der Verfasser einer großangelegten, umfassenden Lehre zu sein, obwohl Freud zugestand, man könne von einem *Standpunkt* Stekels gegenüber seinem früheren Meister reden.[59]

Noch 1927 bewahrte Freud ein gewisses Maß von Achtung vor Stekels Fähigkeiten, oder es beschäftigte ihn zumindest, ob er und Stekel vielleicht gewisse Gedanken gemeinsam hätten. Freud schob die Veröffentlichung einer kleinen Arbeit über Fetischismus hinaus, *um zuerst herauszufinden, ob in dem Buch, das Stekel kurz vorher* *über dieses Thema herausgegeben hatte, seine eigene Interpretation zur Sprache käme.*⁶⁰ Freud konnte es nicht ertragen, Stekels Buch zu lesen, und beauftragte Wittels (der wieder zur Gefolgschaft zurückgekehrt war, nachdem er eine Zeitlang ein Anhänger Stekels gewesen war), es für ihn zu lesen.

Über Jahre hinweg strebte Stekel immer wieder eine Aussöhnung an, aber Freud blieb unversöhnlich. Nach dem Beginn von Freuds Krebserkrankung schrieb Stekel 1923 an ihn und schickte ihm gute Wünsche für seine Gesundung. In Erwiderung auf das, was Stekel über ihre frühere Beziehung geschrieben hatte, antwortete Freud, der es *nicht unterlassen [konnte], Ihnen in einigen wichtigen Punkten zu widersprechen:*

Sie irren, wenn Sie glauben, daß ich Sie hasse oder gehaßt habe. Der Sachverhalt ist, daß ich nach anfänglicher Sympathie – Sie erinnern sich vielleicht noch, wie unsere Beziehungen begonnen haben – mich durch viele Jahre über Sie ärgern mußte, während ich Sie gegen die Abneigung aller mich Umgebenden zu verteidigen hatte, und daß ich mit Ihnen brach, nachdem Sie mich bei einem bestimmten Anlaß in garstiger Weise hintergangen hatten. (Sie erwähnen diesen Anlaß – Zentralblatt – niemals in Ihren Briefen.) Damals habe ich das Vertrauen zu Ihnen verloren und seither nichts an Ihnen erlebt, was es hätte wiederbringen können.

*Ich widerspreche auch Ihrer so oft wiederkehrenden Behauptung, Sie seien von mir wegen wissenschaftlicher Differenzen verstoßen worden. Das macht sich vor der Öffentlichkeit recht gut, entspricht aber nicht der Wahrheit. Einzig und allein Ihre persönlichen Eigenschaften – was man als Charakter und Benehmen beschreibt – haben uns, meinen Freunden und mir, das Zusammenarbeiten mit Ihnen unmöglich gemacht. Da Sie sich gewiß nicht ändern werden – Sie haben es nicht nötig, denn die Natur hat Sie mit einem ungewöhnlichem Maß von Selbstzufriedenheit begabt –, kann auch unser Verhältnis nicht viel anders werden, als es in den letzten zwölf Jahren war. Ich werde mich nicht ärgern, wenn ich höre, daß Ihre ärztliche und literarische Tätigkeit Ihnen Erfolge bringen, ich anerkenne, daß Sie der Analyse treu geblieben sind, daß Sie ihr viel genützt haben; Sie haben ihr auch viel geschadet. Meine Freunde und Schüler werden es leichter haben, Ihre Publikationen objektiv zu würdigen, wenn Sie erst selbst Ihre Kritik und Polemik auf einen höflicheren Ton gestimmt haben.*⁶¹

Stekel, zu diesem Zeitpunkt schon seit über zehn Jahren ein Außenseiter, hatte viele selbständige Auffassungen geäußert; aber obwohl er, genau wie Adler und Jung, Freuds Ideen als Hintergrund für seine eigenen benützte, wurden seine Differenzen mit Freud in gedämpfterer Form ausgedrückt. Er war deshalb wohl nicht ohne Hoffnung, als er versuchte, Freuds Erkrankung als Brücke zu einer Versöhnung zu benützen. In einem weiteren Brief machte er den Vorschlag, die Gruppe, die er um sich geschart hatte, solle mit der Wiener Psychoanalytischen Vereinigung zusammenarbeiten und die früheren Differenzen sollten vergessen werden. (Stekel hatte in einer etwas lächerlichen Weise Freud nachgeäfft; wenn sie auf ihren *Kongressen* zusammenkamen, wurden Photographien gemacht, auf denen er inmitten seiner Anhänger zu sehen war.) Nach Jones' zusammenfassender Darstellung erklärte Stekel, *die Dinge wären anders verlaufen, wenn Freud nur erkannt hätte, daß die Uneinigkeiten vor dem Kriege mehr aus gegenseitiger Eifersucht auf seine Liebe als aus intellektueller Anmaßung entstanden.*[62] Jones glaubte, Freud habe auf diesen Brief wahrscheinlich nie geantwortet.

Freud betrachtete Stekel weiterhin als einen Analytiker und seine Anschauung als eine analytische.[63] Nach der Darstellung von Joseph Wortis (einem Analysanden in Ausbildung, mit dem Freud schlecht auskam) glaubte Freud, Stekel sei von Tausk als Lügner überführt worden. *Ich sagte, Stekel habe mir gegenüber Freud als ›eines der größten Genies‹ bezeichnet, Freud lehnte jedoch das Kompliment mit der Bemerkung ab, das sei absichtlich gesagt worden, damit es ihm zu Ohren komme ... ›Zuerst nennen sie mich ein Genie und anschließend lehnen sie dann alle meine Auffassungen ab‹.* Stekels angebliche Bewunderung Freuds sei *alles eine Pose ... Er spielt den respektvollen Schüler und maßt sich inzwischen die Vorrechte eines Überlegenen an. Er verzeiht mir alles, was er mir angetan hat.* Wortis berichtet, Freud habe einige sehr harte Dinge über Stekel gesagt: *Ein Mann ohne Skrupel, mit den schäbigsten Ambitionen, mit kleinlichen Größenideen ... von der Größe einer Erbse ... dessen Benehmen so war, daß es unmöglich war, weiter Beziehungen mit ihm zu haben.* Freud meinte, Havelock Ellis hätte sich schämen sollen, Wortis gegenüber Gutes über Stekel zu sagen.[64] Das steht im Einklang mit einer Bemerkung Freuds in einem Brief aus dem Jahre 1923, in dem er über einen Patienten schreibt: *Die Bewunderung Stekels ist allerdings als Zeichen eines schwachen Urteils und perversen Geschmacks bedenklich ...*[65]

Stekel schrieb weiterhin herzlich gehaltene Briefe an Freud. Zu Ehren von Freuds fünfundsiebzigstem Geburtstag schrieb Stekel 1931, wie Jones mitteilt, *einen sehr freundschaftlichen Brief mit einigen traurigen Gedanken über die gute alte Zeit, als er ihm als sein ältester Schüler geholfen hatte, das Gebäude der Psychoanalyse aufzurichten.*[66] Als Freud 1938 in London Zuflucht vor den Nationalsozialisten fand, schickte Stekel – der kurz zuvor in England Asyl gefunden hatte – ihm ein Begrüßungsschreiben.[67] Stekel litt an Diabetes und entwickelte eine Paranoia, die Nazis würden ihn weiterhin verfolgen; am 25. Juni 1940 nahm er sich das Leben.

6.
Der „Kronprinz":
Carl Gustav Jung

Carl Gustav Jung

6.1. Die Wissenschaft von der Psyche

In Freuds Augen war Carl Gustav Jung (1875–1961) der Anführer der schmerzlichsten unter den verschiedenen *Sezessionen* von der Psychoanalyse; denn von allen Schülern in Freuds Leben spielte Jung geistig die wichtigste Rolle. Jung wurde von Freud erst einige Zeit nach seinen Auseinandersetzungen mit Adler und Stekel zum *Ketzer* erklärt; historisch hingen jedoch die drei Kontroversen miteinander zusammen. Diese drei Männer begründeten die revolutionäre Tradition innerhalb der Psychoanalyse. Für alle späteren Psychoanalytiker stellte die Möglichkeit der offenen Rebellion eine Versuchung und eine angsterregende Bedrohung zugleich dar; in den 20er Jahren konnte es dann sogar geschehen, daß – wie im Fall von Otto Rank – führende Schüler mithalfen, einen anderen in die *Abweichung* zu treiben. Andererseits gab es aber auch eine breite Skala von Ausweichstrategien, die es einem Analytiker ermöglichten, er selbst und zugleich Freudianer zu sein.
Von allen denkbaren Beschuldigungen ist die, *Jungianer* zu sein, wahrscheinlich immer noch die vernichtendste unter den geistigen Nachkommen Freuds. Jede Subkultur hat ihre Schurken, und Jung ist eine besonders gehaßte Figur, zum Teil deshalb, weil Freud so große Hoffnungen auf ihn gesetzt hatte. Sein späterer Kontakt mit den Nationalsozialisten drückte dem Mann, den Freuds Schüler zu verabscheuen gelernt hatten, nur noch das endgültige Siegel der Verachtung auf. Jung wird auch heute noch – nach dem Vorbild Freuds[1] – als *Mystiker* abgetan, der angeblich ebenso unwissenschaftlich war wie der Sozialist Adler.
Das Maß an Bitterkeit auf der Freudschen Seite gegenüber Jung läßt sich aus den Schwierigkeiten ersehen, denen das Jung-Institut bei seinen Bemühungen begegnete, Zugang zu Jungs Briefen aus der Korrespondenz mit Freud zu bekommen. Als lange nach Freuds Tod, aber noch zu Lebzeiten Jungs, das Jung-Institut anbot, seine Hälfte der vielen Briefe zwischen den beiden Männern mit dem Freud-Archiv auszutauschen, konnte Anna Freud Jungs Briefe an ihren Vater nicht finden. Das Jung-Institut übersandte dann Abschriften von Freuds Briefen, aber dieser Schritt wurde nicht erwidert. Sobald jedoch Jones Jungs Briefe für seine Biographie benötigte, tauchten sie plötzlich auf, und selbst dem Freud-Archiv erschien dieses zeitliche Zusammentreffen merkwürdig.[2]

* * *

Um zu verstehen, warum Jung einen so zentralen Platz in Freuds Leben und Werk einnahm, muß man Freuds Gefühl der Entfremdung von der medizinischen Wissenschaft seiner Zeit in seinem ganzen Ausmaße kennen. Als Neurologe ausgebildet, betrachtete Freud die Psychiatrie seiner Zeit als uninteressiert an psychologischen Vorgängen, sie gebe *den verschiedenen Zwängen Namen*, sage aber *sonst weiter nichts über sie*.³ Wie einer von Freuds psychiatrisch ausgebildeten Schülern sich später erinnerte, waren in der Zeit vor Freud die Eintragungen in den Krankengeschichten stereotyp: ›*Der Patient redet nicht*‹, ›*Der Patient redet Unsinn*‹, ›*Der Patient ist nicht sauber*‹, *etc.*⁴

Den angesehensten Lehrstuhl für Psychiatrie im österreich-ungarischen Kaiserreich, nämlich den an der Universität Wien, hatte ein alter Klassenkamerad Freuds inne, Julius Wagner von Jauregg. Wagner machte gern beißende ironische Witze über Freuds Werk. Obwohl Wagner Freud persönlich bewundert haben mag und obwohl die beiden Männer einige freundschaftliche Briefe wechselten, mußte Wagner als einer der führenden Psychiater der Psychoanalyse gegenüber Stellung beziehen. Was für Freud große Entdeckungen waren, war für ihn schlichter Unsinn. Nicht daß es Wagner an einer wissenschaftlichen Einstellung gefehlt hätte; er wurde später der einzige Psychiater, der den Nobelpreis erhielt, und zwar für seine Fieberbehandlung in Fällen progressiver Paralyse. Es fehlte Wagner auch nicht an Interesse für die Therapie; er hatte zwar nach außen eine mürrische, manchmal rüde Art, war jedoch ein gütiger Mensch, und es war offensichtlich, daß ihm seine Patienten am Herzen lagen.

Wagner war Freuds Ideen gegenüber mehr spöttisch als aggressiv feindselig. Er war jedoch fair und erlaubte seinen Mitarbeitern, sich Freud gegenüber nach eigenem Belieben zu verhalten. Die meisten seiner Mitarbeiter teilten jedoch seinen privaten Respekt vor Freud nicht und tendierten zur Feindschaft gegen die Psychoanalyse. Freud wußte, daß sich die Klinik an der Universität Wien in Feindeshänden befand und die Chance gering war, daß einer, der unter Wagner arbeitete, eine aufgeschlossene Einstellung gegenüber Freuds Neuerungen zeigte.

Freud hatte also um so mehr Grund zur Freude, als im Frühling 1906 Jung ihm aus einem der angesehensten psychiatrischen Ausbildungszentren in Europa, dem Burghölzli in Zürich, in anerkennenden Worten schrieb. Die Psychiatrie genoß damals insgesamt eine geringe Wertschätzung, was sich daraus ersehen läßt, daß wohlmeinende Freunde Jungs die Befürchtung äußerten, er gefährde seine Karriere, als er sich auf die Psychiatrie zu spezialisieren entschloß. Jung gehörte schon seit Ende 1900 zum Ärztestab der Heilanstalt Burghölzli und hatte kurz danach den Auftrag erhalten, ein Referat über Freuds *Traumdeutung* auszuarbeiten.

Im Jahre 1906 hatte Jung bereits eine angesehene Stellung in Wissenschaftskreisen erreicht. Außer seiner Dissertation über die Psychologie okkulter Erfahrungen hatte er an der Verbesserung der Technik der Wortassoziationen gearbeitet. Der Experimentator rief der Versuchsperson ein Wort zu und stoppte dann die Zeit der verbalen Reaktion auf den Reiz; Jungs Ziel war, mit Hilfe auffälliger Reaktionen und Assoziationsreihen unterdrückte Gefühlskonflikte oder, wie er es später nannte, *Komplexe* zu entdecken. Je mehr Jung Assoziationen der Patienten psychoanalytisch deutete, desto leichter schien es zu werden, in psychotischen Symptomen, die bis dahin nur abwegig erschienen, einen Sinn zu finden. Im November 1906 veröffentlichte Jung eine Erwiderung auf eine Kritik an Freuds Hysterielehre, und im Februar 1907 besuchte er Freud in Wien. Bei ihrer ersten Begegnung sollen die beiden Männer dreizehn Stunden hintereinander diskutiert haben. Berücksichtigt man Freuds Außenseiterstellung in der Wiener Psychiatrie und vor allem die Tatsache, daß sein Werk im ganzen keine breitere Anerkennung gefunden hatte, dann versteht man, warum Freud gelegentlich der Neigung erlag, offizielle Anerkennung zu überschätzen.

Damals war Jung Oberarzt bei Eugen Bleuler, der Leiter des Burghölzli und einer der führenden Fachleute der Welt auf dem Gebiet der Schizophrenie war; am bekanntesten ist er heute wohl durch seine Konzeption der *Ambivalenz*. Bleuler interessierte sich für Psychologie, und es war ihm gelungen, ein kosmopolitisches Ausbildungszentrum für Psychiatrie zu schaffen. Künftige Analytiker wie Ernest Jones, Sandor Ferenczi, Karl Abraham und A. Brill verbrachten dort Forschungsaufenthalte, und selbst nach dem endgültigen Bruch mit Jung war Freud weitherzig genug, 1914 anzuerkennen: *Die meisten meiner heutigen Anhänger und Mitarbeiter sind über Zürich zu mir gekommen, selbst solche, die es geographisch weit näher nach Wien hatten als nach der Schweiz.*[5]

Bleuler und Jung repräsentierten die akademische Psychiatrie ihrer Zeit in ihrer besten Form. Für Freud bildete die Periode von 1906 und 1909 einen Bruch mit seiner Vergangenheit, als er aus der engen Sphäre Wiens quasi in die europäische Psychiatrie eintrat. Bleuler, ein Jahr älter als Freud, war auf der Hut vor dem sektiererischen Charakter der Psychoanalyse. Freud sprach später Bleuler und Jung zu, *die erste Brücke von der Experimentalpsychologie zur Psychoanalyse geschlagen zu haben*, nämlich durch ihre Verwendung der Stoppuhr als Werkzeug für das Studium der Assoziationen.[6] Bleuler begleitete Jung zum ersten Analytikerkongreß im Jahre 1908; Freud schrieb anschließend: *Bleuler ... war mir in Salzburg sehr unheimlich; die Situation konnte ihm nicht genehm sein.*[7] Als Jung seine Stelle an Bleulers Klinik aufgab, um sich ganz der Psychoanalyse zu widmen, *reiste Freud*, wie Jones schreibt, *wieder in bester Stimmung ab.*[8]

Jung hatte 1907 ein Buch über die Psychologie der Dementia praecox veröffentlicht, in dem er darzulegen versuchte, wie diese Form von Geisteskrankheit mit den Begriffen der Freudschen Neurosenlehre zu erfassen sei. Jung *strebte ständig danach, den tieferen Sinn von Wahnvorstellungen zu erfassen und das in der Schizophrenie vorliegende Material zu deuten, welches an Symbolen besonders reich ist; so wurde er zu einem Vorkämpfer des psychoanalytischen Ansatzes in der Behandlung der Schizophrenie.*[9] Da Bleuler und Jung über die dynamische Motivation, die zu psychotischem Verhalten führt, gearbeitet hatten, versuchten sie natürlich, dieses Wissen therapeutisch anzuwenden.

Da Freud von den angeblich mediokren Leuten in seiner Gruppe nicht viel hielt, wollte er das Zentrum der Analyse nach Zürich verlagern. Diese Haltung war zum

Teil ein Ausfluß seiner Abneigung gegen Wien überhaupt. Es ist zwar schwierig, Freuds häufige Behauptungen, er verabscheue Wien, richtig zu bewerten – vielleicht nahm er nur eine romantische Pose ein, denn er verbrachte ja schließlich sein ganzes Leben als Erwachsener dort –, aber immerhin schrieb er einmal in einer anonymen autobiographischen Darstellung in den 90er Jahren: *In der Stadt fühlte ich mich nie recht behaglich.*[10]

Als jedoch auf dem Nürnberger Kongreß 1910 Freuds ungarischer Lieblingsschüler Sandor Ferenczi *ein paar sehr abfällige Bemerkungen über die Qualität der Wiener Psychoanalytiker gemacht und die Meinung ausgedrückt* [hatte], *als Zentrum der künftigen Verwaltung käme nur Zürich mit Jung als Präsidenten in Frage*[11], waren die Weichen für die nächsten paar schwierigen Jahre in Freuds Wiener Gruppe gestellt. Freuds Bevorzugung der Schweizer war nicht nur eine organisatorisch bedingte Suche nach den Männern, die zur Förderung der Psychoanalyse am besten qualifiziert wären, sondern auch die höchst persönliche Bemühung, zu einer umfassenderen Identität zu gelangen und zu einer breiteren wissenschaftlichen Gemeinschaft zu gehören, als sie ihm bis dahin zugänglich gewesen war.

Als Jude empfand Freud ein starkes Bedürfnis nach der Hilfe des Nichtjuden Jung. Die Wiener psychoanalytische Gruppe bestand fast ausschließlich aus Juden, und Freud wollte aus der Psychoanalyse mehr machen als nur eine jüdische Sekte. Nachdem Freud Jung formell als *ältesten Sohn* angenommen und zu seinem *Nachfolger und Kronprinzen* gesalbt hatte,[12] mußte er die Schweizer gegen die Eifersucht seiner anderen Anhänger verteidigen. So schrieb Freud einmal an Abraham:

Seien Sie tolerant und vergessen Sie nicht, daß Sie es eigentlich leichter als Jung haben, meinen Gedanken zu folgen, denn erstens sind Sie völlig unabhängig, und dann stehen Sie meiner intellektuellen Konstitution durch Rassenverwandtschaft näher, während er als Christ und Pastorssohn nur gegen große innere Widerstände den Weg zu mir findet. Um so wertvoller ist dann sein Anschluß. Ich hätte beinahe gesagt, daß erst sein Auftreten die Psychoanalyse der Gefahr entzogen hat, eine jüdische nationale Angelegenheit zu werden.[13]

Freud meinte, Abraham lege *etwas zuviel Mißtrauen* gegen Jung an den Tag, *eine Andeutung von Verfolgungskomplex.*[14] Da Freud seinen alten Traum von der Gründung einer großen geistigen Bewegung erfüllen wollte, konnte er nur auf Erfolg hoffen, wenn er Nichtjuden als Anhänger gewann; und als Jude, der die Maßstäbe des Christentums umstürzen und überwinden wollte, mußte Freud aus den einengenden Grenzen der jüdischen Kreise in Wien ausbrechen.

Nach dem Bruch mit Freud bemühten sich die Schüler Jungs (wie es auch Adlers Anhänger getan hatte), zu bestreiten, daß ihr Führer je ein Schüler Freuds gewesen sei.[15] Freuds Äußerungen konnten jedoch keinen seiner Anhänger im Zweifel über seine eigene Meinung in dieser Sache lassen. *Wir sahen sein Anlitz glänzen, wenn er von ihm [Jung] sprach: ›Dieser ist mein lieber Sohn, an dem ich mein Wohlgefallen habe.‹*[16] Freud hatte sich seit langem mit Moses identifiziert, als dem Führer eines Volkes, das sich zum Dank mit Wut und Ungehorsam gegen ihn wenden würde. *Jung sollte der Josua sein, dazu bestimmt, das Gelobte Land der Psychiatrie zu erforschen, das er selbst, wie Moses, nur von weitem erblicken dürfe.*[17] Freud nannte Jung seinen Sohn und Erben. *Wenn das von mir gegründete Reich verwaist, soll kein anderer als Jung das Ganze erben.*[18] Für einen patriarchalisch denkenden Mann wie Freud war das Thema der Nachfolge von entscheidender Bedeutung, und nach dem Verlust von Jung sagte Freud: *Jenes Gefühl, daß die Kinder versorgt sind, dessen ein jüdischer Vater zum Leben wie zum Sterben dringend bedarf, wollte ich Jung verdanken . . .*[19]

Freud war neunzehn Jahre älter als Jung und der unumstrittene Führer einer wachsenden Bewegung; Jung versuchte nicht, der Organisator zu sein, der Freud war, und konnte eigentlich Organisationen überhaupt nicht leiden, weder seine eigene, noch sonst eine. Erst Jahre später entstand so etwas wie eine Bewegung der Jungianer, und auch dann nahm Jung sie nicht ernst. Es ist deshalb unwahrscheinlich, daß Jung jemals aus eigenem Antrieb danach strebte, an die Spitze der Freudschen Bewegung zu treten. Jung fühlte sich wiederholt durch die organisatorischen Forderungen belastet, die Freud an ihn stellte, und Freud mußte mit ihm schelten, weil er seine Funktionen als Vorsitzender nicht ernst genug nahm; Jung kam endlich zu dem Schluß, daß seine eigene Arbeit seinen Bemühungen zugunsten der Internationalen Psychoanalytischen Vereinigung vorgehen müsse.[20]

Obwohl Freud einem neuen Anhänger gegenüber manchmal unkritisch war, wußte er doch im Falle Jungs, daß er einen außerordentlich begabten jungen Mann gefunden hatte. Einer von Freuds Söhnen schilderte, welche Ausnahme es war, wenn Jung am Essen in der Familie Freud teilnahm. Jung

machte nie den geringsten Versuch, sich mit Mutter oder mit uns Kindern höflich zu unterhalten, sondern setzte die Debatte fort, die durch die Bitte zu Tisch unterbrochen worden war. Bei diesen Gelegenheiten war Jung derjenige, der allein redete, während Vater mit unverhohlenem Vergnügen lediglich zuhörte. Es gab wenig, was man verstehen konnte, aber ich weiß, daß ich, genau wie Vater, seine Art, einen Fall zu skizzieren, höchst faszinierend fand . . . Ich glaube, seine hervorragendsten Eigenschaften waren seine Vitalität, seine Lebhaftigkeit, seine Fähigkeit, seine Persönlichkeit zu projizieren und die ihm Zuhörenden zu fesseln. Jung war eine beherrschende Erscheinung. Er war sehr groß und breitschultrig . . .[21]

Freud war knapp 1,70 m groß, während Jung 1,88 m war; Freud war bezüglich seiner Körpergröße empfindlich, zumindest gegenüber Jung.[22] Als Freud im Jahre 1909 mit Jung in den Vereinigten Staaten war, wurde eine Photographie aufgenommen, auf der Freud und Jung nebeneinandersitzen; Jung sieht darauf größer aus als Freud. Auf einer Gruppenaufnahme, die 1911 auf dem Weimarer Kongreß gemacht wurde, sieht es so aus, als sei Freud der größere der beiden Männer; nicht nur stand Freud auf irgend etwas, um diese Wirkung zu erzielen, sondern man kann auch erkennen, daß Jung sich bewußt vorbeugte, damit Freud als der Führer der Bewegung herausragte.

Zur Zeit ihrer ersten Begegnung war Freud Anfang fünfzig und verfügte nicht nur über eine ganze Gruppe ausgearbeiteter Theorien, sondern auch über ein gut fundiertes Selbstbewußtsein; Jung war in den Dreißigern und immer noch vor allem ein Suchender. Im Jahr 1909 gab Jung in einem Brief an Freud zu: *Der hohe Grad von Sicherheit und Gelassenheit, der Sie auszeichnet, eignet mir eben im allgemeinen noch nicht.*[23] Freud äußerte sich nicht ohne Bewunderung über die Unterschiede zwischen ihnen:

Ich habe immer gefunden, daß etwas an meiner Person, meinen Worten und Ideen die Menschen wie fremd abstößt, während Ihnen die Herzen offenstehen. Wenn Sie sich als Gesunder zum hysterischen Typ rechnen, so muß ich den Typus ›Zwang‹ für mich in Anspruch nehmen, von dem jeder Teilhaber wie in einer für ihn abgeschlossenen Welt dahinlebt.[24]

So wie Freud früher Fließ als sein Publikum gebraucht hatte, stützte er sich jetzt, wenn auch in zurückhaltenderer Weise, auf Jung; er sprach . . . *von der ruhigen Sicherheit, die mich endlich in Besitz nahm und warten ließ, bis eine Stimme aus dem unbekannten Haufen der meinigen antworten würde. Es war die Ihrige!*[25] (In späteren Jahren schrieb Freud in fast den gleichen Worten an mehr als einen Schüler, wie sehr er es nötig habe, seine Stimme *aus dem unbekannten Haufen* zu vernehmen.)

Ein entscheidender Zug ihrer Persönlichkeit band sie eine Zeitlang zusammen, machte aber am Ende die weitere Zusammenarbeit unmöglich: das Rebellische, das beiden Männern gemeinsam war. Jung betonte häufig voller Stolz seine natürliche Neigung zum Ketzertum, und in Freuds Herausforderung der als allgemein gültig anerkannten psychologischen Lehren seiner Zeit lag im Grunde für Jung die Anziehungskraft, die die Psychoanalyse auf ihn ausübte. *Ich bin selber ein Ketzer*, schrieb Freud bei mehr als einer Gelegenheit.[26] Vor ihrer ersten Begegnung schrieb Freud an Jung: *Die großen Herren in der Psychiatrie bedeuten doch sehr wenig; die Zukunft gehört uns und unseren Anschauungen und die Jugend nimmt – wahrscheinlich allerorten – lebhaft für uns Partei.*[27] Auf ihrer Reise nach Amerika im Jahre 1909 überraschte eine Bemerkung Freuds Jung, als sie in den New Yorker Hafen einfuhren. Während Jung durch den Anblick der Stadtsilhouette beeindruckt war, bemerkte Freud: ›Die werden verblüfft sein, wenn sie hören, was wir ihnen zu sagen haben . . .‹ ›Wie ehrgeizig Sie sind!‹ rief Jung aus. ›Ich?‹ sagte Freud. ›Ich bin der bescheidenste Mensch und der einzige, der nicht ehrgeizig ist.‹ Nach der Erinnerung Jungs sagte

er damals zu Freud: ›*Das ist eine große Sache – der einzige zu sein.*‹[28]
Freud erkannte, daß die Unterschiede in ihrem Temperament, die schließlich ihre Trennung unausweichlich erscheinen ließen, einen legitimen Ausdruck in ihren gegensätzlichen Arbeitsmethoden hatten. Was beispielsweise das Studium der Charakterbildung anging, war Freud der Meinung: *Jung könnte das eher, da er die Menschen von der Oberfläche zu den tiefsten Schichten hinab untersucht, während ich den umgekehrten Weg gehe.*[29] Noch im Dezember 1910 bemerkte Freud über ein Zusammentreffen mit Jung: *Jung war wieder ganz prächtig und tat mir sehr wohl. Ich habe mein Herz über vieles ausgeschüttet, über die Adler'sche Bewegung, meine eigenen Schwierigkeiten und endlich über die Bedrückung durch die Gedankenübertragung.* Freud spielte auf seine Zweifel in bezug auf Jungs Interesse für Mythologie an und *bat ihn . . . doch rechtzeitig zu den Neurosen zurückzukehren. Dort ist das Mutterland, in dem wir unsere Herrschaft zuerst gegen alles und alle sicherstellen müssen.*[30]
Es war für Freud typisch, daß er sich nicht leicht auf intime Freundschaften einließ; wenn er sich jedoch einmal gestattete, von jemandem abhängig zu werden, wurde die Vertrautheit oft durch Briefeschreiben aufrechterhalten. (Freud führte jahrelang ein Verzeichnis der abgeschickten und erhaltenen Briefe.[31]) Während für Jung die Korrespondenz zwischen ihm und Freud nicht so entscheidend war, bedeutete sie für Freud, daß die Beziehung unter seiner Kontrolle als Schreiber war, solange Briefe hin- und hergingen.
Nichts konnte Freuds Begeisterung für seinen jungen Freund so schnell dämpfen. Als Jung Freuds Aufmerksamkeit auf einen zeitgenössischen Roman lenkte, der an den Maßstäben der Weltliteratur gemessen wenig bedeutend, aber für einen mit der Freudschen Psychologie Beschäftigten von Interesse war, schrieb Freud einen Aufsatz darüber *ausdrücklich . . ., um ihm* [Jung] *Freude zu machen.*[32] Im Gegensatz zu Freud, der in einer geschäftigen Großstadt aufgewachsen war, war Jung mit Bauernkindern zur Schule gegangen und der gröbere der beiden Männer; als einer von Freuds Schülern bemerkte, *Jungs Witze seien ziemlich grob*, erwiderte Freud scharf: *Es ist eine gesunde Grobheit.*[33]
Jungs Privatleben war in wesentlicher Hinsicht ganz verschieden von dem Freuds. Im Gegensatz zu Freuds Frau Martha, verstand und billigte Emma Jung die Arbeit ihres Mannes und wurde selber praktizierende Therapeutin. Jung und seine Frau begründeten mit ihren fünf Kindern eine riesige Familie, und dem äußeren Bilde nach blieb Jung der aufrechte Repräsentant eines konventionellen Familienverhaltens. Trotzdem unterhielt er ein langdauerndes Liebesverhältnis mit Antonia Wolff, einer Fachärztin für Psychiatrie und früheren Patientin Jungs; auch nach dem Ende der Affäre blieb ihre Beziehung freundschaftlich und eng, und Jungs Schriften enthalten viele Verweise auf ihr Werk.
Die Daten von Jungs Liebesbeziehung sind noch nicht bekannt, aber es erscheint unwahrscheinlich, daß Jung jemals mit Freud über diese beiden Frauen in seinem Leben

diskutierte. Richtig ist jedoch, daß Jung seine *polygamen Komponenten* erwähnte und in einem Brief sagte: *Die Bedingung einer guten Ehe scheint die Zusicherung der Untreue zu sein.*[34] Emma Jung ihrerseits erörterte zumindest das eine oder andere ihrer Eheprobleme mit Freud (sie versuchte auch, sich in Freuds Leben von jemand wie Fließ' Frau abzusetzen: *Bitte . . . zählen Sie mich nicht etwa zu jenen Frauen, die, wie Sie einmal sagten, stets Ihre Freundschaften stören.*[35]
So nüchtern, im Privaten verschlossen und distanziert Freud oft seinen Schülern begegnete, so intim und rückhaltlos war er im Umgang mit Jung. Jungs Frau gegenüber äußerte er sich vertraulich über das allmähliche Aufhören des Sexuellen in seiner Ehe mit Martha, und 1910 schrieb er an Jung: *Der Johannistrieb von Erotik, der uns auf der Reise beschäftigt hat, ist vor der Plage der Arbeitszeit kläglich zergangen.*[36] In späteren Jahren – als Freud und seine Schüler Jungs *Feigheit* gegenüber den *Tatsachen* der infantilen Sexualität geißelten – muß es Jung als Ironie erschienen sein, daß in Wirklichkeit er ein weit weniger sexuell frustriertes Leben geführt hatte, als es bei Freud offensichtlich der Fall war. Jung mag wohl Freuds Konzeptionen der Sexualität abgelehnt haben, aber schließlich war es für ihn weit weniger ein persönliches Bedürfnis, dem Sexuellen einen so überragenden Stellenwert zuzuschreiben, wie Freud es tat.

6.2. Das Okkulte

Das Interesse für okkulte Phänomene war ein gemeinsamer Zug Freuds und Jungs. Freud gestand einmal, *zwei Dinge brächten ihn immer aus der Fassung: Die Bacon-Shakespeare-Kontroverse und der Okkultismus;*[1] und Jung hatte sich von jeher für Spiritismus und Parapsychologie interessiert. Freud machte sich Sorgen darüber, daß wegen seines eigenen besonderen Interesses für Telepathie (oder *Gedankenübertragung*, wie er es lieber nannte) der Vorwurf des Mystizismus gegen seine anderen Arbeiten erhoben werden könnte. Freud und Jung hatten jedoch gute Gründe, ihre Untersuchungen in dieser Richtung fortzusetzen.
Freuds Untersuchungen über das Traumleben hatten schon den Verdacht erweckt, er sei unwissenschaftlich, wenn nicht ein Mystiker; aber nur weil er die akzeptierte wissenschaftliche Weisheit ignorierte, war Freud in der Lage, einige der Volksglauben über den Sinn des Träumens zu bestätigen. Telepathie wie Träume hatten die gleiche verächtliche und hochmütige Behandlung durch die offizielle Wissenschaft erfahren,[2] was Freud dazu bewog, die Legitimität von Untersuchungen auf dem (für ihn) noch nicht geklärten dieser beiden Gebiete, nämlich der Telepathie, zu bekräftigen.

Zur Rechtfertigung seines Interesses für das Okkulte griff Freud auf seine früheren Entdeckungen über das Träumen zurück:

... aber schließlich muß man doch Farbe bekennen und braucht sich um den Skandal diesmal ebensowenig zu kümmern wie früher bei vielleicht noch wichtigeren Angelegenheiten ... Ich sah wieder einen Fall vor mir, wo ich in sehr verjüngtem Maßstabe das große Experiment meines Lebens zu wiederholen hatte, nämlich mich zu einer Überzeugung zu bekennen, ohne auf die Resonanz der Umwelt Rücksicht zu nehmen.[3]

Soviel Freud auch von seinem Bedürfnis nach einem *Publikum* schrieb, er wollte doch auch alleine dastehen. Freud war der Überzeugung, daß er das intellektuelle Territorium der Träume dem Sumpfland des Mystizismus entrissen hatte; und so wie man lange Zeit Träume und Wahnsinn miteinander verbunden hatte, fühlte Freud sich bei seiner Bemühung, die Neurose zu verstehen, dazu berechtigt, das noch dunklere Gebiet des Okkulten zu explorieren.

Ein gut Teil des anfänglichen Interesses für Freuds Gedanken kam von Leuten, die sich hauptsächlich mit parapsychischen Erscheinungen beschäftigten. Unter Freuds Schülern war Jung derjenige, der auf diesem Gebiet am weitesten ging, mit seinen Versuchen, Graphologie und Astrologie zu erfassen, ja sogar die Alchemie – und in späteren Jahren die Fliegenden Untertassen. Nicht nur respektierte Jung die religiöse Mystik, er hielt sogar die Kommunikation zwischen Lebenden und Toten für wahrscheinlich. Dies sind einige der Elemente in Jungs Werk, die es einem Gegner wie Jones möglich machten, ihn als eine *labile Persönlichkeit* abzutun, als einen Mann, dem es an *Klarheit und Festigkeit des Denkens fehlte*; Jung hatte nach Jones' Meinung einen *konfusen Geist*, der durch *mystischen Obskurantismus* gekennzeichnet war.[4]

Jones kam zu diesem schroffen Urteil über Jungs Gesamtcharakter und Werk, weil er eine Zeitlang den starken Einfluß fürchtete, den Jung auf Freud zu haben schien; in späteren Jahren versuchte Jones, Freud davor zu warnen, die Telepathie ernst zu nehmen. Jones' Befürchtungen wurden von anderen geteilt; vor allem Karl Abraham *war schon durch das, was er die Tendenz zum Okkultismus, zur Astrologie und zum Mystizismus der Züricher nannte, aus der Fassung geraten ...*[5] Freud schrieb an Abraham beruhigend, die Psychoanalyse werde Jungs wegen nicht scheitern, denn: *Wir Juden haben es im ganzen leichter, da uns das mystische Element abgeht.*[6]

Obwohl Jones sich, seine Abneigung überwindend, alle Mühe gab, Freuds Interesse für das Okkulte zu beschreiben, führte ihn seine eigene Skepsis doch dazu, alles auszuschließen, was er nicht verstehen konnte. Ein Blick auf die Arbeiten einiger anderer Schüler Freuds zeigt, welch wichtige Rolle telepathische Probleme in Freuds Leben spielten. Sandor Ferenczi zum Beispiel, ein enger Freund und der bedeutendste ungarische Analytiker, war ein begeisterter Verfechter der Realität der Telepathie; Freud führte einmal Ferenczis Okkultismusstudien zum Beweis dafür an, daß er sich innerhalb der Psychoanalyse *wissenschaftlich selbständig machen* könne, ohne der Auflehnung oder Unterwerfung zu unterliegen.[7]

Ferenczi bejahte anscheinend die Möglichkeit der Gabe der Prophetie und brachte vor dem Ersten Weltkrieg einmal einen Telepathen in eine Versammlung der Wiener Psychoanalytischen Vereinigung mit. Einer mußte etwas aufschreiben, und das Medium mußte es zu erraten versuchen.[8] Jedesmal wenn einer von Freuds Schülern einen Bericht über einen telepathischen Traum anbrachte oder eine Erzählung darüber, daß eine besonders begabte Person angeblich etwas Außergewöhnliches vollbringen könne, schärfte Freud – ohne die Existenz solcher Erscheinungen zu leugnen – seinen Schülern ein, vorsichtig zu sein. Die Protokolle der Wiener Vereinigung berichten 1910 von einer langen formlosen Diskussion über die Phänomene Spiritismus, Okkultismus und Hellsehen.[9]

In der Zeit vor dem Ersten Weltkrieg blieb Freud, zumindest in der Öffentlichkeit, skeptisch, vielleicht weil die Zukunft der Pschoanalyse zu wenig abgesichert war, um die Einbeziehung so zweifelhafter Dinge wie der Telepathie zu gestatten.

Am Ende der erwähnten Diskussion in der Vereinigung über Spiritismus, Okkultismus und Hellsehen sagte Freud, falls solche Dinge überhaupt existierten, seien sie physiologischer, nicht psychologischer Natur; außerdem scheine *subjektiv* der Drang zum Schwindeln immer da sein zu müssen.[10] Trotzdem schrieben Freuds treueste Schüler auch weiterhin über Telepathie und okkulte Phänomene – das beste Anzeichen dafür, daß auch Freud selbst sich weiter für dieses Thema interessierte.[11]

Wenn Freud sich auch manchmal der Möglichkeit der Telepathie gegenüber aufgeschlossen zeigte und der Okkultismus ihn *aus der Fassung brachte,* so konnte er andererseits dem Reich des Mysteriösen und Wunderbaren gegenüber auch eine sehr realistische Haltung einnehmen. Als Freud von der *allgemeinen Neigung der Menschen zur Leichtgläubigkeit und Wundergläubigkeit* schrieb[12], meinte er damit genau das, was die Psychoanalyse seiner Meinung nach überwinden müsse. Und sein *Verdacht . . ., daß das okkultistische Interesse eigentlich ein religiöses ist,*[13] deutet auf den schlimmsten Ursprung, den ein Gegenstand seiner ganzen Anschauung nach haben konnte. Freud schrieb bedauernd: *Wenn Psychoanalyse und Okkultismus zusammenstoßen . . . [hat] die erstere . . . sozusagen alle seelischen Instinkte gegen sich, dem letzteren kommen starke, dunkle Sympathien entgegen.*[14] Für Freud bedeutete Opposition, daß man auf eine tiefe Wahrheit gestoßen war; traf man hingegen auf bereitwillige Zustimmung, so hieß das, daß man – absichtlich oder nicht – das unterstützte, was die Menschen in ihrer Selbsttäuschung gerne glauben wollten.

Da Freud der Meinung war, *daß das Bedürfnis der Menschen nach Mystik unausrottbar ist und daß er unablässig Versuche macht, das durch die Traumdeutung der Mystik entrissene Gebiet für sie wiederzugewinnen,*[15] gebührte es ihm, zumindest den Versuch zu unternehmen, die mystischen Sehnsüchte zu erklären. Am Ende glaubte er, Mystik sei *die dunkle Selbstwahrnehmung des Reiches außerhalb des Ichs, des Es.*[16] Die menschlichen Empfindungen, die Freud hinter den mystischen Glaubensannahmen sah, waren mit anderen Gefühlen verknüpft, die Freud nur schwer verstehen oder tolerieren konnte. *Vergänglichkeitsgefühle* und das *ozeanische Gefühl* ließen sich nicht leicht mit Freuds Ideal der Rationalität vereinbaren; man sollte glauben, daß ihm jede Ekstase als eine Beeinträchtigung der intellektuellen Kontrolle, die ihm so wichtig war, suspekt sein mußte.

Für Freud lag das eigentlichste Wesen der Wissenschaft darin, daß sie *die vollkommenste Lossagung vom Lustprinzip, die unserer psychischen Arbeit möglich ist*, darstellte.[17] Er war stolz auf seine Fähigkeit, die psychische Verursachung bei Dingen herauszufinden, wo der allgemeine Menschenverstand gar nicht bemerkt, daß überhaupt etwas problematisch ist; er lehnte die Meinung ab, daß man *gerade bei den belanglosen, indifferenten Entscheidungen ... ebenso hätte anders handeln können, daß man aus freiem, nicht motiviertem Willen gehandelt hat.*[18] Wenn Freud so einerseits seiner Wissenschaft zum Ziel setzte, solche unangenehmen Wahrheiten ans Licht zu bringen, so erkannte er doch auch an, daß es tatsächlich Zufälle gibt: *Ich glaube ... an äußeren (realen) Zufall, aber nicht an innere (psychische) Zufälligkeit.*[19] Der kühle Rationalist in Freud meinte, es wäre ein Aberglauben, überall Verursachung anzunehmen, wenn doch tatsächlich zufälliges Zusammentreffen vorkommt. Er war gegen *übergroßen Respekt vor dem ›geheimnisvollen Unbekannten‹. Man vergißt zu leicht daran, daß ein Traum zumeist nur ein Gedanke ist wie ein anderer ...*[20]

Freud ging so weit, die Legitimität der Intuition in der Psychologie zu leugnen:

[Es gibt] *keine andere Quelle der Welterkenntnis ... als die intellektuelle Bearbeitung sorgfältig geprüfter Beobachtungen, also was man Forschung heißt, daneben keine Kenntnis aus Offenbarung, Intuition oder Devination ... Intuition und Devination wären solche* [Forschungsmethoden], *wenn sie existieren, aber man darf sie beruhigt zu den Illusionen rechnen, den Erfüllungen von Wunderregungen.*[21]

Intuition auf eine Stufe mit *Offenbarung* und *Devination* zu stellen, hieß sie als eine Art von Hokuspokus zu verdammen. An anderer Stelle schrieb Freud, ›*Einfühlung‹ ...* [hat] *den größten Anteil an unserem Verständnis für das Ichfremde anderer Personen.*[22] Er war jedoch so sehr Rationalist, daß er, als er über den Prozeß der Konstruktion von Theorien schrieb, kommentierte: *Der sogenannten Intuition traue ich bei solchen Arbeiten wenig zu; was ich von ihr gesehen habe, schien mir eher der Erfolg einer gewissen Unparteilichkeit des Intellekts.*[23]

Wie eine Biographin Freuds beobachtet hat, hatte er wenigstens zwei ganz verschiedene Seiten:

Die eine düster, leidenschaftlich, mit einer Neigung zu Selbstquälerei und Aberglau-

ben, zuweilen weich bis zur Sentimentalität, und doch mit einem Sinn für Humor gesegnet...; die andere vernünftig und etwas streitsüchtig, immer bereit, seine Fehler anzuerkennen, vorausgesetzt daß sie ihm nachgewiesen wurden, und mit einer Tendenz, gebieterisch aufzutreten und aus allem eine Lehre zu ziehen.[24]

Als Freud älter wurde, traten diese beiden Aspekte – der Romantiker mit seinem Respekt vor dem Unbekannten und der rationalistische Wissenschaftler, der sich nur mit dem Beobachtbaren abgibt – immer deutlicher hervor; und Züge, die Freuds Schüler früher als private Absonderlichkeiten betrachtet hatten, vereinigten sich in seiner Verteidigung der Existenz der Telepathie. Merkwürdigerweise kam diese Wendung zum Glauben an Gedankenübertragung in einer Periode in Freuds Leben, den 20er Jahren, als er in immer stärkerem Maße die rein wissenschaftliche – im Gegensatz zur künstlerischen – Seite der Psychoanalyse betonte. Obwohl viele dieser Tendenzen in Freuds Denken erst lange nach dem Ausscheiden Jungs aus dem Kreise Freuds hervortraten, muß man doch Freuds Laufbahn als Ganzes sehen, wenn man verstehen will, was die beiden Männer zusammengeführt hatte, und auch, warum es zur Trennung kam.

Im Jahre 1901, in der Zeit seiner Verlobung also, berichtete er:

Zur Zeit, als ich, ein junger Mann, allein in einer fremden Stadt [Paris] lebte, habe ich oft genug meinen Namen plötzlich von einer unverkennbaren, teuren Stimme rufen hören und mir dann den Zeitmoment der Halluzination notiert, um mich besorgt bei den Daheimgebliebenen zu erkundigen, was um jene Zeit vorgefallen. Es war nichts.

Bis 1924 hatte sich jedoch Freuds Einstellung zur Telepathie so weit geändert, daß er bezüglich seiner Halluzinationen einen neuen Satz hinzufügte: *Doch muß ich gestehen, daß ich in den letzten Jahren einige merkwürdige Erfahrungen gemacht habe, die durch die Annahme telepathischer Gedankenübertragung leicht Aufklärung gefunden hätten.*[25]

Freud nahm an mindestens einer telepathischen Séance teil,[26] und war dem Okkulten gegenüber ebenso offen wie der große, aber manchmal etwas leichtgläubige Psychologe William James. Freud hatte dabei hauptsächlich die wortlose Kommunikation unter Lebenden im Auge, nicht die Kommunikation mit Verstorbenen. Die Möglichkeit, daß zwei Psychen ohne die Hilfe einer bewußten Brücke miteinander in Berührung kommen könnten, faszinierte ihn und stieß ihn zugleich ab. Der Gedanke der Telepathie war für Freud insofern anziehend, als es mit ihrer Hilfe vielleicht möglich wäre, Sinn und Bereich des Unbewußten zu erweitern. Freilich hatte er auch Bedenken: *Man käme sich so vor, als würde man auf dem Umwege über die Wissenschaft wieder abergläubisch werden.*[27] Und in einem Fall verwarf er ein scheinbares Beispiel der Gedankenübertragung zwischen Mutter und Kind sofort mit der Feststellung, in

einem solchen Fall bestehe ein so enger Kontakt des Unbewußten der beiden Menschen, daß es keiner Gedankenübertragung bedürfe, um den Fall zu erklären.
Schon 1889 hatte Freud von den *dunklen Problemen* (Gedankenübertragung etc.) am Rande des Hypnotismus geschrieben.[28] Da Freud sich bei seiner Psychotherapie am Anfang selbst der Hypnose bedient hatte, war er damit vertraut, daß die menschliche Psyche für Magisches empfänglich ist. Er glaubte, daß *der Schlafzustand zur Aufnahme der telepathischen Botschaft besonders geeignet* sei,[29] so daß das Studium der Gedankenübertragung sich logisch aus seinen vorangegangenen Schriften über den Traum zu ergeben schien. Freud wies nicht nur auf *die unbestrittene Begünstigung der Telepathie durch den Schlafzustand* hin, sondern behauptete auch, vielleicht von der Vorstellung ausgehend, der Schlaf sei eine Art zeitweiliger Tod: *Weitaus die zahlreichsten telepathischen Ahnungen beziehen sich auf Tod und Todesmöglichkeiten* . . .[30]
Wenn sich Freud auch die größte Mühe gab, der Telepathie gegenüber unparteiisch zu sein, so ging doch seine ständige Beschäftigung mit dem Tode so weit, daß es an Aberglauben grenzte. Wenn er jemandem begegnete, der ihm ähnlich sah, so erinnerte ihn das an den Volksglauben, es sei eine Todesprophezeiung, wenn man seinen Doppelgänger sieht.[31] Er schrieb offen, er finde in seinen eigenen *unbewußten Gedankenoperationen mit Zahlen eine Neigung zum Aberglauben . . . ;* und diese Zahlen hatten immer mit dem Datum seines Todes zu tun.[32] Jones berichtet, daß Freud in seinem sechzigsten Lebensjahr abergläubisch daran festhielt, *daß er nur noch ein paar Jahre zu leben habe,*[33] und auf einer Reise nach Italien wurde Freud von der Zahl zweiundsechzig verfolgt. Immer wieder im Laufe seines Lebens glaubte er, er werde in einem ganz bestimmten Lebensalter sterben; mit einundachtzig hatte er die Vorstellung, er werde im gleichen Alter sterben, in dem auch sein Vater gestorben war.
Freuds Beunruhigung bezüglich der Telepathie hing eng mit dem Problem der Sterblichkeit zusammen. Wenn sein *Doppelgänger* der *unheimliche Vorbote des Todes* war, so stellte er zugleich auch eine *Versicherung des Fortlebens* dar . . .[34] Freud meinte, der Glaube an den Doppelgänger *war ursprünglich eine Versicherung gegen den Untergang des Ichs, eine ›energische Dementierung der Macht des Todes‹ (O. Rank), und wahrscheinlich war die ›unsterbliche‹ Seele der erste Doppelgänger des Leibes.*[35]
Jedesmal, wenn ein Gedanke Freuds in der äußeren Wirklichkeit eine genaue Entsprechung fand, erwachten seine abergläubischen Befürchtungen. Zum fünfzigsten Geburtstag Freuds im Jahre 1906 ließen seine Anhänger eine Medaille prägen, mit einem Motto aus dem König Ödipus von Sophokles: *Der das berühmte Rätsel löste und ein gar mächtiger Mann war.* Diese Worte wirkten unheimlich auf Freud, denn es stellte sich heraus, daß sie identisch mit der Inschrift waren, die er sich Jahre früher für seine eigene Büste in der Wiener Universität ausgedacht hatte. *Als Freud die Inschrift las, wurde er blaß, unruhig und fragte mit erstickter Stimme, wer diese Idee gehabt habe.*[36]

Freuds Feinfühligkeit für das Gedächtnis und seine Funktionen, sein Auswählen und seine Einstellungen, unterstützte natürlich sein Interesse für Empfindungen des *déjà vu*. Aber seine Forschungen über derartige Einbildungen aktivierten andererseits seine sich widersprechenden Gefühle, nämlich seine Reaktion der Beunruhigung, ja Abwehr gegenüber den Dingen, die er unter der Rubrik des Unheimlichen erörterte. Für Freud bedeutet das Unheimliche das Unangenehme, und in einer Abhandlung rechnete er es *zum Schreckhaften, Angst- und Grauenerregenden* . . .[37] Freuds Neugierde gegenüber dem Unheimlichen war nicht ohne einen Einschlag von Angst. Als ein Mann, der sich so sehr für das Problem des Doppelgängers interessierte, ließ er natürlich nicht außer acht, daß schon andere sich mit dem Übernatürlichen beschäftigt hatten. Bezeichnenderweise leitete er seinen Beitrag zum Verständnis des Unheimlichen damit ein, daß er diesmal auf jeden Anspruch auf Originalität verzichtete. Da seine Arbeit in der Isolierung unter den Lebensbedingungen im Wien des Ersten Weltkrieges entstanden war, schrieb Freud,

daß aus leicht zu erratenden, in der Zeit liegenden Gründen die Literatur zu diesem kleinen Beitrag, insbesondere die fremdsprachige, nicht gründlich herausgesucht wurde, weshalb er denn auch ohne jeden Anspruch auf Priorität vor den Leser tritt.[38]

Wenn man an Freuds Schwierigkeiten mit Adler und Stekel zurückdenkt, muß man fast zwangsläufig zu dem Schluß kommen, daß Freuds Besorgnisse in bezug auf Prioritäten, so berechtigt sie waren, auch auf private Ängste zurückgingen. In diesem Zusammenhang ist es interessant, daß die zweite Frage, die neben dem Problem des Okkultismus Freud immer *aus der Fassung brachte*, die Kontroverse über den angeblich wahren Verfasser der Stücke von Shakespeare war.[39]
Freud befaßte sich vorzugsweise mit der negativen Seite der Empfindungen des Unheimlichen. Er glaubte, *das Unheimliche des Erlebens . . . läßt jedesmal die Zurückführung auf altvertrautes Verdrängtes zu;* denn das Unheimliche war für ihn *jene Art des Schreckhaften, welche auf das Altbekannte, Längstvertraute zurückgeht.*[40] Wenn Jungs Lehrer Bleuler auf dem Salzburger Kongreß einen *unheimlichen* Eindruck auf Freud gemacht hatte, so läßt sich dieser spezielle Fall vielleicht durch Freuds allgemeineres Prinzip erklären, daß wir *auch einen lebenden Menschen unheimlich* [heißen], *und zwar dann, wenn wir ihm böse Absichten zutrauen.*[41] (Bleuler war als Führer einer Schule ein Rivale, dessen Schüler Jung Freud zu sich herüberzog.)
Freud sollte mit Jung einige der gleichen Probleme haben, die er früher mit Fließ und Adler hatte, zumindest in ihren Kontroversen darüber, wer welchen Gedanken zuerst gehabt hatte. Die psychoanalytische Behandlung hing von der Übertragung von bewußten und unbewußten Gedanken vom Patienten auf den Analytiker ab; es war deshalb nicht überraschend, daß Freud telepathische Kommunikation zu verstehen und rational zu erklären versuchte. Vielleicht würde ein heutiger Analytiker in der

Tatsache, daß *die seltsamen Fälle der Gedankenübertragung . . . [Freud] entschieden quälten,*[42] (und ebenso in seinen Zahlenängsten) ein Überbleibsel aus seiner kindlichen Vergangenheit sehen: eine panikartige Angst, jemand könnte ihm etwas wegnehmen, und eine Bekräftigung, daß er das erste, wenn auch nicht das einzige Kind seiner Mutter war.

Zumindest ist diese oder eine ähnliche Erklärung als Grund für den Umstand nötig, daß ein disziplinierter Wissenschaftler wie Freud sich so weit darauf einließ, Telepathie als eine Realität zu akzeptieren. Vor dem Ersten Weltkrieg erwähnte Freud gelegentlich, wenn er spät abends in einem Kaffeehaus mit einigen seiner Anhänger zusammensaß, seinen Glauben an etwas Mystisches, von dem er nicht sprechen wolle. Im Laufe der Zeit wurde er jedoch kühner, und im Jahre 1921 las er einer kleinen Gruppe von Anhängern einen Aufsatz über *Psychoanalyse und Telepathie* vor, der bis nach seinem Tode unveröffentlicht blieb. Er behauptete zwar, seine persönliche Einstellung zu dem Material sei immer noch ambivalent und ohne Begeisterung, aber im Laufe der Jahre sprach er sich offener aus.[43]

Im Jahre 1932 schrieb Freud von den Problemen des Okkulten: *Als sie vor länger als zehn Jahren zuerst in meinen Geschichtskreis traten, verspürte auch ich die Angst vor einer Bedrohung unserer wissenschaftlichen Weltanschauung, die im Falle, als sich Stücke des Okkultismus bewahrheiten, dem Spiritismus oder der Mystik den Platz räumen müßte. Ich denke heute anders.*[44] Freud gelangte zu der Annahme, er habe genügend Material über Telepathie aus seinen klinischen Erfahrungen, um den Schluß ziehen zu können: *Nach meiner Empfindung neigt sich die Waagschale . . . zu Gunsten der Gedankenübertragung.*[45] Wie bei seinen früheren Gedanken beharrte Freud auch hier darauf, seinen Beitrag eher in der Lieferung von Fakten als von Theorien zu sehen: *Es bleibt doch,* so schreibt er jetzt, *vom Ganzen ein starker Überschuß von Wahrscheinlichkeit zu Gunsten einer tatsächlichen Gedankenübertragung übrig.*[46] Im gleichen Jahr schrieb er in einem Brief: *Ich bin allerdings bereit zu glauben, daß hinter allen sogenannten okkulten Phänomenen doch etwas Neues und sehr Wichtiges steckt. Die Tatsache der Gedankenübertragung, d. h. der Fortpflanzung psychischer Vorgänge durch den freien Raum auf andere Individuen.*[47] Wie die Träume, so würden auch die okkulten Phänomene ihren geheimen Sinn hinter ihrem manifesten Inhalt verbergen.

Vielleicht ist es nicht überraschend, daß Freud eine gewisse Zeit ebensosehr an Gedankenübertragung glaubte wie Jung. Bei der Erklärung der Wurzeln des Aberglaubens notierte Freud *die Vorliebe der Zwangskranken für die Unsicherheit und den Zweifel, der sie dazu führe, ihre Gedanken vorzugsweise an jene Themen zu heften, wo die Unsicherheit eine allgemein menschliche ist, unser Wissen oder unser Unheil dem Zweifel ausgesetzt bleiben mußte;* Freud führte hier neben der Abstammung vom Vater und der Lebensdauer das Leben nach dem Tod und das Gedächtnis an.[48] Was immer Jung dazu geführt haben mag, sich für das Okkulte zu interessieren, bei Freud lieferte sein persönliches Zwangsdenken ihm genügend Motive.

Freud nahm allerdings an, sein eigener Aberglaube habe seine Wurzeln in verdrängtem Streben (Unsterblichkeit) und nehme den Platz jener Todesangst ein, die der normalen Unsicherheit des Lebens entspringt.⁴⁹ Freud wie auch Jung hatten ihre Sehnsüchte nach Unsterblichkeit, und der Streit zwischen ihnen ist eine gute Illustration von Freuds Grundsatz, daß man manchmal die unbewußte Motivation anderer deutet, um für die eigene blind zu bleiben. Freuds Behandlungsmethode tendierte zur Überschätzung der Bedeutung der psychischen Realität, und Freud war der Ansicht, daß diese Tendenz die Quelle des Aberglaubens sei.
Freud schrieb 1901, bei sehr intelligenten Nervösen gehe

*der Aberglaube aus unterdrückten feindseligen und grausamen Regungen hervor . . . Aberglaube ist zum großen Teile Unheilserwartung, und wer anderen häufig Böses gewünscht, aber infolge der Erziehung zur Güte solche Wünsche ins Unbewußte verdrängt hat, dem wird es besonders nahe liegen, die Strafe für solches unbewußte Böse als ein ihm drohendes Unheil von außen zu erwarten.*⁵⁰

Eine solche Charakterisierung würde für Freud genau passen. Nach seiner Meinung stellen mit Zwangsdenken und Zwangszuständen behaftete Menschen fest, daß sie außergewöhnliche Zufälle erleben – wie etwa, wiederholt der Zahl zweiundsechzig zu begegnen –, die in Wirklichkeit Projektionen ihrer inneren Empfindungen sind; das trägt auch zur Erklärung der damit einhergehenden abergläubischen Überzeugung bei, daß Gedanken in der äußeren Welt verwirklicht werden. Freud behauptete jedoch einmal, er gehörte *zu jenen unwürdigen Individuen . . . , vor denen die Geister ihre Tätigkeit einstellen und das Übersinnliche entweicht, so daß ich niemals in die Lage gekommen bin, selbst etwas zum Wunderglauben Anregendes zu erleben.*⁵¹
Es kann jedoch kein Zweifel an Freuds nachhaltiger innerer Anteilnahme am Okkultismus bestehen; er schrieb einmal: *Wenn ich mein Leben neu beginnen müßte, würde ich mich lieber der Parapsychologie als der Psychoanalyse widmen.*⁵² Vielleicht ist es nur scheinbar paradox, wenn ein Wissenschaftler in dieser Richtung so weit geht wie Freud. Von seinen eigenen inneren Bedürfnissen angetrieben, hatte Freud eine therapeutische Technik und ein theoretisches System begründet; und in der Behandlung von Patienten hatte er auch Möglichkeiten zur Selbstheilung gefunden. Aber man mag die Persönlichkeit Freuds noch so exakt untersuchen und in ein System zu bringen versuchen: Im wirklichen Leben war er niemals leicht zu verstehen. Es sollte jedoch zumindest möglich sein, zu erkennen, wie gewisse innere Konflikte in Freud – wenn sie auch nur teilweise erfaßt werden können – Freud selber dunkel geblieben sind und zu gewissen Zeiten einige seiner menschlichen Schlüsselbeziehungen zerstörten. Freuds mystische Sehnsüchte und sein ihm selbst nicht recht geheueres Interesse für das Okkulte trugen neben objektiven wissenschaftlichen Differenzen dazu bei, daß die Freundschaft zwischen ihm und seinem erwählten Nachfolger in die Brüche ging.

6.3. Ödipus

Die Kontroverse mit Jung folgt einem Muster, das in Freuds Leben schon einen festen Platz gefunden hatte. Von Zeit zu Zeit öffnete er sich einem Menschen allzu begeistert und idealisierte ihn. Später machte er es dann dem Betreffenden zum Vorwurf, daß dieser nicht die Eigenschaften besaß, die er ihm zugeschrieben hatte, und nicht dem Phantasiebild entsprach, das er sich von ihm zurechtgelegt hatte.
Wenn man Freuds Beziehungen zu seinen Lieblingsschülern wie auch zu seinen Mentoren genauer betrachtet, wird man daran erinnert, was Freud in der *Traumdeutung* über seine Kindheitsbeziehung zu seinem Neffen John geschrieben hatte:

Alle meine Freunde sind in gewissem Sinne Inkarnationen dieser ersten Gestalt ... Ein intimer Freund und ein gehaßter Feind waren mir immer notwendige Erfordernisse meines Gefühlslebens; ich wußte beide mir immer von neuem zu verschaffen, und nicht selten stellte sich das Kindheitsideal so weit her, daß Freund und Feind in dieselbe Person zusammenfielen, natürlich nicht mehr gleichzeitig oder in mehrfach wiederholter Abwechslung, wie es in den ersten Kinderjahren der Fall gewesen sein mag.[1]

Sein ganzes Leben hindurch bewahrte Freud eine Reihe von Freundschaften (zum Beispiel mit Oskar Rie und Leopold Königstein), die nicht diesem Onkel-Neffen-Muster entsprachen; aber das waren Männer, die wenig oder nichts über seine Arbeit wußten. Seine treuen Schüler kritisierten in der Öffentlichkeit die *Feigheit*, den *Widerstand* und die *Flucht vor dem Unbewußten* der früheren Kollegen, die Freud im Stich gelassen hätten. An diesen Vorwürfen mag etwas Wahres sein, aber man muß das Problem auch vom Gesichtspunkt der begabtesten Schüler Freuds aus sehen. Für Jung, wie vorher für Adler, war es unerträglich, daß ein Genie ihm den Weg versperrte; Jung mußte seinen eigenen Weg gehen, um seiner Frustration ein Ende zu setzen und schöpferisch bleiben zu können.
Freuds Kreis wies besondere Züge auf, die diese Konflikte begünstigten. Zum einen war die Psychoanalyse eine Wissenschaft und basierte auf objektivem Beweismaterial, und doch wies Freud zuweilen auf die biographische Natur seiner Entdeckungen hin. Wie sollte ein Anhänger eindeutig unterscheiden können, welcher Teil von Freuds Werk einen Beitrag zur neutralen Wissenschaft darstellte und welcher nur persönliche Eigenarten reflektierte? Wie sollte übrigens auch Freud selbst in einem gegebenen Fall sagen können, ob einer seiner Gedanken wirklich Gefahr lief, von einem Anhänger entstellt zu werden, oder ob einer seiner persönlichen Komplexe durch einen ehrgeizigen rivalisierenden Schüler aktiviert worden war? Freud glaubte, er besitze spezielle Eigentumsrechte an seinem Gebiet, und wollte doch zugleich die

Psychoanalyse als etwas betrachtet wissen, das unabhängig vom menschlichen Willen und ein Teil der abendländischen Wissenschaft war.

Überdies beschränkten sich die Kontroversen in den Kreisen der Psychoanalyse von Anfang an der Zahl nach auf relativ wenige, obwohl das heute wahrscheinlich eindeutiger zutrifft als vor dem Ersten Weltkrieg. Angesichts der Spaltungen, die es in der Psychoanalyse gegeben hat, mag diese Feststellung überraschend scheinen; aber dadurch, daß man vor Auseinandersetzungen scheute und auf Solidarität mit den Ansichten der Gruppe (wenn nicht mit denen Freuds) bedacht war, hat die Psychoanalyse viele Gelegenheiten versäumt, intellektuellen Ressentiments, die sich in ihrem Kreis bildeten, Luft zu verschaffen und Meinungsverschiedenheiten auszutragen und zu regeln; die Folge war, daß es zu Explosionen von eigentlich unnötiger Heftigkeit kam. Freilich ist, worauf Freud selbst einmal hingewiesen hat, das Beweismaterial in der Psychoanalyse seiner Natur nach so beschaffen, daß man nie den gleichen Grad von Gewißheit erlangen kann wie auf anderen Gebieten;[2] damit wird die Exkommunikation zu einer häufiger benutzten Methode zur Beendigung einer Auseinandersetzung.

Auf der Höhe seiner Schwierigkeiten mit Freud in den Jahren 1912–13 war Jung anscheinend der Meinung, Freuds Führungsstil sei schuld an der Entstehung der verschiedenen Aufstände gegen ihn. In einem Brief an Jung, der nicht abgeschickt wurde, spricht Freud von Jungs *Vorwurf, ich mißbrauche die Analyse, um meine Schüler in infantiler Abhängigkeit zu halten, und sei darum für deren infantiles Benehmen gegen mich selbst verantwortlich* . . .[3] Indem er seine Schüler in Abhängigkeit hielt, bis ihre Individualität nur noch in der Auflehnung Ausdruck finden konnte, und den Beruf des Analytikers zu einer Frage des Entweder/Oder machte, trug Freud selbst zur Entstehung ödipaler Reaktionen bei. Wittels war der Meinung, Freud habe *seine Schüler wie Kinder mit Zuckerbrot und Peitsche und Abhaltung von schlechter Gesellschaft* behandelt.[4] Jung schrieb in einem Brief im März 1913: *Es gibt unter den Neurotischen nicht allzu wenige, die es nicht bedürfen an ihre sozialen Pflichten und Gebundenheiten erinnert zu werden, sondern die vielmehr geboren und bestimmt sind, zu Trägern neuer Kulturideale zu werden.*

Solange wir das Leben nur von rückwärts betrachten, wie das in den Wiener psychoanalytischen Schriften der Fall ist, werden wir solchen Fällen nie gerecht werden und ihnen die erhoffte Rettung bringen. Denn wir werden sie auf diese Weise nur zu gehorsamen Kindern erziehen und dadurch dem Vorschub leisten, was sie krank macht, nämlich ihrer konservativen Rückständigkeit und ihrer Unterwerfung unter die Autorität . . . Die Kraft aber, die die ersteren aus ihrem konservativen Vaterverhältnis aufscheucht, ist mitnichten ein infantiler Wunsch nach Unbotmäßigkeit, sondern der mächtige Drang nach eigener Persönlichkeit, deren Erkämpfung ihnen nachweisbare Lebenspflicht ist. Adlers Psychologie wird dieser Problemstellung viel gerechter als Freuds.[5]

Nach ihrem Bruch beschrieb Freud Jung als *eine Person . . ., welche, unfähig die Autorität eines anderen zu ertragen, noch weniger geeignet war, selbst eine Autorität zu bilden, und deren Energie in der rücksichtslosen Verfolgung der eigenen Interessen aufging.*[6]

Jones gab sich viel Mühe, dem Ruf der Intoleranz, den sich Freud erworben hatte, in der Öffentlichkeit entgegenzutreten; insbesondere wandte er sich gegen die Analogie, die die Psychoanalyse mit einer religiösen Bewegung verglich, mit Freud als einem neuen Papst. Nach Jones' Darstellung dieser Mißverständnisse

war Freud natürlich der Papst der neuen Sekte, wenn nicht eine noch höhere Persönlichkeit, dem alle Gehorsam schuldeten; seine Schriften seien der heilige Text und der Glaube daran obligatorisch für die angeblichen Infallibilisten, die die notwendige Bekehrung durchgemacht hatten, und es fehlten auch nicht die Ketzer, die aus der Kirche ausgeschlossen worden waren. Das war zwar eine ziemlich billige Karikatur, aber das winzige Element von Wahrheit darin mußte als Ersatz für die Wirklichkeit dienen, die völlig anders war.[7]

Jones meinte zwar, *die allgemeine Vorstellung eines Papstes*[8] trage zum Verständnis Freuds nicht viel bei, aber die Aufrichtigkeit Freuds war so groß, daß sie die späteren Versuche Jones', die Position des Meisters zu klären, untergrub. Wie Binswanger sich erinnerte: *Es könnte vielleicht . . . meine Frage erwähnt werden, wie es komme, daß gerade seine ältesten und vielleicht begabtesten Schüler, zum Beispiel Jung und Adler, von ihm abgesprungen sind. Worauf er sagte: ›Sie wollten eben auch einmal Papst werden!‹*[9] Im Jahre 1924 gebrauchte Freud wiederum die religiöse Metapher, als er von Jung und Adler als den »beiden Häretikern« schrieb.[10]

Kurz nachdem Jung mit Freud bekannt geworden war, tauchte auch das beunruhigende Thema *Ödipus* auf. Am Tag nach Jungs erstem Besuch im Februar 1907 soll, wie berichtet wird, Freud ihn und Binswanger (gleichfalls ein Schweizer Psychiater) über ihre Träume befragt haben; Jungs Begleiter Binswanger schreibt: *An Jungs Traum erinnere ich mich nicht mehr, wohl aber an die Deutung, die Freud ihm gab. Sie ging dahin, daß Jung ihn entthronen und an seine Stelle treten wolle.**[11] Zweifellos hatte Jung den Ehrgeiz, zumindest ebensoviel wie Freud zu leisten, und es mag sein, daß er am Ende ihrer Beziehung Todeswünsche gegen Freud hatte. Aber die klassische Mythologie, die nach Freuds Überzeugung so oft das tief in uns Verborgene als bewußtes Thema entwickelt, berichtet nicht nur von dem Verbrechen des Ödipus, sondern auch von dem beabsichtigten Kindesmord seines Vaters, und erzählt uns außerdem von anderen Vätern, die gegen ihre Söhne vorgingen; Kronos vernichtete alle seine Söhne außer einem, und der war Zeus.

---

* Jungs Frau schrieb einmal an Freud über seinen *Vaterkomplex: . . . denken Sie an Carl nicht mit dem Gefühl des Vaters: ›Er wird wachsen, ich aber muß abnehmen‹, sondern als Mensch an einen Menschen, der gleich Ihnen sein eigenes Gesetz erfüllen muß.*[12]

Selbst in der Periode, als die Beziehung zwischen Freud und Jung am vertrautesten war, lassen sich Anzeichen von Belastung und Spannung entdecken. Jung empfand *Verehrung* für Freud, die einen *religiös-schwärmerischen Charakter* hatte; als Knabe war er das Opfer eines *homosexuellen Attentats* eines von ihm früher verehrten Mannes gewesen, und deshalb beunruhigten ihn seine Gefühle für Freud.[13] Freud seinerseits meinte: *Die Übertragung von der Religiosität her erschiene mir besonders fatal; sie könnte ja auch nur mit dem Abfall enden* . . .[14]

Beide Männer bekamen eine Einladung, bei der Feier des zwanzigsten Jahrestages der Clark University im Jahre 1909 zu sprechen; so fuhren sie (mit Ferenczi zusammen) über den Atlantik. Auf ihrer Reise tauschten sie Träume aus; in Freuds Augen waren Jung und Ferenczi seine psychoanalytischen Erben; sie erzählten Jones später, *das Hauptthema, das sich durch alle seine [Freuds] Träume gezogen habe, sei die Sorge und Unruhe um die Zukunft seiner Kinder und der Psychoanalyse gewesen.*[15] Jung erinnerte sich jedoch, daß Freud sich an bestimmten Punkten weigerte, seine Assoziationen zu dem von ihm vorgebrachten Traummaterial mitzuteilen, mit der Begründung, es könnte seine Autorität als Führer der psychoanalytischen Bewegung untergraben, wenn er die Offenheit allzuweit triebe; daß er aus einem solchen Grund die vertrauliche Offenheit verweigerte, schwächte Freuds Stellung in Jungs Augen.[16] Jung soll der Meinung gewesen sein, das Problem mit Freuds Träumen sei gewesen, daß sie sich auf

das Dreieck bezogen – Freud, seine Frau und deren jüngere Schwester. Freud hatte keine Ahnung, daß ich von dem Dreieck und seiner intimen Beziehung zu seiner Schwägerin wußte. So forderte ich Freud, als er mir den Traum erzählte, in dem seine Frau und ihre Schwester eine wichtige Rolle spielten, auf, mir einige seiner persönlichen Assoziationen zu dem Traum mitzuteilen. Er schaute mich mit Bitterkeit an und sagte: ›Ich könnte Ihnen mehr sagen, aber ich kann meine Autorität nicht aufs Spiel setzen.‹ Damit war natürlich mein Versuch, mich mit seinen Träumen zu befassen, erledigt.[17]

Die spekulärsten Anzeichen der Spannung waren zwei Ohnmachten Freuds. Die eine ereignete sich in Bremen, bevor die beiden Männer ihre Reise in die Vereinigten Staaten antraten. Freud war es gerade gelungen, Jung zur Aufgabe der völligen Alkoholabstinenz zu überreden, auf der Bleuler bestand; es ist merkwürdig, daß Freud, der *die leichte Benebelung, die auch schon leichtes Trinken mit sich bringt, nicht gern hatte,*[18] Jungs Einstellung zum Alkohol ändern wollte. Jungs Einstellung zum Trinken war jedoch Teil der Burghölzli-Tradition, und wenn Jung mit Freud und Ferenczi zusammen ein bißchen Wein trank, so bedeutete das eine Art von Gesinnungswechsel bei dem jungen Schweizer Arzt.

Zur Zeit ihrer Diskussion über den Alkohol sprach Jung darüber, daß ihn die kürzliche Entdeckung von *Torfmoor-Leichen* in prähistorischen Kopenhagener Friedhöfen faszinierten. Jung hatte diese Leichen mit Mumien aus dem siebzehnten Jahrhundert verwechselt, die in Bremen aufbewahrt wurden; Freud stellte den Irrtum richtig, aber Jungs fortgesetztes Interesse für das Thema Leichen *ging Freud auf die Nerven.* Jung erinnerte sich, daß Freud ihn fragte:

›*Was haben Sie denn mit diesen Leichen?‹ fragte er mich mehrere Male. Er ärgerte sich in auffallender Weise und erlitt während eines Gespräches darüber bei Tisch eine Ohnmacht. Nachher sagte er mir, daß er überzeugt sei, dieses Geschwätz von Leichen bedeute, daß ich ihm den Tod wünsche. Von dieser Ansicht war ich mehr als überrascht. Ich war erschrocken und zwar über die Intensität seiner Phantasien, die ihm offenbar eine Ohnmacht verursachen konnte.*[19]

Der zweite Ohnmachtsanfall ereignete sich bei einer Begegnung in München im Jahre 1912, als die Spannungen zwischen Freud und Jung schon sehr viel offensichtlicher waren. Jones berichtet darüber:

Beim Mittagessen ... begann er [Freud] den beiden Schweizern Jung und Riklin, Vorwürfe zu machen, weil sie in Schweizer Zeitschriften Artikel über Psychoanalyse veröffentlichen, ohne seinen Namen zu erwähnen. Jung erwiderte, sie hätten es für unnötig gehalten, da dieser so bekannt sei; aber Freud sah darin die ersten Vorboten der Entzweiung, die ein Jahr später folgen sollte. Er beharrte auf seinem Standpunkt und nahm die Sache persönlich. Plötzlich stürzte er ... ohnmächtig zu Boden.

Jung trug Freud in den nächsten Raum, wo Freud die Bemerkung machte: *Es muß süß sein zu sterben.*[20]
Die Prioritätsfrage, die Freud niemals leicht nahm, war in Jungs Kontakt mit der Psychoanalyse schon einmal aufgekommen. Jones erwähnt einen Vorfall aus dem Jahre 1908:

Es war eine dieser dummen kleinen Prioritätsstreitigkeiten, die ... schon so oft den Fortschritt der Wissenschaft behindert haben. Sie begann damit, daß Abraham es unterlassen hatte, Bleulers und Jungs frühere Arbeiten über die Dementia praecox zu erwähnen oder zu würdigen, was Jung damals sehr übel aufnahm.[21]

Freud versuchte gewöhnlich, die *Empfindlichkeit*[22] seiner Anhänger in Prioritätsfragen zu beschwichtigen und hatte in diesem Fall auch Erfolg. Seine eigene Beunruhigung bezüglich dieses Problems trug jedoch nicht dazu bei, das *Prioritätsdenken* seiner Schüler zu dämpfen. In der Zeit, als er mit Jung auf vertrautem Fuß stand, bezeichnete er es manchmal scherzhaft als eine Form des Plagiats, daß er sich häufig auf die Arbeiten seines führenden Schülers stützte.[23]
Freud Ohnmacht in München hing – ebenso wie sein Ohnmachtsanfall in Bremen

– ferner eng mit der Frage von Jungs Todeswünschen gegenüber Freud zusammen. Vor dem Ohnmachtsanfall hatten Freud und Jung Abrahams Aufsatz über den Ägypterkönig Amenophis IV. (Echnaton) diskutiert; Abraham war beeindruckt von der *ständigen Betonung der Bedeutung der Wahrheit in seinen ethischen Lehren* und hatte beiläufig erwähnt, daß Amenophis, obwohl kein Epileptiker, als Knabe an *Anfällen* gelitten haben solle.[24]
Wie Jung schrieb:

Es wurde hervorgehoben, daß er infolge seiner negativen Einstellung zum Vater dessen Cartouchen auf den Stelen zerstört habe, und daß hinter seiner großen Schöpfung einer monotheistischen Religion sein Vaterkomplex stünde. Das irritierte mich, ich versuchte auseinanderzusetzen, daß Amenophis ein schöpferischer und tief religiöser Mensch gewesen sei, dessen Taten nicht aus persönlichen Widerständen gegen den Vater erklärt werden könnten. Er habe im Gegenteil das Andenken seines Vaters in Ehren gehalten und sein Zerstörungseifer richtete sich nur gegen den Namen des Gottes Amon, den er überall tilgen ließ und darum wohl auch in den Cartouchen seines Vaters Amon-hotep. Überdies hätten auch andere Pharaonen die Namen ihrer wirklichen oder göttlichen Vorfahren auf Denkmälern und Statuen durch ihren eigenen ersetzt, wozu sie sich als Inkarnationen des gleichen Gottes berechtigt fühlten, aber sie hätten weder einen neuen Stil noch eine neue Religion inauguriert. In diesem Augenblick ist Freud ohnmächtig von seinem Stuhl gesunken.[25]

In seinen letzten Lebensjahren kehrte Freud in *Der Mann Moses und die monotheistische Religion* zu dem Problem der Ursprünge des ägyptischen Monotheismus zurück; Freud warf hier erneut das Prioritätsproblem auf, da Moses von den Ägyptern eine Religion übernommen hatte, die er an die Juden übermittelte.
Im Jahre 1912 jedoch ging es in dem Konflikt zwischen Freud und Jung auch um die Sorge des Meisters um die Zukunft seiner Ideen in den Händen der von ihm erwählten Nachfolger. Freud drückte sich durch das dramatische Mittel der Ohnmacht aus. Jung erinnerte sich, daß Freud, als er ihn in das Zimmer nebenan getragen hatte, halb zu sich kam, und *den Blick den er mir zuwarf, werde ich nie vergessen. Aus seiner Hilflosigkeit heraus hat er mich angeschaut, als wäre ich sein Vater.*[26] Freud fühlte sich von Jung abhängig, und Jungs Deutung des Amenophis – daß er weit mehr war als ein Mann, der den Namen seines Vaters von Monumenten entfernt hatte, daß er nicht so leicht abgetan werden konnte, da er der Gründer einer großen Religion war – mußte Freuds Glauben erschüttert haben, daß dies der richtige Mann war, dem er die Psychoanalyse anvertrauen konnte.
Bei den Ohnmachtsanfällen war es, als ob Freud von seinem Zorn so überwältigt war, daß er seine eigenen Gefühle nicht mehr ertragen konnte. Vielleicht versuchte Freud auch durch sein Ohnmächtigwerden Jung zu zeigen, was er für Jungs eigentliches Motiv hielt, nämlich dessen Wunsch nach dem Verschwinden Freuds. Möglicher-

weise kann man Freuds Ohnmacht auch als eine Geste der Beschwichtigung auf seiner Seite ansehen, als einen Versuch, etwas zurückzugewinnen, dessen drohenden Verlust er voraussah. Jung hingegen deutete Freuds Ohnmacht als ein Ausweichen und eine Kapitulation; auf der einen Seite war Freud empfindlich gegen Kritik und jede Infragestellung seiner Autorität, auf der anderen Seite war er nicht bereit, sich auf einen direkten Konflikt Auge in Auge mit Jung einzulassen. Freud *konnte kein kritisches Wort ertragen*, wie Jung in der Erinnerung an jene Zwischenfälle gesagt haben soll. *Genau wie eine Frau. Konfrontiere sie mit einer unangenehmen Wahrheit und sie wird ohnmächtig.*[27]

Als Kind war Jung derjenige, der Ohnmachtsanfälle hatte. Als Erwachsener hingegen war es Freud, dem zumindest zwei weitere solche Zwischenfälle passierten, die beide mit Fließ zusammenhingen. Anfang der 90er Jahre hatte Fließ eine von Freuds Patientinnen – *Irma* (Emma Eckstein) – an der Nase operiert; einige Zeit später hatte sie in Freuds Anwesenheit heftiges Nasenbluten, und beim Anblick des Blutes wurde er ohnmächtig.[28] Als sie ihn so in einem *schwachen Augenblick* sah, soll sie ihn mit der Bemerkung *Das ist also das starke Geschlecht* aufgezogen haben.[29] Vielleicht war das Ohnmächtigwerden ein Versuch Freuds, der Situation zu entrinnen, um nicht die blutende Patientin behandeln oder zugeben zu müssen, daß sein Freund vielleicht etwas falsch gemacht hatte.

Und wiederum in den 90er Jahren, als Freud glaubte, er habe Herzstörungen, die nicht organischen Ursprungs seien, hatte er, als er mit Fließ zusammen war, *sehr ähnliche, obzwar nicht so intensive Syptome in demselben Zimmer*[30] in München, in dem er später im Gespräch mit Jung ohnmächtig wurde. Jones meinte, *die Ähnlichkeit zwischen den beiden Situationen – zuerst mit Fließ und Jung – sei unverkennbar* und werfe ein Licht auf Freuds allgemeines Ausweichen vor Streitigkeiten; *seine Gefühle seien, wenn er ihnen freien Lauf ließ, leicht zu viel für ihn geworden, daher die eiserne Zucht, in der er sich gewöhnlich hielt.*[31]

Im November 1912 schrieb Freud an Ferenczi, daß er in München *bei Tisch einen ähnlichen Angstanfall wie damals . . . in Bremen bekommen habe.*[32] Und im folgenden Monat schrieb Freud an Binswanger: *Ich bin darauf gefaßt, daß ich auf Grund meines Anfalles in München für einen Kandidaten der Ewigkeit erklärt werde. Stekel schrieb unlängst über mich, mein Benehmen zeige schon den ›hypokritischen Zug‹. Sie können es alle kaum erwarten, aber ich kann ihnen antworten wie Mark Twain in ähnlichem Fall ›Nachrichten von meinem Tod stark übertrieben.‹*[33] Freud ersparte sich nicht die Selbstprüfung nach seinen Ohnmachtsanfällen:

Mein Schwindelanfall in München ist sicherlich psychogen provoziert gewesen und somatisch sehr gut unterstützt (durch eine Woche großer Plackerei, schlaflose Nacht, Migräneaequivalent, die Aufgaben des Tages). Ich hatte schon mehrere solcher Zustände, jedesmal ähnlich gestützt, oft durch eine Spur Alkohol, gegen den ich ganz intolerant bin. Zum Psychischen gehört, daß ich in demselben Lokal in München be-

reits zweimal, vor 6 und 4 Jahren, ganz ähnlich reagiert habe. Eine ernstere Bedeutung, etwa auf Herzschwäche, scheint bei der strengsten Kritik nicht haltbar. Zurückgehaltene Gefühle diesmal gegen Jung wie früher gegen einen Vorgänger von ihm, spielen natürlich die Hauptrolle.[34]

Was Freud 1927 über Dostojewskis Anfälle schrieb (*Lange vor dem Auftreten der ›Epilepsie‹*, wie Freud glaubte), mag vielleicht sein gereiftes Verständnis seiner früheren Ohnmachtsanfälle teilweise erklären:

Diese Anfälle hatten Todesbedeutung . . . Wir kennen den Sinn und die Absicht solcher Todesanfälle. Sie bedeuten eine Identifizierung mit einem Toten, einer Person, die wirklich gestorben ist oder die noch lebt und der man den Tod wünscht. Der letztere Teil ist der bedeutsamere. Der Anfall hat dann den Wert einer Bestrafung. Man hat einen anderen tot gewünscht, nun ist man dieser andere und ist selbst tot.[35]

Vielleicht war also Freuds Ohnmacht im Beisein Jungs eine Buße für seinen mörderischen Haß, mit dem er auf die Todeswünsche gegen ihn selbst, die er in seinem Schüler entdeckte, reagierte.
Durch Ohnmächtigwerden hatte Freud zornig die Flucht aus einer unangenehmen Situation ergriffen. Es kann besser sein, in der Phantasie zu sterben, als die eigene Aggressivität zu ertragen. Freud gab zugleich auf seiner Seite die Auseinandersetzung auf und wies doch Jung auf die dramatischste Weise darauf hin, daß die Sache, über die sie sich stritten, von größter Bedeutung war.
Freuds Gefühlsbindung an Jung wurde durch den politischen Charakter seiner Wahl noch verstärkt. Durch die Bevorzugung eines Ausländers hatte Freud sich seine lokale Wiener Anhängerschaft entfremdet, um einen Durchbruch in der Welt draußen zu erzielen. Andere in der Bewegung betrachteten Freuds Vertrauen in Jung als ein Buhlen um die Gunst der christlichen Welt.
Das Jahr 1912, von dem Freud später schrieb, es sei der Höhepunkt seiner psychoanalytischen Arbeit gewesen, erwies sich als die kritische Phase in der Trennung zwischen Freud und Jung. Immer, wenn Jung einen Brief Freuds nicht prompt beantwortete, dachte dieser, das bedeute eine Abkühlung in Jungs Einstellung ihm gegenüber. Freud war seiner Natur nach eifersüchtig, und Nachlässigkeit bei einem Briefpartner erregte sein Mißfallen. Daß Freud so gern Briefe schrieb, ging einerseits auf sein Bedürfnis zurück, Gedanken sich selbst gegenüber zu formulieren, und war andererseits die ihm gemäße Form, anderen gegenüber aus sich herauszugehen. Freud war in Dingen des Alltagslebens außerordentlich zuverlässig, während Jung manchmal nachlässig war, und Freud war dann schnell bei der Hand, Elemente eines unbewußten Verrats zu entdecken. Als Jones Freud auf ein Verschreiben Jungs aufmerksam machte, reagierte Freud mit der Bemerkung: *Ein Gentleman sollte so etwas auch nicht unbewußt machen.*[36]

Freud und Jung differierten in ihren Anschauungen über die menschliche Psyche – die bei jedem das Resultat der eigenen Erfahrungen waren – so sehr, daß ihre rivalisierenden Gesichtspunkte fast unvermeidlich nicht miteinander harmonisieren konnten. So betrachtete zum Beispiel Freud religiöse Glaubensannahmen als einen Packen Lügen, die einer stupiden Masse aufgebunden werden. In einzelnen Fällen, die er zu behandeln hatte, akzeptierte Freud manchmal die konstruktive Rolle, die die Religion spielen konnte, aber wenn er in generellen Begriffen schrieb, hätte er sich dem alten Spruch angeschlossen, daß das Geschäft des Herrschers Mord und das des Priesters Betrug ist.

Freuds Konzeption der Religon war in erster Linie patriarchalisch: *Die Gefühlsambivalenz gegen den Vater . . . [ist] in allen Religionen niedergelegt . . .*[37] Freud ignorierte die Figur der Madonna; er *sah die religiöse Regung als einen rein negativen und aus der Angst geborenen Trieb, der nicht auf Liebe, sondern auf Schuldgefühl beruht; nicht auf Glauben, sondern auf dem Bedürfnis, zu büßen; nicht auf der Kommunion mit einer geliebten Figur, sondern als angstvolle Beschwichtigung einer gehaßten Figur.*[38] Sein Widerstand gegen religiöse Ideen stand in Zusammenhang mit seiner generellen Ablehnung von Abhängigkeit und Passivität, die er mit Feminität assoziierte. Immer wenn Freud intolerant klingt, ist es wahrscheinlich, daß etwas in ihm bedroht war, und es mag wohl sein, daß ihn das Problem der Religion mehr beschäftigte, als er sich selbst eingestehen wollte. Wenn Freud die Religion als Weg des Menschen, seine Ängste zu meistern und eine Stütze für seine Strebungen zu finden, vernachlässigte, so ist es vielleicht möglich, seine eigenen, persönlichen Gefühle gegen die Religion auf die passive Bedeutung zurückzuführen, die die jüdische Religion für ihn hatte.

Die Haltung zur Religion, die Freud einnahm, steht im Einklang mit seinem übrigen Werk. Die psychoanalytische Forschung befaßte sich mit der *Unterwelt* des menschlichen Trieblebens, nicht mit den überlieferten religiösen Moralgrundsätzen. Und Freud hatte den relativ beschränkten Begriff des Biologen von dem, was als Trieb gelten könne:

Vielen von uns mag es auch schwer werden, auf den Glauben zu verzichten, daß im Menschen selbst ein Trieb zur Vervollkommnung wohnt, der ihn auf seine gegenwärtige Höhe geistiger Leistung und ethischer Sublimierung gebracht hat und von dem man erwarten darf, daß er seine Entwicklung zum Übermenschen besorgen wird. Allein ich glaube nicht an einen solchen inneren Trieb und sehe keinen Weg, diese wohltuende Illusion zu schonen. Die bisherige Entwicklung des Menschen scheint mir keiner anderen Erklärung zu bedürfen als die der Tiere . . .[39]

So sehr auch Freud, als junger Mann und dann wieder im Alter, nach philosophischer Erkenntnis gestrebt haben mag, Jung gegenüber jedenfalls betonte er die Notwendigkeit, spekulative Neigungen im Zaum zu halten, wie er bei Jung auch die Sorge haben mußte, Psychoanalyse und Mystik könnten allzu eng miteinander verknüpft werden.

Wenn Jung auch nicht gerade ein eifriger Anwalt der etablierten Religionen war, so hatte er doch Respekt vor religiösen Weltanschauungen, und später in seinem Leben verfaßte er eine vergleichende Untersuchung der Weltreligionen. Er suchte zu verhindern, daß die Psychotherapie vorzeitig zu wissenschaftlicher Anmaßung erstarrte, und Respekt vor der Religion war nach seiner Überzeugung mit dazu dienlich, den humanen Charakter der Psychoanalyse zu bewahren. Für Freud jedoch war jede Hervorhebung der positiven Funktionen der Religion ein Greuel; und wenn Freud zu dem Schluß gekommen war, die Religion sei der Ausdruck einer Kollektivneurose, so ging Jung bis zum entgegengesetzten Extrem mit seiner Behauptung, die Neurose sei Ausdruck dessen, daß der Kranke die Orientierung verloren habe: *nicht weil der Neurotische seinen alten Glauben verloren hat, ist er krank, sondern weil er die neue Form seines besten Strebens noch nicht gefunden hat.*[40]

Jung war allerdings der Sohn eines Pfarrers – einer der Umstände, die Freud zuerst angezogen hatten; im Rückblick jedoch sah Freud *die theologische Vorgeschichte so vieler Schweizer*[41] als eine der Ursachen der Schwierigkeiten zwischen ihm und Jung. Es kann die Sache für Freud nicht erleichtert haben, daß er schon immer einen versteckten Antisemitismus bei Jung vermutet hatte. Während Freud als Jude Jung gesucht hatte, um aus dem beengenden Milieu des Wiener Judentums auszubrechen, hatte Jung darauf hingewiesen, in welcher Weise verschiedene kulturelle Gruppen verschiedene psychologische Systeme entwickeln, und im besonderen darauf, in welcher Art und Weise die *arische* Psychologie sich von der jüdischen Psychologie unterscheide. Für Freud hingegen war jede Auffassung, die davon abwich, die Psychoanalyse als für alle Menschen gültig anzuerkennen, gleich welche oberflächlichen Unterschiede im Nationalcharakter auch vorhanden sein mochten, eine Art von Rassismus.

Freud muß eine schwere Erschütterung empfunden haben, als er während des Bruchs zwischen ihm und Jung berichtete: *In den letzten Arbeiten der Züricher Schule kommt eher eine Durchdringung der Analyse mit religiösen Vorstellungen als das beabsichtigte Gegenteil zustande.*[42] Freud war stolz auf die Fähigkeit der Psychoanalyse, so viele konventionelle Ideale zu überwinden, was irgendwie mit Jungs Zielen nicht übereinzustimmen schien. Im Jahre 1907 hatte Freud an Jung aufmunternd geschrieben: *Wir können uns die Widerstände nicht ersparen, warum sie nicht lieber gleich herausfordern? Aggression ist die beste Defensive, meine ich.*[43]

Freud behauptete, Jung habe sich *in einem Brief aus Amerika** [gerühmt], *daß seine Modifikationen der Psychoanalyse die Widerstände bei vielen Personen überwunden*

---

* Der Brief wurde in Wirklichkeit *nach* einer Amerikareise Jungs abgesandt; aber Freud gab offensichtlich Amerika die Schuld daran, Jungs *Goût für den Gelderwerb* (wie Freud sich einmal ausdrückte) erweckt zu haben. Jung hatte geschrieben: *Ich habe gefunden, daß meine Fassung der Psychoanalyse sehr viele Freunde gewann, welche bisher dem Problem des Sexualismus der Neurose hilflos gegenüberstanden.*[44]

hätten, die bis dahin nichts von ihr hatten wissen wollen. Freud wehrte sich erbittert gegen *die theoretische Zurückdrängung des sexuellen Moments*,[45] und noch 1919 sagte er: *Das Moment der Sexualität . . . [ist] unser Schiboleth.*[46] Auf der Höhe seiner Auseinandersetzungen mit Jung formulierte der Begründer der Psychoanalyse die Prämisse seiner ganzen kämpferischen Haltung: *Wir sind im Besitz der Wahrheit; ich bin so sicher wie vor 15 Jahren.*[47] Der Streit mit Jung zwang Freud, die wesentlichen Punkte seines Ideensystems noch einmal hervorzuheben: *Die Lehre von der Verdrängung und dem Widerstand, die Einsetzung der infantilen Sexualität und die Deutung und Verwertung der Träume zur Erkenntnis des Unbewußten.*[48] Freud gab deshalb seinen Anhängern einen spezifischen Rat, wie sie bei der Verbreitung ihrer Überzeugungen vorgehen sollten:

Man muß eigentlich die Ärzte behandeln wie unsere Kranken, sie also nicht suggerieren, sondern ihre Widerstände hervorrufen und den Konflikt einleiten . . . man muß sich begnügen, seinen Standpunkt und seine Erfahrungen möglichst klar und entschieden mitzuteilen und sich aus der Reaktion der Hörer möglichst wenig zu machen.[49]

6.4. Der Urvater

Die Aufnahme, die Jung in Amerika fand, mag ihn in einigen seiner früheren Bedenken bezüglich Freuds Ideen bestätigt haben. Freud billigte Jungs Reise in die Neue Welt, doch mußte der geplante Analytikerkongreß von 1912 wegen Jungs Abwesenheit verschoben werden. Im September dieses Jahres hielt Jung eine Reihe von Vorlesungen an der Fordham University in New York, die einen wichtigen Schritt des Abrückens von seiner früheren vollen Unterstützung des Freudschen Gedankenguts markierten. Jung wünschte offenbar nicht bewußt einen Bruch mit Freud*, und nach ihrer endgültigen Entzweiung schickte er ein Exemplar eines seiner Bücher mit einer ehrerbietigen Widmung an Freud. Nach Jungs Wissenschaftsauffassung, wie auch nach der Freuds, war es möglich, streng zwischen *Tatsachen* und *Theorien* zu unterscheiden, und Jung war der Überzeugung, solange er die psychoanalytischen *Tatsachen* anerkannte, mache er sich keiner Untreue gegenüber den entscheidenden Zielen Freuds schuldig.

Jung war bei seinen Vorträgen an der Fordham University der Meinung, er spreche

---

* Wie Brill sich erinnerte: *Da ich in der Bewegung mittendrin steckte, kann ich mit Bestimmtheit sagen, daß Jung lieber in der psychoanalytischen Gemeinschaft geblieben wäre, aber seine Auffassungen unterschieden sich so sehr von denen Freuds, daß es für beide Teile das beste war, sich zu trennen.*[1]

als Verteidiger Freuds; es ist jedoch schwer zu glauben, daß Jung erwarten konnte, Freud werde – vor allem nach dem kürzlichen Streit mit Adler – Gedanken von der Art, wie Jung sie nun vorbrachte, akzeptieren. So behauptete Jung zum Beispiel, die Inzestphantasie sei von sekundärer, nicht kausaler Bedeutung, während das Primäre *die Scheu des natürlichen Menschen vor irgendwelchen Anstregungen sei.*[2]

Ich glaube, es bleibt uns nichts anderes übrig, als die sexuell definierte Libido aufzugeben, denn sonst wird das Wertvolle am Libidobegriff, nämlich die energetische Auffassung, unanwendbar . . . Die Freudsche Schule täte unrecht daran, jene Stimmen der Kritik zu überhören, welche unserem Libidobegriff Mystizismus und Unfaßbarkeit vorwerfen . . . Die bloße Übersetzung der Libidotheorie auf die Dementia praecox scheint mir unmöglich, weil diese Krankheit einen Verlust aufweist, der durch den Ausfall an erotischem Interesse allein nicht erklärt werden kann.[3]

Früher, im Frühling 1912, hatte Jung an Freud geschrieben: *Der Inzest ist verboten: nicht, weil er gewünscht wird, sondern weil die flottierende Angst regressiv infantiles Material wiederbelebt . . . Das Inzestverbot mit seiner ätiologischen Bedeutung muß direkt mit dem sogenannten Sexualtrauma verglichen werden, das in der Regel nur regressiver Wiederbesetzung seine ätiologische Rolle verdankt.*[4]
An der Fordham University hatte Jung Freuds früherer Einseitigkeit Tribut gezollt: *Wir müssen . . . froh sein, daß es Männer gibt, die den Mut zur Maßlosigkeit und Einseitigkeit haben.* Aber Jung war der Meinung, *Lustgewinnung ist keineswegs identisch mit Sexualität.*[5] Deshalb wandte er sich gegen *die unrichtige Terminologie und die übermäßige Ausdehnung des Sexualbegriffes* in Freuds Werk: *Was Freud als ein Wiederverschwinden beschreibt, ist nichts als der eigentliche ›Anfang der Sexualität‹, indem das Vorhergehende bloß Vorstufe war, der kein eigentlicher Sexualcharakter zukommt.* Für Jung war *die Unrichtigkeit der Annahme einer frühinfantilen Sexualität* kein *Beobachtungsfehler . . . Der Fehler liegt in der Auffassung.*[6]
Auch Jungs Einstellung zur Vergangenheit des Patienten unterschied sich von der Freuds. Jung fand es *verdächtig, daß die Patienten sehr oft eine ausgesprochene Neigung haben, irgendein altes Erlebnis als die Ursache ihres Leidens anzugeben, wodurch sie in geschickter Weise die Aufmerksamkeit ihres Arztes von der Gegenwart weg auf eine falsche Spur in der Vergangenheit lenken.*[7] Er beobachtete den *Drang unserer Patienten, uns von der kritischen Gegenwart möglichst weit wegzulocken,* und kam zu dem Schluß: *Hauptsächlich in der Gegenwart liegt der pathogene Konflikt.*[8] Zu gleicher Zeit respektierte Jung die Regression auch als *Grundbedingung des Schöpferaktes* und meinte: *Man gibt sich gern der lächerlichen Befürchtung hin, der Mensch sei als das, was er in Wirklichkeit ist, ein ganz unhaltbares Wesen, und wenn alle Menschen so wären, wie sie wirklich seien, so entstände eine schauderhafte soziale Katastrophe.*[9] Diese Auffassungen stellte er als die Beiträge der *Arbeiten der Züricher Schule* vor.[10]

Manche von den Kritikern Freuds hatten schon immer seine Arbeit mit der Begründung abgelehnt, er messe der Rolle der Sexualität eine übertriebene Bedeutung bei. Und jetzt sagte Jung: *Der Ausdruck polymorph-pervers ist aus der Neurosenpsychologie genommen und rückwärts projiziert in die Psychologie des Kindes, wo er natürlich ganz unangebracht ist.*[11] Freud hatte die übliche Bedeutung des Begriffes Sexualität so weit ausgedehnt, daß die Bezeichnung eine Vielzahl von Bereichen, von der Kindheit bis zur Geisteskrankheit, mit einschloß, für die die Rolle des Erotischen von der Wissenschaft im allgemeinen nicht anerkannt wurde; und gerade diese Ausweitung des Begriffes durch Freud verwarf Jung jetzt. Jung hatte von Anfang an versucht, Freud zu überreden, ein anderes Wort als *sexuell* zu verwenden,* aber Freud blieb hartnäckig bei seinen früheren Festlegungen. Jungs Meinung nach ging Freud in der Reduktion unnötig weit; nach Freuds Meinung hingegen waren Jungs Argumente über die Rolle der Inzestphantasien, zum Beispiel, mit dem Hinauswurf Adlers endgültig erledigt.

Jungs Überzeugung, daß Patienten häufig sexuelle Kindheitstraumata erfinden, um sich auf diese Weise Aufgaben des gegenwärtigen Lebens zu entziehen, hat mehr als ein halbes Jahrhundert später Eingang in die allgemein akzeptierte psychoanalytische Lehre gefunden; heute wird anerkannt, daß ein vergangener infantiler Konflikt ein potentielles Mittel darstellt, um die Bedeutung eines aktuellen Problems nicht sehen zu müssen.[13] Heute würden die meisten Kliniker, und ebenso viele Analytiker, Jungs Meinung zustimmen, daß es oft bequemer ist, in der Vergangenheit zu leben, als sich der Zukunft zu stellen; aber zu einer Zeit, als die Gedanken Freuds noch keine breite Anerkennung gefunden hatten, befürchtete er, daß alles, wofür er gekämpft hatte, in Jungs Form von Revisionismus vorzeitig untergehen könnte.

Nachdem Jung einmal den Kurs einer Neuinterpretation der Bedeutung des Freudschen Ödipuskomplexes eingeschlagen hatte, war der Weg offen für eine umfassende Ablehnung der Schlußfolgerungen Freuds. Freud hatte versucht, den Menschen dazu zu zwingen, der Triebseite seiner Natur ins Gesicht zu sehen. Jung war – wie Adler in seiner Betonung des Ichs – im *Rückzug* von Freud, da Jung die klinische Bedeutung der *höheren* Aufgabe der Selbstverwirklichung, an der ein Patient scheitern konnte, hervorhob. Freud sah in Jungs neuen Ansätzen *Widerstand* gegen das Unbewußte, und den Wunsch, den Vater zu vernichten. Wie Jung im November 1912 an Freud schrieb: *Ich bedauere es außerordentlich, wenn Sie glauben, daß nur Widerstände gegen Sie mich zu gewissen Änderungen bestimmen.*[14]

Jung war der Meinung, daß Freuds allzu wortgetreue Behandlung des Ödipuskomplexes manche subtileren Aspekte der menschlichen Psychologie vernachlässige; wenn man zum Beispiel von der sexuellen Bindung des kleinen Knaben an seine Mut-

---

* Jung hatte an Freud geschrieben, daß *der Ausdruck ›Libido‹, überhaupt alle von der Sexualität auf ihr erweitertes Begriffsgebiet übertragenen Termini (die zwar zweifellos ihre Berechtigung haben) mißverständlich, zum mindesten nicht didaktisch sind. Man ruft damit sogar direkt Gefühlshemmungen hervor . . .*[12]

ter spreche, so dürfe das nicht die Anerkenntnis ersetzen, daß der Sohn seiner Mutter gegenüber ein legitimes Abhängigkeitsbedürfnis hat. Und in Jungs Werk wird die Mutter *als eine beschützende und nährende Gestalt gesehen, nicht als das Objekt inzestuöser Wünsche.*[15] Erich Fromm und andere haben seither darauf hingewiesen, daß es eine höchst rationalistische Auffassung ist, die Beziehung zwischen Mutter und Sohn in sexuellen Begriffen zu sehen, und daß man damit die weniger rationale Sphäre des Fehlens einer frühen Differenzierung zwischen dem Selbst und der Außenwelt beim Kind außer acht läßt. Als Jung seine Gedanken weiter ausarbeitete, fand er sich außerstande, das letzte Drittel seiner *Symbole der Wandlung* zu beenden; Freud versuchte ihn schließlich zu überreden, das Buch nicht zu veröffentlichen, und Jung kam zu dem Schluß, daß die Schwierigkeiten, die er mit der Fertigstellung des Manuskriptes hatte, auf das Angstgefühl wegen seines Abweichens von bestimmten Auffassungen Freuds zurückzuführen waren.

Jung kehrte aus Amerika mit größerer Entschlossenheit zur Behauptung seiner Selbständigkeit zurück. Er gab zu, daß seine Ansichten *von den bisherigen Auffassungen stellenweise abweichend* seien, weigerte sich jedoch, deshalb *als ein Komplexnarr beurteilt zu werden.*[16] Vielmehr trat er für eine Politik der *Liberalität* ein:

Ich schlage vor, im ›Jahrbuch‹ Toleranz walten zu lassen, damit ein jeder nach seiner Art sich entwickeln kann. Nur dann leistet einer das Beste, wenn man ihm die Freiheit gibt. Wir dürfen nicht vergessen, daß die Geschichte der menschlichen Wahrheiten auch die Geschichte der menschlichen Irrtümer ist. Also geben wir auch dem gutgemeinten Irrtum Raum![17]

Am 24. November 1912 traf Jung Freud auf einer psychoanalytischen Konferenz in München; obwohl die beiden Männer anscheinend recht gut miteinander auskamen, hatte Freud den schon erwähnten Ohnmachtsanfall. In seinem ersten Brief an Jung nach ihrer Begegnung gab Freud zu, *etwas ärgerlich wird man ja immer, wenn der andere seine eigene Meinung haben will.* Mit Bezug auf seine Ohnmacht sprach Freud von einem *Stückchen Neurose, um das man sich doch kümmern sollte.*[18]

Jung nahm diese Gelegenheit wahr, darauf hinzuweisen, daß Freuds *Stück Neurose* seiner Meinung nach *sehr ernst zu nehmen* sei. *Ich habe an diesem Stück bei Ihnen gelitten . . .* Jung bemühte sich, als Freund zu sprechen, erhob aber dann den Vorwurf, er müsse *mit Schmerz konstatieren . . ., daß ein größerer Teil der Psychoanalytiker die Psychoanalyse zu dem Zweck mißbraucht, um andere und deren Fortschritte zu entwerten durch die bekannten Komplexsituationen . . .* Schließlich sagte er noch: *Der Psychoanalytiker benützt seine Psychoanalyse erbärmlicherweise als ein Faulbett, wie unsere Gegner ihren Autoritätsglauben. Was sie könnte denken machen, ist komplexbedingt. Diese Schutzfunktion der Psychoanalyse war noch zu entdecken.*[19]

Freud hielt sich immer noch zurück. In seiner Antwort an Jung empfahl er *das Haus-*

mittelchen ..., daß sich jeder von uns mit der eigenen Neurose eifriger beschäftige als mit der des Nächsten. In einem Punkt widersprach er jedoch entschieden: *Durch meine Neurose sind Sie nicht zu Schaden gekommen, wie Sie meinen.*[20] An Jones schrieb er über seine Ohnmacht in München: *Am Grunde steckt ein Stück eines unbeherrschten homosexuellen Gefühls dahinter.*[21] Dann führte Freud einen schnellen Bruch in seiner Beziehung zu Jung herbei, indem er auf ein Verschreiben Jungs in einem seiner Briefe hinwies. In einem Brief an Freud vom 14. Dezember 1912 hatte Jung zu seiner Verteidigung schreiben wollen *Selbst Adlers Spießgesellen wollen mich nicht als einen der ihrigen erkennen,* versehentlich jedoch *Ihrigen* groß geschrieben und dadurch den Satz ins Gegenteil verkehrt.[22]

Freud hatte noch vor kurzem an Jung geschrieben, er meine, *daß im internen Verkehr der Analytiker wie in der Analyse selbst jede Form der Aufrichtigkeit gestattet ist.*[23]

Aber Jung, der sich in seinen Briefen jeder Deutung von Freuds Ohnmachtsanfällen enthalten hatte, reagierte unerwartet scharf darauf, daß Freud dieses Verschreiben aufgegriffen hatte:

Darf ich Ihnen einige ernsthafte Worte sagen? Ich anerkenne meine Unsicherheit Ihnen gegenüber, habe aber die Tendenz, die Situation in ehrlicher und absolut anständiger Weise zu halten. Wenn Sie daran zweifeln, so fällt das Ihnen zur Last. Ich möchte Sie aber darauf aufmerksam machen, daß Ihre Technik, Ihre Schüler wie Ihre Patienten zu behandeln, ein Mißgriff ist. Damit erzeugen Sie sklavische Söhne oder freche Schlingel (Adler-Stekel und die ganze freche Bande, die sich in Wien breitmacht). Ich bin objektiv genug, um Ihren Truc zu durchschauen. Sie weisen rund um sich herum alle Syptomhandlungen nach, damit setzen Sie die ganze Umgebung auf das Niveau des Sohnes und der Tochter herunter, die mit Erröten die Existenz fehlerhafter Tendenzen zugeben. Unterdessen bleiben Sie immer schön oben als Vater. Vor absoluter Untertänigkeit kommt keiner dazu, den Propheten am Barte zu zupfen und sich einmal zu erkundigen, was Sie denn zu einem Patienten sagen, welcher die Tendenz hat, den Analytiker zu analysieren anstatt sich selber? Sie fragen ihn doch: ›Wer hat denn eigentlich die Neurose?‹

Sehen Sie, mein lieber Professor, solange Sie mit diesem Zeugs laborieren, sind mir meine Symptomhandlungen ganz wurscht, denn die wollen gar nichts bedeuten neben dem beträchtlichen Balken, den mein Bruder Freud im Auge trägt. – Ich bin nämlich gar nicht neurotisch – unberufen! Ich habe mich nämlich lege artis et tout humblement analysieren lassen, was mir sehr gut bekommen ist. Sie wissen ja, wie weit ein Patient mit Selbstanalyse kommt, nämlich nicht aus der Neurose heraus – wie Sie. Wenn Sie dann selber einmal ganz komplexfrei geworden sind und gar nicht mehr Vater spielen an Ihren Söhnen, denen Sie beständig auf die schwachen Punkte zielen, indem Sie sich selber einmal dort aufs Korn nehmen, dann will ich in mich gehen und meine lasterhafte Uneinigkeit mit mir selber Ihnen gegenüber mit einem

Mal ausrotten. Lieben Sie denn die Neurotiker so sehr, daß Sie immer ganz eins mit sich selber wären? Sie hassen vielleicht die Neurotiker; wie können Sie dann erwarten, daß Ihre Anstrengungen, möglichst schonend und liebevoll mit den Patienten umzugehen, nicht von etwas gemischten Gefühlen begleitet wären? Adler und Stekel sind Ihrem Truc aufgesessen und wurden kindisch frech. Ich werde öffentlich mich zu Ihnen halten, unter Wahrung meiner Ansichten, und werde insgeheim in meinen Briefen anfangen, Ihnen einmal zu sagen, wie ich wirklich über Sie denke. Ich halte diesen Weg für den anständigsten. Sie werden über diesen sonderbaren Freundschaftsdienst schimpfen, aber vielleicht tut es Ihnen doch gut.

Freud, der ungewöhnlich viel Mühe auf den Entwurf einer verspäteten Erwiderung auf Jungs *Rekriminationen* verwandte, beschränkte sich schließlich mit dem Argument *Wer . . . bei abnormem Benehmen unaufhörlich schreit, er sei normal, erweckt den Verdacht, daß ihm die Krankheitseinsicht fehlt,* und schlug vor, *daß wir unsere privaten Beziehungen überhaupt aufgeben.*[24]

So waren die Weichen für eine öffentliche Konfrontation zwischen Freud und Jung auf dem Analytikerkongreß gestellt, der Anfang September 1913 in München stattfand. Es sollte die letzte Begegnung der beiden Männer sein. Den ganzen Frühling des Jahres 1913 hindurch beschäftigte Freud sich in seinen Gedanken mit dem bevorstehenden öffentlichen Bruch mit Jung, der ihm so *entbehrlich* geworden war, *daß er sich kaum in die frühere Situation zurückfinden* konnte.[25] Wenn die Züricher Gruppe jetzt ihre Bedeutung für die Sache Freuds überschätzte, so war daran, wie Freud zugab, in erster Linie seine eigene frühere Vorliebe für die Schweizer schuld. Am 27. März 1913 schrieb Freud, als er versuchte, Jungs Arbeit der letzten Zeit von seiner eigenen zu trennen, er sei *natürlich nicht gleichgültig* gegen die Entstellungen seiner Psychoanalyse.[26] Am gleichen Tag schrieb er an einen anderen Schüler, Karl Abraham:

Jung ist in Amerika, aber nur für 5 Wochen, d. h., er muß bald zurückkommen. Er tut jedenfalls mehr für sich als für die Psychoanalyse. Ich bin schrecklich von ihm zurückgekommen und habe keinen freundlichen Gedanken mehr für ihn. Seine schlechten Theorien entschädigen mich eben nicht für seinen unangenehmen Charakter. Er folgt Adler nach, ohne so konsequent zu sein wie dieser letztere Schädling.[27]

In diesem Frühling beendete Freud das Manuskript von *Totem und Tabu;* er war der Meinung, diese Schrift werde mithelfen, einen Keil zwischen ihn und Jung zu treiben. Er erwartete, das Buch werde noch vor dem Münchener Kongreß erscheinen und *dazu dienen, alles was arisch-religiös ist, peinlich abzuscheiden.*[28] Freuds These in *Totem und Tabu* betraf nichts Geringeres als die Ursprünge der menschlichen Gesellschaft; er hatte festgestellt, daß der Ödipuskomplex *durch weitere Studien eine ungeahnt große Bedeutung für das Verständnis der Menschheitsgeschichte und der Entwicklung von Religion und Sittlichkeit gewonnen hatte.*[29]

Seit September 1911 hatten Freud und Jung am gleichen Thema des Ursprungs der Religion gearbeitet. Freud, den die unheimliche Bedeutung des Doppelgängers faszinierte, gestand, daß es ihm Unbehagen bereitete, einen geistigen Zwilling zu haben:

es [ist] mir eine Quälerei ... zu denken, wenn ich jetzt den einen oder anderen Einfall habe, daß ich Ihnen damit leicht etwas wegnehme oder auch mir etwas aneigne, was bequem Ihr Erwerb hätte werden können ... Warum, zum Teufel, mußte ich mich anregen lassen, Ihnen auf dieses Gebiet zu folgen?[30]

Freud hatte sich den Bemühungen Adlers und seiner Anhänger widersetzt, in der Wiener Vereinigung zu bleiben, mit der Begründung, sie hätten das nur gewollt, *um sich auf parasitärem Wege mit Anregungen und Stoff zum Verdrehen zu versorgen.*[31] Freuds Empfindlichkeit in Fragen, die mit Plagiat und Prioritäten zusammenhingen, waren Jung wohlbekannt. Im Jahre 1908 zum Beispiel hatte Freud einen Patienten an Jung überwiesen, einen drogensüchtigen Psychoanalytiker, Otto Gross. Freud schrieb über den Fall an Jung:

Ich meinte ursprünglich, Sie würden ihn nur zur Entwöhnung übernehmen, und ich dann im Herbst die analytische Behandlung draufsetzen. Natürlich ist es schmählicher Egoismus, wenn ich bekenne, daß es so für mich vorteilhafter ist, denn ich bin genötigt, meine Zeit zu verkaufen, und arbeite doch nicht mehr so aus dem vollen Kräftevorrat wie vor Jahren. Doch, im Ernst gesprochen, die Schwierigkeit wäre vielmehr in der unvermeidlichen Aufhebung der Eigentumsgrenzen am Vorrat von produktiven Ideen gelegen; wir wären nicht mehr mit reinem Gewissen voneinander losgekommen. Seitdem ich den Philosophen Swoboda behandelt habe, graut mir vor solchen schwierigen Situationen.[32]

Wenn der Stoff von *Totem und Tabu* dazu beigetragen hatte, Freuds Gefühle für seinen Erben zu untergraben, so fühlte andrerseits auch Jung sich in dieser Sache nicht behaglich: *Es ist allerdings für mich sehr bedrückend, wenn Sie auch auf dieses Gebiet der Religionspsychologie herauskommen. Sie sind ein gefährlicher Konkurrent ...*[33]

In *Totem und Tabu* hatte Freud postuliert, daß der Mensch in einer Urhorde gelebt habe, die von einem Vater beherrscht wurde, der sämtliche Frauen für sich beanspruchte; die Söhne taten sich zusammen und rebellierten, erschlugen den Vater und verspeisten ihn. Die Liebe der Söhne zu ihrem ermordeten Vater überwältigte sie jedoch schon bald mit Schuldgefühlen, und sie kamen überein, daß nie wieder ein Mann allein die Macht haben sollte, die ihr Vater ausgeübt hatte; nachdem so einmal den

Trieben Beschränkungen gesetzt waren, hatte nach Freuds Meinung die Kultur ihren Anfang genommen.³⁴

Indem er den Beginn der Gesellschaft auf jenes Urverbrechen – oder wie manche meinten, auf eine Reihe solcher Morde – zurückführte, erweiterte Freud die Bedeutung des Ödipuskomplexes, den Jung in eine andere Perspektive zu stellen versucht hatte. Durch die Deutung der totemistischen Religion in Begriffen des Ausagierens ödipaler Wünsche, anstelle der inzestuösen Phantasien, von denen Neurotiker geplagt werden, glaubte Freud herausgefunden zu haben, daß *im Ödipuskomplex die Anfänge von Religion, Sittlichkeit, Gesellschaft und Kunst zusammentreffen*.³⁵

Die Anthropologen konnten die Existenz dieser Urhorden nicht bestätigen; soweit solche Horden festgestellt werden können, findet man bei ihnen nicht viel von der von Freud geschilderten Besitzgier und Eifersucht und nichts, was der Institution eines alles beherrschenden Mannes, der sämtliche Frauen für sich allein beansprucht, ähnlich wäre.³⁶ Freud stützte sich auf Quellen einer Schreibtisch-Anthropologie, die später mit der Ausbreitung der modernen Feldforschung in Verruf geriet. Es war jedoch im Geistesleben des neunzehnten Jahrhunderts ganz üblich, das Seelenleben früher Menschengruppen mit dem von *Wilden* zu identifizieren. Zumindest ebenso zweifelhaft war Freuds Betonung des phylogenetischen Erbes der Menschen; denn er argumentierte, daß eine erworbene Eigenschaft – Schuldgefühl wegen der Ermordung des Urvaters – vererbt werden könne.

Es ist auffallend, daß *vor 1910 ... auf dem Gebiete der Freudschen Lehren von Phylogenese wenig oder gar nicht die Rede* [war].³⁷ Freud gab zu, daß *1912 ... der nachdrückliche Hinweis von Jung auf die weitgehenden Analogien zwischen den geistigen Produktionen der Neurotiker und der Primitiven mir zum Anlaß* [wurde], *meine Aufmerksamkeit diesem Thema zuzuwenden*.³⁸

C. G. Jung wies zuerst nachdrücklich auf die überraschende Übereinstimmung zwischen den wüsten Phantasien der Dementia-praecox-Kranken mit den Mythenbildungen primitiver Völker hin; Referent machte aufmerksam, daß die beiden Wunschregungen, welche den Ödipus-Komplex zusammensetzen, sich inhaltlich voll mit den beiden Hauptverboten des Totemismus *decken (den Ahnherrn nicht zu töten und kein Weib der eigenen Sippe zu ehelichen) und zog daraus weitgehende Schlüsse.*³⁹

Jung war viel leichter als Freud geneigt, phylogenetische Deutungen anzuführen, obwohl nach ihrer Begegnung Freud Jungs Ansatz in gewissem Umfang übernommen zu haben scheint. Obwohl Freud es für *methodisch unrichtig* von Jung hielt, *zur Erklärung aus der Phylogenese zu greifen, ehe man die Möglichkeiten der Ontogenese erschöpft hat*, sprach er selber nicht nur von *organischem Erbe*, sondern kam Jones zufolge auch zu dem Schluß, daß gewisse Urphantasien, vor allem die von Koitus und Kastration, durch Vererbung weitergegeben würden.⁴⁰

Damals jedoch fand Freud Jungs Ideen bestenfalls verworren, wenn nicht unverständlich oder verrückt. Am 1. Juni 1913 schrieb Freud an Abraham:

Jung ist verrückt, aber ich lege es nicht auf Trennung an, möchte ihn erst abwirtschaften lassen. Vielleicht daß meine Totemarbeit gegen meinen Willen den Bruch beschleunigt.[41]

Abraham blieb der treue Schüler; und die Formulierung von Freuds Dankbarkeitsbekundung gegenüber Abraham für seine Kommentare zu *Totem und Tabu* vermittelt eine Vorstellung davon, was Freud von seinen Schülern wollte. *Die Art, wie Sie mir den Wert der Arbeit beweisen wollen,* schrieb Freud, *durch Beiträge, Zusätze und Folgerungen, ist natürlich die wundervollste.*[42] Jungs *Verworrenheit*[43] rief wiederholt Freuds Ablehnung hervor. Es war weniger, daß Freud anderer Meinung war als Jung; wie auch bei anderen *Dissidenten,* fand er Jungs Arbeiten einfach unverständlich. Freud *wollte immer gründlich begreifen; nach der gleichen Logik interessierte ihn Musik nicht, weil er sie als eine unverständliche Sprache betrachtete.*[44]
Freud war kein depressiver Mensch und neigte deshalb auch nicht zu Selbstvorwürfen wegen irgendwelcher Dinge, die er anderen angetan hatte; es lag ihm viel näher, nach Dingen zu suchen, die andere ihm angetan hatten.* Im Juli 1913 jedoch, nach der Vollendung von *Totem und Tabu* und vor seiner letzten Begegnung mit Jung, erlebte Freud eine Depression, die ihm vielleicht die Einsicht erlaubte, welche Rolle seine Persönlichkeit für das Scheitern seiner Beziehung zu Jung spielte.[46] Im folgenden Winter jedoch konzentrierte sich Freuds Aufmerksamkeit auf das Verhalten Jungs als Präsident; der Kongreß wurde nach seiner Darstellung

von Jung in unliebenswürdiger und inkorrekter Weise geleitet, die Vortragenden waren in der Zeit beschränkt, die Diskussionen überwucherten die Vorträge ... Die ermüdenden und unerquicklichen Verhandlungen brachten auch die Wiederwahl Jungs zum Präsidenten der Internationalen Psychoanalytischen Vereinigung, welche Jung annahm, wiewohl zwei Fünftel der Anwesenden ihm ihr Vertrauen verweigerten.[47]

Jones berichtete, Jung habe am Ende des Kongresses – unter Anspielung darauf, daß sie jetzt auf entgegengesetzten Seiten standen – zu ihm gesagt: *Ich dachte, Sie seien Christ.*[48] Da Jones einer der wenigen Nichtjuden auf dem Kongreß war, hatte Jung danach erwartet, Jones aus diesem Grunde auf seiner Seite zu haben. In seiner, bei seinem Tod noch unvollendeten Autobiographie jedoch gab Jones eine andere, ausführlichere Darstellung der Episode. *Als er sich verabschiedete, bemerkte er spöttisch zu mir: ›Ich dachte, Sie hätten ethische Prinzipien‹ (ein beliebter Ausdruck von ihm); nach der Auslegung meiner Freunde bedeutete das Wort ›ethisch‹ hier ›christlich‹ und*

---

* So schrieb er 1915: *Ich habe eigentlich nie etwas Gemeines und Boshaftes getan und spüre auch keine Versuchung dazu ... [während] die Anderen brutal und unverläßlich sind.*[45]

damit ›antisemitisch‹.⁴⁹ Ob es nun Jones oder seine *Freunde* auf der Seite Freuds waren, die die Worte so deuteten: in seiner Biographie Freuds jedenfalls berichtet Jones sie als Jungs wörtliche Äußerung, was nach seiner späteren Darstellung offensichtlich nicht zutrifft.

Aber niemand, der Jungs Vortrag auf dem Kongreß wiederliest, kann daran zweifeln, daß Freud die Position Jungs als einen unerträglichen Affront betrachten mußte. *Zur Frage der Psychologischen Typen* war eine glänzende Darstellung, die seine Konzepte der *Introversion* und der *Extraversion* einführte, welche später ausführlich als gegensätzliche Orientierungen gegenüber der Welt ausgearbeitet wurden. Es hätte Freud, der damals immer noch hauptsächlich mit dem Verständnis und der Behandlung von Symptomen beschäftigt war, nicht zugesagt, nach solchen Charaktertypen zu suchen. Was Freud jedoch wohl am meisten aufbrachte, war eine Passage gegen Ende des Jungschen Vortrags, in der Jung das Werk Adlers und das von Freud als gegensätzliche Ansätze behandelte, die seinen beiden psychologischen Typen entsprachen. Der Schluß-Satz Jungs, in dem es heißt: *Die schwierige Aufgabe der Zukunft wird es sein, eine Psychologie zu schaffen, welche beiden Typen gleichmäßig gerecht wird*, konnte angesichts der Auseinandersetzung Freuds mit Adler in Wien wirklich nicht hingenommen werden.⁵⁰

Im Oktober 1913 fand nach einer über siebenjährigen Korrespondenz* der letzte Briefwechsel zwischen Freud und Jung statt. In diesem Monat trat Jung als Redakteur des *Jahrbuches* zurück; Freud schrieb darüber in einem Brief:

*... gestern ist mir die volle Analogie aufgefallen, welche sich dem ersten Davonlaufen Breuers vor der Entdeckung der Sexualität hinter den Neurosen und der letzten Jungs nachweisen läßt. Umso fester steht es, daß dies der Kernpunkt der Psychoanalyse ist.*⁵¹

Heute würde es nur wenige verantwortliche Persönlichkeiten in der Psychoanalyse stören, wenn ein Analytiker Auffassungen vorbringen würde, die mit denen Jungs von 1913 übereinstimmten; zum Beispiel behauptete Jung schon Jahre vor dem Aufkommen der Ichpsychologie: *Die Tatsache, daß der neurotische Mensch von seinen infantilen Konflikten merklich beeinflußt zu sein scheint, macht deutlich, daß es sich weniger um Fixierung handelt als vielmehr um den Gebrauch, den der Mensch von seiner kindlichen Vergangenheit macht.*⁵²

Obwohl Freud später die *Vereinsamung*⁵³ beschrieb, die ihn umgab, wollte er offenbar nicht sehen, daß er diesen Zustand selber herbeigeführt hatte. Er wußte nur:

(Mir fällt ... die ... Aufgabe zu,) ... mich gegen Leute zu wehren, sie anzuklagen und von mir zu weisen, die sich durch viele Jahre meine Schüler genannt haben und

---

* Im Jahre 1923 überwies Jung einen Patienten brieflich an Freud, es erfolgte jedoch keine Antwort.⁵⁴

alles meiner Anregung verdanken. Ich bin keine streitbare Natur, ja ich teile nicht die so häufige Meinung, daß wissenschaftlicher Streit Klärung und Förderung bringt. Aber ich mag auch die faulen Kompromisse nicht und würde nichts für eine unfruchtbare Versöhnung opfern.[55]

Wenn es Freuds Bewegung bleiben sollte, wenn er der Geschichte seinen Willen aufzwingen sollte, dann mußte Freud paradoxerweise den psychoanalytischen Kreis zahlenmäßig und in seinen Begabungen reduzieren.
Im Jahre 1913 wurde Jung eingeladen, in London *als Vertreter der psychoanalytischen Richtung zu sprechen.*[56] Damit nicht der Eindruck entstehe, *daß die Psychoanalyse sich geändert hat,* sah Freud sich, wie er schrieb, *auf dem Münchener Kongreß . . . genötigt, dieses Halbdunkel aufzuhellen,* und tat es durch die Erklärung, *daß ich die Neuerungen der Schweizer nicht als legitime Fortsetzung und Weiterentwicklung der von mir ausgehenden Psychoanalyse anerkenne.*[57] Freud zog es vor, anstatt ausdrücklich von seinen eigenen Überzeugungen und Auffassungen zu sprechen, sich unpersönlicher klingender Ausdrücke wie *Die Psychoanalyse lehrt* zu bedienen; nachdem er die Dissidenten ausgetrieben hatte, würde Freud in künftigen Jahren von der *übereinstimmenden Angabe aller Psychoanalytiker* schreiben können.[58] *Die Analytiker sind längst einig darüber . . .*[59] war gleichfalls eine überzeugende Form der Beweisführung.
Im Januar und Februar 1914 schrieb Freud seine Abhandlung *Zur Geschichte der psychoanalytischen Bewegung* für die Leser des *Jahrbuches,* in der er Jung als *auf dem vollen Rückzuge von der Psychoanalyse* brandmarkte.[60] Freud skizzierte, warum die Arbeiten von Adler wie von Jung wissenschaftlich rückschrittliche Tendenzen darstellten; seine Polemik gegen sie sollte sicherstellen, daß die Öffentlichkeit verstand, warum er der Ansicht war, sie hätten sich von der Psychoanalyse *abgewendet,* seien von ihr *abgefallen.* Und doch war er es gewesen, der sich in beiden Fällen berechtigt gefühlt hatte, die Initiative zu ergreifen. Jung hätte wissen müssen, daß die Internationale Psychoanalytische Vereinigung nach Freuds Absichten mehr sein sollte als nur eine offizielle Lizenzierungsinstanz;* sie war auch eine Organisation zur Durchsetzung einer bestimmten Politik. Jung trat erst im April 1914 von der Präsidentschaft zurück. (Karl Abraham trat interimistisch an seine Stelle.)
Als Freuds Polemik im Juli 1914 im Druck erschien, zog sich Jung aus der Internationalen Psychoanalytischen Vereinigung zurück, zusammen mit sämtlichen Schweizer Analytikern. Wie bei den Rücktritten der Adlergruppe, bezeichneten auch die Züricher als einen ihrer Beweggründe *die Gefährdung der freien Forschung.*[62] Jung hatte trotz seiner zunehmend kritischen Einstellung gegenüber Freuds Werk die Beziehung zu Freud aufrechterhalten wollen, aber dieser schien es darauf abzuzielen, ihn auszuschließen. Wie Freud Ende Juli 1914 schrieb: *Ich brenne auf die offizielle Nach-*

---

* Zu Beginn seiner Beziehung zu Freud hatte Jung *die Politik vertreten, von der Teilnahme an den Sitzungen alle auszuschließen, die nicht jeden Punkt der Lehre unterschrieben.*[61]

*richt, daß wir die ›Unabhängigen‹ losgeworden sind.*⁶³ Freud zitierte in bezug auf die Psychoanalyse – so wie seinerzeit in Briefen an Fließ in bezug auf seinen Seelenzustand – den Spruch im Wappen der Stadt Paris, das ein Schiff auf bewegten Wellen zeigt: *Fluctuat nec mergitur (es schwankt, aber es sinkt nicht.)*⁶⁴Wenigstens hatte Freud das bewahrt, was er als die Integrität seiner Lehren ansah, und wenn seine Zeit da war, dann würden auch seine originalen Beiträge ihre Anerkennung finden.

6.5. Die Analytische Psychologie

Der orthodoxen psychoanalytischen Auffassung erschien Jung *nicht mehr und nicht weniger als ein Vorfreudianer, der sich zuerst vom Strom des Freudschen Denkens mitreißen ließ und seit damals stets bestrebt war, seinen Frieden mit der Bewußtseinspsychologie zu machen. Die Gefahr für Freuds Position lag darin, daß Jung die Freudsche Terminologie so verwendet, daß sie ihrer ursprünglichen Bedeutung entkleidet wird und so den nicht orientierten Leser verwirrt.*¹ Richtig ist, daß Jungs Schriften die einzigartige Klarheit Freuds fehlte. Freud schrieb 1914:

*Die Jungsche Modifikation der Psychoanalyse ... hat den Zusammenhang der Phänomene mit dem Triebleben gelockert; sie ist übrigens, wie ihre Kritiker (Abraham, Ferenczi, Jones) hervorgehoben, so unklar, undurchsichtig und verworren, daß es nicht leicht ist, Stellung zu ihr zu nehmen.*²

Einer von Jungs Begriffen jedoch – *Komplex* – faszinierte Freud, war er doch schon so lange im psychoanalytischen Vokabular verankert. Der Herausgeber Freuds, James Strachey, notierte das *début* des Züricher Terminus *Komplex* in Freuds veröffentlichten Schriften im Jahre 1906.³ Im Jahre 1912 versuchte Freud, als er sich bereits von Jung löste, eine Zeitlang, den Begriff *Komplex* terminologisch überflüssig erscheinen zu lassen, aber es war schon zu spät.⁴ In späteren Jahren versuchte Jones, die Urheberschaft Jungs an dem Terminus *Komplex* zu bestreiten, indem er von dem Berliner Psychiater Ziehen behauptete, dieser habe *das Wort Komplex als erster eingeführt* und habe *Anspruch auf sein Urheberrecht* gemacht.⁵
Die Psychoanalyse der Anfangszeit konzentrierte sich auf den Konflikt. Seit Freuds Tod interessierten sich die psychoanalytischen Autoren mehr für *konfliktfreie* Bereiche der Psyche. Jung betrachtete Heinz Hartmanns Arbeiten über das *autonome Ich* ebenso geringschätzig, wie er davon überzeugt war, daß Freuds Konzeptionen übertrieben negativ seien. Für Jung blieb die orthodoxe Psychoanalyse bloß eine hedonistische Erklärung des menschlichen Dilemmas. Trotz aller Unterschiede Jungs von der Adlerschen Position hätte er wohl der Meinung zugestimmt, daß *die Ödi-*

pustheorie die enttäuschenden Erfahrungen des verwöhnten Kindes verallgemeinert, so wie die Libidotheorie seine lustsuchenden Neigungen verallgemeinert.[6] Und wie Adler, so wollte auch Jung von der Freudschen Konzentration auf Ursachen aus der Vergangenheit loskommen: *Und sodann läßt sich irgend ein psychologischer Tatbestand niemals erschöpfend aus seiner Kausalität allein erklären; er ist ja als lebendiges Phänomen immer in der Kontinuität des Lernprozesses unauflöslich verknüpft, so daß er zwar einerseits stets ein Gewordenes, anderseits auch stets ein Werdendes, Schöpferisches ist.*[7]

Freuds Teilnahme an dem menschlichen Zustand des inneren Konfliktes, seine Einfühlung in das Leiden, seine Würdigung der Unausweichlichkeit des Tragischen werden in dem beharrlichen Dualismus seiner Gedanken sichtbar. In seinen frühen Schriften dachte er in Begriffen des Gegensatzes zwischen libidinösen Trieben und Gewissensmaßstäben, und in seinen letzten Lebensjahren stellte er die Hypothese eines Lebenstriebs im Widerstreit mit einem Todestrieb auf; trotz gelegentlicher Bezugnahmen auf die psychische Einheit, war es der Dualismus der menschlichen Gefühle – was Bleuler *Ambivalenz* genannt hatte –, der zu Freuds Hauptinteresse wurde. Jones berichtet, *daß Freud zu Jung einmal sagte, wenn er je an einer Neurose erkranken würde, wäre es an der Zwangsneurose. Das bedeutet ... eine tiefe Ambivalenz der Liebes- und Haßgefühle.*[8] Jones wußte, daß bei Freud eine *fast zwanghafte Beschränkung der Triebgruppen auf die Zahl zwei, und ja nicht mehr* vorlag.[9]

Jung wich von der Theorie Freuds darin ab, daß in seiner Hypothese die Libido eine viel weitere und allumfassende psychologische Kraft war als in Freuds Sicht. Nach Freuds Libidotheorie war die Sublimierung das Ergebnis der Zurückhaltung der Sexualität. Für Jung war die Auffassung der Kreativität als Resultat der Verleugnung anderer menschlicher Fähigkeiten nur ein Ausdruck der sexuellen Hemmungen Freuds.[10]

Freuds Auffassung der Libido war enger sexuell, obwohl das Sexuelle für ihn immer auch die mit der infantilen Sexualität verknüpften Empfindungen einschloß. Jung erhob den Einwand: *Leider ist aber gerade der Sexualbegriff Freuds von unerhörter Dehnbarkeit und dermaßen vage, daß gegebenenfalls alles in ihm Platz hat.*[11] Freud sah die Libido – für Männer wie für Frauen – als männlichen Zug und bediente sich militärischer Termini, um die Entwicklung der libidinösen Stadien zu beschreiben, – zum Beispiel sagte er, der Geist lasse in verschiedenen Stützpunkten an der Straße des Wachstums Truppen zurück. Freud versuchte zu beweisen, daß selbst der Egoismus ein libidinöses Problem sei, und seine Abhandlung *Zur Einführung des Narzißmus* war ein Versuch, der nichtsexuellen Libido Jungs (und Adlers Idee des männlichen Protests) eine Alternative entgegenzustellen.[12] Aber Freud nahm in sein Narzißmus-Konzept so viele Dinge auf, daß ein heutiger Leser Schwierigkeiten haben mag, zu verstehen, worin Freud sich wirklich von dem Monismus unterscheidet, den er Jung vorwarf.

Aber in den Auffassungen, die Freud und Jung schließlich repräsentierten, steckte ein unvermeidlicher Konflikt. Zum Beispiel hegte Freud ein ständiges Mißtrauen gegenüber der menschlichen Fähigkeit zur Regression, während Jung die Tendenz hatte, das Nichtrationale als eine profunde Komponente des Menschlichen zu betrachten. Freud bediente sich im Gespräch manchmal einer romantischen Ausdrucksweise; so machte er einem Patienten einmal folgendes Kompliment über eine von ihm verfaßte Erzählung: *Nun, was das Unbewußte tut, tut es gewöhnlich gut.*[13] Aber im ganzen ließ Freuds Arbeit als Therapeut und sein eigenes rationales Temperament ihn allem mißtrauen, was nicht rational erklärbar gemacht werden konnte, und sowohl bei seinen Patienten, wie bei seinem eigenen Leben war er auf der Hut vor scheinbaren Fehlern der Reife oder der Kontrolle. Jung berichtet, Freud habe einmal zu ihm gesagt: *Mich wundert nur, was in Zukunft die Neurotiker machen werden, wenn alle ihre Symbole einmal entlarvt sind. Dann wird ja die Neurose gänzlich unmöglich. Er erhoffte alles von der Aufklärung.*[14] Nach der Auffassung Jungs im Jahre 1934:

Man sollte nicht suchen, wie man die Neurose erledigen kann, sondern man sollte in Erfahrung bringen, was sie meint, was sie lehrt, was ihr Sinn und Zweck ist. Ja, man sollte lernen, ihr dankbar zu werden, sonst hat man sie verpaßt und damit die Möglichkeit verloren, mit dem was man wirklich ist, bekannt zu werden. Eine Neurose ist dann wirklich ›erledigt‹, wenn sie das falsch eingestellte Ich erledigt hat. Nicht sie wird geheilt, sondern sie heilt uns. Der Mensch ist krank, die Krankheit aber ist der Versuch der Natur, ihn zu heilen.[15]

Nach Jungs Auffassung war *unser Bewußtsein noch teuflischer und perverser ... als das Naturwesen des Unbewußten,* und er verwarf *die gänzlich irrige Voraussetzung, daß das Unbewußte ein Ungeheuer sei.*[16]

Für Jung konnten Regressionen auch positiven, nicht nur neurotischen Funktionen dienen, und diese Einsicht sollte schließlich auch in die Arbeit der orthodoxen Psychoanalyse eingehen, hauptsächlich durch die Schriften von Ernst Kris.[17] Später ging ein Analytiker, Ronald D. Laing,* so weit, die positiven Aspekte sogar der Psychose zu unterstreichen; er vertrat die Meinung, die Geisteskranken hätten möglicherweise eine größere Wahrnehmungsfähigkeit als sogenannte gesunde Menschen.
Die Unterschiede in der Einstellung Jungs und Freuds zur Regression erstreckten sich auch auf ihre Konzeption der Funktionsweise des Unbewußten selbst. Für Freud war das Unbewußte primär regressiv; als Jung diese Auffassung in Frage stellte, schien es Freud, Jung sei auf der Flucht vor der Akzeptierung des Konzeptes des Unbewußten überhaupt. Man könnte aber ebensogut sagen, daß Jung einfach eine andere Vorstellung vom Unbewußten hatte; Jung bewertete die kreativen Möglichkeiten des Unbewußten höher und sah im Unbekannten zumindest ebenso viele Lebenskräfte wie To-

---

* *Das geteilte Selbst. Eine existentielle Studie über geistige Gesundheit und Wahnsinn.* Köln 1974.

deskräfte. Der Unterschied der Auffassung des Unbewußten bei Freud und Jung spiegelt sich in ihrer gegensätzlichen Einstellung zur Phantasie wieder. Freud war der Überzeugung, *der Glückliche phantasiert nie, nur der Unbefriedigte.*[18] Jung hingegen schrieb:

Ich denke nämlich nicht gering von der Phantasie. Sie ist mir in erster Linie die mütterliche Schöpferkraft des männlichen Geistes ... Und der Mensch ist, wie Schiller sagt, ›nur da ganz Mensch, wo er spielt.‹[19]

Jung war der Meinung, daß *zwischen dem Bewußtsein und dem Unbewußten ein kompensatorisches Verhältnis besteht, und daß das Unbewußte immer versucht, den bewußten Teil der Psyche durch Anfügung des Fehlenden zur Ganzheit zu ergänzen und damit gefährlichen Gleichgewichtsverlusten vorzubeugen.*[20] Für Jung war die Psyche deshalb *ein selbstregulierendes System, ausbalanciert wie das Leben des Körpers ... Ein Zuwenig hier erzeugt ein Zuviel dort.*[21]

Jung erkannte Freuds Mißtrauen gegenüber dem Unbewußten in seiner Traumtheorie. Freud meinte, es wäre ganz inkorrekt, der *Traumarbeit* der Seele irgendeinen *schöpferischen* Charakter zuzuschreiben.[22] Jungs Erfahrungen führten ihn dazu, den Träumen eine *kompensatorische Funktion* zuzuschreiben, anstatt sie als Wunscherfüllung zu begreifen.[23] Wunscherfüllung betonte die Befriedigung, die durch die Abfuhr von Triebimpulsen erzielt wird, während Kompensation implizierte, der Patient suche durch Träume möglicherweise ethische Anleitung. Jung zufolge schrieb auch Freud den Träumen, insofern sie den Schlaf bewahren, eine kompensatorische Rolle zu.[24] Jung lehnte Freuds Unterscheidung zwischen manifestem und latentem Trauminhalt ab, der erstere, der für Freud nur die Oberfläche des Traumes war, enthalte gleichfalls die Botschaft des Traumes:

Ich habe Freud nie recht geben können, daß der Traum eine ›Fassade‹ sei, hinter der sich sein Sinn verstecke; ein Sinn, der schon gewußt ist, aber sozusagen boshafterweise dem Bewußtsein vorenthalten werde. Für mich sind Träume Natur, der keine Täuschungsabsicht innewohnt, sondern die etwas aussagt, so gut sie eben kann – wie eine Pflanze, die wächst, oder ein Tier, das seine Nahrung sucht, so gut sie eben können.[25]

Wenn Freud behauptet, daß der Traum etwas anderes meine, als er sage, so ›polemisiert‹ diese Auffassung gegen die Anschauung, die der Traum als natürliche Erscheinung und spontan von sich selber hat, und ist daher ungültig.[26] Jung meinte: *Träume können unerbittliche Wahrheiten, philosophische Sentenzen, Illusionen, wilde Phantasien, Erinnerungen, Pläne, Antizipationen, ja sogar telepathische Visionen, irrationale Erlebnisse und Gott weiß was sonst noch sein.*[27]

Einer von Freuds Schweizer Mitarbeitern, Alphonse Maeder, hatte die *teleologische Traumfunktion* behandelt, ein Gedanke, der wie Adlers Idee maskuliner und femininer Traumelemente ein Abrücken von Freuds ursprünglicher Theorie der Wunscherfüllung bedeutete. Freud meinte, er müsse die Nützlichkeit rivalisierender Traumtheorien widerlegen. Indem er diesen sogenannten *Entdeckungen* den Anspruch der Universalität beilegte (den Jung sorgfältig vermieden hatte), versuchte er, sie abzutun: *Ich erwähne alle diese Entdeckungen neuer allgemeiner Charaktere des Traumes, um Sie vor ihnen zu warnen oder um Sie wenigstens nicht im Zweifel zu lassen, wie ich darüber urteile.*[28]

Jung brachte zumindest eine Neuerung in die Traumpsychologie ein, die heute von den Analytikern allgemein akzeptiert wird; seinen Gedanken nämlich, daß man Personen in Träumen als Vertreter bestimmter Aspekte des eigenen Ichs des Träumers deuten kann. Ein Mann, der von einem Mädchen träumt, das sehr traurig ist, drückt damit vielleicht seine eigene Traurigkeit aus; und es war ein für Jung typischer Gedanke, ein Mann könne außer Kontakt mit seiner Feminität *(anima)* sein, so wie viele Frauen an mangelndem Zugang zu ihrer maskulinen Seite *(animus)* leiden. *Beim Mann hat das Unbewußte weibliches und bei der Frau männliches Vorzeichen.*[29]

Für Freud vertraten Traumgestalten, wenn sie in ihrem latenten Sinn gedeutet wurden, Menschen im vergangenen Leben des Träumers. Während heute viele Psychologen Jung zustimmen und sogar, wie Erikson, von *Ichsymbolen* sprechen würden, war Freud unerbittlich in seiner Ablehnung dieses Teils der Jungschen Auffassung auf seinem, nach Freuds Urteil, irrigen Weg: *Daß aber alle Personen, die im Traume vorkommen, als Abspaltungen und Vertretungen des eigenen Ichs zu gelten haben, möchte ich als eine inhaltslose und unberechtigte Spekulation zurückweisen.*[30]

Jungs Betonung der Notwendigkeit, die *Lebensaufgabe* des Träumers zu verstehen, und seine Beschäftigung mit den aktuellen (anstatt den verborgenen und getarnten) Konflikten seiner Patienten mögen auf eine Besonderheit seiner ursprünglichen klinischen Praxis zurückzuführen sein. Denn wenn es zu einem der Hauptprinzipien der Jungschen Psychotherapie wurde, den Patienten zur Wirklichkeit zurückzuführen,[31] anstatt den Freudschen Umweg mit ihm durch die Vergangenheit zu gehen, um die Gegenwart zu verstehen, so war das der Tatsache zuzuschreiben, daß Jung so viel mehr Erfahrung als Freud im Umgang mit der gestörtesten Art von Geisteskranken hatte. Freud nahm es für selbstverständlich, daß seine Patienten ein mehr oder weniger intaktes Ich hatten, während stärker gestörte Patienten sehr häufig Teile von sich selbst auf andere projizieren. Im Laufe seiner Anstaltstätigkeit in der Schweiz hatte Jung Fälle einer Art beobachtet, die Freud nie die Gelegenheit hatte zu sehen; und Jung war toleranter gegen die Psychose, als Freud es je fertigbrachte zu sein.* In seinen früheren Jahren hatte Jung Fälle von Psychosen behandelt, und

---

* Jung war jedoch *notorisch intolerant gegen männliche Homosexuelle*. Außerdem schrieb er relativ wenig über den positiven Aspekt des *animus* bei den Frauen: *Ein immer wieder auftauchendes Thema ... ist die verhängnisvolle Wirkung, die seiner Meinung nach die Universitäten – insbesondere die amerikanischen Universitäten – auf die Persönlichkeit der Frauen ausübten. Er nannte sie ›Animus-Brutkästen‹...*[32]

das Material, das ein Schizophrener brachte, faszinierte ihn mehr als das, was beispielsweise ein Zwangsneurotiker der gängigen Art erbrachte.

Jung war – wie gesagt – in bezug auf Psychosen weniger abwehrend als Freud, und das mag viele Aspekte ihrer Differenzen erklären. Wenn der Analytiker es mit einer schizophrenen gestörten Person zu tun hat, kann er nicht einen von Tag zu Tag vorhandenen Wirklichkeitssinn des Patienten voraussetzen und muß unter Umständen eingreifen, um sicherzustellen, daß die allerweltlichsten täglichen Aufgaben (Waschen, Anziehen usw.) erledigt werden. Außerdem behalten Menschen, die mit schweren Geisteskrankheiten gearbeitet haben, mehr die Möglichkeit im Auge, daß biochemische Störungen mit im Spiel sind, und räumen deshalb der Funktion des Arztes auf dem Gebiet der Psychotherapie mehr Respekt ein. Jung war zwar nicht grundsätzlich gegen die Praxis der Laienanalyse, aber seine Angst davor, daß bei Patienten latente Psychosen vorliegen könnten, führte ihn zu dem Standpunkt: *Ein analysierender Laie sollte daher immer mit einem Arzt kollaborieren.*[33] Als er noch zu Freuds Kreis gehörte, akzeptierte Jung Freuds Bild vom Analytiker als einem Seelenchirurgen, und im Jahre 1913 schrieb er: *Ich täuschte mich selber, wenn ich dächte, ich sei Praktiker. Ich bin in erster Linie Forscher . . .*[34] Im Jahre 1942 jedoch war Jung zu folgender Meinung gelangt: *Wichtig ist nicht mehr die Neurose, sondern wer die Neurose hat. Beim Menschen haben wir einzusetzen und dem Menschen müssen wir gerecht werden können.*[35]

Freud brachte wiederholt zum Ausdruck, daß er nicht mit den Analytikern übereinstimmte, die sich besonders stark für psychotische Fälle interessierten. Unter dem Eindruck seiner Verbindung mit Jung schrieb Freud seine Fallgeschichte Schrebers (eines Psychotikers), doch war die Grundlage seiner Arbeit ein Erinnerungsbuch, nicht eigenes klinisches Material. Freud versprach sich von seiner Abhandlung *höhnisches Gelächter oder die Unsterblichkeit oder beides.*[36] Es ist die Meinung vertreten worden, Jungs wesentlichster Beitrag zur Psychoanalyse sei gewesen, daß er darauf hinwies, *daß Freud im Fall Schreber nicht zwischen neurotischen und psychotischen Erscheinungen unterschied.*[37] Freud anerkannte *die frappanten Aufhellungen ganz dunkler Symptome bei der sogenannten Dementia Praecox durch C. G. Jung,* fügte aber hinzu, das sei zu einer Zeit gewesen, *da dieser Forscher bloß Psychoanalytiker war und noch nicht Prophet sein wollte . . .*[38] Freud hatte jedoch seine eigene prophetische Seite, wie er in seiner Verdammung des religiösen Glaubens und seiner Kritik an der traditionellen religiösen Moral zeigte. Aber Darstellungen der modernen Tiefenpsychologie haben allzu oft Jungs große praktische Leistungen als Therapeut unerwähnt gelassen.

Jungs frühen Erfahrungen und seinem Interesse für das Verständnis der Psychose stand etwas scheinbar Gegensätzliches gegenüber, nämlich seine faszinierte Beschäftigung mit dem Übernormalen, dem Genie. Das Thema des Helden nimmt in Jungs Denken eine zentrale Stellung ein, und um sein Verständnis der Mythologie zu bereichern, wandte Jung sich dem Studium der vergleichenden Religionswissenschaft zu. Im Jahre 1912 schrieb Freud, die Behauptung Jungs sei *wohlbegründet, daß die mythenbildenden Kräfte der Menschheit nicht erloschen sind, sondern heute noch in den Neurosen dieselben psychischen Produkte erzeugen wie in den ältesten Zeiten.*[39]

Aber schon 1914 erhob Freud dann den Vorwurf, in Jungs neuen Theorien werde *die Individualforschung zurückgedrängt und durch die Beurteilung nach Anhaltspunken aus der Völkerforschung ersetzt.*[40] Während Freud in *Totem und Tabu* die Vorgeschichte dazu benutzte, die Bedeutung des Ödipuskomplexes erneut hervorzuheben, fand Jung in der Anthropologie einen Weg, Religionen der Frühzeit, Symbolismus und Mythologie zur Förderung seiner eigenen Spezialinteressen zu benutzen. In späteren Jahren besuchte er die Indianer des nordamerikanischen Südwestens und reiste nach Indien, Ägypten, Nordafrika und in die Sahara, um sein Wissen vom Menschen zu erweitern.

In Übereinstimmung mit seiner religiösen Orientierung sah Jung das Leben als eine Abfolge von Metamorphosen, wobei die zentrale Phase die *Lebenswende* um das fünfunddreißigste Lebensjahr war.[41] Im Lauf der Verwandlungen des einzelnen war nach Jungs Meinung die letzte Lebenshälfte für die wenigen außergewöhnlichen Menschen *eine Periode der Konfrontation mit dem Archetyp des Geistes und des Selbst.*[42] Jungs Konzept des Archetyps hatte nichts mit *vererbten Vorstellungen,* sondern mit *Verhaltensweisen* zu tun.[43]* Freud hatte primär zwischen Kindheit und Erwachsenenalter unterschieden und letzteres nach den einzigartigen Charakteristiken der ersteren gedeutet. Freud war vor der Analyse älterer Patienten auf der Hut, während Jung sich für ihre Probleme besonders interessierte. Die Schwierigkeiten älterer Menschen unterschieden sich von denen der Jungen; die Probleme der Sinnerfüllung waren ihnen wichtiger als die Wechselfälle der Sexualität.

Mit der Erörterung der fundamentalen Einstellungen des Menschen zum Sein war Jung wieder in den Bereich des Religiösen zurückgekehrt, den Freud aufzuheben versucht hatte. Freud konzedierte die Legitimität von Jungs Gedankenrichtung, zumindest in bezug auf *die Wiedergeburtsphantasie, auf die Jung kürzlich die Aufmerksamkeit gelenkt und der er eine so dominierende Stellung im Wunschleben der Neurotiker eingeräumt hat.* Aber, so fügte Freud kritisch hinzu, *das wäre schön, wenn es vollständig wäre.*[45] Ein halbes Jahrhundert später jedoch behandeln die Analytiker nicht nur Patienten, die älter sind als jene, die Freud als dem therapeutischen Einfluß zugänglich ansah, sondern folgen auch Jungs Beispiel (ohne es immer zu wissen), wenn sie die Psychologie von Lebensstadien studieren, die nicht zu denen gehören, denen Freuds besonderes Interesse gehörte.

Jungs intensive Beschäftigung mit philosophischen Fragen war offensichtlich eine der

---

* Anthony Storr hat kürzlich die Auffassung vorgebracht, Jung habe ererbte Dispositionen gemeint; zum Beispiel müsse man die *archetypischen* Bilder der guten und der bösen Mutter in Betracht ziehen, die *auf die wirkliche Mutter dergestalt projiziert werden, daß sie als eine Art von Gottheit oder aber als eine Art von Hexe erscheinen kann.*[44]

Ursachen der Disharmonie zwischen ihm und Freud. Jung vertrat die Auffassung, der Therapeut müsse bereit sein, dem Patienten auf allen Ebenen, einschließlich der moralischen, gegenüberzutreten. Obwohl Freud im Alltag in vieler Hinsicht ein Konformist war, steckte er doch voller Skepsis gegenüber der traditionellen Moral; noch 1921 schrieb er: *Wir hatten längst behauptet, der Kern des sogenannten Gewissens sei ›soziale Angst‹.*[46] Freud meinte, wir kontrollierten unsere unbewußten Triebregungen, in denen ja alles Böse der Menschenseele in der Analyse enthalten ist, aus Furcht vor der Außenwelt.[47] Die ausführlichste Darstellung seiner Auffassung von den Ursprüngen des Gewissens gab Freud 1930 in *Das Unbehagen in der Kultur,* aber er hatte schon früher den Gedanken, daß in den Menschen ein Drang zur Vollkommenheit wirksam sei, als eine *freundliche Illusion* abgetan.

Jung versuchte, die philosophischen Dimensionen der Tiefenpsychologie unmittelbar zu erfassen, und war eher bereit als Freud, die Implikationen dieser Ideen für eine moderne Konzeption des Individualismus zu erörtern. Jung war der Auffassung, daß jeder Mensch eine *persona* hat, ein Mittel, sich selbst der äußeren Welt darzustellen. Nach Jungs Meinung kann jedoch *die sogenannte gut angepaßte Persönlichkeit zu einer Art maskenhafter Existenz führen.*[48] Jung glaubte, der Patient müsse mit seiner *Schattenseite,* die hinter der *persona* liegt, in Kontakt kommen, um das, was er vielleicht geworden ist, um anderen zu gefallen, zu durchbrechen. Unter *Schatten* verstand Jung *den ›negativen‹ Teil der Persönlichkeit, nämlich die Summe der versteckten, unvorteilhaften Eigenschaften, der mangelhaft entwickelten Funktionen und der Inhalte des persönlichen Unbewußten.*[49]

In Jungs Konzepten der Persona und des Schattens führte er wiederum einen Aspekt von Freuds Werk weiter voran, als Freud selber wollte, obwohl spätere Freudforscher mit der Unterscheidung Jungs ohne Schwierigkeiten zurechtkamen. Ohne sich der Terminologie Jungs zu bedienen, bezeichnete Donald Winnicott ähnliche philosophische (und zugleich klinische) Entitäten, als er zwischen *dem wahren und dem falschen Selbst* unterschied, wobei das letztere sich aus *Reaktionen auf äußere Reize* aufbaut. Die Abwehrfunktion des *Falschen Selbst* besteht Winnicott zufolge darin, *das Wahre Selbst, was immer das sein mag, zu verbergen und zu schützen.*[50]

Jung war ferner der Meinung, daß die eigenen irrationalen Anfälligkeiten des Analytikers bei der psychoanalytischen Behandlung eine erhebliche Rolle spielen. Seine Beschäftigung mit der Bedeutung der eigenen Neurose des Analytikers nahm möglicherweise ihren Anfang mit seiner Einsicht in Freuds Begrenzungen; im Jahre 1912 war er zu dem Schluß gelangt, daß Selbstanalyse unmöglich sei und deshalb jeder Analytiker sich einer persönlichen Analyse unterziehen müsse.[51]

Jung sagte 1912: *Es ist ganz unmöglich – auch mit der feinsten Analyse – zu verhindern, daß der Patient instinktiv die Art seines Arztes, sich mit Lebensproblemen abzufinden, annimmt;* um zu verhindern, *daß unerkannte infantile Ansprüche beim Arzt sich mit den gleich laufenden Ansprüchen des Patienten identifizieren,* müsse sich der Analytiker *selber einer rigorosen Analyse durch einen anderen* unterwerfen.⁵² Im gleichen Jahr schrieb Freud: *Ich rechne es zu den vielen Verdiensten der Züricher analytischen Schule, daß sie die Bedingung verschärft und in der Forderung niedergelegt hat, es solle sich jeder, der Analysen an anderen ausführen will, vorher selbst einer Analyse bei einem Sachkundigen unterziehen.*⁵³ Erst 1918 forderte Freud dann einen seiner Schüler, Hermann Nunberg, dazu auf, den Antrag zu der Bestimmung einzubringen, daß jeder Analytiker sich einer Analyse unterziehen müsse; der Antrag wurde 1926 endgültig als offizieller Standpunkt der Internationalen Psychoanalytischen Vereinigung angenommen.⁵⁴ In stärkerem Maße als Freud betrachtete jedoch Jung *die Persönlichkeit des Arztes* als den *großen Heilungsfaktor in der Psychotherapie.*⁵⁵ Im Jahre 1934 gab er seiner Mißbilligung der künstlichen Starrheit in der therapeutischen Technik Ausdruck; über die Analyse des Analytikers schrieb er:

*Freud hat diese Forderung ebenfalls aufgegriffen, offenbar, weil er sich der Überzeugung, daß der Arzt selber dem Kranken gegenübertritt, und nicht eine Technik, nicht entziehen konnte. Gewiß ist es löblich, wenn der Arzt versucht, möglichst objektiv und möglichst unpersönlich zu sein und sich Mühe gibt, allzu heilandmäßiger Einmischung in die Psychologie seines Patienten sich zu enthalten, aber Künstlichkeit in dieser Beziehung hat üble Folgen. Er wird daher die Grenzen der Natürlichkeit nicht ungestraft überschreiten ... Sonst ginge er ja seinem Patienten, der gewiß nicht wegen Natürlichkeit erkrankt ist, mit dem schlechten Beispiel voran. Überdies würde man seine Patienten gefährlich unterschätzen, wenn man sich einbildete, daß sie allesamt so dumm wären, die Künstlichkeiten, Prestigemätzchen und Sicherungsmaßnahmen des Arztes nicht zu sehen.*⁵⁶

Jungs frühzeitige Beschäftigung mit dem unbewußten Eingreifen des Analytikers in den Fortschritt seiner Patienten unterschied seine Form der Therapie von dem mehr antiseptischen Ideal der schriftlichen Ratschläge Freuds für die analytische Technik.*
Wie Jung 1935 über die Reaktion des Analytikers auf seinen Patienten schrieb (in Worten, denen Freud wohl schwerlich zustimmen konnte): *Ich muß daher wohl oder übel insofern ich überhaupt einen individuellen Menschen psychisch behandeln will, auf alles Besserwissen, auf alle Autorität und alles Einwirkenwollen verzichten. Ich muß notwendigerweise ein dialektisches Verfahren einschlagen, welches nämlich in einer Vergleichung der wechselseitigen Befunde besteht.*⁵⁸
Da Jung dem gegenwärtigen Leben des Patienten so große Bedeutung beimaß, mußte er notwendigerweise die Arzt-Patient-Beziehung direkt betrachten.⁵⁹ Für Jung war

---

* Im Jahre 1911 hatte Freud Einwände gegen die Technik von Jung und Pfister erhoben: ... *woraus ich schließe, daß sie beide noch nicht die nötige Kühle in der Praxis erworben haben, sich noch einsetzen und von der eigenen Person vieles hergeben, um dafür Entgegnung zu verlangen. Darf ich ... mahnen, daß man sich bei dieser Technik regelmäßig verrechnet, daß man eher unzugänglich bleiben und auf dem Empfangenen bestehen soll?*⁵⁷

Der Therapeut ... nicht mehr das handelnde Subjekt, sondern ein Miterlebender eines individuellen Entwicklungsprozesses.[60] Durch einen *Individuations*-Prozeß wird der Patient *was er eigentlich ist; das vollzieht sich durch die Versöhnung gegensätzlicher Faktoren im Innern.*[61] Aber

der Psychotherapeut sollte nicht mehr dem Wahne huldigen, daß die Neurosenbehandlung nichts erfordere als die Kenntnis einer Technik, sondern sollte sich restlos darüber klar werden, daß die seelische Behandlung eines Kranken eine Beziehung ist, in welcher der Arzt ebensosehr darinsteht wie der Patient.[62]

Für Jung schien Freuds Behandlungsmethode das Verlangen des Neurotikers, in die Vergangenheit zurückzukehren, zu ermuntern, das Jung als eine Flucht vor der Gegenwart ansah; *In der Praxis macht es einen enormen Unterschied, ob wir etwas regressiv oder progressiv deuten.*[63] Jung meinte, es spiele keine große Rolle, *daß immer noch die Ansicht herrscht, die Analyse bestehe hauptsächlich darin, früheste Kindheitskomplexe ›auszugraben‹, um das Übel mit der Wurzel auszurotten. Es handelt sich hierbei bloß um Nachwirkungen der alten Traumatheorie.*[64] Jung war der Auffassung, *das Krankhafte kann nicht einfach wie ein Fremdkörper beseitigt werden, ohne daß man Gefahr läuft, zugleich etwas Wesentliches, das auch leben sollte, zu zerstören. Unsere Aufgabe besteht nicht darin, es zu vernichten, sondern wir sollten vielmehr das, was wachsen will, hegen und pflegen, bis es schließlich seine Rolle in der Ganzheit der Seele spielen kann.*[65]

Freud wandte ein, Jungs Ansatz stelle – wie seinerzeit der Adlers – einen wissenschaftlichen Rückschritt dar, durch diese *Rückkehr zum aktuellen Konflikt ..., an dem aber beileibe nicht das Zufällige und Persönliche, sondern das Generelle, eben das Nichterfüllen der Lebensaufgabe, das Wesentliche ist.*[66] Jung hingegen beharrte darauf, daß seine Konzeption des *Aktualkonfliktes* sich nicht auf *das kleine Alltagsärgernis* beziehe, sondern auf *das Anpassungsproblem.*[67] Nach Freuds Meinung aber war *das erste Stück der Realität, dem der Kranke Rechnung zu tragen hat, ... eben seine Krankheit. Bemühungen, ihn dieser Aufgabe zu entziehen, deuten auf eine Unfähigkeit des Arztes, ihm zur Überwindung der Widerstände zu verhelfen, oder auf eine Scheu des Arztes vor den Ergebnissen dieser Arbeit.*[68]

Für Freud entsprang Jungs Abweichung in der Technik seiner Unfähigkeit, sich die psychoanalytischen Grundlehren zu eigen zu machen, die damals akzeptiert waren. Freud warf Jung vor, daß für ihn

der Ödipuskomplex ... nur ›symbolisch‹ gemeint [war], die Mutter darin bedeutete das Unerreichbare, auf welches man im Interesse der Kulturenentwicklung verzichten muß; der Vater, der im Ödipusmythus getötet wird, ist der ›innerliche‹ Vater, von dem man sich freizumachen hat, um selbständig zu werden.[69]

Freud zog den Schluß, daß Jungs Unabhängigkeitstheorien einen biographischen Ursprung in Jungs Bedürfnis hätten, sich von Freud freizumachen.
Jung gelangte zu der Überzeugung, daß Kranke nicht nur Analyse, sondern auch Synthese brauchen; und hier könnten religiöse und philosophische Lehren vielleicht eine gewisse Relevanz haben. Für Freud jedoch zog die Analyse automatisch die Synthese nach sich; und die Fähigkeit des Patienten, allein zu entscheiden, welche Art Leben er zu führen hätte, nahm Freud für selbstverständlich. Aus der psychoanalytischen Sicht eignete jeder, der es unternahm, seine Patienten zu lehren oder anzuleiten, sich widerrechtlich die Privilegien des Priesters an.[70] So nahe Jung auch der traditionellen Religion kam: auch er zog sich zurück. So schrieb er 1935: *Ich habe es hauptsächlich mit Leuten zu tun, denen ich nicht von oben herab irgendwelche Werte oder Überzeugungen einpflanzen kann . . . Der Seelsorger ist natürlich in der Regel nicht in dieser Lage, sondern er hat mit Menschen zu tun, die ausdrücklich darnach verlangen, von oben herunter geistig eingeordnet zu werden.*[71] Bei aller Betonung Jungs, daß es wichtig sei, neurotischen Patienten bei Problemen philosophischer Art zu helfen, konnte er doch auch den Übereifer eines Schülers korrigieren: *Sie wollten helfen, und das ist ein Eingriff in den Willen der anderen. Sie sollten sich einstellen wie jemand, der eine Gelegenheit bietet, welche ergriffen oder verworfen werden kann.*[72]
Wie Adler, so gab auch Jung die Verwendung der analytischen Couch auf und verließ sich nicht auf die Neutralität des Analytikers, um Übertragungen hervorzurufen. Vielmehr hätte Jung Bedenken gehabt, zuzulassen, daß sich die Übertragungsreaktionen aufbauten, die Freud als den eigentlichen Kern der psychoanalytischen Behandlung ansah. Im Jahre 1935 begnügte Jung sich dann *mit höchstens drei bis vier Konsultationen pro Woche. Mit dem Beginn der synthetischen Behandlung wird es vorteilhaft, die Konsultationen zeitlich zu distanzieren. Ich vermindere sie dann in der Regel auf eine bis zwei Stunden pro Woche, denn der Patient muß ja lernen, seinen eigenen Weg zu gehen.*[73] In konsequenter Weiterführung seines alten Prinzips, daß *die Psychoanalyse . . . nur ein Mittel* [ist], *der Natur Steine aus dem Weg zu räumen . . .*, hielt Jung für richtig:

Ebenso unterbreche ich zirka alle zehn Wochen die Behandlung, damit der Patient wieder auf sein normales Milieu angewiesen ist; auf diese Weise wird er seiner Welt nicht entfremdet, denn er leidet ja an der Neigung, auf Kosten eines anderen zu leben. Bei dieser Methode kommt die Zeit als Heilfaktor zur Wirkung, ohne daß der Patient die Zeit des Arztes bezahlen muß.[75]

Kurzfristige psycho-therapeutische Hilfe zu geben an Stelle einer regulären ausführlichen Analyse, sei kein Betrug am Patienten, denn manchmal könne dies das beste Behandlungsmittel sein.

* * *

Freuds größte Leistung war die Entwicklung seiner Technik der freien Assoziation, denn das war etwas, was er anderen weitergeben konnte; er war vielleicht allzu starr darin, bestimmte Falltypen von der Behandlung auszuschließen, aber zumindest konnten seine Anhänger später seine Methode auf einen weiteren Kreis von Patienten ausdehnen. Jung war als Therapeut großzügiger in der Annahme von Patienten, er war eher bereit, Fälle zu behandeln, die Freud vielleicht als der Analyse *unwürdig* angesehen hätte, und flexibler hinsichtlich der Art von Eingriffen in das Leben des Patienten, die als möglich oder wünschenswert gelten konnten. Jung interessierte sich jedoch so stark für die Interaktion zwischen ihm selbst und seinem Patienten, daß er kein so festes Gerüst therapeutischer Grundsätze errichtete wie Freud und deshalb auch nicht so viele Anhänger ausbildete. Infolgedessen hatten die Kreise der Junganhänger etwas Undiszipliniertes, und am Ende zahlte sich Freuds Starrheit durch den Erfolg seiner Bewegung aus. Obwohl *nach übereinstimmender Meinung Jung ein ungewöhnlich geschickter Therapeut war, der bei jedem einzelnen seiner Patienten je nach dessen Persönlichkeit und Bedürfnissen verschieden vorging,*[76] genügte sein Beispiel nicht, um die Stoßkraft der Freudschen Anhängerschaft zu überwinden.

In der historischen Perspektive würden die meisten Beobachter heute finden, daß Jung in vielen Fragen der Technik häufiger recht hatte als Freud. Während Freud Jung Feigheit gegenüber der Sexualität vorwarf, trifft es andererseits doch auch zu, daß einige unter den frühen Analytikern uneingeschränkte Befürworter der sexuellen Zügellosigkeit waren. Im Falle von Otto Gross, der später verhungerte, hatte Jung zweifellos recht, als er 1909 schrieb: *Eine extreme Haltung, wie sie Gross vertritt, ist entschieden falsch und für die ganze Bewegung gefährlich . . . Ich komme mit den Studenten, ebenso wie mit den Patienten, weiter, wenn ich das Thema der Sexualität nicht in den Vordergrund stelle.*[77]

Freud und seine Anhänger der Anfangszeit neigten zu sehr dazu, nach tiefen Lösungen zu suchen und Gegenwartskonflikte außer acht zu lassen, und man kann nicht einfach sagen, Jung habe den Sekundärgewinn aus der Krankheit (Ausweichen vor einer Lebensaufgabe) mit der primären Quelle (den Qualen des Trieblebens) verwechselt.[78] Denn die Jungianer dachten zu recht, daß Freud das *Primäre* als irgendwie realer als das *Sekundäre* ansah, während heute wohl die meisten Therapeuten Tiefendeutungen als mutmaßlich und von begrenzter therapeutischer Bedeutung betrachten dürften.

Freud tat den Jungschen Beitrag, wie seinerzeit den Adlerschen, mit königlichem Hochmut ab:

Wir haben kürzlich als eine der jüngsten Erwerbungen der Psychoanalyse die Mahnung vernommen, den aktuellen Konflikt und die Krankheitsveranlassung in den Vordergrund der Analyse zu rücken. Nun das ist genau das, was Breuer und ich zu Beginn unserer Arbeiten mit der kathartischen Methode getan haben.[79]

Breuer und Freud hatten auf die Auflösung aktueller Symptome durch eine Wiederbelebung der Vergangenheit mit Hilfe der Hypnose abgezielt, während Jungs Interesse der Frage galt, wie die Vergangenheit in der Analyse zur Abwehr benützt werden kann, wenn nicht der Therapeut die Initiative ergreift und die Realitäten der Lebenssituation des Patienten untersucht.

Freud befürchtete, dieses Vorgehen könne zu jenen Arten *philosophischer* Fragen führen, die er aus der Psychoanalyse ausschließen wollte. Im Jahre 1932 formulierte Freud seine Einwände gegen Jungs Gedanken erneut:

Wenn die Meinungsverschiedenheiten ein gewisses Maß überschritten hatten, wurde es das Zweckmäßigste, sich zu trennen und von da an verschiedene Wege zu gehen, besonders wenn die theoretische Differenz eine Änderung des praktischen Handelns zur Folge hatte. Nehmen Sie z. B. an, daß ein Analytiker den Einfluß der persönlichen Vergangenheit geringschätzt und die Verursachung der Neurosen ausschließlich in gegenwärtigen Motiven und auf die Zukunft gerichteten Erwartungen sucht. Dann wird er auch die Analyse der Kindheit vernachlässigen, überhaupt eine andere Technik einschlagen und den Ausfall der Ergebnisse aus der Kindheitsanalyse durch Steigerung seines lehrhaften Einflusses und durch direkte Hinweise auf bestimmte Lebensziele wettmachen müssen. Wir anderen werden dann sagen: Das mag eine Schule der Weisheit sein, ist aber keine Analyse mehr.[80]

Freuds Bereitwilligkeit, seinen Patienten zu erlauben, sich ihre eigenen Lebensziele zu setzen, war bewundernswert. Es war schön und gut, zu betonen, daß die Patienten die Verantwortung für alles in ihrem Leben übernehmen und anstatt nach Fehlern bei anderen zu suchen, auf Selbstkritik bedacht sein müßten. Freuds Standpunkt war: Was zählt, ist, was der Patient mit der Situation anzufangen vermag, auch dann, wenn ein anderer schuld hat.

Aber in schwereren Fällen (und bei der Behandlung von Kindern) wäre es nicht genug, die Probleme des Patienten nur zu analysieren und es ihm zu überlassen, sie zu lösen. Der Patient braucht unter Umständen die weitere emotionelle Unterstützung und Anleitung des Analytikers. Wie berichtet wird, sollen Freuds Schüler noch um 1930 bei der Behandlung von Kindern diesen eine allzu schwere Last aufgebürdet haben.[81] Inzwischen haben die Kinderanalytiker ihre Technik geändert, aber in der Anfangszeit ließen sie häufig die Realitäten einer Familiensituation außer acht. Jung hingegen hatte aufgrund seiner Idee des kollektiven Unbewußten betont, daß der Einzelne immer im Kontext seiner Umwelt existiert. Er war der Meinung, *die Psychologie des Einzelnen ist niemals erschöpfend aus ihm selbst zu erklären, sondern es muß auch klar erkannt werden, daß und wie seine individuelle Psychologie durch die zeitgeschichtlichen Umstände bedingt ist.*[82] Er war der Auffassung, daß *die Neurose mehr ein psychosoziales Phänomen ist als eine Krankheit sensu strictiori* und daß man *den neurotischen Menschen als ein erkranktes soziales Beziehungssystem* ansehen müsse.⁸³ Diese Gedanken führten zum Gegenteil des anfänglichen Freudschen Ansatzes bei der Kinderbehandlung, denn Jung sprach die Verantwortung für das Wohlergehen des Kindes den Eltern oder Elternstellvertretern zu. Spätere Therapeuten würden nicht nur der Meinung zustimmen, daß man die Fähigkeit des Patienten, neue Einsichten zu integrieren, nicht als selbstverständlich voraussetzen darf, sondern auch, daß man beim Erwachsenen wie beim Kind die Umgebung nicht ohne Risiken vernachlässigen kann.

6.6. Nachher

Jung besaß ein heftiges Temperament; doch wenn er eine Wut auf jemanden hatte, hielt sie in der Regel nicht lange vor. Nach seiner Trennung von der Psychoanalyse grollte er Freuds Anhängern, weil sie seine Praxis auf Jahre hinaus ruiniert hätten, wie er behauptete; er verbreitete auch Geschichten über Freuds Neurose.* Aber als Jones an seiner Freudbiographie arbeitete und an Jung schrieb, um ihn über seine Seite der Auseinandersetzung zu befragen, erwiderte er, da inzwischen so viele Jahre vergangen seien und Freud schon lange tot sei, lehne er es ab, die Fehde weiter fortzusetzen. (Jung scheint diese Bitte um Hilfe vergessen zu haben, denn als er die Biographie von Jones dann las, machte er diesem doch den Vorwurf, ihn nicht ausreichend zur Kontrolle herangezogen zu haben.) Freud war ein beherrschterer Mensch als Jung, aber wenn sein Zorn einmal geweckt war, konnte er lange anhalten. In der Polemik, die er 1914 gegen Adler und Jung verfaßte, bemerkte Freud, er könne *so gut schimpfen und wüten wie ein anderer . . .*²

Freuds Bitterkeit gegen die beiden Männer hörte nie auf, und obwohl er viele Bezugnahmen auf Jungs Arbeiten in seinen Schriften beibehielt, strich er manchmal auch einen Hinweis.³ Eine Erklärung von Wittels über Freuds Antagonismus gegen Stekel läßt sich auch auf seinen Haß gegen Jung und Adler anwenden: *Freud wollte ein Stück seines Ichs loswerden und wurde es, indem er Stekel zu hassen begann. Durch Projektion nach außen erklärt sich der affektive Haß, mit dem Freud seinen ehemaligen Schüler seit Jahren verfolgt.*⁴

Jedesmal, wenn Freud die Geschichte der Psychoanalyse erzählte, fühlte er sich verpflichtet, von den großen *Abfallbewegungen* (wie er sie ansah) zu sprechen, die die Analyse im Stich gelassen hatten. Nach Freuds Darstellung gingen die Dissidenten in der Psychoanalyse (zuweilen bezeichnete er sie ironisch als *Unabhängige*) entwe-

---

* Im Jahre 1941 schrieb Jung in einem Brief: *Freud selber war sein Leben lang neurotisch. Ich selber analysierte ihn wegen eines bestimmten unangenehmen Symptoms, das im Laufe der Behandlung verschwand.*¹

der *ihre eigenen Wege oder wandten sich zu einer Opposition, welche die Kontinuität in der Entwicklung der Psychoanalyse zu bedrohen schien.*[5] Die Gedanken der Abtrünnigen waren, Freud zufolge, durch Einseitigkeit entstellt, gleichgültig welchen Theorien sie anhingen:

Man greift aus einem hoch zusammengesetzten Ensemble einen Anteil der wirksamen Faktoren heraus, proklamiert diesen als die Wahrheit und widerspricht nun zu dessen Gunsten dem anderen Anteil und dem Ganzen. Sieht man etwas näher zu, welcher Gruppe dieser Vorzug zugefallen ist, so findet man, es ist die, welche bereits anderswoher Bekanntes enthält oder sich am ehesten ihm anschließt. So bei Jung die Aktualität und die Regression, bei Adler die egoistischen Motive. Zurückgelassen, als Irrtum verworfen, wird aber gerade das, was an der Psychoanalyse neu ist und ihr eigentümlich zukommt. Auf diesem Wege lassen sich die revolutionären Vorstöße der Psychoanalyse am leichtesten zurückweisen.[6]

Zu seinen bitteren Gefühlen gegen Jung war Freud insoweit berechtigt, als Jung, wie die übrigen Schüler Freuds, aus der Berührung mit der Psychoanalyse weit mehr Gewinn gezogen hatte als umgekehrt Freud. In der Öffentlichkeit gab sich Freud gelassen und behauptete 1914: *Ich habe weder Dankbarkeit erwartet noch bin ich in einem wirksamen Ausmaße rachsüchtig . . .*[7] Es kann jedoch nicht völlig Zufall sein, daß Freud 1913 in einem Aufsatz auf die *Tragödie der Undankbarkeit* anspielte.[8] Als Freud 1920 sein Konzept des Wiederholungszwangs zu erörtern begann, und von seinem Eindruck sprach, daß es Personen gebe, *bei denen jede menschliche Beziehung den gleichen Ausgang nimmt,* brachte er als erstes Beispiel die *Wohltäter, die von jedem ihrer Schützlinge nach einiger Zeit im Groll verlassen werden, so verschieden diese sonst auch sein mögen, denen also bestimmt scheint, alle Bitterkeit des Undankes auszukosten . . .*[9]

Freud meinte, die *Enttäuschung,* die Adler und Jung ihm bereitet hatten,

wäre zu vermeiden gewesen, wenn man besser auf die Vorgänge bei den in analytischer Behandlung Stehenden geachtet hätte. Ich verstand es nämlich sehr wohl, daß jemand bei der ersten Annäherung an die unliebsamen analytischen Wahrheiten die Flucht ergreifen kann . . . Aber ich hatte es nicht erwartet, daß jemand, der die Analyse bis zu einer gewissen Tiefe verstanden hat, auf sein Verständnis wieder verzichten, es verlieren könne . . . Ich hatte zu lernen, daß es bei Psychoanalytikern ebenso gehen kann wie bei den Kranken in der Analyse.[10]

Es war Teil der unmittelbaren Reaktion Freuds auf den Verlust Jungs, daß er die Bedeutung der Unterstützung durch die Schweizer geringer bewertete: *. . . war es nicht erst die Parteinahme der Züricher Schule, welche damals die Aufmerksamkeit der wissenschaftlichen Welt auf die Psychoanalyse richtete. Die Latenzzeit war eben ab-*

gelaufen . . .[11] Freud stand dem Geschehen noch so nah, daß es ganz natürlich war, wenn er den Verlust Jungs mit recht gemischten Gefühlen betrachtete, aber selbst heute noch lassen die Darstellungen seiner strenggläubigsten Anhänger die ganze Geschichte leblos und künstlich erscheinen. *Allenfalls, so heißt es in einer Version, kann man Freud vorwerfen, daß er weiterhin in unwürdige Schüler vernarrt blieb.*[12]

Freuds wiederholte Warnung davor, *daß ein analytischer Mitarbeiter sich bei der Bemühung isoliert, einen einzigen der psychoanalytischen Funde oder Gesichtspunkte auf Kosten aller anderen zur Geltung zu bringen,*[13] war ein versteckter Vorwurf des Plagiats. Zu anderen Malen ging Freud so weit, Jung indirekt den Vorwurf zu machen, er habe bloß den Namen der Analyse gestohlen:

Ich möchte abschließend sagen, Jung hat mit seiner ›Modifikation‹ der Psychoanalyse ein Gegenstück zum berühmten Lichtenbergschen Messer geliefert. Er hat das Heft verändert und eine neue Klinge eingesetzt; weil dieselbe Marke darauf eingeritzt ist, sollen wir nun dies Instrument für das frühere halten.[14]

Ein *Messer* würde zu Freuds eigener Auffassung von der Psychoanalyse als einer Art Seelenchirurgie passen.

Freud führte auch spezifische Beispiele dafür an, daß Jung wie Adler Konzepte aus der Psychoanalyse entlehnt und ihnen einfach neue Etiketten aufgeklebt habe. Zum Beispiel war Freud der Überzeugung, daß Jungs spezialisierte ›psychische Trägheit‹ . . . *nur ein anderer, kaum ein besserer Ausdruck [ist] für das, was wir in der Psychoanalyse eine Fixierung zu nennen gewohnt sind.*[15] Einmal schrieb Freud (ohne Jung mit Namen zu nennen) von der Meinung,

die Bedeutsamkeit der Kindheit werde uns in der Psychoanalyse nur durch die Neigung der Neurotiker vorgespiegelt, ihre gegenwärtigen Interessen in Reminiszenzen und Symbolen der frühen Vergangenheit auszudrücken . . . Solche frühinfantilen Szenen . . . seien . . . Phantasiegebilde, die der Zeit der Reife ihre Anregung entnehmen, zur gewissermaßen symbolischen Vertretung realer Wünsche und Interessen bestimmt sind, und die einer regressiven Tendenz, einer Abwendung von den Aufgaben der Gegenwart ihre Entstehung verdanken.[16]

Um dieser Position entgegenzuwirken, schrieb Freud die umfangreiche Fallgeschichte des Wolfsmannes, in der er die Wirkkraft der infantilen Erfahrung auf die Neurose eines Kindes zu zeigen versuchte. Er glaubte, er könne das Für und Wider von Jungs Standpunkt in fairer Weise abwägen, denn er habe ja als erster *sowohl die Rolle der Phantasien für die Symptombildung als auch das ›Zurückphantasieren‹ von späteren Anregungen her in die Kindheit und das nachträgliche Sexualisieren derselben . . . kennengelehrt, worauf keiner der Gegner hingewiesen hat.*[17] Jung erwiderte Freuds

Prioritätsdenken; so führte er an, seine Schülerin Sabina Spielrein (die Analytikerin von Jean Piaget) habe ihren Gedanken des Todestriebs entwickelt, der dann von Freud aufgegriffen worden sei.*[18]

Von den beiden Bewegungen, der Adlerschen und der Jungschen, hielt Freud 1914 die Adlersche für *unzweifelhaft die bedeutsamere; radikal falsch, ist sie doch durch Konsequenz und Kohärenz ausgezeichnet. Sie ist auch noch immer auf eine Trieblehre gegründet.*[20] Jungs Gedanken hingegen seien unklar: *Wo man sie antastet, muß man darauf vorbereitet sein zu hören, daß man sie mißverstanden hat, und man weiß nicht, wie man zu ihrem richtigen Verständnis kommen soll.*[21]

Jung gestand Adlers wie Freuds Standpunkt ein gewisses Maß an Wahrheit zu. Wie er einmal schrieb, daß *jeder dieser Methoden und Theorien eine gewisse Berechtigung zuzusprechen ist, indem jede nicht nur gewisse Erfolge, sondern auch psychologische Tatbestände aufzuweisen hat, welche die jeweilige Voraussetzung weitgehend beweisen.*[22] Aber Freud war kein Freund von Kompromissen und wollte keine halbherzigen Anhänger. Er warf Jung vor, seine Theorie stelle

sich selbst in eigentümlich schwankender Weise vor, bald als ›ganz zahme Abweichung, die das Geschrei nicht wert sei, daß sich darum erhoben habe‹ (Jung), bald als neue Heilsbotschaft, mit der eine neue Epoche für die Psychoanalyse beginne, ja, eine neue Weltanschauung für alle übrigen.[23]

Freud wußte nicht, ob die Inkonsequenzen Jungs (oder was er dafür hielt) auf *Unklarheit* oder auf *Unaufrichtigkeit* zurückzuführen seien. Aber er konnte darauf hinweisen, die Vertreter der neuen Lehre bekämpften *nun Dinge, welche sie früher selbst verteidigt haben, und zwar nicht aufgrund neuer Beobachtungen . . .*[24]
Der Vorwurf, den Freud gegen Adler und Jung erhob, lautete, sie brächten nur Dinge vor, die er manchmal *neue Deutungen* und manchmal *Umdeutungen* nannte; er hatte keine Verwendung für *Umdeutungsversuche an den analytischen Tatsachen.*[25] Wenn Freud Adler einen *bedeutenden, insbesondere spekulativ veranlagten Kopf* nannte,[26] so war das ein zweischneidiges Kompliment; denn Spekulation stand auf Freuds Liste der intellektuellen Sünden ganz oben. Nach Freuds Meinung litt Jung an dem gleichen Defekt, wenn er *sich zunächst eine theoretische Vorstellung von der Natur des Sexualtriebs bildet und von dieser aus das Leben des Kindes begreifen will . . . aber diese [Probleme] können nicht durch Spekulationen beseitigt werden, sondern müssen bleiben, bis sie Lösung durch andere Beobachtungen oder Beobachtungen auf anderen Gebieten finden.*[27] Als Freud seine eigenen Ideen darlegte, versuchte er sicherzustellen, daß beim Leser keine Mißverständnisse über das Wesen der psychoanalytischen Ansichten entstehen konnten: *. . . sollen Sie aber auch kei-*

---

* In *Jenseits des Lustprinzips* erwähnt Freud: *In einer inhalts- und gedankenreichen, für mich leider nicht ganz durchsichtigen Arbeit hat Sabina Spielrein ein ganzes Stück dieser Spekulation vorweggenommen.*[19]

nen Augenblick meinen, daß das, was ich Ihnen als psychoanalytische Auffassung vortrage, ein spekulatives System ist. Es ist vielmehr Erfahrung . . .[28]
Freud glaubte, Jung habe eine nichtrationale *Erleuchtung* erfahren, die eine Antwort erfordere. In Freuds Augen stellten die von Adler und Jung angeführten Abweichungen einen neuen emotionellen Widerstand gegen seine Ideen dar: *Man schlägt jetzt den anderen Weg ein, die Tatsachen anzuerkennen, aber die Folgerungen, die sich aus ihnen ergeben, durch Umdeutungen zu beseitigen, so daß man sich der anstößigen Neuheiten doch wieder erwehrt hat.*[30] Insbesondere Jung *versuchte eine Umdeutung der analytischen Tatsachen ins Abstrakte, Unpersönliche und Unhistorische . . .*[31] Der Kern von Freuds Meinung über die Arbeit Jungs war:

Ein neues religiös-ethisches System wurde so geschaffen, welches ganz wie das Adlersche die tatsächlichen Ergebnisse der Analyse umdeuten, vergessen oder beseitigen mußte. In Wirklichkeit hatte man aus der Symphonie des Weltgeschehens ein paar kulturelle Obertöne herausgehört und die urgewaltige Triebmelodie wieder einmal überhört.[32]

Freud meinte, Jung habe sich der Verwässerung der Psychoanalyse schuldig gemacht, und das aus dürftigen Motiven. In dem Bemühen, sich an die herrschenden Moralvorstellungen anzupassen, habe Jung den Ödipuskomplex seiner wirklichen Bedeutung entkleidet, indem er ihm nur *symbolischen* Wert gab, und praktisch die Aufdeckung des Vergessenen und der *prähistorischen* Periode der Kindheit vernachlässigt.[33] Jung sei, wie vor ihm Adler, der Versuchung erlegen, *die menschliche Gesellschaft vom Joch der Sexualität . . . zu befreien,* wie Freud 1926 etwas puritanisch schrieb:

Einige meiner damaligen Schüler [haben] *dem Bedürfnis nachgegeben, die menschliche Gesellschaft vom Joch der Sexualität, das ihr die Psychoanalyse auferlegen will, zu befreien. Der eine hat erklärt, das Sexuelle bedeute gar nicht die Sexualität, sondern etwas anderes, Abstraktes, Mystisches; ein zweiter gar, das Sexualleben sei nur eines der Gebiete, auf dem der Mensch das ihm treibende Bedürfnis nach Macht und Herrschaft betätigen wolle. Sie haben sehr viel Beifall gefunden, für die nächste Zeit wenigstens.*[34]

Schon 1914 entsprang die Bitterkeit Freuds seiner Überzeugung, Adler und Jung würden von der Opposition profitieren, die er selber aufgerührt hatte: *Die beiden rückläufigen . . . Bewegungen . . . zeigen auch die Ähnlichkeit, daß sie durch gewisse hochragende Gesichtspunkte wie sub specie aeternitatis um ein günstiges Vorurteil werben.*[35] Adler und Jung verdankten ihre Stärke *nicht dem eigenen Gehalt, sondern der Verlockung, von den anstößig empfundenen Resultaten der Psychoanalyse freizukommen, auch wenn man ihr tatsächliches Material nicht mehr verleugnet.*[36]
Das Werk, das Jung den größten Ruhm in der breiteren Öffentlichkeit eintrug, war

sein 1921 erschienenes Buch *Psychologische Typen*; im Jahre 1931 antwortete Freud in einem kurzen Aufsatz auf Jungs umfangreiches Buch über das Thema Introversion und Extraversion. Der Titel *Über libidinöse Typen* drückt bereits die Auffassung Freuds aus, daß man nicht wie Jung die Libidotheorie verwerfen müsse, um Charaktertypologien zu konstruieren. Im Jahre 1923 fühlte sich Freud dann sicher genug, um über die Kontroversen mit Adler und Jung 1911–13 schreiben zu können: *... es zeigte sich bald, daß diese Sezessionen keinen nachhaltigen Schaden gestiftet haben.*[37] Und 1932 stellte Freud fest:

Man liebt es, uns Psychoanalytikern Intoleranz vorzuwerfen. Die einzige Äußerung dieser häßlichen Eigenschaft war eben die Trennung von den Andersdenkenden. Sonst wurde ihnen nichts angetan; im Gegenteile, sie sind auf die Butterseite gefallen, haben es seither besser als vorhin, denn bei ihrem Ausscheiden haben sie sich gewöhnlich von einer der Belastungen freigemacht, unter denen sie keuchen – vom Odium der kindlichen Sexualität etwa oder von der Lächerlichkeit der Symbolik –, und gelten jetzt der Welt als halbwegs ehrlich, was wir, die Zurückgebliebenen, noch immer nicht sind.[38]

Nach Freuds Meinung blieben Adler wie Jung *wissenschaftlich unfruchtbar*, obwohl sie angesichts der allgemeinen Feindseligkeit gegen die Psychoanalyse einer günstigen Aufnahme sicher sein konnten.[39] Jung hat jedoch in der Kurzzeit-Psychotherapie erfolgreiche Pionierarbeit geleistet, und die Verwendung projektiver Tests und der Aufbau von Selbsthilfe-Institutionen wie z. B. Alcoholics Anonymous lassen sich auf seine Anregungen zurückführen. Die Kinderanalytiker haben Jungs Methoden der Therapie durch Zeichnen und Malen übernommen.[40]
Im Herbst 1913 vollendete Freud einen Aufsatz mit dem Titel *Der Moses des Michelangelo*. Seine Studie über eine Statue des Moses, der die Tafeln mit den Zehn Geboten hält, gibt sehr viel Aufschluß über seine Gefühle gegenüber Jung. Denn Freud identifizierte sich mit Moses als dem Führer seines Volkes, das er aus der Unterdrückung befreite. Obwohl Freud erst nach 1930 wieder zu diesem Thema zurückkehrte, ist doch der frühere Aufsatz für sich genommen interessant. Um die Zeit geschrieben, als der Bruch mit Jung publik wurde, und zuerst anonym veröffentlicht, enthüllt der Aufsatz autobiographische Dinge durch ein Sujet, das Freud teuer war.
Freud hatte die Statue seit Jahren bewundert; er schreibt, er habe *von keinem Bildwerk je eine stärkere Wirkung erfahren*, und macht den Leser besonders auf den *verächtlich-zürnenden Blick des Heros* aufmerksam. Es war natürlich Freud selber, der zornig über den rückfälligen Jung war, und wenn er sich das *Gesindel* vorstellte, *auf das sein Auge gerichtet ist, das keine Überzeugung festhalten kann, das nicht warten und nicht vertrauen will und jubelt, wenn es die Illusion des Götzenbildes wieder bekommen hat*,[41] dann ist klar, daß Freud dabei an jene treulosen Anhänger dachte, die sich als weniger standhaft erwiesen, als er erwartet hatte. Freud identifizierte sich

mit dem vom Berg Sinai herabsteigenden Moses in dem Augenblick, als er wahrnimmt, *daß die Juden unterdes ein goldenes Kalb gemacht haben, das sie jubelnd umtanzen.*[42]

Freud konnte die *Wut* des Moses würdigen, wie auch den *Konflikt, in welchen ein solcher die Menschheit gestaltender Genius zu der Allgemeinheit tritt.* Freud meinte, *das Hauptgeheimnis der Wirkung des Moses liege in dem künstlichen Gegensatz zwischen dem inneren Feuer und der äußerlichen Ruhe der Haltung.*[43] Freud untersuchte in der für ihn typischen Weise scheinbar unbedeutende Einzelheiten und argumentierte, die Statue stelle dar, daß Moses die Versuchung überwunden habe, die Tafeln zu zerschmettern, und *er wird jetzt so sitzenblieben in gebändigter Wut, in mit Verachtung gemischtem Schmerz.*[44] Moses beherrschte seine Leidenschaft, *er gedachte seiner Mission und verzichtete für sie auf die Befriedigung seines Affekts.*[45]

Nach Freud war Moses *nach den Zeugnissen der Tradition jähzornig und Aufwallungen von Leidenschaft unterworfen.* Aber Michelangelo hatte dem Moses einen anderen Charakter gegeben, er hatte einen Moses gestaltet, *welcher dem historischen oder traditionellen Moses überlegen ist.* Die Statue sollte ein Teilstück des Grabdenkmals des Papstes Julius II. bilden: *Die gewaltige Körpermasse und kraftstrotzende Muskulatur der Gestalt wird nur zum leiblichen Ausdrucksmittel für die höchste psychische Leistung, die einem Menschen möglich ist, für das Niederringen der eigenen Leidenschaft zugunsten und im Auftrage einer Bestimmung, der man sich geweiht hat.*[4]

Es mag etwas unplausibel erscheinen, daß der kleingewachsene, schmale Freud sich mit der gewaltigen Heldengestalt identifizierte, die Michelangelo in Stein gehauen hat. Aber Freud hatte Jung, einen hochgewachsenen, kräftig gebauten Mann, zu seinem Nachfolger erwählt; vielleicht war das der Grund, warum die Statue ein geeignetes Mittel war, um seine Gefühle über den Verlust seines Schülers auszudrükken.

Als ein Krieger des Geistes hatte Freud schon lange vorher Sicherheit erlangt; und in seinen Ausführungen darüber, daß das Verhältnis Michelangelos zum Papst mithelfe, das Wesen seiner Statue zu erklären, gelang es ihm, die eigenen Gefühle zu übersteigen. Denn was Freud über die Persönlichkeit Michelangelos und des Papstes Julius schrieb, könnte auch für Freud selbst gelten.

Julius II. war Michelangelo darin verwandt, daß er Großes und Gewaltiges zu verwirklichen suchte, vor allem das Große der Dimension. Er war ein Mann der Tat, sein Ziel war angebbar, er strebte nach der Einigung Italiens unter der Herrschaft des Papsttums. Was erst mehrere Jahrhunderte später einem Zusammenwirken von anderen Mächten gelingen sollte, das wollte er allein erreichen, ein Einzelner in der kurzen Spanne Zeit und Herrschaft, die ihm gegönnt war, ungeduldig mit gewalttätigen Mitteln. Er wußte Michelangelo als seinesgleichen zu schätzen, aber er ließ ihn oft leiden unter seinem Jähzorn und seiner Rücksichtslosigkeit. Der Künstler war sich der gleichen Heftigkeit des Strebens bewußt und mag als tiefer blickender Grübler die Erfolglosigkeit geahnt haben, zu der sie beide verurteilt waren. So brachte er seinen Moses an dem Denkmal des Papstes an, nicht ohne Vorwurf gegen den Verstorbenen, zur Mahnung für sich selbst, sich mit dieser Kritik über die eigene Natur erhebend.[47]

Es muß für Freud ein Schock gewesen sein, zu entdecken, daß er Gefahr lief, seine eigenen Bemühungen zu untergraben. Erst nach seinem Bruch mit Jung war Freud seiner Identität ganz sicher. Mit Feinden wie Adler und Jung konnte er den Anspruch auf seine historische Rolle erheben, den er bis dahin nicht geltend gemacht hatte. Als Freud in der Öffentlichkeit seine ursprüngliche Wahl Jungs rechtfertigte, erklärte er: *Ich wollte . . . mich ebenso in den Hintergrund rücken wie die Stadt, von der die Analyse ausgegangen war.*[48] Nachdem das mißlungen war, nahm Freud jetzt den Platz im Mittelpunkt der Bühne ein. Erst verhältnismäßig spät erhob er den Anspruch, daß die Psychoanalyse seine Schöpfung sei (und nicht die Breuers) – erst 1914 sagte er ausdrücklich *Die Psychoanalyse ist meine Schöpfung* –, aber nun war er selbstsicher genug, um die volle Verantwortung für seine Ideen zu übernehmen. Um zu definieren, was er war, mußte Freud zuerst deutlich machen, was er nicht war; und deshalb mußte er Jung und Adler zurückweisen. Zugleich führte er seine Problemdarstellung in unpersönlicher Weise durch: *An den Ablösungsstellen muß ich allerdings auch mit rein kritischen Bemerkungen das gute Recht der Psychoanalyse verteidigen.*[49]

Wenn Freud an Jones nach dem Ersten Weltkrieg schrieb *Ihre Absicht, die Londoner Vereinigung von den Jungschen Mitgliedern zu reinigen, ist ausgezeichnet*,[50] so war das nicht persönliche Rachsucht, sondern Staatspolitik. Freud hatte seine eigene, besondere Art, mit Kontroversen umzugehen. Wenn er eine Meinungsverschiedenheit mit einem Schüler hatte, suchte er in der Regel nach der Motivation; aufgrund seiner Konzeption des *Widerstands* wurde die Diskussion leicht vom eigentlichen Sachverhalt des Falles wegverlagert. Über Adler und Stekel zum Beispiel schrieb Freud einmal: *Was ich je Analytisches über die beiden gesagt, wurde zu anderen und hauptsächlich zu einer Zeit geäußert, da sie nicht mehr im Verkehr mit mir standen.*[51] Aber einem Patienten, der nach dem Ersten Weltkrieg in Lehranalyse war, gelang es nicht, Freud zu einer Erörterung der Spaltung mit Jung zu bewegen, da es sich um *persönliche und wissenschaftliche* Gründe gehandelt habe.[52] Es wird jedoch berichtet, daß in den 30er Jahren, zwanzig Jahre danach, ein zufälliger Besucher . . . *von Freuds Bitterkeit in bezug auf Jung betroffen* [war], *einer Bitterkeit, die, wie er sagte, ›immer da sei und sich von der Person Jungs auf dessen Landsleute erstrecke.‹*[58]

Solange Jung noch zu Freuds Kreis gehörte, hatte er versucht, das Ausmaß seiner eigenen Neuerungen zu bagatellisieren; nachher jedoch betonte er, wieviel er selbständig gelernt und wie wenig Gewinn er von Freud gehabt habe. In einem Brief aus dem Jahr 1933 schreibt Jung: *Ich möchte bei dieser Gelegenheit den Irrtum berichti-*

gen, daß ich aus der Schule Freuds hervorgegangen wäre. Ich bin ein Schüler Bleulers . . .[54] Schon 1908 hatte Freud geklagt, Jung werde durch sein *Kompromißbestreben* gehemmt; Jung erwiderte: *Ich bin eigentlich kein Propagandist . . . Ich habe immer ein bißchen mehr zu tun, als bloß gesinnungstüchtiger Anhänger zu sein. An solchen gebricht es Ihnen ja nicht. Sie nützen der Sache aber nichts, denn aus dem Glauben allein gedeiht nichts auf die Dauer.*[55] Bei anderen Gelegenheiten jedoch behauptete Jung, er strebe nach einem tieferen Verständnis des Unbewußten und gehe nur den von Freud eingeschlagenen Weg weiter.[56] Aber sein Abweichen muß ihm doch klar gewesen sein, wie allein schon daraus hervorgeht, daß er das Bedürfnis hatte, gewisse Passagen aus früheren Abhandlungen zu streichen.[57] Man wird an die Berichte derer erinnert, die die Kommunistische Partei verließen. Wie es Jean-Paul Sartre so gut ausgedrückt hat:

Es ist nicht leicht, eine Partei zu verlassen. Da sind alle ihre Gesetze, die man zuerst aus sich selbst herausreißen muß, bevor man sie brechen kann. Da sind all die Männer, deren geliebte, vertraute Gesichter zu den schmutzigen Fratzen des Feindes werden, diese dunkle Masse, die hartnäckig weitermarschieren wird und die man wegmarschieren und entschwinden sehen wird.

Aber während nach Sartres Worten *ein einsamer Kommunist verloren ist,*[58] braucht das ein einsamer früherer Freudianer niemals zu sein. Da Freud seine Isolierung in den 90er Jahren glorifiziert, tatsächlich auch übertrieben hatte und bereit war, seine Bewegung zu verkleinern, um sie zu reinigen, war es einen Schüler Freuds gerade beim und im Einschlagen eines selbständigen Kurses stets möglich, sich mit Freud zu identifizieren.

Jung konnte selbst diktatorisch sein. Jene, die Jung gekannt haben, erinnern sich an den Ton absoluter Überzeugung, in dem er von der Anima sprach, dem Selbst, den Archetypen und dem kollektiven Unbewußten.[59] Jung kritisierte häufig Freuds Libidotheorie als zu einseitig und biologisch, obgleich er früher (1906) zur Verteidigung Freuds geschrieben hatte: *Noch selten ist eine große Wahrheit ohne phantastisches Beiwerk ans Tageslicht getreten.*[60] Im Jahre 1948 meinte Jung dann, Freud habe *sein Augenmerk hauptsächlich auf die rücksichtslose Begierde nach Lust . . . gerichtet,* so wie Adler auf die *Prestigepsychologie.*[61] Jung meinte, Freud habe *zunächst fast ausschließlich die Sexualität als psychische Triebkraft* dargestellt *und erst nach meiner Sezession* angefangen, *andere Faktoren in Betracht zu ziehen*; aber für Jung nützte es nichts, *daß er [Freud] später einige Aspekte seiner Lehre modifizierte. In den Augen der Öffentlichkeit war er bereits durch seine ersten einseitigen und übertriebenen Feststellungen gezeichnet.*[62]

Im Jahre 1929 bestritt Jung, ein *Gegner* Freuds zu sein, *obschon mich seine eigene wie seiner Schüler Kurzsichtigkeit dazu stempeln wollen.*[63] Jung hatte sein Verhältnis zu Freud u. a. so erklärt:

Nachdem ich sozusagen den gleichen psychologischen Mechanismus entdeckt hatte wie Freud, war es natürlich, daß ich während vieler Jahre sein Schüler und Mitarbeiter wurde. Während ich aber die Wahrheit seiner Schlußfolgerungen soweit sie Tatsachen betrafen, immer anerkannte, verhehlte ich meine Zweifel an der Gültigkeit seiner theoretischen Gesichtspunkte nicht. Sein bedauerlicher Dogmatismus war der Hauptgrund, weshalb ich meinen Weg von dem seinen trennen mußte.[64]

Im Jahre 1932 gab Jung zu, obwohl seiner Meinung nach Freuds Psychologie nicht *vorwärtsblickend* genug war:

[Freud] ist ein großer Zerstörer, der die Fesseln der Vergangenheit zersprengt. Er befreit uns von dem ungesunden Drucke einer faulgewordenen alten Gewohnheitswelt ... Wie ein alttestamentarischer Prophet stürzte er falsche Götzen und [breitet] mitleidslos die Fäulnis der zeitgenössischen Seele am Tageslicht aus.[65]

Erst gegen Ende seines Lebens arbeitete Jung mit Zeitschriften und Ausbildungsinstituten zusammen. Viele seiner Anhänger waren Frauen, vor allem in der Schweiz, und waren relativ ungeschult. Jung war nicht der Schriftsteller oder Lehrer, der Freud war, und machte sich manchmal über seine späteren Schüler lustig (zum Beispiel wegen ihrer sexuellen Hemmungen). In einem gewissen Sinne entwickelte er mehr einen Kult als eine Schule. Jungs Schüler erlebten jedoch nicht die Art von Auseinandersetzungen, von denen die Freudianer geplagt wurden. Denn nach Jungs Theorie der Gegensätze und seiner Konzeption des Schattens war es wahrscheinlich auf latente positive Gefühle zurückzuführen, wenn man intensiv gegen etwas war; infolgedessen war es in Jungschen Kreisen fast unmöglich, einen wirklichen Streit zu haben, und die Probleme wurden eher in den Untergrund getrieben.

In Jungs letzten zwanzig Jahren tendierten seine Interessen, wie die Freuds am Ende seines Lebens, dazu, seine frühere medizinische Orientierung zu transzendieren, und richteten sich auf die Menschheit als ganze. *Obwohl Jung gütig und mitfühlend war, interessierte er sich immer mehr für Ideen als für Menschen ...*[66] Zwar hatte Jung mit größerem therapeutischem Ehrgeiz als Freud begonnen, doch war am Ende Freuds Interesse für die Kranken größer als das Jungs; zumindest setzte Freud seine Behandlungspraxis bis wenige Monate vor seinem Tod fort, während Jung sie einstellte, als er noch jünger war. Einige der Gedanken Jungs über Gesellschaft und Kunst stimmten fast genau mit denen Freuds überein: zum Beispiel Jungs Verachtung der Massen und seine Ablehnung moderner Kunst. In der Religion hingegen befanden sie sich an entgegengesetzten Polen, und die Veröffentlichung von Freuds *Die Zukunft einer Illusion* bestätigte Jungs Mißtrauen gegen Freuds Festhalten an einer Einstellung, die Jung als eine materialistische Wissenschaftsauffassung erschien.

Zum Teil wegen der Tendenz Freuds, die Opposition gegen Jung zu übertreiben, ist es schwierig, den Antisemitismus, über den er sich beklagte, richtig einzuschätzen, insbesondere, inwieweit Jungs Einstellung zu den Juden zu den Schwierigkeiten mit Freud beitrug. Freud erwähnte öffentlich Jungs Bereitschaft, *mir zuliebe Rassenvorurteile aufzugeben . . .*[67] Privat beklagte sich Freud über Jungs *Lügen, Brutalität und antisemitische Überhebung gegen mich.*[68] Merkwürdigerweise findet sich jedoch in Freuds Korrespondenz mit Jung keine Spur eines solchen Vorwurfs.

Während der Naziherrschaft in Europa unterstützte Jung nicht nur jüdische Flüchtlinge in der Schweiz, sondern half auch mit, Juden die Einreise nach England zu ermöglichen. Die Nazis setzten seinen Namen auf ihre »schwarze Liste«, und seine Werke wurden von den Nazis in Deutschland und den besetzten Ländern unterdrückt.[69] In einem gewissen Sinne waren Freud und seine Gefolgsleute gezwungen, Jung als Antisemiten darzustellen, denn Freuds Begeisterung für Jung zu Anfang war wesentlich antisemitischer Natur gewesen. Es steht jedoch nicht im Einklang mit Jungs Charakter oder seinen Theorien, daß er gegen irgendeine Gruppe eine völlig negative Stellung bezogen hätte. Obwohl er zum Beispiel des öfteren feindselige Bemerkungen über die Engländer wie auch über die Schweizer machte, versuchte er doch zu zeigen, daß es in allem gute und schlechte Elemente gibt.

Jung beurteilte zuerst die wahre Natur des Naziphänomens in Deutschland falsch, sei es nun wegen seiner Konzeption des Schattens oder wegen seiner Naivität in bezug auf Hitler (die er mit vielen anderen teilte). Jung hatte stets angenommen, daß unterschiedliche kulturelle Gruppen eine ihnen jeweils gemäße Psychologie haben, und hatte insbesondere zwischen jüdischer und *arischer* Psychotherapie unterschieden. Für Jung war Adler wie Freud der Vorwurf zu machen, *daß sie den Menschen zuviel aus der pathologischen Ecke und aus seinen Defekten erklären.*[70] (Jung hingegen tendierte dazu, in entgegengesetzter Richtung zu irren.) Die folgenden Ausführungen Jungs aus dem Jahre 1934 stehen in vollem Einklang mit seinem Verständnis von Freuds eigenem Charakter:

. . . sollte sich kein Therapeut die Gelegenheit entgehen lassen, sich selbst im Lichte dieser negativen Psychologien kritisch zu betrachten. Freud und Adler haben den [Schatten], der alle begleitet, sehr deutlich gesehen. Die Juden haben diese Eigentümlichkeit mit den Frauen gemein; als die physisch Schwächeren müssen sie auf die Lücken in der Rüstung des Gegners zielen, und wegen dieser, durch jahrhundertelange Geschichte aufgezwungenen Technik, sind die Juden selber dort, wo andere am verwundbarsten sind, am besten gedeckt. Infolge ihrer mehr als doppelt so alten Kultur sind sie sich der menschlichen Schwächen und Schattenseiten in viel höherem Maße bewußt als wir und darum in dieser Hinsicht viel weniger verwundbar. Auch haben sie es dem Erlebnis der antiken Kultur zu verdanken, daß es ihnen möglich ist, mit vollem Bewußtsein in wohlwollender, freundlicher und duldsamer Nachbarschaft ihrer eigenen Untugenden zu leben, während wir noch zu jung sind, um keine ›Illusionen‹ über uns zu haben. Übrigens sind wir vom Schicksal damit betraut, Kul-

tur noch zu schaffen . . ., wozu sogenannte Illusionen in der Form von einseitigen Idealen, Überzeugungen, Plänen usw. unerläßlich sind. Der Jude, als Angehöriger einer etwa dreitausendjährigen Kulturrasse, ist wie der gebildete Chinese in einem weiteren Umkreise psychologisch bewußter als wir. Infolgedessen ist es auch für den Juden im allgemeinen weniger gefährlich, sein Unbewußtes negativ zu bewerten. Das arische Unbewußte dagegen enthält Spannkräfte und schöpferische Keime von noch zu erfüllender Zukunft, die man nicht ohne seelische Gefährdung als Kinderstubenromantik entwerten darf . . . Der Jude als relativer Nomade hat nie und wird voraussichtlich auch nie eine eigene Kulturform schaffen, da alle seine Instinkte und Begabungen ein mehr oder weniger zivilisiertes Wirtsvolk zu ihrer Entfaltung voraussetzen. [. . .] Das arische Unbewußte hat ein höheres Potential als das jüdische; das ist der Vorteil und der Nachteil einer dem Barbarischen nicht völlig entfremdeten Jugendlichkeit. Meines Erachtens ist es ein schwerer Fehler der bisherigen medizinischen Psychologie gewesen, daß sie jüdische Kategorien, die nicht einmal für alle Juden verbindlich sind, unbesehen auf den christlichen Germanen oder Slawen verwandte. Damit hat sie nämlich das kostbarste Geheimnis des germanischen Menschen, seinen schöpferisch ahnungsvollen Seelengrund als kindisch-banalen Sumpf erklärt, während meine warnende Stimme durch Jahrzehnte des Antisemitismus verdächtigt wurde. Diese Verdächtigung ist von Freud ausgegangen. Er kannte die germanische Seele nicht, so wenig wie alle seine germanischen Nachbeter sie kannten. Hat sie die gewaltige Erscheinung des Nationalsozialismus, auf den eine ganze Welt mit erstaunten Augen blickt, eines Besseren belehrt? . . . Darum sage ich, daß das germanische Unbewußte Spannungen und Möglichkeiten enthält, welche die medizinische Psychologie in ihrer Bewertung des Unbewußten berücksichtigen muß.[71]

Jung war ein großer Bewunderer der chinesischen Kultur. In einem Brief sagte er, die bloße Tatsache, daß er von einem Unterschied zwischen jüdischer und christlicher Psychologie spreche, genüge schon, daß man ihn zum Antisemiten stemple; nach der Meinung des Schweizer Israelitischen Wochenblatts beweise seine Versicherung, daß er ebensowenig antisemitisch wie antichinesisch sei, seine Absicht, die Juden mit einer mongolischen Horde zu vergleichen.[72] Aber so wie er gewisse sexuelle Vorurteile gegen die Frauen teilte, wäre es auch nicht überraschend, wenn er viele traditionelle Klischees über die Juden unkritisch übernommen hätte. Jung ließ es jedoch zu, daß seine Bemerkungen über die Unterschiede zwischen jüdischer und *arischer* Psychologie in einem in Deutschland veröffentlichten Artikel erschienen; die Ähnlichkeit der Jungschen Unterscheidung zwischen *jüdischer Wissenschaft* und *germanischer Wissenschaft* mit der der Nazis ist erschreckend.

1936 kam Jung in seinem Aufsatz Wotan zu dem Schluß, es seien *in den nächsten Jahren oder Jahrzehnten hintergründige Dinge zu erwarten, von denen wir uns jetzt allerdings noch schlecht eine Vorstellung machen können.* Für Jung war jedoch ge-

rade das Eindrucksvolle am deutschen Problem, daß einer, der offenkundig ergriffen ist, das ganze Volk dermaßen ergreift, daß sich alles in Bewegung setzt, ins Rollen gerät und unvermeidlicherweise auch in gefährliches Rutschen.[73]

Im Jahre 1939 erhob Jung polemisch den Vorwurf, *die Introversion wird ... als anomal, morbid oder sonst als unzulässig empfunden. Freud identifiziert sie mit einer autoerotischen Geisteshaltung. Er hat dieselbe negative Einstellung, wie die nationalsozialistische Philosophie des modernen Deutschland, welche die Introversion als ein Vergehen gegen das Gemeinschaftsgefühl ansieht.*[74]

Zum Schaden von Jungs späterer Reputation hatte er 1933 nach Kretschmers Rücktritt als Präsident der deutschen Allgemeinen Ärztlichen Gesellschaft für Psychotherapie eine Zeitlang als deren Präsident fungiert, und zwar kraft seines Amtes als Vizepräsident. Schon kurz darauf wurde jedoch diese Gesellschaft zu einer Internationalen Allgemeinen Ärztlichen Gesellschaft für Psychotherapie reorganisiert und deren Sitz in die Schweiz verlegt; zum Präsidenten *dieser* Internationalen Gesellschaft wurde Jung gewählt. Das *Zentralblatt* der Gesellschaft, dessen Herausgeber Jung war, erschien weiter in Deutschland. Die am 15. Sept. 1933 gegründete deutsche Sektion der Internationalen Gesellschaft stand unter dem Vorsitz von Prof. M. H. Göring, einem Verwandten des Naziführers. Jung wurde schon sehr bald von einem Schweizer Analytiker, Gustav Bally, öffentlich angegriffen. Erst 1940 brach Jung seine Verbindungen mit der deutschen Gesellschaft endgültig ab. Jung schrieb eine Erwiderung auf den Angriff Ballys[75] und hatte sein ganzes übriges Leben immer wieder das Bedürfnis, seine Zusammenarbeit mit den Nationalsozialisten zu erklären. In einem Brief aus dem Jahre 1951 schrieb Jung über das *verleumderische Gerücht* das Folgende:

Als ... die Internationale ärztliche Gesellschaft für Psychotherapie gegründet wurde, befürchteten meine deutschen Kollegen, daß die Nazis die Psychotherapie in Deutschland ganz ausrotten würden, und brauchten eine nicht-deutsche Autorität, um ihnen zu helfen. Nun, ich schritt ein und ermöglichte es den hinausgeworfenen jüdischen Ärzten, unmittelbare Mitglieder der Internationalen Gesellschaft zu werden ... Die Zeitschrift der Gesellschaft erschien in Deutschland, da sie durch Vertrag an einen deutschen Verlag gebunden war und ich dies nicht ändern konnte. Der Präsident wurde automatisch ihr Herausgeber und ich mußte es unterschreiben. Bald darauf setzten die Nazis Göring hinein. Ich wollte mich zurückziehen, aber meine Kollegen bestanden darauf, daß ich bleiben solle, in der Hoffnung, daß ich etwas für sie tun könnte. Schließlich gelang es mir, die Psychotherapie in einer entlegenen Abteilung zu verstecken, wo der nationalsozialistische Ärzteführer sie nicht erreichen konnte. Von 1937 an versuchte ich, mich zurückzuziehen, aber Vertreter der holländischen und kürzlich gegründeten britischen Gruppe baten mich, nicht aufzugeben und die Verbindung aufrechtzuerhalten ... Ich wollte meine Kollegen und Freunde nicht desavouieren. Ich mußte also das Spiel mitspielen und leisetreten (sehr gegen meine Neigung!), da ich sehr wohl wußte, daß ich wegen meines Wotan-Aufsatzes, den nur ein völliger Esel als pro-nationalsozialistisch mißverstehen konnte, ein schwarzes Schaf war. Ich habe meine Meinung über die Nazis nie geändert und bin auch nie ein Antisemit gewesen, ich bin überzeugt von den psychoanalytischen Unterschieden zwischen Juden und Christen wie zwischen Franzosen und Engländern usw.[76]

Über Jungs Rolle als Mitläufer der Nazis ist eine umfangreiche Literatur entstanden; für manche Autoren stellte es sich so dar, daß Jung um eines angesehenen Postens in der Psychiatrie willen bereit war, mit den Nazis zu paktieren, und daß seine spätere Version nur ein geschmackloser Versuch gewesen sei, sich zu rechtfertigen. Es gibt jedoch verantwortliche Persönlichkeiten, die davon überzeugt sind, daß Jungs Mit-Redakteur, der Vetter von Hitlers Stellvertreter, wirklich versucht hat, die Therapeuten in Deutschland zu schützen. Die neue *Gesellschaft*, an deren Spitze Jung stand, konnte Therapeuten aufnehmen, die aus der früheren Organisation ausgeschlossen worden waren. Auch Ernest Jones hatte mit M. H. Göring zu tun und erinnerte sich an ihn als *einen recht liebenswürdigen und zugänglichen Menschen.*[77] Jones versuchte, die Analytiker in Deutschland zu schützen und fand Göring recht aufgeschlossen.[78] Als jedoch 1935 die holländischen Mitglieder der neuen Organisation sich weigerten, Gastgeber eines Kongresses zu sein, zog sich Jung auf den *Grundsatz* der Neutralität zurück:

Ich muß entschieden hervorheben, daß unsere deutschen Kollegen nicht die Verursacher der nationalsozialistischen Revolution waren, sondern vielmehr in einem Staat leben, der eine bestimmte weltanschauliche Haltung fordert. Wenn nun der Zusammenhang mit Deutschland aus weltanschaulichen Gründen in Frage gestellt werden soll, so verfällt man damit in den selben Fehler, den man den anderen vorwirft: man setzt einfach Weltanschauung gegen Weltanschauung.[79]

Wir besitzen kein Quellenmaterial darüber, was Freud über Jungs Tätigkeiten im Zusammenhang mit den Nazis dachte. Er setzte während der ganzen 30er Jahre seine analytische und schriftstellerische Arbeit fort und beschäftigte sich erneut mit dem Moses-Thema. *Der Mann Moses und die monotheistische Religion* war eine Rekonstruktion der biblischen Legende. Freud glaubte, es habe in Wirklichkeit zwei Moses gegeben, den ersten, der ein ägyptischer Edelmann und der wahre Begründer des Monotheismus war, und einen zweiten Moses, der fähig war, zu herrschen und die monotheistische Religion durchzusetzen, und zwar dank der Schuldgefühle der Juden, weil sie den ersten Moses erschlagen hatten, als sie gegen dessen Strenge revoltierten. In seiner Polemik gegen Adler und Jung von 1914 hatte Freud von seiner Erwartung in den 90er Jahren gesprochen, daß *die Wissenschaft ... zu meinen Lebzeiten keine Notiz von mir nehmen* [würde]. *Einige Dezennien später würde ein anderer unfehlbar auf dieselben, jetzt nicht zeitgemäßen Dinge stoßen, ihre Anerkennung durchsetzen und mich so als notwendigerweise verunglückten Vorläufer zu Ehren bringen.*[80]

Obwohl *Der Mann Moses und die monotheistische Religion* nicht viel objektive Grundlagen in der Geschichte hatte (Freud selber nannte die Arbeit einen *Roman*), reflektierte die Schrift sehr genau gewisse Themen, die Freud wichtig waren. Schon zu der Zeit seines Ohnmachtsanfalles in München, als er mit Jung zusammen war, hatte Freud das Geheimnis des alten Ägypten mit dem unbekannten Gebiet des Unbewußten verglichen und sich Sorgen gemacht, ob sein erwählter Nachfolger den neuen Ideen treu bleiben würde, die er, so wie der erste Moses, auf den Weg gebracht hatte. Aber drückte Freud, als er den früheren Moses in einen Ägypter verwandelte und so die Juden ihrer größten Gestalt beraubte, damit nicht vielleicht sein Unbehagen aus, Jude zu sein, phantasierte er sich selbst in einen Nichtjuden um, um damit mitzuhelfen, das sicherzustellen, was er von Jung erhoffte, nämlich daß dieser die Analyse vor dem Vorwurf schützen würde, nur eine jüdische Psychologie zu sein?

Freud identifizierte sich gern mit dem mythischen Helden, der ein Außenseiter ist und nicht zu seinem Volk gehört, auch wenn die Frage ungelöst bleiben muß, ob er, wie eine Autorin meint, *geheimen und uneingestandenen Groll darüber empfand, überhaupt Jude zu sein, gezwungen zu sein, sich minderwertig zu fühlen, wo er doch von seinen überlegenen Gaben überzeugt war.**[81] Eine gewisse Bestätigung der Annahme, daß *Der Mann Moses* auf Freuds Verhältnis zu Jung und auf seine Befürchtungen hinsichtlich der Zukunft der Psychoanalyse nach seinem Tod zurückgreift, könnte man darin erblicken, daß ein Teil des Buches der Jungschen Lehre vom kollektiven Unbewußten nahe kommt. Wie in *Totem und Tabu* argumentierte Freud auch in dem Mosesbuch, daß erworbene Schuldgefühle genetisch weitergegeben werden könnten, und der Ödipuskomplex nahm am Ende für Freud einen archetypischen Rang ein. Obwohl Freud schrieb, er *glaube nicht, daß wir etwas erreichen, wenn wir den Begriff eines ›kollektiven‹ Unbewußten einführen,*[83] könnte Jungs Theorie der Archetypen in der Freudschen Theorie des Symbolismus eine Stütze finden; Freud war der Meinung, Symbole seien ein phylogenetisches Erbe. Für Jung bezeichnete Freuds Konzept des *Über-Ichs* das kollektive Unbewußte Jungs, das dem Menschen teilweise bewußt und teilweise unbewußt (weil es verdrängt ist) sei.[84]

Im Jahre 1936 feierte die Harvard University ihr dreihundertjähriges Bestehen; ein ehemaliger Harvardstudent, Franklin Roosevelt, war Präsident der Vereinigten Staaten, und für die Feier wurden umfangreiche Vorbereitungen getroffen. Ein Komitee beschloß einstimmig, Freud die Ehrendoktorwürde anzubieten. Die Mitglieder kamen nicht auf den Gedanken, daß er vielleicht ablehnen könnte. Wenige Tage später teilte ihnen Erik Erikson mit, die Chancen, daß Freud annehmen würde, seien gleich

---

* 1933 schrieb Freud von sich: *Hier mag sich noch ein Stückchen Opposition gegen das eigene Judentum schlau verbergen. Unser großer Meister Moses war doch ein starker Antisemit und machte kein Geheimnis daraus.*[82]

Null.[85] Darauf lehnte es das Komitee ab, die Sache weiterzuverfolgen, weil man befürchtete, Freud werde die Einladung wegen seines Alters und seiner Krankheit ablehnen; wäre nämlich ein Angebot abgelehnt worden, dann wäre die Entscheidung auf ein anderes Komitee übergegangen, und die beteiligten Psychologen wollten, daß einem der ihren die Ehrung zuteil wurde, und nicht das Risiko eingehen, daß der Preis einem, sagen wir, Nationalökonomen zuteil würde. So erhielt, statt Freud, Jung den Ehrendoktor. Pierre Janet wurde gleichfalls eingeladen, an den Feierlichkeiten teilzunehmen, und hielt auch einen Vortrag.

Jung wohnte bei einem angesehenen Harvarder Neurologen, Stanley Cobb. Cobb war mit zahlreichen europäischen Analytikern befreundet, die mit Freud auf gutem Fuß standen. Wie es in Europa damals üblich war, stellte Jung abends seine Schuhe vor die Zimmertür, und Cobb war zuvorkommend genug, sie zu putzen. Cobb stotterte stark, und als er Jung in der großen Aula des Massachusetts General Hospital stokkend vorstellte, hingen die Zuhörer an jedem seiner Worte. Am Ende seiner einführenden Worte jedoch beging Cobb eine der klassischen Fehlleistungen in der Geschichte der Psychoanalyse; er stellte nämlich Jung als *Dr. Freud* vor. Einige Journalisten warfen nachher die Frage auf, warum denn, wenn Jung ein Schüler Freuds war, nicht der Meister selber eingeladen worden war.

Später besuchte der Harvarder Psychologe Henry Murray Freud in Wien. Trotz seines Alters war Freud die Anerkennung der Welt immer noch wichtig, und eines der ersten Dinge, die Freud zur Sprache brachte, war die Frage, warum Jung und nicht er selber den Ehrendoktor von Harvard erhalten hatte. Murray erzählte ihm von der Abstimmung und teilte ihm die Gründe mit, warum er nicht eingeladen worden war. Freud, der immer noch mit Jung in Fehde lag, war überzeugt davon, daß er mit seiner Voraussage recht behalten habe, Popularität und Ruhm würden jenen zufallen, die die Psychoanalyse in einer gefälligeren Form auftischten als er selber. Im Jahre 1938 erhielt Jung auch noch den Ehrendoktor der Universität Oxford.

Lou Andreas-Salomé

Sándor Ferenczi

Paul Federn

7.
Die treue Bewegung

Paul Federn

Karl Abraham

Ernest Jones

7.1. Verdiente Staatsmänner

Wenn Freud sich nicht in einen Streit mit einem seiner Schüler hineinziehen lassen wollte, fand sich eine Vielzahl von Argumenten (manche legitim, andere weniger), die ihn in seiner Abwehr bestärkten. Gewöhnlich wußte er eine Menge über das Privatleben der Betreffenden und über persönliche Probleme, die der Arbeit mit einer väterlichen Ersatzfigur im Wege stehen konnten. Freud sammelte fortlaufend, ebenso beharrlich wie unauffällig, neue Schüler; wenn einige am Wegrand zurückblieben, konnte er darauf zählen, daß sie durch andere ersetzt wurden. Über den Kreis, der sich um ihn gebildet hatte, schrieb Freud 1914: *Im ganzen durfte ich mir sagen, in dem Reichtum und der Mannigfaltigkeit der Begabungen, die er umschloß, stand er kaum hinter dem Stab eines beliebigen klinischen Lehrers zurück.*[1] Gegen den Vorwurf der Intoleranz wies Freud darauf hin, wie viele begabte Schüler bei ihm geblieben waren:

Man (hat) *häufig den Abfall früherer Schüler als Zeichen meiner Intoleranz mir zur Schuld angerechnet oder den Ausdruck eines besonderen auf mir lastenden Verhängnisses darin gesehen. Es genüge dagegen, darauf hinzuweisen, daß denen, die mich verlassen haben, wie Jung, Adler und wenige andere, eine große Anzahl von Personen gegenübersteht, die wie Abraham, Eitingon, Ferenczi, Rank, Jones, Brill, Sachs, Pfarrer Pfister, van Emden, Reik u. a. seit etwa fünfzehn Jahren mir in treuer Mitarbeiterschaft, meist auch in ungetrübter Freundschaft anhängen. Ich habe nur die ältesten meiner Schüler genannt, die sich bereits einen rühmlichen Namen in der Literatur der Psychoanalyse geschaffen haben, die Übergehung anderer soll keine Zurücksetzung bedeuten, und gerade unter den jungen und spät hinzugekommenen befinden sich Talente, auf die man große Hoffnungen setzen darf. Aber ich darf wohl für mich geltend machen, daß ein intoleranter und vom Unfehlbarkeitsdünkel beherrschter Mensch niemals eine so große Schar geistig bedeutender Personen an sich hätte fesseln können, zumal wenn er über nicht mehr praktische Verlockungen verfügte als ich.*[2]

Um 1924 wurde die Psychoanalyse allmählich zu einer erfolgreichen Methode, seinen Lebensunterhalt zu verdienen. Die ökonomischen Faktoren in der Geschichte der Psychoanalyse werden allzu leicht übersehen. Die meisten derer, die zuerst zu Freud zur Ausbildung kamen, waren in ihrer vorherigen beruflichen Tätigkeit nicht allzu erfolgreich gewesen. Der Wechsel eines Arbeitsgebietes bedeutete Unzufriedenheit mit sich selbst und Selbstzweifel, und der Anschluß an eine neue Bewegung mit ungewisser Zukunft verlangte Mut zum Risiko. Selbst noch im Jahre 1924 wäre es fast überall in der akademischen Psychiatrie nachteilig gewesen, zur Psychoanalyse gezählt zu werden.

Berufliche Unsicherheit hat jedoch auch ihre weniger ansprechenden und mehr irdischen Seiten. Nachdem die frühen Analytiker mit Erfolg alles auf eine neue Karte gesetzt hatten – und 1924 war Freud international schon sehr bekannt –, neigten sie zu übertriebenem Selbstwertgefühl, im Gegensatz zu ihren früheren Frustrationen (und vielleicht als Kompensation für diese). Auch heute noch trifft es mehr oder weniger zu, daß Psychoanalytiker, wenn sie Freud verteidigen, damit zugleich auch ihren Broterwerb verteidigen. Um 1924 ging es bei den Analytikern schon um ganz handfeste Interessen, und sich der Rebellion Jungs, Adlers oder Stekels anzuschließen, hätte für die meisten von ihnen den Ruin bedeutet, da sie wegen der Überweisung von Patienten von Freud selber oder von seinen über die ganze westliche Welt verstreuten Gefolgsleuten abhängig waren. So riskant die Psychoanalyse in ihren Anfängen als Beruf gewesen sein mochte, als sie sich dann durchsetzte, stiegen die beruflichen Chancen unverhältnismäßig steil an; heute ist es paradoxerweise so, daß das Einkommen eines Psychoanalytikers in einer Stadt sicherer ist, wenn dort fünfzig Kollegen praktizieren, als wenn es nur eine Handvoll Analytiker gibt.

In den zwanziger Jahren hatte Freuds Kreis nicht nur eine gewisse Stabilität durch den Erfolg, sondern auch einen relativen Frieden gewonnen. Die großen ideologischen Auseinandersetzungen der Vorkriegsjahre waren vorüber; und obwohl es noch bis zum Tode Freuds im Jahre 1939 immer wieder zu kleineren Ausbrüchen kam, wurden die vorhandenen Antagonismen doch nie mehr so heftig ausgetragen, wie es zum Beispiel bei dem »Prozeß« gegen Adler der Fall gewesen war. In den zwanziger- und dreißiger Jahren beherrschte Freud die Szene vollständig und stand jetzt zumeist über solchen Rivalitäten. Einer von Freuds begabten neuen Schülern, Franz Alexander, mußte von einem der älteren Wiener Psychoanalytiker hören, Freud habe einmal über ein jüngeres Mitglied der Wiener Gruppe gesagt: *Ich kann den vatermörderischen Blick in seinen Augen nicht ertragen.*[3] Zu Alexanders Zeit war Freud ein Respekt gebietender alter Herr, der über offene Streitigkeiten erhaben war. Während Freud zum Beispiel im Falle Jungs diesen brillanten und eifrigen Anhänger herangezogen und ermuntert hatte, warben seine Schüler jetzt um ihn. Sie nahmen nicht aus ausschließlich wissenschaftlichen Gründen an seiner Bewegung teil. Sie verehrten ihn wie einen Monarchen; er war von einem Hof umgeben, dessen Mitglieder ihm schwerlich in irgendeiner Sache widersprachen. Erik Erikson zitiert einen von Mahatma Gandhis Anhängern: *Ich gehe zu Gandhiji nicht mit dem Streben nach Erfolg. Ich will in seinem Schatten leben . . .;*[4] und genau dieses Gefühl beherrschte auch viele Anhänger Freuds ihrem Meister gegenüber. Helene Deutsch erinnerte sich:

Alle . . . schufen die gleiche Atmosphäre um den Meister, eine Atmosphäre absoluter, unfehlbarer Autorität auf seiner Seite. Es lag nie an einem Fehler Freuds, daß sie ihm diese Rolle zuwiesen und daß sie – wie das Gerücht verbreitete – zu bloßen

›Jasagern‹ wurden. Ganz im Gegenteil; Freud hatte für ›Jasager‹ nichts übrig, und so ergab es sich, daß gerade jene, die sich als die treuesten Anhänger erwiesen, keine wärmere Sympathie von seiner Seite empfingen.[5]

Ganz real gesehen half Freud seinen Schülern jedoch bei ihrer Arbeit einfach durch sein Dasein; jeder Autor braucht ein Publikum, und sie alle schrieben im Grunde für Freud. Zugleich konnte Freuds Größe aber auch einschüchternd wirken. Manche Schüler fühlten sich durch Freuds Reaktion auf die Vorlage ihrer Arbeiten so »verletzt«, daß sie sie nicht zur Veröffentlichung einreichten.[6]

Die Bindungen, die Freuds Kreis zusammenhielten, waren sehr stark. Einige seiner Schüler waren hochintelligent und von Natur aus nicht fügsamer als andere. Warum verhielten sie sich dann so passiv gegenüber Freud? Zum einen wurde ihre intensive Hingabe an die Psychoanalyse durch ihre Furcht vor der Exkommunikation verstärkt. Freud hatte das Bedürfnis, zu herrschen und der unumstrittene Meister zu sein, und seine Schüler hatten Angst davor, von seiner Gemeinschaft ausgeschlossen zu werden.

Während Freud die Rebellionen natürlich aus seiner eigenen Perspektive sah, betrachteten seine Schüler die Situation anders; für sie lag die Gefahr (und die Versuchung) darin, die Rolle des Herausforderers und des Revisionisten zu übernehmen. Die Angst, *durch Gedanken und Gefühle, die niemand teilen würde, isoliert und zum Ausgestoßenen zu werden,*[7] konnte allein schon zum Konformismus führen. In all den verschiedenen Perioden gab es strenggläubige Schüler, die darauf achteten, ob nicht Angehörige des Kreises unmerklich in die Fehler früherer Ausgestoßener abglitten. Wurde man in dieser Weise abgestempelt, dann riskierte man, daß man von der Bewegung fallengelassen wurde und damit einen Platz in der Geschichte verspielte (und das war ein ganz reales Risiko, denn wenn er nicht mehr zur Bewegung gehörte, wurde das Werk eines Häretikers nicht mehr zitiert). Wie die frühen Marxisten, so waren auch die Freudianer überzeugt, daß die Zukunft auf ihrer Seite war. Freud behauptete, er wolle *nicht gern den Anschein erwecken, als seien wir Geheimbündler und betreiben eine Geheimwissenschaft.*[8] Aber seine Schar war eine Armee auf dem Marsch, die jeden »Kompromiß« verachtete, der der Sache schaden könnte. *Ich vermeide gern Konzessionen an die Schwachmütigkeit. Man kann nicht wissen, wohin man auf diesem Wege gerät; man gibt zuerst in Worten nach und dann allmählich auch in der Sache . . . wer warten kann, braucht keine Konzessionen zu machen.*[9] Freud hielt seine Anhänger durch den Kampfgeist zusammen, den er ihnen vermittelte. Im Jahre 1927 schrieb er an einen Schüler, es gebe eine Art, seine Sache darzustellen und dabei das Publikum so kühl und herablassend zu behandeln, daß es merken muß, man tut es nicht ihm zu Gefallen. Man müsse immer nach dem Grundsatz handeln, denen keine Konzessionen zu machen, die nichts zu geben, aber alles von uns zu gewinnen haben. *Wir können warten, bis sie auf den Knien bitten, auch wenn es sehr lange dauert.*[10]

Freuds Anhänger waren deshalb manchmal unglaublich arrogant, nicht für sich selbst, sondern für die Psychoanalyse.
Der Professor unternahm zahlreiche praktische Schritte, um seine Gruppe zusammenzuhalten. Gewisse Photographien von ihm waren so etwas wie eine Parteimitgliedskarte, und Freud verteilte sie als Zeichen des Dankes und der Zuneigung. Ein Zeichen besonderer Anerkennung war es, wenn Freud ein Vorwort für ein Buch eines Schülers schrieb. Freud beschrieb einmal, wie eine Gruppe durch die Illusion zusammengehalten wird, *daß ein Oberhaupt da ist ..., das alle Einzelnen der Masse mit der gleichen Liebe liebt.*[11] Das Band, das jeden einzelnen an Freud band, war auch der Ursprung der Bindung, die sie untereinander vereinigte. Wenn Freud fügsamen Schülern einmal seine Zuneigung geschenkt hatte, dann hielt seine Freundschaft ebenso leidenschaftlich an wie sein Haß. Eine nicht gering zu achtende Quelle seiner Macht über seine Anhänger lag auch darin, daß sie sich an ihn als Therapeuten wenden konnten, wenn sie selber (oder eine Person, die ihnen am Herzen lag) Schwierigkeiten hatten.
Freuds begeistertste Schüler mochten sich wohl zuweilen privat über die anderen als bloße »Gläubige« lustig machen; aber Freud zu kennen, gab ihrem Leben einen Sinn. Diese frühen Analytiker brachen aus der Enge ihres Familienlebens aus, nur um sich dann in einem geschlossenen, familienähnlichen Milieu niederzulassen. *Es waren städtische Intellektuelle mit der tiefen Sehnsucht danach, sich einem Ideal hinzugeben, einem Führer, einer Bewegung, und doch ohne religiöse, politische oder philosophische Ideale und Überzeugungen.*[12] Der Aufruf zu Glaube und Opfer kann für manche Menschen eine willkommene Forderung sein.
Wie Helene Deutsch, eine der treuesten Anhängerinnen Freuds, sagte, waren seine Schüler vor allem passive, verständnisvolle Zuhörer, Projektionsobjekte, durch die er seine eigenen Gedanken überprüfte, – manchmal, um sie zu korrigieren oder zurückzuziehen.[13] In den zwanziger Jahren war Freud hocherfreut über eine Arbeit Robert Waelders, die einige Konzepte des Meisters systematisierte, ohne neue Formulierungen vorzuschlagen. Freud sagte beifällig: *Ich komme mir vor, als habe ein Maler ein Porträt von mir gemacht, und wenn ich es anschaue, ist es besser als das Original.* Das war das höchste Kompliment, das Freud machen konnte; seine eigenen Gedanken auf ihn zurück zu reflektieren, ohne etwas beunruhigend Neues vorzubringen, das war es, was er von ihnen wollte. Freuds ideale Söhne und Töchter (viele von den Männern redete er mit »mein Sohn« an), hatten sich der Aufgabe gewidmet, seine wissenschaftliche Unsterblichkeit sicherzustellen. Qualität und Generalität seiner Gedanken waren solcher Art, daß ein Anhänger seine Überzeugungen ändern mußte, um in Freuds Welt seine Funktion erfüllen zu können. Keiner seiner Gefolgsleute brauchte besonders gereift oder brillant zu sein; jeder, wie mittelmäßig er auch sein mochte, konnte Freud helfen, wenn er dessen Gedanken nur geringfügig variiert zurückgab oder wenn er die Praxis der Psychoanalyse selbst förderte.
Es ist nicht klar, bis zu welchem Grad all diese Schmeichelei eine korrumpierende

Wirkung hatte, sei es auf Freud selbst, sei es auf seine Schüler.* Wenn diese auch, ohne es zu wissen, sein »Größengefühl« gefördert haben mögen, hielt er doch Distanz von ihnen und verlor ihre Nützlichkeit für ihn nie aus den Augen. *Alle in Freuds Umgebung wollten von ihm geliebt werden, aber seine geistigen Leistungen bedeuteten ihm unendlich viel mehr als die Menschen, die ihn umgaben. Als ein erleuchteter Bahnbrecher fühlte er sich berechtigt, seine Mitarbeiter als Mittel zum Zweck seiner eigenen, unpersönlichen, objektiven Leistung zu betrachten.*[14] Die jüngsten Schüler in seiner letzten Phase betrachtete Freud als »Kolonisten«, die die »Pioniere« der Anfangszeit ablösen sollten.[15] Um ein anderes Bild Freuds zu gebrauchen: Jeder war fähig, dem Gebäude der Psychoanalyse »Bausteine« hinzuzufügen.

Freud erwartete von seinen Anhängern grenzenlose Hingabe. Es kann kein Zufall sein, daß in seiner Studie der Massenpsychologie die beiden dort erörterten Beispiele *die Kirche, die Gemeinschaft der Gläubigen, und die Armee, das Heer* waren.[16] Freud meinte, *man könnte von der Psychoanalyse sagen, wer ihr den kleinen Finger gibt, den hält sie schon bei der ganzen Hand.*[17]

In der Regel hat die Psychoanalyse den Arzt entweder ganz oder gar nicht. Die Psychotherapeuten, die sich gelegentlich auch der Analyse bedienen, stehen nach meiner Kenntnis nicht auf sicherem analytischem Boden; sie haben nicht die ganze Analyse angenommen, sondern sie verwässert, vielleicht ›entgiftet‹; man kann sie nicht zu den Analytikern zählen.[18]

Er unterschied scharf zwischen denen, die richtige hauptberufliche Analytiker waren, und denen, die das nicht waren, auch wenn nach seinem eigenen Standpunkt *ein Zusammenwirken in der ärztlichen Tätigkeit eines Analytikers mit einem Psychotherapeuten, der sich auf die anderen Methoden des Fachs beschränkt, ... durchaus zweckmäßig* (wäre).[19] Denen gegenüber jedoch, die seiner Gruppe angehörten, nahm Freud einen Standpunkt extremer Ausschließlichkeit ein, und in Wien zum Beispiel hätte man es als eine störende Beeinträchtigung der Ausbildung betrachtet, wenn ein Kandidat neben der klassischen Analyse noch Psychotherapie anderer Art betrieben hätte.

Die verschiedenen analytischen Gemeinschaften setzten sich aus zutiefst überzeugten und hoch motivierten Menschen zusammen. Im praktischen Bereich waren ihre eigenen speziellen Techniken nur ihnen bekannt, und in ihrem inneren Kreis konnten sie ohne Risiko Bemerkungen über ihre therapeutischen Erfahrungen austauschen und einander praktische Ratschläge geben. Freud hatte sie vor »Eklektikern« gewarnt, die sich die Analyse nicht in vollem Umfang zu eigen machten, diesen »Halb- oder Viertelanhängern«, die freilich entschuldigt seien *durch die Tatsache, daß ihre Zeit*

---

* Zum Beispiel erkannte Freud nie, einen wie starken suggestiven Einfluß er auf seine Anhänger ausübte, und konnte deshalb auch zu der Überzeugung gelangen, seine Feststellungen hätten eine echte Bestätigung durch unabhängige Beobachter gefunden.

wie ihr Interesse anderen Dingen gehören . . .[20] Außenseiter wurden wie religiöse Ungläubige angesehen. Freud schrieb einmal, daß

eine Religion, auch wenn sie sich die Religion der Liebe heißt, hart und lieblos gegen diejenigen sein [muß], die ihr nicht angehören. Im Grunde ist ja jede Religion eine solche Religion der Liebe für alle, die sie umfaßt, und jeder liegt Grausamkeit und Intoleranz gegen die Nichtdazugehörigen nahe.

Er sagte dann voraus, daß andere Bindungen, wie zum Beispiel politische, in der Lage sein würden, die Stelle der religiösen einzunehmen; und dann *wird sich dieselbe Intoleranz gegen die Außenstehenden ergeben wie im Zeitalter der Religionskämpfe, und wenn die Differenzen wissenschaftlicher Anschauungen je eine ähnliche Bedeutung für die Massen gewinnen könnten, würde sich dasselbe Resultat für diese Motivierung wiederholen.*«[21]

In der Öffentlichkeit gab sich Freud gelassen in bezug auf die wissenschaftlichen Rebellionen, die einmal die Psychoanalyse zu ruinieren drohten; aber in Freuds Kreis war es klar, wie sehr ihn diese »Desertionen« verletzten. Aber gerade weil Freud geistige Brillanz und Originalität bewunderte und es nicht schätzte, wenn jemand (insbesondere ein Mann) zu abhängig von ihm wurde, hatte er wenig Respekt vor einigen seiner Anhänger, die bis zum Ende bei ihm blieben. Wie es Freud in den späten zwanziger Jahren einmal einer Patientin gegenüber zusammenfaßte: *Die Braven sind nichts wert, und die Unartigen gehen fort.*[22] Selbst als Freud 1924 die bei ihm Gebliebenen aufzählte, als Gegengewicht gegen die Abtrünnigen, konnte er es nicht über sich bringen, einige seiner bekanntesten Schüler in diese Liste aufzunehmen. Obwohl er sich mit der Bemerkung deckte, *Die Übergehung anderer soll keine Zurücksetzung bedeuten,* war es innerhalb von Freuds Kreis doch wohl bekannt, was für eine umstrittene Frage es war, wer zählte und wer nicht. Freud behielt einige Leute um sich, weil sie spezielle Funktionen erfüllten oder Spezialbegabungen hatten; andere hingegen blieben einfach auf Grund ihrer absoluten Treue, und Freud duldete sie aus Dankbarkeit für die Dienste, die sie seiner Sache in ihren ersten Anfängen geleistet hatten.

* * *

Paul Federn (1871–1950) zum Beispiel war kein besonderer Liebling Freuds, obwohl er in der Geschichte der Psychoanalyse eine hervorragende Rolle spielte. Er war schon 1903 in den Kreis Freuds eingetreten, also einer der ältesten Anhänger Freuds; Federns Frau gehörte zu den Damen, denen die Frau Professor einmal im Jahr einen offiziellen Besuch abstattete. Für die Generation von Analytikern, die in den zwanziger- und dreißiger Jahren zu Freud stießen, war Federn ein bärtiger Patriarch, der Heilige Petrus der Bewegung. Otto Fenichel, Wilhelm Reich, Edward Bibring, Edoardo Weiss, Heinrich Meng, Smith Ely Jeliffe und August Aichhorn wurden von ihm analysiert. Federn bot manchmal einem Patienten etwas zu essen an, wenn er gerade mit seiner Mahlzeit noch nicht fertig war; er behandelte Reich kostenlos. Rainer Maria Rilke kam eine Zeitlang zu ihm und ebenso Hermann Broch. Wie auch andere aus der ersten Generation von Analytikern war Federn selber nicht analysiert worden. Er erwähnte mit großer Trauer, mit Bedauern und mit Groll, daß Freud ihn nicht zur Analyse angenommen hatte; denn nur Freud wäre in der Gruppe ranghoch genug gewesen, um Federn zu behandeln.

Freud erwies Federn stets den Respekt, der ihm als einem frühen Anhänger zustand; er war der älteste Schüler, der noch bei Freud war, als die Nazis in Wien einmarschierten. Damals vertraute Freud Federn als Geschenk die *Protokolle* der Sitzungen der Wiener Vereinigung an (in Amerika erschien Band I im Jahre 1962, Band II 1967, die Bände III und IV erschienen 1974; die deutsche Ausgabe ist in Vorbereitung). Im Jahre 1931 beauftragte Freud Federn, seine Tochter Anna zu einer Feier zu Ehren von Freuds 75. Geburtstag in Freiberg in Mähren zu begleiten und dort eine Ansprache zu halten. Als 1930 Freuds Mutter gefährlich erkrankte (sie starb kurz darauf im Alter von 95 Jahren), brachte Federn sie aus ihrem Urlaubsort nach Wien zurück.

Als Freud 1923 an Krebs erkrankte, ernannte er Federn zum Vizepräsidenten der Wiener Vereinigung. Freud machte ihn zu seinem persönlichen Vertreter und überwies ihm automatisch Patienten, die zu Freud selbst zur Behandlung gekommen waren.[23] Wie andere Europäer jener Zeit, konnte Freud sich nicht an den selbstverständlichen Gebrauch des Telefons gewöhnen; seine Mitteilungen über Patienten und Ausbildungskandidaten an Federn (und andere Schüler) erfolgten deshalb brieflich. Als Freud Federn 1924 bat, als sein persönlicher Vertreter zu fungieren, faßte Federn das so auf, daß Freud ihn zu seinem Erben ernannt habe, und betrachtete sich von da an als den wahren Nachfolger Freuds.

Mit dem Einsetzen seiner Krankheit gab Freud auch die Teilnahme an den öffentlichen Sitzungen der Vereinigung auf und lud statt dessen alle paar Wochen eine ausgewählte Gruppe von Analytikern zu Zusammenkünften in seiner Wohnung am Mittwochabend ein. Es gab regelmäßige und gelegentliche Teilnehmer, und Freud beauftragte Federn mit der Entscheidung, wer zu diesen privaten Zusammenkünften eingeladen werden sollte. Als die Wiener Vereinigung 1938 aufgelöst wurde, gab Freud Federn eine schriftliche Bescheinigung des Inhalts, daß er sein Vertreter in der Führung der Wiener psychoanalytischen Gruppe gewesen sei und daß er, Freud, ihn hiermit als deren hervorragendstes Mitglied anerkenne, das sich gleichermaßen durch seine wissenschaftliche Arbeit, seine Erfahrung als Lehrer und seinen Erfolg in der Therapie ausgezeichnet habe.[24]

Trotzdem hatte Freud seine Zweifel über Federns Fähigkeiten; zum Beispiel bezeichnete er ihn in einem Brief als *nicht ganz zuverlässig*.[25] Die beiden Männer waren verschiedene Typen. Federn war manchmal, in seinen Schriften und seinem täglichen Leben, konfus, obwohl er sich große Mühe gab, seine Schwierigkeiten als Redner zu

überwinden. Seine Versprecher erlangten in der Wiener Gruppe Berühmtheit, und er machte selber Witze darüber; es konnte passieren, daß er ein Ehepaar zum Abendessen einlud, und dann die Gäste an der Tür mit verwirrtem Gesichtsausdruck begrüßte, weil er sich nicht mehr an die Einladung erinnerte. Die vielen Anekdoten über Federn wurden jedoch wohlwollend erzählt.
Federn war ein Träumer und Romantiker, der manchmal großer Entmutigung unterlag und manchmal überoptimistisch war ... Der Realismus und die Skepsis Freuds fehlten ihm.[26] Wenn Freud ein Wissenschaftler und Forscher war, so war Federn ein Arzt und Reformer. Politisch war Freud gemäßigt und für das Bestehende, und in den dreißiger Jahren trat er für ein reaktionäres Regime in Österreich ein. Federn hingegen war ein Idealist und ein aktiver Sozialist. Während Freud unter denen, die an seine eigenen Ideen glaubten, zu den Vorsichtigeren gehörte, glaubte Federn, die Psychoanalyse sei die endgültige Botschaft der Befreiung für die Menschheit. Freud neigte zu der Annahme, daß kaum etwas zur Besserung der Menschheit beitragen konnte. Federn war Mitverfasser eines »Volks«-Handbuches der Psychoanalyse, das noch vor kurzem wieder neu gedruckt wurde; für eine neue Auflage des Buches schrieb er eine Passage über Psychoanalyse und Gesellschaft, von deren Veröffentlichung Freud abriet, da sie zu optimistisch sei (sie wurde deshalb auch erst nach Federns Tod veröffentlicht).
Die mangelnde Klarheit in Federns Schriften mag teilweise auf seine Ehrerbietung gegenüber Freud zurückzuführen sein; denn obwohl seine Gedanken in etwas andere Richtung als die Freuds gingen, wollte er es vermeiden, in die Rolle eines Abtrünnigen und Rebellen abzugleiten. Er kannte einige seiner Grenzen und machte das Beste aus seinen Gaben. Seine Stärke kam von Freud und der psychoanalytischen Bewegung; Federn gelang, was andere nicht fertigbrachten: in dem Ethos eines stärkeren Mannes aufzugehen.
Es ist gesagt worden, Federn habe das Gefühl gehabt, seinen Vater, einen bekannten Internisten, verraten zu haben, weil er selber nicht eine ähnliche Laufbahn einschlug; deshalb sei seine Treue zu Freud für ihn etwas Heiliges gewesen. Er gab seiner Tochter den Namen Anna und gab ein Porträt Freuds in Auftrag, das gegen Ende des Jahres 1908 gemalt wurde, als Freud kurze Zeit bartlos war. (Das Gemälde sollte ein Hochzeitsgeschenk für Freuds Tochter Mathilda sein, da diese es aber nicht mochte, behielt Federn das Bild selbst.) Federn sorgte auch für die Anfertigung einer Büste Freuds durch Oscar Nemon, der später eine Statue Winston Churchills für das Unterhaus schuf. Federn beobachtete Freud aus genügender Nähe, um anderen den Rat zu geben, ihn nicht anzusprechen, wenn er allein und in Gedanken versunken war, denn eine solche Störung werde Freud zunächst irritieren, auch wenn er nach ein paar Minuten dann ganz freundlich war.[27]
Als Therapeut war Federn menschlich aufgeschlossener und mitfühlender als Freud und hatte weniger vom wissenschaftlichen Forscher an sich. Federn, der Jude war, begeisterte sich für das christliche Ideal des Mitleids und war ständig nahe daran, zum

Protestantismus überzutreten (wie das seine beiden Brüder taten; seine Frau war Protestantin und seine Kinder wurden protestantisch erzogen). *Als Therapeut . . war Federn mehr Arzt und kämpfte hartnäckiger in fast aussichtslos scheinenden Fällen, um dem Patienten zu helfen, als Freud, in dem der Wissenschaftler immer stärker war als der Heiler.*[28] Federn behandelte schwerer kranke Patienten als andere Analytiker in Freuds Kreis und hatte mehr Selbstmordfälle (darunter auch eine Nichte Freuds); er kam zu der Überzeugung, *Psychosen könnten nur durch somatische Mittel geheilt werden, wenn auch in Verbindung mit der Psychotherapie . . .*[29] Wie Freud selber hatte auch Federn die Fähigkeit, die Verehrung ehemaliger Schüler und Patienten zu gewinnen.

Anders als Freud jedoch war Federn depressiv; beladen mit Schuldgefühlen, bekämpfte er drohende Mißgestimmtheit und Aggressivität bei sich selbst zuweilen erfolgreich durch edelmütiges, aufopferndes Verhalten gegen andere. Im Alter von fast achtzig Jahren beschloß er, sich das Leben zu nehmen; seine Frau war schon gestorben, und er hatte einen Rückfall einer Blasenkrebserkrankung gehabt. Kurze Zeit vorher war er wegen des Krebses operiert worden, aber die Operation hatte keinen Erfolg, sondern hatte eine temporäre Psychose ausgelöst. Eine solche psychische Störung im Anschluß an eine schwere Operation kommt häufiger vor, als man im allgemeinen weiß; sie kann ein organischer Prozeß sein oder sogar einen Kampf ums Weiterleben darstellen. Als seine Wunde geheilt war, überwand Federn die psychische Störung völlig. Aber eine weitere Operation war bereits festgesetzt und die Möglichkeit eines nochmaligen postoperativen Zusammenbruchs war zuviel für ihn. Er überwies seine Patienten an andere Therapeuten und erschoß sich dann (in seinem Analytikersessel sitzend) an dem Morgen, als er ins Krankenhaus sollte. In dem Abschiedsbrief, den er für seine Söhne hinterließ, kehrte er wieder zu dem romantischen Bild von sich selbst als einem Soldaten zurück, *dem langgedienten Feldwebel in der psychoanalytischen Armee*. Charakteristischerweise mahnte er die Söhne in der Notiz, mit der Pistole vorsichtig umzugehen – denn es sei noch eine Kugel übrig. Bis zum Ende mußte er für andere sorgen.

Obwohl Federns *niemals schwankende Anhänglichkeit an Freud ihn daran hinderte, seine von Freud abweichenden Auffassungen anders als in sehr vager Weise auszudrücken*, war er doch einer der Pioniere der modernen Ichpsychologie. Freud war damals *nicht in der Lage, Federns Entdeckungen seine Aufmerksamkeit zu schenken oder ihre Bedeutung zu erfassen.*[30] Federns speziellem Interesse für die Behandlung von Psychotikern lag sein Mitgefühl mit Kranken zugrunde, und dementsprechend entwickelte er seine Gedanken. Auf dem Konzept der »Identität« aufbauend, das sein enger Freund und Rivale Victor Tausk zuerst in die Psychoanalyse eingeführt hatte, brachte Federn den Gedanken vor, ein Defekt der Organisationsfähigkeit sei vielleicht der Grund für die Hilflosigkeit des Patienten gegenüber seinen Triebimpulsen.

Freud hatte zuerst die Auffassung vertreten, die Bewußtmachung eines Triebes könne diesen nur schwächen. Aber das Ziel der Beseitigung von Selbsttäuschungen setzt voraus, daß das Ich des Patienten fähig ist, die ihm angebotene neue Einsicht zu integrieren. Sonst würde die Psychoanalyse lediglich dem Patienten seine Abwehrmechanismen wegnehmen, so daß er schlimmer daran wäre als vorher. Anstatt – wie Freud das tat – die Psychotiker als narzißtisch oder übermäßig in sich selbst verstrickt anzusehen, vertrat Federn, wie Tausk, die Meinung, sie litten an einem Mangel an Ich-Stärke. Das Problem des Psychotikers sei demzufolge Schwäche, nicht Übermaß, und der Schlüssel zu seiner Störung sei im Ich zu suchen, nicht in einem untergründigen Trieblleben der Sexualität oder Aggression. Nur wenn die Integrationsfähigkeiten des Patienten gestärkt würden, könne die Grenze zwischen seiner inneren und seiner äußeren Welt realistisch werden.

Wie gewöhnlich fand Freud »unklar«, was von seinem eigenen Werk verschieden war, und außerdem war Federn nicht gerade der klarste Denker oder Redner. Bei einer Zusammenkunft der Wiener Vereinigung schob Freud einmal, als Federn ein Referat vortrug, Helene Deutsch einen Zettel zu, auf dem stand: *Wissen Sie, wovon er redet? Ich nicht.*[31] Federns Arbeiten über Ichpsychologie schienen Freud nichts Neues zu sein, vielmehr nur seine eigenen Gedanken in etwas anderer Formulierung. Obwohl Federn über Freuds Schweigen gegenüber seiner Pionierarbeit in der psychologischen Behandlung der schwer Kranken unglücklich war, stellte ihn Freud wenigstens nicht vor die Alternative, entweder mit dieser Arbeit aufzuhören oder aus seinem Kreis auszuscheiden. Federns Bestreben, der Person und der Sache Freuds die Treue zu halten, verdunkelte auch für ihn selbst die Originalität seiner Konzeptionen, und erst einen Monat vor seinem Tod erkannte er, daß es zwischen seiner eigenen Ichpsychologie und der Freuds mehr Verschiedenheiten gab, als ihm klar gewesen war.[32]

In den dreißiger Jahren begann die Ichpsychologie für die psychoanalytischen Autoren an Bedeutung zu gewinnen; sie wandten ihre Aufmerksamkeit von den Schicksalen des Sexualtriebs ab und beschäftigten sich intensiver mit den (defensiven und adaptiven) Mechanismen, die das Ich zur Bewältigung von Konflikten entwickelt. In den fünfziger und sechziger Jahren erlangten diese Arbeiten dann eine zentrale Bedeutung in der Psychoanalyse. Obwohl Logiker der psychoanalytischen Theorie behaupteten, dieser neue Trend stelle eine Rückkehr zu den Formulierungen Freuds über die Abwehrmechanismen der 1890er Jahre dar, war doch die Grundstimmung dieser Arbeitsrichtung eine ganz neue, ja revisionistische, zumindest in der Sache, wenn nicht erklärtermaßen. Von den dreißiger Jahren an wurden die Methoden der Selbstheilung für die psychoanalytische Theorie zumindest ebenso wichtig wie die Mechanismen der Selbsttäuschung.

Noch in den dreißiger Jahren hatte Federn berechtigterweise den Eindruck, daß seine frühere Arbeit nicht erkannt und nicht anerkannt wurde; er beklagte sich deshalb darüber, daß er nicht hinreichend zitiert würde, vor allem in den Schriften Anna Freuds. *Nach 1930 veröffentlichten einige Freud nahestehende Psychoanalytiker, die an Federns Seminaren teilgenommen hatten, eine Reihe von Büchern und Artikeln über Ichpsychologie, ohne die Beiträge Federns zu erwähnen. Das enttäuschte und verbitterte Federn sehr.*[33] Aber der Gedanke der »Ichgrenzen«, der hervorheben sollte, daß der Schizophrenie Ichdefekte zugrunde liegen, war die ursprüngliche Formulierung von Viktor Tausk. Man kann sich nur fragen, ob Federns eigene mangelnde Bereitschaft in den späteren Jahren, die Priorität des Tauskschen Beitrags anzuerkennen, nicht zum Teil den Schock widerspiegelte, den die Umstände bei Tausks Tod bei ihm ausgelöst hatten.[34]

Federn hatte sich mit Freuds Einstellung gegenüber Prioritätsfragen in vollem Umfang identifiziert. In einem 1930 veröffentlichten Artikel hatte Federn die Frage des unbewußten Plagiats aufgeworfen, die weitverbreitete *Skrupellosigkeit hinsichtlich des Diebstahls an den Ideen anderer.* Freud und Bullitt arbeiteten damals zusammen an ihrem Buch über Woodrow Wilson, und Freud spielte auf Hales Buch über Wilson an, das Freud gelesen hatte: *Hale, Wilsons Sekretär, glaubte Grund zu haben, sich an dem Präsidenten zu rächen, der ihm seine Gedanken gestohlen habe.* In Bemerkungen, die Freuds eigenen Stil als Autor schildern, notierte Federn, es sei allgemeine Praxis, *einen wissenschaftlichen Aufsatz mit der Erwähnung der Entdeckungen, Erklärungen und Theorien anderer Autoren zu beginnen;* und, was gleichfalls auf Freud zutraf, *wenn die Ursache des Widerstands unbewußt ist, versteht der Leser nicht, was er liest.*[35]

Wie Theodor Reik gesagt hat, war Federn ein Pazifist mit einem kriegerischen Temperament. (Freud hatte über diese Charakterisierung gelacht.) In den Auseinandersetzungen mit Adler und Jung ergriff Federn natürlich die Partei Freuds, wenn er auch keine herausragende Rolle spielte. Als er jedoch nach Amerika ging, war er ein verdienter Staatsmann der orthodoxen Doktrin und wurde einer der Führer der New Yorker Psychoanalytischen Vereinigung, der beharrlich auf die häretischen Fehltritte eines brillanten ungarischen Analytikers, Sandor Rado, hinwies. Wie es Federn bei einer öffentlichen Veranstaltung ausdrückte: In Italien gebe es zwei Arten von Künstlern; den Künstler, der verkauft, was er produziert, und den, der alte Kunstgegenstände ausgräbt, sie als eigene Erzeugnisse verkauft – und dabei eine Menge Geld macht. *Ich überlasse es Ihnen,* schloß Federn, *zu entscheiden, zu welcher Art Dr. Rado gehört.*[36]

Edward Hitschmann (1871–1957) war ein weiterer jener frühen Wiener Analytiker, von denen Freud glaubte, er müsse sie eben irgendwie mitschleppen; trotzdem wurde Hitschmann nach seiner Auswanderung in Amerika zu einer Figur von einer gewissen Bedeutung. Ebenso bemerkenswert wie Freuds Fähigkeit, Anhänger anzuziehen, war sein Talent, auch die zu behalten, die er nicht besonders bewunderte. Hitschmann hatte zwar Witz und Humor, aber Freud erschien er mehr und mehr sarkastisch, starr und oberflächlich. Persönlich mochte Freud einen Mann von der Phantasie Federns bedeutend lieber. Beide jedoch, Hitschmann wie Federn, waren typisch für jene Analytiker, die zu einer Zeit zu Freud kamen, als er keine große Auswahl hatte.

Kurz vor dem Ersten Weltkrieg begann Freud, bevorzugte Schüler dadurch zu belohnen, daß er ihnen Ringe mit antiken Steinen schenkte. Zu Anfang war das eine Anerkennung für begabte Analytiker, gegen Ende seines Lebens jedoch stellten diese Geschenke ein Zeichen der Dankbarkeit Freuds für einen ihm erwiesenen persönlichen Dienst oder auch einfach ein Zeichen der Zuneigung dar. Zu allen Zeiten bedeutete ein solches Geschenk, daß der Empfänger entweder zur psychoanalytischen Bewegung als ganzer oder zu Freuds Familie gehörte – soweit diese beiden Sphären je getrennt gehalten wurden. Aber nachdem Freud einmal Hitschmann und Federn übergangen hatte – keinem von beiden gab er einen Ring –, wäre es eine Beleidigung gewesen, ihnen später einen zu schenken; das hätte nur unterstrichen, daß er schon immer nach brillanteren Anhängern gesucht hatte.

Hitschmann war in Freuds Gruppe 1905 durch seinen alten Freund Federn eingeführt worden. Hitschmann war damals bereits ein anerkannter Internist und deshalb eine willkommene Ergänzung einer Gruppe, die überwiegend aus Nichtärzten bestand. Eine Zeitlang fungierte er als Hausarzt der Familie Freud, aber von Hitschmanns Standpunkt aus war das eine Last. Zu Ehren von Freuds sechzigstem Geburtstag schrieb Hitschmann eine Ansprache, die anzuhören Freud, Hitschmann zufolge, zu ungeduldig gewesen wäre. Freud bemerkte in seiner Antwort, um zu leben, brauche man ein paar Menschen, *die glauben, daß ich Erfolg gehabt habe.*[37] Als 1922 in Wien eine psychoanalytische Klinik, das *Ambulatorium* genannt, eröffnet wurde, bestellte Freud Hitschmann zu ihrem Leiter.

Freuds etwas geringschätzige Einstellung zu jemand wie Hitschmann war ein Thema, über das die mehr politisch denkenden alten Analytiker bei meinen Befragungen nicht gerne reden wollten. Doch herrschte anscheinend um die dreißiger Jahre allgemein eine gewisse Ungeduld mit Hitschmann, zum Teil aus Gründen der Identifikation mit Freud, zum Teil auch wegen der Qualität von Hitschmanns langsamen Bemerkungen.[38] Als die Wiener Gruppe sich ausdehnte, erschien Hitschmann mehr und mehr altmodisch in seinem Denken. Aber er blieb Freud gegenüber treu und anhänglich und mietete oft ein Sommerhaus in der Nähe des Meisters. Wie andere aus dem Kreis vergaßen die Hitschmanns nie Freuds Geburtstag: Das Ehepaar schickte regelmäßig eine Ananas, die im Wien jener Zeit eine Seltenheit war und die Freud liebte. Wie Federn, so verspürte auch Hitschmann keine Abneigung dagegen, von Freud abhängig zu sein, und andererseits war er für Freud kein mächtiger Sohn, der fähig gewesen wäre, eine Vaterfigur zu töten. Hitschmann konnte amüsante Skizzen zeichnen; einmal zeichnete er ein Wappen der Psychoanalyse, das damals in psychoanalytischen Kreisen mit geschärftem Sexualbewußtsein eine gewisse Berühmtheit erlangte; »Je länger, je lieber« stand als Wappenspruch auf dem Schild, das von den Blüten einer Bohnenart umrankt war, auf die dieser Spruch gewöhnlich angewandt wird.

Freud maß die Menschen an sehr hohen Maßstäben. Hitschmann war ein kultivierter, gebildeter Mann und einer der ersten, die an psychoanalytischen Biographien arbeiteten, auch wenn er im Leben großer Männer in der Regel nur die Auswirkung des Ödipuskomplexes demonstrierte. Er schrieb auch eine ausgezeichnete populäre Zusammenfassung der psychoanalytischen Erkenntnisse, eine der frühesten neben Freuds eigener. Bevor er dieses Stück »Propaganda« unternahm, wie es in den »Protokollen« der Wiener Vereinigung genannt wird, das sich »hauptsächlich an die Ärzteschaft« wenden sollte, warnte Freud, diese Arbeit würde verlangen, daß sich der Autor der Äußerungen eigener Gedanken enthalte. Hitschmann erwiderte, er werde in diesem Buch niemals vorgeben, eigene Gedanken vorzubringen; er brauche eigentlich nur abzuschreiben.[39] Im ganzen war es der Triumph der Psychoanalyse, der diesen Mann zu historischer Bedeutung emporhob. Liest man jedoch eine der Arbeiten eines solchen Angehörigen des Kreises aus einer Zeit, als er Freud am nächsten stand, dann begegnet man dem Betreffenden auf dem Höhepunkt seiner Fähigkeiten und liest zugleich Freud aus zweiter Hand. Freud beflügelte seine Anhänger zu Leistungen, zu denen sie sonst vielleicht nicht fähig gewesen wären, auch wenn ihre Kreativität oft von seiner fortdauernden Gegenwart abhängig war.

7.2. Viktor Tausk und Lou Andreas-Salomé

Viktor Tausk (1879–1919) war einer der begabtesten unter den frühen Anhängern Freuds; aber obwohl er unter den Psychoanalytikern der Zeit vor dem Ersten Weltkrieg eine herausragende Gestalt war, geriet er später vollkommen in Vergessenheit. Einige seiner Arbeiten sind zwar unter Psychiatern bekannt, die sich mit den Anfängen der Psychoanalyse beschäftigen,[1] aber soweit er einen Platz in der Geschichte gefunden hat, figuriert er hauptsächlich als einer der Liebhaber von Lou Andreas-Salomé (1861–1937).
Die beiden hatten eine kurze Liebesbeziehung bei Lous Aufenthalt in Wien in den Jahren 1912–1913. Jahre vorher hatte angeblich Nietzsche ihr einen Heiratsantrag gemacht, und später war sie mit Rilke eng befreundet. Als sie sich dem Kreise Freuds anschloß, um Psychoanalyse zu lernen, konnte Lou Freud selbst nicht haben; aber Tausk, der hochbegabt war und den Freud sehr schätzte, stellte die zweitbeste Lösung dar. Und in ihrem Tagebuch *In der Schule bei Freud* finden sich die scharfsinnigsten Ausführungen über Tausks Charakter.
Freud selbst schrieb den offiziellen Nachruf auf Tausk. *Keiner*, schrieb er, *konnte sich dem Eindruck entziehen, daß er einen bedeutenden Menschen vor sich habe.* Freuds abschließendes Urteil war: *In der Geschichte der Psychoanalyse und ihrer ersten Kämpfe ist ihm ein ehrenvolles Andenken sicher.*[2] Und doch dauerte es ein halbes Jahrhundert, bis eine ausführliche Darstellung der Schwierigkeiten zwischen Freud und Tausk an die Öffentlichkeit gelangte. Es überrascht nicht, daß Freuds Schüler

in Wien diese Geschichte für sich behielten. Wir müssen uns an ihre Verehrung Freuds und an ihr Schuldgefühl gegenüber einem gefallenen Rivalen erinnern. Ein Selbstmord ist unter jedweden Umständen ein Angst erweckender Akt. Da der Selbstmord Tausks jedoch in Anschluß an seinen Streit mit Freud geschah, trug er dazu bei, der magischen Macht, die Freuds Schüler ihrem Meister zuschrieben, eine gewisse Realität zu verleihen.
Tausk wuchs in Kroatien auf, das heute zu Jugoslawien gehört, damals aber eine Außenprovinz Österreich-Ungarns war. Seiner Mutter, die sich ihrem aggressiven, ja tyrannischen Mann gegenüber mit Selbstaufopferung und Ergebenheit verhielt, war er ein zärtlicher und aufmerksamer Sohn; sie soll eine schöne Frau gewesen sein, aber die ständige Angst und die Sorge um die Kinder hatten sie müde und freudlos werden lassen, und ihr Mann war ihr untreu; er konnte charmant sein und wirkte auf Frauen faszinierend.
Tausks Verhältnis zu seinem Vater war gespannt und feindselig; er schrieb später, es sei ihm immer peinlich gewesen, mit dem Namen seines Vaters angeredet zu werden. Tausk wurde von seinen Mitschülern bewundert und war durch seinen Gerechtigkeitssinn und seine Intelligenz ihr Vorbild. Einmal hatte er eine Auseinandersetzung mit einem Religionslehrer, dessen Grundsätze mit seinem eigenen Atheismus im Widerspruch standen; kurz vor dem Abitur führte er einen Schülerstreik wegen des Religionsunterrichts an. Zuerst wollte er Medizin studieren, aber da seine Familie das Geld dafür nicht aufbringen konnte, entschloß er sich zu dem weniger kostspieligen Jurastudium.
Im Jahre 1897 ging Tausk an die Universität Wien; im Jahr darauf lernte er dort seine künftige Frau Martha kennen. Tausks feindselige Beziehung zu seinem Vater wiederholte sich in seinem Verhältnis zu seinem künftigen Schwiegervater, einem Druckereibesitzer; die beiden Männer haßten einander leidenschaftlich. Aber Martha hatte eine tiefe Liebe zu Victor gefaßt; sie wurde schwanger und im Jahr 1900 heirateten sie. Sie gingen zusammen nach Jugoslawien, wo das Kind bei der Geburt starb.
Tausk setzte seine juristische Ausbildung fort, zuerst in Sarajewo und dann in Mostar, während seine Frau zwei Söhne gebar. Im späten Frühjahr 1905 beschlossen die beiden, sich zu trennen; Martha ging mit den Kindern nach Wien zurück, während Victor sich schließlich in Berlin niederließ. Nachdem Tausk mehrere Jahre in der Provinz festgehalten war, erfüllte ihn mit sechsundzwanzig immer noch ein ruheloser Ehrgeiz. Er veröffentlichte einige serbische Balladen, die er ins Deutsche übersetzt hatte, schrieb Erzählungen und Gedichte, versuchte sich als Dramatiker und veröffentlichte literaturkritische Arbeiten.[3]
In Berlin konnte Tausk ein neues Leben beginnen. Er spielte Violine, zeichnete Kohleskizzen und inszenierte Theaterstücke. Die Notwendigkeit, seinen Lebensunterhalt zu verdienen, zwang ihn jedoch, sich journalistisch zu betätigen, was er als degradierend empfand. In seinen Briefen erzählte er von seinen Bemühungen, Geld zu verdie-

nen, von seiner Sehnsucht nach schöpferischer Arbeit und seiner Sorge um seine kleinen Söhne.

Die Jurisprudenz war für Tausk bloß das kürzeste und billigste Studium gewesen, das zu einem akademischen Beruf führte. Er hatte das Gefühl, er habe sich um sein wahres Selbst betrogen, als er Jurist wurde, und habe sich dann aus Selbsthaß schlecht verhalten, was seine Eheprobleme verschärft habe. Darüber hinaus war Tausk offenbar unfähig, die abhängige Liebe seiner Frau zu ertragen; sie war nicht selbständig genug, daß er sich in der Gemeinschaft mit ihr hätte wohlfühlen können. Einmal schrieb er ihr: *Ich liebe nur freie Menschen, solche, die von mir unabhängig sind . . . So wie ich jetzt lebe, ist es eigentlich am besten . . .: unabhängig, weil niemand von mir abhängt, kein Sklave, weil kein Herr.* Die Gründe für das Scheitern seiner Ehe würden Tausks künftige Bindung an Freud erhellen.

Tausk verstand das destruktive Element in seiner großen Liebesfähigkeit. Je mehr er liebte, desto abhängiger wurde er und damit – nach der seltsamen Logik seiner Gefühle – auch desto grausamer. Sein ganzes Leben hindurch half er anderen, war gutherzig, aufopfernd und anständig. Erkannte er jedoch plötzlich, in welche Knechtschaft er geraten war, brach er die Beziehung ab, und der ganze Zyklus begann in der Beziehung zu einem anderen Menschen wieder von vorn.

Tausks Gesundheitszustand verschlechterte sich in Berlin immer mehr. In seiner Bemühung, die Liebe einer Frau zu gewinnen, enttäuscht und am Wiederauftreten seiner alten Lungenbeschwerden leidend, klagte er außerdem auch über Mattigkeit und Konzentrationsschwäche. Er bekam einen kostenlosen Platz in einem deutschen Sanatorium, gegen das Versprechen, einige Werbeartikel für dieses zu schreiben. Die Diagnose lautete auf geistige und körperliche Erschöpfung. Unerwarteterweise verschlechterte sich sein Zustand sehr schnell, er glitt in eine Depression. Er sehnte sich nach einem richtigen Beruf und einem Heim, und beides hatte er nicht. Er hatte jedoch eine bewundernswerte Fähigkeit, in Briefen an seine Frau zu schreiben, was es bedeutete, zu nichts fähig zu sein. Tausks Zusammenbruch war plötzlich gekommen, und seine Genesung war ebenso spontan und rapide. Aber immer wieder setzten ihm Depressionszustände zu, wenn sie ihn auch nicht mehr so völlig entkräfteten wie früher.

Selbst nach einem so schrecklichen Zusammenbruch war Tausk fähig, sich wieder aufzuraffen und etwas Neues zu versuchen. Aus diesem Elend wandte er sich Freud und der Psychoanalyse zu. Bei Freud suchte er die Führung, die er so bitter nötig brauchte. Auf einen Aufsatz von Freud schrieb er diesem einen Brief, und Freud – in dem Glauben, Tausk sei Arzt – ermutigte ihn, nach Wien zu kommen und Psychoanalyse zu studieren. Im Herbst 1908 ging Tausk nach Wien, um Medizin zu studieren; er hatte bereits den Plan gefaßt, Analytiker zu werden. Doch vor seinem Neubeginn wollte er einen Abschnitt seines früheren Lebens abschließen: Obwohl er und seine Frau schon seit Oktober 1905 getrennt lebten, ließen sie sich erst bei seiner Rückkehr nach Wien im Oktober 1908 scheiden.

Tausk hatte Freuds persönliche Unterstützung, und die anderen Mitglieder der Wiener psychoanalytischen Gruppe taten ihr möglichstes, um ihm den Weg zu ebnen; sie erkannten seine überragenden Fähigkeiten sehr schnell. Rückblickend kann man den Eindruck haben, daß sein Entschluß, Analytiker zu werden, ein lebensrettender Schritt war. Er war allerdings auch die natürliche Folge seiner Talente und Interessen.

Anders als Freud und die meisten Ärzte unter seinen Anhängern entschloß sich Tausk, Psychiater zu werden. Freuds Schweizer Anhänger, die Psychiater waren, waren für ihn wichtig gewesen, weil sie seinen Ideen ein neues Gebiet zur Erschließung eröffneten. Tausks originellsten Leistungen sollten dann seine klinischen Untersuchungen über die Schizophrenie und die manisch-depressive Psychose sein.[4] Er war das erste Mitglied der Wiener Psychoanalytischen Vereinigung, das die Psychosen klinisch studierte, zu einer Zeit, als Freuds Interesse nur der Behandlung weniger stark gestörter Patienten galt. Tausk hat für die psychoanalytische Theorie bleibende Beiträge geleistet, die in die Arbeiten zeitgenössischer Denker wie Bruno Bettelheim und Erik H. Erikson eingingen;[5] aber er konnte im Kreise Freuds nicht überleben. Sein Kontakt mit Freud sollte ihn vernichten.

Die beste Informationsquelle über Tausks Beziehung zu der Gruppe Freuds vor dem Ersten Weltkrieg bleibt Lou Andreas-Salomés *Tagebuch*. Sie war mit der Aura vergangener europäischer Kultur umgeben, als sie zu Freud kam.[6] Sie war einundfünfzig, als sie 1912 in Wien eintraf, und hatte sich zuvor durch die Lektüre sämtlicher Schriften Freuds vorbereitet. Sie wollte Freuds Interesse an ihr wecken, und das gelang ihr vollkommen.

Lou gehörte zu den Frauen, die das Talent haben, bedeutende Männer zu sammeln. Wie gut sie auch früher ausgesehen haben mochte, jetzt mußte sie sich auf ihre psychologischen Fähigkeiten stützen, um die Aufmerksamkeit potentieller Eroberungen zu erregen. In hohem Maße empfänglich für Ideen, besaß sie eine ungewöhnliche Fähigkeit, sich mit Männern zu identifizieren, und vor allem mit jenem schöpferischen Teil ihrer Natur, der inneren Unsicherheiten am stärksten unterliegt. Aber immer, wenn ein Mann sich in sie verliebte, mußte er am Ende entdecken, daß sie im Grunde nichts von sich selbst hergegeben hatte. Sie hatte den anderen widergespiegelt, ihm in seinem Schöpferdrang geholfen, als Person jedoch hatte sie sich verweigert. Alle diese Männer hatten sie gebraucht, zuletzt jedoch erkennen müssen, daß sie sich ihnen entzogen hatte.

Freud schätzte Menschen mit Phantasie und Einbildungskraft. Lou Andreas-Salomé mußte also für ihn persönlich und ebenso für die Psychoanalyse einen Gewinn bedeuten. Viele Jahre später schrieb Freud, er habe Lou sehr bewundert und sehr gern gehabt, *merkwürdigerweise ohne Spur sexueller Anziehung*.[7] Durch sie kam Freud mit dem Besten der deutschen Kultur in Berührung, und er zog sie in einem ganz ungewöhnlichen Maße in sein Vertrauen. In späteren Jahren erörterte er in seinen Briefen die emotionalen Probleme seiner Tochter Anna mit ihr.

1912 hatte Lou von Viktor Tausk geschrieben, daß er sich unter Freuds Schülern »am unbedingtesten ... herauszuheben« scheine,[8] und sie machte sich daran, ihn aktiv zu verführen. Tausk war ein gutaussehender Mann, mit blonden Haaren, blauen Augen und einem Schnurrbart. Er war außerdem achtzehn Jahre jünger als sie. In der Zeit 1912 auf 1913 bildeten Freud, Lou und Tausk ein Dreieck, das allen dreien Vorteile bot. Lou hatte in ihrem Leben schon öfters zwei Männer gehabt. Für Freud brachte das Arrangement sowohl Enttäuschungen als auch Befriedigungen. Er war eifersüchtig darauf, daß Tausk die Möglichkeit hatte, eine Liebesaffäre mit Lou zu unterhalten. Tausk war jünger, maskuliner und in seiner ganzen äußeren Statur eindrucksvoller. Auf der anderen Seite konnte Lou Freud mit Informationen über Tausk versorgen, so daß dieser Schüler, der vielleicht Ärger machen konnte, besser unter Kontrolle zu halten war. Für beide Männer war sie ein Prellbock.

Als Frau konnte Lou keinerlei Rivalitätsgefühle in Freud erwecken. Für einen so altmodischen Mann kamen Frauen als Konkurrenten überhaupt nicht in Frage. Sie konnte ihm schmeicheln und dabei alles glauben, was sie sagte. Einer Frau fällt es leichter, ihr Selbstwertbewußtsein von ihrer beruflichen Arbeit zu trennen; Freud zu geben, was er wollte, beeinträchtigte damit ihre Integrität in keiner Weise. Bei den Männern hingegen mußte Freuds Forderung, daß seine Schüler sich mit ihm identifizierten, schließlich zur Auflehnung führen; wenn ein Mann wirklich wie Freud war, so bedeutete das letztlich, daß er selbständig dachte und arbeitete. Originalität jedoch setzte seiner Nützlichkeit für Freud ein Ende.

Bei seinem Eintreten für Freud in dessen Streit mit Adler, hatte Tausk ein Maß an »Böswilligkeit« an den Tag gelegt, das Lou für übertrieben und unfair hielt.[9] Und auf der Höhe von Freuds öffentlicher Auseinandersetzung mit Jung wetterte Tausk gegen Jungs Ketzerei.[10] In diesen verbalen Schlachten war Tausk in bester Form, aber auch in seinen Artikeln konnte er von wilder Streitlust sein. Wenn Tausk Vorträge über Psychoanalyse hielt, gewann Lou *nicht nur den Eindruck von klassischer Freudlehre, sondern auch, daß wohl nur selten jemand mit soviel Ehrfurcht und Liebe an die eigentlichen, tatsächlichen Funde Freuds herangegangen sei* ... Sie hatte nur den Einwand, Tausk komme ihr manchmal zu *Freudisch-exakt vor; jedenfalls wird man ihm das Gegenteil nie vorwerfen können.*[11]

Lou erkannte die Ursachen der Spannung zwischen diesen beiden Männern genau. Es war ein Charakteristikum Freuds, daß er alle bisherigen Grenzen des Wissens überschreiten wollte. Er war jedoch der Meinung, Tausk greife manche Probleme vorzeitig auf.[12] Tausks Arbeit irritierte Freud, und ein erheblicher Teil des Problems war Tausks Originalität.[13] Lou und Freud sprachen wiederholt über diese Frage, als ihre Liebesbeziehung mit Tausk noch bestand.[14]

Tausks Unabhängigkeit war zum Teil nur Fassade. Denn das Schlimmste in Freuds Augen war, daß Tausk zuweilen an Freuds eigenen Hauptproblemen kleben blieb. Tausk schien die unheimliche Fähigkeit zu haben, Freuds eigene Formulierungen vorwegzunehmen.[15] Freud fühlte sich durch Tausk nicht nur deshalb irritiert, weil

Tausk ein selbständiger Kopf war, sondern auch, weil Tausk es wagte, seine Begabung an Probleme zu wenden, die Freud selber so sehr beschäftigten. Freuds Befürchtung, Tausk könne ihm einige seiner Gedanken stehlen, bevor er sie ganz durchdacht hatte, erklärt auch mit, warum Lou für Freud nützlich war, wenn sie Tausk im Auge behielt.* Freud war sich dessen sicher, daß sie letztlich auf seiner Seite stehen würde. Die Ungewißheit, ob Tausk nicht vielleicht einen Gedanken schon vor ihm konzipieren werde, war Freud ein Ärgernis.

Lou erkannte, daß Tausk in sich selbst versunken und introspektiv war, überaus ehrgeizig und doch von leidenschaftlicher Treue zu Freud erfüllt. So wie die Situation war, konnte Tausk Freud die Schuld an ihren gegenseitigen Schwierigkeiten geben. Er klammerte sich an Freud zum Teil deshalb, weil es ihm an innerer Stärke fehlte.[17] Lou liebte an Tausk seine Hilflosigkeit vor seinem inneren Wesen, seinen qualvollen Kampf darum, mit Hilfe seines Verstandes seine Leidenschaften zu beherrschen. Er war anspruchsvoll, aber seine Fähigkeit, Illusionen zu hegen, machte ihn liebenswert. Sein Selbst blieb jedoch der Gefangene seiner Vergangenheit. *Und von allem Anfang an empfand ich doch an Tausk grade all diesen Kampf als das, was mich an ihm tief berührte: den Kampf der menschlichen Kreatur. Brudertier, Du.*[18]

Aber mit dem Ersten Weltkrieg brach wieder alles um Tausk zusammen. Nach Abschluß seines Medizinstudiums begann er sein neues Leben, aber die Patienten wurden seltener, und es war fast unmöglich, eine psychoanalytische Praxis aufrechtzuerhalten. Zur Armee einberufen, bewies Tausk echtes Heldentum, indem er psychiatrische Diagnosen dazu benutzte, Menschen zu helfen. Er schrieb einen eindrucksvollen Aufsatz über die Psychologie des Deserteurs, eine der ersten Anwendungen psychoanalytischer Erkenntnisse auf das Recht.[19] Wiederholt brachte er sich durch die Hilfsbereitschaft und Selbstlosigkeit, mit der er für seine Patienten eintrat, selbst in Gefahr. Dabei genoß er sicher auch die Gelegenheit, seine Vorgesetzten herauszufordern.

Nachdem der Krieg zu Ende war, kehrte Tausk nach Wien zurück, um seine Praxis wiederaufzunehmen. Die Stadt befand sich jedoch in einem wirtschaftlichen Chaos. Tausk war jetzt fast vierzig und mußte immer noch wie ein armer Student leben und sollte dabei noch für den Unterhalt einer Familie sorgen. Er war immer noch von Freuds persönlicher Gunst und Anerkennung abhängig. Viele seiner Freunde und Kollegen hatten die gleichen Probleme, aber die meisten von ihnen befanden sich in einer nicht ganz so kritischen Lage. Paul Federn zum Beispiel konnte sich ohne weiteres auf seine rein medizinische Praxis zurückziehen.

Tausks Produktivität als wissenschaftlicher Autor während des Krieges ermutigte ihn dazu, sich nicht nur um eine Dozentur an der Universität Wien zu bewerben, sondern

---

* Lou behauptete, der gesamte Gedankeninhalt von Nietzsches *Genealogie der Moral* gehe auf Paul Rée zurück, der seine Konzeption in einer Unterhaltung mit Nietzsche erörtert habe. Nietzsche habe Rée aufmerksam zugehört und sich dessen Gedanken zu eigen gemacht; später sei er ihm dann feindselig gegenüber überstanden.[16]

auch Freud um eine Analyse zu bitten; es war sein großer Traum, von Freud analysiert zu werden. Tausk mußte gewußt haben, daß seine Gegenwart Freud Unbehagen verursachte; und Freud lehnte dann auch ab. Obwohl diese Ablehnung Freuds Verhältnis zu Tausk noch gespannter machte, glaubte er doch, er könne Tausk in seinem Kreis halten.

Freud versuchte, zu einem Kompromiß mit Tausk zu kommen. Er riet ihm, bei Helene Deutsch in Analyse zu gehen, die eine psychiatrische Ausbildung hatte, über fünf Jahre jünger als Tausk war, und die Freud etwas früher in diesem Herbst in Analyse genommen hatte.[20] Als Tausk im Januar 1919 die Behandlung bei ihr begann, war sie erst seit drei Monaten bei Freud. Freud mußte den Fall mit Helene Deutsch besprechen und ihr die Gründe erklären, warum er Tausk nicht selber zur Analyse angenommen hatte.* Er sagte ihr, er fühle sich in Tausks Gegenwart gehemmt. Freud fühlte sich, wenn er mit Tausk zusammen war, unruhig und unbehaglich, wie das Lou schon früher geschildert hatte. Freuds Ideen waren noch sehr stark im Fluß, und er erzählte Helene Deutsch, es mache einen »unheimlichen« Eindruck auf ihn, Tausk in der Vereinigung zu haben, wo er einen Gedanken Freuds aufgreifen und ihn weiterentwickeln konnte, bevor Freud selbst ihn ganz zu Ende gedacht hatte.**

Die Überweisung war für Helene Deutsch schmeichelhaft, für Tausk jedoch eine schreckliche Kränkung. Trotz ihrer psychiatrischen Erfahrung war Helene Deutsch als Analytikerin ein unbeschriebenes Blatt. Sie wußte so gut wie er, daß Tausk bereits viel Bedeutenderes geleistet hatte. Tausk hätte allerdings die Kränkung nicht hinzunehmen brauchen. Lou hatte jedoch vorhergesagt, daß er zu völliger Unabhängigkeit unfähig sei, und Tausk selber erkannte bis zu einem gewissen Grad Elemente dieser Schwäche in seinen Beziehungen zu Frauen. So wie er Freud gegenüber nicht unabhängig sein konnte, wollte er auch nicht, daß andere von ihm abhängig wären. Freuds Unabhängigkeit muß, genau wie die Lous, eine besondere Anziehungskraft auf Tausk ausgeübt haben. Freud hatte eine Zeitlang Tausk nur teilweise abgewiesen; diese Kombination von Unterstützung und Distanz war genau das, was Tausk brauchte, um sich wohl zu fühlen.

Tausk schluckte die Beleidigung und ging zu Helene Deutsch in Analyse; vielleicht konnte sie eine Brücke zwischen ihm und Freud sein. Sechs Tage in der Woche lag er auf ihrer Couch und wußte, daß sie genausooft auf Freuds Couch lag. Auf dem

---
* Die Gründe, die Freud anführte, waren genau die gleichen wie im Falle seiner Weigerung im Jahre 1908, Otto Gross zu behandeln.
** Merkwürdigerweise schrieb Freud in einem Aufsatz, »Das Unheimliche«, den er im Frühling 1919 abschloß: *Er hat schon lange nichts erlebt oder kennengelernt, was ihm den Eindruck des Unheimlichen gemacht hätte* ... An anderen Stellen des Aufsatzes spielte Freud bei der Erörterung der Phänomene des »Doppelgängers« und der Telepathie auf ein Problem an, das ihn wie auch Tausk plagte: ... *die Identifizierung mit einer anderen Person, so daß man an seinem Ich irre wird oder das fremde Ich an die Stelle des eigenen versetzt* ...; ... *daß dasjenige als unheimlich verspürt werden wird, was an diesen inneren Wiederholungszwang mahnen kann.*[21] Schon früher hatte Freud die Hypothese aufgestellt: *Es scheint, daß wir den Charakter des ›Unheimlichen‹ solchen Eindrücken verleihen, welche die Allmacht der Gedanken ... bestätigen wollen ...*[22]

Weg über sie würde er doch noch von Freud analysiert werden. Zugleich würde er wieder eine Dreiecksbeziehung mit Freud und einer Frau begründen. Es war fast die gleiche Geschichte wie mit Lou; wiederum würde eine anziehende Frau die Verbindung zwischen den beiden Männern herstellen. Tausk wußte, daß eine Frau Freud weit weniger bedrohlich erschien; durch sie konnte er seine Sache vertreten. Für Freud andererseits konnte Helene Deutsch eine Informationsquelle über Tausk sein, so wie es vorher Lou gewesen war.

In seinen analytischen Sitzungen bei Helene Deutsch sprach Tausk fast ausschließlich über Freud. Alle tieferliegenden Schwierigkeiten Tausks, welcher Art sie auch sein mochten, kreisten jetzt um die Person Freuds. Tausk war nicht wütend auf Freud; die Haltung des Meisters ihm gegenüber bereitete ihm vielmehr Kummer. Tausk glaubte, die Spannung zwischen ihnen gehe auf Freuds eigene Schwierigkeiten zurück. Er war überzeugt, daß er bestimmte Gedanken schon vor Freud gehabt hatte, und Freud das nicht anerkennen wolle. Zweifellos besaß Tausk die Fähigkeit, eigene Ideen zu produzieren, die in der Tat den Gedanken entsprechen konnten, die Freud schließlich selber entwickelte. Freuds Arbeitsweise mußte jedoch bei Tausk Groll erregen, denn sie verhinderte, daß er jemals als eigenständiger Denker Anerkennung fand.

Freud und Tausk erhoben beide mehr oder weniger den gleichen Vorwurf, und der Kampf zwischen den beiden Männern ist zum Teil gerade deshalb so interessant, weil sie in ihrem Wesen einander so ähnlich waren. Jeder glaubte, der andere eigne sich Gedanken an, ohne das gebührend kenntlich zu machen. Und jeder hatte gute Gründe für diese Annahme. Freud glaubte, was seine Schüler dachten, sei letzten Endes sein Eigentum. Tausk wiederum meinte, auch wenn er noch so kühne neue Gedanken entwickle, werde Freud schließlich die Beiträge Tausks zu seinen eigenen stempeln. Jeder der beiden hielt sich für einzigartig und genial, und jeder hatte Angst davor, vom anderen zerstört zu werden. Tausk jedoch war derjenige, der Behandlung suchte. Nachdem Helene Deutsch die Klagen und Beschuldigungen beider Seiten gehört hatte, gelangte sie zu der Meinung, die Gefühle beider Männer seien nicht ohne einen realen Kern.

Was auch Freud bewogen haben mochte, Tausk zu ihr zu schicken, oder Tausks Gründe waren, daß er die Demütigung hinnahm: das Arrangement erwies sich als nicht praktikabel. Helene Deutsch war von Tausks Genialität beeindruckt (denn sie hielt ihn in der Tat für genial); so kam es, daß in ihren Analysestunden bei Freud immer von Tausk die Rede war, der damit ihre eigene Analyse bei Freud zu gefährden begann. Gegen Ende März 1910, also nach drei Monaten, machte Freud der inzestuösen Stituation ein Ende.

Er erklärte Helene Deutsch, Tausk störe ihre eigene Analyse und habe sie wahrscheinlich nur deshalb als seine Analytikerin akzeptiert, weil er durch sie die Verbindung und den Gedankenaustausch mit Freud aufrechterhalten wollte. Freud stellte sie vor die Wahl, entweder die Analyse Tausks oder ihre eigene Analyse bei Freud zu beenden. Für Helene Deutsch stellte das keine echte Wahl dar, sondern kam einem Befehl gleich. Sie brach die Behandlung Tausks unverzüglich ab.

In diesem Stadium seines Lebens war Freud nicht in der Lage, seine Zeit mit Leuten zu verschwenden, die ihn verwirrten und störten. Tausk forderte zu viel von ihm und war leicht gekränkt. Tausks Einstellung zu Freud war die einer neurotischen Abhängigkeit, und Freud fand es leichter, ihn einfach abzuschieben, als das Risiko einzugehen – wie Freud es sah –, von ihm verschlungen zu werden. Jetzt, da so viele Schüler aus der ganzen Welt zu ihm strömten, konnte er es sich natürlich ohne weiteres leisten, auf einen frühen Anhänger wie Tausk zu verzichten.

Tausk versuchte sein Privatleben zu ordnen. Er war immer kläglich gescheitert, wenn er eine feste Beziehung zu einer Frau eingehen wollte. Aber jetzt nach seiner Zurückweisung durch Freud und nach seiner mißlungenen Analyse versuchte er erneut, eine Frau in sein Leben zu nehmen – Hilde Loewi, eine Konzertpianistin, die sechzehn Jahre jünger war als er. Er hatte sie als Patientin kennengelernt, die zur Behandlung zu ihm kam. Die Heirat mit einer Patientin wurde damals als das schlimmste Vergehen angesehen. Die gehobene Stimmung Tausks aufgrund seiner neuen Liebe verdeckte vielleicht nur seinen Kummer und seine Trauer; es geschieht ja nicht selten, daß ein Patient nach einem solchen plötzlichen Abbruch der Behandlung seine emotionalen Konflikte ausagiert. In Tausks Wahl einer früheren Patientin kann man das Aufflackern seines wachsenden Grolls gegen Freud sehen.

Die Abweisung durch Freud war etwas so Persönliches, daß es schwierig war, sie mit wissenschaftlichen Gründen rationalisieren zu wollen. Tausk wollte sich nicht damit begnügen, einer der Apostel Freuds zu sein; ohne eine Auflehnung gegen Freud wäre das Schöpferische in ihm verkümmert. Nun mußte er herausfinden, ob er fähig war, auch ohne Freud schöpferisch zu sein. Es wäre für Tausk sicher besser gewesen, wenn er Freud verlassen hätte. Warum konnte er nicht nach Berlin oder Jugoslawien zurückgehen?

Man unterschätzt jedoch leicht, wie schnell man in Mitteleuropa vor fünfzig Jahren schachmatt gesetzt werden konnte. Die Psychiatrie war Tausks dritter Beruf; nachdem Tausk Freuds wegen die herrschende Psychiatrie angegriffen hatte, stand er jetzt plötzlich davor, Freud zu verlieren.

Das auslösende Moment für Tausks Selbstmord war, daß er es nicht vermochte, die Heirat mit Hilde Loewi wirklich zu vollziehen. Am folgenden Vormittag hätte er die standesamtliche Ehegenehmigung einholen sollen. Er muß erkannt haben, daß es zum Teil eine Flucht vor seinen Lebensschwierigkeiten war, daß sie aber dadurch nicht verschwinden würden. Wie schon so oft hatte Tausk eine leidenschaftliche Liebe gefaßt, die dann mit einem Mal aufgehört hatte. Und nun stand er seiner Verpflichtung gegenüber, zu heiraten. Stärker als je zuvor hatte er gerade bei Hilde Loewi ein Gelingen in der Liebe erhofft, doch er wußte, daß alles sich wiederholen würde wie früher. Aber diesmal hatte er auch Freud nicht mehr.

In den frühen Morgenstunden des 3. Juli 1919 beschloß Tausk, sich das Leben zu nehmen. Er schrieb ein Testament mit einer ausführlichen Aufzählung aller seiner Besitztümer. Diese umfangreiche Bestandsaufnahme war alles, was ihm blieb, um seine Unsterblichkeit zu begründen. Außerdem schrieb und versiegelte er zwei Briefe, die er auf seinem Schreibtisch hinterließ – einen an Hilde, den anderen an Freud. Nach seinem Entschluß, sich zu töten, fand er inneren Frieden; nachdem alle seine aggressiven Gefühle sich nach innen gewandt hatten, empfand er für andere nur noch Liebe. Beim Schreiben trank er Slibowitz, das jugoslawische Nationalgetränk. Dann band er sich eine Vorhangschnur um den Hals, setzte seine Armeepistole an die rechte Schläfe und drückte ab. Die Kugel riß ein Stück aus seinem Kopf, und im Fallen erhängte er sich.

* * *

Freud schrieb das offizielle Gedenkwort für Tausk, in dem er seine zahlreichen Beiträge zur Psychoanalyse rühmte. In einem Brief an Lou jedoch konnte Freud seiner Erleichterung darüber, daß Tausk endlich weg war, sehr viel offener Ausdruck geben: *Ich gestehe, daß er mir nicht eigentlich fehlt; ich hielt ihn seit langem für unbrauchbar, ja für eine Zukunftsbedrohung.**²³ Für Freud war es chrakteristisch, seine Gefühle aufrichtig zu bekennen, und in seinen Schriften äußerte er sich mit großem Mut über seine schlechtesten Eigenschaften; gerade dadurch war er der Kritik so sehr ausgesetzt. Im Gegensatz zu seinem Gedenkwort mit seinem öffentlichen Lob, hatte Freud privat für Tausk nur noch Mitleid übrig.
Lou war über Freuds kalte Reaktion auf Tausks Tod bestürzt. Ihre Antwort an Freud war jedoch ein Meisterstück subtiler Diplomatie. Im großen und ganzen stimmte sie Freuds Deutung von Tausks Charakter zu, aber es gelang ihr, den Schwerpunkt der Betrachtungen über den Tod Tausks auf die Liebenswürdigkeit des Verstorbenen zu verlagern. Tausk konnte seinem Charakter weniger vertrauen als seinem Verstand. Wie Lou über ihn in einer Randbemerkung ihres Briefes bemerkte: *weil selbst ein so starker Charakter Zwerg ohnmacht bleibt gegen den inneren Riesen der Maßlosigkeit.* Lou stimmte Freud zu, daß Tausk eine Bedrohung für die Zukunft der Analyse gewesen sei. Sie akzeptierte Freuds Schmeichelei, er habe sich mit Tausk nur wegen ihrer Freundschaft mit ihm so lange abgefunden. Sie gab ihn so leicht auf und verteidigte ihn so wenig, daß man nur schließen kann, sie habe Tausk in Wirklichkeit schon immer nur für ihre Beziehung zu Freud benutzt.
Lou, die praktizierende Analytikerin wurde, hat nie wieder ein Wort über Tausk an Freud geschrieben. Als sie jedoch 1921 nach Wien zurückkam und wieder an den Abenden der Wiener Vereinigung teilnahm, notierte sie in ihrem Tagebuch, wie sie an Tausks Abwesenheit erinnert wurde: *Freud unverändert, halbes Hundert Men-*

---

* Ursprünglich war diese Stelle in dem Brief weggelassen, die englische Ausgabe bringt jedoch jetzt den vollständigen Wortlaut.

schen (einer fehlt [Viktor Tausk], *ich suche ihn so überall, daß mir dann ist, als fehlten alle altbekannten Gesichter).*[24]

In der psychoanalytischen Familie blieb Tausks Tod eine dunkle Geschichte, über die man nicht sprach. Für Helene Deutsch trug nicht sie selbst, sondern Freud die Verantwortung für den Selbstmord. Rückblickend erscheint es nicht unverständlich, daß sie ihre eigene Rolle als unbedeutend, als die einer bloßen Mittlerin zwischen Tausk und Freud ansah. An der Oberfläche entstand zwischen Tausk und seiner Analytikerin keine stärkere emotionale Bindung. In versteckter Weise jedoch hatte Tausk mit der Geschichte seines Konflikts mit dem Meister um Helene Deutsch geworben; diese Erzählungen waren die verführerischste Kraft, die Tausk zur Verfügung stand. Helene Deutsch konnte sich ihrem Interesse für diesen rebellischen Schüler hingeben, ohne sich selber eingestehen zu müssen, daß auch in ihr kritische Regungen gegen Freud da sein könnten. Alle ihre eigenen negativen Impulse gegen Freud konnten isoliert und in der Person Tausk verkörpert werden. Vielleicht ermutigte sie sogar auf indirekte Weise das Interesse Tausks an ihrer Analyse und seine Rivalitätsäußerungen. Sie erkannte nicht, daß Tausk ihr durch seine Mitteilungen über seinen Konflikt mit Freud schmeichelte, und ebensowenig, daß sie dadurch in Freuds Augen an Bedeutung gewann.

Paul Federn sah in einem Brief[25], den er unmittelbar nach Tausks Tod an seine Frau schrieb, das Motiv für den Selbstmord ausschließlich darin, daß es Tausk nicht gelungen war, Freuds menschliche Teilnahme zu gewinnen. Federn sagte rundheraus: *Das Motiv war die Abwendung Freuds.* Man hätte den Streit zwischen Tausk und Freud nicht geheimzuhalten brauchen, wäre da nicht das Bedürfnis gewesen, das Bild von Freud, dem Mächtigen, ungetrübt zu bewahren. Wie auch andere Angehörige dieser winzigen Subkultur, glaubte Federn ohne weiteres, daß es zur Selbstvernichtung eines Menschen führen konnte, wenn Freud ihn fallen ließ. Der Ausschluß aus der revolutionären Gemeinschaft war eine schlimmere Vernichtung als jeder physische Tod.

Lou Andreas-Salomé jedoch wußte, daß Tausks Neurose seine ganze Persönlichkeit erfaßt hatte; der Kampf mit Freud verzehrte ihn in allen Teilen seines Wesens. Sie erkannte aber auch, daß Macht nicht nur auf die Menschen, die sich ihr unterwerfen, sondern auch auf jene, die die Macht ausüben, eine infantilisierende Wirkung haben kann. Obwohl sie bis zu ihrem Tod im Jahre 1937 Freud treu blieb – sie hatte Freuds Tochter Anna psychoanalytisch geholfen, und Freud schickte ihr in schwierigen Zeiten wiederholt Geld –, vermochte sie (im Gegensatz zu vielen anderen Anhängern Freuds) zu erkennen, daß zwischen seinen Leistungen und seinen Grenzen ein Zusammenhang bestand. Wie sie einmal schrieb: *Menschlichem gegenüber, das uns irgendwo groß vorkommt, ist es doch mehr rührend als erkältend, daß es sich vielleicht erst an seinen Schwächen großwuchs.*[26]

7.3. Apostel

Als Persönlichkeit war Hanns Sachs (1881–1947) der typische Vertreter des Wiener jüdischen Geisteslebens. Gewandt und gescheit, mit einem *endlosen Vorrat der besten jüdischen Witze*,[1] war er gesprächig und von überschäumendem Optimismus; rundlich und klein gewachsen, hatte er, wie gelegentlich bemerkt wurde, Ähnlichkeit mit einer Eule. Er liebte gutes Essen, Wein und schöne Frauen und war häufig in Kaffeehäusern anzutreffen. Er war kurze Zeit unglücklich verheiratet gewesen, aber da er kaum je darüber sprach, wußten nur wenige seiner Bekannten davon. Ein sorgloser Junggeselle mit vielen Frauen in seinem Leben, hatte er nach seiner Übersiedlung nach Amerika auch seine Freude an Filmen und Variétés.

Sachs war mit seinem Leben als Jurist unzufrieden gewesen; er gehörte schon seit neun Jahren zu dem Kreis um Freud, als er 1919 nach einer Tuberkuloseerkrankung die Juristerei ganz aufgab und beschloß, als Laienanalytiker zu praktizieren. Freud waren Schüler aus anderen Berufen willkommen; würden sie doch seine Arbeit auf die Geistes- und Sozialwissenschaften anwenden. Er wollte, daß sie die Psychoanalyse praktizierten, um sie wirklich erfassen zu können; aber sie mußten ihren bisherigen Beruf aufgeben, denn Freud meinte, man könne nur dann ein richtiger Analytiker sein, wenn man hauptberuflich praktizierte.

In der Psychoanalyse fand Sachs einen Sinn für sein ganzes Leben. Er habe, schrieb er, nach der Lektüre der *Traumdeutung* die einzige Sache gefunden, für die zu leben sich für ihn lohne; viele Jahre später habe er dann entdeckt, daß es auch die einzige Sache sei, *von* der er leben konnte.[2] Früher hatte Sachs vielerlei Interessen gehabt, aber nachdem er die Juristerei aufgegeben hatte, um den Beruf des Psychoanalytikers zu ergreifen, wurde die Welt Freuds zum Zentrum seines Lebens. Mehr Prophet als Wissenschaftler, behandelte er die Psychoanalyse als eine geoffenbarte Religion.

Freud hatte großes persönliches Interesse an Sachs genommen, der als einer der ersten den begehrten Ring erhielt. Sachs wurde, zusammen mit Otto Rank, Sandor Ferenczi, Karl Abraham und Ernest Jones von Freud vor dem Ersten Weltkrieg (nach dem Verlust von Adler, Jung und Stekel), zum Mitglied eines geheimen Komitees ernannt, das die psychoanalytische Sache vorantreiben sollte. Jones war es gewesen, der diese Idee Freud vorgeschlagen hatte, und der war sofort davon angetan: *Das Komitee müßte in seiner Existenz und in seinem Wirken streng geheim bleiben.* Freud machte sich Sorgen über die Zukunft seines Werkes: *Ich war so beunruhigt, was das Menschengesindel daraus machen würde, wenn ich nicht mehr lebte.*[3] Das Komitee trat als Gruppe im späten Frühjahr 1913 zum ersten Mal zusammen. *Am 23. Mai 1913 feierte Freud das Ereignis, indem er jedem von uns eine antike griechische Gemme aus seiner Sammlung schenkte, die wir dann in goldene Ringe fassen ließen. Freud selbst hatte lange einen solchen Ring ... getragen.*[4] Wie Freud selbst einmal bemerkte, ist ein Ring *ein Objekt von reicher symbolischer Bedeutung* und wird häufig mit einer *erotischen Bindung* assoziiert.[5] Das Geschenk des Ringes zeichnete die Empfänger als besonders auserwählte Träger seiner Botschaft aus.

Ohne vorherige klinische Erfahrung wurde Sachs einer der ersten, die sich hauptsächlich der Analyse künftiger Analytiker widmeten. Sachs schrieb über den Zweck solcher »didaktischer« Analysen: Die Religionen hätten immer eine Probezeit, ein Noviziat, von denen unter ihren Anhängern verlangt, die ihr ganzes Leben dem Dienst am Überweltlichen und Übernatürlichen widmen wollten, also denen, die Mönche oder Priester werden sollten; die Psychoanalyse brauche etwas, was dem Noviziat der Kirche entspreche.[6]

1920 zog Sachs nach Berlin, wo damals das erste psychoanalytische Ausbildungsinstitut errichtet wurde; eine der positiven Seiten der Psychoanalyse als Beruf war die Tatsache, daß sie überall ausgeübt werden konnte. Sachs betonte immer, wie wichtig es sei, den positiven Aspekt der Beziehung des Patienten zu seinem Analytiker zu hegen. Unter seinen Analysanden waren Erich Fromm, Franz Alexander, Edwin Boring, Gregory Zilboorg, Karen Horney und John Dollard. Zu einer Zeit, da es nur wenig autoritative Schriften über die Behandlungstechnik gab, entfaltete Sachs eine umfangreiche Vortragstätigkeit über dieses Thema. Damals war es ein gewohnter Vorgang, daß Sachs (wie auch noch ein paar andere Analytiker) eine Karawane von Ausbildungskandidaten (die auch ihre Patienten mitbrachten) mitnahm, wenn er im Sommer in Ferien fuhr. Sachs kam dadurch zu einem billigeren Urlaub, und vom Standpunkt der Ausbildungskandidaten – vor allem der aus dem Ausland kommenden – war das Arrangement gleichfalls lohnend, da sie auf diese Weise nicht nur zu subventionierten Ferien, sondern auch zu mehr Analysestunden kamen.

Sachs, der selber eine Künstlernatur war (und für die politisch-organisatorischen Belange der Bewegung nicht viel Talent hatte), interessierte sich besonders für die Anwendung der Psychoanalyse auf kulturelle Probleme; er schrieb literaturkritische Untersuchungen und ein Buch über den römischen Kaiser Caligula. Sachs war außerdem mit Otto Rank zusammen Gründungsredakteur der *Imago* (1912), einer Zeitschrift, die sich auf die nichtmedizinischen Aspekte der Psychoanalyse spezialisierte. 1932 wurde er nach Boston eingeladen, wo dringend ein Lehranalytiker gebraucht wurde. Man mußte ihm acht Patienten pro Tag garantieren, bevor er sich bereit erklärte zu kommen; für die lokalen Analytiker war es jedoch nicht schwer, so viele Patienten zu finden. In einer Stadt wie Boston, die in der Medizin der Tradition verhaftet war, begegnete Sachs als Laienanalytiker einigen Problemen, aber es gelang ihm, einen Lehrauftrag an der Harvard Medical School zu erhalten.

Seine letzten Lebensjahre waren überschattet. Er litt an Herzbeschwerden und mußte außerdem erfahren, daß nur wenige seiner Freunde und Verwandten der Vernichtung durch die Nazis entgangen waren. Auch erlebte er die Enttäuschung, daß es ihm nicht gelang, eine englische Patientin (eine Schriftstellerin, die sich Bryher nennt) zu einer treuen Schülerin zu bekehren, wie er sich erhofft hatte; sie zog es vor, sich

in der Schweiz niederzulassen. Sachs hatte auch seine Schwierigkeiten mit den örtlichen Analytikern, die für die Annahme von Ausbildungskandidaten ein systematisches Verfahren festzulegen versuchten. Sachs identifizierte sich mit Freuds mehr willkürlichem Vorgehen; er nahm einen Kandidaten auf der Stelle zur Ausbildung an und benachrichtigte das örtliche psychoanalytische Institut erst nachher davon.
In seinem Verhältnis zu Freud blieb Sachs ein Sohn. Sein Buch über den Meister, das er nicht lange vor seinem Tod schrieb, war eingestandenermaßen ein Liebesgedicht. In Berlin war *seine Couch so aufgestellt, daß der Analysand auf eine Porträtbüste Freuds blickte, die auf einem hohen hölzernen Sockel stand.*[7] In seinen persönlichen Gewohnheiten glich sich Sachs so weit wie möglich Freud an. Die Männer in seinem Kreis rauchten, die meisten von ihnen Zigarren. Einige von ihnen erwarben sogar Freuds neurotische Züge. So verlor zum Beispiel Freud nie seine Reiseangst und mußte lange vor der Abfahrt des Zuges auf dem Bahnhof sein; Sachs unterlag genau dem gleichen Zwang, er ging immer schon lange vor der Abfahrt des Zuges auf dem Bahnsteig auf und ab.

Unter den getreuen Wiener Aposteln Freuds dürfte Theodor Reik (1888–1969) heute dem allgemeinen Lesepublikum am bekanntesten sein. Während der ganzen Lebenszeit Freuds waren Reiks Schriften ernstzunehmende Arbeiten, manche waren sogar originell. Er besaß ein umfassendes Wissen auf dem Gebiet der Religion, und Freud ermutigte ihn als Laienanalytiker. Freuds Buch über die Laienanalyse wurde um Reiks willen geschrieben, der aufgrund eines österreichischen Gesetzes gegen Quacksalberei unter Anklage stand.
Reik praktizierte in Berlin und in Holland. Damals gab es wegen politischer Umwälzungen oder der Unzufriedenheit mit örtlichen Gruppen ein häufiges Hin und Her zwischen den verschiedenen psychoanalytischen Vereinigungen. Selbst in Wien machte Reik eine sehr lebhafte Figur, und nach seiner Übersiedlung nach Amerika noch viel mehr. In Wien war er ein strammstehender Bewunderer jedes Wortes, das der Professor von sich gab. Nach dem Tode von Reiks erster Frau nahm Freud ihn kurze Zeit in Analyse. Nachdem Reik Europa verlassen hatte und in den Vereinigten Staaten lebte, betonte er seine Beziehung zu Freud noch stärker.
Mit den New Yorker Analytikern kam Reik jedoch nicht gut aus und machte deshalb dort seine eigene Ausbildungsgruppe auf. Er war immer bestrebt gewesen, Freud nachzuahmen – sein Rauchen, seinen Schreibstil und sogar seine Art zu sprechen. In Amerika ließ er sich dann einen Bart stehen, der genau wie der von Freud gestutzt war. Die Wände seines Sprechzimmers waren mit Fotografien aus den verschiedenen Stadien von Freuds Leben bedeckt. Freud persönlich gegenüber bewahrte er die Anbetung eines Schulbuben. Reiks Schriften jedoch wurden anekdotisch-plauderhaft, obwohl er viel dazu beitrug, viele zentrale Teile der Freudschen Psychologie zu verbreiten – wie zum Beispiel die Bedeutung des Masochismus in der psychoanalytischen Theorie.

Herman Nunberg (1883–1970) war einer der stärker wissenschaftlich orientierten Angehörigen der Wiener Gruppe, wenn auch sein griesgrämiger Charakter es ausschloß, daß er zu den Lieblingschülern Freuds gehörte. Relativ spät in seinem Leben heiratete er Margarete Rie, eine Freundin Anna Freuds und die Tochter von Freuds altem Freund Oskar Rie. Während Nunberg nur über eine kurze therapeutische Erfahrung bei Paul Federn verfügte, war seine Frau eine Zeitlang bei Freud in Analyse; sie war auch die Schwester der Analytikerin Marianne Kris, die gleichfalls in Analyse bei Freud gewesen war, und deren Mann, Ernst Kris, eine der herausragenden Gestalten in Freuds letzter Phase. Durch seine Heirat und durch seinen Beruf als psychoanalytischer Psychiater wurde Nunberg zu einem unangefochtenen Mitglied der Familie Freud.

Nunberg war einer der orthodoxesten Analytiker, der sogar Freuds Theorie vom Todestrieb verteidigte, die von vielen anderen abgelehnt wurde. Lawrence Kubie, Grete Bibring und Willi Hoffer waren bei ihm in Ausbildung. Ergeben und unterwürfig gegenüber Freud, gehörte er wahrscheinlich in die Kategorie der »Jasager«, die – wie Helene Deutsch taktvoll schrieb – »dem Gerücht nach« Freud am Ende um sich hatte.

Nunbergs Hauptbeitrag zur Psychoanalyse resultierte aus seiner Fähigkeit, manche eher ungeordneten Einsichten Freuds theoretisch zu systematisieren. In einem brillanten und in Fachkreisen wohlbekannten Aufsatz der späten Zwanzigerjahre über die »synthetische« Funktion des Ichs versuchte Nunberg (viele Jahre nach den Rebellen Adler und Jung, aber im Gegensatz zu ihnen in taktvoller Weise), der Rolle der psychologischen Faktoren gerecht zu werden, die in Freuds früherer Triebtheorie nicht einbezogen waren. Inzwischen war Freuds Interesse für Ichprozesse erwacht. Nach der Darstellung Nunbergs über Freuds Aufnahme dieser Arbeit, die er in Freuds Wohnung vorlas, sagte der Professor:

Ihr Aufsatz läßt mich an ein Bild von Schwind denken. Es stellt die Erbauung einer Kapelle auf dem Gipfel eines steilen Hügels dar. Der heilige Wolfgang, der Bischof, der vor der Kapelle steht, macht eine magische Handbewegung, während der Teufel, keuchend und mit heraushängender Zunge, einen schwer mit Steinen beladenen Karren von unten den Hügel hinaufschiebt. Ich beneide den Bischof, der bloß seine magische Handbewegung machen muß, um den Teufel zu zwingen, die schwere Arbeit für ihn zu tun, so daß die Steine an ihren richtigen Platz kommen. Ich selber scheine der Teufel zu sein, der die harte Arbeit tut, während Sie eine magische Handbewegung machen, und alles fügt sich an seinen Platz.[8]

Nach dem Bericht von Hanns Sachs über eben diese Zusammenkunft, war das Problem für Freud weniger seine Vorliebe für das Dämonische und Niedrige gegenüber dem Religiösen und Höheren, als vielmehr die spekulative (anstatt klinische) Darstellungsweise Nunbergs. Außerdem war es nach der Legende vom heiligen Wolfgang so, daß der Teufel mit dem Heiligen einen Handel abgeschlossen hatte, die Steine für die Errichtung zu liefern, aber um die ihm zustehende Belohnung betrogen wird. Freud sagte:

Mein Schicksal war das des Teufels. Ich mußte die Steine aus dem Steinbruch herausholen, so gut ich konnte, und war froh, als es mir gelang, sie irgendwie zu arrangieren, so daß sie etwas wie ein Gebäude bildeten. Ich mußte die rohe Arbeit auf rohe Weise tun. Jetzt sind Sie daran und können sich in friedlicher Meditation niedersetzen und so den Plan für ein harmonisches Gebäude entwerfen, wozu ich nie die Gelegenheit hatte.[9]

Später schenkte Freud Nunberg eine Litographie des Bildes mit dem Teufel und dem betenden Bischof, wenn auch in seiner Würdigung der Arbeit Nunbergs eine Spur ironischer Reserviertheit lag. Während bei den bedeutendsten und am weitesten blickenden Männern des Kreises, wie Jung oder Adler, Freuds gottgleiche Stellung es verhinderte, daß sie wie er wurden, gab es für jemand wie Nunberg kaum ein Problem. Jünger zu sein, war eine große Befriedigung; für den Schüler bedeutete es, daß seine Karriere gemacht war. Und man hatte immer die Möglichkeit, sich in der Phantasie in die Stellung Freuds als Entdecker von allem zu versetzen.

Unter den Männern, die von Freud mit einem Ring beschenkt wurden, genießt Karl Abraham (1877–1925) heute wahrscheinlich als Wissenschaftler das größte Ansehen. Freud war von Abraham nicht in gleicher Weise begeistert wie von Sandor Ferenczi, denn er mochte Menschen, die weniger steif waren und mehr Schwung hatten, lieber. Freud rühmte Abrahams »Klarheit, innere Festigkeit und Beweiskraft«; früher hatte Freud bedauert, daß er Abrahams »Schärfe« und Jungs »Schwung« nicht »zusammenspannen« konnte.[10] Freud beklagte, daß Abraham nichts »Fortreißendes«, keinen »Funken« habe;[11] aber er war der Psychoanalyse vollkommen ergeben, und seine Hingabe an die Sache war frei von selbstversunkener Leidenschaft. In seinen langen, geschwätzigen Briefen macht Abraham den Eindruck eines aufrechten, aber etwas langweiligen Mannes. Er soll eine »vernünftigere« Meinung über die »Dissidenten« (Adler, Jung und später Rank) gehabt haben als Freud selber, aber es mag sein, daß Abraham häufig eine schon schlimme Situation noch schlimmer machte – aus Eifersucht, wie Freud damals zuweilen dachte. Abraham genoß das Vertrauen Freuds in hinreichendem Maße, um 1914 als Nachfolger Jungs Präsident der Internationalen Psychoanalytischen Vereinigung zu werden.
Trotz seiner Fehler war Abraham ein solider Denker und Kliniker. Er besaß ein beträchtliches Organisationstalent, und es war in der Hauptsache sein Verdienst, daß Berlin zu einem Zentrum der Psychoanalyse wurde. Nach dem Ersten Weltkrieg begannen verschiedene Analytiker, ihre eigenen Ausbildungszentren einzurichten. Damals waren solche Institute recht formlose Einrichtungen; heute sind sie sehr viel

straffer organisiert, mit detaillierten Regelungen, Seminaren und Ausschüssen; trotzdem gelang es diesen Instituten der Anfangszeit, die Lehren Freuds zu verbreiten. Von jetzt an war es möglich, die Ausbildung von künftigen Analytikern zu überwachen, ohne direkt auf Freuds persönlichen Rat zurückzugreifen.

In den zwanziger Jahren hatte Berlin den besten Ausbildungsapparat zu bieten. Sachs war zu dem speziellen Zweck nach Berlin gegangen, Abraham einen Teil der Ausbildungsaufgaben abzunehmen. Wien hatte zwar den Professor, aber Berlin hatte schon bald neben Abraham und Sachs auch noch Franz Alexander und Sandor Rado. Zwar gab es in dieser Zeit eine gewisse Rivalität zwischen Wien und Berlin, aber Wien bekam erst 1925 ein richtig funktionierendes Institut. Das Wiener Institut erlangte nie den gleichen Erfolg wie das Berliner Institut – weder nach der Zahl der Kandidaten, noch nach der Qualität der Arbeit oder nach den finanziellen Mitteln, die zur Verfügung standen.

Hinter der Gründung der Berliner Poliklinik und des Berliner Psychoanalytischen Instituts stand das Geld von Max Eitingon (1881–1943). Eitingon, ein vermögender russischer Arzt, wurde von Freud auf Abendspaziergängen in Wien analysiert. Jones zufolge war Eitingon *Freud vollkommen ergeben, und der leiseste Wunsch desselben war für ihn Befehl.*[12] Freud hatte schon früher sein geheimes Komitee um ein sechstes Mitglied erweitert – Anton von Freund, einen wohlhabenden ungarischen Brauereibesitzer; als dieser 1920 starb (einen Teil seines Geldes hinterließ er zweckgebunden für die Gründung des Berliner Instituts), entschloß sich Freud, seinen Platz im Komitee Eitingon zu übertragen. Es ist schwer, viel über Eitingon zu sagen, denn er war weder ein guter Lehrer, noch ein guter Redner (er stotterte), und er schrieb fast gar nichts. Wie auch die anderen, war er ein kultivierter Mensch, wissenschaftlich jedoch der unbedeutendste unter den Komiteemitgliedern; er befaßte sich hauptsächlich mit der Aufstellung von Ausbildungsgrundsätzen für die Internationale Psychoanalytische Vereinigung. Seine Frau war dagegen, daß er sich so sehr mit Freud einließ; und die Einstellung der Ehefrauen der Mitglieder des Kreises um Freud war keine unwichtige Sache. Ein Auszug aus einem der vielen Briefe, die Freud an Eitingon schrieb, vermittelt einen Eindruck davon, wie die beiden Männer 1922 zueinander standen:

... so will ich Ihre freundliche Erwähnung des fünfzehnjährigen Jubiläums unserer Beziehungen nicht ohne rasche Antwort lassen. Sie wissen, welche Rolle Sie sich in meiner und der Meinigen Existenz erobert haben. Ich weiß, daß ich mich nicht beeilt habe, sie Ihnen zuzugestehen. Durch viele Jahre bemerkte ich Ihr Bestreben, mir näher zu kommen und hielt Sie ferne. Erst als Sie das herzliche Wort gefunden hatten, Sie wollten zu meiner Familie – im engeren Sinne – gehören, überließ ich mich dem leichten Vertrauen früherer Lebensjahre, nahm Sie an und habe mir seither von Ihnen jede Art von Hilfe erweisen lassen, Ihnen jede Art von Leistung auferlegt. Ich gestehe heute, daß ich Ihre Opfer anfangs nicht so hoch eingeschätzt habe wie

später, nachdem ich erkannt hatte, daß Sie mit einer liebenden und geliebten Frau belastet, die nicht gerne auf etwas von Ihnen verzichtet, und an eine Familie gebunden, die im Grunde wenig Sympathien für Ihre Bestrebungen hat, daß Sie sich mit jenem Angebot eigentlich über Ihre Kraft überbürdet haben. Schließen Sie aus dieser Bemerkung nicht, daß ich bereit bin, Sie freizugeben. Mir sind Ihre Opfer darum nur umso wertvoller geworden, wenn sie Ihnen zu viele geworden sind, müssen Sie es selbst sagen.
Demnach schlage ich Ihnen vor, unser bisheriges von der Freundschaft zur Sohnschaft gestrecktes Verhältnis noch über jenen Zeitraum, der bis zu meinem Lebensende verlaufen mag, aufrecht zu erhalten.[14]

So viel auch Eitingon (der sein Geld in der großen Wirtschaftskrise der 1930er Jahre verlor) für das Berliner Institut getan hat, es war Abraham (und das Ansehen, das er bei Freud genoß), der Menschen aus dem Ausland anzog. Von allen frühen Analytikern außer Freud selbst hatte Abraham die meisten bekannten Analytiker in Lehranalyse – Sandor Rado, Alix Strachey, Edward und James Glover, Helene Deutsch, Theodor Reik, Karen Horney, Melanie Klein und Ernst Simmel. Abrahams Behandlungstechnik war den Berichten zufolge locker, ruhig und standardisiert.[15] Seine Persönlichkeit und seine Arbeit sind nicht nur von seinen früheren Schülern, sondern auch von Ernest Jones gerühmt worden. Abraham baute Freuds Konzepte der libidinösen Stadien systematisch und überzeugend aus. In der Schweiz in Psychiatrie ausgebildet, versuchte Abraham, wie nur einige wenige in der Bewegung, die Psychosen zu verstehen. Auf einem Gebiet jedoch, das so undiszipliniert wie die Psychoanalyse sein kann, kann das Kategorisieren für manche Theoretiker eine Versuchung darstellen. Es gehört zu den Verdiensten der Arbeit von Reik und Sachs, daß sie sich der übermäßigen Starrheit und Systematik in der Methode Abrahams widersetzten, der *ordentlichen, methodischen, chirurgischen Annäherung an das Unbewußte.*[16]

Freud zählte auf Abraham als einen unerschütterlichen Anhänger – bis dann Abraham Ende 1925 plötzlich erkrankte und starb, wahrscheinlich an Lungenkrebs.* Der Tod Abrahams erschütterte Freud, vor allem da er mit seiner eigenen Krankheit zusammenfiel. Die Gedenksitzung der Wiener Vereinigung wurde unter den Analytikern legendär. Freud hatte schon seit langem die Befürchtung, seine Anwesenheit könne die Diskussionen bei den Sitzungen hemmen, und als er an Krebs erkrankte (die Operationsfolgen behinderten ihn beim Sprechen), ging er nicht mehr zu den Sitzungen. Die Sitzung zu Ehren Abrahams war das erste und letzte Mal, daß er eine Ausnahme machte. Reik, der damals in Freuds Gunst stand, erhielt den Auftrag, die

---

* Abraham hatte trotz seiner Lungenbeschwerden darauf bestanden, daß man eine Gallenblasenoperation bei ihm vornahm. Medizinisch war das so seltsam, daß Sandor Rado die Theorie aufstellte, Abraham habe sich das Leben genommen, um einen Konflikt mit Freud zu entgehen – ein Echo der Federnschen Version von Tausks Tod.

Lobrede, die Freud für diese Feier geschrieben hatte, zu verlesen, kam jedoch ein paar Minuten verspätet; diese Unpünktlichkeit verstimmte Freud. Federn leitete die Sitzung; bei der Erwähnung ihres verstorbenen Kollegen versprach er sich und sagte statt Abraham »Reik« (Federn meinte später, Freud eine lange Erklärung dieses Versprechens geben zu müssen. Freud war wütend darüber, daß er solche Ambivalenzen unter seinen Schülern geschaffen hatte, und kam, in Übereinstimmung mit seiner Art, nach dem Prinzip des Alles oder Nichts zu handeln, nie wieder in eine Sitzung der Wiener Vereinigung. In dem gedruckten Gedenkwort Freuds auf Abraham nannte er ihn *eine der stärksten Hoffnungen unserer jungen, noch so angefochtenen Wissenschaft, vielleicht ein uneinbringliches Stück ihrer Zukunft*.[17]

7.4. Das »Wilde Heer«

Georg Groddeck (1866–1934) war ganz anders als Abraham – eine unsystematische, unordentliche und begeisterte Natur, das genaue Gegenteil von Abraham, der ein disziplinierter Mann der Wissenschaft war. Groddeck, gleichfalls Deutscher, entsetzte die Anhänger Freuds, die die Psychoanalyse als ein streng wissenschaftliches System etablieren wollten. Aber Groddeck war ein Mann von Ideen, mit psychologischer Intuition und literarischem Talent reich begabt. Von Groddeck hatte Freud – mit Angabe der Quelle – den Terminus *das Es* übernommen (Freud wies darauf hin, daß Groddeck seinerseits den Begriff von Nietzsche entlehnt hatte). Freud faßte Groddecks Position dahin zusammen, daß dieser *immer wieder betont, daß das, was wir unser Ich heißen, sich im Leben wesentlich passiv verhält, daß wir nach seinem Ausdruck ›gelebt‹ werden von unbekannten, unbeherrschbaren Mächten*.[1] Als Therapeut konzentrierte sich Groddeck auf die organischen Symptome und ihre symbolischen Bedeutungen. Er war der erste, der über psychosomatische Probleme schrieb. Er leistete auch darin Pionierarbeit, daß er die Rolle der Mutter für die Entwicklung des Kindes hervorhob und die im allgemeinen uneingestandenen femininen Strebungen beim Manne, wie zum Beispiel Schwangerschaftsphantasien, betonte. Groddeck war ein Mann der Phantasie, und wenn er von Freud auch nicht voll anerkannt wurde, gelang es ihm doch, Freuds Zuneigung zu gewinnen. Freud verteidigte beispielsweise Groddeck energisch gegen die scharfe Kritik des Schweizer Pfarrers Pfister. Pfister räumte darauf ein: *Der Geist, der Sie zur Förderung Groddecks führt, ist genau derselbe, der Sie zum Entdecker und Vorkämpfer der Psychoanalyse macht.*[2]
Freud fühlte sich in seinem Verhältnis zu Groddeck persönlich stärker engagiert als gegenüber dem ordentlichen Abraham. Von einem der Bücher Groddecks schrieb er, es sei *das Werk eines Rabelais ebenbürtigen Kopfes*.[3] Aber insoweit Freud sich gestattete, Groddeck Zuneigung entgegenzubringen, stand er auch der gleichen Bedrohung gegenüber, vor die ihn einige seiner berühmteren Anhänger gestellt hatten. Am

5. Juni 1917 schrieb Freud als Antwort auf Groddecks Ankündigung seiner, mit einigen Einschränkungen versehenen Bekehrung:

Ich habe seit langem keine Zuschrift bekommen, die mich so erfreut, so interessiert und so sehr gereizt hätte, die dem Fremden gebührende Höflichkeit durch analytische Offenheit zu ersetzen.
Ich will es also versuchen: Ich merke, Sie bitten mich dringend, Ihnen doch amtlich zu bestätigen, daß Sie kein Psychoanalytiker sind, daß Sie nicht zur Schar der Anhänger gehören, sondern sich als etwas Besonderes, Eigenständiges ausgeben dürfen. Ich tue Ihnen offenbar einen großen Gefallen, wenn ich Sie von mir stoße, dahin wo die Adler, Jung und andere stehen. Aber ich kann es nicht tun, ich muß Anspruch auf Sie erheben, muß behaupten, daß Sie ein prächtiger Analytiker sind, der das Wesen der Sache unverlierbar erfaßt hat. Wer erkennt, daß Übertragung und Widerstand die Drehpunkte der Behandlung sind, der gehört nun einmal rettungslos zum ›wilden Heer‹. Ob er das ›Ubw‹ (Unbewußte) auch ›Es‹ nennt, das macht keinen Unterschied.«

Freud stellte sich seine Anhänger gern als ein »wildes Heer« auf der Jagd vor; es paßte zu seinem Bild von sich selbst als einem *Conquistador*. Während Freud fünf Jahre vorher Tausk wegen einer Äußerung über Psychosomatik getadelt hatte, weil es »verfrüht« sei, über diese Dinge zu reden, war er jetzt nicht nur zu solchen Diskussionen bereit, sondern auch entschlossen, die Frage der Originalität zu klären, und zwar in einer Weise, welche an die Kokainepisode erinnert:

Lassen Sie mich Ihnen zeigen, daß es keiner Erweiterung des Begriffes vom Ubw bedarf, um Ihre Erfahrungen bei organischen Leiden zu decken. In meinem Aufsatz über das Ubw, den Sie erwähnen, finden Sie eine unscheinbare Note: ›Die Erwähnung eines anderen bedeutenden Vorrechts des Ubw sparen wir uns für einen anderen Zusammenhang auf.‹ Ich will Ihnen verraten, was hier zurückgehalten worden ist: Die Behauptung, daß der unbewußte Akt eine intensive plastische Einwirkung auf die somatischen Vorgänge hat, wie sie dem bewußten Akt niemals zukommt. Mein Freund Ferenczi, der darum weiß, hat in der Mappe der Internationalen Zeitschrift eine Arbeit über Pathoneurosen bereitliegen, welche ganz nahe an Ihre Mitteilungen herankommt. Ja, derselbe Gesichtspunkt hat ihn für mich zu einem biologischen Versuch veranlaßt, in dem gezeigt werden soll, wie eine konsequente Fortsetzung des Lamarckschen Entwicklungsgedankens zu einer Konsequenz der psychoanalytischen Anschauungen wird. Ihre neuen Beobachtungen stimmen so ausgezeichnet zu den Gedankengängen dieser Arbeit, daß wir nur wünschen können, uns zur Zeit unserer Publikation auf Ihre bereits veröffentlichte Mitteilung zu berufen.

Groddeck hatte in seinem Brief geäußert, daß er Freud um Entdeckungen beneide. Nachdem Freud den neuen Schüler in der Schar der Anhänger willkommen geheißen und zugleich darauf hingewiesen hatte, daß Groddecks Ideen teilweise schon vorweggenommen worden waren, sprach er nun von seinem eigenen Interesse an verborgenen Erinnerungsbahnen und geißelte das Prioritätsstreben seines Schülers:

Möchte ich beide Hände nach Ihrer Mitarbeiterschaft ausstrecken, so stört mich der Umstand, daß Sie den banalen Ehrgeiz, der originell sein will und nach Priorität strebt, wie es scheint, so wenig überwunden haben. Wenn Sie der Selbständigkeit Ihrer Erwerbungen sicher sind, wozu soll Ihnen dann noch Originalität dienen? Übrigens können Sie in diesem Punkt sicher sein? Sie sind doch gewiß zehn oder fünfzehn, vielleicht zwanzig Jahre jünger als ich (1856). Können Sie nicht die leitenden Ideen der Psychoanalyse auf kryptomnestischem Wege aufgenommen haben? Ähnlich wie ich meine eigene Originalität aufklären konnte? Was kann das Ringen nach Priorität gegen eine ältere Generation überhaupt wert sein?
Ich bedaure diesen Punkt Ihrer Mitteilung so recht, weil die Erfahrung gezeigt hat, daß ein ungebändigter Ehrgeiziger doch irgend einmal ausspringt und zum Schaden der Wissenschaft wie seiner eigenen Entwicklung Eigenbrötler wird. Die Proben, die Sie von Ihren Beobachtungen geben, haben mir ausgezeichnet gefallen, und ich hoffe, daß selbst nach strenger kritischer Sichtung sich vieles davon behaupten wird. Das ganze Gebiet ist uns ja nicht fremd, aber Beispiele wie das Ihres Blinden, sind noch niemals gegeben worden.

Freud machte sich zu Recht Sorgen, Groddecks Begeisterung könne zu einer Form des Mystizismus führen; man wird an seine Sorge in bezug auf Jung und die Gefahren des »Monismus« und der »Philosophie« erinnert. Es traf sicherlich zu, daß Groddeck dazu neigte, das Unbewußte überall zu sehen.

Und nun das zweite Bedenken! Warum stürzen Sie sich von Ihrer schönen Basis aus in die Mystik, heben den Unterschied zwischen Seelischem und Körperlichem auf, legen sich auf philosophische Theorien fest, die nicht an der Reihe sind? Ihre Erfahrungen tragen doch nicht weiter als bis zur Erkenntnis, daß der psychische Faktor eine ungeahnt große Bedeutung auch für die Entstehung organischer Krankheit hat? Aber macht er diese Erkrankungen allein, ist damit der Unterschied zwischen Seelischem und Körperlichem irgendwie angetastet? Es scheint mir ebenso mutwillig, die Natur durchwegs zu beseelen wie sie radikal zu entgeistern. Lassen wir ihr doch ihre großartige Mannigfaltigkeit, die vom Unbelebten zum organisch Belebten, vom Körperlichlebenden zum Seelischen aufsteigt. Gewiß ist das Ubw die richtige Vermittlung zwischen dem Körperlichen und dem Seelischen, vielleicht das langentbehrte ›missing link‹. Aber weil wir das endlich gesehen haben, sollen wir darum nichts anderes mehr sehen können?

Ich fürchte, Sie sind auch ein Philosoph und haben die monistische Neigung, alle die schönen Differenzen in der Natur gegen die Lockung der Einheit geringzuschätzen. Werden wir damit die Differenzen los?
Natürlich werde ich mich sehr freuen, wenn Sie mir Antwort geben! Ich bin überhaupt sehr gespannt darauf, wie Sie das Schreiben aufnehmen werden, das weit unfreundlicher wirken mag, als die Absicht ist, die ihm zugrunde liegt.[4]

Trotz Freuds Vorbehalten bezüglich der Tendenz Groddecks, organische Probleme nur als Ausdruck psychologischer Konflikte zu sehen, schenkte er Groddeck seine Zuneigung. Jedoch, wie andere auch, stellte Groddeck an Freud außergewöhnliche Ansprüche auf Ermutigung, Anerkennung und Unterstützung; je näher Freud seinen Schülern kam, desto mehr wurden sie zu einer Last für ihn, zu einer harten Geduldsprobe.

Paul Schilder (1886–1940) war ein glänzender psychiatrischer Praktiker und Theoretiker, der wegen seiner Position an der psychiatrischen Klinik der Universität Wien eine wichtige Rolle in der europäischen Psychiatrie spielte. Aus der Perspektive der Zukunft gesehen, *tat Schilder mehr für die Propagierung psychoanalytischer Entdeckungen unter den europäischen Psychiatern als jeder andere Anhänger der Psychoanalyse mit Ausnahme von Freud selbst.*[5] Formell war Schilder Mitglied der Wiener Vereinigung; er kannte jeden in der Gruppe und hatte Freuds Werke sorgfältig studiert. Aber er weigerte sich, zum Gläubigen zu werden, fand die Vereinigung erstickend und ergab sich Freud nicht bedingungslos.
Anders als Jung, verließ Schilder die akademische Welt der Psychiatrie nie; er ging ganz in seiner Arbeit auf und brauchte das klinische Krankenhausmaterial für seine Forschungen. Nachdem er 1925 ordentlicher Professor geworden war, war er völlig unabhängig. Emotional bewahrte er seine Objektivität gegenüber Freud und blieb ein kritischer Geist innerhalb der Psychoanalyse. Freud war sehr an Schilders vorbehaltloser Ergebenheit gelegen gewesen, und Schilders Unabhängigkeit ärgerte ihn.
Dieser Hintergrund macht es verständlich, daß Federn 1922 in der Wiener Vereinigung formell die Anschuldigung erhob, Schilder habe in einem Buch über Hypnose Ferenczi und Freud plagiiert. Die Mitglieder der Vereinigung waren gewöhnlich in zwei Gruppen geteilt: die aktiven Psychoanalytiker und die Außenseiter, die eigentlich eine Art Ehrenmitglieder waren. Schilder nahm eine ganz eigene Stellung ein; er gehörte nicht zum inneren Kreis, konnte andrerseits aber auch nicht gut als Dilettant angesehen werden.
Den Vorwurf des Plagiats gegen einen Mann zu erheben, der sich Freud nicht untergeordnet hatte, und zwar in einer Frage, in der Freud empfindlich war, bedeutete eine Geste der Loyalität gegenüber dem Meister. Der Vorfall ist ein gutes Beispiel dafür, wie eine Orthodoxie die Menschen beeinflussen kann. Wenn sich eine Gelegenheit

bot, bewiesen die Schüler Freuds ihre Ergebenheit gegenüber dem Meister, indem sie jene angriffen, welche seine Ideen nicht »voll angenommen« hatten.

Man hätte eigentlich nicht erwartet, daß gerade Federn die Inquisition anführte. Als Therapeut gütig und mitfühlend, mit romantischen Vorstellungen über den Dienst an anderen, auch ein bißchen eitel, lebte er zugleich noch auf einer anderen Ebene, die von Feindseligkeit und Aggression beherrscht war. Jüngeren Analytikern in Wien erschien das Problem des Plagiats als eine Zwangsvorstellung Federns, die wahrscheinlich schon bestand, bevor er Gründe zu der Annahme hatte, andere psychoanalytische Autoren zitierten seine Arbeiten nicht in ausreichendem Maße. So häufig und heftig auch in diesem Kreis über Prioritätsfragen diskutiert wurde (Nunberg behauptete einmal, Franz Alexander habe ihn des Plagiats bezichtigt[6]), kann man sich in diesem Fall nur schwer dem Gedanken entziehen, daß Federn wußte, wem er durch den Vorwurf gegen Schilder in der Vereinigung Gefallen bereiten würde.

Freud präsidierte der Sitzung, auf der die Anschuldigung gegen Schilder erhoben wurde. Ein ganz *ad hominem* gezielter Punkt spielte in der Diskussion eine herausragende Rolle: Schilder war nicht nur nie analysiert worden, sondern glaubte auch nicht, daß eine »didaktische« Analyse (Lehranalyse) notwendig sei. Schilder hatte den Mut, seine Sache zu verteidigen, und wandte diesen Vorwurf gegen Otto Rank, der sich selber keiner Analyse unterzogen hatte. Das Verfahren gegen Schilder war kleinkariert; er hatte so viele Ideen, daß er es schwerlich nötig hatte, von anderen Gedanken zu entlehnen. Aber er brauchte Verteidiger, da er einen verhältnismäßig selbständigen Standpunkt gegenüber der Psychoanalyse einnahm. (Später in den Vereinigten Staaten führten seine unorthodoxen Auffassungen dazu, daß die New Yorker Psychoanalytische Gesellschaft ihn zwang, sich von dieser Organisation zurückzuziehen.)

Obwohl es widersprüchliche Darstellungen über diese Sitzung gibt, die zu keinem Ergebnis führte, scheint doch Freud an diesem Abend recht schweigsam geblieben zu sein. Ein Mitglied meinte, Freud habe sich eher gegen Schilder gestellt. Nach der Erinnerung eines anderen wurde Freud am Ende ärgerlich, weil er nicht gefragt worden sei, was er von der Sache halte. Wenn sie sich so verhielten, solange er noch lebte, was würde dann wohl geschehen, wenn er tot war? Freud hätte eigentlich erkennen müssen, daß einfach keiner wagte, ihn um seine Meinung zu fragen. Denn Freud so direkt in die Sache hineinzuziehen, hätte den Streit noch erbitterter werden lassen, als er es ohnehin schon war.

Freud hörte auch in späteren Jahren nicht auf, Schilders Begabung anzuerkennen. Schilder bildete eine Ausnahme von der Regel, daß es unmöglich war, erfolgreich in der Mitte zwischen Freuds ultimativen Forderungen, sich entweder so oder so zu entscheiden, zu navigieren, die eigene Selbständigkeit zu bewahren und Freud doch nicht unwiderruflich zu entfremden. In den dreißiger Jahren äußerte sich Freud gegenüber Joseph Wortis sehr anerkennend über Schilder; nach dessen Bericht sagte ihm Freud, er könne eine Menge von Schilder lernen. *Er teilt die meisten unserer Auffassungen.*

In mancher Hinsicht hat er jedoch seine eigenen Meinungen, wozu sicherlich jeder das Recht hat, und steht so außerhalb der psychoanalytischen Schar. Er glaubt zum Beispiel nicht an die Notwendigkeit einer Lehranalyse, und behält seine Patienten nur drei oder vier Monate lang in Behandlung.[7]
Darüber hinaus nahm Schilder gegenüber Freuds Triebtheorie eine Haltung ein, die heute wie eine Vorwegnahme der Zukunft erscheint:

Schilder bestritt die Grundannahme Freuds, daß die Wünsche darauf gerichtet sind, einen Ruhezustand herzustellen. Die Triebe und Wünsche, behauptete Schilder, gehen im Gegenteil über die bloße Befriedigung hinaus. Ihre Tendenz beschränkt sich nicht darauf, den Menschen in einen Zustand der Ruhe zurückzuversetzen; sie streben nach außen, auf die Welt zu. Triebe haben nicht allein regressive Tendenzen. Ein konstruktives, auf die Welt gerichtetes Streben ist schon in der Wahrnehmung und Erschaffung der Gegenstände vorhanden. Schilder brachte in vielerlei Form immer wieder diese positive, konstruktive Einstellung gegenüber der Welt zum Ausdruck.[8]

War Schilders Laufbahn ein Beispiel dafür, wie man mit den mannigfaltigen Belastungen und Anfechtungen dieses Kreises fertig werden konnte, so war der Selbstmord Herbert Silberers (1882–1923) das Ergebnis von Versagung und Mißerfolg. Silberer, dessen Vater reich war und in Wien einen Namen hatte, trat der Wiener Vereinigung 1910 bei. Für eine gewisse Zeit war er, wenn nicht der einzige Nichtjude in der Vereinigung, doch prominent genug, daß man sich an ihn als den einzigen Nichtjuden erinnerte. Es konnte, vor allem nach dem Verlust von Jung, leicht geschehen, daß die Analytiker jeden Christen in der Bewegung zum Antisemiten stempelten – oder vielleicht war dies auch nur ein allgemeines Charakteristikum der Wiener Judenschaft jener Generation.
Silberers Arbeit war von Anfang an unorthodox. Es hieß von ihm, er sei von einem »anderen Standpunkt« hergekommen, wobei nicht sicher ist, ob das bedeutete, daß er mit der konventionellen Weisheit übereinstimmte, oder daß sein Ausgangspunkt in der akademischen Psychologie ihn zu einer besonderen Anschauungsweise führte. Silberer schrieb über hypnagogische Phänomene, die Bilder, die man beim Aufwachen oder beim Einschlafen sieht. Freud schrieb, Silberer habe *aus der direkten Beobachtung dieser Umsetzung von Vorstellungen in Gesichtsbilder wichtige Beiträge zur Deutung der Träume gewonnen.* Silberer publizierte schon früh Aufsätze über solches »primärprozessuales« (im Gegensatz zu bewußtem und verbalem) Denken. Darüber hinaus deutete er Träume in anderer Weise als Freud – nämlich ethisch (»anagogische« Deutungen), eine Deutungsweise, die den Formulierungen Jungs näher stand. Silberer schloß, daß gewisse Traumbilder symbolische Selbstdarstellungen sind; er war der erste Psychoanalytiker, der sich mit der symbolischen Bedeutung der Alchemie beschäftigte.[10]

Freud fiel es, wie wir gesehen haben, schwer, Arbeiten zu würdigen, die außerhalb seiner Gedankengänge lagen; und Veränderungen wollte er lieber selbst in die Wege leiten. Silberer war also aus vielen Gründen nicht im Einklang mit der psychoanalytischen Gruppe in Wien. Kurze Zeit gab er sogar mit Stekel zusammen eine Zeitschrift heraus. Das einzige Mal, daß Hitschmann jemals Freud so wütend sah, daß er blaß wurde, war, als Silberer die anderen Mitglieder der Wiener Vereinigung zu Beiträgen für Stekels Zentralblatt aufforderte.[11]

Freud schätzte jedoch Silberers Arbeit. Wenn er auch Silberers Gedanken über die Erforschung des Träumens für allzu »spekulativ« und »philosophisch« hielt, nahm er doch jeden Beitrag zur Traumdeutung ernst. Silberers Darlegung der Rolle, die die »Beobachtung« in Träumen spielt, war nach Freuds Meinung *eine der wenigen Ergänzungen der Traumlehre, deren Wert unbestreitbar ist.*[12] Freud erwähnte Silberers Beiträge wiederholt anerkennend, wies freilich auch auf seine Irrtümer hin. Dann verstieß Freud 1922 Silberer offiziell aus der Psychoanalyse.

Es ist nicht möglich, die Abfolge der Ereignisse zu rekonstruieren, die in dem Selbstmord Silberers gipfelten. Es steht jedoch fest, daß er über sein Verhältnis zu Freud deprimiert war. Einem guten Freund zufolge fühlte er sich durch Freuds Haltung ihm gegenüber gekränkt und zurückgewiesen.[13] Niemand wußte sicher, warum Freud Silberer nicht leiden konnte; er war Freud ergeben und hatte wichtige Arbeit geleistet, aber Freud war ihm gegenüber nicht mehr freundlich und entgegenkommend. Es war alles ganz deutlich, obwohl es Silberer offenbar schwerfiel, die Gefühle, die Freud ihm gegenüber hatte, zuzugeben. Sein Selbstmord kam nicht überraschend, wenn auch Silberer vielleicht schon immer zu viel von Freud erwartet hatte. Freuds Zurückweisung von Silberer war schroff und offiziell.* In einem einzigen kurzen Brief sehen wir *en miniature* eine extreme Version von Freuds früheren Methoden, lästige Schüler loszuwerden. Der Brief Freuds an Silberer trägt das Datum des 17. April 1922:

Sehr geehrter Herr!
Ich ersuche Sie, den beabsichtigten Besuch bei mir nicht zu machen. Infolge der Beobachtungen und Eindrücke der letzten Jahre ist mir keine Neigung zu persönlicher Aussprache mit Ihnen verblieben.
Hochachtungsvoll
Freud

Neun Monate später nahm sich Silberer auf schreckliche Weise das Leben; er erhängte sich an einem Fensterkreuz, wobei er ein auf sein Gesicht gerichtetes Licht brennen ließ, damit seine Frau ihn beim Heimkommen sehen würde.

---

* Zweifellos gibt es noch einige andere unbekannte Kontroversen in Freuds Leben. Wittels z. B. erinnert sich, daß Freud seine Beziehungen zu Max Kahane abbrach.[14]

In dem offiziellen Nachruf in der *Zeitschrift* heißt es, Silberer sei viele Jahre Mitglied der Wiener Vereinigung gewesen, habe aber in den letzten Jahren nur noch selten an ihren Sitzungen teilgenommen. Seine wissenschaftlichen Schriften, insbesondere auf dem Gebiet der Traumpsychologie, hätten in der psychoanalytischen Literatur verschiedentlich Anerkennung gefunden, doch seien kritische Einwendungen gegen mehr als eine ungerechtfertigte Verallgemeinerung von seiner Seite erhoben worden.

Freud hatte schon früher auf *eine ungerechtfertigte Verallgemeinerung aus wenigen guten Beispielen* Silberers hingewiesen, die in dem Satz liege, *daß jeder Traum zwei Deutungen zulasse, eine solche, wie wir sie aufgezeigt haben, die sogenannte psychoanalytische, und eine andere, die sogenannte anagogische, welche von den Triebregungen absieht und auf eine Darstellung der höheren Seelenleistungen hinzielt.*[15]

Die Träume anagogisch zu deuten, hieße, wie Freud meinte, *von ihren Triebwurzeln ablenken.*[16]

In einem Vortrag von 1922, den Freud *aus irgendwelchen Gründen*[17] nicht vor der Wiener Vereinigung vortrug, obwohl er das beabsichtigt hatte (der Vortrag wurde jedoch noch im gleichen Jahr veröffentlicht), kritisierte er Silberers *oberflächliche Beschäftigung mit dem Ethischen anstatt mit dem Gebiet des verdrängten Trieblebens . . . Silberer, der als einer der ersten die Warnung an uns ergehen ließ, ja nicht an den edleren Anteil der menschlichen Seele zu vergessen,* (hat) *die Behauptung aufgestellt, daß alle oder die meisten Träume eine doppelte Deutung, eine reinere, anagogische, über der gemeinen, psychoanalytischen zulassen.* Die Schwierigkeit lag Freud zufolge in folgendem:

Der Gegensatz zwischen beiden in derselben Einfallsreihe dominierenden Themen ist nicht immer der von hoch-anagogisch und gemein-analytisch, eher der von anstößig *und* anständig *oder indifferent . . . In unserem Beispiel ist es natürlich kein Zufall, daß Anagogie und psychoanalytische Deutung in so scharfem Gegensatz stehen; beide beziehen sich auf das nämliche Material und die spätere Tendenz ist gerade die der Reaktionsbildungen, die sich gegen die verleugneten Triebregungen erhoben hatten.*[18]

Innerhalb von nur wenigen Jahren sollten die Psychoanalytiker, Freud eingeschlossen, nicht mehr so nebenbei über die »spätere« Ethik als »Reaktionsbildung« gegen das Triebleben sprechen. Dann wurde das Konzept des Über-Ichs speziell zu dem Zwecke entworfen, solche Maßstäbe des Gewissens in den Rahmen der Freudschen Gedankenwelt einzubeziehen. Aber zu Silberers Zeit lag, wie es in dem Nachruf weiter heißt, *sein Interesse offensichtlich außerhalb des Reichs der eigentlichen Psychoanalyse.* Der Nachruf machte Silberer ferner ein etwas zweifelhaftes Kompliment mit der Bemerkung, großen Erfolg habe er in seiner Arbeit über die psychologische Erforschung der sogenannten okkulten Phänomene erzielt – in dem Buch, das eigentlich sein Hauptwerk gewesen sei.*[19]

Der Hinweis auf ein besonderes Interesse für das Okkulte kann wohl kaum dahin ausgelegt werden, daß Silberer zur Hauptströmung der Psychoanalyse gerechnet wurde; vielmehr wurde er damit an die Peripherie der Wiener Gruppe und der Bewegung als ganzer gestellt. (Die Gedenknotiz war zwar nicht signiert, wirkt jedoch ganz wie ein Ausdruck der Einstellung Freuds zu der Arbeit Silberers; wenn Freud die Notiz nicht selber geschrieben hat, so hat er wahrscheinlich den wesentlichen Inhalt Otto Rank angegeben.)

Auch Wilhelm Stekel veröffentlichte einen Nachruf auf Silberer; es heißt darin: *Als ich mich von Freud trennte, war er der einzige unter allen Freudianern, der mir treu blieb. (Er sollte für seine Freundschaft teuer bezahlen.)*[21] Im Grunde war Stekel der Überzeugung, daß Freud, der sich schon vor mehr als zehn Jahren über Silberer beklagt hatte,[22] mit Silberer fertig war, als dieser an Stekels Zeitschrift mitgearbeitet hatte. Silberer war jedoch vor seinem Tod in einem Artikel gegen die Psychoanalyse angegriffen worden; er hatte außerdem wegen der Veröffentlichung eines Angriffs auf Freud einen Redaktionsposten aufgegeben. Trotzdem: Silberer war beim Vortrag eines Referats in der Wiener Psychoanalytischen Vereinigung scharf angegriffen worden,** und Freud soll das Verhalten seiner Anhänger mit der Bemerkung erklärt haben: *Der Mann ist ein Jesuit.*[24] (Otto Rank berichtete, Freud habe gesagt, er übernehme die Verpflichtung, *Silberer zu erledigen.*[25] Stekel sah den Tod Silberers im größeren Kontext des Scheiterns seiner Ambitionen und vor allem im Zusammenhang mit seiner kürzlichen schweren Enttäuschung, weil es ihm nicht gelungen war, einen Ehrendoktor zu erhalten.

Jeder, der sich in jenen frühen Tagen für die Psychoanalyse interessierte, hatte zweifellos genügend persönliche Schwierigkeiten, um über die üblichen billigen Disqualifizierungen der Tiefenpsychologie hinausblicken zu können. (Selbst heute noch ist, zumindest in Amerika, die Selbstmordrate unter den Ärzten offenbar hoch, und die der Psychiater liegt möglicherweise höher als die jeder anderen Berufsgruppe.) Es mag sein, daß Silberer den Wert, den Freud seiner Beziehung zu ihm beimaß, überschätzt hat. Wenn Freud auch darüber erfreut war, daß ein Schüler sich für die Psychoanalyse interessierte, so war er doch nicht immer sehr glücklich darüber, wenn solche Empfindungen sich auch auf ihn persönlich erstreckten; er fühlte sich nicht verpflichtet, solche Gefühle zu erwidern. Es mag sogar sein, daß Freud spürte, daß es zu einem Selbstmord kommen könne, und sich aus diesem Grunde zurückhielt.

---

* Jung zollte Silberer Anerkennung für seine Arbeit über Alchemie und bemerkte, leider habe sein rationalistischer Psychologismus ihm den Hals gebrochen.[20]

** Jones behauptete einmal, Silberer habe seine Beziehung zu der Wiener Gruppe Jahre vor seinem Tod abgebrochen und sei »in offene Opposition« getreten.[23]

7.5. Ernest Jones: Pionier

Von den fünf ersten Empfängern von Ringen – den Männern, die zusammen das ursprüngliche geheime Komitee bildeten – war Ernest Jones (1879–1958) der einzige, der den seinen verlor; der Ring wurde ihm aus einem Kasten im Kofferraum seines Autos gestohlen. Wenn man auch nur Spekulationen darüber anstellen kann, wie Freud diesen Verlust angesehen hätte, da erst nach seinem Tod erfolgte, kann man doch als sicher annehmen, daß ihm das Ereignis mißfallen hätte, das er vermutlich als einen symptomatischen Lapsus auf Seiten Jones' betrachtet hätte. Der Kofferraum eines Wagens war ein nachlässig gewählter Platz zur Aufbewahrung eines Gegenstandes, der für Jones, wie für die anderen, etwas Geheiligtes war. Freud setzte hohe Erwartungen in das Unbewußte eines Gentleman; ein Akt, der bei einem Patienten der rationalen Deutung offenstand, konnte bei einem Anhänger etwas Unverzeihliches sein.

Jones schloß sich der psychoanalytischen Bewegung, die er in seiner Autobiographie *bei weitem das Wichtigste in meinem Leben* nennt,[1] zu einem Zeitpunkt an, als seine Karriere als Neurologe ernsthaften Schaden erlitten hatte. Die Neurologie war damals ein Prunkstück der englischen Medizin, und Jones erhielt eine vorzügliche Ausbildung in seinem Fach. Er wurde jedoch bei der Besetzung eines akademischen Postens, auf den er ein Anrecht zu haben glaubte, übergangen und nahm in seiner Enttäuschung eine Stelle in Toronto in Kanada an. In einem Gedenkwort für seinen Freund Karl Abraham spricht Jones von dem »etwas seltsamen Wunsch« Abrahams, eine Stelle an der Universität Berlin zu bekommen:

Mit einer einzigen Ausnahme von der Art, wie sie die Regel bestätigt, war es unmöglich, bei ihm eine Spur persönlichen Ehrgeizes zu entdecken; die Ausnahme war der etwas seltsame Wunsch, Dozent an der Universität Berlin zu werden, und dieser Wunsch hing offensichtlich mit dem Ansehen der Psychoanalyse zusammen.[2]

Edward Glover bezeichnete dies später als *eine etwas borniert Bemerkung aus dem Munde eines Mannes, der zu seiner Zeit traumatisch erlebt hatte, daß er in den Hainen des englischen Universitätslebens keine akademische Anerkennung fand.*[3] Obwohl Jones sich nach beruflicher Anerkennung als Mediziner sehnte, wurden ihm erst spät in seinem Leben Ehrungen zuteil.

Jones war ein hitziger kleiner Mann mit einem zackigen, militärischen Auftreten, und in seinen schlechten Augenblicken konnte er gehässig, eifersüchtig und mürrisch sein. Von seinem Gesicht sagte einmal ein Psychiater, es sei blaß, aber beißend wie Salatsauce; seine Augen waren scharf, sein Ton herrisch. In seinen eigenen Augen war vor allem sein »Takt« hervorzuheben;[4] Freud sagte einmal lachend, meine diplomatischen Fähigkeiten würden noch dazu führen, daß mich der Völkerbund über-

nehmen werde.[5] Er schilderte sich selbst als einen Mann, *der schnell Bekanntschaften schließt*[6], was durchaus zutreffend gewesen sein mag, aber er gewann nicht leicht Freunde und wurde viel gehaßt.

Im Kollegenkreis konnte Jones taktlos sein; manchmal ließ er an einem Vortrag eines anderen keinen guten Faden. Bei einem Patienten, der zur Beratung zu ihm kam, beendete er das Gespräch (nachdem er ihn an einen anderen Analytiker verwiesen hatte) mit der Bemerkung, der Patient sei wie *ein aus dem Feuer geklaubtes Stück Holz*, obwohl der gekränkte Mann nicht gerade das Gefühl hatte, er werde gleich in Rauch aufgehen. Als in Amerika die Zeitschrift *Psychoanalytic Quarterly*, eine Konkurrenz zu dem von ihm herausgegebenen *International Journal of Psychoanalysis* gestartet wurde, äußerte Jones, die Begründer dieses Unternehmens seien eine kleine Gruppe von unruhigen und ehrgeizigen Neulingen.[7] Bei einem internationalen Kongreß paukte Jones eine Entschließung durch, die von den Mitgliedern der psychoanalytischen Gesellschaften in den Vereinigten Staaten verlangte, daß sie das *International Journal of Psychoanalysis* abonnierten; das Journal war eigentlich eine britische Zeitschrift, wenn auch die meisten Abonnenten Amerikaner waren, aber Jones hatte das »internationale« Etikett beibehalten. Glover sagte später, das Geschick, mit dem Jones den internationalen Status des *Journal* aufrechterhielt und seine finanzielle Stabilität dadurch sicherte, daß er das Abonnement für die englischsprachigen Mitglieder der Psychoanalytischen Vereinigung obligatorisch machte, müsse man miterlebt haben, um es glauben zu können.[8]

Jones strebte nach Macht und hatte Erfolg damit. In den Dreißigerjahren wollte er die Britische Vereinigung zur psychoanalytischen Dachorganisation für das ganze Empire machen, während die anderen Vereinigungen (wie etwa die südafrikanische) nur den Status nachgeordneter Gruppen haben sollten.[9] Um den Katalog der weniger anziehenden Eigenschaften von Jones abzuschließen: Er hatte übermäßigen Respekt vor Berühmtheit und Reichtum; sowohl seine Autobiographie wie seine Freudbiographie leiden unter der ständigen Aufzählung bekannter Namen. Menschlich enger und beschränkter als Hanns Sachs, besaß Jones doch den umfassenderen und ausgreifenderen Intellekt. Seine ausgeprägte Intellektualität beeinträchtigte seine menschlichen Kontakte; denn er war zwar rechthaberisch und egozentrisch, aber auch außerordentlich intelligent und gelehrt. So schwierig er als Person war, so glänzend war er in seinen Schriften. Und wenn sich jemand in einer Debatte mit ihm anlegte, kam er nicht ungeschoren davon; Jones war *ein begabter Polemiker mit einem schnellen Blick für die schwache Stelle eines Arguments und mit einer scharfen Zunge*.[10] Jones kannte sich in seinem Fach aus und war, wie Freud, ein wissenschaftlicher Kopf. Er sagte einmal ganz richtig von sich selber, er habe eine *merkwürdige Intoleranz gegenüber Illusionen* und brauche *das Sicherheitsgefühl, welches das Streben nach Wahrheit verleiht.*[11] Als er zum Beispiel das Manuskript von Freud und Bullitt über Woodrow Wilson las, war er zwar sehr betroffen, bezweifelte aber die Echtheit des Textes niemals und bemerkte Strachey gegenüber, vielleicht gehöre das Buch in die

Standard Edition von Freuds Werken, da dort früher auch die *Studien über Hysterie* erschienen waren, die Freud mit Breuer zusammen geschrieben hatte.[12]
Jones besaß auch Tapferkeit. Sobald die Nazis in Wien einmarschierten, flog er hin, um bei der Rettung Freuds und der analytischen Gemeinschaft zu helfen. Und er beendete den letzten Band seiner Freudbiographie trotz vieler ernster Krankheiten. Er litt schon seit Jahren an Arthritis deformans und behandelte doch zehn oder elf Patienten am Tag. Jones hatte eine Begabung für Verwaltung, war ungeheuer fleißig und bewältigte ein sehr großes Arbeitspensum. Einige seiner Schwierigkeiten mit Kollegen waren gerade auf seine Stärken zurückzuführen; da er selber präzise und tüchtig war, kam ihm das Wiener Arbeitstempo entsetzlich lahm vor. Bevor er Psychoanalytiker wurde, hatte sich Jones zu sozialistischen Lehren hingezogen gefühlt; und zwar mehr wegen der Ordnung und Effizienz, die sie zu versprechen schienen, als um der Behebung sozialer Ungerechtigkeit willen.[13]
Jones' Privatleben scheint verhältnismäßig glücklich gewesen zu sein, obwohl seine erste Frau früh starb. Später machte ihn Hanns Sachs mit einer Wienerin, Katherine Jokl, bekannt (einer Jüdin, während Jones selbst Nichtjude war). Nach drei Tagen waren sie verlobt und nach drei Wochen heirateten sie. Ein Sohn ist ein bekannter Romanschriftsteller und Journalist, ein anderer wurde Musiker; bei seinem Tod hatte Jones vier Enkelkinder. Seine zweite Frau widmete sich ihm vollkommen; in der Zeit, als er die Freudbiographie schrieb, arbeitete sie praktisch als Sekretärin für ihn. Als Freud 1938 nach England kam, schenkte er ihr einen Stein für einen Ring, als Dankeszeichen für ihre Übersetzung von *Der Mann Moses und die monotheistische Religion* ins Englische; er bat sie, ihm die Rechnung für die Anfertigung des Ringes zu schicken, denn ein Geschenk dürfe nichts kosten. Freud hatte es sehr eilig, denn er wußte, daß dies sein letztes Buch sein würde.
Jones war Walliser – fast alle britischen Analytiker waren Außenseiter und Nichtjuden; James und Edward Glover waren Schotten, und Jones schrieb in seiner Autobiographie, in England seien nur zwei Analytiker Juden gewesen (abgesehen von eingewanderten Flüchtlingen)[14] Die Schweizer Analytiker stellen wahrscheinlich die einzige andere westliche psychoanalytische Gruppe dar, der kaum Juden angehören. Jones' eigene Einstellung zu Freuds Judentum hatte ihre Grenze in dem, was seine Generation in England als ihre unkonventionelle Einstellung zur Religion ansah; Religionen waren das Produkt menschlichen Aberglaubens, und Freuds Judentum war (für James Strachey vielleicht noch mehr als für Jones) mehr eine interessante Absonderlichkeit als ein lebendiger (und konditionierender) Faktor in Freuds Leben. In der Bewegung Freuds ragt Jones als einer der wenigen Nichtjuden von Gewicht heraus.
Im Gegensatz zu der Situation in Amerika, entwickelte sich die Psychoanalyse in England unabhängig von der medizinischen Psychiatrie. Jones herrschte mit fester Hand über die Britische Vereinigung. Eine psychoanalytische Gruppe unter seiner Leitung gab es schon vor dem Ersten Weltkrieg, aber durch die Kriegsumstände zer-

fiel sie. *Von den fünfzehn ursprünglichen Mitgliedern gelangten nur vier bis zur praktischen Ausübung der Psychoanalyse, die anderen begnügten sich mit einem mehr oder weniger akademischen Interesse an ihr.*[15] Jones überbetonte die Exklusivität der Psychoanalytiker, und es war ihm nicht unlieb, daß die eklektische Vorkriegsgruppe sich auflöste. Die nach dem Krieg reorganisierte britische Gruppe war ein Zweig der Internationalen Psychoanalytischen Gesellschaft, wiederum unter der Leitung von Jones. (In einem Brief sprach Jones davon, daß sie zuerst einen Fehler gemacht hätten, als sie mit unsicheren Mitgliedern arbeiteten, und riet den Japanern, ihre Vereinigung so klein wie möglich zu halten.[16])

Die Britische Vereinigung der frühen zwanziger Jahre bestand überwiegend aus Nichtmedizinern und war ein wenig amateurhaft. Jones lud Melanie Klein aus Berlin zum Teil deshalb ein, um das Ansehen seiner Vereinigung etwas aufzupolieren und um den Mitgliedern zu helfen, ihre Minderwertigkeitsgefühle zu überwinden; außerdem sollte sie seine Kinder behandeln. Die Vereinigung hatte jedoch enge Verbindungen mit Cambridger Intellektuellenkreisen; und die berühmte *Bloomsbury Group* war stolz darauf, frei von Vorurteilen zu sein. James Strachey (der Bruder des bekannten Schriftstellers Lytton Strachey), Alix Strachey (eine Verwandte des Kunsthistorikers Bernhard Berenson), Lionel Penrose, John Rickman, Karen Stephen (die Schwester von Clive Bell und Nichte von Bertrand Russell), Adrian Stephen (ein Sohn von Sir Leslie Stephen und der Bruder von Virginia Woolf) – sie alle waren nicht nur Analytiker, sondern gehörten auch zur Creme der englischen Intellektuellen.

Nach dem Ersten Weltkrieg gingen die Stracheys nach Wien, um sich von Freud analysieren zu lassen, der ihre literarische Begabung als Übersetzer entdeckte. James und Alix Strachey waren alte Freunde von Virginia und Leonard Woolf, und als die Londoner Analytiker mit ihren Verlagsunternehmungen scheiterten, wandte sich James Strachey an Leonard Woolf, der damals gerade die Hogarth Press gründete; man wurde schnell handelseinig. (Sir Allen Unwin hatte verlangt, die Britische Psychoanalytische Vereinigung solle für die Publikation von Freuds Werken einen Zuschuß garantieren.) Die britischen Analytiker waren unfähige Geschäftsleute; aus Größenwahn hatten sie 10 000 Exemplare eines Buches von Freud gedruckt, von dem in den ersten zwölf Monaten nur 500 verkauft wurden.

Freud selber war nicht sehr geschäftstüchtig. Die Gesamtrechte der ersten Bände seiner *Gesammelten Schriften* hatte er an das Londoner Psychoanalytische Institut für fünfzig Pfund pro Band verkauft. Sobald Leonard Woolf diesen Vorschuß aus den Verkaufserlösen abgedeckt hatte, schrieb er an Freud und bot ihm einen anständigeren Verlagsvertrag an, mit einer normalen Honorarbeteiligung von zehn Prozent. Obwohl Leonard Woolf eine herausragende Rolle bei der Verbreitung der Ideen Freuds in der englischsprachigen Welt spielte, brachte er bemerkenswerterweise seine Frau trotz ihrer wiederholten psychischen Zusammenbrüche (und ihrem schließlichen Selbstmord) nie zu einem psychodynamisch orientierten Therapeuten (ihr Bruder Adrian war Analytiker); selbst viele Jahre später kam in seinen Gedanken über ihre Krankheit eine erstaunlich rationalistische und unpsychoanalytische Betrachtungsweise ihrer Schwierigkeiten zum Ausdruck.*[17]

Nach der Auflösung der Wiener Vereinigung im Jahre 1938 und der Emigration vieler ihrer Mitglieder nach England wurde die Britische Vereinigung zu einer mehr professionellen Gruppe; zugleich aber verringerten sich ihre geistigen Kontakte mit Außenstehenden. Die ganze Zeit hindurch behielt Jones seine beherrschende Stellung. Wie in Wien fanden an den Mittwochabenden formelle Sitzungen statt. Jones schloß, wie Freud selbst, schließlich seine potentiellen männlichen Rivalen aus. Zur Zeit der Machtübernahme durch die Nazis hielt er Theodor Reik (der in Holland praktiziert hatte) davon ab, nach England zu kommen, weil dieser angeblich skrupellos in seiner Praxis, ein Laienanalytiker und nicht im strengen Sinne deutscher Flüchtling war – und weil Jones ihn ganz einfach nicht haben wollte.[19] (Sein Verhalten Reik gegenüber war um so auffallender, als Jones anderen Analytikern, die fliehen mußten, zur Einreise nach den Vereinigten Staaten oder nach England verhalf.) Von der Gründung seiner Vereinigung an hatte Jones seine Eifersüchte gehegt, wie er sich auch dagegen wehrte, daß Männer von hohem geistigem Rang aktiv daran teilnahmen. David Forsyth zum Beispiel hatte ausgedehnte Beziehungen zu der akademischen Medizin, war der erste Engländer, der nach dem Ersten Weltkrieg zu Freud ging, und fühlte sich dazu berufen, in der Psychoanalyse in England eine Hauptrolle zu spielen. Dieses Streben lief den Absichten von Jones zuwider. Forsyth kam von medizinischen Vereinigungen her, wo es nicht unüblich war, den Posten des Präsidenten anzustreben; Jones aber klammerte sich an den Vorsitz der Britischen Vereinigung, bis er sich 1944 in eine Art Halb-Ruhestand zurückzog.

Jones war auch auf David Eder eifersüchtig, seine diktatorischen Methoden führten zu Schwierigkeiten mit Bernard Hart, und einem so vielversprechenden Psychiater wie Emmanuel Miller verweigerte er die Mitgliedschaft. Wie Freud glaubte auch Jones, niemand könne Analytiker sein, der nicht hauptberuflich praktizierte; so war er der Meinung, daß Lionel Penrose zu viele andere Interessen habe (und Penrose pflichtete ihm bei). Ebenfalls wie Freud, versammelte Jones am Ende eine Gruppe besonders begabter Psychoanalytikerinnen um sich. Bei der Aufnahme von Medizinern als Mitglieder bevorzugte Jones Frauen. Er ermutigte außerdem Laien: Joan Riviere zum Beispiel war eine brillante Absolventin der Universität Cambridge, die zuerst

---

* Alix Strachey erinnerte sich, daß James, ihr Mann, *sich häufig Gedanken darüber machte, warum Leonard Virginia nicht dazu überredete, wegen ihrer psychischen Zusammenbrüche einen Psychoanalytiker aufzusuchen. Es gab damals Analytiker mit ausreichendem Wissen, um ihre Krankheit erfassen zu können. Obwohl dieses Wissen verfügbar war, war ich nicht der Meinung von James, daß es Virginia helfen könne. Meiner Meinung nach ist es durchaus möglich, daß Leonard einen solchen Vorschlag nach Überlegung abgelehnt und sich dafür entschieden hatte, Virginia nicht analysieren zu lassen . . . Virginias Phantasie war so verflochten mit ihren Wahnvorstellungen – ja, mit ihrer Verrücktheit –, daß man vielleicht mit ihrer Gestörtheit auch ihrer künstlerischen Schaffenskraft ein Ende gesetzt hätte . . . Vielleicht ist es vorzuziehen, verrückt und schöpferisch zu sein, als psychoanalytisch behandelt und ein gewöhnlicher Mensch zu werden.*[18]

bei Freud und dann bei Melanie Klein in Analyse gewesen war. Sie war eine hübsche Frau mit scharfem Intellekt, die die Macht hinter dem Thron genoß und einmal versuchte, mit Jones' Stellvertreter Edward Glover (einem Arzt, der aber in Jones' Augen eben bloß ein Schotte war) einen Handel abzuschließen, ohne Jones zu regieren; Glover machte jedoch nicht mit.[20]

Jones, der von der Britischen Vereinigung als »meiner hoffnungsvollen Vereinigung« sprach,[21] hielt seine Position als Führer der britischen analytischen Gemeinschaft für so entscheidend wichtig, daß er zu Beginn des Ersten Weltkriegs sich zuerst dem Druck der patriotischen Pflicht, Soldat zu werden, widersetzte, weil er sich »wie eine Wache auf Posten« fühlte.[22] Freud hatte Jones in seiner hohen Meinung über die eigene Bedeutung für die Psychoanalyse bestärkt, als er 1913 Jones zu seinem öffentlichen Duell mit Janet beglückwünschte: *Ich kann nicht sagen, wie sehr mich Ihr Bericht vom Kongreß und Ihr Sieg über Janet vor den Augen Ihrer Landsleute erfreut hat. Das Interesse der Psychoanalyse ist in England mit dem Interesse für Ihre eigene Person identisch, und ich habe Vertrauen, daß Sie nun ›das Eisen schmieden werden, solange es heiß ist‹.*[23]

Aus Anlaß des 50. Geburtstages von Jones im Jahre 1929 zollte Freud ihm öffentliches Lob:

Jones hat unermüdlich für die Psychoanalyse gewirkt, durch öffentliche Vorträge ihren jeweiligen Besitzstand zur allgemeinen Kenntnis gebracht, durch glänzende, strenge, aber gerechte Kritiken sie gegen Angriffe und Mißverständnisse ihrer Gegner verteidigt, mit Geschick und Mäßigung ihre schwierige Stellung in England gegen die Ansprüche der Profession *behauptet und bei all dieser nach außen gerichteten Tätigkeit in treuer Mitarbeiterschaft an der Entwicklung der Psychoanalyse auf dem Kontinent jene wissenschaftliche Leistung vollbracht, von der – unter anderem – seine* Papers on Psycho-Analysis *und* Essays in Applied Psycho-Analysis *Zeugnis ablegen.*

Jones war nach Freuds Meinung *nicht nur ... der unbestritten führende Mann unter den Analytikern des englischen Sprachgebiets, sondern auch ... einer der hervorragendsten Vertreter der Psychoanalyse überhaupt ...* Freud konnte sich *Ernest Jones auch nach seinem 50. Geburtstag nicht anders denken ... als vorher: eifrig und tatkräftig, streitbar und der Sache ergeben.*[24] Wie beim Marxismus und Calvinismus ging ein scheinbar deterministisches Gedankensystem Hand in Hand mit großem individuellem Aktivismus. Privat schrieb Freud an Jones zu diesem Geburtstag:

... die Versicherung, daß ich Sie immer zu meiner engeren Familie gezählt habe und weiterhin zählen werde, was also über alle Unstimmigkeiten hinweg, die innerhalb der Familie selten fehlen, auch zwischen uns nicht gefehlt haben, auf einen Fonds von Zärtlichkeit hinweist, aus dem man immer wieder schöpfen kann.[25]

1944 hatte Jones einen Herzanfall und zog sich aufs Land zurück, wo er schon einmal 1940 wegen der Invasionsdrohung hingezogen war. Er wurde nun milder und ermutigte des öfteren junge Menschen in ihrer Arbeit. Seinen Analysepatienten berechnete er jedoch auch weiterhin den Honorarsatz eines Konsiliarius (was nicht die übliche Praxis war), weshalb seine wenigen Schüler in der Regel reich waren. Unter gewissen Gesichtspunkten konnte er weitherzig und tolerant sein; nicht nur unterstützte und beschützte er Melanie Klein, die in Wien als Schismatikerin angesehen wurde, sondern er schrieb auch eine Einführung zu den Arbeiten Ronald Fairbairns, der damals der einzige Analytiker in Schottland war. Jones war jedoch kein Freund der unabhängigen Tavistock Clinic in London, da sie einen eklektischen Standpunkt vertrat, und Jones war ebenso gegen eine »Verwässerung« der Auffassungen Freuds wie er ein Gegner der anti-analytischen Neurologen und Psychiater alter Schule war. (Noch in den dreißiger Jahren führte die Psychoanalyse in Großbritannien ein abgesondertes Dasein. Jones bestimmte, daß kein qualifizierter Analytiker ohne seine ausdrückliche Zustimmung Vorträge über Psychoanalyse halten durfte, gleich vor welchem Publikum; Karen Stephen hielt sich bei einigen Vorträgen in der Tavistock Clinic nicht daran, und Jones soll sie deswegen heftig ausgescholten haben.)

Jones war ein vorzüglicher publizistischer Anwalt der Psychoanalyse, und seine Darstellungen der Gedanken Freuds sind in ihrer Klarheit unübertroffen. Die Kunst des Schreibens ist eine seltene Gabe, und jeder, der sich für Freuds Leben und Werk interessiert, muß Jones für seine Beiträge dankbar sein. In seinem Verhältnis zu Freud sah er sich in einer ähnlichen Rolle, wie sie Huxley gegenüber Darwin gespielt hatte.[26] Niemand außer Freud hat besser als er die Konzentration der Psychoanalyse auf *die tiefen Disharmonien, die im Zentrum der menschlichen Natur liegen*, dargestellt. Die *Geheimnisse der menschlichen Seele konnten nur im Zusammenhang mit dem Leiden wahrgenommen und erforscht werden: Durch die Fähigkeit, selbst zu leiden und damit mit dem Leiden anderer in Berührung zu treten*.[27]

Es ist keine Herabsetzung von Jones, wenn man feststellt, daß seine psychoanalytischen Schriften in der Hauptsache eine Popularisierung der Gedanken Freuds sind. Freud äußerte sich sehr deutlich über seine Bedürfnisse; in einem Brief an Jones vom 1. Februar 1927 schrieb er, er solle das tun, was für Propagandazwecke am geeignetsten sei. Freud respektierte Jones als den Führer in England, überwies ihm Patienten und beugte sich (wenn auch manchmal mit halbem Herzen) seinem Urteil auf dem verwickelten Gebiet der Übersetzungen und Publikationsrechte. Was Übersetzungen betrifft, war Freud recht sorglos (vom Standpunkt eines Übersetzers, nicht von seinem eigenen Standpunkt aus gesehen); zum Beispiel vergab er die Rechte an einem neuen Buch gleichzeitig an einen Amerikaner und an einen Engländer, ohne dem einen vom andern etwas zu sagen, obwohl zwei Ausgaben in der gleichen Sprache einander in die Quere kommen mußten. Das hatte zur Folge, daß ein ziemliches Durcheinander in der Frage des Copyrights entstand. (Ähnliche Verwicklungen gab es mit Freuds Büchern in Italien.)

Es war natürlich, daß sich Jones in seinen eigenen Schriften sehr stark auf Freuds Anregungen und Vorschläge stützte. So entwickelte Jones beispielsweise eine Fußnote Freuds in der *Traumdeutung* über die ödipale Bedeutung des *Hamlet* getreulich zuerst zu einem Aufsatz und dann zu einem eindrucksvollen Buch. Jones glaubte jedoch, daß Freud manchmal seine Chancen zu originellen Arbeiten durch Indiskretion verdarb. Jones arbeitete an einem Buch über Napoleon und sprach den Plan mehrmals mit Freud durch. Freud

gab einige der Ideen an Ludwig Jekels weiter, der damals bei ihm in Analyse stand und zufälligerweise bei einer gewissen Dame mein Nebenbuhler war. Jekels ergriff diese Ideen mit Feuereifer und schrieb über das Thema eine ausgezeichnete Abhandlung. Die Substanz des Themas war für mich damit verpufft, der Krieg und andere Interessen traten dazwischen, und mein Buch wurde niemals geschrieben.[28]

Das klingt genau wie eine Wiederauflage der Affäre Fließ-Swoboda-Weininger. In seiner Idolisierung Freuds tat Jones sein Bestes, um zu verhindern, daß irgend etwas über Freud veröffentlicht wurde, das in nicht schmeichelhaftem Sinne ausgelegt werden konnte. Anfang der dreißiger Jahre bereitete Isidor Sadger, einer von Freuds Wiener Anhängern vor dem Ersten Weltkrieg, ein Buch über Freud vor; Jones war so entrüstet über einige Deutungen darin, daß er in einem Brief an Federn riet, man solle Sadger (der Jude war) notfalls in ein Konzentrationslager stecken, um sicherzustellen, daß das Buch nicht erschien.[29] (Es wurde niemals veröffentlicht.) Jones nahm später eine bitterböse (aber vielleicht gerechte) Beschreibung Sadgers in seine eigene Biographie auf.*[30] Jones besaß auch eine außergewöhnliche Gabe historischer Vorausschau, und in allen seinen frühen Berichten, Buchbesprechungen und Gedenkworten wahrte er stets die historische Perspektive.

Jones war in besonderem Maße dafür qualifiziert, der offizielle Biograph Freuds zu werden. Eine seiner Hauptinformationsquellen war Anna Freud; da sie all die Jahre die schriftlichen Unterlagen ihres Vaters eifersüchtig gehütet hatte, stand ihr genügend Material zur Verfügung, um alle konkurrierenden Untersuchungen durch die Fülle von Details in den Schatten zu stellen. Aber der Zugang zu diesen Unterlagen bedeutete für Jones zugleich, daß er unter dem Zwang stand, für die Familie seines Helden zu schreiben. Die Engländer und die Amerikaner in der Bewegung waren mit dem Ergebnis der Jones'schen Mühen hoch zufrieden, während die Analytiker auf dem Kontinent die Grenzen, die Jones gesetzt waren, deutlicher wahrnahmen. Außerdem wußte Jones wahrscheinlich mehr über die irrationale Seite Freuds, als er in seiner Biographie zugab. So zählte Jones zum Beispiel in einem früher veröffentlichtem Aufsatz über den »Gottmensch-Komplex« einige für diesen Komplex

---

* 1908 hatte Freud an Jung geschrieben, Sadger sei ein *Fanatiker, ein hereditär mit Orthodoxie Belasteter, der zufällig an die Psychoanalyse glaubt, anstatt an das von Gott auf dem Sinai-Horeb gegebene Gesetz* . . .[31]

charakteristischen Neigungen auf, die er später auch Freud zuschrieb; in Ausführungen über Freud hätte er jedoch nicht gewagt, einen solchen Begriff zu verwenden oder dessen Implikationen zu entwickeln: *eine Neigung zur Distanziertheit. Ein solcher Mann ist nicht wie andere Sterbliche, er ist etwas Besonderes, und eine gewisse Distanz muß zwischen ihm und ihnen gewahrt werden; solche Menschen laden selten Freunde zu sich nach Hause ein, wo sie in einsamer Größe herrschen; ein solcher Mensch ist bestrebt, sich in eine undurchdringliche Wolke von Geheimnis und Verschlossenheit zu hüllen. Selbst die banalsten Informationen über die eigene Person, die für sich zu behalten ein gewöhnlicher Mensch keinen Grund sieht, werden als hoch wichtig empfunden und nur unter Druck preisgegeben; schließlich: In der Regel sind sie Atheisten, und das ist auch ganz natürlich, weil sie die Existenz eines anderen Gottes nicht dulden können.*[32]

Wenn Jones auch von der Erörterung bestimmter Seiten von Freuds Charakter zurückscheute, so war er doch selbständiger und freier denkend als Freuds Anhänger in Wien. Sie hatten meistens keinerlei Interessen außerhalb der Psychoanalyse. Jones war ein sehr guter Schachspieler und Eiskunstläufer (er schrieb sogar ein Buch über den Eislauf). Er sagte selber, daß sein *Beitrag im Komitee hauptsächlich darin [bestand], den Mitgliedern einen weiteren Überblick von der Außenwelt zu geben. Der Wiener Kreis hatte damals in gewissem Sinn einen begrenzten Horizont, ja etwas Provinzlerisches.*[33]

Was den Vorwurf des Antisemitismus gegen Jung betrifft, so sprach Jones von der »stark gefärbten« Meinung Jungs über die Wiener Gruppe um Freud:

Jung hatte mir in Zürich gesagt, es sei sehr schade, daß Freud keine Anhänger von Gewicht in Wien habe und dort von ›degenerierten Bohemiens‹ umgeben sei, die ihm keine Ehre machten ... Ich stellte schon bald fest, daß Jungs Schilderung stark gefärbt war, um es milde auszudrücken ... Ich mußte mich fragen, ob seiner Darstellung etwas anderes zu Grunde lag als simpler Antisemitismus ...

Aber Jones' eigene Schilderung der Wiener Vereinigung, als er zum ersten Male dort hinkam, (nur wenige Seiten nach diesem Angriff auf Jung) ist nicht schmeichelhafter als das Bild, das er Jung zugeschrieben hatte:

Ich war von der Versammlung nicht sehr beeindruckt. Sie erschien mir als eine unwürdige Begleitung zu Freuds Genie, aber im Wien jener Tage, das so voller Vorurteil gegen ihn war, fiel es schwer, einen Schüler zu gewinnen, der einen Ruf zu verlieren hatte, so daß er nehmen mußte, was er bekommen konnte.[34]

Als Analytiker war Jones seinen Patienten gegenüber schroff, fast ritualistisch (vielleicht aus Angst); der Mann, der so treffend schrieb, die psychoanalytische Einsicht entspringe psychischem Leiden, machte sich nicht viel daraus, wenn seine Analysanden ein bißchen litten. Jones hatte als Analytiker eine ziemlich genormte Technik; bei der Schilderung seiner früheren Karriere als Neurologe erklärte Jones, er habe

nicht an der therapeutischen Besessenheit gelitten – dem Glauben, daß die Behandlung Anfang und Ende der Medizin ist –, die so viele schlechte Ärzte hervorbringt und den Fortschritt des medizinischen Wissens aufhält. Im Gegenteil, ich war der Meinung – und bin es noch –, daß die Fragen der Prävention und der Heilung sich von selbst beantworten, wenn wir nur genug über das Wesen der Krankheit und der dabei wirksamen Kräfte wissen.[35]

Obwohl Freud in diesem Punkt Jones zugestimmt hätte, war er doch hinsichtlich der richtigen Behandlungstechnik weniger selbstsicher als Jones.* In bezug auf den Streit mit Jung in München räumte Freud ein, *daß der Einspruch unserer Vertreter – ich glaube, es war in erster Linie E. Jones – allzu schroff und unbedingt ausgefallen ist.*[37]

Die Wiener Anschauung über die psychoanalytische Behandlung war weniger kompromißlos als die von Jones; man müsse dem Patienten nur helfen, mit bestimmten Problemen fertig zu werden, und ihm die Freiheit lassen, im übrigen allein zurechtzukommen. Und bei manchen Symptomen war es nach Freuds Meinung das Beste, wenn man sie nicht anrührte. Ein Gehirnchirurg sprach einmal mit Jones über

ein sehr störendes neurotisches Symptom, das ihn vor jeder seiner großen Gehirnoperationen befiel. Er wollte, ich solle ihn deswegen analysieren, aber das stellte sich als nicht durchführbar heraus. Ich erzählte das Freud nachher, und zu meiner Überraschung sagte er, er hätte in einem solchen Fall nicht zu einer Behandlung geraten: es könnte sich herausstellen, daß die großartigen Leistungen des Chirurgen so eng mit dem neurotischen Symptom zusammenhängen – in gewissem Sinn durch dieses bedingt seien, daß man mit dem einen auch das andere stören würde. Meine eigene Meinung ist, daß ein solches Resultat nur vorübergehend sein könnte.[38]

Jones ging so weit, den Schriftsteller James Joyce als einen hoch pathologischen Fall zu bezeichnen.[39] Er war der Meinung, die Traumanalyse sei *das Zentrum unserer praktischen therapeutischen Arbeit,* und war beeindruckt vom *Wert der Psychoanalyse für die Prophylaxe, indem sie verhindert, daß leichte Fälle jemals zu ernsten werden.*[40] Für die Temperamentsunterschiede zwischen Jones und Freud ist typisch, daß Jones den Antinaturalismus der Religion fürchtete, während Freud mehr vor den Gefahren des wissenschaftlichen Materialismus der Medizin Angst hatte.[41]

---

* Freuds erste Eindrücke von Jones sind in einem Brief an Jung niedergelegt: *Jones ist gewiß ein sehr interessanter und wertvoller Mensch, aber ich habe gegen ihn ein Gefühl, beinahe sagte ich, der Rassenfremdheit. Er ist ein Fanatiker und ißt zu wenig. ›Laßt wohlbeleibte Männer um mich sein‹, sagte Caesar, usw. Er erinnert mich fast an den hageren Cassius. Er leugnet alle Heredität; ich bin ihm schon ein Reaktionär. Wie haben Sie sich nur mit ihm bei Ihrer Mäßigung verstanden?*[36]

Um zu beweisen, wie tolerant Freud sein konnte, machte Jones viel Aufhebens von den angeblich großen theoretischen Meinungsverschiedenheiten zwischen ihm und Freud. Es ist richtig, daß die Aufgeschlossenheit Freuds manchmal Jones erschreckte; eines späten Abends war Freud in so »abergläubischer« Stimmung, daß er sogar über die mögliche Existenz des Allmächtigen sprach. Im ganzen aber fiel es Jones verhältnismäßig leicht, von London aus mit Freud zurechtzukommen; und die Mitglieder des Komitees schrieben einander Rundbriefe. Jones schreibt, Freud habe einmal zu ihm gesagt, *der einfachste Weg, Psychoanalyse zu lernen, sei zu glauben, daß alles, was er schrieb, wahr sei; wenn man es dann verstanden habe, könne man es in jeder gewünschten Weise kritisieren . . .*[42] Es konnte sich jedoch als schwierig herausstellen, aus diesem Anfangszustand des Glaubens herauszukommen, und man kann bei Jones Stellen finden, die ein nahezu wörtliches Echo Freuds darstellen.
Ich war mit Freud in vielen Punkten nicht einig . . ., meinte Jones, aber wenn man seine Aufzählung näher prüft, erscheinen die betreffenden Fragen als solche von geringerer Bedeutung.[43] Die einzige Ausnahme bildet die Unterstützung Melanie Kleins, einer Feindin Anna Freuds, durch Jones. Das einzige Mal, daß sich in Jones' Darstellung seines Verhältnisses zu Freud ein verletzter Ton einschleicht, ist der folgende Passus: *Als Freud vom Tod meines ersten Kindes erfuhr, regte er mich in seinem Kondolenzschreiben zu einer Untersuchung eines Stückes von Shakespeare an, womit er mich zu trösten hoffte.*[44] (Diese Gefühllosigkeit erinnert daran, wie Karl Marx auf den Tod der langjährigen Geliebten von Engels reagierte; Marx schlug Engels vor, er solle zur Förderung der Marxschen Sache weitere Übersetzungen anfertigen – eine Anregung, die das Verhältnis der beiden Männer trübte.)
Als Führer der Britischen Vereinigung war Jones in einer Sache erfolgreich, die Freud besonders am Herzen lag: Er setzte, trotz privater Vorbehalte, die Anerkennung der Laienanalyse in England durch. Im Gegensatz zu der Lage in Amerika, hatte die orthodoxe Analyse in England schon immer einen hohen Prozentsatz von Laienanalytikern. Als in den späten zwanziger Jahren in der Psychoanalyse zum ersten Mal eine breite Diskussion darüber entstand, ob eine medizinische Ausbildung für einen Analytiker notwendig oder anzuraten sei, waren 40 Prozent der Mitglieder der Britischen Vereinigung Nichtärzte. Aber, schrieb Jones, *wir folgten Freuds extremer Haltung keineswegs und rieten angehenden Psychoanalytikern nicht vom Studium der Medizin ab.* Es trifft nicht zu, daß Freud die ihm von Jones zugeschriebene Haltung einnahm; Jones jedoch schien es, seine Auffassung in dieser Angelegenheit *genügte Freud, um mich ebenso als Opponent anzusehen, wie wenn ich überhaupt allgemein gegen die Laienanalyse gewesen wäre . . . Gemäßigte Haltungen . . . konnte er nie verstehen.*[45]
Früher, als er noch in Toronto lebte, reiste Jones in Amerika herum, sprach auf Versammlungen und sammelte und organisierte Anhänger und Unterstützung für die Psychoanalyse; neben seinen Leistungen in England förderte Jones die Sache der Psychoanalyse also auch in dem Land, das schließlich zum größten Sammelpunkt der

Analytiker in der ganzen Welt wurde. Obwohl Jones die antiamerikanischen Vorurteile der Europäer seiner Zeit teilte, half er mit, die Bewegung zusammenzuhalten. Denn in den zwanziger Jahren bestand die ernsthafte Gefahr, daß es wegen der Frage der Laienanalyse zu einer Spaltung zwischen Europa und Amerika kam. Der Streit ging unaufhörlich weiter, von Kongreß zu Kongreß, da die Amerikaner gegen jede Einschränkung des Medizinermonopols in der Analyse in ihrem Land kämpften. Jones war ein guter Verhandlungsleiter und hatte Sympathien für die besonderen Forderungen der einzelnen Mitgliedvereine in der Internationalen Psychoanalytischen Vereinigung, deren Präsident er von 1920 bis 1924 und von 1932 bis 1949 war.

7.6. Ernest Jones und Sandor Ferenczi: Rivalität

In der Zeit kurz vor dem Ersten Weltkrieg, als Jones noch in Kanada lebte und als Junggeselle ungebunden reisen konnte, stand er in engem persönlichen Kontakt mit Freud. Bei Kriegsausbruch war er wieder in England, und als der Krieg zu Ende war, heiratete er und wurde zum Oberhaupt der schnell größer werdenden Britischen Vereinigung. Von den frühen psychoanalytischen Pionieren führte keiner ein konventionelles Privatleben, und Jones bildete keine Ausnahme. In Toronto zahlte Jones einer Erpresserin (einer früheren Patientin) fünfhundert Dollar, um zu verhindern, daß sie ihn öffentlich der Verführung bezichtigte; Jones war wahrscheinlich unschuldig, fühlte sich jedoch in seiner beruflichen Position zu unsicher, so daß er glaubte, er könne es sich nicht leisten, das Geld nicht zu bezahlen.*[1]

Bevor er nach Kanada ging, hatte Jones Loe Kann kennengelernt, eine junge Holländerin (sie war Jüdin), und sieben Jahre lang waren sie »eng miteinander verbunden«. Nach der Schilderung von Jones in seiner Autobiographie war sie ein Mensch mit einem außerordentlich lauteren Charakter, und er *gewöhnte sich daran, mit ihr die Wohnung zu teilen . . .*[3] Bedauerlicherweise litt Loe an einer Nierenerkrankung, die Operationen erforderlich machte. *Gegen die Schmerzen nahm sie zweimal täglich Morphium und daraus entstand eine schwere Drogensucht. In jenen Tagen unterlag*

---

* In London war Jones von zwei Kindern beschuldigt worden, er habe sich *während des Sprachtests, den ich mit ihnen durchführte, unanständig verhalten . . .*; er war tatsächlich eine Nacht lang in Haft, aber der Richter stellte schließlich das Verfahren ein. Später jedoch prahlte ein zehnjähriges Mädchen, mit dem Jones ein klinisches Gespräch geführt hatte, *anderen Kindern auf der Station gegenüber damit, der Doktor habe mit ihr über sexuelle Dinge geredet . . .*; Jones mußte seine Stellung aufgeben.[2] Noch einen weiteren Skandal dieser Art hätte seine Karriere kaum ertragen.

*der Verkauf solcher Drogen an das Publikum noch keinerlei Einschränkungen.*⁴ Ihr körperlicher wie seelischer Zustand verschlechterte sich in Kanada, wohin sie Jones begleitet hatte, so sehr, daß sie eine Zeitlang *nur selten das Bett verließ. So beschloß sie 1912, nach Wien zu gehen und ihr Schicksal in die Hände Professor Freuds zu legen.*⁵

Jones begleitete Loe nach Wien und blieb dort einige Zeit bei ihr. *Zwei oder drei Abende pro Woche verbrachten wir allein mit Freud zusammen.* Jones schreibt:

*Er hatte eine Zuneigung zu mir gefaßt und wollte sich offenbar einem Menschen gegenüber aussprechen, der nicht zu seinem Milieu gehörte. Er war ein glänzender Redner, und wir unterhielten uns über alle möglichen Themen aus der Philosophie, der Soziologie und vor allem der Psychologie. Mehr als einmal mußte ich mir den Vorwurf machen, zugelassen zu haben, daß er die Unterhaltung bis drei Uhr morgens fortsetzte, wo ich doch wußte, daß sein erster Patient schon um 8 Uhr kommen würde. Das waren die Tage, in denen ich Freud gut kennenlernte, sein furchtloses Denken, die absolute Lauterkeit seines Geistes und seines Charakters und seine persönliche Liebenswürdigkeit.*⁶

Wie bei anderen Neubekehrten war es auch bei Jones nicht der persönliche Einfluß Freuds, der ihn zuerst zur psychoanalytischen Bewegung hinzog; manche, wie zum Beispiel Stekel, kamen als dankbare frühere Patienten, während bei anderen, wie bei Jones, das Motiv darin lag, daß die Ideen Freuds ihrem wissenschaftlichen Forschen Sinn und Bedeutung gaben.

Als Freud im September 1912 aus dem Urlaub zurückkam, entschied er, es sei für Loe am besten, wenn Jones während ihrer Analyse nicht in Wien blieb. (In Jones' Autobiographie wird sie diskreterweise einfach Loe genannt, während sie in seiner Freudbiographie als Loe Kann erscheint, eine Patientin Freuds und eine Frau von einer gewissen Bedeutung in seinem Leben – ohne daß ihre enge Beziehung zu Jones erwähnt wird.) Jones kam im Mai 1913 nach Wien zurück; er hatte die Absicht, wieder in London zu praktizieren. Freuds Behandlung Loes hatte zum Ergebnis, daß Jones und sie beschlossen, sich zu trennen, *wonach wir beide uns glücklich verheirateten.*⁷

Damals gab Freud Jones den Rat, seine zeitweilige Freiheit von beruflichen Bindungen dazu zu benützen, sich analysieren zu lassen. Jones zufolge hatte diese Empfehlung nichts mit dem zu tun, was einem außenstehenden Beobachter naheliegend erscheinen könnte – Loes Analyse und Freuds größerer Vertrautheit mit Jones eben durch Loe. Für Jones hing Freuds Vorschlag mit seinem Entschluß zusammen, Jones als Nachfolger Jungs zu empfehlen. *Und das war vielleicht der Grund, warum er mir in jenem Frühling anriet, mich einer Lehranalyse zu unterziehen.*⁸

Als den geeigneten Analytiker empfahl Freud einen anderen Junggesellen, Sandor Ferenczi (1873–1933).

Meine Analyse war, wie mein übriges Leben, intensiv. Ich verbrachte in jenem Sommer und Herbst zweimal täglich eine Stunde in Analyse und habe sehr großen Vorteil aus ihr gezogen. Sie führte zu einer viel größeren inneren Harmonie mit mir selbst und gab mir einen unersetzlichen Einblick der direktesten Art in die Verhaltensweisen der unbewußten Psyche; und es war überaus lehrreich, dies mit dem mehr intellektuellem Wissen zu vergleichen, das ich bisher besessen hatte.[9]

Jones behauptete, er sei der erste Psychoanalytiker gewesen, der sich zu Ausbildungszwecken einer Analyse unterzog. Therapeutische Analyse und Lehranalyse sind nur durch eine dünne Linie getrennt; das galt vor allem in jenen Tagen. Theoretisch sucht die Lehranalyse den Patienten für den Beruf des Psychoanalytikers vorzubereiten, während die Behandlungsanalyse das Ziel hat, psychisches Leiden zu beheben. Schon früher waren Patienten Freuds (Stekel und Ludwig Jekels) Psychoanalytiker geworden. Und vor dem Ersten Weltkrieg kam es ab und zu vor, daß Freud jungen Medizinstudenten, die vor dem Abschluß standen und sich ernsthaft für Psychoanalyse interessierten, empfahl, sich analysieren zu lassen. Jung hatte bereits angeregt, daß alle künftigen Analytiker sich einer Analyse unterziehen sollten.

Jones muß einer der ersten der prominenten frühen Analytiker gewesen sein, der sich analysieren ließ; von dem ursprünglichen Komitee hatte sich nur Sandor Ferenczi einer Analyse unterzogen, allerdings bei Freud und nur für jeweils wenige Wochen 1914 und 1916. Nach den wenigen Monaten, die Jones bei Ferenczi In Budapest in Analyse gewesen war, kehrte er im Herbst 1913 nach London zurück. Im Juni 1914 fuhren Freud und Otto Rank nach Budapest, um an der Hochzeit Loe Kanns mit einem Mann namens Herbert Jones teilzunehmen. Jones zufolge war das *die eine von den beiden Hochzeiten . . ., an der Freud außerhalb des engen Familienkreises teilnahm.*[10] (Wie die Heirat der Brunswicks endete auch diese mit einer Scheidung.) Die vier Monate, die Jones bei Ferenczi in Analyse verbrachte, hatten für das künftige historische Bild des Ungarn recht negative Folgen. Denn Jones braute eine so ungewöhnliche Darstellung der letzten Jahre Ferenczis zusammen, daß man versucht ist, der Meinung von James Strachey und Edward Glover zuzustimmen, die behauptet haben, Jones habe es Ferenczi nie vergeben, daß er sein Analytiker gewesen war.[11] Vielleicht gingen Jones' feindselige Gefühle in dieser Beziehung auch darauf zurück, daß er auf Ferenczis größere Nähe zu Freud eifersüchtig war, sowie darauf, daß Freud Ferenczi analysiert hatte, nicht aber Jones. Freilich schilderte Jones manchmal Ferenczi in dessen bester Verfassung in einer Weise, die mit anderen Berichten über ihn zusammenpaßt und erklärt, warum er zu einem besonders bevorzugten Schüler Freuds wurde:

Er war eine sehr liebenswürdige Persönlichkeit, die viel von der Einfachheit und noch mehr von der Phantasie des Kindes bewahrte: Ich habe nie jemanden gekannt, der es besser verstand, die Anschauungsweise eines jungen Kindes in Sprache und Geste hervorzuzaubern . . . Er besaß eine sehr scharfe und unmittelbar intuitive Wahrnehmung, die mit dem höchstmöglichen Maß angeborener Redlichkeit gut zusammenging . . . Seine Ideen waren viel zu zahlreich, als daß mehr als ein kleiner Teil von ihnen in seine Schriften einging, so daß man diese Eigenschaft nur aus wiederholten Gesprächen mit ihm voll würdigen konnte . . . ein knabenhafter, liebenswerter Mensch, reich an Vitalität und Lebenslust, einfach, unmittelbar und aufrichtig bis ins Letzte, funkelnd von interessanten Gedanken, die zumeist für den Augenblick versprüht wurden, und mit einem scharfen Blick für die Gedanken und Motive anderer Menschen. Dies war, als ich zuerst mit ihm zu tun hatte, vor der unglücklichen Degenerierung, die etwa zwanzig Jahre später einsetzte . . . Wie wohl bekannt ist, begann eine sehr tief liegende Schicht psychischer Störung einige Jahre, bevor er starb, sich peinlich bemerkbar zu machen, weitgehend im Zusammenhang mit der organischen Krankheit, an der er litt, und sein Charakter veränderte sich in vieler Hinsicht.[12]

Nach der Darstellung aller, die Ferenczi während seiner letzten Jahre gut kannten, und im Gegensatz zu dem, was Jones »wohl bekannt« nennt, ist die Vorstellung einer »unglücklichen Degenerierung« und »einer sehr tief liegenden Schicht psychischer Störung« reine Erfindung.

Viele sind der Meinung, Ferenczi sei der Warmherzigste, Menschlichste und Empfindsamste in der frühen psychoanalytischen Gruppe gewesen. Untersetzt und lebhaft, poetisch und unegoistisch, voller Interesse für andere Menschen und stets hilfsbereit, war Ferenczi ein bezaubernder und phantasievoller Mensch. Er hatte die Fähigkeit, kühne neue Gedanken zu fassen, ohne sicher zu sein, daß er wirklich an sie glaubte. Er heiratete erst im März 1919, als er Mitte Vierzig war; die Erfüllung seiner langen Werbung (achtzehn Jahre) war schon seit einiger Zeit von Freud befürwortet worden, obwohl die Frau viel älter als Ferenczi, verheiratet und Mutter zweier Töchter war. Später schenkte Freud Gisela Ferenczi einen der begehrten Ringe; Jung gegenüber bezeichnete er sie einmal als *volle Mitwisserin und Anhängerin.*[13] Wie Ferenczi selber, war sie gütig und sentimental; trotzdem ließ sie sich von ihrem Mann scheiden, um diese neue Ehe einzugehen. Ihr erster Mann war ein weicher, melancholischer Mann gewesen, der unglücklicherweise taub war und deshalb große Schwierigkeiten hatte, mit anderen Menschen in Kommunikation zu treten.

Am gleichen Tag, als Ferenczi seine Frau heiratete, starb ihr erster Mann (manche sagten, es sei Selbstmord gewesen, während andere behaupten, er sei einem Herzanfall erlegen[14]). Sie hatte beschlossen, sich nicht scheiden zu lassen, bevor ihre beiden Mädchen verheiratet waren. Die eine Tochter (Magda) heiratete einen jüngeren Bruder Ferenczis, die andere (Elma) einen Amerikaner. Im Jahre 1907 oder 1908 hatte Ferenczi, damals praktischer Arzt, es arrangiert, daß Elma zu Freud in Analyse ging, die drei Monate dauerte. Elma und Freud kamen gut miteinander aus; sie erinnerte sich an ihre Analyse als angenehm und nicht aufwühlend, hatte aber trotzdem das Gefühl, daß sie als ein anderer Mensch nach Ungarn zurückkam.

Die Analyse Elmas hatte Ferenczi zu Beginn seiner eigenen Bekanntschaft mit Freud in die Wege geleitet. Sie muß für ihn wichtig gewesen sein, über das Interesse hinaus, das er für sie als der Tochter der Frau, die er liebte, hatte. In einem Brief aus dem Jahre 1957 versicherte Jones Ferenczis literarischem Nachlaßverwalter Michael Balint, die Freudbiographie vermeide es, Ferenczis Privatleben, seine Beziehung zu Gisela und sein vertrautes Verhältnis zu Elma zu erörtern.[15] Vielleicht glaubte Jones gerade deshalb, es sich herausnehmen zu können, über Ferenczis letzte Krankheit und seine »psychische Störung« sagen zu können, was er wollte, weil Balint (der Ferenczis Ring geerbt hatte) wußte, daß Jones Einblick in unveröffentlichtes Material über Ferenczis frühere Jahre hatte.

Freud schrieb an Ferenczi mehr Briefe – ungefähr 2500 – als an irgendeinen anderen Menschen. (Jones zum Beispiel empfing ungefähr 400.) Falls Ferenczi wirklich eine Zeitlang ernsthaft in die Tochter seiner zukünftigen Frau verliebt gewesen sein sollte, hätte Freud ihm ein solches »irreguläres« Verhalten nicht übelgenommen. Während Freud in einem Brief an Ferenczi die wundervollen Briefe von Jones, *voller Siege und Kämpfe*[16] gerühmt hatte, war es bei Ferenczi selbst dessen *liebenswerte Persönlichkeit*, die ihm die Zuneigung Freuds verschaffte.[17] Wenn man Menschen gegenüber, die Ferenczi kannten, seinen Namen erwähnte, leuchteten ihre Gesichter immer noch auf. Wie Jones, vielleicht in geheimer Eifersucht, verstand, wurde Freud von Ferenczis Vitalität, Lebhaftigkeit und vor allem von seiner ungehemmten Phantasie angezogen.[18] Freud bevorzugte Menschen, die einen brillanten, aber nicht übermäßig systematischen Geist hatten.

Jones wußte auch, wie stark Freud auf Ferenczis offenherziges Gemüt reagierte: *Was wir zu Gesicht bekamen, war der sonnige, gütige, anregende Führer und Freund ... Mit seiner offenen, kindlichen Natur, seinen inneren Schwierigkeiten und seiner übersprudelnden Natur wirkte Ferenczi auf Freud sehr anziehend. Er war in vieler Hinsicht ein Mann nach seinem Herzen,*[19] Freud schrieb einmal, es dränge sich einem der Wunsch auf, Abrahams Klarheit und Genauigkeit mit Ferenczis Gaben vereinen und dann noch Jones' unermüdliche Feder hinzufügen zu können.[20]

Ferenczi veröffentlichte zwar Kritiken an der Häresie Jungs (und später an der Otto Ranks) und glaubte mit den anderen fest daran, daß *das Wissen um die Wahrheit ... uns für manches, was man sonst entbehren muß, auch für viele Leiden, entschädigen* [kann].[21] Aber Ferenczi identifizierte sich (jedenfalls mehr als Jones) mit jener Seite Freuds, die unfruchtbare öffentliche Diskussionen der Psychoanalyse vermeiden wollte.[22] Ferenczis großmütige Natur, seine psychologische Intuition und seine Fähigkeit, (innerhalb der Welt Freuds) neue Ideen zu entwickeln, waren der Ursprung der tiefen Zuneigung, die Freud für ihn empfand. In einem Artikel zu seinem 50. Geburtstag rühmte Freud an Ferenczi *seine Originalität, seinen Gedankenreichtum und seine Verfügung über eine wohlgeleitete wissenschaftliche Phantasie* und bemerkte:

Seine Freunde [wissen], *daß Ferenczi noch mehr für sich behalten hat, als er sich mitzuteilen entschließen konnte.*²³
Ferenczi spielt eine bedeutsame Rolle in den *äußeren Geschäften*²⁴ der Psychoanalyse, wie Freud sie nannte. In seiner Schrift *Zur Geschichte der psychoanalytischen Bewegung* führte Freud nur einen einzigen ungarischen Mitarbeiter an, eben Ferenczi, *aber einen solchen, der wohl einen Verein aufwiegt.*²⁵ Die erste Versammlung der ungarischen psychoanalytischen Vereinigung war 1913 abgehalten worden, mit Ferenczi als Vorsitzendem; unter seiner Leitung wurde sie nach Freuds Meinung zu *einer Stätte intensiver und fruchtbringender Arbeit und glänzte durch eine Häufung von Begabungen, wie sie sich an keinem anderen Orte zusammengefunden hatten.*²⁶
Auf dem Analytikerkongreß in Budapest im Jahre 1918 wurde Ferenczi zum Präsidenten der Internationalen Psychoanalytischen Vereinigung gewählt.
Der Empfang, den die Stadt Budapest den versammelten Analytikern 1918 gab, war ein Meilenstein in der Geschichte der Psychoanalyse. Der Erste Weltkrieg (wie später auch der Zweite) regte das Interesse der Psychiatrie an psychoanalytischen Konzeptionen an; denn emotionale Probleme, welche Soldaten an der Erfüllung ihrer Pflichten hinderten, die »Kriegsneurosen«, waren für die militärischen Führungsstellen zu einem Problem geworden. Der Budapester Kongreß markierte einen Wendepunkt für die Bewegung Freuds. Ferenczi hatte kurze Zeit (von März bis August 1919) einen Lehrauftrag für Psychoanalyse in Budapest, den ersten an einer Universität.
Freud machte sich Hoffnungen, in Budapest zu erreichen, was ihm seinerzeit in Zürich mißlungen war, die *analytische Hauptstadt Europas*²⁷ außerhalb Wiens zu errichten und damit die Fortdauer der Psychoanalyse nach seinem Tod zu sichern. (1939, in London, beglückwünschte er Jones dazu, daß *die Ereignisse der letzten Jahre ... es gefügt* [haben], *daß London Hauptort und Mittelpunkt der psychoanalytischen Bewegung geworden ist.*²⁸ Aber nicht nur wurde Ungarn durch politische Schwierigkeiten von der übrigen Welt schon bald isoliert (worauf Ferenczi als Präsident der Internationalen Vereinigung zurücktrat und diesen Posten an Jones in London übergab), sondern noch ein weiterer Schlag traf die Psychoanalyse durch den Tod von Anton von Freund, eines wohlhabenden Ungarn, auf dessen finanzielle Unterstützung Freud bisher zählen konnte und den Ferenczi 1918 zum Geschäftsführer der Vereinigung ernannt hatte; von Freund starb im Januar 1920. Während des Krieges hatte von Freund der Stadt Budapest eine Summe im Gegenwert von 300 000 Dollar (nach dem Vorkriegswechselkurs) zur Errichtung eines psychoanalytischen Institutes geschenkt,

*in dem die Analyse gepflegt, gelehrt und dem Volke zugänglich gemacht werden sollte. Es bestand die Absicht, daselbst in größerer Zahl Ärzte zur psychoanalytischen Praxis auszubilden, die dann von der Anstalt für die Behandlung der armen Neurotiker aus dem Ambulatorium zu honorieren wären. Außerdem wäre das Institut ein Mittelpunkt für die wissenschaftliche Fortbildung in der Analyse geworden.*²⁹

Mit einer »verhältnismäßig kleineren Summe«, die Freud von Anton von Freund erhalten hatte, wurde schließlich in Wien der Internationale Psychoanalytische Verlag gegründet; diese Schenkung, wie auch die frühere, machte dann jedoch wegen der politischen Schwierigkeiten, das Geld aus Ungarn herauszubekommen, und wegen der allgemeinen Inflation einen geringeren Betrag aus als erwartet.

In dieser Zeit neigte Freud dazu, vor allem Ungarn in Analyse zu nehmen (die als noch temperamentvoller und extravertierter galten als die Wiener); so analysierte er außer Ferenczi und von Freund auch Istvan Hollos (der später fünf Jahre lang psychotisch war, bevor er dann starb) und Elisabeth Rado-Revesz, die beide Analytiker wurden. Von Freund war ein wohlhabender Brauereibesitzer mit philanthropischen Neigungen, außerdem Doktor der Philosophie. Er war ein charmanter, allgemein beliebter Mann, dessen Privatleben leider von schweren Schicksalsschlägen und Verwirrungen heimgesucht war (seine erste Frau nahm sich das Leben, seine Tochter war gestört, und während seiner zweiten Ehe hatte er eine ständige Geliebte, der er auch Geld hinterließ). Von Freund erkrankte an Krebs, erholte sich zunächst wieder und starb dann fast zur gleichen Zeit wie Freuds Tochter Sophie. *Ich weiß nicht, um wen ich jetzt mehr trauere, um Toni oder unsere Sophie*, bemerkte Freud zu von Freunds Schwester Kata Levy, die er dann kurze Zeit in Analyse nahm (kostenlos).[30]

Kata Levy war mit einem Arzt verheiratet, Lajos Levy, einem der Gründungsmitglieder der Ungarischen Psychoanalytischen Vereinigung, bei dem Freud sich gelegentlich medizinischen Rat holte; sie war von Freud während dessen Aufenthalt in Budapest kurz analysiert worden und wurde dann Laienanalytikerin; nachdem sie Ende des Zweiten Weltkriegs ihr Vermögen verloren hatte, zog sie nach London, wo sie in einem Haus wohnte, das an Anna Freuds Garten anstieß. Freud überredete eine seiner Schwiegertöchter, ihren Sohn nach Katas Bruder Anton zu nennen, und das gleiche tat zumindest ein Ehepaar unter seinen treuen Anhängern, nämlich Ernst und Marianne Kris.

So viel Budapest als ein Zentrum der Psychoanalyse für Freud bedeutete, persönlich am wichtigsten war für ihn Ferenczi selbst. In der Regel war Freud zwischen seinem Verlangen nach Anerkennung und seinem Bedürfnis, sich abzuschließen, hin und her gerissen. Ferenczi jedoch war (neben Freuds Schwägerin Minna) Freuds bevorzugter Reisegefährte; die beiden Männer machten öfters zusammen Urlaubsreisen nach Italien. In seinen vielen Briefen an Ferenczi schrieb Freud regelmäßig über seinen Gesundheitszustand (Ferenczi hatte seine eigenen hypochondrischen Ängste), was er anderen Mitgliedern des Komitees gegenüber nicht getan hätte.[31] Außer Ferenczi empfing Freud selten Gäste aus dem Ausland, und einmal äußerte er, er wünschte, Ferenczi hätte seine älteste Tochter Mathilda geheiratet.[32] Im Jahre 1926 bot Ferenczi sogar an, nach Wien zu kommen und Freud zu analysieren; es ist ein Zeichen dafür, wie gut das Verhältnis der beiden war, daß Freud von diesem Vorschlag gerührt war, anstatt gekränkt zu sein.[33]

Freud schickte seine neuen Manuskripte an Ferenczi (wie früher manchmal an Abraham), damit dieser sie lesen und seine Ansichten darüber mitteilen sollte. Er schätzte Ferenczis wissenschaftliche Arbeit ebensohoch ein wie die Abrahams; in seinem Nachruf auf Abraham von 1926 schrieb er über Ferenczis speziellen Beitrag: *Unter allen, die mir auf die dunklen Wege der psychoanalytischen Arbeit gefolgt waren, erwarb er [Abraham] eine so hervorragende Stellung, daß nur noch ein Name neben seinem genannt werden konnte.*[34] In seinem Nachruf von 1933 erklärte Freud, Ferenczis Schriften hätten *alle Analytiker zu seinen Schülern* gemacht.[35]

7.7. Sandor Ferenczi: Technik und literarisches Opfer

Trotz aller Rivalitäten zwischen Ferenczi und Abraham oder zwischen Ferenczi und Jones dürfen doch die Elemente einer byzantinischen Politik in der Geschichte der psychoanalytischen Bewegung Ferenczis Hauptleistung nicht verdunkeln: Die Entwicklung einer neuen Konzeption der Psyche. Aber wenn Ferenczi auch als Theoretiker nicht weniger begabt war als irgendeiner unter den Schülern Freuds (so entwickelte er eine »bioanalytische« Theorie der Genitalität[1]), so galt sein Hauptinteresse doch der Behandlungstechnik. Wie Freud in seinem Nachruf auf Ferenczi schrieb, habe *ein einziges Problem sein Interesse mit Beschlag belegt ... Das Bedürfnis zu heilen und zu helfen war in ihm übermächtig geworden.* Freud hatte seinen Schülern immer geraten, ihre Energien zu konzentrieren, aber Ferenczi hatte sich nach Freuds Meinung *wahrscheinlich ... Ziele gesetzt, die mit unseren therapeutischen Mitteln heute überhaupt nicht zu erreichen sind.*[2] Ferenczi neigte dazu, mit der »klassischen« psychoanalytischen Technik zu improvisieren und sie zu verbessern, und es stand nur im Einklang mit seinem impulsiven ungarischen Temperament, daß seine Veränderungen in Richtung einer »Auflockerung« der strengeren Freudschen Empfehlungen durch eine »elastische Handhabung« gingen. Wo Freud gegenüber der Regression eines Patienten in der Behandlung häufig intolerant war, stand Ferenczi einem solchen Infantilismus argloser gegenüber. Ferenczi hatte die Fähigkeit, dem Patienten auf halbem Wege entgegenzukommen, aus der therapeutischen Beziehung eine echte interpersonale Begegnung zu machen.

Eifrig bestrebt, die eigene Persönlichkeit um eines therapeutischen Gewinns willen einzusetzen, kam Ferenczi allmählich zu der Überzeugung, es sei die Aufgabe des Analytikers, die Fehler einer überstrengen Erziehung bei seinem Patienten zu korrigieren. Es gebe keine bösen Kinder, behauptete er, sondern nur unzulängliche Eltern, während Freud seine anfängliche Fixierung auf die Umwelt (den Glauben an die Verführung von seiten eines Elternteils) zugunsten der Auffassung aufgegeben hatte, es sei der Kampf des Kindes mit Triebproblemen, der zu den späteren neurotischen Schwierigkeiten führe.[3] Vielleicht aufgrund seiner eigenen Kinderlosigkeit übernahm Ferenczi sehr bereitwillig die Rolle des helfenden Vaters bzw. der helfenden Mutter.[4] (Man kann lediglich darüber spekulieren, welche Rolle hier Ferenczis Verhältnis zu Giselas Tochter Elma gespielt haben mag. Freud faßte Ferenczis endgültige Position, zu der dieser kurz vor seinem Tod im Jahre 1933 gelangt war, dahin zusammen, *daß man bei den Kranken weit mehr ausrichten könnte, wenn man ihnen genug von der Liebe gäbe, nach der sie sich als Kinder gesehnt hatten.*[5]

Ferenczis Gedanken über die Behandlungstechnik entwickelten sich über eine Reihe von Jahren, und erst am Ende seines Lebens ergaben sich ernste Schwierigkeiten zwischen ihm und Freud. Ferenczi hatte 1923 in Zusammenarbeit mit Otto Rank, dem Lieblingsschüler Freuds in Wien und engem Freund Ferenczis, *Die Entwicklung der Psychoanalyse* veröffentlicht. Freud wußte von dem bevorstehenden Erscheinen des Buches und hatte eine ungefähre Vorstellung von seinem Inhalt, im Gegensatz zu den anderen Mitgliedern des Komitees; mit der Unterstützung Freuds brauchten sich Ferenczi und Rank kaum Gedanken darüber zu machen, was die übrigen Mitglieder des Komitees denken würden. Sie waren aber doch zu wenig vorsichtig gewesen, denn für Jones enthüllte das Buch *sofort den Samen abweichender Tendenzen.*[6]

Nach der Darstellung von Ferenczi und Rank hatte sich die Psychoanalyse von einer Therapie zu einer Wissenschaft und sogar zu einer Lebenseinstellung entwickelt. Sie befürchteten jedoch, daß sie in der einen oder anderen Phase steckenbleiben könnte und sich dann nicht mehr mit der Erfahrung weiterentwickeln würde.[7] Ferenczi und Rank betonten die Bedeutung der gegenwärtigen Realitäten bei der Behandlung, sie strebten eine Abkürzung der Behandlung an und unterstrichen die Interkommunikation zwischen Patient und Analytiker. Um therapeutisch erfolgreich zu sein, meinten sie, müsse eine Analyse mehr sein als nur eine verstandesmäßige Rekonstruktion der frühen Kindheitsjahre des Patienten; sie müsse auch ein echtes emotionales Neuerleben sein. Man könnte versucht sein, sich zu fragen, ob die bisherigen Heilanalysen nicht zu ›didaktisch‹ gewesen seien, während die sogenannten Lehranalysen weniger Analyse als Theorie lehrten.[8] Aber jede Verbesserung der Technik verlange, wie Ferenczi besonders hervorhob, mehr »Aktivität« und innere Teilnahme auf seiten des Analytikers, als das bisher ausdrücklich sanktioniert war. Bei Abraham regte sich, wie bei Jones, der Verdacht der Häresie, und er warnte Freud vor einem Wiederaufleben der Ideen Jungs in neuer Gestalt. Freud erzählte Rank von Abrahams Verdacht, Rank seinerseits teilte es Ferenczi mit, und *es ist schwer zu sagen, wer von beiden wütender wurde.*[9]

Freud fand das Buch nicht ganz nach seinem Geschmack, und Ferenczi war durch die von Freud geäußerten Vorbehalte niedergeschmettert. Am 4. Februar 1924 schrieb Freud an Ferenczi, um ihn zu beruhigen:

Was nun Ihre Bemühungen betrifft, durchwegs im Einklang mit mir zu bleiben, so schätze ich es hoch, als Ausdruck Ihrer Freundschaft, finde dies Ziel aber weder notwendig noch leicht erreichbar. Ich weiß, daß ich schwer zugänglich bin und mit fremden Gedanken, die nicht ganz auf meinem Weg liegen, zunächst nichts anfangen kann. Es braucht eine ganze Weile, bis ich ein Urteil darüber habe, unterdes muß ich mein Urteil in suspenso halten. Wollten Sie jedesmal so lange warten, so wäre es mit Ihrer Produktion zu Ende. So geht es also nicht. Daß Sie oder Rank bei Ihren selbständigen Ausflügen jemals den Boden der Analyse verlassen, scheint mir doch ausgeschlossen. Warum sollten Sie also nicht das Recht haben, zu versuchen, ob etwas nicht anders geht, als ich gemeint habe? Haben Sie sich dabei verirrt, so werden Sie es selbst einmal merken, oder ich werde mir die Freiheit nehmen, es Ihnen zu sagen, sobald ich es selbst sicher weiss.[10]

Da zu jener Zeit auch Rank seine neuen Ideen über das Geburtstrauma vorbrachte, schrieb Freud an die anderen Mitglieder des Komitees einen offiziellen Brief – um seine eigenen Gedanken zu klären und sie über die Gefahr etwaiger weiterer »Abweichungen« von der Psychoanalyse zu beruhigen. Freud räumte erneut ein: *Ich finde nicht leicht den Zugang zu anderen Denkweisen und mache es mir zur Regel, zu warten, bis ich irgendeine Beziehung zu meinen eigenen verschlungenen Wegen gefunden habe. Wollten Sie also bei jeder neuen Idee warten, bis ich sie mir angeeignet habe, müßten Sie damit rechnen, hübsch alt zu werden.*[11] Freud hielt die technischen Anregungen von Ferenczi und Rank als »Experimente« für »durchaus gerechtfertigt«. Man werde ja sehen, was dabei herauskomme. *In jedem Fall müssen wir uns hüten, schon am Anfang ein solches Unternehmen als ketzerisch zu verurteilen.* Freud hatte seine Bedenken, vor allem weil Ferenczis aktive Therapie in den Händen von »ehrgeizigen Anfängern« zu einem oberflächlichen Verständnis führen könne und deshalb eine riskante Versuchung darstelle.

Natürlich werde ich mich vor der Erfahrung beugen. Ich persönlich werde weiter ›klassische‹ Analysen machen, erstens, weil ich kaum Kranke, sondern nur Lehrkandidaten nehme, für die es wichtig ist, so weitgehend wie möglich ihre inneren Vorgänge zu durchleben – man kann bei Lehranalysen nicht ganz so verfahren wie bei therapeutischen Analysen – und zweitens, weil ich der Meinung bin, daß wir immer noch sehr viel zu erforschen haben und uns noch nicht, wie es bei Kurzanalysen nötig ist, nur auf unsere Prämissen verlassen können.[12]

Während Otto Rank sich allmählich aus Freuds Welt entfernte, hielt Ferenczi Freud die Treue. Im Jahre 1926 erhielt Ferenczi eine Einladung nach New York zu Vorträgen an der New School for Social Research; er und seine Frau blieben acht Monate, und sein Kurs an der New School trug viel dazu bei, daß das Interesse an der Psychoanalyse in Amerika wuchs. Ferenczi hielt ferner Seminare über Behandlungstechnik für Mitglieder der New Yorker psychoanalytischen Vereinigung und der American Psychoanalytic Association ab und führte auch einige Analysen durch. Viele der ansässigen Analytiker waren über den Besuch Ferenczis unglücklich, weil er Freuds eigene Position zugunsten der Ausbildung von Laienanalytikern in vollem Umfang teilte. Freud hatte die Lehrtätigkeit Ferenczis an der New School gebilligt, obwohl Jones Ferenczi aus einer »intuitiven Ahnung« davor gewarnt hatte, nach Amerika zu gehen. Nach der Darstellung von Jones war Ferenczi *nach jenem Besuch ... nie mehr derselbe, wenn es auch noch vier oder fünf Jahre dauerte, bis Freud die Veränderung in seiner Verfassung deutlich erkannte*.[13]

Freud hatte Jahre hindurch versucht, Ferenczi von allzugroßer Abhängigkeit von ihm abzuhalten, aber nach Ferenczis Rückkehr aus New York

zürnte ihm [Freud], daß er zuerst drei Monate in Europa verbracht hatte und nicht früher zu ihm gekommen war. Er hatte den Verdacht, daß sich darin eine Emanzipationstendenz abzeichne (Emanzipation von Freud oder von der Analyse oder, wie es sich dann zeigte, von beidem.) ›*Wenn man alt genug wird, hat man endlich alle gegen sich.*‹ *Er fand Ferenczi seit seinem Besuch in Amerika deutlich reserviert*.[14]

Trotz allem Widerstand Freuds gegen Einflüsse von außen, beeinflußte Ferenczi ihn doch in starkem Maße; zum Beispiel waren beide Männer gleichermaßen von der Möglichkeit der Telepathie und der Gedankenübertragung fasziniert. Im Jahre 1930 beklagte sich Ferenczi Freud gegenüber jedoch, daß dieser während der Analyse Ferenczis im Ersten Weltkrieg nicht nach Anzeichen einer verdrängten Feindseligkeit gegen Freud geforscht habe.[15] Diese Klage mag vielleicht kindisch erscheinen, aber es traf zu, daß Freud die Ambivalenz seiner Anhänger ihm gegenüber soweit wie möglich zu bagatellisieren versucht hatte. Ferenczi war ein Meister der analytischen Technik, und Freud brachte nach Ferenczis Tod dieses spezielle technische Problem in einer Abhandlung zur Sprache. Freud räumte ein, daß es *bei der Enge des Horizonts in jener Frühzeit der Analyse nicht ausgeschlossen wäre*, daß er *die Möglichkeiten einer negativen Übertragung ... übersehen* hätte. Freud bezweifelte jedoch, daß er, selbst wenn er *leiseste Anzeichen* einer negativen Übertragung bei Ferenczi übersehen hätte, *die Macht gehabt hatte, ein Thema ... durch seinen bloßen Hinweis zu aktivieren, solange es beim Patienten selbst nicht aktuell war*.[16]

Die zentrale Streitfrage zwischen Freud und Ferenczi war das Problem des aktiven Vorgehens in der analytischen Technik. Das Prioritätsproblem störte ihr Verhältnis nicht, soweit wir das an Hand des winzigen Teils ihrer Korrespondenz, der publiziert ist, feststellen können. Freud konnte anerkennen, daß Ferenczi ihm in einem bestimmten Punkt voraus war, und verschob sogar die Veröffentlichung einer seiner Arbeiten, damit Ferenczi volle Anerkennung zuteil würde.[17] In einem auf seiner Amerikareise 1926 gehaltenen Vortrag hatte Ferenczi Freuds Meinung darüber, wie andere auf vielerlei Art sich seine Gedanken »angeeignet« hätten, nachgebetet:

In Europa ist es üblich geworden, daß Leute sich einen großen Teil von Freuds Lebenswerk aneignen, es in neuer Form und mit einer neuen Terminologie auftischen und als ihr eigenes originales Werk veröffentlichen . . . Andererseits scheinen die Menschen in Amerika sehr viel eher als wir in Europa bereit zu sein, die verwässerte und abgemilderte Auffassung von gewissen früheren Schülern Freuds zu akzeptieren.[18]

Die »üblichste und verächtlichste« Form der Übernahme von Freuds Theorien, meinte Ferenczi, bestehe darin, sie wiederzuentdecken und unter neuen Namen zu verbreiten.[19]

Ferenczi geriet zwar nicht ganz in solche Schwierigkeiten mit Freud wie manche andere, aber seine persönliche Warmherzigkeit und Überschwenglichkeit führten ihn dazu, mit der klassischen analytischen Technik zu experimentieren. Jones berichtete mit »Verwunderung«, wie Ferenczi in ein Zimmer »stürmte« und Jones und Freud auf die Wangen küßte.[20] Um 1931 war Ferenczi dazu gelangt, Patienten zu küssen und sich von ihnen küssen zu lassen, alles Teil der Mutterzärtlichkeit, die seiner Meinung nach die Patienten brauchten; Freud machte sich jedoch Sorgen, ob bei künftigen Anhängern der Auffassungen Ferenczis nichts als nächstes das »Abtatscheln« auf der Liste stehen werde, und dann vielleicht das »Beschauen und Zeigen« und so fort bis zum letzten Sexualakt. Die »Kuß-Technik« war für Freud ein Ausdruck von Ferenczis stillschweigendem Sichzurückziehen: *Das Bedürfnis nach trotziger Selbstbehauptung scheint mir in Ihnen mächtiger, als Sie es anerkennen.*[21]

Es ist wahrscheinlich richtig, daß Ferenczi, wie Paul Federn, *ein geheimer Rebell blieb, der es sich nicht ganz gestatten konnte, von seiner Rebellion zu wissen. Ferenczi litt . . . an dem Bedürfnis, angenommen und geliebt zu werden. Wegen dieses Bedürfnisses war seine persönliche Beziehung zu Freud für ihn wichtiger als sein eigenes unabhängiges Denken.*[22] Es kam zu keinem endgültigen Bruch zwischen Freud und Ferenczi, aber ihre letzte Begegnung am 24. August 1932 verlief in einer gespannten Atmosphäre. Freud hatte Ferenczi gebeten, seine letzte Arbeit ein Jahr lang nicht zu publizieren. *Freud hatte gemeint, der von Ferenczi [für den psychoanalytischen Kongress dieses Jahres] vorbereitete Vortrag könnte seinem Ruf schaden, und hatte ihn gebeten, darauf zu verzichten.* Aus heutiger Sicht enthielt die Arbeit eine Fülle neuer Gedanken, aber nach Jones' Bericht fanden *andere führende Mitglieder der Bewegung . . ., es sei ein Skandal, einen solchen Vortrag vor dem Kongreß zu halten.*[23]

Zumindest ebenso wichtig wie Freuds schließliche Ablehnung Ferenczis ist die Tatsache, daß Freud – so viele Jahre früher – überhaupt eine Zuneigung zu Ferenczi faßte und ihn so lange in der psychoanalytischen Bewegung hielt. Für Ferenczi war Freuds Einstellung zu seinen technischen Experimenten ein bitteres Erlebnis.[24] Für Freud hingegen verhielt sich Ferenczi jetzt so, wie so viele andere es auch getan hatten, nur daß er noch weniger Grund dazu hatte, wie er ihm schrieb: *Jeder von denen, die mir einmal nahestanden und dann abgefallen sind, konnte mir mehr Veranlassung zur Last legen als gerade Sie. (Nein, Rank ebensowenig.)*[25] Ferenczi erschien Freuds Urteil gegen analytische »Aktivität« als eine persönliche Kränkung, nicht als das Resultat einer wissenschaftlichen Kontroverse.[26] Bei ihrem letzten Gespräch hatte Freud Ferenczi gewarnt, er begebe sich mit seiner Technik auf einen gefährlichen Weg. Nach Ferenczis eigener Darstellung habe er am Ende der Begegnung die Hand zu einem »freundlichen Adieu« ausgestreckt; Freud jedoch habe ihm den Rücken zugewandt und sei aus dem Zimmer gegangen.[27] Ferenczi war über Freuds Verhalten bekümmert und verbittert und korrespondierte von nun an sehr viel weniger häufig mit ihm, hielt aber bis zum Ende Freud und der Psychoanalyse die Treue.

Ferenczi starb am 22. Mai 1933. Er hatte an perniziöser Anämie gelitten; seit wie langer Zeit schon, ist jedoch wegen seiner Hypochondrie schwer zu sagen. Beim psychoanalytischen Kongreß von 1932 sprach er von seiner Krankheit (unter anderem auch Jones gegenüber), und für die anwesenden Ärzte waren die äußeren Zeichen der schweren Krankheit bereits deutlich erkennbar. Freud erwähnte diese Krankheit in Briefen nach Ferenczis Tod, sowie in seinem Nachruf. *Langsam enthüllten sich bei ihm Zeichen eines schweren organischen Destruktionsprozesses, der sein Leben wahrscheinlich schon jahrelang beschattet hatte. Es war eine perniziöse Anämie, der er kurz vor Vollendung des 60. Jahres erlag.*[28] In der letzten Zeit vor seinem Tod war Ferenczi verbittert. Er wollte noch leben; aber wenn er auch schweigsam und deprimiert war, so war er doch bis zum Ende in keiner Weise verwirrt.[29]

Barrieren aller Art, innere wie äußere, hinderten die treuen Schüler Freuds daran, mit dem Meister in Konkurrenz zu treten. Es gab jedoch Gründe genug für sie, miteinander um Freuds Gunst zu konkurrieren, solange er lebte, und um einen Platz in der Geschichte der Psychoanalyse, nachdem er tot war. Jones konnte im Nahkampf mit seinen Rivalen rücksichtslos vorgehen. Seine gesamte Feindseligkeit richtete sich gegen seine Kollegen, anstatt auf Freud selbst. Bei zumindest einer Gelegenheit beklagte sich Jones, Ferenczi habe ihn des Plagiats bezichtigt[30], und alle seine Schwierigkeiten mit Ferenczi und Rank behandelte er als Vorläufer der Opposition, die sie später gegen Freud selbst an den Tag legten.[31]

Es kommt häufig vor, daß Psychoanalytiker ihre Wissenschaft zu diagnostischer Beschimpfung mißbrauchen, und Jones' Darstellung der letzten Jahre Ferenczis ist vielleicht das unrühmlichste Beispiel dafür, das gedruckt erschienen ist. Nicht nur berichtet er über die letzten Jahre Ferenczis so, als sei der Ungar allmählich geisteskrank geworden, sondern er bagatellisierte auch die Rolle der organischen Erkrankung Ferenczis. In Band II seiner Freudbiographie schreibt Jones noch bloß von *schweren Störungen in den Tiefen seiner Persönlichkeit* und daß *Ferenczis seelisches Gleichgewicht ins Wanken kam.*[32] In Band III dann unterlag Ferenczi nach Jones' Meinung einer »mental deterioration« (in der deutschen Übersetzung heißt es unbestimmter »Veränderung in seiner Verfassung«)[33]; und weiter: *Gegen Ende seines Lebens entwickelten sich psychotische Erscheinungen, die sich unter anderem darin äußerten, daß [er] sich von Freud und seinen Lehren abwandte. Die Keime einer destruktiven Psychose – so lange allen unsichtbar geblieben – kamen unaufhaltsam zum Ausbruch.*[34] *Ferenczis immer ernster werdender Gesundheitszustand ... verschärfte bei ihm zweifellos die latenten psychotischen Tendenzen.*[35] Ferenczi soll sich zuletzt in einem *Wahnzustand* befunden, *regressive Irrtümer* begangen, *Wahnvorstellungen von Freuds Feindseligkeit* und *gegen das Ende ... heftige Ausbrüche von paranoiden Vorstellungen und sogar Mordideen* gehabt haben.[36] Das war nach der Darstellung von Jones der Tod des Mannes, *der 25 Jahre lang Freuds engster Freund gewesen war.*[37]

Aber keiner von den Menschen, die Ferenczi während seiner letzten Lebensperiode näher kannten, hat Jones' Darstellung in irgendeinem Stück bestätigt.[38] Die Anämie hatte Ferenczi am Ende so geschwächt, daß er ans Bett gefesselt war; in der Befürchtung, daß ihn die eigene Begeisterung zu Fehlern geführt habe, die ihn für immer die Achtung Freuds und die seiner Kollegen kosten würden, sprach Ferenczi davon, seine neueren Arbeiten umzuarbeiten, um Mißverständnisse zu beseitigen.[39] Als die Bände von Jones' Freudbiographie zuerst veröffentlicht wurden, erschien es den noch lebenden Analytikern ein solches Wunder, daß jene frühen Tage wieder zum Leben erweckt worden waren (was auch dem Geschäft nützte), daß nur wenige von ihnen Lust hatten, an der Leistung von Jones Kritik zu üben. Michael Balint jedoch, der literarische Nachlaßverwalter Ferenczis, bestritt die Geschichte von Ferenczis Psychose in einem Brief an das *International Journal of Psychoanalysis.*[40] Jones antwortete darauf mit einem eigenen Brief, hatte aber schon vorher Balint dazu überredet, in seinem Brief jede Erwähnung der Tatsache zu streichen, daß Ferenczi sie beide analysiert hatte. Jones behauptete, eine direkte Informationsquelle für seine Version von Ferenczis Tod zu haben, nannte jedoch keinen Namen. Eine Untersuchung der Jones'schen Korrespondenz um die Zeit von Ferenczis Tod bringt jedoch ein anderes Bild zutage als das von Jones in der Freudbiographie entworfene. In einem Brief vom 20. Juni 1933, in dem er sich über »Verrückte« in der Psychoanalyse, die zugleich Störenfriede waren, ausließ, erwähnte Jones Ferenczis letzte organische Krankheit; Jones behauptete zwar, Ferenczi sei paranoisch geworden, sprach aber auch von den Zerstörungen, die die perniziöse Anämie wahrscheinlich an Ferenczis Rückenmark hervorgerufen habe. Jones führte jedoch Ferenczi nicht in seiner Liste der anderen angeblichen »Verrückten« auf (wie z. B. Gregory Zilboorg, Viktor Tausk, Wilhelm Reich und Jenö Harnik).[41]

Freud hätte es wahrscheinlich vorgezogen, Ferenczi als »krank« und an mysteriösen Affekten leidend zu bezeichnen. Ein Patient Freuds erklärte einmal Ferenczis »angegriffene« Gesundheit mit dem Vergleich, es sei der gleiche Vorgang wie in der Anfangszeit der Röntgenstrahlen, als die Forscher, die sie weiterentwickelten, eine Überdosis an Strahlung abbekamen, weil sie die potentiellen Gefahren nicht kannten.[42] Freud hielt das für eine glänzende Erklärung, weil sie so gut zu seinem Streben paßte, die Psychoanalyse als eine exakte Wissenschaft zu behandeln; er verwendete die Erklärung selber bei der Erörterung der »Gefahren« des Analytikerberufs. (In Wirklichkeit war der Vergleich schon alt: Stekel hatte ihn in seinem Nachruf auf Silberer angeführt.)

Jones' Korrespondenz deutet darauf hin, daß seine Quelle für seine Darstellung von Ferenczis Tod der Meister selbst gewesen sein könnte. Ferenczi starb ganz plötzlich, und Jones wollte damals genauere Einzelheiten über Ferenczis Krankheit erfahren. (Der ungarische Analytiker und Anthropologe Geza Roheim teilte Jones mit, Ferenczi sei unerwartet plötzlich gestorben, aber ohne übermäßig leiden zu müssen.) Jones rief Freud in Wien an[43] und schrieb dann einen Brief an Freud, aus dem sich einiges von dem entnehmen läßt, was Freud ihm mitgeteilt hatte. Jones nahm an (was er später in seiner Biographie nicht erwähnte), daß Ferenczis physische Krankheit in ihrer Endphase sein Rückenmark angegriffen hatte. Jones versprach, eine von Freuds Bemerkungen über Ferenczi – etwas über eine Amerikanerin – geheimzuhalten, war aber der Meinung, die Paranoia sei bereits öffentlich bekannt – für jeden offenkundig, der Ferenczis letzten Kongreßvortrag gehört oder gelesen habe.[44]

Es mag sein, daß Freud in einem Telephongespräch ein Wort wie »paranoid« über Ferenczi gebraucht hat; Ferenczi war zwar ein sanfter, unaggressiver Mensch, aber es gab echte Schwierigkeiten zwischen ihm und Freud, und Freud benützte (wie auch andere Analytiker) den Ausdruck manchmal unexakt zur Bezeichnung überempfindlicher oder defensiver Phasen im Leben anderer Menschen. Wenn sich Jones für einen Teil seiner Darstellung von Ferenczis Tod auf die höchste Autorität stützte, dann kann man sich vorstellen, daß er Freud nicht durch die Nennung seines Namens hineinziehen wollte. Freuds Nachruf auf Ferenczi war jedoch fair und objektiv und hob die physische Krankheit hervor, die Ferenczi am Ende seines Lebens befiel. Als Gentleman hätte Freud sich in der Öffentlichkeit nicht der Argumentation *ad hominem* bedient, mit der Jones versuchte, Ferenczis scheinbare »Unzugänglichkeit«, sein Sichentfernen von Freud zu erklären. (Bis jetzt haben wir noch keine Erklärung für diese Erwähnung einer Amerikanerin; wahrscheinlich handelte es sich um eine erotische Beziehung zwischen Ferenczi und einer seiner Patientinnen oder Schülerinnen. Vielleicht hatte Freud aber auch Ferenczis Stieftochter Elma im Auge, die inzwischen Amerikanerin geworden war. Vielleicht wußte Freud auch von einer Sache, von der wir keine Kenntnis haben; aber im Zusammenhang mit seiner Befürchtung, Ferenczis technische Neuerungen könnten zu beruflichen Ungehörigkeiten führen, ist es auch denkbar, daß Freud ein bloßes Gerücht aufgenommen hatte.)

Unter den Menschen, die an der Frühzeit der Psychoanalyse teilhatten, wird das Bild, das Jones von Ferenczi gezeichnet hat, weithin als eine Verfälschung der Wahrheit angesehen. Sie erinnern sich an Ferenczi als einen begeisternden Lehrer; es war ein großes Ereignis in der Wiener Vereinigung, wenn er einen Gastvortrag hielt. Ferenczi war nicht nur ein Spezialist in der analytischen Technik, sondern leistete auch Pionierarbeit in der Charakteranalyse. Ferenczi hatte eine geringere Anzahl bedeutender Schüler als Karl Abraham, vor allem aus sprachlichen Gründen (aber Ferenczis Analysandin Clara Thompson entwickelte sich zu einer der scharfsinnigsten und weitblickendsten psychoanalytischen Autorinnen.) Ungarisch ist eine ungewöhnliche Sprache, zu der prospektive Schüler weniger leicht Zugang fanden als zum Deutschen; Ferenczi war zwar in der Lage, Patienten in deutscher oder englischer Sprache zu analysieren, aber die Aufnahme einer Behandlung bei Ferenczi in Budapest bedeutete unter Umständen, daß man die ganze Familie mitnehmen mußte, und Kinder wären mit einer so schwierigen Sprache nicht zurechtgekommen. Als Freud in seinem Nachruf schrieb, es sei Ferenczi gelungen, *alle Analytiker zu seinen Schülern* zu machen, war das in der Tat ein sehr hohes Lob. Freud fand es *nicht glaublich, daß die Geschichte unserer Wissenschaft seiner vergessen wird.*[45]

7.8. Die Amerikaner: J. J. Putnam und H. W. Frink

Freud hatte nie einen unbestrittenen und uneingeschränkt bejahten Favoriten in Amerika. Und doch hat in keinem anderen Lande die Psychoanalyse in irgendeiner Form Triumphe gleichen Ausmaßes errungen. Die Rezeption Freuds in Amerika[1] ist ein interessantes Problem der vergleichenden Geschichte. Zum Beispiel fand Freud, obwohl Übersetzungen seiner Bücher fast gleichzeitig in England und in Amerika erschienen, zu seiner Bestürzung seit der Zeit vor dem Ersten Weltkrieg und danach in den Vereinigten Staaten ein weitaus empfänglicheres Publikum.
William James, wahrscheinlich Amerikas größter Philosoph, kannte schon in den 1890er Jahren Freuds Schriften. James begrüßte anfänglich Freuds Beiträge, weil sie ihm als eine Erweiterung seiner eigenen Arbeit über die Psychologie des Irrationalen erschienen. (James war auch vielleicht der erste aus den Reihen der Intellektuellen von Cambridge in Massachusetts, der persönlich die psychiatrischen Dienste des McLean Hospital in Anspruch nahm.) Allmählich aber kamen James Zweifel über die frühen Analytiker und auch über Freud, den er 1909 kennengelernt hatte: *Sie werden sicherlich Licht auf die menschliche Natur werfen, aber ich gestehe, daß er auf mich persönlich den Eindruck eines Mannes, der von fixen Ideen besessen ist, gemacht hat.*[2]
Morton Prince, auch er ein Bostoner, war einer der führenden progressiven Mediziner der bodenständigen psychotherapeutischen Bewegung in Amerika, der viel dazu beigetragen hatte, das Lesepublikum für die Konzeption des Unterbewußten und für die Technik der Hypnose zu interessieren; er schrieb ein berühmtes Buch über einen Fall von multipler Persönlichkeit. Trotzdem betrachtete ihn Ernest Jones als einen gefährlichen Feind. Später schob Jones die Verantwortung für seine Behandlung von Prince Freud zu:

Es kam zu einer kleinen Meinungsverschiedenheit zwischen uns über die Persönlichkeit Morton Princes, eines Mannes, den ich schon aus meiner Londoner Zeit brieflich kannte und bei dem ich immer, wenn ich nach Boston kam, wohnte. Er war der erste amerikanische Pionier auf dem Gebiet der Psychopathologie, eine Tatsache, die meiner Ansicht nach eine gewisse Anerkennung verdiente. Außerdem hielt er seine Zeitschrift ›The Journal of Abnormal Psychology‹ allen psychoanalytischen Publikationen offen. Er war durch und durch ein Gentleman, ein Mann von Welt und, wie ich in mehrjähriger Zusammenarbeit mit ihm bei der Herausgabe seines ›Journal‹ feststellen konnte, ein sehr angenehmer Kollege. Er hatte aber einen ernsthaften Fehler: er war nicht sehr intelligent, etwas, was für Freud immer eine unverzeihliche Sünde war.[3]

Für Freud war Prince *ganz talentlos und etwas tückisch; er ist doch ein arroganter Esel... Jones' Kritik ist maßvoll und korrekt...*[4] Prince nahm Jones' Versuch, seine Arbeit zu »diskreditieren« (wie Prince es sah), bitter übel und nannte Jones einen »Fanatiker« der Psychoanalyse.[5] Prince fand einen der Briefe von Jones *nicht nur bitterböse, sondern beleidigend, um nicht zu sagen unverschämt* und kam abschließend zu dem Urteil, Jones sei »ein nervöser, überdrehter, egozentrischer junger Bursche und nimmt alles, was man sagt, als auf ihn persönlich gemünzt.«[6]

Prince hielt daran fest, die Neurosen seien »Perversionen normaler Erinnerungsprozesse« und verschüttete Erinnerungen erreiche man am besten durch Hypnose, aber seine Auffassung des Unbewußten war entschieden nicht die Freuds:

Ich begreife das Unbewußte nicht [wie manche Freudianer] *als einen wilden, ungezügelten, gewissenlosen, unterbewußten Geist, der auf einen unbewachten Augenblick lauert, um wie ein böser Kobold zuzuschlagen, zu töten, sondern als einen psychischen Mechanismus, der in geordneter, logischer Weise an all den Vorgängen des täglichen Lebens teilhat, jedoch unter bestimmten Umständen, vor allem, wenn die Gefühlsinstinkte betroffen sind, ungeordnet oder pervertiert wird.*[7]

Als die Psychoanalyse in Amerika Fuß zu fassen begann (und sie fand in Medizinerkreisen früher eine günstigere Aufnahme als in der allgemeinen Öffentlichkeit), wurde die Argumentation allmählich polemischer. Prince meinte, die Psychoanalytiker würden mehr ein »Kult« als eine wissenschaftliche Gruppe, und in der freudianischen Literatur wimmle es von Ausdrücken wie »bewiesen«, »es steht fest«, »wohlbekannt«, »akzeptiert«. *Solche Ausdrücke treten an die Stelle von ›Theorie‹, ›Möglichkeit‹, ›Wahrscheinlichkeit‹, an die wir in der progressiven Wissenschaft gewöhnt sind...*[8]

Freuds therapeutischer Ansatz, obwohl vor dem Ersten Weltkrieg optimistischer als in späteren Jahren, erschien vielen Amerikanern zu nüchtern, und ihre *Neigung, das Unbewußte zu etwas Wohltätigem zu machen, brach immer wieder durch.*[9] Obwohl die Analyse von Träumen, die Technik der freien Assoziation und die Wiederbelebung alter Erinnerungen dem amerikanischen Verlangen nach Überwindung übermäßiger Zurückhaltung entgegenkam[10], wollten die Amerikaner doch nicht gerne zugeben, daß die Analyse automatisch eine Synthese auf seiten des Patienten bewirken könne. Sie neigten zu dem Glauben (etwa auf der Linie der Anregungen Jungs in seinen Vorträgen in Fordham), nicht nur, daß das Unbewußte weniger gefährlich sei, als Freud annehme, sondern auch, daß der Analytiker seine Aktivitäten nicht ganz so eng einschränken sollte, wie das Freud vorschlug.

Ein führender Vertreter dieser Auffassungen war James Jackson Putnam (1846–1918), Mitbegründer der American Neurological Association und angesehener Professor an der Harvard Medical School, der seit dem letzten Jahrzehnt des vorigen Jahrhunderts mit Hypnose und Psychotherapie experimentiert hatte. Wie Prince war auch Putnam von der Heredität als ätiologischem Faktor enttäuscht, und seine Behandlungsmethode beruhte, wie die Jungs, teilweise auf Inspiration. Als Emerson-Verehrer war Putnam eingestandenermaßen Optimist und umweltgläubig, und als Neuengländer mit sozialem Gewissen war er, wie Adler, überzeugt, man müsse die »Sozialinstinkte« der Neurotiker pflegen. Für Putnam bedeutete die Psychoanalyse Freuds eine neue Hoffnung.

Putnam stellte in den Augen Freuds eine *großartige Akquisition*[11] für die psychoanalytische Bewegung dar, und Freud war um der Sache der Psychoanalyse in Amerika willen und wegen Putnams lauterem Charakter bereit, viele Unterschiede zwischen dessen Auffassungen und seinen eigenen zu übersehen. Freud bewunderte Putnams *hohe Sittlichkeit und kühne Wahrheitsliebe*; nach Putnams Tod schrieb er, Putnam habe zu *jenen glücklich kompensierten Personen vom zwangsneurotischen Typus gehört, denen das Edle zur zweiten Natur und das Paktieren mit der Gemeinheit zur Unmöglichkeit geworden ist.*[12] Es ist ein Ruhmestitel für den amerikanischen Puritanismus, daß gerade eine Gruppe prüder Honoratioren aus New England die Ideen Freuds in Amerika aufnahm; diese Männer wußten aus erster Hand, wogegen Freud ankämpfte. Putnam war nicht nur ein Mann aus gehobenen Kreisen, sondern auch Nichtjude, ein Repräsentant der »englischen Rasse«, die Freud bewunderte.

Es ist kaum zu überschätzen, wie viel die Psychoanalyse Putnam bedeutete. Er war dreiundsechzig Jahre alt, als er zum Anwalt der Freudschen Sache wurde. Wie andere, die unter den Einfluß Freuds gerieten, war auch Putnam überzeugt, daß Freuds Besuch in den Vereinigten Staaten im Jahre 1909 dazu beigetragen hatte, *den ganzen Kurs meines Lebens und Denkens radikal zu ändern.*[13] Von einem Patienten sagte Putnam einmal, er sei *gründlich zur Psychoanalyse bekehrt.*[14] Freud kannte den Wert Putnams; Ende 1910 schrieb er an ihn:

Ich will dieses ereignisreiche und mühselige Jahr nicht zu Ende gehen lassen, ehe ich Ihnen für Vieles gedankt habe, für die wertvollen Zusendungen Ihrer Arbeiten, für die unschätzbare Unterstützung, die Sie unserer Sache geliehen haben, für das Ein-

setzen Ihres Namens in Amerika gegen Mißverständnisse und Verleumdungen, die mich sonst getroffen hätten. Ich wünsche Ihnen von selbstsüchtigem Herzen ungestörte Fortdauer Ihrer Gesundheit und Arbeitslust . . .

Freuds Bezugnahme auf seinen eigenen Egoismus war etwas ironisch, denn der puritanische Altruismus Putnams war ihm unbehaglich. Es war jedoch typisch für Freud, daß er in dem gleichen Brief schrieb: *Unsere Sache geht hier sehr gut; die Opposition ist auf der Höhe.*[15]

Über Freuds Amerikareise im Jahre 1909 notierte ein Verwandter von ihm: *Freud vergaß nie, daß die Amerikaner in einem verhältnismäßig frühen Stadium seiner Laufbahn ihm Gelegenheit gegeben hatten, die Ergebnisse seiner Forschungen öffentlich vorzutragen . . . und daß sie ihm eine Ehrendoktorwürde verliehen hatten.*[16] (Der Legende nach hatte Freuds Kabinensteward auf der Überfahrt *Zur Psychopathologie des Alltags* gelesen.) Freud wohnte in einem Camp in den Adirondack-Bergen, das Putnam und einigen seiner alten Freunde gehörte. Als er mit Jung und Ferenczi dort ankam, mußte er feststellen, daß zu Ehren der »deutschen« Doktoren – der eine Österreicher, der andere Schweizer und der dritte Ungar – die Gebäude mit den Emblemen des deutschen Kaiserreichs dekoriert waren. Die beabsichtigte Ehrung muß ihnen eine Lehre gewesen sein, weil es mit dem Verständnis europäischer Gefühle auf seiten der Amerikaner bestellt war. Vielleicht hatte man es nach Freuds Geschmack an formeller Höflichkeit fehlen lassen, denn er fand die Sitten und Manieren barbarisch; Freuds Diarrhöe und Magenbeschwerden trugen auch nicht dazu bei, daß er sich behaglich fühlte, aber Jung, der die gleichen Beschwerden hatte, wurde dadurch nicht gegen Amerika eingenommen.[17] Teilweise als Erwiderung auf den Besuch Freuds kam Putnam 1911 nach Weimar zu dem dort stattfindenden Kongreß der Psychoanalytiker; *der Höhepunkt des Kongresses war sicherlich das Erscheinen Putnams.*[18] Während dieses Europaaufenthaltes verbrachte Putnam sechs Stunden in Analyse bei Freud.[19] Ihr Verhältnis war so vertraut, daß Putnam in einem Brief bekennen konnte: *Meine sexuellen Beziehungen mit meiner Frau sind seit vielen Jahren selten gewesen, in den letzten Jahren sogar sehr selten, . . . und ich hatte Angst vor ihnen . . .*[20]

Freud fand Putnam als Therapeuten etwas zu »ehrgeizig«, zu begierig, Mittel zum Helfen und Heilen zu finden. Als innerhalb der psychoanalytischen Bewegung die Kontroversen über die Gedanken und Persönlichkeiten von Alfred Adler und Carl Jung anhoben, blieb Putnam ganz auf der Seite Freuds, hoffte aber, man könne zu einem Kompromiss mit den Dissidenten kommen. Putnam hatte sich schon seit langem für die Behandlung relativ schwererer Fälle als jene interessiert, auf die Freud die Anwendung seiner Technik beschränken wollte.

Putnams weitreichende Aufgeschlossenheit zeigt sich in einem Brief an Jones, in dem er Morton Prince verteidigt: *Ich hielte es für äußerst bedauerlich, wenn diejenigen unter uns, denen die Psychopathologie im weiteren Sinne wirklich am Herzen liegt, auseinander geraten würden, ganz gleich aus welchem Anlaß.*[21] Noch im Herbst 1912 konnte Putnam das ganze Aufhebens um Jung nicht so recht verstehen. Ein früherer Patient Putnams hatte ihn mit dem amerikanischen Hegelianismus bekannt gemacht, und daraus resultierte seine Überzeugung, daß Patienten Ideale brauchen, um zu Sublimierungen fähig zu sein. Putnam sympathisierte deshalb mit Jungs Auffassung, daß der Analytiker dem Patienten bei seinen aktuellen Problemen helfen sollte. Freud tolerierte erhebliche Differenzen zwischen seiner eigenen Position und der Putnams. Dem alten Neuengländer war Freuds Konzeption des Unbewußten *zu negativ, um ganz befriedigend zu sein.*[22] Putnam würdigte zwar die Neuheit des Freudschen Ansatzes, scheute aber vor einigen Konsequenzen zurück: *Ich kann mich nicht überzeugen, daß das Leben mit allem, was es so wunderbar macht, allein und einfach durch das Studium von Konflikten erklärt werden kann . . . wir müssen ständig mit den* positiven, *nicht bloß mit den* negativen *Faktoren in der Welt rechnen.*[23] In Vorwegnahme des Interesses späterer Analytiker für die Probleme des Über-Ichs äußerte Putnam sein *Verlangen, alles herauszuholen, was die Metaphysik zu bieten hat,* und entfernte sich damit von dem Reduktionismus Freuds. Putnam hoffte und glaubte, daß Freuds *schrecklich bohrenden psychogenetischen Erklärungen nur einem Pol des menschlichen Lebens entsprechen, und daß es noch einen anderen Pol gibt, an dem er kein Interesse nimmt.*[24]

Putnam konnte Freuds Auffassung nicht akzeptieren, daß die Religion nur ein Ausfluß infantiler Hilflosigkeit und des Bedürfnisses nach einem allmächtigen Vater sei. Er wandte, wie Jung, ein, daß *das wirkliche ›Unbewußte‹ nicht nur die ›Schatten‹-Seite der menschlichen Natur enthält, sondern auch eine implizite Erkenntnis des Guten.*[25] Deshalb war Putnam der Meinung: *Kein Patient ist wirklich geheilt, wenn er nicht moralisch besser und toleranter wird, und umgekehrt glaube ich, daß eine moralische Regenerierung zur Beseitigung der Symptome beiträgt.*[26] In einem Brief an Freud betonte Putnam ferner, *der einzelne darf nicht als allein existierend gedacht werden, sondern muß als integraler Bestandteil der Gemeinschaft, in der er lebt, betrachtet werden.*[27]

In seiner Antwort wich Freud dem Kern der Argumentation Putnams aus und stellte nur fest: *Ich teile gewiß den großen Respekt nicht, den Sie den Theorien Adlers bezeugen.*[28] Putnam schrieb ihm darauf einen ziemlich unterwürfigen Brief, in dem er versprach, daß er sich Freuds Hinweis auf die Gefahr, der Adlerschen Ketzerei zu verfallen, zu Herzen nehmen werde. Im Gegensatz zu Putnam war Freud entschlossen, die Psychoanalyse von der Philosophie getrennt zu halten, um seine neue Disziplin auf selbständigen wissenschaftlichen Grundlagen zu errichten. Wie Freud es ausdrückte: *Putnams Philosophie ist wie eine schöne Tafeldekoration; jeder bewundert sie, aber keiner rührt sie an.*[29] Putnams Briefe waren manchmal ermüdend, und obwohl Freud gewöhnlich seine Post sofort beantwortete, ließ er sich mit der Antwort auf Putnams besonders langweilige Briefe häufig viel Zeit.

Freud war nie der Meinung, Analytiker müßten auf Perfektion aus sein, weder was die Patienten, noch was sie selber betraf. Deshalb konnte er an Putnam schreiben: *Ich habe kein Bedürfnis nach einer höheren moralischen Ausgleichung, so wie ich kein musikalisches Gehör habe* . . .[30] In seiner Korrespondenz mit Putnam machte er seine Position deutlich:

Wenn wir uns nicht mit dem Satz begnügen ›be moral and philosophical‹, so geschieht es, weil dies zu billig ist und bereits so oft gesagt wurde, ohne zu helfen . . . Wer der Sublimierung fähig ist, der wendet sich ihr unweigerlich zu, sobald er von der Neurose befreit ist. Andere, die es nicht können, sind wenigstens natürlicher und wahrhaftiger.[31]

Trotz aller Differenzen zwischen Putnam und Freud blieb der Amerikaner unerschütterlich in seiner Verteidigung der Psychoanalyse. Die frühen Analytiker, Freud eingeschlossen, hatten buchstäblich Furcht davor, sie könnten ihre Kinder verführen, und Putnam hatte Angst davor, seine Töchter auf den Schoß zu nehmen; er verstellte sogar den Sitz am Fahrrad einer seiner Töchter, um einer Stimulierung vorzubeugen.[32] (Heute würden viele Analytiker denken, daß ohne eine indirekte elterliche Verführung in irgendeiner Form Säuglinge und Kinder eine Entbehrung leiden.) Offensichtlich schadete Putnams Unterstützung Freuds seiner Praxis als Arzt; ganz sicher ist, daß seine Frau darüber böse war. Sie hielt ihn für naiv und zu leichtgläubig; die Tochter berichtete, sie habe mit »tragischer Bitterkeit« reagiert, weil sie überzeugt war, daß er sich auf einen falschen Weg hatte locken lassen, der zum Ruin seines beruflichen Ansehens führen werde.[33] Putnams Tod am 4. November 1918 war eine herbe Enttäuschung für Freud, weil jetzt die Zukunft der Psychoanalyse in Amerika unsicherer sein würde; schon einige Monate vor Putnams plötzlichem Tod hatte Freud wegen des amerikanischen Interesses für Adler und Jung von *dem uns jetzt so feindlichen Amerika* gesprochen.[34]

Freud betrachtete Putnams Tod als einen *großen Verlust* und sagte später: *Ich fühlte mich hinter seiner Person geschützt wie hinter einem Schild.*[35] Nach dem Ersten Weltkrieg war Freud von einer Schar junger Amerikaner umgeben, die zur Ausbildung nach Europa kamen; unter ihnen war Horace W. Frink (1883–1935), den Freud *für den weitaus fähigsten Amerikaner, dem er je begegnet war*, hielt.[36] Sein psychoanalytisches Lehrbuch *Morbid Fears and Compulsions* war damals das beste seiner Art in englischer Sprache. Er war ein hervorragender Kliniker, ein charmanter Mann und ein guter Gesellschafter. Der Gegensatz zwischen Frink und seinen amerikanischen Kollegen war besonders kraß, weil viele von diesen ungehobelt und undifferenziert waren; Frink, der schon früh Waise geworden war,[37] war wie Putnam Nichtjude. Nach seinen zwei Analysen bei Freud gab er am 25. Oktober 1921 vor der New York Psychoanalytical Society einen informellen Bericht über seine Erfahrungen mit Freud.[38]

Früher war Frink schon von A. A. Brill analysiert worden, der damals der Führer der

Psychoanalyse in Amerika war. Aber nicht lange nachdem Freud Frink kennengelernt hatte, wandte er sich an diesen, um Brill als seinen Stellvertreter in den Vereinigten Staaten zu ersetzen, obwohl er persönlich mit Brill auf gutem Fuß stand.* Frink wurde praktisch auf Geheiß Freuds zum Präsidenten der New York Psychoanalytical Society gewählt. Freuds Begeisterung für Frink und sein Vertrauen auf dessen Fähigkeiten trugen vielleicht ungewollt zu Frinks Absturz bei; so offen ausgedrückte Bewunderung von seiten eines Analytikers, wenn dieser Analytiker auch noch Freud heißt, war vielleicht mehr, als Frink bewältigen konnte.

Freuds uneingeschränkter Glaube an Frink blieb erhalten, auch als Frink während seiner zweiten Analyse bei Freud eine psychotische Episode durchmachte. Er erlitt eine so akute Depersonalisation, daß er eine Zeitlang von einem Wärter betreut werden mußte.[40] Freud mißdeutete offenbar die Schwierigkeiten Frinks als bloßen Teil der Analyse. Freud zeigte einem seiner Patienten, Abram Kardiner (der früher schon von Frink analysiert worden war), zwei Fotografien von Frink, die eine vor, die andere nach der Analyse aufgenommen; Frink hatte vierzig Pfund abgenommen. Auf Kardiners Erschrecken reagierte Freud mit der Bemerkung: *Sie sehen, was die Analyse fertig bringt.*

Frink hatte geplant, nach der Rückkehr in die Vereinigten Staaten nach seiner zweiten Analyse zu heiraten. Die Frau, die er heiraten wollte, war eine frühere Patientin von ihm, eine wohlhabende Jüdin. Ihr Mann war unglücklich darüber, daß sie sich in ihren Analytiker verliebt hatte, und drohte mit einem Skandal. *Freud billigte den von Frink ins Auge gefaßten Schritt: daß er sich verliebt hatte, war ein Fehler gewesen, aber er mußte jetzt akzeptiert werden.*[41] Während Frink zu seiner zweiten Analyse bei Freud in Wien war, starb der Mann der Frau; dann starb seine eigene Frau. Die Folge war, daß Frink und seine frühere Patientin von Schuldgefühlen heimgesucht wurden. Frink war ein schwer getroffener Mann, als er nach New York heimkehrte, und nahm seine psychoanalytische Praxis nicht wieder auf.[42] Auf Fragen von Frinks künftiger Frau erklärte Freud jedoch, Frink sei wohl genug, um zu heiraten. Die Ehe war aber von kurzer Dauer, und es war klar, daß Frink nicht in der Lage sein würde, die Erwartungen, die Freud in ihn setzte, zu erfüllen. Bei einer psychoanalytischen Zusammenkunft las Brill einen Brief Freuds an einen anderen New Yorker Analytiker vor, in dem stand, es sei offensichtlich, daß Frink die Aufgabe, die Freud ihm übertragen hatte, nicht ausführen könne, weil er an einer Geistesstörung leide. Wenn Frink auch bei dieser Zusammenkunft nicht selbst dabei war, war doch der Brief ein schwerer Schlag für ihn.

Später begab sich Frink in die Behandlung des berühmten Psychiaters Adolf Meyer von der Johns Hopkins Universität. Es liegt eine besondere Tragik darin, wenn ein Analytiker geisteskrank wird, der zugleich weiß und nicht weiß, was mit ihm vor-

---

* In einer 1923 erschienenen Buchbesprechung hatte Frink auf einige Schwächen Brills hingewiesen: *Die Weglassung der Anführungszeichen in Absätzen, deren Inhalt praktisch Wort für Wort Freud entnommen ist, macht einen schlechten Eindruck, der keineswegs völlig verdient ist.*[39]

geht. Kardiner gegenüber, der ihn mit dem Manuskript eines neuen Buches besuchte, erklärte Frink: »Ich habe kein Gewahrsein meines Körpers – nur meiner Lippen.«[43] Frink wurde zum Gegner der Psychoanalyse, gab aber Freud auch nicht in der entferntesten Weise schuld an dem, was ihm geschehen war. Er erholte sich wieder so weit, daß er im Jahre 1935 eine neue Ehe einging, und starb dann noch im gleichen Jahr im Chapel Hill Mental Hospital in einem manischen Erregungszustand.[44] Sein vorzeitiger Tod und die Tragik seines Lebensganges, zusammen mit dem Verlust Putnams, mögen erklären, daß Freud wiederholt von seiner Enttäuschung über Amerika sprach.

7.9. Die Amerikaner: A. A. Brill und die Zukunft der Psychoanalyse

Nach Frinks Zusammenbruch blieb Abraham A. Brill (1884–1948) noch auf Jahre der Führer der Psychoanalyse in Amerika. Er schrieb eine große Zahl von Artikeln und Büchern über Psychoanalyse, ist aber heute vielleicht am bekanntesten durch seine frühen und umstrittenen Übersetzungen von Freuds Werken ins Englische. Brill, der ungarischer Abstammung war, emigrierte im Alter von fünfzehn Jahren nach Amerika; so war weder Englisch noch Deutsch seine Muttersprache. Bei der Übersetzung Freuds ersetzte er bei Traumbeispielen und Versprechern einfach die Beispiele Freuds durch selbsterfundene. Freud erklärte einmal seine Einwände gegen Brills Vorgehen: Er verstehe die Schwierigkeiten, die sich bei der Wiedergabe von Fehlleistungen und Träumen in einer anderen Sprache ergäben, halte es aber nicht für die richtige Methode, ähnliche Beispiele zu erfinden; das einzig Richtige wäre gewesen, wenn Brill die unübersetzbaren Beispiele durch andere Beispiele, *die sich auf seine eigene analytische Praxis gründeten*, ersetzt hätte.[1]
Diese Sache hat dem Ansehen Brills mehr als gerechtfertigt geschadet. Bei einer anderen Gelegenheit hat Freud die Arbeit Brills als Übersetzer zu Recht anerkannt;[2] denn Brill sah es als seine Aufgabe an, Freud einer breiteren Öffentlichkeit bekanntzumachen, nicht eine endgültige Fassung seiner Schriften zu erstellen. (Freud war in der Regel an Übersetzungsfragen uninteressiert, wenn ihm auch seine britischen Leser wichtiger waren als seine amerikanischen.[3] Bei der Zusammenstellung der Freudausgabe für die Modern Library ließ Brill bewußt Absätze aus Freuds Büchern weg, damit die Sammlung nicht den Verkauf der Einzelausgaben der Freudschen Bücher beeinträchtigte. Es ist richtig, daß Freud den Übersetzern das Recht gab, *solche Änderungen an den Beispielen vorzunehmen, als Sie für notwendig erachten*[4], es wäre jedoch besser gewesen, wenn Brill in seinen Texten angegeben hätte, wo er seine

eigenen Ersatzbeispiele eingesetzt hatte. Als jedoch Jones versuchte, Freud gegenüber Kritik an den Übersetzungen Brills zu üben, wurde Freud ärgerlich und *bezichtigte mich wiederholt der Eifersucht auf Brill.*[5]

Brill war ein guter Organisator; als er 1911 die New Yorker Psychoanalytische Vereinigung gründete, konterte Jones (der damals in Toronto war) mit der Gründung der American Psychoanalytic Society, die alle Analytiker in den Vereinigten Staaten, die außerhalb New York lebten, erfassen sollte. (Letztere wurde schließlich die Dachorganisation, der die übrigen Vereinigungen, wie die New Yorker Gruppen, als Mitglieder angehörten.) Obwohl diese beiden frühen Gruppen anfänglich etwas in Konkurrenz zueinander standen, trat Brill schon nach einem Jahr der von Jones begründeten Vereinigung bei. Jones kehrte bald darauf nach Europa zurück, und bei Ende des Ersten Weltkrieges war Brill das anerkannte Oberhaupt der Psychoanalyse in Amerika und gab häufig Journalisten Interviews.[6] Freud mochte zwar Brill persönlich gut leiden, ärgerte sich jedoch auch manchmal über ihn; Freud schrieb einmal, Brill sei völlig amerikanisiert, aber immer noch ein gutherziger Bursche.[7]

Trotz den Bemühungen Freuds, Frink als Ersatz für ihn zu installieren, hielt Brill in rührender Weise Freud die Treue. Wie für viele frühe Analytiker, war Freud eine erfolgreiche Vaterfigur auch für Brill, der sein erstes Buch seinem »verehrten Lehrer, Professor Doktor Sigmund Freud, L.L.D.« widmete, dessen Gedanken es wiedergebe.[8] Brill nannte seine Tochter Gioia, das italienische Wort für »Freude«. Und wie Freud versuchte er, eines seiner eigenen Kinder zu analysieren. Als Freud 1909 New York besuchte, wohnte Brill am Central Park West; Freud war so beeindruckt von der Wohngegend, daß er sagte: *Bleiben Sie hier, ziehen Sie hier nicht weg; es ist der netteste Teil der Stadt, soweit ich sehe.*[9] Heute haben viele New Yorker Analytiker in diesem Bezirk ihren Wohnsitz genommen.

Im großen und ganzen ist Brill bei den Historikern schlecht weggekommen. Er wird erst dann den ihm zustehenden Platz erhalten (wie dies auch bei Putnam der Fall war), wenn sein schriftlicher Nachlaß der Forschung zugänglich gemacht, wenn schon nicht zur Veröffentlichung freigegeben wird. Die bis jetzt zugänglich gewordenen Briefe Brills sind eine außerordentlich interessante Lektüre; sie offenbaren einen unerwartet temperamentvollen Geist. Freud behandelte als Briefschreiber Brill besonders schlecht, der manchmal nur mit Mühe eine Antwort von Freud bekommen konnte.[10] Brill hatte ein »Herz von Gold«, wie Jones behauptete,[11] aber seine Angebote an Jones, von allen seinen Posten zurückzutreten, wirken etwas kindisch. An den frühen Analytikern gemessen, war er leichtlebig; in seiner Anfangszeit in den Vereinigten Staaten verdiente er sich seinen Lebensunterhalt *mit dem Ausfegen von Bars, mit Mandolinenunterricht und Nachhilfestunden.*[12] Brill war so gutmütig, daß es leicht war, ihn hereinzulegen, und Jones enthielt sich dessen nicht immer, wenn es um Fragen ging, die mit der Politik der Internationalen Psychoanalytischen Vereinigung zusammenhingen.

Brills Position war jedoch so unsicher, daß Freuds Lieblingsschüler in Wien, Otto

Rank, sich einbilden konnte, die Führung der Psychoanalyse in den Vereinigten Staaten sei noch frei. Als Rank 1924 nach Amerika kam, hatte er den Plan, die amerikanischen Analytiker in einer Organisation unter seiner eigenen Führung zusammenzufassen.[13] Brill war natürlich böse, daß nun noch ein weiterer Favorit Freuds versuchte, ihn hinauszudrängen, und protestierte bei Freud. Jones war noch 1933 der Meinung, die New Yorker Vereinigung sei so sehr mit persönlichen Intrigen beschäftigt gewesen, daß die Psychoanalyse selbst vernachlässigt werden mußte.[14]

Jones anerkannte, daß Brill *der Psychoanalyse in Amerika... weit mehr Dienste als irgend jemand sonst* leistete.[15] Freud hatte es Brill anvertraut, in den Vereinigten Staaten die mit seinen Büchern zusammenhängenden Geschäfte zu erledigen, und Brill ließ sich einen Scheck für Freud auszahlen, wenn er den Zeitpunkt für richtig hielt. Brill besaß einen beweglichen und schnell funktionierenden Verstand; um 1930 war er zum Zentrum für psychoanalytische Patientenüberweisungen in New York geworden. (Letzten Endes war Brill von der Gunst Freuds abhängig; in einem gewissen Sinn ernährte Freud alle seine Anhänger, denn die ökonomische Struktur der Bewegung beruhte auf ihm. Die Gunst Freuds äußerte sich durch die Überweisung von Patienten, durch Zitate in der Literatur und durch mündliche Empfehlungen; überall in der Welt gab es Analytiker, die von Freud abhängig waren, und der Einfluß konnte auch korrumpierend sein.) Brill war jedoch ziemlich ungeschliffen, und obwohl er kurze Zeit im Burghölzli in Zürich studiert hatte und an der Columbia Universität eine wichtige Position als Psychiater innehatte, fehlten ihm die gewandten Umgangsformen, um in der Welt der etablierten Medizin die Aufnahme der Psychoanalyse voranzutreiben.[16]

Bis um 1922 war die Mitgliedschaft in der New Yorker Vereinigung völlig offen; später wurden persönliche Analysen verlangt, aber man kannte noch nicht die Praxis, daß ältere Analytiker die Analysen überwachten, die von Ausbildungskandidaten durchgeführt wurden. Im Jahre 1930 hatten die New Yorker Analytiker 50 000 Dollar zur Verfügung, mit denen sie ein Ausbildungsinstitut nach dem Vorbild des Berliner Instituts gründen wollten. Eine Abordnung, die aus Bertram Lewin, Monroe Meyer und Abram Kardiner bestand, begab sich zu Brill und verlangte, daß man für die Leitung des Instituts jemand von auswärts holen solle, da ihrer Meinung nach Brill nicht der richtige Mann für diese Aufgabe war. Man kam überein, Sandor Rado aus Berlin einzuladen, der dann auch 1931 der neue Direktor wurde, während Brill Präsident der Vereinigung blieb.

Zwar hatte kein Analytiker in Amerika Freuds uneingeschränkten Segen, aber ein demokratisches Klima herrschte auch nicht gerade unter den Analytikern; und Rado seufzte unter dem Geist von Orthodoxie und Traditionalismus, den eine Oligarchie in der New Yorker Gruppe aufrechterhielt. Die Intoleranz der Orthodoxesten hielt weit länger an als die Angriffe von uninformierter Seite.[17] Noch heute bewahren viele amerikanische Analytiker Freuds abwehrende Haltung gegen die Außenwelt, als ob sie jetzt nicht auch zum Establishment gehörten. Das Vorbild Freuds ist vielen

Zwecken dienstbar gemacht worden; manchmal wird es sogar von Leuten, die in Wirklichkeit ganz konformistisch sind, dazu benützt, sich als kühne Neuerer auszugeben. Bevor Rado im Jahre 1944 die New York Psychoanalytic Society verließ und die Leitung der Schule zur Ausbildung von Analytikern am College of Physicians and Surgeons der Columbia Universität übernahm, war Karen Horney (eine Nichtjüdin) bereits als Verräterin gebrandmarkt worden. Und als in den späten dreißiger Jahren viele neue Analytiker, die als Flüchtlinge gekommen waren, sich in New York niederließen, sah sich Brill einer oppositionellen Grundwelle gegenüber, nicht wegen seiner orthodoxen Einstellung, sondern weil sein individualistischer Führungsstil jetzt nicht mehr zeitgemäß war.

Die alte Idee der psychoanalytischen Vereinigungen in Amerika war die gewesen, daß Gruppen von Menschen der verschiedensten Herkunft sich zusammentaten, um Fragen von gegenseitigem Interesse zu diskutieren. Aber der Trend ging jetzt zum Professionalismus, und die Ausbildungsinstitute gewannen ihr eigenes organisatorisches Leben. Früher mußte man nur an den Zusammenkünften teilnehmen, um Mitglied einer Vereinigung zu werden. In den späten dreißiger Jahren waren die Institute eine Macht geworden und widerstanden der Herausforderung der »Lehrlings«-Tradition, mit der die europäischen Analytiker vertrauter waren. Der Aufstieg der Institute war begünstigt worden durch die Aufgeschlossenheit gegenüber neuen Institutionen, die in Amerika herrschte, wo sie leichter zu Ansehen gelangen konnten als in der Alten Welt.

Viele Beobachter des amerikanischen Lebens haben darauf hingewiesen, daß dem rhetorischen Individualismus in aller Regel eine höchst konformistische reale Lebensweise gegenübersteht. Tatsächlich läßt sich beides heranziehen, um zu erklären, warum Freud in Amerika so bereitwillig rezipiert wurde. In einer Gesellschaft mit relativ schwach ausgeprägter hierarchischer Struktur und ohne feste Status-Maßstäbe ist der einzelne zwangsläufig stärker von der Billigung der Gruppe abhängig. Die Psychoanalyse spricht sowohl die kollektivistische, als auch die individualistische Seite des amerikanischen Nationalcharakters an. Die Angst, »anders« zu sein, hat häufig das Interesse an der psychoanalytischen Hervorhebung des Außergewöhnlichen und des von der Norm Abweichenden genährt.

Im englischen Kulturleben hat Freud nie das Ansehen errreicht, das er in den Vereinigten Staaten seit langem genießt; selbst was die Honorare angeht, würde sich ein Analytiker fast überall in Nordamerika besser stehen als in London. Um die Jahrhundertwende gehörte die englische Neurologie zu den besten in der Welt, und das stand zweifellos der Entstehung einer starken psychotherapeutischen Bewegung im Wege. Außerdem war England, im Gegensatz zu den Vereinigten Staaten, im Besitz einer sehr alten Kultur und war stolz auf seine Vergangenheit. Erst gegen Ende des letzten Jahrhunderts waren die Amerikaner zu der Erkenntnis gezwungen, daß mit der Schließung der äußeren Grenze ihre Zukunft durch die Grenzen der Geschichte stark eingeengt war.

Selbst im Vergleich zu Freuds eigener prüder Einstellung zu sexuellen Dingen, waren die Amerikaner der Jahrhundertwende offenbar sehr puritanisch; und ein Zug dieses puritanischen Interesses am Sexuellen hat sich in Amerika bis heute erhalten. Trotzdem hat Amerika in seiner Konzeption der Sexualmoral inzwischen einen weiten Weg zurückgelegt. So wurde Hale zufolge *das Frauenbild des Arztes von den 1870er Jahren bis ungefähr 1912 fortschreitend ›reiner‹,*[18] was andeutet, daß die Frauen von neuem gebrandmarkt wurden. Perversionen wurden als ungesund verdammt, und übermäßige Masturbation wie auch zu häufiger Geschlechtsverkehr galten als gefährlich; wenn Freud selbst die Frage aufwarf, ob Masturbation zum Verlust der Manneskraft führen könne, so war er nur ein Kind seiner Zeit.
Trotz der Zustimmung, die er in Amerika fand, stand Freud dem amerikanischen Leben mit herablassender Verachtung gegenüber; zum Teil hing das mit seinem Haß gegen Abhängigkeit zusammen, denn in seinen letzten Jahren waren Amerikaner seine einträglichsten Patienten. Jones zufolge, der Freuds Meinung in diesem Punkt in vollem Umfang teilte, hatte Freud den Eindruck,

daß geschäftlicher Erfolg die Wertskala in den Vereinigten Staaten beherrschte, und daß Gelehrsamkeit, Forschung und profundes Denken ... gering geachtet würden ... Später kam er zu der recht zynischen Meinung, es sei ein Land, dessen einzige Funktion sei, Geld für die Finanzierung der europäischen Kultur zu liefern.[19]

Je mehr Freuds Praxis sich auf amerikanische Patienten beschränkte und die Zahl der einheimischen Patienten zurückging, desto mehr mußte sein Bedürfnis nach Opposition sich ein anderes Ziel suchen. Früher hatte Freud »die Opposition Wiens psychologisch gebraucht und wollte sich nicht die Gelegenheit entgehen lassen, sich über die Wiener lustig zu machen.«[20]
Als Freud in den zwanziger Jahren einen amerikanischen Patienten entließ, den er für langweilig und oberflächlich hielt, erklärte er, der Kerl *hatte kein Unbewußtes!* Als ein anderer Amerikaner ihm einen besonders bizarren Traum berichtete, entlockte das Freud den Ausruf: *Endlich ein wirklicher Traum!* Für die *Untat des Columbus,* Amerika entdeckt zu haben, wußte Freud *eigentlich keine andere Entschuldigung als die Entdeckung des Tabaks.*[21] *Amerika ist ein Irrtum,* sagte Freud einmal scherzend; *ein gigantischer Irrtum zwar – aber eben doch ein Irrtum.*[22] Er bestritt, daß er Amerika *hasse,* er *bedaure* es nur.[23]
Auf der denkwürdigen Amerikareise Freuds im Jahre 1909 erstreckten sich die Gründe Freuds für seine Schwierigkeiten, sich den örtlichen Sitten anzupassen, von dem Fehlen öffentlicher Bedürfnisanstalten, der Qualität des Wassers und des Essens bis zu den üblicheren Klagen über die Vereinigten Staaten: die mangelnde Respektierung des Privatlebens, die Umgangsformen, die sexuelle Heuchelei, der allgemeine Mangel an Kultur, der Alkoholismus und das übersteigerte Lebenstempo. Freud überlegte einmal, ob er einige populäre Artikel für die amerikanische Presse schreiben

solle, zog sich aber dann angesichts der gestellten Bedingungen zurück. Wenn, sagte er, ein geachteter Autor einem deutschen Verleger einen Vertrag anbieten würde, so würde der ihn mit Freuden annehmen und es nicht von dem Erfolg des ersten Artikels abhängig machen, ob er einen zweiten annimmt oder nicht. Die völlige Unterwerfung der amerikanischen Redakteure unter den scheußlichen Geschmack eines unkultivierten Publikums sei der Grund für das niedrige Niveau der amerikanischen Literatur, und natürlich liege dieser Abhängigkeit die Geldgier zugrunde. Ein deutscher Verleger hätte es nicht gewagt, ihm zu sagen, worüber er schreiben solle.[24]
Für die amerikanischen Ideale der Gleichheit hatte Freud nichts übrig, und vor allem mißfiel ihm Gleichheit zwischen den Geschlechtern. Einmal sprach er verächtlich von dem »Weiberregiment« in den Vereinigten Staaten, und einem amerikanischen Patienten sagte er, die amerikanischen Frauen seien ein »kulturfeindliches Element« und die amerikanischen Männer verstünden nicht zu lieben. Es müsse immer Ungleichheit geben, und die Überlegenheit des Mannes sei das kleinere von zwei Übeln.[25] Seine Abneigung gegen Amerika rechtfertigte er mit so verschiedenen, wechselnden Gründen, daß man nur über die Tatsache der Antipathie sicher sein kann. Wie Marx in seiner Abneigung gegen Rußland, verachtete auch Freud gerade das Land, das ihn als einen seiner Propheten wählen sollte. Im Jahre 1952 waren 64 Prozent der Mitglieder der Internationalen Psychoanalytischen Vereinigung in Amerika wohnhaft.[26]
Den amerikanischen Unabhängigkeitssinn bewunderte Freud, wenn er auch annahm, die meisten amerikanischen Freidenker seien wohl Juden; ein Faksimile der amerikanischen Unabhängigkeitserklärung hing in seiner Wohnung an der Wand.[27] Sein vielleicht positivster Kommentar über Amerika steht in einem Brief an Arnold Zweig von 1939, den er nach seiner Übersiedlung nach London schrieb:

Ich meine, Sie haben recht, Amerika anstatt England zu wählen. England ist zwar in den meisten Hinsichten besser, aber man fügt sich hier sehr schwer ein ... Amerika scheint mir ein Anti-Paradies, aber es hat so viel Raum und Möglichkeiten, und am Ende gehört man dazu.[28]

Bezüglich der Entwicklung der psychoanalytischen Bewegung befürchtete Freud jedoch, die Amerikaner könnten die Psychoanalyse allzu schnell mit der medizinischen Psychiatrie vereinigen. *Der Kern seiner Bemerkungen* gegenüber Martin Peck kurz vor seinem Tod *war, daß in Amerika die ärztliche Anwendung die Regel sei, während Beiträge zu ihrer Struktur die Ausnahme seien.*[29]
Die Geschichte der psychoanalytischen Bewegung illustriert Robert Michels »eisernes Gesetz der Oligarchie«, wonach alle Reformbewegungen zwangsläufig bürokratisch und hierarchisch werden und in Widerspruch zu dem Geist treten, der sie schuf. Schon vor Freuds Tod war offensichtlich geworden, daß es einen Konflikt zwischen schöpferischem Genie und organisatorischen Bedürfnissen gab; Freuds Bereitschaft,

ausländische Kandidaten in Wien ausbilden zu lassen, auch wenn das den Wünschen der psychoanalytischen Vereinigung ihres Heimatlandes zuwiderlief, machten ihn zur Gefahr für eine Bewegung, die immer bürokratischer wurde. Seine besondere Einstellung gegenüber Amerika spielte hier eine Rolle; als Theodor Reik von Freud gefragt wurde, ob er bereit wäre, amerikanische Psychiater auszubilden, die nur zu einem kurzen Aufenthalt nach Wien kommen könnten, und Reik darauf starke Zweifel äußerte, ob eine so kurze Ausbildungszeit ausreichen könnte, sagte Freud mit einem Achselzucken: *Es ist nur Exportware.*[30]

Freuds Befürchtungen über die Zukunft der Psychoanalyse konzentrierten sich auf das Symbol Amerika, seinen ungewünschten Erben. Die Tendenz zur Kommerzialisierung und sensationellen Darbietung seiner Ideen schockierte ihn; und er war davon überzeugt, daß es den Amerikanern an geistiger Kreativität fehle: *Die Beiträge zu unserer Wissenschaft aus diesem weiten Land sind doch spärlich und bringen wenig Neues.*[31] Nach seiner Meinung bedienten sich in Amerika die Psychiater und Neurologen zwar häufig der Psychoanalyse als einer therapeutischen Methode, *aber sie zeigen in der Regel wenig Interesse für ihre wissenschaftlichen Probleme und ihre kulturelle Bedeutung.*[32] Es war typisch für Freuds Einstellung, daß er befürchtete, der Rezeption seiner Ideen in Amerika werde es an intellektueller Kraft fehlen; *darum ist es klar, daß der Kampf um die Analyse dort seine Entscheidung finden muß, wo sich die größere Resistenz ergeben hat, auf dem Boden der alten Kulturzentren.*[33] Die bereitwillige Aufnahme seiner Gedanken in Amerika konnte als das Greifen nach einem Strohhalm, als die Begeisterung für alles Neue einer letzten Endes inferioren Kultur beiseite geschoben werden.
Wie Freud es sah, ging die Tendenz in Amerika dahin, *Studium und Vorbereitung zu verkürzen und möglichst rasch zur praktischen Verwendung zu kommen.*[34] Er hatte, zuerst bei Jung und später bei Otto Rank, gesehen, daß Amerikabesuche seine Anhänger anscheinend dazu verführten, Teile seines psychoanalytischen Systems aufzugeben. Freud hatte den Eindruck, daß Neuankömmlinge in den Vereinigten Staaten ein rebellisches Temperament entwickelten, und äußerte sich sarkastisch über das amerikanische Interesse für die Adlersche Psychologie.[35] Jones betete wiederholt Freuds Meinung über die Gefahren eines wissenschaftlichen Rückschritts nach, die aus dem angeblich enervierenden geistigen Klima Amerika erwüchsen.[36] In Freuds Gegenwart fiel es vielen Menschen außerordentlich schwer, die innere Kraft zum Widerspruch zu finden; und vielleicht erkannte Freud, daß Distanz das Verhältnis eines Anhängers zu ihm verändern konnte. So lautete der Satz, den Freud beim Abschied zu Franz Alexander sagte, als dieser in die Vereinigten Staaten abreiste: *Ich hoffe, Amerika wird etwas von dem wirklichen Alexander übrig lassen.**[37]
Freuds Mißtrauen gegen die Reaktion der Amerikaner auf seine Ideen verstärkte sich

* Freuds Abschiedsworte zu Hanns Sachs lauteten: *Ich weiß, daß ich wenigstens einen Freund in Amerika habe.*[38]

noch dadurch, daß die Amerikaner die Laienanalyse ablehnten. Er hegte sehr starke feindselige Gefühle gegen den ärztlichen Berufsstand und war der Überzeugung, daß auch andere Disziplinen als die Medizin eine geeignete Voraussetzung für künftige Analytiker sein konnten. Freud wußte: *Die Psychiater sind's . . ., die sich der Psychoanalyse widersetzen, nicht die Psychiatrie*, und er erkannte fairerweise an: *Unsere Psychiater studieren keine Psychoanalyse, und wir Psychoanalytiker sehen zu wenig psychiatrische Fälle.* Er setzte auf die Zukunft: *Es muß erst ein Geschlecht von Psychiatern herangewachsen sein, welches durch die Schule der Psychoanalyse als vorbereitender Wissenschaft gegangen ist*, und fügte hinzu: *Der Anfang dazu wird gegenwärtig in Amerika gemacht. . .*[39]

Im Grunde war das Ziel Freuds ein völlig neuer Beruf des Analytikers, der von anderen Disziplinen völlig getrennt wäre. Alles, was die Amerikaner fertigbrachten, war jedoch der Beschluß einer Großvater-Klausel, wonach ältere Analytiker ohne medizinische Ausbildung akzeptiert wurden; jungen Kandidaten hingegen wurde es nahezu unmöglich gemacht, zu einer erstklassigen Ausbildung zugelassen zu werden, wenn sie nicht zuvor eine medizinische Ausbildung abgeschlossen hatten. Freud nahm die Position der Amerikaner zur Laienanalyse persönlich; wie er einmal schrieb: *Ich fühle mich gekränkt durch das Verhalten der amerikanischen Analytiker in der Frage der Laienanalyse. Sie haben mich anscheinend nicht sehr gern.*[40] Er meinte: *Die Bewegung gegen die Laienanalyse scheint mir nur ein Ableger des alten Widerstands gegen die Analyse im allgemeinen zu sein.*[41] Während die amerikanischen Analytiker nach Freuds Meinung selbst keine Arbeiten von grundsätzlicher Bedeutung produzierten, verschütteten sie durch ihren Widerstand gegen die Laienanalyse auch noch eine der Quellen künftiger Beiträge zum psychoanalytischen Denken.

In der Studie über Woodrow Wilson, an der Freud mit William C. Bullitt zusammenarbeitete, kann man weitere Beispiele dafür finden, welcher Art Freuds Gefühle gegenüber Amerika waren. Wilson war für ihn stellvertretend für all den frommen Provinzialismus, den auch andere in Amerika, *God's own country*,[42] gesehen haben. Obwohl er einzelne Amerikaner tolerierte – gelegentlich sogar bewunderte –, erwartete Freud, daß die Amerikaner eines Tages sein Werk verwerfen würden.[43] Die amerikanischen Analytiker widersetzten sich der Zulassung nichtärztlicher Mitglieder so entschieden, daß eine Sezession der Amerikaner von der Internationalen Psychoanalytischen Vereinigung in den späten zwanziger Jahren eine reale Möglichkeit war.[44] Dank Ernest Jones, der den Groll der Amerikaner darüber, daß sie von den Wienern so von oben herab behandelt wurden, richtig einschätzte, wurde auf dem Kongreß in Oxford 1929 ein Kompromiß ausgearbeitet, wonach die Europäer sich einverstanden erklärten, von nun an niemanden zur Ausbildung anzunehmen, sei er Laie oder Arzt, der nicht zuvor die ausdrückliche Zustimmung der psychoanalytischen Vereinigung in seiner Heimat erhalten hatte.[45] Noch im Jahre 1938 behauptete Freud, die amerikanische Gruppe werde sich wahrscheinlich abtrennen; er erwarte es.[46].

Freuds Vorahnungen, was mit seinen Ideen in Amerika geschehen würde, erfüllten sich bis zu einem gewissen Grad. So ist zum Beispiel in den Behandlungszimmern der britischen Analytiker von heute die analytische Couch zwar auch dort noch immer nicht zu übersehen, fällt aber in der Regel weniger ins Auge, manchmal steht sie sogar an einer Wand. In Chicago könnte die Couch des Analytikes genauso für gesellschaftliche wie für therapeutische Zwecke da sein, und an der Westküste macht die Einrichtung im Zimmer des Analytikers – zu der in der Regel genügend Stühle für die Gruppentherapie gehören – ganz deutlich, daß gerade das eingetreten ist, was Freud befürchtete: Für den Analytiker ist die Analyse zu einer unter vielen anderen therapeutischen Techniken geworden.

Im Gegensatz zu Freuds Wünschen ist die psychoanalytische Bewegung in Amerika zu einem integrierenden Bestandteil der Psychiatrie geworden. Freud hatte gesagt, er sei keineswegs glücklich zu sehen, daß die Analyse in Amerika zur Magd der Psychiatrie geworden sei.[47] Die amerikanischen Psychiater förderten, im Gegensatz zu den englischen, die Arbeit Freuds. Aber wie auch in anderen Bereichen des amerikanischen Lebens die Theorie kleingeschrieben wurde, so triumphierte auch in der Psychoanalyse der Pragmatismus.[48] Die amerikanische Neigung, selbst auf einem so introspektiven Gebiet, wie es die Psychoanalyse ist, ging dahin, die Verhaltensveränderungen bei der therapeutischen Behandlung in den Vordergrund zu rücken, anstatt, wie Freud, sich auf die inneren Veränderungen der Persönlichkeit zu konzentrieren.

Freuds Praxis im hohen Alter, der Zeit also, da die meisten seiner amerikanischen Schüler ihn kennenlernten, unterschied sich von der Psychoanalyse der Zeit vor dem Ersten Weltkrieg. Die meisten der Therapeuten, die Freuds Technik in die Vereinigten Staaten mit zurücknahmen, wurden von dem späteren, dem Tode nahen Freud ausgebildet; sie identifizierten sich jedoch mit einem Mann, der sich von seinen menschlichen Kontakten löste, dem das Sprechen Schmerzen bereitete. Sie hatten naivere Vorstellungen als ihre europäischen Kollegen darüber, was der Experte an Wissen erhoffen kann; so fühlten sie sich durch Freuds zunehmende Distanziertheit in der Überzeugung bestätigt, daß die Wissenschaft der Psychoanalyse, die Freud mehr und mehr ins Rampenlicht der öffentlichen Aufmerksamkeit rückte, über eine Technik verfügte, die letzten Endes auch ihren eigenen speziellen Zielen dienstbar gemacht werden könnte.

Mit dieser Vorstellung kamen die Amerikaner, die ja legendäre Optimisten sind, in Freuds düsteres Studierzimmer. Als Ausländer, die vorübergehend von den Vereinigten Staaten abgeschnitten waren, sahen sie ihre Vergangenheit in hellerem Licht, denn sie führten in Wien ein eingeschränktes, isoliertes Leben. Für einen Amerikaner war eine Analyse bei Freud eine besonders einsame Angelegenheit, denn der Patient ging ja anschließend wieder in seine Heimat zurück. Freud behandelte zwar die Amerikaner nicht besonders gern, aber er brauchte ihr Geld, darüber äußerte er sich manchmal ganz offen; er muß jedoch gewußt haben, daß er sich durch die bevorzugte

Analyse von Amerikanern um die Chance brachte, sich in Wien durchzusetzen, falls eine solche Chance je bestand.

Die Anhänger der Psychoanalyse in ihrer Frühzeit waren der Sache leidenschaftlich verschworen: Die Anfangskampagne für die Freudsche Lehre wurde von Analytikern geführt, die ganz anders waren als die heutigen Praktiker. Die psychoanalytischen Kreise in Amerika bestehen weniger auf dogmatischer Klarheit, als es in Europa der Fall ist. Das Beharren auf der reinen Lehre von seiten der europäischen Analytiker, die als Flüchtlinge nach Amerika kamen, hat dort die wissenschaftliche Weiterentwicklung der Psychoanalyse in gewissem Umfange behindert; durch ihren Einfluß blieb die Psychoanalyse stärker isoliert, als notwendig war. Aber vielleicht war ihr Eifer ein unerläßlicher Teil jener Energie, die dem Triumph der Psychoanalyse in Amerika zugrunde lag.

Eduard Hitschmann (1872–1958)

*Horace W. Frink
(1883–1933)*

Hanns Sachs (1881–1947)

Oskar Pfister (1873–1956)

8.
Otto Rank:
Söhne und Väter

Otto Rank (1884–1939)

8.1. Das Trauma der Geburt

Otto Rank (1884–1939) nahm einen ungewöhnlichen Platz im Leben Freuds ein; er war für Freud in eminent persönlicher Weise wichtig, und kein anderer Mensch hat je ganz die gleiche Rolle gespielt. Es ist rückblickend schwer festzustellen, wieweit der Neid, daß Rank Freud so nahestand, Ernest Jones dazu geführt hat, so nachdrücklich zu betonen, Rank sei nur dem »abweichenden« Weg von Adler und Jung gefolgt. Jones konnte sich weitgehend auf die Kenntnisse der Dinge stützen, die Gemeingut der Psychoanalytiker waren, und er verfügte über eine Fülle von bis dahin unveröffentlichtem Material, mit dem er seiner offiziellen Darstellung dessen, was zwischen Freud und Rank vorgegangen war, Farbe geben konnte. Freuds hohe Erwartungen, so lautet diese Darstellung, führten dazu, Ranks Talente und seine potentiellen Beiträge zur Psychoanalyse zu überschätzen. Sobald Rank die Grundfeststellungen der Psychoanalyse, nicht nur ihren theoretischen Überbau, aufgab, ließ Freud ihn fallen.
Jones überdeckte die Schwierigkeiten zwischen Freud und Rank mit großer Sorgfalt:

Ich habe mit einiger Ausführlichkeit die Episode von Ranks Bruch mit Freud dargestellt, weil sie den besten Beweis gegen die immer noch verbreitete Legende bietet, nach der Freud ein diktatorischer Mensch gewesen sei, der bei seinen Anhängern nicht die geringste Abweichung von seinen eigenen Ideen geduldet und sie sofort aus seinem Kreis verbannt habe.[1]

Zur Bekämpfung dieser übergroßen Vereinfachung behauptete Jones, in Rank habe sich eine Psychose zusammengebraut, die mit zu seiner Entfremdung von Freud beigetragen habe. Man kann jedoch für das, was zwischen Rank und Freud vorging, eine sehr viel befriedigendere Erklärung konstruieren – eine Erklärung, welche die tragischen Aspekte des Konflikts zwischen diesen beiden Männern hervorhebt –, ohne auf die alten Klischees vom Widerstand des Schülers oder vom autoritären Charakter des Meisters zurückzugreifen. Wenn auch in der Darstellung von Jones ein Stück der Wahrheit steckt, können wir doch versuchen, eine Kontroverse menschlich plausibler zu machen, die meiner Meinung nach mythologisiert worden ist.
1884 in Wien geboren, war Rank von verhältnismäßig niederer sozialer Herkunft. Sein Vater trank und war verantwortungslos, doch hatte seine Familie offenbar mehr unter seiner Gleichgültigkeit als unter Brutalität zu leiden.[2] Die Familie spaltete sich schließlich. »Mit sechzehn oder siebzehn warfen Rank und sein Bruder die Autorität ihres Vaters endgültig ab.«[3] Der Familienname war Rosenfeld, aber Otto glaubte, die Last des Vaternamens nicht mehr tragen zu können. So wählte er den Namen Rank, vielleicht aus Ibsens Stück *Ein Puppenhaus*, und behielt nur den ersten Buchstaben »R« als Erinnerung an die Vergangenheit. (Es gibt zumindest noch einen weiteren

Psychoanalytiker, der gleichfalls seinen eigenen Nachnamen erfunden hat: Erik H. Erikson.)
Rank ging schon sehr jung arbeiten und unterstützte seine Mutter. Nach einer Version arbeitete er als Glasbläser in einer Fabrik, aber zweifellos übte er auch noch andere Tätigkeiten aus. Irgendwie fand Rank die Zeit und die Energie, Bücher aus allen möglichen Gebieten zu lesen, und wurde von Freuds Schriften gefangengenommen. Alfred Adler war der Hausarzt der Familie Rank, und als Otto Rank einmal bei Adler zur Untersuchung war, brachte er die Rede auf Freud. Adler bot ihm an, ihn einzuführen, und im Jahre 1906, im Alter von zweiundzwanzig Jahren, stellte er sich Freud mit einer von ihm verfaßten Abhandlung »Der Künstler« vor.
Freud, der in seiner eigenen Jugend zwiespältige Gefühl gegenüber Beschützern gehabt hatte, wurde zum Mentor und Gönner Ranks. Wie Freud es 1914 schilderte:

Eines Tages führte sich ein absolvierter Gewerbeschüler durch ein Manuskript bei uns ein, welches außerordentliches Verständnis verriet. Wir bewogen ihn, die Gymnasialstudien nachzuholen, die Universität zu besuchen und sich den nichtärztlichen Anwendungen der Psychoanalyse zu widmen. Der kleine Verein erwarb so einen eifrigen und verläßlichen Sekretär, ich gewann an Otto Rank den treuesten Helfer und Mitarbeiter.[4]

Die »Protokolle« der Wiener Vereinigung wurden von Rank handschriftlich geführt. Rank war offensichtlich in seiner Arbeit tüchtig, und zwischen ihm und Freud entstand ein vertrautes Verhältnis. Freud übertrug Rank die Herausgabe der revidierten Auflagen der *Traumdeutung*; für die vierte, fünfte, sechste und siebte Auflage (1914–22) war Rank für die Bibliographien allein verantwortlich. Rank wurde Freuds *Forschungsgehilfe, sein Korrekturleser, sein Adoptivsohn*.[5]
Freud hielt es für unbedingt richtig, daß der Lehrer eine gewisse Distanz zu seinen Schülern halten müsse; es war unvermeidlich, daß er für sie viel wichtiger wurde, als je einer von ihnen es für ihn sein konnte. Rank gegenüber jedoch war Freud außerordentlich großzügig und aufgeschlossen. Das Vertrauen Freuds bestärkte Rank in seinem schöpferischen Streben. Zwar unterstützte Freud Rank auch finanziell; ebenso wichtig war aber sein Glaube an Ranks Fähigkeiten. Die großen Hoffnungen, die er in diesen begabten Jüngling setzte, gaben Rank den Schwung, den er brauchte. Mit den psychoanalytischen Konzepten als Werkzeug und mit dem Auftrieb, den ihm der persönliche Einfluß Freuds gab, blühte Rank als Schriftsteller, Intellektueller und Gelehrter auf.
Freud tat alles, was ein älterer Mann überhaupt für einen jüngeren tun kann, und was Freud für Rank bedeutete, läßt sich gar nicht überschätzen. Als Rank zu Freud kam, hatte er nur eine Gewerbeschule besucht. Mit Hilfe Freuds erwarb er 1912 den Doktorgrad der Philosophie an der Universität Wien. Freud wurde zum idealen Ersatz für Ranks eigenen Vater.

Ranks spezielles Interessengebiet war die Mythologie, auf dem er Jones zufolge ein *wirklich ausgedehntes Wissen* erwarb.[6] Ranks Denkansatz in bezug auf die Psychologie der Mythen, war, um Freuds zusammenfassende Worte zu zitieren: festzustellen, wie *die Mythen . . . auf den Himmel projiziert wurden, nachdem sie anderswo unter rein menschlichen Bedingungen entstanden waren.*[7] Außerdem verfolgte er sein Interesse für die Kreativität und die Psychologie des Künstlers weiter. Eine wichtige Abhandlung Ranks behandelt die Rolle des »Doppelgängers« in der Literatur. Freud steuerte einen Beitrag zu Ranks Buch *Der Mythus von der Geburt des Helden* bei. Noch bemerkenswerter ist – und man kann sich vorstellen, welchen Eindruck das auf Freuds andere Schüler machte –, daß er zwei Aufsätze Ranks in Neuauflagen der *Traumdeutung* erscheinen ließ (die später weggelassen wurden, nachdem es zum Bruch zwischen den beiden Männern gekommen war.) Überall in Freuds Schriften findet man Hinweise auf Ranks wissenschaftliche Leistung, Bemerkungen wie *Das hier folgende steht unter dem Einflusse eines Gedankenaustausches mit Otto Rank* oder *nach einer treffenden Bemerkung von Otto Rank . . .*[8]
Im Jahre 1912 wurde Rank mit Hanns Sachs zusammen Gründungsredakteur der *Imago*, und außerdem machte Freud Rank schon bald zum wichtigsten Schriftleiter der *Zeitschrift*, der zentralen Zeitschrift für psychoanalytische Literatur in deutscher Sprache; Rank war auch das führende (wenngleich jüngste) Mitglied des geheimen Komitees, das nach dem Verlust von Adler und Jung gegründet wurde, um Freud von organisatorischen Aufgaben ein wenig zu entlasten; in einer Gruppenaufnahme aus dem Jahre 1922 von Freud und den ihm am nächsten stehenden Anhängern (Rank, Ferenczi, Abraham, Jones, Sachs und Eitingon) ist Rank es, der den Platz unmittelbar hinter dem thron-ähnlichen Stuhl Freuds einnimmt. Von den frühen zwanziger Jahren ab pflegte Freud in der Wiener Vereinigung nur so lange zu bleiben, bis die Vorträge verlesen waren; dann folgte eine Pause, nach der Rank anstelle Freuds den Vorsitz der Versammlung übernahm.
Freuds andere Schüler waren verständlicherweise neidisch auf Rank, und vielleicht war eine solche Eifersucht letzten Endes auch der Grund dafür, daß Jones die Ursprünge der Schwierigkeiten, die zwischen Freud und Rank heranwuchsen, mißdeutete und den Grad ihrer Vertrautheit unterschätzte. *Jahrelang stand Rank in engem, fast täglichen Kontakt mit Freud, und doch – so behauptete Jones – kamen sich die beiden Männer nie wirklich nahe. Rank fehlte unter anderem der Charme, der für Freud anscheinend viel bedeutete.*[9] Alles verfügbare Beweismaterial spricht gegen diese Deutung; Freud schätzte an Rank gerade jene Eigenschaften, die zu spontaner Vertrautheit führen.[10]
So viel Freud auch für seine anderen Schüler getan haben mag, Rank war sein persönlicher Liebling, weit mehr als nur ein Schüler. Als in einem Sommer Anna Freud Keuchhusten bekam, nahm Freud an ihrer Stelle Rank als Reisebegleiter mit; es war die Rolle eines Adoptivsohns, in der Rank einen so wichtigen Platz in Freuds Leben einnahm. Die Ermutigung und Förderung, die Freud Rank zuteil werden ließ, spiegelt

zum Teil auch seine Unzufriedenheit mit vielen seiner Wiener Schüler wider; und was den tieferen Bereich von Freuds Persönlichkeit angeht, ging seine Anerkennung von Ranks Talenten auf seine eigene Entfremdung von seinen Söhnen zurück. (Freuds ältester Sohn Martin war ein bißchen eifersüchtig und ärgerlich darüber, daß Rank die geschäftlichen Angelegenheiten Freuds besorgte; erst nach der Trennung der beiden Männer gelang es Martin endlich, die Geldangelegenheiten an sich zu ziehen.)

Rank war, wie Freud es sah, besonders geeignet, sein idealer Nachfolger zu werden. Freuds eigene Söhne eigneten sich nicht dafür, denn es fehlte ihnen an schöpferischer Kraft und damit auch an der Fähigkeit, die Unsterblichkeit zu sichern, auf die Freud ein Anrecht zu haben glaubte. Freuds andere Schüler waren gleichfalls ungeeignet; da sie zumindest ein Minimum an eigener Leistung schon mitbrachten, als sie zu Freud kamen, konnten sie aus eigenem Recht etwas sein. Rank jedoch hatte nur seine angeborenen Fähigkeiten, als er in Freuds Kreis eintrat, und so konnte Freud, metaphorisch gesprochen, ihn gewissermaßen erst zur Welt bringen. Freud war der Überzeugung, daß sein eigenes Genie voll ausgebildet ans Licht getreten war und sich auf keine erkennbare familiäre oder soziale Vergangenheit zurückverfolgen ließ. In Rank konnte Freud einen würdigen Nachfolger haben, das Produkt des eigenen Willens des Meisters, geformt aus seiner Großmut, Ermutigung und Inspiration.

Ranks Dankbarkeit gegenüber Freud infantilisierte ihn bis zu einem gewissen Grad in der Beziehung zu seinem Schutzpatron. Jones führte Ranks ungeheuren Respekt vor Freud teilweise darauf zurück, daß er *aus einer deutlich niedrigeren sozialen Schicht als die anderen* [stammte], *und dies erklärt vielleicht die auffallend schüchterne und sogar unterwürfige Haltung, die er in jener Zeit an den Tag legte.*[11] »Unterwürfig« erscheint als Begriff nicht ganz weitgehend genug, während »sklavisch« der eifrigen Mitarbeit Ranks nicht gerecht würde. Vor dem Ersten Weltkrieg war Rank für sein unterwürfiges Benehmen bekannt, selbst in einer Kultur, wo der Respekt vor Vätern und Vorgesetzten ganz allgemein etwas Selbstverständliches war. Bei den Zusammenkünften war Rank ständig auf dem Sprung, ein Glas Wasser für Freud zu holen oder seine Zigarre anzuzünden.

Anfang 1916 wurde Rank nach Krakau geschickt, um dort das offizielle Blatt der österreichischen Armee, die *Krakauer Zeitung,* herauszugeben. Zum ersten Mal war er von Freud getrennt; bis zum Ende des Krieges konnte er nur ein paar kurze Reisen nach Wien machen. Von Krakau aus gab er weiterhin die *Imago* heraus, und es gelang ihm immer, Freud mit Zigarren zu versorgen.

Jones war der Meinung, Ranks Jahre in Krakau seien *für den Rest seines Lebens verhängnisvoll gewesen. Vor dem Weltkrieg sei er eine ganz andere Persönlichkeit als nachher gewesen; ich kenne niemanden, der sich im Leben so stark veränderte.*[12] Jones zufolge hatte der Krieg den Plan Ranks verhindert, sich von Jones analysieren zu lassen. Von Freud entfernt, erfüllte Rank zum ersten Mal eine eigene Aufgabe in eigener Verantwortung. Seine Arbeit machte zahlreiche Reisen erforderlich, und offenbar leistete er insgesamt vorzügliche Arbeit. Am Ende des Krieges heiratete Rank, in einer militärischen Blitztrauung am 9. November 1918; zwei Tage später nahm er seine Frau mit nach Wien, um sie Freud vorzustellen.

Beata Tola Mincer war Anfang Zwanzig, als sie sich in Rank verliebte. Freud vorgestellt zu werden, war für dieses schüchterne, einfache Polenmädchen so etwas wie eine Vorstellung bei Hofe. Freud war *ein Kaiser geworden, um den die Legende zu spielen anfängt, herrscht aufgeklärt und absolut in seinem Reich* . . .[13] Während Tola Rank schön und recht elegant war, war Otto Rank ein fast häßlicher Mann. Aber sie bildeten ein gelungenes Paar, und sie ordnete sich ihm mit der Weiblichkeit des neunzehnten Jahrhunderts unter.

Tola Rank wurde sofort zu einem Mitglied der Familie Freud, zu einer Adoptivschwiegertochter. Sie hatte fast dasselbe Alter wie Freuds Tochter Anna, und Freud nahm sie als willkommenen Zuwachs in seinen Kreis auf. In einem Aufsatz, den er im Frühjahr 1919 schrieb, dankte er in einer Fußnote »Frau Dr. Rank« für eine Anregung.[14] Freuds Anmerkung entging seinen Anhängern nicht; Ottos Frau hatte offenbar einen besonderen Platz in Freuds Zuneigungen gefunden. Als ihre Tochter geboren wurde, wurde sie wie ein echtes Enkelkind Freuds begrüßt; die Freudfamilie tat sich zur Beschaffung eines Kinderwagens zusammen, und Freuds Schwägerin Minna übernahm die Anfertigung der Matratze. Freuds Kinder hatten bisher nur Söhne hervorgebracht, so daß dieses Kind sozusagen seine erste Enkelin war.

Es mag sein, daß Ranks Heirat ihn schließlich zu Interessen außerhalb des Freudschen Bannkreises führte, aber zunächst bewegten sich die Ranks reibungslos als Paar innerhalb der Freudschen Welt. Freuds Frau empfing selten Gäste, zum Teil deshalb, weil sie sich als Gastgeberin schwer tat; so übernahm Tola Rank die Rolle der Gastgeberin. Sie gab ein Abendessen für David Forsyth, einen wichtigen englischen Patienten, der in Analyse bei Freud war. Sie gab auch ein Abendessen für Lou Andreas-Salomé, als diese zu Besuch in Wien war; neben den Freuds luden die Ranks auch ihre guten Freunde Helene und Felix Deutsch ein. In ihrer Vierzimmerwohnung konnten die Ranks gut gelungene Einladungen für Freud geben. Zumindest in einem Fall veranstalteten sie eine Weihnachtsgesellschaft, zu der Freuds ausländische Patienten eingeladen wurden.

Tola half wie schon in Krakau bei der Herausgabe der *Imago* mit und las Korrekturen. Sie hatte außerdem die Ehre, neben Anna Freud Diktate von Freud aufzunehmen, wenn er Briefe für die Mitglieder des Komitees entwarf, die dann, mit der Unterschrift von Rank und Freud versehen, versandt wurden. Freud und Rank *schrieben immer zusammen, in der Regel in der Wir-Form. Anscheinend gab Freud im Gespräch mit Rank den Text an, der dann anhand seiner Notizen formulierte. Freud übernahm stets die volle Verantwortung.*[15] Freuds sonstige Briefe wurden nur selten mit der Schreibmaschine geschrieben; er schrieb gern alles selbst in seiner charakteristischen, aber sehr schwierigen deutschen Schrift. Ein Jahr nachdem Anna Freud

Mitglied der Wiener Vereinigung geworden war, schlug Freud vor, daß auch Tola Rank beitreten sollte.* Damals war es noch nicht Voraussetzung für die Mitgliedschaft, daß man ausgebildet war oder vorhatte, zu praktizieren, aber Tola mußte einen Vortrag halten, in jenen Tagen eine Vorbedingung für die Wahl in eine psychoanalytische Vereinigung. Am 30. Mai 1923 sprach Tola über »die Rolle der Frauen in der Evolution der menschlichen Gesellschaft« und wurde darauf gewählt.

Als Wien nach dem Ersten Weltkrieg allmählich zur Ruhe kam, fing Rank, mit seinen neuen Familienverpflichtungen, eine psychoanalytische Praxis an. Wie Freud hatte er sein Konsultationszimmer neben seiner Wohnung; es war allerdings kleiner. Rank war einer der ersten Laienanalytiker; ab 1920 analysierte er mit der vollen Unterstützung Freuds Patienten. Rank hatte sich außerdem in die Aufgabe als Redakteur und Geschäftsführer von Freuds neuem Verlagsunternehmen (Internationaler Psychoanalytischer Verlag) mit *wirklich erstaunlicher Befähigung und Energie* gestürzt.[16]

Rank war regelmäßig Mittwoch abends zum Abendessen bei den Freuds; anschließend gingen Freud und Rank zusammen weg, um vor der Vereinigung zu sprechen. Freud besprach alles, was er schrieb, mit Rank und hörte sich an, was sein Schüler dazu zu sagen hatte. Anfang der zwanziger Jahre ging sogar ein Gerücht um, Rank habe Freud kurze Zeit analysiert, und obwohl das äußerst unwahrscheinlich klingt – wahrscheinlich hatten sie nur Erzählungen ihrer Träume ausgetauscht –, ist es doch ein Hinweis auf das enge Verhältnis, das zwischen den beiden Männern entstanden war. Wenn Freud auch noch anderen Schülern Bewunderung zollte, in den frühen zwanziger Jahren jedenfalls war Otto Rank nicht nur sein persönlicher Liebling, sondern auch sein Kronprinz.

Bei seiner Erklärung des Scheiterns von Freuds Plänen erwähnt Jones zwei ketzerische Abweichungen Ranks, einmal die Theorie vom Geburtstrauma und außerdem eine andere klinische Methode in der Therapie. Nach Ranks Meinung ergab sich diese Theorie zum Teil aus seiner therapeutischen Erfahrung als Analytiker, und so wie er sein Konzept des Geburtstraumas skizzierte, hatte das eindeutig klinische Implikationen. Diese beiden Fragen waren tatsächlich der Kern eines fast philosophischen Disputs, der schließlich zwischen Freud und Rank entstand.

Jones berichtet, Rank habe schon im März 1919 behauptet, *das Wesentliche im Leben sei die Beziehung zwischen Mutter und Kind.* Rank kam schon bald zu der Auffassung, Ehepartner *wiederholten ... immer diejenige [Beziehung] zwischen Mutter und Kind.*[17] Im Jahre 1919 schenkte jedoch die Psychoanalyse der Rolle der Mutter in der Entwicklung des Kindes oder für die mütterlichen Bedürfnisse von Patienten in der Behandlung nur sehr wenig Aufmerksamkeit. Freud verstand die Mutter als ein Objekt sexuellen Begehrens und als Quelle sinnlicher Lust. Die beschützenden Funktionen der Mutter oder ihre nährende Rolle stellte er jedoch nicht heraus, und

---

* Ein Freund Tolas erinnerte sich, daß er sie um diese Zeit auf dem Weg zu einem Maskenball abholte; Freud war bei den Ranks und sorgte sich um Tola, als ob sie seine Tochter wäre.

die Mutter als eine Gestalt, von der das Kind in einem frühen Stadium eine legitime Abhängigkeit entwickelt, erwähnte er nicht einmal. (Vielleicht reflektiert das Freuds Abneigung dagegen, die eigenen Abhängigkeiten von seiner übermächtigen, dominierenden Mutter zu explorieren.)

Im großen und ganzen nahm Freud die nährenden Funktionen einer Mutter für selbstverständlich. Die Bindung, die Freud wiederholt deutete, war die des Kindes an seinen Vater. Noch in einer Falldarstellung, die 1918 erschienen ist, nannte Freud den Vater seines Patienten *seine erste und ursprünglichste Objektwahl, die sich dem Narzißmus des kleinen Kindes entsprechend auf dem Wege der Identifizierung vollzogen hatte.*[18] Freud dachte damals, die *erste und primitivste* menschliche Bindung des kleinen Jungen sei die an seinen Vater, nicht die an seine Mutter. Freud schloß den Anteil der Mutter an der Psychopathologie seiner Patienten nicht aus; aber er sah die Mutter in der Hauptsache als die Verführerin zu einer ödipalen Situation oder als den Ursprung homosexueller Konflikte im Erwachsenenalter.

Jones legte dar, was die praktische Folgerung aus Ranks Konzeption des Geburtstraumas war: *In klinischer Hinsicht kam er zur Folgerung, daß alle seelischen Konflikte die Beziehung des Kindes zu seiner Mutter betreffen* ...[19] Dies würde man heute als eine übermäßige Vereinfachung ansehen, aber seit jener Zeit hat sich die Psychoanalyse immer stärker auch mit der Rolle der Mutter bei der normalen Entwicklung, nicht nur bei der pathologischen, beschäftigt. Die Arbeiten von Donald Winnicott in England und von Erik H. Erikson in Amerika zum Beispiel hatten zum Ziel, den entscheidenden Beitrag der Mutter zur Gesundheit des heranwachsenden Kindes zu bestimmen. Trennungsangst und die Reaktion des Kindes auf die Angst vor dem Verlust bemutternder Hilfe sind inzwischen ausführlich untersucht worden; obwohl von Jung schon vorweggenommen, war doch die Hauptmasse dieser Arbeiten in den frühen zwanziger Jahren noch nicht erschienen, als die Analytiker noch die Kastrationsdrohungen des Vaters für das zentrale Problem hielten.

Als Rank seine neuen Konzepte zuerst vorlegte, bemerkte Freud scherzend: *Daraufhin macht sich ein anderer selbständig.*[20] Das Manuskript von *Das Trauma der Geburt* wurde im April 1923 vollendet und Freud zu seinem Geburtstag am 6. Mai vorgelegt. Freud akzeptierte die Widmung des Buches, das im Dezember 1923 im Druck erschien; anfänglich reagierte er positiv auf Ranks neue Konzepte. Im Februar 1924 schrieb er: *ich weiß nicht, ob es zu 66 oder zu 33 % stimmt, aber es ist jedenfalls seit der Entdeckung der Psychoanalyse der wichtigste Fortschritt.*[21]

Es wäre unfair, es so darzustellen, als sei Rank der einzige Psychoanalytiker seiner Zeit gewesen, der die vernachlässigte Rolle der Mutter hervorhob. Georg Groddeck kam anscheinend gleichfalls zu diesem Schluß, und Sandor Ferenczi neigte zu der gleichen Auffassung. Aber es war Otto Rank, der die prä-ödipale Mutter zum Zentrum seines Systems machte. Die Idee, daß die Angst dem Geburtstrauma entstamme und daß dieses Trauma in der Therapie noch einmal erlebt werden müsse, mag eine extreme Vorstellung gewesen sein, aber in der Hauptsache zielte Ranks Konzeption

darauf ab, die zentrale psychologische Bedeutung der Mutter deutlich zu machen.*
Ein Analytiker, der zu jener Zeit unter der Leitung Ranks mit gewissen Aufsichtsaufgaben betraut war, äußerte sich folgendermaßen: *Überall da, wo die frühere Auffassung dem Vater die zentrale Rolle in emotionalen Konflikten zugewiesen hatte, setzte Rank einfach die Mutter an seine Stelle.*
Ranks Buch stellte eine fast karikaturistische Übertreibung von Freuds eigener Arbeitsmethode dar, indem es sich nacheinander jeweils ganz auf ein einziges Problem konzentriert. Nachdem Rank die beschützende Mutter für die Psychoanalyse entdeckt hatte, versuchte er, die Folgerungen aus dieser Einsicht zu entwickeln. Schon 1908 – wenn nicht auch schon früher – hatte Freud den *Geburtsakt als Angstquelle* erwähnt.[22] Und bei einer anderen Gelegenheit schrieb er:

Die Geburt ist ebenso die allererste Lebensgefahr wie das Vorbild aller späteren, vor denen wir Angst empfinden, und das Erleben der Geburt hat uns wahrscheinlich den Affektausdruck, den wir Angst heißen, hinterlassen. Der Macduff der schottischen Sage, den seine Mutter nicht geboren hatte, der aus seiner Mutter Leib geschnitten wurde, hat darum auch die Angst nicht gekannt.[23]

Daß Rank seine These auf einem Gedanken Freuds aufbaute, war völlig in Ordnung; es war genau die Art des Vorgehens, die Freud von seinen Schülern erwartete: Sie sollten seine eigenen, noch unausgearbeiteten Beiträge weiterentwickeln. Aber daß Rank seine Theorie als einen Akt der Selbständigkeit benützte, bedeutete, daß er sich dem Vorwurf des Diebstahls aussetzte[24]; wieder könnte man argumentieren, daß ein Schüler Freuds eine Komponente der Psychoanalyse überbetonte und auf einer Idee Freuds ein eigenes System aufbaute.

Die klinischen Folgerungen, die Rank zog und die ihn zum Teil überhaupt erst zu seiner Theorie geführt hatten, standen in schroffem Gegensatz zum psychoanalytischen Denken jener Zeit. Wenn man die Schriften Freuds heute untersucht, liest man allzuleicht aus unserem heutigen Erkenntnisstand Einsichten in sie hinein. Zu der Zeit, als Rank seine Arbeit schrieb, betonte Freud nachdrücklich die verstandesmäßige Einsicht als Heilungsfaktor.

Bevor Rank *Das Trauma der Geburt* schrieb, hatte er mit Ferenczi an dem Buch *Entwicklungsziele der Psychoanalyse* zusammengearbeitet, das von der mehr rationalistischen Frühzeit des Freudschen Werkes wegführen sollte. Obwohl Jones noch in den 1950er Jahren dieses Buch für *verhängnisvoll* hielt,[25] ist doch die Grundauffassung des Buches Bestandteil der tagtäglichen Arbeit der Psychoanalytiker geworden. Rank und Ferenczi betonten, wie wichtig es sei, während einer Analyse stets die ge-

---

* Klinisch mag das Konzept des Geburtstraumas in Ranks Praxis eine relativ kleine Rolle gespielt haben. Von zumindest einem Patienten, der 1926 in Analyse bei Rank war, wissen wir, daß er nie etwas über das Geburtstrauma gehört hat. Man wird hier daran erinnert, daß Karen Horney gesagt hat, ihre Technik als Analytikerin ändere sich nie, gleich in welcher Phase ihrer theoretischen Überzeugungen sie sich jeweils befinde.

genwärtigen Realitäten im Auge zu behalten, und lenkten damit die Aufmerksamkeit auf die Interaktion zwischen Analytiker und Patient in der Behandlung. Freud hatte im allgemeinen die Neigung von Patienten mißbilligt, Probleme auszuagieren, anstatt sie ins Gedächtnis zurückzurufen. Rank und Ferenczi hingegen wiesen auf den möglichen Nutzen des Ausagierens als Teil einer Analyse hin, die ein emotionales Neuerleben der Vergangenheit anstatt nur ein verstandesmäßiges Wissen einschließen solle. Obwohl Ferenczi ein Jahrzehnt länger als Rank bei Freud bleiben sollte, war doch das Buch der beiden einer der Ursprünge der Spannungen zwischen Freud und dem Manne, den er zum Nachfolger erwählt hatte. Ranks Methode implizierte, wie die anderer Dissidenten in der Psychoanalyse, daß für den Patienten Unterstützung und nicht nur Einsicht von Nutzen war. Wie noch andere auch, vertrat Rank eine tolerantere Einstellung zur Psychotherapie und ihren Zielen. Der folgende Satz ist eine treffende Charakterisierung des Kerns der Rankschen Konzeption des Geburtstraumas: *Die Mutter erscheint dem Kind in der Beziehung der Liebe – und steht für das, was das Kind bereits ist, für seinen natürlichen Zustand –, während der Vater in der Beziehung der Tugend erscheint und für das steht, was das Kind werden muß.*[26]

8.2. Verfrühter Kummer

Die Spannungen zwischen Freud und Rank wurden von den anderen Schülern ausgenutzt, vor allem von Jones und Abraham. Freud wollte von ganzem Herzen Rank halten. Aber selbst Freud wurde zum Gefangenen der Ereignisse und seiner eigenen Größe, nachdem er einmal die psychoanalytische Bewegung geschaffen und die Ketzereien von Adler und Jung öffentlich gebrandmarkt hatte. Jetzt fielen, wie sich ein Analytiker erinnerte, alle, die Grund hatten, auf Ranks Stellung eifersüchtig zu sein, *wie Hunde über Rank her.*
Die Eigenschaften, die Rank zu einem geeigneten Adoptivsohn Freuds gemacht hatten, und all die Gunstbezeigungen, die Freud ihm erwiesen hatte, stachelten die anderen zum Angriff an. Einige von Freuds Schülern haben berichtet, daß er milder sein konnte als viele seiner Anhänger: *Meine Schüler sind strenggläubiger als ich*[1], soll Freud gesagt haben, was an den Ausspruch von Marx erinnert, er sei kein Marxist. Zunächst schien Freud bereit, Rank seine Gedanken ausarbeiten zu lassen. Freud hatte aus seinen früheren Kämpfen mit (männlichen) Schülern etwas gelernt; und weil er Rank liebte, war er imstande, eine Ausnahme zu machen.
Der Mensch Freud hätte vielleicht Frieden mit Rank halten wollen. Aber die Bewegung als Ganzes, oder zumindest einige ihrer führenden Leute, kamen Freuds persönlicher Einstellung zu Rank in die Quere. Die Psychoanalyse hatte jetzt ein Eigen-

leben und stellte sich schließlich zwischen Freud und Rank. Da die treuen Schüler mit Freud selbst nicht konkurrieren konnten, konkurrierten sie untereinander. Der Wunsch, der Lieblingssohn zu sein, spielte bei ihnen allen eine Rolle. Ranks Buch über das Geburtstrauma kam als eine ziemliche Überraschung, und es gab gute Gründe dafür, viele der darin aufgestellten Behauptungen anzugreifen. Rank selber jedoch glaubte nicht, daß er irgend etwas in der Psychoanalyse verleugnet habe. Was über ihn hereinbrach, das waren die verdrängten Rivalitäten und Eifersuchtsgefühle von Freuds anderen Schülern.

Karl Abraham in Berlin war einer der Hauptjäger auf der Hexenjagd nach Ketzerei. Nach der Darstellung von Jones hatte Abraham eine vernünftige und ausgewogene Meinung über Ranks Position. Abraham stellte angeblich bei Rank Zeichen einer wissenschaftlichen Regression fest, ähnlich der Jungs vor über einem Jahrzehnt. Nimmt man aber einfach Freuds Briefe an Abraham, wie sie sich dem unbefangenen Leser darbieten, dann läßt sich eine andere Deutung vornehmen: Abraham machte die Situation bedeutend schlimmer. Wie Freud ihm im Mai 1924 über Ranks neue Theorie schrieb: *Vom Trauma der Geburt entferne ich mich immer mehr. Ich glaube, es wird ›fall flat‹ (ein Durchfall), wenn man es nicht zu scharf kritisiert; und Rank, den ich wegen seiner Begabung, seiner großen Verdienste um unsere Sache und aus persönlichen Motiven schätze, wird eine wertvolle Lektion gelernt haben.*[2]

Freud verteidigte Rank wiederholt gegen Abraham und versuchte, den Angriff abzuwehren. Abraham hatte Jones zufolge den Mut, *Freuds veränderte Haltung* [gegen Abraham] *dem Ärger über eine peinliche Wahrheit zuzuschreiben.*[3] Freud erzählte Rank von Abrahams Verdacht und dessen Anspielungen auf den Streit mit Jung; Rank hatte also Gründe zum Groll über die Treulosigkeit eines früheren Freundes. Ferenczi unterstützte die Meinung Ranks über das Verhalten Abrahams, und das Komitee hörte praktisch auf zu funktionieren. Noch nach Abrahams Tod im Jahre 1925 warf Freud ihm den Berliner Fanatismus in der Sache Rank vor. Abrahams *verfrühte Diagnose* habe *den Ablauf gewiß beschleunigt und begünstigt.*[4]

Nicht nur veröffentlichte Jones seine eigene Version dieser Vorgänge in seiner Freudbiographie, sondern er hatte auch selbst eine Rolle beim Hinauswurf Ranks gespielt. Die Spannungen, die zwischen Jones, Abraham und Rank bestanden, wurde erst Jahre später durch die Veröffentlichung eines Teils ihrer Korrespondenz den übrigen Mitgliedern der psychoanalytischen Bewegung deutlich. Jones gab zu, daß er ein Mann mit sehr bestimmten eigenen Vorstellungen war, und da er Herausgeber des *International Journal of Psychoanalysis* in London war, mußte es unvermeidlich zu Spannungen zwischen ihm und Rank als Herausgeber der *Zeitschrift* und Geschäftsführer des Verlags in Wien kommen. Jones war ein gescheiter Mann, aber seine Darstellung der Trennung Ranks von Freud ist schäbig und einseitig.

Jones äußerte sich später sententiös darüber, daß ihm nur Freuds Interessen am Herzen gelegen hätten. *Drei Jahre hindurch*, behauptete er, *lebte ich in der Angst, Ranks ›Bruder-Feindseligkeit‹ könnte auf die tieferliegende ›Vater-Feindseligkeit‹ regredie-*

ren, trotz allem hoffend, daß dies nicht zu Freuds Lebzeiten geschehen werde.[5] Jones war jedoch aufrichtig genug zuzugeben, daß Freud manchmal sowohl Abraham als auch Jones die Schuld an dem gab, was sich mit Rank abspielte, wenn Freud auch nach dem endgültigen Verlust Ranks meinte, sie hätten vielleicht recht gehabt. Freud verteidigte Rank *gegen unsere [Jones' und Abrahams] vermeintlichen neurotischen Empfindlichkeiten. Wir bestritten natürlich beide Freuds Version.*[6] In einem Brief Freuds von 1924 klingt die Seelenqual an, in der er sich damals befand, als er immer noch versuchte, einen Ausweg aus dem Durcheinander zu finden:

Rank begreife ich einfach nicht mehr . . . Seit fünfzehn Jahren kenne ich ihn als liebevoll besorgten Menschen, immer dienstwillig, diskret, absolut zuverlässig, ebenso bereit, neue Anregungen aufzunehmen, als ungeniert eigene Ideen zu verarbeiten, immer bei Divergenzen meine Partei ergreifend, und zwar, wie ich glaube, ohne daß ihn ein innerer Zwang dazu getrieben hätte . . . Welches ist nun der wahre Rank – der, den ich seit fünfzehn Jahren kenne, oder der, den mir Jones in den letzten paar Jahren gezeigt hat?[7]

Freud war zwischen seiner freundschaftlichen Wertschätzung Ranks und der zunehmend realer werdenden Gefahr, ihn zu verlieren, hin und her gerissen, aber die persönliche Seite der Sache ist noch trauriger. Alle Berichte stimmen darin überein, daß die *Trennung von Rank . . . vielleicht die schwierigste von allen für Freud [war], der Rank außerordentlich gern gehabt hatte und sehr viel von seinen Fähigkeiten hielt . . . Freud hatte in ihm seinen Nachfolger gesehen, der seine Ideen weiterentwickeln würde.*[8] Wir haben einige der Grundlagen für die Schwierigkeiten zwischen Freud und Rank im Bereich geistiger und therapeutischer Fragen aufgezeigt und skizziert, wie Abraham und vor allem Jones eine Versöhnung noch erschwerten; aber es gab noch ein anderes auslösendes Ereignis: Freuds Krebserkrankung. Jones gab zwar zu, daß Freud immer annahm, daß seine Krankheit eine Schlüsselrolle bei dem Streit gespielt hatte, aber dieser Gedanke ist von den übrigen Schülern Freuds kaum aufgenommen worden.[9] Jones stellte Freuds eigene Meinung über diese Sache folgendermaßen dar: *Später behauptete Freud immer, diese Nachricht [von der Bösartigkeit der Krankheit] habe auf Rank eine verhängnisvolle Wirkung ausgeübt, da dessen materielle Existenz ganz von ihm abhing, und sie habe ihn dazu angeregt, einen unabhängigen Weg zu suchen.*[10]

Trotz allem, was die Psychoanalyse damals über die Notwendigkeit, daß der Sohn den Vater überwindet, gelehrt haben mag, war sich doch Rank vor Freuds Krankheit keiner Gefühle der Rivalität oder Ambivalenz gegenüber Freud bewußt. Freuds Krebserkrankung begann im April 1923, in dem Monat, in dem Rank sein *Trauma der Geburt* entwarf. Für Rank bedeutete die Aussicht, Freud zu verlieren, daß ihm plötzlich sein idealer Vaterersatz genommen werden könnte. Für Freud sollte seine Krankheit ein Wendepunkt in seinem Leben sein: von nun an würde er von physischen Leiden gequält werden.

Von allen Mitgliedern des Komitees war Rank allein über den Ernst der Krankheit Freuds voll informiert. Damals wurde angenommen, Freud werde die Krankheit nicht überleben.[11] Jones behauptet, Rank habe bei einem Essen, als Freuds Name erwähnt wurde, *zu unserer Verblüffung einen hysterischen Lachkrampf* [bekommen], *dessen er nicht Herr wurde.*[12] Es kann sein, daß Ranks unmittelbare Reaktion auf Freuds Krankheit manisch war; plötzliche Heiterkeit kann tiefsten Kummer und Trauer verdecken, und es wäre nicht überraschend, wenn der Gedanke an den vielleicht bevorstehenden Tod Freuds Ranks tiefste emotionale Unterströmungen aufgerührt hätte. Außerdem war Rank völlig auf die Fälle angewiesen, die Freud ihm schickte. Aber auch rein menschlich mußte Rank unter dem erwarteten Verlust dieser Gestalt aus seinem Leben aufs schwerste leiden. Hand in Hand mit seinem Kummer um Freud ging eine natürliche Ablösung von Ranks emotionalen Energien. Wenn Freud nicht mehr da sein sollte, dann mußte Rank sich auf das vorbereiten, was vor ihm lag.

All dies konnte Rank nicht in aller Klarheit bewußt sein, und es konnte für ihn auch nicht leicht sein, den Knäuel komplizierter Gefühle zu entwirren, wie es heute für den Zurückblickenden vielleicht möglich ist. Aber ein unerwarteter Faktor war schon damals so auffallend, wie er heute als bedeutsam erkannt werden muß. Freud starb nicht; er erholte sich wieder und lebte noch sechzehn Jahre lang. Ranks manischer Ausbruch deutet darauf hin, daß er durch Verleugnung auf den als bevorstehend angenommenen Verlust Freuds reagierte. Ranks Angst davor, was nach Freuds Tod mit ihm geschehen werde, wurde immer größer; wie alle psychoanalytischen Lehren gezeigt haben, ist jede Angst mit einem Wunsch verbunden. Seine Angst um den Verlust seines Protektors muß von einer teilweisen Erkenntnis seines Wunsches nach einer Beseitigung Freuds und den entsprechenden Schuldgefühlen begleitet gewesen sein. Ein solcher Kummer ist nicht leicht zu ertragen. Aber an dessen Ende, als Rank in seinem Innern begonnen hatte, sein Leben zu ordnen, als wäre Freud nicht mehr da, kam plötzlich Freud zurück. Für Rank muß das gewesen sein, als habe er die Qual durchlitten, Freuds Tod ertragen zu müssen, und dann sei Freud wieder auferstanden.[13]

Freuds Krankheit hatte zwangsläufig zur Folge, daß er Rank noch einmal neu betrachtete. Kurz nach Beginn seiner Krankheit *bekam er einen Zeitungsausschnitt aus Chicago, in dem es hieß, er ›sterbe langsam‹ dahin, habe seine Arbeit aufgegeben und sie seinem Schüler Otto Rank übergeben.*[14] Es wurde Freud klar, daß Rank bereit sein würde, seinen Platz zu übernehmen. Für Freud wurde Rank jetzt der Lieblingssohn, der gekommen ist, den Vater zu töten.

Freud beschrieb sich Anfang 1924 als *ein Invalide, mit herabgesetzter Arbeitskraft und geschwächter Stimmung . . .*[15] Nun, da er den Krebs in sich trug, diesen Tod, der in seinem Kiefer wohnte, konnte er sich leicht alle Menschen als seine Mörder vorstellen. Das Trauma der Krebserkrankung ließ einen Teil von ihm sterben. Rank war für Freud stellvertretend für alles in seinem Leben, was begeisternd, schenkend, teilnehmen lassend gewesen war, und jetzt war es für Freud nicht mehr möglich, so zu sein. Einer Versöhnung der beiden Männer stand im Wege, daß Ranks bloße Gegenwart für Freud so weitgehend nur jenen Teil seiner selbst personifizierte, der jetzt nicht mehr existierte.

Die Jahre zwischen 1923 und 1926 markierten das lang sich hinziehende Kapitel von Ranks »Abfall« von Freud. Es ist richtig, daß Rank rebellisch wurde, allmählich den Weg Freuds verließ und seinen eigenen beschritt. Aber so wie die Motive und Ereignisse, die Rank aus Freuds Welt vertrieben, exzentrisch waren, so war auch der historische Ablauf eine wirre Folge von Trennungen und Wiederversöhnungen.

Nach einer Menge Streitereien, die zumeist von Abraham ausgingen, nahm Rank eine Einladung zu einem sechsmonatigen Amerikaaufenthalt an. Er reiste am 27. April 1924 ab, wenige Tage vor seinem vierzigsten Geburtstag. Die Distanz, die das Reisen bringt, spielte eine nicht unwichtige Rolle für das Abtreten Ranks von der Bühne der Freudschen Welt. *Die Bedeutung dieses Aktes der räumlichen Trennung für jene, die er [Rank] zurückließ, wie auch für ihn selbst, ist kaum zu überschätzen.*[16]

Während der nächsten Jahre reiste Rank häufig zwischen Wien, Paris und New York hin und her, und zumindest teilweise war das für ihn ein Mittel, mit seinen widersprüchlichen Gefühlen gegenüber Freud fertig zu werden. Als Rank im Frühling 1924 in New York ankam, war er entschlossen, dort die Führung zu übernehmen; er versuchte, die amerikanischen Psychoanalytiker unter seiner Führung zu organisieren, was ihm nicht gerade die Zuneigung der maßgeblichen Leute dort eintrug. Wiederum machte Freud sich zum Verteidiger Ranks; einem Neffen Freuds in Amerika, Edward Bernays, beispielsweise erschien Rank unerträglich arrogant.[17]

Die amerikanischen Analytiker, die fast alle in der Stadt New York selbst lebten, hatten Unterweisung und Schulung dringend nötig. Sie strömten zu Rank zur Analyse, um besser zu lernen, wie sie in ihrer eigenen Praxis vorgehen sollten. Soweit sie wußten, kam Rank als der Stellvertreter Freuds, dem er am meisten vertraute. Rank nahm eine große Zahl von Patienten an, jeden für eine verhältnismäßig kurze Zeitspanne, verlangte viel höhere Honorare, als die amerikanischen Analytiker sie bekommen konnten, und versuchte, seine neuen Ideen zu verbreiten. Während die Amerikaner erwarteten, daß Rank ihnen die Theorien Freuds erklärte, mußten sie feststellen, daß Rank einigen dieser Theorien selbst kritisch gegenüber stand.

Freud tat sein Bestes, um Rank zurückzugewinnen. Die Briefe, die sie über den Atlantik hinweg austauschten, erzählen die Geschichte ihrer Schwierigkeiten. Freud kam zu der Auffassung, daß Ranks Vorstellung vom Trauma der Geburt nur ein weiterer Weg war, um der Realität des Ödipuskomplexes zu entrinnen. Freud wies zu Recht auf einen Ursprung der Rankschen Hervorhebung der Mutterrolle hin: Der Ausschluß des Vaters in seiner Theorie scheine ihm zu sehr das Resultat persönlicher Einflüsse im Leben Ranks zu sein.[18] Rank konterte: Freud wisse so gut wie er selbst, daß die Beschuldigung, eine Einsicht entstamme einem Komplex, sehr wenig bedeute und über den Wert oder die Wahrheit dieser Einsicht nichts sage.[19] Freud strengte sich mächtig an, verständnisvoll und tolerant zu sein:

Angenommen, Sie hätten mir eines Tages gesagt, daß Sie nicht an die Urhorde oder an den Urvater glauben könnten, oder glaubten, die Teilung in Ich und Es sei unzweckmäßig, glauben Sie wirklich, ich hätte Sie nicht mehr zum Essen eingeladen oder Sie aus meinem Kreis ausgeschlossen? . . . Sie haben mein Zugeständnis, daß es für mich niemals leicht ist, einem neuen Gedankengang zu folgen, der irgendwie nicht meinen Weg geht oder zu dem mich mein Weg noch nicht geführt hat.[20]

Im Spätsommer und Frühherbst 1924 führte Freud (um seine eigene Toleranz zu beweisen) auch Rank in der Reihe jener Anhänger auf, die ihm treu geblieben seien, im Gegensatz zu den berühmten öffentlichen Dissidenten wie Adler und Jung.[21] Freud anerkannte, daß Rank erwachsen werden mußte und daß damit eine gewisse Ablösung von seiner geistigen Heimat verbunden war. Wie Freud schrieb: *Ich war so entzückt, daß er sich auf dem Gebiet der Psychoanalyse zu einer ganz originellen Leistung aufgeschwungen hatte, daß ich zu der freundlichsten Beurteilung derselben bereit war.*[22] Aber Freud konnte die Erinnerung an frühere Verrate nicht loswerden. *Er [Rank] ist in der Entdeckerparanoia überwältigt von seiner Produktion, ganz so wie seinerzeit Adler, aber wenn er sich daraufhin selbständig macht, wird er nicht dasselbe Glück haben . . .*[23] Freud ging so weit, daß er Rank in einem Brief sagte, das eigentliche Übel liegt in seiner Neurose und darin, daß Rank nicht analysiert worden sei. *Hierauf antwortete Rank ärgerlich, nach dem, was er bei den bei Freud ausgebildeten Analytikern gesehen habe, schätze er sich glücklich, nicht analysiert worden zu sein.*[24]

Trotz der Schwierigkeiten zwischen ihnen hatte Freud zwanzig Jahre lang das tiefe Bedürfnis Ranks nach *einer lebendigen Person, auf die er das ideale Selbst projizieren konnte*[25], befriedigt. Belastet durch Probleme mit amerikanischen Analytikern, schuldbewußt und bekümmert darüber, daß er Freud enttäuscht hatte (und nicht nur als Schüler), kehrte Rank im Oktober 1924 nach Wien zurück. Die Vorgänge in der Wiener Vereinigung hatten bereits die Hinausdrängung Ranks eingeleitet. Er war Vizepräsident gewesen und wäre nach Freuds Krankheit Vorsitzender geworden; in Ranks Abwesenheit hatte Freud Paul Federn zum Vizepräsidenten gemacht und Rank zum Sekretär der Vereinigung ernannt. Rank beschloß, seine Lehrtätigkeit und Praxis zumindest für einen Teil des Jahres nach den Vereinigten Staaten zu verlegen, und trat deshalb als Hauptschriftleiter der *Zeitschrift* zurück; in seiner Ankündigung von Ranks Rücktritt zollte Freud Ranks *unermüdlicher Hingabe und beispielhafter Arbeit hohes Lob.**[26] Freud mußte auch einen neuen Geschäftsführer für den Verlag

---

* Privat jedoch schrieb Freud um diese Zeit an Lou Andreas-Salomé: *Er [Rank] sah sich durch meine Erkrankung und ihre Gefahren in seiner Existenz bedroht, suchte nach einer Rettungsinsel und fand die Idee des Auftretens in Amerika. Eigentlich ist es ein Fall, daß die Ratte das sinkende Schiff verläßt.*[27]

finden. Wie er einen Monat, nachdem Rank wieder in Wien war, bemerkte: *Ein offener Bruch ... ist vermieden worden. ... Aber alle intimeren Beziehungen mit ihm sind zu Ende ...*[28]

Rank machte sich von Wien aus im Spätherbst 1924 noch einmal auf die Reise, kam bis Paris und kehrte dann zu Freud zurück. Er war mutlos und deprimiert geworden und fühlte sich jetzt reumütig und mit Freud versöhnt. Nach Freuds Meinung war Rank *aus einem psychiatrischen Zustand herausgekommen*.[29] Es ist nicht klar, inwieweit formell eine therapeutische Beziehung zwischen ihnen hergestellt wurde. Aber nachdem er viele Stunden mit Rank verbracht hatte, schrieb Freud an Abraham, er sei sicher, Rank *sei durch dieses Erlebnis von seiner Neurose in ähnlicher Weise geheilt, wie wenn er eine regelrechte Analyse durchgemacht hätte*.[30]

In einem Reuebrief, den Rank an die anderen Mitglieder des Komitees schrieb, versuchte er, sich von jeder Böswilligkeit gegen Freud oder andere Analytiker freizusprechen. Er bekannte, daß er die wirkliche Ursache der Krise in dem durch die gefährliche Erkrankung Freuds ausgelösten Trauma erkenne. Ein manischer Zustand als direkte Reaktion auf Freuds Krankheit habe ihm den Schmerz eines Verlustes ersparen sollen. Der Professor kenne natürlich die Geschichte in allen ihren Einzelheiten, und er hoffe, daß das auch den Adressaten des Briefes genügen werde.[31]

Als die Versöhnung mit Freud vollendet schien, kehrte Rank im Januar 1925 nach Amerika zurück. Aber nachdem die Vertrautheit zwischen den beiden Männern einmal einen Bruch erlitten hatte, wurden sie fortlaufend unabhängiger voneinander. Ende Februar war Rank wieder zurück in Wien und blieb bis zum September. Dann reiste er noch einmal in die Vereinigten Staaten, von wo er im Frühling 1926 nach Wien zurückkehrte. Im April, drei Wochen vor Freuds 70. Geburtstag, machte Rank seinen Abschiedsbesuch bei Freud und verließ Wien endgültig, um nach Paris zugehen. Im gleichen Jahr noch teilte Rank der Wiener Vereinigung mit, er habe sich für dauernd in Paris niedergelassen; im Jahre 1929 trat er unauffällig und ohne weitere Erklärung aus der Vereinigung aus. Im Gegensatz zu Adler und Jung nahm er keine anderen Analytiker mit sich.

Während dieser Periode der Spannung hatte Rank guten Grund, sich über Freuds andere Schüler – *vorlaute Schreier mit ihrer kindischen Eifersucht* – zu beklagen. Er hielt ganz zu Recht die *Berliner Pläne und Intrigen* für *einer wissenschaftlichen Bewegung unwürdig*.[32] Zumindest eine unter den Kollegen und Freunden in Wien jedoch, nämlich Helene Deutsch, hatte bei Freud Fürsprache eingelegt, während Rank in Amerika war, um mitzuhelfen, daß es zu einer Versöhnung kam.

Sie tat dies ebensosehr um Freuds willen als Ranks wegen, denn Freud schien tief verletzt. Sie erklärte Freud, Ranks Nähe zu ihm habe den jüngeren Mann in einen Zustand äußerster Belastung gebracht; Geduld und Verständnis seien geboten. Sie erinnerte Freud daran, wie sehr Rank an ihm hing, und daß er seinen eigenen Weg eingeschlagen hatte, weil er erwartete, daß Freud sterben werde. Aber all das war für Freud kein Trost. Er wischte ihre Intervention mit dem Schlußsatz aus einer jüdischen Geschichte beiseite: »Warum küßt er dann nicht den heißen Ofen?« Freud, der ja ein Meister im Erzählen jüdischer Witze war, erklärte ihr, was er meinte: Der Rabbi hatte eine schöne junge Frau und viele Schüler lebten in seinem Haus. Eines Tages kommt der Rabbi heim und sieht, wie sein Lieblingsschüler seine Frau küßt. Der Rabbi wendet sich anklagend gegen seine Frau, aber sie hält ihm entgegen, der Schüler wisse nicht, was er tue, er sei krank. *Warum küßt er dann nicht den heißen Ofen?*[33]

Freud war zornig, nicht nur über die Intervention von Helene Deutsch, sondern auch auf Rank. Die Erwartungen Freuds, die Rank beflügelt hatten, waren auch der Grund, daß er sich verraten fühlte. Seine Zeit war kostbar, er würde sich anderen zuwenden. Er gab zwar zu, die Sache könne auf der einen Ebene eine Frage des verfrühten Kummers bei Rank gewesen sein, meinte aber, die Sache sei jetzt viel einfacher: Geld. Freud glaubte, es sei nicht nötig, tiefer zu gehen; Rank verdiene mit seinen Theorien in Amerika sehr gut.[34]

8.3. Wille und Künstler

Das Thema »Geld« war in Ranks Leben neu. In Wien hatte er in den bescheidensten Verhältnissen gelebt; in Amerika jedoch wurden Psychoanalytiker aus Mitteleuropa als Berühmtheiten gefeiert. Nicht nur waren die Amerikaner reich und begierig darauf, behandelt zu werden, sondern Rank bot auch kürzere Analysen, was bedeutete, daß sie sich leisten konnten, pro Sitzung mehr zu bezahlen (obwohl auf lange Sicht gesehen ausgedehnte Analysen, die dem Analytiker weniger Schwierigkeiten machen, vielleicht den besseren Weg darstellen, Geld zu verdienen). Als die Ranks nach Paris zogen, lebten sie verschwenderisch in einer Luxuswohnung, mit einem Butler, einer Köchin und einem Zimmermädchen. Obwohl er Freud nie wiedersah und obwohl es von Anfang an feststand, daß der Bruch unwiderruflich war, dauerte es noch mehrere Jahre, bis Rank sich entschloß, offiziell aus der Wiener Vereinigung auszutreten. Für Ranks Ansehen als Analytiker in Paris und New York war es gut, wenn er Mitglied der Gruppe Freuds blieb, auch nachdem ihre persönlichen Kontakte aufgehört hatten.

Jones brachte die Geldfrage auf indirekte Weise zur Sprache: *Rank war ... in praktischen Dingen scharfblickend und wäre als Finanzmann sicher sehr erfolgreich geworden; es gehen Gerüchte, daß er sich diese Begabung in seinen späteren Jahren in Paris sehr zunutze machte.*[1] Freud, der einmal Rank für *durchaus ehrlich* gehalten hatte, nannte ihn jetzt einen *Hochstapler*; *er war einer meiner begabtesten Schüler, aber ein* gonif *(Schuft).*[2]

*Jetzt sieht es so aus, als habe er von Anfang an beabsichtigt, sich auf der Grundlage seines Patentverfahrens ... niederzulassen. ... Er kommt mir jetzt vor wie der Angestellte in Victor Hugos ›Les travailleurs de la mer‹, der sich durch jahrelange Treue so viel Vertrauen zu gewinnen wußte, daß er einen ungeheuer großen Geldbetrag unterschlagen konnte.*³

Rank ging insofern den gleichen Weg wie Jung, weil er zum Schismatiker wurde, als er in Amerika war, einem Land, dessen Glauben an zahlenmäßige Überlegenheit und Statistik und dessen Anbetung schnell gewonnenen Reichtums Freud schon immer zuwider gewesen waren.

Freuds Bitterkeit muß um so größer gewesen sein, als Rank hier, wie bei seiner Theorie vom Geburtstrauma, in gewissem Sinne eine Karikatur Freuds lieferte. Schon seit dem Ersten Weltkrieg waren ständig Patienten aus Amerika nach Wien gekommen, und Freud war natürlich unter den Psychoanalytikern der Hauptnutznießer und Verteiler des Reichtums der Neuen Welt: Er saß da und wartete auf den Besuch der Amerikaner. Rank lief ihm in diesem Punkt den Rang ab, indem er – in Beantwortung von Vortragseinladungen und auf der Suche nach Patienten – selber nach Amerika ging. Im Mai 1924 schrieb Freud an Rank, er sei sehr froh darüber, daß Rank die einzig vernünftige Verhaltensweise entdeckt habe, um *unter diesen Wilden* zu leben: ihnen sein Leben so teuer wie möglich zu verkaufen.⁴ Als Rank nach Paris zog, gelang es ihm, amerikanische Patienten abzufangen, die eigentlich nach Wien wollten. Wie schon seinerzeit, als er zum ersten Mal nach Amerika ging, hielt man ihn immer noch für den treuesten Schüler Freuds, und auch nachdem er sich in Paris niedergelassen hatte, dauerte es einige Zeit, bevor die Leute von seinem Streit mit Freud erfuhren.

In keiner der im Druck erschienenen Darstellungen spielt Ranks Frau Tola eine Rolle bei dem Zerwürfnis zwischen Freud und ihrem Mann. Man weiß, daß es Schwierigkeiten zwischen Tola und Otto gab und daß sie ihn nicht auf allen seinen Amerikareisen begleitete. Als Rank 1935 für dauernd nach den Vereinigten Staaten übersiedelte, blieb sie in Paris. Kurz bevor Rank 1939 starb, wurden sie geschieden, und er schloß eine neue Ehe. Von Helene Deutsch in den späten dreißiger Jahren nach Boston eingeladen, war Tola eine von den letzten Nichtmedizinern, die in Amerika als Analytiker zugelassen wurden.

Obwohl Tola vielleicht nichts davon wußte, gab Freud ihr teilweise die Schuld an dem, was zwischen ihm und ihrem Mann vorgefallen war. Helene Deutsch berichtet, Freud habe gesagt, Ranks zunehmendes Bedürfnis, eine Rolle zu spielen und Geld zu haben, sei ihre Schuld.⁵ Anna Freud dachte damals auch, es sei Tolas Schuld gewesen, kam aber später zu der Meinung, Tola sei hereingelegt worden.⁶ Es ist mehr als unwahrscheinlich, daß gerade Tola sich zwischen Freud und Rank stellte. Sie war Freud ergeben; als Ottos Frau spielte sie keine selbständige Rolle in dem Kreis der Vertrauten, der Freud umgab. Sie führte damals keine neuen Theorien oder Techniken in die Psychoanalyse ein. Sie nahm in Wien an Anna Freuds Seminar über Kinderanalyse teil, und noch im November 1925 lieh sie dem Psychoanalytischen Verlag Geld.[7]

Der Bruch zwischen Rank und Freud *traf Tola sehr hart*.[8] Sie verstand nie ganz die theoretischen und klinischen Divergenzen zwischen ihnen und hatte Schwierigkeiten, mit den schmerzlichen widerstreitenden Gefühlen fertigzuwerden, die diese Kontroverse in ihr auslöste. Auf dem Höhepunkt der Schwierigkeiten beklagte sich Freud bei ihr über Ottos Undankbarkeit. Sie zog 1926 mit Rank nach Paris, obwohl damals schon eine gewisse Entfremdung zwischen ihr und ihrem Mann bestand. Damals war noch nicht klar, daß sie letzten Endes die Partei des »Vaters« gegen ihren Mann ergreifen würde, aber sie bewahrte weiterhin ihre Bindungen an Freud. Im Gegensatz zu ihrem Mann trat sie niemals aus der Wiener Vereinigung aus. Jedes Jahr reiste sie nach Wien zurück, um Freud und ihre nahen persönlichen Freunde zu besuchen. Einmal stellte ihr Freud eine schroffe persönliche Frage über Otto, und sie verteidigte sich taktvoll: *Warum fragen Sie mich das, Sie wissen, wie ich denke und fühle, warum machen Sie es mir schwerer?* Sie wies darauf hin, daß sie ein kleines Kind hatte und ihrem Ehegefährten treu bleiben wolle.[9]

Später berichtete sie, sie habe Rank daran erinnert, was Freud für ihn getan hatte und wie verletzt Freud durch seinen Verlust sei. Sie sprach jedoch nur selten mit ihrem Mann über das Problem mit Freud und über all die bitteren Dinge, die damit zusammenhingen. Beide Ranks waren zurückhaltend, ja verschlossen, was die eigene Person anging. Tola konnte nicht direkt die Partei Freuds ergreifen, solange sie noch mit Otto zusammenlebte. Am Ende jedoch, als ihre Ehe fast vorbei war und sie als Analytikerin zu praktizieren begann, bekannte sie sich in der Öffentlichkeit deutlicher als Anhängerin Freuds.

Tolas Treue zu Freud im Gegensatz zu ihrem Mann erschien manchen als opportunistisch. Freuds Zuneigung zu ihr war nur durch ihre Ehe mit Rank entstanden. Sie hatte selbst reiche psychologische Talente und war eine Frau mit Intuition und Phantasie, ein Typus, für den Freud sehr viel übrig hatte; aber das war für Freud weniger wichtig gewesen, als die Tatsache, daß sie Ranks Frau war.

Tolas ungeheure Bewunderung für Freud, die während Ranks Kampf um Selbständigkeit nie nachließ, mag am Anfang Ranks Streben, sich von Freud frei zu machen, angestachelt haben. Wenn Freud die Art Mann war, zu dem seine Frau aufschaute, dann wollte Rank ihm ähnlicher werden. Außerdem ging Tola verschwenderisch mit Geld um. Nicht daß Geld selbst ihr wichtig gewesen wäre – sie war nicht geldgierig –, aber sie gab es ohne Bedenken aus.

In Paris schuf Rank eine Umgebung für seine neue Vorstellung von sich selbst und für seine Frau. Zu ihrem Kreis gehörten Henry Miller, Anaïs Nin und wohlhabende amerikanische Patienten. Tola wurde zu einer Kunstmäzenin. Rank konnte nie genug Geld verdienen, um ihre Verschwendung zu finanzieren. *Ich fühle mich aus finanziellen Gründen gezwungen*, schrieb er 1931, *nach Amerika zu gehen*.[10] Nahe Freunde sahen das gleiche Problem: *Rank spricht über seine verzweifelte Lage. Er kann sich in Frankreich nicht über Wasser halten. Er muß vielleicht ein Angebot aus Amerika annehmen. Er will nicht weg . . . Der Druck der Realität ist schrecklich, seine Frau, seine Tochter, seine Zukunft.*[11]

In Paris widersetzte Tola sich der Aufforderung Ranks, ihm nach Amerika nachzukommen; er arbeitete an der Gründung einer Schule für Sozialarbeit an der University of Pennsylvania mit. Ottos Kummer über ihre Beziehung war offensichtlich. Tola hatte in Paris begonnen, mit Kindern zu arbeiten, obwohl sie noch 1934 in der Hauptsache den Haushalt führte. Sie unterzog sich auch einer Analyse bei Mira Oberholzer, einer früheren Patientin Freuds. Als sie sich jedoch 1939 dann in Boston niedergelassen hatte, erarbeitete sie sich allmählich eine eigene Praxis als Analytikerin; in jenen Tagen war es nicht ungewöhnlich, daß Witwen von Analytikern selbst als Analytikerinnen akzeptiert wurden. Tola errang sich aus eigener Kraft hohes berufliches Ansehen; sie spezialisierte sich auf die Anleitung und Überwachung der Arbeit mit Kindern und auf die Ausbildung angehender Therapeuten; im James Jackson Putnams »Children's Center« leistete sie Pionierarbeit in der Behandlung »atypischer« Kinder. Ihr Berufserfolg in Amerika, der um so bemerkenswerter war, als sie keinen formalen Status aus Europa mitbrachte, folgte auf das Scheitern ihrer Ehe. Sie starb 1967.

Während Tola innerhalb der psychoanalytischen Bewegung blieb, kämpfte Rank darum, sich von Freud zu befreien. Unmittelbar nach seiner Abreise aus Wien im Jahre 1926 sandte Rank Freud zu seinem 70. Geburtstag eine luxuriös gebundene Ausgabe von Nietzsches Werken; Freud zeigte sie seinen Schülern, als sie sich zur Feier einfanden. Freud ärgerte sich jedoch über das kostspielige Geschenk; er hatte Rank bereits wegen *der extravaganten Ausgabe seiner ›Gesammelten Schriften‹ in kostbarem Leder* getadelt.[12] Das Thema »Geld« ist in Freuds Bemerkungen über das Geschenk, das er als eine Art Bestechung von seiten Ranks ansah, unüberhörbar. Daß Rank gerade Nietzsches Werke als Geburtstagsgeschenk gewählt hatte, muß Freud besonders irritiert haben. Dem ersten Anschein nach war das Geschenk ein Zeichen der Treue und Verehrung, es bedeutete jedoch auch einen nachdrücklichen Hinweis auf einen Vorläufer Freuds, der eine Reihe seiner Ideen vorweggenommen hatte. Es war, als wollte Rank mit seinem Geschenk sagen: *Du wirfst mir vor, daß ich Gedanken von Dir entlehne; schau Dir an, was Du selbst von Friedrich Nietzsche entlehnt hast!*[13]

Sich von einem Lehrer zurückzuziehen, der ein Ichideal war, von einem Menschen, der zu einem verinnerlichten Teil des eigenen Ichs geworden ist, kann ein schmerzlicher, langwieriger, verschlungener Prozeß sein. Bei Freuds Werk war die Versuchung groß, es entweder ganz zu akzeptieren oder ganz abzulehnen. Bei seinem Streben nach Emanzipation fiel Rank von einem Extrem ins andere.

Eines der Mittel, die Rank wählte, um sich von Freud zu lösen, bestand darin, sich mit dem verlorenen Meister zu identifizieren, selbst ein Lehrer zu werden, mit Schülern, die seine eigene Arbeit fortführen würden. In Paris fand Rank Anaïs Nin, eine

Künstlerin und Schriftstellerin; Ranks Prosa war schwerfällig und schwer zu lesen, er wollte deshalb, daß sie seine Bücher überarbeiten, straffen und leichter verständlich machen solle. Er analysierte Anaïs; sie begann selbst zu praktizieren und ging ihm als Privatsekretärin zur Hand.

Ihre Tagebücher sind die beredteste Darstellung des asketischen Charakters Ranks. Er ist immer noch der Mann der Ideen: *Er ist Philosoph, nicht Künstler, der Dichter ist verliebt, ein Liebhaber. Der Philosoph ist ein Kommentator ... Rank muß stets sofort den Sinn, den eigentlichen Kern einer Sache herausziehen. ... Il pense sa vie. Vielleicht besteht sein wahres Leben darin, es zu analysieren.«* Sie stellte ihn in Gegensatz zu ihrem Freund Henry Miller:

Im Leben ... ist Rank unerfahren. Zum Leben trägt er nichts bei. Die Einzelheiten des Lebens, die Henry so faszinieren, übersieht er. Das komische Gesicht eines Pasanten, die Farbe eines Hauses, die Eigenart kleiner Dinge. Physisches, sichtbares Leben. Äußere Gestalt, Farbe, Einzelheiten nimmt er nicht zur Kenntnis. Sein Leben vollzieht sich in Abstraktionen.

Nach ihrer Darstellung war Rank *dunkel und schwerfällig. Er hat keine* joie de vivre. *Seine Freuden sind intellektueller Art.* Sie hatte in Rank *den einzigen Metaphysiker in der Welt der Psychoanalyse* gefunden.[14]

Der Weg, den Rank in Paris einschlug, wurde zunehmend origineller. Er befürwortete Kurzzeit-Analysen, mit einer im voraus festgesetzten Zeitgrenze, während Freud, je älter und erfahrener (und auch kränker) er wurde, immer nachdrücklicher für eine länger dauernde Behandlung eintrat. Rank entwickelte sich, zweifellos teilweise aus Selbstkritik, zu einem Gegner dessen, was er als die wissenschaftliche Austrocknung der Freudschen Therapie ansah:

Ich glaube, die Analyse ist zum schlimmsten Feind der Seele geworden. Sie tötete das, was sie analysierte. Ich habe zu viel Psychoanalyse bei Freud und seinen Schülern gesehen, die priesterlich und dogmatisch wurde. Deshalb wurde ich von der ursprünglichen Gruppe ausgestoßen. Ich begann, mich für den Künstler zu interessieren. Ich interessierte mich für Literatur, für den Zauber der Sprache. Ich konnte die Medizinersprache nicht leiden, die unfruchtbar war.[15]

Wie Anaïs Nin von Rank erfuhr: *Wenn man sich im Labyrinth der Gefühle verlieren kann, kann man sich auch im Labyrinth der Analyse verlieren ... Objektivität ist genau so fehlbar wie die Triebe, genau so selbstbetrügerisch.*[16] Sie zitierte folgende Ausführungen Ranks:

Die Wirksamkeit der Analyse liegt nur zur Hälfte in dem Wunsch des Analytikers, zu heilen und zu helfen ... Jeder Analytiker hat ihn anfangs und verliert ihn dann allmählich. Wenn die Analyse mechanisch wird, leidet sie ... Freud begann, mich zu analysieren, Er glaubte, jeder Analytiker müsse selbst analysiert sein. Aber wir konnten nicht weitermachen. Er war nicht objektiv. Oder zumindest hatte ich nicht das Gefühl, daß er es sei. Zuviel Weisheit hat mich daran gehindert, mein natürliches Selbst auszuleben.[17]

Rank betrachtete die Neurose nicht als eine Krankheit, sondern als ein gescheitertes Kunstwerk, und der Neurotiker müsse als *gescheiterter Künstler* behandelt werden.[18] Der Schlüssel sei schon immer in der Psychologie der Kreativität zu suchen gewesen. Wie viele spätere nachfreudianische Autoren kam Rank zu der Überzeugung, die früheren psychoanalytischen Formulierungen hätten dem Ich des einzelnen eine zu passive Rolle gegenüber dem Triebleben zugewiesen, während die Fähigkeit zur schöpferischen Integration von Konflikten der Hauptunterschied zwischen emotionalem Erfolg und Scheitern sei. *Rank kam zu dem Schluß, das Problem des Patienten sei in Wirklichkeit das Problem, seinen Willen behaupten zu lernen ... Um 1925 plädierte Rank für eine aktive Therapie, die den Patienten ermutigen sollte, sich selbst zu behaupten und seine eigene Individualität zu finden.*[19] Anstatt mißtrauisch auf Widerstände zu lauern, müsse der Therapeut dem Patienten helfen, seinen Willen (seine schöpferischen Kräfte) zu behaupten, gleich welche Schuldgefühle oder Ängste – vor der Vereinigung oder vor der Unabhängigkeit – er haben möge.
Rank wandte sich gegen den seiner Meinung nach übertriebenen Rationalismus der Freudschen Methode, die darauf abzielte, Illusionen zu beseitigen und die »Wahrheit« ans Licht zu bringen.

Die Wissenschaft hat sich als ein völliger Fehlschlag auf dem Gebiet der Psychologie erwiesen ... Der Irrtum liegt in der wissenschaftlichen Verherrlichung des Bewußten, des intellektuellen Wissens, das selbst die Psychoanalyse als ihren häuslichen Gott anbetet, obwohl sie sich eine Psychologie des Unbewußten nennt ... Verstandesmäßiges Begreifen ist eine Sache und die tatsächliche Ausarbeitung unserer emotionalen Probleme eine andere ...[20]

Für Freud war die Rekonstruktion der Vergangenheit des Patienten die Aufgabe der Therapie wie auch der Forschung; er neigte dazu, rationales Verstehen zum Test der Gesundheit zu machen, wobei alles Nichtrationale dem Vorwurf der Neurose ausgesetzt blieb. Anaïs Nin zufolge widersetzte sich Rank der psychoanalytischen Betonung der *Ähnlichkeit zwischen den Menschen; ich betone die Unterschiede zwischen den Menschen. Rank praktizierte nicht psychische Chirurgie. Er verließ sich auf sein Intuition, er wollte* [in ihr] *eine Frau entdecken, die wir beide nicht kannten.*[21] Rank sehnte sich danach, Freuds Gebot der Selbstüberwindung aufzugeben. *Ich wünschte wirklich, ich könnte mich zurückziehen und ein friedliches Lebensende verbringen. Ich habe genug von der ›Welt‹ gehabt und habe Welten und Welten in mir selbst.*[22]

Das Problematische an der Psychoanalyse sei, daß sie die menschliche Natur nicht akzeptiere.[23] Aber Anaïs Nin hatte das Gefühl, daß Rank sich von Freuds Anschauung nicht völlig emanzipiert hatte:

Manchmal habe ich das Gefühl, daß Rank zu sehr das hervorhebt, was sein sollte, anstatt das, was ist; er akzeptiert niemals Erfahrung als Ersatz für Weisheit. Manchmal habe ich das Gefühl, daß der Prozeß der beschleunigten Weisheit zu einer gefährlichen Abkürzung werden kann. Er eliminiert Schrecken und Schmerz. Ich glaube, er sollte nur in extremen Fällen angewandt werden.[24]

Gegen seinen eigenen Willen blieb Rank ein Schüler Freuds. So wie Freud ihn selber in einem gewissen Sinne geschaffen hatte, so strebte er selbst danach, andere zu erschaffen:

Wenn Rank Menschen rettete, waren sie seine Schöpfung. Er mußte weiterhin die Gestalt sein, die sie rettete, der ideale Weise. Er durfte nicht menschlich sein, sie nicht einmal lieben. Das Leben eines Analytikers ist tragisch. Ein Landarzt, ein Arzt des Körpers, kann Mensch sein, darf fehlbar sein. Er kann um dessentwillen geliebt werden, was er außerhalb seines Berufs ist. Der Analytiker existiert im Geist seines Patienten nur als eine Figur in seinem eigenen Drama.[25]

Ihrer Meinung nach war Rank zu sehr ein *Absolutist des Lebens*. Er glaubte, daß *Analyse und Therapie ihn eher vom Leben trennten, als daß sie seine persönlichen Bedürfnisse erfüllten. Die Analyse schaffte Scheinbindungen.*[26] Das Leben verlangt Kompromisse, Einschränkungen, in der Schöpfung aber konnte Rank Autokrat und Lenker sein.

In der Darstellung von Jones geht nicht nur die persönliche Eigenart des Rankschen Lebens in der forcierten Parallele zu Jung unter, sondern Jones beschuldigt Rank dann auch noch einer Psychose. Rank habe an »Zyklothymie (manisch-depressive Psychose)« gelitten.[27] Andere Autoren übernahmen die Darstellung von Jones und sprachen von *Otto Ranks langsamem Abgleiten in die Geisteskrankheit.*[28] Es war anscheinend Freud, der privat diesem Schüler, mit dem er offenbar nicht fertigwerden konnte, zuerst die Diagnose eines manisch-depressiven Zustandes (wenn auch fast sicher neurotischen, nicht psychotischen Charakters) anhängte. Im Jahre 1934 zum Beispiel bemerkte Freud mündlich über Rank:

Er war fünfzehn Jahre lang mein Sekretär und eng mit mir verbunden, leistete sehr wertvolle Arbeit und praktizierte Psychoanalyse so, wie es sein sollte. Dann ging er einen anderen Weg, und seither haben wir keine Beziehungen mehr miteinander gehabt... Ich kann hier nicht auf die Gründe eingehen, weil ich kein Recht habe, sein persönliches Leben zu enthüllen, aber ich kann eines sagen, weil es allgemein bekannt

Religion macht, die dadurch für uns so unvorstellbar wird, daß sie die Entwicklungsstufen neben den Endprodukten konserviert . . .[51] Er war von Napoleons Zug nach Ägypten fasziniert, und wenn man daran denkt, wie viele Gründe Freud hatte, sich selbst mit der Gestalt Napoleons zu identifizieren, dann verdienen seine Bemerkungen über ihn unsere Aufmerksamkeit:

. . . dieses großartigen Lumpen Napoleon, der an seine Pubertätsphantasien fixiert, von unerhörtem Glück begünstigt, durch keinerlei Bindungen außer an seine Familie gehemmt, wie ein Nachtwandler durch die Welt geflattert ist, um endlich im Größenwahn zu zerschellen. Es war kaum je ein Genie, dem alle Spur des Vornehmen so fremd war, ein so klassischer Anti-Gentleman, aber er hatte großartiges Format.[52]

Freuds verblüffendste Behauptung in seinem Mosesbuch war, daß der Moses der Legende in Wirklichkeit eine Zusammensetzung aus zwei historischen Mosesgestalten sei, und daß der frühere der beiden, der wahre Begründer der monotheistischen Religion, kein Jude, sondern ein ägyptischer Aristokrat gewesen sei. In der Deutung Freuds war der frühere, wahrscheinlich erschlagene Führer ehrgeizig und *zornmütig, leicht aufbrausend*; er war *eifervoll, streng und unerbittlich*. Außerdem war dieser Moses, so behauptete Freud, *schwer von Sprache*,[53] und in diesem einen Punkt stand Freuds Auffassung in Übereinstimmung mit der biblischen Tradition, nach der Moses stotterte. Und natürlich hatte Freud durch seinen Krebs Sprachschwierigkeiten.

Da Freud gezwungen gewesen war, seine eigene Familie unter den Unsterblichen zu finden – Leonardo, Goethe, Michelangelo und so weiter –, dachte er, Shakespeare müsse ein Aristokrat gewesen sein; und umgekehrt, wenn Freud glaubte, nach der Sage sei Romulus *Abkomme und Erbe des Königshauses*, dann mußte, *wenn eine ihm entsprechende Person gelebt hat, . . . es ein hergelaufener Abenteurer, ein Emporkömmling gewesen sein*.[54] Für Freud waren die Dinge niemals so, wie sie an der Oberfläche erschienen, und deshalb machte er aus dem Juden Moses, dem Sohn von Sklaven, nicht nur einen Nichtjuden, sondern auch noch einen Aristokraten. Freud meinte, er sei *sicher, daß in ein paar Jahrzehnten mein Name ausgelöscht sein wird und unsere Ergebnisse bleiben werden*, und wie die Juden das ihnen von Moses übergebene Gesetz akzeptierten, so würden in der Zukunft andere sich zu Freuds Überzeugungen bekennen.[55]

Nach Freuds Rekonstruktion der Ursprünge des Monotheismus war Amenophis IV. der wirkliche Schöpfer. Dieser Pharaoh widerstand *mit großartiger Unerbittlichkeit . . . allen Versuchungen des magischen Denkens . . . In einer erstaunlichen Ahnung späterer wissenschaftlicher Einsicht erkennt er in der Energie der Sonnenstrahlung die Quelle alles Lebens . . .* Wenn dies *der erste und vielleicht reinste Fall einer monotheistischen Religion in der Menschengeschichte* war, so war sein Volk doch dafür noch nicht reif; bald nach seinem Tod wurde *das Andenken des ketzerischen Königs*

... ein anderer mag zur Einsicht gekommen sein, daß das Angsterlebnis der Geburt den Keim zu allen späteren neurotischen Störungen legt; dann mag es ihm rechtmäßig erscheinen, die Analyse auf die Wirkungen dieses einen Eindrucks einzuschränken und therapeutischen Erfolg von einer drei- bis viermonatigen Behandlung zu versprechen.[35]

Im Jahre 1937, zwei Jahre, bevor sie beide starben, formulierte Freud eine kompromißlose Feststellung über seine Position gegenüber dem Werk seines früheren Freundes: Ranks Versuch, die Behandlung abzukürzen, sei zwar *kühn und geistreich* gewesen, aber

er hielt einer kritischen Prüfung nicht stand. Der Versuch Ranks war übrigens aus der Zeit geboren, unter dem Eindruck des Gegensatzes von europäischem Kriegselend und amerikanischer prosperity *konzipiert und dazu bestimmt, das Tempo der analytischen Therapie der Hast des amerikanischen Lebens anzugleichen. Man hat nicht viel davon gehört, was die Ausführung des Rankschen Planes für Krankheitsfälle geleistet hat. Wahrscheinlich nicht mehr, als die Feuerwehr leisten würde, wenn sie im Falle eines Hausbrandes durch eine umgestürzte Petroleumlampe sich damit begnügte, die Lampe aus dem Zimmer zu entfernen, in dem der Brand entstanden war. Eine erhebliche Abkürzung der Löschaktion wäre allerdings auf diese Weise zu erreichen. Theorie und Praxis des Rankschen Versuches gehören heute der Vergangenheit an – nicht anders als die amerikanische* prosperity *selbst.*[36]

Jahrelang hatte Freud Rank dazu bewegen wollen, die psychoanalytischen Theorien auf die Geschichte des Odysseus anzuwenden – die Suche des Vaters nach einem Sohn, des Sohnes nach einem Vater. Da er schließlich daran verzweifelte, einen Nachfolger dazu überreden zu können, die Deutung der Mythologie aufzunehmen, unternahm es Freud nach 1930 selbst, einen Mythus zu untersuchen, den Moses der Legende. Am Anfang seiner Erörterung schaltete Freud folgende Bemerkung ein: *Im Jahre 1909 hat O. Rank, damals noch unter meinem Einfluß, auf meine Anregung eine Schrift veröffentlicht, die betitelt ist* Der Mythus von der Geburt des Helden (und in einer Fußnote bemerkte er ergänzend: *Es liegt mir ferne, den Wert der selbständigen Beiträge Ranks zu dieser Arbeit zu verkleinern*).[37] In *Der Mann Moses und die monotheistische Religion* erwähnte Freud das klinische Beispiel von einem jungen Mann,

dem es zum Schicksal wurde, neben einem nichtswürdigen Vater aufzuwachsen, [und der] sich zunächst, ihm zum Trotz, zu einem tüchtigen, zuverlässigen und ehrenhaften Menschen [entwickelte]. Auf der Höhe des Lebens schlug sein Charakter um, und er verhielt sich von nun an so, als ob er sich diesen selben Vater zum Vorbild genommen hätte ... Zu Anfang eines solchen Ablaufs [steht] immer eine frühkindliche

Identifizierung mit dem Vater ... Diese wird dann verstoßen, selbst überkompensiert, und hat sich am Ende wieder durchgesetzt.[38]

Sachs erkannte in dieser Passage seinen alten Freund Rank, der nach Freuds Meinung eine ideale Kompensation für einen nichtswürdigen Vater gefunden hatte, aber dann zu einer Identifizierung mit dem nichtswürdigen Vater regredierte. Als Sachs Freud kurz vor dessen Tod besuchte, erhielt er die Bestätigung, daß die Stelle sich auf Rank bezog.[39]

Nur einen Monat nach Freuds Tod im Alter von dreiundachtzig Jahren starb auch Rank plötzlich im Oktober 1939, Mitte der Fünfzig und zwei Monate nach seiner Wiederverheiratung mit Estelle Buel, seiner amerikanischen Sekretärin. Während Freud mit seiner Krebserkrankung noch sechzehn Jahre weiterlebte, hatte Rank nur eine Racheninfektion, starb aber wenige Tage später infolge einer allergischen Reaktion auf ein Sulphonamid. Anaïs Nin, zutiefst betroffen über den Tod eines Mannes, den sie so voller Vitalität in Erinnerung hatte, hat den bewegendsten Nachruf hinterlassen:

Er stand gerade vor der Erfüllung seines Wunsches, in Kalifornien zu leben. Seine neue Frau hatte dort eine Ranch. Sie hatte sein Bedürfnis nach einem Mitarbeiter erfüllt, hatte seine Schriften übersetzt, mit ihm zusammen gearbeitet. Er war glücklich gewesen, war gerade im Begriff, der Einzeltherapie zu entrinnen. Er hatte ein neues Buch beendet.

Anaïs Nin fühlte eine Leere:

Aber die Erinnerung kann eine Gestalt wieder heraufrufen, und da er selbst so lebendig war, ist diese Gestalt klar und deutlich, mit seinen zugleich sanften und durchdringenden Augen, mit seiner Neugierde und seiner Interessiertheit, mit seiner Überfülle von Gedanken, seiner Fruchtbarkeit. Er hatte gewiß seine Sorgen, tiefen Depressionen, Enttäuschungen und Versagungen, aber er wurde nie bitter oder zynisch. Sein Glaube starb niemals, und ebensowenig seine Fähigkeit, zu fühlen, antwortend zu reagieren. Er wurde niemals hart, wurde niemals stumpf.[40]

9.
Die Frauen

Helmine Hug-Hellmuth

Freud am 13. Juni 1938 in Paris, begleitet von Marie Bonaparte und William Bullit

Beate Rank

Anna Freud

9.1. Ruth Mack Brunswick: »Der Rabbi darf«

Nach Otto Rank hat Freud nie wieder einen Sohn »adoptiert«. In der Liste von 1924, in der er die Schüler aufzählt, die ihm die Treue gehalten hatten, erscheinen keine Frauen; aber von dieser Zeit an treten die weiblichen Schüler Freuds deutlich in den Vordergrund. Freud fand die Frauen weniger schwierig und weniger auf Konkurrenz bedacht. In der Tat kann man sogar sagen, daß seine Schülerinnen eine lange Reihe von adoptierten Töchtern darstellten: Mira Oberholzer, Eugenia Sokolnicka (die polnische Analytikerin André Gides, die er in seinen Roman *Die Falschmünzer* aufnahm, und die sich, obwohl sie von Freud analysiert wurde, 1934 das Leben nahm), Hermine von Hug-Hellmuth, Helene Deutsch, Marie Bonaparte, Ruth Mack Brunswick, Jeanne Lampl-de Groot und ferner die Frauen, die in erster Linie durch ihre Freundschaft mit Anna Freud zu ihm kamen: Dorothy Burlingham, Eva Rosenfeld, Anny Katan und Marianne Kris.
Freud ist nicht der einzige berühmte Mann, der trotz Alter und Krankheit eine Schar bewundernder Frauen um sich sammelte; das gleiche gilt für Albert Schweitzer, den Freud hoch schätzte. Freud bemühte sich nicht aktiv um die Bewunderung dieser Frauen, wählte auch seine Bewunderinnen nicht speziell aus. Im großen und ganzen akzeptierte er passiv Frauen als Mitglieder des inneren Kreises, der ihn umgab, wenn ihn auch die Existenz einer Art von königlicher Hofhaltung nicht schockierte. Hand in Hand mit dem intensiven Aufgehen in seiner Arbeit und mit seiner Aggressivität gegenüber der Außenwelt ging ein passives Sichüberlassen, nicht an eine einzige Frau, sondern an eine ganze Gruppe von Frauen. Er wollte sich nicht mit den lästigen kleinen Dingen des Alltagslebens beschäftigen. In seinen letzten Jahren bildeten diese Frauen eine Art »Kamarilla« um ihn, wie manche es nannten. Sie schirmten ihn von Besuchern ab, trafen die Vorbereitungen für seine Ferien und wachten über seine Gesundheit. Scheu und zurückhaltend gegenüber Frauen, war Freud am Ende seines Lebens doch von Frauen umgeben; man erinnert sich, daß er als Kind fünf Schwestern hatte.
Diese Frauen machten dann ihren Weg in einem Beruf, der für weibliche Talente ausgesprochen aufgeschlossen ist. Obwohl die Rolle, die Ruth Mack Brunswick im Leben Freuds gespielt hat, noch nicht hinreichend erkannt wird, wirft doch ihre Laufbahn ein Licht auf die letzten anderthalb Jahrzehnte von Freuds Alter. Um 1930 war Ruth Mack Brunswick (1897–1946) unbestreitbar Freuds Lieblingsschülerin in Wien.[1] Sie hatte freien Zugang zu ihm wie niemand sonst: Sie kam zum Abendessen in seine Wohnung, besuchte ihn im Sommer an seinem Urlaubsort und stand sich gut mit seinen Kindern. Sie gehörte eigentlich zur Familie. Von Freuds Tochter Anna geliebt und zugleich eifersüchtig als Rivalin betrachtet, war Ruth Brunswick die wichtigste unter den letzten adoptierten Töchtern Freuds.[2]

Sie spielte außerdem eine Vermittlerrolle zwischen den amerikanischen Analytikern und Freuds innerem Kreis in Wien. Amerikanerin und zugleich Vertraute Freuds, gleichzeitig Mitglied der New Yorker und der Wiener Vereinigung, war sie in einer ausgezeichneten Position, um die natürliche Disharmonie zwischen diesen zwei sehr verschiedenen Welten auszugleichen. In Freuds Privatpraxis war Ruth Brunswick die Verbindung, über die wohlhabende Amerikaner zu Freud kamen; sie kümmerte sich auch allgemein um die amerikanischen analytischen Patienten in Wien.

Obwohl es für einen Außenseiter nicht immer ohne weiteres klar war, wer »dazugehörte« und wer nicht, wußten doch alle, die mit Freud in Verbindung standen, welch wichtige Position Ruth Brunswick einnahm. Freud und seine Frau hatten auch Ruth Brunswicks Tochter sehr gern. In seiner Biographie erwähnte Jones die Position Ruth Brunswicks nicht, möglicherweise aus Eifersucht, vielleicht aber auch aus Takt. Es war ihm nicht bekannt, daß sie eine der Frauen war, die von Freud den begehrten Ring erhielten.*

Ruth Brunswick besaß Charme und Intelligenz und, als typische Amerikanerin, wenig Hemmungen; sie war gefühlvoll und explosiv, mitteilsam, überschwenglich und warmherzig. Sie war auch eine elegante Frau mit kultivierten Umgangsformen, lebhaft und mit einem sehr agilen Intellekt. Als Frau war sie für Freud weder besonders anziehend, noch unattraktiv. Wie er es auch bei seiner Schwägerin Minna tat, benützte Freud Frauen gern als Projektionsschirm für seine Gedanken; im Gegensatz zu Minna jedoch neigte Ruth dazu, zu dominieren, und war kein friedlicher, mütterlicher Typ, der damit zufrieden gewesen wäre, Freuds Gedanken bloß zu verstehen. Sie konnte sich schriftlich und mündlich gewandt ausdrücken und war sehr belesen; sie gehörte zu den wenigen Amerikanern und Amerikanerinnen, die in Freuds Augen nicht von vornherein einen Makel hatten, einfach weil sie Amerikaner waren.

Ruth Brunswick besaß einen kühnen Geist, und das mag für Freud das Wichtigste an dieser Beziehung gewesen sein. Sie war intellektuell ungehemmt; sie wagte es, Risiken einzugehen. Sie konnte heute eine Idee fassen und morgen wieder davon abgehen. Es gab wenige Menschen, die mit so viel geistiger Elastizität zu Freud kamen. Sie war stolz auf ihr Verhältnis zu ihm, das ihnen beiden Freude machte.

Ruth Brunswick – damals Ruth Blumgart – war fünfundzwanzig Jahre alt, als sie zu Freud kam, und sie trat in seine Welt mit Begeisterung und Feuer ein. Freud wurde für sie der ideale Mensch, wissenschaftlicher Mentor und Vaterersatz zugleich. Ihr Vater, der Richter Julian Mack, war ein hoch angesehener Jurist und weithin bekannter jüdischer Philanthrop. Aber ihre Beziehung zu ihm war nicht ohne Schwierigkeiten, und Freud erschien als ideale Lösung. Sie wußte, daß er sie nach Frinks Verschwinden als seine Verbindung zu den Amerikanern betrachtete und darauf

---

* Jones zufolge[3] erhielten nur seine Frau Katherine, Freuds Tochter Anna, Lou Andrea-Salomé und Marie Bonaparte Ringe. Tatsächlich gehörten zu den Frauen, denen Freud einen Ring schenkte, noch Gisela Ferenczi, Jeanne Lampl-de Groot, Ruth Mack Brunswick, Edith Jackson, Henny Freud und Eva Rosenfeld.

vertraute, daß sie es übernahm, darüber zu wachen, daß sein Werk in amerikanischen Kreisen richtig interpretiert wurde.

Lange Zeit stand Ruth Brunswick Freud viel näher als seine eigene Tochter Anna.[4] Er gab Ruth ein paar Seiten des Manuskriptes zu dem Buch über Woodrow Wilson, während Anna bis 1965 nichts von dem Band zu sehen bekam. Da Freud Ruth mit Ehrungen überhäufte und ihr Vertraulichkeiten gestattete, erregte sie die Eifersucht aller, die nicht so bevorzugt wurden. Einige ihrer männlichen Kollegen hielten sie für unangenehm und aggressiv.

Bei der Überwachung von Freuds Gesundheit kam Ruth Brunswick eine besondere Rolle zu. Durch den Einfluß ihres Vaters im Kuratorium der Universität Harvard erreichte sie es 1931, daß ein Professor dieser Universität eine Spezialprothese für Freuds Mund anfertigte.[5] Sie und Marie Bonaparte bezahlten die sehr hohe Rechnung, was Freud dann ärgerte; die neue Prothese war kein Erfolg, und Freud war sehr empfindlich darin, irgend jemandem finanziell verpflichtet zu sein. Ruth war ständig um Freud in seiner Krankheit und nahm sogar auf seine Diät Einfluß.

Ruth war mit Hermann Blumgart verheiratet, als sie 1922 zum ersten Mal nach Wien kam. Blumgart war als Student Schüler von E. B. Holt an der Harvard Medical School gewesen, der nicht nur einen der ersten Kurse über Freud abhielt, sondern auch eines der ersten Lehrbücher der Psychoanalyse schrieb. Sie hatte nach Absolvierung des Radcliffe College an der Tufts Medical School studiert. Durch Hermanns Bruder Leonard, einen Analytiker, der schon zu einer kurzen Analyse bei Freud in Wien gewesen war, arrangierte sie es, daß sie selber nach Wien reisen konnte. Ihre Ehe war offensichtlich damals bereits in Schwierigkeiten. Sie hatte jedoch ihr psychiatrisches Praktikum abgeschlossen, und sie ging auch zur Ausbildung nach Wien, nicht nur, um Hilfe bei ihren persönlichen Problemen zu suchen. Blumgart reiste seiner Frau nach Wien nach, in der Hoffnung, sie zurückholen zu können. Er war entschlossen, im Arztberuf zu bleiben, und sie wollte Analytikerin werden. In seinem Bemühen, die Ehe zusammenzuhalten, hatte Blumgart ein Gespräch mit Freud, aber es führte zu nichts. So ließ Blumgart seine Frau in Wien und kehrte selber nach Amerika zurück, wo er als Herzspezialist eine glänzende Karriere machte.

Ruth hatte bereits einen anderen als künftigen Ehemann im Sinn, einen Mann, den auch Freud für geeigneter für sie hielt: Mark Brunswick, der fünf Jahre jünger als sie und leidenschaftlich in sie verliebt war. Er hatte den Entschluß gefaßt, sie zu heiraten, als er, noch nicht zwanzig, als Gast auf ihrer Hochzeit war. Hermann Blumgart war ein direkter Neffe von Mark Brunswicks Mutter. Die Beziehungen in dieser Gruppe von Amerikanern waren kompliziert: Mark Brunswicks Mutter heiratete später Richter Mack in dessen letzten Lebensjahren.

Ruth arrangierte es, daß außer ihr selber auch noch Mark von Freud analysiert wurde. Mark kam 1924 im Alter von zweiundzwanzig Jahren in den Kreis Freuds. Freud war damals achtundsechzig; Mark erinnerte sich, daß Freud bei ihrer ersten Unterhaltung sagte: *Ist es denn möglich, daß jemand so jung ist?* Marks Schulbildung war bescheiden; ein Jahr an der Exeter Academy war der letzte Abschnitt seiner formellen Ausbildung. Er war scheu und schüchtern, ein musikalisches Wunderkind, aber emotional unentwickelt. Er wurde später Professor der Musik und Leiter seines Departments am City College von New York von 1946 bis 1965. Er war ein offener, phantasievoller und künstlerischer Mensch, und Freud mochte ihn sofort. Er wußte nichts über Wissenschaft und Medizin; das einzige, was ihm wichtig war, war Komponieren und der Umgang mit seinen musikalischen Freunden in Wien.[6] Freud hatte ihn sozusagen als einen künftigen Schwiegersohn in Analyse genommen; Ruth und Mark liebten einander bereits, und Freud machte sich daran, Mark so weit zurechtzuflicken, daß er Ruth heiraten konnte.[7]

Ihre Heirat im Jahre 1928 war ein Ereignis in Freuds Leben, denn in jenen Tagen ging er selten öffentlich aus. Die Eheschließung fand im Rathaus statt, und Freud war einer der Zeugen. Der zweite Zeuge war Oskar Rie, der Kinderarzt von Freuds Enkelkindern und später von Ruth und Marks Tochter. (Dieses Kind wurde nach Mathilde Hollitscher genannt, der ältesten Tochter Freuds, die eine enge persönliche Freundin von Mark und Ruth war.) Ries Tochter, Marianne Kris, war Ruths beste Freundin. Den Ehevertrag der Brunswicks hatte Freuds Sohn Martin aufgesetzt, der Jurist war. An der Zeremonie im Rathaus nahmen außerdem Marks Bruder David (der in Analyse bei Freud war) und seine jüngste Schwester (die in Analyse bei Nunberg war) teil.

Freud hatte Ruth und Mark gleichzeitig in Analyse genommen und außerdem noch Marks Bruder David. Die drei zusammen machten 60 Prozent der Analysezeit und des Einkommens von Freud aus. (Damals hatte Freud regelmäßig etwa fünf Analysefälle.) Die heutigen Analytiker behandeln nicht gern ein Paar, verheiratet oder nicht, und nach den »Regeln« wäre es kontraindiziert; der Analytiker muß sich mit seinem Patienten identifizieren können, und das wird erschwert, wenn eng miteinander verbundene Menschen behandelt werden. Aber Freud verstieß nicht selten gegen die normalen analytischen Verfahrensweisen im Geiste von »Der Rabbi darf«: dem Rabbi waren spezielle Ausnahmen gestattet.[8]

Mark Brunswick lernte Freud auch in seinem familiären Milieu näher kennen, denn Ruth und er waren oft privat zu Besuch bei den Freuds. Mark war später der Meinung, daß dieser persönliche Kontakt ihm sehr gut getan, aber auch gewisse pathologische Züge verstärkt habe. Freud lebte in zwei Welten und schirmte sich selbst ab; außerhalb seiner Praxis neigte er zu unpsychologischem Verhalten. In seinem Familienkreis war Freud freundlich und nicht auf der Hut; einmal zog er seinen Schwiegersohn, Mathildas Mann, damit auf, daß er so mit Ruth flirte, die damals Freuds Patientin war.

Mark hätte jedoch nicht gewagt, Freud seine Beobachtungen über dessen unterschiedliches Verhalten zu Hause und in seinem Ordinationszimmer mitzuteilen, oder vielmehr, es wäre ihm damals gar nicht in den Sinn gekommen, zu sagen, er hätte das nicht gewagt. Bevor Mark nach Wien kam, hatte er Freuds *Totem und Tabu* gelesen und bewundert; aber obwohl er sich für Anthropologie interessierte, konnte er doch der Medizin kein Interesse abgewinnen. Selber Analytiker zu werden, zog er nie in Betracht. Er ging ein- oder zweimal zu den Sitzungen der Wiener Vereinigung und war dann darüber schockiert, welche Worte dort öffentlich und in Anwesenheit beider Geschlechter gebraucht wurden.

Mark war auch mit William Bullitt bekannt, der damals in Analyse bei Freud war, sowie mit Marie Bonaparte, die wie Ruth über viele Jahre hinweg mit Unterbrechungen in Analyse bei Freud war; in den Jahren nach 1930 lernte er auch Edith Jackson kennen, gleichfalls eine Patientin Freuds. Bis zu den dreißiger Jahren bezahlten die Patienten Freud zwanzig Dollar pro Stunde; dann beschlossen sie aus eigenem Antrieb, ihre Zahlungen auf fünfundzwanzig Dollar zu erhöhen.

Diese intimen persönlichen Querverbindungen waren therapeutisch für Mark nicht förderlich; und ebensowenig die Indiskretionen Freuds. Zum Beispiel beklagte sich Freud Mark gegenüber über David, einige Wochen nachdem dieser zu ihm gekommen war, mit der Bemerkung: *Was haben Sie und Ruth mir da eingebrockt! Ihr Bruder ist ein schrecklich langweiliger Mensch!* Sowohl Mark, als auch David waren von Freud eingeschüchtert, wenn auch auf unterschiedliche Weise. David glaubte, Freud sei durch Mark und Ruth gegen ihn voreingenommen; da Freud von seiten Davids anscheinend intellektualisierte Widerstände erwartete, sagte er David am zweiten Tag seiner Analyse, er solle künftig deutsch sprechen und sich an der medizinischen Fakultät einschreiben. David war ausgebildeter Psychologe und wollte als solcher eine Praxis aufmachen; das Medizinstudium hatte er in den Vereinigten Staaten abgebrochen, und in Wien tat er später das gleiche. Freud nahm an, als Amerikaner werde David ein abgeschlossenes Medizinstudium brauchen, um in den Vereinigten Staaten als Analytiker anerkannt zu werden. Als David später in Amerika zu praktizieren begann, schrieb ihm Freud: *Daß Sie Analytiker geworden sind, ist die gerechte Strafe für Sie.* Das war ein Scherz von seiten Freuds, aber in Davids Augen kam darin auch die Einstellung Freuds zu ihm zum Ausdruck.

Der junge Mark Brunswick war mit schweren Charakterstörungen zu Freud gekommen. Rückblickend war Mark der Meinung, wenn Freud sich geweigert hätte, ihn in Analyse zu nehmen, weil Ruth bereits seine Patientin war, wäre es für ihn traumatisch, aber auf die Dauer vielleicht doch das Bessere gewesen. (Später kam auch David zu der Überzeugung, Freud hätte ihn nicht in Analyse nehmen sollen.) Wie dem auch sei, Mark begann im September 1924 seine erste Analyse bei Freud, und sie dauerte dreieinhalb Jahre. Zu diesem Zeitpunkt erklärte Freud ihn für geheilt; Mark hörte mit der Analyse auf und heiratete Ruth. Nach der Aussage Marks war er nicht ein einziges seiner Symptome losgeworden, allerdings hatten sich seine Gefühle gegenüber seinem Vater gebessert. Mark verehrte Freud, wenn er auch später bis zu einem gewissen Grad negative Gefühle gegen ihn entwickelte. Trotzdem hatte er nie irgend etwas auch nur entfernt Schäbiges an Freud wahrgenommen; die Fehler Freuds rührten nach seiner Meinung von gutem Willen her, es seien Sünden zu geringer Distanz gewesen.

Ruth und Mark verließen Wien im Juni 1928 und kehrten in die Vereinigten Staaten zurück, wo ihr Kind geboren wurde; 1929 kamen sie wieder nach Europa und blieben bis 1938 in Wien. Gegen Ende 1933 oder Anfang 1934 teilte Mark Freud mit, daß alle seine Symptome noch da seien, er aber jetzt in gewissem Sinne noch schlechter dran sei, weil er versuche, sich einer Erwachsenensituation zu stellen. Freud war über diese Mitteilung beunruhigt und nahm Mark wieder in Analyse.

Während seiner ersten Analyse, als Mark ein junger Mann war, der in eine verheiratete Frau verliebt war, hatten Freud und Ruth seinen Fall in allen Einzelheiten miteinander erörtert. Ruth wurde fast wie eine Mutter für Mark. Diesmal jedoch erklärte Freud Mark, Ruth dürfe nicht mehr in der gleichen Weise von seiner Analyse wissen, er habe seinerzeit einen schweren Fehler begangen, als er Marks Analyse mit ihr besprach. Freud bekannte seinen damaligen Irrtum in ganz natürlicher und offener Weise. (Bei anderen Patienten – zum Beispiel bei David – war er weniger ungezwungen.)

Mark verliebte sich bald darauf in ein junges Mädchen. Er fragte Freud, ob es richtig sei, wenn er sein Ehegelübde verletze, und Freud bejahte es. Ruth und Mark wurden 1937 geschieden, heirateten jedoch schon sechs Monate später einander zum zweiten Mal, obwohl Freud ihnen das übelnahm. Bis 1938 machte Mark beträchtliche Fortschritte in seiner Behandlung. Inzwischen war keiner seiner Musikerfreunde mehr in Wien. Er hatte Wien im Oktober 1937 verlassen und kam im Dezember zurück; Ende Januar 1938 reiste er dann endgültig ab. Freud begann mit der Niederschrift von Marks Fallgeschichte noch im gleichen Monat, in dem Mark Wien verließ, sie war jedoch bei Freuds Tod unvollendet.[9] (Einige Jahre später unterzog sich Mark einer weiteren Analyse in New York, die nach seiner Meinung weit erfolgreicher war als die Analysen bei Freud.)

Zwischen Freud und Mark hatten sich schon vorher Spannungen ergeben, hauptsächlich wegen politischer Fragen. Ruth und Mark waren enttäuscht über Freuds Haltung, als 1934 die Sozialisten mit Gewalt niedergeworfen wurden. Freuds politische Einstellung schien sich ins Gegenteil verkehrt zu haben; er trat dafür ein, Dollfuß zu unterstützen, obwohl das ein autoritäres Regime war. Freud war ein Mann, der seinen nahen Tod vor Augen hatte und in Wien bleiben wollte, koste es, was es wolle. Im Februar 1934 kamen Freud und Mark überein, sich angesichts der bittern Gefühle Marks wegen Freuds politischer Einstellung für eine Weile zu trennen. Österreich hatte damals eine anti-intellektuelle Regierung, die jene gesellschaftlichen Kräfte repräsentierte, die Freud die Anerkennung verweigert hatten, während die Sozialisten Freud positiv gegenüberstanden. Aber Freud kam mit dem Problem in der Analyse nicht zurecht, vielleicht weil er ein schlechtes Gewissen hatte.

Immer wieder drängten Mark und Ruth ihn, Wien zu verlassen, aber Freud war über dieses Drängen ärgerlich, weil er ihre Befürchtungen für unbegründet hielt. Schon im Februar 1934 schrieb er in einem Brief an Marie Bonaparte: *Was für eine Gefahr mir persönlich droht* [beim Bleiben], *wie Ruth und Mark bis zum Überdruß immer wieder beteuern, kann ich nicht glauben. Ich bin so ziemlich unbekannt in Österreich, die Allerkundigsten wissen nur, daß meine Mißhandlung ein großes Aufsehen im Ausland erregen würde.*[10] Den andern in der analytischen Gemeinde in Wien fiel die Emigration schwer, weil sie dazu oft Freud entgegentreten mußten und weil sie sich vorkamen, als verließen sie ein sinkendes Schiff.

Zu dem Zeitpunkt, als die Nazis Österreich annektierten, hatte Ruth sich als Analytikerin bereits einen Namen gemacht, weitgehend infolge der Patronage Freuds. Denn er hatte ihr ein großes persönliches Geschenk gemacht: die Überweisung des Wolfsmannes, seines früheren Patienten. Damit machte er ihr das höchste denkbare Kompliment. Bei ihrer eigenen Behandlung des Falles übersah sie jedoch ihre eigenen Übertragungsgefühle für den Wolfsmann; da sie der Meinung war, *für ihn bedeutete die Analyse Freud,* glaubte sie, ihre Rolle als Therapeutin sei *eigentlich eine ganz nebensächliche* gewesen, denn: *Ich hatte ja bloß zwischen Freud und dem Patienten zu vermitteln.*[11]

Für Ruth stellten der Fall und der Aufsatz, den sie darüber schrieb, einen enormen Gewinn an Selbstwertgefühl dar. Sie schrieb die Abhandlung in engster Zusammenarbeit mit Freud, wenn man auch hoffen darf, daß Freud die Form von Tautologie nicht gebilligt hätte, mit der sie ihren Bericht beendete. Der künftige Gesundheitszustand des Wolfsmannes, schrieb sie, werde *wohl zum größten Teil vom Ausmaß seiner Sublimierungsfähigkeit abhängen.*[12] In Freuds Gegenwart hatte Ruth Brunswick sich selbst gefunden. Ohne Freud hätten wohl nur wenige seiner Anhänger in der Geistesgeschichte irgendeine Rolle gespielt. Durch seine Inspiration und Ermutigung brachte Freud sie dazu, Leistungen zu vollbringen, deren sie zuvor nie fähig gewesen wären.

9.2. Ruth Mack Brunswick: Abhängigkeit und Sucht

Freud hatte ein natürliches psychologisches Talent in Ruth Brunswick entdeckt. Sie hatte eine intuitive Gabe, das Unbewußte zu »riechen«.[1] In ihrer Technik als Analytikerin blieb sie immer unkonventionell; im Rahmen der orthodoxen Lehre gehörte sie zu den aktiveren Analytikern, obwohl es vielleicht eher verwunderlich ist, daß sie nicht noch größere Aktivität zeigte, wenn man bedenkt, daß Freud ihr Analytiker gewesen war. Wie Freud, interessierte sie sich mehr für die Psychoanalyse als Wissenschaft als für die Therapie um ihrer selbst willen. Die meisten ihrer Patienten waren Holländer, wahrscheinlich weil Freud ihr zu Anfang holländische Patienten geschickt hatte. (Die Psychoanalyse fand in Holland sehr früh Anerkennung;[2] sie

gedieh dort wahrscheinlich deshalb so gut, weil die Niederlande im Grunde ein Land des bürgerlichen Mittelstandes sind. Um 1960 war es das einzige Land, in dem die Analytiker darüber klagten, die Zahl der in der Ausbildung befindlichen Analytiker sei zu groß.)
Einmal hatte Ruth mit der Polizei Schwierigkeiten, da ihr Visum keine Arbeitsgenehmigung enthielt. Martin Freud erklärte den Behörden, sie arbeite nur unter Anleitung und ausschließlich zu Ausbildungszwecken. In Wien hatten die Brunswicks ein Auto und ein großes Haus mit Dienstboten. In den Augen der übrigen Psychoanalytiker lebten sie wie Millionäre.
Freud war Ruth gegenüber vorbehaltlos freigebig, sowohl was die Mitteilung von Ideen, als auch was die Überweisung von Patienten betraf; anders als manche seiner früheren männlichen Schüler, war Ruth nie eine Rivalin. Freud bewunderte sogar ihr Interesse für Psychotiker. Für ihre Kollegen in der Wiener Vereinigung hielt sie ein Seminar über Psychose; es war nicht ein Teil des regulären Ausbildungsganges des Instituts, vielmehr ein Seminar für »Graduierte«, und neben anderen nahmen auch Marie Bonaparte und Paul Federn an Sitzungen in ihrem Haus in Wien teil. Man könnte sich vielleicht fragen, warum Freud ihre Arbeit förderte und die Arbeit Federns mit Stillschweigen überging. Freilich waren Federns Ideen verworren; aber selbst wenn Freud seine Zweifel hatte, ob die Behandlung von Psychosen eine legitime Anwendung der Psychoanalyse sei, so trug doch seine Zuneigung für Ruth den Sieg davon.
Ruth Brunswick besaß die intellektuelle Fähigkeit, ihre Entdeckungen in den Bezugsrahmen Freuds einzufügen. Sie hatte die Gabe, die theoretischen Konzeptionen Freuds so geschickt zu handhaben, daß sie sich ihrer zur Darlegung eigener neuer Gedanken bedienen konnte. Sie hob die Bedeutung der Mutter für die Entwicklung des Kindes hervor, aber so taktvoll, daß dies Freud nicht als Auflehnung gegen seine Grundgedanken erschien. Einer der zentralen Trends der Psychoanalyse seit Freuds Tod ist die Beschäftigung mit Fällen, bei denen *die Ätiologie der Krankheit hinter den Ödipuskomplex zurückgeht und eine Entstellung zur Zeit der absoluten Abhängigkeit einschließt.*[3] Wie Jung schon lange vorher dargelegt hatte, hatte Freud ursprünglich die nicht-ödipale Rolle der Mutter-Kind-Bindung übersehen. Ruth jedoch formulierte ihre neuen Erkenntnisse mit größter Behutsamkeit.
Während Rank die Bedeutung nicht-ödipaler Faktoren betont und um diese Neuerung eine rivalisierende Theorie aufgebaut hatte, hob Ruth hervor, daß es »prä-ödipale« Phasen der Kindheitsentwicklung gebe. Wie sie vorsichtig formulierte: *Soweit ich weiß, wurde der Begriff prä-ödipal von Freud zuerst 1931 verwendet ... und von der Verfasserin 1929 ...*[4] Sie beschränkte sich ursprünglich auf die Psychologie der Frauen, doch sollten ihre Theorien in künftigen Jahren auch Implikationen für die Männer haben. Mit »prä-ödipal« meinte Ruth, daß eine emotionale Beziehung dem Dreieckskonflikt vorangeht, bei dem das kleine Mädchen sich nach der Liebe des Vaters sehnt und Rivalitätsgefühle gegenüber der Mutter hat. Und diese frühere »Posi-

tion«, die dem Ödipuskomplex vorangeht, schließt Liebe und Identifikation des kleinen Mädchens mit der Mutter ein. Dies ist eine weit archaischere und primitivere emotionale Beziehung als die ödipale, und Ruth stellte die Hypothese auf, daß dies den psychotischen Problemen, die sie untersuchte, zugrunde liege.

Es war Ruth Brunswick gelungen, bisher übersehene Erscheinungen, die die abgefallenen Schüler Freuds hervorgehoben hatten, in das Gebäude seiner Libidotheorie einzufügen; und deshalb zollte er ihrer Arbeit hohes Lob. Da sie ihre Theorie ursprünglich im Rahmen der Psychologie der Frauen entwickelt hatte (wo Freud zugestandenermaßen nicht sehr weit gekommen war), und da sie an der Bedeutung der Ödipus-Konstellation selber festhielt (dem Gedanken Freuds folgend, daß diese eine »Vorgeschichte« habe), konnte sie die Bedeutung der Freudschen Konzeptionen neu bekräftigen und doch zugleich ausweiten.

Schon 1925 hatte Freud diese Verlagerung im psychoanalytischen Denken eingeleitet, indem er postulierte, die Existenz einer Phase emotionalen Lebens *vor* dem Ödipuskomplex bedeute, daß *beim Mädchen ... der Ödipuskomplex eine sekundäre Bindung ist*.[5] Je mehr Ruths Arbeit die Theorie der prä-ödipalen Faktoren ausarbeitete, desto wichtiger schien der Ödipuskomplex zu werden, denn er hatte jetzt seine eigene Entwicklungsgeschichte. *Die Einsicht*, schrieb Freud 1931, *in die prä-ödipale Vorzeit des Mädchens wirkt als Überraschung, ähnlich wie auf anderem Gebiet die Aufdeckung der minoisch-mykenischen Kultur hinter der griechischen.*[6]

Freud anerkannte die Arbeit Ruth Brunswicks (*die sich gleichzeitig mit den männlichen Problemen beschäftigte*[7]) über die prä-ödipalen Muster bei Frauen. Nach ihrem Tod behauptete Nunberg, sie habe *in ihrer äußerst wichtigen Abhandlung über die prä-ödipale Phase der Libidoentwicklung* gesagt, *sie könne nicht genau sagen, welches Freuds Gedanken und welches ihre eigenen seien*;[8] zwar findet sich in Ruths Arbeit kein Satz dieses Inhalts, aber es kann gut sein, daß Nunberg eine solche Bemerkung aus ihrem Munde hörte, die durchaus ihrer engen Zusammenarbeit mit Freud entspricht. Freud räumte ein, daß weibliche Analytiker diese frühere Bindung an die Mutter hatten entdecken können, die er selbst nicht herausfand, weil *die Frauen in der Analyse bei mir an der nämlichen Vaterbindung festhalten konnten, zu der sie sich aus der in Rede stehenden Vorzeit geflüchtet hatten*.[9] Freud hielt jedoch daran fest: *Die Phase der ausschließlichen Mutterbindung, die prä-ödipal genannt werden kann, beansprucht ... beim Weib eine weitaus größere Bedeutung, als ihr beim Mann zukommen kann*.[10] Eine prä-ödipale Fixierung bei einer Frau, so glaubte man, würde zu einem Mangel an Libido gegenüber Männern führen, während eine prä-ödipale Bindung bei einem Mann ein passives Festhalten am Vater bedeuten würde. Auf diesem Gebiet erkannte Freud die Priorität Ruths an. So schrieb er 1932: *Ruth Mack Brunswick hat als die erste einen Fall von Neurose beschrieben, der auf eine Fixierung im prä-ödipalen Stadium zurückging und die Ödipussituation überhaupt nicht erreicht hatte.*[11]

Ruth Brunswick arbeitete mit großem Fleiß als Klinikerin und nahm außerdem an der Politik der psychoanalytischen Bewegung auf beiden Seiten des Atlantiks teil. Jones behauptete, sie habe die Partei Zilboorgs gegen Brill ergriffen; und Brill glaubte, sie habe gegen Schilder gearbeitet, bis er aus der New Yorker Psychoanalytischen Vereinigung austrat.[12] In Wien war Ruth mehr oder weniger ständig in Analyse bei Freud, sooft er Zeit für sie finden konnte. Ihr berühmtester amerikanischer Schüler war Karl Menninger; sie analysierte außerdem auch Robert Fließ, den Sohn von Freuds früherem Freund.

Trotz ihrer wissenschaftlichen Produktivität und ihrer ausgezeichnet funktionierenden Arbeit als Analytikerin war ihr Gesundheitszustand Störungen unterworfen. Emotionale Probleme setzten sich bei ihr leicht in somatische Symptome um, und ihre Ärzte konnten ihre Krankheiten nicht als eindeutig organisch diagnostizieren. Einmal fanden sie zu viel Arsen in ihrem Blut; es war nicht klar, ob sie von ihrer Köchin oder von der Tapete vergiftet worden war, sie ließ jedoch ihre Zimmer neu tapezieren, (James Jackson Putnam hatte schon früher die Meinung vertreten, Tapeten seien eine häufige Ursache von Arsenvergiftung.[13])

Ruth nahm Morphium zur Betäubung der schrecklichen Schmerzen, die von Gallenattacken verursacht wurden, wie sie meinte. Die Ärzte kamen und gingen; einigen wenigen in Freuds innerem Kreis war bekannt, daß sie anscheinend unter mysteriösen Krankheiten litt. Sie unterzog sich einer Operation, die jedoch keinen Erfolg hatte, vielleicht weil ihr Leiden nicht bloß eine Gallengeschichte war. Max Schur, ihr Arzt, glaubte, daß sie keine Gallensteine habe, andere jedoch teilten seine Meinung nicht. (Ruth hatte sowohl Schur als auch seine Frau analysiert, reproduzierte also Marks und ihre Situation bei Freud.) Sie litt ferner auch an Neuritis. Als Ärztin hatte sie die Möglichkeit gehabt, für sich selbst Rezepte zu schreiben – sie nahm Schlafmittel und Schmerzmittel –, und um 1933–34 war sie allmählich in eine ernsthafte Drogenabhängigkeit hineingeglitten. Unglücklich und von organischen Störungen heimgesucht, war sie um 1937 dann zur Süchtigen geworden. In jener Zeit war Süchtigkeit in den meisten Fällen die Folge der medizinischen Anwendung von Drogen.

Eine Zeitlang wurde sie von ihrer Drogenabhängigkeit entwöhnt. Auf Freuds Rat wurde sie einmal, während sie noch in Analyse war, zur Heilung ihrer Sucht in ein Krankenhaus überwiesen. Aber Ruth war nicht nur Drogen verfallen; sie war eine Persönlichkeit, die sich anklammerte, an anderen verzweifelt festhielt, was vielleicht teilweise erklärt, warum Freud ihr gegenüber schließlich so abweisend wurde. Ihr Leben endete tragisch; trotz aller Versuche war sie nicht in der Lage, sich einer Krankheit zu entwinden, die von Analytikern als prä-ödipalen Charakters beschrieben wurde.

In Wien, zu Freuds Lebzeiten, erschien sie nach außen nicht gestört oder pathologisch. Ihr äußeres Leben bewältigte sie effizient bis zu ihrem letzten Lebensabschnitt, als ihre Drogenabhängigkeit immer mehr zunahm. Bis zu ihrem plötzlichen Tod Anfang 1946 galt sie als führende Psychoanalytikerin, als die bevorzugte Vertraute Freuds in seinen letzten Lebensjahren.

Ruths privates Elend ist von Bedeutung wegen ihrer engen Beziehung zu Freud. Für eine Persönlichkeit von der Art Freuds mußte Drogensucht etwas besonders Unerträgliches sein. In seinen letzten Lebenstagen wollte Freud trotz seiner Schmerzen nicht einmal Aspirin einnehmen. Ein Betäubungsmittel zu schlucken, um den Schmerz zu lindern, dem eigenen Geist die Klarheit zu nehmen und – schlimmer noch – sich so abhängig werden zu lassen, das war nicht akzeptabel. Er war stolz auf seine Fähigkeit zur Selbstüberwindung. Daß Ruth so abhängig von Drogen, ja schließlich süchtig wurde, bedeutete eine tödliche Kränkung für Freuds Unnachgiebigkeit. Er selber wurde mit seiner eigenen Nikotinabhängigkeit nie fertig, obwohl er Jahre hindurch gegen das ankämpfte, was er *meine Gewohnheit oder mein Laster* nannte. (Merkwürdigerweise führte Freud dieses Raucherproblem nicht auf eine prä-ödipale Bindung an seine Mutter zurück, sondern sprach noch 1929 von dem *Vorbild* seines Vaters, *der ein starker Raucher war*.[14]) Freud wußte wohl, daß Ruths Süchtigkeit eine Krankheit war, die es zu verstehen und zu behandeln, nicht zu verurteilen galt, aber er fand solche Probleme abstoßend. Ruth konnte ihre Süchtigkeit nicht aus einer unbewußten Herausforderung gegenüber Freud als Ausdruck ihre Ambivalenz erfunden haben; die Grundstruktur dieses Problems war bei ihr immer vorhanden gewesen. Aber für Freud war jedes Problem übermäßiger, süchtiger Abhängigkeit etwas ganz besonders Schlimmes, und in diesem Fall bildete es eines der Hauptelemente seiner schließlichen enttäuschten Abwendung von Ruth.

Als Ruth 1922 zum ersten Mal nach Wien kam, bestand die pschoanalytische Ausbildung in nicht viel mehr, als daß man analysiert wurde, im Idealfall von Freud selbst. Um die Gestalten aus der Anfangszeit der Psychoanalyse ranken sich allerlei Märchen und Legenden. Vom heutigen Standpunkt aus gesehen, mag die Ausbildung jener Tage als bloße Geste erscheinen. Es ist gesagt worden, die meisten unter den ersten Anhängern Freuds hätten nur eine rein verstandesmäßige Erfahrung der Analyse gehabt und soweit sie eine Analyse durchgemacht hatten, sei ihre Behandlung *zu kurz und zu oberflächlich gewesen, um ein bleibendes Resultat zu erzielen*.[15] Sie hätten weniger Probleme gehabt, wenn sie nur richtig analysiert worden wären.

In Ruths Fall jedoch war es so, daß ihre Analyse bei Freud sich immer länger hinauszog; sie dauerte mit Unterbrechungen von 1922 bis 1938. Eine so lange Analyse war schon in sich selber eine Sucht; sie erinnert an das, was Freud bei der Anwendung der Hypnosetechnik befürchtet hatte.[16] Freuds Behandlung von Ruth trug dazu bei, eben jene Abhängigkeit herbeizuführen, die aufzulösen die Aufgabe der Analyse hätte sein sollen. Der hervorstechendste Zug an Ruths bedauernswerter Krankheit ist nicht so sehr, daß die Analyse bei Freud sie nicht vor einer entkräftigenden Störung bewahrte, sondern daß Freud und seine Patienten sich immer näher kamen, je länger er sie behandelte, und daß ihr so immer weniger geholfen wurde, ihre Abhängigkeitsschwierigkeiten zu überwinden.

Freud gefiel die Arbeit mit Ruth zu sehr; seine Gefühle für sie hinderten ihre Bemühungen, ihre Probleme zu überwinden. Sie genoß es, von ihm abhängig zu sein, und das hätte als Problem behandelt und nicht als Vergnügen genossen werden sollen.[17] Wahrscheinlich hätte Freud sie zu jemand anderem schicken müssen.[18] Ruth wäre zu einem anderen Analytiker gegangen; als sie nach Amerika zurückkam, ging sie schließlich zu Nunberg, kurz bevor sie starb. Aber Freud war nicht darüber erhaben, Ruth für sich selbst behalten zu wollen; ihre gegenseitige Zuneigung und ihr intellektueller Gedankenaustausch hielten die beiden zusammen.

Genialität kann eine verführerische Kraft haben. Freud war für viele Menschen unwiderstehlich, auch wenn er bewußt gar nichts dazu tat, Schmeicheleien herauszufordern. Freud hatte eine Abneigung gegen Schwärmereien und erweckte sie doch so häufig und so stark. Freud war ausgezogen, um zu befreien, aber manchmal versklavte er auch. Die weichherzigen Patienten, deren Schutzmechanismen besonders schwach waren, unterlagen Freuds persönlicher Ausstrahlung. Wenn man einem Analytiker, der behauptete, Freud habe Ruth »zerstört«, nicht zustimmen kann, dann deshalb, weil ihr selbst der unerläßliche Narzißmus fehlte, der es ihr ermöglicht hätte, sich aus Selbstschutz von Freud zurückzuziehen.

Wie es jemand aus ihrem Freundeskreis ausdrückte: Ruth machte immer ein großes Tam-Tam um den Professor. Wie auch andere, erwartete sie von Freud mehr, als irgendein Mensch zu geben vermag. Aber Freud hatte eben eine zentrale Rolle in ihrem Leben gespielt und eine ungeheuer starke Übertragung hervorgerufen. Zuerst hatte Freud das Verhältnis zu Ruth allzu vertraut werden lassen, und dann versuchte er, der Beziehung etwas mehr Distanz zu geben.[19] Hand in Hand mit ihrer Abhängigkeit ging bei Ruth eine Tendenz, zu tyrannisieren und sich despotisch zu gebärden; Mark Brunswick erinnerte sich später daran, wie er einmal ein Gespräch zwischen Freud und Ruth auf ihrer Veranda beobachtete, bei dem Ruth den Ton angab; Mark konnte nicht hören, was gesagt wurde, aber er sah, wie Freuds Gesicht erstarrte.

Die Enttäuschung Freuds über Ruth entwickelte sich, als er kränker und gebrechlicher und sie anspruchsvoller und eifersüchtig auf Anna Freuds Rolle bei der Betreuung ihres Vaters wurde. Aus Neid verhielt Ruth sich aggressiv. Obwohl manche, die mit Freud und mit Ruth näher bekannt waren, es nicht wußten, verlor Freud allmählich die Illusionen, die er sich über sie gemacht hatte. Trotz jahrelanger Analyse bei ihm war sie süchtiger denn je. Um 1937, als seine Krankheit sich verschlimmert hatte, fiel es Freud schon schwerer, seine Irritation ihr gegenüber zu beherrschen. Für Außenstehende jedoch schien sie noch immer zu den ihm am nächsten stehenden Menschen zu gehören.

Mit der Verschlechterung von Freuds Gesundheitszustand verschlechterte sich auch ihr Verhältnis. Im Sommer 1938 besuchte sie ihn in London und äußerte sich begeistert darüber, wie viel ihr die wiederaufgenommene Analyse gebracht habe. Aber im Winter 1939, dem letzten in Freuds Leben, wehrte er immer wieder ab, wenn sie ihn besuchen wollte. Er wollte nicht, daß sie kam und ihn sterben sah. Er warf ihr das »ewig weibliche« Bedürfnis vor, ihren Vater sterben zu sehen; sein Gedanke, daß zu viel Anteilnahme das gegenteilige Gefühl verbergen könne, war völlig richtig, aber alle seine Probleme verschärften sich jetzt, und er war voller Bitterkeit. Um den Januar 1939 war er dann nicht mehr ganz er selbst und begann, sich ihr gegenüber seltsam zu verhalten; trotz seiner Enttäuschung über Mark und über Ruth hätte er sich bei besserer Gesundheit nicht so geäußert, wie er es tat. Mark hatte ihm zum 70. Geburtstag den ersten Band des Sammelwerkes *Cambridge Ancient History* geschenkt, und da sie sich miteinander über Archäologie unterhielten, schenkte ihm Mark in der Folge jeden neu erschienenen Band. Als aber 1938 der letzte Band herauskam, bestellte Freud ihn selbst und wollte dann wissen, wer ihn bezahlen solle. Manche Bereiche seiner Persönlichkeit wurden durch den Schmerz und das Wissen um den herannahenden Tod eingeschränkt. Einmal sagte er von Ruths Tochter, die er besonders lieb gehabt hatte: *Ich glaube, ich habe schon von ihr gehört.*[20]

Ruth war nicht nach London gegangen, als Freud aus Wien dorthin emigrierte. Ihr Vater lag krank in Amerika, und Mark telefonierte häufig mit ihr über den Atlantik; ihre Mutter hielt sich bei Ruth und ihrer Tochter in Wien auf. Da Sehvermögen und Gedächtnis von Ruths Vater durch die Krankheit beeinträchtigt waren, brauchte er seine einzige Tochter. Und der Einmarsch der Nazis in Österreich stand kurz bevor. Freud hatte andere Menschen, die sich seiner annahmen. So kehrte sie, wenn auch sehr ungern, in die Vereinigten Staaten zurück.

Als sie jedoch aus Wien fort war, zerbrach Ruth allmählich. Bei ihrer Anlage zur Hypochondrie kann man sich nur fragen, ob ihre Krankheiten nicht, wie die des »Wolfsmannes« in den zwanziger Jahren, durch eine ungelöste Übertragung auf Freud verschlimmert wurden. Sie hatte schreckliche Augenschmerzen und verschrieb sich selbst Drogen. Trotz ihrer Probleme hatte Freud ihr über die ganzen Jahre Patienten überwiesen, und auch andere Analytiker schickten ihr weiterhin Patienten; offenbar war bis fast zum Ende kein Nachlassen ihrer Fähigkeit, zu analysieren, nach außen erkennbar. Sie verschaffte allen ihren nahen Freunden in Wien Bürgschaften, so daß sie direkt nach Amerika gehen konnten, wenn sie wollten.

Als Ruth von ihrer letzten Londonreise nach New York zurückkehrte, lag Freud im Sterben. In Amerika begann die schlimme Zeit ihrer Süchtigkeit. Im Jahre 1940 starb ihre Mutter, und drei Jahre später ihr Vater. Und da sich auch ihr Verhältnis zu Mark sehr verschlechtert hatte, stand sie unter starker Belastung. Paradoxerweise (angesichts ihrer eigenen Probleme) war sie bis zu den letzten beiden Jahren ihrer Ehe dagegen gewesen, daß Mark trank; so trank er heimlich, wenn auch sein Alkoholkonsum nach amerikanischen Maßstäben nicht sehr hoch war. Sie klammerte sich an Mark, wie sie sich an alles klammerte, was sie gern hatte. Immerhin war unter den amerikanischen Analytikern Ruth diejenige, die Freuds Sohn Oliver willkommen hieß, als er 1943 mit seiner Frau in den Vereinigten Staaten ankam. Zwei Jahre später ließ sich Mark von ihr scheiden, und Ruth ging zu einer weiteren Analyse zu Nunberg. Wie es Mark später ausdrückte: *Alles, was sie liebte, schien zugrunde gegangen zu sein, so ging auch sie zugrunde.*

Gegen Ende ihres Lebens entwickelte sich bei Ruth – die schon immer Arbeitshem-

mungen gehabt hatte – eine wirkliche Arbeitsblockierung. Sie hatte nie so viel veröffentlicht, wie sie es nach Freuds Meinung und auch nach ihrer eigenen eigentlich hätte tun sollen; das erklärt auch zum Teil, warum sie heute dem Leserpublikum so wenig bekannt ist. Ein Psychiater hat kürzlich Blockierungen der Kreativität mit dem Identitätsproblem in Beziehung gebracht: *Ein gewisses Maß von persönlichem Identitätsgefühl ganz abseits der Arbeit ist notwendig, wenn die letztere wirksam ausgeführt werden soll.*[21] Vielleicht überschätzte Freud ihre Talente; aber wenn ja, dann wegen der ungeheuren Anziehung, die sie auf ihn ausübte und die selbst wieder einer Erklärung bedarf. So empfindlich Freud anderen Schülern gegenüber in bezug auf Plagiate sein konnte, »schenkte« er zumindest einmal Ruth ausdrücklich eine Idee; er sagte, er schenke ihr die Einsicht, daß für die Entwicklung des Schönheitssinns die Beziehung des Säuglings zu der Mutterbrust von außergewöhnlicher Bedeutung ist.*
Sie verfolgte Freuds Anregung nicht weiter, und in einem ihrer letzten Aufsätze gab sie 1937 noch der Hoffnung Ausdruck, weiteres Material über den Wolfsmann zu veröffentlichen, der ein weiteres Mal bei ihr in Behandlung gewesen war.[23]
Man kann nicht sicher wissen, ob Ruth ihre Trennung von Freud als eine Zurückweisung betrachtet hat, die vielleicht ihre Ansprüche an Freud intensivierte. Tatsache ist, daß Freud am Ende seines Lebens genug von ihr hatte. Durch seinen Tod verlor sie nicht nur einen verehrten Mann in ihrem Leben, sondern auch eine Quelle der Befriedigung für ihr Selbstwertgefühl. Vielleicht erkannte sie nun, daß sie nicht so schöpferisch war, wie sie einmal gedacht hatte. Doch schon ihr früher Tod hatte in jedem Fall zur Folge, daß ihre Publikationen weniger zahlreich waren als die mancher anderer aus ihrer Generation.
Ruths Tod ist im technischen Sinne nicht als Selbstmord zu klassifizieren, war jedoch das Resultat einer zumindest halb-absichtlichen Selbstzerstörung. Wenn es auch ursprünglich ihre Krankheiten waren, die sie drogenanfällig machten, nahm sie am Ende schmerzstillende Mittel so wie ein Alkoholiker Whisky trinkt; sie nahm außerdem Barbiturate, und die jahrelange Einnahme von Drogen hatte ihre Gesundheit untergraben. Sie hatte keine Anfälle und zeigte auch keine anderen Symptome der Süchtigkeit, aber die amerikanische Bundesbehörde für Suchtkrankheiten war auf sie aufmerksam geworden. Dann bekam sie eine Lungenentzündung, für die Suchtkranke dieser Art anfällig sind. Nach einer schwierigen Zeit schien es ihr wieder besserzugehen; aber am Vorabend ihres Todes war sie nicht in der Lage gewesen, an einer Gesellschaft teilzunehmen, die für Marie Bonaparte gegeben wurde, auch eine Lieblingsschülerin Freuds, die jedoch gegen Ende von Freuds Leben in seinem inneren Kreis Ruth deutlich den Rang abgelaufen hatte.
Ruths Tod am 25. Januar 1946 kam für alle als ein großer Schock; Mark hatte sie noch sechs Stunden vorher gesehen. Die Todesursache wurde mit »Herzversagen durch Lungenentzündung« angegeben,[24] aber das war erfunden. Sie starb an zu vielen Opiaten in Verbindung mit einem Sturz im Badezimmer: Sie schlug mit dem

---
* Erasmus Darwin hatte diesen Gedanken schon vorher geäußert.[22]

Kopf auf und zog sich einen Schädelbruch zu. Sie hatte an schwerer Diarrhöe gelitten, nahm dagegen Morphium und schlief manchmal im Bad auf dem Boden ein. Vielleicht hatte sie in dieser Nacht zuviele Schlaftabletten genommen und war gestürzt; der Sturz führte dann zum Tod.

Trotz ihrer Bedeutung für Freud und die Psychoanalyse erschien im *International Journal of Psychoanalysis* kein Nachruf; weil sie ein so trauriges Ende genommen hatte, wollte keiner gern darüber schreiben. Nunberg allerdings verfaßte einen Nachruf für eine amerikanische Vierteljahresschrift, in dem nur von ihrem »plötzlichen tragischen Tod« die Rede ist.[25]

Jedes Leben, das man mit Sympathie betrachtet, weist tragische Züge auf; es wäre jedoch falsch, diese Seite übermäßig zu betonen oder der Versuchung der Lobhudelei zu erliegen. Nach Freud sind Leistungen mit Einschränkungen verbunden, und selbst unser Bestes wird mit dem Preis menschlichen Verlustes bezahlt. Aber ein Selbstmord oder allmähliche Selbstzerstörung ist eine andere Sache. Außer dem Tod von Federn, Stekel, Tausk und Silberer sind in dieser Gruppe früher Analytiker noch andere Selbstmorde zu verzeichnen: Karen Stephen, Eugenia Sokolnicka, Tatiana Rosenthal, Karl Schrötter, Monroe Meyer, Martin Peck, Max Kahane, Johann Honegger.

Jones machte sich lustig über die Legende von den *Gefahren der Analyse: sie mache die Leute entweder verrückt oder schicke sie in den Tod.*[26] Wie man auch über die begrenzte therapeutische Nützlichkeit der Psychoanalyse denken mag, solche übertriebene Polemik ist jedenfalls fehl am Platz. Es bleibt jedoch ein beunruhigendes Faktum, daß so viele von den Psychoanalytikern der Anfangszeit sich das Leben nahmen oder sonstwie schlimm endeten. Als Freud 1911 vom Tode Honeggers erfuhr, schrieb er in einem Brief an Jung: *Es fällt mir auf, daß wir eigentlich viele Personen verbrauchen.*[27] Es ist jedoch fraglich, ob es in dieser Gruppe mehr Gestörte gab als in jeder beliebigen anderen. Es scheint, daß eine gewisse Zahl von Menschenleben um des Triumphs von Freuds Werk willen geopfert wurde, aber andere große Ideen in der Menschheitsgeschichte haben gleichfalls ihre Opfer gefordert. Und vielleicht tritt es in dieser Gruppe nur deshalb so deutlich hervor, weil wir sie einigermaßen wie unter dem Mikroskop betrachtet haben. In jedem Menschenleben, das man mit genügend Sorgfalt und Aufmerksamkeit untersucht, wird man Pathologisches finden, Schmerz, Leiden und innere Qual. Aber das bedeutet nicht, daß das Tragische die einzige menschliche Erfahrung ist. Vielleicht ist es eben leichter, Worte und Begriffe zu finden, um das Mißlungene zu beschreiben, das wir erdulden, als die Banalitäten und Klischees zu durchbrechen, mit denen wir gewöhnlich die Erfüllung bringenden Teile des Lebens in Worte fassen.

9.3. Anna Freud: Kinderanalyse

Die gelassene Ruhe von Anna Freuds Leben steht in schroffem Gegensatz zu dem turbulenten Leben Ruth Mack Brunswicks. Und doch waren sie die engsten Freundinnen und eine Zeitlang auch Konkurentinnen um die Aufmerksamkeit Freuds. Anna Freud war eifersüchtig auf die Frauen, die im Leben ihres Vaters eine Rolle spielten; sie meinte sogar, auf Grund ihrer Erinnerungen an Eifersuchtsgefühle ließe sich die Bedeutung einer Frau in Freuds Leben ermessen.[1] Da so viele Schüler die Liebe Freuds suchten, während sie ihrerseits ihm hauptsächlich dazu dienten, die Psychoanalyse zu verbreiten, war Anna stolz darauf, daß ihr Vater sich ihnen allen entzog. Sie übernahm die Neigung ihrer Mutter (und ihrer Großmutter von Vaterseite), Freud auf ein Piedestal zu stellen, und identifizierte sich mit Martha gegen andere Frauen in Freuds Leben. Mit ihrer Mutter brauchte Anna nicht zu konkurrieren, da Martha bereits ausgeschlossen war; sie rivalisierte jedoch mit Frauen wie Ruth Brunswick. Mark Brunswick glaubte, Freuds Zuneigung zu ihrer Tochter Tilly sei ein zusätzlicher Grund für Annas Eifersucht auf Ruth gewesen; Anna konnte ihm nur die Hingabe und Betreuung einer unverheirateten Tochter schenken.

1895 geboren, war Anna Freud das letzte Kind Freuds und offensichtlich ein ungewünschtes. Daß Freud nicht noch ein weiteres Kind wollte, lag vielleicht an seinen Ängsten wegen Herzbeschwerden im Jahr vorher; und Martha war offenbar über diese Schwangerschaft nicht erfreut.[2] Das Mädchen wurde nach einer Freundin der Familie genannt; Anna hieß jedoch auch eine von Freuds Schwestern, die er am wenigsten mochte. Um die Zeit der Geburt dieses Kindes hatte Freuds Praxis entschieden zugenommen.[3]

Als Vater nahm Freud nie aktiv an der täglichen Betreuung der Kleinen teil. Er gab ihnen nie die Flasche oder wechselte ihnen die Windeln; sie durften erst mit »Papa« spazierengehen, nachdem sie »sauber« waren. Er verwendete jedoch gelegentlich in seinen Schriften »Material von eigenen Kindern« und nahm in der *Traumdeutung* auch Bezug auf einen Traum Annas.[4] Martha Freud setzte seinen Möglichkeiten, die Kinder als Versuchsobjekte zu benutzen, Grenzen; beim Aufziehen der jüngeren Kinder hatte er jedoch mehr Freiheiten.[5] Freud war sich seiner eigenen gegen-ödipalen Probleme bewußt – was kam zuerst, Freuds eigene Gefühle oder die seines jüngsten Kindes? –, aber Anna Freuds Leben ist ein Zeugnis für den Grundsatz ihres Vaters, *daß die erste Neigung des Mädchens dem Vater* gilt.[6]

Anna Freud, die äußerlich der väterlichen Seite der Familie ähnelte, wuchs zu einer intellektuellen jungen Dame heran. Zumindest einmal während ihrer Adoleszenz schrieb Freud ihr einen teilnahmsvollen Brief, in welchem er sie ermunterte, unbeschwerter zu leben; denn sie wurde leicht ruhelos, wenn sie nicht beschäftigt war. Als sie mit siebzehn nach einer Krankheit Gelegenheit hatte, den Winter in der Sonne zu verbringen, schrieb Freud ihr beschwörend:

Deine Absichten in der Schule können ganz bequem warten, bis Du gelernt hast, sie weniger heiß zu nehmen. Es läuft Dir nichts daran davon. Ein bißchen in den Tag hinein leben und Dich freuen, daß Du im Winter so schöne Sonne haben kannst, wird Dir nur wohltun . . . So, wenn Du jetzt beruhigt bist, daß Dein Aufenthalt in Meran keine nähere Störung zu befürchten hat, will ich Dir sagen, daß wir uns alle mit Deinen Briefen sehr freuen, es aber auch ohne Sorge hinnehmen werden, wenn Du zu faul wirst, um jeden Tag zu schreiben. Die Zeit zum Rackern und Schaffen wird für Dich auch nicht ausbleiben, Du bist jetzt noch recht jung.[*][7]

Mit drei Töchtern konnte sich Freud dem König Lear vergleichen, und das Thema der Liebe des Vaters zu seinen Töchtern taucht auch in seinen Schriften auf.[9] In seinen Briefen nannte er Anna wörtlich seine treue Antigone (die Tochter des blinden und kranken Ödipus).[10] Anna blieb unverheiratet und lernte verhältnismäßig wenig davon kennen, was das Leben außerhalb der Familie sein konnte; in gewisser Weise war sie ein Opfer der Grandiosität von Freuds Altersjahren.

Da sie als junges Mädchen scheu und hübsch war, wurde von jedem Junggesellen in Freuds Kreis irgendwann gesagt, er wolle Anna heiraten. Vor allem in bezug auf Rank gab es Gerüchte einer Heirat mit Anna. Bei der Analyse eines Schülers behauptete Freud häufig, den Wunsch, eine seiner Töchter zu heiraten, entdeckt zu haben; Binswanger erwähnt *Freuds, mich zwar nicht gerade überzeugende Deutung eines Traumes, der Traum enthielte den Wunsch, seine (älteste) Tochter zu heiraten, zugleich aber dessen Ablehnung . . .*[11] Selbst bei einem Patienten, der bei ihm in Analyse war, dem »Rattenmann«, kam Freud zu einer ähnlichen Deutung.

Alle Bewerber um Annas Hand kamen durch ihren Vater und ihre älteren Brüder zu ihr. Es wird berichtet, daß sie sich zu verschiedenen Zeitpunkten in zumindest drei Männer in Freuds Kreis verliebte – Siegfried Bernfeld, Hans Lampl und Max Eitingon – aber die Bindung an ihren Vater habe den Weg versperrt.[12] Im Jahre 1935 erwähnte Freud seine »Sorgen« um sie: *Sie macht es sich zu schwer, was wird sie anfangen, wenn sie mich verloren hat, ein Leben in asketischer Strenge?*[13]

Ohne eigene wissenschaftliche Ausbildung (sie schloß nicht einmal das Gymnasium ab) wurde sie Lehrerin für kleine Kinder. Fünf Jahre lang lehrte sie in einer Grundschule[14], verdiente aber sehr wenig. Sie hörte die Vorlesungen ihres Vaters an der Universität; sie nahm Diktate von ihm auf und half bei Sekretariatsarbeiten aus. Schon seit November 1918 – vielleicht sogar schon früher – nahm sie, obwohl nicht

---

[*] Vor einigen Jahren schrieb Anna Freud über *eine Einstellung von mir, die der fernen Vergangenheit entstammt. In dem Alter vor dem selbständigen Lesen, wo man Kindern Geschichten vorliest oder erzählt, beschränkte sich mein Interesse auf jene, die ›wahr sein könnten‹. Dies bedeutet nicht, daß es wahre Geschichten im gewöhnlichen Sinn des Wortes sein mußten, sondern nur, daß sie keine Elemente enthalten durften, die ausgeschlossen hätten, daß sie wirklich geschehen wären. Sobald Tiere zu reden begannen, oder Feen und Hexen oder Geister auftraten – kurz angesichts irgendeines unwirklichen oder übernatürlichen Elements – erlahmte und erlosch meine Aufmerksamkeit. Zu meiner eigenen Überraschung habe ich mich in dieser Hinsicht nicht sehr verändert.*[8] Vermutlich lagen die Fabeln Äsops oder von La Fontaine außerhalb des Gesichtskreises ihrer frühen Kindheit.

Mitglied, an den Sitzungen der Wiener Vereinigung teil. Von da war es nur ein kleiner Schritt zur Mitgliedschaft in der Vereinigung, vor der sie am 13. Juni 1922 einen Vortrag über »Schlagphantasie und Tagtraum« hielt; wie ihr Vater, sprach sie ohne Notizen. Kurz bevor ihr Vater 1923 krank wurde, begann sie als Analytikerin zu praktizieren, wobei sie zu Anfang mit Kindern arbeitete.

Unter Freuds Schülern hielt sich seit langem die Legende, Lou Andreas-Salomé sei Anna Freuds Analytikerin gewesen;[15] Freud hätte natürlich sehr wohl Bedenken haben können, Anna zu einem Analytiker in Wien zu schicken. Lou und Anna waren später sehr befreundet, und Lou widmete ihr eines ihrer Bücher.[16] Angesichts von Lous notorischen Erfolgen bei Männern wäre sie für die zurückhaltende Anna Freud zweifellos eine einschüchternde Analytikerin gewesen. Und bei Anna hätten sich so gut wie sicher Rivalitätsgefühle gegen Lou in bezug auf Freud selbst geregt. Aber zumindest eine Zeugin glaubte sicher zu wissen, daß Lou Anna analysiert habe, als sie bei den Freuds in Wien wohnte.[17]

Auf jeden Fall konnte Lou nicht die erste gewesen sein, die Anna Freud analysierte. Denn Freud hatte seine Tochter schon früher selbst analysiert – entgegen den Regeln der analytischen Technik, die er für andere aufgestellt hatte. Die Analyse muß sich über eine Reihe von Jahren erstreckt haben. Freud verbrachte 1918 einen Monat in Budapest und hatte Anna mitgenommen; damals war sie bereits bei ihm in Analyse.[18] Einer von Freuds Söhnen, Oliver, erinnerte sich, daß seine Schwester im Frühjahr 1921 zu ihrer Analyse in Freuds Studierzimmer ging.[19] Und bei der Analyse zumindest einer von Annas Patientinnen spielte die Tatsache ihrer eigenen Analyse durch ihren Vater eine große Rolle.[20] Freud sprach manchmal ganz offen darüber; in einem Brief aus dem Jahre 1935 an Edoardo Weiss, der ihn um Rat gefragt hatte, ob er seinen eigenen Sohn analysieren solle, antwortete Freud, bei seiner Tochter sei die Analyse gutgegangen, vielleicht wäre es jedoch bei einem Sohn anders gewesen:

Was die Analyse Ihres hoffnungsvollen Sohnes betrifft, so ist das gewiß eine heikle Sache. Bei einem jüngeren Bruder möchte es leichter gehen, bei der eigenen Tochter ist es mir gut geraten, bei einem Sohn hat es besondere Bedenken.
Nicht, daß ich direkt vor einer Gefahr warnen könnte: es kommt offenbar alles auf die beiden Personen und ihr Verhältnis zueinander an. Die Schwierigkeiten sind Ihnen bekannt. Ich würde mich nicht wundern, wenn es Ihnen trotzdem gelänge. Es ist für den Fremden schwer zu entscheiden. Ich würde Ihnen nicht dazu raten und habe kein Recht, es Ihnen zu untersagen.[21]

Weiss deutete den Brief Freuds als Abraten.

Angesichts der Tatsache, daß Freud die eigene Tochter in Analyse nahm, erscheinen all die Streitereien darüber, was die richtige psychoanalytische Technik ausmache, nebensächlich: ob man den Patienten drei, vier oder fünf Mal in der Woche behandeln solle, ob man den Patienten erlauben solle, psychoanalytische Literatur zu lesen oder nicht, ob die Couch ein unerläßliches Requisit der Analyse ist, oder wieviel aktives Vorgehen auf seiten des Analytikers zu billigen ist. Aber als Jones zur Teilnahme an den Feiern zu Freuds 100. Geburtstag nach Amerika fuhr, gab ihm Anna die Anregung, er werde vielleicht über die Beziehung zwischen Psychoanalyse und Psychotherapie sprechen wollen – nicht ohne eine deutliche Warnung bezüglich letzterer.[22]

Denkt man an die detaillierten und esoterischen Regeln der richtigen Technik, wie sie von Freuds Nachfolgern entwickelt wurden, so geraten diese durch die Enthüllung, daß Freud seine Tochter analysiert hat, in eine recht schwierige Lage. Für eine kleine Gruppe aus dem inneren Kreis um Freud war das ein offenes Geheimnis, aber für andere, die sich mit der Geschichte der Bewegung beschäftigen, ist es ein Schock; manche von den alten Wiener Analytikern wußten entweder nichts von dieser Analyse oder wollten nichts davon hören, als es ihnen gesagt wurde.

Von Freuds Standpunkt gab es gute Gründe für das, was er tat. Die in seinen Aufsätzen niedergelegten Regeln waren nicht für ihn selbst bestimmt, und er erwartete von seinen Schülern auch nicht, daß sie sie genau befolgten. Vielleicht wäre Anna Freud zu keinem anderen Analytiker gegangen. Sicher hätte ein anderer Analytiker gezögert, bevor er es gewagt hätte, Anna von ihrem Vater zu entwöhnen, was vermutlich zu der Aufgabe einer richtigen Analyse gehört hätte. Freud muß befürchtet haben, daß ein anderer Analytiker ihr schaden könnte. Möglicherweise dachte er, er könne die Analyse locker, mit begrenzten therapeutischen Zielen durchführen und ihr dabei seine wesentlichsten Kenntnisse und Erkenntnisse vermitteln. Es lief darauf hinaus, seiner Tochter zu zeigen, wie er vorging, ohne die Hoffnung, ihr Verhältnis zu ihm zu klären, denn das wäre praktisch unmöglich gewesen.

Freud hatte sich selbst analysiert und konnte sehr wohl glauben, er sei auch in der Lage, seine Tochter zu analysieren. Jeder andere Analytiker, an den er sich wenden konnte, würde schon eine gewisse emotionale Beziehung zu ihr, als der Tochter des Meisters, haben, so daß Freud wohl nicht ohne Grund daran zweifelte, ein anderer könne in diesem Fall viel leisten. Wenn Freud nicht das Recht zu freizügigem Umgang mit der Psychoanalyse hatte, wer dann sonst? Andererseits mag seine Analyse Annas und ihr Einverständnis damit ein gegenseitiges Übereinkommen zwischen ihnen bedeutet haben, daß er sie bei sich behalten werde. Die Psychoanalyse war für sie beide so wichtig, daß alles andere nebensächlich wurde; vielleicht war die wichtigste Erwägung die, ob die Analyse zu ihrer Qualifikation als künftige Analytikerin beitragen werde. Aber andererseits ist es auch möglich, daß Anna mehr Angst vor ihrem Vater hatte, als sie beide wußten.

Freuds Motive mögen die allerbesten gewesen sein, aber ärztlich und menschlich war es eine seltsame Situation. Als ihr Analytiker mußte er unvermeidlich ihre Gefühle der Überbewertung mobilisieren und zugleich in die privateste Sphäre ihrer Seele eindringen; er brachte neue Übertragungsgefühle in ihre Beziehung ein, ohne die

Möglichkeit, sie je wirklich aufzulösen. Als ein genialer Mann, der außerdem ganz natürlicherweise im Phantasieleben seiner Tochter eine gewaltige Figur war, band er als Analytiker sie unauflöslich an sich.
Freud konnte bei anderen Analytikern technische Freiheiten scharf kritisieren. An Sandor Ferenczi schrieb er zum Beispiel: *Was man in der Technik tut, muß man auch öffentlich vertreten.*[23] Seine Tochter in Analyse zu nehmen, befriedigte zweifellos eine ödipale Bindung auf seiner Seite; und zugleich war es für die psychoanalytische Bewegung gut, Anna als Analytikerin zu haben. Für Anna jedoch trug die Analyse dazu bei, die Möglichkeiten persönlicher Befriedigung einzuschränken, wenn sie auch ihre Rolle im Leben ihres Vaters hatte und später auch die führende Rolle in der Bewegung, was einen reichen Gegenwert darstellte. Vielleicht kann man ihre Beziehung zu einem solchen Vater nur dann tragisch nennen, wenn man eben übliche Maßstäbe anlegt.
In den zwanziger Jahren jedoch, ja noch bis zum Tod ihres Vaters, erkannte wohl kaum jemand, daß sie dazu bestimmt war, die Führerin der Psychoanalyse zu werden. Solange sie noch eine junge Frau ohne formelle Beglaubigungen war, traten ihr manche von Freuds älteren Schülern in einer etwas herablassenden Beschützerrolle gegenüber.
Diejenigen, die Anna Freuds Zugehörigkeit zur Bewegung bemerkten und wußten, wieviel dies Freud bedeutete, hatten den Eindruck, daß seiner Verteidigung der Laienanalyse zumindest teilweise der Wunsch zugrunde lag, Annas Zukunft zu schützen. (Seine durch viele Jahre angesammelten Ersparnisse wurden durch die Nachkriegsinflation aufgezehrt, wie berichtet wird.) Aber Laien, die keine wissenschaftliche Schulung besitzen, sind anfälliger für religiöse Schwärmerei; die Erfordernis eines abgeschlossenen Medizinstudiums führte wenigstens zur weitgehenden Aussiebung jener Personen, die mit einer übermäßigen Präokkupation mit ihren eigenen psychischen Schwierigkeiten zur Psychoanalyse kamen. Freud ermunterte einige seiner Schüler, Medizin zu studieren, nicht, weil er das Medizinstudium als solches für wichtig hielt, sondern weil er ihnen ihre Karriere als Analytiker erleichtern wollte.[24]
Noch im Ersten Weltkrieg hatte Freud geschrieben, die Psychoanalyse sei *ein Verfahren, wie man nervös Kranke ärztlich behandelt*[25], und 1918 sagte er, vom Psychoanalytiker sprechend, immer noch »der Arzt«. Im Jahr 1924 hingegen meinte er: *Es ist nicht mehr möglich, die Ausübung der Psychoanalyse den Ärzten vorzubehalten und die Laien von ihr auszuschließen.*[26] Freud hatte Gründe, über seine Aufnahme in der Welt der Medizin gekränkt zu sein: *Ein historisches Anrecht auf den Alleinbesitz der Analyse haben die Ärzte nicht, vielmehr haben sie bis vor kurzem alles aufgeboten, von der seichtesten Spötterei bis zur schwerwiegendsten Verleumdung, um ihr zu schaden.*[27]
Freud konnte den Disput über die Laienanalyse tolerieren und führte ihn als Beweis dafür an, *daß es auch in unserem Lager Meinungsverschiedenheiten geben darf.*[28]

Aber der Gedanke, andere könnten ihm das Recht bestreiten, seine jüngste Tochter zur Analytikerin zu ernennen, brachte ihn in Zorn, und Opposition gegen die Laienanalyse betrachtete er als einen Angriff auf Anna und als indirekte Kritik an ihm selbst. Im Jahre 1926 schrieb er, seine Tochter Anna habe sich der pädagogischen Analyse von Kindern und Heranwachsenden gewidmet, und er habe ihr noch nie einen Fall von schwerer neurotischer Krankheit bei einem Erwachsenen überwiesen. (Sofort anschließend fügte er hinzu, der einzige Fall mit mäßig schweren Symptomen, die ans Psychiatrische grenzten, den sie bisher behandelt habe, habe den Arzt, der ihn überwiesen hatte, durch seinen vollständigen Erfolg entschädigt.[29]) Ärztliche Qualifikationen sind für die Arbeit mit kleinen Kindern weniger wichtig als für die Behandlung Erwachsener, sei es auch nur deshalb, weil man vielleicht zu alt ist, um die nötige Geduld für die Behandlung von Kindern zu haben, bis man nach einem Medizinstudium mit der analytischen Ausbildung fertig sein kann (die Kinderanalyse kommt ja nach der analytischen Grundausbildung noch hinzu).

Anna Freud hat für ihre Beobachtung und Behandlung kleiner Kinder zu Recht Ruhm geerntet. Hermine von Hug-Hellmuth (1871–1924) war ihr in Wien auf diesem Gebiet vorangegangen, und Melanie Klein hatte in Berlin und London eine andere Technik für die Arbeit mit Kindern sowie ein eigenes detailliertes Begriffssystem entwickelt. In Wien hatte sich August Aichhorn für die Behandlung von Straffälligen interessiert, und Pfister (in Zürich) und Bernfeld (in Wien) hatten sich auf Heranwachsende konzentriert. Anna Freud hingegen hatte sich auf kleine Kinder spezialisiert, und das erweckte unvermeidlich die Eifersucht von Hermine Hug-Hellmuth.

Dr. Hermine Hug-Hellmuth starb, kurz nachdem Anna Freud offiziell die psychoanalytische Szene betreten hatte. Sie war sehr klein gewachsen, hager, ordentlich und unelegant; die andern hatten leicht Witze über sie machen, aber in ihren Arbeiten war sie originell. Sie war eine der wenigen Nichtjuden und eine der wenigen Frauen in der Wiener Vereinigung. Sie war die Schöpferin der Spieltherapie als Mittel der Kommunikation mit kleineren Kindern. Offenbar war sie so phantasiebegabt, daß sie ein Tagebuch ihrer Jugend erdichtete, dessen englische Übersetzung unter dem Titel *A Young Girl's Diary*, mit einem Auszug eines Briefes von Freud im Vorwort, noch erhältlich ist.[30] Nach allgemeiner Meinung war das Buch ein Phantasieprodukt, und sein Erscheinen rief einen Skandal hervor; die deutsche Ausgabe wurde zurückgezogen. Im günstigsten Fall hatte sie ihre Kindheitserinnerungen im Lichte der psychoanalytischen Theorien der zwanziger Jahre umgearbeitet; ihr Buch enthält alles, was die Freudianer damals über das Wesen der weiblichen Sexualität lehrten.

Hermine von Hug-Hellmuth stand Freud nicht besonders nahe, wenn sie ihn auch ungeheuer bewunderte. Ungefähr ein Jahr vor ihrem Tod begann Anna Freud zu praktizieren. Als Freuds Tochter ihre Arbeit mit Kindern begann, stellte sie Frau v. Hug-Hellmuth sehr schnell in den Schatten. Es war nur natürlich, daß diese Pionierin der Kinderanalyse auf die neue Rivalin eifersüchtig war.

Kurz nach dem Salzburger Analytikerkongreß vom 9. September 1924 wurde Hermine v. Hug-Hellmuth von dem unehelichen Sohn ihrer Schwester, den sie aufgezogen hatte, ermordet. Anscheinend hatten sie einen Streit über Geld. Ihr Tod war ein großer Schock für die psychoanalytische Gemeinde, und der Prozeß gegen ihren achtzehnjährigen Neffen fand in der Presse breite Publizität. Der junge Mann wurde verurteilt und erhielt eine Gefängnisstrafe.

Eine Woche, bevor sie starb, hatte Hermine v. Hug-Hellmuth darum gebeten, daß kein Nachruf auf sie in einer psychoanalytischen Publikation erscheinen solle.[31] Ob sie ihr Schicksal voraussahne? Ihre Beziehung zu ihrem Neffen scheint mehr die einer Therapeutin als die einer Tante oder Ersatzmutter gewesen zu sein. Als er ein kleiner Junge war, machte sie »Beobachtungen« an ihm, und er lieferte Illustrationsmaterial für ihre Aufsätze. Ein Analytiker bezeichnete Hermine v Hug-Hellmuth als Selbstmörderin – in der Überzeugung, daß die Ermordung eines Therapeuten durch einen Patienten gewöhnlich einen Selbstvernichtungsimpuls des Therapeuten darstellt, den der Patient ausagiert.

Der junge Mann saß seine Strafe ab; nach seiner Entlassung ging er zu Federn und verlangte als Opfer der Psychoanalyse von der Wiener Vereinigung Geld. Hitschmann riet, der junge Mann solle sich in die Behandlung von Helene Deutsch begeben; er glaubte, es könnte für ihn gut sein, sein Problem mit einer Analytikerin durchzuarbeiten. Der junge Mann war verbittert darüber, daß seine Tante ihn als Fallmaterial benutzt hatte, anstatt ihm Liebe zu schenken; Hermine v. Hug-Hellmuth hatte nicht nur gelegentlich den einen oder anderen Aspekt seines Verhaltens für ihre Arbeit notiert, sondern eine systematische Studie des Kindes durchgeführt. Ihr Geldstreit war vielleicht nur ein Vorwand für den Mord, aber für Helene Deutsch war es enervierend, als die zweite Analytikerin für diesen Patienten vorgeschlagen zu werden, der jetzt Geld vom psychoanalytischen »Establishment« verlangte, das seine verstorbene Tante repräsentiert hatte. In Hitschmanns Überweisung entdeckte Helene Deutsch Feindseligkeit ihres Kollegen gegen sie; ihr Mann war um die Sicherheit seiner Frau so in Sorge, daß er einen Privatdetektiv engagierte, um den jungen Mann zu beschatten.

Anna Freuds Arbeit mit Kindern hatte von Anfang an ein eigenes Gepräge. Ihr Interesse galt der Aufgabe, die klassische psychoanalytische Technik den besonderen Fähigkeiten und Stärken junger Kinder anzupassen, die nicht auf einer Couch liegen und freie Assoziationen von sich geben können. Ihre Erfahrung als Lehrerin war für sie von Nutzen; denn sie war der Meinung, daß Kinder zuerst eine erzieherische Beziehung mit dem Therapeuten aufbauen müssen, bevor sie Deutungen akzeptieren.

Der zentrale Unterschied zwischen der Analyse von Erwachsenen und der Analyse von Kindern lag nach Anna Freud darin, daß Kinder nicht fähig seien, die gleiche Art von Übertragung aufzubauen wie ein Erwachsener, da sie im täglichen Leben noch an ihre Eltern gebunden sind. Bei Kindern könne der Analytiker nur Übertragungsreaktionen bekommen, keine eigentliche Übertragungsneurose. Im Gegensatz zu der analytisch puristischeren Melanie Klein vertrat Anna Freud deshalb die Meinung, bevor die analytische Behandlung beginnen könne, sei eine vorbereitende Phase notwendig. Und sie hielt es für richtig, soviel als möglich durch die Eltern auf die in Behandlung stehenden Kinder therapeutisch einzuwirken. Diesen Gedankengang hatte der Kinderarzt in Freuds Kreis, Joseph Friedjung, zumindest teilweise schon 1909 vorweggenommen: *In vielen Fällen genügt es, einfach das Milieu zu wechseln oder den Einfluß, der von Personen in der Umgebung des Kindes ausgeübt wird, um das Verschwinden der Symptome zu erreichen.*[32]

Manche Wiener Analytiker gaben ihre Kinder in Analyse, ohne jedoch vorher Freud um Rat zu fragen. Im Gegensatz zu Melanie Klein jedoch, die die Auffassung vertrat, Kinderanalyse sei die beste Prophylaxe gegen Neurose, waren die Wiener Kinderanalytiker im großen und ganzen nicht der Meinung, jedes Kind brauche Behandlung. Es kam nicht selten vor, daß ein Kinderanalytiker die Behandlung eines Kindes mit der Begründung ablehnte, das Kind sei hinreichend normal; aber der Fall eines solchen dreijährigen Kindes, das später, eben erwachsen geworden, Selbstmord beging, sollte unterstreichen, wie begrenzt unser Wissen in diesem Bereich ist.

Freud war stolz darauf, daß die Analytiker vom Studium der Kindheit durch die Rückerinnerungen erwachsener Patienten zur direkten Beobachtung weitergeschritten waren: *Wir hatten zunächst den Inhalt der sexuellen Kindheit aus den Analysen Erwachsener ... erschlossen. Später haben wir die Analysen an den Kindern selbst unternommen ...*[33] Er beharrte jedoch darauf, die Psychoanalyse könne zwar von der Erziehung als Hilfsmittel herangezogen werden, sei aber kein geeigneter Ersatz für Erziehung. *Man darf sich nicht durch die übrigens vollberechtigte Aussage irreleiten lassen, die Psychoanalyse des erwachsenen Neurotikers sei einer Nacherziehung desselben gleichzustellen.*[34]

Freud überließ die Kinderanalyse völlig Anna. Sie ging ihren eigenen Weg, trotz Freuds Skepsis gegenüber den Möglichkeiten der Therapie bei jungen Kindern; er war jedoch für die Exploration durch die direkte Beobachtung von Kindern. Freud wies darauf hin, es gebe keine psychoanalytische Pädagogik, und gab Patienten keine Ratschläge bezüglich ihrer Kinder. Das war so allgemein bekannt, daß viele Patienten gar nicht gewagt hätten, solche Ratschläge zu erbitten. Er kannte natürlich das Interesse an der *Anwendung der Psychoanalyse auf die Pädagogik, die Erziehung der nächsten Generation,* und schrieb: *Ich freue mich, wenigstens sagen zu können, daß meine Tochter Anna Freud sich diese Arbeit zur Lebensaufgabe gesetzt hat, mein Versäumnis auf solche Art wiedergutmacht.*[35] Wenn man an die James Jackson Putnam Clinic in Boston oder an Bruno Bettelheims University of Chicago Orthogenic School denkt, wird deutlich, wie diese frühen Bemühungen Anna Freuds und ihrer Mitarbeiter erweitert wurden und wie auf dieser Grundlage weitergearbeitet wurde, so daß späterhin Kinder behandelt werden konnten, von denen man früher angenommen hätte, sie seien dem psychoanalytischen Eingriff unzugänglich.

Freud hatte, obwohl er es in Abrede stellte, sehr bestimmte Vorstellungen über Kindererziehung. So wird berichtet, er sei der Meinung gewesen: *Wenn eine Mutter mit ihrem Kind – das heißt, Knaben – zu zärtlich ist, entwickelt sich oft Homosexualität*[36]. Und als einmal eine von Freuds Schwiegertöchtern ihr kleines Kind nach seiner Meinung zu sehr hätschelte, wurde er ärgerlich und schalt sie deswegen;[37] wahrscheinlich machte er sich Sorgen über eine mögliche ödipale Verführung. Jahre später verteidigte sich eben diese Schwiegertochter mit dem Argument, heutzutage sagten einem die Ärzte das genaue Gegenteil (ihr Kind war damals drei oder vier Monate alt gewesen, noch zu klein, um sitzen zu können.) Freud hat zwar vermutlich nur selten solche Ratschläge über Kindererziehung gegeben, tat er es aber doch, dann waren sie nicht sehr verläßlich. Hier stehen wir vor einem paradoxen Tatbestand: Benjamin Spock hat anerkannt, wie viel er der Psychoanalyse verdankte, und seine Handbücher sind praktisch und gut.

Obwohl Freud es entschieden ablehnte, den Menschen Lebensanweisungen zu geben, beharrte er doch darauf, daß die sexuelle Aufklärung der Kinder anzuraten sei. Er selber schickte seine Söhne zu einem Hausarzt zur Aufklärung, vertrat aber die Meinung, *Kinder sollten schon von klein auf allmählich aufgeklärt werden. Das Sexualleben müsse von Anfang an ohne Geheimnistuerei in Gegenwart von Kindern behandelt werden*.[38] Freud vertrat den Standpunkt, die Orientierung des Kindes im Leben gehöre zu den eigentlichen Aufgaben der Schule, und sexuelle Probleme seien ein wichtiger Teil dieser Orientierung. Die Aufklärung müsse ihnen vor allem klarmachen, daß dies eine Sache von Zärtlichkeitshandlungen sei.[39] Denn der Hauptschaden, den das Versäumnis, die Kinder aufzuklären, anrichte, liege darin, daß der Sexualität für das ganze weitere Leben des betreffenden Kindes der Charakter des Verbotenen anhafte.[40]

9.4. Anna Freud: Hofdamen

Nachdem Freud im Jahre 1923 erkrankte, spielte Anna Freud allmählich eine immer größere Rolle als Wächterin über die Zeit und die Gesundheit ihres Vaters. Obwohl er seine Briefe lieber mit der Hand schrieb, fungierte sie manchmal auch als seine Privatsekretärin. Je gebrechlicher ihr Vater wurde, desto wichtiger wurde ihre Position als der Mensch, der ihm am nächsten stand.[1] Die anderen Frauen in der Familie Freud waren auch da, um ihn vor unerwünschten Außenseitern abzuschirmen, aber Anna war besonders empfindlich gegen die Eifersüchteleien in der Wiener Vereinigung, die sich um ihren Vater entspannen.[2] Alle, die Freud vor seiner Erkrankung gekannt hatten, konnten sich auf ihre bereits bestehende Beziehung zu ihm berufen. Diejenigen jedoch, die neu in Freuds Kreis traten, kamen in der Regel über seine Tochter Anna zu ihm. Dabei handelte es sich bezeichnenderweise um Frauen, die unverheiratet waren oder von ihrem Mann getrennt lebten oder deren Mann irgendwie nicht wichtig war.

Eva Rosenfeld zum Beispiel trat im November 1924 als Freundin Annas in Freuds Welt ein. Sie, die außerdem eine Nichte der Sängerin Yvette Guilbert war, die Freud sehr schätzte, trat in ein so vertrautes Verhältnis zum Hause Freud, daß beispielsweise ihr Geburtstag in der Familie gefeiert wurde. Freud nahm sie 1929 durch Vermittlung Annas in Analyse; er forderte für ihre Behandlung kein Honorar. Sie war zwei Monate lang sechsmal in der Woche in Analyse. Nach Abschluß der Analyse pflegte Freud an den Sonntagnachmittagen, wenn Anna mit ihrer Freundin Dorothy Burlingham eine Ausfahrt machte, Eva erneut zu analysieren; bei ihrer Analyse bezeichnete er einmal Frau Burlingham als »Ihre Rivalin«; der eigentliche Kern der Analyse schien ihm die Überwindung von Rivalitäten und Eifersuchtsgefühlen zu sein.

In den Sommerferien analysierte Freud Eva Rosenfeld täglich. Als Gegenleistung sorgte sie mit für die Unterbringung der Familie Freud während des Sommerurlaubs. Ihren Mann störten Evas Aufmerksamkeiten gegenüber Freud offenbar nicht. Obwohl Eva in späteren Jahren selber Analytikerin wurde, war ihre Position im Hofstaat Freuds in der Hauptsache eine rein menschliche. Er bewunderte es, wie sie tapfer mit privaten Tragödien fertig wurde. Aber eines Tages war er auch mit Eva fertig; daß sie sich einer Analyse bei Melanie Klein unterzog, war ein Affront gegen ihre alte Freundin Anna Freud.

Jeanne Lampl-de Groot war eine reiche, intellektuelle (nichtjüdische) holländische Nervenärztin, die mit einem Mann aus dem Stab Wagner-Jaureggs verlobt gewesen war. Sie löste jedoch die Verlobung und heiratete Hans Lampl, der als Freund von Freuds Sohn Martin schon seit einigen Jahren zum Kreis um Freud gehörte. Lampl rebellierte jedoch schließlich dagegen, daß seine Frau so völlig in der Beziehung zu Freud aufging; er wollte eine Ehefrau haben, bei ihr jedoch drehte sich alles um Freud. Als Lampl nachdrücklich gegen diese Situation protestierte, kam der Kreis um Anna Freud zu dem Schluß, er sei paranoid und solle sich analysieren lassen. Der Analytiker jedoch kam zu dem Ergebnis, daß es sich um eine ganz realistische Eifersucht bei ihm handelte, und wenn er auch kein brillanter Mann war, hatte er sich doch zu behaupten gewußt, um nicht aus Verehrung für Freud seine Frau zu verlieren.

Marianne Kris wurde als die Tochter von Oskar Rie ohne weiteres in den Kreis Freuds aufgenommen. Sie war zu jung, um Einfluß auf Fragen der Psychoanalyse zu nehmen, aber Anna Freud sorgte dafür, daß Freud sie ohne Bezahlung in Analyse nahm. Über eine Reihe von Jahren hinweg behandelte er sie immer wieder jeweils ein paar Wochen. Freud hatte sie sehr gern; ihr Mann, Ernst Kris, wurde von Anna Freud analysiert, und die Tochter der beiden erhielt den Vornamen Anna.

Als Kinderarzt hatte der Vater von Marianne Kris die Kinder Freuds kostenlos behandelt, aber er war auch regelmäßig Mitglied von Freuds kartenspielendem Vierergespann, das jahrelang jeden Samstagabend zusammenkam. Freud schätzte diese nicht-

analytischen Freunde sehr, die im Gegensatz zu früheren Patienten ihm nicht zur Last fallen würden. Einer von ihnen war Ludwig Rosenberg, der mit einer Schwester von Oskar Rie verheiratet war und dessen Familie verschiedentlich die Sommerferien mit den Freuds zusammen verbrachte. Rosenbergs Tochter, Anny Katan, wurde selber Analytikern. In diesem Fall jedoch richtete Anna Freud es nicht so ein, daß ihr Vater Anny Katan analysierte, sondern führte die Analyse selbst durch, obwohl Anny Katan und sie schon als Kinder befreundet waren.
Dorothy Burlingham kam gleichfalls als enge Freundin Annas zu Freud und der Psychoanalyse. Sie verließ ihren gestörten Mann und zog mit ihren vier Kindern aus Amerika nach Wien. Sie war zuerst bei Theodor Reik und dann bei Freud in Analyse. Eine Verwandte von ihr war gleichfalls mit ihren Kindern in Wien zur Analyse. Als Mitglied der Familie Tiffany konnte Dorothy Burlingham es sich leisten, die Behandlung ihrer ganzen Familie zu bezahlen; ihre Kinder gehörten zu den ersten Patienten Anna Freuds.
Freud war glücklich, als Anna Dorothy als Freundin gefunden hatte; für ihn bedeutete das, daß sie jetzt in sicheren Händen war. Im Jahre 1929 schrieb er: *Unsere Symbiose mit einer amerikanischen Familie (ohne Mann), deren Kinder meine Tochter mit fester Hand analytisch großzieht, befestigt sich immer mehr, so daß auch unsere Bedürfnisse für den Sommer gemeinsam sind.*[3] Und 1932 schrieb Freud *von einem Bauernhäuschen..., das sich meine Tochter und ihre amerikanische Freundin (die das Auto besitzt) als Weekend-Villa erworben und eingerichtet haben.*[4] Anna Freud liebte Hunde, und Freud spielte im Alter *mit ihnen, wie er mit seinem Ring zu spielen pflegte.*[5] Dorothy, die eine Verwandte in Paris hatte, welche Chow-Chows züchtete, war der Hauptlieferant nicht nur für Freuds Hunde, sondern auch für die Chows, die an andere in Freuds Kreis gingen, wie die Lampls und die Deutschs und Edith Jackson. Dorothy Burlingham hatte zahlreiche außeranalytische Kontakte mit Freud und seiner Familie, aber im Gegensatz zu Ruth Brunswicks direktem Zugang ging der Weg bei ihr über die Freundschaft mit Anna Freud. Anna wurde eine zweite Mutter für ihre Kinder, und Dorothy gehörte zu denen, die von Freud einen Ring erhielten.
Keine von den Frauen in Freuds Umgebung hatte Chic. Ihre völlige Hingabe an die Psychoanalyse zehrte offenbar ihre ganzen Energien auf. Wenn sie sich in einem Restaurant trafen, waren sie so auffallend unelegant, daß die Kellner wußten, daß sie zusammengehörten. Freud verließ sich in der Regel auf Annas Urteil, was diese Frauen betraf. Er hielt diskret auf Distanz und gab sich Mühe, nicht mit der einen über die andere zu schwatzen.
Abgesehen von Anna Freud selbst, war die Prinzessin Marie Bonaparte (1882–1962) gegen Ende von Freuds Leben die wichtigste unter seinen Schülerinnen. Er hatte regelmäßig fünf Patienten in Analyse, schob jedoch Marie Bonaparte ein, wenn sich zeitlich die Möglichkeit ergab (wie er es auch bei Marianne Kris und Ruth Brunswick tat). Marie wurde in Freuds Kreis einfach »die Prinzessin« genannt; sie stammte in direkter Linie von Napoleons Bruder Lucien ab. Außerdem gehörte sie durch Heirat

einer der angesehensten Königsfamilien in Europa an; ihr Mann, Prinz Georg, war ein Bruder des verstorbenen Königs von Griechenland und ferner Mitglied der Königsfamilie von Dänemark. Als Mädchen hatte Marie Ärztin werden wollen, aber damals verbot es ihr Vater, der Geograph und Anthropologe war, als unpassend für eine Tochter aus fürstlicher Familie.

Ihr Mann, ein einfacher und unintellektueller Charakter, war viel älter und behandelte ihre Beschäftigung mit der Analyse, als sei es für sie ein Spielzeug; zugleich hatte er jedoch großen Respekt vor Freud. Das Verhältnis zwischen Marie und ihrem Mann war distanziert, aber herzlich; sie lebten häufig getrennt. Freud selbst war ein bißchen snobistisch, und die übrigen Mitglieder seines Kreises genossen es, daß sie nie genau wußten, wem sie bei der Prinzessin unter Umständen begegnen würden: dem König von Norwegen vielleicht, oder anderen Mitgliedern des Hochadels. (Die Psychoanalyse hatte noch eine weitere Fürstin, die Frau von Giuseppe di Lampedusa, dem Verfasser des Romans *Der Leopard*.) Wenn Freud große Hochachtung vor Geld und reichen Leuten hatte, dann auch deshalb, weil es ihm um die Förderung der von ihm geführten Bewegung zu tun war.

Marie Bonaparte war eine Persönlichkeit großen Stils, deren Fehler ebenso amüsant sein konnten wie ihre Vorzüge. Sie kam zuerst 1925 zu Freud; wie sie es ausdrückt: *Ich ging im Jahre 1925 nach Wien, um mich einer Analyse bei Professor Freud zu unterziehen ... Ich hatte so Gelegenheit, die Bekanntschaft seiner Familie zu machen.*[6] Während der ersten drei Monate führte sie über ihre Analyse ein Tagebuch, hörte aber dann auf Freuds Wunsch damit auf. Sie war für Freud ein guter Fall, da er eine frühe Szene aus ihrem Leben rekonstruierte, an die sie sich nicht erinnern konnte, die jedoch ein lebender Zeuge bestätigte.[7]

Durch Marie übermittelte Freud die Anregung zur Gründung einer französischen psychoanalytischen Vereinigung im Jahre 1926. Sie hatte großen Einfluß als Anhängerin und Förderin Freuds, war jedoch selbst Angriffen gegenüber verwundbar. Sie war zwar reich und eine Prinzessin, war aber eben eine Frau und besaß kein ärztliches Diplom. In ihrer eigenen Welt der internationalen Aristokratie wurde ihr Ansehen durch die Tatsache geschmälert, daß ihr Großvater mütterlicherseits der (jüdische) Gründer des Spielkasinos von Monte Carlo gewesen war. Trotz ihrer Heirat sah man am Hof von Athen wegen des »schmutzigen« Geldes in ihrer Ahnenschaft etwas auf sie herab. In der Pariser Gesellschaft sehr bekannt, war sie doch in der europäischen Aristokratie eine Art Ausgestoßene; und nun schloß sie sich einer ganzen Bewegung von Ausgestoßenen an, den Psychoanalytikern, in deren Augen sie eine gesellschaftliche Stellung ohnegleichen hatte. Sie selbst und auch die Analytiker fühlten sich durch ihr Engagement in der Psychoanalyse in ihrer Selbstachtung gehoben.[8]

Frankreich hatte ausgezeichnete Psychiater und eine bodenständige psychotherapeutische Tradition; so war Marie Bonapartes organisatorischen Bemühungen nie ein großer Erfolg beschieden. Trotz Freuds hohem Rang betrachteten ihn die Franzosen anfänglich als einen deutschen und deshalb fremden Einfluß, und – anders als die Briten – sollten sie sich in späteren Jahren mehr für die metaphysische als für die klinische Seite der Freudschen Lehren interessieren. In jedem Fall aber wurde die Psychoanalyse bis nach dem Zweiten Weltkrieg nicht sehr ernst genommen. Wenige unter den frühen Analytikern in Frankreich wurden als echte Franzosen angesehen, und wenn es um die Rezeption neuer Ideen geht, ist Frankreich nationalistisch. In Frankreich waren (wie in England) die ersten Analytiker weitgehend Außenseiter – Schweizer, polnischer oder elsässischer Herkunft. Ferner wurde die Familie der Prinzessin Marie mehr als eine internationale denn als eine spezifisch französische Familie betrachtet.

Marie wurde eine ganz und gar ergebene Schülerin Freuds, etwa wie Hanns Sachs. Sie gab alles für die Psychoanalyse auf – ihre literarischen Interessen, ihr Leben als Prinzessin – und wurde dafür durch ihre Verbindung mit Freud weit über ihr von der Natur gegebenes geistiges Niveau emporgehoben. Die völlige Konzentration auf Freud und sein Werk schloß zwar alle anderen Interessen aus, verschaffte ihr aber zugleich Zugang zum Verständnis der Psychologie.

In ihren Schriften oder in ihrem Denken konnte Marie es mit einer Reihe anderer Schüler Freuds nicht aufnehmen; sie war *offensichtlich unfähig, auf der wissenschaftlichen Ebene mitzuhalten.*[9] Immerhin schrieb sie eine umfangreiche Studie über Edgar Allan Poe, zu der Freud ein Vorwort verfaßte. Für Freud blieb sie hauptsächlich »unsere Prinzessin« und eine Wohltäterin für seine Sache. Sie finanzierte eine anthropologische Expedition Geza Roheims nach Australien, aber Freud war über die Ergebnisse der Feldarbeit enttäuscht. Sie half auch wiederholt dem psychoanalytischen Verlag, wenn dieser sich in finanziellen Schwierigkeiten befand.

Freud förderte die Übertragung, die Marie ihm gegenüber aufgebaut hatte. Sie paßte in die Kategorie jener schönen, narzißtischen Frauen, die Freud offenbar besonders faszinierten.[10] Es hieß, sie sei früher die Geliebte von Aristide Briand gewesen. Sie war anziehend und verführerisch und hatte ein lebhaftes Temperament. Im inneren Kreis um Freud war die Prinzessin Marie eine der Hauptfiguren. Sie und Ruth Brunswick standen Freud am nächsten; wenn Marie in Wien war, konnte sie in Ruths Haus wohnen, und Ruth und Mark wiederum besuchten Marie in Paris. Ziemlich oft nahmen Marie und Ruth im Sommer eine Villa zusammen. Während des Sommerurlaubs bildeten diese Frauen – Marie Bonaparte, Ruth Brunswick, Dorothy Burlingham und Eva Rosenfeld – eine Kolonie um Freud herum. Einmal mieteten sie zusammen fünf Häuser, je eins für Marie, Ruth, Dorothy, Eva und die Familie Freud.

Anna hatte als Freuds Tochter immer eine ganz spezielle Position gehabt. In vielen Punkten existierte eine merkwürdige Distanz zwischen ihnen; zum Beispiel sprach er nie mit ihr über Gedankenübertragung oder Telepathie. Trotzdem bestand zwischen Freud und seinem jüngsten Kind ein Verhältnis gegenseitigen Gebens und Nehmens, und wenn jemand wie Siegfried Bernfeld für Anna wichtig war, dann genügte das, damit Freud ihn akzeptierte.

Anna Freud bewunderte Bernfeld sehr; als sie zuerst anfing, Vorträge zu halten, war er derjenige, bei dem sie Ermutigung und Unterstützung suchte. Er war verheiratet und viel älter als Anna. Sie hatte ihn in Freuds inneren Kreis eingeführt, und durch ihre Einführung wurde er zu einem Mitglied der weiteren Familie Freuds. Wie Hans Lampl, so war auch Bernfeld ein großer Bruder für Anna; aber anders als Lampl verfügte er über einen erstklassigen Verstand, und sein Gesicht hatte die leidenschaftliche Ausdruckskraft eines Savonarola, wie gesagt worden ist.

Nur zu Hause schien Anna im Umgang mit Männern ungezwungen zu sein. Aber ihr königliches Gebaren und ihre stolze Haltung hätten wohl fast jeden Mann eingeschüchtert. Bernfeld, der sich scheiden ließ, zog einen erotischeren Frauentypus vor und heiratete eine frühere Patientin Freuds. Bernfeld hatte erst 1921 zu praktizieren begonnen, kam aber schon seit 1913 zu den Sitzungen der Wiener Vereinigung. Bei Freud entwickelte sich jedoch im Laufe der Zeit Enttäuschung über ihn – vielleicht zum Teil eine Reflexion von Anna Freuds eigenen Gefühlen. Es läßt sich jedoch nicht bestreiten, daß Bernfeld eindrucksvolle historische Beiträge für das Verständnis von Freuds anfänglicher Laufbahn geliefert hat.[11]

Obwohl Anna Freud später als manch anderer auf den Plan trat und viele Konkurrenten hatte, vor allem unter den Frauen in Freuds Kreis, stach sie schließlich alle anderen aus. Sie wurde Psychoanalytikerin, kurz bevor der Kampf mit Rank begann, und füllte die Lücke, die er hinterließ. Schließlich nahm sie alle Funktionen von Ranks Stellvertreter wahr. So, wie Goethe sich durch seinen Sohn bei offiziellen Anlässen vertreten ließ, entsandte Freud Anna zu Vorträgen und zur Entgegennahme von Ehrungen. Wegen seiner Krankheit fiel es Freud schwer, in der Öffentlichkeit zu sprechen, und so hielt Anna für ihn nicht nur Dankansprachen, sondern verlas auch Arbeiten von Freud auf den psychoanalytischen Kongressen in den Jahren 1925 und 1927, und dann wieder 1938. Freud glaubte, Anna würde nach seinem Tod selbst ihren Lebensunterhalt verdienen müssen, und ihr Auftreten in der Öffentlichkeit als seine Stellvertreterin sollte unter anderem auch dazu dienen, eine selbständige Position für sie aufzubauen.

Zu Annas Rolle gehörte auch, daß sie als Freuds private Krankenpflegerin fungierte. Er überstand wiederholt Operationen, und sie sorgte weiter für ihn. Sie half ihm, sein Leiden zu ertragen; ohne sie hätte er nicht sechzehn Jahre mit einem Krebs weitergelebt. Wie er in seinem letzten Lebensjahr schrieb: *Ich werde immer unselbständiger und abhängiger von ihr.*[12]

Jetzt war es Anna, die Freud auf Reisen begleitete. Seine Schwägerin Minna, die ihn unkritisch bewunderte, war eine gute Zuhörerin gewesen, wenn Freud seine Gedanken entwickelte; er diskutierte sogar Fälle mit ihr. Anna übernahm Minnas Funktionen, mit Ausnahme von der als Partnerin beim Kartenspiel. Aber was Freuds Frau von ihrer Schwester akzeptiert hatte, wurde zu einer Quelle des Antagonismus zwischen Mutter und Kind; die Frau Professor sagte manchmal von Anna »sie *war* so ein zärtliches Kind«, aber die Härte in ihr sei nun zum Vorschein gekommen. Anna grollte darüber, daß ihre Mutter ihrem Kind eine solche Last aufgebürdet und nicht die Kraft gehabt hatte, Freuds Bedürfnisse zu befriedigen. Je mehr Marthas Leistungsfähigkeit nachließ, desto mehr verstärkten sich Annas Gefühle, ein unerwünschtes Kind zu sein, um desto mehr bedeutete ihr deshalb der Vater.

Freud war stolz auf die Arbeit seiner Tochter als Kinderanalytikerin. Im Jahre 1926 hatte er gemeint, die Kinderanalyse stelle *einen ausgezeichneten Weg der Prophylaxis* dar.[13] Da gegen die Ausbildung anderer Kinderanalytiker keine Einwände erhoben wurden, ging Anna Freud allmählich auch zur Analyse von Erwachsenen über. Im Jahre 1935 schrieb Freud in einem Brief von *der einzig schönen Tatsache . . ., daß meine Tochter Anna gegenwärtig so gute analytische Funde macht.*[14]

In gewissem Sinne stand Anna Freuds Arbeit dem im Wege, was ihr privates Leben hätte sein können. Sie hielt sich von modischer Kleidung fern und trug dunkle, weite, knöchellange Kleider, mit denen sie langsam ins Altjungferntum hineinwuchs; die Haare trug sie kurzgeschnitten; ihr Sport war Reiten. Das Verhältnis zu ihrem Vater beraubte sie dessen, was man konventionellerweise als ein erfülltes Leben ansieht. Sie konnte sehr charmant sein, aber die Prüderie, die sie von außen aufgenommen und sich zu eigen gemacht hatte, erlaubte ihr nie, die letzte Barriere der Furcht zu überwinden, soweit es Männer betraf. Sie teilte die Interessen ihres Vaters und war in hohem Maße geistig mit ihm vereint. Aber da sie ihr Leben auf diese Weise gelebt hatte, war es für sie unerträglich, daß er nur ein Mensch wie andere sei. Nur das Genie in Freud konnte das Opfer ihres Lebens rechtfertigen.

9.5. Anna Freud: Ichpsychologie

Freuds Entscheidung, nach England und nicht nach Amerika auszuwandern, richtete sich offenbar nach seinem eigenen Interesse und nicht nach dem Annas. Denn England war die Heimat der einzigen rivalisierenden Schule in der Kinderanalyse, nämlich der von Melanie Klein. Obwohl Anna Freud verhältnismäßig friedfertig war, verglichen mit der Streitlust Melanie Kleins, drohte die seit langem bestehende Fehde zwischen den beiden Frauen eine Zeitlang die Britische Psychoanalytische Vereinigung zu spalten.

Bevor Freud im Frühling 1938 Wien verließ, hatte er der Hoffnung Ausdruck gegeben, daß Anna *in England auch viel für die Analyse tun können* [wird], *aber sie wird sich nicht aufdrängen.*[1] Nach dem Zweiten Weltkrieg gründete sie zusammen mit Dorothy Burlingham die Hampstead Child-Therapy Clinic, eine weitgehend aus Nichtärzten bestehende Gruppe von Mitarbeitern, die sich mit der Beobachtung und Behandlung von Kindern beschäftigte. Man kann sich schwer vorstellen, daß Freud selbst eine solche Klinik geleitet oder an ihr mitgearbeitet hätte, da er sich so völlig der Praxis der Individualtherapie verschrieben hatte. Aber die Erfahrungen, die Anna Freud als Schullehrerin gewonnen hatte, machten es ihr möglich, ihre Klinik mit einer pädagogischen Atmosphäre zu erfüllen, die sich als erfolgreich erwiesen hat. Die Konferenzen beginnen auf die Minute genau zur festgesetzten Zeit, so wie seinerzeit die Wiener Versammlungen unter der Leitung Freuds. Im Jahre 1956 wurde anläßlich des 100. Geburtstages Freuds ihm zu Ehren Geld gesammelt, vor allem in den Vereinigten Staaten, das dann an Anna Freuds Klinik ging, sehr zum Ärger anderer führender Leute in der Britischen Psychoanalytischen Vereinigung.

Als Freud noch lebte, nahm Anna Freud niemals eine selbständige führende Position ein, aber inzwischen hat sie Freuds Thron geerbt. Ihr Zugang zu Freuds Briefen und Manuskripten (über die sie unter Mithilfe ihres Bruders Ernst und unter Beratung durch führende Analytiker verfügte) gab ihr gleichfalls eine besondere Macht. Darüber hinaus ist Anna, so wie ihr Vater es gewesen war, eine Therapeutin, an die sich andere hervorragende Psychoanalytiker wenden, wenn sie in persönlichen Schwierigkeiten sind; sie hat nicht nur Persönlichkeiten wie Robert Waelder analysiert, sondern auch die Kinder prominenter Analytiker behandelt.

Anna Freud hat zwar die Frage der Laienanalyse aktuell gehalten, hat aber keine größeren Streitigkeiten des Umfangs eingeleitet, wie sie ihr Vater früher durchgekämpft hat. Sie mochte von einer Arbeit Erik H. Eriksons über ihren Vater abgestoßen sein oder Theodor Reik von ganzem Herzen verachten, aber ihre Gefühle[2] führten nicht zu neuen öffentlichen Auseinandersetzungen in einer inzwischen auf zweitausend voll qualifizierte Analytiker angewachsenen Bewegung. Sie teilte jedoch weiterhin die Animosität, die ihr Vater gegen seine abgefallenen Schüler gehegt hatte. Anstatt den Verlust von Adler und Jung als ein Unglück zu betrachten, das die Psychoanalyse ärmer gemacht hat, schwelgte sie, als sie Jones' Schilderungen jener frühen Kämpfe las, in den wilden »Widerständen« gegen ihren Vater – wie sie jene Vorgänge ansah.[3]

Sie tendierte zur Abneigung gegen viele von den älteren Analytikern, die durch feste Bindungen, die sich jedoch nicht auf sie selbst erstreckt hatten, mit ihrem Vater verbunden gewesen waren. Und die verschiedenen Generationen von Analytikern haben ihrerseits auch Anna Freud ganz unterschiedlich gesehen. Im allgemeinen war es so, daß diejenigen, die Freud vor dem Ersten Weltkrieg kannten, nicht jenes Gefühl der Vasallentreue ihr gegenüber spürten wie die anderen, die erst in den zwanziger und dreißiger Jahren auf den Plan traten.

Wie Freud selber, hat auch sie die Macht der Tradition begriffen; so unternahm sie die Reise zu der wenig bekannten Clark University in Worcester, Massachusetts, um ein Ehrendoktordiplom in Empfang zu nehmen, weil die Universität ein halbes Jahrhundert vorher ihrem Vater die gleiche Ehrung erwies. (Sie erhielt später noch andere Auszeichnungen; so wurde ihr 1965 im Weißen Haus der Dolly Madison Award des Hillcrest Children Center verliehen, und sie erhielt die Ehrendoktorwürde von Yale, der University of Chicago und der Universität Wien.) Wie ihr Vater, zollte sie bevorzugten Schülern öffentliche Anerkennung, indem sie für ihre Abhandlungen oder Bücher ein Vorwort schrieb, und sie verschenkte auch Fotografien von sich mit Widmung als Zeichen persönlicher Wertschätzung. Im Alter hat sie sich sogar die charakteristischen Gesten Freuds angeeignet.

Wenn Anna Freud auch nicht die Genialität ihres Vaters besitzt, so hat sie doch in gewissem Umfang seine Sprachbegabung, die Klarheit seines Denkens und Ausdrucks und seine Fähigkeit, frei zu reden, geerbt. Beide waren einseitig und sendungsbewußt, und beide stießen alles beiseite, was ihnen den Weg zu versperren drohte.

Unter dem Gewicht ihrer staatsmännischen Würde entwickelte sich Anna aus dem scheuen, sanften Mädchen ihrer Jugendzeit zu einer großen Dame. Eine Ausgabe ihrer Gesammelten Werke wurde begonnen, und sie wird in fast ritualistischer Weise zitiert, vor allem von amerikanischen Analytikern. Anna Freud besitzt weniger Wärme als ihr Vater und sie drückt sich verbal in einer geschliffeneren, ja sogar blumigen Sprache aus. Aber trotz des sanften Überschwangs ihres Stils hat sie durchaus auch die Fähigkeit, eine Bewegung entschlossen in den Kampf zu führen.

Der Schauplatz ihres Wirkens war das Haus Maresfield Gardens Nr. 20 im Londoner Vorort Hampstead, das Haus, in dem Freud gestorben ist. Die Häuser, die offiziell als das Heim großer Männer gelten, spielten häufig in ihrem Leben eine verhältnismäßig zufällige Rolle. Freud hat nur ein Jahr hier gelebt; seine Wohnung in Wien ist erst in jüngster Zeit als eine historische Stätte anerkannt worden; bis dahin war die eine Hälfte als Wohnung, die andere als Schneiderwerkstatt vermietet. Inzwischen hat Anna Freud sein Haus in Maresfield Gardens zu einer Gedenkstätte für ihren Vater umgewandelt.

Die theoretischen wie die klinischen Beiträge Anna Freuds sind bedeutsam. Obwohl sie anfangs den Konzeptionen Heinz Hartmanns zweifelnd gegenüberstand und bezüglich der Schriften ihres früheren Schülers Erik H. Erikson mehr als skeptisch ist, war sie doch eine der ersten, und sicherlich die wichtigste unter den Kräften innerhalb der Psychoanalyse, die die Abwehrfähigkeiten des Ichs hervorhoben. Bei Freud lag der Akzent in seiner Anfangszeit auf den Trieben; in den zwanziger Jahren begann er dann mit der Beschreibung der psychischen Mechanismen zur Bewältigung nicht nur innerer Gefahren, sondern auch äußerer Bedrohungen. Obschon Freud und andere in der Psychoanalyse ihr vorangegangen waren, und vor allem Reichs Arbeit über die Charakterstruktur zeitlich früher lag als Anna Freuds eigene Beiträge, brachte doch ihr berühmtestes Buch *Das Ich und die Abwehrmechanismen*, das sie ihrem Vater an seinem 80. Geburtstag präsentierte, eine systematische Kodifizierung all dessen, was damals analytisch über die Ichpsychologie bekannt war. Darin erörterte sie solche Erscheinungen wie Regression, Unterdrückung, Reaktionsbildung, Isolation, Ungeschehenmachen, Projektion, Introjektion, Wendung gegen das Selbst, Verleugnung und Identifikation mit dem Angreifer – alles unter dem Gesichtspunkt, wie das Ich einer Person zu solchen Kunstgriffen seine Zuflucht nimmt, um zu überstehen.

Freud selbst hatte im großen und ganzen die Ichpsychologie als selbstverständlich hingenommen. Und auch als Anna Freud versuchte, zu einer eleganten Form zusammenzufügen, was über das unbewußte Ich ausgesagt werden konnte, bezog sie die Sublimierung als einen der Abwehrmechanismen der Psyche mit ein.[4] Aus der heutigen Perspektive ist eine Abwehr ein neurotischer Mechanismus. Man würde denken, daß eine Sublimierung im Prinzip eine Alternative zur Neurose darstellen würde. Aber bei Anna Freud war ihr frühes Interesse für das Abnorme und Pathologische doch noch so lebendig, daß sie die Sublimierung unter die Abwehrmechanismen einreihte.

Während des Zweiten Weltkrieges betrieben Anna Freud und Dorothy Burlingham ein Heim für Kinder, deren Eltern nicht bei ihnen sein konnten. Es handelte sich um normale Kinder, und Anna und ihre Freundin sahen sich, wie andere vor ihnen, mit den Begrenztheiten des früheren psychoanalytischen Ansatzes konfrontiert. Sobald Kinder von ihren Müttern getrennt waren, setzten Entwicklungshemmungen ein, und die Kinder regredierten. Hier war ein Beispiel dafür, daß die Umwelt das Triebleben über das Ich der betreffenden Kinder beeinflußt; sobald durch eine der Frauen in der Klinik eine stabile Beziehung zu einer Ersatzmutter aufgebaut worden war, verschwanden die oberflächlichen Zeichen der Symptomatologie und *die Kinder begannen sich sprunghaft zu entwickeln.*[5] Anna Freud kam später zu der Folgerung, daß *mit der Entwicklung guter Objektbeziehungen die Aggression gebunden wurde und ihre Manifestationen auf normale Maße reduziert wurden.*[6] Die Verwendung eines Begriffes wie »Objektbeziehungen« mag vielleicht wie eine besonders kalte und gefühllose Beschreibung intimer menschlicher Interaktionen klingen, aber die Hervorhebung der Bedeutung von »Objektbeziehungen«, wie sie unter anderem in der Tavistock Clinic in London ausgearbeitet wurde, markierte einen großen Schritt fort von der Konzentration auf die klassischen ödipalen Probleme. Auf Grund ihrer Arbeit während des Zweiten Weltkriegs folgerten Anna Freud und Dorothy Burlingham schließlich, in unausgesprochenem Gegensatz zu Freuds eigener Position: Die emotionale Beziehung des Kindes zu seinem Vater beginnt später im Leben als die zu seiner Mutter.[7]

Anna Freuds Interesse für Ichprozesse blieb nicht ohne Auswirkungen auf ihre Auffassungen über die psychoanalytische Technik. Ihre Ausführungen klingen weniger streng als die Freuds in seinen Ratschlägen für künftige Analytiker aus der Zeit vor dem Ersten Weltkrieg, obwohl sich in ihnen vielleicht nur die tatsächliche klinische Praxis in Wien niederschlägt:

Soweit der Patient einen gesunden Anteil seiner Persönlichkeit hat, ist seine wirkliche Beziehung zu dem Analytiker nie völlig untergegangen. Bei allem gebührendem Respekt vor der notwendigen striktesten Behandlung der Übertragung, bin ich doch der

Überzeugung, daß wir irgendwo der Erkenntnis Raum lassen sollten, daß Analytiker und Patienten auch zwei wirkliche Personen von gleichem Rang als Erwachsene sind, die in einer wirklichen persönlichen Beziehung zueinander stehen.[8]

Bei ihrer Methode der Kinderbehandlung verwarf Anna Freud, anders als Melanie Klein, eine Technik, die sich ausschließlich auf die Spieltherapie stützt. Ihrer Meinung nach war diese Technik, wie andere symbolische Verhaltensdeutungen, zu starr für die ganze Vielfalt der kindlichen Psyche. Ihre Darstellungen der psychischen Aktivitäten kleiner Kinder sind meisterhaft, ein Zeugnis für den Respekt vor der menschlichen Psychologie, den Freuds Lehren vermittelt hatten.

Anna Freuds Arbeit spornte auch andere in der klinischen Psychologie Tätige dazu an, über jene Teile der Psyche nachzudenken, die adaptiv und nicht bloß symptomatisch sind. Obwohl sie sich in ihrem ursprünglichen Ansatz auf die Abwehrfunktionen des Ichs konzentriert hatte, zeigt sich in einer Schrift aus dem Jahre 1960, daß ihre Arbeit mit Kindern ihre Aufmerksamkeit und Sensitivität geschärft hatte für die verwirrende Vielfalt pathologischer oder scheinbar pathologischer Manifestationen, die ihrer Meinung nach neue diagnostische Kategorien verlangten, die nicht auf der Symptomatologie basieren, sondern auf den Gesichtspunkten der Entwicklung.[9] Sie betont zunehmend stärker, wie wichtig es ist, zu erfassen, was für ein Kind auf seiner jeweiligen Altersstufe richtig ist, um so zwischen Störungen, die nur als vorübergehende Entwicklungsphasen anzusehen sind, und ernsten neurotischen Problemen unterscheiden zu können.[10]

In Übereinstimmung mit einer Hauptströmung in der Psychoanalyse seit Freuds Tod, versuchte Anna Freud in ihrer Arbeit, den Bereich des früheren klinischen Denkens auszuweiten, so daß auch den normalen psychischen Funktionen die ihnen gebührende Aufmerksamkeit zukommt. Sogar bezüglich der Aggression kam Anna Freud zu dem Schluß, daß die aggressiven Strebungen, wenn sie in normaler Weise mit libidinösen gemischt sind, eher sozialisierende Einflüsse darstellen als das Gegenteil. *Sie liefern am Anfang die Kraft und Zähigkeit, mit der das kleine Kind nach der Objektwelt greift und an ihr festhält.* Obwohl sie 1965 argumentierte, es gebe keine Antithese zwischen Entwicklung und Abwehr, und alle Abwehrmechanismen dienten gleichzeitig inneren Triebeinschränkungen und äußerer Anpassung, die nur zwei Seiten des gleichen Bildes seien,[11] hat doch in der Kinderanalyse von den dreißiger zu den sechziger Jahren unleugbar eine Akzentverschiebung stattgefunden, die man auch in Anna Freuds Ansatz und Arbeit erkennen kann.

Während in der früheren Periode die Auffassung herrschte, die persönlichen Eigenschaften der Mutter spielten für das Verständnis der Psychodynamik eine geringere Rolle, wurde doch schon bald deutlich, daß sich dieser Standpunkt nicht halten ließ. Die nachfreudianische Psychoanalyse stellte dann die abweisende Mutter ebensosehr in den Vordergrund wie Freud die Kastrationsdrohung durch den Vater in den Mittelpunkt gestellt hatte. Anna Freud wies warnend darauf hin, in der Sozialarbeit habe es eine Übergangsphase gegeben, die teilweise noch anhalte, wo alle Vorwürfe, die in der weiter zurückliegenden (vor-psycholoanalytischen) Zeit den bösen Kindern gemacht wurden, nur die böse Mutter treffen würde.[12] Sie selber jedoch verließ sich mehr denn je darauf, dem Kind dadurch zu helfen, daß die Mutter zu einem anderen Verhalten geführt wird; wie sie 1960 schrieb:

Ich weigere mich zu glauben, daß Mütter ihre Persönlichkeit ändern müssen, um ihr Kind anders zu behandeln ... Mütter werden bei der Erziehung ihrer Kinder nicht nur vom Instinkt geleitet und durch verzerrende persönliche Einflüsse fehlgeleitet, sondern sie sind in noch stärkerem Maße von Tradition und öffentlicher Meinung abhängig, die beide verändert werden können.[13]

Während der Analytiker von Erwachsenen mit der inneren Welt des Patienten arbeitet und deshalb fest an die psychische Realität – im Gegensatz zur äußeren Realität – glaubt, weisen auf der anderen Seite für den Kinderanalytiker alle Anzeichen in die entgegengesetzte Richtung und bezeugen den mächtigen Einfluß der Umwelt.[14] Wenn sie auch einige Schritte in Richtung des neofreudianischen Revisionismus getan hat, gehört Anna Freud heute doch zu den unverblümtesten Verteidigern der psychoanalytischen Orthodoxie. *In der Psychoanalyse ist die Behandlungsmethode identisch mit der Forschungsmethode*, stellte sie zum Beispiel fest – eine unnachgiebigere Formulierung, als ihr Vater sie gebraucht hätte.[15] Aber Anna Freud hielt strikt an der Ablehnung ihres Vaters fest, psychoanalytische Gedanken zu kommerzialisieren, und ihre Integrität in diesen Dingen kommt der seinen gleich. Bezüglich dessen, was die Analyse zu leisten vermag, hielt sie an sehr weitgehenden Hoffnungen fest; *Was sie [die Analytiker] zu bieten haben, ist einzigartig, nämlich gründliche Persönlichkeitsveränderungen anstatt oberflächlicheren symptomatischen Heilungen.*[16] Sie greift immer noch auf die ursprünglichen »Offenbarungen der Psychoanalyse« zurück.[17] Und für einen triebhaften erwachsenen Neurotiker konnte sie das moralistische Rezept verschreiben: *So viel reine Analyse, als seine Natur verträgt, während der Rest Kinderanalyse wäre, weil er wegen seines ganz infantilen Charakters nichts Besseres verdiente.*[18]

Obwohl sie seit 1938 in London lebt, hat Anna Freud – so wie es vor ihr Ernest Jones erging – in England niemals die ihr gebührende Anerkennung erhalten. Paradoxerweise (angesichts ihrer eigenen Einstellung zu Amerika, die der ihres Vaters ähnelt) hat sie in den Vereinigten Staaten mehr Unterstützung und Beifall gefunden als in irgendeinem anderen Land der Welt. Ihr besonderes Interesse galt unter anderem der Beziehung zwischen Psychoanalyse und Recht; mehrere Jahre hindurch arbeitete sie an einem Seminar in der Yale Law School mit. Bei einer kürzlich in Amerika durchgeführten Umfrage unter Psychiatern und Psychoanalytikern, wer als der hervorragendste lebende Vertreter ihres Berufes anzusehen sei, führte Anna Freud bei beiden Gruppen der Befragten die Liste an.[19]

9.6. Helene Deutsch: »Kartenklub Schwarze Katz«

Eine andere Frau, die Anna Freuds Eifersucht auf sich zog, war Helene Deutsch. Sie war elf Jahre älter als Anna und kam aus den Reihen der Wiener Psychiatrie zur Psychoanalyse – aus einer Welt, in der Anna Freud nicht zählte. Anna Freuds früheste Erinnerung an Helene Deutsch war, daß diese direkt aus Wagner-Jaureggs Klinik in eine Vorlesung Freuds kam, noch in ihrem weißen Ärztekittel.
Helene Deutsch war eine der ersten Frauen unter den Anhängern Freuds, die er persönlich analysierte. Geboren 1884 in einer zu Österreich-Ungarn gehörenden polnischen Stadt (Przemyśl), wuchs sie in einem abgelegenen Teil des Kaiserreiches auf, bevor sie nach Wien kam, um dort ihre Berufslaufbahn fortzusetzen. Ihre nahen Freunde nannten sie immer nur mit ihrem polnischen Kurznamen »Hala«. Ihr Deutsch blieb so eigenwillig, wie es später ihr Englisch war, als sie in Amerika lebte; aber ihre mangelhafte Beherrschung beider Sprachen ermöglichte es ihr, eine Art poetische Wirkung zu erzielen.
Sie wollte zuerst Juristin werden wie ihr Vater und betrachtete sich als eine Führerin der Frauenemanzipation. Als sie sich dann der Medizin zuwandte, war das für eine Frau noch eine ungewöhnliche Disziplin. Im Jahre 1912, kurz vor dem Abschluß ihrer Ausbildung, heiratete sie Felix Deutsch, der Facharzt für innere Medizin war. 1917 gebar sie einen Sohn, Martin; obwohl sie damals noch nicht offiziell zu Freuds Kreis gehörte, erriet sie vielleicht, daß es ihm Freude machte, wenn ihr Sohn den gleichen Namen erhielt wie sein eigener ältester Sohn.[1] (Ihr Mann Felix hatte mit Martin Freud zusammen einer zionistischen Organisation angehört.)
Eine Frau als Nervenärztin war damals etwas Außergewöhnliches, aber Nervenärztinnen hatten beruflich weniger zu verlieren, wenn sie zu Freud gingen, als ihre männlichen Kollegen. Die Chancen, in der akademischen Psychiatrie Karriere zu machen, waren für eine Frau gering, während es in einer neuen Disziplin wie der Psychoanalyse nicht die Barrieren der Schulmedizin gab. Im Frühjahr 1918 versuchte Helene Deutsch, Freud dazu zu bewegen, sie in Analyse zu nehmen; sie hatte im Jahre 1911 die *Traumdeutung* gelesen, hatte seine Vorlesungen an der Universität Wien gehört und sogar an Sitzungen der Wiener Vereinigung teilgenommen. Mit ihren echten Talenten erwies sie sich offensichtlich als Gewinn für die Bewegung Freuds; außerdem war ihr Mann bereits Universitätsdozent. Trotzdem fragte Freud Helene Deutsch, was sie tun würde, wenn er sie an jemand anderes zur Analyse verweise; als sie sagte, sie würde nicht hingehen, akzeptierte er sie für den kommenden Herbst.
Die Atmosphäre in der Klinik Wagner-Jaureggs war so feindselig gegen Freud, daß sie keine andere Wahl hatte, als ihre Stellung in der Klinik aufzugeben, wenn sie sich

ganz Freud anschließen wollte. Freud hatte zwar den Wunsch, daß seine Lehren in Wagner-Jaureggs Klinik Eingang fänden, aber er glaubte auch, daß niemand zwei Göttern dienen könne. Zornig über seine Ablehnung in der Klinik hielt Freud sich von der Wiener Psychiatrie distanziert; er hoffte jedoch, die offizielle Position gegenüber seiner Arbeit ändern zu können. Während der Analyse Helene Deutschs, die im Herbst 1918 begann und ungefähr ein Jahr dauerte, wurden in der Klinik feindselige Dinge über Freud gesagt. Um nicht in ihrer Analyse Freud gegenüber Bemerkungen über die Psychoanalyse wiederholen zu müssen, informierte Helene Deutsch die leitenden Männer in der Klinik darüber, daß sie ihre Analyse bei Freud begonnen hatte. Als sie einmal in einer Analysestunde darauf Bezug nahm, daß sie in ihren freien Assoziationen nie unangenehme Geschichten über ihn produzierte, sagte Freud einfach: *Das kommt daher, weil Sie zu anständig sind.* Freud konnte sehr höflich sein und griff nicht zu der Deutung, deren sich ein späterer Analytiker vielleicht bedient hätte: sie sei so unbewußt feindselig, daß sie es sich nicht leisten könne, gegen Freud bewußt aggressiv zu sein.

Die emotionale Übertragung Helene Deutschs auf Freud war so groß, daß sie es nicht übelnahm, als Freud bei ihren analytischen Sitzungen zweimal einschlief; die Beziehung zwischen den beiden war so ungezwungen und freundschaftlich, daß sie darüber scherzten. (Im Jahre 1937 soll Freud jedoch bestritten haben, daß er jemals in einer Analysestunde eingeschlafen sei.[2]) Einmal ließ Helene ihre Handtasche auf der Couch liegen; als Freud ihr dann die Hand gab, wie er das vor und nach jeder Analysestunde tat, hielt er eine Weile ihre Hand fest und blickte ihr in die Augen, bis ihr klar wurde, daß sie etwas getan hatte, was Freud als eine symptomatische Handlung betrachtete. Für Freud repräsentierte das Vergessen der Handtasche eine symbolische sexuelle Einladung. Helene Deutsch spürte ein aktives, forschendes Element in dem Verhalten Freuds ihr gegenüber. Er hatte eine Schwäche für attraktive Frauen, und sie reagierte mit all der Hingabe einer verehrungsvollen Schülerin.

Im Laufe der nächsten paar Jahre erreichte Helene Deutsch den Höhepunkt ihrer Beziehung zu Freud, und später betrachtete sie die ersten zehn Jahre nach ihrer Analyse als die Zeit ihrer größten Produktivität. Aus den frühen zwanziger Jahren blieb sie als die »Schöne Helena« in Erinnerung, brillant und schön, der Liebling Freuds.[3] Den jungen Studenten der Psychoanalyse jener Zeit erschien Berlin ein besserer Ort für die Ausbildung als Wien. In dem Kreis um Freud waren die stärker wissenschaftlich Orientierten wie Nunberg meist langweilig oder mürrisch, während die interessanten Leute wie Stekel sprunghaft und unorthodox waren.

Helene und Felix Deutsch waren wahrscheinlich die Temperamentvollsten unter den Mitgliedern des Wiener psychoanalytischen Kreises. Noch heute erinnern sich ehemalige Teilnehmer an Helene Deutschs Seminare als an denkwürdige Erlebnisse.[4] Sie war eine der besten Pädagoginnen in der Psychoanalyse, und ihre Kurse, die in der Regel mehr Teilnehmer hatten als die in Wien, waren richtiggehende Schauspiele. Sie konnte einer Falldastellung stundenlang zuhören und anschließend das Ganze geordnet zusammenfassen, wobei sie sich sämtlicher Einzelheiten erinnerte, die der Analytiker berichtet hatte. Nach einem vollen Arbeitstag analytischer Praxis leitete sie ein Seminar bis spät in den Abend und hatte immer noch die Energie und Konzentration, sich einem neuen Fall zuzuwenden.

Helene Deutsch beeinflußte in den zwanziger Jahren eine ganze jüngere Generation von Analytikern. Da sie selber schon »arriviert« war, konnte sie andere fördern. Sie gründete eine Samstagabend-Gruppe, die »Kartenklub Schwarze Katz« genannt wurde und sich einmal in der Woche bei ihr zuhause traf. Zu denen, die kamen, gehörten die Bibrings, die Hartmanns, die Hoffers, die beiden Kris und die Waelders; sie waren alle ungefähr zehn Jahre jünger als Helene Deutsch und sollten in späteren Jahren zu den führenden orthodoxen Analytikern gehören. Sie selber hatte schon damals ein gesichertes Ansehen und gehörte zu den Vertrauten Freuds. Obwohl Helene Deutsch schließlich mehr als die Hälfte dieser jüngeren Generation überlebte, verdankte sie am Ende ihren Namen auch der Tatsache, daß sie in der Anfangslaufbahn der Psychoanalytiker, die die Schule Freuds nach seinem Tod fortsetzten, eine Rolle gespielt hatte.

Jeder Samstagabend war für ein gemeinsames Abendessen und Diskussionen reserviert. An und für sich kamen sie zum Kartenspielen zusammen, aber beim Spielen konnte man sich gut auf psychoanalytische Probleme konzentrieren. Bemerkenswerterweise waren einige der älteren Analytiker, wie Hitschmann und Federn, ausgeschlossen. Mit beiden kam Helene Deutsch nicht sehr gut aus, zum Teil wohl, weil sie sich mit Freuds Urteil über sie identifizierte. Federn zog mütterliche Frauen dem berufsorientierten Typus vor. Auch Hitschmann mochte Helene Deutsch nicht; später, in seinen autobiographischen Notizen, warf er ihr vor, sie habe die Bostoner psychoanalytische Vereinigung diktatorisch beherrscht und sei dafür verantwortlich, daß er dort aus einem Lenkungsausschuß ausgeschlossen wurde.[5] In Wien hatten die jungen Analytiker keine Lust, mit den Psychoanalytikern der alten Schule gesellschaftlich zu verkehren; ihrer Meinung nach hatte Freud sie eben am Hals, weil sie ihn so früh unterstützt hatten.

Daß Freud den Umgang mit Helene Deutsch gern hatte, hinderte ihn nicht daran, zumindest in einem Fall, seiner Skepsis gegenüber einer ihrer Beiträge offen Ausdruck zu geben. Bei einer Sitzung der Vereinigung am 9. November 1921 trug sie »eine Beobachtung« an zweien ihrer Neffen vor. Die beiden Jungen waren physisch sehr verschiedene Typen, und der ältere war der Liebling der Mutter. Er fiel jedoch im Krieg, und der Kummer der Mutter war groß; dann begann, nach dem Bericht von Helene Deutsch, der jüngere Bruder sich physisch zu verändern, er wuchs schnell, auch seine Haare wurden dunkler, bis er allmählich seinem toten Bruder ähnelte. Er wollte, sagte Helene Deutsch, den Platz des älteren Bruders in der Liebe der Mutter einnehmen, das sei das eindeutige Motiv seiner Verwandlung gewesen.[6] Freud drückte seine Skepsis in der denkbar taktvollsten Weise aus: *Wenn es nicht Dr. Deutsch wäre, die uns das berichtet,* bemerkte er, *würden wir es nicht glauben.*[7]

Er sagte dann jedoch weiter, es sei möglich, daß der Schatten des älteren Bruders dem jüngeren das Sonnenlicht der Mutter verdeckte und die Liebe seiner Mutter ihn verwandelte, nachdem der überhängende Baum weg war. Es war charakteristisch für Freud, daß er, wie sein Lehrer Charcot, einen psychologischen Vorgang durch ein solches visuelles Bild ausdrückte.

Helene Deutsch war nur einige wenige Jahre lang nach dem Ersten Weltkrieg Freuds bevorzugte Vertraute, dann trat anscheinend ihr Mann zwischen sie und den Meister. Zu der Zeit, als Freud 1923 an Krebs erkrankte, war Felix Deutsch sein persönlicher Arzt; Deutsch hielt es für richtig, ihm zu verheimlichen, daß es sich um einen malignen Prozeß handelte. Freud nahm es Felix übel, daß dieser ihm nicht die volle Wahrheit gesagt hatte, und Felix zog sich als Freuds Arzt zurück. In der Atmosphäre um Freud war neben der Bewunderung auch so viel Angst lebendig, daß Helene Deutsch das Gefühl hatte, sie brauche nochmals eine Analyse. Freud riet ihr zuerst, nach Budapest zu Ferenczi zu gehen, aber sie lehnte ab, weil sie glaubte, ihr Sohn werde zu große Schwierigkeiten mit der ungarischen Sprache haben; Freud schlug darauf Sachs vor, sie entschied sich jedoch statt dessen für Abraham. Obwohl sie ihren Mann hauptsächlich wegen der Schwierigkeiten, die zwischen ihm und Freud entstanden waren, in Wien zurückließ und nach Berlin ging, sprachen die beiden Deutschs untereinander kaum über die Sache; wie die Ranks führten sie die Art von Ehe, in der Mann und Frau einige der heikelsten Bereiche ihres Lebens nicht miteinander besprachen. Außerdem wollte Helene Deutsch das Berliner Psychoanalytische Institut näher kennenlernen, um zu wissen, wie sie die Wiener Ausbildungskurse am besten organisierte, deren Leitung sie übernehmen sollte.

Sie zürnte Freud, weil er so hartnäckig immer wieder über das Verhalten ihres Mannes sprach, und war zugleich wütend über ihren Mann, weil er die Abkühlung zwischen ihr und Freud verursacht hatte. (Sie war jedoch bis zu einem gewissen Grad an der Entscheidung ihres Mannes mitbeteiligt.) Felix und Helene Deutsch hatten beide ihre Beziehung zu Freud sorgfältig gehegt, aber sie war diejenige, die ihrer beider Engagement in der Psychoanalyse eingeleitet hatte, und Freud war für sie ungeheuer wichtig; und nun hatte ihr Mann, wie es ihr schien, irgendwie alles zerstört. Freud versöhnte sich später wieder mit Felix Deutsch und tat für das Ehepaar, was er nur konnte. Als sie bei Abraham in Analyse war, zeigte ihr dieser einen Brief von Freud, in dem er schrieb, die Ehe der beiden gehöre zu denen, die nicht durch die Analyse auseinandergebracht werden dürften.[8] Das Zerwürfnis zwischen Felix Deutsch und Freud war für die Ehe eine schwere Belastung, obwohl Helene offiziell als Ehrengast, der Freuds Vertrauen genoß, in Berlin war. Helene Deutsch gewann den Eindruck, daß sie Abraham gegenüber keine Übertragung entwickelte und daß nach ihrer Analyse bei Freud keine andere mehr möglich sei. Sie nahm sich auch Freuds Mitteilung an Abraham, die praktisch einem Befehl gleichkam, zu Herzen; die Ehe blieb bis zu Felix Deutschs Tod im Jahre 1964 bestehen.

Während Helene Deutsch in Berlin analysiert wurde (für das Jahr 1923–24 gingen

Patienten aus Wien mit ihr nach Berlin), war ihr Mann in Wien bei Bernfeld in Analyse. Felix Deutsch unterschied sich sehr von seiner schon berühmten Frau. Während von ihr viele in Freuds Kreis dachten, sie benehme sich wie eine Primadonna, und es schwierig fanden, mit ihr auszukommen, wurde ihr Mann von allen als angenehmer, schlichter Mensch betrachtet. Obwohl warmherzig und gefühlsbetont, konnte er doch auch autokratisch sein. Von den beiden war Felix mehr der Heiler, mehr bereit, um einer diagnostischen Erkenntnis oder einer therapeutischen Besserung willen die eigene Persönlichkeit einzusetzen. Helene identifizierte sich stärker mit Freud; sie konnte mit einer eigenen Arbeit zufrieden sein, auch wenn sie nichts wesentlich Neues enthielt, solange sie Freuds Ideen reflektierte.

Helene war als Psychoanalytikerin weit angesehener als ihr Mann und auch die bessere Schriftstellerin. Felix war Internist gewesen, bekannt für komplizierte medizinische Diagnosen, aber in psychoanalytischen Kreisen galt er nicht als Intellektueller im eigentlichen Sinn, weder als Denker, noch als Schriftsteller. Und unter den Medizinern in Wien verlor er durch seinen Kontakt mit der Gruppe Freuds an Ansehen. Erst, nachdem er als einer der Führer der Bostoner psychoanalytischen Vereinigung hervortrat, gewann er als Analytiker an Prominenz, und zwar auf dem neuen Gebiet der psychosomatischen Medizin. Er besaß nicht die Selbstkontrolle seiner Frau, aber seine emotionale Reichweite und Elastizität waren vielleicht größer.

Obwohl Helene Deutsch sich nach dem Zwist zwischen Freud und ihrem Mann von Freud ferner hielt, war sie doch immer noch eifersüchtig auf aufgehende Sterne an Freuds Firmament; ihre stärkste Abneigung richtete sich gegen Ruth Brunswick. Einer der wunden Punkte war Freuds Patient, der »Wolfsmann«. Im Jahre 1919 hatte Freud Helene Deutschs Analyse trotz ihrer Einwendungen abgebrochen, indem er ihr abrupt ankündigte, er brauche ihre Stunde.[9] Der Wolfsmann war nach Wien zurückgekehrt, um Hilfe zu suchen, und Freud teilte Helene Deutsch mit, sie habe jetzt genug Analyse gehabt. Freud war vom Wolfsmann fasziniert, während ihn ihr eigener Fall offensichtlich nicht besonders interessierte, obwohl er sie als Angehörige seines Kreises schätzte. Damals hatte sie keine bewußten Gefühle des Bedauerns, und nach ihrer Analyse gab es auch einige Kompensationen für sie, sie hatte mehr geselligen Umgang mit Freud, und er schickte ihr mehr Patienten. Aber 1923 erlitt sie ihre erste Depression, veranlaßt durch die Störung in ihrem Verhältnis zu Freud.

Als im Jahre 1926 der Wolfsmann wieder Behandlung brauchte, hätte Freud an Helene Deutsch das früher Geschehene wiedergutmachen können, wenn er ihr den Wolfsmann geschickt hätte; jedesmal, wenn er ihr einen Patienten schickte, nahm sie das als Zeichen seiner Zuneigung. Aber jetzt machte Freud diesen Patienten Ruth Brunswick zum Geschenk und schien damit seine frühere Kränkung noch zu verschärfen.

Helene Deutsch betrachtete Ruth Brunswick als Rivalin um Freuds Gunst, aber während Ruth Freud immer näher rückte, trat Helene in den Hintergrund. Helene Deutsch hatte wahrscheinlich den schärferen Verstand von den beiden Frauen, und ihre Ehe war stabiler. Sie konnte ohne weiteres jemand wie Lou Andreas-Salomé als Rivalin akzeptieren, die sehr schön war und berühmte Liebhaber hatte, oder wie Marie Bonaparte, eine Prinzessin, aber auf weniger herausragende Frauen wie Ruth Brunswick oder Jeanne Lampl-de Groot blickte sie herab – Frauen, die als Mitglieder von Freuds Hofstaat ihm gegenüber neurotische, sich anklammernde Übertragungen entwickelten, wie sie es sah. Vielleicht dachte sie unter anderem auch an ihre eigene Loslösung, als sie später über Freuds Schüler folgendes schrieb:

Während die weniger Begabten ihre Ambivalenz in einer reaktiv gesteigerten Abhängigkeit und in der Überbewertung der Analyse . . . ausdrückten, verleugneten die Begabteren diese Abhängigkeit in einer direkten, aber doch wissenschaftlichen Form und trennten sich von der Gruppe entweder laut und feindselig oder in einer verhüllteren und passiveren Weise.[10]

Sie beobachtete aus der Distanz, wie Ruth Brunswick, ein wenig wie Viktor Tausk vor ihr, Freud persönlich näher rückte. Verglichen mit ihrem Mann, mag Helene Deutsch kühl und distanziert gewesen sein, aber neben Ruth Brunswick schien sie mehr die Therapeutin* als die psychologische Beobachterin zu sein.[11] Ruth Brunswick wußte, daß Freud Helene Deutschs Temperamentsüberschwang nicht schätzte, aber ihre wissenschaftliche Arbeit war so gewichtig, daß die beiden Frauen Grund zur gegenseitigen Eifersucht hatten. Als Helene Deutsch eine psychoanalytische Abhandlung über Don Quichotte schrieb, war Freud darüber so erfreut, wie wenn ihm jemand ein Geschenk gemacht hätte; er wollte wissen, wie sie auf das Sujet gekommen war.[12] Aber Ruth Brunswick war diejenige von den beiden Frauen, die von Freud einen Ring erhielt, obwohl Helene Deutsch sie als eine der pädagogisch bedeutendsten Gestalten in der Psychoanalyse um mehr als fünfundzwanzig Jahre überlebte.

Zum Teil ging es auf die Feindseligkeit von Männern wie Federn und Hitschmann zurück, daß Helene Deutsch sich zur Ablehnung entschloß, als Freud ihr die Vizepräsidentschaft der Wiener Vereinigung anbot, nachdem er sich wegen seiner Krankheit zurückzog; der Posten ging statt dessen an Federn. Trotz ihres Stolzes und ihrer Distanziertheit feierte sie die Geburtstage Freuds mit; sie und ihr Mann pflegten am 6. Mai Orchideen und ein Telegramm zu schicken. (Die Freud-Vorlesungen der New Yorker Psychoanalytischen Gesellschaft werden jetzt jedes Jahr an diesem Tag gehalten.) Als ihr einziger Sohn mit siebzehn Jahren ins Internat in die Schweiz geschickt wurde, hielt man es für richtig, daß er vorher mit seinem Vater zusammen Freud besuchte; Freud schenkte ihm ein Fernglas und schrieb ihm eine Widmung in ein Buch.[13] Später berichtete Freud Helene Deutsch über die Bestätigungen ihres Sohnes

---

* Helene Deutsch erinnerte sich, wie sehr ihr Nunbergs Mangel an Mitgefühl gegenüber einer leidenden Melancholikerin in Wagner-Jaureggs Klinik zugesetzt hatte. Mehr mit der Theorie als mit der klinischen Wirklichkeit beschäftigt, hatte Nunberg laut überlegt: »Aber wo ist ihre Libido?«

in der Schweiz, und zwar auf Grund dessen, was er während einer seiner Analysen erfahren hatte.[14]

Für Helene Deutsch war es eine Sache der persönlichen Selbstachtung, sich nicht an Ruth Brunswicks Art von aktiver Verehrung Freuds zu beteiligen. Ihre Selbsterhaltungsfähigkeiten verhinderten, daß sie ebenso verwundbar wurde wie ihre Rivalin. Auch wenn sie sich der Förderung der Sache Freuds widmete, wollte sie doch in ihrem eigenen Denken nicht wie die anderen sein. Wenn sie gewollt hätte, hätte sie mit Freud in seinen späteren Jahren viel mehr direkten persönlichen Kontakt haben können.

9.7. Helene Deutsch: Theorie der Weiblichkeit

Helene Deutschs besondere Leistung lag auf dem Gebiet der weiblichen Psychologie. Freud anerkannte, daß sie – wie Ruth Brunswick – zu jenen Psychoanalytikerinnen gehörte, die durch ihre Rolle als Mutterersatz bei der analytischen Übertragung in der Lage gewesen waren, die frühe Identifikation des kleinen Mädchens mit der Mutter zu entdecken. Helene Deutsch zum Beispiel behandelte die Akte des Bemutterns und des Bemuttertwerdens als zentral für die weibliche homosexuelle Beziehung im Erwachsenenalter und betrachtete die weibliche Homosexualität als ein Problem, das einer prä-ödipalen Bindung an eine Mutter entstamme.[1] Freud hatte früher die weibliche Homosexualität als Ergebnis der Identifikation einer Frau mit ihrem Vater angesehen.

Die Karriere von Helene Deutsch als Psychoanalytikerin schien jedoch ihre Vorstellungen von Weiblichkeit zu widerlegen. Nach den Theorien Freuds, zu deren Ausbau sie wesentlich beitrug, klammert sich die feminine Frau an ihren Mann und ist von ihm abhängig – im Gegensatz zu dem aktiven und unabhängigem Ideal, für das sich Simone de Beauvoir in jüngerer Zeit eingesetzt hat. Teilweise wegen der traditionell hervorragenden Rolle der Frauen in jüdischen Familien, aber auch wegen der besonderen intuitiven Talente von Frauen als Psychologinnen, erlangte Helene Deutsch eine Unabhängigkeit in ihrem beruflichen Leben, die ihrer Konzeption der Weiblichkeit eigentlich widersprach.

Wegen des großen Einflusses ihrer zweibändigen Untersuchung *The Psychology of Women* (»Die Psychologie der Frau«), die zuerst 1944 und 1945 erschien und später viele neue Auflagen erlebte (das Buch wurde in acht Sprachen übersetzt und erschien in einem Dutzend Länder), sind ihre Gedanken weithin auf heftige Kritik gestoßen. Vielen erschien ihre Arbeit als eine Rationalisierung der sozialen Stellung der Frauen in der Vergangenheit, und die Autorinnen der Frauenemanzipationsbewegung haben ihr die Leviten gelesen*.[2] Ihr Ziel war, die Menschen dazu zu überreden, *die Illusion der Gleichwertigkeit des Sexualaktes für beide Geschlechter aufzugeben;*[3] einige Einzelheiten ihrer Argumentation haben feministische Kritikerinnen verständlicherweise geärgert. So schien sie beispielsweise das von den Frauen bereits Geleistete abzuwerten: *Viele intellektuelle Frauen sind in Wirklichkeit nur Flüchtende mit verarmten Emotionen . . . in der Regel sind solche Frauen mehr intellektualisierend als intellektuell.*[4]

Ihre Überzeugungen befanden sich in Übereinstimmung mit Freuds Denken. Er hatte behauptet, die Libido sei *regelmäßig und gesetzmäßig männlicher Natur, ob sie nun beim Manne oder beim Weibe vorkomme und abgesehen von ihrem Objekt, mag dies der Mann oder das Weib sein.*[5] Später modifizierte Freud diese Position; er sagte: *Es gibt nur eine Libido, die in den Dienst der männlichen wie der weiblichen Sexualfunktion gestellt wird. Wir können ihr selbst kein Geschlecht geben . . .* Gleich darauf aber zog er sein scheinbares Umschwenken wieder zurück: *Immerhin, die Zusammenstellung ›weibliche Libido‹ läßt jede Rechtfertigung vermissen.*[6]

Freuds Einstellungen zu den Frauen müssen im Lichte seiner eigenen Zeit gewertet werden. Den führenden Frauen in seiner Bewegung gegenüber gab er sich alle Mühe. Während andere, wie z. B. Sadger, gegen die Aufnahme von Frauen in der Wiener Vereinigung waren, wird von ihm die Äußerung berichtet, er würde es als eine grobe Inkonsequenz ansehen, die Frauen prinzipiell auszuschließen.[7] Er war ein altmodischer Mann, der zwar vielleicht grundsätzlich der Auffassung war, der Platz der Frau sei in der Familie, der sie aber doch in seinem Beruf respektierte; sie besaßen feinere Empfindungen als die Männer, aber als schwächere Geschöpfe brauchten sie Schutz.

Freud bewunderte an Frauen Treue, und obwohl er Geschichten über untreue Frauen genoß, hätte er sie doch in seiner eigenen Familie nicht geduldet. Er konnte sich eine Frau nicht als Konkurrentin vorstellen. Er war sehr erfolgreich darin, Frauen in einer abhängigen Beziehung zu ihm zu halten, und er bewunderte seine weiblichen Schüler. Aber nach den Maßstäben jener Zeit waren diese Frauen in der Regel recht emanzipiert.

Die Art von männlichem Narzißmus, die man in Freuds Theorien über die Frauen finden kann, tritt auch in den Schriften anderer früher Analytiker zu Tage. Die westliche Kultur um die Jahrhundertwende schaute im allgemeinen auf die Frauen herab, von denen man annahm, sie seien in erster Linie dazu da, die Bedürfnisse des Mannes zu erfüllen, ihm Kinder zu gebären und ihm den Haushalt zu führen. In einem solchen Milieu lag es nahe, die Sexualität von der Liebe zu trennen. Einige Psychoanaly-

---

* Läßt sich der Erfolg der Analytikerinnen (sie seien durchgehend stärker gefragt als ihre männlichen Kollegen) auf die Natur unserer sexuell reaktionären Gesellschaft zurückführen, welche die Frauen zur Sensitivität gegenüber Gefühlsnuancen, die Männer gegenüber der äußeren Welt der Macht erzogen hat?

tiker dagegen – insbesondere Karen Horney und Clara Thompson – gelangten allmählich zu einer Denkweise, die sich von der Freuds unterschied; sie versuchten, zwischen biologischen Gegebenheiten und gesellschaftlich sanktionierten Verhaltensmustern zu unterscheiden. Für jemand wie Jones, und fast sicher auch für Freud, bedeutete dies die Ersetzung der Psychoanalyse durch eine Pseudosoziologie.[8]
Die Ideen Freuds gewannen so großen Einfluß, daß er einen beträchtlichen Teil der feministischen Kritik unserer Tage zu tragen hatte. Seine Sammlung von Schadchengeschichten (*Der Schadchen ist ein jüdischer Heiratsvermittler*)* spiegelte die sehr abhängige soziale Stellung der traditionellen jüdischen Frau. Obwohl Freud gegen Ende seines Lebens anerkannte, wir müßten *achthaben, den Einfluß der sozialen Ordnungen nicht zu unterschätzen, die das Weib gleichfalls in passive Situationen drängen,*[10] scheint er doch in der Praxis durchweg angenommen zu haben, die Frauen hätten geringere sexuelle Bedürfnisse als die Männer. Er glaubte, eine verheiratete Frau brauche das Sexuelle nur zwanzig Jahre lang.[11] (Vielleicht basierte diese Meinung auf seinen Erfahrungen mit seiner Frau Martha.)
Freud war der Meinung, die *Sexualbetätigung* der Frauen sei *wesentlich passiver Natur*, und im allgemeinen war für ihn *aktiv ... gleich männlich, passiv aber weiblich.*[12] Wenn man Freuds persönliche Abneigung gegen Schwäche und Passivität kennt, ist es nicht schwer, seine Meinung über die Frauen herablassend zu finden. Später modifizierte er seinen Standpunkt,[13] begriff jedoch die Frau weiterhin als unvollständigen Mann. Penisneid war für ihn ein wesentlicher Bestandteil der weiblichen Psychologie, als sei eine Vagina etwas irgendwie Unbefriedigendes; er schrieb über den Penisneid als das weibliche Äquivalent der Angst des Mannes vor der Beschädigung seiner Genitalien, dem »Kastrationskomplex.«[14] Der entscheidende Entwicklungsschritt erfolge, *wenn das kleine Mädchen durch den Anblick eines männlichen Genitales seinen eigenen Defekt erfährt...*[15] Freud reduzierte die Reproduktionsfunktion der Frau auf die Suche nach einem Kind als Kompensation für den fehlenden Penis.
Die Frauen seien mit einem *feineren Verständnis für unbewußte seelische Vorgänge* ausgestattet und seien Opfer der Kulturtendenz zur Verkümmerung: Er sprach von der *verwirrenden, artifiziellen Verzögerung und Verkümmerung des weiblichen Geschlechtstriebes.*[16] Freud war der Meinung, die Frauen seien stärker zur Neurose disponiert als die Männer, insbesondere zur Hysterie.[17] Er betrachtete die Frauen all-

---

* Hier zwei Beispiele: *Der Schadchen verteidigt das von ihm vorgeschlagene Mädchen gegen die Ausstellungen des jungen Mannes. ›Die Schwiegermutter gefällt mir nicht‹, sagt dieser, ›sie ist eine boshafte, dumme Person.‹ – ›Sie heiraten doch nicht die Schwiegermutter, Sie wollen die Tochter.‹ – ›Ja, aber jung ist sie nicht mehr und schön von Gesicht gerade auch nicht.‹ – ›Das macht nichts; ist sie nicht jung und schön, wird sie Ihnen umso eher treu bleiben.‹ – ›Geld ist auch nicht viel da.‹ – ›Wer spricht vom Geld? Heiraten Sie denn das Geld? Sie wollen doch eine Frau!‹ – ›Aber sie hat ja auch einen Buckel!‹ – ›Nun, was wollen Sie? Gar keinen Fehler soll sie haben!‹*
Der Bräutigam ist bei der Vorstellung der Braut sehr unangenehm überrascht und zieht den Vermittler beiseite, um ihm flüsternd seine Ausstellungen mitzuteilen. ›Wozu haben Sie mich hierhergebracht?‹ fragte er ihn vorwurfsvoll. ›Sie ist alt und häßlich, schielt und hat schlechte Zähne und triefende Augen...‹ – ›Sie können laut sprechen‹, wirft der Vermittler ein, ›taub ist sie auch.‹[9]

gemein als intellektuell inferiore Geschöpfe[18], da ihnen die volle Libido eines Mannes fehle, hätten sie weniger Energie zu sublimieren:

Daß man dem Weib wenig Sinn für Gerechtigkeit zuerkennen muß, hängt wohl mit dem Überwiegen des Neids in ihrem Seelenleben zusammen, denn die Gerechtigkeitsforderung ist eine Verarbeitung des Neids, gibt die Bedingung an, unter der man ihn fahrenlassen kann. Wir sagen auch von den Frauen aus, daß ihre sozialen Interessen schwächer und ihre Fähigkeit zur Triebsublimierung geringer ist als die der Männer.[19]

Freud schrieb: *Man meint, daß die Frauen zu den Entdeckungen und Erfindungen der Kulturgeschichte wenig Beiträge geleistet haben* . . .[20] Er schrieb sogar, daß *die Frauen soviel seltener Humor entwickeln oder schätzen als die Männer* . . .[21]
Freud sagte, die Liebe eines Mannes für eine Frau, was er »Sexualüberschätzung« nannte, sei *nur für das sich weigernde, seine Sexualität verleugnende Weib im vollen Maße zu haben.*[22] Die sittliche Entwicklung der Frauen sei eine geringere: *Das Über-Ich wird niemals so unerbittlich, so unpersönlich, so unabhängig von seinen affektiven Ursprüngen, wie wir es vom Manne fordern.*[23] Freud konnte vom Kind schreiben, es verhalte sich *nicht anders als etwa das unkultivierte Durchschnittsweib, bei dem die nämliche polymorph perverse Veranlagung erhalten bleibt.*[24] Seine Grundauffassung war, daß die Frau *eine Rasse für sich und dem Mann unterlegen* sei.[25] Einer der Gründe für seine Abneigung gegen Amerika lag auch darin, daß dort die Frauen weniger unterwürfig waren; Freud mißfiel das Abrücken von der Vorstellung der Alten Welt über das Verhältnis zwischen den Geschlechtern. Er war einer der letzten Verteidiger der doppelten Sexualmoral. (Wir dürfen dabei nicht vergessen, daß damals Mittel zur Empfängnisverhütung weniger leicht verfügbar waren.)
Freud stieß auf ähnliche Hindernisse bei seiner Suche nach einer »Lösung« des »Problems« der Musik, der Religion und der Weiblichkeit, weil alle diese Fragen in seinen Augen mit dem Primitiven und dem Irrationalen verknüpft waren. Er gab einmal freimütig zu, *die weibliche Seite* eines Problems sei ihm *außerordentlich dunkel*; das *Liebesleben der Frauen sei zum Teil infolge der Kulturverkümmerung, zum anderen Teil durch die konventionelle Verschwiegenheit und Unaufrichtigkeit der Frauen in ein noch undurchdringliches Dunkel gehüllt.*[26] Er klagte anscheinend manchmal darüber,[27] daß die Weiblichkeit seinen Forschungen unzugänglich blieb; für Freud blieb *das Geschlechtsleben des erwachsenen Weibes ein* dark continent *für die Psychologie, ein Rätsel,* das er nicht gelöst hatte.[28] Im Jahre 1932 schloß er eine seiner wenigen Abhandlungen über die Weiblichkeit mit der größten Vorsicht:

Das ist alles, was ich Ihnen über die Weiblichkeit zu sagen hatte. Es ist gewiß unvollständig zu fragmentarisch, klingt auch nicht immer freundlich. Vergessen Sie aber nicht, daß wir das Weib nur insofern beschrieben haben, als sein Wesen durch seine Sexualfunktion bestimmt wird. Dieser Einfluß geht freilich sehr weit, aber wir behalten im Auge, daß die einzelne Frau auch sonst ein menschliches Wesen sein mag. Wollen Sie mehr über die Weiblichkeit wissen, so befragen Sie Ihre eigenen Lebenserfahrungen, oder Sie wenden sich an die Dichter, oder Sie warten, bis die Wissenschaft Ihnen tiefere und besser zusammenhängende Auskünfte geben kann.[29]

Freud neigte dazu, sich als unabhängig und nicht auf fremde Hilfe angewiesen zu betrachten, und bedauerte äußere Einflüsse auf ihn selbst; auf der anderen Seite konnte er manchmal auch das Fehlen von Anleitung bedauern, wie bei seiner Kritik an seinem Vater. Aber obwohl er sich gegen Neuerungen von seiten seiner männlichen Schüler wehrte, ließ er sich durch seine Schülerinnen beeinflussen; so gelangte er zum Verständnis der »Vorgeschichte des Ödipuskomplexes« und zu der Erkenntnis, daß die Mutter für Frauen wie für Männer das anfängliche Liebesobjekt ist.[30] Die Tendenz einer Frau zur Neurose konnte nur durch die Tatsache erklärt werden, daß sie sich von der Mutter dem Vater zuwenden mußte, um einen Ödipuskomplex aufzubauen.

Mit der Wendung zur Weiblichkeit, meinte Freud recht puritanisch, *soll die Klitoris ihre Empfindlichkeit und damit ihre Bedeutung ganz oder teilweise an die Vagina abtreten, und dies wäre die eine der beiden Aufgaben, die von der Entwicklung des Weibes zu lösen sind . . .**[31] Neuere Forschungen von Masters und Johnson haben die Existenz des hypothetisch angenommenen vaginalen Orgasmus geleugnet; aber Freuds Abwertung der Empfindungen der Klitoris in seiner Bevorzugung des Konzepts eines vaginalen Orgasmus betonte die unvergleichliche Abhängigkeit der Frau vom Mann. Wie Helene Deutsch es formulierte: *Das Erwachen der Vagina zur vollen sexuellen Funktion ist völlig von der Aktivität des Mannes abhängig . . .*[33]

Durch die »Phase der prä-ödipalen Mutterbindung« der Frau[34] hoffte Freud das Geheimnis der Weiblichkeit zu entschlüsseln. Der Prototyp war immer männlich: *Die Differenz in diesem Stück der Sexualentwicklung beim Mann und Weib . . . entspricht dem Unterschied von vollzogener und bloß angedrohter Kastration.*[35] Während der Knabe sein ödipales Streben unter einer Drohung aufgibt, ist *der Ödipuskomplex . . . beim Weib das Endergebnis einer längeren Entwicklung, er wird durch den Einfluß der Kastration nicht zerstört, sondern durch ihn geschaffen . . .*[36] Das Mädchen macht *die Mutter für seinen Penismangel verantwortlich*, verzeiht ihr *diese Benachteiligung nicht* und wendet sich so statt dessen dem Vater zu.[37] Dank seiner weiblichen Schüler anerkannte Freud: Es

scheint erforderlich, die Allgemeinheit des Satzes, der Ödipuskomplex sei der Kern

---

* Theodor Reik äußerte die gleiche Art von Puritanismus in bezug auf Männer: *Wenn ein Mann seinen Orgasmus hat, wo sitzt dann die Empfindung? frage ich sie beim zweiten oder dritten Interview. An der Spitze des Penis oder in der Nähe der Hoden? Sie sollte an der Spitze sein.*[32]

der Neurose, zurückzunehmen. Aber ... man (kann) dem Ödipuskomplex den weiteren Inhalt geben, daß er alle Beziehungen des Kindes zu beiden Eltern umfaßt; andererseits kann man den neueren Erfahrungen auch Rechnung tragen, indem man sagt, das Weib gelange zu normalen positiven Ödipussituation erst, nachdem es eine vom negativen Komplex beherrschte Vorzeit überwunden.[38]

Man kann Freuds Theorien über die Frauen als Abwehr gegen seine Unterwürfigkeit ihnen gegenüber deuten. Ein großer Teil seiner Angst läßt sich auf seine innere Abhängigkeit von seiner Mutter zurückführen, die er nicht nur auf Martha, sondern auch auf einige seiner Schülerinnen übertrug. *Wenn Freud nicht als Ehemann über das Fehlen einer reiferen Tröstung als jene, die die Mutter ihrem Sohn schenkt, Groll empfunden hätte, dann wäre er nie imstande gewesen, von den Frauen so zu sprechen, wie er es im Alter tat*[39] Freuds Schrecken und Furcht vor den weiblichen Genitalien läßt sich in seinen Berichten über sein Traumleben lesen. Freud sah die Frauen als von Natur verschlingend. Wie er einmal zu Marie Bonaparte sagte: *Die große Frage, die niemals beantwortet worden ist und die ich nicht zu beantworten vermochte, trotz meiner dreißigjährigen Erforschung der weiblichen Seele, ist: Was will die Frau eigentlich?*[40] Freud meinte, es sei den Frauen gelungen, ihr Geheimnis nicht zu verraten, was vielleicht ein Ausdruck seiner Angst ihnen gegenüber war.

Seine eigene Feminität behandelte er distanziert; in manchen seiner Schriften stellte er eindeutige Unterscheidungen zwischen Männern und Frauen auf, die wir heute eher als kulturell bedingt denn als unveränderliche psychologische Wahrheiten ansehen. Im allgemeinen hatte Freud zu viel Angst vor Passivität. Er haßte es, die Kontrolle zu verlieren, und trank zum Beispiel keinen Whisky und nahm kein Aspirin. Zugleich konnte Freud in seiner klinischen Praxis Feminität und Kreativität miteinander verbinden; zu einem künstlerisch hochbegabten männlichen Patienten sagte er: *Sie sind so feminin, Sie können es nicht herauslassen.* Und diese Deutung war von Freud als Kompliment gemeint.

In Helene Deutschs letzter Analysestunde bei Freud ermunterte er sie dazu, ihre Identifikation mit ihrem Vater zu bewahren, die Freud als für sie nützlich ansah. Ihre Berufstätigkeit und ihre Leistungen einer solchen Identifikation zuzuschreiben, war förderlicher, als sie auf Bisexualität oder Neid zurückzuführen. Noch in hohem Alter betrachtete sie ihre Mutter als eine schreckliche Frau.[41] (Trotz der späteren subtilen Ausarbeitungen bleibt die Vermutung, daß Freud und die frühen Analytiker den Ödipuskomplex bei der Frau einfach als Liebe zum Vater und Haß gegen die Mutter ansahen.) Sie war die jüngste von vier Kindern, kam aber fast zehn Jahre nach dem nächstältesten Kind zur Welt; als jüngste und dritte Tochter ihres Vaters war sie deshalb wie ein einziges Kind, sein Augapfel.

Helene Deutsch überlebte so viele andere Pioniere der Psychoanalyse, daß sie sich in ihrer Identifikation mit Freud als sein »Gespenst« betrachtete. Sie bemühte sich,

sich mit dem Geist der Freudschen Lehren zu identifizieren, nicht mit der Psychoanalyse als einer bürokratischen Bewegung. In späteren Jahren wurde sie skeptisch bezüglich der therapeutischen Wirksamkeit langdauernder psychoanalytischer Behandlung; sie war von der Psychoanalyse als Therapie enttäuscht, da sie allzuoft regressiven Bedürfnissen der Patienten zu dienen schien.[42] Manche ihrer besten Analysen schienen die schlechtesten therapeutischen Resultate zu ergeben, und einige ihrer besten therapeutischen Veränderungen folgten ihren schlechtesten Analysen. Sie folgerte, wie Freud seinerzeit im Zusammenhang mit der Hypnosetechnik, daß die Tiefe einer Analyse nichts mit ihrer therapeutischen Wirkung zu tun habe. Trotz der neueren Trends in der Psychoanalyse mißfiel ihr die Betonung der Ichpsychologie, und sie neigte zu der Auffassung, daß es die konfliktfreien Sphären Hartmanns nicht gebe.[43]

Trotz ihrem ausgezeichneten persönlichen Verhältnis zu Freud, war einmal das Problem der Prioritäten zwischen ihnen akut geworden. Mitte der zwanziger Jahre hatte sie einen Artikel zur Veröffentlichung eingesandt; in seinem Studierzimmer sprachen sie dann über ihre neue Arbeit über die weibliche Psychologie. Ihr Aufsatz berührte spezielle Entwicklungsprobleme kleiner Mädchen – daß sie ihre Libido von dem primären Objekt (der Mutter) ablösen müßten, um zur hetero-sexuellen Wahl eines geliebten Menschen zu gelangen. Freud erklärte, er habe einige dieser Gedanken schon selber gehabt, bevor er ihre Abhandlung gelesen habe, die vor einer Abhandlung von Freud selber erscheinen sollte.[44] Daß sie damals nicht nachdrücklich zum Ausdruck brachte, daß sie selbständig zu ihren Gedanken gelangt war, betrachtete sie als eine Art Abdankung.

Sie war bitter enttäuscht, als Anna Freud 1925 die Abhandlung ihres Vaters »Einige psychische Folgen des anatomischen Geschlechtsunterschieds« vorlas und keine ihrer vorangehenden Arbeiten darin erwähnt wurde.[45] Ihr eigener Aufsatz war wie geplant erschienen, und sie schrieb es der Eifersucht Anna Freuds zu, daß auf sie nicht hingewiesen wurde.[46] In der veröffentlichten Fassung von Freuds Abhandlung jedoch wird in einem Schlußabsatz, der offenbar in der Vorlesung Anna Freuds fehlte, die Arbeit anderer auf diesem Gebiet anerkannt. Wenn man Freuds frühere Angst davor, daß andere Gedanken von ihm ohne Angabe der Herkunft übernehmen könnten, kennt, dann sieht man, wie gedämpft die großen Schlachten jetzt geworden waren:

In den schätzenswerten und inhaltreichen Arbeiten über den Männlichkeits- und Kastrationskomplex des Weibes von Abraham (1921), Horney (1923), Helene Deutsch (1925) findet sich vieles, was nahe an meine Darstellung rührt, nichts, was sich ganz mit ihr deckt, so daß ich diese Veröffentlichung auch in dieser Hinsicht rechtfertigen möchte.[47]

Es ist schwer zu wissen, wie realistisch Helene Deutschs Groll gegen Freud war, und es ist durchaus möglich, daß ihr Vorwurf gegen Anna Freud unberechtigt war, das

Freuds letzter Absatz möglicherweise noch nicht geschrieben war, als sie seine Abhandlung dem Kongreß vortrug. Helene Deutsch mißfiel es, mit zwei anderen zusammen zitiert zu werden, obwohl sie beide Autoren als ihr zumindest gleichwertig respektierte. (Sie ärgerte sich auch darüber, daß Freud sie an anderer Stelle zusammen mit Jeanne Lampl-de Groot und Ruth Brunswick zitierte.[48] Der Vorfall war so emotionsgeladen, daß sie den Verdacht hegte, Freud habe zwar eine Monographie von ihr zitiert, aber ihren früheren Beitrag, über den er mit ihr in seinem Zimmer gesprochen hatte, absichtlich unerwähnt gelassen.[49] Auch andere Schüler aus Freuds letzten Lebensjahren, wie z. B. Edoardo Weiss, meinten, Freud habe ihnen Gedanken entwendet, ohne die Herkunft anzugeben.[50]
Aber diese Schüler standen in so enger Berührung mit Freud, daß es ihnen leicht passieren konnte, ihre Gedanken mit den seinen durcheinanderzubringen. In einem nach Freuds Tod veröffentlichten Artikel erzählte sie zum Schluß eine *absolut wahre Anekdote* über die Psychologie der Chirurgie:

An einem frühen Sommermorgen vor vielen Jahren machten die Einwohner einer kleinen deutschen Universitätsstadt ... die entsetzliche Entdeckung, daß alle Hunde, die während der Nacht in einem bestimmten Stadtteil frei herumgelaufen waren, ihren Schwanz verloren hatten. Sie erfuhren, die Medizinstudenten hätten in jener Nacht an einer Zecherei teilgenommen und als sie von der Gesellschaft aufbrachen, hatte ein junger Mann den überaus witzigen Einfall, den Hunden die Schwänze abzuschneiden. Er wurde später einer der berühmtesten Chirurgen der Welt.[51]

Sie hatte jedoch vergessen, daß Freud diese Anekdote bei einer kleinen Versammlung seiner Studenten dazu benutzt hatte, das Konzept der Sublimierung zu illustrieren.[52] (Auch Heine hatte die gleiche Geschichte schon erzählt, was Freud vermutlich gleichfalls verdrängt hatte; Freud gab an, er habe die Geschichte als Kind gehört.)
Obwohl Helene Deutsch als Nervenärztin und Psychoanalytikerin eine erfolgreiche aktive Karriere erreichte, blieb sie Freud und seinen Konzeptionen gegenüber passiv und rezeptiv. Als Germaine Greer die Auffassung von Helene Deutsch dahin zusammenfaßte, das Leben einer Frau könne seinen tieferen Sinn *nur durch die Gegenwart eines Mannes an ihrer Seite, eines Mannes, von dem sie absolut abhängt*, erhalten,[53] erkannte sie nicht, daß Helene Deutschs Modell dafür, wie eine Frau sich erfüllt, ihre Beziehung zu Freud war, nicht die zu ihrem Mann. Helene Deutsch selber formulierte es folgendermaßen:

Die narzißtische Voraussetzung dieser Identifikation ist psychologische Affinität, die Ähnlichkeit der beiden Ichs. Der Frau fällt der größere Anteil der Anpassungsarbeit zu: Sie überläßt die Initiative dem Mann und verzichtet aus ihrem eigenen Bedürfnis auf Originalität, erfährt ihr eigenes Selbst durch Identifikation. Manche dieser Frauen brauchen es, ihr Objekt zu überschätzen, und ihre narzißtische Methode, den

Mann glücklich zu machen, läßt sich durch die Formel ausdrücken: ›Es ist wundervoll, und ich bin ein Teil von ihm.‹
Diese Frauen sind nicht nur ideale Lebensgefährten; wenn sie die weibliche Eigenschaft der Intuition in hohem Maß besitzen, sind sie ideale Mitarbeiter, die oft ihre Männer inspirieren und selbst in dieser Rolle am glücklichsten sind. Sie scheinen leicht beeinflußbar zu sein, passen sich an ihre Gefährten an und verstehen sie. Sie sind die liebenswertesten und unaggressivsten Gehilfinnen, und sie wollen in dieser Rolle bleiben; sie bestehen nicht auf ihren eigenen Rechten – ganz im Gegenteil. Sie sind in jeder Weise leicht zu behandeln – wenn man sie nur liebt ...
Wenn sie in irgendeiner Richtung begabt sind, behalten sie die Fähigkeit, originell und produktiv zu sein, ohne sich jedoch auf Konkurrenzkämpfe einzulassen. Sie sind immer bereit, auf ihre eigenen Leistungen zu verzichten, ohne das Gefühl zu haben, daß sie etwas opfern, und freuen sich an den Leistungen ihrer Gefährten, die oft von ihnen inspiriert wurden. Sie haben ein außerordentliches Bedürfnis nach Unterstützung bei jeder nach außen gerichteten Aktivität, sind jedoch absolut unabhängig in Gedanken und Gefühlen, die sich auf ihr inneres Leben beziehen, das heißt bei ihrer nach innen gerichteten Aktivität. Ihre Fähigkeit zur Identifikation ist nicht Ausdruck innerer Armut, sondern inneren Reichtums.*[54]

Wenn Freud in ein Konzert ging, ging auch Helene Deutsch hin, aber sie saß neben ihrem Mann und getrennt von den Frauen, die den Professor umringten. Sie identifizierte sich mit Freud nicht in der Weise, daß sie zu keinem eigenen Urteil fähig gewesen wäre. Einmal wurde ihr ein Fall von Epilepsie überwiesen, und Freud befürchtete, seine Feinde würden den Vorwurf erheben, die Psychoanalyse beanspruche, mehr als nur die neurotische Seite dieser Krankheit zu heilen; Helene Deutsch hörte sich an, was Freud dazu zu sagen hatte, entschied sich aber dann, den Fall zu übernehmen. Ihre schöpferische Periode fiel mit der Zeit ihres engsten Kontaktes mit Freud zusammen, so daß man annehmen kann, daß seine Gegenwart eine katalytische Wirkung auf ihre Arbeit hatte.

Als sie nach dem Zerwürfnis zwischen Freud und ihrem Mann über die Beziehung zu Freud deprimiert war, schrieb ihr zweiter Analytiker, Abraham, im Jahre 1924 an sie, sie übertreibe aus ihren weiblichen masochistischen Gefühlen gegenüber ihrem Vater die Zurückweisung Freuds; er riet ihr, Freud gegenüber aktiver zu werden, der damals gerade im Begriff war, Otto Rank zu verlieren, und deshalb – in der Terminologie jener Tage – einen Überschuß an Libido für neue Objekte in seinem Leben haben würde. Obwohl sie das Trauma des Mißverständnisses mit Freud bei seiner Krebserkrankung nie überwinden konnte, konnte sie doch mit Freuds Fähigkeiten zu harter Arbeit rivalisieren. Sie begann in Wien um sieben Uhr morgens mit der Arbeit und behandelte elf oder zwölf Patienten täglich, und das an sechs Tagen in der Woche. Ein Analytiker konnte auch unter günstigen Bedingungen im Laufe eines ganzen Le-

---

* Einer ihrer bekanntesten klinischen Beiträge befaßte sich mit den Wechselfällen der Identifikation bei »Als-ob«-Persönlichkeiten und Hochstaplern.[55]

bens nur relativ wenige Fälle sehen und brauchte deshalb Mannigfaltigkeit; und es war damals auch noch nicht klar, ob die Psychoanalyse Bestand haben würde, so daß die Fälle genommen werden mußten, wie sie kamen.

Gegen Ende 1924 wurde Helene Deutsch Leiterin des Ausbildungsinstituts der Wiener Psychoanalytischen Vereinigung. Sie war weniger Freuds persönliche Wahl als vielmehr die der Vereinigung. Sie verkehrte mit Freud hauptsächlich brieflich, telefonisch nie; es mußten Besprechungen über Kandidaten und Patienten verabredet werden. Sie fungierte in ihrer offiziellen Position zehn Jahre lang, ohne daß sie irgendeinen bürokratischen Apparat brauchte. Als sie 1934 in die Vereinigten Staaten ging, schrieben ihr ihre Nachfolger aus Wien, sie könnten die schriftlichen Unterlagen nicht finden; aber es hatte nie welche gegeben. Durch ihr Ansehen in Wien war sie für Amerikaner, die nach Wien kamen, die naheliegende Wahl als Lehranalytikerin; nach der Meinung vieler war sie die allerbeste, wenn man nicht zu Freud selbst kommen konnte.

Im Jahre 1930 reiste sie mit einem Stipendium nach Amerika, um an einer Konferenz über psychische Hygiene teilzunehmen. Freud gab ihr vorher Geld, um ein Geschenk für Brill als Gabe von ihm selbst zu kaufen; sie kaufte ein Gerät aus Silber. Es war ihr klar, ein solches Geschenk aus zweiter Hand bedeutete, daß Brill in Wirklichkeit kein spezieller Favorit Freuds war. Sie reiste erster Klasse, und als sie in den Vereinigten Staaten ankam, erhielt sie eine Art Hollywood-Eindruck vom amerikanischen Leben. Wittels sorgte dafür, daß in einer Zeitung ein Artikel über sie erschien, in dem sie, wie sie sich erinnerte, als eine große, blonde deutsche Schönheit beschrieben wurde (sie war klein, hatte kastanienbraunes Haar und war eine polnische Jüdin), eine Abgesandte von Freuds Hof. Sie nahm zwei Kisten Zigarren mit nach Wien zurück, eine für ihren Mann, die andere für Freud; als eine von ihnen gestohlen wurde, stand sie vor einem Dilemma, aber ihr Mann sagte ihr, sie solle die übriggebliebene Kiste Freud geben.

Um 1930 waren zwei Drittel ihrer Patienten in Wien Amerikaner. Freuds Schüler in Wien waren versucht, in die Vereinigten Staaten auszuwandern, aus Gründen politischer und wirtschaftlicher Sicherheit. Im Jahre 1934 erhielt Helene Deutsch eine Einladung nach Boston von Stanley Cobb, der sich für psychoanalytische Medizin interessierte. Im Herbst 1934 kam sie in Begleitung einer großen Schar von Patienten in Cambridge in Massachusetts an. Von der anderen Seite des Atlantiks aus konnte sie die Bedrohung durch die Nazis deutlicher erkennen, und Anfang 1935 überredete sie ihren Mann, ihr nachzukommen. Wie andere Ärzte aus dem Ausland mußte Helene Deutsch ihre medizinischen Examina noch einmal machen; auf Grund ihrer Arbeit mit Frauen hatte sie sich weiter mit Endokrinologie beschäftigt, aber sie brauchte zwei Jahre Vorbereitung, um die Prüfungen abzulegen.

Bevor sie sich endgültig entschied, Wien zu verlassen, hatte Helene Deutsch sich mit Freud beraten. Felix Deutsch überließ ihr die Entscheidung, obwohl er lieber geblieben wäre, da sich ihm die Möglichkeit eröffnete, die Leitung einer großen medizinischen Klinik zu übernehmen. Freud wollte nicht, daß sie ging. Aber er wollte die Gründe für ihr Bleiben nicht auf seine persönlichen Bedürfnisse stützen, und gerade einen solchen Appell suchte sie. Statt dessen argumentierte er damit, die psychoanalytische Gemeinschaft in Wien würde unter ihrem Verlust leiden. Obwohl ihr das als ein Befehl erschien, nicht nach Amerika zu gehen, verließ sie Freuds Arbeitszimmer gekränkt und entschlossener als je zu emigrieren.[56]

9.8. Melanie Klein: »Die Englische Schule«

Melanie Klein (1882–1960), die in Budapest und Berlin ausgebildet wurde, bevor sie nach England ging, hatte nur eine flüchtige persönliche Bekanntschaft mit Freud, aber ihre Ideen stellten eine Herausforderung für die Kinderarbeit seiner Tochter dar und spielten in psychoanalytischen Kreisen, vor allem in England und in Südamerika, eine beträchtliche Rolle. Melanie Klein war eine jener schöpferischen Personen, wie sie manchmal durch eine junge, noch nicht anerkannte Bewegung ins Rampenlicht gehoben werden. Ohne akademische Diplome oder wissenschaftliche Ausbildung ergänzte sie das psychoanalytische Denken ihrer Zeit durch ihre spezielle Prägung.
Der Hauptbeitrag Melanie Kleins, wie der vieler anderer nachfreudianischer Psychologen, lag in der Hervorhebung der Bedeutung prä-ödipaler Schichten der Persönlichkeitsentwicklung. Ruth Brunswick hatte unter Freuds persönlicher Anleitung versucht, die frühe Rolle der Mutter zu definieren, so wie es Carl Jung und Otto Rank in Auflehnung gegen Freud versucht hatten. Harry Stack Sullivan, und in unserer Zeit Donald Winnicott und Erik H. Erikson, haben gleichfalls die archaischeren Bindungen des Kindes an die Mutter beleuchtet.
Als ein Mann des neunzehnten Jahrhunderts war Freud nicht der einzige, der die wichtige Rolle der Mutter in der Kinderentwicklung vernachlässigte. In der »Autobiographie« von John Stuart Mill findet sich keine Erwähnung seiner Mutter, und Samuel Butler war in *Der Weg allen Fleisches* gleichfalls von der Beziehung des Sohnes zu seinem Vater besessen. Im neunzehnten Jahrhundert galten, von wenigen Ausnahmen abgesehen, Mütter nicht als ein geeignetes Sujet für den Romancier. Bemutterung wurde bis zu den zwanziger Jahren nicht als psychoanalytisch relevant angesehen, und angesichts der neuerlichen Akzentuierung in dieser Richtung vergißt man leicht, daß das für Psychoanalytiker nicht immer ein wichtiges Thema war.
Aufgrund ihrer intensiveren Untersuchung der Mutterschaft haben die Analytiker die Wichtigkeit vorverbaler Kommunikation würdigen gelernt. In den frühesten Stufen des Kontaktes des Kindes mit seiner Mutter, oder Ersatzmutter, sind Worte

nicht beteiligt, und im Leben der Erwachsenen spielen nichtverbale Kommunikationsmittel eine wichtige, wenn auch nicht immer offenkundige Rolle. Freud selbst hob hervor, daß Worte die Macht haben, uns von dem frei zu machen, was wir nicht verstanden haben, aber inzwischen sind die Therapeuten hellhöriger für die Beschränkungen des in diesem Denkansatz implizierten Rationalismus geworden.
Eine wichtige therapeutische Aufgabe liegt vielleicht darin, Talente und Fähigkeiten, die der Patient bereits besitzt, zu festigen und zu fördern. Die Erfahrung einer Patientin, die sowohl bei Freud, als auch bei Melanie Klein in Analyse war, illustriert den Unterschied in ihrem Vorgehen. Diese Patientin sagte, Freuds Analyse habe ihr Leben verändert; seine Deutungen seien Jahre später in sie eingedrungen und dann endlich von ihr begriffen worden. Was sie am meisten beeindruckte, war Freuds Mut zur Aufrichtigkeit. Im Gegensatz zu Freuds scharfer Intelligenz, war die Melanie Kleins nicht so überwältigend; ihre einzelnen Deutungen waren nicht besonders beeindruckend, aber auf eine flexible Weise war Melanie Klein immer hilfreich. Es gelang ihr, durch ihre Analyse der Patientin das Gefühl zu vermitteln, daß sie nun der Mensch war, dessen Möglichkeiten schon immer in ihr steckten, nur daß sie bisher diese Möglichkeiten nicht realisieren konnte.
Melanie Klein trug auch einiges dazu bei, Freuds Idealisierung der Frauen, die deren realistische Rolle als Mütter außer acht ließ, ans Licht zu bringen. Freud, der sich im Umgang mit Frauen sicherer fühlte als mit Männern, begegnete Frauen mit der Galanterie des neunzehnten Jahrhunderts. Aber diese Einstellung stellte auch eine implizite Abwertung der Frauen dar, weil sie verdeckte, wie weitgehend Mann und Frau gleich sein können. Wenn man die Mutter-Sohn-Bindung so idealistisch darstellt, wie es Freud tat, so bestreitet man damit gleichzeitig der Frau das Recht, volle sexuelle Befriedigung mit ihrem Mann zu finden.
Zu ihrer Zeit stießen die meisten Anschauungen Melanie Kleins auf Opposition, und innerhalb der britischen Psychoanalyse gab es erbitterte Kämpfe um ihre Konzeption. Aber trotz allem Ehrgeiz, den sie als Kritikerin der orthodoxen psychoanalytischen Denkweisen gehabt haben mag, fügte sie ihre Ideen doch stets in den Gesamtrahmen des Freudschen Gedankengebäudes ein. Anstatt zu sagen, daß die Menschen sich mit noch mehr Problemen herumschlagen müssen als nur mit solchen genitaler oder gar ödipaler Art – ein Stück gesunder Menschenverstand, den die Rebellen gegen Freud für eine große Entdeckung hielten –, formulierte sie ihre Betonung der Bedeutung früherer und primitiverer Phasen so, daß diese als Vorläufer des Ödipuskomplexes erschienen.
Melanie Klein schien noch päpstlicher als der Papst sein zu wollen und sagte, der Ödipuskomplex beginne sich im kleinen Kind schon im Alter von sechs Monaten aufzubauen, und zwar als Resultat der Projektion infantiler Wut – und Aggressionsphantasien. Während ihre Hervorhebung der präverbalen Phantasien bei Kindern allgemeine Anerkennung gefunden hat, ist ihre Datierung der Vorgänge in der frühen Kindheit als nicht verifizierbar kritisiert worden. Sie vertrat nicht nur die Aufas-

sung, daß Freuds Dreiteilung des psychischen Apparates in Ich, Es und Über-Ich Gültigkeit habe, sondern auch, daß jede dieser Instanzen der Psyche fast vom Beginn des Lebens an getrennt da sei. Sie nahm Freuds Konzept des Todesinstinkts buchstäblich und behauptete, dessen Entwicklung von der frühen Kindheit an verfolgen zu können. Ihre Postulierung angeborener Emotionen, wie etwa Neid, im Kinde, erschien manchen Kritikern als eine modernisierte Version der Erbsünde.

Obwohl sie selber ihre Kinder nicht gestillt haben soll, nahm in ihrer Hervorhebung der zuvor vernachlässigten Bedeutung der Funktionen der Bemutterung die Mutterbrust eine fast metaphysische Bedeutung an. Während Ernest Jones sich einmal zu der borniertten Behauptung verstieg, es gebe wahrscheinlich eine größere Zahl von Symbolen des männlichen Organs als aller anderen Organe zusammengenommen,[1] wies Melanie Klein auf die Bedeutung des Brust-Neides, neben der Kastrationsangst, beim Manne hin. Freud hätte in der Kinderpsychologie weder dem Neid gegenüber der Mutter noch feindselige Aggressionen gegen sie Bedeutung zuerkannt, während Melanie Klein schon früh auf die Rolle destruktiver Impulse und der verschiedenen Abwehrmechanismen gegen sie beim Kinde aufmerksam machte.

Im Gegensatz zu Anna Freuds Auffassung der Kinderanalyse, glaubte Melanie Klein, daß keine Änderung der Technik nötig sei, um die analytische Situation mit einem jungen Kind herzustellen. Der Disput zwischen Anna Freud und Melanie Klein datierte von 1927, als sie beide auf dem Innsbrucker Kongreß Vorträge über ihre unterschiedliche Art der Kinderbehandlung hielten. Klein war die Freimütigere und Selbstgerechtere; sie wandte in puristischer Weise die gleiche Technik auf Kinder und Erwachsene an. Für sie war Spielmaterial das genaue Äquivalent zu den verbalen freien Assoziationen in der Analyse eines Erwachsenen; der Kinderanalytiker könne ungeniert Tiefendeutungen des psychischen Lebens vornehmen. Als sie einmal der Hoffnung Ausdruck gab, daß die Kinderanalyse einmal ebenso Teil der Erziehung eines jeden sein werde, wie es heute die Schulerziehung ist,[2] führte sie damit einen religiös-endzeitlichen Zug in Freuds Gedankensystem weiter. Im Jahre 1930 ging sie sogar bis zu der Behauptung, es sei eine der Hauptaufgaben des Kinderanalytikers, Psychosen bei Kindern zu entdecken und zu heilen.[3] Eine Zeitlang trat sie dafür ein, daß alle Kinder analysiert werden sollten, im Gegensatz zu der unter den Wiener Psychoanalytikern vorherrschenden Meinung, daß nicht jedes Kind eine Analyse brauche. Aber viele Analytiker schickten ihre Kinder zur Behandlung.

Melanie Kleins Vorgehen war vielleicht in mancher Hinsicht mehr therapeutisch unterstützend als die klassische Freudsche Methode, sie vertrat jedoch die Auffassung, alles in einer Persönlichkeit müsse der Analyse unterzogen werden. Beruhigung, meinte sie, könne auch grausam sein, und sie schlug vor, der Analytiker müsse die Ängste der Patienten auffinden und ihnen mit Deutungen nachgehen. Sie hob Stärke und Ausmaß des kindlichen Leidens hervor, während Freud im allgemeinen die menschliche Existenz stoischer betrachtete. Seine Auffassung der Analyse war mehr ärztlich bestimmt, und er war bereit, gewisse Abwehrmechanismen ungedeutet zu lassen, solange der Patient einen erträglichen Kompromiß mit sich selbst erreichen konnte. Melanie Klein versuchte, dem Patienten dabei zu helfen, sich allen seinen Ängsten zu stellen, nichts unangerührt zu lassen, selbst die primitivsten Probleme. Anhänger von Melanie Klein in England sprechen von Analysen, die zehn Jahre dauerten, ohne die Frage aufzuwerfen, was einen so massiven Eingriff in das Leben eines anderen Menschen je therapeutisch rechtfertigen könnte.[4] Aber sobald die Wahrheit zu ihrer eigenen Rechtfertigung und die Forschung zum Ziel der analytischen Technik wird, sind die Grundlagen für jene Art von Moralismus gelegt, der viele der frühen Analytiker dazu führte, auf die »geringeren« Formen der Psychotherapie herabzublicken.

Melanie Kleins Hervorhebung der Rolle innerer Phantasien war nur eine Ausweitung von Freuds eigener Position; aber für sie wurden die unbewußten Phantasien (»innere Objekte«) zum Kern des menschlichen Lebens, des normalen wie des pathologischen.*) Repression im Lauf der Therapie wird dann, anstatt zu einem Gefahrensignal, zu einem Zeichen der Vertiefung einer Analyse.[6] Während der Trend in der amerikanischen Psychoanalyse in Richtung der Betonung des Ichs und jener Aspekte des Freudschen Werks, die den gesunden Geist betreffen, ging, befand sich Melanie Klein in England im Einklang mit der typisch britischen Empfänglichkeit für die Rolle primitiver Impulse im Leben. Während die Auffassung der Normalität in den amerikanischen psychoanalytischen Kreisen sich an Heinz Hartmanns Konzept von der Fähigkeit des »autonomen« Ichs, Regressionen zu widerstehen, orientiert, haben in England die Kleinianer hervorgehoben, in wie großem Maße der normale Entwicklungsprozeß an psychotische Schichten gebunden ist. Melanie Kleins Arbeit war relativ unumstritten, solange sie sich auf Kinder beschränkte, aber in den dreißiger Jahren interessierte sie sich stärker für die Psychologie der Erwachsenen und sogar für Psychosen. Manche hielten sie wohl als Analytikerin ohne ärztliche Ausbildung für nicht qualifiziert, über Psychotiker zu sprechen, aber wenn sie auch keine Psychotiker behandelte, glaubte sie doch, ihre Konzeptionen enthielten auch Implikationen dafür, wie man das Verhalten von Psychotikern verstehen kann.

Freud selbst verabscheute die Richtung, die Melanie Klein einschlug. Auch hier wieder – wie bei Ranks Konzeption vom Trauma der Geburt – erschienen ihm ihre Auffassungen wie eine Karikatur seiner Ideen, die in diesem Fall jedoch nicht auf Feindseligkeiten gegen ihn, sondern gegen Anna zurückgehe. Obwohl Freud einmal die Kinderanalyse *einen ausgezeichneten Weg der Prophylaxis* nannte, wurde er später skeptisch gegenüber den prophylaktischen Erfolgsmöglichkeiten der Analyse.[7] In seinen öffentlichen Äußerungen über Melanie Klein befleißigte sich Freud jedoch der Mäßigung. Er erwähnte in Publikationen ihre Beiträge zusammen mit denen von Anna, und als er sein Konzept der Aggression ausarbeitete, stellte er fest, daß er von

---

* *Man kann sagen, daß Jung in seiner Beschreibung der Archetypen und des kollektiven Unbewußten die Auffassung jener Psychoanalytiker vorweggenommen hat, die im Begriffsrahmen einer inneren Welt von ›inneren Objekten‹ schreiben.*[5]

ihrer Arbeit profitiert habe; insbesondere würdigte Freud den Gedanken, daß das Über-Ich des Kindes außer dem tatsächlichen elterlichen Verhalten auch seine eigenen projizierten aggressiven Phantasien reflektieren könne.[8] (Ernst Kris hat gesagt: *Als Freud später in seinem Leben über die Gründe sprach, die ihn dazu geführt hatten, jahrelang die Bedeutung aggressiver Impulse im Menschen zu übersehen, neigte er dazu, seine eigenen unbewußten Tendenzen für diese zeitliche Verzögerung verantwortlich zu machen.*[9] Aber im Grunde war Freuds Einstellung zu Melanie Klein, daß ihre Gedanken »unverständlich« seien – so wie die anderen Abweichungen in der Psychoanalyse.[10] Freud bemerkte, dies sei das erste Mal, daß die Psychoanalyse in der Lage wäre, eine solche Abweichung innerhalb der Bewegung zu halten.[11]
Melanie Klein hatte wie Anna Freud eine Ausbildung als Kindergärtnerin; unglücklich verheiratet und später geschieden, war sie zuerst von Ferenczi in Budapest und später von Abraham in Berlin analysiert worden. Obwohl Abraham, wie es heißt, von ihren Ideen fasziniert war, fühlte sie sich als Kinderanalytikerin in Berlin isoliert; außerdem sah sie keine Möglichkeit, mit Freud in Wien in Kontakt zu kommen. Alix Strachey, die damals in Berlin bei Abraham in Analyse war, schrieb über Melanie Klein an ihren Mann James, der dann seinerseits mit Jones sprach.
Nach dem Tod Abrahams nahm Melanie Klein eine Einladung von Jones an, in London Vorträge zu halten, und 1926 beschloß sie, sich dort niederzulassen. Jones war zu seiner Einladung durch zwei Motive bewegt worden, das eine öffentlicher, das andere privater Natur. Er wollte das intellektuelle Niveau der Londoner psychoanalytischen Gruppe verbessern und nahm an, daß »Mrs. Klein«, wie sie dann allgemein genannt wurde, das Ansehen der Londoner Vereinigung heben würde; tatsächlich gelang es ihr auch, eine Schule für Kinderanalyse aufzubauen, die mit der von Anna Freud in Wien konkurrieren konnte. Zur gleichen Zeit war Melanie Klein für ihre Intuition bekannt – einer ihrer Kollegen bemerkte bewundernd, sie hätte ein gutes Medium abgegeben –, und Jones wollte eine Kinderanalytikerin heranziehen, die seinen eigenen Kindern helfen würde.*
Freud glaubte, Anna werde von Mrs. Kleins Anhängern angegriffen, und bis zu einem gewissen Grad traf dies zu. Die Position von Melanie Klein wurde nicht nur von einer Gruppe geachteter Psychoanalytiker verteidigt, sondern auch von angesehenen Universitätslehrern. Jones berichtet, Freud habe sich in einem langen Brief *über eine öffentliche Kampagne beklagt, die ich angeblich in England gegen seine Tochter Anna und vielleicht darum auch gegen ihn führe.*[12] Jones wiederum hatte den Eindruck, Anna Freud könnte die Initiative ergreifen und Melanie Klein angreifen.[13] Wegen Jones' Beziehung zu Melanie Klein wandte sich eine Zeitlang die ganze Familie Freud gegen ihn. Das Beste, was Freud Jones gegenüber zugunsten von Melanie Klein zu sagen vermochte, war, daß die Kinderanalyse für ihn ein fremdes Gebiet sei:

* Im Britischen Psychoanalytischen Institut in London steht eine Vitrine, die nach dem Etikett darauf das Spielzeug enthält, das bei der ersten Kinderanalyse in England benutzt wurde.

Unsere theoretischen Meinungsverschiedenheiten schlage ich nicht gering an, aber wenn keine Bosheit dahinter steckt, kann es auch keine üblen Folgen haben ... Was Melanie Klein und ihre Tochter gegen Anna verfehlt haben, hat Ihre Liebenswürdigkeit wieder gut gemacht. Ich bin freilich der Meinung, daß Ihre Gesellschaft der Frau Klein auf einen falschen Weg gefolgt ist, aber ich bin gerade dem Kreis von Beobachtungen, aus dem sie geschöpft, fremd und habe daher kein Recht auf eine sichere Überzeugung.[14]

Die Wiener und die Britische Vereinigung pflegten in den dreißiger Jahren einen Austausch von Vortragenden, so daß die Kleinsche Auffassung den Wienern und die Wiener Kritik den Engländern zur Kenntnis gebracht werden konnte. Wäre nicht der Krieg und die Emigration Wiener Analytiker nach England gekommen, so wäre möglicherweise die Britische Vereinigung in eine so starke Isolation geraten, daß es zu einem offenen Schisma gekommen wäre. Als die Nazis Österreich besetzten, und Jones und Freud sich entscheiden mußten, welchen Wiener Analytikern man die Emigration nach England ermöglichen sollte, war es klar, daß die starke Stellung der Kleinschen Meinungsrichtung es ausschloß, daß zum Beispiel Robert Waelder, der bei dem erwähnten Austausch über Melanie Klein gesprochen hatte, auf Dauer nach London eingeladen worden wäre.[15]

Die dreißiger Jahre waren eine aufregende und produktive Periode für die britischen Psychoanalytiker gewesen, die aber mit der Ankunft Freuds und seines Gefolges praktisch beendet wurde. Es mag sein, daß Anna Freuds Erscheinen auf der englischen Bühne Melanie Klein zwang, ihre Gedanken zu systematisieren. Die traditionelleren Freudianer betrachteten die Hervorhebung des Prägenitalen durch Melanie Klein als eine Flucht vor dem Ödipuskomplex, ähnlich jener früheren Dissidenten in der Psychoanalyse. Es ist schwer zu sagen, ob Anna Freud wirklich eine solche Bedrohung für Melanie Klein war; aber soweit sie ihre eigene Arbeit als eine wesentliche Veränderung in der Psychoanalyse ansah, konnte sie die Vorwürfe der orthodoxen Neuankömmlinge erwarten. Die europäischen Flüchtlinge hatten das Gefühl, in eine provinzielle Gruppe zu kommen, während die Engländer in den dreißiger Jahren London als das Zentrum psychoanalytischer Kreativität ansahen; die Londoner Vereinigung war die größte nach denen in Berlin und in Wien.

Nach 1938 entzog sich Melanie Klein einer freimütigen, offenen Diskussion ihrer Ideen und begann, ihr eigenes System mit ihren eigenen Anhängern aufzubauen. Dann griff Edward Glover ihre Konzeption öffentlich an und erfüllte so ihre schlimmsten Erwartungen. Glover, seit Jahren Jones' Stellvertreter, war ein guter Kämpfer. Jones pflegte ihn zu Arbeitstagungen und öffentlichen Veranstaltungen zu entsenden, an denen er nicht selber teilnehmen konnte. Als Jones sich im Zweiten Weltkrieg aufs Land zurückzog, fiel Glover die Leitung der Vereinigung zu. Zuerst hatten ihn Melanie Kleins Ideen interessiert, aber später betrachtete er sie dann als Ketzerei; seiner Meinung nach hatte das Minderwertigkeitsgefühl der Britischen

Vereinigung dazu beigetragen, daß Melanie Klein so großen Einfluß gewinnen konnte, und er befürchtete, daß durch die in den Lehranalysen aufgebauten Übertragungen ihre Fehler in die Zukunft weitergetragen würden. In einem Artikel, der geschrieben wurde, als die Schlacht vorüber war, hallt noch das Donnergrollen psychoanalytischer Polemik wider:

Die Gruppe der Kleinianer folgt der Auffassung Ranks darin, daß sie die psychische Entwicklung und alle Varianten psychischer Störung auf eine traumatische Situation zurückführt, die, zwar nicht schon bei der Geburt, aber kurz nach der Geburt, entsteht; sie folgt der Auffassung darin, daß sie die Triebkraft der Dynamik und der Entwicklung auf archaische Phantasien zurückführt.[16]

(Glover schrieb ein streitbares Buch gegen Jung, war aber doch frei genug von enger Orthodoxie, um auch einen kritischen Aufsatz über Hartmann zu schreiben.)
Trotz ihrer Schwächen als Theoretikerin hatte Melanie Klein doch beträchtliche Talente als intuitive Therapeutin. Aber ihre schärfsten Kritiker behaupten, als eine schöne und sehr stolze Frau sei sie zu sehr davon abhängig, idealisiert zu werden, und sie lasse die Familiendynamik der Kinder, die sie behandelte, außer acht. Primäres Interesse an der Besserung des Patienten deckt sich nicht mit wissenschaftlicher Befähigung, und in der öffentlichen Konfrontation mit traditioneller orientierten Freudianern traten Melanie Kleins schwächste Seiten zutage, denn dabei mußte sie etwas in Begriffe bringen, was bestenfalls ein natürlicher psychologischer Spürsinn war. Melanie Klein war originell und schöpferisch, konnte aber die eigenen Ideen nicht gut darlegen. Nach ihren Erfolgen in London konnte sie, im Gegensatz zu ihrem früheren, bescheidenen Auftreten, sehr anmaßend sein und glaubte schließlich jedes Wort, das sie einmal geschrieben hatte.
Edward Glover war eigentlich der letzte, von dem man erwartet hätte, er werde einen Feldzug gegen Melanie Klein anführen. Abgesehen von seinem früheren Interesse für ihre Arbeit, war er auch persönlich ein Mann von freundlichem Wesen. Ein klarer Denker und ein guter Schriftsteller, betrachtete Glover sich als einen geistigen Enkel Freuds; niemand hätte voraussehen können, daß er das Instrument eines Versuches zur Spaltung der Britischen Psychoanalytischen Gesellschaft sein würde.
Eine Schlüsselfigur war die Tochter Melanie Kleins, Melitta Schmideberg. Früher hatte sie die Partei ihrer Mutter gegen Anna Freud ergriffen – in einer Weise, die Freud als abscheulich ansah. Im Jahre 1934 war ein Bruder von ihr beim Bergsteigen ums Leben gekommen, was nach den Anschauungen ihrer Mutter Ausdruck eines Selbstmordwunsches war. Melitta Schmideberg war selber Ärztin und Analytikerin (zuerst in Berlin ausgebildet und dann in England von Ella Sharpe analysiert) und auch mit einem Analytiker verheiratet. Sie wandte sich gegen ihre Mutter, während sei bei Edward Glover in Behandlung war. Wie auch andere Kinder geschiedener Eltern war sie mit ihrer Mutter gegangen, hatte aber doch Gefühle des Grolls zurückbe-

halten. Vermutlich sah Glover, daß sie Schaden genommen hatte, und wollte sein Bestes für sie tun. Vom persönlichen Standpunkt aus hatte sie noch Rechnungen mit ihrer Mutter zu begleichen, und die Unterstützung Glovers verschaffte ihr auch öffentliche Gründe, das zu tun. Als Stellvertreter von Jones hatte Glover jahrelang stumm gelitten und jetzt sah er die Gelegenheit, mit der Unterstützung Anna Freuds und ihrer Kollegen endlich die Ketzerei Melanie Kleins öffentlich zu brandmarken. Denn Glover war zu der Überzeugung gekommen – wahrscheinlich mit Melitta Schmidebergs Hilfe –, daß Melanie Klein eine Abtrünnige war wie Adler und Jung.
Mutter und Tochter kritisierten einander öffentlich, unter Mithilfe ihrer jeweiligen Verbündeten. Für diese frühen Analytiker waren Ideen wirklich wichtig, und für sie war die persönliche Erlösung untrennbar mit geistigen Engagements verknüpft. Daß Glover, der den Vorsitz innehatte, Parteigänger war, machte es den Friedensstiftern schwer. Jones war mehr auf Melanie Kleins Seite und hielt Anna Freud für ihre unversöhnliche Feindin.[17] Die traditionellen Freudianer wandten sich dagegen, daß Melanie Klein in ihrer Arbeit Ängste, die mit prägenitalen Trieben zusammenhingen, in den Vordergrund stellte. Melanie Klein litt persönlich schrecklich unter dem Angriff und vor allem unter dem Verhalten ihrer Tochter. Wenn sie sich mißverstanden fühlte, konnte Melanie Klein zornig und grausam sein. In späteren Jahren entfremdete ihre Tochter sich der Psychoanalyse, um derentwillen sie ihre Mutter öffentlich bekämpft hatte. Kein Wunder, daß Melanie Klein in ihren Schriften ein immer stärkeres Bedürfnis entwickelte, die Mutter zu rechtfertigen und das Kind zu beschuldigen. Aber manche ihrer Schüler, wie zum Beispiel John Rickman und Herbert Rosenfeld, bewunderte sie sehr.
Vor dem Zweiten Weltkrieg hatten die Anhänger Melanie Kleins eine Gruppe für sich gebildet, aber die Fraktionsbildungen unter den britischen Analytikern lösten sich auf, als viele Mitglieder der Vereinigung durch den Krieg verstreut wurden. Glover saß dann vorübergehend einer »gereinigten« Vereinigung vor; und obwohl er später behauptete, schon 1928–1931 gegen Melanie Klein aufgetreten zu sein, brach der öffentliche Streit um sie erst aus, als 1943 die Analytiker allmählich wieder nach London zurückkamen. Die Hauptauseinandersetzungen dauerten ungefähr achtzehn Monate, obwohl viele Mitglieder sich nicht daran beteiligen wollten. Bestimmte Mitglieder wollten Gedankenelemente sämtlicher Richtungen miteinander kombinieren, manche waren dagegen, schmutzige Wäsche in der Öffentlichkeit zu waschen, und andere wollten einfach Ruhe und Frieden.
Für die, die in die Arena traten, war es eine wissenschaftliche Auseinandersetzung, die eine Lösung erforderte, obwohl im Rückblick die Emotionen, die dabei im Spiel waren, eher religiöser Natur erscheinen. In dem Disput meldeten sich mehr Kleinianer als Freudianer öffentlich zu Wort, so daß Glover befürchtete, die erstere Gruppe werde die Vereinigung übernehmen. Jahre später gab er zu, daß er die Stärke Melanie Kleins falsch eingeschätzt habe, aber damals entschloß er sich, aus der Britischen Psychoanalytischen Vereinigung auszutreten; ein oder zwei andere Analytiker traten

mit ihm aus. Glover trat dann der Japanischen Psychoanalytischen Vereinigung bei (so weit weg von London wie nur möglich); er praktizierte jedoch weiterhin in London und wurde später Mitglied der Schweizer Vereinigung – die Schweiz ist ja eine traditionelle Heimat für geistige Flüchtlinge.
Die Auseinandersetzungen innerhalb der Britischen Vereinigung hörten allmählich einfach von allein auf. Die Kleinianer hatten sich erfolgreich dagegen gewehrt, ausgeschlossen zu werden; Anna Freud wiederum hatte darauf bestanden, daß sie ihre eigenen Ausbildungsmöglichkeiten bekam, damit ihre Schüler nicht durch die Kleinsche Ideologie angesteckt wurden. Sylvia Payne kam das Verdienst zu, durch ihren Vorschlag eines organisatorischen Kompromisses die Vereinigung zusammengehalten zu haben: Anna Freud bekam ihre Ausbildungsgruppe (die Gruppe »B«) innerhalb der regulären psychoanalytischen Vereinigung; die übrigen Analytiker gehörten zu einer davon getrennten Fakultät (der Gruppe »A«). Noch heute gibt es in der Vereinigung eine kleine Gruppe begeisterter Kleinianer und eine etwas größere Gruppe von Anhängern Anna Freuds. Aber die weitaus größte Zahl von Analytikern, ungefähr die Hälfte der Gesellschaft, gehört zu keiner der beiden Gruppen; diese Analytiker laufen unter dem Namen »Mittelgruppe« oder »Unabhängige«. Im großen und ganzen waren es die britischen Analytiker, die zwischen den sich befehdenden Kontinentaleuropäern die Zügel in der Hand hielten; und aus den Reihen dieser »Kompromißler« kamen einige der originellsten psychoanalytischen Denkanstöße; als die wohl bekanntesten Vertreter sind John Bowlby, Michael Balint und Donald Winnicott zu nennen.
Die Kleinianer haben interessante Beiträge geliefert, zum Beispiel in der Ästhetik, aber diese »Ketzer« konnten ebenso stur und fanatisch sein wie die schlimmsten Verteidiger der orthodoxen Lehre. Die therapeutischen Ziele Melanie Kleins waren idealistisch, wenn nicht utopisch. Der Kleinsche Impuls hatte eine Art Kreuzzugscharakter, und auch wenn man diese Richtung als einen authentischen Sprößling der Psychoanalyse ansieht, darf man doch nicht verkennen, in welchem Gegensatz sie zu dem nüchternen Vorgehen von Freud selbst steht.
Melanie Klein hatte mehr Verständnis für wesensmäßig religiöse Gefühle als Freud; ihre Auffassung dessen, was sie die »depressive Position« in der Kindheitsentwicklung nannte, sollte in Begriffen ausdrücken, daß man sich besser fühlt, wenn man gut ist, als wenn man böse ist. Ihr besonderes Anliegen waren die Probleme des Menschen, Ambivalenz zu ertragen, ohne allzu große Angst, daß sein Haß über seine Liebe triumphiert.[18] Melanie Klein war jedoch in ihren Äußerungen so unverblümt, daß bis zu ihrem Tod im Jahre 1960 die Situation in der Britischen Psychoanalytischen Vereinigung gespannt und schwierig war. Aber die Tatsache, daß die Psychoanalyse in England ohne geistige Selbstgefälligkeit ist, beruht zum Teil auf ihrer Energie und ihrer nie nachlassenden Lebenszugewandtheit.

Freud mit seinem »Sonntagskind« Sophie, die 1920 an Grippe starb

10.
Das Alter

Sigmund Freud, 1938

10.1. Krankheit

Freud war dreiundachzig Jahre alt, als er starb; seine letzten Lebensjahre waren natürlicherweise von einem Prozeß des Schrumpfens und des Nachlassens der physischen Kräfte begleitet. Aber von dem alten Mann in verkrumpeltem graubraunem Tweedanzug ging immer noch eine starke Ausstrahlung aus. Er hatte die schmalen Hände einer Großmutter und in seiner Art *eine leicht feminine Note*.[1] Er empfing seine Patienten weiter in dem gleichen Studierzimmer, dessen alte Möbel die drückende Atmosphäre noch verstärkten. (Die Ausstattung in der Wohnung wirkte gleichfalls überladen und zunehmend altmodisch.) In seinem Behandlungsraum war er von den Göttern und Göttinnen vergangener Kulturen umgeben, die er über die Jahre weg gesammelt hatte.
Schon seit Jahren hatte Freud den ärztlichen Rat einer Reihe von Anhängern und Kollegen eingeholt, aber die Krebserkrankung überschattete die letzten sechzehn Jahre seines Lebens. Die Fotografien aus dieser Zeit zeigen einen Zug des Leidens um seinen Mund, und sein Kiefer wurde allmählich kleiner, als in den vielen Operationen immer wieder verdächtig aussehendes Gewebe entfernt wurde. Auch sein Sprechen war so schwer behindert, daß viele dachten, er leide an Zungenkrebs.
Seit sein Mund geschädigt war, fingerte Freud häufig an seiner Prothese herum, um sie in die richtige Lage zu bringen. Natürlich machte ihn die Behinderung befangen, und es wurde für ihn schwierig, seine Gedanken mündlich auszudrücken. Um die Sprachschwierigkeiten auszugleichen, drückte er sich stärker als vorher durch Handbewegungen und andere Gesten aus. Er hatte außerdem Schwierigkeiten mit dem Essen. Abends aß er meist nur ein gekochtes Ei. Er zog sich stärker zurück und hatte es nicht gern, wenn beim Essen viele Leute da waren. Er aß hastig und las oft beim Essen Zeitung.
Manche Patienten, die um 1930 bei ihm in Analyse waren und ihm zum ersten Mal begegneten, berichteten, sie hätten Freuds Krankheit nicht erkannt. Denjenigen jedoch, die Freud vorher gekannt hatten, fiel auf, daß er in seinen letzten Jahren nicht ungezwungen sprach. Gegen das Ende bereitete ihm jedes Wort Schmerzen, und er war nicht leicht zu verstehen.
Die Extraktion von Zähnen nicht gerechnet, unterzog sich Freud von 1923 bis 1939 einunddreißig chirurgischen Eingriffen.[2] Außerdem wurden fortwährend Versuche unternommen, seine Prothese bequemer zu machen; sie durfte nicht für längere Zeit herausgenommen werden, weil sonst das Gewebe schrumpfte und weitere Anpassungen nötig machte. Zusätzliche Schwierigkeiten ergaben sich noch daraus, daß die Operationen sein Hörvermögen auf der rechten Seite beeinträchtigt hatten. Wenn Freud in einem Brief aus dem Jahre 1936 von *wochenlangen Schmerzen* spricht,[3] dann muß es sehr schlimm gewesen sein. Freud lebte in ständigem Unbehagen und in der Abhängigkeit von Ärzten, und sein Leben wurde immer eingeschränkter. Und

trotzdem schrieb er: *Die einzige Angst, die ich wirklich habe, ist die vor einem längeren Siechtum ohne Arbeitsmöglichkeit. Direkter gesagt, ohne Erwerbsmöglichkeit.*[4]
Sein Kopf schien einzuschrumpfen, und er wurde kleiner und schmaler, die eine Seite seines Gesichtes war häufig schmerzverzerrt. Im Jahre 1929 beschrieb Freud sich als *alt, bresthaft, ruhebedürftig,* und sagte, er werde *wahrscheinlich nichts mehr veröffentlichen, wenn man mich nicht geradezu nötigt.*[5] Und doch brachte er es fertig, fünf Patienten am Tag zu behandeln. Seine Energie war trotz seiner Krankheit unerschüttert, und manchmal verblüffte er einen Schüler durch sein kräftiges Ausschreiten. Kurz nach seiner Erkrankung an Krebs erklärte er öffentlich, daß

in meinen Arbeitsbedingungen eine Veränderung eingetreten ist ... Früher einmal gehörte ich nicht zu denen, die eine vermeintliche Neuheit nicht eine Weile bei sich behalten können, bis sie Bekräftigung oder Berichtigung gefunden hat ... Aber damals dehnte sich die Zeit unabsehbar vor mir aus ... Das ist nun alles anders geworden.[6]

Im November 1923 unterzog sich Freud auf Anregung Federns einer Verjüngungsoperation nach Steinach (Unterbindung beider Samenleiter), in einem bizarren Versuch, die Wiederkehr des Krebses aufzuhalten.[7] Dem lag die Idee zugrunde, durch die Mobilisierung des Lebensinstinktes die Kräfte des Todes zu überwinden, obwohl die moderne Medizin der Meinung ist, daß der Krebs vom Krebsträger lebt und deshalb in der Regel um so virulenter ist, je kräftiger der Patient ist. Freud nahm eine Zeitlang an, die Operation, die auch sterilisiert, habe einen Verjüngungseffekt, aber das mag ein rein subjektiver Eindruck gewesen sein, denn nach seiner eigenen Aussage hatte die Operation keine dauerhaften, günstigen Resultate.
Im April 1923 hatte Freud einen alten Bekannten, Dr. Markus Hajek, wegen einer Schwellung in seinem Mund, einer »Gewebe-Rebellion« konsultiert. Hajek gab Freuds Rauchen die Schuld, machte aber auch die Bemerkung: *Niemand kann erwarten, ewig zu leben.*[8] Es wurde eine Exzision in der Ambulanz einer Klinik angesetzt; wenige Tage vor dem Eingriff bat Freud Felix Deutsch, der ein sehr erfahrener Diagnostiker war, die Geschwulst zu untersuchen. Felix Deutsch spezialisierte sich später (wie Groddeck und Jelliffe) auf die Anwendung der Psychoanalyse auf organisch kranke Patienten, also auf das Gebiet der psychosomatischen Medizin, für das sich Freud nur wenig interessierte.[9]
Als Freud die Geschwulst in seinem Mund Deutsch zeigte, sagte er: *Für das, was ich vorhabe, brauche ich einen Arzt. Wenn Sie es für Krebs halten, muß ich einen Weg finden, mit Anstand aus dieser Welt zu verschwinden.*[10] (Freud hatte bereits die Bedeutung eines primären, selbstzerstörerischen Todestriebes hervorgehoben. Später ging er bis zu der Behauptung: *Es sieht wirklich so aus, als müßten wir anderes und andere zerstören, um uns nicht selbst zu zerstören, um uns vor der Tendenz zur*

Selbstdestruktion zu bewahren.[11] Für Freud war der Tod einem Leben ohne Würde vorzuziehen, und Krebs konnte ein qualvolles, demütigendes und lang sich hinziehendes Ende bedeuten. Der Krebs war nicht unmittelbar lebensbedrohend, aber als Arzt machte sich Felix Deutsch Sorgen wegen eines möglichen Selbstmordes. Freud hatte zwar nur eine Andeutung gemacht, aber in anderer Weise hätte er sich ja auch nie geäußert.

Max Schur zufolge, der von 1929 an Freuds persönlicher Arzt war, war Felix Deutsch damals in Analyse bei Bernfeld; Schur äußerte sich später kritisch über das Verhalten Deutschs, der damals schon Mitglied der Wiener Vereinigung war. Obwohl Schur einräumte, daß Freuds Verhalten gegenüber seiner Krankheit im Jahre 1923 ungewöhnlich fatalistisch war, fühlte sich Schur irgendwie doch sicher genug zu behaupten, der Gedanke an Selbstmord sei Freud nie in den Sinn gekommen.[12] Schur warf Deutsch vor, daß er nicht zu jemand in der Familie über seinen Verdacht auf Krebs sprach; die Familie war erschüttert darüber, daß Freud seine erste Operation vor ihr geheimgehalten hatte. Schur meinte außerdem, Hajek sei ein sehr mäßiger Chirurg gewesen. Aber es war Freud, nicht Deutsch, der Hajek gewählt hatte.

Deutsch fuhr zwar mit Freud zur Klinik, aber bei der Operation selbst war niemand bei ihm, und die Operation verlief schlecht:

Die Familie wurde dann telefonisch aus der Klinik aufgefordert, zu ihrer Überraschung, ihm die nötigen Sachen für die Nacht zu bringen. Frau und Tochter eilten hin und fanden Freud in der ambulanten Abteilung, die Kleider voller Blutflecken, auf einem Küchenstuhl.[13]

Die Geschwulst war krebsartig, aber weder Hajek noch Deutsch teilten das Freud mit (Deutsch hielt es von Anfang an für einen offensichtlichen, fortgeschrittenen Krebs). Es wurden zwei Behandlungen mit Röntgenstrahlen durchgeführt, *die mit der angeblichen Harmlosigkeit des Zustands nicht übereinstimmten.*[14] Eine anschließende Reihe von Behandlungen mit Radiumkapseln führte zu schweren toxischen Erscheinungen bei Freud. Hajek war bei der Behandlung Freuds »sorglos« vorgegangen und hatte keine Vorsichtsmaßnahmen gegen eine Kontraktion der Narbe ergriffen; entweder *glaubte er, das Menschenmögliche getan zu haben und die Geschwulst werde nicht wiederkommen, oder aber er betrachtete den Fall von Anfang an als so aussichtslos, daß jede besondere Bemühung überflüssig war.*[15]

Hajek erlaubte Freud, in Urlaub zu fahren, aber Freud wollte wegen der von Hajek für Ende Juli verlangten Untersuchung seine Italienreise nicht unterbrechen. Ein Arzt am Ort meinte, Freuds Mund sei in Ordnung, aber Freud fühlte sich so elend, daß seine Tochter Anna ihn überredete, an Felix Deutsch zu schreiben, er möchte sie doch in Italien besuchen, um eine Untersuchung vorzunehmen. Freud war außerdem deprimiert über den Verlust eines geliebten Enkels, der im Juni gestorben war. Freud hatte eine Reise nach Rom mit Anna geplant, und Deutsch wußte, wieviel ihm das bedeutete. Deutsch, der inzwischen Freuds Arzt war, war ein freundlicher Mann, der nicht gern Menschen schlechte Nachrichten mitteilte; er hielt es für richtig, sterbenden Patienten die Wahrheit zu verschweigen. Freuds anfängliche Bitte, ihm zu helfen, mit Würde aus dem Leben zu scheiden, genügte ihm als Entschuldigung. Er hatte außerdem etwas Diktatorisches und neigte zu der Annahme, er selber wisse am besten, was in einer bestimmten Situation das Richtige sei. Obwohl er die Notwendigkeit einer radikaleren Operation erkannte, eröffnete er sich deshalb zuerst seinem Freund Otto Rank und dann den anderen Mitgliedern des Komitees, das zu einer Sitzung zusammengekommen war; Deutsch sagte Freud nicht die Wahrheit, teilte allerdings Anna genügend mit, um sie davon abzuhalten, ihren und Freuds Aufenthalt in Italien auszudehnen, und Anna erriet, was vorging.[16]

Während Freud weg war, fand Deutsch einen Kieferchirurgen, Hans Pichler, der die weiteren Operationen bei Freud vornahm. Hajek hatte Freud versichert, die Operation und die anschließende Behandlung seien prophylaktische Maßnahmen gewesen. *Plötzlich schoß aus Freuds Mund ein Blutstrom, wahrscheinlich weil sich ... ein Stückchen Gewebe gelöst hatte. Was das bedeutete, darüber bestand für beide* [Freud und Anna] *kein Zweifel.*[17] Im Herbst wurde ein bösartiges Geschwür im harten Gaumen festgestellt, das eine zweite Operation notwendig machte.

Viele Jahre später erzählte Jones in London Freud davon, daß die Mitglieder des Komitees, die in Italien zusammengekommen waren, darüber diskutiert hatten, ob man Freud informieren solle oder nicht. Mit »blitzenden Augen« fragte Freud: *Mit welchem Recht?*[18] Freud war der denkbar selbstbeherrschteste Patient, und daß Deutsch ihm nicht die Wahrheit gesagt hatte, war schrecklich: Es bedeutete, daß Freud von einem anderen bevormundet wurde. Er war wütend auf Deutsch, und obwohl die Mitglieder des Komitees, auch wenn sie Vorbehalte hatten, bei der Täuschung mitgemacht hatten, machte er doch seinen Arzt dafür verantwortlich. Noch im Frühjahr 1939, wenige Wochen vor seinem Tod, beklagte er sich: *Man hat versucht, mich in eine Atmosphäre von Optimismus zu ziehen: das Karzinom ist eine Schrumpfung, die Reaktionserscheinungen sind vorübergehend. Ich glaube nicht daran und mag es nicht, betrogen zu werden.*[19] Freud war seine Unabhängigkeit außerordentlich wichtig, und *wie bei allen seinen Ärzten bestand er auch bei Pichler darauf, das volle Honorar zu bezahlen.*[20]

Für Freud bedeutete das Verhalten von Deutsch, daß dieser Freuds Kraft, der Wahrheit ins Gesicht zu sehen, unterschätzt hatte. Obwohl Deutsch in späteren Jahren behauptete, er würde in der gleichen Situation noch einmal genauso handeln, konnte Freud ihm nicht verzeihen. Deutsch zog sich als Freuds Arzt zurück, wenn er und Freud später auch wieder ein gutes Verhältnis zueinander hatten. Am 6. August 1924 jedoch schrieb Freud an Ferenczi, *er sei von Anfang an sicher gewesen, daß es sich bei der Geschwulst um Krebs handle.*[21]

Von Felix Deutschs Standpunkt aus war es eine schwierige Entscheidung gewesen.[22] Jahre später erinnerte sich Helene Deutsch daran, wie Felix auf einem Spaziergang mit ihr in Riga sich Sorgen darüber machte, wie er sich in Italien entscheiden solle. Er wußte im voraus, daß Freud es übelnehmen würde, wenn man ihm die Wahrheit vorenthielt. Er bat seine Frau, mit ihm zu überlegen, was Freud wohl tun würde; sie befürchteten beide die Möglichkeit eines Selbstmordes. Zugleich kannten sie seine große Sehnsucht nach Rom; die Geschwulst wuchs extrem langsam, und die Reise würde keine besondere Gefahr für ihn darstellen.

Felix Deutsch befürchtete, Freud würde vielleicht lieber sterben als sich einer zweiten Operation zu unterziehen, und deshalb hielt er es für besser, die nötigen Vorbereitungen für die neue Operation ohne Freuds Wissen zu treffen.[23] Schur behauptete später: *Es war Deutsch, der der Wirklichkeit nicht ins Gesicht sehen konnte, als er die häßliche Wunde in Freuds Mund sah . . .*[24] Aber nach Deutschs Aussage war Freud ein Kämpfer, der Schwäche bei sich selber so wenig ertragen konnte wie bei anderen.[25] Deutsch sah es später so, daß Freud gerade deshalb mit ihm böse war, weil Deutsch ihn in einem schwachen Moment gesehen hatte; Jahre vorher hatte schon Jung *den deutlichen Eindruck, daß Freud die Tatsache nicht akzeptieren konnte, daß er seine Schwäche – oder was er dafür hielt – gezeigt hatte.*[26] Der Arzt hatte ihn als einen Mann gesehen, dessen normale menschlichen Ängste und Reaktionen man in Rechnung stellen mußte. Im Jahre 1901 hatte Freud an Fließ geschrieben: *Du hast mich an die schöne und schwere Zeit erinnert, da ich mich dem Ende meines Lebens sehr nahe glauben mußte und Deine Zuversicht mich gehalten hat. Ich habe mich dabei gewiß nicht sehr mutig und nicht sehr weise benommen.*[27] Der Vorfall im Jahre 1923 war also ein Zeichen von Freuds Verwundbarkeit; nachdem er sein früheres Leben wieder aufgenommen hatte und praktizieren und arbeiten konnte, hatte er die Kraft, mit dem Wissen um seinen Krebs und mit seinem Leiden in heroischer Weise zu leben.

Freud beklagte sich auch weiterhin über seinen früheren Arzt. In einem Brief an seine Frau vom August 1924 erklärte Felix Deutsch:

Genau wie vorher redet der Professor in monomanischer Weise, daß ich ihm seine Krankheit verheimlicht habe . . . Mit der Zeit . . . muß er die Unhaltbarkeit seines Brechens mit mir sehen, je mehr er versucht, es durch andere Motivationen zu begründen . . . Sein Ich hat sich während seiner Krankheit nicht als so liebenswert und stark erwiesen, wie er vorgeben möchte. Und jetzt während er sich erholt, kann er, tief verwundet, die Aufgabe der Ichwiederherstellung inmitten einer großen organischen Schädigung, die ihm bleibt, nur dadurch erfüllen, daß er die Libido von dem abzieht, der Zeuge seiner Schwäche war. Seine Unzulänglichkeit – er muß sie mit dem Argument über die Ungewißheit seiner Krankheit rationalisieren. Er muß jemand die Schuld geben.[28]

Es ist sehr wohl möglich, daß Freud bei seiner wiederholten Kritik an Deutsch davon überzeugt war, daß die anfängliche Ungewißheit es ihm erschwert habe, seine Müh-

sale zu ertragen. Von Deutschs Standpunkt aus hatte Freud die ganze Episode entstellt: Deutsch glaubte, Freud habe im Rückblick gedacht, er hätte von vornherein wissen müssen, was er zu erwarten hatte, und benützte deshalb Deutsch als Sündenbock, um sich vor Selbstkritik zu schützen.
In dem angeführten Brief an seine Frau bemerkte Deutsch, daß Freud sich mehr und mehr von den Menschen zurückziehe und ganz in der Arbeit an seiner *Selbstdarstellung* und an einem Artikel für die Encyclopaedia Britannica aufgehe. Vielleicht befand sich Freud in einer Depression; er verbrachte Stunden in seinem Arbeitszimmer mit einem Fernglas und beobachtete am Tag die Hügel in der Umgebung und nachts den Mond und die Sterne. Seine Familie litt darunter, daß er sich so in sich zurückzog. Nachdem Deutsch als Freuds Arzt abgetreten war, konsultierte dieser ihn manchmal in medizinischen Fragen und lud ihn zum Kartenspielen ein. Anna behielt ihn als ihren Arzt. Später schenkte Freud Felix einen Ring und sagte ihm: *Nichts hätte uns trennen können.* (Lange vorher hatte Freud einmal an Stekel geschrieben: *Ich weiß nicht, was uns je trennen könnte.*)[29]
Max Schur hatte, wie Jones, hervorgehoben, wie tapfer Freud auf die Krebserkrankung reagierte, und Freud ertrug sein Leiden in der Tat heroisch, ganz gleich, wie seine unmittelbare Reaktion auf die Geschwulst gewesen sein mag, deren Zeuge Deutsch gewesen war. Aus Groll gegen Deutsch blieb Freud Jahre hindurch ohne persönlichen Arzt. Im Jahre 1929 war Schur, ein Internist, fast am Ende seiner persönlichen Analyse, die er 1925 bei Ruth Brunswick begonnen hatte. Freud nannte Schur und Ruth Brunswick 1931 ›meine beiden *Leibärzte*‹.... *Leibarzt* war der Ausdruck, den die königlichen Familien zur Bezeichnung ihres persönlichen Arztes benützten.[30]
Um Marie Bonaparte zu behandeln, trat Schur mit Freud wegen ihrer Krankheit in Kontakt, und sie (und wahrscheinlich auch Ruth Brunswick) überzeugten Freud, daß er seinen eigenen Arzt brauchte. Freud stellte als »Grundregel« ihrer Beziehung auf, daß Schur niemals Freud die Wahrheit verbergen dürfe, wie schlimm sie auch sein möge. Obwohl Freud viel Schmerzen ertragen konnte und Schmerz- und Beruhigungsmittel entschieden ablehnte, wollte er sicher gehen, daß Schur ihn nicht unnötig leiden lassen werde, wenn seine Zeit kam. (Im Jahre 1939, kurz vor dem Ende, erinnerte Freud Schur an ihren »Pakt«.) Er sagte Schur weiter, er wolle für alle Behandlungen normal bezahlen.
Freud war kein schwieriger Patient für Schur, obwohl bei einer Krebserkrankung dieser Art sein starkes Zigarrenrauchen für den Arzt bedrückend war. Wegen seiner Herzbeschwerden, nicht wegen seines Mundes, versuchte Freud zeitweise, das Rauchen einzuschränken; aber ohne Zigarren konnte er nicht schreiben. Schurs Hauptaufgabe, bei der ihm Anna half, bestand darin, immer wieder Änderungen an der ziemlich monströsen Prothese vorzunehmen, die den Nasenraum gegen Mund und Nebenhöhlen abschließen sollte; außerdem war es seine Aufgabe, aufmerksam zu beobachten, ob Gewebsveränderungen zu entdecken waren, die krebsartig sein könnten. Belladonna gegen Darmkrämpfe tolerierte Freud, nahm aber nur selten Pyrami-

don oder Aspirin. Freud haßte es zu klagen, und es brauchte die Hingabe Schurs und die Liebe Annas, um ihn zu betreuen.

* * *

Zur Zeit der ersten Erkrankung Freuds im April 1923 lebte sein vierjähriger Enkel Heinz Rudolf, »Heinele«, in Wien. Freuds älteste Tochter Mathilde war kinderlos und wollte ihn adoptieren. Die Mutter des Kindes, Freuds Tochter Sophie, war 1920 in einer Grippeepidemie plötzlich gestorben. Dann bekam das Kind Tuberkulose, die mit einer Ohrinfektion begann. Freud hatte kleine Kinder überhaupt sehr gern und benützte jeden Vorwand, um ihnen Geschenke zu machen. Dies aber war sein einziges Enkelkind, das so nahe bei ihm war; seine Mutter war gestorben, und als das Kind nun starb, war das für Freud inmitten der eigenen Krankheit ein ganz schrecklicher Schlag.
Vielleicht sah Freud das Kind als seinen Nachfolger; seine Tochter hatte ihm einen Erben geschenkt. Der kleine Junge war so klug, daß er Freud als würdiges Symbol der Zukunft erschien – was immer Freud von seinen eigenen Söhnen halten mochte. Nach Heineles Tod war Freud so deprimiert, wie er es seit den Auseinandersetzungen mit Jung im Jahr 1913 nicht mehr gewesen war.[31] Heinele war *ein entzückender Kerl, und ich selbst wußte, daß ich kaum je einen Menschen, gewiß nie ein Kind so lieb gehabt wie ihn.*[32]
Vielleicht hatten Freuds depressive Gefühle schon immer Ausdruck in seinem Interesse für die Vergangenheit gefunden, denn seine Sammlung antiker Statuen, Überbleibsel vergangener Kulturen, war ihm sehr teuer. (Seine Enkeltochter Sophie schaute für ihn wie eine chinesische Puppe aus; in ihr Mädchenalbum schrieb er: *Dem jüngsten, aber prächtigsten Stück meiner chinesischen Sammlung.*) Aber dieser Kummer um das Enkelkind war für ihn eine Wendemarke. So schrieb er 1926 an Binswanger: *Es ist richtig, ich habe eine geliebte Tochter im Alter von 27 Jahren verloren, aber dies vertrug ich merkwürdig gut . . . Mir stand [Heinele] für alle Kinder und anderen Enkel, und seither, seit Heineles Tod, mag ich die Enkel nicht mehr, aber freue mich auch nicht am Leben.*[33] Im Jahre 1929 verlor Binswanger einen Sohn, und Freuds Kondolenzbrief zeigte ihn noch immer als Meisterpsychologen:

Man weiß, daß die akute Trauer nach einem solchen Verlust ablaufen wird, aber man wird ungetröstet bleiben, nie einen Ersatz finden. Alles, was an die Stelle rückt, und wenn es sie auch ganz ausfüllen sollte, bleibt doch etwas anderes. Und eigentlich ist es recht so. Es ist die einzige Art, die Liebe fortzusetzen, die man ja nicht aufgeben will.[34]

Im großen und ganzen interessierte sich Freud mehr für seine psychoanalytische Familie als für seine natürliche, und es ist schwer zu sagen, was zuerst kam, seine Enttäuschung über seine Söhne oder ihre relative Talentlosigkeit. Auch andere Söhne großer Männer haben den Vater als eine Belastung empfunden. Es war wahrscheinlich weniger, daß er tyrannisch gegenüber seiner Familie war, obwohl er mehr Macht und Autorität besaß, als heute bei einem Vater denkbar wäre. Er war zwar zärtlich, aber distanziert und vielleicht auch nachlässig. Die Ferien waren für Freud eine Zeit zum Schreiben, während sie für andere Eltern oft die Gelegenheit sind, ihre Kinder besser kennenzulernen. Freud war Schülern gegenüber manchmal patriarchalischer als den eigenen Söhnen gegenüber; in bezug auf die letzteren war er mehr der beobachtende Analytiker als der aktive Vater. Daraus folgte, daß er schließlich seinen Söhnen entfremdet war, wenn ihm auch Ernst noch am nächsten stand.

Freuds Schüler genossen es, abschätzig über seine Söhne zu reden. Martin begann 1931 mit der Arbeit im Psychoanalytischen Verlag, wo er Anfang 1932 A. J. Strofer als Geschäftsführer ersetzte, als man diesen wegen mangelndem Geschäftssinn fallen ließ. Freud bemerkte über den Weggang Strofers: *Wir fühlen uns wie Untertanen, die ihren Souverän fortgejagt haben und erst jetzt erkennen, was er für sie getan hat.* Für Martin jedoch war die Geschäftsführung des Verlags ein Zeichen dafür, daß er es nicht geschafft hatte, seinen eigenen Weg zu machen. Er wohnte ein kurzes Stück von Freuds Wohnung, und schon bevor er im Verlag arbeitete, kam er zweimal am Tag zu Besuch. Als früherer Bankkaufmann besorgte er die finanziellen Angelegenheiten Freuds und die einiger seiner Schüler; die Ausländer mußten ausländische Währung einwechseln, und die Wiener wollten ihre Geschäfte liquidiert haben, wenn sie emigrierten.

Martin war ein Musterbeispiel dafür, welche Schwierigkeiten der Sohn eines großen Mannes hat. Elegant und gut aussehend, verheiratet und Vater zweier Kinder, hatte er schon zahlreiche Affären gehabt, darunter auch eine mit einer Schülerin Freuds, die in Lehranalyse bei ihm war. Martin sammelte Frauen, wie sein Vater antike Statuetten sammelte. Als 1938 die Nazis in Wien einmarschierten, verbarg er sich in seinem Absteigequartier, und seine Frau erkannte zum erstenmal, was vorgegangen war. Das Paar trennte sich, wobei jeder der beiden eine Hälfte der Bibliothek mitnahm. Durch einen jener grausamen Zufälle, wie sie manchmal vorkommen, bekam Martins Frau dabei ein Album mit Fotografien von seinen Freundinnen – die Erinnerungen eines modernen Don Juan an seine Eroberungen. Nachdem Freud in London angekommen war, und Martins Frau ihren Mann verlassen hatte, wurde der Sohn bestraft; die Leitung des Psychoanalytischen Verlags wurde ihm weggenommen und an Ernst übertragen.

Die Feier von Freuds 70. Geburtstags war mehr eine öffentliche als eine private Angelegenheit, trotz Freuds Abneigung gegen solche Dinge; er befand sich im allgemeinen, wie er sagte, *in einer Auflehnung gegen diese Konventionen der Mitgefühlsbezeigung . . .*[35] Aber wegen seiner Krankheit erklärte sich Freud damit einverstanden, einen Empfang in seiner Wohnung zu geben; es konnte ja die letzte Gelegenheit dieser Art sein. Er empfing Gratulanten und zeigte ihnen die Geschenke, die eingetroffen waren. Er liebte Blumen, vor allem Orchideen und Gardenien, und die Wohnung war voll von solchen Beweisen der Anhänglichkeit. Freud ließ sich nicht gern fotografieren, saß jedoch Modell für eine Radierung, von der später Kopien bei der Wiener Vereinigung bestellt werden konnten. Eine kleine ausgewählte Gruppe seiner jüngeren Schüler durfte in seine Wohnung kommen, und Freud – wie ein Vater, der zu seinen Kindern spricht – schärfte ihnen ein, sich gut miteinander zu vertragen. *Bei der Feier schärfte er allen seinen Schülern ein, von jetzt ab müßten sie auf eigenen Füßen stehen.*[36] Wenn sie etwas an der Analyse ändern wollten, so sei dagegen nichts einzuwenden, solange es nicht dem Publikum zu Gefallen geschehe.[37]

1929 schrieb Freud: *Fernhaltung von den anderen ist der nächstliegende Schutz gegen das Leid, das einem aus menschlichen Beziehungen erwachsen kann. Man versteht: das Glück, das man auf diesem Weg erreichen kann, ist das der Ruhe.*[38] Er wurde stiller und beschäftigte sich mit Hunden; Freuds Anhänglichkeit an Hunde war ein Ersatz für seine früheren Beziehungen zu Menschen, denn er fand es immer schwieriger, neue anzuknüpfen. Wenn auch Freud selber Chow-Chows weniger lästig als Menschen gefunden haben mag, so waren seiner Frau Martha wiederum Hunde ein Ärgernis. Wahrscheinlich spiegelte sich in ihrer Einstellung die jüdische Abneigung gegen die Tiere, die an den Grenzen der mitteleuropäischen Ghettos patrouillierten. Martha erboste sich, wenn Freud ihnen sein Essen hinstellte.

Wiederholt verglich Freud Hunde vorteilhaft mit der Erbärmlichkeit des korrupten, »zivilisierten« Menschen. Für Freud besaßen Hunde Qualitäten, die den Menschen fehlten; sie waren ehrlich, und er fühlte, daß er ihnen vertrauen könne. Wenn ein Hund jemand lieb hat, dann zeigt er es; und wenn er haßt, dann haßt er heftig. Hunde sind zu den menschlichen Täuschungsmanövern nicht fähig. Wie er einmal an eine andere Tierfreundin, Marie Bonaparte, über den Ursprung seiner Liebe zu Hunden schrieb: *Zuneigung ohne Ambivalenz, die Vereinfachung des Lebens von dem schwer erträglichen Konflikt mit der Kultur befreit, die Schönheit einer in sich vollendeten Existenz.*[39] Es war Freud wichtiger, daß ein Hund sehr schön war, als daß er viel Temperament besaß. Im Alter hatte Freud bei seinen Analysen regelmäßig einen Hund in seinem Behandlungszimmer; auch andere Analytiker hatten ihren Hund bei sich, wenn sie praktizierten.

Daß Freud selbst in seinem Leiden Haltung und Harmonie bewahrte, darf nicht darüber hinwegtäuschen, daß er immer noch alte Ressentiments hegen konnte. Sein Urteil über die menschliche Natur wurde mit den Jahren eher noch härter. Er fühlte sich *in der ganz unwissenschaftlichen Einstellung bestärkt, daß die Menschen so durchschnittlich und im großen ganzen doch elendes Gesindel sind,* und fand *enttäuschte und bittere Worte* über die Zukunft der Psychoanalyse.[40] Man muß Freuds Übelgelauntheit zum Teil den Frustrationen des Siechtums zuschreiben, und wenn Freud manchmal ungerecht erscheint, so erklärt sich das auch aus seinem Alter. Freud stand stark unter dem Eindruck der Tatsache, daß seiner Schöpfung, der Psychoanalyse, so *reichlich Mißtrauen und Übelwollen bezeigt* worden war.[41] Als ihm im Jahre 1930 die Stadt Frankfurt den Goethepreis verliehen hatte, schrieb Arnold Zweig an Freud, *daß Ihr tiefer Pessimismus, die Zukunft der Analyse betreffend, vielleicht doch nicht ganz berechtigt ist.* Freud schrieb zurück: *Für eine Versöhnung mit der Zeitgenossenschaft ist es reichlich spät, am endlichen Durchdringen der Analyse nach meiner Zeit habe ich nie gezweifelt.*[42] Freud hatte allgemein eine geringe Meinung von der Menschheit; er sagte, der Mensch habe *einen natürlichen Hang zur Nachlässigkeit, Unregelmäßigkeit und Unzuverlässigkeit in seiner Arbeit...*[43] Und vor allem müsse man sich darüber im klaren sein, *daß die Menschen ihre großen Denker nicht immer ernst nehmen, auch wenn sie sie angeblich bewundern.*[44] Nach Freuds Krebserkrankung war sein Zorn von seiner Resignation nicht zu trennen. Alt und leidend, sah er die Außenwelt feindseliger, als sie in Wirklichkeit war. Persönlich wurde er vielleicht im Altwerden weniger hart, und seinem Sichabschließen lag vielleicht die Erkenntnis zugrunde, daß er Belastungen von der Art, wie er sie früher durchgemacht hatte, nicht mehr ertragen konnte. Wie Jones berichtet, schrieb er im Jahre 1931 an Eitingon, *er habe in einer Mußestunde eine ›Haßliste‹ mit sieben oder acht Leuten zusammengestellt.*[45] Auch wenn Freuds Psychologie keine eigene »Weltanschauung« hatte, glaubte er doch, sie nehme Rache an anderen Weltvorstellungen: *Die Psychologie ist ein armes Aschenbrötel und hat den anderen Weltanschauungen nichts zu geben, und dieses Nichts ist ungewiß. Aber die Psychologie hat Gelegenheit zur Rache. Sie kann die anderen Weltanschauungen untersuchen und hat deshalb aufgehört, harmlos zu sein.*[46]

10.2. Dissidenten

Trotz allem, was Freud über den Widerstand gegen seine Ideen schrieb, verließ ihn die Überzeugung, daß er schließlich triumphieren werde, auch in Krankheit und Alter nie und gab ihm Halt. Kritiker haben behauptet, Freud habe seine Patienten indoktriniert. Wie man auch über den Wahrheitsgehalt dieser Behauptung denken mag, sicher ist, daß Freud als Lehrer sehr erfolgreich war. Es ist zwar gesagt worden, Freud sei sich darüber im klaren gewesen, daß die Analyse in ihrer praktischen Anwendung eine Verwässerung erfahren müsse[1], aber er hielt an der klassischen Analyse fest, weil er der Meinung war, daß seine früheren Feststellungen vorläufiger Natur und weitere Forschungen notwendig waren. Weil sein Anhang von bedürftigen Anhängern und Verwandten so groß war und der Verlag ständig Geld brauchte, spielte in seinen letzten Lebensjahren das finanzielle Moment für die Entscheidung, welche Fälle er zur Behandlung annahm, mit eine Rolle. Wie er seinen Schülern erklärte, blieb ihm vielleicht nicht mehr viel Zeit zum Gelderwerb, und er mußte sich auch während seiner Krankheit seinen Lebensunterhalt verdienen.

Auch wenn er es nicht gerne zugeben wollte, war Freud zum Oberhaupt einer Sekte geworden. Eine Gemeinschaft, in der einer den anderen hochlobt, wird nie die gleichen Fortschritte erzielen, wie sie sich aus dem freien, offenen Wettbewerb auf dem geistigen Markt ergeben. Auf der anderen Seite stützten die Analytiker als eine geschlossene Gemeinschaft sich gegenseitig in ihrem Glauben. Wenn man die Psychoanalyse als ein teilweise religiöses Phänomen sieht, dann überrascht es nicht, daß die Anhänger sich in ihrer Verehrung Freuds und des Unbewußten zusammenfanden. Wie jedoch ein Religionshistoriker bemerkt hat: *Glaubensüberzeugungen werden selten zu Zweifeln; sie werden zum Ritual.*[2]

Die Reaktionen, die Freud hervorrief, erwecken im Leser zuweilen Unbehagen. Als Arnold Zweig sich bei Freud dafür bedankte, daß dieser ihm seine *Gesammelten Werke* geschenkt hatte, nannte er das Geschenk *Grundstock einer Bücherei wie eines Lebens.*[3] Die in Wien lebenden Schüler Freuds verfolgten alle seine Bewegungen aufmerksam. Wenn eine von Freuds Lieblingsopern aufgeführt wurde, konnte man sicher sein, daß zahlreiche Analytiker die Vorstellung besuchten. Die letzten Anlässe, bei denen Freud in der Öffentlichkeit erschien, waren Konzerte von Yvette Guilbert; jedesmal war er umringt von seinen Anhängern.

Von einigen Seiten ist gesagt worden, bei seinem 70. Geburtstag 1926 habe Freud mehr mit Wohlwollen als mit Achtung von seinen Anhängern gesprochen; im ganzen habe er den Eindruck gemacht, als sei ihm seine Schule lästig und er brauche sie nicht mehr[4]. Die Vereinigung war größer geworden, und natürlich hatte er seine Zweifel über einige Mitglieder; mit ausgewählten Schülern hielt er jedoch den Kontakt aufrecht. Aus gesundheitlichen Gründen bestand keine zwingende Notwendigkeit dafür, daß Freud sich von der Vereinigung zurückzog; er befürchtete jedoch, daß sich die jüngeren Analytiker bei den Diskussionen und Auseinandersetzungen allzusehr nach ihm richten würden. So sehr er eine Eroberernatur war, mißfiel ihm doch die Vorstellung, daß sein Einfluß übermächtig sein könnte, und seine Wirkung auf andere war ihm peinlich. Es irritierte ihn, wenn seine Schriften wie ein heiliger Text behandelt wurden.[5]

Trotzdem fand er seine Schüler nützlich. Als Enrico Morselli, Professor der Psychiatrie an der Universität Genua, der als ein *sensibler und distinguierter Mann* galt[6], ein zweibändiges Werk über die Psychoanalyse veröffentlichte, schrieb Freud an seinen italienischen Schüler Edoardo Weiss, Morsellis Werk sei *vollkommen wertlos, nur schätzenswert als unzweideutiger Beweis dafür, daß er ein Esel ist.* Freud forderte Weiss auf, eine ausführliche Kritik des Buches zu schreiben: *Ich bitte Sie, ihm ... keine unangenehme Wahrheit zu ersparen.**[7] Freud sah sich gern als einen Mann, der stets die Wahrheit sagte, aber Wiener Takt bedeutete, daß Freud die öffentliche

---

* Weiss hatte bereits seine Enttäuschungen mit Morselli erlebt. Dieser hatte ihn über Freuds Werk befragt und Weiss aufgefordert, bei einem Kongreß in Triest über »Psychiatrie und Psychoanalyse« zu sprechen; der Vortrag fand statt, und Morselli hatte die Diskussion mit einer Kritik an Freuds Psychoanalyse geschlossen. Weiss schrieb die erwartete kritische Besprechung des Buches von Morselli.

Polemik Weiss überließ. In einem Brief an Morselli selbst sprach er von der *Lektüre Ihres großen Werkes*.[8] An Weiss jedoch schrieb er, wie sehr er sich über die kritische Besprechung gefreut habe: *Ich freue mich, daß Sie sich tapfer und ehrlich gezeigt haben wie immer . . .*[9] In einem Brief ein paar Monate später bediente er sich in bezug auf Morselli einer Sprache, die an die großen Schlachten der Vorkriegsjahre erinnert: *Menschlich interessant wäre es zu erfahren, ob er immer so ein Haderlump war oder sich erst unter dem Einfluß des Seniums so weit gehen läßt.*[10]

Um 1926 fanden ungefähr zweimal im Monat in Freuds Wohnung kleine Versammlungen statt; später wurden sie einmal im Monat abgehalten. Zehn bis zwölf Analytiker saßen um einen ovalen Tisch in Freuds Wartezimmer; sechs davon waren regelmäßige Teilnehmer, die übrigen aus der größeren Wiener Gruppe ausgewählt. Der Abstand zwischen Freud und seinen Anhängern war so groß, daß er sie wie ein Turm überragte und sich auf aphoristische, aber gewichtige Bemerkungen beschränkte. Das Verfahren bei diesen privaten Zusammenkünften war das gleiche wie bei der Vereinigung; nach dem Vortrag eines Referats gab es eine Pause, und dann folgte die Diskussion. Es kam nicht selten vor, daß zu Beginn des Diskussionsabschnittes niemand sprach, da alle die Meinung Freuds hören wollten; dann zuckte er die Achseln und begann.

Wenn er mit seinen Ausführungen fertig war, pflegte Freud zu sagen: *Jetzt lassen Sie mich hören, was Sie mir zu sagen haben.*[11] Er hatte gesagt, was er sagen wollte, und wollte nun von den anderen lernen. Es war ihnen jedoch klar, daß er voller Ideen steckte, und sie glaubten ihm nicht so recht, daß er jetzt alles gesagt habe. Im Hinblick auf seine früheren Besorgnisse in Prioritätsfragen, läßt sich seine Abneigung dagegen, sich allzu ausführlich zu äußern, auch anders deuten: Wenn er sich zurückhielt, konnte er damit seine Angst im Zaum halten, man könnte ihm vielleicht vorzeitig Gedanken wegnehmen. Aber er stand jetzt so hoch über seinen Schülern, daß er in Wirklichkeit keine Gefahr mehr lief. Was früher für ihn eine Qual gewesen war, war jetzt mehr ein Scherz; einer seiner Schüler schrieb:

Ich erinnere mich, daß ich einmal zu Freud kam, als er gerade ein Buch von einem seiner heftigsten Gegner las. Freud deutete auf eine Stelle in dem Buch und sagte lächelnd zu mir: ›Schauen Sie, dieser Mann behauptet, ich sei böse . . . Reines Plagiat! Ich habe das selber schon vor langem publiziert.‹[12]

Freud wußte, daß alles, was er sagte, aufgenommen und benützt würde. Er mochte manche Arbeiten kritisieren, aber er war höflich in seiner Kritik; er versuchte, nicht die Gefühle anderer zu verletzen. Er brauchte nicht die Stimme zu erheben, um sein Mißfallen auszudrücken; für Bernfelds Versuch, die Libido quantitativ zu messen, hatte er kaum mehr als ein Knurren, und alle wußten, daß Bernfeld davorstand, bei Freud in Ungnade zu fallen. Es gab nur bedingungslose Parteigänger bei diesen Seminaren, und keiner wagte, ihm entgegenzutreten.

Ein isolierter Rest von Freuds früherer Sorge um Plagiate läßt sich während seiner ganzen Altersjahre entdecken, und zwar in seiner Beschäftigung mit der Frage der Autorschaft von Shakespeares Werken. Freud war für den Grafen von Oxford und gegen den Mann von Stratford. Freud war von dem Gedanken »fast« irritiert, daß Arnold Zweig Shakespeare als eine authentische Gestalt akzeptierte, aber nachdem er über die Sache ausführlich mit Zweig gesprochen hatte, war dieser versucht, *eine Shakespeare-Gestaltung zu versuchen, dergestalt daß der Mann in seinen letzten Wochen mit dem Schatten von Oxford kämpft und immer gestehen will die Schriftstellerei ist gar nicht von mir, sie ist von jenem.*[13] Freud war von einem Buch von J. Thomas Looney beeindruckt, das Shakespeare als den 17. Earl of Oxford »identifizierte«, und lieh zumindest einem Patienten (und auch Hanns Sachs) ein Exemplar des Buches, erwähnte das Thema in Briefen und fügte sogar einer revidierten Auflage seiner Autobiographie eine Fußnote darüber an.[14]

Ab und zu schufen unruhestiftende Schüler Schwierigkeiten in Freuds Kreis. Wilhelm Reich (1897–1957) war einer der begabteren jüngeren Schüler Freuds, aber zu undiszipliniert (und zu originell), um auf die Dauer im psychoanalytischen System zu bleiben. Freud begriff die Neurose primär als ein Erinnerungsproblem. Reich hingegen versuchte, wie vor ihm Adler und Jung, zu zeigen, daß das eigentliche Problem, das es zu untersuchen und zu behandeln galt, nicht die Symptomatologie war, sondern die Gesamtpersönlichkeit. Selbst in seinen späteren Jahren tendierte Freud dazu, sein Verständnis auf die Struktur und Dynamik interessanter, aber isolierter Systeme zu beschränken. In seinem Werk *Charakteranalyse* gelang es Reich, die frühere Vorstellung von dem, was sich für die Arbeit des Analytikers eignet, auszuweiten.

Wenn Reich einerseits dazu beitrug, die Aufmerksamkeit auf nichtverbale Ausdrucksmittel zu lenken, so gelang es ihm doch nicht, die Analytiker von der diagnostischen Bedeutung orgastischer Sexualbefriedigung zu überzeugen. Reich war der Meinung, Gesundheit sei von orgastischer Potenz abhängig, und trat für volle und freie sexuelle Befriedigung ein. (Freud gefielen diese Gedanken gar nicht.) Reich interessierte sich insbesondere für die Adoleszenz als Phase der Persönlichkeitsentwicklung. Als praktischer Reformer vertrat Reich die Auffassung, viele Probleme des Erwachsenenalters würden überhaupt nicht entstehen, wenn der sexuelle Ausdruck nicht vorzeitig erstickt würde. Diese auf Befreiung von Zwängen zielende Seite von Reich hat ihm seine noch anhaltende Popularität gesichert.

Was orthodoxe Analytiker Sublimierung nannten, erschien Reich als das rationalisierte Produkt bürgerlicher Sexualhemmungen. Er argumentierte, Freud verrate unter dem Druck konformistischer Zwänge sein ursprüngliches Eintreten für die Rechte der Libido. Freud seinerseits erwiderte, Reich versuche, die Psychoanalyse zu einem Rückschritt zu drängen, den Begriff der Sexualität wieder auf das zu beschränken, was er vor Freud bedeutet hatte. Als Freud 1932 von den *Abfallsbewegungen* sprach, die jeweils nur ein Stück der Wahrheit erfaßt hätten, nannte er in seiner Aufzählung den *Machttrieb* (Adler), den *ethischen Konflikt* (Jung), die *Mutter* (Rank) und die

Genitalität (Reich).[15] Selbst als relativer Neuling in der Psychoanalyse in den zwanziger Jahren wirkte Reich übermäßig selbstsicher; Freud jedenfalls ging seine Arroganz auf die Nerven. Bei einer der privaten Zusammenkünfte in Freuds Wohnung sagte er zu Reich: *Sie sind der Jüngste hier, würden Sie die Tür schließen?* Freud hielt Reich auf Distanz und überließ ihn den erfahrenen Analytikern der Vereinigung. Reich hatte immer wieder darauf hingewiesen, die Analytiker vernachlässigten die negativen Übertragungen, und führte eine wesentliche Veränderung in der Technik ein, wonach die Feindseligkeit des Patienten aktiv hervorgeholt werden sollte. Zum Teil, um Reich in Schranken zu halten, wurde am Institut in Wien ein ständiges Fall-Seminar eingerichtet; er sollte an dem jeweils zur Sprache kommenden klinischen Material zeigen, wo die übliche Technik falsche Wege ging.

Reich war außerdem Marxist und einer der wenigen Analytiker seiner Zeit, der in der Lage war, zwischen der Psychoanalyse und der Sozialwissenschaft eine Verbindung herzustellen. Er schlug vor, man müsse die Entstehung ödipaler Probleme verhindern, statt sie erst nachträglich zu untersuchen und zu kurieren. Die entscheidende Aufgabe war seiner Meinung nach, durch Veränderungen der traditionellen westlichen Familienstruktur menschliches Leiden zu verringern. Nach der Auffassung der meisten Freudianer hatte er die Reinheit ihrer psychologischen Mission verraten. Reich argumentierte, nur die Auflösung der bürgerlichen Familie werde zum Verschwinden des Ödipuskomplexes führen (und die Erfahrung der israelischen *kibbutzim* sollte später beweisen, daß er recht hatte).

Freud war skeptisch, denn er hatte den Ödipuskomplex als Resultat der biologischen Notwendigkeit der Familie angesehen; er schrieb sein Buch *Das Unbehagen in der Kultur* als Antwort auf die Position Reichs. Freud hatte schon zu viele frühere Versuche, den Ödipuskomplex herunterzuspielen, erlebt und wollte nicht, daß der Eindruck entstand, die Psychoanalyse sei so sehr für die Befreiung des menschlichen Trieblebens. Es ist die Meinung vertreten worden, Reichs Vortragsreise in das bolschewistische Rußland in den späten zwanziger Jahren habe mit dazu beigetragen, daß die führenden sowjetischen Stellen zu der Überzeugung gelangten, wenn es der Psychoanalyse *darum* gehe, dann täten sie besser daran, sie zu verbieten.[16] Bis dahin hatte die Psychoanalyse in Rußland floriert, wie so viele andere kulturelle Bewegungen im Rußland jener Zeit.

Reich erwartete von Freud etwas, woran dieser nicht interessiert war: Freud sollte ein Sozialreformer sein. Er wollte außerdem als ein neuer Lieblingssohn anerkannt werden. Reich war schon von Sadger und Federn analysiert worden und wurde später noch von Sandor Rado analysiert; er wollte aber eine Analyse bei Freud selbst, die abgelehnt wurde. Seine erste Frau behauptete, *daß Freuds Weigerung, Reich in persönliche Analyse zu nehmen, der Grund für den ernsthaften Bruch war. Freud war für Reich ein Vaterersatz geworden. Die Zurückweisung, als welche Reich sie empfand, war für ihn unerträglich. Reich reagierte auf diese Zurückweisung mit einer schweren Depression.*[17] Die zwölf Briefe, die Freud an Reich schrieb,[18] befassen sich hauptsächlich mit Bemerkungen über Reichs Manuskripte – Freud fand sie zu umfangreich und nicht klar genug – und mit Reichs Schwierigkeiten mit anderen Analytikern (vor allem Federn), die ihn für einen Störenfried hielten. Freud tat diese Schwierigkeiten achselzuckend als einen Teil des normalen Familienlebens ab. Im Jahre 1931 weigerte er sich, ein Vorwort zu einem Buch Reichs zu schreiben.

Reich glaubte, er sei aus der Internationalen Psychoanalytischen Vereinigung ausgeschlossen worden (1934), während Jones der Meinung war, es habe sich um einen freiwilligen Austritt gehandelt.[19] Es gab noch ein paar andere Mitglieder der Kommunistischen Partei, die an der Psychoanalyse teilhatten (zum Beispiel Otto Fenichel), aber Jones beharrte darauf, Reich müsse sich entscheiden, was ihm wichtiger sei, die Psychoanalyse oder die Politik.[20] Durch seinen Versuch, das menschliche Triebleben im Zusammenhang mit gesellschaftlichen Herrschaftsformen zu begreifen, setzte sich Reich Angriffen von beiden ideologischen Flanken aus. Die Marxisten meinten, er konzentriere sich zu sehr auf den bloßen Überbau der bürgerlichen Gesellschaft, und in den dreißiger Jahren setzten ihn auch die kommunistischen Organisationen vor die Tür.

Das spätere Leben Reichs ist stärker kontrovers. Nach der Scheidung von seiner ersten Frau, einer früheren analytischen Patientin, entfernte er sich mehr und mehr vom Hauptstrom der Psychoanalyse bis zu dem endgültigen Bruch im Jahre 1934. Ohne die Verankerungen durch Freunde und Kollegen fühlte er sich umzingelt und allein. Obwohl er einen legitimen Einfluß auf A. S. Neills Schule Summerhill hatte, ließ er es zu, daß er zum Führer eines neuen Kults wurde. Für einige wurde Reich zu einem Diktator, *der es nicht ertragen könne, wenn andere unabhängig arbeiten*, und er *fürchtete, daß jemand einige seiner Entdeckungen stehlen könnte*.[21] Er schuf eine neue Terminologie, die den Stempel eines religiösen Denksystems trägt, wie manche meinen. Seine Erfindung von Orgonenergie-Akkumulatoren – er behauptete, die »physische Orgonenergie« entdeckt zu haben – und deren Anwendung bei der Behandlung führten dazu, daß die U. S. Food and Drug Administration ein Verfahren gegen ihn einleitete. Wenn er, wie es wahrscheinlich ist, zur Zeit seines Prozesses geistig gestört war, dann ist seine Verurteilung zu einer Gefängnisstrafe ein Beispiel dafür, welcher Grausamkeit die moderne Gesellschaft fähig ist. Seine Schriften wurden von der amerikanischen Regierung vernichtet, und er selbst starb 1957 in einem Bundesgefängnis.

Während Reich eine ziemlich große Popularität erlangte und seine Bücher nach vielen Jahrzehnten noch im Druck vorliegen, war Sandor Rado (1890–1972) ein psychoanalytischer »Verräter«, dessen Beiträge hauptsächlich innerhalb der Medizin bekannt sind. Im Jahre 1938 sagte Freud abfällig, die amerikanische Gruppe (der Analytiker) sei weitgehend jüdisch und werde von Rado beherrscht, und die Amerikaner (wobei er die Nichtjuden meinte) seien anscheinend nicht viel besser.[22] Eine derartige Machtstellung hat Rado niemals gehabt. Aber Nunberg sagte in seinen Memoiren, Rado habe sich weiter und weiter von der Psychoanalyse entfernt, habe sogar

ihre Grundannahmen aufgegeben und sich doch noch als Psychoanalytiker bezeichnet. Nunberg stellte Rado ausdrücklich in eine Reihe mit den berühmteren Dissidenten in der Psychoanalyse, deren Auffassungen praktisch auf eine Aufgabe der Psychoanalyse hinausgelaufen seien: *Zum Beispiel Adler, Jung, Rado, etc.*[23]
Rado war einer der brillantesten Köpfe in der Psychoanalyse. Er war Ungar und ein enger Freund von Ferenczi; er besaß ein fotografisches Gedächtnis, das es ihm ermöglichte, nicht nur Freud wortgetreu zu zitieren, sondern sogar die entsprechenden Seitenzahlen anzugeben. Rado wurde in Berlin von Abraham analysiert; er selber analysierte Theoretiker wie Otto Fenichel, Heinz Hartmann und Wilhelm Reich, woraus sich ablesen läßt, welches Ansehen er unter den intellektuell begabtesten Analytikern genoß. Als Otto Rank als Chefredakteur der *Zeitschrift* zurücktrat, trat Rado an seine Stelle, was ihm den Neid und die Feindseligkeit vieler Analytiker eintrug. Er war zu glänzenden Arbeiten fähig – wie zum Beispiel seine unter Fachleuten wohlbekannte Abhandlung über das Problem der Melancholie.[24] Zu Ehren von Freuds 70. Geburtstag gab er 1926 ein zweibändiges Werk heraus. Man übersieht leicht, welch große Rolle Rado zu Freuds Lebzeiten spielte, denn die späteren Beiträge anderer Analytiker, die innerhalb der orthodoxen Bewegung blieben, werden heute häufiger zitiert. Aber Freud hatte ihm im Zusammenhang mit seiner Arbeit als Herausgeber geschrieben: *Sie leisten bei weitem die größte selbstlose Arbeit für die Psychoanalyse.* Rado erhielt von Freud großartige Antworten, wenn er ihn im Zusammenhang mit seiner Tätigkeit an der Zeitschrift etwas fragte. Als die Frage der Laienanalyse debattiert wurde, schwieg Rado. Er hielt es für richtig, nicht gegen Freud zu opponieren, konnte aber seine Auffassungen nicht teilen.
Als die Amerikaner einen begeisternden und gut ausgebildeten Lehrer für das New Yorker Institut brauchten, boten sie Rado den Posten an. Freud gab seinen Segen dazu, daß Rado 1931 nach den Vereinigten Staaten ging. Rado mußte jedoch feststellen, daß nach seinem Weggang aus Berlin seine früheren Bindungen sich zu lockern begannen. Zum Kreise der frühen Analytiker zu gehören, hatte bedeutet, daß man Mitglied einer geschlossenen Gruppe war, in der jeder von jedem abhing. In den Vereinigten Staaten wurde seine Arbeit schon bald als ein Teil der modernen Medizin anerkannt. Während seiner ersten fünf Jahre in Amerika verbrachte Rado jeden Sommer in Europa, wobei er jedesmal Freud besuchte. Er wandte sich gegen die Pläne Freuds, ein neues internationales psychoanalytisches Institut in Wien zu errichten, nachdem Hitler in Deutschland an die Macht gekommen war; Freud hatte große Angst davor, daß er in Wien schließlich ganz isoliert sein werde.[25]
Zu einem Wendepunkt in Rados Verhältnis zu Freud kam es, als Jeanne Lampl-de Groot 1935 eine kritische Besprechung eines Buches von Rado veröffentlichte, nachdem sie zuvor darüber mit Freud gesprochen hatte.[26] Bei seinem Versuch, die weibliche »Kastrationsangst« zu erklären, war Rado ihrer Meinung nach der Versuchung erlegen, durch eine »unbeweisbare Traumatheorie«, die den Kampf des Ichs gegen den Masochismus einschloß, die Komplexitäten der menschlichen Seele übermäßig

zu vereinfachen. Das Bedürfnis, nur ein Bruchstück der Wahrheit zu ergreifen, war schon in den Vorwürfen gegen frühere psychoanalytische »Abweichler« aufgetaucht, und Otto Rank, Rados Vorgänger als Schriftleiter, hatte sich gleichfalls einer Traumatheorie bedient. Lampl-de Groot gab nicht nur ihren eigenen Meinungen Ausdruck, sondern auch kritischen Kommentaren, die bei einer Sitzung der Wiener Psychoanalytischen Vereinigung vorgebracht worden waren. Rado war gekränkt durch das, was in seinen Augen eine Beleidigung war: daß Freud ihr gestattet hatte, eine solche Kritik mit seiner Billigung zu schreiben. Nach all der Arbeit, die Rado in der Analyse geleistet hatte, hatte Freud Jeanne Lampl-de Groot mit größerem Respekt behandelt als ihn selber. (Offensichtlich schrieb Rado an Freud über die Besprechung, und Freud zeigte ihr dann den Brief und seine Antwort.) Rado war der getreuste Schüler gewesen, aber jetzt fühlte er sich von Freud zurückgestoßen und wandte sich von den Traditionalisten in der Psychoanalyse ab. Nachdem er jedes Wort Freuds als eine schwerwiegende Angelegenheit betrachtet hatte, mußte Rado nun plötzlich herausfinden, wie wenig er Freud persönlich bedeutete.*

Wie es auch bei Ranks Trennung geschehen war, führten weitgehend Freuds Anhänger den Angriff auf den früheren Liebling des Meisters; aber Rado hatte in Freuds Leben nie eine so wichtige Rolle gespielt wie Rank, und Freud war jetzt mehr als zehn Jahre älter. Freud hatte es Rado übelgenommen, daß dieser eine Reihe europäischer Analytiker dazu ermuntert hatte, nach Amerika zu emigrieren, und ihnen dabei half. Außerdem hatte ein Gedächtnisartikel Rados für Ferenczi, den er 1933 veröffentlichte, nicht die Billigung Anna Freuds gefunden, weil er ihrer Meinung nach allzu positiv war;[28] dazu hatte es zwischen Anna Freud und Rado einen Streit über den Bericht über den Psychoanalytikerkongreß von 1934 gegeben.[29] Rado dachte, wie andere auch, daß Freud jetzt von einer »Kamarilla« umgeben war; die Getreuen versuchten – aus Eifersucht, wie er meinte – ihn als einen Verräter darzustellen. Mit der kritischen Besprechung von Jeanne Lampl-de Groot hatte, so empfand er es, die Wiener Gruppe endgültig über ihn triumphiert.

Rado lieferte eigene bedeutsame Beiträge zur Psychoanalyse. Er betonte, daß man Es, Ich und Über-Ich als eine Funktionseinheit sehen müsse. Er strebte danach, die Psychoanalyse zu einer empirischen Wissenschaft zu machen, und wollte die Emotionen verstehen, die in der Motivation eine Rolle spielen; die Abstraktheit so vieler psychoanalytischer Theorien mißfiel ihm, und er hob hervor, daß das Studium der Genetik ein legitimes Forschungsgebiet für den psycho-dynamischen Psychiater ist. Wie andere war auch Rado der Auffassung, daß die klassische psychoanalytische Technik zu rationalistisch sei und daß die Überwindung von Verdrängungen und die Wiedererinnerung der Vergangenheit für die Zwecke der Therapie nicht ausreichen; das Selbstvertrauen des Patienten könne allzuleicht und, ohne daß man es merkt, untergraben werden. Wie andere abweichende Meinungen in der Geschichte der Psy-

* In kleinerem Rahmen wurde auch Frederick Perls in ähnlicher Weise durch seinen persönlichen Kontakt mit Freud schockiert und enttäuscht.[27]

choanalyse zeigten viele von den Auffassungen Rados mehr gesunden Menschenverstand als die Ideen jener, die der orthodoxen Lehre treu blieben und ihrer Konformität als Mitglieder der offiziellen Organisation Ausdruck gaben.

Im Jahre 1944 beendete die New Yorker Psychoanalytische Vereinigung Rados Auftrag als Lehranalytiker, obwohl er Mitglied der Vereinigung blieb. Er setzte seine Forschungen als Leiter des Psychoanalytischen Instituts der Columbia University fort und beteiligte sich eine Zeitlang an der unabhängigen Arbeit Abram Kardiners. Aufgrund seiner Rebellion (und seiner echten Begabung) schuf er für alles in der Psychoanalyse neue Worte. Nach seiner Emeritierung von der Columbia University 1957 half er mit an der Gründung der New School of Psychiatry.

Franz Alexander (1891–1964), gleichfalls ein Ungar, war ein weiterer Führer der radikalen Linken in der Psychoanalyse. Im Gegensatz zu Rado jedoch, ging er ohne die Billigung Freuds in die Vereinigten Staaten. Wie er sich an den Anfang seines Interesses für die Freudsche Psychologie erinnerte: *Sich der Psychoanalyse zuzuwenden, bedeutete die Aufgabe jedes Gedankens an eine akademische Karriere, auf die ich mich seit meinen ersten Schuljahren vorbereitet hatte ... Im Jahre 1921 stellte die Entscheidung, Psychoanalytiker zu werden, einen Arzt außerhalb der Bruderschaft der Mediziner.*[30] Dafür erwarb ein junger Analytiker jedoch

einen geistigen Hafen, eine Art von Bürgerrecht in einer kleinen, aber ergebenen Gruppe ... Es gab kaum ein Kulturzentrum in Europa, wo der junge Psychoanalytiker, wenn er von seiner lokalen Vereinigung anerkannt war, nicht freundliche Aufnahme durch die örtlichen Psychoanalytiker gefunden hätte. Unter ihnen fand er sofort ein Zuhause, mit dem Gefühl, daß er zu den wenigen Auserwählten gehörte, die durch Freuds Lehren über das Wesen des Menschen und der Gesellschaft erleuchtet waren ... Ob er seine Kollegen in Wien, Zürich, Berlin, München, Budapest, Rom, Amsterdam, Paris oder London besuchte, die Unterhaltung wandte sich schon bald der Feindseligkeit und dem Vorurteil zu, denen die örtlichen Analytiker auf seiten der medizinischen Gesellschaften und der Universitäten begegneten. Eine gut erzählte Anekdote über einen Versprecher oder eine Beobachtung über das ödipale Verhalten eines kleinen Sohns oder einer Tochter, ein Bericht über ein interessantes Traumfragment schufen schon bald das Gefühl völliger Solidarität, das Gefühl, daß wir alle das gleich neue Wissen teilten, um dessentwillen die übrige Welt uns ablehnte ... Man hatte das Gefühl, daß unabhängig davon, welche Beiträge man leistete, man für eine würdige Sache lebte und daß die Ergebnisse der eigenen Bemühungen weiterleben würden.[31]

Alexander, der aus einer kultivierten Familie stammte, war ein außergewöhnlich brillanter Schüler am Berliner Institut. Da er in Europa nie das gleiche Ansehen als Analytiker wie Rado genossen hatte, mußte Alexander in Amerika weniger weit in Richtung der Rebellion gehen.

Freud interessierte sich für Alexander, und es gibt eine umfangreiche und wichtige Korrespondenz zwischen ihnen, die bisher noch unveröffentlicht ist (das gleiche gilt für Freuds Briefe an Rado); man kann deshalb über Alexander als Schüler Freuds nicht viel mehr sagen, als daß er zu den allerbesten gehörte. Zuerst in Boston, dann viele Jahre lang in Chicago und in Los Angeles, erfüllte Alexander jede psychoanalytische Gemeinschaft, an der er teilnahm, mit neuem Leben. In der Tradition von Ferenczis Beschäftigung mit der Technik schrieb Alexander über einige Mängel in der analytischen Situation, wie sie von Freud ersonnen worden war, insbesondere über die Gefahren der Abhängigkeit und über die Schwächen der intellektuellen Einsicht und Deutung. Die Analyse latenter Übertragungsgefühle ermöglicht die Wiederbelebung früherer Erinnerungen, was nach Alexanders Meinung mehr als alles andere ein Gradmesser therapeutischer Verbesserung war. Er analysierte Bertrand Lewin und war auf Freuds Anregung auch der erste Analytiker von Marianne Kris; nach einigen Angaben soll er auch Freuds Sohn Ernst behandelt haben.[32] Alexander glaubte, die ätiologische Forschung werde zu häufig mit dem, was für den Patienten das Beste ist, verwechselt. Viele seiner technischen Neuerungen, die die Behandlungsergebnisse verbessern sollten, waren in Wirklichkeit schon von Jung vorweggenommen worden.

Alexander leistete Pionierarbeit in der psychosomatischen Medizin und versuchte, die Folgerungen aus der Psychoanalyse für die Sozialphilosophie zu entwickeln.[33] In mancher Hinsicht ähnelten seine revisionistischen Absichten denen von Karen Horney (1885–1952); sie war gleichfalls in Berlin ausgebildet, hatte aber keine persönliche Beziehung zu Freud. Alexander lud sie nach Chicago ein, aber nach einigen Jahren stellten sie fest, daß sie nicht in der Lage waren, harmonisch zusammenzuarbeiten. Es ist vielleicht das unvermeidliche Schicksal von Dissidenten, daß sie ihre eigenen Wege gehen müssen.[34] Alexander war ein psychoanalytischer Liberaler, der einmal einen einfühlsamen Aufsatz über Rado schrieb; Rado sei *einer der wenigen ›Reformer‹, die in der psychoanalytischen Gemeinde geblieben sind*, gewesen, und habe versucht, *die Psychoanalyse von innen heraus voran zu bringen*.[35] Alexander bewunderte die Bemühungen Rados, die Isolierung der psychoanalytischen Institute zu beenden und die Psychoanalyse in die Universitäten hineinzutragen; aber obwohl er sich für die Geschichte der Psychiatrie interessierte, hielt Alexander sich doch zurück und ging nicht so weit, sich an der Diskussion über das Zerwürfnis zwischen Rado und Freud zu beteiligen. In Wirklichkeit paßt Alexander weder in die Kategorie der Abtrünnigen, noch in die eines Apostels Freuds; als Spezialist der Metapsychologie arbeitete er weiter innerhalb des Freudschen Bezugsrahmens, was aber die orthodoxen Freudianer nicht daran hinderte, seine Beiträge anzugreifen.[36]

Erich Fromm, ein sehr fruchtbarer Schriftsteller, ist einer breiteren Öffentlichkeit als einer der schärfsten Kritiker Freuds bekannt, hat aber Freud nie persönlich kennengelernt. Er wurde von Sachs analysiert und erfuhr seine Ausbildung in den zwanziger Jahren im Berliner Institut; danach praktizierte er ungefähr zehn Jahre lang als orthodoxer Analytiker. Seine erste Frau, Frieda Fromm-Reichmann, war eine Nervenärztin, die viele Jahre im Sanatorium weißer Hirsch in Dresden arbeitete; vorher war sie Assistentin von Kurt Goldstein in Königsberg gewesen. In den zwanziger Jahren hatte die Psychoanalyse nicht jene strengen Kontrollen, welche die Organisation später entwickelte. Im Gegensatz zu der in der Berliner analytischen Gemeinschaft vorherrschenden Meinung, die Groddeck als eine Art Narren betrachtete, bewunderten Erich Fromm und seine Frau Groddecks Originalität und seinen Drang zu heilen. Vor allem Frieda Fromm-Reichmann war führend in der Psychotherapie von Psychotikern; aber in Amerika, wo sie in Chestnut Lodge arbeitete, kam zumindest in einem Fall ein Abgesandter der Amerikanischen Psychoanalytischen Vereinigung in eines ihrer Seminare, um herauszufinden, ob sie unorthodoxe Ideen lehrte. Sie war empört über dieses Verhalten, das sie als eine unberechtigte Einmischung betrachtete.[37]

Erich Fromms Entwicklung verlief außerhalb der damals dominierenden Richtungen in der Analyse. Früher als die meisten seiner Kollegen und teilweise aufgrund seiner marxistischen Bindungen versuchte Fromm, die Psychoanalyse mit dem zeitgenössischen sozialen Denken zu integrieren. Er hatte in Soziologie promoviert, und sein Buch *Furcht vor der Freiheit* wurde zu einem Markstein der modernen Sozialwissenschaft. Außerdem war Fromm einer der ersten Analytiker, der sich ausdrücklich mit den moralischen Implikationen der psychoanalytischen Ideen beschäftigte.[38]

Fromm analysierte so bekannte Amerikaner wie Clara Thompson und David Riesman. (Riesmans Idee der »Außen-Lenkung«, des »außen-geleiteten Menschen«, paßt zu Fromms Konzept des »Markt-Charakters.«) Trotzdem trug Fromms Pionierarbeit ihm die heftige Feindseligkeit der mehr sektiererischen Vertreter der Psychoanalyse ein. Obwohl Fromm ein eigenständiger sozialer Denker von Format ist, fällt er (wie Karen Horney) außerhalb des Bereichs dieser Untersuchung, weil er keinen direkten Kontakt mit Freud selbst hatte.

10.3. Erikson und Hartmann

Erik Erikson ist einer der wichtigsten geistigen Erben Freuds. Das Interesse Eriksons galt – wie das von Reich, Fromm und Kardiner vor ihm – der Aufgabe, die Psychoanalyse mit den Sozialwissenschaften zu integrieren, und er hat weitreichende Folgerungen aus Freuds Werk gezogen. Sowohl Fromm als auch Erikson gelang es, ein breites Publikum für psychoanalytisches Denken zu gewinnen; zusammen mit Bruno Bettelheim sind sie ein Beweis für die Behauptung Freuds, daß Laienanalytiker wichtige Beiträge für das Leben der Psychoanalyse leisten können.

Erikson kam zuerst 1927 mit dem Wiener Analytikerkreis in Berührung; damals wanderte er als Künstler überall in Europa herum. Sein alter Schulkamerad Peter Blos war zu dieser Zeit Helfer in einer Schule (hinter Eva Rosenfelds Haus) für Kinder analytischer Patienten und für Patienten, die bei Anna Freud in Kinderanalyse waren. Dorothy Burlinghams Kinder wurden dort erzogen, und ohne ihre finanzielle Unterstützung hätte die Schule wahrscheinlich nicht existieren können. Blos brachte Erikson mit Mrs. Burlingham in Verbindung, deren Kinder er malen sollte. Blos wollte den Sommer über Urlaub machen, und so übernahm Erikson auch die Aufgaben von Blos als Lehrer. Am Ende des Sommers wurde Erikson gefragt, ob er nicht Kinderanalytiker werden wollte, ein Beruf, von dessen Existenz er bis dahin nichts gewußt hatte.

Erikson war schmächtig und hatte helles Haar. Wie Anna Freud erlangte er nie einen akademischen Grad, und später als Professor war es ein wunder Punkt bei ihm, daß er im Universitätsleben ein Außenseiter war. Blos und Erikson stellten für ihre Zeit eine Ausnahme dar, weil man damals nicht erwartete, daß Männer mit Kindern geschickt umgehen könnten; ein Mann aus dem europäischen Bürgertum schob noch nicht einmal einen Kinderwagen. Bestrebt, Männer für die Kinderanalyse zu gewinnen, entdeckten sowohl Anna Freud, als auch Dorothy Burlingham das intuitive Geschick Eriksons im Umgang mit kleinen Kindern. Erikson, der der Stiefsohn eines deutsch-jüdischen Kinderarztes war, fand in der Analyse eine Identität, die für ihn eine Befreiung darstellte. Er hatte den Namen seines Stiefvaters Homburger angenommen, und seine ersten Arbeiten erschienen unter diesem Namen. Seine wirklichen Eltern waren Dänen und Nichtjuden, und er hatte das Gefühl, sich in der Psychoanalyse einem deutschen Gedankensystem zu widmen; später in Amerika, wo er sich den Namen Erikson ausdachte, konzentrierte er sich dann auf das Problem der Identitätsbildung.

In Wien lernte Erikson seine spätere Frau Joan kennen, eine junge Amerikanerin, die die Ursprünge des modernen Tanzes studierte. Außerdem lehrte sie auch an Dorothy Burlinghams Schule und wurde in Wien von Ludwig Jekels analysiert. Die Eriksons waren sehr arm und schliefen auf einer Matratze auf dem Fußboden; als Dorothy Burlingham das erfuhr, schenkte sie ihnen ein Federbett. Als Joan Erikson, die damals schwanger war, sich hinplumpsen ließ und sich auf der Decke ausstreckte, wurde sie von Tante Minna ermahnt, daß man sich nicht auf eine Federdecke legt, weil das die Federn beschädigt.

Erikson wurde ausschließlich in der Kinderanalyse ausgebildet, was vielleicht seine manchmal übertriebene Ehrfurcht gegenüber Freud erklärt. Während andere sich alle Mühe gaben, ihre Arbeiten von denen Freuds abzugrenzen, schrieb Erikson tatsächlich seine eigenen Gedanken Freud zu. Es scheint, daß Erikson seine eigene Originalität nicht immer zugeben will.

Er wurde von Anna Freud analysiert und saß im gleichen Wartezimmer wie die Schüler Freuds. Sie setzte die Stunden ihrer Patienten fünf Minuten später an als die ihres Vaters, und wenn Freud hereinkam, während Erikson wartete, machte er auch vor Annas Patienten eine kleine Verbeugung. Kurz darauf kam dann die Haushälterin,

Paula Fichtl, herein und sagte: Fräulein Freud ist bereit. Erikson mußte nur sieben Dollar im Monat für seine Analyse bezahlen. Erikson fühlte sich Anna verpflichtet, meinte aber, sie habe ihm nie verziehen, daß er nicht der Kinderanalytiker blieb, als der er ausgebildet war. Damals jedoch wurde er als Mitglied der neuen Bewegung willkommen geheißen. Als Freud wegen einer neuen Prothese nach Berlin fahren mußte und Anna ihn begleiten wollte, bot sie ihrem Patienten an, im Haus ihres Bruders Ernst in Berlin zu wohnen.

Wenn Anna Freud bestimmte Ideen nicht mag, neigt sie wie ihr Vater dazu, sich dadurch vor ihrer Feindseligkeit zu schützen, daß sie die Gedanken »fremd« findet; von Eriksons Werk sagte sie wiederholt, sie könne nicht viel davon verstehen. Trotzdem hat Erikson ihr eines seiner Bücher gewidmet.

In den letzten Lebensjahren Freuds übernahmen manche seiner Schüler auch Dienstleistungen. Einmal bekam Erikson den Auftrag, Freud auf einer vierstündigen Fahrt in Dorothy Burlinghams Auto zu chauffieren. Dabei liefen eine Zeitlang Freud die Tränen über das Gesicht; es war aber kein Schluchzen, sondern die Prothese muß auf seine Tränendrüsen gedrückt haben.[1]

Erikson fand die Atmosphäre der Wiener Vereinigung erstickend. Zum einen machte es die weibliche Dominanz auf dem Gebiet der Kinderanalyse für einen solchen Mann schwer, zum selbständigen Denken zu finden. Eriksons eigene Beobachtungen an Kindern stießen auch auf Einwendungen einer Art, wie sie jeden Forschenden irritieren mußten, der Selbstachtung besaß. Er hatte einen Artikel über Kinderspiele geschrieben und bekam dann gesagt, er klinge wie Melanie Klein. Später sprach er von einem *wachsenden Konservatismus und vor allem einem stets gegenwärtigen Verbot bestimmter Gedankenrichtungen. Dies betraf in erster Linie jeden Gedanken, der an die Abweichungen erinnern könnte, die von jenen frühesten und glänzendsten Mitarbeitern Freuds verbrochen worden waren.* Wenn etwas »klang wie Melanie Klein«, so war das für die Menschen um Anna Freud so schlimm, wie eine Ähnlichkeit mit Adler oder Jung. Joan Erikson ermunterte ihren Mann, Wien so bald wie möglich zu verlassen; *der Gedanke, weiterzuziehen und selbständig zu arbeiten, erschien ... erfrischend ...*[2]

Erikson schloß seine Ausbildung am Wiener Institut 1933 ab und wurde ordentliches Mitglied der Vereinigung; und da er zu verstehen gegeben hatte, daß er weg wollte, empfahl ihn Anna Freud schon nach sechs Monaten ins Ausland als Lehranalytiker. Er versuchte, zuerst in Dänemark zu praktizieren, aber es hätte Jahre gedauert, bis er die dänische Staatsbürgerschaft erhalten hätte, und er wußte nicht, wovon er in der Zwischenzeit leben sollte.[3] Er beschloß darauf, in die Vereinigten Staaten auszuwandern; die Amerikaner waren jedoch etwas beleidigt, daß die Wiener Erikson so kurze Zeit nach Abschluß seiner eigenen Ausbildung für geeignet als Lehranalytiker betrachteten.[4] Man hatte das Gefühl, daß die Wiener, wenn es sich um »Exportware« handelte, andere Maßstäbe anwandten als für ihre eigene Vereinigung; und in der Tat war das Vorgehen der Wiener ein wenig von der Einstellung »für die Amerikaner gut genug« gefärbt. Aber Erikson war in Wirklichkeit besser als alle anderen, die die Amerikaner schon hatten. Erikson besuchte Brill in New York, aber Brill war nicht sehr von ihm beeindruckt.[5] Hanns Sachs ermutigte Erikson, sich in Boston niederzulassen, wo er zuerst in Henry Murrays psychologischer Klinik in Harvard arbeitete.

Der Aufstieg Eriksons war meteorhaft. Sobald er von Wien weg war, hatte er mehr Freiheit, er selbst zu sein. Wenn ein Schüler, selbst ein entfernterer wie Erikson, einmal aus Freuds Nähe herausgetreten war, konnte er beginnen, anderer Meinung zu sein, wenn dies auch eine schwere Aufgabe blieb, die mit Schuldgefühlen belastet war. Ein Analytiker, der nie dem Wiener Kreis angehört hatte, hatte es leichter, seinen eigenen Weg zu gehen, ohne von Konflikten geplagt zu werden, ob man loyal genug war oder nicht. Im Gegensatz zu Alexander hatte Erikson keine intellektuelle Bedeutung für Freud gehabt, jedenfalls war nichts dergleichen bekannt; während Alexander einen größeren Einfluß auf die klinische Praxis in Nordamerika hatte, erstreckte sich die Hauptwirkung Eriksons auf die breite Leserschaft.

Eriksons Konzept der Identität, wie Adlers Idee der Minderwertigkeit, gab den Menschen einen Namen für ein Gefühl, das für sie wichtig war. Auch andere Analytiker, wie Tausk und Federn, hatten mit der Identität als Element der Ichpsychologie gearbeitet, aber aus Freuds Einstellung zu ihrer Arbeit wird deutlich, wie fremd ihm dieser Gedanke erschien. Trotzdem: Als Erikson die Konzeption seiner Arbeit einführte, zitierte er wiederholt Freuds Ansprache an den Verein B'nai B'rith, in der Freud von seiner »inneren Identität« als Jude sprach. Diese Ansprache spielt in Freuds Schriften eine geringfügige Rolle, und er hätte es ebenso schwer wie seine Tochter gefunden, Eriksons Ausarbeitung von Identitätsproblemen zu folgen. Aber Erikson hatte bei seinem Streben nach Neuem das starke Bedürfnis zu betonen, daß er sich nicht gegen die orthodoxe Analyse auflehne; obwohl er viele Gedanken der frühen Häretiker teilte, war die Bewegung inzwischen so groß und erfolgreich geworden, daß niemand sich die Mühe machen mußte, ihn auszustoßen. Indem er manchmal das öffentliche Bild Freuds in übertriebener Weise glorifizierte, versuchte Erikson, dem von ihm in der Psychoanalyse eingeschlagenen Kurs den Anschein der Unausweichlichkeit zu verleihen. Auf die Frage, ob Freud, wenn er heute lebte, seine Libidotheorie umformulieren würde, um sie an die neueren Entwicklungen in der Biologie anzupassen, antwortete Erikson: *Ich bin dessen ziemlich sicher*[6] – obwohl es ja nicht an Beweisen dafür fehlt, daß Freud auf seiner Autonomie insistierte.

Eines der entscheidenden Mittel, mit deren Hilfe Erikson Freud revidierte, war seine Verwendung des Konzeptes der »Ichstärke«. Obwohl Erikson Freuds Verwendung von Energie-Metaphern in den historischen Kontext stellte, war er selber gezwungen, auf die Idee der »Stärke«, der »Kraft« zurückzugreifen, um zu beschreiben, wie das Ich fähig ist, Extreme zu vereinen. Auf diese Weise war Erikson in der Lage, Gesundheit nicht mit negativen Begriffen von Symptomen zu messen – in Begriffen dessen, was bei einer Person abgeschnitten oder geopfert worden ist –, sondern durch den

positiven Maßstab, wie viele Extreme ein Mensch gleichzeitig in sich vereinen kann. Durch die Heranziehung der Bedeutung »höherer« Funktionen, verglichen mit und im Gegensatz zu instinkthaften Trieben, ermunterte Erikson den Therapeuten dazu, sanktionierend, bestätigend und unterstützend vorzugehen. Viele Therapeuten wehren sich gegen Eriksons Auffassung, denn es ist schmeichelhafter, wenn man annimmt, der therapeutische Erfolg sei dem Geschick und Verständnis des Analytikers zu verdanken und nicht der angeborenen Gesundheit des Patienten.
Noch 1922 galt das Hauptinteresse der Wiener Analytiker der menschlichen Sexualität.[7] Obwohl Freud für die Einführung der Ichpsychologie als einem legitimen Teil der Psychoanalyse verantwortlich war, und die Arbeit seiner Tochter auf diesem Gebiet klassisch wurde, beschäftigten sich die meisten traditionellen Analytiker in erster Linie mit pathologischen Erscheinungen, auch wenn sie über Ichvorgänge schrieben. Freud deutete einmal auf die Gesammelten Werke Goethes und sagte: *All das benutzte er, um sich zu verstecken.*[8] Erikson benügte sich nicht damit, das Ich als einen passiven Mittler zwischen dem Es, dem Über-Ich und der Außenwelt zu sehen, wie es sogar in Freuds späteren Schriften dargestellt wird. Erikson hat versucht, einen Entwicklungszyklus des Ichs zu skizzieren, das seine eigenen Kraftquellen hat, wie die Libido in der Konzeption Freuds. Manche haben in Eriksons Modell der Persönlichkeitsentwicklung ein konformistisches Menschenbild gesehen, insofern er es für notwendig hält, daß jeder diese Stufen in der von ihm bezeichneten Ordnung durchlebt. Die Verteidiger Eriksons meinten jedoch, seine Auffassung besage nicht, daß *das Individuum reibungslos wächst und in ungebrochenem linearem Fortschreiten Reife und Stärke ansammelt; die Entwicklung verläuft vielmehr von Kampf zu Kampf, und jeder Kampf konzentriert sich auf andere Lebensprobleme.*[9]
Temperamentsmäßig ambivalent, ist Erikson ungefähr so weit nach »links« in der Bewegung gerückt, wie man gehen kann, um noch in Analytikerkreisen respektvoll angehört zu werden und Einfluß zu behalten. Wie treffend gesagt worden ist, ist Erikson ein Mann, der *vorschlägt, andeutet, nahelegt. Stets höflich und taktvoll, sind noch seine schärfsten Kritiken ein sanftes Flüstern. Anders als der rebellische Fromm, hat Erikson selbst das Ausmaß seines Abweichens von der psychoanalytischen Bewegung vernebelt.*[10] Wie er selbst seine Position in bezug auf die Technik erklärt hat, kann ein Analytiker *in Wirklichkeit nur eine Methode lernen, die mit seiner eigenen Identität vereinbar ist . . . Die Frage ist also nicht einfach, welche Methode die beste für die Patienten ist, sondern auch, bei welcher Methode sich der Therapeut am behaglichsten und schöpferischsten fühlt.*[11]
Es gibt Puristen, die der Meinung sind, Erikson sei kein Analytiker mehr, sondern nur noch ein Psychotherapeut.[12] Obwohl Erikson einen enormen Einfluß auf die Sozialwissenschaften gehabt hat, insbesondere durch seine Entwicklung der »Psycho-Historie«, hat er es nicht unternommen, Schüler in einer Weise auszubilden, die der traditionellen psychoanalytischen Hierarchie zuwiderläuft; deshalb ist er auch nicht dem Haß begegnet, den den Erich Fromm gestoßen ist. Es mag sein, daß Eriksons

Werk für Freuds Auffassung der Psychoanalyse nicht mehr repräsentativ ist, aber was Erikson schreibt, wäre ohne den Freudschen Hintergrund nicht denkbar.
Wenn Fromm und Erikson wesentlich dazu beitrugen, das Interesse der Öffentlichkeit für die Psychoanalyse zu wecken, so war Heinz Hartmann (1894–1970) vielleicht der führende Theoretiker innerhalb der orthodoxen Psychoanalyse. Obwohl nicht viel älter als Erikson, war Hartmann zu der Zeit, als Erikson nach Wien kam, bereits so fest etabliert, daß er diesem wie ein Vater erschien. Freuds analytische »Enkel«, die nur einen sehr distanzierten Kontakt mit ihm hatten, konnten sehr viel freidenkender sein als die älteren Analytiker.
Obwohl Hartmann und Fromm die entgegengesetzten Enden des Spektrums einnahmen, wobei der erstere den Lehren Freuds ebenso ostentativ treu war wie der letztere respektlos erschien, haben beide gemeinsam, daß ihr Werk sehr wenige Falldarstellungen enthält. Bei Fromm überrascht das nicht, da er ja zugegebenermaßen der sozialen und politischen Perspektive Vorrang vor der klinischen gibt. Bei einem Analytiker wie Hartmann dagegen, dessen Schriften sich so ausgesprochen an der Tradition Freuds orientieren, mag man es bemerkenswert finden, daß seine Arbeiten so wenige klinische Beispiele enthalten. Hartmanns Kontakt mit Freud fiel in die Zeit, als Freud alt und todkrank war; und die Abstraktheit so vieler heutiger psychoanalytischer Veröffentlichungen, von denen manche wie eine Art Metaphysik wirken, stammt von den Analytikern, die sich mit dem in sich zurückgezogenen Freud identifizierten, der in seinen letzten Jahren versuchte, seine Entdeckungen für die Zukunft zu konsolidieren. Je mehr Freuds Körperkräfte nachließen, desto mehr bemühte er sich darum, einen festen Bestand unumstößlicher wissenschaftlicher Feststellungen herauszudestillieren.
In seiner Frühzeit brauchte Freud ein Publikum zur Bekräftigung seiner Ideen; aber in den zwanziger Jahren, als Hartmann zu ihm kam, war das nicht mehr so nötig. Hartmann kam zu spät, um noch eine Art von »Sohn« werden zu können, wie es Freud vorschwebte, als er Jung »adoptierte«. Hartmann repräsentierte jedoch wie Jung die Welt der akademischen Psychiatrie, und als Nichtjude war er für Freuds Bestreben nützlich, die Psychoanalyse nicht zu einer ausschließlich jüdischen Angelegenheit werden zu lassen (ein Großelternteil Hartmanns war übrigens jüdisch.) Wegen seiner Verbindung mit der psychiatrischen Klinik der Universität Wien war Hartmann für Freud zuerst suspekt; die dort tätigen Ärzte standen der Analyse bestenfalls mit ambivalenter Freundlichkeit gegenüber. Außerdem war Hartmanns Denkweise zu akademisch für Freuds Geschmack. Aber Freud bot ihm eine kostenlose Lehranalyse an.
Hartmanns methodologisches Interesse war formalistischer, als das Freuds je wurde. Hartmann wollte die Ichfunktionen der Psyche herausarbeiten, und man kann – wenn auch auf verschiedene Weise – von Hartmann wie von Erikson sagen, daß sie die Psychoanalyse einem großen Teil jener Entdeckungen anpaßten, *die Freuds alte Feinde gemacht hatten, jene Männer, die Freuds Hervorhebung einer vom Trieb be-*

herrschten menschlichen Natur ablehnten.[13] Anstatt das Ich als eine abhängige psychologische Variable zu sehen, sprach Hartmann von autonomen Ichprozessen, die von innerpsychischen Konflikten unabhängig waren. *So wie Konflikt der zentrale Gedanke in Freuds Werk ist, steht bei Hartmann Anpassung im Mittelpunkt.*[14] Wie Erikson versuchte auch Hartmann darzutun, daß sein Standpunkt in Freuds Anschauungsweise mitinbegriffen sei. Man würde jedoch denken, daß die Hervorhebung der konfliktfreien Sphäre des Ichs und das autonome Ich eigentlich eine offenkundige Abweichung von Freuds Interesse für die Zerlegung der Psyche darstellen. Nach Hartmanns Argumentation hingegen war im Laufe der Jahre lediglich folgendes geschehen: Eine Ichfunktion, nämlich die der Abwehr, habe auf Kosten anderer Funktionen wie Wahrnehmung, Aufmerksamkeit, Urteil und so weiter eine alles überragende Bedeutung erlangt, wodurch es in der Psychoanalyse zu einer künstlichen, unausgeglichenen Überbetonung des Pathologischen gegenüber der normalen Psychologie gekommen sei. Freud schrieb jedoch 1932: *Ich konnte diesen ersten Ansatz einer Ichpsychologie Ihnen unmöglich vorenthalten, und wenn wir ihn vor fünfzehn Jahren besessen hätten, hätte ich ihn schon damals erwähnen müssen.*[15] Ob nun Hartmanns Werk,[16] wie Glover gemeint hat, wesentlich *statisch* ist, *eine Übung vom grünen Tisch zur theoretischen Ausdehnung der Ichanpassung,*[17] so hatte jedenfalls Freud recht mit seiner Voraussage: *Es wird schwerhalten, in der Ichpsychologie dem Allbekannten auszuweichen, es wird mehr auf neue Auffassungen und Anordnungen ankommen als auf Neuentdeckungen.*[18]

Als der amerikanische Premierminister der Psychoanalyse verfuhr Hartmann, unter der Schutzherrschaft Anna Freuds, so als sei die Psychoanalyse immer noch eine Familie; oft publizierte er gemeinsam mit Ernst Kris und Rudolf Löwenstein, und dieses Triumvirat war wahrscheinlich in den Jahren zwischen 1950 und 1970 die autoritativste Quelle analytischer Ideen. Durch ihre Arbeit fand die Psychoanalyse Eingang in das akademische Leben, nicht nur in den medizinischen Fakultäten, sondern auch in den Fachbereichen der Psychologie. Hartmann wußte wahrscheinlich, in welchem Maße die Genialität Freuds seine besten Schüler vertrieben hatte, und erkannte, was das für die künftige geistige Produktivität in der Analyse bedeutete. Er sprach von dem hemmenden Einfluß eines Genies auf die ihm am nächsten Stehenden und hielt dies für einen Schlüsselaspekt der Geschichte der Analyse.[19]

Der Erfolg Freuds ist ebensosehr auf den Bekehrungseifer seiner Anhänger wie auf seine Schriften zurückzuführen. Es ist richtig, daß seine Anhänger in ihrem engen Zusammenstehen sich gegenseitig mehr als nötig zitierten und an Freuds Werk in einem Geist der Exegese herangingen; durch ihre Überschätzung der Wesensverschiedenheit zwischen dem Ansatz Freuds und dem seiner »abtrünnigen« Schüler kultivierten sie eine einengende Beschränkung. Im großen und ganzen gelang es ihnen, Fehden um die Doktrin zu vermeiden, und wenn die von ihnen vertretene Behandlungstechnik auch vielleicht nicht die war, die Freud selbst praktizierte, so brachten sie es doch fertig, den Behandlungsbereich über die Fälle hinaus auszudehnen, die Freud als der psychoanalytischen Behandlung zugänglich angesehen hätte. Es ist noch zu früh, Umfang und Fruchtbarkeit des Freudschen Erbes abschließend zu bewerten, aber daß es Menschen wie Erikson oder Fromm inspiriert hat, gereicht ihm zum Ruhme; aber beide Männer gingen nicht von der Annahme aus, daß das Zitieren Freuds schon einen guten Psychologen macht.

10.4. Erweiterte Identität

Über Freud zu schreiben, ist selbst zu einer kleinen Industrie geworden. Seine Psychologie ist bis heute einflußreich geblieben, eine Tatsache, die es leichter verständlich macht, daß er zu seinen Lebzeiten die Menschen so in seinen Bann zog. Eine seiner Nichten sprach noch lange nach seinem Tod von ihm als dem »Professor« – ein Hinweis darauf, mit welcher Ehrfurcht und mit welchem Respekt selbst die Mitglieder der eigenen Familie ihm begegneten.
Um 1914 hatte man ihn schon »mit Darwin und Kepler« verglichen, und 1924 fügte Freud dann noch den Namen Kolumbus hinzu.[1] *Der große Darwin*[2] war schon seit langem eines der Ideale Freuds, und er verglich den Widerstand gegen die Psychoanalyse gern mit früheren Bemühungen der Menschheit, angesichts großer Neuentdeckungen das eigene Selbstgefühl zu bewahren.

Zwei große Kränkungen ihrer naiven Eigenliebe hat die Menschheit im Laufe der Zeiten von der Wissenschaft erdulden müssen. Die erste, als sie erfuhr, daß unsere Erde nicht der Mittelpunkt des Weltalls ist, sondern ein winziges Teilchen eines in seiner Größe kaum vorstellbaren Weltsystems ... Die zweite dann, als die biologische Forschung das angebliche Schöpfungsvorrecht des Menschen zunichte machte, ihn auf die Abstammung aus dem Tierreich und die Unvertilgbarkeit seiner animalischen Natur hinwies. Diese Umwertung hat sich ... unter dem Einfluß von Ch. Darwin, Wallace und ihren Vorgängern vollzogen. Die dritte und empfindlichste Kränkung aber soll die menschliche Größensehnsucht durch die heutige psychologische Forschung erfahren, welche dem Ich nachweisen will, daß es nicht einmal Herr ist im eigenen Hause, sondern auf kärgliche Nachrichten angewiesen bleibt von dem, was unbewußt in seinem Seelenleben vorgeht.[3]

Kurz danach verglich Freud sein Werk mit dem von Kopernikus und Darwin, obwohl zu der Zeit, als er diesen Vergleich anstellte (während des Ersten Weltkriegs), unabhängige Beobachter sein Werk wohl kaum als so welterschütternd eingeschätzt hätten wie er selber.[4]
Zu einem von Freuds Geburtstagen bestellte eine seiner Schwiegertöchter bei einem

berühmten Wiener Konditor einen Kuchen, auf dem dargestellt war, wie einige Bücher Freuds in verschiedenen Ländern der Welt gelesen wurden; das entspach Freuds Selbstgefühl und seinen Zielen. Er bedauerte es gelegentlich, daß er nicht den Nobelpreis erhielt, wobei er seine echte Enttäuschung hinter der Bemerkung verbarg, *daß das Geld sehr willkommen wäre* . . .[5] Als Freud im Jahre 1924 seine *Selbstdarstellung* schrieb, waren sein eigenes Leben und das der Psychoanalyse so weit identisch, daß die Selbstdarstellung zu einer Geschichte der Bewegung wurde.

Freud ging in der Psychoanalyse völlig auf, *ein Mann, der sein ganzes Leben auf eine Idee gesetzt hatte.*[6] Da Freud es als sein »Schicksal« ansah, Psychoanalytiker zu sein,[7] drehte sich jede Unterhaltung um die Psychoanalyse, wenn er mit einem seiner begabten Anhänger ins Gespräch kam. Diese Faszination, die alle anderen Interessen Freuds zurückdrängte, verstärkte sich noch mit den Jahren. Aber schon 1909 nahm ihn seine Arbeit so gefangen, daß er den Silvesterabend damit verbrachte, Briefe an seine Schüler im Ausland zu schreiben. In einer Nachschrift zu seiner *Selbstdarstellung* schrieb Freud 1935:

Zwei Themen ziehen durch diese Arbeit, das meiner Lebensschicksale und das der Geschichte der Psychoanalyse. Sie treten in die innigste Verbindung zueinander. Die »Selbstdarstellung« zeigt, wie die Psychoanalyse mein Lebensinhalt wird, und folgt dann der berechtigten Annahme, daß nichts, was mir persönlich begegnet ist, neben meinen Beziehungen zur Wissenschaft Interesse verdient.[8]

Freuds Identität war mit der Psychoanalyse so verschmolzen, daß fast alles, was er als Teil seiner Praxis tat, irgendwie psychoanalytisch wurde. Seine Aussagen über das Wesen und die Anwendungsmöglichkeiten seiner Entdeckungen wurden immer grandioser. Wenige Jahre vor seinem Tod schrieb Freud:

Immer klarer erkannte ich, daß die Geschehnisse der Menschengeschichte, die Wechselwirkungen zwischen Menschennatur, Kulturentwicklung und jenen Niederschlägen urzeitlicher Erlebnisse, als deren Vertretung sich die Religion vordrängt, nur die Spiegelung der dynamischen Konflikte zwischen Ich, Es und Über-Ich sind, welche die Psychoanalyse beim Einzelmenschen studiert, die gleichen Vorgänge, auf einer weiteren Bühne wiederholt.[9]

Er betonte seine wissenschaftlichen Ambitionen immer stärker und behauptete sogar: *Die einzige zweckmäßige Vorbereitung auf den Beruf des Erziehers ist eine gründliche psychoanalytische Schulung.*[10]

Kaum hatte er nach dem Ersten Weltkrieg anfangen können, sich seines Weltruhmes zu erfreuen, da traf ihn der Schlag seiner Krebserkrankung. Von da an waren nicht nur seine physischen Betätigungsmöglichkeiten eingeschränkt, sondern er konnte es sich auch nicht mehr leisten, wie früher mit seinen geistigen Reserven verschwende-

risch umzugehen. Während in seinen jüngeren Jahren, als er seine besten Arbeiten schrieb, die Welt ihm nicht die gebührende Anerkennung gezollt hatte, konnten die Erfahrungen nach seiner Erkrankung ihn nur in seiner Verachtung für äußere Anerkennung bestärken: Je mehr seine Kräfte nachließen, desto mehr rühmte ihn die Welt als ein Genie.
Seit Freuds Tod werden gewisse Aussprüche von ihm aus seiner letzten Lebensperiode in der psychoanalytischen Bewegung immer wieder zitiert. Nachdem Freud 1938 aus Wien entkommen war und in London eine angenehme neue Unterkunft gefunden hatte, schrieb er mit einer Art grimmigem Humor von dem *Entzücken über die neue Umgebung, das einen zum Ausruf ›Heil Hitler‹ drängen möchte . . .*[11] Als die Nazis seine Wohnung in Wien durchsuchten, und ihm mitgeteilt wurde, wieviel sie aus seinem Safe mitgenommen hatten, sagte Freud lakonisch: *Ich habe nie so viel für einen einzigen Besuch genommen.*[12] Freud konnte immer noch Witze machen, selbst angesichts des nazistischen Umsturzes; er sagte, Ernst Kris solle ihm nicht chiffriert schreiben, sonst müsse er seine Briefe der Gestapo geben, damit sie richtig dechiffriert würden.[13] Bei einer früheren Gelegenheit, als die sozialdemokratische Wiener Stadtverwaltung ihm ein Grundstück in der Berggasse für das Psychoanalytische Institut schenken wollte, Freud aber für das übrige Projekt nicht genug Geld hatte, sagte er, er befinde sich in der Lage des Mannes, der sich Lederhosen kaufen wollte, aber bis jetzt nur die Knie hätte.[14]
Was Freud in seinen letzten Lebensjahren zu sagen hatte, war nicht denkwürdiger, als was er früher sagte, aber vorher behandelte man ihn nicht als einen Weisen, von dem jeder einzelne Ausspruch wert ist, daß man gründlich darüber nachdenkt; innerhalb seines eigenen Kreises war Freuds überragendes Ansehen natürlich seit langem gesichert, aber Freud fühlte sich durch sein Milieu behindert und beengt und suchte seine Identität in einer umfassenderen Gemeinschaft. Seine Umwelt war im allgemeinen nicht groß genug für ihn. Er hatte einen psychoanalytischen Verlag gewollt, um unabhängig in der Verbreitung seiner Ideen zu sein; aber das Unternehmen hatte nie genug Einnahmen erzielt, obwohl Freuds eigene Bücher gewinnbringend waren. Ein großer Teil seiner Einnahmen aus seinen Schriften ging wieder zurück, um andere analytische Arbeiten zu subventionieren, und häufig wurden auch die Verfasser aufgefordert, Druckzuschüsse für ihre Bücher zu leisten.
Gegen Ende seines Lebens stand Freud in persönlichem Kontakt mit Literaturgrößen wie Thomas Mann, Stefan Zweig und Romain Rolland, und er selber war eine literarische Größe von europäischem Rang. Der Romanschriftsteller Arnold Zweig fühlte sich in einem Brief an Freud zu der Bemerkung bewogen: *Daß Sie ein Publikum fingieren müssen – Sie, den zum Mitlebenden zu haben dieser ganzen Epoche einmal das Siegel geben wird!*[15] Stefan Zweig gegenüber rühmte sich Freud, er habe *eigentlich mehr Archäologie als Psychologie gelesen.*[16] Freud bewunderte Thomas Mann, fühlte sich ihm jedoch fremd wegen der steifen, norddeutschen Art des Schriftstellers;[17] Mann schrieb einige Aufsätze, in denen er Freud würdigte und in die europä-

ische Geistesgeschichte einordnete. Freud schätzte Künstler und Dichter hoch, fürchtete allerdings, sie könnten vielleicht sein Werk weniger als reine Wissenschaft erscheinen lassen.
Freud hatte 1910 eine schöne Arbeit über Leonardo geschrieben, in der er den Konflikt zwischen dem Künstler und dem Wissenschaftler in einem großen Mann skizzierte; am Ende gewann nach Freuds Darstellung der Wissenschaftler die Oberhand. Trotz seiner Bewunderung für die Fähigkeit des Künstlers, Dinge intuitiv zu erfassen, hatte Freud seine Zweifel, was seine eigene Phantasiebegabung anging. In den *Studien über Hysterie* hatte er einmal bemerkt: *Es berührt mich selbst noch eigentümlich, daß die Krankengeschichten, die ich schreibe, wie Novellen zu lesen sind, und daß sie sozusagen des ernsten Gepräges der Wissenschaftlichkeit entbehren.*[18] Aber als Freud alt wurde, gewann in *ihm* der Wissenschaftler über den Künstler die Oberhand, so daß er 1926 mahnte: *Versuchen Sie nicht, mir Literatur anstatt Wissenschaft zu geben.*[19] Nach Freuds Krebserkrankung begann das Menschliche in ihm zu sterben, und er versuchte mehr und mehr, sich ganz auf den neutralen Boden der Wissenschaft zurückzuziehen.
Aber seine Schüler sahen Freud auch als einfachen und scheuen Menschen, der sich nicht absichtlich mit einer Aura der Größe umgab; Bewunderung machte ihn manchmal verlegen, und seine einsame Einfachheit konnte leicht als ihr Gegenteil verstanden werden. So sehr er einerseits sein Ich erhöhte, wenn er sich in eine Reihe mit Kopernikus und Darwin stellte, so bescheiden konnte er manchmal auch über seine Gedanken sprechen. Seine dualistische Theorie vom Leben- und Todestrieb hatte die meisten Analytiker nicht überzeugt, aber:

Umsomehr mußte es mich freuen, als ich unlängst unsere Theorie bei einem großen Denker der griechischen Frühzeit wiederfand. Ich opfere dieser Bestätigung gern das Prestige der Originalität . . .[20]

Schüler Freuds berichten, sie hätten diese Bescheidenheit häufig bei ihm erlebt; er habe sich bemüht, nicht die Rolle des Weisen oder Zauberers zu spielen. Er machte sich Gedanken darüber, was an der Psychoanalyse Dauer haben werde und äußerte diese Gedanken auch zuweilen in halbem Selbstgespräch: *Was werden sie nach meinem Tod mit meiner Theorie machen? Wird sie dann noch meinen Grundgedanken ähnlich sein?* Aber wie Maryse Choisy bemerkte: *Bei großen Schriftstellern oder Künstlern bin ich dieser Art Besorgnis oft begegnet, aber nie bei Wissenschaftlern.*[21] Manchmal klingen Freuds Äußerungen über sein Werk so selbstverleugnend und vorsichtig, daß es schwer ist, diese Stimmung mit seiner Polemik gegen seine Feinde zu vereinbaren; 1924 schrieb er:

So kann ich denn, rückschauend auf das Stückwerk meiner Lebensarbeit, sagen, daß ich vielerlei Anfänge gemacht und manche Anregungen ausgeteilt habe, woraus dann in der Zukunft etwas werden soll. Ich kann selbst nicht wissen, ob es viel sein wird oder wenig. Aber ich darf die Hoffnung aussprechen, daß ich für einen wichtigen Fortschritt in unserer Erkenntnis den Weg eröffnet habe.[22]

Noch in seinen letzten Lebensjahren bewegten sich die Gedankengänge Freuds in unvorhersehbaren Richtungen. Es war unvermeidlich, daß seine Krankheit das Gleichgewicht seines Geistes beeinträchtigte, jene besondere Kombination von theoretischem Geschick und klinischer Beobachtung, die er erreicht hatte. Wie Freud im Jahre 1935 über die Auswirkungen seiner Krankheit auf ihn schrieb:

Ich finde selbst einen bedeutsamen Unterschied gegen früher. Fäden, die sich in meiner Entwicklung miteinander verschlungen hatten, begannen sich voneinander zu lösen, später erworbene Interessen sind zurückgetreten und ältere, ursprünglichere, haben sich wieder durchgesetzt.[23]

Er hatte schon früher geschrieben: *Nur solche Gläubige, die von der Wissenschaft einen Ersatz für den aufgegebenen Katechismus fordern, werden dem Forscher die Fortbildung oder selbst die Umbildung seiner Ansichten verübeln.*[24]

Freuds Interessenbereich weitete sich aus und erstreckte sich auch auf ein breiteres Verständnis der Ichpsychologie und auf eine umfassendere Behandlung der Rolle sozialer Kräfte. Man kann die Analytiker nach den Gedanken datieren, die zu der Zeit, als sie zur Analyse kamen, vorlagen; es überrascht deshalb nicht, daß diese beiden Themen aus Freuds letzter Zeit – das Ich und die Gesellschaft – die analytische Literatur seit Freuds Tod beherrscht haben. Schon während des Ersten Weltkriegs fragte er sich, ob es denn nicht möglich sein sollte, *dem Anteil des Ichs an der Nervosität und an der Symptombildung gerecht zu werden, ohne dabei die von der Psychoanalyse aufgedeckten Momente in gröblicher Weise zu vernachlässigen?*[25] Bis zu den zwanziger Jahren waren es jedoch die Abweichler in der Psychoanalyse – insbesondere Adler –, die sich für die Ichpsychologie interessierten, während Freud sich weitgehend auf die Verdrängungsprozesse und das Verdängte beschränkte.

Die Ichpsychologie stellte einen Weg dar, die Einsichten der »abtrünnigen« Schüler Freuds in die Psychoanalyse zu integrieren und zugleich Freuds Betonung der Macht des menschlichen Trieblebens beizubehalten. Es ist schwer, den von der Ichpsychologie bewirkten Stimmungswandel in der Psychoanalyse richtig einzuschätzen, da Freuds Beiträge auf diesem Gebiet einen so stark deduktiven Einschlag haben. Freud sah jetzt die Angst als Gefahrensignal für das Ich, als Motiv der Abwehr, nicht mehr wie in seiner anfänglichen Theorie als reaktive, transformierte Libido.

Freud war mit seinen späten Arbeiten, die er einmal als ein *Stück regressiver Entwicklung*[26] bezeichnete, nicht so recht zufrieden. Er soll einmal die Bemerkung gemacht haben: *Eine kurze Zeit lang ... gestattete ich mir, die geschützte Bucht der direkten Erfahrung zugunsten der Spekulation zu verlassen. Ich bedaure es sehr, denn die Folgen davon scheinen nicht die besten.*[27] Nach seiner ersten Krebserkrankung schrieb Freud keine Falldarstellungen mehr, wenn er auch an einer Studie über Woodrow Wilson mitarbeitete und ein Buch über den biblischen Moses schrieb. Was er seine »Metapsychologie« nannte, war die philosophische Seite seiner Schriften, und in den letzten Jahren gab er sich der breitesten Ausweitung seiner Ideen hin. Zugleich stellen seine Schriften nach 1923 auch sein Abschiednehmen von menschlichen Beziehungen dar.

Was das Ich ganz besonders auszeichne, meinte Freud, sei *ein Zug zur Synthese seiner Inhalte.*[28] Das Ich hat die Aufgabe, die Triebenergien zu lenken, wie der Reiter ein Pferd lenkt, und *die drei Zwingherren* des Ich sind *die Außenwelt, das Über-Ich und das Es.*[29] Anders als spätere Ichpsychologen wie Hartmann und Erikson, ging Freud selbst nie so weit, den Funktionen des Ichs eine unabhängige Rolle zuzuschreiben, und betonte bis zum Ende die Wechselfälle der Triebkonflikte. Für Freud war das Ich *wirklich das Oberflächlichere, das Es das Tiefere,* wenn er auch annahm, daß *große Anteile des Ichs dauernd unbewußt bleiben können.*[30] Bei der Erörterung seiner Konzeption des Über-Ichs fühlte er sich unbehaglich:

Besäßen wir mehr Anwendungen dieser Art, so würde die Annahme des Über-Ichs das letzte Stück Befremden für uns verlieren und wir würden von jener Befangenheit gänzlich frei werden, die uns doch noch befällt, wenn wir uns, an die Unterweltatmosphäre gewöhnt, in den oberflächlicheren, höheren Schichten des seelischen Apparates bewegen. Wir glauben selbstverständlich nicht, daß wir mit der Sonderung des Über-Ichs das letzte Wort zur Ichpsychologie gesprochen haben.[31]

Freuds frühe Patienten haben berichtet, daß er sich, soweit sie das beurteilen konnten, für Politik, Moral oder eine Lebensphilosophie überhaupt nicht interessierte. Obwohl er seine klinische Praxis bis kurz vor seinem Tod fortsetzte und lange vor seiner Krankheit sich auch mit Spekulationen über Fragen des sozialen Zusammenlebens befaßt hatte (wie in *Totem und Tabu*), kann man doch, ohne ungerecht zu sein, sagen, daß Freud in seinen letzten Jahren zu einer abstrakten Auffassung der menschlichen Persönlichkeit neigte, den Menschen mehr als Untersuchungsobjekt denn als Behandlungsobjekt sah und sich stärker der Sozialphilosophie als der Psychologie zuwandte. Freud hatte das Bedürfnis, die Implikationen seiner früheren Arbeit, vor allem hinsichtlich des religiösen Glaubens, nachzutragen. Trotz all seiner gegenteiligen Behauptungen hatte Freud eine künstlerische und auf Synthese bedachte Seite; aber um der wissenschaftlichen Wahrheit willen verurteilte er die Religion als eine Illusion.

Freud hatte seit langem die Meinung vertreten, die Gesellschaft gründe sich auf sublimierte homosexuelle Gefühle.[32] So schrieb er einmal, daß *unsere Kultur überhaupt auf Kosten der Sexualität aufgebaut wird...*[33] Kultur bedeute Verdrängung und Einschränkung der Sexualität, die Kultur habe also dem Individuum etwas weggenommen. Freud teilte auch die verbreitete Phantasievorstellung, die unteren Klassen und die Völker auf niedriger Kulturstufe erfreuten sich einer freieren Ausübung der Sexualität: *Bei Völkern niedriger Kultur und in den unteren Schichten der Kulturvölker scheint die Sexualität der Kinder freigegeben zu sein.*[34] Am Ende seines Lebens konzentrierte sich das Interesse Freuds ganz auf die Kulturwissenschaften, weniger auf Grund seiner eigenen Forschungen als durch die Lektüre schöner Literatur. Das Zurücktreten der Medizin geschah nicht auf einmal, sondern war ein allmählicher, fortschreitender Prozeß. Wie er 1935 schrieb: *Nach dem lebenslangen Umweg über die Naturwissenschaften, Medizin und Psychotherapie war mein Interesse zu jenen kulturellen Problemen zurückgekehrt, die dereinst den kaum zum Denken erwachten Jüngling gefesselt hatten.*[35]

In *Totem und Tabu* und *Die Zukunft einer Illusion* versuchte Freud, einer *Lösung des religiösen Problems*, wie er sich ausdrückte, näherzukommen.[36] Die Anwendung seiner psychoanalytischen Methode, so meinte er, beschränke sich keineswegs auf das Gebiet der psychischen Störungen, sondern erstrecke sich auch auf *die Lösung von Problemen in Kunst, Philosophie und Religion.*[37] Die Soziologie war für Freud nur ein Zweig der Psychologie: *Denn die Soziologie . . ., die vom Verhalten der Menschen in der Gesellschaft handelt, kann nichts anderes sein als angewandte Psychologie. Streng genommen gibt es ja nur zwei Wissenschaften, Psychologie, reine und angewandte, und Naturkunde.*[38] In Freuds Augen hatte er als seinen Patienten *die ganze menschliche Rasse* gehabt.[39] Man muß sich daran erinnern, daß während des Ersten Weltkriegs er es gewesen war, der negativ von Jungs prophetischen Ambitionen sprach. Aber 1924 war Freud dann zu folgender Meinung gelangt:

Als ›Tiefenpsychologie‹, Lehre vom seelischen Unbewußten, kann sie [die Psychoanalyse] all den Wissenschaften unentbehrlich werden, die sich mit der Entstehungsgeschichte der menschlichen Kultur und ihren großen Institutionen wie Kunst, Religion und Gesellschaftsordnung beschäftigen . . . Der Gebrauch der Analyse zur Therapie der Neurosen ist nur eine ihrer Anwendungen; vielleicht wird die Zukunft zeigen, daß sie nicht die wichtigste ist.[40]

Trotz der Einstellungen, derentwegen es seinerzeit mit Adler zum Streit gekommen war, war Freud 1926 dann der Meinung, es sei kein Grund zur Überraschung, daß die Psychoanalyse, die ursprünglich nur ein Versuch zur Erklärung pathologischer psychischer Erscheinungen gewesen sei, sich zu einer Psychologie des normalen psychischen Lebens entwickelte.[41] Zunehmend vorsichtiger hinsichtlich der therapeutischen Leistungen, bediente sich Freud doch in der Sozialtheorie in kühner Weise klinischer Einsichten; sein Festhalten an der rationalistischen Methode der Wissenschaft war fast extravagant:

Die Rätsel der Welt entschleiern sich unserer Forschung nur langsam, die Wissen-

schaft kann auf viele Fragen heute noch keine Antwort geben. Die wissenschaftliche Arbeit ist aber für uns der einzige Weg, der zur Kenntnis der Realität außer uns führen kann. Es ist ... eine Illusion, wenn man von der Intuition und der Selbstversenkung etwas erwartet; sie kann uns nichts geben als – schwer deutbare – Aufschlüsse über unser eigenes Seelenleben, niemals Auskunft über die Fragen, deren Beantwortung der religiösen Lehre so leicht wird.[42]

Dieses Vertrauen auf die Wissenschaft war die Grundlage von Freuds Optimismus bezüglich der Zukunft des Menschen. Arnold Zweig erriet Freuds wahre Ziele durchaus richtig, als er an Freud schrieb: *Die Analyse hat sich alle Werte umgewertet, sie hat das Christentum überwunden, sie hat den wahren Antichrist gestaltet und den Genius des aufsteigenden Lebens vom asketischen Ideal befreit.*[43] Freud kritisierte speziell das Christentum, denn *es sind nicht alle Menschen liebenswert.*[44] Er hoffte auf *überlegene, unbeirrbare und uneigennützige Führer ..., die als Erzieher der künftigen Generation wirken müssen.*[45] Die Kultur basiere auf dem Kampf zwischen dem Lebenstrieb und dem Todestrieb, und Ordnung sei ein wesentlicher Bestandteil des Menschen als eines sozialen Wesens; wie Freud es ausdrückte: *Das Recht war ursprünglich rohe Gewalt ... und [kann] noch heute der Stützung durch die Gewalt nicht entbehren.*[46]

Das Buch, dem Freuds Hauptinteresse in seinen letzten Lebensjahren galt, und das er zwischen 1934 und 1938 schrieb, war *Der Mann Moses und die monotheistische Religion.* Das Buch hatte eine merkwürdige Konstruktion, und Freuds Argumentation schritt nicht mit seiner gewöhnlichen syllogistischen Gewandtheit voran. Freud gab *die Abschwächung der schöpferischen Fähigkeiten, die mit dem hohen Alter einhergeht,* zu und wußte, daß er dieses Buch *mit der Verwegenheit dessen, der nichts oder wenig zu verlieren hat,* begonnen hatte.[47] Er fürchtete, die Publikation des Buches *würde wahrscheinlich dazu führen, daß uns die Betätigung in der Psychoanalyse verboten wird,*[48] und er wußte, wie schwach die spezielle These war, die er zu beweisen suchte. Aber der Aufstieg Hitlers hatte eine ganze Generation emanzipierter Juden gezwungen, ihr Judentum zu bejahen, und Freud wollte in seiner spekulativen Phase (nachdem er den Todesinstinkt, die Ichpsychologie und die Sozialphilosophie berührt hatte) den Ursprüngen der einzigartigen kulturellen Charakteristiken der Juden gegenübertreten. Die ganzen dreißiger Jahre hindurch konnte Freud von dem Mosesproblem nicht *loskommen;* wie er 1934 schrieb: *Der Mann, und was ich aus ihm machen wollte, verfolgt mich unablässig.*[49] Im Jahr darauf schrieb Freud an Lou Andreas-Salomé: *Es genügt mir, daß ich selbst an die Lösung des Problems glauben kann. Es hat mich mein ganzes Leben durch verfolgt.*[50]

In Freuds letzter Phase hatte sich Freuds Vorliebe für Kunstobjekte von der griechisch-römischen Kultur auf die Kultur des alten Ägyptens, Chinas und Indiens verlagert, aber das alte Ägypten hatte ihn schon seit langem interessiert. Vom Seelenleben eines seiner Patienten empfing Freud *einen Eindruck, wie ihn die altägyptische*

Religion macht, die dadurch für uns so unvorstellbar wird, daß sie die Entwicklungsstufen neben den Endprodukten konserviert . . .[51] Er war von Napoleons Zug nach Ägypten fasziniert, und wenn man daran denkt, wie viele Gründe Freud hatte, sich selbst mit der Gestalt Napoleons zu identifizieren, dann verdienen seine Bemerkungen über ihn unsere Aufmerksamkeit:

. . . dieses großartigen Lumpen Napoleon, der an seine Pubertätsphantasien fixiert, von unerhörtem Glück begünstigt, durch keinerlei Bindungen außer an seine Familie gehemmt, wie ein Nachtwandler durch die Welt geflattert ist, um endlich im Größenwahn zu zerschellen. Es war kaum je ein Genie, dem alle Spur des Vornehmen so fremd war, ein so klassischer Anti-Gentleman, aber er hatte großartiges Format.[52]

Freuds verblüffendste Behauptung in seinem Mosesbuch war, daß der Moses der Legende in Wirklichkeit eine Zusammensetzung aus zwei historischen Mosesgestalten sei, und daß der frühere der beiden, der wahre Begründer der monotheistischen Religion, kein Jude, sondern ein ägyptischer Aristokrat gewesen sei. In der Deutung Freuds war der frühere, wahrscheinlich erschlagene Führer ehrgeizig und *zornmütig, leicht aufbrausend*; er war *eifervoll, streng und unerbittlich.* Außerdem war dieser Moses, so behauptete Freud, *schwer von Sprache,*[53] und in diesem einen Punkt stand Freuds Auffassung in Übereinstimmung mit der biblischen Tradition, nach der Moses stotterte. Und natürlich hatte Freud durch seinen Krebs Sprachschwierigkeiten.
Da Freud gezwungen gewesen war, seine eigene Familie unter den Unsterblichen zu finden – Leonardo, Goethe, Michelangelo und so weiter –, dachte er, Shakespeare müsse ein Aristokrat gewesen sein; und umgekehrt, wenn Freud glaubte, nach der Sage sei Romulus *Abkomme und Erbe des Königshauses,* dann mußte, *wenn eine ihm entsprechende Person gelebt hat, . . . es ein hergelaufener Abenteurer, ein Emporkömmling gewesen sein.*[54] Für Freud waren die Dinge niemals so, wie sie an der Oberfläche erschienen, und deshalb machte er aus dem Juden Moses, dem Sohn von Sklaven, nicht nur einen Nichtjuden, sondern auch noch einen Aristokraten. Freud meinte, er sei *sicher, daß in ein paar Jahrzehnten mein Name ausgelöscht sein wird und unsere Ergebnisse bleiben werden,* und wie die Juden das ihnen von Moses übergebene Gesetz akzeptierten, so würden in der Zukunft andere sich zu Freuds Überzeugungen bekennen.[55]
Nach Freuds Rekonstruktion der Ursprünge des Monotheismus war Amenophis IV. der wirkliche Schöpfer. Dieser Pharaoh widerstand *mit großartiger Unerbittlichkeit . . . allen Versuchungen des magischen Denkens . . . In einer erstaunlichen Ahnung späterer wissenschaftlicher Einsicht erkennt er in der Energie der Sonnenstrahlung die Quelle alles Lebens . . .* Wenn dies *der erste und vielleicht reinste Fall einer monotheistischen Religion in der Menschengeschichte* war, so war sein Volk doch dafür noch nicht reif; bald nach seinem Tod wurde *das Andenken des ketzerischen Königs*

geächtet. Nach Freuds Meinung muß *alles Neue . . . seine Vorbereitungen und Vorbedingungen in Früherem haben*, aber Amenophis IV. brachte mit der Lehre der Ausschließlichkeit *etwas Neues hinzu*.[56]

Der erste Moses war ein Anhänger des geächteten Pharaoh und wandte sich (so wie Freud selbst sich seinen Schweizer Anhängern zugewandt hatte) *in der Not der Enttäuschung und Vereinsamung . . . diesen Fremden* [den Juden] *zu, suchte bei ihnen die Entschädigung für seine Verluste. Er wählte sie zu seinem Volke, versuchte seine Ideale an ihnen zu realisieren.* Freud war der Schöpfer gewesen, der durch Jung sich eine nichtjüdische Gefolgschaft gewählt hatte; hier nun nahm Freud den Juden einen ihrer größten Führer weg, indem er behauptete, Moses sei ein Nichtjude gewesen, der die Juden dazu auserwählte, seine Lehre weiterzutragen. Aber das alte Thema der Prioritäten ist unverkennbar:

Die große religiöse Idee, die der Mann Moses vertrat, war nach unseren Ausführungen nicht sein Eigentum; er hatte sie von seinem König Ikhnaton [Amenophis] *übernommen. Und dieser, dessen Größe als Religionsstifter unzweideutig bezeugt ist, folgte vielleicht Anregungen, die durch Vermittlung seiner Mutter oder auf anderen Wegen – aus dem näheren oder ferneren Asien – zu ihm gelangt waren . . . Es erscheint so unfruchtbar, das Verdienst eines Einzelnen um eine neue Idee feststellen zu wollen.*

Freud meinte, Moses sei wie sein Pharaoh – und wie Freud selbst in seinen eigenen Augen – gescheitert, er habe *dasselbe Schicksal gefunden, das aller aufgeklärten Despoten wartet*.[57]

Freuds Überzeugung, daß Moses ein Ägypter war, verwandelte seinen Helden in einen Fremden. Die Psychoanalyse hatte in Europa unter deutschfeindlichen Ressentiments zu leiden gehabt, während Freuds Judentum wiederum in Wien kein Vorteil war.

Vielleicht unter dem Einfluß von Autoren wie Wilhelm Reich wurde Freud in seinen letzten Jahren soziologischen Faktoren gegenüber aufgeschlossener. In seinem Mosesbuch wandte er sich scharf gegen alle, die unser Verständnis historischer Prozesse verzerren möchten, vor allem gegen die Marxisten. Bei seiner Untersuchung der Moseslegende zeigte sich Freud beeindruckt davon, *wie unmöglich es ist, den persönlichen Einfluß einzelner großer Männer auf die Weltgeschichte zu leugnen, welchen Frevel an der großartigen Mannigfaltigkeit des Menschenlebens man begeht, wenn man nur Motive aus materiellen Bedürfnissen anerkennen will . . . Denn es war der eine Mann Moses, der die Juden geschaffen hat*, so wie Freud die Psychoanalyse geschaffen hatte. Freud konnte sich mit dem identifizieren, was er als *die Selbständigkeit und Unabhängigkeit des großen Mannes* sah, als *seine göttliche Unbekümmertheit, die sich zur Rücksichtslosigkeit steigern darf, seine Zornmütigkeit und Unerbittlichkeit*.[58]

Wie bei alle[n] solchen Fortschritte[n] in der Geistigkeit wie dem Monotheismus [oder der Psychoanalyse, wie wir hinzufügen können], *fühlte sich der Anhänger des Neuen anderen überlegen . . ., die im Banne der Sinnlichkeit verblieben sind.* Die Religion des Moses war für Freud gerade deshalb bewundernswert, weil sie *jede Art von Magie und Zauberwesen aufs strengste verdammt . . ., alles Mythische, Magische und Zauberische von ihr ausgeschlossen ist* – *im Gegensatz zur Volksreligion . . .* In Übereinstimmung mit seiner eigenen stoischen Einstellung zum Tod fand es den Beifall Freuds, daß *die altjüdische Religion . . . auf die Unsterblichkeit voll verzichtet* hatte. Freud setzte jedoch seine Suche nach den psychologischen Ursprüngen der Ethik fort; er war überzeugt, die Ethik des Monotheismus könne *ihren Ursprung aus dem Schuldbewußtsein wegen der unterdrückten Gottesfeindschaft nicht verleugnen*. Freud blieb auf diese Weise konsequent bei seiner dogmatischen Meinung, *daß die religiösen Phänomene nur nach dem Muster der uns vertrauten neurotischen Symptome des Individuums zu verstehen sind . . .*.[59]

Wenn Freud sein Leben mit einer romanhaften Darstellung eines politischen Führers wie Moses abschloß, anstatt mit der Fallgeschichte eines Patienten oder einem Aufsatz über einen Künstler wie Leonardo, so war das zum Teil eine Reflektierung seines früheren Ehrgeizes, Jurist und Politiker zu werden; es war aber auch offenkundig eine Reaktion auf die Anfänge der Massenvernichtung, die über das europäische Judentum hereinbrechen sollte.

10.5. Exil und Tod

Freud hatte sich allen Ratschlägen, Wien zu verlassen, hartnäckig verschlossen. Nachdem er selbst in seinem Leben so oft und nachdrücklich auf den Antisemitismus hingewiesen hatte, leugnete er die wirkliche Gefahr, als sie dann kam. Die ganzen dreißiger Jahre hindurch hatten sich schon Schüler von ihm, die mehr auf ihren Selbstschutz bedacht waren, ins Ausland in Sicherheit gebracht. Hermann Nunberg erinnerte sich an Freuds Zorn und daran, daß dieser während Nunbergs Abwesenheit in den Vereinigten Staaten im Jahre 1932 mit Nunbergs Frau gesprochen hatte:

Er wollte, sie solle mir schreiben, dahin zurückzukommen, wo ich gebraucht werde, und mich mit dem zufrieden zu geben, was Wien mir bieten könne. Er sah die drohende Gefahr nicht. Als ich 1934 wieder zu Besuch in Wien war und Freud anflehte, Österreich zu verlassen, versuchte er sogar da noch, mich zu überzeugen, daß keine wirkliche Gefahr bestehe, daß die bestehende Regierung Österreichs die Juden schützen und den Nazis nicht nachgeben werde. Was ihn betreffe, sagte er, so sei er ein *alter und kranker Mann; Wien sei seine Heimat und hier seien seine Ärzte, Männer, die ihn gut kannten und die er brauche.*¹

Als Felix und Helene Deutsch sich endgültig von Freud verabschiedeten, sagte die Frau Professor, ihr Weggehen sei *purer Schneid*. Die charakteristische Wiener Einstellung war, die österreichische Kultur als von der deutschen ganz verschieden anzusehen; wie es in einem alten Scherz heißt: Wo der schwerfällige Deutsche die Lage als »ernst, aber nicht hoffnungslos« ansieht, ist sie für den leichtlebigeren Wiener »hoffnungslos, aber nicht ernst«.
Für Freud war es naheliegend zu glauben, der Nationalsozialismus werde Österreich nicht erreichen. Im allgemeinen fühlte Freud sich den Deutschen fremd.* Als Jude distanzierte sich Freud vom Schicksal Deutschlands, dessen Bewohner ihm durch Gründlichkeit und Grausamkeit charakterisiert erschienen. Er betrachtete Hitler als eine *deutsche Schande*,³ und damit war für ihn die Sache erledigt. Als Mark Brunswick einmal beklagte, daß keine Barbaren da seien, die einer absinkenden Kultur frisches Blut zuführen könnten, sagte Freud dazu, wir hätten ja schon die Preußen. (Brunswick zufolge war Freud der Meinung, der Erste Weltkrieg hätte mit einem Patt enden sollen.⁴) Freud haßte schließlich die Deutschen, und im Jahre 1932 schrieb er an Arnold Zweig, er könne ihn *von dem Wahn befreien, daß man ein Deutscher sein muß. Sollte man dies gottverlassene Volk nicht sich selbst überlassen?*⁵ Kurz nachdem die Nazis an die Macht kamen, wurden die Bücher Freuds öffentlich verbrannt. Politisch konnte Freud naiv sein;** wie Jones berichtet, hatte er früher einmal gesagt: *In einer Nation, die einen Goethe hervorgebracht hat, kann unmöglich das Böse siegen.*⁸ Rückblickend unterschätzt man jedoch leicht die Schwierigkeit, sich an den Gedanken zu gewöhnen, daß nicht nur die nationalsozialistische Revolution in Deutschland eben doch stattgefunden hatte, sondern daß sie auch ganz Europa bedrohen würde. Als die Analytiker vor der Nazigefahr zu fliehen begannen, wurde die Angst Freuds, allein in Wien zu bleiben, immer größer. Nach all seinen Klagen darüber, daß Wien seinen Ideen ganz besonders feindselig gegenüberstehe, gestand er dann nach seiner Ankunft in London seine Liebe zu seiner Heimatstadt ein: *Das Triumphgefühl der Befreiung vermengt sich zu stark mit der Trauer, denn man hat das Gefängnis, aus dem man entlassen wurde, immer noch sehr geliebt.*⁹ Bis zum Ende hoffte Freud, durch sein Bleiben in Wien etwas von der Psychoanalyse retten zu können, sei es auch nur die Bibliothek der Vereinigung.

---

* Allerdings wird berichtet, daß Freud einmal sagte: *Meine Sprache ist Deutsch. Meine Kultur, meine geistigen Fähigkeiten sind deutsch. Ich betrachtete mich geistig als Deutscher, bis ich das Anwachsen antisemitischer Vorurteile in Deutschland und Deutschösterreich bemerkte. Seit jener Zeit betrachte ich mich nicht mehr als Deutschen. Ich ziehe es vor, mich einen Juden zu nennen.*²

** Als Beweis für politische Leichtgläubigkeit führte Mark Brunswick an, Freud habe alle die Geschichten über Hitlers sexuelle Perversionen geglaubt – insbesondere die, daß dieser befriedigt wurde, wenn eine Prostituierte ihm in den Mund urinierte.⁶ Eine spätere psychologische Studie über Hitler akzeptierte das als historische Realität.⁷

Politisch war Freud, wie er es einmal formulierte, *ein Liberaler vom alten Schlag*,[10] was bedeutete, daß seine Sympathien ebensowenig der kommunistischen Linken wie der faschistischen Rechten seiner Zeit galten.* Sein Bruder Alexander war weit konservativer und haßte die Sozialisten, und Freud pflegte ihm mit einem verständnisvollen Lächeln zuzuhören, wenn er über die Übel des Sozialismus sprach.[12] Während des ersten Bürgerkriegs in Wien im Jahre 1927 blieben die Freuds neutral, aber als es im Sommer 1934 zum zweiten Bürgerkrieg kam, war die Familie Freud alles andere als neutral: *Alle unsere Sympathien*, schrieb Freuds Sohn Martin, *gehörten dem Bundeskanzler Dollfuß und seinem Nachfolger Schuschnigg.*[13] Das Dollfuß-Regime war klerikal und autoritär, *eine mehr oder weniger faschistische Regierung,*[14] wenngleich antinazistisch. Martin Freud zufolge, der im Psychoanalytischen Verlag ein Bild von Dollfuß aufhängte, waren *die Mehrheit der Wiener Bevölkerung . . . Sozialisten, die nach ihrer Niederwerfung im ersten Bürgerkrieg Feinde des Dollfußregimes geworden waren.*[15] Freud war nicht der einzige, der auf die Seite von Dollfuß übergegangen war. Sein alter Kritiker, der Satiriker Karl Kraus, unterstützte jetzt die Dollfußregierung, obwohl sie *alles verkörperte, was Kraus* [wie Freud] *in seinen früheren Jahren erbittert bekämpft hatte.*[16]

Freud brachte es sogar fertig, Mussolini zu schmeicheln. Der Führer der italienischen psychoanalytischen Bewegung, Edoardo Weiss, brachte einen Patienten nach einer relativ erfolgreichen Behandlungsperiode zur Konsultation zu Freud.[17] Der Vater des Patienten, ein hoher Funktionär in Mussolinis Regierung (von Edoardo Weiss als »ein naher Freund Mussolinis«, von einem Historiker vor kurzem jedoch als bloßes »Sprachrohr« Mussolinis bezeichnet) kam gleichfalls mit und bat nach der Konsultation Freud um ein Buch von ihm als Geschenk für Mussolini, in das Freud eine Widmung schreiben sollte. Wenn Freud abgelehnt hätte, so hätte das nicht nur Weiss, sondern auch der Psychoanalyse in Italien geschadet, aber seine Widmung in *Warum Krieg?*, zwei offenen Briefen von ihm und Albert Einstein, war vielleicht großzügiger, als absolut notwendig: *Benito Mussolini mit dem ergebenen Gruß eines alten Mannes, der im Machthaber den Kulturheros erkennt.*[18]

Freuds Interesse für Archäologie ließ ihn Mussolinis neue Ausgrabungen in Rom bewundern, aber das allein erklärt Freuds Handeln nicht. Vielleicht aus Naivität überschätzte Freud die politischen Beziehungen von Weiss in Italien auf das gröbste. Allein aufgrund des Umstandes, daß Weiss die Tochter eines italienischen Politikers behandelt hatte, schrieb Freud 1934, Weiss habe *einen guten Zugang zu Mussolini . . .*[19] Weiss war in Wirklichkeit ein Antifaschist praktisch ohne politischen Einfluß, aber Jones (teilweise aus Identifikation mit Freud) übertrieb nicht nur Mussolinis Interesse am Schutz der Psychoanalyse in Italien, sondern bildete sich auch ein, Mussolini habe wirklich mitgeholfen, Freud im Jahre 1938 aus Wien herauszubrin-

---

* Im Februar 1918 schrieb Freud über die Russische Revolution: *. . . die Diskreditierung radikaler Bestrebungen tut mir sehr leid . . . Die Menschenbestie braucht doch vor allem Bändigung. Kurz, man wird Reaktionär . . .*[11]

gen.[20] Es ist richtig, daß Mussolini eine Zeitlang versuchte, Hitler von der Annexion Österreichs abzuhalten, was vielleicht die folgende beiläufige Bemerkung Freuds in seinem Mosesbuch erklärt: *Mit ähnlicher Gewalttätigkeit* [wie im kommunistischen Rußland] *wird das italienische Volk zu Ordnung und Pflichtgefühl erzogen*. Freud glaubte, daß sich aus den *Experimenten* in der Sowjetunion und in Italien auch einiges Gute ergeben könne, während er es *als Erleichterung von einer bedrückenden Sorge* empfand, *wenn man im Fall des deutschen Volkes sieht, daß der Rückfall in nahezu vorgeschichtliche Barbarei auch ohne Anlehnung an irgendeine fortschrittliche Idee vor sich gehen kann*.[21]

Nach der Machtergreifung durch die Nazis in Deutschland übernahm Felix Böhm (ein Nichtjude) die Leitung der Berliner Vereinigung, die bisher Eitingon (ein polnischer Jude) innegehabt hatte. Die Situation war eine Zeitlang gespannt. Böhm besuchte Freud in Wien und teilte ihm mit, er wolle ein Mitglied der Wiener Vereinigung zu Vorlesungen nach Berlin einladen. Er suchte einen jungen Analytiker, Richard Sterba, aus, einen der wenigen Nichtjuden, die in der Wiener psychoanalytischen Gruppe eine prominente Rolle spielten. Sterba sagte, er werde kommen, vorausgesetzt, daß man zuerst einen jüdischen Kollegen einlade. Unter Böhms Leitung wurden Adler und Jung am Berliner Psychoanalytischen Institut gelesen; Freud teilte Böhm mit, er sei zu Opfern bereit, aber nicht zu Kompromissen, was auf eine Verurteilung Böhms hinauslief, weil dieser in Freuds Augen die Psychoanalyse verwässerte.[22]

Als die Nazis nach Wien kamen, waren sämtliche Angehörige von Freuds Kreis in Schwierigkeiten. Nach dem Einmarsch, bei der letzten Zusammenkunft des Leitungsausschusses der Wiener Psychoanalytischen Vereinigung, bemerkte Freud: *Wir sind alle an Verfolgung gewöhnt – aus unserer Geschichte, unserer Tradition, und einige aus persönlicher Erfahrung*. Er fügte dann hinzu, einer der Anwesenden bilde eine Ausnahme, nämlich Sterba. Mit einem Satz, der später in das Mosesbuch aufgenommen wurde, sagte Freud zu seinen Schülern: *Unmittelbar nach der Zerstörung des Tempels in Jerusalem durch Titus erbat sich Rabbi Jochanan ben Sakkai die Erlaubnis, die erste Thoraschule in Jabne zu eröffnen*.[23] Für Freud markierte das Ende der Psychoanalyse in Wien den Beginn einer neuen Diaspora. Obwohl nur ein einziger von den Wiener Analytikern, nämlich Sadger – der bereits das Wohlwollen Freuds verloren hatte – von den Nazis umgebracht wurde, war das weitgehend der Tatsache zu verdanken, daß Menschen wie Jones und Marie Bonaparte tapfer und einflußreich genug gewesen waren, sofort nach der Machtübernahme durch die Nazis nach Wien zu kommen, um Freud zu schützen. Mit ihrer Hilfe und ihrem Geld, sowie mit der Unterstützung von William Bullitt, der damals amerikanischer Botschafter in Frankreich war, gelang es, Freud freizukaufen. Obwohl viele Analytiker in Wien darüber Klage führten, daß Freud zu lange geblieben war, wären ohne den Schutz seines Ansehens für manche in seinem Kreis die Dinge möglicherweise noch schlimmer abgelaufen.

Aus der Perspektive unserer eigenen Zeit wirkt Freud wie ein Mann aus einem fremden Land in einem anderen Jahrhundert; obwohl sein Leben noch weit in das zwanzigste Jahrhundert hineinreicht, war er in Wirklichkeit ein Repräsentant des vorigen Jahrhunderts. Um ein triviales, aber bezeichnendes Beispiel aus seinem täglichen Leben anzuführen: *Jeden Morgen kam ein Barbier, um ihm den Bart und, wenn nötig, das Haar zu stutzen.*[24] Seinen Anhängern auf dem europäischen Kontinent erschien er im Alter als der typische Universitätsprofessor der 1890er Jahre; denn in den Kreisen der Wiener Medizin war im großen und ganzen die Zeit stillgestanden; sie zehrten vom Ruhm der 1880er und 1890er Jahre, als ihre medizinische Schule die beste in Europa war.

Man muß diese kulturellen Aspekte von Freuds Charakter verstehen, um seine neurotischen Züge in der richtigen Perspektive zu sehen. Der zwanghafte Aspekt Freuds zum Beispiel, seine Klarheit wie seine Starrheit des Denkens, wurde stärker ausgeprägt, als er alt wurde. Wie es seiner kulturellen Ära entsprach, war Freud ein Mann zahlreicher Rituale; als einer der Mitglieder seiner Vereinigung, Rudolf von Urbantschitsch ihn dazu bringen wollte, die offizielle Leitung eines neuen Sanatoriums auf dem Land zu übernehmen, bot er Freud mit sicherem Instinkt an, ihm in seinem neuen Heim eine genaue Nachbildung seiner Ordination zu erstellen.[25]

Freud beschrieb einmal die Zwangsneurose als *die Äußerung intensiver, aber durch Verdrängung unbewußt gewordener Gefühle auf geringfügige, ja läppische Verrichtungen verschoben.*[26] In seinen letzten Jahren erweckte alles Unerwartete oder nicht AbgesicherteAngst und Unbehagen in Freud. Einmal klopfte er an Tante Minnas Tür, weil sie in seinem Arbeitszimmer einen Bleistift hatte liegen lassen, den er zurückgeben wollte. Angesichts dieser Bedürfnisse nach Genauigkeit paßt es ins Bild, daß Freud auch Briefmarkensammler war. Sein Spülstein war gewöhnlich voll von Briefmarken, und manchmal breitete er sie abends auf Papierbogen aus.[27]

Geistige Kontrolle bedeutete Freud immer sehr viel, und dieses Bedürfnis in ihm trieb ihn dazu, Träume zu studieren, wenn es ihn andererseits auch daran hinderte, Gefühle wie »Vergänglichkeit« oder das »ozeanische Gefühl« zu verstehen. Freud verwendete das Wort »unheimlich« ziemlich großzügig, so daß man manchmal den Eindruck hat, daß alles nicht rein Rationale für ihn geheimnisvoll war. Und als Freud älter wurde, verengte sich seine Persönlichkeit.

Vielleicht ist daraus eine Lehre für unseren Begriff von Normalität zu ziehen. Was an dem Bild Freuds, wie es uns von seinen orthodoxesten Anhängern vermittelt wird, wirklich bedenklich ist, ist die Tatsache, daß es zu einem irrigen und unnötig bourgeoisen Begriff der Skala normalen Verhaltens führt. Wie Freud durch seine Selbstbeherrschung, durch das Ertragen so vieler Jahre schweren physischen Leidens in gewissem Sinne größer wurde, so wurde er vielleicht als Person begrenzter. Selbstbeherrschung kann auf Kosten menschlicher Aufgeschlossenheit gehen, und bei allen Vorzügen einer solchen Selbstkontrolle kann sie doch auch ihre eigenen Beschränkungen aufzwingen.

Freuds Ordnungssinn machte sein tägliches Leben reibungsloser, wie sein Bedürfnis nach Systematisierung ihm half, seine Gedanken zu organisieren und seine Bücher zu schreiben. Teilwissen ließ ihn unbefriedigt; und doch behauptete er einmal, Meisterschaft bestehe darin, daß man seine Ziele beschränkt. Als eine junge Schülerin im Jahre 1928 *Die Zukunft einer Illusion* lobte, erwiderte Freud: *Dies ist mein schlechtestes Buch! . . . Es ist kein Buch von Freud . . ., es ist das Buch eines alten Mannes! . . . Außerdem ist Freud jetzt tot, und glauben Sie mir, der echte Freud war wirklich ein großer Mann. Es tut mir besonders leid für Sie, daß Sie ihn nicht besser gekannt haben.*[28]

Es war dieser alte Freud, der in seinen letzten Jahren zum Weisen wurde. Er erlangte seine endgültige große Gelassenheit angesichts qualvollen Leidens. Als Stefan Zweig ihn in London besuchte, dachte er: *Zum erstenmal erlebte ich den wahrhaft Weisen, den über sich selbst erhobenen, der auch Schmerz und Tod nicht mehr als persönliches Erlebnis empfindet, sondern als ein überpersönliches Objekt der Betrachtung, der Beobachtung; sein Streben war nicht minder eine moralische Großtat als sein Leben.*[29] Freuds olympische Resignation war die Vollendung seines Stoizismus; ein beliebtes Fehlzitat von ihm war *Jeder schuldet der Natur einen Tod* (Shakespeare hatte geschrieben: »Du bist Gott einen Tod schuldig«).[30] Auf Photographien, die in London aufgenommen wurden, und die sein vom Leiden gezeichnetes Gesicht zeigen, sieht Freud wie viele traditionelle Darstellungen Christi aus.

Man hatte Freud erst dazu überreden können, nach London zu emigrieren*, nachdem die Gestapo seine Tochter Anna vorübergehend festgenommen hatte. Nach ihrer Freilassung erzählte sie ihrem Vater, daß man sie nur unter der Bedingung freigelassen hatte, daß sie sich täglich bei der Polizei meldete. *Du, Anna,* sagte er, *hast es natürlich abgelehnt, einen so demütigenden Befehl zu befolgen.*[31] Damals gab es eine Welle von Selbstmorden, von Österreichern, die nicht bereit oder nicht in der Lage waren, ins Ausland zu gehen. Freud schärfte seiner Tochter Anna ein, daß sie das nicht tun dürfe.

In Paris hatte sich Freuds früherer Patient Bullitt Freuds wegen mit Präsident Roosevelt in Verbindung gesetzt; Bullitt bezweifelte jedoch, daß Roosevelt etwas unternommen habe, um zu intervenieren. Der amerikanische Konsul in Wien schickte allerdings jeden Tag einen Beamten, um die Gestapo fernzuhalten. Der deutsche Botschafter in Frankreich trug Bullitt zufolge gleichfalls dazu bei, Freuds Ausreise zu sichern. Nachdem Freud sich mit der Ausreise einverstanden erklärt hatte, mußten noch Schritte bei den neuen politischen Instanzen in Österreich unternommen werden, so daß die Abreise erst am 4. Juni 1938 erfolgte. Marie Bonaparte und Anna Freud verbrachten einen Teil ihrer Zeit damit, die Korrespondenz Freuds zu ordnen, und abends verbrannten sie einen Teil seiner Papiere. Es war jedoch notwendig, große Teile seiner Bibliothek zurückzulassen; aber das Geld, das Marie Bonaparte auf-

---

* Freuds Gesundheit hätte ihm wohl nicht erlaubt, nach Amerika zu gehen.

brachte (eine Summe im Wert von ungefähr fünftausend Dollar, die Freud ihr in London zurückgab), trug mit dazu bei, daß man ihn gut behandelte.

Obwohl es der unmittelbaren Familie Freuds und den Analytikern, die weg wollten, gelang herauszukommen, blieben die vier noch lebenden Schwestern Freuds zurück. Freud und sein Bruder Alexander ließen ihren Schwestern Geld da, aber es erschien unmöglich (Jones zufolge), sie nach England zu bringen und dort für ihren Unterhalt zu sorgen. Selbst zu dieser Zeit erkannten viele das Ausmaß der nazistischen Bedrohung noch nicht. Etwas später im gleichen Jahr jedoch versuchte Marie Bonaparte, Freuds Schwestern nach Frankreich zu holen, aber bürokratische Hindernisse vereitelten ihre Bemühungen. Die Schwestern Freuds wurden während des Krieges alle in Konzentrationslagern umgebracht.

Seine Kunstsammlung, die Antiquitäten, mit denen er sich umgeben hatte, brachte Freud heraus; jedes der Stücke hatte seine persönliche Geschichte – wo und wann er es gefunden, oder wer es ihm geschenkt hatte. Freuds Ordnungsbedürfnis verlangte, daß die Figuren der kleinen Götter immer am gleichen Platz auf seinem Schreibtisch standen, und in seinem neuen Heim in Maresfield Gardens Nr. 20 in London konnte seine Haushälterin *dank ihres Gedächtnisses ... die verschiedenen Gegenstände auf Freuds Schreibtisch genau in der richtigen Ordnung aufstellen, so daß er sich im Augenblick, da er sich bei seiner Ankunft heransetzte, ganz zu Hause fühlte.*[32]

Freud hatte England zum erstenmal im Alter von neunzehn Jahren besucht, und für ihn war das Land immer eine Heimat für die Verfolgten geblieben. An den Angelegenheiten der britischen Psychoanalyse nahm er so starken Anteil, daß er sogar an zwei Redaktionssitzungen des *International Journal of Psychoanalysis* teilnahm; er hörte zu, ließ alle ausreden und äußerte am Ende seine Meinung, die dann angenommen wurde. Aber im Grunde war Freud jetzt ganz im Ruhestand, ein Gast in einem fremden Land. Sein Geist war noch aktiv, aber er brachte nicht mehr die Kraft zu einer neuen Arbeit auf; Menschen, die ihn einige Zeit nicht mehr gesehen hatten, erschien er zusammengeschrumpft. Er redete nicht mehr viel, machte aber eine Schallplattenaufnahme, in der er voraussagte, daß der Kampf um die Psychoanalyse noch nicht zu Ende sei.

Arthur Koestler besuchte ihn; er schreibt darüber: *Obwohl klein und schmächtig ... machte er nicht den Eindruck eines kranken Achtzigjährigen, sondern eines hebräischen Patriarchen von unzerstörbarer Männlichkeit.*[33] Leonard Woolf, Freuds Londoner Verleger, besuchte ihn mit seiner Frau, der Dichterin Virginia Woolf, und Freud war äußerst höflich auf eine formelle, altmodische Weise; zum Beispiel *überreichte er Virginia fast zeremoniell eine Blume.* Woolf hielt ihn für einen *außerordentlich netten Mann ... mit einer Aura, nicht des Ruhmes, sondern der Größe ... Er hatte etwas von einem halberloschenen Vulkan, etwas Düsteres, Unterdrücktes, Reserviertes ... ein gewaltiger Mann.*[34]

Freud behielt seinen Sinn für Humor. Woolf brachte ihm einen Ausschnitt aus einer

Londoner Zeitung über eine Gerichtsverhandlung mit; jemand hatte ein Buch von Freud aus der größten Buchhandlung der Stadt gestohlen, und der Richter hatte, als er den Mann zu drei Monaten Gefängnis verurteilte, hinzugefügt: *Ich wünschte nur, ich könnte sie dazu verurteilen, sämtliche Bücher Freuds zu lesen.* Freud lachte.[35]
Es kamen noch andere Besucher wie zum Beispiel Isaiah Berlin, der einfach dachte, es sei eine gute Idee, Freud kennenzulernen. Während seines ganzen letzten Lebensjahres erwiesen ihm Anhänger, die Europa verließen oder aus den Vereinigten Staaten zu Besuch da waren, die Ehre. Als Eva Rosenfeld ihn 1939 besuchte, machte sie eine Bemerkung darüber, daß sein Arbeitszimmer fast genauso eingerichtet war wie in seiner alten Wohnung in Wien. *Alles ist da,* bemerkte Freud, *nur ich bin nicht da.*
Freud setzte seine Korrespondenz fort und vollendete einen kleinen Aufsatz *Ein Wort zum Antisemitismus;* darin zitierte er die Meinung eines *nichtjüdischen Autors,* daß ein großer Teil der Antisemitismus-Kritik tatsächlich die Juden von oben herab behandelt:

Wir haben kein Recht, auf sie herabzusehen. In mancher Hinsicht sind sie uns vielmehr überlegen. Sie brauchen nicht so viel Alkohol wie wir, um das Leben erträglich zu machen; Gewaltverbrechen, Mord, Raub, Sexualdelikte sind große Seltenheiten unter ihnen; geistigen Leistungen und Interessen haben sie immer einen hohen Wert beigemessen; ihr Familienleben ist inniger; sie kümmern sich besser um die Armen; Wohltätigkeit ist ihnen eine heilige Pflicht ... Hören wir also auf, ihnen Gefälligkeiten zu erweisen, wenn sie Anspruch auf Gerechtigkeit haben.[36]

Freud konnte sich an seine Quelle nicht erinnern – und Ernest Jones und Anna Freud glaubten, Freud habe sich da selbst zitiert, was ein merkwürdiger letzter Effekt in Freuds alter Präokkupation mit Prioritäten wäre; Freud behauptete seine Unabhängigkeit und machte seine Gedanken einem anonymen Nichtjuden zum Geschenk. Jones meinte, wenn Freud das Zitat nur erfunden und damit nur ausgesprochen habe, was sich für einen Nichtjuden eigentlich schicken würde, dann wäre *seine Bemerkung, er habe die ursprüngliche Quelle nicht mehr auffinden können, ... demnach ein versteckter Vorwurf gewesen.*[37]
Einer der Hauptgründe dafür, daß Freud zögerte, Wien zu verlassen, war die unerfreuliche Aussicht, von Ärzten abhängig zu sein, die seinen Fall nicht kannten. Es stellte sich heraus, daß seine Londoner Ärzte das Wiederauftreten bösartiger Wucherungen zu spät erkannten. Marie Bonaparte meinte, seine Ärzte in London hätten Angst vor ihm gehabt; sein Wiener Chirurg, Pichler, war wenig zimperlich und operierte bei den ersten verdächtigen Anzeichen. Ende Februar 1939 wurde Freuds Krebs zum erstenmal für inoperabel und unheilbar erachtet. Trotz Einsatz aller damals verfügbaren Behandlungen, war bis zum 6. Mai, seinem letzten Geburtstag, die Krankheit so fortgeschritten, daß Freud schreckliche Schmerzen hatte. Aber er hatte immer

noch drei bis vier Patienten und setzte seine Praxis bis Ende Juli fort. Im Juni hatte er geschrieben: *Meine Welt ist wieder, was sie früher war, eine kleine Insel Schmerz, schwimmend auf einem Ozean von Indifferenz.*[38] Als sein persönlicher Arzt Max Schur eine kurze Reise in die Vereinigten Staaten machte, um dort die ersten Schritte zur Erlangung der amerikanischen Staatsbürgerschaft einzuleiten, faßte Freud das eine Zeitlang so auf, als ob nun auch Schur, wie die übrigen aus Freuds Welt, ihn verlasse.

Für die, die Freud liebten, war sein Anblick eine Qual; der Anfang vom Ende kam, als er keine Patienten mehr empfing. In seinen beiden letzten Lebensmonaten konnte er nicht mehr arbeiten.[39] Er konnte aber noch lesen. Jones und Schur haben darüber geschrieben, welche Bedeutung das letzte Buch, das Freud las, Balzacs *Peau de Chagrin*, hatte; es faszinierte Freud, weil für ihn alles schrumpfte und kleiner wurde wie in dem Roman, und er wußte, daß das Ende nicht mehr weit sein konnte. (Aber Jones war niedergeschlagen, als er von Anna Freud erfuhr, daß Freud so gern Kriminalromane las, vor allem in der Zeit nach Operationen; Agatha Christie und Dorothy Sayers liebte er besonders.[40])

Unter den Schülern Freuds geht die Legende um, Freuds Geist sei bis zum Ende vollkommen klar gewesen. Die Zeugnisse dafür kommen hauptsächlich von Max Schur und Anna Freud. Andere, wie die Frau Professor, fanden ihn seltsam und anders geworden.[41] Als ein freundlich gesinnter Wiener Rechtsanwalt, Dr. Indra, im Mai auf seiner Rückreise nach Wien von den Vereinigten Staaten in London haltmachte, um Freud zu besuchen, sagte Freud beim Abschied: *Sie gehen also zurück nach – ich komme nicht auf den Namen der Stadt!* (Jones verstand dies nicht wie Indra als Vergeßlichkeit; vielmehr bestand für ihn *kein Zweifel, daß Freud mit dieser angeblichen Amnesie absichtlich andeuten wollte, wie sehr er sich bemühe, Wien zu vergessen.*[42]

Es liegt jedoch nicht unbedingt ein Widerspruch darin, daß Freud manchen Menschen verwandelt, Anna Freud und Schur hingegen normal erschien. Denn es waren hauptsächlich diese beiden Menschen, die ihn am Leben erhielten, während die übrige Welt in die Ferne rückte. Anna und Schur gegenüber war er so wach und aufmerksam wie möglich, und sie berichteten korrekt, was sie beobachtet hatten. Aber Freuds Reaktionen wurden in der Tat spärlicher, und man muß die besondere Perspektive in Betracht ziehen, aus der Anna und Schur ihn beobachteten.

Da Freud bis wenige Tage vor seinem Tod Briefe schrieb, scheint er bei klarem Verstand gewesen zu sein. Das Hauptmanuskript, das er unbeendet ließ, den *Abriß der Psychoanalyse* legte Freud schon im September 1938 beiseite, so daß es über seinen Geisteszustand am Ende nichts aussagt. Es wäre nicht überraschend, wenn sich gewisse toxische Symptome bei ihm eingestellt hätten, denn wenn ein Mensch einen wirklichen Tod starb, dann war es Freud.

Er starb nach schrecklichen Leiden; er war so alt und krank, daß es eine Erlösung war, endlich zu sterben. Seine Wange mußte von außen durchtrennt werden, um zur

Behandlung des Krankheitsherdes besseren Zugang zu haben. Ein fürchterlicher Eitergeruch von der Wunde begann sich zu entwickeln; im August wollte sein Lieblingshund nicht mehr in seine Nähe kommen. Freud hatte große Schwierigkeiten, Nahrung zu sich zu nehmen, er hatte keinen Appetit mehr; er wachte mitten in der Nacht auf, und Anna sah nach, ob er etwas Nahrung aufnehmen konnte. Er war abhängig wie ein kleines Kind, bewahrte aber der Haushälterin Paula gegenüber, die sein Essen zubereitete, seine alte Höflichkeit. Schon seit Jahren war er immer wieder in Gefahr gewesen zu verhungern; jetzt wurde das zur Wirklichkeit.

Bei all dem nahm Freud nur sehr wenig ärztliche Hilfe an; gelegentlich eine Aspirintablette war alles, was er akzeptierte. »Ich will lieber in Qualen denken als nicht klar denken können.«[43] Gegen Ende linderten Einblasungen mit einem Kokainderivat seine Leiden ein wenig.

Anna Freuds zärtliche Betreuung und Pflege, ihre wachsame Beobachtung über Jahre hinweg, um präkanzeröse Veränderungen rechtzeitig zu entdecken, hatten Freuds Leben verlängert. Aber im Sommer 1939 ließ man die Krankheit ihren Lauf nehmen. Schur hätte, wenn die Entscheidung bei ihm gelegen hätte, dem Leiden zumindest einige Wochen früher ein Ende gesetzt.[44] Es war schlimm für ihn, Freud auf seinem Krankenlager liegen zu sehen, mit einem offenen Loch in der Wange, ein Moskitonetz über sein Bett gespannt, um die Fliegen abzuhalten. Aber Anna Freud konnte es nicht über sich bringen, Schur die Erlaubnis zum Handeln zu geben. (Die Meinung von Freuds Frau zählte zu diesem Zeitpunkt überhaupt nicht mehr.) Freud wollte oder konnte kein Morphium nehmen.

Bis drei Tage vor seinem Tod konnte Freud noch lesen und sich für allerlei interessieren, aber als er sein letztes Buch weglegte, war es das Zeichen, daß das Ende da war. Am 21. September sagte er zu seinem Arzt: *Lieber Schur, Sie erinnern sich wohl an unser erstes Gespräch. Sie haben mir damals versprochen, mich nicht im Stich zu lassen, wenn es soweit ist. Das ist jetzt nur noch Quälerei und hat keinen Sinn mehr.* Schur versprach ihm Linderung und gewährte Freud das Recht auf Sterbehilfe. Freud war so schwach und an Opiate ungewöhnt, daß die kleine Dosis Morphium, die Schur ihm am nächsten Morgen gab, genügte, um ihn einschlafen zu lassen. Nach dem Rat seiner Söhne Martin und Ernst hinterließ Freud sein Geldvermögen (20 000 englische Pfund) der Gesamtfamilie, mit der Maßgabe, daß Anna davon nach ihrem Belieben Geld abheben konnte. Die analytische Bibliothek und die Sammlung antiker Kunstgegenstände ging speziell an Anna.[45] Entgegen der jüdischen Sitte wurde Freud am 26. September im Londoner Stadtteil Golder's Green feuerbestattet. Ernest Jones und Stefan Zweig hielten Ansprachen, und Freuds Asche wurde in einer griechischen Urne aufbewahrt, die Marie Bonaparte ihm geschenkt hatte und die er besonders liebte. Seit seinem Tod versammelt sich jedes Jahr an Freuds Geburtstag und an seinem Todestag eine kleine Gruppe seiner Anhänger in dem Krematorium, um seiner zu gedenken.

Liste der interviewten Personen

Dr. Hilda Abraham
Mrs. Karl Abraham
Dr. Alexandra Adler
Dr. Michael Balint
Dr. Therese Benedek
Dr. E. A. Bennet
Sir Isaiah Berlin
Mr. Edward Bernays
Miss Hella Bernays
Dr. Bruno Bettelheim
Dr. Carl Binger
Dr. Smiley Blanton
Miss Berta Bornstein
Dr. John Bowlby
Dr. David Brunswick
Prof. Mark Brunswick
Mrs. Stephanie Dabo
Dr. Helene Deutsch
Dr. H. V. Dicks
Dr. Kurt Eissler
Prof. und Mrs. Erik Erikson
Mr. Ernst Federn
Dr. Michael Fordham
Dr. Thomas French
Mrs. Alexander Freud
Miss Anna Freud
Dr. Esti Freud
Mr. und Mrs. Oliver Freud
Dr. und Mrs. Erich Fromm
Dr. William Gillespie
Dr. Edward Glover
Mr. Geoffrey Gorer
Dr. Roy Grinker, Sr.
Dr. und Mrs. Martin Grotjahn
Dr. Heinz Hartmann
Dr. Leston Havens
Dr. Paula Heimann
Mrs. Judith Bernays Heller

Dr. Ives Hendrick
Mr. Albert Hirst
Mrs. Edward Hitschmann
Dr. Willi Hoffer
Dr. und Mrs. Richard Hoffmann
Mrs. Mathilda Freud Hollitscher
Dr. Otto Isakower
Dr. Edith Jackson
Dr. Jolandi Jacobi
Dr. Elliott Jacques
Dr. Robert Jokl
Mrs. Ernest Jones
Dr. Abram Kardiner
Dr. Anny Katan
Prof. Hans Kelsen
Mr. M. Masud Khan
Dr. Marianne Kris
Dr. Edward Kronold
Dr. Lawrence Kubie
Dr. Jeanne Lampl-de Groot
Prof. Harold Lasswell
Mrs. Elma Laurvik
Prof. Nathan Leites
Mrs. Kata Levy
Dr. John Mack
Mrs. Nada Mascherano-Tausk
Prof. Heinrich Meng
Dr. Emmanuel Miller
Dr. Fritz Moellenhoff
Dr. Roger Money-Kyrle
Mrs. Merrill Moore
Prof. Henry Murray
Dr. Herman Nunberg
Mrs. Ochsner
Prof. Talcott Parsons
Dr. Sylvia Payne
Prof. Lionel Penrose
Dr. Irmarita Putnam

Dr. Marian Putnam
Dr. Sandor Rado
Mrs. Beata Rank
Dr. J. R. Rees
Dr. Annie Reich
Dr. Theodor Reik
Prof. David Riesman
Mrs. Eva Rosenfeld
Dr. Charles Rycroft
Mrs. Hanns Sachs
Dr. Philip Sarasin
Dr. und Mrs. Raymond de Saussure
Dr. Melitta Schmideberg
Dr. Max Schur
Dr. Hannah Segal
Dr. René Spitz
Dr. Richard Sterba

Dr. Anthony Storr
Mr. und Mrs. James Strachey
Dr. John Sutherland
Dr. Marius Tausk
Dr. Victor Hugo Tausk
Dr. Alan Tyson
Mrs. Helene Veltfort
Dr. Robert Waelder
Dr. Richard Wagner
Dr. Edoardo Weiss
Dr. Allen Wheelis
Prof. Robert White
Dr. und Mrs. George Wilbur
Dr. Donald Winnicott
Dr. Martha Wolfenstein
Mr. Leonard Woolf
Dr. Elizabeth Zetzel

Anmerkungen

Vorwort

1. »Allgemeines über den hysterischen Anfall«, Sigmund Freud Studienausgabe (Frankfurt 1969–75), Bd. VI, S. 200.
2. New York 1968; deutsch: *Politik und Gesellschaft bei Sigmund Freud*, Frankfurt 1971.
3. Einige von ihnen sind jetzt veröffentlicht worden. Vgl. »Some Unpublished Letters of Freud«, *International Journal of Psychoanalysis*, Vol 50, Part 4 (1969), S. 419–27.
4. New York 1969; deutsch: *Brudertier – Sigmund Freud und Victor Tausk: Die Geschichte eines tragischen Konflikts*, Hamburg 1973. Für weitere Darlegungen über Tausk vgl. Paul Roazen, »Reflections on Ethos and Authenticity in Psychoanalysis«, *The Human Context*, Vol. 4, No. 3 (Herbst 1972), S. 577–87.

Einführung:
Begegnungen mit Patienten und Schülern Freuds

1. Viele Jahre vor meinem Projekt hat Kurt Eissler für das Freud-Archiv auf Tonband aufgenommene Interviews mit noch lebenden Analytikern und Patienten der Anfangszeit durchgeführt. Teilweise um sie zur Mitarbeit zu bewegen, versprach er, das Material werde fünfzig bis hundert Jahre lang in der Library of Congress unter Verschluß gehalten werden; als Folge davon wurde neben dem rein Privaten auch das harmlose Material unzugänglich. Einige der von mir befragten Personen behaupteten, sie wüßten nichts von dieser Beschränkung hinsichtlich ihres Materials, und andere hatten keine Einwendungen dagegen, daß es für wissenschaftliche Arbeit verwendet würde. Eissler schickte an Ernest Jones Kopien seiner Interviews mit Paul Klemperer und Albert Hirst (Jones-Archiv). Für ein publiziertes Beispiel für Eisslers Befragungstechnik vgl. *Reich speaks of Freud*, herausg. von Mary Higgins und Chester M. Raphael (New York 1967), S. 3–128. Ich habe ein paar von Eisslers anderen Interviews gesehen (einige Personen bewahrten Kopien auf, die er ihnen geschickt hatte), und schließe daraus, daß mein eigenes Vorgehen als Interviewer aktiver war als das seine. Ferner ist an der *Columbia University Oral History Unit* ein Projekt über die Geschichte der Psychoanalyse im Gange.
2. Bei einer der befragten Personen machte ich den Versuch, ein Bandgerät zu verwenden, da die betreffende Dame selbst eines hatte und vorschlug, wir sollten es benützen. Ich kaufte prompt ein Aufnahmegerät, aber die nächste von mir befragte Person weigerte sich, es laufen zu lassen. Ich bin überzeugt, daß schon ältere, aus Europa stammende Herrschaften ein Bandaufnahmegerät als eine irgendwie nazistische Methode betrachtet hätten. Mit meinem einzigen auf Band aufgenommenen Interview hatte ich zahlreiche praktische Probleme; abgesehen von den erheblichen Kosten des Abschreibens, waren viele Namen zwangsläufig falsch geschrieben, und das lange Interview ergab ein umfangreiches Manuskript, in dem ich spezifische Einzelheiten nur schwierig auffinden konnte.
3. »Die endliche und die unendliche Analyse«, Studienausgabe, Ergänzungsband, S. 362–63. Vgl. auch James Strachey, »The Nature of the Therapeutic Action of Psychoanalysis«, *International Journal of Psychoanalysis*, Vol. 15, Parts 2–3 (April-Juni 1934), S. 130. Es ist ziemlich erschreckend festzustellen, daß Theodor Reik am Ende seines Lebens sagte: »Die positive Übertragung deutet man überhaupt nie. Nur wenn sie negativ wird. Die positive Übertragung ist der Wasserfall, der die Mühle antreibt. Warum sollte man das deuten?« Erika Freeman, *Insights: Conversations with Theodor Reik* (Englewood Cliffs, N. J., 1971), S. 52.
4. »Dostojewski und die Vatertötung«, Studienausgabe Bd. X, S. 275, Anmerkg. 1.
5. *Zur Geschichte der psychoanalytischen Bewegung*, Fischer Taschenbuch 6096, Frankfurt 1971 (Nachfolgend zitiert als »Zur Geschichte«), S. 150.

1. Die mündliche Überlieferung in der Psychoanalyse

1.1 Die Legende Freud

1. Vgl. Hans Herma, Ernst Kris und Joel Shor, »Freud's Theory of the Dream in American Textbooks«, *The Journal of Abnormal and Social Psychology*, Bd. 38, No. 3 (Juli 1943), S. 328, 331.
2. Fritz Wittels, *Sigmund Freud*, Leipzig 1924, S. 114–15.
3. Zum Beispiel erzählte er im Jahre 1909 einem Patienten von seinen Prioritätsansprüchen bei der Entdeckung der Anwendung von Kokain. Interview mit Albert Hirst, 21. Jan. 1966. Im Jahre 1922 erzählte er einer anderen Patientin, der Schwester eines führenden Mannes in der psychoanalytischen Bewegung, daß ihn gerade ein junger Mann besucht habe, der Jahre früher der Gegenstand einer berühmten Falldarstellung (»Der kleine Hans«) gewesen war. Interview mit Edoardo Weiss, 25. Juni 1966. Es kam häufig vor, daß Freud zu Schülern, die bei ihm in Ausbildung waren, über Phasen seiner früheren Arbeit sprach, die für sie interessant sein mußten. Er erzählte James Strachey über Josef Breuers Reaktionen auf »Anna O.« Brief von James Strachey an Ernest Jones vom 24. Oktober 1951 (Jones-Archiv). Während einer Analyse sprach Freud über seine Bewunderung für James Jackson Putnam. Interview mit Edith Jackson, 30. Aug. 1966. Und während der Analyse von Wortis sprach Freud über Bernheims Demonstration von posthypnotischer Suggestion. Joseph Wortis, *Fragment of an Analysis with Freud*, New York 1963, S. 159. Vgl. auch Smiley Blanton, *Diary of my Analysis with Freud*, New York 1971, und Roy R. Grinker, »Reminiscences of a Personal Contact with Freud«, *American Journal of Orthopsychiatry*, Bd. 10 (1940), S. 852.
4. Brief an Fritz Wittels, *Briefe 1873–1939*, herausg. von Ernst und Lucie Freud, 2. Aufl., Frankfurt 1968 (nachfolgend zitiert als *Briefe*), S. 363.
5. *Selbstdarstellung*, Taschenbuchausgabe Frankfurt 1971, S. 99.
6. In seinem Buch gibt sich Jones widerstrebend und führt Gründe an, warum er trotzdem dem Vorschlag nachgegeben habe, die Aufgabe der Biographie zu übernehmen. Aber in zumindest einem Brief an einen Verleger (den Jones geheim halten wollte, vor allem gegenüber anderen Analytikern), führte er eifrig seine Qualifikationen als Biograph Freuds an. Vgl. Ernest Jones, *Das Leben und Werk von Sigmund Freud*, Bern, Stuttgart, Wien 1960–62 (drei Bände, nachfolgend zitiert als Jones I, II, III), Bd. I, S. 11, mit dem Brief von Jones an Mr. Nassett vom 1. Okt. 1946 (Jones-Archiv).
7. Brief von Ernest Jones an E. Philp, 13. Sept. 1955 (Jones-Archiv).
8. »Brief an den Herausgeber«, *American Journal of Psychotherapy*, Bd. 10, No. 1 (Jan. 1956), S. 110.
9. Brief von Ernest Jones an Anna Freud, 10. März 1954 (Jones-Archiv).
10. Jones II, S. 15.
11. Für diesen Punkt schulde ich Henry A. Murray Dank.
12. *Briefe*, S. 445.
13. »Eine Kindheitserinnerung des Leonardo da Vinci«, St. A. X, S. 110.
14. »General Preface«, *Standard Edition*. Bd. I, S. xv.
15. Vgl. Felix Deutsch, »Reflections on Freud's One Hundredth Birthday«, *Psychosomatic Medicine*, Bd. 18, No. 4 (Juli-August 1956), S. 279, wo auf einen von der Publikation zurückgezogenen Aufsatz über Freuds Krankheit Bezug genommen ist. Eine Kopie von »Reflections on the Tenth Anniversary of Freud's Death«, ein Aufsatz, der in *The American Imago* erscheinen sollte, aber aufgrund der Einwände von Anna Freud zurückgezogen wurde, befindet sich im Jones-Archiv. Brief von Felix Deutsch an Ernest Jones, 31. Jan. 1956.
16. Brief von Anna Freud an Ernest Jones, 8. Apr. 1954 (Jones-Archiv). Vgl. auch ihren Brief an Jones vom 4. Apr. 1954 (Jones-Archiv).
17. Brief von James Strachey an Ernest Jones, 13. Mai 1954 (Jones-Archiv).
18. Brief von Anna Freud an Ernest Jones, 4. März 1954 (Jones-Archiv).
19. Strachey reparierte einen Teil des Schadens in seiner *Standard Edition*, Bd. 1, S. 259. Max Schur veröffentlichte weitere Teile der Korrespondenz mit Fließ. Vgl. sein Buch *Freud: Living and Dying*, New York 1972, deutsch: *Sigmund Freud – Leben und Sterben*, Frankfurt 1973 (nachfolgend zitiert als »Schur, *Freud*«).
20. Zum Beispiel nahm Jones in seine Freud-Biographie einen scharfen Kommentar Freuds gegenüber Arnold Zweig über den Tod Alfred Adlers auf. Obwohl der Rest jenes Briefes jetzt in dem Gesamtband des Briefwechsels Freud –

A. Zweig veröffentlicht worden ist, wurde diese spezielle Passage unterdrückt, ohne daß die Auslassung durch Punkte angezeigt ist. Vgl. Jones III, S. 255 mit *Freud – Arnold Zweig, Briefwechsel*, Frankfurt 1968, S. 142 ff. Vgl. ferner Paul Roazen, »Dear Father Freud«, *The Nation*, Bd. 210, No. 20 (25. Mai 1970), S. 631–32.
21. *Vorlesungen zur Einführung in die Psychoanalyse*, (nachfolgend zitiert als *Vorlesungen*), St. A. I, S. 261. Der Leser interessiert sich vielleicht für weitere Überlegungen Freuds in bezug auf unsere Interessen für Biographisches: ». . . es ist . . . das Bedürfnis, affektive Beziehungen zu solchen Menschen zu gewinnen, sie den Vätern, Lehrern, Vorbildern anzureihen, die wir gekannt oder deren Einfluß wir bereits erfahren haben, unter der Erwartung, daß ihre Persönlichkeiten ebenso großartig und bewundernswert sein werden wie die Werke, die wir von ihnen besitzen. Immerhin wollen wir zugestehen, daß noch ein anderes Motiv im Spiele ist . . . Nicht herabsetzen zwar will der Biograph den Heros, sondern ihn uns näherbringen. Aber das heißt doch die Distanz, die ihn von uns trennt, verringern, wirkt doch in der Richtung einer Erniedrigung. Und es ist unvermeidlich, wenn wir vom Leben eines großen Mannes mehr erfahren, werden wir auch von Gelegenheiten hören, in denen er es wirklich nicht besser gemacht hat als wir, uns menschlich wirklich nahegekommen ist. Dennoch meine ich, wir erklären die Bemühungen der Biographik für legitim.« »Ansprache im Frankfurter Goethe-Haus«, St. A. X, S. 295-96.

1.2 Auf der Suche nach dem Menschen Freud

1. Interview mit Oliver Freud, 22. Apr. 1966.
2. Brief von Edward Hitschmann an Ernest Jones, 26. März 1954 (Jones-Archiv).
3. Jones III, S. 268. Vgl. Brief von Franz Bienenfeld an Ernest Jones, 28. Jan. 1956 (Jones-Archiv). Vgl. ferner Martin Freud, *Glory Reflected*, London 1957, S. 217.
4. Obwohl Freuds treueste Schüler damals nicht im Traum daran gedacht hätten, die eigene Persönlichkeit des Meisters zu analysieren, begegnete ich in zwei Fällen Analytikern, die von einem ihrer Patienten absolut fasziniert waren, dessen Charakterstruktur ihrer Meinung nach der von Freud ähnelte; meiner Meinung nach stellt das eine Verschiebung ihres Interesses an Freud dar.

5. Theodor Reik, *From Thirty Years with Freud*, New York 1940, S. 27.
6. »Psycho-Analysis«, G. W. 14, S. 297.
7. »Ratschläge für den Arzt bei der psychoanalytischen Behandlung«, St. A. Erg., S. 177–78. »Eine Schwierigkeit der Psychoanalyse«, Taschenbuchausgabe Frankfurt 1969, S. 137.
8. »Wege der psychoanalytischen Therapie«, St. A. Erg., S. 247.
9. Zitiert in Rudolf M. Loewenstein, *Freud: Man and Scientist*, New York 1951, S. 17.
10. Interview mit Edward Kronold, 19. Sept. 1966.

2. Herkunft und Charakter

2.1 »Der ganze Trotz und die ganze Leidenschaft«

1. Vgl. Ernst Simon, »Sigmund Freud, the Jew«, *Yearbook II*, herausgeg. v. Robert Weltsch, London 1957, S. 270–305. Vgl. ferner Karl Menninger, »The Genius of the Jew in Psychiatry«, *A Psychiatrist's World*, New York 1959, S. 415–24.
2. Vgl. Roazen, *Politik und Gesellschaft bei Sigmund Freud*, Kap. III.
3. *Das Unbehagen in der Kultur*, St. A. IX, S. 268.
4. Zitiert in Jones II, S. 145.
5. *Sigmund Freud – Karl Abraham, Briefe 1907–1926* (nachfolgend zitiert als *Briefe Freud – Abraham*), S. 57.
6. *Die Traumdeutung*, St. A. II, S. 208.
7. Martin Freud, *Glory Reflected*, S. 70–71.
8. Jones II, S. 200; Jones III, S. 220.
9. Jones III, S. 236. Die auf diesen Vorfall bezüglichen Stellen sind in der einschlägigen Veröffentlichung des Briefwechsels von Freud ohne Kennzeichnung weggelassen. Vgl. *Briefe Freud – A. Zweig*, S. 116 ff.
10. Geoffrey Gorer in *Psychoanalysis Observed*, herausgeg. v. Charles Rycroft, London 1966, S. 41.
11. »Ansprache an die Mitglieder des Vereins B'Nai B'Rith«, G. W. 17, S. 52. Auch bei Marx kann man die Stimme eines *Angehörigen einer durch lange Zeiten gedemütigten Rasse* vernehmen; *es ist die jahrhundertelange Unterdrückung eines Volkes von Parias . . ., die aus ihm zu sprechen scheint*. Isaiah Berlin, »Benjamin Disraeli, Karl Marx, and the Search for Identity«, *Midstream* (Aug.-Sept. 1970), S. 46.
12. Freeman, *Insights*, S. 80.

13. *Briefe Freud – Abraham*, S. 180.
14. Interview mit Edoardo Weiss, 8. Mai 1965.
15. *Briefe*, S. 209–10. An anderer Stelle spricht Freud von *einer heute überwundenen deutschnationalen Periode der Jugendzeit. Die Traumdeutung*, St. A. II, S. 321.
16. *Aus den Anfängen der Psychoanalyse*, (Briefe an Wilhelm Fließ; Abhandlungen und Notizen aus den Jahren 1887–1902) herausgeg. v. Marie Bonaparte, Anna Freud und Ernst Kris, London 1950 (nachfolgend zitiert als *Aus den Anfängen*), S. 233, 234, 236.
17. Schur, *Freud*, S. 150.
18. Interview mit Edward Bernays, 28. Nov. 1965.
19. Brief von Leslie Adams an Ernest Jones, 29. Nov. 1953 (Jones-Archiv).
20. Vgl. Roazen, *Politik und Gesellschaft bei Sigmund Freud*, S. 263 ff.
21. Wittels, *Freud*, S. 28.
22. *Briefe*, S. 208–09.
23. *Die Traumdeutung*, St. A. II, S. 204.
24. Zitiert in Jones I, S. 404.
25. Jones III, S. 251–53.
26. »Über die allgemeinste Erniedrigung des Liebeslebens«, St. A. V, S. 208–09.
27. *Die Traumdeutung*, St. A. II, S. 236. »Psychoanalytische Bemerkungen über einen biographisch beschriebenen Fall von Paranoia«, St. A. VII, S. 182.
28. Interview mit Edoardo Weiss, 10. Mai 1965.
29. »Eine Erinnerungsstörung auf der Akropolis«, St. A. IV, S. 292. Vgl. auch Emil Ludwig, »A Visit«, in *Freud As We Knew Him*, herausgeg. v. Hendrik Ruitenbeek, Detroit 1973, S. 214–15.
30. *Briefe*, S. 60.
31. *Die Traumdeutung*, St. A. II, S. 412.
32. Ebda., S. 465, 467.
33. *Aus den Anfängen*, S. 233.
34. *Vorlesungen*, St. A. I, S. 103.
35. *Zur Psychopathologie des Alltagslebens*, Fischer Bücherei 68 (nachfolgend zitiert als »Zur Psychopathologie«), S. 96.
36. Interview mit Oliver Freud.
37. Interview mit Mark Brunswick, 25. Jan. 1966.
38. *Briefe*, S. 207–08.
39. Ebda., S. 6.

2.2 Kindheit und Jugend

1. *Selbstdarstellung*, S. 40–41.
2. *Briefe*, S. 393–94.
3. *Die Traumdeutung*, St. A. II, S. 426.
4. »Zur Geschichte der psychoanalytischen Bewegung«, in *Selbstdarstellung – Schriften zur Geschichte der Psychoanalyse«*, Taschenbuchausgabe Frankfurt 1971 (nachfolgend zitiert als »Zur Geschichte«), S. 155.
5. *Die Traumdeutung*, St.A. II, S. 435.
6. Ebda., S. 428.
7. *Selbstdarstellung*, S. 42. Vgl. Roazen *Politik und Gesellschaft bei Sigmund Freud*, S. 94–99.
8. *Selbstdarstellung*, S. 42.
9. »Über Deckerinnerungen«, Ges. Schriften, Bd. I, S. 478–79.
10. Interview mit Oliver Freud.
11. *Die Traumdeutung*, St.A. II, S. 423.
12. »Eine Erinnerungsstörung auf der Akropolis«, St.A. IV, S. 292–93.
13. Vgl. Judith Bernays Heller, »Freud's Mother and Father«, *Commentary*, Bd. 21, No. 5 (Mai 1956), S. 418–21.
14. »Eine Erinnerungsstörung auf der Akropolis«, a.a.O., S. 292.
15. *Die Traumdeutung*, St.A. II, S. 224.
16. Interview mit Henry A. Murray, 10. Nov. 1965. John Bilinsky, »Jung and Freud«, *Andover Newton Quarterly*, Bd. 10, No. 2 (Nov. 1969), S. 42. Schur erwähnt Freuds »Prostatabeschwerden« bei seinem Aufenthalt in den Vereinigten Staaten. *Freud*, S. 305.
17. »Bruchstück einer Hysterie-Analyse«, St.A. VI, S. 145. Vgl. auch Kurt Eisslers Interview mit Albert Hirst vom 16. März 1952 (Jones-Archiv). Vgl. ferner Jones II, S. 346; Jones III, S. 361.
18. *Das Unbehagen in der Kultur*, St.A. IX, S. 204.
19. »Der Familienroman der Neurotiker«, St.A. IV, S. 224.
20. *Das Unbehagen in der Kultur*, St.A. IX, S. 242, Anm. 1.
21. Jones I, S. 19.
22. R. Gicklhorn und J. Sajner, »The Freiberg Period of the Freud Family«, *Journal of the History of Medicine*, Bd. 24 (1969), S. 37–43.
23. Zitiert in Jones III, S. 35.
24. *Die Traumdeutung*, St.A. II, S. 24 (Vorwort zur 2. Auflage).
25. Ebda., S. 432. Jones I, S. 19.
26. Lionel Trilling und Stephen Marcus (Herausg.), *The Life and Work of Sigmund Freud*, by Ernest Jones, New York 1961, S. 4.
27. *Die Traumdeutung*, St.A. II, S. 372. Vgl. auch Ernest Jones, »Book Review of Wittls's *Freud*«, *Intern. Journ. Psychoan.*, Bd. 5 (1924), S. 485.
28. *Die Traumdeutung*, St.A. II, S. 208–09. In Wirklichkeit wurde Masséna 1758 geboren.
29. S. Freud und William C. Bullitt, *Thomas*

Woodrow Wilson: A Psychological Study, Boston 1967, S. VI.
30. *Die Traumdeutung*, St.A. II, S. 389 (Zusatz 1914); vgl. auch »Eine Kindheitserinnerung aus *Dichtung und Wahrheit*«, St.A. X, S. 265–66.
31. *Vorlesungen*, St.A. I, S. 210.
32. *Neue Folge der Vorlesungen zur Einführung in die Psychoanalyse*, (nachfolgend zitiert als »Neue Folge«), St.A. I, S. 563. Vgl. auch *Massenpsychologie und Ich-Analyse*, St.A. IX, S. 95, Anmerkg. 2.
33. Zitiert in Jones II, S. 236.
34. Zitiert in L. Binswanger, *Erinnerungen an Sigmund Freud*, Bern 1956 (nachfolgend zitiert als »Binswanger, *Freud*«), S. 103.
35. *Briefe*, S. 418.
36. Zitiert in Jones III, S. 184.
37. »Psychoanalyse« und »Libidotheorie« in *Handwörterbuch der Sexualwissenschaft*, abgedruckt in G.W. 13 (im folgenden zitiert als »Zwei Lexikon-Artikel«), S. 231.
38. *Das Unbehagen in der Kultur*, St.A. IX, S. 238.
39. »Aus der Geschichte einer infantilen Neurose«, St.A. VIII, S. 202.
40. Zitiert in Jones II, S. 214.
41. Für Freuds Traum vgl. *Die Traumdeutung*, St.A. II, S. 554–55. Für den Traum seiner Mutter vgl. Lancelot Whyte, *Focus and Diversions*, New York 1963, S. 110–11. In einem Brief an mich (17. Okt. 1971) äußerte Whyte die Meinung, es sei wahrscheinlich, daß Freuds Mutter nachts geträumt hatte und nicht, wie er in seinem Buch berichtete, einen Tagtraum hatte.
42. Jones II, S. 508.
43. Brief von Ernest Jones an James Strachey, 11. Jan. 1954. Vgl. auch Brief von James Strachey an Ernest Jones, 20. Jan. 1954 (Jones-Archiv). Vgl. Meyer Schapiro, »Leonardo and Freud«, *Journal of the History of Ideas*, Bd. 17 (1956), S. 147–78.
44. Vgl. Brief von Dorothy Burlingham an Ernest Jones, 6. Juni 1951 (Jones-Archiv).
45. Martin Freud, *Glory Reflected*, S. 11. Vgl. ferner Martin Freud, »Who was Freud?«, in Josef Fraenkel (Herausg.), *The Jews of Austria*, London 1967, S. 202.
46. Jones I, S. 19.
47. Judith Bernays Heller, »Freud's Mother and Father«. Interview mit Edward Bernays, 2. Dez. 1965. Interview mit Hella Bernays, 3. Apr. 1967. Interview mit Oliver Freud. Interview mit J. Bernays Heller, 23. Dez. 1965.
48. Martin Freud, *Glory Reflected*, S. 11, 16. Vgl. auch Martin Freud, »Who was Freud?«, S. 202–03.
49. *Briefe*, S. 64.
50. Interview mit Otto Isakower, 20. Sept. 1966.
51. Jones II, S. 459.
52. »Über Deckerinnerungen«, a.a.O., S. 487–88.

2.3 Liebe und Ehe

1. Interview mit Esti Freud, 30. Apr. 1966.
2. Diese Geschichte verdanke ich Sir Isaiah Berlin. Vgl. Jones III, S. 270.
3. *Die Traumdeutung*, St.A. II, S. 130.
4. *Minutes of the Vienna Psychoanalytic Society*, herausgeg. v. Herman Nunberg und Ernst Federn, Bd. II, New York 1967 (nachfolgend zitiert als *Minutes*), S. 237. Eine deutsche Ausgabe der Protokolle der Wiener Psychoanalytischen Vereinigung befindet sich in Vorbereitung. Die Fundstellen sind hier nach der amerikanischen Ausgabe angegeben, die Texte aus dem Englischen übersetzt, da die deutschen Originaltexte dem Übersetzer nicht zugänglich waren.
5. Zitiert in Jones I, S. 161.
6. »Über die weibliche Sexualität«, St.A. V, S. 281.
7. *Briefe*, S. 58.
8. Erich Fromm, *Sigmund Freud's Mission*, New York 1959; deutsch unter dem Titel *Sigmund Freuds Sendung*, Frankfurt und Berlin 1961, S. 38.
9. *Briefe*, S. 65 ff.
10. Jones I, S. 159.
11. *Briefe*, S. 321.
12. »Das Tabu der Virginität«, St.A. V, S. 213.
13. Jones III, S. 270.
14. Jones II, S. 453.
15. Vgl. *Sigmund Freud / C. G. Jung Briefwechsel*, herausgeg. v. William McGuire und Wolfgang Sauerländer, Frankfurt 1974 (nachfolgend zitiert als »Briefe Freud – Jung«), S. 504. Brief von Ernest Jones an Max Schur, 6. Okt. 1955 (Jones-Archiv). In dieser Assoziation von Jones klingt Freuds eigene Lehre wider; Freud schrieb zum Beispiel, daß *mit der Einschränkung der sexuellen Betätigung bei einem Volke ganz allgemein eine Zunahme der Lebensängstlichkeit und der Todesangst einhergeht . . .* « »Die ›kulturelle‹ Sexualmoral und die moderne Nervosität«, St.A. IX, S. 31.
16. »Die Sexualität in der Ätiologie der Neurosen, St.A. V, S. 28.

17. »Die ›kulturelle‹ Sexualmoral und die moderne Nervosität«, St.A. IX, S. 24.
18. *Aus den Anfängen*, S. 242. Im Jahre 1894 hatte Freud geschrieben: *Die Libido ist längst überwunden.* Zitiert in Schur, *Freud*, S. 65.
19. Interviews mit Esti Freud, 30. Apr. und 27. Aug. 1966. Vgl. ferner Freeman, *Insights*, S. 81.
20. *Minutes*, Bd. II, S. 561.
21. Jones II, S. 185.
22. »Eine Kindheitserinnerung des Leonardo da Vinci«, St.A. X, S. 126–27.
23. »Zum psychischen Mechanismus der Vergeßlichkeit«, G.W. 1, S. 522–24. Vgl. auch *Zur Psychopathologie*, S. 15. Ich schulde Meyer Schapiro Dank für den Hinweis, daß die Fresken in Orvieto, die in Freuds Anekdote eine wesentliche Rolle spielen, nicht nur mit Auferstehung und Tod zu tun haben, sondern auch außergewöhnlich kraftvolle männliche Gestalten zeigen.
24. *Zur Psychopathologie*, S. 150.
25. *Minutes*, Bd. II, S. 60–61.
26. *Vorlesungen*, St.A. I, S. 312.
27. Jones II, S. 17.
28. »Der Dichter und das Phantasieren«, St.A. X, S. 171.
29. »Über die allgemeinste Erniedrigung des Liebeslebens«, St.A. V, S. 207–08.
30. »Zwei Lexikon-Artikel«, G.W. 13, S. 228.
31. *Das Unbehagen in der Kultur*, St.A. IX, S. 211.
32. »Bemerkungen über die Übertragungsliebe«, St.A. Erg., S. 229.
33. »Schlußwort der Onanie-Diskussion«, G.W. 8, S. 343.
34. Jones III, S. 393.
35. *Zur Psychopathologie*, S. 182.
36. »Eine Kindheitserinnerung des Leonardo da Vinci«, St.A. X, S. 140.
37. *Neue Folge*, St.A. I, S. 563.
38. »Über einige neurotische Mechanismen bei Eifersucht, Paranoia und Homosexualität«, St.A. VII, S. 223–24.

2.4 Das Familienleben

1. Martin Freud, *Glory Reflected*, S. 33.
2. Jones II, S. 448–49.
3. Jones II, S. 454.
4. Diktat von Ernst Freud an Ernest Jones, 27. Nov. 1953 (Jones-Archiv).
5. Interview mit Helene Deutsch, 18. Sept. 1965.
6. *Die Traumdeutung*, St.A. II, S. 246.
7. *Zur Psychopathologie*, S. 154.
8. Brief von Mathilda Freud Hollitscher an Ernest Jones, 30. März 1952 (Jones-Archiv).
9. Theodor Reik, »Years of Maturity«, *Psychoanalysis*, Bd. 4, No. 1 (1955), S. 72. Vgl. auch René Laforgue, »Personal Memories of Freud«, in *Freud As We Knew Him*, herausgeg. v. H. Ruitenbeek, S. 342.
10. Interview mit Mark Brunswick, 25. Jan. 1966.
11. *Ibid.*
12. Zitiert in Jones III, S. 250.
13. Interview mit Mark Brunswick, 25. Jan. 1966.
14. Interview mit Eva Rosenfeld, 3. Nov. 1966.
15. Max Schur, »The Medical History of Sigmund Freud«, S. 44.
16. Jones III, S. 290.
17. Jones I, S. 186. Aber nach Notizen, die Jones im August 1947 nach Äußerungen Martha Freuds anfertigte, zog Minna im Jahre 1892 zu ihnen.
18. Judith Heller, »My Aunt, Minna Bernays«, (Jones-Archiv). Interviews mit Esti Freud.
19. *Minutes*, Bd. II, S. 525, 527.
20. *Briefe*, S. 303.
21. Brief von Anna Freud an Ernest Jones, 24. Apr. 1952 (Jones Archiv).
22. Jones II, S. 454. Vgl. auch Brief von Marie Bonaparte an Ernest Jones, 10. Dez. 1953 (Jones-Archiv).
23. *Briefe Freud – Abraham*, S. 363.
24. Interview mit Kata Levy, 20. Juli 1965.
25. Jones III, S. 23, 40, 101.
26. Bilinsky, »Freud and Jung«, S. 39–43.
27. Jones I, S. 200.
28. »Das Unheimliche«, St.A. IV, S. 260.
29. Interview mit Henry Murray, 10. Nov. 1965.
30. Interview mit Eva Rosenfeld, 3. Nov. 1966.
31. Hitschmann konnte einmal an Freuds Hosen eine Erektion nach einer Stunde mit einer hübschen Frau erkennen. Brief von Edward Hitschmann an Ernest Jones, 26. März 1954 (Jones-Archiv).
32. Interview mit Eva Rosenfeld, 1. Sept. 1965.
33. Brief von Ernest Jones an Max Eitingon, 21. Okt. 1939 (Jones-Archiv).

3. Eine Wissenschaft des Träumens

3.1 Ringen nach dem spröden Erfolg

1. Jean-Paul Sartre, *Betrachtungen zur Judenfrage*, Zürich 1948, S. 101–02.
2. *Die Traumdeutung*, St.A. II, S. 410.
3. Jones I, S. 44.

4. *Zur Geschichte*, S. 145.
5. *Selbstdarstellung*, S. 40.
6. »Die Frage der Laienanalyse«, in der Taschenbuchausgabe *Darstellungen der Psychoanalyse*, Frankfurt 1969, S. 215.
7. *Briefe*, S. 100, 104.
8. Ebda., S. 95.
9. »Autobiographische Notiz«, in Taschenbuch *Selbstdarstellung*, S. 140.
10. *Die Traumdeutung*, St.A. II, S. 131.
11. Jones I, S. 113.
12. Ebda., S. 102–03.
13. »Inhaltsangabe der wissenschaftlichen Arbeiten des Privatdozenten Dr. S. Freud 1877–1897«, G.W. 1, S. 467.
14. Nach einer anderen Version fügte Königstein selbst etwas hinzu, um die Lösung klar zu machen, und ruinierte dadurch das Experiment. Vgl. Brief von Kurt Eissler an Ernest Jones, 9. Nov. 1953 (Jones-Archiv).
15. *Die Traumdeutung*, St.A. II, S. 183.
16. *Selbstdarstellung*, S. 46.
17. Wittels, *Freud*, S. 18–19.
18. *Briefe*, S. 369.
19. Sachs, H., *Freud: Master and Friend*, Cambridge, Mass., 1944, London 1945. Deutsch unter dem Titel *Freud: Meister und Freund*, London 1950. Die Fundstellen sind nach der englischen Ausgabe angegeben, da die deutsche nicht zugänglich war. Hier S. 71. Jones I, S. 110.
20. Brief von Albert Hirst an Ernest Jones, 6. Nov. 1953, und Brief von Ernest Jones an Albert Hirst, 10. Nov. 1953 (Jones-Archiv). Interview mit Albert Hirst.
21. Brief von Albert Hirst an Anna Freud, 19. Oktober 1953, und Brief von Kurt Eissler an Ernest Jones, 9. Nov. 1953 (Jones-Archiv).
22. Brief von Siegfried Bernfeld an Ernest Jones, 27. Apr. 1952 (Jones-Archiv).
23. *Briefe*, S. 79.
24. *Die Traumdeutung*, St.A. II, S. 468–69.
25. Jones II, S. 15, 491.
26. *Zur Psychopathologie*, S. 129–30. G. W. 4, S. 165–66.
27. Ebda., S. 129.
28. »Autobiographische Notiz«, a.a.O., S. 140.
29. »Bericht über meine mit Universitäts-Jubiläums-Reisestipendium unternommene Studienreise nach Paris und Berlin«, in Taschenbuch *Selbstdarstellung – Schriften zur Geschichte der Psychoanalyse*, S. 129, 134.
30. »Vorwort und Fußnoten zu der Übersetzung von Charcots Mittwochsvorlesungen«, *Standard Edition*, Bd. 1, S. 135. Nicht in *Gesammelte Werke*.
31. Zitat aus »Editor's Note, *Standard Edition*, Bd. 3, S. 10.
32. Wittels, *Freud*, S. 21.
33. »Charcot«, G. W. 1, S. 22–28.
34. *Zur Geschichte*, S. 158.
35. »Charcot«, a.a.O., S. 21.
36. Ebda., S. 26–29.
37. Ebda., S. 30.
38. Ebda., S. 28.
39. »Über den psychischen Mechanismus hysterischer Phänomene«, St.A. VI, S. 13.
40. *Zur Psychopathologie*, S. 138.
41. Henri F. Ellenberger, *Die Entdeckung des Unbewußten*, Bern 1973, S. 455–547 (Amerikanische Ausgabe *The Discovery of the Unconscious*, New York 1970).
42. Leston Havens, »Pierre Janet«, *The Journal of Nervous and Mental Disease*, Bd. 143, No. 5 (1966), S. 397.
43. Ebda., S. 257.
44. *Vorlesungen*, St.A. I, S. 258.
45. Zitiert in: *James Jackson Putnam and Psychoanalysis*, N. Hale (Herausg.), Cambridge, Mass., 1971, S. 131.
46. *Selbstdarstellung*, S. 44.
47. Zitiert in: E. A. Bennet, »The Freud-Janet Controversy«, *British Medical Journal*, 2. Jan. 1965, S. 52–53.
48. *Selbstdarstellung*, S. 61. Vgl. Pierre Janet, *Psychological Healing*, Bd. I, New York 1925, S. 601–40.

3.2 Mentor der Anfangszeit: Josef Breuer

1. Alfred Schick, »The Vienna of Sigmund Freud, *Psychoanalytic Review*, Bd. 55, No. 4 (Winter 1968–69), S. 543.
2. »Über den psychischen Mechanismus hysterischer Erscheinungen«, St.A. VI, S. 16, 20.
3. Wittels, *Freud*, S. 31.
4. Zitiert in »Editor's Note, *Standard Edition*, Bd. 3, S. 261.
5. »L'hérédité et l'étiologie des névroses«, G. W. 1, S. 407.
6. »Die Freudsche Psychoanalytische Methode«, in Taschenbuch *Darstellungen der Psychoanalyse*, S. 7.
7. »Über Psychoanalyse«, in Taschenbuch *Darstellungen der Psychoanalyse*, S. 50.
8. *Zur Geschichte*, S. 144.
9. »Über Psychoanalyse«, a.a.O., S. 50.
10. *Vorlesungen*, St.A. I, S. 278.

11. *Zur Geschichte*, S. 149–51.
12. *Selbstdarstellung*, S. 54.
13. *Zur Geschichte*, S. 147–48.
14. Ebda., S. 145.
15. Ebda., S. 145, Anmerkg.
16. Brief von Ernest Jones an James Strachey, 6. Nov. 1951 (Jones-Archiv). Vgl. Schur, *Freud*, S. 247, 261.
17. *Zur Psychopathologie*, S. 119.
18. Interview mit Abram Kardiner, 1. Apr. 1967.
19. *Selbstdarstellung*, S. 50–51.
20. Ellenberger hat einige dieser Mythen beseitigt. Vgl. sein »The Story of ›Anna O.‹«, *Journal of the History of the Behavioral Sciences*, Bd. 8, No. 3 (Juli 1972), S. 267–79.
21. »Joseph Breuer«, G. W. 14, S. 563.
22. Ebda., S. 562.
23. *Briefe Freud – Abraham*, S. 359–60.
24. Brief von Hannah Breuer an Ernest Jones, 21. Apr. 1954 (Jones-Archiv).
25. »Zur Kritik der ›Angstneurose‹«, G. W. 1, S. 367; »L'hérédité et l'étiologie des névroses«, G. W. 1, S. 416.
26. »Besprechung von August Forels *Der Hypnotismus*«, *Standard Edition*, Bd. 1, S. 98–99. Nicht in *Gesammelte Werke*. (Aus dem Englischen übersetzt, da Originaltext nicht zugänglich).
27. »Die Abwehr-Neuropsychosen«, G. W. 1, S. 71; »Besprechung von August Forels *Der Hypnotismus*«, a.a.O.
28. »Besprechung von August Forels *Der Hypnotismus*«, a.a.O.
29. Ebda.
30. *Zur Geschichte*, S. 146.
31. »Besprechung von Forels *Hypnotismus*«, a.a.O.
32. »Über Psychoanalyse«, a.a.O., S. 64.
33. *Vorlesungen*, St.A. I, S. 432.
34. »Über Psychoanalyse«, a.a.O.
35. Sigmund Freud und Josef Breuer, *Studien über Hysterie*, Taschenbuchausgabe, Frankfurt 1970, S. 51–52.
36. *Vorlesungen*, St.A. I, S. 433.

3.3 Selbstanalyse

1. Brief von Ernest Jones an Max Schur, 6. Okt. 1955 (Jones-Archiv).
2. Jones II, S. 458–59. Vgl. auch Brief von Ernest Jones an Anna Freud, 18. März 1954 (Jones-Archiv).
3. Brief von Max Schur an Ernest Jones, 30. Sept. 1955 (Jones-Archiv). Dieser umfangreiche Brief stellt in Wirklichkeit eine ganze Abhandlung dar und gibt ein aufschlußreiches Bild von Schurs Kontakt mit Freud.
4. *Zur Psychopathologie*, S. 28; Jones II, S. 459–60.
5. *Aus den Anfängen*, S. 125–28. Vgl. auch »Zur Kritik der ›Angstneurose‹«, G. W. 1, S. 369.
6. »Über die Berechtigung, von der Neurasthenie einen bestimmten Symptomenkomplex als ›Angstneurose‹ abzutrennen«, St.A. VI, S. 42.
7. Schur, *Freud*, S. 73.
8. Jones III, S. 59.
9. »Zum psychischen Mechanismus der Vergeßlichkeit«, G. W. 1, S. 526.
10. Theodor Reik, *Listening with the Third Ear*, New York 1948, S. 15–16.
11. *Minutes*, Bd. II, S. 459, 371.
12. *Vorlesungen*, St.A. I, S. 163, 170.
13. »Obsessions et phobies«, G. W. 1, S. 352.
14. *Briefe Freud – Abraham*, S. 222.
15. »Über libidinöse Typen«, St.A. V, S. 271.
16. Sachs, *Freud*, S. 34.
17. Jones, *Free Associations*, New York 1959, S. 213.
18. *Aus den Anfängen*, S. 94.
19. *Zur Geschichte*, S. 157–58.
20. Ebda., S. 149.
21. *Selbstdarstellung*, S. 76.
22. *Zur Geschichte*, S. 148.
23. »Ansprache an die Mitglieder des Vereins B'nai B'rith«, G. W. 17, S. 51.
24. »Meine Berührung mit Josef Popper-Lynkeus«, in: *Über Träume und Traumdeutungen*, Taschenbuch Frankfurt 1971, S. 121.
25. *Zur Geschichte*, S. 159.
26. *Zur Psychopathologie*, S. 31.
27. Ilse Bry und Alfred Rifkin, »Freud and the History of Ideas«, in *Psychoanalytic Education*, Jules Masserman (Herausg.), New York 1962, S. 6–36.
28. »Über einige neurotische Mechanismen bei Eifersucht, Paranoia und Homosexualität«, St.A. VII, S. 222. Vgl. auch *Vorlesungen*, St.A. I, S. 408 ff.
29. Jones II, S. 271.
30. *Briefe*, S. 420.
31. *Briefe Freud – Abraham*, S. 17.
32. Roazen, *Politik und Gesellschaft bei Sigmund Freud*, S. 85.
33. *Drei Abhandlungen zur Sexualtheorie*«, St.A. V, S. 96 f. Vgl. Frank Cioffi, »Was Freud a Liar?«, *The Listener*, 7. Febr. 1974, S. 172–74.
34. »Aus der Geschichte einer infantilen Neurose«, St.A. VIII, S. 215.

3.4 Wilhelm Fließ

1. *Aus den Anfängen*, S. 213.
2. Ebda., S. 69.
3. Interview mit Mrs. Karl Abraham, 4. Nov. 1966.
4. Schur, *Freud*, S. 70, 228, 247.
5. Ebda., S. 261.
6. *Aus den Anfängen*, S. 140, 146.
7. Ebda., S. 249.
8. Die Analogie einer formalen Analyse kann auch zu weit getrieben werden. Vgl. zum Beispiel Schur, *Freud*, S. 253.
9. Max Schur, »Some Additional ›Day Residues‹ of ›The Specimen Dream of Psychoanalysis‹«, *Psychoanalysis: A General Psychology*, herausgeg. v. Rudolf M. Loewenstein, Lottie Newman, Max Schur und Albert Solnit, New York 1966, S. 67; zitiert in Schur, *Freud*, S. 106.
10. *Die Traumdeutung*, St.A. II, S. 299.
11. Vgl. z. B. einige Bemerkungen Freuds über Trauer und Melancholie. *Aus den Anfängen*, S. 113, 221.
12. Ebda., S. 141.
13. Jones II, S. 343.
14. Schur, *Freud*, S. 178.
15. *Jenseits des Lustprinzips*, St.A. III, S. 254.
16. Zitiert in Schur, *Freud*, S. 280. Briefe Freud – Jung, S. 243. Vgl. David Bakan, *Sigmund Freud and the Jewish Mystical Tradition*, Princeton, N. J., 1958.
17. Jones II, S. 503.
18. *Zur Psychopathologie*, S. 124–25.
19. Ebda., S. 125.
20. *Drei Abhandlungen zur Sexualtheorie*, St.A. V, S. 75.
21. Ebda., S. 124.
22. Ebda., S. 55.
23. »Die endliche und die unendliche Analyse«, St.A. Erg., S. 391.
24. Jones II, S. 479.
25. Schur, *Freud*, S. 106.
26. *Die Traumdeutung*, St.A. II, S. 464, 409–10.
27. *Aus den Anfängen*, S. 233.
28. Ebda., S. 358, 361.
29. Jones II, S. 430.
30. Jones II, S. 298, 319; *Briefe Freud – Abraham*, S. 107–08.
31. Jones III, S. 61; Fromm, *Sigmund Freuds Sendung*, S. 76.
32. Vgl. Richard Pfennig, *Wilhelm Fließ*, Berlin 1906, S. 26–29.
33. Ebda., S. 30–31.
34. Brief von Siegfried Bernfeld an Ernest Jones, 26. Mai 1952 (Jones-Archiv).
35. *Briefe*, S. 266.
36. Robert K. Merton, »Making it Scientifically«, *The New York Times Book Review*, 25. Febr. 1968, S. 42. Vgl. Robert K. Merton, »Priorities in Scientific Discovery«, *American Sociological Review*, Bd. 22, No. 6 (Dez. 1957), S. 635–59.
37. Marthe Robert, *The Psychoanalytic Revolution*, New York 1966, S. 154. Deutsch: *Die Revolution der Psychoanalyse*, Fischer Taschenbuch 6057.
38. Interview mit Oliver Freud.
39. Brief von Alan Tyson an Ernest Jones, 16. Dez. 1954 (Jones-Archiv).
40. Jones III, S. 138, 141–43.
41. Schur, *Freud*, S. 92.
42. Jones II, S. 522.
43. Jones II, S. 106–07.
44. Brief von Charles Fliess, *London Sunday Observer*, 2. Mai 1954.

3.5 Das Unbewußte

1. *Die Traumdeutung*, St.A. II, S. 460.
2. *Zur Geschichte*, S. 157–58; »Editor's Introduction«, *Standard Edition*, Bd. 4, S. xx.
3. *Die Traumdeutung*, a.a.O., S. 27–28.
4. Ebda., S. 28.
5. Ebda., S. 23–24.
6. »Das Interesse an der Psychoanalyse«, Taschenbuchausgabe *Darstellungen der Psychoanalyse*, S. 107.
7. *Die Traumdeutung*, a.a.O., S. 120.
8. *Vorlesungen*, St.A. I, S. 111–12.
9. Ebda., S. 104.
10. *Zur Geschichte*, S. 157; »Eine Kindheitserinnerung des Leonardo da Vinci«, St.A. X, S. 145.
11. *Neue Folge*, St.A. I, S. 451.
12. *Zur Geschichte*, S. 157.
13. *Neue Folge*, a.a.O., S. 471.
14. *Die Traumdeutung*, a.a.O., S. 152.
15. Ebda., S. 117; *Zur Geschichte*, S. 156.
16. *Die Traumdeutung*, a.a.O., S. 162, 277.
17. Ebda., S. 320.
18. Ebda., S. 274.
19. Ebda., S. 274.
20. »Über den Traum«, in: *Über Träume und Traumdeutungen*, Taschenbuch, S. 48.
21. *Die Traumdeutung*, a.a.O., S. 387.
22. Ebda., S. 388.
23. *Vorlesungen*, St.A. I, S. 153–54.
24. *Die Traumdeutung*, a.a.O., S. 252–53.
25. Ebda., S. 191.

26. Zitiert in Jones II, S. 265.
27. *Die Traumdeutung*, a.a.O., S. 60.
28. »Konstruktionen in der Analyse«, St.A. Erg., S. 404.
29. *Die Traumdeutung*, a.a.O., S. 21; *Vorlesungen*, a.a.O., S. 295; *Neue Folge*, St.A. I, S. 458.
30. »Über den Traum«, a.a.O., S. 47.
31. »Aus der Geschichte einer infantilen Neurose«, St.A. VIII, S. 161.
32. *Zur Geschichte*, S. 155.
33. *Die Traumdeutung*, a.a.O., S. 216.
34. Ebda., S. 464.
35. Ebda., S. 333.
36. Ebda., S. 467.
37. Ebda., S. 438.
38. Ebda., S. 453.
39. *Zur Psychopathologie*, S. 118.
40. »Über den Traum«, a.a.O., S. 15–16.
41. *Die Traumdeutung*, a.a.O., S. 448, 450.
42. Ebda., S. 236.
43. Ebda., S. 66.
44. Ebda., S. 511.
45. Ebda., S. 503.
46. Ebda., S. 326.
47. Ebda., S. 328, 448; *Neue Folge*, St.A. I, S. 458.
48. *Die Traumdeutung*, a.a.O., S. 458.
49. Ebda., S. 490.
50. Ebda., S. 240.
51. Ebda., S. 550.
52. »Über den Traum«, a.a.O., S. 44.
53. *Vorlesungen*, a.a.O., S. 157.
54. *Die Traumdeutung*, a.a.O., S. 542.
55. Ebda., S. 554.
56. *Selbstdarstellung*, S. 63; »Die Sexualität in der Ätiologie der Neurosen«, St.A. V, S. 31.
57. *Die Traumdeutung*, a.a.O., S. 262.
58. Ebda., S. 261.
59. »Vorrede zu Theodor Reik ›Probleme der Religionspsychologie‹«, G. W. 12, S. 327.
60. »Zur Kritik der ›Angstneurose‹«, G. W. 1, S. 364.
61. *Drei Abhandlungen zur Sexualtheorie*, St.A. V, S. 126.
62. »Die Sexualität in der Ätiologie der Neurosen«, St.A. V, S. 18.
63. *Zur Geschichte*, S. 154.
64. *Vorlesungen*, a.a.O., S. 322; vgl. »Aus der Geschichte einer infantilen Neurose«, a.a.O., S. 132–33.
65. *Selbstdarstellung*, S. 67.
66. *Vorlesungen*, a.a.O., S. 307.
67. »Ein Kind wird geschlagen«, St.A. VII, S. 244.
68. *Drei Abhandlungen zur Sexualtheorie*, a.a.O., S. 70.
69. »Die Sexualität in der Ätiologie der Neurosen«, a.a.O., S. 29.
70. »Zwangshandlungen und Religionsübungen«, St.A. VIII, S. 21.
71. »Die Sexualität in der Ätiologie der Neurosen«, a.a.O., S. 15.
72. »L'hérédité et l'étiologie des névroses«, G. W. 1, S. 414.
73. »Die Sexualität in der Ätiologie der Neurosen«, a.a.O., S. 19.
74. *Drei Abhandlungen zur Sexualtheorie*, a.a.O., S. 110, Zusatz 1920.
75. »Die Sexualität in der Ätiologie der Neurosen«, a.a.O., S. 22.
76. »Über Psychotherapie«, in: *Darstellungen der Psychoanalyse*, Taschenbuch, S. 48–49.
77. *Vorlesungen*, a.a.O., S. 348.
78. *Jenseits des Lustprinzips*, St.A. III, S. 218, 219.
79. Ebda., S. 237.
80. »Das Interesse an der Psychoanalyse«, in Taschenbuch *Darstellungen der Psychoanalyse*, S. 129.
81. Ellenberger, *Die Entdeckung des Unbewußten*, S. 487.
82. *Vorlesungen*, a.a.O., S. 93.
83. »Über Deckerinnerungen«, Ges. Schriften Bd. I, S. 475.
84. »L'hérédité et l'étiologie des névroses«, a.a.O., S. 400; »Weitere Bemerkungen über die Abwehr-Neuropsychosen«, Ges. Schriften, Bd. I, S. 368.
85. »Zur Ätiologie der Hysterie, St.A. VI, S. 59.
86. *Drei Abhandlungen zur Sexualtheorie*, a.a.O., S. 144.
87. *Zur Geschichte*, S. 146–47.
88. *Die Traumdeutung*, a.a.O., S. 436.
89. *Vorlesungen*, a.a.O., S. 348.
90. »Eine Kindheitserinnerung des Leonardo da Vinci«, St.A. X, S. 155.
91. *Zur Psychopathologie*, S. 90–91.
92. Ebda., S. 85.
93. Ebda., S. 118.
94. *Vorlesungen*, a.a.O., S. 71–72.

3.6 Die »Talking Cure«

1. »Kurzer Abriß der Psychoanalyse«, in Taschenbuch *Selbstdarstellung – Schriften zur Geschichte der Psychoanalyse*, S. 221–22.
2. »Die Frage der Laienanalyse«, in Taschenbuch *Darstellungen der Psychoanalyse*, S. 214.
3. *Neue Folge*, St.A. I, S. 497.
4. »Zur Onanie-Diskussion«, G. W. 8, S. 336.
5. *Briefe*, S. 320.

6. »Eine Schwierigkeit der Psychoanalyse«, in Taschenbuch *Darstellungen*, S. 131–32.
7. »Das Unheimliche«, St.A. IV, S. 243.
8. *Minutes*, Bd. II, S. 367–68.
9. »On Psycho-Analysis«, *Standard Edition*, Bd. 12, S. 209. Nicht in deutscher Sprache veröffentlicht.
10. *Vorlesungen*, St.A. I, S. 46.
11. Ebda., S. 377.
12. *Drei Abhandlungen zur Sexualtheorie*, St.A. V, S. 86.
13. *Selbstdarstellung*, S. 78.
14. *Vorlesungen*, a.a.O., S. 49.
15. *Das Unbehagen in der Kultur*, St.A. IX, S. 265; »Zwei Lexikon-Artikel«, G. W. 13, S. 219.
16. *Vorlesungen*, a.a.O., S. 78.
17. *Die Zukunft einer Illusion*, St.A. IX, S. 160.
18. »Die Sexualität in der Ätiologie der Neurosen«, St.A. V, S. 17.
19. Ebda., S. 15.
20. »Zur Kritik der ›Angstneurose‹«, Ges. Schriften Bd. I, S. 345.
21. *Zur Psychopathologie*, S. 52–53.
22. »Josef Popper-Lynkeus und die Theorie des Traums«, G. W. 13, S. 357–59.
23. *Das Unbehagen in der Kultur*, a.a.O., S. 259.
24. *Zur Psychopathologie*, S. 95; »Die Widerstände gegen die Psychoanalyse«, in Taschenbuch *Selbstdarstellung*, S. 230.
25. *Neue Folge*, St.A. I, S. 464.
26. »Psycho-Analysis«, G. W. 14, S. 301.
27. *Neue Folge*, a.a.O., S. 584–85.
28. »Einige psychische Folgen des anatomischen Geschlechtsunterschieds«, St.A. V, S. 257.
29. »Zur Kritik der ›Angstneurose‹«, a.a.O., S. 360–61.
30. »Bruchstück einer Hysterie-Analyse«, St.A. VI, S. 99.
31. *Drei Abhandlungen zur Sexualtheorie*«, a.a.O., S. 138–39. Vgl. auch Interview von Kurt Eissler mit Albert Hirst (Jones-Archiv).
32. *Die Traumdeutung*, St.A. II, S. 265.
33. *Vorlesungen*, a.a.O., S. 368.
34. *Zur Psychopathologie*, S. 233.
35. Ebda., S. 131.
36. »Über Deckerinnerungen«, Ges. Schriften Bd. I, S. 472.
37. *Vorlesungen*, a.a.O., S. 350.
38. Ebda., S. 297.
39. *Die Traumdeutung*, a.a.O., S. 197.
40. Sandor Ferenczi, »Contributions to Psychoanalysis«, in *Sex in Psychoanalysis*, New York 1956, S. 47–48.
41. *Briefe Freud – Abraham*, S. 121.
42. »Die Sexualität in der Ätiologie der Neurosen«, a.a.O., S. 32.
43. *Vorlesungen*, a.a.O., S. 266.
44. »Über Psychotherapie«, a.a.O., S. 39.
45. »Bruchstück einer Hysterie-Analyse«, a.a.O., S. 97.
46. »Die Freudsche Psychoanalytische Methode«, in Taschenbuch *Darstellungen*, S. 11–12.
47. »Die Sexualität in der Ätiologie der Neurosen«, a.a.O., S. 34.
48. *Vorlesungen*, a.a.O., S. 417.
49. »Wege der psychoanalytischen Therapie«, St.A. Erg., S. 246–47.
50. *Vorlesungen*, a.a.O., S. 371.
51. Ebda., S. 281.
52. »Die endliche und die unendliche Analyse«, St.A. Erg., S. 389.
53. *Vorlesungen*, a.a.O., S. 419.
54. *Das Unbehagen in der Kultur*, St.A. IX, S. 226.
55. Ebda., S. 215.
56. *Vorlesungen*, a.a.O., S. 261.
57. »Bemerkungen über die Übertragungsliebe«, St.A. Erg., S. 224.
58. »Aus der Geschichte einer infantilen Neurose«, St.A. VIII, S. 138.
59. *Die Traumdeutung*, a.a.O., S. 552–53.
60. »Über Psychotherapie«, a.a.O., S. 47.
61. »Zur Einleitung der Behandlung«, St.A. Erg., S. 200.
62. *Vorlesungen*, a.a.O., S. 278.
63. *Die Zukunft einer Illusion*, St.A. IX, S. 181.
64. *Das Unbehagen in der Kultur*, St.A. IX, S. 211.
65. *Neue Folge*, St.A. I, S. 574.
66. »Tatbestandsdiagnostik und Psychoanalyse«, G. W. 7, S. 9, 11.
67. »Eine Schwierigkeit der Psychoanalyse«, a.a.O., S. 137.
68. *Vorlesungen*, a.a.O., S. 289.
69. *Die Traumdeutung*, a.a.O., S. 495.
70. *Vorlesungen*, a.a.O., S. 288.
71. Ebda., S. 425.
72. »Ratschläge für den Arzt bei der psychoanalytischen Behandlung«, St.A. Erg., S. 178.
73. *Zur Geschichte*, S. 174.
74. *Vorlesungen*, a.a.O., S. 428.
75. »Die Handhabung der Traumdeutung in der Psychoanalyse«, St.A. Erg., S. 154.

4. Freud als Therapeut

4.1 Die Technik der Neutralität

1. »Zur Einleitung der Behandlung«, St.A. Erg., S. 183.

2. *Die Traumdeutung,* St.A. II, S. 495; »Die Handhabung der Traumdeutung in der Psychoanalyse«, St.A. Erg., S. 151.
3. *Die Traumdeutung,* a.a.O., S. 158, 438.
4. Walter Schmideberg, »To Further Freudian Psychoanalysis«, *The American Imago,* Bd. 4, No. 3 (Juli 1947), S. 4.
5. Zitat aus Jones II, S. 287–88.
6. »Bemerkungen über die Übertragungsliebe«, St.A. Erg., S. 230.
7. »Zwei Lexikon-Artikel«, G. W. 13, S. 215.
8. »Bemerkungen über einen Fall von Zwangsneurose«, St.A. VII, S. 39; »Ratschläge für den Arzt bei der psychoanalytischen Behandlung«, St.A. Erg., S. 180.
9. *Vorlesungen,* St.A. I, S. 286.
10. »Die endliche und die unendliche Analyse«, St.A. Erg., S. 387.
11. Brief von Marie H. Briehl an Ernest Jones, 28. Apr. 1956 (Jones-Archiv).
12. Zum Beispiel Kata Levy.
13. »Bemerkungen über die Übertragungsliebe«, a.a.O., S. 224.
14. Interviews mit Mark Brunswick, 25. Jan. 1966 und 22. Nov. 1967, und mit Philip Sarasin, 30. Nov. 1966. Vgl. Raymond de Saussure, »Sigmund Freud«, in *Freud As We Knew Him,* H. Ruitenbeek (Herausg.), S. 359.
15. Blanton, *Diary of my Analysis with Sigmund Freud,* S. 34, 45, 53.
16. Interview mit Heinz Hartmann, 18. Okt. 1965.
17. Interview mit Smiley Blanton, 25. Jan. 1966.
18. Sigmund Freud – Edoardo Weiss: *Briefe zur psychoanalytischen Praxis,* Frankfurt 1973 (nachfolgend zitiert als »Briefe Freud – Weiss«), S. 49–50.
19. Freud erwähnt diesen Mechnismus in »Über einige neurotische Mechanismen bei Eifersucht, Paranoia und Homosexualität«, St.A. VII, S. 222.
20. »Ratschläge für den Arzt bei der psychoanalytischen Behandlung«, a.a.O., S. 171.
21. »Zur Einleitung der Behandlung«, a.a.O., S. 193.
22. Ebda., S. 193.
23. »Wege der psychoanalytischen Therapie«, St.A. Erg., S. 246.
24. Interview mit Irmarita Putnam, 30. Juni 1966.
25. Interview mit Edoardo Weiss, 25. Jan. 1966.
26. Interview mit Sandor Rado, 29. Jan. 1966.
27. Interview mit Mark Brunswick, 30. Dez. 1965.
28. Interview mit Roger Money-Kyrle, 7. Nov. 1966.
29. Interviews mit Irmarita Putnam und Philip Sarasin.
30. »General Preface«, *Standard Edition,* Bd. 1, S. XXI.
31. Interview mit Albert Hirst.
32. Interviews mit Mark Brunswick.
33. Interview mit Smiley Blanton und mit Kata Levy, 13. Juli 1965.
34. Freeman, *Insights,* S. 32.
35. Interview mit Irmarita Putnam und mit Edith Jackson, 30. Aug. 1966.
36. Interview mit Albert Hirst.
37. Interviews mit Edith Jackson und Smiley Blanton.
38. »Zur Einleitung der Behandlung«, a.a.O., S. 191.
39. *Briefe Freud – Abraham,* S. 260.
40. Interview mit Theodor Reik, 26. Okt. 1965.
41. Interview mit Mark Brunswick, 25. Jan. 1966.
42. *Zur Psychopathologie,* G. W. 4, S. 96.
43. Interview mit Edith Jackson.
44. Interview mit Heinz Hartmann.
45. Zitiert in Carl und Sylvia Grossman, *The Wild Analyst,* New York 1965, S. 61.
46. Stefan Zweig, *Heilung durch den Geist,* Leipzig 1931, Neuauflage Frankfurt 1966, S. 309.
47. *Briefe,* S. 421.

4.2 Forschungsziele

1. »Zur Einleitung der Behandlung«, St.A. Erg., S. 191.
2. *Zur Psychopathologie,* S. 135.
3. Interview mit Helene Deutsch, 7. Okt. 1967.
4. Abram Kardiner, »Freud«, in *Freud and the Twentieth Century,* herausgeg. v. Benjamin Nelson, New York 1957, S. 48–49.
5. Sachs, *Freud,* S. 81.
6. Jones II, S. 448.
7. Ilse Ollendorf-Reich, *Wilhelm Reich,* New York 1969; deutsche Ausgabe: *Wilhelm Reich,* München 1975, S. 78.
8. »Die Freudsche Psychoanalytische Methode«, Taschenbuch *Darstellungen,* S. 13.
9. »Zur Einleitung der Behandlung«, a.a.O., S. 189.
10. Max Eitingon in »Zehn Jahre Berliner Psychoanalytisches Institut«, Broschüre, Wien 1930.
11. *Neue Folge,* St.A. I, S. 584.
12. *Die Traumdeutung,* St.A. II, S. 423; Binswanger, *Freud,* S. 73–74.
13. *Reich Speaks of Freud,* S. 59.
14. Viktor von Weizsäcker, »Reminiscences of Freud and Jung«, in *Freud and the Twentieth Century,* S. 66.

15. »Die Frage der Laienanalyse«, Taschenbuch *Darstellungen*, S. 143.
16. Vgl. Interview Eisslers mit Hirst.
17. Interview mit Lionel Penrose, 31. Aug. 1965.
18. »Ratschläge für den Arzt bei der psychoanalytischen Behandlung«, St.A. Erg., S. 174.
19. Lou Andreas-Salomé, *In der Schule bei Freud – Tagebuch eines Jahres – 1912/1913*, Zürich 1958, S. 142.
20. »Die Frage der Laienanalyse«, a.a.O., S. 216.
21. »Aus der Geschichte einer infantilen Neurose; St.A. VIII, S. 132.
22. *Selbstdarstellung*, S. 50.
23. »Wege der psychoanalytischen Therapie«, St.A. Erg., S. 249.
24. William M. Johnston, *The Austrian Mind*, Berkeley 1972; deutsche Ausgabe: *Österreichische Kultur- und Geistesgeschichte*, Wien 1974, S. 236.
25. Zitiert in Jones II, S. 155.
26. Robert Waelder, »Historical Fiction«, *Journal of the American Psychoanalytic Association*, Bd. 11, No. 3 (Juli 1963), S. 635.
27. Franz Alexander, »Sandor Rado«, in *Psychoanalytic Pioneers*, herausgeg. v. Franz Alexander, Samuel Eisenstein und Martin Grotjahn, New York 1966, S. 247–48.
28. »Ratschläge für den Arzt bei der psychoanalytischen Behandlung«, a.a.O., S. 175.
29. *Vorlesungen*, St.A. I, S. 441.
30. »Kurzer Abriß der Psychoanalyse«, Taschenbuch *Selbstdarstellung*, S. 215; »Zwei Lexikon-Artikel«, G. W. 13, S. 225.
31. »Wege der psychoanalytischen Therapie«, a.a.O., S. 245.
32. *Neue Folge*, a.a.O., S. 580; »Die zukünftigen Chancen der psychoanalytischen Therapie«, St.A. Erg., S. 131.
33. »Ratschläge für den Arzt bei der psychoanalytischen Behandlung«, a.a.O., S. 174.
34. *Selbstdarstellung*, S. 47.
35. »Zur Einleitung der Behandlung«, a.a.O., S. 196.
36. »Über Psychoanalyse«, Taschenbuch *Darstellungen*, S. 98.
37. »Bemerkungen über einen Fall von Zwangsneurose«, St.A. VII, S. 73–74.
38. Jones II, S. 203; *Briefe*, S. 375.
39. *Aus den Anfängen*, S. 173.
40. »Die Frage der Laienanalyse«, a.a.O., S. 216.
41. Jones II, S. 522.
42. *Vorlesungen*, a.a.O., S. 184.
43. »Ein Kind wird geschlagen«, St.A. VII, S. 254.
44. Jones II, S. 153.
45. *Briefe*, S. 302.
46. »Über Psychotherapie«, Taschenbuch *Darstellungen*, S. 48.
47. »Die endliche und die unendliche Analyse«, St.A. Erg., S. 387.
48. »Geleitwort zu O. Pfister ›Die psychoanalytische Methode‹«, G. W. 10, S. 449.
49. »Zwei Lexikon-Artikel«, G. W. 13, S. 227.
50. »Die Frage der Laienanalyse«, a.a.O., S. 216.
51. Interview mit Richard Sterba, 10. Juli 1966.
52. Ebda.
53. Zitiert in Fredrick Redlich, »The Concept of Schizophrenia and Its Implications for Therapy«, in Eugene Brody und Fredrick Redlich, *Psychotherapy with Schizophrenia*, New York 1952, S. 35.
54. »Aus den Anfängen«, S. 71; »Editor's Note«, *Standard Edition*, Bd. 23, S. 213; vgl. auch »Wege der psychoanalytischen Therapie«, St.A. Erg., S. 242 ff.
55. Interview mit Abram Kardiner, 12. Okt. 1965.
56. »Über Psychoanalyse«, a.a.O., S. 64.
57. Binswanger, *Freud*, S. 56.

4.3 Charakter und Symptome

1. »Über Psychoanalyse«, a.a.O., S. 64.
2. Thomas Szasz, »Behavior Therapy and Psychoanalysis«, *Medical Opinion and Review*, Juni 1967, S. 27.
3. *Vorlesungen*, a.a.O., S. 432.
4. »Zur Geschichte«, S. 155.
5. »Die Freudsche Psychoanalytische Methode«, a.a.O., S. 8–9.
6. »Die Sexualität in der Ätiologie der Neurosen, St.A. V, S. 33.
7. »Die Freudsche Psychoanalytische Methode«, S. 12–13.
8. »Die Sexualität in der Ätiologie der Neurosen«, S. 33.
9. »Zur Vorgeschichte der analytischen Technik, St.A. Erg., S. 255.
10. »Bruchstück einer Hysterie-Analyse«, St.A. VI, S. 175.
11. »Aus der Geschichte einer infantilen Neurose«, St.A. VIII, S. 203.
12. »Konstruktionen in der Analyse«, St.A. Erg., S. 399.
13. *Neue Folge*, St.A. I, S. 496.
14. Vgl. Interview Eisslers mit Hirst.
15. *Vorlesungen*, St.A. I, S. 419.
16. *Minutes*, Bd. II, S. 318–19.
17. »Zwei Lexikon-Artikel«, G. W. 13, S. 226–27.
18. Brief von Alfred von Winterstein an Ernest Jo-

nes, 4. Dez. 1957 (Jones-Archiv).
19. Binswanger, *Freud*, S. 111–12.
20. Wortis, *Fragments of an Analysis with Freud*, S. 94.
21. »Das Interesse an der Psychoanalyse«, Taschenbuch *Darstellungen*, S. 112–13.
22. »On Psycho-Analysis«, *Stand. Edition*, Bd. 12, S. 210. Vgl. ferner Ernest Jones in *James Jackson Putnam and Psychoanalysis*, Hale (Herausg.), S. 231.
23. *Zur Psychopathologie*, S. 228–29.
24. »Bruchstück einer Hysterie-Analyse«, St.A. VI, S. 99.
25. Interview mit Helene Deutsch, 30. Sept. 1967.
26. *Minutes*, Bd. II, S. 74.
27. *Briefe Freud-Weiss*, S. 70–71.
28. *Neue Folge*, St.A. I, S. 497–98.
29. Zitiert in Max Schur, *The Id and the Regulatory Principle of Mental Functioning*, London 1967, S. 21.
30. »Freud's Letters to Simmel«, *Journal of the American Psychoanalytic Association*, Bd. 12, No. 1 (Jan. 1964), S. 103, 106.
31. »Kurzer Abriß der Psychoanalyse«, a.a.O., S. 216.
32. *Minutes*, Bd. II, S. 285–86.
33. »Eine Erinnerungsstörung auf der Akropolis«, St.A. IV, S. 290.
34. *Die Traumdeutung*, a.a.O., S. 301–03; »Das Interesse an der Psychoanalyse«, a.a.O., S. 112; *Vorlesungen*, a.a.O., S. 400–01.
35. *Vorlesungen*, a.a.O., S. 408.
36. Ebda., S. 430.
37. Daniel Yankelovich und William Barrett, *Ego and Instinct*, New York 1970, S. 284.
38. »Trauer und Melancholie«, St.A. III, S. 197–212.
39. *Zur Psychopathologie*, S. 142, 126.
40. *Die Traumdeutung*, a.a.O., S. 129.
41. *Studien über Hysterie*, Taschenbuchausgabe Frankfurt 1970, S. 77; *Briefe Freud – Weiss*, S. 63.
42. *Minutes*, Bd. II, S. 268.
43. »Die endliche und die unendliche Analyse«, St.A. Erg., S. 371.
44. Zitiert in *Psychiatry and Social Science Bookshelf*, Bd. I, No. 1 (15. Sept. 1966), S. 12–13 (Aus dem Englischen übersetzt).
45. Donald W. Winnicott, *Collected Papers*, London 1958, S. 86.
46. Herman Nunberg, *Memoirs*, New York 1969, S. 32. Vgl. ferner Edoardo Weiss, *Agoraphobia in the Light of Ego Psychology*, New York 1964, S. 6.

4.4 Würdigkeit

1. »Bemerkungen über die Übertragungsliebe«, St.A. Erg., S. 224.
2. »Zur Einleitung der Behandlung«, St.A. Erg., S. 195.
3. »Die Freudsche Psychoanalytische Methode«, a.a.O., S. 13.
4. Zitiert in Jones II, S. 219.
5. Zitiert in Jones II, S. 533; »Sigmund Freud – Oskar Pfister, Briefe 1909–1939, Frankfurt 1963 (nachfolgend zitiert als »Briefe Freud – Pfister«), S. 62.
6. *Briefe*, S. 407.
7. Sachs, *Freud*, S. 146.
8. »Ratschläge für den Arzt bei der psychoanalytischen Behandlung«, St.A. Erg., S. 179.
9. Jones II, S. 475.
10. Theodor Reik, *Freud als Kulturkritiker*, Wien 1930.
11. Helen Walker Pruner, *Freud: His Life and His Mind*, New York 1947, S. 279.
12. *Studien über Hysterie*, a.a.O., S. 227–28.
13. Ebda., S. 212–13.
14. August Aichhorn, *Verwahrloste Jugend*, Wien 1925.
15. *Briefe Freud – Weiss*, S. 48.
16. Interview von Kurt Eissler mit Edoardo Weiss vom 13. Dez. 1952.
17. *Vorlesungen*, St.A. I, S. 317.
18. *Briefe*, S. 438. (Der Brief ist im Original in englischer Sprache abgefaßt, deutsche Übersetzung S. 520).
19. *Briefe Freud – Weiss*, S. 41. Vgl. auch Wortis, *Fragments of an Analysis with Freud*, S. 41.
20. »Trauer und Melancholie«, a.a.O., S. 201.
21. *Briefe Freud – Weiss*, S. 47.
22. Ebda., S. 50.
23. »Leonardo da Vinci«, St.A. X, S. 124.
24. *Minutes*, Bd. II, S. 311.
25. Ellenberger, *Die Entdeckung des Unbewußten*, S. 818.
26. *Minutes*, Bd. II, S. 297, 290.
27. Ebda., S. 379.
28. Helene Deutsch, *The Psychology of Women*, Bd. I, New York 1944, S. 346 ff. Vgl. Paul Roazen, »Psychoanalysis and Moral Values«, *Dissent*, Febr. 1971, S. 77–78; dieser Aufsatz ist auch abgedruckt in *Moral Values and the Superego Concept*, Seymour C. Post (Herausg.), New York 1972, S. 197–204.
29. Jones II, S. 103.
30. »Über Psychotherapie«, Taschenbuch *Darstellungen*, S. 44.

31. Ebda.
32. Ebda., S. 43, 44, 45.
33. *Selbstdarstellung*, S. 58.
34. *Briefe Freud – Jung*, S. 13.
35. »Bemerkungen über einen Fall von Zwangsneurose«, St.A. VII, S. 84.
36. »Erinnern, Wiederholen und Durcharbeiten«, St.A. Erg., S. 209–10.
37. »Zur Dynamik der Übertragung«, St.A. Erg., S. 160, 162.
38. »Die endliche und die unendliche Analyse«, St.A. Erg., S. 372.
39. »Aus der Geschichte einer infantilen Neurose«, St.A. VIII, S. 167.
40. Jones II, S. 274.
41. »Ratschläge für den Arzt bei der psychoanalytischen Behandlung«, St.A. Erg., S. 178.
42. Ebda., S. 175. Vgl. auch Elizabeth R. Zetzel, »The Analytic Situation«, in *Psychoanalysis in the Americas*, Robert E. Litman (Herausg.), New York 1966, S. 87.
43. »Die endliche und die unendliche Analyse«, a.a.O., S. 387 ff. Vgl. auch Grete Bibring-Lehner, »A Contribution to the Subject of Transference-Resistance«, *Intern. Journ. Psychoan.*, Bd. 17, Teil 2 (Apr. 1936), S. 181–89.
44. Elizabeth R. Zetzel, »Current Concepts of Transference«, *Intern. Journ. Psychoan.*, Bd. 37. Teile 4–5 (Juli-Okt. 1956), S. 369–76.
45. *Vorlesungen*, a.a.O., S. 423.
46. *Minutes*, Bd. II, S. 359.
47. Interview mit Helene Deutsch, 13. Aug. 1966.

4.5 Gegenübertragung und der Wert der Aufklärung

1. »Die zukünftigen Chancen der psychoanalytischen Therapie«, St.A. Erg., S. 126.
2. »Ratschläge für den Arzt bei der psychoanalytischen Behandlung«, St.A. Erg., S. 176.
3. »Die Frage der Laienanalyse«, Taschenbuch *Darstellungen*, S. 177–78.
4. »Ratschläge für den Arzt«, a.a.O., S. 173.
5. »Die endliche und die unendliche Analyse«, St.A. Erg., S. 387.
6. *Minutes*, Bd. II, S. 447.
7. Annie Reich, »On Counter-Transference«, *Intern. Journ. Psychoan.*, Bd. 32, Teil 1 (1951), S. 28–29.
8. *The Wolf-Man*, Muriel Gardiner (Herausg.), New York 1971; deutsch *Der Wolfsmann*, Frankfurt 1972.
9. Ruth Mack Brunswick, »A Note on the Childish Theory of Coitus a Tergo«, *Intern. Journ. Psychoan.*, Bd. 10 (1929), S. 93.
10. »Aus der Geschichte einer infantilen Neurose«, St.A. VIII, S. 198, 231.
11. Ebda., S. 228.
12. Zitiert in Jones II, S. 534.
13. *Der Wolfsmann*, S. 343.
14. Ebda., S. 38.
15. Ebda., S. 300.
16. Ebda., S. 412.
17. »Bruchstück einer Hysterie-Analyse«, St.A. VI, S. 185.
18. »Psychoanalyse und Telepathie«, G. W. 17, S. 42.
19. Ebda.
20. Ebda., S. 43. Vgl. auch Roazen, »Psychoanalysis and Moral Values.«
21. »Psychoanalyse und Telepathie«, a.a.O., S. 43.
22. Ebda.
23. Vgl. auch *Neue Folge*, St.A. I, S. 484–86.
24. »Wege der psychoanalytischen Therapie«, St.A. Erg., S. 244.
25. »Ein der psychoanalytischen Theorie widersprechender Fall von Paranoia«, St.A. VII, S. 207.
26. *Studien über Hysterie*, a.a.O., S. 108.
27. *Vorlesungen*, St.A. I, S. 444.
28. »Die Frage der Laienanalyse«, a.a.O., S. 192–93.
29. »Über Psychotherapie«, a.a.O., S. 45.
30. »Die endliche und die unendliche Analyse«, a.a.O., S. 382.
31. Zitiert in Jones II, S. 220.
32. *Briefe Freud – Pfister*, S. 11.
33. »Zur Einleitung der Behandlung«, a.a.O., S. 193.
34. Zitiert in Binswanger, *Freud*, S. 65.
35. *Die Traumdeutung*, St.A. II, S. 227.
36. Ebda., S. 550.
37. *Neue Folge*, St.A. I, S. 516.
38. »Psychische Behandlung (Seelenbehandlung), St.A. Erg., S. 17.
39. *Vorlesungen*, a.a.O., S. 279–80.
40. *Warum Krieg?*, St.A. IX, S. 284.
41. *Jenseits des Lustprinzips*, St.A. III, S. 228.
42. *Die Traumdeutung*, a.a.O., S. 128.
43. *Minutes*, Bd. II, S. 35.
44. Maryse Choisy, *Sigmund Freud*, New York 1963, S. 6–7.
45. *Briefe*, S. 323.
46. *Briefe Freud – Pfister*, S. 63.
47. »Wege der psychoanalytischen Therapie«, a.a.O., S. 242, 243.
48. »Bemerkungen über einen Fall von Zwangs-

neurose«, St.A. VII, S. 51.
49. *Minutes,* Bd. II, S. 89.
50. »Zur Dynamik der Übertragung«, St.A. Erg., S. 167.

4.6 Worte und Macht

1. »Die endliche und die unendliche Analyse«, St.A. Erg., S. 373.
2. Edith Weigert, »Dissent in the Early History of Psychoanalysis«, *Psychiatry,* Bd. 5 (1942), S. 353.
3. »Über Psychotherapie«, in *Darstellungen der Psychoanalyse,* S. 42.
4. *Minutes,* Bd. II, S. 373.
5. Ebda., S. 194.
6. Ebda., S. 189.
7. »Der Dichter und das Phantasieren«, St.A. X, S. 179.
8. *Minutes,* Bd. II, S. 391.
9. »Psychopathische Personen auf der Bühne«, St.A. X, S. 168, 167.
10. *Minutes,* Bd. II, S. 300.
11. Ebda., S. 256.
12. *Vorlesungen,* St.A. I, S. 43.
13. »Erinnern, Wiederholen und Durcharbeiten«, St.A. Erg., S. 215.
14. »Kardiner Reminiscences«, *Bulletin of the Association for Psychoanalytic Medicine,* Mai 1963, S. 63.
15. Franz Alexander, »Reflections of Berggasse 19«, *Psychoanalytic Quarterly,* Bd. 9, No. 2 (1940), S. 202.
16. »Über Psychotherapie«, a.a.O., S. 45.
17. *Briefe Freud – Weiss,* S. 48.
18. *Zur Geschichte,* S. 185.
19. *Minutes,* Bd. II, S. 133.
20. *Vorlesungen,* a.a.O., S. 438.
21. *Minutes,* Bd. II, S. 90.
22. »Die endliche und die unendliche Analyse«, a.a.O., S. 389.
23. Vgl. Siegfried Bernfeld, »On Psychoanalytic Training«, *Psychoanalytic Quarterly,* Bd. 31, No. 4 (1962), S. 463.
24. *Briefe Freud – Abraham,* S. 322.
25. »Die Frage der Laienanalyse«, a.a.O., S. 187.
26. »Die endliche und die unendliche Analyse«, a.a.O., S. 388.
27. Ebda., S. 365.
28. Ebda., S. 389.
29. Interview mit Edward Glover, 2. Sept. 1965.
30. »Die endliche und die unendliche Analyse«, a.a.O., S. 387–8.
31. »Vorwort« zu M. Steiner *Die psychischen Störungen der männlichen Potenz,* G. W. 10, S. 451–52.
32. *Minutes,* Bd. II, S. 343.
33. Binswanger, *Freud,* S. 46, 40.
34. Zitiert in Jones II, S. 530.
35. Zitiert ebda., S. 203.
36. »Ratschläge für den Arzt bei der psychoanalytischen Behandlung«, a.a.O., S. 175.
37. *Minutes,* Bd. II, S. 391.
38. Ebda., S. 224–25.
39. Françoise Gilot und Carlton Lake, *Life with Picasso,* London 1965; deutsch: *Leben mit Picasso,* München 1965, S. 51.
40. »Über Psychotherapie«, a.a.O., S. 42–43; vgl. auch »American Interview of Freud with A. Albrecht«, *Psychoanalytic Review,* Bd. 55, No. 3 (1968), S. 333–41.
41. Jones II, S. 280.
42. Binswanger, *Freud,* S. 31.
43. »Die endliche und die unendliche Analyse«, a.a.O., S. 368.
44. Sachs, *Freud,* S. 145.

5. Öffentliche Kontroversen: Alfred Adler und Wilhelm Stekel

5.1 Gemeinsame Arbeit

1. Interview mit Richard Wagner, 25. März 1966.
2. *Reich Speaks of Freud,* S. 73.
3. Brief von Franz Bienenfeld an Ernest Jones, 5. Okt. 1955 (Jones-Archiv).
4. »Charakter und Analerotik«, St.A. VII, S. 28.
5. *Die Traumdeutung,* St.A. II, S. 114.
6. Eine beachtenswerte Ausnahme aus jüngster Zeit ist Ellenbergers Buch *Die Entdeckung des Unbewußten.*
7. *Minutes,* Bd. II, S. 66.
8. Phyllis Bottome, *Alfred Adler,* New York 1957, S. 69. Vgl. ferner Heinz Ansbacher, »Was Adler a Disciple of Freud? A Reply«, *Journ. of Individual Psychology,* Bd. 18 (Nov. 1962), S. 126–35.
9. Ellenberger, *Die Entdeckung des Unbewußten,* S. 621.
10. Puner, *Freud,* S. 30.
11. »Über den Traum«, in: *Über Träume und Traumdeutungen,* Frankfurt 1971, S. 12–13.
12. Sachs, *Freud,* S. 185.
13. Reik, *From Twenty Years with Freud,* S. 15.
14. Wittels, *Freud,* S. 118.
15. Interview mit Mrs. Alexander Freud, 12. Mai 1966. Vgl. ferner Brief von Harry Freud an Er-

nest Jones, 25. Jan. 1956 (Jones-Archiv).
16. Jones II, S. 92.
17. »Die Freudsche Psychoanalytische Methode«, a.a.O., S. 7ff.
18. Jones II, S. 453.
19. Carl Furtmuller, »Alfred Adler«, in *Alfred Adler: Superiority and Social Interest*, Heinz und Rowena Ansbacher (Herausg.), Evanston, Ill., 1964, S. 346.
20. Nigel Dennis, »Alfred Adler and the Style of Life«, *Encounter*, Bd. 35 (1970), S. 7.
21. Jones, *Free Associations*, S. 169. Interview mit Abram Kardiner, 17. Okt. 1964.
22. Ellenberger, op. cit., S. 817.
23. *Minutes*, Bd. II, S. 260.
24. Jones sagt von Adlers Frau Raissa, Trotzki und Joffe seien bei ihr ein und aus gegangen. Alexandra Adler bestreitet dies jedoch. Interview mit Alexandra Adler, 19. Okt. 1965. Es mag sein, daß Jones sich auf Eisslers Interview mit Klemperer stützte.
25. Jones II, S. 92.
26. *Zur Geschichte*, S. 186–87.
27. Phyllis Bottome zufolge war »der ganze Prozeß der Psychoanalyse der menschlichen Wohlfahrt abträglich. Das war der ›Schatten‹ . . .« *Alfred Adler*, S. 77. Vgl. auch Ansbacher, »Was Adler a Disciple of Freud? A Reply«, S. 126, 131.
28. Sachs, *Freud*, S. 126; vgl. auch Jones II, S. 478.
29. Max Graf, »Reminiscences of Professor Sigmund Freud«, *Psychoanalytic Quarterly*, Bd. II, No. 4 (1942), S. 474–75.
30. Jones II, S. 83.
31. *Briefe*, S. 364.
32. *Die Traumdeutung*, St.A. II, S. 158.
33. Jones II, S. 151.
34. *Neue Folge*, St.A. I, S. 569.
35. *Das Unbehagen in der Kultur*, St.A. IX, S. 239.
36. *Zur Geschichte*, S. 174.

5.2 Der Wille zur Macht

1. Sachs, *Freud*, S. 57.
2. *Zur Geschichte*, S. 180.
3. Jones II, S. 182–83.
4. Wilhelm Stekel, *Autobiography*, Emil A. Gutheil (Herausg.), New York 1950, S. 129.
5. *Zur Geschichte*, S. 180.
6. »Zwei Lexikon-Artikel«, G. W. 13, S. 224; *Minutes*, Bd. II, S. 464.
7. *Minutes*, Bd. II, S. 539, 538, 540.
8. Jones II, S. 162.
9. *Zur Geschichte*, S. 194.

10. *Minutes*, Bd. II, S. 63.
11. Interviews mit Richard Wagner, 17. Dez. 1965, 11. Febr. 1966 und 25. März 1966. Vgl. Kurt Eisslers Interview mit Paul Klemperer (Jones-Archiv).
12. Sachs, *Freud*, S. 51.
13. Eisslers Interview mit Klemperer.
14. Graf, »Reminiscences of Professor Sigmund Freud«, S. 473.
15. *Zur Geschichte*, S. 187; Jones II, S. 159.
16. Sachs, *Freud*, S. 51.
17. *Briefe Freud – Pfister*, S. 47. Siehe jedoch Weigert, »Dissent in the Early History of Psychoanalysis«, S. 353.
18. *Briefe Freud – Abraham*, S. 107, 109, 113; *Briefe Freud – Jung*, S. 412, 441–42, 493.
19. Interview mit Mrs. Hanns Sachs, 22. Dez. 1965.
20. *Massenpsychologie und Ich-Analyse*, St.A. X, S. 74, 75.
21. Erik Erikson, *Dialogue with Erik Erikson*, Richard E. Evans (Herausg.), New York, 1967, S. 16.
22. Sachs, *Freud*, S. 114.
23. Jones II, S. 360.
24. *Zur Geschichte*, S. 201.
25. Ebda., S. 160.
26. Ebda., S. 185.
27. Ebda., S. 143.
28. Ebda., S. 187.
29. Ebda., S. 186.
30. Wittels, *Freud*, S. 206.
31. *Briefe Freud – Abraham*, S. 177.
32. *Sigmund Freud – Lou Andreas-Salomé, Briefwechsel*, Ernst Pfeiffer (Herausg.), Frankfurt 1966 (nachfolgend zitiert als *Briefe Freud – Andreas-Salomé*), S. 21.
33. Jones II, S. 157, 159, 161.
34. Jones, *Free Associations*, S. 218.
35. Sachs, *Freud*, S. 95–96, 115, 42.
36. *Briefe*, S. 327.
37. *Zur Geschichte*, S. 189–90, 192–93.
38. *Vorlesungen*, St.A. I, S. 340. Vgl. auch Heinz Hartmann, Ernst Kris und Rudolph Loewenstein, »The Function of Theory in Psychoanalysis«, in *Drives, Affects, Behavior*, herausgeg. v. Rudolph Loewenstein, New York 1953, S. 28.
39. *Zur Geschichte*, S. 188.
40. »Die Frage der Laienanalyse«, a.a.O., S. 164.
41. *Vorlesungen*, St.A. I, S. 239.
42. Ellenberger, *Die Entdeckung des Unbewußten*, S. 823. Vgl. jedoch Johnston, *The Austrian Mind*, S. 257.

43. *Die Traumdeutung*, St.A. II, S. 388.
44. »Die endliche und die unendliche Analyse«, St.A. Erg., S. 392.

5.3 Prioritäten

1. *Minutes*, Bd. II, S. 433.
2. *Zur Geschichte*, S. 189.
3. Ebda., S. 191, 192, 152.
4. Interviews mit Helene Deutsch, 22. Mai 1965, 6. Aug. 1966 und 8. Apr. 1967. Vgl. auch Brief von Louis S. London an Ernest Jones, 15. Mai 1956 (Jones-Archiv), *Reich Speaks of Freud*, S. 59–60, und Interview mit Richard Sterba.
5. *Zur Geschichte*, S. 187. Vgl. auch *Briefe Freud – Jung*, S. 412.
6. Zitiert in Andreas-Salomé, *In der Schule bei Freud*, S. 14.
7. Ebda., S. 138.
8. Ebda., S. 178–80.
9. *Minutes*, Bd. II, S. 251, 580, 510, 579.
10. »Zwei Lexikon-Artikel«, G. W. 13, S. 230.
11. Brief von Sigmund Freud an Max Marcuse, 17. Aug. 1908.
12. *Minutes*, Bd. II, S. 43–52. Eine Untersuchung des Ideenklimas, in dem Freud schrieb, findet man bei Stephen Kern, »Freud and the Discovery of Child Sexuality«, *History of Childhood Quarterly*, Bd. I, No. 1 (Sommer 1973), S. 117–141.
13. *Briefe Freud – Abraham*, S. 67, 81.
14. Ebda., S. 85.
15. *Briefe Freud – Jung*, S. 246–47.
16. *Briefe Freud – Abraham*, S. 167.
17. Brief von Sigmund Freud an Max Marcuse, 26. Sept. 1926.
18. Ellenberger, op. cit., S. 1143.
19. Ebda., S. 615.
20. Graf, »Reminiscences of Prof. Sigmund Freud«, S. 469.
21. *Selbstdarstellung*, S. 78.
22. Wortis, *Fragments of an Analysis with Freud«*, S. 144.
23. Zitiert in Jones II, S. 228.
24. *Briefe Freud – Abraham*, S. 327, 73; Binswanger, *Freud*, S. 41.
25. Puner, *Freud*, S. 212.
26. *Briefe Freud – A. Zweig*, S. 133.
27. Ebda., S. 141.
28. *Zur Geschichte*, S. 144–45.
29. Jones II, S. 138.
30. *Briefe Freud – Jung*, S. 197; zitiert auch in Jones II, S. 63.
31. *Minutes*, Bd. II, S. 516, 461–62.
32. »Eine Erinnerungsstörung auf der Akropolis«, St.A. IV, S. 290.
33. *Minutes*, Bd. II, S. 536.
34. »Die endliche und die unendliche Analyse«, St.A. Erg., S. 384.
35. »Josef Popper-Lynkeus und die Theorie des Traumes«, G. W. 13, S. 357.
36. »Eine Schwierigkeit der Psychoanalyse«, in *Darstellungen der Psychoanalyse*, S. 138.
37. *Zur Geschichte*, S. 151–52.
38. »Bemerkungen über einen Fall von Zwangsneurose«, St.A. VII, S. 56. Interview mit Heinz Hartmann, 18. Okt. 1965.
39. *Minutes*, Bd. I, S. 359–60.
40. *Minutes*, Bd. II, S. 31–32.
41. *Selbstdarstellung*, S. 87.
42. Interview mit Irmarita Putnam.
43. *Aus den Anfängen*, S. 136.
44. Jones II, S. 518.
45. Interviews mit Helene Deutsch, 11. Juni 1966 und 21. Jan. 1967.
46. Vgl. Roazen, *Brudertier*, Kapitel 3.
47. *Vorlesungen*, St.A. I, S. 283; »Eine Schwierigkeit der Psychoanalyse«, a.a.O., S. 133–35.
48. Jones III, S. 160.
49. Jones II, S. 485.
50. *Briefe Freud – Abraham*, S. 321.

5.4 Revisionismus

1. Andreas-Salomé, *In der Schule bei Freud*, S. 27.
2. Weigert, »Dissent in the Early History of Psychoanalysis«, S. 351.
3. Johnston, *The Austrian Mind*, S. 256 (»Österreichische Kultur- und Geistesgeschichte 1848–1938«, Wien 1964).
4. Ellenberger, *Die Entdeckung des Unbewußten*, S. 831.
5. Andreas-Salomé, *In der Schule bei Freud*, S. 27.
6. Bottome, *Alfred Adler*, S. 72.
7. Ellenberger, op. cit., S. 821.
8. Ebda., S. 826.
9. »Über einen autobiographisch beschriebenen Fall von Paranoia«, St.A. VII, S. 185.
10. *Minutes*, Bd. II, S. 174.
11. *Zur Geschichte*, S. 196.
12. Andreas-Salomé, *In der Schule bei Freud*, S. 51.
13. *Zur Geschichte*, S. 174.
14. »Die Frage der Laienanalyse«, a.a.O., S. 218.
15. Ernst Kris, »Some Vicissitudes of Insight in Psychoanalysis«, *Int. J. Psychoan.*, Bd. 37,

Teil 6 (Nov.-Dez. 1956), S. 435.
16. *Briefe*, S. 419.
17. Zitiert in Jones III, S. 536.
18. Jones, *Free Associations*, S. 217.
19. Jones II, S. 134.
20. Rudolph Loewenstein, »Some Remarks on Defenses, Autonomous Ego and Psychoanalytic Technique«, *Int. J. Psychoan.*, Bd. 35, Teil 2 (1954), S. 189.
21. Erikson, *Dialogue with Erik Erikson*, S. 100, 27.
22. Weigert, »Dissent in the Early History of Psychoanalysis«, S. 350.
23. *Minutes*, Bd. II, S. 441.
24. »Über Psychoanalyse«, a.a.O., S. 62.
25. *Zur Geschichte*, S. 187.
26. Ebda., S. 185–86.
27. Andreas-Salomé, *In der Schule bei Freud*, S. 21.
28. *Minutes*, Bd. II, S. 321.
29. *Die Traumdeutung*, St.A. II, S. 551–52.
30. Ernst Kris, »Book Review of Anna Freud's *The Ego and the Mechanisms of Defense*, (Buchbesprechung von Anna Freuds *Das Ich und die Abwehrmechanismen*), *Int. J. Psychoan.*, Bd. 19 (1938), S. 142.
31. Ellenberger, op. cit., S. 838–40.
32. *Minutes*, Bd. II, S. 260, 266, 321.
33. *Das Unbehagen in der Kultur*, St.A. IX, S. 243.
34. Interview mit Willi Hoffer, 29. Juni 1965.
35. Vgl. Kurt Eisslers Interview mit Paul Klemperer.
36. Jones II, S. 134.
37. Interview mit Ernst Federn.
38. Sachs, *Freud*, S. 120–21.
39. *Die Traumdeutung*, a.a.O., S. 588; »Editor's Note«, *Stand. Edition*, Bd. 12, S. 178.
40. »Bemerkungen über einen Fall von Zwangsneurose«, St.A. VII, S. 39.
41. Vgl. *Drei Abhandlungen zur Sexualtheorie*.
42. Zitiert in Hale (Herausg.), *James Jackson Putnam and Psychoanalysis*, S. 367. Vgl. auch *Briefe Freud – Jung*, S. 412, 415, 462, 466.
43. »Zur Einführung des Narzißmus«, St.A. III, S. 59–60.
44. »Zwei Lexikon-Artikel«, G. W. 13, S. 224.
45. Freud beanstandete, daß Helene Deutsch in ihrer Arbeit über Psychopathen den Begriff »Als-ob« verwendete. Sie wußte nicht, daß Adler häufig Vaihingers Buch *Die Philosophie des Als-Ob* zitiert hatte; das war der Grund dafür, daß Freud die Wendung in einem Aufsatz einer loyalen Schülerin beanstandete.
46. *Die Traumdeutung*, a.a.O., S. 486.
47. »Aus der Geschichte einer infantilen Neurose«, St.A. VIII, S. 171; *Totem und Tabu*, St.A. IX, S. 378.
48. »Einige psychische Folgen des anatomischen Geschlechtsunterschieds«, St.A. V, S. 262.
49. *Briefe Freud – Pfister*, S. 100.
50. *Briefe Freud – Abraham*, S. 339.
51. *Neue Folge*, St.A. I, S. 570.
52. Ebda., S. 503–04.
53. E. A. Bennet, *C. G. Jung*, New York 1962, S. 56.
54. Zitiert in Jones III, S. 255.
55. Ellenberger, op. cit., S. 800.
56. Alfred Adler, *Social Interest: A Challenge to Mankind*, New York 1964; S. 253. (Deutsche Originalausgabe: »*Der Sinn des Lebens*«, Wien und Leipzig 1933.)
57. Interview mit Emmanuel Miller, 27. Aug. 1965.
58. A. H. Maslow, »Was Adler a Disciple of Freud? A Note«, *Journal of Individual Psychology*, Bd. 18 (Nov. 1963), S. 125.
59. Vgl. Kurt Eisslers Kritik an den Konzepten Franz Alexanders, die er für »Adlerianisch« erklärte. »The Chicago Institute of Psychoanalysis«, *The Journal of General Psychology*, Bd. 42, Erste Hälfte (Jan. 1950), S. 115.
60. Robert Waelder, »Present Trends in Psychoanalytic Theory and Praxis«, *The Yearbook of Psychoanalysis*, Bd. I, New York 1945, S. 87.
61. Ives Hendrick, »The Discussion of the »Instinct to Master‹«, *Psychoanalytic Quarterly*, Bd. 12, No. 4 (1943), S. 563.
62. Kenneth Clark, »Implications of Adlerian Theory for an Understanding of Civil Rights Problems and Action«, *Journal of Individual Psychology*, Bd. 23 (Nov. 1967), S. 181–90.
63. Frantz Fanon, *Black Skin, White Masks*, New York 1967.

5.5 Thanatos

1. *Zur Geschichte*, S. 161.
2. Vgl. Interview Kurt Eisslers mit Edoardo Weiss.
3. Jones II, S. 20; Jones, *Free Associations*, S. 219.
4. Brief von Ernest Jones an Max Schur, 4. Okt. 1955 (Jones-Archiv); Jones, *Free Associations*, S. 220.
5. Wortis, *Fragments of an Analysis with Freud*, S. 147.
6. *Briefe*, S. 370.
7. Stekel, *Autobiography*, S. 123.

8. Ebda., S. 106.
9. Zur Geschichte, S. 160; Stekel, Autobiography, S. 115–16.
10. Minutes, Bd. II, S. 112, 248, 551, 560.
11. Ebda., S. 111–12.
12. Ebda., S. 273.
13. Die Traumdeutung, St.A. II, S. 345.
14. Zur Geschichte, S. 155.
15. Wittels, Freud, S. 206.
16. »Zur Onanie-Diskussion«, G. W. 8, S. 332.
17. Minutes, Bd. II, S. 61.
18. Ebda., S. 562.
19. »Schlußwort der Onanie-Diskussion«, G. W. 8, S. 337.
20. »Zur Einleitung der Onanie-Diskussion«, G. W. 8, S. 332.
21. Ebda., S. 339.
22. Ebda., S. 335.
23. Minutes, Bd. II, S. 10.
24. Jones II, S. 83, 167; Minutes, Bd. II, S. 401; Briefe Freud – Jung, S. 285–86.
25. Jones II, S. 167.
26. Stekel, Autobiography, S. 125.
27. Minutes, Bd. II, S. 466.
28. Wittels, Freud, S. 175.
29. Jones II, S. 168. Dieser Ausspruch Freuds war eine Abwandlung eines Spruchs von Heine, den Freud häufig mit Bewunderung zitierte.
30. Zitiert in Jones II, S. 160.
31. Ebda., S. 92.
32. Zitiert ebda., S. 160–61; vgl. auch Briefe Freud – Jung, S. 415–16, 422–23.
33. Jones II, S. 92–93.
34. Briefe Freud – Pfister, S. 49.
35. Jones II, S. 168.
36. Andreas-Salomé, In der Schule bei Freud, S. 40, 58.
37. Briefe Freud – Abraham, S. 127.
38. Ebda., S. 128; vgl. auch Hale (Herausg.) James Jackson Putnam and Psychoanalysis, S. 368.
39. Hale (Herausg.), a.a.O., S. 368.
40. Zur Psychopathologie, S. 105.
41. Die Traumdeutung, St.A. II, S. 277.
42. »Vorwort zu W. Stekel Nervöse Angstzustände und ihre Behandlung«, G. W. 7, S. 467.
43. Stekel, Autobiography, S. 134.
44. Jones II, S. 500.
45. Briefe, S. 364.
46. Brief von Edoardo Weiss an Ernest Jones, 22. Aug. 1956 (Jones-Archiv).
47. Jones III, S. 324.
48. Minutes, Bd. II, S. 395.
49. Vorlesungen, St.A. I, S. 239.
50. »Die Disposition zur Zwangsneurose«, St.A. VII, S. 117.
51. Das Unbehagen in der Kultur, St.A. IX, S. 247.
52. »Traum und Telepathie«, G. W. 13, S. 165.
53. Stekel, Autobiography, S. 138.
54. Die Traumdeutung, a.a.O., S. 348, 352.
55. Ebda., S. 345.
56. Briefe, S. 364.
57. Sachs, Freud, S. 115.
58. Zitiert in Jones II, S. 169.
59. Briefe, S. 363.
60. Jones III, S. 167.
61. Briefe, S. 365–66.
62. Jones III, S. 127.
63. Bennet, C. G. Jung, S. 56.
64. Wortis, Fragments of an Analysis with Freud, S. 142, 163, 30, 41.
65. Briefe Freud – Weiss, S. 51. Vgl. auch Reich Speaks of Freud, S. 90.
66. Jones III, S. 190.
67. Ebda., S. 277.

6. Der »Kronprinz« Carl Gustav Jung

6.1 Die Wissenschaft von der Psyche

1. Wortis, Fragments of an Analysis with Freud, S. 146.
2. Brief von Kurt Eissler an Anna Freud, 17. Sept. 1954 (Jones-Archiv).
3. Vorlesungen, St.A. I, S. 261.
4. Nunberg, Memoirs, S. 12.
5. Zur Geschichte, S. 162.
6. Vorlesungen, a.a.O., S. 124.
7. Zitiert in Jones II, S. 170. Vgl. auch Briefe Freud – Jung, S. 176.
8. Jones II, S. 69.
9. Jolande Jacobi, »C. G. Jung«, Intern. Encyclopaedia of the Social Sciences, Bd. 8, New York 1968, S. 328.
10. »Über Deckerinnerungen«, G. W. 1, S. 542.
11. Jones II, S. 90.
12. Zitiert in C. G. Jung, Erinnerungen, Träume, Gedanken, aufgezeichnet und herausgegeben von Aniela Jaffé, Zürich und Stuttgart 1962, S. 370.
13. Briefe Freud – Abraham, S. 47.
14. Ebda., S. 71.
15. Jacobi, »C. G. Jung«, S. 327; E. A. Bennet, C. G. Jung, S. 41.
16. Wittels, Freud, S. 122.
17. Jones II, S. 50. Vgl. Briefe Freud – Jung, S. 218.
18. Jones II, S. 50; Binswanger, Freud, S. 42.
19. Briefe, S. 314.

20. *Briefe Freud – Jung*, S. 379, 402, 409.
21. Martin Freud, *Glory Reflected*, S. 108–09.
22. Interview mit Theodor Reik, 4. Apr. 1967. Vgl. ferner Freeman, *Insights*, S. 116.
23. *Briefe Freud – Jung*, S. 230.
24. *Briefe*, S. 273. Vgl. *Briefe Freud – Jung*, S. 91.
25. Zitiert in Jones II, S. 140.
26. Carl und Sylvia Grossman, *The Wild Analyst*, S. 102.
27. Zitiert in Jones II, S. 468.
28. Bennet, *C. G. Jung*, S. 41.
29. Zitiert in Jones II, S. 86.
30. Ebda. S. 172.
31. Sachs, *Freud*, S. 92.
32. »Editor's Note«, *Standard Edition*, Bd. 9, S. 4; Jones II, S. 402.
33. Ebda., S. 110.
34. *Briefe Freud – Jung*, S. 229, 318.
35. Ebda., S. 514–15, 500.
36. Ebda., S. 322.

6.2 Das Okkulte

1. Jones III, S. 455.
2. »Psychoanalyse und Telepathie«, G. W. 17, S. 25 ff.
3. Jones III, S. 459, 460.
4. Jones, *Free Associations*, S. 165.
5. Jones II, S. 203.
6. *Briefe Freud – Abraham*, S. 57.
7. Jones II, S. 203.
8. Interview mit Edoardo Weiss, 13. Mai 1965.
9. *Minutes*, Bd. II, S. 422.
10. Ebda.
11. Siehe z. B. Helene Deutsch, »Occult Processes Occurring During Psychoanalysis«, in *Psychoanalysis and the Occult*, George Devereux (Herausg.), New York 1953, S. 133–46; und Edward Hitschmann, »Telepathy and Psychoanalysis«, in *Heirs to Freud*, H. Ruitenbeek (Herausg.), New York 1966, S. 101–20.
12. *Neue Folge*, St.A. I, S. 474.
13. Ebda., S. 475.
14. »Traum und Telepathie«, G. W. 13, S. 173.
15. »Über die Psychogenese eines Falles von weiblicher Homosexualität«, St.A. VII, S. 275.
16. »Ergebnisse, Ideen, Probleme«, G. W. 17, S. 152.
17. »Über einen besonderen Typus der Objektwahl beim Manne«, St.A. V, S. 187.
18. *Zur Psychopathologie des Alltagslebens*, G. W. 4, S. 283.
19. Ebda., S. 286.
20. »Zur Theorie und Praxis der Traumdeutung«, St.A. Erg., S. 262.
21. *Neue Folge*, St.A. I, S. 586–87.
22. *Massenpsychologie und Ich-Analyse*, St.A. IX, S. 101.
23. *Jenseits des Lustprinzips*, St.A. III, S. 268.
24. Robert, *The Psychoanalytic Revolution*, S. 63–64.
25. *Zur Psychopathologie*, G. W. 4, S. 290–91.
26. Jones II, S. 86.
27. *Vorlesungen*, St.A. I, S. 79.
28. »Besprechung von August Forel *Der Hypnotismus*«, Wien. mediz. Wochenschrift, Bd. 39, S. 1097 u. 1892.
29. *Neue Folge*, St.A. I, S. 477; vgl. auch »Traum und Telepathie«, G. W. 13, S. 178.
30. »Traum und Telepathie«, a.a.O., S. 189–90.
31. Jones II, S. 36; *Briefe*, S. 357.
32. *Zur Psychopathologie*, G. W. 4, S. 279.
33. Jones II, S. 222.
34. »Das Unheimliche«, St.A. IV, S. 258.
35. Ebda.
36. Jones II, S. 27.
37. »Das Unheimliche«, a.a.O., S. 243.
38. Ebda.
39. Jones III, S. 455.
40. »Das Unheimliche«, a.a.O., S. 269, 244.
41. Ebda., S. 265; vgl. auch Roazen, *Brudertier*, S. 85–86.
42. Andreas-Salomé, *In der Schule bei Freud*, S. 192.
43. »Psychoanalyse und Telepathie«, G. W. 17, S. 31.
44. *Neue Folge*, St.A. I, S. 493.
45. Ebda., a.a.O. Vgl. auch ebda., S. 487.
46. Ebda., S. 482–83.
47. *Briefe Freud – Weiss*, S. 80.
48. »Bemerkungen über einen Fall von Zwangsneurose«, St.A. VII, S. 91.
49. *Zur Psychopathologie des Alltagslebens*, G. W. 4, S. 288 ff.
50. Ebda.
51. Ebda.
52. Jones III, S. 456.

6.3 Ödipus

1. *Die Traumdeutung*, St. A. II, S. 465.
2. Interview mit Edoardo Weiss, 26. Juni 1966.
3. *Briefe*, S. 311.
4. Wittels, *Freud*, S. 159.
5. C. G. Jung, *Freud und die Psychoanalyse*, Gesammelte Werke, Bd. 4, S. 325–26.
6. *Zur Geschichte*, S. 179.
7. Jones, *Free Associations*, S. 205.

8. Ebda., S. 206.
9. Binswanger, *Freud*, S. 20.
10. *Selbstdarstellung*, S. 81.
11. Binswanger, *Freud*, S. 10.
12. *Briefe Freud – Jung*, S. 505.
13. Ebda., S. 105.
14. Ebda., S. 108.
15. Jones III, S. 61; vgl. auch Jones II, S. 75.
16. Jung, *Erinnerungen, Träume, Gedanken*, S. 162; vgl. *Briefe Freud – Jung*, S. 584.
17. Bilinsky, *Jung and Freud*, S. 42.
18. Jones II, S. 453.
19. Jung, *Erinnerungen, Träume, Gedanken*, S. 161; vgl. auch Jones II, S. 179; Brief von Lester Bernstein an Ernest Jones, 26. Nov. 1954 (Jones-Archiv).
20. Jones I, S. 370.
21. Jones II, S. 66. Jung hatte 1905 einen Aufsatz über »Kryptomnesie« veröffentlicht.
22. Jones II, S. 66.
23. Ebda., S. 366.
24. Karl Abraham, *Clinical Papers and Essays in Psychoanalysis*, London 1955, S. 273, 265.
25. Jung, *Erinnerungen, Träume, Gedanken*, S. 161.
26. Ebda.
27. Brief von Lester Bernstein an Ernest Jones (Jones-Archiv).
28. Interview mit Albert Hirst, 21. Jan. 1966.
29. Schur, »Some Additional ›Day Residues‹ of ›The Specimen Dream of Psychoanalysis‹«, S. 55, 77.
30. Jones I, S. 370.
31. Jones, *Free Associations*, S. 222.
32. Zitiert in Schur, *Freud*, S. 319.
33. Binswanger, *Freud*, S. 63–64.
34. Ebda., S. 64.
35. »Dostojewski und die Vatertötung«, St. A. X., S. 276.
36. Jones II, S. 178; vgl. auch Jones, *Free Associations*, S. 221.
37. »Aus der Geschichte einer infantilen Neurose«, St. A. VIII, S. 182.
38. Puner, *Freud*, S. 239.
39. *Jenseits des Lustprinzips*, St. A. III, S. 251.
40. Jung, *Freud und die Psychoanalyse*, S. 331.
41. *Zur Geschichte*, S. 196.
42. Ebda., S. 172.
43. Zitiert in Jones II, S. 510.
44. *Briefe Freud – Jung*, S. 481, 571.
45. *Zur Geschichte*, S. 193.
46. Zitiert in Jones III, S. 28.
47. Jones II, S. 181–82.
48. *Zur Geschichte*, S. 151.
49. Zitiert in Jones II, S. 155.

6.4 Der Urvater

1. A. A. Brill, »A Psychoanalyst Scans his Past«, *The Journal of Nervous and Mental Mental Disease*, Bd. 95, No. 5 (Mai 1942), S. 547.
2. Jung, *Freud und die Psychoanalyse*, S. 235.
3. Ebda., S. 143–44, 147.
4. *Briefe Freud – Jung*, S. 560.
5. Jung, *Freud und die Psychoanalyse*, S. 131.
6. Ebda., S. 190–91.
7. Ebda., S. 157.
8. Ebda., S. 192.
9. Ebda., S. 207, 224.
10. Ebda., S. 230.
11. Ebda., S. 154.
12. *Briefe Freud – Jung*, S. 27.
13. Schur, *Freud*, S. 204, 207–08.
14. *Briefe Freud – Jung*, S. 572.
15. Ellenberger, *Die Entdeckung des Unbewußten*, S. 886.
16. *Briefe Freud – Jung*, S. 571–72.
17. Ebda., S. 577.
18. Ebda., S. 579–80.
19. Ebda., S. 583–84.
20. Ebda., S. 587–89.
21. Zitiert in Jones I, S. 370.
22. *Briefe Freud – Jung*, S. 592–93.
23. Ebda., S. 587.
24. Ebda., S. 594–95, 598–99.
25. Binswanger, *Freud*, S. 66.
26. Ebda.
27. *Briefe Freud – Abraham*, S. 137.
28. Zitiert in Jones II, S. 417.
29. *Die Traumdeutung*, St. A. II, S. 268.
30. *Briefe Freud – Jung*, S. 507–08.
31. Ebda., S. 493.
32. Ebda., S. 168–69. Vgl. auch ebda., S. 172–73 und 457–58.
33. Ebda., S. 509.
34. Vgl. Roazen, *Politik und Gesellschaft bei Sigmund Freud*, Kap. III.
35. Jones II, S. 424.
36. Brief von Geoffrey Gorer an Ernest Jones, 14. Dez. 1955 (Jones-Archiv).
37. Wittels, *Freud*, S. 151.
38. *Selbstdarstellung*, S. 92.
39. »Zwei Lexikon-Artikel«, G. W. 13, S. 228–29.
40. »Aus der Geschichte einer infantilen Neurose«, St. A. VIII, S. 210; Jones III, S. 361f.
41. *Briefe Freud – Abraham*, S. 140–41.
42. Ebda., S. 142.
43. *Briefe Freud – Pfister*, S. 113.
44. Edward Hitschmann, »Freud in Life and Death«, *American Imago*, Bd. 2, No. 2 (Juli 1941),

S. 127.
45. Hale (Herausg.), *James Jackson Putnam and Psychoanalysis*, S. 189–90 (deutscher Text ebda., S. 376–77). *Briefe*, S. 321.
46. Brief von Anna Freud an Ernest Jones, 16. Juni 1954 (Jones-Archiv).
47. *Zur Geschichte*, S. 181.
48. Jones II, S. 130.
49. Jones, *Free Associations*, S. 224.
50. Jung, *Psychoanalytische Typen*, Ges. W. Bd. 6, S. 551.
51. *Briefe Freud – Abraham*, S. 149.
52. Jung, *Freud und die Psychoanalyse*, S. 281.
53. Hale (Herausg.), *James Jackson Putnam and Psychoanalysis*, S. 378.
54. *Briefe Freud – Jung*, S. 615–16.
55. Zitiert in Hale (Herausg.), *James Jackson Putnam and Psychoanalysis*, S. 373.
56. Jung, *Freud und die Psychoanalyse*, S. 277.
57. *Zur Geschichte*, S. 195.
58. *Drei Abhandlungen zur Sexualtheorie*, St. A. II, S. 74; *Vorlesungen*, St. A. I, S. 295.
59. »Aus der Geschichte einer infantilen Neurose«, St. A. VIII, S. 188.
60. *Zur Geschichte*, S. 195.
61. Franz Alexander und Sheldon Selesnick, »Freud-Bleuler Correspondence«, *Archives of General Psychiatry*, Bd. 12 (Jan. 1965), S. 1–9. Vgl. *Briefe Freud – Jung*, S. 363–64, 389.
62. Binswanger, *Freud*, S. 69.
63. Ebda.
64. *Zur Geschichte*, S. 143.

6.5 Die Analytische Psychologie

1. Edward Glover, *Freud or Jung?*, New York 1957, S. 33, 45.
2. *Zur Geschichte*, S. 195.
3. »Editor's Note«, *Standard Edition*, Bd. 9, S. 100.
4. Andreas-Salomé, *In der Schule bei Freud*, S. 20–21.
5. Jones II, S. 141.
6. Lewis Way, *Adler's Place in Psychology*, New York 1962, S. 291.
7. Jung, *Psychologische Typen*, Ges. W. Bd. 6, S. 497.
8. Jones II, S. 494–95.
9. Jones III, S. 359.
10. Vgl. Anthony Storr, *The Dynamics of Creation*, New York 1972, S. 9–12; 172.
11. Jung, *Praxis der Psychotherapie*, Ges. W. Bd. 16, S. 166.
12. »Editor's Note«, *Standard Edition*, Bd. 14, S. 70.
13. Interview mit Albert Hirst.
14. Jung, *Über das Phänomen des Geistes in Kunst und Wissenschaft*, Ges. W. Bd. 15, S. 61.
15. Jung, *Zivilisation im Übergang*, Ges. W. Bd. 10, S. 195.
16. Jung, *Praxis der Psychotherapie*, Ges. W. Bd. 16, S. 162.
17. Ernst Kris, *Psychoanalytic Explorations in Art*, New York 1952.
18. »Der Dichter und das Phantasieren«, St.A. X, S. 173.
19. Jung, *Praxis der Psychotherapie*, a.a.O., S. 48–49.
20. Ebda., S. 131.
21. Ebda., S. 162–63.
22. »Zwei Lexikon-Artikel«, G. W. 13, S. 217.
23. Jung, *Über die Entwicklung der Persönlichkeit*, Ges. W. Bd. 17, S. 118.
24. Jung, *Die Dynamik des Unbewußten*, Ges. W. Bd. 8, S. 286.
25. Jung, *Erinnerungen, Träume, Gedanken*, S. 165.
26. Jung, *Über die Entwicklung der Persönlichkeit*, S. 104.
27. Jung, *Praxis der Psychotherapie*, S. 157.
28. »*Vorlesungen*«, St.A. I, S. 239.
29. Jung, *Praxis der Psychotherapie*, S. 14. Vgl. Anthony Storr, *C. G. Jung*, New York 1973, S. 44–45.
30. »Zur Theorie und Praxis der Traumdeutung«, St.A. Erg., S. 270.
31. Ellenberger, *Die Entdeckung des Unbewußten*, S. 889.
32. Storr, *Jung*, S. 48.
33. Jung, *Zur Psychologie westlicher und östlicher Religion*, Ges. W. Bd. 11, S. 380.
34. Jung, *Freud und die Psychoanalyse*, S. 302.
35. Jung, *Praxis der Psychotherapie*, S. 89.
36. Jones II, S. 319.
37. Sheldon T. Selesnick, »Carl G. Jung«, in *Psychoanalytic Pioneers*, S. 76.
38. *Vorlesungen*, St.A. I, S. 269.
39. »Nachtrag«, zu »Über einen autobiographisch beschriebenen Fall von Paranoia«, St.A. VII, S. 203.
40. *Zur Geschichte*, S. 198.
41. Ellenberger, *Die Entdeckung des Unbewußten*, S. 955.
42. Ebda., S. 960.
43. Jung, Jung, *Praxis der Psychotherapie*, S. 132.
44. Storr, *Jung*, S. 41.
45. »Aus der Geschichte einer infantilen Neurose«, St.A. VIII, S. 212.
46. *Massenpsychologie und Ich-Analyse*, St.A. IX, S. 69.

47. Ebda.
48. Weigert, »Dissent in the Early History of Psychoanalysis«, S.356.
49. Jung, *Zwei Schriften über analytische Psychologie*, Ges. W. Bd. 7, S. 71.
50. Donald W. Winnicott, *The Maturational Processes and the Facilitating Environment*, London 1965, S. 34, 142.
51. Ellenberger, *Die Entdeckung des Unbewußten*, S. 966.
52. Jung, *Freud und die Psychoanalyse*, S. 226–27.
53. »Ratschläge für den Arzt«, St.A. Erg., S. 176–77.
54. Nunberg, *Memoirs*, S. 35.
55. Jung, *Praxis der Psychotherapie*, S. 94.
56. Jung, *Zivilisation im Übergang*, S. 184.
57. *Briefe Freud – Jung*, S. 526–27.
58. Jung, *Praxis der Psychotherapie*, S. 4.
59. Clara Thompson, *Psychoanalysis: Evolution and Development*, New York, 1950, S. 15.
60. Jung, *Praxis der Psychotherapie*, S. 6.
61. Ebda., S. 9; Storr, *The Dynamics of Creation*, S. 230.
62. Jung, *Zivilisation im Übergang*, S. 189.
63. Jung, *Praxis der Psychotherapie*, S. 7.
64. Ebda., S. 142.
65. Ebda., S. 147.
66. *Zur Geschichte*, S. 198.
67. *Briefe Freud – Jung*, S. 609.
68. *Zur Geschichte*, S. 201.
69. Ebda., S. 197.
70. Glover, *Freud or Jung?*, S. 141.
71. Jung, *Briefe*, hg. A. Jaffé, 3 Bände, Olten und Freiburg i. Br. 1972–73, Bd. I, S. 253.
72. Ebda., S. 116.
73. Jung, *Praxis der Psychotherapie*, S. 20.
74. Jung, *Freud und die Psychoanalyse*, S. 318.
75. Jung, *Praxis der Psychotherapie*, S. 27.
76. Ellenberger, *Die Entdeckung des Unbewußten*, S. 944–45.
77. Jones II, S. 172. Über Otto Gross siehe Arthur Mitzman, *The Iron Cage: An Historical Interpretation of Max Weber*, New York 1970, S. 280–82.
78. Glover, *Freud or Jung?*, S. 124.
79. *Zur Geschichte*, S. 146.
80. *Neue Folge*, St.A. I, S. 572–73.
81. Interview mit Irmarita Putnam.
82. Jung, *Psychologische Typen*, S. 497.
83. Jung, *Praxis der Psychotherapie*, S. 25.

6.6 Nachher

1. Jung, *Briefe*, Bd. I, S. 376.
2. *Zur Geschichte*, S. 174.
3. Vgl. z. B. »Eine Kindheitserinnerung des Leonardo da Vinci«, St.A. X, S. 105–06.
4. Wittels, *Freud*, S. 213–14.
5. *Kurzer Abriß der Psychoanalyse*, Taschenbuchausgabe, S. 214.
6. »Aus der Geschichte einer infantilen Neurose«, St.A. VIII, S. 171.
7. *Zur Geschichte*, S. 184.
8. »Das Motiv der Kästchenwahl«, St.A. X, S. 192.
9. *Jenseits des Lustprinzips*, St.A. III, S. 231–32.
10. *Zur Geschichte*, S. 184.
11. Ebda., S. 162.
12. Kurt Eissler, »Mankind at Its Best«, *Journal of the American Psychoanalytic Association*, Bd. 12, No. 1 (Jan. 1964), S. 212.
13. *Selbstdarstellung*, S. 100.
14. *Zur Geschichte*, S. 201.
15. »Ein der psychoanalytischen Theorie widersprechender Fall von Paranoia«, St.A. VII, S. 216.
16. »Aus der Geschichte einer infantilen Neurose«, St.A. VIII, S. 167.
17. Ebda., S. 215.
18. Jung, *Symbole der Wandlung*, Ges. W. Bd. 5, S. 419. Vgl. auch Jung, *Briefe*, Bd. I, S. 102.
19. *Jenseits des Lustprinzips*, St.A. III, S. 263.
20. *Zur Geschichte*, S. 194.
21. Ebda.
22. Jung, *Praxis der Psychotherapie*, S. 2.
23. *Zur Geschichte*, S. 195.
24. Ebda.
25. Ebda.; *Vorlesungen*, St.A. I, S. 212; »Kurzer Abriß der Psychoanalyse«, in *Selbstdarstellung*, S. 214.
26. *Zur Geschichte*, S. 186.
27. Ebda., S. 155.
28. *Vorlesungen*, St.A. I, S. 246.
29. *Zur Geschichte*, S. 200.
30. »Aus der Geschichte einer infantilen Neurose«, St.A. VIII, S. 131.
31. *Selbstdarstellung*, S. 80.
32. *Zur Geschichte*, S. 198.
33. »Zwei Lexikon-Artikel«, G. W. 13, S. 224.
34. »Die Frage der Laienanalyse«, Taschenbuchausgabe, S. 164.
35. *Zur Geschichte*, S. 193.
36. *Selbstdarstellung*, S. 80.
37. *Kurzer Abriß der Psychoanalyse*, S. 214.
38. *Neue Folge*, St.A. I, S. 573.

39. »Psycho-Analysis«, B. W. 14, S. 307.
40. Ellenberger, *Die Entdeckung des Unbewußten*, S. 987–988.
41. »Der Moses des Michelangelo«, St.A. X, S. 199.
42. Ebda., S. 201.
43. Ebda., S. 206–07.
44. Ebda., S. 214.
45. Ebda.
46. Ebda., S. 217.
47. Ebda., S. 217–18.
48. *Zur Geschichte*, S. 178.
49. Ebda., S. 185.
50. Jones II, S. 303.
51. *Briefe*, S. 311.
52. Interview mit Abram Kardiner, 1. Apr. 1967.
53. Puner, *Freud*, S. 181. Vgl. auch Roy Grinker, »Reminiscences of a Personal Contact with Freud«, S. 852.
54. Jung, *Briefe*, Bd. I, S. 161.
55. *Briefe Freud – Jung*, S. 152, 154, 160.
56. Jung, *Praxis der Psychotherapie*, S. 131.
57. Vgl. z. B. Jung, *Freud und die Psychoanalyse*, S. 348–49, 351 ff.
58. Jean-Paul Sartre, Vorwort zu Paul Nizan, *Aden. Die Wachhunde*, Reinbeck 1969, S. 40.
59. Ellenberger, *Die Entdeckung des Unbewußten*, S. 951.
60. Jung, *Freud und die Psychoanalyse*, S. 9.
61. Jung, *Die Dynamik des Unbewußten*, S. 55.
62. Jung, *Freud und die Psychoanalyse*, S. 389–90; *Praxis der Psychotherapie*, S. 31.
63. Jung, *Freud und die Psychoanalyse*, S. 386.
64. Jung, *Über die Entwicklung der Persönlichkeit*, S. 83.
65. Jung, *Über das Phänomen des Geistes in Kunst und Wissenschaft*, S. 46–47.
66. Storr, *Jung*, S. 10.
67. *Zur Geschichte*, S. 179.
68. Zitiert in Hale (Herausg.), *James Jackson Putnam and Psychoanalysis*, S. 189 bzw. 376. Diese Stelle war vorher in der Veröffentlichung des Briefes weggelassen worden. Vgl. *Briefe*, S. 325.
69. Ellenberger, *Die Entdeckung des Unbewußten*, S. 909.
70. Jung, *Freud und die Psychoanalyse*, S. 387.
71. Jung, *Zivilisation im Übergang*, S. 190–91.
72. Ernest Harms, »Carl Gustav Jung – Defender of Freud and the Jews«, *The Psychiatric Quarterly*, Bd. 20 (1946), S. 228–29.
73. Jung, *Zivilisation im Übergang*, S. 217, 210.
74. Jung, *Zur Psychologie westlicher und östlicher Religion*, Ges. W. Bd. 11, S. 518.
75. Jung, *Zivilisation im Übergang*, S. 583 ff.
76. Brief Jungs an Parelhoff vom 17. Dez. 1951. (Aus dem Englischen übersetzt, da deutscher Text nicht zugänglich).
77. Jones III, S. 469.
78. Brief von Ernest Jones an Anna Freud, 20. Juli 1936 (Jones-Archiv).
79. Jung, *Briefe*, Bd. I, S. 263.
80. *Zur Geschichte*, S. 157; vgl. auch den in Jones II, S. 469, ziterten Brief.
81. Puner, *Freud*, S. 61.
82. Schur, *Freud*, S. 551.
83. *Der Mann Moses und die monotheistische Religion*, St.A. IX, S. 577.
84. Jung, *Die Archetypen und das kollektive Unbewußte*, Ges. W. Bd. 9, I. Teil, S. 13.
85. Brief von Henry Murray an den Verfasser, Sept. 1972.

7. **Die treue Bewegung**

7.1 **Verdiente Staatsmänner**

1. *Zur Geschichte*, S. 160.
2. *Selbstdarstellung*, S. 81
3. Franz Alexander, »Recollections of Berggasse 19«, S. 200.
4. Erik H. Erikson, *Gandhi's Truth*, New York 1969, S. 314. Vgl. auch Thomas Mann, *Lotte in Weimar*, Berlin 1946, S. 82.
5. Helene Deutsch, »Freud and His Pupils«, *Psychoanalytic Quarterly*, Bd. 9, No. 1 (1940), S. 189.
6. Vgl. z. B. Nunberg, *Memoirs*, S. 23.
7. Fromm, *Sigmund Freud's Mission*, S. 110.
8. *Neue Folge*, St.A. I, S. 507.
9. *Massenpsychologie und Ich-Analyse*, St.A. IX, S. 86.
10. *Freud's Letters to Simmel*, S. 102–03.
11. *Massenpsychologie und Ich-Analyse*, St.A. IX, S. 88–89.
12. Fromm, *Sigmund Freud's Mission*, S. 105.
13. Deutsch, »Freud and His Pupils«, S. 188–89.
14. Ebda., S. 191.
15. *Neue Folge*, St. A. I, S. 575.
16. *Massenpsychologie und Ich-Analyse*, St.A. IX, S. 88.
17. *Vorlesungen*, St.A. I, S. 198.
18. *Neue Folge*, St.A. I, S. 581.
19. Ebda.
20. Ebda., S. 568.
21. *Massenpsychologie und Ich-Analyse*, St.A. IX, S. 93.

22. Interviews mit Eva Rosenfeld, 3. Sept. 1965 und 3. Nov. 1966.
23. Edoardo Weiss, *The Structure and Dynamics of the Human Mind*, New York 1960, S. XII.
24. Zitiert in Ernst Federn, »Thirty-Five Years with Freud«, *Journal of the History of the Behavioral Sciences*, Bd. 8, No. 1 (Jan. 1972), S. 18.
25. Edward Bernays, *Biography of an Idea*, New York 1965; deutsch: *Biographie einer Idee*, Düsseldorf 1967, S. 196.
26. Weiss, *The Structure and Dynamics of the Human Mind*, S. XIII.
27. Interview mit Edoardo Weiss, 26. Juni 1966.
28. Weiss a.a.O., S. XIV.
29. Heinrich Meng, in »Thirty-Five Years with Freud«, S. 35.
30. Weiss a.a.O., S. XIV.
31. Interviews mit Helene Deutsch. 28. Nov. 1964 und 18. Juni 1966.
32. Edoardo Weiss, »Federn's Concepts and Their Applicability to the Understanding and Treatment of Schizophrenia«, *The Journal of the Nervous and Mental Diseases*, Bd. 133, No. 2 (Aug. 1961), S. 155.
33. Weiss a.a.O., S. XVII.
34. Vgl. Roazen, *Brudertier*, S. 155 ff.
35. Paul Federn, »The Neurotic Style«, *Psychiatric Quarterly*, Bd. 31 (Okt. 1957), S. 689, 684, 688, 682.
36. Interview mit Ernst Federn.
37. »Freud Correspondence«, *Psychoanalytic Quarterly*, Bd. 25 (1956), S. 361.
38. Interview mit Edith Jackson.
39. *Minutes*, Bd. II, S. 208, 210, 213.

7.2 Viktor Tausk und Lou Andreas-Salomé

1. Vgl. zum Beispiel Henry Brosin, »Contributions of Psychoanalysis to the Study of the Psychoses«, in *The Impact of Freudian Psychiatry*, herausgeg. v. Franz Alexander und Helen Ross, Chicago 1961, S. 178–99, und Gregory Zilboorg, *A History of Medical Psychology*, New York 1941, S. 502.
2. »Viktor Tausk, Gedenkwort«, G. W. 12., S. 316–18. Eine weit ausführlichere Erörterung Tausks findet der Leser in Roazen, *Brudertier*, Hamburg 1973, und in Roazen, »Reflections on Ethos and Authenticity in Psychoanalysis.«
3. Vgl. z. B. Viktor Tausk, *Paraphrase als Kommentar und Kritik zu Gerhart Hauptmanns »Und Pippa tanzt«*, Berlin 1906.
4. Viktor Tausk, »Über die Entstehung des ›Beeinflussungsapparates‹ in der Schizophrenie«, *Intern. Zeitschrift für Psychoanalyse*, 1919, und *Psyche*, 1969. Vgl. auch Paul Roazen, »Victor Tausk's Contribution to Psychoanalysis«, *The Psychoanalytic Quarterly*, Bd. 38, No. 3 (1969), S. 349–53.
5. Bruno Bettelheim, *The Empty Fortress*, New York 1967, S. 233–339; Edith Jacobson, *The Self and the Object World*, New York 1964, S. XI; Erik H. Erikson, *Identity: Youth and Crisis*, New York 1968, S. 9; und Bertram Lewins Nachruf auf Federn in *The Psychoanalytic Quarterly*, Bd. 19 (1950), S. 296.
6. H. F. Peters, *My Sister, My Spouse. A Biography of Lou Andreas-Salomé*, New York 1962, New York 1962, und Rudolph Binion, *Frau Lou: Nietzsche's Wayward Disciple*, Princeton 1968.
7. Zitiert in Jones III, S. 253.
8. Andreas-Salomé, *Freud-Tagebuch*, S. 45.
9. Ebda., S. 37.
10. Ebda., S. 191. Vgl. Carl G. Jung, »A Comment on Tausk's Criticism of Nelken«, in *Spring: An Annual* (1973), S. 183–87.
11. Andreas-Salomé, *Freud-Tagebuch*, S. 37, 43.
12. Ebda., S. 37; »Viktor Tausk«, a.a.O.
13. Andreas-Salomé, *Freud-Tagebuch*, S. 97–98.
14. Ebda., S. 119–20.
15. Ebda.
16. Ellenberger, *Die Entdeckung des Unbewußten*, S. 379.
17. Andreas-Salomé, *Freud-Tagebuch*, S. 187–88.
18. Ebda., S. 189.
19. »Zur Psychologie des Deserteurs«, *Intern. Zeitschr. f. Psychoanalyse*, Bd. 4 (1916), S. 193–204, 229–240.
20. Helene Deutsch, *Confrontations With Myself*, New York 1973, S. 135.
21. »Das Unheimliche«, St.A. IV, S. 244, 257, 261.
22. *Totem und Tabu*, St.A. IX, S. 374.
23. Vgl. S. 108 f. der deutschen Ausgabe des Briefwechsels zwischen Freud und Lou Andreas-Salomé mit S. 98–99 der englischen Ausgabe. Siehe auch Binion, *Frau Lou*, S. 402–403.
24. *Briefe Freud – L. Andreas-Salomé*, S. 269.
25. Roazen, *Brudertier*, S. 155 ff.
26. Andreas-Salomé, *Freud-Tagebuch*, S. 183.

7.3 Apostel

1. Jones II, S. 196.
2. Sachs, *Freud*, S. 1–2.
3. Zitiert in Jones II, S. 188; Zitat aus Sidney Pomer, »Max Eitingon«, in *Psychoanalytic Pio-

neers, S. 53.
4. Jones II, S. 189.
5. *Zur Psychopathologie des Alltagslebens*, Taschenbuchausgabe, S. 175.
6. *Zehn Jahre Berliner Psychoanalytisches Institut*, Broschüre, Wien 1930.
7. Fritz Moellenhoff, »Hanns Sachs«, in *Psychoanalytic Pioneers*, S. 188.
8. Nunberg, *Memoirs*, S. 54.
9. Sachs, *Freud*, S. 168.
10. *Briefe Freud–Abraham*, S. 97, 58.
11. *Briefe Freud–Jung*, S. 117, 155.
12. Jones II, S. 197.
13. *Internat. Zeitschr. f. Psychoanalyse*, Bd. 9 (1928).
14. *Briefe*, S. 355.
15. Interview mit Edward Glover, 25. Aug. 1965.
16. Joseph M. Natterson, »Theodor Reik«, in *Psychoanalytic Pioneers*, S. 257. Vgl. auch Ann Leslie Moore und Merrill Moore, »Notes on Re-Reading Dr. Hanns Sachs's Last Book«, *The American Imago*, Bd. 11, No. 1 (Frühling 1954), S. 6–7.
17. »Karl Abraham« (Nachruf), G. W. 14, S. 564.

7.4 Das »Wilde Heer«

1. *Das Ich und das Es*, St.A. III, S. 292.
2. *Briefe Freud-Pfister*, S. 84.
3. Zitiert in Schur, *Freud*, S. 373.
4. *Briefe*, S. 332–334.
5. Heinz Hartmann, »The Psychiatric World of Paul Schilder«, *Psychoanalytic Review*, Bd. 31 (1944), S. 296.
6. Nunberg, *Memoirs*, S. 61–62.
7. Wortis, *Fragments of an Analysis with Freud*, S. 131–32.
8. Isidore Ziferstein, »Paul Schilder«, in *Psychoanalytic Pioneers*, S. 465.
9. *Die Traumdeutung*, St.A. II, S. 122.
10. Ellenberger, *Die Entdeckung des Unbewußten*, S. 967 f.
11. Memorandum von Edward Hitschmann (Jones-Archiv).
12. »Zur Einführung des Narzißmus«, St.A. III, S. 63.
13. Interviews mit Robert Jokl, 28. u. 30. Dez. 1965.
14. Wittels, *Freud*, S. 197.
15. *Vorlesungen*, St.A. I, S. 239.
16. *Die Traumdeutung*, St.A. II, S. 502.
17. »Editor's Note«, *Standard Edition*, Bd. 18, S. 196.
18. »Traum und Telepathie«, Fischer Taschenb. 6073, S. 107–08.
19. Nachruf auf Herbert Silberer in *Intern. Journal of Psychoanalysis*, Bd. 4 (1923), S. 399.
20. Jung, *Briefe*, Bd. I, S. 265.
21. W. Stekel, »In Memoriam Herbert Silberer«, *Fortschritte der Sexualwissenschaft und Psychoanalyse*, Bd. I (1924), S. 411.
22. Binswanger, *Freud*, S. 54.
23. Ernest Jones, »Book Review of Wittels' *Freud*«, *Intern. Journ. of Psychoanalysis*, Bd. 5 (1924), S. 482.
24. Stekel, a.a.O., S. 415.
25. Martin Grotjahn, »Notes on Reading the ›Rundbriefe‹,« *Journal of the Otto Rank Association*, Bd. 8, No. 2 (Winter 1973–74), S. 50.

7.5 Ernest Jones: Pionier

1. Jones, *Free Associations*, S. 201.
2. Ernest Jones, »Introductory Memoir«, in Karl Abraham, *Selected Papers on Psychoanalysis*, London 1926, S. 38.
3. Edward Glover, »Karl Abraham«, (Manuskript), S. 25.
4. Jones, *Free Associations*, S. 195.
5. Ebda., S. 176.
6. Ebda., S. 172.
7. Brief von Ernest Jones an A. A. Brill vom 15. Juli 1932 (Jones-Archiv).
8. Edward Glover, »In Praise of Ourselves«, *Intern. Journal of Psychoanalysis*, Bd. 50, Teil 4 (1969), S. 499.
9. Briefe von Ernest Jones an Johann van Ophuijsen vom 26. u. 28. März 1933 (Jones-Archiv). Jones wollte nicht, daß Heinz Hartmann einen Gedenkband zu Freuds 100. Geburtstag herausgab; das hätte der Publizität von Jones' eigenem Werk über Freud geschadet. Vgl. Brief von Ernest Jones an Heinz Hartmann v. 15. Febr. 1955 (Jones-Archiv).
10. Edward Glover, »Ernest Jones«, *The British Journal of Medical Psychology*, Bd. 31 (1958), S. 72.
11. Jones, *Free Associations*, S. 63.
12. Brief von Ernest Jones an William C. Bullitt v. 7. Juni 1956 (Jones-Archiv).
13. Jones, *Free Associations*, S. 62.
14. Ebda., S. 209.
15. Ebda., S. 229.
16. Brief von Ernest Jones an Max Eitingon, 26. Sept. 1929 (Jones-Archiv).
17. Leonard Woolf, *Beginning Again*, London 1964, S. 75–82.
18. *Recollections of Virginia Woolf*, herausgeg. v.

Joan Russell Noble, London 1972, S. 116–17.
19. Brief von Ernest Jones an A. A. Brill, 2. Dez. 1933 (Jones-Archiv).
20. Interview mit Edward Glover, 25. Aug. 1965.
21. Jones, *Free Associations*, S. 240.
22. Ebda., S. 244.
23. Zitiert in Jones II, S. 126.
24. »Ernest Jones zum 50. Geburtstag«, G. W. 14, S. 554–55.
25. *Briefe*, S. 402.
26. Jones, *Free Associations*, S. 60.
27. Ebda., S. 154.
28. Jones III, S. 229.
29. Brief von Ernest Jones an Paul Federn, 10. Okt. 1933. Vgl. auch Brief von Ernest Jones an Max Eitingon, 19. Dez. 1932, und Brief von Anna Freud an Ernest Jones, 31. Dez. 1932 (Jones-Archiv).
30. Jones, *Free Associations*, S. 169.
31. *Briefe Freud-Jung*, S. 144.
32. Ernest Jones, *Essays in Applied Psychoanalysis*, Bd. II, New York 1964, S. 244–60. Vgl. Rudolf Blomeyer, »Der Gottmensch-Komplex bei Freud und seine Darstellung bei Jones«, *Zeitschrift für Analytische Psychologie und ihre Grenzgebiete* (Juli 1973), S. 247–70.
33. Jones II, S. 198.
34. Jones, *Free Associations*, S. 166–67, 169–70.
35. Ebda., S. 98.
36. *Briefe Freud-Jung*, S. 161.
37. »Wege der psychoanalytischen Therapie«, St.A. Erg., S. 246. Freud verwechselte hier vielleicht die Rolle von Jones mit der von Tausk. Vgl. Andreas-Salomé, *In der Schule bei Freud*, S. 190–91.
38. Jones, *Free Associations*, S. 190.
39. Brief von Ernest Jones an Leonard Albert, undat. (Jones-Archiv).
40. Zitiert in Hale (Herausg.), *James Jackson Putnam and Psychoanalysis*, S. 215, 251.
41. Brief von Ernest Jones an Freud, 10. Jan. 1933 (Jones-Archiv).
42. Jones, *Free Associations*, S. 204.
43. Jones III, S. 10; vgl. auch S. 235.
44. Ebda., S. 170.
45. Ebda., S. 346, 348.

7.6 Ernest Jones und Sandor Ferenczi: Rivalität

1. Hale (Herausg.), *James Jackson Putnam and Psychoanalysis*, S. 253.
2. Jones, *Free Associations*, S. 145, 150–51.
3. Ebda., S. 140.
4. Ebda.
5. Ebda., S. 197.
6. Ebda.
7. Ebda.
8. Ebda., S. 224.
9. Ebda., S. 199.
10. Jones II, S. 133.
11. Interview mit James Strachey, 28. Juni 1965. Interview mit Edward Glover, 29. Juli 1965.
12. Jones, *Free Associations*, S. 199–200.
13. *Briefe Freud-Jung*, S. 298.
14. Interview mit Elma Laurvik, 3. Apr. 1967; Interview mit Kata Levy, 2. Juli 1965.
15. Brief von Ernest Jones an Michael Balint, 16. Dez. 1957, und Brief von Michael Balint an Ernest Jones, 19. Dez. 1957 (Jones-Archiv).
16. Zitiert in Jones II, S. 97.
17. »Sandor Ferenczi«, (Nachruf), G. W. 16, S. 267.
18. Jones II, S. 50.
19. Ebda., S. 192–94.
20. Zitiert in Jessie Taft, *Otto Rank*, New York 1958, S. 78.
21. Zitiert in Jones III, S. 20. Vgl. auch Martin Grotjahn, »Notes on Reading the ›Rundbriefe‹«, S. 59.
22. Brief von Sandor Ferenczi, *Rundbriefe*, 15. Dez. 1924 (Jones-Archiv).
23. »Dr. Ferenczi Sandor«, (Zum 50. Geburtstag), G. W. 13, S. 443–45.
24. Ebda.
25. *Zur Geschichte*, S. 169.
26. »Dr. Ferenczi Sandor«, a.a.O.
27. Ebda.
28. *Briefe*, S. 474.
29. »Dr. Anton von Freund«, G. W. 13, S. 436.
30. Brief von Kata Levy an mich.
31. Jones III, S. 113.
32. Jones II, S. 74–75, 190.
33. Jones III, S. 147.
34. »Karl Abraham«, G. W. 14, S. 564.
35. »Sandor Ferenczi«, G. W. 16, S. 267–69.

7.7 Sandor Ferenczi: Technik und literarisches Opfer

1. Sandor Ferenczi, *Versuch einer Genitaltheorie*, Wien 1924.
2. »Sandor Ferenczi«, G. W. 16, S. 269.
3. Clara Thompson, *Interpersonal Psychoanalysis*, herausgeg. v. Maurice R. Green, New York 1964, S. 74.
4. Sandor Lorand, »Sandor Ferenczi«, in *Psychoanalytic Pioneers*, S. 32.

5. »Sandor Ferenczi«, a.a.O.
6. Jones, *Free Associations*, S. 228.
7. S. Ferenczi und O. Rank, *Entwicklungsziele der Psychoanalyse*, Wien 1924.
8. Ebda.
9. Jones III, S. 85.
10. Zitiert in Jones III, S. 76–77.
11. Ebda., S. 79–80.
12. Ebda., S. 80.
13. Ebda., S. 155.
14. Ebda., S. 164.
15. Ebda., S. 180.
16. »Die endliche und die unendliche Analyse«, St.A. Erg., S. 362.
17. Jones III, S. 386; II, S. 275.
18. Sandor Ferenczi, *Final Contributions to the Problems and Methods of Psychoanalysis*, herausgeg. v. Michael Balint, London 1955 (Zitat aus dem Englischen rückübersetzt), S. 42.
19. Ebda., S. 305.
20. Jones III, S. 30.
21. Ebda., S. 198.
22. Thompson, *Interpersonal Psychoanalysis*, S. 74, 73.
23. Jones III, S. 208. Vgl. S. Ferenczi, »Sprachverwirrung zwischen den Erwachsenen und dem Kind«, in *Bausteine zur Psychoanalyse*, Bern und Stuttgart 1964, Bd. III, S. 511 ff.
24. Brief von Izette de Forest an Ernest Jones, 8. Dez. 1954 (Jones-Archiv). Vgl. auch Izette de Forest, *The Leaven of Love*, New York 1954.
25. Zitat nach Jones III, S. 208.
26. Brief von Michael Balint an Ernest Jones, 22. Jan. 1954 (Jones-Archiv).
27. Zitiert in Fromm, *Sigmund Freud's Mission*, S. 65.
28. »Sandor Ferenczi«, G. W. 16, S. 269.
29. Interview mit Elma Laurvik.
30. Vincent Brome, *Freud and His Early Circle*, London 1967, S. 165.
31. Jones III, S. 155–56.
32. Jones II, S. 106, 107.
33. Jones III, S. 155; engl. Ausgabe, S. 127.
34. Jones III, S. 62.
35. Ebda., S. 212.
36. Ebda., S. 212, 214.
37. Ebda.
38. Vgl. Sandor Lorand, »Sandor Ferenczi«, S. 14–34. Erich Fromm«, »Psychoanalysis – Science or Party Line?«, in *The Dogma of Christ*, New York 1963, S. 131–44. Brief von Michael Balint an Ernest Jones, 31. Mai 1957 (Jones-Archiv), Interview mit Elma Laurvik.
39. Brief von Michael Balint an Ernest Jones, 22. Jan. 1954 (Jones-Archiv).
40. Vgl. *International Journal of Psychoanalysis*, Bd. 34 (1958), S. 68.
41. Brief von Ernest Jones an A. A. Brill, 20. Juni 1933 (Jones-Archiv).
42. Interview mit Mark Brunswick, 25. Jan. 1966.
43. Brief von Ernest Jones an Anna Freud, 1. Juni 1933 (Jones-Archiv).
44. Brief von Ernest Jones an Sigmund Freud, 3. Juni 1933 (Jones-Archiv).
45. »Sandor Ferenczi«, a.a.O.

7.8 Die Amerikaner: J. J. Putnam und H. W. Frink

1. Vgl. John C. Burnham, *Psychoanalysis and American Medicine, 1894–1918*, New York 1967; David Shakow und David Rapaport, *The Influence of Freud on American Psychology*, New York 1964; Marie Jahoda, »The Migration of Psychoanalysis: Its Impact on American Psychology«, *Perspectives on American History*, Bd. 2 (1968), S. 420–45; und F. H. Matthews, »The Americanization of Sigmund Freud: Adaptations of Psychoanalysis Before 1917«, *Journal of American Studies*, Bd. 1 (April 1967), S. 39–62.
2. Zitiert in Nathan G. Hale, *Freud and the Americans*, Bd. 1, New York 1971, S. 19. Vgl. Auch Jones, *Free Associations*, S. 191.
3. Jones II, S. 82.
4. *Briefe Freud–Jung*, S. 440–41.
5. Hale (Herausg.), *James Jackson Putnam and Psychoanalysis*, S. 329, 332.
6. Ebda., S. 328–29.
7. Hale, *Freud and the Americans*, S. 305, 307.
8. Ebda., S. 285, 283.
9. Ebda., S. 408.
10. Ebda., S. 463.
11. Zitiert in Hale (Herausg.), *James Jackson Putnam and Psychoanalysis*, S. 43. *Briefe Freud–Abraham*, S. 103.
12. *Zur Geschichte*, S. 167; »James J. Putnam«, G. W. 12, S. 315.
13. Hale (Heraus.), *James Jackson Putnam and Psychoanalysis*, S. 147.
14. Ebda., S. 140.
15. Ebda., S. 110; deutscher Text im Anhang des Buches, S. 357–58.
16. Ernst Waldinger, »My Uncle Sigmund Freud«, *Books Abroad*, Bd. 15, No. 1 (Jan. 1941), S. 5.
17. Jung, *Erinnerungen, Träume, Gedanken*, S. 363 ff.
18. Jones II, S. 109.

19. Hale (Herausg.), *James Jackson Putnam and Psychoanalysis*, S. 39.
20. Ebda., S. 127.
21. Ebda., S. 259.
22. Ebda., S. 94.
23. Ebda., S. 185–86.
24. Ebda., S. 79.
25. Ebda., S. 54.
26. Ebda., S. 118.
27. Ebda., S. 172.
28. Ebda., S. 372.
29. Jones, *Free Associations*, S. 189.
30. Hale (Herausg.), a.a.O., S. 372.
31. Ebda., S. 360–61.
32. Interview mit Marian C. Putnam, 22. Sept. 1966.
33. Hale (Herausg.), a.a.O., S. XII–XIII.
34. »Wege der psychoanalytischen Therapie«, St.A. Erg., S. 247.
35. Blanton, *Diary of My Analysis with Sigmund Freud*, S. 50.
36. Hale, *Freud and the Americans*, S. 348. Vgl. Jones III, S. 107–08, 131, und Clarence P. Oberndorf, *A History of Psychoanalysis in America*, New York 1953, S. 148.
37. Hale, *Freud and the Americans*, S. 323.
38. Jones III, S. 107, 131.
39. Horace Frink, «Review of *Psychoanalysis* by Brill«, *Mental Hygiene*, Bd. 7 (1923), S. 400.
40. Interview mit Abram Kardiner, 12. Okt. 1966.
41. Jones III, S. 108.
42. Brief von Clarence Oberndorf an Ernest Jones, 23. Dez. 1953 (Jones-Archiv).
43. Interview mit Abram Kardiner, 1. April 1967.
44. Brief von Clarence Oberndorf an Ernest Jones, 23. Dez. 1953 (Jones-Archiv). Vgl. auch das Gedenkwort in *Psychoanalytic Quarterly*, Bd. 5 (1936), S. 601–03.

7.9 Die Amerikaner:
A. A. Brill und die Zukunft der Psychoanalyse

1. Bernays, *Biographie einer Idee*, S. 184.
2. *Die Traumdeutung*, St.A. II, S. 120.
3. Jones, *Free Associations*, S. 232.
4. *Briefe Freud-Weiss*, S. 39.
5. Jones II, S. 64.
6. Hale, *Freud and the Americans*, S. 394–96.
7. Martin Grotjahn, »Collector's Items from the Correspondence Between Sigmund Freud and Otto Rank«, *Journal of the Otto Rank Association*, Bd. 6, No. 1 (Juni 1971), S. 27.
8. Hale, a.a.O., S. 391.
9. Fritz Wittels, »Brill«, *Psychoanalytic Review*, Bd. 35 (1948), S. 398.
10. Jones III, S. 54.
11. Jones II, S. 64.
12. Hale, a.a.O., S. 202.
13. Interviews mit George Wilbur, 24.–25. Sept. 1965.
14. Brief von Ernest Jones an Anna Freud, 25. Okt. 1933 (Jones-Archiv).
15. Jones III, S. 137.
16. Paula Fass, »A. A. Brill – Pioneer and Prophet«, M. A. Dissertation, Dept. of History, Columbia University, Juni 1968, S. 29.
17. Interview mit Sandor Rado, 29. Jan. 1966.
18. Hale, a.a.O., S. 39.
19. Jones, *Free Associations*, S. 190–91. Als ein in den Vereinigten Staaten lebender Wiener Arzt sich unzuverlässig zeigte, sprach Jones von ihm als einem »amerikanischen Psychoanalytiker«. *Sigmund Freud: Four Centenary Addresses*, New York 1956, S. 52.
20. Reik, »Years of Maturity«, S. 70.
21. Jones II, S. 221.
22. Ebda., S. 81.
23. Max Eastman, »Differing with Sigmund Freud«, in *Einstein, Trotzky, Hemingway and Other Great Companions*, New York 1962, S. 129.
24. Bernays, *Biographie einer Idee*, S. 189.
25. Wortis, *Fragments of an Analysis with Freud*, S. 98. Vgl. Oberndorf, *A History of Psychoanalysis in America*, S. 148–49.
26. Robert P. Knight, »The Present Status of Organized Psychoanalysis in the United States«, *Journal of the American Psychoanalytic Association*, Bd. 1, No. 2 (April 1953), S. 209.
27. Interview mit Mathilda Hollitscher, 5. Nov. 1966.
28. *Briefe Freud – A. Zweig*, S. 186.
29. Martin Peck, »A Brief Visit with Freud«, *Psychoanalytic Quarterly*, Bd. 9, No. 2 (1940), S. 206.
30. Reik, »Years of Maturity«, S. 72. Vgl. auch Brief von Ernest Jones an Johann van Ophuijsen, 14. Dez. 1927 (Jones-Archiv).
31. »Geleitwort zu *Medical Review of Reviews*, Bd. 36 (3)«, G. W. 14, S. 570–71.
32. Ebda.
33. *Zur Geschichte*, S. 167.
34. »Geleitwort zu *Medical Review of Reviews*«, G. W. 14, a.a.O.
35. *Neue Folge*, St.A. I, S. 570.
36. Brief von Ernest Jones an Max Eitingon, 24. Febr. 1937 (Jones-Archiv); Jones, *Free As-*

sociations, S. 218, 221.
37. Franz Alexander, *The Western Mind in Transition*, New York 1960, S. 101.
38. Sachs, *Freud*, S. 187.
39. *Vorlesungen*, St.A. I, S. 256, 408.
40. Zitiert in Nolan D. C. Lewis, »Smith Ely Jelliffe«, in *Psychoanalytic Pioneers*, S. 227.
41. Zitiert in Jones III, S. 345; vgl. auch ebda., S. 350–51.
42. *Die Zukunft einer Illusion*, St.A. IX, S. 153.
43. Interview mit Irmarita Putnam.
44. Brief von Johann van Ophuijsen an Ernest Jones, 31. Okt. 1927 (Jones-Archiv).
45. Briefe von Ernest Jones an Johann van Ophuijsen, 14. Dez. 1927 und 28. Nov. 1928 (Jones-Archiv).
46. Blanton, *Diary of My Analysis with Sigmund Freud*, S. 108.
47. Lewis, »Smith Ely Jelliffe«, S. 228. Vgl. auch Brief von Freud an Jacques Schneir, 5. Juli 1938 (Jones-Archiv).
48. Oberndorf, *A History of Psychoanalysis in America*, S. 2.

8. Otto Rank: Söhne und Väter

8.1 Das Trauma der Geburt

1. Jones III, S. 10.
2. Jack Jones, »Otto Rank: A Forgotten Heresy«, *Commentary*, Bd. 30, No. 3 (Sept. 1960), S. 219.
3. Ebda.
4. *Zur Geschichte*, S. 160.
5. *The Diary of Anais Nin*, Bd. I, herausgeg. v. Gunther Stuhlmann, New York 1966, S. 279.
6. Jones II, S. 196.
7. »Das Motiv der Kästchenwahl«, St.A. X, S. 184.
8. *Massenpsychologie und Ich-Analyse*, St.A. IX, S. 126; »Trauer und Melancholie«, St.A. III, S. 203. Vgl. auch *Die Traumdeutung*, St.A. II, S. 175.
9. Jones II, S. 196; vgl. auch ebda., S. 192.
10. Vgl. z. B. Felix Deutsch, »Hanns Sachs«, *The American Imago*, Bd. 4, No. 2 (April 1947), S. 4. Vgl. auch Sachs, *Freud*, S. 12.
11. Jones II, S. 195.
12. Ebda., S. 225, 195.
13. Wittels, *Freud*, S. 12.
14. »Das Unheimliche«, St.A. IV, S. 254.
15. Grotjahn, »Collector's Items from the Correspondence between Sigmund Freud and Otto Rank«, S. 26.
16. Jones III, S. 47–48.
17. Ebda., S. 77.
18. »Aus der Geschichte einer infantilen Neurose«, St.A. VIII, S. 146.
19. Jones III, S. 77.
20. *Briefe Freud–Abraham*, S. 327.
21. Jones III, S. 78.
22. *Minutes*, Bd. II, S. 71–72, 323.
23. »Über einen besonderen Typus der Objektwahl beim Manne«, St.A. V, S. 194. Vgl. auch *Die Traumdeutung*, St.A. II, S. 391, und *Vorlesungen*, St.A. I, S. 383–84, 393.
24. Deutsch, *Confrontations with Myself*, S. 146.
25. Jones III, S. 74.
26. Jones, »Otto Rank: A Forgotten Heresy«, S. 228.

8.2 Verfrühter Kummer

1. Briefe von Rudolf Urbantschitsch an Ernest Jones, 29. Febr. 1956 und 30. Sept. 1956 (Jones-Archiv).
2. Zitiert in Jones III, S. 88.
3. Ebda., S. 86.
4. Ebda., S. 97.
5. Ebda., S. 64.
6. Ebda., S. 73.
7. Zitert ebda., S. 89.
8. Nunberg, »Introduction«, *Minutes*, Bd. I, S. xxvi.
9. Eine Ausnahme bildet Schur, *Freud*, S. 467, 550.
10. Jones III, S. 118.
11. Vgl. Sachs, *Freud*, S. 158; Siegfried Bernfeld, »On Psychoanalytic Training«, S. 467.
12. Jones III, S. 117.
13. Bernfeld, a.a.O., S. 467.
14. Jones III, S. 118.
15. Zitiert ebda., S. 85.
16. Taft, *Otto Rank*, S. 94.
17. Bernays, *Biographie einer Idee*, S. 182.
18. Taft, *Otto Rank*, S. 99.
19. Ebda., S. 101.
20. Zitiert in Taft, *Otto Rank*, S. 107 (aus dem Englischen übersetzt, da deutscher Text nicht zugänglich). Vgl. auch Jones Jones III, S. 79, und »Brief an Fritz Wittels«, *Briefe*, S. 364.
21. *Selbstdarstellung*, S. 81.
22. Zitiert in Jones III, S. 84.
23. Zitiert ebda., S. 90.
24. Ebda., S. 89–90. Nunberg zufolge hatte sich Rank 1918 der Meinung Tausks angeschlossen, künftige Analytiker müßten sich selber einer

Analyse unterziehen. »Introduction«, *Minutes*, Bd. I, S. 22.
25. Taft, *Otto Rank*, S. 98.
26. »Mitteilung des Herausgebers«, *Int. Zeitschr. für Psychoanalyse*, Bd. 10, S. 373.
27. *Briefe Freud – Andreas-Salomé*, S. 157.
28. Zitiert in Jones III, S. 92.
29. Ebda., S. 93.
30. *Briefe Freud–Abraham*, S. 352.
31. Taft, *Otto Rank*, S. 110, 113, 114.
32. Ebda., S. 102.
33. Interviews mit Helene Deutsch, 8. Sept. 1965 und 26. Febr. 1966.
34. Vgl. *Briefe Freud–Andreas-Salomé*, S. 158.

8.3 Wille und Künstler

1. Jones II, S. 196.
2. *Briefe Freud–Jung*, S. 30; *Briefe Freud–A. Zweig*, S. 118; Jones III, S. 98; Briefe von Anna Freud an Ernest Jones, 7. Nov. 1955 (Jones-Archiv); Interview mit Mrs. Hischmann, 28. Febr. 1966.
3. Jones III, S. 90.
4. Grotjahn, »Collector's Items from the Correspondence between Sigmund Freud and Otto Rank«, S. 22.
5. Interview mit Helene Deutsch, 18. Nov. 1967.
6. Brief von Anna Freud an Ernest Jones, 8. Febr. 1955, (Jones-Archiv).
7. Jones III, S. 140.
8. Interview mit Beata Rank, 22. Aug. 1966.
9. Interview mit Beata Rank, 12. Febr. 1966.
10. Taft, *Otto Rank*, S. 159–60.
11. *The Diary of Anais Nin*, Bd. I, S. 334.
12. Jones III, S. 140.
13. Die philosophisch Belesenderen unter den Schülern Freuds wiesen ihn auf bestimmte Stellen bei Nietzsche hin. Für Freuds Beziehung zu Nietzsche vgl. Roazen, *Politik und Gesellschaft bei Sigmund Freud*, S. 93–94, und *Brudertier*, S. 54, 99. Vgl. auch *Briefe Freud – A. Zweig*, S. 88–89.
14. *The Diary of Anais Nin*, Bd. II, herausgeg. v. Gunther Stuhlmann, New York 1967, S. 16; Bd. I, S. 327; Bd. II, S. 26, 157.
15. Ebda., Bd. I, S. 277.
16. Ebda., Bd. III, herausgeg. von Gunther Stuhlmann, New York 1969, S. 228.
17. Ebda., Bd. II, S. 37.
18. Ebda., Bd. I, S. 270.
19. Thompson, *Psychoanalysis*, S. 177. Vgl. auch Ruth Monroe, *Schools of Psychoanalytic Thought*, New York 1955, S. 581.
20. Taft, *Otto Rank*, S. 149–50.
21. *The Diary of Anais Nin*, Bd. I, S. 271, 276.
22. Taft, *Otto Rank*, S. 223.
23. Jones, »Otto Rank«, S. 227.
24. *The Diary of Anais Nin*, Bd. II, S. 34.
25. Ebda., S. 15–16.
26. Ebda., Bd. III, S. 21.
27. Jones III, S. 94. An anderer Stelle äußerte Jones sich vorsichtiger über die Bedeutung von »Zyklothymie«. Vgl. *Papers on Psychoanalysis*, S. 497.
28. Robert, *The Psychoanalytic Revolution*, S. 241.
29. Wortis, *Fragments of an Analysis with Freud*, S. 121, Vgl. auch Jones III. S. 94–95.
30. Storr, *The Dynamics of Creation*, S. 204–05.
31. Jones II, S. 225.
32. Jones III, S. 48.
33. Sachs, *Freud*, S. 148.
34. »Hemmung, Symptom und Angst«, St.A. VI, S. 289.
35. *Neue Folge*, St.A. I, S. 573.
36. »Die endliche und die unendliche Analyse«, St.A. Erg., S. 357–58.
37. *Der Mann Moses*, St.A. IX, S. 461–62.
38. Ebda., S. 570–71.
39. Interview mit George Wilbur. Sachs sagt dies nur indirekt. Vgl. sein *Freud*, S. 115.
40. *The Diary of Anais Nin*, Bd. III, S. 20–21.

9. Die Frauen

9.1 Ruth Mack Brunswick: »Der Rabbi darf«

1. Beispiele: Interviews mit Edith Jackson und Irmarita Putnam.
2. Brief von Max Schur an Ernest Jones, 30. Sept. 1955 (Jones-Archiv).
3. Jones III, S. 32.
4. Interview mit Oliver Freud.
5. Jones III, S. 194.
6. Siehe den Nachruf auf ihn in *The New York Times*, 28. Mai 1971, S. 32.
7. Interview mit Mark Brunswick, 25. Jan. 1966.
8. Brief von Max Schur an Ernest Jones, 30. Sept. 1955.
9. »Die Ichspaltung im Abwehrvorgang«, St.A. III, S. 391–94. Jones glaubte, der Patient sei Bullitt, Ruth und Mark Brunswick waren jedoch anderer Meinung. Jones III, S. 282–83.
10. Zitiert in Jones III, S. 527.
11. *Der Wolfsmann*, S. 345.
12. Ebda., S. 346.

9.2 Ruth Mack Brunswick: Abhängigkeit und Sucht

1. Interview mit Anny Katan.
2. *Zur Geschichte*, S. 168.
3. D. W. Winnicott, *The Maturational Processes and the Facilitating Environment*, S. 54.
4. Ruth Mack Brunswick, »The Preoedipal Phase of the Libido Development«, *Psychoanalytic Quarterley*, Bd. 15, No. 2 (1945), S. 142.
5. »Einige psychische Folgen des anatomischen Geschlechtsunterschieds«, St.A. V, S. 264.
6. »Über die weibliche Sexualität,« St.A. V,
7. Ebda., S. 287. [S. 276.
8. Herman Nunberg, »In Memoriam Ruth Mack Brunswick,« *Psychoanalytic Quarterly*, Bd. 15, No. 2 (1945), S. 142.
9. »Über die weibliche Sexualität«, a.a.O., S. 276.
10. Ebda., S. 280.
11. *Neue Folge*, St.A. I, S. 561. Vgl. Ruth Mack Brunswick, »The Analysis of a Case of Paranoia (Delusion of Jealousy)«, *The Journal of Nervous and Mental Disease*, Bd. 70 (1929), S. 1–22, 155–78.
12. Brief von Ernest Jones an A. A. Brill, 22. Dez. 1933, und Brief von Jones an Clarence Oberndorf, 2. Dez. 1933 (Jones-Archiv).
13. Hale, *Freud and the Americans*, S. 371.
14. Schur, *Freud*, S. 82.
15. Robert, *The Psychoanalytic Revolution*, S. 235.
16. *Vorlesungen*, St.A. I, S. 432.
17. Interviews mit David Brunswick.
18. Interviews mit Mark Brunswick.
19. Ebda.
20. Ebda.
21. Storr, *The Dynamics of Creation*, S. 222.
22. Ellenberger, *Die Entdeckung des Unbewußten*, S. 640.
23. »Die endliche und die unendliche Analyse«, St.A. Erg., S. 359. Strachey scheint nicht gewußt zu haben, daß ein zweiter Aufsatz von Ruth Brunswick über den Wolfsmann geplant war.
24. *The New York Times*, 26. Jan. 1946, S. 13.
25. Nunberg, »In Memoriam«.
26. Jones III, S. 156.
27. *Briefe Freud–Jung*, S. 456.

9.3 Anna Freud: Kinderanalyse

1. Brief von Anna Freud an Ernest Jones, 14. Febr. 1954 (Jones-Archiv). Neben Ruth Brunswick erwähnte Freud noch Jeanne Lampl-de Groot und Joan Riviere.
2. Interview mit Eva Rosenfeld, 17. Nov. 1966.
3. *Aus den Anfängen*, S. 147.
4. *Die Traumdeutung*, St.A. II, S. 145, 148. Vgl. auch *Vorlesungen*, St.A. I, S. 145.
5. Interview mit Kata Levy, 6. Juli 1965.
6. *Die Traumdeutung*, St.A. II, S. 262.
7. *Briefe*, S. 310.
8. Anna Freud, *Problems of Psychoanalytic Training, Diagnosis, and the Technique of Therapy*, Bd. VII von *The Writings of Anna Freud*, 1966–1970, New York 1971, S. 73–74.
9. Brief Freuds an Bransom (Jones-Archiv). »Das Motiv der Kästchenwahl«, St.A. V, S. 185, 187–88, 190–92; *Briefe*, S. 314.
10. *Briefe*, S. 397, 439.
11. Binswanger, *Freud*, S. 10–11.
12. Interviews mit Abram Kardiner, 12. Okt. 1965, Helene Deutsch, 5. Juni 1965, und Eva Rosenfeld, 3. Nov. 1966. Vgl. Diktat von Ernst Freud, 27. Nov. 1953 (Jones-Archiv).
13. *Briefe Freud – Andreas-Salomé*, S. 222.
14. Anna Freud, »The Role of the Teacher«, *Harvard Educational Review*, Bd. 22, No. 4 (Herbst 1952), S. 229.
15. *Letters of Freud and Andreas-Salomé*, S. 231. Die deutsche Ausgabe des Briefwechsels enthält keinen einschlägigen Hinweis.
16. *Briefe Freud – Andreas-Salomé*, S. 274.
17. Interview mit Beata Rank, 12. Febr. 1966. Vgl. auch Freeman, *Insights*, S. 82.
18. Interview mit Kata Levy, 13. Juli 1965.
19. Interview mit Oliver Freud.
20. Interview mit Anna Katan.
21. *Briefe Freud–Weiss*, S. 91.
22. Brief von Anna Freud an Ernest Jones, 20. Okt. 1955 (Jones–Archiv).
23. Zitiert in Jones III, S. 197.
24. Interview mit Anna Katan.
25. *Vorlesungen*, St.A. I, S. 41.
26. *Selbstdarstellung*, S. 96.
27. »Die Frage der Laienanalyse«, St.A. Erg., S. 320.
28. Ebda., S. 330.
29. »Dr. Reik und die Kurpfuschereifrage«, Brief an die *Neue Freie Presse*; *Standard Edition*, Bd. 21, S. 247; nicht in *Gesammelte Werke*.
30. »Brief an Dr. Hermine von Hug-Hellmuth (Auszug)«, G. W. 10, S. 456.
31. Interviews mit George Wilbur. Vgl. *International Journal of Psychoanalysis*, Bd. 6 (1925), S. 106.
32. *Minutes*, Bd. II, S. 318.
33. »Die Frage der Laienanalyse«, St.A. Erg., S. 305.

34. Geleitwort zu August Aichhorn, *Verwahrloste Jugend*, G. W. 14, S. 566.
35. »Neue Folge«, St.A. I, S. 575–76.
36. Blanton, *Diary of my Analysis with Sigmund Freud*, S. 72.
37. Interviews mit Esti Freud.
38. *Minutes*, Bd. II, S. 51.
39. Ebda., S. 230.
40. Ebda., S. 236.

9.4 Anna Freud: Hofdamen

1. Schur, *The Medical History of Freud*, S. 11.
2. Brief von Anna Freud an Ernest Jones, 8. Juli 1935 (Jones-Archiv).
3. Zitiert in Binswanger, *Freud*, S. 103–04.
4. *Briefe Freud – A. Zweig*, S. 51.
5. Sachs, *Freud*, S. 169.
6. Marie Bonaparte, »Introduction«, in Martin Freud, *Glory Reflected*, S. 6.
7. Marie Bonaparte, »Notes on the Analytic Discovery of a Primal Scene«, *The Psychoanalytic Study of the Child*, Bd. I, herausgeg. v. Ruth Eissler, New York 1945, S. 119–25.
8. Interview mit Erich Fromm, 5. Jan. 1966.
9. Wladimir Granoff und Victor Smirnoff, »History of Psychoanalysis in France and of the French Psychoanalytic Movement«, S. III (Manuskript).
10. »Zur Einführung des Narzißmus, St.A. III, S. 55. Vgl. Brief von Max Schur an Ernest Jones, 30. Sept. 1955.
11. Vgl. »An Unknown Autobiographical Fragment by Freud«, *The American Imago*, Bd. 4, No. 1 (August 1946), S. 3–19; »Freud's Earliest Theories and the School of Helmholtz«, *Psychoanalytic Quarterly*, Bd. 13, No. 3 (1944), S. 341–62; mit Suzanne Cassirer Bernfeld, »Freud's Early Childhood«, *Bulletin of the Menninger Clinic*, Bd. 16 (März 1952), S. 37–49; »Freud's Scientific Beginnings«, in *The Yearbook of Psychoanalysis*, Bd. VI, Sandor Lorand (Herausg.), New York 1951, S. 24–50; »Freud's Studies on Cocaine, 1884–87«, *Journal of the American Psychoanalytic Association*, Bd. 1, No. 4 (Okt. 1953), S. 581–613; »Sigmund Freud, M. D«, *International Journal of Psychoanalysis*, Bd. 32 (1951), S. 204–17.
12. Jones III, S. 285.
13. »Die Frage der Laienanalyse«, St.A. Erg., S. 340.
14. Jones III, S. 233.

9.5 Anna Freud: Ichpsychologie

1. *Briefe*, S. 461.
2. Briefe von Anna Freud an Ernest Jones, 25. Dez. 1952, 5. Apr. 1955, und 10. Jan. 1956 (Jones-Archiv).
3. Brief von Anna Freud an Ernest Jones, 6. Juni 1954 (Jones-Archiv).
4. Anna Freud, *The Ego and the Mechanisms of Defence*, London 1954, S. 56. Deutsch: *Das Ich und die Abwehrmechanismen*, 1936; Taschenbuchausgabe München 1964.
5. Anna Freud und Dorothy T. Burlingham, *War and Children*, New York 1943, S. 160.
6. Anna Freud, »Oberservations on Child Development«, *Psychoanalytic Study of the Child*, Bd. VI, herausgeg. v. Ruth Eissler, New York 1951, S. 24.
7. Anna Freud und Dorothy Burlingham, *Infants Without Families*, New York 1944, S. 103. Deutsch: *Heimatlose Kinder*, Frankfurt 1971.
8. Anna Freud, »The Widening Scope of Indications for Psychoanalysis«, *Journal of the American Psychoanalytic Association*, Bd. 2 (1954), S. 618.
9. Anna Freud, »The Child Guidance Clinic as a Center of Prophylaxis and Englightenment«, in *Recent Developments in Psychoanalytic Child Therapy*, herausgeg. v. Joseph Weinreb, New York 1960, S. 37.
10. Anna Freud, *Normality and Pathology in Childhood*, New York 1965, S. 119. Deutsch: *Wege und Irrwege in der Kinderentwicklung*, Stuttgart 1968.
11. Ebda., S. 180, 177.
12. Anna Freud, »The Pediatrician's Questions and Answers«, in *Psychosomatic Aspects of Pediatrics*, herausgeg. v. Ronald MacKeith und Joseph Sandler, London 1961, S. 39.
13. Anna Freud, »The Child Guidance Clinic«, S. 37.
14. Anna Freud, *Normality and Pathology in Childhood*, S. 50.
15. Anna Freud, »Clinical Studies in Psychoanalysis«, *Psychoanalytic Study of the Child*, Bd. XIV, herausgeg. v. Ruth Eissler, New York 1959, S. 123.
16. Anna Freud, *Difficulties in the Path of Psychoanalysis*, New York 1969, S. 17. Deutsch: *Schwierigkeiten der Psychoanalyse in Vergangenheit und Gegenwart*, Frankfurt 1972.
17. Ebda., S. 21.
18. Zitiert in Robert Waelder, *Basic Theory of Psychoanalysis*, New York 1960, S. 232.

19. Arnold Rogow, *The Psychiatrists*, New York 1970, S. 109.

9.6 Helene Deutsch: »Kartenclub Schwarze Katz«

1. Ihr Aufsatz »A Two-Year-Old Boy's First Love Comes to Grief«, dessen Veröffentlichung Freud angeregt haben soll, war wahrscheinlich über ihren Sohn geschrieben. Vgl. Marie H. Briehl, »Helene Deutsch«, in *Psychoanalytic Pioneers*, S. 286, und Helene Deutsch, *Neuroses and Character Types*, New York 1965, S. 159–64. Siehe außerdem *Confrontations With Myself*, S. 123–24.
2. Blanton, *Diary of my Analysis with Sigmund Freud*, S. 91.
3. Interview mit Abram Kardiner, 12. Okt. 1965.
4. Interviews mit Ives Hendrick, Richard Sterba und Irmarita Putnam.
5. Edward Hitschmann, »Autobiographical Notes«.
6. *Internat. Journ. Psychoanalysis*, Bd. 3 (1922), S. 135.
7. Interviews mit Helene Deutsch, 22. Mai 1965 und 18. Nov. 1967. Vgl. auch Deutsch, *Confrontations With Myself*, S. 60–61, 140.
8. Interview mit Helene Deutsch, 23. Sept. 1967.
9. Interview mit Helene Deutsch, 30. Sept. 1967.
10. Deutsch, »Freud and His Pupils«, S. 192.
11. Interview mit Robert Jokl.
12. Interview mit Helene Deutsch, 16. Apr. 1966. Vgl. »Don Quixote and Don Quixotisms«, in Deutsch, *Neuroses and Character Types*, S. 218–25.
13. Interview mit Helene Deutsch, 14. Mai 1966.
14. Interview mit Helene Deutsch, 30. März 1965.

9.7 Helene Deutsch: Theorie der Weiblichkeit

1. Vgl. Helene Deutsch, *Neuroses and Character Types*, S. 165–189.
2. Kate Millet, *Sexual Politics*, New York 1970, S. 176–228, und Germaine Greer, *The Female Eunuch*, New York 1971.
3. Helene Deutsch, *The Psychology of Women*, Bd. II, New York 1945, S. 84.
4. Ebda., S. 275. Vgl. Deutsch, *Confrontations With Myself*, S. 75, 209.
5. *Drei Abhandlungen zur Sexualtheorie*, St.A. V, S. 123.
6. *Neue Folge*, St.A. I, S. 561.
7. *Minutes*, Bd. 2, S. 477.
8. Brief von Ernest Jones an Anna Freud, 19. Dez. 1934 (Jones-Archiv).
9. *Der Witz und seine Beziehung zum Unbewußten*, St.A. IV, S. 60–61, 63.
10. *Neue Folge*, St.A. I, S. 547.
11. Brief von Edward Hitschmann an Ernest Jones, 26. März 1954 (Jones-Archiv).
12. *Vorlesungen*, St.A. I, S. 388; »Aus der Geschichte einer infantilen Neurose«, St.A. VIII, S. 165.
13. *Das Unbehagen in der Kultur*, St.A. IX, S. 235; »Abriß der Psychoanalyse«, G. W. 17, S. 115.
14. Das Tabu der Virginität«, St.A. V, S. 224.
15. »Über die weibliche Sexualität«, St.A. V, S. 282.
16. *Zur Psychopathologie*, Taschenb. S. 134; *Das Unbehagen in der Kultur*, St.A. IX, S. 232–33; »Über die Berechtigung, von der Neurasthenie einen bestimmten Symptomenkomplex als ›Angstneurose‹ abzutrennen«, St.A. VI, S. 43.
17. *Drei Abhandlungen zur Sexualtheorie*, St.A. V, S. 124; »Hemmung, Symptom und Angst«, St.A. VI, S. 282–83.
18. »Die ›kulturelle‹ Sexualmoral und die moderne Nervosität«, St.A. IX, S. 28.
19. Ebda., S. 24, 28; *Neue Folge*, St.A. I, S. 564.
20. *Neue Folge*, St.A. I, S. 562.
21. *Briefe Freud – Andreas-Salomé*, S. 188.
22. *Drei Abhandlungen zur Sexualtheorie*, St.A. V, S. 124.
23. »Einige psychische Folgen des anatomischen Geschlechtsunterschieds«, St.A. V, S. 265.
24. *Drei Abhandlungen zur Sexualtheorie*, St.A. V, S. 97.
25. Puner, *Freud*, S. 285.
26. *Briefe Freud – Abraham*, S. 350; *Drei Abhandlungen zur Sexualtheorie*, St.A. V, S. 61.
27. James Strachey, »Editor's Note«, *Standard Edition*, Bd. 19, S. 243.
28. »Die Frage der Laienanalyse«, St.A. Erg., S. 303; *Neue Folge*, St.A. I, S. 545.
29. *Neue Folge*, St.A. V, S. 259.
30. »Einige psychische Folgen des anatomischen Geschlechtsunterschieds«, St.A. V, S. 565.
31. *Neue Folge*, St.A. I, S. 549–50.
32. Freeman, *Insights*, S. 47.
33. Deutsch, *The Psychology of Women*, Bd. I, [S. 233.
34. *Neue Folge*, St.A. I, S. 551.
35. »Einige psychische Folgen des anatomischen Geschlechtsunterschieds«, St.A. V, S. 265.
36. »Über die weibliche Sexualität«, St.A. V, S. 279.
37. *Neue Folge*, St.A. I, S. 555.
38. »Über die weibliche Sexualität«, St.A. V, [S. 276.
39. Puner, *Freud*, S. 288.

40. Zitiert in »Editor's Note«, *Standard Edition*, Bd. 19, S. 244.
41. Interview mit Helene Deutsch, 30. Sept. 1967; Marie Briehl, »Helene Deutsch«, in *Psychoanalytic Pioneers*, S. 283. Vgl. Deutsch, *Confrontations With Myself*, S. 62–69, 30–37.
42. Interviews mit Helene Deutsch, 18. Juni und 2. Juli 1966.
43. Interview mit Helene Deutsch, 19. Febr. 1966.
44. Interviews mit Helene Deutsch, 5. Febr. und 14. März 1966.
45. Interview mit Helene Deutsch, 3. Juni 1967.
46. Interview mit Helene Deutsch, 31. Dez. 1966.
47. »Einige psychische Folgen des anatomischen Geschlechtsunterschieds«, St.A. V, S. 266.
48. »Über die weibliche Sexualität«, St.A. V, S. 276; »Neue Folge«, St.A. I, S. 561; Interview mit Helene Deutsch, 13. Dez. 1965. Vgl. Deutsch, *Confrontations With Myself*, S. 138.
49. Helene Deutsch, »The Psychology of Women in Relation to the Function of Reproduction«, *Intern. Journ. Psychoanalysis*, Bd. 6, Teil 4 (Okt. 1925), S. 405–18.
50. Weiss, *Agoraphobia in the Light of Ego Psychology*, S. 119.
51. Deutsch, *Neuroses and Character Types*, S. 304.
52. Interview mit Willy Hoffer.
53. Greer, *The Female Eunuch*, S. 94–95.
54. Deutsch, *The Psychology of Women*, Bd. I, S. 191–92.
55. Deutsch, *Neuroses and Character Types*, S. 262–81, 319–38.
56. Interview mit Helene Deutsch, 5. März 1966.

9.8 Melanie Klein: »Die englische Schule«

1. Jones, *Papers on Psychoanalysis*, S. 103.
2. Melanie Klein, *Contributions to Psychoanalysis*, London 1948, S. 276.
3. Ebda., S. 253.
4. Interview mit Hannah Segal, 12. Nov. 1966, und Interview mit Elliott Jacques, 17. Nov. 1966.
5. Storr, *Jung*, S. 55; vgl. auch S. 41.
6. Elizabeth Zetzel, »Current Concepts of Transference«, S. 372–73.
7. Vgl. *Vorlesungen*, St.A. I, S. 356, mit »Die Frage der Laienanalyse, St.A. Erg., S. 240. Siehe auch »Editor's Note«, *Standard Edition*, Bd. 23, S. 213.
8. *Selbstdarstellung*, Taschenb. S. 96; *Das Unbehagen in der Kultur*, St.A. IX, S. 255–56, 263–64.

9. Ernst Kris, »The Development of Ego Psychology«, *Samiksa*, Bd. 5, No. 3 (1951), S. 159.
10. Interview mit Eva Rosenfeld, 17. Nov. 1966.
11. Edward Glover, »Autobiographical Manuscript«, S. 16. Vgl. auch Brief von Mrs. Riviere an Ernest Jones über Kapitel 2 seines Manuskripts für Band III seiner Freudbiographie (Jones-Archiv).
12. Jones III, S. 166.
13. Brief von Johann van Ophuijsen an Ernest Jones, 13. Okt. 1927 (Jones-Archiv).
14. Zitiert in Jones III, S. 235.
15. Interview mit Willy Hoffer.
16. Edward Glover, »The Position of Psychoanalysis in Great Britain«, *On the Early Development of the Mind*, London 1956, S. 358. Vgl. auch Edward Glover, *An Examination of the Klein System of Child Psychology*, London 1945; D. W. Winnicott, »A Personal View of the Kleinian Contribution«, *The Maturational Processes and the Facilitating Environment*, S. 171–78; Hannah Segal, *Introduction to the Work of Melanie Klein*, London 1964; J. O. Wisdom, »Freud and Melanie Klein«, *Psychoanalysis and Philosophy*, herausg. v. Charles Hanly u. Morris Lazerowitz, New York 1970, S. 327–62; Harry Guntrip, *Personality and Human Interaction*, London 1961, Kapitel 10–12.
17. Brief von Ernest Jones an Max Eitingon, 14. Mai 1943 (Jones-Archiv).
18. Elizabeth Zetzel, »The Depressive Position«, in *Affective Disorders*, herausgeg. v. Phyllis Greenacre, New York 1953, S. 109–10.

10. Das Alter

10.1 Krankheit

1. Jones II, S. 61; Robert, *The Psychoanalytic Revolution*, S. 222–23; Interview mit Smiley Blanton.
2. Schur, »The Medical Case History of Sigmund Freud«, S. 12.
3. *Briefe Freud – A. Zweig*, S. 153.
4. Zitiert in Jones III, S. 148.
5. *Briefe Freud – A. Zweig*, S. 14.
6. »Einige psychische Folgen des anatomischen Geschlechtsunterschieds«, St.A. V, S. 257–58.
7. Jones III, S. 123. Vgl. auch Manuskript von Rudolf Urbantschitsch (Jones-Archiv), sowie Briefe von Urbantschitsch an Ernest Jones, 12. Juni und 31. Juli 1956 (Jones-Archiv).

8. Jones III, S. 113.
9. Felix Deutsch (Herausg.), *On the Mysterious Leap from the Mind to the Body*, New York 1959, S. 28.
10. Interviews mit Helene Deutsch, 20. und 27. Aug. 1956. Felix Deutsch, »Reflections on the Tenth Anniversary of Freud's Death«. Brief von Felix Deutsch an Ernest Jones, 31. Jan. 1956 (Jones-Archiv).
11. *Neue Folge*, St.A. I, S. 538.
12. Schur, *Freud*, S. 420–21, 54. Jones III, S. 114.
13. Jones III, S. 114.
14. Ebda., S. 114–15.
15. Ebda.
16. Ebda., S. 117.
17. Ebda., S. 117–18. Vgl. Brief von Anna Freud an Ernest Jones, 7. März 1955 (Jones-Archiv).
18. Jones III, S. 117.
19. Zitiert in Jones III, S. 285.
20. Ebda., S. 124.
21. Ebda., S. 117.
22. Brief von Anna Freud an Ernest Jones, 4. Jan. 1956 (Jones-Archiv).
23. Brief von Felix Deutsch an Ernest Jones, 13. Febr. 1956 (Jones-Archiv). In ihrem Buch *Confrontations With Myself* jedoch hat Helene Deutsch neuerdings die Hypothese vorgebracht, ihr Mann habe seine Diagnose »aus Angst, einen Herzanfall auszulösen« verheimlicht; vgl. S. 169. Felix Deutsch selbst aber erörterte – in »Reflections on the Tenth Anniversary of Freud's Death« und in Briefen an Ernest Jones- die Möglichkeiten von Selbstmord und Sterbehilfe, ohne die Gefahr eines Herzanfalls zu erwähnen. Vgl. auch Jones III, S. 114, 116–117.
24. Schur, *Freud*, S. 421.
25. Deutsch, »Reflections on the Tenth Anniversary of Freud's Death«, S. 7.
26. Bennet, *C. G. Jung*, S. 40.
27. Schur, *Freud*, S. 259.
28. Interview mit Helene Deutsch, 27. Aug. 1966.
29. Stekel, *Autobiography*, S. 142.
30. Schur, *Freud*, S. 502, 343.
31. Brief von Anna Freud an Ernest Jones, 16. Juni 1954 (Jones-Archiv).
32. *Briefe*, S. 362.
33. Binswanger, *Freud*, S. 94–95.
34. *Briefe*, S. 403.
35. *Zur Psychopathologie des Alltagslebens*, S. 133.
36. Schur, *Freud*, S. 466.
37. Interview mit Oliver Freud.
38. *Das Unbehagen in der Kultur*, St.A. IX, S. 209.
39. Jones III, S. 251.
40. *Briefe Freud – A. Zweig*, S. 11, 22.
41. *Die Zukunft einer Illusion*, St.A. IX, S. 170.
42. *Briefe Freud – A. Zweig*, S. 18, 21.
43. *Das Unbehagen in der Kultur*, St.A. IX, S. 224.
44. *Massenpsychologie und Ich-Analyse*, St.A. IX, [S. 86.
45. Jones III, S. 192.
46. Interview mit Richard Sterba.

10.2 Dissidenten

1. Deutsch, »Freud and His Pupils«, S. 194.
2. Herbert W. Schneider, *The Puritan Mind*, Ann Arbor 1958, S. 98.
3. *Briefe Freud – A. Zweig*, S. 83.
4. von Weizsaecker, »Reminiscences of Freud and Jung«, S. 66.
5. Bernfeld, »Freud's Earliest Theories and the School of Helmholtz«, S. 359.
6. Ellenberger, *Die Entdeckung des Unbewußten*, S. 1005.
7. *Briefe Freud – Weiss*, S. 65.
8. Ebda., S. 67.
9. Ebda., S. 66.
10. Ebda., S. 71.
11. Deutsch, »Freud and His Pupils«, S. 193.
12. Ernst Simmel, »Sigmund Freud«, *Psychoanalytic Quarterly*, Bd. 9, No. 1 (1940), S. 172.
13. *Briefe Freud – A. Zweig*, S. 154.
14. Blanton, *Diary of my Analysis with Sigmund Freud*, S. 37; Sachs, *Freud*, S. 106–07; *Selbstdarstellung*, S. 90–91; »Ansprache im Frankfurter Goethe-Haus«, St.A. X, S. 295; Jones III, S. 526–28.
15. *Neue Folge*, ST.A. I, S. 573.
16. Interview mit Harold Lasswell.
17. Ilse Ollendorf-Reich, *Wilhelm Reich*, München 1975, S. 35–36. Interview mit Annie Reich.
18. Kopien davon befinden sich im Jones-Archiv.
19. *Reich Speaks of Freud*, S. 8.
20. Brief von Ernest Jones an Anna Freud, 2. März 1933 (Jones-Archiv).
21. Reich, *Wilhelm Reich*, S. 71–72.
22. Blanton, *Diary of my Analysis with Sigmund Freud*, S. 117.
23. Nunberg, *Memoirs*, S. 65, 46.
24. Sandor Rado, »The Problem of Melancholia«, *Intern. Journ. Psychoanalysis*, Bd. 9, Teil 4 (Okt. 1928), S. 420–38.
25. Interview mit Sandor Rado, 4. Apr. 1967.
26. Jeanne Lampl-de Groot, Besprechung von Rados »Die Kastrationsangst des Weibes«, *Intern. Zeitschr. Psychoanalyse*, Bd. 25. (1935), S. 598–605.

27. Frederick S. Perls, *In and Out the Garbage Pail*, New York 1972, S. 56.
28. Sandor Rado, »Sandor Ferenczi«, *Psychoanalytic Quarterly*, Bd. 2 (1933), S. 356–58.
29. Brief von Ernest Jones an Anna Freud, 19. Dez. 1934 (Jones-Archiv).
30. Alexander, *The Western Mind in Transition*, S. 55, 81.
31. Franz Alexander, *The Scope of Psychoanalysis*, New York 1961, S. 539.
32. Interviews mit Robert Jokl und Martin Grotjahn.
33. Vgl. Martin Birnbach, *Neo-Freudian Social Philosophy*, Stanford 1961.
34. Vgl. Alexanders Kritik an Karen Horneys *New Ways in Psychoanalysis* in: *The Scope of Psychoanalysis*, S. 137–64.
35 Alexander, »Sandor Rado«, in *Psychoanalytic Pioneers*, S. 240.
36. Eissler, »The Chicago Institute of Psychoanalysis and the Sixth Period of the Development of Psychoanalytic Technique«, S. 103–57. Vgl. auch Edward Glover, »Freudian or Neo-Freudian«?, *The Psychoanalytic Quarterly*, Bd. 33, No. 1 (1964), S. 97–109.
37. Brief an mich von Erich Fromm, 27. Aug. 1970.
38. Vgl. Roazen, »Introduction«, *Sigmund Freud*, Englewood Cliffs, N. J., 1973.

10.3 Erikson und Hartmann

1. Interview mit Erik Erikson, 31. Okt. 1966.
2. Erik Erikson, »Autobiographical Notes on the Identity Crisis«, *Daedalus*, Bd. 99, No. 4 (Herbst 1970), S. 740.
3. Brief von Ernest Jones an Anna Freud, 19. Sept. 1933 (Jones-Archiv).
4. Interview mit Ives Hendrick.
5. Brief von Abraham Brill an Ernest Jones, 17. Nov. 1933 (Jones-Archiv).
6. Evans (Herausg.), *Dialogue with Erik Erikson*,
7. Interview mit Willy Hoffer. [S. 85.
8. Sachs, *Freud*, S. 103.
9. Yankelovich und Barrett, *Ego and Instinct*, S. 138.
10. Ebda., S. 151.
11. Evans (Herausg.), *Dialogue with Erik Erikson*, S. 95.
12. Kurt Eissler, *Discourse on Hamlet and »Hamlet«*, New York 1971, S. 518.
13. Yankelovich und Barrett, a.a.O., S.xi.
14. Ebda., S. 97.
15. *Neue Folge*, St.A. I, S. 544.
16. Vgl. Heinz Hartmann, *Essays in Ego Psychology*, New York 1964.
17. Edward Glover, »Some Recent Trends in Psychoanalytic Theory«, *Psychoanalytic Quarterly*, Bd. 30, No. 1 (1961), S. 90, 87.
18. *Neue Folge*, St.A. I, S. 499.
19. Brief von Heinz Hartmann an Ernest Jones, 11. Nov. 1955 (Jones-Archiv).

10.4 Erweiterte Identität

1. *Zur Geschichte*, S. 178.
2. *Vorlesungen*, St.A. I, S. 95.
3. Ebda., S. 283–84.
4. »Eine Schwierigkeit der Psychoanalyse«, S. 133 ff.
5. Brief von Rudolf von Urbantschitsch an Ernest Jones, 29. Mai 1956 (Jones-Archiv). Jones II, S. 228, III, S. 276, und Briefe *Freud – A. Zweig*, S. 172.
6. Henry A. Murray, »Sigmund Freud«, *American Journal of Psychology*, Bd. 53 (1940), S. 135.
7. *Briefe Freud – A. Zweig*, S. 14.
8. *Selbstdarstellung*, S. 97.
9. Ebda., S. 98.
10. *Neue Folge*, St.A. I, S. 578.
11. *Briefe*, S. 462.
12. Zitiert in Martin Freud, *Glory Reflected*, S. 211.
13. Interview mit Richard Hoffman, 2. Juni 1965.
14. Brief von Anna Freud an Ernest Jones, 8. Apr. 1954 (Jones-Archiv).
15. *Briefe Freud – A. Zweig*, S. 62.
16. *Briefe*, S. 421.
17. Schur, *Medical History*, S. 28.
18. *Studien über Hysterie*. G.W 1, S. 226.
19. »Die Frage der Laienanalyse«, St.A. Erg., S. 289.
20. »Die endliche und die unendliche Analyse, St.A. Erg., S. 384.
21. Choisy, *Freud*, S. 5.
22. *Selbstdarstellung*, S. 96.
23. Ebda., S. 97.
24. *Jenseits des Lustprinzips*, St.A. III, S. 272.
25. *Vorlesungen*, St.A. I, S. 369.
26. *Selbstdarstellung*, S. 98.
27. Deutsch, *Freud and His Pupils*, S. 193.
28. *Neue Folge*, St.A. I, S. 513.
29. Ebda., S. 514.
30. »Die Frage der Laienanalyse«, St.A. Erg., S. 287, 289.
31. *Neue Folge*, St.A. I, S. 506.
32. *Minutes*, Bd. II, S. 100.
33. »Die Frage der Laienanalyse«, St.A. Erg., S. 300.

34. Ebda., S. 308.
35. *Selbstdarstellung*, S. 98.
36. *Die Zukunft einer Illusion*, St.A. IX, S. 156.
37. »Soll man Psychoanalyse an der Universität lehren?« Aufsatz in ungarischer Sprache. Nicht in den Gesammelten Werken; Standard Edition, Bd. 17, S. 173.
38. *Neue Folge*, St.A. I, S. 606.
39. »Die Widerstände gegen die Psychoanalyse«, G. W. 14, S. 108.
40. »Die Frage der Laienanalyse«, St.A. Erg., S. 338–39.
41. »Psycho-Analysis«, G. W. 14, S. 302 f.
42. *Die Zukunft einer Illusion*, St.A. IX, S. 165–66.
43. *Briefe Freud – A. Zweig*, S. 35.
44. *Das Unbehagen in der Kultur*, St.A. IX, S. 232.
45. *Die Zukunft einer Illusion*, St.A. IX, S. 142.
46. *Warum Krieg?*, St.A. IX, S. 280.
47. *Der Mann Moses*, St.A. IX, S. 503.
48. Ebda., S. 504.
49. *Briefe Freud – A. Zweig*, S. 108.
50. *Briefe Freud – Andreas-Salomé*, S. 224.
51. »Aus der Geschichte einer infantilen Neurose«, St.A. VIII, S. 229.
52. *Briefe Freud – A. Zweig*, S. 96.
53. *Der Mann Moses*, St.A. IX, S. 482.
54. Ebda., S. 464.
55. Jones III, S. 36.
56. *Der Mann Moses*, St.A. IX, S. 508, 471, 473.
57. Ebda., S. 509, 556–57, 496.
58. Ebda., S. 501, 553, 556.
59. Ebda., S. 561, 470, 474–75, 579, 507.

10.5 Exil und Tod

1. Nunberg, *Memoirs*, S. 60.
2. George S. Viereck, *Glimpses of the Great*, London 1930, S. 34.
3. William G. Niederland und Jacob Shatzky, »Four Unpublished Letters of Freud«, *Psychoanalytic Quarterly*, Bd. 25 (1956), S. 154.
4. Interview mit Mark Brunswick, 25. Jan. 1966.
5. *Briefe Freud – A. Zweig*, S. 56.
6. Interviews mit Mark Brunswick.
7. Walter C. Langer, *The Mind of Adolf Hitler*, New York 1972, S. 134.
8. Jones III, S. 182–83.
9. Ebda., S. 272.
10. *Briefe Freud – A. Zweig*, S. 33.
11. *Briefe Freud – Andreas-Salomé*, S. 85. Hinsichtlich der Meinung Freuds über die Französische Revolution vgl. *Die Traumdeutung*, St.A. II, S. 477–78.
12. Brief von Mathilda Hollitscher an Ernest Jones, 16. Febr. 1966, und Brief von Ernst Waldinger an Ernest Jones, 11. Jan. 1956 (Jones-Archiv).
13. Martin Freud, *Glory Reflected*, S. 196.
14. Schur, *Freud*, S. 530.
15. Martin Freud, *Glory Reflected*, S. 197.
16. *Minutes*, Bd. II, S. 383.
17. Interviews mit Edoardo Weiss, 5. Apr. u. 8. Mai 1965.
18. *Briefe Freud – Weiss*, S. 34–35.
19. *Briefe Freud – A. Zweig*, S. 103.
20. Jones III, S. 216, 262. Interview mit Edoardo Weiss, 10. Mai 1965.
21. *Der Mann Moses*, St.A. IX, S. 503.
22. Interview mit Richard Sterba.
23. *Der Mann Moses*, St.A. IX, S. 561.
24. Jones II, S. 448.
25. Brief von Rudolf von Urbantschitsch an Ernest Jones, 29. Mai 1956 (Jones-Archiv).
26. »Eine Kindheitserinnerung des Leonardo da Vinci«, St.A. X, S. 130.
27. Brief von Anna Freud an Ernest Jones, 16. Jan. 1956 (Jones-Archiv).
28. Zitiert in Choisy, *Freud*, S. 84.
29. Stefan Zweig, *Die Welt von Gestern*, 5. Aufl. Frankfurt 1975, S. 303.
30. »Zeitgemäßes über Krieg und Tod«, St.A. IX, S. 49.
31. Martin Freud, *Glory Reflected*, S. 217.
32. Jones III, S. 275.
33. Arthur Koestler, *Die Geheimschrift*, München 1954, S. 435.
34. Leonard Woolf, *Downhill All The Way*, London 1967, S. 168, 166, 197.
35. Interview mit Leonard Woolf, 17. Aug. 1965.
36. »Ein Wort zum Antisemitismus«, *Standard Edition*, Bd. 23, S. 292. Nicht in Gesammmelte Werke. (Aus dem Englischen übersetzt, da deutscher Originaltext nicht zugänglich).
37. Jones III, S. 283.
38. Ebda., S. 286.
39. Brief von Anna Freud an Ernest Jones, 15. Mai 1955 (Jones-Archiv).
40. Brief von Anna Freud an Ernest Jones, 16. Juni 1954 (Jones-Archiv).
41. Interview mit Mark Brunswick, 22. Nov. 1967.
42. Jones III, S. 272.
43. Ebda., S. 289.
44. Interview mit Max Schur.
45. Briefe von Anna Freud an Ernest Jones, 18. März 1954 und 21. Jan. 1955 (Jones-Archiv); Harry Freud, »My Uncle Sigmund«, in *Freud As We Knew Him*, herausgeg. v. Ruitenbeek, S. 312.

Abbildungsverzeichnis

Freud in seinen mittleren Lebensjahren (Bettmann Archive)

Die Familie Freud um das Jahr 1876 (Culver Pictures)

Das Geburtshaus Freuds in Freiburg in Mähren (Ernst Federn)

Freud und seine Verlobte Martha Bernays, in Berlin, 1885 (Bettmann Archive)

Freuds Analysen-Couch (Edmund Engelmann)

Alfred Adler (1870–1937) (Alexandra Adler)

In der Clark University im Jahre 1909 (Culver Pictures)

Freud in den frühen 30er Jahren (Bettmann Archive)

Jung im Jahre 1922 (Bettmann Archive)

Viktor Tausk während des Ersten Weltkriegs (Marius Tausk)

Georg Groddeck (1866–1934) (Martin Grotjahn)

Ernest Jones im Alter von fünfundfünfzig Jahren (Ernst Federn)

Sandor Ferenczi (1873–1933) (Enid Balint)

Otto Rank im Jahre 1930 (Virginia Robinson)

Ruth Mack Brunswick (1897–1946) (Mathilda Stewart)

Marie Bonaparte im Jahre 1934 (Ernst Federn)

Anna Freud anfangs der 20er Jahre (Bettmann Archive)

Freud und seine Tochter Anna, in Paris am 13. Juni 1938, bei ihrer Abfahrt nach London (Wide World Photo)

Helene Deutsch (Helene Deutsch)

Melanie Klein (Melanie Klein-Trust)

Felix Deutsch an seinem Arbeitstisch in Cambridge, Massachusetts (Helene Deutsch)

Heinz Hartmann im Jahre 1934 (Ernst Federn)

Erik Homburger Erikson (Norton)

Register

A
Abraham, Karl 33, 45, 93, 107, 178, 193, 200, 230 f., 248, 259, 262, 264 f., 296, 319, 323–326, 335, 352 ff., 360, 382, 388 ff., 392, 394, 444, 453, 461, 483
Adler, Alfred 17, 91, 130, 136, 158, 164, 181, 183–203, 208–216, 218–222, 224 f., 228, 234, 241, 244, 246, 255 f., 258 ff., 263–266, 275, 278–288, 291, 296 f., 306, 312, 319, 322 f., 364 f., 374, 380 f., 388, 393 f., 402, 436, 464, 480, 483, 489 f., 500, 507
Aichhorn, August 29, 157, 302, 426
Alexander, Franz 29, 143, 174, 297, 320, 324, 330, 374, 485 f., 490, 501
Amenophis IV. 249, 502 f.
Andreas-Salomé, Lou 29, 155, 195, 198, 208 f., 211, 221 f., 308, 311–318, 384, 393, 423, 446
Anna O. 93

B
Balint, Michael 350, 359, 465
Bally, Gustav 290
Balzac, Honoré de 512
Beauvoir, Simone de 447
Bell, Clife 338
Berenson, Bernhard 338
Bernays, Edward 392
Bernays, Martha s. Freud, Martha
Bernays, Minna 16, 76 ff., 187, 352, 384, 407, 508
Bernfeld, Siegfried 16, 422, 426, 433 f., 445, 479
Bettelheim, Bruno 311, 428, 487
Bibring, Edward 29, 301, 443
Bibring, Grete 322, 443
Binswanger, Ludwig 146, 178, 180, 246, 250, 422, 474
Bismarck, Otto von 60
Bleuler, Eugen 230, 241, 247 f., 266, 286
Blos, Peter 487 f.
Böhm, Felix 507
Bonaparte, Marie 76, 108, 406 ff., 410 f., 413, 418, 431 ff., 452, 473, 476, 507, 509 ff., 513
Boring, Edwin 320
Bowlby, John 465
Braun, Heinrich 55 f.
Breuer, Josef 50, 86, 89–95, 99, 101 f., 106, 159, 198, 204, 213, 263, 276 f., 285
Briand, Aristide 433
Brill, Abraham A. 254, 296, 366, 368 ff., 415, 456, 490
Broch, Hermann 302
Brücke, Ernst 82, 86 f., 202, 230
Brunswick, David 409 ff.
Brunswick, Mark 408–411, 417 ff., 421, 433, 505
Brunswick, Ruth s. Mack Brunswick, Ruth
Bryher 320
Buel, Estelle 404
Bullitt, William C. 36, 60, 306, 336, 375, 410, 507, 509
Burlingham, Dorothy 406, 430 f., 433, 435, 438, 488 f.
Busch, Wilhelm 132

C
Caligula 320
Charcot, Jean Martin 86–90, 444
Choisy, Maryse 497
Christie, Agatha 512
Churchill, Winston 303
Clark, Kenneth 216
Cobb, Stanley 293, 456
Cromwell, Oliver 51

D
Darwin, Charles 52, 107, 206, 341, 494, 497
Deutsch, Felix 384, 441 f., 444 f., 456, 469–473, 505
Deutsch, Helene 29, 158, 162, 167, 297 ff., 305, 314 ff., 318, 322, 325, 384, 394 ff., 406, 427, 441–457, 471, 505
Dollard, John 320
Dollfuß, Engelbert 506
Dostojewski, F. 23, 156, 172, 206, 251

E
Echnaton s. Amenophis IV.
Eder, David 339
Einstein, Albert 206, 506
Eitingon, Max 33, 296, 324 f., 382, 422, 477, 507
Ellenberger, Henri 197, 201
Ellis, Havelock 226
Emden, Jan van 296
Engels, Friedrich 345
Erikson, Erik H. 29, 193, 210, 269, 292, 297, 311, 381, 386, 436 f., 457, 487–494
Erikson, Joan 488 f.

F
Fairbairns, Ronald 341
Fanon, Frantz 216
Federn, Paul 29, 158, 301–307, 313, 318, 322, 325 f., 342, 357, 393, 413, 420, 443, 446, 469, 481

Fenichel, Otto 29, 301, 329f., 482f.
Ferenczi, Gisela 349, 407
Ferenczi, Sandor 16, 33, 62, 107f., 123, 130f., 160, 178, 189f., 230f., 236, 247, 250, 265, 296, 319, 323, 327, 329, 346–361, 364, 382, 386ff., 425, 444, 461, 471, 483f.
Fließ, Robert 415
Fließ, Wilhelm 70, 77, 101–108, 144, 201, 206, 221, 233, 241, 250, 265, 342, 472
Forsyth, David 339, 384
Freud, Alexander 53, 61, 65, 506, 510
Freud, Amalie, geb. Nathanson 59f., 64f., 73
Freud, Anna 9, 16f., 29, 34ff., 39, 41, 62, 70, 75ff., 86, 134, 140, 302, 305, 311, 318, 322, 342, 345, 352, 382, 384, 396, 406ff., 417, 421–441, 453, 459–465, 470f., 473f., 484, 488f., 493, 509, 511ff.
Freud, Anna (Schwester Freuds) 53f.
Freud, Emanuel 52, 59
Freud, Ernst 47, 86, 215, 436
Freud, Henny 407
Freud, Jakob 49, 57ff., 72, 82, 92
Freud, John 52f., 244
Freud, Julius 53
Freud, Martha 16, 50, 54, 67–79, 82ff., 92, 234f., 309, 421, 434f., 449, 452
Freud, Martin 46, 65, 77, 86, 383, 409, 413, 430, 441, 475, 506
Freud, Mathilda s. Hollitscher, Mathilda
Freud, Oliver 52, 57, 418, 423
Freud, Philipp 59
Freud, Sophie 352, 474
Freund, Anton von 324, 352
Friedjung, Joseph 428
Frink, Horace W. 361, 366ff.
Fromm, Erich 29, 68, 212, 257, 320, 486f., 491f., 494
Fromm-Reichmann, Frieda 29, 151, 487

G
Gandhi, Mahatma 297
Gardiner, Muriel 164, 166
Gide, André 406
Glover, Edward 325, 335ff., 337, 340, 348, 462–465, 493
Glover, James 325, 337
Göring, M. H. 290f.
Goethe, Wolfgang Johann von 56, 434, 491, 502, 505
Goldstein, Kurt 487
Graf, Max 188, 201
Greer, Germaine 454
Groddeck, Georg 29, 138, 326–329, 386, 469, 487
Gross, Otto 260, 276, 314
Guilbert, Yvette 430, 478

H
Hajek, Markus 469f.
Hale, William B. 306, 372
Hannibal 51, 206
Harnik, Jenö 359
Hart, Bernard 339
Hartmann, Heinz 29, 137f., 265, 437, 443, 460, 463, 492f.
Heine, Heinrich 67, 454
Heinele 474
Hendrick, Ives 216
Hitler 29, 50, 288, 501, 505, 507
Hitschmann, Edward 306ff., 332, 427, 443, 446
Hoffer, Willi 322, 443
Hollitscher, Mathilde (Freuds Tochter) 74f., 86, 303, 409, 474
Hollos, Istvan 352
Honegger, Johann 420
Horney, Karen 29, 212, 320, 325, 371, 387, 449, 453, 486f.
Hug-Hellmuth, Hermine von 406, 426f.
Hugo, Victor 396
Huxley, Thomas 341

I
Ibsen, Henrik 172, 380

J
Jackson, Edith 136, 407, 410
James, William 239, 361
Janet, Pierre 88f., 93, 117, 146, 293, 340
Jekels, Ludwig 342, 348, 488
Jeliffe, Smith Ely 302, 469
Johnson, Virginia E. 451
Johnston, William M. 142
Jokl, Katherine 337
Jones, Ernst 9f., 13, 16, 32ff., 36ff., 60, 62f., 65, 68f., 71, 73, 78, 84, 86, 96ff., 105f., 137, 145, 156, 159, 161, 180, 188, 192, 195f., 210, 213, 215, 217, 219, 222, 226, 228, 230, 236, 246ff., 250, 258, 261ff., 265ff., 278, 285, 291, 296, 319, 324f., 335–364, 369f., 372, 374f., 380, 382f., 385f., 388–391, 395, 401f., 407, 415, 420, 424, 440, 449, 459, 461, 464, 471, 473, 477, 482, 505, 507, 510–513
Joyce, James 344
Julius II. 284
Jung, C. G. 14f., 17, 45, 58, 79, 91, 130, 136, 151, 160, 164, 173, 183, 189, 193f., 200, 214, 220f., 224f., 227–293, 296f., 306, 312, 319, 322f., 328f., 342ff., 349f., 354, 364f., 380, 388, 393f., 396, 402, 413, 420, 436, 457, 460, 463 , 464, 480, 483, 489, 492, 500, 507
Jung, Emma 69f., 234f., 246

K

Kahane, Max 184, 332, 420
Kann, Loe 346 ff.
Kardiner, Abram 140, 146, 367 f., 370, 487
Katan, Anny 406, 431
Kepler, Johannes 52, 206, 494
Klein, Melanie 17, 29, 179, 325, 341 f., 345, 426, 428, 430, 435, 439, 457–465, 489
Kleist, Heinrich von 179
Königstein, Leopold 84 ff., 187, 244
Koestler, Arthur 510
Koller, Karl 83–86
Kolumbus 494
Kopernikus, Nikolaus 52, 206, 494, 497
Kraus, Karl 106, 127, 178, 506
Kretschmer, Ernst 290
Kris, Ernst 29, 267, 352, 430, 443, 461, 493, 496
Kris, Marianne 322, 352, 406, 409, 430 f., 443, 486
Kubrie, Lawrence 322

L

Laing, Ronald D. 267
Lampl, Hans 422, 430, 434
Lampl-de Groot, Jeanne 406 f., 430, 446, 454, 483 f.
Leonardo da Vinci 64, 70 f., 109, 157 f., 502
Levy, Kata 137, 352
Levy, Lajos 352
Lewin, Bertram 370, 486
Löwenstein, Rudolf 493
Loewi, Hilde 316 f.
Looney, Thomas J. 480

M

Mack Brunswick, Ruth 164 ff., 348, 406–421, 431, 433, 445 ff., 454, 457, 473
Maeder, Alphonse 268
Mahler, Gustav 159
Mann, Thomas 496
Marx, Karl 30, 47, 345, 373, 388
Maslow, Abraham 216
Masséna 51, 60
Masters, William H. 451
Meng, Heinrich 302
Menninger, Karl 415
Meyer, Adolf 367
Meyer, Monroe 370, 420
Michelangelo 157, 284, 502
Michels, Robert 373
Miller, Emmanuel 339
Miller, Henry 397, 399
Mincer, Beata Tola s. Rank, Tola
Moll, Albert 199 ff.
Morselli, Enrico 478 f.
Moses 44, 64, 232, 249, 283, 291 f., 499, 501–504

Murray, Henry 293, 490
Mussolini, Benito 506 f.

N

Napoleon 29, 51, 60, 206, 342, 431, 502
Neill, A. S. 482
Nemon, Oscar 303
Newton, Isaac 206
Nietzsche, Friedrich 205, 207, 313, 398
Nin, Anaïs 397–401, 404
Nunberg, Hermann 29, 273, 322 f., 330, 409, 418, 420, 442, 446, 504

O

Oberholzer, Mira 398, 406
Ödipus 64, 240, 246
Oppenheim, Ernst 213

P

Payne, Sylvia 465
Peck, Martin 373, 420
Penrose, Lionel 338 f.
Perls, Frederick (Fritz) 484
Pfister, Oskar 155, 165, 273, 296, 326, 426
Piaget, Jean 281
Pichler, Hans 471, 511
Poe, Edgar Allan 433
Popper-Lynkens, Josef 204
Prince, Morton 361–364
Putnam, James Jackson 361, 363–366, 415, 428

R

Rabelais, François 326
Rado, Sandor 16, 29, 306, 324 f., 370 f., 481–486
Rado-Revesz, Elisabeth 352
Rank, Otto 16, 33, 92, 136, 139, 160, 175, 184, 204, 228, 296, 319 f., 323, 330, 334, 348, 350, 354 f., 358, 370, 374, 379–404, 406, 413, 422, 434, 455, 457, 463, 471, 480, 483 f.
Rank, Tola 384 f., 396 ff.
Rée, Paul 313
Reich, Wilhelm 16, 29, 141, 150, 171, 301, 359, 437, 480–483, 487, 503
Reik, Theodor 29, 39, 75, 97, 136, 156, 187, 296, 306, 321, 325 f., 339, 374, 431, 436, 451
Reitler, Rudolf 184
Rickman, John 338, 464
Rie, Margarete 322
Rie, Oskar 101, 244, 322, 409, 430 f.
Riesman, David 487
Rilke, Rainer Maria 302
Riviere, Joan 136, 339
Roheim, Geza 360, 433
Rolland, Romain 496

Roosevelt, Franklin D. 292, 509
Rosenberg, Ludwig 431
Rosenfeld, Eva 137, 406f., 430, 433, 488, 511
Rosenfeld, Herbert 464
Rosenthal, Tatiana 420
Russell, Bertrand 338

S

Sachs, Hanns 29, 33, 38, 85, 98, 155, 188, 190ff., 196, 213, 296, 319–322, 325, 336f., 374, 382, 402, 404, 433, 444, 480, 490
Sadger, Isidor 16, 179, 221, 342, 448, 481, 507
Sartre, Jean-Paul 82, 216, 286
Sayers, Dorothy 512
Schilder, Paul 29, 329ff., 415
Schiller, Friedrich von 268
Schmideberg, Melitta 463f.
Schopenhauer, Arthur 204
Schrötter, Karl 420
Schur, Max 97, 415, 470, 472ff., 512f.
Schuschnigg, Kurt von 506
Schwind, Moritz 322
Shakespeare, William 241, 345, 480, 502, 509
Sharpe, Ella 463
Silberer, Herbert 16, 331–334, 360, 420
Simmel, Ernst 151, 178, 325
Sokolnicka, Eugenia 406, 420
Spielrein, Sabina 281
Spitz, René 29
Spock, Benjamin 429
Stekel, Wilhelm 91, 105, 130, 140, 158, 181, 183f., 190, 192, 216–226, 228, 241, 250, 258f., 278, 285, 297, 319, 332, 334, 347f., 360, 420, 442, 473
Stephen, Adrian 338
Stephen, Karen 338, 341, 420
Stephen, Leslie Sir 338
Sterba, Richard 507
Storr, Anthony 271
Strachey, Alix 135, 325, 338f., 461

Strachey, James 35f., 92, 135f., 213, 218, 265, 337f., 348
Strofer, A. J. 475
Sullivan, Harry S. 212, 457
Swoboda, Hermann 106f., 260, 342

T

Tausk, Martha 308–310
Tausk, Viktor 16, 221f., 226, 304ff., 308–318, 325, 359, 420, 446
Thompson, Clara 212, 361, 449, 487

U

Unwin, Allen Sir 338
Urbantschitsch, Rudolf von 508

V

Vaihinger, Hans 208

W

Waelder, Robert 143, 299, 436, 443, 462
Wagner von Jauregg, Julius 229
Weininger, Otto 106f., 342
Weiss, Edoardo 301f., 423, 454, 478f., 506
Wilson, Woodrow 36, 60, 306, 336, 375, 408, 499
Winnicott, Donald 154, 272, 386, 457, 465
Wittels, Fritz 30, 71, 84, 178, 225, 244, 278, 332, 456
Wolff, Antonia 234
Wolfsmann, Der 135, 137, 164ff., 280, 412, 418f., 445
Woolf, Leonard 338f., 510
Woolf, Virginia 338f., 510
Wortis, Joseph 226, 330

Z

Zilboorg, Gregory 320, 359, 415
Zweig, Arnold 35, 215, 477f., 480, 496, 501, 505
Zweig, Stefan 138, 496, 509, 513

Nachwort

von Hans-Jürgen Wirth

Paul Roazen erlebte die Neuausgabe dieses Buches nicht mehr. Der Historiker der psychoanalytischen Bewegung, Autor von *Sigmund Freud und sein Kreis* (engl. 1975, dt. 1976, 1997, und nun 2006), von *Wie Freud arbeitete. Berichte von Patienten aus erster Hand* (engl. 1995, dt. 1999; beide Psychosozial-Verlag) und von über 20 weiteren Büchern über die Geschichte der Psychoanalyse, starb am 03.11.2005 ganz überraschend in seinem Haus in Cambridge/Massachusetts. Der 69-jährige hatte gerade ein Buch-Manuskript beendet, in dem er ein Thema wieder aufgriff – und zu einem vorläufigen Abschluss brachte –, mit dem er sich schon ganz am Anfang seiner einzigartigen Karriere als Historiker der Psychoanalyse beschäftigt hatte, und zwar in seinem ersten Buch *Politik und Gesellschaft bei Sigmund Freud* (engl. 1968, dt. 1971 in der von Alexander Mitscherlich herausgegebenen Reihe *Literatur der Psychoanalyse* im *Suhrkamp Verlag*). Die Rede ist von der Zusammenarbeit zwischen Sigmund Freud und dem amerikanischen Diplomaten William C. Bullitt in den Jahren 1930–1932, in denen sie eine psychologische Studie über Woodrow Wilson erstellten, der von 1913 bis 1921 Präsident der Vereinigten Staaten war – der kritischen Zeit des Ersten Weltkrieges und dem nachfolgenden unsicheren Frieden. Ihr Buch, das 1967 in den USA unter dem Titel *Thomas Woodrow Wilson* erschien, wurde von psychoanalytischer Seite heftig kritisiert und Freuds Mitautorenschaft wurde angezweifelt bzw. als marginal eingestuft. Erik H. Erikson bezeichnete das Buch in einer ausführlichen Rezension als »miserabel« und »amateurhaft« und vertrat die Ansicht, die meisten Passagen seien »mit Freuds Stil völlig unvereinbar«. Auch die Herausgeber der *Standard Edition* und der *Gesammelten Werke* bezweifelten, dass die Zusammenarbeit zwischen Bullitt und Freud so eng gewesen sei, dass man von einer Mitautorenschaft Freuds sprechen könne und nahmen deshalb dieses Buch nicht in die – ansonsten um absolute Vollständigkeit bemühte – Gesamtausgabe der Freudschen Schriften auf. Nur Freuds Einleitung, bei der seine Autorenschaft verbürgt ist, da der deutsche Originalwortlaut von Freuds Niederschrift erhalten blieb, wurde in den Nachtragsband der »Gesammelten Werke« aufgenommen.

Inzwischen sprechen neu zugänglich gewordene Dokumente – ein unveröffentlichtes Manuskript Freuds, zusammen mit unbekannten Briefen und frühen Entwürfen Freuds, die Roazen im Nachlass von Bullitt entdeckte – dafür, dass Freuds Beitrag zu dem gemeinsamen Buch doch erheblich größer war als bislang angenommen. Roazen hat Bullitts Nachlass ausgewertet und daraus sein letztes – bislang noch unpubliziertes – Buch geschrieben: *The Doctor and the Diplomat: The Mysterious Collaboration between Freud and Bullitt on Woodrow Wilson*,

das im Jahr 2007 zusammen mit einer Übersetzung des Wilson-Buches von Freud und Bullitt im Psychosozial-Verlag erscheinen wird.
Dieser letzte Coup ist durchaus charakteristisch für Paul Roazen, dessen Anliegen es war, Freud und seine Nachfolger mit dem nüchternen Blick des Geschichtswissenschaftlers zu betrachten und die idealisierenden Selbstdarstellungen der Psychoanalytiker kritisch zu hinterfragen. Man kann ihn mit Fug und Recht als den bedeutendsten Historiker der Psychoanalyse bezeichnen. Er war auch der erste professionelle Historiker, der sich Sigmund Freud und seinem Kreis zuwandte. Die anderen historischen Arbeiten über die Psychoanalyse wurden allesamt von Psychoanalytikern verfasst, allen voran von Sigmund Freud selbst (*Zur Geschichte der psychoanalytischen Bewegung*, 1914) und vor allem von Ernest Jones, dessen 3-bändige Freud-Biografie (*Das Leben und Werk Sigmund Freuds*, 1953–1957) das offizielle Bild Freuds in der Öffentlichkeit bestimmte.

Es ist vor allem Paul Roazen zu verdanken, dass das von Jones geschönte Freud-Bild korrigiert und durch zahlreiche Facetten eine Bereicherung erfahren hat. Roazen interessierte sich auch und gerade für die dunklen Seiten in Freuds Persönlichkeit, wie sie beispielsweise im Konflikt mit seinem Schüler Viktor Tausk (1879–1919) zu Tage traten, der sich im Rahmen eines Abhängigkeits-Autonomie-Konfliktes mit Freud am 3. Juli 1919 das Leben nahm, eine Tat, die auch dazu führte, dass sein Name in den Annalen der Psychoanalyse kaum mehr Erwähnung fand. In seinem Buch *Brudertier. Sigmund Freud und Viktor Tausk: Die Geschichte eines tragischen Konflikts* (engl. 1969, dt. 1973 bei Hoffmann und Campe, 2. Aufl. 2002 im Psychosozial-Verlag) verhalf Roazen dem Gescheiterten zu einer späten Beachtung. Der am 17.02.1999 verstorbene Kurt Robert Eissler, langjähriger Leiter des *Sigmund-Freud-Archivs*, das heute als *Sigmund-Freud-Collection* in der *Library of Congress* in Washington beheimatet ist, reagierte mit einer heftigen Polemik auf Roazens These, Freud trage eine Mitschuld am Selbstmord seines Schülers Tausk, weil er sich aus Gründen beruflicher Rivalität und sexueller Konkurrenz (wegen Tausks Affäre mit der Freud-Vertrauten Lou Andreas-Salomé) in einem entscheidenden Moment von ihm abgewandt habe. Eissler schrieb gleich zwei dicke Bücher (*Talent and Genius. The fictitious case of Tausk contra Freud*, 1971 und *Victor Tausk's Suicide*, 1983), um Roazen zu widerlegen.
Im Laufe seiner 40-jährigen wissenschaftlichen Karriere gewöhnte sich Roazen an die harsche Kritik und die massive Ablehnung, die ihm aus manchen psychoanalytischen Kreisen entgegenschlug und er lernte damit umzugehen, dass man ihn bei seinen historischen Nachforschungen behinderte. Aber er weigerte sich standhaft, sich Denkverboten zu unterwerfen, ja man konnte den Eindruck gewinnen, dass er sogar einen gewissen Gefallen daran fand, als Enfant terrible die verleugneten Schwachstellen und die grandiosen Selbstidealisierungen der Psychoanalyse aufzudecken. So war Roazen derjenige, der als Erster die inzwischen historisch erwiesene

Tatsache, dass Sigmund Freud seine Tochter Anna selbst in Psychoanalyse nahm, aufdeckte. Er war auch der erste Nicht-Psychoanalytiker, der die Erlaubnis erhielt, die Bibliothek und das Archiv des Britischen Psychoanalytischen Instituts zu benutzen. Dort erhielt er insbesondere Einsicht in die Papiere und Dokumente, die Ernest Jones bei der Abfassung seiner Freud-Biografie benutzt hatte. Freuds Tochter Anna bereute bitterlich, dass sie Roazen den Zugang zur diesen Schätzen gewährt hatte, denn Roazen deckte auf, dass Jones manches geschönt und vieles ausgelassen hatte. Gerne zitierte Roazen eine Bemerkung Anna Freuds, die er in einem ihrer Briefe gefunden hatte: »Alles was Roazen schreibt, ist eine Gefahr.«

Auf diesem Hintergrund wird verständlich, dass bis heute Roazens umfangreiche Studien zur Geschichte der Psychoanalyse nur sehr zögerlich von der psychoanalytischen und der intellektuellen Öffentlichkeit aufgenommen wurden. Im angelsächsischen Sprachraum hat er inzwischen eine gewisse Anerkennung gefunden, was unter anderem in einem Buch Ausdruck gefunden hat, das ihm zu Ehren geschrieben wurde: *Freud under Analysis. Essays in Honor of Paul Roazen* (hrsg. von Dufresne 1997). Zudem hat die Amerikanische Psychoanalytische Vereinigung Roazen zum Ehrenmitglied ernannt.

Als Roazen vor genau 40 Jahren damit begann, sich mit dem wissenschaftlichen Werk und der Person Sigmund Freuds und mit der Geschichte der psychoanalytischen Bewegung zu beschäftigen, gab es so etwas wie eine historische Betrachtung der Psychoanalyse noch nicht, ein Topos, der heute international zahlreiche Forschungszirkel beschäftigt.

Worin liegt die Faszination begründet, sich mit der Geschichte der psychoanalytischen Bewegung auseinander zu setzen?

Im Unterschied zu den Naturwissenschaften spielt in der Psychoanalyse das »personengebundene Wissen, Können und Kommunizieren« (Peter Fürstenau) eine relativ große Rolle gegenüber den unpersönlichen, in Büchern und Zeitschriften kanonisierten Erkenntnissen. Der angehende Psychoanalytiker erlernt seinen Beruf hauptsächlich dadurch, dass er sich mit seinem Lehranalytiker, seinen Supervisoren und seinen sonstigen psychoanalytischen Lehrern und Vorbildern identifiziert. Und da diese wiederum in komplexen Gruppenzusammenhängen stehen und ihrerseits mit ihren eigenen psychoanalytischen Vorbildern identifiziert sind, nimmt jede neue Generation von Psychoanalytikerinnen und Psychoanalytikern per Identifikation die gesamte psychoanalytische Tradition – mit all ihren Konflikten, Abspaltungen und Kämpfen – in sich auf. So pflanzen sich auch die Spaltungsprozesse aus der Frühzeit der psychoanalytischen Bewegung, die von allen Beteiligten als traumatisch erlebt wurden, von Generation zu Generation fort und wirken sich bis heute auf Theorie- und Schulen-Bildung aus. Der historischen Aufarbeitung der Geschichte der psychoanalytischen Bewegung kommt deshalb eine wichtige Funktion zu.

Paul Roazen wurde am 14.08.1936 in Boston geboren. Er promovierte 1965 an der Harvard University über Freuds Bedeutung für die politische Theorie und lehrte dort

seit 1971 Politikwissenschaften. Anschließend erhielt er einen Ruf an die York University in Toronto, wo er bis zu seiner Frühpensionierung 1995 Sozial- und Politikwissenschaften lehrte. Er verfasste 22 Bücher und hunderte von Artikeln und gab zahlreich Bücher und Zeitschriften heraus. Viele seiner Bücher wurden in mehr als 6 Sprachen übersetzt (vgl. die Bibliographie seiner Bücher im Anhang).
Sein bedeutendstes Werk ist *Sigmund Freud und sein Kreis*, das auf einer historischen Untersuchungsmethode beruhte, die man heute als »oral history« bezeichnet. In den Jahren 1964–1967 interviewte Roazen in hunderten von Stunden mehr als 70 Personen, die Freud persönlich gekannt hatten, also Patienten, Schüler, Kollegen, Verwandte, Bekannte. Außerdem befragte er weitere 40 Personen, die sich aus professionellen Gründen mit der Geschichte der Psychoanalyse beschäftigt hatten oder Teil der frühen psychoanalytischen Bewegung waren. Unter diesen Interviewten waren 25 ehemalige Patienten Freuds. Er hat dabei reichhaltiges Material zusammengetragen, dessen Einzigartigkeit nur mit den Tonbandaufzeichnungen von Interviews, den Briefen, den Manuskripten und den sonstigen Dokumenten vergleichbar ist, die Kurt Robert Eissler aufgezeichnet, gesammelt und archiviert hat, die aber teilweise immer noch vor der wissenschaftlichen Öffentlichkeit unter Verschluss gehalten werden.
Weitere Werke Roazens sind die Biographie *Freuds Liebling Helene Deutsch* (engl. 1985, dt. 1989 im Verlag Internationale Psychoanalyse) und die Biographie *Erik Erikson: The Power and Limits of a Vision* (engl. 1976), die bislang noch nicht ins Deutsche übersetzt wurde.
Paul Roazens Buch *Wie Freud arbeitete* gibt ein eindrucksvolles Bild davon, wie Freud wirklich Psychoanalyse praktizierte. Das Buch basiert auf den Gesprächen, die Roazen mit 25 Personen geführt hat, die Freuds Patienten oder Lehranalysanden waren. Deutlich wird in diesen Gesprächen, wie experimentell, wie unorthodox und wie unkonventionell Freud arbeitete. Im Zweifelsfall hielt sich Freud weder an Konventionen noch an seine eigenen Regeln.

2002 hatte ich die Gelegenheit, Paul Roazen persönlich kennen zu lernen, als ich eine knappe Woche Gast in seinem Haus in Cambridge/Massachusetts sein durfte. Noch lebhaft in Erinnerung sind mir unsere allabendlichen Gespräche über Psychoanalyse. Ich musste nur ein Stichwort sagen und Paul sprudelte los, was er Historisches dazu wusste, sprang auf, um einen Artikel, den er zu diesem Thema verfasst hatte, zu holen. Neuere theoretische Entwicklungen in der Psychoanalyse interessierten ihn allerdings nicht, ja er tat sie als Verwässerungen ab. Von vielen Psychoanalytikern als »Nestbeschmutzer« gebrandmarkt, war Paul Roazen im Grunde seines Herzens ein glühender Freudianer, was ihn allerdings nicht daran hinderte, den kritischen Blick des Historikers auf Sigmund Freud und die psychoanalytische Bewegung zu richten.

Von Paul Roazen verfasste Bücher

Freud: Political and Social Thought
(N.Y., Knopf, 1968; London, Hogarth, 1969; N.Y., Vintage, 1970; Barcelona, Martinez Roca, 1970; dt.: *Politik und Gesellschaft bei Sigmund Freud* Frankfurt, Suhrkamp, 1971; Sao Paulo, Editora Braziliense, 1973; Torino, Boringhieri, 1973; Brussels, Editions Complexe, 1976; Tokyo, Seishin Shobo, 1986; 2nd edition, N.Y., Da Capo, with new Preface, 1986; 3rd edition, New Brunswick, N.J., Transaction Publishers, with new Introduction, 1999)

Brother Animal: The Story of Freud and Tausk
(N.Y., Knopf, 1969; London, Allen Lane, 1969; Paris, Payot, 1971; N.Y., Vintage, 1971; London, Penguin, 1973; Sao Paulo, Editora Braziliense, 1973; dt.: *Brudertier. Sigmund Freud und Viktor Tausk: Die Geschichte eines tragischen Konflikts* (erste Auflage 1973 bei Hoffmann & Campe, 2. Aufl. 2002 im Psychosozial-Verlag); Madrid, Alianza, 1973; Milan, Rizzoli, 1973; N.Y., New York University Press, 1986; Tokyo, Seishin Shobo, 1987; Belgrade, Decje Novine, 1989; 2nd edition, New Brunswick, N.J., Transaction Publishers, with new Introduction, 1990; Buenos Aires, Agalma, 1994; Rio de Janiero, Imago Editora, 1995; Giessen, Psychosozial-Verlag, 2002)

Freud and His Followers
(N.Y., Knopf, 1975; London, Allen Lane, 1976; N.Y., New American Library, 1976; dt.: *Sigmund Freud und sein Kreis*, Bergisch Gladbach, Lübbe, 1976; Madrid, Alianza, 1978; Sao Paulo, Editora Cultrix, 1978; London, Penguin, 1979; N.Y., New York University Press, 1985; Paris, Presses Universitaires de France, 1986; Tokyo, Seishin Shobo, 1987; Herrsching, Pawlak, 1989; N.Y., Da Capo, 1992; Giessen, Psychosozial, 1998; Torino, Einaudi, with new Introduction, 1998; St. Petersburg, Science, with new Introduction, 2004)

Erik H. Erikson: The Power and Limits of a Vision
(N.Y., The Free Press, 1976; Rome, Armando, 1982; Tokyo, Seishin Shobo, 1984; N.Y., The Free Press, 1986; Northvale, N.J., Aronson, 1997)

Helene Deutsch: A Psychoanalyst's Life
(N.Y., Doubleday, 1985; N.Y., New American Library, 1986; dt.: *Freuds Liebling Helene Deutsch. Das Leben einer Psychoanalytikerin*, München, Verlag Internationale Psychoanalyse, 1989; Paris, Presses Universitaires de France, 1992; 2nd edition, New Brunswick, N.J., Transaction Publishers, with new Introduction, 1992)

Comment Freud Analysait
(Paris, Navarin, 1989)

Encountering Freud: The Politics and Histories of Psychoanalysis
(New Brunswick, N.J., Transaction Publishers, 1990)

Meeting Freud's Family
(Amherst, University of Mass. Press, 1993; Paris, Seuil, 1996; Rome, Erre emme edizione, 1997)

Heresy: Sandor Rado and the Psychoanalytic Movement,
with Bluma Swerdloff
(Northvale, N.J., Aronson, 1995)

How Freud Worked: First-Hand Accounts of Patients
(Northvale, N.J., Aronson, 1995; Barcelona, Paidos, 1998; Rome, Erre emme edizione, 1999; dt.: *Wie Freud arbeitete. Berichte von Patienten aus erster Hand.* Giessen, Psychosozial-Verlag, 1999; Sao Paulo, Editora Schwartz, 1999; Paris, Seuil, 2005, in press)

Canada's King: An Essay in Political Psychology
(Oakville, Ontario, Mosaic Press, 1998)

Oedipus in Britain: Edward Glover and the Struggle Over Klein
(N.Y., Other Press, 2000)

Political Theory and the Psychology of the Unconscious:
Mill, Nietzsche, Dostoevsky, Freud, Fromm, Bettelheim, and Erikson
(London, Open Gate Press, 2000; Turin, Boringhieri, forthcoming)

The Historiography of Psychoanalysis
(New Brunswick, N.J., Transaction Publishers, 2001)

The Trauma of Freud: Controversies in Psychoanalysis
(New Brunswick, N.J., Transaction Publishers, 2002)

Cultural Foundations of Political Psychology
(New Brunswick, N.J., Transaction Publishers, 2003)

On The Freud Watch: Public Memoirs
(London, Free Association Books, 2003)

Edoardo Weiss: The House that Freud Built
(New Brunswick, N.J., Transaction Publishers, 2005)

The Doctor and the Diplomat:
The Mysterious Collaboration Between Freud and Bullitt on Woodrow Wilson
(N.Y., Rowman & Littlefield; dt.: Der Psychoanalytiker und der Diplomat. Die Kooperation zwischen Sigmund Freud und William C. Bullitt bei ihrer psychoanalytischen Studie über den amerikanischen Präsidenten Woodrow Wilson, Giessen, Psychosozial-Verlag 2007)

Les secrets de la psychanalyse et de son histoire,
Andre Haynal, Paul Roazen, & Ernst Falzeder
(Paris, Presses Universitaires de France, 2005)

Escaping From the Mind of Man: The Continuing Story of Freud and Tausk
(forthcoming)

An Informal History of Psychoanalysis
(N.Y., Rowman & Littlefield, forthcoming)

Von Paul Roazen herausgegebene Bücher

Three papers by Victor Tausk, with an Introduction, »On the Psychology of the War Deserter«, »Diagnostic Considerations Concerning the Symptomatology of the So-Called War Psychoses«, & »On the Psychology of the Alcoholic Occupation Delirium«, Psychoanalytic Quarterly, July 1969

Sigmund Freud, with an Introduction, in the Makers of Social Science Series, edited Lewis Coser (N.J., Prentice Hall, 1973; N.Y., Da Capo, 1987)

Louis Hartz, The Necessity of Choice: Nineteenth Century Political Thought, with an Introduction (New Brunswick, N.J., Transaction Publishers, 1990; Paris, Presses Universitaires de France, 1995)

Victor Tausk, Sexuality, War, and Schizophrenia: Collected Psychoanalytic Papers, with an Introduction (New Brunswick, N.J., Transaction Publishers, 1991)

Helene Deutsch, Psychoanalysis of the Sexual Functions of Women, with an Introduction (London, Karnac, 1991; Paris, Presses Universitaires de France, 1994)

Helene Deutsch, The Therapeutic Process, the Self, and Female Psychology: Collected Psychoanalytic Papers, with an Introduction (New Brunswick, N.J., Transaction Publishers, 1991; Paris, Seuil, 2000)

Helene Deutsch, »Two Cases of Induced Insanity«, with an Introduction, International Journal of Psychoanalysis, Spring 1981

Helene Deutsch, »Anorexia Nervosa«, with an Introduction, Bulletin of the Menninger Clinic, Nov. 1981 (translated into French, Le Coq-Heron, 1984; Spanish, Psicoanalisi Con Ninos y Adolescentes, 1994; Italian, Psicoterapia e Scienze Umane, 1997)

Helene Deutsch, »On the Pathological Lie«, with an Introduction, Journal of the American Academy of Psychoanalysis, July 1982

Helene Deutsch, »George Sand: A Woman's Destiny«, with an Introduction, International Review of Psychoanalysis, Fall 1982

Helene Deutsch, »On Supervised Psychoanalysis«, with an Introduction, Contemporary Psychoanalysis, Winter 1983 (translated into French, Le Coq-Heron, 1987; Italian, Psicoterapia e Scienze Umane, 1996)

Helene Deutsch, »The Menopause«, with an Introduction, International Journal of Psychoanalysis, 1984

Helene Deutsch, »A Case that Throws Light on the Mechanism of Regression in Schizophrenia«, with an Introduction, Psychoanalytic Review, Winter 1985 »Technique: The Therapeutic Alliance«, with an Introduction, International Review of Psychoanalysis, Winter 1989

Helene Deutsch, »On Satisfaction, Happiness, and Ecstasy«, with an Introduction, International Journal of Psychoanalysis, Winter 1989

Oskar Pfister, »The Illusion of a Future: A Friendly Disagreement with Prof. Sigmund Freud«, with an Introduction, International Journal of Psychoanalysis, June 1993

Psychoanalysis and Religion: Freud, and Pfister (forthcoming)

Louis Hartz, »The Nature of Revolution«, with an Introduction, Society, May-June, 2005

The Legacy of Louis Hartz, with an Introduction (Lanham, Maryland, Lexington Books, in press)

Charles Rycroft, On Visitations, with an Introduction (forthcoming)

Freud and America: A. A. Brill's Correspondence with Freud and Jones (forthcoming)

Sigmund Freud's Last Years: His Correspondences with Ruth Mack Brunswick and others (forthcoming)

Louis Hartz, The Coming of Age of America (forthcoming)

Über den Autor:
Hans-Jürgen Wirth, Prof. Dr., Dipl.-Psych., Psychoanalytiker, Psychologischer Psychotherapeut, arbeitet in eigener Praxis in Gießen und lehrt Psychoanalyse, Präventive Psychotherapie und Analytische Sozialpsychologie an der Universität Bremen. Gründer und Verleger des Psychosozial-Verlages. Autor von *Narzissmus und Macht. Zur Psychoanalyse seelischer Störungen in der Politik.* Giessen 2002 (Psychosozial-Verlag) und von *Das Rätsel der Sphinx. Freuds Einfluss auf die Kultur.* Giessen 2006 (Psychosozial-Verlag).

Mai 2006 · ca. 250 Seiten · gebunden
EUR (D) 24,90 · SFr 43,–
ISBN 3-89806-457-3

2006 · 185 Seiten · Broschur
EUR (D) 19,90 · SFr 34,90
ISBN 3-89806-497-2

Die Psychoanalyse als etablierte Wissenschaft und weltweit anerkanntes therapeutisches Verfahren kann auf eine lange Erfolgsgeschichte zurückblicken, ist heute kaum noch wegzudenken. Sie steckt jedoch in einer tiefen Krise, wie z. B. die weltweit sinkende Zahl der Ausbildungskandidaten zeigt. Wirth arbeitet Freuds Bedeutung für das Bewusstsein der Moderne heraus und deutet die Identitätskrise der Psychoanalyse als Chance für den Entwurf eines modernen Menschenbildes, zu dem eine kulturkritisch versierte Psychoanalyse Entscheidendes beizutragen hat.

Eine kritische und anregende Würdigung zum 150. Geburtstag von Sigmund Freud! Gut und lebendig geschrieben liefert Wirth nicht nur eine aktuelle Bestandsaufnahme der Psychoanalyse, sondern auch für Interessierte einen verständlichen Einstieg.

Fromm weist die seiner Meinung nach wichtigsten Entdeckungen Freuds im Einzelnen auf. Er zeigt, wo und in welcher Weise das für Freud charakteristische bürgerliche Denken seine Entdeckungen eingeschränkt und manchmal wieder verdeckt hat. Diese wissenschaftstheoretisch brisante Auseinandersetzung Fromms mit Freud zeigt die Tragweite der psychoanalytischen Entdeckungen und würdigt gerade darin die Psychoanalyse. Zugleich ist sie eine hervorragende Einführung in Fromms eigenes psychoanalytisches Denken.

P☙V Goethestr. 29 · 35390 Gießen
Psychosozial-Verlag

Wir haben Ihr Interesse geweckt? Das freut uns!
Sie erhalten unsere Bücher in jeder Buchhandlung oder direkt unter www.psychosozial-verlag.de

2005 · 173 Seiten · Broschur
EUR (D) 19,90 · SFr 34,90
ISBN 3-89806-494-8

2005 · 405 Seiten · Broschur
EUR (D) 38,– · SFr 65,30
ISBN 3-89806-094-2

26 Psychoanalytiker, Sexualforscher und Kulturwissenschaftler aus dem In- und Ausland schreiben 100 Jahre nach dem Erscheinen der »Drei Abhandlungen zur Sexualtheorie« von Sigmund Freud darüber, was ihnen dieses epochale Werk heute noch bedeutet. Ergänzt werden diese Anmerkungen durch einen bislang unveröffentlichten Text von Otto Fenichel mit 175 Fragen zu den »Drei Abhandlungen zur Sexualtheorie«.

Freud war nicht nur Archäologe der menschlichen Seele, sondern auch Interpret literarischer Werke. Michael Rohrwasser stellt Freuds Kommentare zu C.F. Meyer, Wilhelm Jensen, Sophokles, Shakespeare, E.T.A. Hoffmann und Schnitzler vor; am Ende stehen Canettis Kommentare zu Freud. Rohrwasser untersucht Freuds Perspektive auf die Texte, z.B. Welchen Momenten der Literatur gilt sein Interesse? Welche Figuren, Verbindungen oder Lesarten bleiben unbeachtet? Man kann diese Fragen auch mit Freuds Worten stellen: Liest er mit »gleichschwebender Aufmerksamkeit« oder fixiert er »das eine Stück besonders scharf, eliminiert dafür ein anderes«? Dabei gewinnt das Wechselspiel von Literatur und Psychoanalyse an Tiefenschärfe; Freud erscheint in der Rolle des Entschlüsslers, des Detektivs und des Archäologen.

P℞V Goethestr. 29 · 35390 Gießen
Psychosozial-Verlag

Wir haben Ihr Interesse geweckt? Das freut uns!
Sie erhalten unsere Bücher in jeder Buchhandlung oder direkt unter www.psychosozial-verlag.de

Juni 2006 · ca. 320 Seiten · Broschur
EUR (D) 29,90 · SFr 52,–
ISBN 3-89806-321-6

Juni 2006 · ca. 700 Seiten · gebunden
EUR (D) 46,– · SFr 79,50
ISBN 3-89806-449-2

Wie schon im ersten Band der Psycho-News unternimmt es der Autor, in monatlich verfassten Brief-Essays den aktuellen Forschungsstand zu Psychoanalyse und Psychotherapie darzustellen. Themen sind u. a. Biografieforschung, Entwicklungspsychologie, Psychotherapiewirkung, Sprechen und Stottern, Schönheit und Zeit – immer in einer weit ausgreifenden Darstellung, die nicht auf Fachliteratur beschränkt ist.

Nirgendwo bekommt man einen derart griffig geschriebenen Überblick über die verstreute Psychotherapieforschung bei so hoher Aktualität – über den Stand und die Praxisnähe der psychotherapeutischen Forschung, was Psychoanalytiker denken und wie sie klinisches Wissen in die Praxis umsetzen.

Dieser III. Band der umfassenden Enzyklopädie über das Unbewusste würdigt die Einflüsse der Theorien des Unbewussten in einer ganzen Reihe von Praxisfeldern. In den letzten Jahrzehnten haben sich die praktischen Arbeitsgebiete der Psychotherapeuten in erheblichem Umfang auf Coaching, Supervision und Organisationsberatung ausgeweitet. Auch die Analyse unbewusster Prozesse in gesellschaftlichen und politischen Konfliktbereichen ist von großer Relevanz, wie die vorliegenden Beiträge zu den Themen Tabu, Antisemitismus und Völkermord zeigen; dazu gehört auch ein Blick auf die Folgen der Globalisierung. Abgerundet wird dieser Band durch Studien zu den Einflüssen des Unbewussten auf die Literatur, Musik und Bildende Kunst, aber auch auf die Lebenskunst, insbesondere Freundschaft und Liebe.

Psychosozial-Verlag

Goethestr. 29 · 35390 Gießen · Tel. 0641/9716903 · Fax 77742
bestellung@psychosozial-verlag.de
www.psychosozial-verlag.de

2005 · 232 Seiten · Broschur
EUR (D) 19,90 · SFr 34,90
ISBN 3-89806-394-1

2004 · 231 Seiten · gebunden
EUR (D) 29,90 · SFr 52,20
ISBN 3-89806-349-6

Was ist Liebe? Was hat eine Affäre mit der eigenen Beziehung zu tun? Lohnt es sich zu kämpfen? Kann eine Therapie helfen? War die Beziehung nicht von Anfang an zum Scheitern verurteilt? Ist die Ehe gar der Friedhof jeder Liebe?

Wolfgang Hantel-Quitmann widmet sich diesen Fragen und kreiert daraus eine »Psychologie der Liebesaffären«, entwickelt an Beispielen aus der paartherapeutischen Praxis, großen Werken der Weltliteratur und den Liebesaffären berühmter Paare.

Für alle, die sich aus psychologischem, literarischem oder rein menschlichem Interesse mit dem Thema beschäftigen – bevor die nächste Liebesaffäre als Ende aller Liebe, moralisch verwerflich oder schicksalhaft missgedeutet werden könnte. Eine vergnügliche und erhellende Lektüre.

Warum fasziniert uns die romantische Liebe? Warum macht sie uns aber zugleich Angst? Mitchell befasst sich – gut lesbar und mit zahlreichen Beispielen aus seiner 30-jährigen klinischen Erfahrung – in seiner wegweisenden Studie mit dem Schicksal der romantischen Liebe im Verlauf der Zeit.

Laut gängiger Meinung ist die Liebe zerbrechlich und vergänglich. Mitchell hingegen behauptet, dass in langfristigen Beziehungen die Romantik nicht abnimmt, sondern zunehmend gefährlicher wird. Nicht Gewohnheit tötet die Liebe, sondern unsere Angst vor Abhängigkeit. Mitchell veranschaulicht das ganze Spektrum romantischer Erfahrungen und zeigt, dass die Liebe Bestand haben kann, wenn wir uns unserer eigenen selbstdestruktiven Tendenzen und tiefen Angst vor der Liebe bewusst werden.

P▩V
Psychosozial-Verlag

Goethestr. 29 · 35390 Gießen · Tel. 0641/9716903 · Fax 77742
bestellung@psychosozial-verlag.de
www.psychosozial-verlag.de